感恩10年

感谢有您

中国移动河南公司南阳分公司
总经理 王保全

团结务实、和谐创新的领导班子

南阳移动2008年荣获“全国五一劳动奖状”

中国移动通信集团河南有限公司南阳分公司成立于1999年9月16日，辖14个县、市、区（含油田）分公司，固定资产逾10亿元，作为“中国移动”网络的有机组成部分，南阳分公司经过近10年的建设和发展，建立了一个覆盖全面、质量可靠、功能完善、业务丰富、管理先进、世界一流的综合通信网络。

中国移动河南公司南阳分公司成立10年来，深入贯彻落实科学发展观，坚持以培育和满足客户需求为中心，以精细化营销、专业化运作为手段，以党风廉政建设为保障，培育卓越能力，保持健康、持续发展。认真履行社会责任，积极发挥移动通信技术、业务和服务优势，多途径、多角度助推和谐新南阳的构建。客户规模突破320万户，各项经济、质量指标的完成位居全省前列。先后荣获全国“五一”劳动奖状、全国模范职工之家、省级文明单位等称号。2009年2月3日，南阳市委书记黄兴维在视察南阳分公司时称赞：南阳移动支持地方发展，积极创新进取，为南阳经济社会的发展作出了巨大的贡献，是南阳的一个品牌，代表着南阳的形象。

南阳市中心医院

全国优秀院长
院长兼党委书记 赵玉亭

团结务实的领导班子

下乡义诊

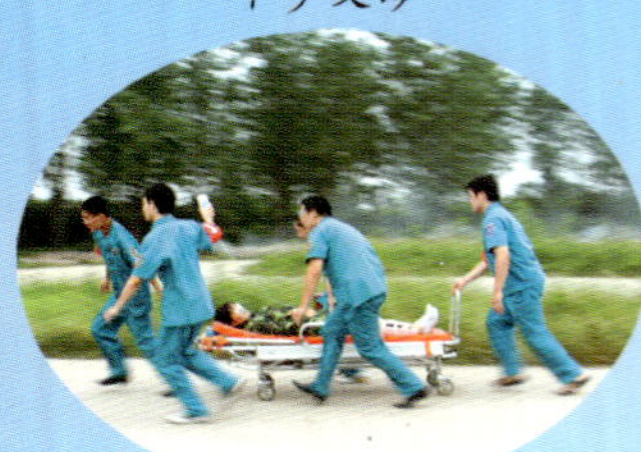

急救演练

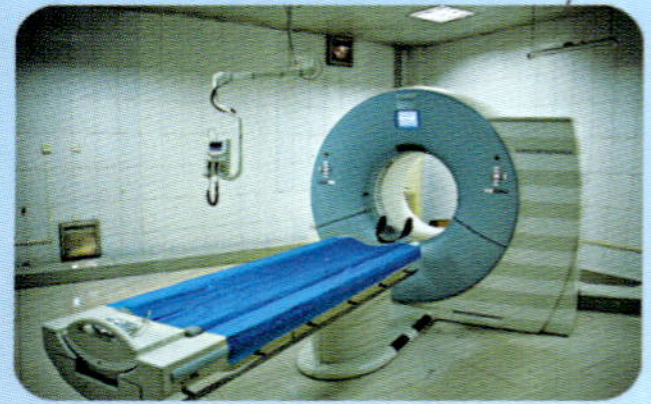

双源 CT

时光如水，岁月如歌，从1949—2009年，南阳市中心医院伴随着新中国的成立迎来了建院六十周年。经过几代人的不懈努力与追求，医院现在已成为全国500家大型综合性医院之一，南阳市唯一一家国家三级甲等医院。连续多年被省政府纠风办、省卫生厅评为全省医院“行风建设先进单位”，在卫生部开展的“医院管理年暨三优一满意”活动评比中连续三年被省卫生厅评为先进单位，全市综合评价第一名。

南阳市中心医院服务区域主要为南阳市十三县（市区）和部分毗邻省区，服务人群达1000多万，是豫西南医疗、科研、急救、预防、保健、康复和教学中心，是郑大医学院、新乡医学院、河南科技大学医学院、南阳医专的教学医院和新乡医学院附属医院研究生培养基地。南阳市妇幼保健院、南阳市肿瘤医院、南阳市儿童医院及南阳市紧急救援中心均设在我院。

南阳市中心医院是全市医疗技术人才最为密集的地方，各学科学术带头人80%在我院，有享受国务院特殊津贴专家3名，省管优秀专家1名，全国劳模1名，河南省跨世纪学术技术带头人3名。现有高级职称人员244人，其中正高人员72人、副高人员172人，博士生2人，硕士研究生生132人，硕士生导师15人，中级职称人员459人，编制床位2000张，年门诊量60万余人，出院病人数45000余人。内设科研机构18个，有临床科室41个，门诊医技科室36个。在全面发展的基础上，逐步形成了以普外科、神经外科、泌尿外科、妇产科、肿瘤科、神经内科、心血管内科、新生儿科为代表的一批重点专科，普通外科、肿瘤内科、心血管内科为河南省临床特色专科。

设备精良，拥有国际上最先进的西门子双源CT、1.5T核磁共振、直线加速器、西门子1250C臂、美国GE八排螺旋CT、超高档彩超等大中型医疗设备，已达到省级医院水平。

即将投入使用的综合病房大楼地下2层、地面22层，包括中心手术室、中心供应室、检验室、综合型ICU病房、各专业护理单元，建筑总面积76000㎡。可同时供42个科室工作，容纳1600个病人，是省内单楼面积最大的现代化医用大楼。

南阳市中心医院以雄厚的技术实力、先进的医技设备、优质的医疗服务和优美的服务环境，为广大人民的健康提供可靠的保障。

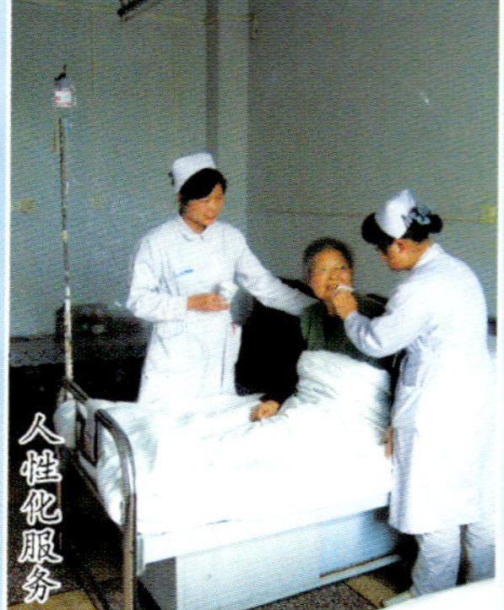

人性化服务

综合病房大楼

南阳市工农路312号　急救电话：63200000　传真：63222904

2009

南阳年鉴

南阳年鉴编辑委员会

吉林文史出版社

图书在版编目(CIP)数据

南阳年鉴/黄运甫主编.—长春：吉林文史出版社，2009.12

ISBN 978-7-80626-323-5

Ⅰ.南… Ⅱ.黄… Ⅲ.南阳市—年鉴 Ⅳ.Z526.13

中国版本图书馆CIP数据核字(2009)第197877号

书　名	南阳年鉴
主　编	黄运甫
责任编辑	杨晓天
装帧设计	黄运甫　张云伟
出版发行	吉林文史出版社
地　址	长春市人民大街4646号　邮编:130021
印　刷	辽宁工程技术大学印刷厂
开　本	880×1230　1/16
印　张	42
字　数	1050千字
版　次	2009年12月第1版　2009年12月第1次印刷
书　号	ISBN978-7-80626-323-5
定　价	160.00元

编 辑 说 明

一、《南阳年鉴》是由中共南阳市委和市人民政府主持编辑的一部地方综合资料性工具书，每年出版一卷，公开发行。

二、《南阳年鉴》以马列主义、毛泽东思想、邓小平理论和“三个代表”重要思想为指导，用科学发展观全面、系统、准确地反映2008年南阳市在改革开放和物质文明、政治文明、精神文明建设中的新举措、新成就、新事物，反映全市基本情况（组织机构及部分党政军人物为2009年最新情况），为了解南阳、建设南阳提供及时有益的服务。

三、本卷内容共分24个类目，依次是特载、概况、人物、政治、军事、法制、农业、工业、交通、信息产业、建设环保、商业、财税、金融、经济管理、教育、科学技术、文化旅游、卫生体育、社会生活、县市区概况、大事记、风采录、附录。

四、年鉴所有稿件由市直各单位和各县（市、区）及相关单位提供，并经单位领导审阅；主要数据由市统计局提供，其它数据由有关部门提供。

五、年鉴采用分类编辑法，以类目为单元，下由栏目、分目、条目组成。条目是基本表现形式。

六、为方便读者，除卷首设目录外，书末还附有索引。

南　阳　年　鉴

《南阳年鉴》2009 年卷撰稿人名单

市委办公室
　　杜金增
市委组织部
　　于海营　李廷武
　　陈经波
市委宣传部
　　李　忠
市委统战部
　　项　宁
市直党工委
　　陈学健
市委政法委
　　赵毅辉
市委老干部局
　　赵扬波
市委党史研究室
　　张新玉
市档案局
　　张怀珍
市委党校
　　裴先东
市委保密局
　　周永卫
市信访局
　　姚中伟
市纪律检查委员会
　　王　慧
市人大
　　王　琪
市政协
　　李夏玲
民革南阳市委
　　薛灵环
民盟南阳市委
　　陈龙海
民进南阳市委
　　肖庆玲
九三学社
　　胡宝珍
市工商联
　　邹　粤
市总工会
　　温　阳
共青团南阳市委
　　王庆峰
市妇联会
　　张　耿
市公安局
　　彭　星
市检察院
　　尚文来　王永强
市中级法院
　　牛永权
市司法局
　　赵春付
市政府法制局
　　杜婉丽
市人民政府办公室
　　徐文凯　谢春平
市人事局
　　田　彤
市民族宗教局
　　李海阳
市侨办
　　张　硕
市台办
　　谢文海
市台联
　　王诗振
市外事办
　　马金祥　史正昭
市地方史志办
　　汤永良
南阳军分区
　　何应华　丁泽增
武警南阳市支队
　　袁松林　马　攀
武警南阳市消防支队
　　唐键强
市人防办
　　马鹏志　汪存林
市农综办
　　周晓义　刘万欣
市农业局
　　王林胜　王志刚
市烟办
　　马丽珍
市畜牧局
　　杜红渊
市林业局
　　王保刚　马国丽
市中小企业局
　　周　涛
市水利局
　　阎海涛
市农机局
　　楚　鹏
市规划局
　　陈　刚
市建委
　　罗玉有
市房管局
　　刘志远
市环保局
　　唐建力　王瑞琴
市交通局
　　邹银杰　高新海
　　王铁峰　张保印
　　杨　明　侯　辛
　　张　莹　李　强
　　丁松涛

南航南阳基地
李　英
市交通战备办
崔振平
宛运集团有限公司
韦献新　郑向华
市公路局
邹爱民　蒋天栋
市南水北调办公室
李家峰　庄春波
市鸭管局
温春东
南阳车务段
李新功　鞠文基
市邮政局
邱丽娜
市无线电管理处
王访安
市信息中心
丁光照
中国移动南阳分公司
杨建朝
中国联通南阳分公司
蔡保辰　王新成
市发改委
黄晨阳
市电业局
张宗国
河南油田
韩　伟　杨振明
吴献立　王丽萍
二胶厂
赵国庆
石油装备
马驰　尚云芳
国防工业
吴元中　薛海宏
人民银行南阳中心支行
刘　波
南阳银监局
杨　磊
工商银行南阳分行
刘万强
建设银行南阳分行
孙君泽
中国银行南阳分行
宋　歌
农业银行南阳分行
谢国雄
农业发展银行南阳分行
张晓军
市农村信用联社
史得生
市商业银行
朱明杰　曾照准
人保财险南阳分公司
陈明国
人保寿险南阳分公司
张锡奇
太平洋财险公司
聂永红
市商务局
王　琳
市供销合作社
李志明
市粮食局
李秀坤
市烟草专卖局
霍国伟　孙善兴
市盐业局
史宏伟　李一博
市财政局
李晓波
市国家税务局
全永存　肖　军
市地方税务局
马顺利
国资委
徐　沙
市统计局
杨　光　马彦彬
国家统计局南阳调查队
赵春风
市审计局
刘彦忠
市工商局
陈向北　邓玉顺
市物价局
张振强　刘　云
市国土资源管理局
王继宏　宋　伟
市质量技术监督局
刘元礼
市食品药品监督局
张明旭
市安全生产监督管理局
杨云衡
南阳出入境检验检疫局
董　昊
南阳海关
刘　茜
市教育局
尹永德
南阳师院
王春阳
南阳理工学院
逯　忆
南阳电大
李春雷
南阳医学高等专科学校
田　琳　毕大鹏
南阳农校
刘春霞
南阳经济贸易学校
刘　新　焦中群
南阳市体育运动学校
王秀林
南阳市宛西中等专业学校
李河江　张　逸
南阳市宛东中等专业学校
田立新
南阳幼儿师范学校
韩明锋
南阳市宛北中等专业学校
王秋举　刘付亭
市科技局

马　阳
市气象局
苏函玲　刘　萌
市农科所
柳天芝　渠元春
市地震局
王晓谦
市科协
司天云　王金领
市社科联
迟赵冰
市卫生局
樊新生
市体育局
余跃洋
市文化局
魏志军
市文联
毕怡楠
市新华书店
刘晓宇
南阳日报社
高　鹏　赵　静
南阳晚报社
周建生
南阳广播电视报社
王　伟

市广播电视局
王　鹏
南阳电视台
魏亚争　李学芳
南阳广播电台
王　慧
南阳广播电视网络公司
胡化魁　吴维之
市旅游局
杨云梯　郭振伟
李　茹
梅溪宾馆
牛合震
市人口计生委
李长波　张　黎
市劳动和社会保障局
盛　锋
市住房公积金管理中心
张云峰
市民政局
徐玉顺　崔本恒
市残联
郑　伟　汪立栓
市文明办
曾庆川
卧龙区史志办
刘科峰

宛城区史志办
高孟林　崔艳艳
南阳高新区
姚寿忠
社旗县史志办
贾金星　张　勇
方城县史志办
韦风云　杜晓东
南召县史志办
韩德坤　芦阳春
镇平县史志研究室
张新会　邹书恒
内乡县史志研究室
魏瑞芳　吴　昕
西峡县史志办
张晓红
淅川县史志研究室
明新胜　魏瑞村
新野县史志办
王国炳
唐河县史志办
孙晓云
桐柏县史志办
唐建新
邓州市史志办
马玉平

本期《南阳年鉴》编纂人员名单

重大活动

2009年4月18日，中共中央政治局常委、全国政协主席贾庆林（中）到南阳二机石油装备有限公司视察

2009年3月17日，省委书记徐光春(中)在市委书记黄兴维（左二）、副市长姚龙其（左三）的陪同下到社旗农村考察

2009年7月3日，省长郭庚茂（左四）在市委书记黄兴维（左六）、市长穆为民（左五）的陪同下，考察西峡县龙成集团

2009年5月19日，市委书记黄兴维（前排中）在邓州雪阳集团考察

2009年8月16日，市长穆为民（前左三）、市委副书记贾崇兰（前左二）、副市长崔军（前左一）等送别丹江口水库淹没区姬家营移民

2009年6月25日，参加“南阳与丝绸之路”文化论坛的专家学者云集方城县佛沟摩崖造像现场考察

中国石化集团

河　南

河南省委书记、省人大常委会主任徐光春（右二）接见河南石油勘探局局长、油田分公司总经理李联五

河南油田是河南油田分公司、河南石油勘探局的统称，隶属于中国石化集团公司，是以油气生产为主，集勘探、开发、炼油化工、施工作业、辅助生产和社会服务于一体的国有大型一类企业，地跨河南省南阳、驻马店、平顶山和新疆巴音郭楞蒙古族自治州4市（州）10个县（区），总面积34.11平方千米。截止2008年底，油田机关设26　个职能处室，分公司下属11个二级单位，勘探局下属15个二级单位，共有100个矿（大队）、425个基层队，职工20904人。油区总人口10.4万人。油田党委下设党（工）委34个（其中改制移交单位党委7个）、党总支109个、支部939个，党员19239人。有各类专业技术人员5146人，其中教授级职称4人、高级职称662人、中级职称2311人、初级职称1926人。

2008年，油田拥有固定资产原值 191.86亿元，净值94.42亿元。新增探明石油地质储量1065万吨、控制储量911万吨、预测储量856万吨，保持了油气储量9年稳定增长。生产原油180.5万吨，实现连续13年180

井场搬迁

安全环保作业

全国甲A男排四强精英赛

尼日利亚石油专家在油田考察

抽油机群

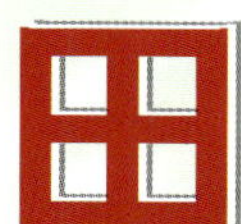

万吨以上硬稳定。对外创收 18.8 亿元，连续 7 年保持较快增长。特色精蜡化工共开发新产品 10 个，产量突破 2 万吨。经济运行质量和经济效益有新的提高，实现工业总产值 148.6 亿元，销售收入 137.69 亿元，实现利润 18.46 亿元，实现各种税费 35.55 亿元。至 2008 年底，已取得探矿权面积 23717.92 平方千米，油气资源总量达 14.36 亿吨，陆续发现 15 个油气田，累计探明石油地质储量 2.85 亿吨、天然气地质储量 90.20 亿立方米，累计生产原油 6572.86 万吨、天然气 18.64 亿立方米。河南油田成立 37 年来，始终牢记和全面履行国有企业的政治责任、经济责任、社会责任，累计实现产值 1000 多亿元(现价)，实现税费 140 多亿元，上缴利润 90 多亿元，为国家经济发展做出了应有贡献，同时，不断加强党的建设，做好企业群众工作，两个文明建设连创佳绩，连续 18 年保持全国思想政治工作优秀企业称号，2008 年获全国地质勘查功勋单位和全国地质勘探先进集体、河南省改革开放 30 年卓越贡献国有企业等称号，被授予全国五一劳动奖状。

中国石化集团公司党组书记、总经理苏树林（右三）在井场慰问职工

在尼日利亚施工的河南油田 70129 钻井队职工与壳牌公司员工合影

稠油注汽站

“向汶川灾区送温暖”发车仪式

河南油田公安局在油田生产区使用警犬巡逻

庆新春社火表演

宛北明珠——

南阳市委书记黄兴维（左二）在南召县委书记赵景然（右一）、县长鄢国宾（右二）陪同下深入南召农村指导新农村建设工作

南阳市政府市长穆为民(左三)在县委书记赵景然(左一)县长鄢国宾(左二)陪同下视查南召文明新村建设工作

碧波荡漾的县城黄鸭河第二橡胶坝

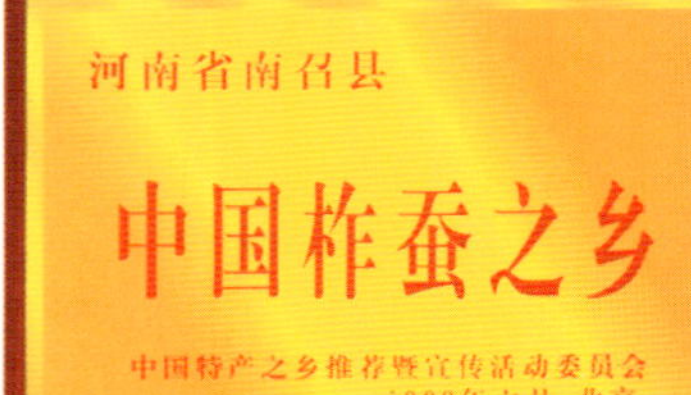

河南省南召县

中国名特优经济林

辛夷之乡

国家林业局
中国经济林协会
2000年3月

霓虹闪烁的县城夜景

南召猿人遗址

南召

南召县位于河南省西南部，犹如一颗璀璨的明珠，镶嵌在秀丽富饶的伏牛山南麓，南阳盆地北缘。境域东西长95公里、南北阔62公里，总面积2946平方公里，辖8乡8镇，340个村（居）民委员会，总人口63万人。

南召县历史悠久，资源丰富，气候宜人，风景秀丽。境内群山环绕，河流纵横，动植物资源南北荟萃，各种植物1000余种，野生动物870多种。是全国最大的的辛夷生产县、全国最大的一化柞蚕生产县，先后被命名为“中国辛夷之乡”、“中国柞蚕之乡”。矿产资源30余种，金红石、大理石、水泥灰岩、煤等储量丰厚，开发前景广阔。旅游资源丰富，五朵山景区、真武顶景区、宝天曼自然保护区，集林海、古木、秀峰、绝壁、飞瀑、碧潭于一体，春季山花烂漫、百鸟和鸣，夏季翁郁苍翠、山岚缠绕，秋季红叶似火、野果满山，冬季白雪皑皑、冰瀑倒挂；集灌溉、发电、养殖、旅游于一体的鸭河口水库，120平方公里的水面碧波荡漾，鱼跃鸟飞，山影沉浮，相映成趣；丰厚的文化积淀，留下了杏花山猿人遗址、小空山旧石器遗址、楚长城遗址及丹霞寺、五朵山祖始庙等一大批人文古迹；开发中的莲花池温泉是一大型的旅游、渡假、疗养、休闲的娱乐场所。境内交通便利，焦柳铁路、太澳高速公路、207国道横贯全境，省道、县道、乡村公路四通八达，形成了完善的交通网络。

2008年以来，县委、县政府以落实科学发展观为统领，以建设“南阳经济强县，中原旅游名县，国家生态大县”为目标，以“项目兴县”为战略，带领全县人民，抓发展，促稳定，保民生，保持了经济社会平稳快速发展。2008年，全县生产总值完成58.4亿元，同比增长5.3%；全社会固定资产投资完成31.6亿元，增长29.4%；地方财政一般预算收完成1.91亿元，增长3.4%；社会消费品零售总额完成29.9亿元，增长23.1%；农民人均纯收入完成3604元，增长10.7%；城镇居民人均可支配收入完成10820元，增长16%；贷款余额12.9亿元，减少35.4%；人口自然增长率控制在4.8‰以内；城镇登记失业率控制在3.4%以下。在继续保持中国辛夷之乡、中国柞蚕之乡、中国民间文化艺术之乡、全国科技进步先进县、河南省对外开放重点县等荣誉的基础上，重点工作取得了新的突破，在全市新农村“向荣杯”验收中名列前茅，顺利通过了市级卫生城、园林城、文明城验收，荣获了全省林业生态县、全省平安建设先进县、全省扶贫开发工作先进县、全省计生优质服务工作先进县等称号。团结、和谐、繁荣、开放的南召正以崭新的姿态欢迎您！

云阳铸造公司铸造车间

道教圣地——五朵山

周家寨楚长城遗址

南阳市委常委，邓州市委书记刘朝瑞就“4+2”工作法接受媒体采访

发展中

农村党支部书记“4+2”工作法交流会

社会主义新农村游园一角

社会主义新农村“村村通”道路

邓州市总面积2369平方公里，其中耕地面积244万亩；总人口156万人。人口自然增长率5.74‰。辖28个乡镇（办、区），其中，乡11个：龙堰乡、张楼乡、白牛乡、夏集乡、裴营乡、文渠乡、九龙乡、高集乡、陶营乡、小杨营乡、腰店乡；镇13个：穰东镇、赵集镇、罗庄镇、十林镇、张村镇、彭桥镇、孟楼镇、林扒镇、都司镇、构林镇、刘集镇、桑庄镇、汲滩镇；办事处3个：花洲办事处、古城办事处、湍河办事处；管理区1个：杏山旅游管理区。

2008年实现生产总值205亿元，比上年增长12.1%。其中第一产业增加值59.9亿元，增长5.9%；第二产业增加值88.8亿元，增长13.7%；第三产业增加值56.4亿元，增长17.6%。工业增加值83亿元，增长14.7%；粮食产量10[illegible]万吨，增长2.9%。财政一般预算收入3.76亿元，财政一般预算支出15.9亿元。全社会固定资产投资完成额73.[illegible]亿元。社会消费品零售总额50.4亿元。商品出口总额35[illegible]万美元，实际利用外资850万美元。城镇居民人均可支配收入11818元，人均消费性支出8926元。农村居民人均纯收入5089元，人均生活费支出3198元。城乡居民年末储蓄存款余额66亿元。

工业发展迈上了新台阶。限额以上工业实现增加值46.3亿元，同比增长21.3%；实现入库税金9796万元，同比增长22.9%，工业对财政的贡献达到历史最高水平。市工业园区被评为南阳市先进县级示范园区；张楼食品加工小区被评为河南省重点食品产业集群；穰东服装工业小区跻身河南省18个产业集群之列。新建续建投资100万元以上工业项目93个，其中超亿元项目10个，全市工业企业净增360家，花洲建材圆了邓州人20多年的大水泥梦。六合饲料成为豫西南最大的饲料生产企业。30家骨干企业完成增加值24.6亿元，拉动限额以上工业增加值增速提高6个百分点。雪阳集团被评为国家中小企业成长之星，华纺实业等四家企业进入南阳市“工业发动机”计划。“益嘉”木地板被评为省免检产品，“娃娃鱼”食用油被评为省优质产品，“雪阳”彩棉纱顺利通过省名牌产品复审并被列入中国名牌产品初选名单。成立了西安交通大学邓州企业家培训中心，培训了340多名企业管理人员，选送了30名企业家外出进修，举办了6届企业家论坛。银企合作实现突破，企业贷款规模在国家货币政策从紧形势下净增了2.25亿元。

“三农”工作取得了新成就。粮食连续6年增产，荣获

的邓州

"全国粮食生产先进县"称号。造林61万亩，荣获"河南省绿化模范市"称号。发展规模养殖场2526个，实现畜牧产值29.6亿元，畜牧养殖总量和产值连续5年位居全省前10位。烟叶税达到6年来最高。劳务经济实现收入40亿元。现代农业综合示范园区建设开局良好，5000亩核心区率先实现了"六统一"。整治中低产田19万亩，新增灌溉面积8.7万亩。新建农家店115家，新装太阳能热水器5481台，新建沼气池9400个。82个"一乡一业、一村一品"示范村特色突出。

城乡面貌发生了新变化。北环中路、人民西路、邓汲路入市口升级改造、东一环南路、团结东路至207环城通道建设工程圆满完工；污水处理厂、垃圾处理场通过省达标验收；橡胶四坝、火车站广场改造有序开展；蓝湾嘉园、电力花园、财富世家等重点房地产项目稳步推进。硬化背街小巷5.2万平方米，铺设彩砖4.1万平方米，新建、改建公厕7座，新建游园5个，新建和配套集镇道路36条43万平方米，排水沟530米，新建专业市场6个，小游园81个。投入资金2.2亿元，整治1673个自然村，占全市自然村总数的61%。

民生保障得到了新加强。新增城镇就业岗位1.4万个，下岗失业人员再就业4012人，农村富余劳动力转移就业4.3万人，"零就业家庭"动态归零。发放粮食直补3141万元，综合补贴1.49亿元，良种补贴1967万元，农机补贴395万元，家电补贴160万元，廉租房租赁补贴105万元。完成8个村整村推进脱贫任务；解决4万农村人口安全饮水问题；免除农村中小学义务教育阶段学杂费。城市低保对象人均月补差标准提高到125元，农村低保对象补差标准提高到50元。全市新建7个乡镇敬老院，农村五保集中供养率达到40%。新农合参合率99.9%，位居全国前列。城镇居民基本医疗保险参保7.1万人，位居南阳各县市区首位。

社会事业得到了新发展。投资1.45亿元，改建农村公路245.8公里，完成了邓罗路、邓九路、邓汲路、陶都路升级改造。耕地保护被确定为全国116个基本农田保护建设示范区之一。科技工作被确定为"省科技富民项目专项行动计划试点县（市）"。文化戏剧《范仲淹》荣获中国戏剧文华奖，文化信息资源共享工作被评为全国先进，文化茶馆得到省、南阳市充分肯定。首届农民运动会成功举办。城区有线电视数字化整体平移全面完成，农村有线电视普及346个行政村。第六届村委换届选举圆满进行，被评为"全国村务公开民主管理示范单位"。

市长刘树华在全市领导干部会议上作重要讲话

投资1.2亿年产10万立方高密度木地板的北园木业生产线

年产30万吨的六合饲料生产线

拥有20万锭和近500家雪阳棉属全国连锁店的雪阳集团生产线

快速发展中的

高新区党工委书记　梁进

高新区管委会主任　郭斌

南阳高新技术产业开发区是1995年3月经河南省人民政府批准成立的省级开发区，规划面积9.2平方公里，区域面积24.86平方公里，辖2个街道14个社区，总人口约12万。作为全市对外开放的窗口和改革的试验区，高新区自1996年元月正式运行以来，在市委、市政府的领导下，始终把招商引资和项目建设做为生命线，坚持“工业立区、项目强区、高新技术产业强区”的发展思路，以工业为重点，搭建园区载体，强化项目支撑，以科技作先导，以创新为动力，按照一区多园的发展模式，高规格、高品味开发建设了电子信息工业园、机械装备制造园、光电产业园三个特色工业园区，集聚了包括世界500强ABB、金冠电气集团、中光学集团、华祥光学集团、光电孵化园、二机石油集团、防爆电机集团等一大批集团企业和项目集群，初步形成了以金冠电气为代表的电子信息、以防爆重型电机为核心的机电制造、

团结奋进的领导班子

世界500强ABB项目落户高新区

南阳高新区

市委书记黄兴维调研高新区项目建设

市长穆为民调研高新区军工项目

以中光学集团的光学制造三个特色业业，主要经济指标年增速保持在30%以上，成为全市新的经济增长极。

2005年12月，顺利通过国家发改委等五部委的审核，成为全省首批保留的省级高新区之一，纳入国家开发区名录库；高新区创业服务中心被批准为国家级创业服务中心；2008年12月被河南省人民政府确定为全省首批光电特色产业基地；被河南省文明委、省爱卫会分别授予省级文明单位、省级卫生先进单位，被市委、市政府评为目标管理、项目建设先进单位，目前，正积极争创国家级高新区和国家级文明单位。

设施完备、环境优美的工业园

全市首家光电产业孵化园

县委书记　杨忠

天然碱都

淮河之源

河南省桐柏县位于豫鄂边区，桐柏山腹，是千里淮河的发源地。全县总面积1941平方公里，自然特点是（七山一水二分田）。1984年被河南省政府确定为革命老区县，1986年列为全国重点贫困县，200年被定为国家扶贫开发重点县。

历史悠远　文化厚重

早在新石器时代，这里就有了人类的足迹；（盘古开天、血为淮渎）的民间传说在这里广为流传2005年5月，桐柏被中国民间文艺家协会授予（中国盘古之乡）称号。《尚书·禹贡》记载，（禹道淮，自桐柏），自秦朝开始，先后有50位帝王遣使祭淮，至今仍保存有康熙皇帝（灵渎安澜）御匾。桐柏是中原佛道文化的发祥地之一，太白顶云台禅寺为佛教临济宗白云系祖地，水帘寺为中原四大名寺之一，全国六家之一、河南省唯一的佛教学院批准在桐柏建设。桐柏山水孕育出的淮源文化、盘古文化、佛道文化，成为中华文明的重要组成部分。2007年，桐柏荣获（河

市委书记黄兴维在桐柏县委书记杨忠陪同下深入农户家中

中国盘古之乡授牌仪式

淮河之源

市委书记黄兴维在桐柏县委书记杨忠陪同下察看民生工程——解困房

日新月异的桐柏县城新貌

——桐柏

富待天下

南十大文化强县）称号。

红色沃土　人间仙境

南阳地区第一个中共党小组在桐柏成立；中国
工产党的3个中央级、6个省级、9个地级党政军领
导机构先后在这里建立。2005年，桐柏革命纪念馆
被列为全国百家红色旅游经典景区（点）之一。

这里地处我国南北气候过渡带，四季分明，温
暖湿润，雨量充沛，适合多种动植物生长繁育，是
华中地区重要的生物物种基因库；　桐柏县森林覆
盖率达到48.2%，林区负氧离子含量每立方厘米达
到一万单位以上，被誉为人类长寿区。桐柏史称（洞
天）、（福地），境内山川形胜，风光旖旎，绝壁奇石
突兀，珍禽奇兽出没，拥有国家级森林公园、3A级
风景名胜和黄岗万亩红叶林等118处景点。到这里，
可以探淮河正源，赏原始森林，登太白极顶，观云
海日出，感受盘古文化，领略淮源神韵。

富饶宝地　投资乐园

这里是全国特大资源宝库县和（中国天然碱之
都），初步探明的碱藏有56种，矿产资源人均占有量
和每平方公里的占有量分别是全国人均水平的14
倍、24.8倍。其中有诸量亚洲第一、世界第二的天
然碱矿，有全国最大的露天金矿和全国四大银矿之
首的桐柏银矿。桐柏是（中国木瓜之乡），盛产木瓜、
夏枯草等多种药材。被誉为（桐参）的桐桔梗，2006
年被批准为国家地理标志保护产品，畅销海内外。

桐柏地处中原腹地，东临京广线，西靠焦枝线，
宁西铁路、312国道及信南高速、邓宛高速贯穿全境。
欧亚大陆桥光缆经此通过，现代化信息通信网络健
全，华中大电网覆盖全县。县城青山环抱，绿水缠
绕，展示了山水园林与现代气息融为一体的独特魅
力，荣获（全国生态环境建设示范区）荣誉称号。为
保证投资者的利益，桐柏专门成立了招商局、企业
环境监督局和企业发展服务中心，为前来投资兴业
的有识之士提供方便、快捷的全方位服务，受到了
广泛好评。　　　　　　　（撰稿　蒯金章）

县长莫中厚在全县工作会议上作重要讲话

县长莫中厚深入乡镇企业进行调研

高空下的桐柏

中源化工生产场景

全国百家红色旅游经典景区－桐柏革命纪念馆

县委书记　史焕立

县　长　王书祥

市委书记黄兴维等领导在镇平县视察指导工作

2008年是镇平县经济社会事业经受严峻考验、实现较快发展的一年，全县上下深入贯彻落实科学发展观，镇平县紧紧围绕建设“经济富裕、生态良好、社会和谐”新镇平奋斗目标，强力实施工业强县、开放活县、特色立县、科教兴县四大战略，积极应对金融危机，县域经济社会保持了平稳较快的发展态势。全县生产总值预计实现163亿元，增长10.5%；地方财政一般预算收入2.6亿元，增长5.6%；全社会固定资产投资59.8亿元，增长21.5%；实际利用县外资本15.5亿元；进出口总额1400万美元；社会消费品零售总额49亿元，增长15.6%；城镇居民人均可支配收入10300元，增长9.2%；农民人均纯收入4765元，增长7%。

景观大道——健康路

镇平县产业集聚区：是以针纺织和机电装备制造为主导产业的复合型城区、工业发展先导区和县域经济增长极，河南省第一批认定的产业集聚区，总面积16.4平方公里。自03年启动建设以来，累计完成基础设施投资3.2亿元，吸引创业资本32.5亿元，建成面积5.7平方公里，累计入驻企业63家，投产43家，08年实现产值13.5亿元，入库税金8743万元。根据规划，到2020年集聚区将完成投资 220亿元，从业人员11万人，实现工业产值285亿元，利税 42亿元，完成财政收入8.5亿元，成为河南省重要的机电装备制造基地和轻纺针织生产销售基地。

玉文化改革发展试验区：是省委、省政府确定的全省首批八个文化改革发展试验区之一，规划面积30平方公里。根据北京大学文化产业研究院的总体策划和规划方案，试验区将以深化文化体制改革为主线，以产业发展为基础，以市场建设为载体，以龙头企业为骨干，以人才队伍为保证，强力实施“创意引领、镶玉整合、文化品牌、外引内联”四大战略，重点构建“一带六点”，加速玉文化与玉产业互动融合，全面提升产业层次，大力促进资源开发，通过5至7年努力，把镇平建设成为全国知名的玉雕加工销售基地和中华玉文化研究传播基地，全力打响中华玉都品牌。

裕隆花园一角

太公湖一景

内乡县

中共内乡县委书记　王万鹏

内乡县人民政府县长　全新明

2009年4月18日，共中央政治局常委、全国政协主席贾庆林莅临内乡县衙考察文化产业

2009年9月21日，河南龙大牧原肉食品有限公司正式投产。该项目总投资2.6亿元，年可屠宰加工生猪100万头，实现产值20亿元，利税9000万元。图为生产区一角

内乡仙鹤纸业有限公司被纳入南阳市2009年第一批重点建设项目。该项目计划总投资35亿元，分三期实施，三期工程全部完工后，年销售收入可达40亿元，税利4亿元。图为仙鹤纸业厂房一角

2009年内乡县种烟面积达6.1万亩，收购烟叶突破1400万斤，比2008年增加400万斤，占全市总量的28%，综合指标位居全市第一。图为灌涨镇前捞村烟叶千亩大方

南阳飞龙汽车零部件有限公司“双千万“项目，2009年被河南省列入重大结构调整和“双白计划”产值35—40亿元，税利4亿元。图为“双千万”项目厂房

陈小星，男，46岁，工商管理硕士，高级工程师，现任中国联通南阳市分公司总经理，获改革开放三十年河南省功勋企业家、河南省优秀IT青年新锐、河南省创业企业家、洛阳市劳动模范、2005—2007年度洛阳市经济人物、洛阳市十大新闻人物等称号。

China unicom 中国联通

南阳新联通

聚百年厚土沃壤　融合创造新优势

中国联合网络通信有限公司南阳市分公司（简称“南阳联通”、“中国联通南阳市分公司”），是在原南阳网通和原南阳联通基础上，于2008年12月合并成立的，是承担南阳基础电信网络建设和运营，肩负党政专用通信、应急通信和抗震救灾等普遍服务义务的主导基础通信运营企业。多次承担胡锦涛、温家宝等党和国家重要领导人视察南阳的重要通信保障任务。

南阳联通是我市员工最多、宽带互联网和固定电话业务规模最大、网络覆盖面最广的通信运营企业，能够提供包括固定电话、宽带互联网、数据、2G与3G移动电话、多种增值服务及信息化项目在内的全业务、全区域、全方位电信服务。公司拥有各类客户300多万户，全市自有营业网点300多个，社会代理网点10000多家，在职员工5000余人。

百年邮电，一脉传承。凭借主体通信企业资源与技术积淀的优势，南阳联通拥有成熟完备的通信骨干传输网、交换网、接入网等基础网络和通信支撑网络，光缆网络覆盖全市县、乡、村，宽带互联网覆盖全市行政村，固定和移动手段齐备，规模和实力强大的有线宽带与无线宽带的高速立体传输网络，为我市信息化建设构筑了牢固的网络基础。

联通信息高速公路　助推新南阳建设

作为信息化建设主力军，南阳联通始终致力于推动全市国民经济和社会信息化进程，在农村信息化、政务信息化、行业信息化、企业信息化、家庭信息化、固定电话号码升8位等许多领域，以及村村通电话、村村通宽带、电子政务网、农村党员干部现代远程教育网、“平安南阳”技防体系等项目建设实施中，都起到了示范和龙头作用，取得了有目共睹的成绩，为提升南阳对外开放形象，加快全市信息化进程作出了重大贡献，曾受到南阳市人民政府通令嘉奖。

中国联通开创的“宽带＋机顶盒＋电视机”的农村远程教育新模式，被确定为全国三大基础建设模式之一，荣获国家科技进步奖、全国信息化应用优秀成果金奖，得到了胡锦涛、温家宝等党和国家领导人的充分肯定。

未来5年内，中国联通将在河南投资400亿元，并与河南省政府签订了战略合作框架协议，确定了合作建设电子政务外网拓展延伸工程、万村百万农民上网工程、信息下乡和信息惠农工程、企业信息化推广工程、综合教育信息化系统工程、城市综合管理信息化系统工程等河南省“十二大工程”。南阳联通将认真落实省、市各级政府部门的要求，继续加快全市信息化基础设施和应用建设，为全市人民群众提供更加专业化、高效率、综合性的信息化服务。

南阳联通通信枢纽大楼

中共南阳市委书记黄兴维欣然为公司题词：现代网络，助推南阳

中共南阳市委书记黄兴维在公司做客“高端访谈”：说科学发展，话和谐中原，共同建设富强美好和谐新南阳

中国联通河南省分公司总经理王祖益在邓州市桑庄镇陈堂村平安互助站调研时，与村支书和支局长亲切交谈

中共南阳市委副书记贾崇兰等视察南阳固定电话号码升8位工作

“远程教育进农村 党和人民心连心”文艺巡演

中国电信集团公司南阳分公司

中国电信 CHINA TELECOM 世界触手可及

公司党委书记、总经理　吕建军

中国电信是我国特大型国有通信企业，连续多年入选“世界500强企业”，主要经营固定电话、移动通信、互联网接入及应用、卫星通信等综合信息服务。集团公司自2004年以来连续四年被国务院国资委评为A级绩优企业，被《财富》、《资本杂志》等评委“全球最受赞赏公司”、“中国杰出电讯企业”，获中国区最佳管理、最佳企业治理等奖项。

中国电信集团公司南阳分公司于2003年5月成立以来，以“让客户尽情享受信息新生活”为崇高使命，坚持科学发展观，充分运用先进技术、客户领先、运筹卓越、资源高效等竞争优势，历经六年艰苦创业，实现了企业规模化、跨越式发展，并建立了一个覆盖全面、质量可靠、管理先进、世界一流的全业务综合通信网络。

中国电信集团公司南阳分公司在南阳十三个县（市、区）设有十四个分支机构，拥有覆盖全区城乡、通达各市县城环电信网络和“商务领航”、“我的e家”、“天翼”、“号码百事通”、“互联星空”等知名品牌。坚持科学发展观，以市场为导向，以客户为中心，通过多业务、多网络、多终端的融合及价值链的延伸，挖掘客户价值，提升竞争层次，为客户提供便捷、丰富、个性化、高性能价格比的综合信息服务。

河南省通信管理局局长宋灵恩（前右二）在南阳视察工作

中国电信集团公司南阳分公司认真履行企业的社会责任，积极参与社会主义新农村建设，推出了“手机下乡”、“对照职能、贴近民生，努力为群众办实事办好事”等多项支农惠农举措，并围绕扶贫、教育等主题开展了多项社会公益活动。去年5.12汶川大地震后，南阳电信迅速行动，向系统员工发出倡议，积极组织捐款，为震区人民抗震救灾贡献力量，帮助受灾同胞重建美好家园。北京奥运期间，以“金牌服务迎奥运”——营业窗口服务明星评选活动、电信服务进万家以及电脑义诊进社区活动为载体，进一步提高南阳电信整体用户的满意度，提升客户品牌服务水平，不仅向消费者展示了南阳电信的企业风采，为企业的发展奠定了坚实的基础，也为促进南阳经济发展作出了积极贡献。

河南省电信公司党组书记、总经理吴盘根（左二）在南阳一线调研工作

中国电信集团公司南阳分公司秉承“用户至上，用心服务”的服务理念，把客户满意作为衡量中国电信服务工作的主要标准，全心全意满足客户需求，努力提升客户价值，一年一个服务主体，相继推出了客户满意服务、差异化服务、网上服务、ITC一站式服务、行风热线服务，大力创建客户感知、诚信经营、放心消费的环境，争创行业诚信典范，助力和谐社会建设，连续多年被评为市级服务消费先进单位、全省服务管理先进单位，先后荣获市级中心城区四城联创先进单位、互联网宣传管理先进单位、市级青年文明号、市级文明单位、市级标兵文明单位，省级创业之星先进单位、运维工作先进单位等荣誉称号。

河南省通信管理局局长宋灵恩视察南阳分公司时称赞说：中国电信集团公司南阳分公司实现了跨越式发展，社会贡献突出。在全市经济总量位居全省第三名的情况下，南阳电信业务收入也紧随其后，收入绝对值位居全省前四名，是全市的骄傲与亮点。

随着南阳经济的高速增长、社会公众对信息化需求持续攀升，南阳电信分公司将进一步明确市场定位，通过实施“聚焦客户的信息化创新战略”，牢固树立“全面创新、求真务实、以人为本、共创价值”的核心价值观，与时俱进，加快发展，以更高品位的服务满足南阳人民多样化、个性化需求，为建设富强美好和谐新南阳做出新的贡献。

南阳电信运用3G互联网推进地方中小企业信息化建设推介会

南阳电信党委及全体党员重温入党誓词，凝聚产生合力

南阳电信资助贫困学子9月圆梦爱心计划合影留念

河南省电信系统先进事迹报告团在南阳宣贯合影留念

南阳二机石油装备（集团）有限公司

车装钻机

南阳二机集团（原石油工业部第二石油机械厂、中国石化集团河南石油勘探局南阳石油机械厂）是我国研制石油钻采装备的专业骨干企业、石油轻便钻井装备制造龙头企业，1969 年由原石油工业部投资兴建，2004 年 6 月改制成股份制企业。2006 年 4 月引进加拿大外资，成为中外合资经营企业。

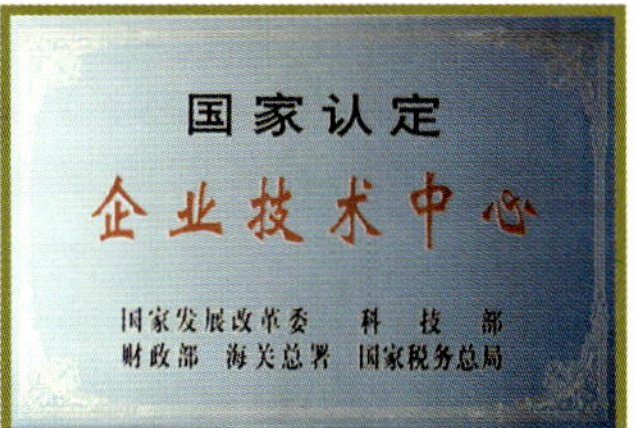

国家认定企业技术中心

公司是原国家经贸委确定的重大技术装备国产化基地，国家计委确定的高新技术产业化推进企业，国家重点新产品试制企业，中国石化集团公司石油轻便钻机国产化基地，中国石油钻采装备制造十强企业，国家一级计量单位，中国机械工业 500 强企业，2006 年中国机电行业影响力 100 强企业、南阳市 30 家重点企业，2007 年国家火炬计划重点高新技术企业、河南省首批创新型试点企业，河南省高新技术企业、50 户成长型高新技术企业、专利申请 20 强企业。

2008 年，公司技术中心被国家五部委认定为“国家级企业技术中心”，成为我国石油装备制造行业迄今为止唯一的一家国家级企业技术中心；公司被科技部、财政部、国家税务总局认定为 2008 年度首批国家级高新技术企业；公司以较高的创新指数，被国务院发展研究中心、中国企业评价协会评为“中国企业自主创新百强”，　是石油装备行业唯一入选厂家；被评为“国家创新型试点企业”、“河南省百户重点企业”等。

公司设有国家级技术中心、信息中心、质量检测中心等科研机构，拥有铸锻、金属加工、热处理、钢结构、总装、喷漆等 16 个生产分厂和四个钻采装备综合试验场，下设 3 个中外合资企业、1 个全资子公司、4 个控股公司、4 个参股公司。

公司主导产品包括 1000 米－4000 米车装钻机、1000 米－7000 米橇装钻机、1000 米－4000 米拖挂钻机、25 吨－225 吨陆上修井机、60 吨－225 吨海洋钻修机、4000 米－7500 米油井测试设备、50 吨－70 吨重载挂车、顶部驱动钻井装置、泥浆泵、石油专用车辆、井口工具等 12 大系列、200 多个品种。

低温钻机

海洋钻修机

橇装钻机

公司质量保证体系完备，在同行业中率先通过 ISO9001：2000 国际质量体系认证，拥有美国石油学会 API spec 8A、4F、11E、7K、8C 会标使用权，产品通过国家 "3C" 强制认证。公司建立有完备的 HSE（健康、安全、环境）体系。

公司秉承以顾客为中心的营销理念，在全国各大油田均设立有专门服务机构，从设备安装、调试、维修、培训到配件供应，形成了全过程、全方位的售后服务体系。公司产品畅销全国各大油田，并出口英国、美国、加拿大、墨西哥、土库曼斯坦、哈萨克斯坦、印度、伊拉克、埃及、苏丹、尼日利亚、委内瑞拉等 20 多个国家和地区。

国家重点新产品试点企业

河南天冠企业集团有限公司

董事长　张晓阳

河南天冠企业集团有限公司是目前国内存续最完整、最具代表性的“红色企业”，1939 年经中共中央领导人刘少奇同志批准创立，经历抗日战争和解放战争的炮火洗礼，为中国人民的解放和建设事业做出过特有的贡献。经过七十年的建设和发展，天冠集团目前已成为国家 520 家重点企业和河南省 50 家高成长型重点企业集团，全国四家燃料乙醇定点生产企业之一和国家新能源高技术产业基地主体企业之一，同时也是全行业唯一进入国家循环经济试点企业和行业内唯一国家批准设立博士后工作站单位。集团在职员工 5000 余人，总资产 50 亿元。下属 3 个生产厂，2 个全资子公司、8 个控股子公司、4 个参股公司和一个国家级工程技术中心及一个省生物燃料工程技术研究中心。拥有目前国际上最大的 105 万吨 / 年小麦制粉加工生产线、最大的 7 万吨 / 年谷朊粉生产线和目前国内最大的年产 50 万吨燃料乙醇生产能力及 1 万吨 / 年纤维乙醇生产能力，同时拥有亚洲最大的生物天然气工程。产品涉及生物能源、生物化工、有机化工、精细化工、工业气体、电力等七大门类 40 余个品种，产品总量达 100 万吨以上。集团科研和生产涵盖化工技术、生物技术、基因技术、纳米技术等，多年来共获得科研成果 137 项，国家级 19 项、省部级 78 项，重要发明专利和专用技术 21 项，多项成果在全国同行业推广。近年来，集团坚持以农产品为基础，以生物能源为主导，以综合利用和精深加工为双翼的“一体两翼”发展战略，致力于生物能源和对农产品的全面、综合、规模、系统开发，使其成为国内最具典型的农产品综合加工转化基地、生物能源和生物化工研发生产基地、循环经济和可持续发展示范基地。集团年销售收入 46 亿元，利税 2 亿元。七十年来，企业多次荣获盛誉，先后被国务院命名为“全国大庆式企业”、轻工部树为“轻工战线红旗、酿酒行业标兵”、河南省委、省政府树为“河南省工业战线十面旗帜”之一，国家国资委树为“全国十大国有典型企业”。企业先后 9 次派出代表赴京参加国庆观礼、全国群英会、全国劳模会等庆典活动。职工中涌现出十余名省级劳动模范、全国新长征突击手、全国五一劳动奖章获得者、全国劳模等。2007 年 4 月，胡锦涛总书记亲临企业视察，勉励企业要在纤维乙醇产业化上带个好头，并指出天冠集团的发展史不仅要记载到党史上，还要记载到我国的科技发展史上，这是企业受到的最高褒奖。

河南天冠燃料乙醇有限公司厂区一角

河南天冠燃料乙醇有限公司鸟瞰图

天冠形象

天冠工业苑

厂区如茵

南阳市烟草专卖局

南阳市烟草专卖局（公司）局长、经理、党组书记　赵明山

2008年南阳做为全国七大优质烟叶科技示范基地之一，以全国综合分数第一的优异成绩顺利通过全国专家组验收。图为：验收专家组成员集体合影

国家烟草专卖局、总公司局长、总经理姜成康（前排右二）在市烟草局局长、经理、党组书记赵明山（前排左二）及市委、市政府领导的陪同下考察指导南阳烟草工作

南阳市烟草专卖局、河南省烟草公司南阳市公司成立于1983年8月。市局（公司）机关内设16个科室，直属单位2个，下辖13个县级局（分公司），控股一个金业烟草有限责任公司。正常年份，全市烟叶种植面积20万亩左右，烟叶收购量50万担左右；卷烟销售量30万箱以上。

近几年，南阳烟草始终坚持以实施观念创新、机制创新为动力，以创建学习型企业、狠抓队伍建设、更新经营理念为保障，以夯实烟叶生产、网络建设、专卖管理、规范管理基础为重点，以“两个至上”为追求，实施“10369”企业文化建设工程，建立文化管理体系，企业经济效益和各项工作均实现了历史性突破：税利增长6年翻了8倍；连续3年被南阳市政府通令嘉奖；连续5年保持无贷款经营；卷烟打假连续2年破获千万元网络案件；2007年，《烟草企业以建立现代物流配送体系为中心的供应链整合研究》被评为第八届河南省企业管理现代化创新成果奖一等奖；2008年，南阳国家优质烟叶科技生产示范基地以综合分数第一名的成绩顺利通过国家局验收。先后有60多家烟草企业、河南省直党委33个厅局领导到南阳观摩卷烟网建工作和企业文化建设工作；国家局、省局主要领导也10多次莅临南阳调研指导工作。

局长、经理、党组书记赵明山本人也先后被推荐评选为河南省第十一届人民代表大会人大代表，全国烟草行业劳动模范、河南省劳动模范；被评为全国企业信息优秀领导人、全国烟草行业信息化工作先进个人，全国专卖管理、纪检监察先进个人、南阳市“建市十周年功臣”；获得了2008“河南省五一劳动奖章”。

河南省委副秘书长王群（左二）带领河南省直33位厅局级领导在南阳市烟草专卖局（公司）局长经理党组书记赵明山的陪同下参观指导南阳烟草工作

2008年南阳市烟草全体干部员工在支援汶川灾区建设中积极捐款近50万元

南阳市烟草专卖局（公司）党组班子始终带领机关干部职工坚持晨练。

新野县农村信用合作联社

省联社党委书记、理事长杨玲（右二）在市县领导陪同下在新野联社考察

杨玲理事长等领导在新野联社扶持的民营企业考察

省联社副主任李志刚在市县领导陪同下在新野联社调研

新野县农村信用合作联社所属15个信用社、1个营业部、6个分社和8个储蓄网点，网点遍布城乡。在创建"信用乡镇"基础上，2004年倡导成立了县信用担保中心，5年多来，担保中心会员企业由当初的49家发展到如今的104家，农信社累计放款9.6亿多元，累计办理承兑汇票8.2亿元、贴现3000余万元，较好解决了县域中小民营企业的资金缺口和融资困难，深受地方党政的赞扬和企业的好评。

近年来，获得"省级文明单位""卫生先进单位""综合经营先进单位"和"档案管理国家二级"殊荣的新野联社以文化打造企业品牌，坚持""服务三农"理念，创新经营思路，在办好传统业务的同时，陆续推出了代发工资、代理保险、承兑贴现、债券买卖、货币市场等服务新产品。止2009年10月，全县农信社存、贷款余额分别达到29.6亿余元和24亿余元，分别占全县金融机构的45%、63%，实现经营利润3000多万元。

新野县农信联社连续6年获得县政府通令嘉奖和目标管理一等奖。

新野农信联社举办入党积极分子培训班

新野农信联社开展自助银行开通宣传

新甸铺农信社给津湾村养牛户现场发放贷款

新野联社理事长夏乐甫陪同市农信办董金润主任（左）在无公害大棚蔬菜调研

▼新野农信联社主任贾玉增（左三）在歪子镇科尔沁工业园区工地调研

国家电网
STATE GRID

淅川县电业局

全国五一劳动奖获得者局长　严君国

淅川县电业局是国家大型企业，河南省县级供电企业综合实力前三强，南阳市十强企业第8位，始建于1973年，现有变电站20座，主变总容量124.3万KVA。企业从业人数2000余人，其中主业879人，企业总资产7.1亿元，其中主业5.5亿元，2008年完成供电量33.1亿千瓦时，销售收入14.1亿元，实现利税1.03亿元。近年来，该局在县委县政府和市供电公司的正确领导下，深入贯彻十七大精神，紧紧围绕我县经济发展战略和中心工作，以科学发展观为指导，以安全稳定企业，以建设发展企业，以管理规范企业，以科技激发企业，以创新提升企业，以文化统领企业，强力打造企业核心价值观和核心竞争力，提升组织执行力，企业综合实力持续增强，先后获得“全国五一劳动奖状”、“全国‘安康杯’竞赛优胜企业”、“全国模范职工之家”、“国网公司双文明单位”、“国网公司一流县供电企业”、“河南省文明单位”、“河南省优秀基层党组织”等荣誉。该局还大力发展多种经营，现有电力试修所、恒昌制衣有限公司、南阳丹江航空俱乐部、龙山度假村、神光灯具厂等15个多经企业，2008年完成销售收入2.6亿元，实现利税2500万元。

职工文化艺术节

“与时俱进，团结拼搏，服务奉献，追求卓越”是淅川县电业局的企业精神。该局的奋斗目标是建设国家级文明单位，打造“淅川电力集团”品牌，在三至五年时间内跨入全国县级供电企业前5强。

调度中心

南阳市华湑房地产开发公司

该公司2004年经政府主管部门批准，按现代企业制度组建的新型股份制房地产开发企业，企业资质为四级，拥有15名中高级管理和工程技术人员，可接纳三万平方米以内多层、小高层建筑的设计、施工、水电安装及室内外装修装饰工程。企业以“诚信、高效、优质、安全”为宗旨，严格依法办事、依律行事，重视“以人为本”抓管理、追求“以质取肘”求发展，实现“安全生产”保效益。组建以来已完成竣面积近一万平方米，其中：南贸培训中心商住楼工程被市建委评为优良工程，首次尝试“定向开发”的南贸小区，已实现优质工程报检验收。联合开发的“金河岸度假庄园”已初具规模，一期工程已完成三万平方米，二期工程（三万平方米）正在建设中。华湑房地产开发有限公司以“诚信”立足，以“精品”扬名，以“互利”发展，合作方式灵活简便，可以“定向建设、土地入股、合作开发”。热诚欢迎社会各界有识之士光临惠顾！

联系人：李富广　　电话：0377－6308806　　地址：南阳市人民北路与高新路交叉口

南阳市建筑设计研究院

文化小区

南阳市建筑设计研究院始创于1960年，具有建筑工程设计甲级、市政公用行业道路、给（排）水乙级、岩土工程勘察乙级、工程监理乙级、建筑专业咨询甲级、市政公用工程（给水）咨询乙级、施工图审查二类资质的综合性建筑设计院。

2004年通过ISO9001质量体系认证。本院主要从事建筑工程设计及咨询、市政工程设计及咨询、岩土工程勘察、工程监理、建筑工程质量与造价司法鉴定、危房改造加固、施工图审查以及科技开发、技术开发等业务，是具备科研、开发资格的科技型企业。

我院技术力量雄厚，技术装备先进。现有专业技术人员167人，其中：教授级高级工程师2人，高级工程师25人，工程师68人，一级注册建筑师6人，二级注册建筑师17人，一级注册结构工程师9人，二级注册结构工程师9人，注册岩土工程师2人，注册公用设备工程师3人，注册监理工程师19人，注册咨询工程师2人，注册造价工程师2人。

20004以来获省、市级优秀勘察奖30余项，市科技进步奖20余项。实施“发展高新技术，争创名优设计”的名牌战略，获得长足发展。培养造就了一批专业精英、科技带头人，取得了巨大的社会效益、环境效益和经济效益。

本院弘扬“设计广厦千万间，人民安居尽欢颜”的企业精神，繁荣建筑文化，致力技术创新，严格质量管理，为社会奉献优秀设计和优质服务，为大众创造美好和谐的人居环境，创造可持续发展的现代城市与建筑。

市第一人民医院病房大楼

建研院综合楼

邓州市公安局办公大楼

南阳报业集团效果图

市中心医院病房大楼

蔡 洁

明伦房地产公司董事长
党支部书记　总经理
南阳房地产商会副会长
河南省公安厅特邀督察
监督员

【座右铭：诚信，让我们成长更稳定】

公司介绍

企业简介及经营理念

南阳明伦房地产开发有限公司是一家以房地产开发为龙头，集豪奇经贸、明伦广告、天伦物业、美之源绿化等于一体的综合型企业，注册资金4000万元人民币，房地产开发二级资质。公司成立以来，坚持“以市场为导向、以需求为根本”的指导思想，坚持“以和为贵、以人为本、科学严谨、诚信服务”的经营哲学，坚持“以质量求生存、以服务谋发展”的服务宗旨，强力实施品牌战略，不断增强企业的凝聚力和向心力，得到了社会及业界的一致好评。

企业文化

明伦——即昌明人伦的大道至理，一个境界极高的理念。它的核心价值和终极目标，就是致力于国泰民安，百姓安居乐业，国家繁荣富强。

家有“安居”，才能“乐业”，无居可安，何由乐业！明伦地产以昌明人伦为理念，以安居工程为主体，以百姓乐业为目标，为构建和谐社会做贡献。“商圣苑”、“清华园”、“都市兰亭”、“育苑花园”、“现代城”，东南西北拔地而起，高屋建瓴，金榜有名。三致万金，富甲天下的“商圣”；自强不息，厚德载物的“清华”；仰观宇宙，俯察品类的“兰亭”；宣教人文，培植良材的“育苑”；鼎故革新，行迈当今的“现代”。“明伦”，大雅雍容，继承着优秀的传统文化，与时俱进，融铸着先进的现代文明。

筚路蓝缕，以启大业。近期又拟与百年名校南阳一中联袂打造一所崭新的现代化新学校。蓝图恢宏，指日可待，树木树人，功惠千秋。

明伦，传诗书之明训，宣人伦之弘规，执羽扇于龙岗，播仁风于宛下，笃恩义于社会，奉忠诚于国家！不愠不躁，淡泊明志，克勤克俭，宁静致远。明伦地产全体员工，挥斥方遒，戮力开拓，同心同德，携手共进，为南阳、为国家和谐发展，再立新功！

社会贡献

五年来，公司先后成功开发建设了“明伦·育苑花园”、“明伦·商圣苑”、“明伦·清华园”、“明伦·都市兰亭”、“明伦·现代城”等项目，建设住宅与商用房屋3000余套，总面积达45万余平方米，部分被评为“中州杯”、“卧龙杯”、省市“优质结构工程”等优良工程。目前，明伦·育苑花园、明伦·商圣苑、明伦·清华园三个小区已成功交付使用，均受到了广大业主与社会各界的广泛认可和好评。

公司在自我发展的同时，常怀感恩之心，常思回报之志，始终关注社会公益事业和扶危济困活动，曾先后向邓州夏集常营小学、卧龙区王营村、蒲山丁庄村、石桥敬老院、汶川大地震、诸葛亮祭拜活动、大孝女崔明伟等社会公益事业捐助资金200余万元。09年10月，喜逢第25个教师节来临，又向市十五小、市二十一小、市三中、市二十二中等学校捐资助学20万元，树立了良好的社会形象和企业形象。

※ 2007年，公司董事长蔡洁被评为南阳房地产行业十大创新人物之一。

※ 2008年3月，南阳市房管局授予南阳明伦房地产开发公司2007年度“优秀企业”称号。

※ 2007年4月，南阳明伦房地产开发公司被南阳市建委授予2006年度南阳市房地产开发企业先进单位。

※ 2009年3月，南阳市建设委员会授予明伦房地产开发公司08年先进单位。

※ 明伦·现代城效果图 ※

※ 明伦·清华园效果图 ※

※ 明伦·都市兰亭效果图 ※

河南信禹监理有限公司

南阳市四水厂输水管道Ø1400砼预制管

河南信禹监理有限公司是由南阳市水利水电工程建设监理中心于2004年改制成立，是经水利部批准的水利工程施工监理甲级、水土保持工程施工监理丙级、水利工程建设环境保护监理建设监理单位。公司现注册资本为人民币202.8万元，经营范围包括水利工程建设监理、水土保持工程施工监理、水利工程建设环境保护监理、水利水电工程建设技术咨询、技术服务等。

公司现拥有办公用房200余平方米，车辆5部、电脑30余台、复印机6台、摄像机5部、数码相机40余部、传真机4台、打印机34台；具有各层次、各专业监理人员212人，其中监理工程师136人，总监理工程师31人，高级工程师33人（含从事工程经济且具有造价工程师资格证书的高级工程师2人），高级经济师1人，监理员76人；现设的主要部门有：监理技术部、财务经营部、综合办公室和人力资源部。

公司具备承担大坝、电站、堤防、水闸、疏浚、隧洞、泵站、渡槽、涵洞、管道、路桥、房屋、土地整理、农综开发、水保、环保、移民等工程的建设监理和技术咨询。

近几年来，我们承担了百余项大、中、小型水利水电工程建设监理和技术咨询任务。其中：承担的大型水利工程施工监理有：“河南省鸭河口水库除险加固工程”、“河南省宿鸭湖水库除险加固工程”、2002—2008年度“南阳市引丹灌区节水改造与续建配套工程”、“鸭河口灌区节水改造与续建配套工程”等。承担的中小型水库工程施工监理有“内乡县打磨岗水库除险加固工程”、“邓州市刘山水库除险加固工程”、“宝丰县龙兴寺水库除险加固工程”、“桐柏县龙潭河水库工程”、“内乡县太山庙水库除险加固工程”、“内乡县斩龙岗水库除险加固工程”、“南阳市卧龙区兰营水库除险加固工程”、“南阳市卧龙区打磨石岩水库除险加固工程”、“南召县廖庄水库除险加固工程”、“方城县望花亭水库除险加固工程”等60多座。承担的河道治理工程施工监理有“河南省唐白河干流一期重点工程”、“唐河柴湾险工治理工程”、“宛城区白河三十里屯险工治理工程”、“白河李大营险工治理工程”、“唐河后陈排湾险工治理工程”20余处；承担的橡胶坝工程有“南阳市白河第四橡胶坝工程”、“南阳市白河第二级橡胶坝扩建工程”“邓州市橡胶坝工程”、“黄鸭河第二南召县级橡胶坝工程”、“西峡县第三级橡胶坝工程”、“方城县潘河城区段橡胶坝工程”20多余处。承担的水电站项目有：“浙江外雄水电站”、“湖北省竹溪县大木档电站工程”、“西峡县十八盘电站工程”等。承担的水土保持工程施工监理有“河南省淅川县丹江口库区及上游2008年度水土保持项目工程”、“长江中上游水土保持重点防治工程默河项目工程”、“西峡县2007、2008年度丹江口水库水源区水土保持防渗工程”等。

南阳市白河橡胶坝工程(右岸控制室)

南阳市白河橡胶坝工程(坝长720米)

我公司同时还承担了“河南省农业综合开发重点县2006年中低产田改造项目（方城、邓州、唐河、息县、固始）”、“24个农业综合开发重点县2007年度土地治理项目（方城、邓州、唐河、息县、固始）”、“唐河县土地整理项目”、“南阳市谢庄乡土地整理项目”、等众多处行业以外的工程建设监理任务。

我公司始终坚持“公正、公平、独立、诚信、科学”的原则为业主提供高质量的服务，除施工监理外，还提供项目评估、协助业主招标、编制或审核招标文件、重大技术问题的研究、项目管理等咨询服务。通过我们的努力，在业主和承包单位的共同协作下，已完建的30多个工程项目被评为“优良”工程，其中《南阳市白河第四橡胶坝工程》获得河南省市政工程“中州杯”奖，各业主单位对于我公司的监理服务工作均给予了很高的评价，彼此之间建立起良好的长期合作关系，为公司的发展奠定了坚实的基础。

桐柏县龙潭河水库工程(坝高53米)

桐柏县龙潭河水库工程(浆砌石重力坝施工)

浙江省外雄水电站正在施工(装机2×24MW)

南阳市御龙建筑水利水电工程有限公司

公司总经理　李春生

总经理组织安全生产主题教育

南阳市御龙建筑水利水电工程有限公司成立于2000年10月，公司注册资本2006万元，具有水利水电工程施工总承包贰级、房屋建筑工程施工总承包叁级资质。现有中、高级技术人员74人，一、二级建造师40人，各技术工种506人，拥有施工机械409台，能完全保证现代化施工的要求。

我公司严格按照现代企业制度的要求，建立完善的法人治理机构，具有强大的技术力量、雄厚的固定资产和流动资金，丰富的施工经验和较高的施工水平，在省内外享有较高的声誉。公司遵循市场规律，科学发展，创新经营。多年来，公司市场不断扩大，业务量连年攀升，经济效益和社会效益不断提高。公司曾被南阳市建筑业协会评为“AAA”资信企业，被河南省工商局评为“守合同、重信用”企业。2008年被河南省水利行业协会评为“河南省优秀水利企业”，2009年被河南省建筑业协会评为“河南省先进建筑企业”。此外，公司连续获得南阳市水利系统“安全生产管理先进单位”，“工程质量管理先进单位”等荣誉。

作为南阳市水利系统大型骨干企业，一直致力于先进技术的开发利用，不断研究先进施工工艺，其中大坝加固，橡胶坝防渗，钢筋混凝土抗滑桩，顶管等施工技术有了新突破，有些项目获得市级科技进步奖。近几年来，我公司先后完成了鸭河口水库除险加固工程，安徽省六安市淠河橡胶坝工程、南阳市第二、三级橡胶坝工程等百余项水利工程以及南阳市水利局防汛通讯大楼等大型工民建项目。工程合格率100%，优良率80%。引丹灌区续建配套、蒲山电厂紫山灰坝加高等多项工程被评为省优质工程，受到省、市有关部门和业主的充分肯定。

我公司坚持“求真务实，追求卓越”的企业精神，严格按照国家和行业技术规范进行施工和控制，努力为社会创建精品工程。我们愿与各界朋友精诚合作，共创美好明天。

宛城区蔡庄综合楼工程

企业职工丰富多彩的文艺娱乐活动

南阳市白河第二级橡胶坝工程

河南汉华酒业有限责任公司

公司董事长、总经理　台文良

国家白酒泰斗、著名白酒专家沈怡方（中）、河南省酒业协会会长熊玉亮（左）、汉华酒业总经理台文良（右）合影

河南汉华酒业有限责任公司座落在三国古城、汉画之乡—新野县北郊，白河河畔，始建于1958年，是由原国有大二企业改制的民营股份制企业，公司已通过ISO9001—2000质量管理体系认证，为豫酒重点企业之一。

据历史记载，东汉刘秀反莽起义，攻克新野，被王莽追撵，与新野美女阴丽华相遇，妍妍淑女阴丽华呈阴氏作坊佳酿宴刘秀，刘秀举杯惊艳，相见恨晚，酒美人更美，刘秀当即发下宏誓大愿，“仕宦当作执金吾，娶妻当得阴丽华”。刘秀称帝后，英雄有情待佳人，册封阴丽华为皇后，册封阴氏老窖“汉华酒”为宫廷御酒，雄姿英发的“汉华粮液”由此风光华夏。

近年来，汉华酒业抢抓机遇，开拓创新，与时俱进，加速发展。现拥有传统工艺窖池260个，机构人员齐全，设备仪器先进，技术力量雄厚，内部管理规范。生产的“汉华”牌系列浓香型白酒，均选用优质五粱为原料，上等小麦制曲，采用传统五粮工艺与现代科学技术相结合精心酿制而成，经国家酒界泰斗沈怡方和众多国家级白酒专家评定，具有“清亮透明、窖香幽雅、绵甜协调、醇厚丰满、余味悠长”的独特风味。产品畅销六省130多个县市，深得广大消费者的喜爱。汉华品牌荣获“2007第二届中国国际食品博览会金奖”、“河南省著名商标”、“河南省优质产品”、“河南十大地方特色白酒品牌”、“改革开放三十周年豫酒十大强势品牌”、“南阳市委、市政府公商务接待指定用酒”等荣誉称号，公司荣获“全国酒文化明星企业”、“河南省知名商品企业”等荣誉称号。

中国人民革命军事博物馆馆长郭得河将军为河南汉华酒业公司命笔题词

“喝汉华美酒，交天下朋友”，如今的汉华人正以崭新的姿态，奋发图强，开拓创新，以发展民族产业为己任，以真诚回报社会为使命，酿造一流的产品，保证一流的质量，提供一流的服务，塑造文化品牌，创造一流名牌，用勤奋和汗水共创美好的明天。

河南汉华酒业有限责任公司总经理台文良携全体员工热忱欢迎社会各界朋友莅临指导、加盟合作、共享成功。

地址：河南省新野县汉华路中段
电话(传真)：0377-66297099
邮箱：hanhuajiuye@163.com
招商热线：0377-66297069
网址：www.hanhuajiuye.cn

党委书记　刘乐平

镇长　陈云峰

玉雕之乡——石佛寺镇位于镇平县城西北10公里处，东依207国道，南临312国道，宁西铁路穿境而过。镇域总面积148平方公里，辖21个行政村，1个居委会，4.9万人。石佛寺镇玉雕产业历史悠久，自古以来就有“玉雕之乡”、“小上海”之美誉，是南阳玉雕的发源地，河南唯一的玉雕产销重镇，全国最大的玉雕生产销售集散地。近年来，镇党委、政府立足传统玉雕产业优势，按照“全国玉文化研究传播示范基地、全国特色景观旅游名镇、豫西南特色城镇”的发展定位，强力实施“特色立镇、工业强镇、旅游活镇”三大战略，推动全镇经济社会事业快速健康发展。

在主导产业发展上，按照“接链条、扩规模、升档次、树品牌”的发展思路，全面提升产业规模和产品档次，先后形成了13个玉雕专业村，建成了石佛寺翠玉玛瑙市场、贺庄摆件市场、榆树庄批发市场、玉博苑早市、玉雕湾综合市场等玉雕专业市场，建成了全国第一家玉文化中心和玉文化博物馆，建设了老毕庄琢玉苑加工小区，新建了玉器包装和玉雕加工工具市场。正在建设的国际玉城，计划总投资10亿元，规划占地面积1300亩，建成后，将成为全球最大的珠宝玉器及相关工艺品批发基地、玉文化研究展示中心、国际性旅游购物公园、大型影视基地，对玉雕产业的战略性突破以及地方经济的可持续发展都将起到强大的推动作用。刚刚开工奠基的“天下玉源”由清华大学建筑设计研究院担纲规划设计，项目总规划用地450亩，总投资约为6.8亿元，总建筑面积约为30万平方米。天下玉源仿“汉代长安城”建筑风格，以建造“外商内院”的商住院落、重组中国传统院落关系为理念，营造10大商住组团，30余座大小院落，复兴院落生活的格调和哲学，打造石佛寺最讲究的居住文化和商业文化。伴随着玉雕产业的发展，奇石、古玩、字画、瓷器、骨雕、角雕、铜制品等旅游工艺品也迅速崛起，形成了以玉雕为主，骨雕、角雕、木雕等相宜发展的综合产业体系。目前，石佛寺镇玉雕产业链条完善，规模扩张，内涵丰富，形成了原料供应、生产加工、经营销售一体化发展的产业模式，全镇拥有各类玉雕加工企业（户）6000多家，从业人员3万多人，年产销玉雕产品1300多万件，实现产值10亿元。

石佛寺镇先后被授予“全国重点镇”、“全国文明集镇”、“全国小城镇建设科技示范镇”、“中国人居环境范例奖”、“中国特产之乡先进单位”、“中州名镇”、“河南省环境优美小城镇”、“河南省文化产业示范基地”、“河南省特色文化产业镇”、“河南省重点产业集群”、“河南省服务业特色园区”和南阳市“五星级城镇”等荣誉称号，2008年玉雕工艺被列入国家级非物质文化遗产保护范围。2008年12月，被河南省委、省政府确定为全省首批8个文化改革发展试验区之一。

常务副省长李克在南阳市市长穆为民的陪同下参观石佛寺玉雕湾

天下玉源拍卖大厅
国际玉城

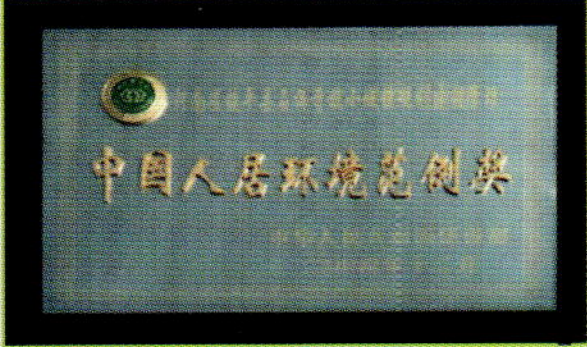

在水一方
ZAISHUIYIFANG

Hot Tables
F&W 推荐酒店

在水一方 休闲生活从这里开始

20人台宴会厅

宴会厅

多功能会议室

Hot Tables
F&W 推荐餐厅

在水一方 商务酒店

在水一方商务酒店是一家集餐饮、住宿、会议、洗浴为一体的三星级综合商务酒店。座落于风景秀丽的白河岸边，交通便捷，位置优越，是各界人士下榻及会议、培训的最佳场所，营业面积1万余平方米，停车位和地下停车位200余个。这里有风格迥异的豪华宴会厅一个、自助餐厅一个、大小雅间二十余个，大中小型会议室四个，豪华套间、标准间、单人间共八十余间，是商务会议、同学聚会、宴请亲朋、婚庆嫁娶的理想场所，可同时接待800余人就餐。在水一方酒店服务推广精细化、个性化，菜肴推广健康化，打造绿色、健康型酒店是在水一方人的不懈追求，愿我们的真诚服务，期待您的光临……。

养生三宝功夫汤

法式鹅肝冻

标准间

豪华套房

长寿果松柳芽

洗浴中心

地　　址：南阳市滨河路与建设路交汇处
商务热线：63030166　63030167
养生热线：63030116　63030118

商务标间原价268元／间／天　会员价128元／间／天
商务单间原价288元／间／天　会员价138元／间／天
商务套房原价588元／间／天　会员价288元／间／天
豪华套房原价1888元／间／天　会员价488元／间／天
凡所有酒店行业商会会员单位及个人均可享受住宿餐饮会员价。

大河人家酒店董事长
南阳市酒店行业商会常务副会长　张有臣

大河人家酒店

全国营养健康型餐饮名店

大河人家

南阳
独山大道

概念关键词:以“家”为文化主题

一个充满温馨的美食之家

A home filled with warm food

大河人家酒店于2002年10月8日开业，位于白河之滨，秀美的独山大道旁，2008年经过重新改造升级，整个酒店温馨高雅，处处充满着温情与诚挚，是一家充满文化特色的餐饮企业。

酒店营业面积1500余平方米，有各式包房20余个，可承接各式宴席。经营的菜品包括粤菜，川菜，上海菜，杭帮菜，信阳菜及南阳地方菜等多个菜系的精华，充分体现了“汇百家之长，领饮食风尚”的主题思想。酒店牢固树立以客户为中心的经营理念，依据客户口味变化不断进行菜品创新，以创新带动服务，以创新赢得市场，在南阳人心中留下良好的口碑。

大河人家酒店以“家”文化为主题，将“家”文化的餐饮内涵发挥得淋漓尽致，装修迥异，风格独特，在店堂布置、文化氛围上注重细节营造，名人字画满室生香，个性化与以人为本的温馨都恰到好处，整体装修体现了“江南水乡、小桥流水、古朴典雅”的风格，是中国传统文化与现代艺术的完美结合，饱含文化气息，而又不失典雅大气，

带给人们一种“家”的温馨。所以有人说，来这里是吃风景的，很多客人会被店内的小桥流水所吸引，因为好的风景一向都是美食最好的衬托。

香辣霸王肘

大河金牌烤鸭

圆笼糯香骨

地址：南阳市独山大道与建设路交叉口　订餐电话：0377－63058168 ／ 63580808

2009年校长杨显社代表学校与美国绿河大学签订联合办学协议

市委书记黄兴维在校党委书记周道平同志陪同下在视察工作

百年校庆老校友冯健(原新华社总编)致辞

传承百年优秀传统，高举英才教育旗帜

——前进中的南阳市第一中学校

市委黄兴维书记为我校题词（图为揭匾仪式）

河南省
示范性普通高中
河南省教育厅
二○○五年二月

学校荣誉

我校连获三届全国百强中学称号

南阳市第一中学校位于南阳市建设东路，北依独山，东临白河，占地面积13.5公顷，建筑面积10余万平方米，固定资产1.3亿元，办公、教学、运动、生活四区齐备，各种现代化教学设施俱全。现有43个教学班，3000余名在校学生，237名教职工。为河南首批省级示范性高中；连续三届被评为“中国百强中学”。学校同时还是全国中学教育联合体常务理事学校、全国教育科学“十一五”教育部规划课题实验基地、教育部重点课题优秀实验基地、河南省示范性普通高中、河南省教育系统先进集体、河南省民主管理示范单位、河南省首批语言文字规范化示范单位、河南省绿色学校、河南省卫生工作先进单位、河南省青少年科技教育示范学校。

她的前身是始建于1335年的宛南书院，1903年清光绪帝诏改书院为学堂，至今已有107年的历史，在社会上享有较高的声誉，被誉为“中州师表，教育渊源”。学校始终秉承“博文约礼，成德达才”的校训，把“德育为首，全面发展，特长突出”作为人才培育目标，实行“开放办学”模式，以先进的教育思想和观念为指导，形成了“团结、活泼、文明、进取”的优良校风，尤其是“以人为本，全面发展、自主性发展、可持续性发展，创新是动力和灵魂”的办学理念和“全面发展，自主性发展，可持续发展，人文素养好，科学素养好，特长或优势突出”的办学特色的总结，把英才辈出，桃李芬芳百年南中的要义诠释得淋漓尽致。

特级教师酒明衍在辅导学生

一百多年以来，一批批南中优秀学子脱颖而出。他们中不仅有以袁宝华为代表的政界精英，以张勇传院士为代表的知名科学家团队，以金涛为代表的共和国将军群体，以马庆泉为代表的知名经济学家，以王德炳为代表的大学校长，以冯健为代表的文化界名人；还有以姚沁（世界机器人大赛第二名）为代表的新一代南中优秀学子；更有24位文理科高考状元，上百位中学生奥林匹克学科竞赛省一等奖获得者，数十位青少年科技创新大赛国家级、省级一等奖获得者，500余名考入北大清华等名校的优秀毕业生。学校近年来应届生重点大学进线率稳居南阳市第一名；自主招生选拔考试，在全省同类学校中名列前茅。

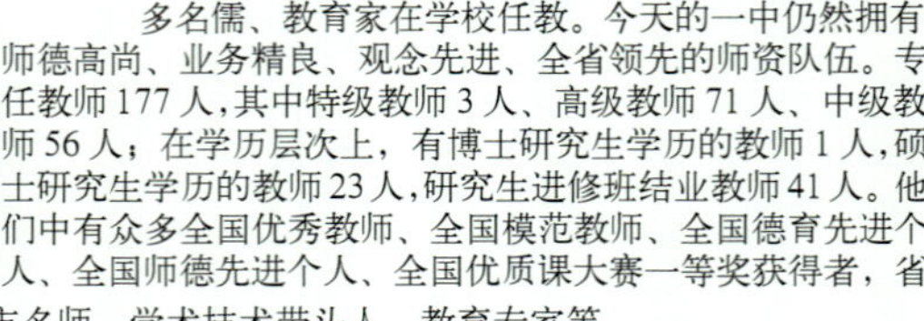

作为一所有上百年历史的中原名校，历史上曾有众多名儒、教育家在学校任教。今天的一中仍然拥有一支师德高尚、业务精良、观念先进、全省领先的师资队伍。专任教师177人，其中特级教师3人、高级教师71人、中级教师56人；在学历层次上，有博士研究生学历的教师1人，硕士研究生学历的教师23人，研究生进修班结业教师41人。他们中有众多全国优秀教师、全国模范教师、全国德育先进个人、全国师德先进个人、全国优质课大赛一等奖获得者，省市名师、学术技术带头人、教育专家等。

德育教育

体育运动会

2008年11月，学校升格为正处级单位，配备了强有力的领导班子。新班子提出了“一、三、五”学校发展新思路，即在英才教育旗帜的指引下，以大幅提升教育教学质量、显著促进教师展业发展和着力建设高品位校园文化为主要目标，重点搞好教师队伍建设、构建大德育体系、大力推进教学改革、建设高品位的学校文化、努力实现办学效益最大化五项工程。目前全校师生正在新班子提出的英才教育思想的指导下继往开来，奋力向更高目标迈进。

盛世育英才

——创造辉煌的南阳市二中

二中校友、全国政协人口资源环境委员会副主任李金明

国家级骨干教师、高级教师、河南省学术技术带头人、语文学科、南阳市二中校长李金平

特级教师、河南省骨干教师、历史学科、南阳市二中总支书记张合福在辅导学生

南阳市二中是一所具有悠久历史和光荣传统的河南省资深学府。学校始建于1953年，1980年被定为南阳地区四个重点高中之一，2002年被评定为南阳市A类高中，2004年被评定为南阳市示范性高中。

二中老校友、广东省社科联副主席、广东省委党校硕士生导师李恒瑞教授(右二)回母校访问

南阳市二中地处南阳市城区中心，西有梅溪河，东邻南阳市中心广场，南面中州路，与南阳市人民政府相隔200米。学校现有64个教学班，在校学生4000多人，教学装备完善，设施先进。安装有校长评估系统、闭路电视系统建成校园网络，实现了教学管理手段现代化；装备有6个标准的微机教室，64个教室全部安装多媒体教学系统，实现教学手段现代化；近年来又更新全部试验设备，建立起南阳市一流的学科教学实验室，实现试验设备标准化。

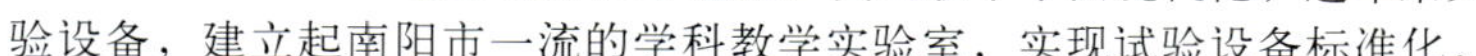

南阳市二中历史上有辉煌的成就。建校50多年来，从二中走出了以中共中央委员、全国人大常委会委员宋照肃和中纪委委员李金明为代表的政治家，以中国人民解放军某集团军政委张世显将军为代表的军事家，以中国科学院院士、半导体材料物理学家王占国为代表的科学家，以解放军某部导弹专家林平邦、解放军某研究所武器专家孟庆亮、著名历史学家南开大学武安隆教授、《经济日报》总编辑庹震为代表的各行业专家学者，以及大量工作在各条战线上的优秀人才。

二中老校友、中科院院士王占国回母校访问

南阳市二中有一流的教师队伍。目前，共有专职教师226人，其中具有硕士学位和完成研究生课程学习者共91人，高级教师83人，国家级骨干教师、省级学科带头人和骨干教师、市级名师和学科带头人共计39人，获得国家级、省级赛课一等奖者共15人，市级赛课一等奖者共42人。

南阳市二中有先进的教育理念和成熟的教学模式。学校贯彻“以德带智、体，引导学生先学会做人、再学会学习”的教育理念，培养学生学会做人、学会学习、学会做事、学会生存。在实现课堂教学目标明确化、教学内容结构化、教学方法灵活化、教学手段“现代化的同时，根据学生基础的差异，实行分层教学，逐步形成了以“面向全体，分层教学，培优转差，人人成才”为主要特色的教学模式和方法。培优在于给优等生补充知识、补优生差科，促其进一步拔高；基础薄弱的学生，则首先实行补态度、补心理，补方法，促其迎头赶上，从而促进每个学生都得到相应的提高和发展。

颁发奖学金是激励学生奋发学习的重要手段.二中每年要给优秀学生颁发奖学金近5万元，每年给经济贫困的学生发放补贴近10万元.图为2009年9月1日，得到奖学金的部分学生在颁奖现场合影

南阳市二中成绩突出、声名远扬。南阳市二中曾经培养出河南省高考状元，南阳市高考第一名、第二名，连续十多年高考成绩稳定上升，尤其是2006年、2007年、2008年，高考本科上线连续三年突破千人，一年更比一年强，一批批学子从南阳市二中走向北大、清华和全国各地高等学府，学校先后荣获“国家级体育卫生先进单位”、“河南省省级文明单位”、“河南省学校管理先进单位”、“河南省文明学校”、“省级卫生先进单位”、“南阳市教学目标管理先进单位”、“南阳市百佳校园”等荣誉称号，先后被定为“全国教育规划课题重点试验学校”、“创新教育试验基地”、“全国中小学英语教学研究实验基地”、“武汉大学优质生源基地”。

种下梧桐树，引来金凤凰。二中是南阳市中学生成才的摇篮，成功的阶梯，热诚欢迎广大初中学生来二中就读。

2009年秋季，二中在市教育局直接领导下，继续按照规定招生896人，另择优招收选校生进入学校学习。特别困难的学生，学校将设法给与生活补贴，保证高中学业顺利完成。

招生垂询电话：0377— 63163257
63163277
63136549

河南省高考状元刘冰(左)与班主任杨运锋

2008、2009两年，二中有43名学生光荣加入中国共产党

南召现代中学——南阳教育的新兴力量

校长　邱显东

南召现代中学始建于2005年，是南召县人民政府与河南弘旭教育投资有限责任公司共同创办的一所高级中学，学校位于县城黄洋路南段的开发新区，依山临水，环境清幽，是莘莘学子读书求知、陶冶情操的胜地。学校当前办学水平为南阳市示范性高中，建设目标为省级示范性高中。

现代中学占地421亩，目前已完成建筑面积8万余平方米，校园绿树成荫，花草遍地，环境优雅；教学楼、试验楼、图书楼、学术报告厅、综合办公楼、学生餐厅、学生公寓楼，教工宿舍楼和运动场地设施齐全。校内开通了校园网，教室都配备有多媒体电教设备，实验室和活动课教室配置先进，图书馆藏书丰富，阅览室报刊杂志200余种，教学参考资料充足，阅览室全天候开放，方便师生广泛阅读，查阅资料。运动场地4万余平方米，拥有标准篮球场和其它球类运动场十余个，体育教学设施完备，运动场地充足。后勤供应充分，实现刷卡服务，方便师生生活。学校硬件建设达到省内一流水平，软件建设达到省内先进水平，办学条件优越。我校目前具有容纳60余教学班，提供4000余学位的办学能力。

原副省长张洪华到校视察工作

随着南召现代中学的不断发展壮大，她以其独特的魅力吸引了七个省、市的教坛俊才前来任教。目前，我校教职工共249人，专任教师全部为大学本科以上学历，省市级学科带头人，骨干教师占30%，师资力量强，科研素质高，年龄分布合理，具有可持续发展的优势。

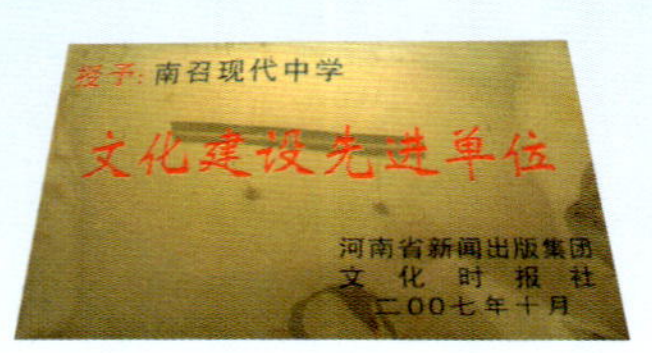

团结的领导班子

学校管理坚持以人为本，从我县教育的实际出发，逐步形成了独具特色的管理模式。首先，足严谨的序化管理：计划周详，各部门、各基层单位的工作与学生进德修业井然有序。其次，足全方位的制度管理：选编65郎国家法律法规，制订50余项学校规章，事事有章可循。第三，是高品位的文化引领：校风，教风、学风、校训、校歌、职工服务作风和干部工作作风等的核心文化精髓，能够成为凝聚师生的精神动力；学校楼宇命名，校门、教学楼群楹联，校园雕塑、文化墙及多种校园文化活动，构成了浓厚的先进文化氛围。第四，足杀统的教师校本培训方案：扎实的培调，不断优化教学思想、教学策略、教学模式、教学评价，对于教师充电、实践、研究，创新、实现专业化发展，提高教育教学质量，形成了有效的管理机制。

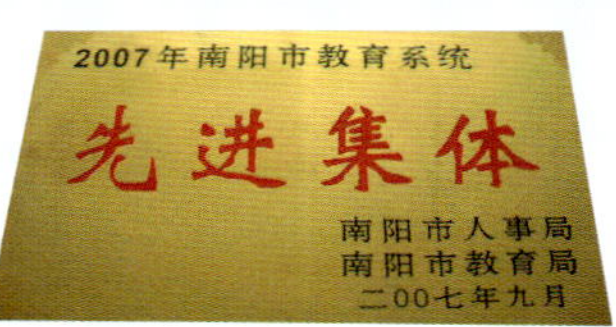

作为南召教育的新兴力量，办好优质教育，办出特色，是现代中学的不懈追求；打造成人民满意的高品位学校，实现“为学生生的发展和幸福奠墓”，是现代中学的根本宗旨。

“奖学金”资助者郭一萍将军视察学校

学生在上实验课

操场教学楼群

南阳崔树平骨科医院

南阳市人大代表崔树平骨科医院院长崔树平

崔树平院长在作骨科讲座

崔树平院长与中国食品药品监督管理局骆诗文司长合影留念

南阳崔树平骨科医院由知名的骨科专家崔树平于1999年组建成立。该院主要对骨关节性疾病的临床研究与治疗；是南阳市首家采用以中医为主，中西医结合的方法治疗骨伤病的专科医院，医院位于市仲景路与高新路交叉口，交通便利。占地20余亩，建筑面积6000平方米。内设有普通病房和宾馆式病房；医院现有职工86人，高中级技术人员42人；医院配置完善，设备齐全；设有创伤急诊、康复科、手术室等科室。热诚欢迎广大骨伤病患者前来就诊。

治疗范围：腰椎间盘突出症、骨质增生、骨性关节炎、颈椎病、肩周炎、腰肌劳损、风湿类风湿关节炎、股骨头坏死、椎管狭窄、坐骨神经痛、强直性脊柱炎、骨髓炎、骨结核、骨肿瘤、无名肿毒、创伤骨折、陈旧骨折、关节脱位、关节强直、骨迟缓愈合、青少年脊柱侧弯、后突、先天性斜颈、高肩胛症、髋内翻、马蹄内翻足等少年骨骼异常疾病。专家主刀，开展各种骨科手术。

崔树平院长在全国张仲景学术研讨会上与国家中医药管理局副局长房书亭同志合影

中国中医研究院尚天裕教授给崔树平院长颁奖并合影留念

▶北京外交部患者治愈后与崔树平院长合影留念

崔树平院长在四川汶川灾区救治伤员

百姓满意的骨病专科医院

中华医学会河南评审委员会

崔树平骨科医院被中华医学会河南评审委员会评为百姓满意的骨病专科医院

◀宁夏老年人骑游协会赠锦旗于崔树平院长

南阳市兴宛学校

董事长　霍四方

南阳市兴宛学校是一所集小学、初中、高中为一体的新型寄宿制民办学校。始建于1996年，位于独山大道与张衡路交叉口，占地178亩，现有在校学生2000余人，教职员工200余人。学校布局合理，环境优雅，是学生读书学习的理想场所。

授予：南阳市兴宛学校
全国民办教育先进学校
中国教育家协会
中国民办教育家协会
中国校长协会
中国民办教育杂志社
○○八年五月

兴宛学校突出办学特色，精品小学生部是兴宛学校的一颗璀璨明珠，办学理念新，发展实力强，管理规范科学、教育教学成果显著，深得家长的一致好评和社会的广泛赞誉。“给我一个天真稚童，还您一个少年英才”，是兴宛小学部实施精品教育的完美体现，也是小学部全体老师回报家长信任的完美呈现。

小学部

外语初中部以超前的教育理念“厚爱严管，以人为本”，牢固树立“没有教不好的学生，只有暂时落后的教育方法和暂时落后的学生”，重视学习方法指导和能力的培养，突出英语教学，让优秀的外籍教师和学生零距离接触，努力打造南阳市外语中学第一品牌。

多元高中部是南阳市唯一一家民办示范高中，近三年来高考本科进线率继二中、八中之后，居卧龙区第三。为满足不同潜质的学生成长，践行“多元发展，为每个学生量身打造个性化成才之路”的育人理念，最大限度的创设适合学生需要的教育教学模式。

中学部

高中部

近年来学校曾多次获得“全国民办教育先进学校”“省诚信办学先进单位”“全国民办示范学校”等荣誉称号。

学校秉承“厚德博学，求真至善”的办学理念，努力为南阳教育事业的发展作出更大贡献！

孙文兴书法作品

孙文兴，郑州大学在职硕士。现为中国书法家协会会员，中国书画函授大学书画家协会会员，河南省书法家协会会员，南阳市青年书法家协会副主席，南阳人物研究会常务理事，南阳市书法家协会会员，南阳中华书法艺术研究会会员。受聘于南阳广播电视大学，南阳书画函授进修学院。

自幼酷爱书画艺术，工书善文，行草宗法王羲之、王献之兼学米芾、苏东坡、黄庭坚、孙过庭，楷书以欧、褚、颜为基石，后上溯晋唐，临习钟繇《小楷》、晋人写经用力至勤，隶书习《曹全》、《张迁》、《石门》等。2000年7月毕业于中国书画函授大学，并被评为优秀学员，2006年8月结业于中国书协书法培训中心，2007年5月参加《书法导报》国展冲刺班，2009年10到中国美术学院进修书法。前后得到欧阳中石、叶培贵、刘恒、刘文华、张锡庚、胡秋萍、李刚田、于明诠、张韬、张继、汪永江、陈大中等书法家的面授指点。

书法作品多次参加全国各类书画艺术展览大赛或获奖。

2001年9月书法作品由共青团中央、中国书法家协会、中国美术家协会联合举办的中国青少年书法美术大赛中评为获奖作品入选作品集；

2002年12月在《书法报》第三届黄鹤奖书法篆刻大赛中荣获铜奖；

2002年7月被《青少年书法》杂志社评为全国青年书法家200人；2003年5月书法作品被中国书法家协会、中国画研究院、中国书画函授大学评为优秀作品，在北京中国画研究院展出；

2003年3月在《经济日报》社、华夏书画院举办的全国书画大赛中荣获铜奖；

2003年12月在河南日报报业集团、省书协、省美协举办的河南省首届党政干部书画大赛中获奖；

2005年9月在中国书法家协会举办的“高恒杯”全国书法艺术大展中获铜奖，

2005年9月入展中国书协主办的全国首届“走进青海”书法展。

2006年11月入展中国书协第二届中国书法兰亭奖“安美杯”书法展；

2006年12月获得中国书协培训中心2006教学成果展三等奖；

2008年4月入选中国书协全国首届册页展。

2008年被共青团河南省委，河南省文联评为“五四文艺奖”银奖。

其书法作品及论文在《书法报》、《书法导报》、《青少年书法》等专业报刊及《经济日报》、《河南日报》、《南阳日报》、《南阳晚报》等媒体发表，入选各种作品集27部；书画国际网、中国书法家网及书法网有个人网页专题介绍。2006年首届南阳书画名家拍卖会上，四尺对开单件作品拍卖2000元，被评为最具人气南阳书画家之一。

南阳市治安巡防支队

南阳市委政法委副书记、综治办主任、治安巡防支队支队长　刘明

南阳市中心城区治安巡防支队是一支由市委政法委、市综治委领导，市综治办直接指挥的专业治安巡防队伍，成立于2009年9月份，现有队员400人，以大中专院校毕业生和退伍军人为骨干，装备有汽车、摩托车、电动巡逻车、对讲机、橡胶棒等巡防器械。

治安巡防支队的主要职责是：在中心城区街道、居民区、党政企事业单位院外开展24小时不间断的治安巡逻，预防和制止各类违法犯罪活动；盘查、询问可疑人员，督导检查各内部单位、街道、社区的值班巡逻工作；对案件多发区、偏僻地区进行控制，防止和减少案事件发生；及时发现和制止各类违法犯罪活动，扭送各类违法犯罪分子；积极调处街面民事纠纷；协助公安部门处置治安、刑事案事件和交通事故等。

治安巡防支队成立两个月来，已累计协助处置交通事故147起，抓获、扭送各类违法犯罪人员21人，妥善处理各种街面纠纷100余件，接受群众求助500余人次，促进了城区治安面貌显著改观，受到了社会各界和广大群众的广泛好评。

全体巡防队员将会铭记巡防工作的光荣使命，牢记巡防为民的宗旨，切实增强工作的责任感和紧迫感，坚守岗位，认真履责，做党和人民的忠诚卫士，打造南阳巡防这一品牌，为建设平安南阳，促进我市经济社会全面发展作出新的更大的贡献。

英姿飒爽的女子巡防队员

巡防队员风采展示

南阳市卧龙区人民法院

院党组书记、院长　乔国和

卧龙区法院内设27个庭、科、室、队(其中含7个中心法庭)。现有人员245人，其中干部179人(含聘干48人)，工人22人。现有在职人员199人，编外离岗人员13人，离退休人员33人。在职人员中具有法官资格的98人，有审判职称但未评定法官等级的21人，其他人员80人(含法警15人)。从职级上看，正科级干部27人，副科级干部60人，其他112人；从年龄上看，50岁以上的35人，40～50岁的66人，30～40岁的76人，30以下的22人；从学历层次上看，具有专科学历的65人，具有本科学历的124人，具有研究生学历的10人。卧龙区法院管辖卧龙区和南阳市高新技术开发区，辖区人口约有90余万人；市、区党政机关、商业贸易中心、交通要道，金融机构也多在本院的辖区内；卧龙区法院管辖4个乡，7个镇，7个街道办事处。辖区地理位置特殊，人员复杂，半城半乡，案件多，重大疑难复杂案件也多，近年来，涉及群体性案件呈上升势头。卧龙区法院年均受理各类案件 6800件左右，其中审理案件5000余件，执行案件1800余件。

执法为民，得到了当事人的赞许

近年来，区法院在区委领导、人大监督、政府支持和上级法院的指导下，以科学发展观为统领，全面贯彻落实“为人民司法、为大局服务”的总体要求，牢固树立社会主义法治理念，把为经济平稳较快发展、社会安定和谐提供有力司法保障作为工作的立足点和切入点，以维护人民权益为根本点出发点，筑牢公平正义这条“生命线”。全院干警上下一盘棋，班子成员思想统一，行动一致，干警们心往一处想，劲朝一处使，团结奋进、廉洁自律、踏实苦干，形成了强劲的合力，积极克服各种困难，努力发挥主观能动性，法院各项工作取得了一定成绩，特别是2008年以来，全院的各项工作出现了强劲的良好发展势头。

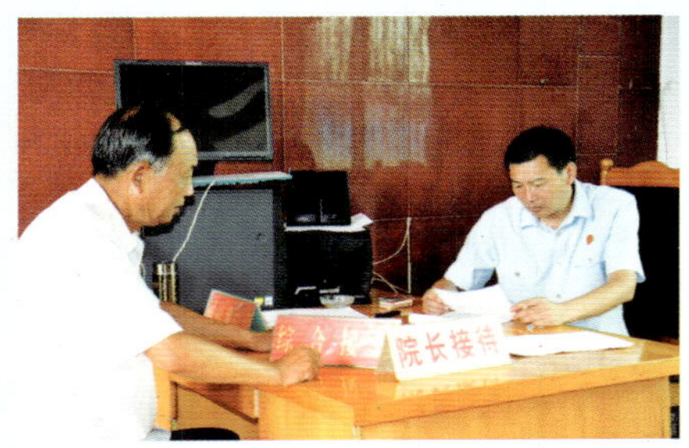

乔国和院长在院长接待日接待当事人

卧龙区法院举行公开审理大会

法警把执行款送到当事人手中

10月1日上午，全院干警举行升国旗仪式庆祝建国60周年

法官深入田间地头进行现场办案

卧龙区法院的法官送法进军营

庆祝建国60周年文艺演出

目　　录

特　　载

概　　况

基本情况

组织机构

人　　物

党政军人物

逝世人物

政　治

中国共产党南阳市委员会

纪检监察

南阳市人民代表大会

南阳市人民政府

中国人民政治协商会议南阳市委员会

民主党派和工商联

群众团体

军 事

地方军事

武装警察

人　防

法　制

公　安

检　察

审　判

司法行政

烟叶产业

畜　牧　业

林　　业

非公有制经济

水利

南水北调

鸭河口水库

农机管理

工业

电业

石油工业

石油装备

国防工业

感光材料工业

交　　通

铁路运输

公路运输

公路建设

交通战备

宛运集团有限公司

海事管理

民用航空

信息产业

邮 政

无线电管理

信息化建设

移动公司

联通公司

建设环保

城乡规划

城乡建设

房产管理

环境保护

商　业

商　务

供销合作商业

粮 油

盐业专营

烟草专卖

财 税

财 政

国家税务

地方税务

金 融

人民银行

南阳银监分局

工商银行

建设银行

农业银行

中国银行

农业发展银行

农村信用联社

商业银行

人保财险

人寿保险

太平洋财险

经济管理

计划与投资管理

国有资产管理

统　计

国情市情调查

审计监督

工商行政管理

物价管理

国土资源管理

质量技术监督

食品药品安全监管

安全生产监督管理

出入境检验检疫

南阳海关

教 育

教育综述

基础教育

高等教育

职业技术教育与成人教育

师资队伍建设与师范教育

科学技术

自然科学

社会科学

文化旅游

文化事业综述

社会文化

艺 术

文化市场

新闻出版

文物保护

文联工作

新华书店

报　纸

广播电视

旅　　游

卫生体育

卫　　生

体　　育

社会生活

人口和计划生育

劳动保障

住房公积金管理

人民生活

民　政

残疾人事业

精神文明创建活动

县市区概况

卧 龙 区

宛 城 区

南阳高新技术产业开发区

社　旗　县

方　城　县

南　召　县

镇 平 县

内 乡 县

西　峡　县

淅　川　县

新　野　县

唐 河 县

桐 柏 县

邓 州 市

大事记

风采录

附　　录

统计资料

文件选录

政府工作报告

（2009 年 4 月 2 日南阳市第四届人民代表大会第一次会议通过）

南阳市人民政府市长　穆为民

各位代表：

现在我代表市人民政府向大会报告工作请予审议并请各位政协委员和其他列席人员提出意见。

过去五年工作回顾

2004 年以来的五年是南阳经济社会发展进程中很不平凡的五年。市政府在省委、省政府和市委的正确领导下认真贯彻落实科学发展观积极构建和谐社会团结带领全市人民开拓奋进扎实工作圆满完成了市三届人大确定的各项目标任务。

综合实力大幅提升经济发展成效显著。去年全市生产总值完成 1636.4 亿元是 2003 年的 2.3 倍年均增长 13.6%。三次产业结构由“二一三”升级为“二三一”。地方财政一般预算收入 51.3 亿元是 2003 年的 2.4 倍。全社会固定资产投资 895.8 亿元是 2003 年的 4.3 倍一大批重点项目相继建成。工业经济提速增效规模以上工业增加值、实现利税分别是 2003 年的 3.6 倍和 4.8 倍 12 个优势产业完成增加值占全市规模以上工业的 80%以上一批特色产业园区发展壮大年销售收入超 10 亿元企业达 17 家新创中国驰名商标 2 个、中国名牌 5 个。自主创新能力进一步增强我市被确定为新能源产业国家高技术产业基地、河南省光电产业基地、河南省生物产业高技术产业基地。文化旅游产业快速发展五年累计接待游客 3367 万人次、实现旅游综合收入 179.4 亿元。南阳伏牛山被评为世界地质公园。环境保护和节能减排工作力度加大矿产企业整合和节约集约用地取得明显成效我市被确定为全国首批可持续发展试点城市。

“三农”工作全面加强农村面貌发生较大变化。认真落实各项支农强农政策全部取消农业税累计发放各类涉农补贴资金 38.2 亿元。粮食总产稳定增长达到 114 亿斤。油料总产突破百万吨大关。烟叶生产质量效益均创新高被确定为全国优质烟科技示范基地。畜牧业产值占农业总产值的比重达到 34%。9 个土特产品被认定为中国地理标志产品。全市提前一年实现平原绿化高级达标森林覆盖率由 28.8%提高到 36%。农业产业化步伐加快。农村生产生活条件明显改善连年夺得省“红旗渠精神杯”新建农村沼气用户 33 万户解决了 81.6 万农村居民饮水安全问题减少贫困人口 57.3 万人实现所有行政村通电、通油路（水泥路）、通电话、通宽带、通广播电视。南水北调中线工程南阳段开工建设库区移民试点工作全面启动。新农村建设稳步推进培育了一批亮点和典型。

基础设施不断完善城镇化步伐加快。中心城市建成区面积由五年前的 55 平方公里扩展到 90 平方公里。完成了一大批路、桥、坝新建改建工程和背街小巷整治工程。城中村改造扎实推进。城市环卫和城管体制改革顺利完成。荣获“中国优秀旅游城市”、“国家园林城市”称号。县城和小城镇建设迈出新步伐全市城镇化率由 25.5%提高到 34.9%。交通建设加速推进被交通运输部确定为国家级公路运输枢纽城市高速公路从无到有总里程达 553 公里居全省第一位新建改建干线公路 1895 公里、县乡公路3114公里、村道14181公里宁西铁路客运通车南阳机场直航线路增至6条。

改革开放深入推进发展活力明显增强。国有企业改革成效显著38家市属工业企业改制大头落地。义务教育管理、粮食流通、水管等体制改革相继完成行政审批、集体林权等制度改革取得明显成效交通、建设、供销、公用事业等领域改革迈出新步伐。企业上市实现零的突破新纺、利达光电成功上市。中小企业信用担保体系基本建立。非公有制经济快速发展占生产总值的比重达到56.2%五年提高12.9个百分点。大力引进战略投资者企业战略重组迈出重大步伐。成功举办了四届玉雕节、五届张仲景医药文化节、第三届豫商大会和首届宝玉石博览会积极组织参加中原文化港澳行等一系列大型经贸招商活动累计引进市外资金570亿元。五年进出口总额完成25亿美元年均增长31.6%。批准外商投资企业160家实际利用外资3.5亿美元、年均增长27.2%。

致力解决民生问题人民生活持续改善。城镇居民人均可支配收入、农民人均纯收入分别达到12395元和4570元均比2003年增加1倍以上2008年末城乡居民储蓄存款余额达687.4亿元是2003年的2倍。五年新增城镇就业57万人、农村劳动力转移就业75万人零就业家庭实现动态归零城镇登记失业率控制在3.8%以内荣获"全国就业促进活动先进单位"称号。城镇职工基本养老、医疗、失业等社会保险覆盖面不断扩大。建立完善了农村低保制度城市低保标准不断提高。全市城镇医保参保居民达60.3万人新农合参合率达到95.5%覆盖城乡的医疗保障体系框架基本形成。建设经济适用住房71.9万平方米建立了廉租住房保障制度。大力实施食品放心工程食品安全水平不断提高。

经济社会协调发展各项社会事业全面进步。科技对经济增长的贡献率达到47%荣获"全国科技进步先进市"称号。教育投入不断增加"两基"工作通过国检认真落实"两免一补"政策全面实行城乡免费义务教育。农村办学条件明显改善圆满完成农村中小学校D级危房改造、远程教育工程建设等任务。大力推进中心城市义务教育均衡发展新建、改扩建中小学校26所新增学位2.2万个缓解了"大班额"和上学难问题。职业教育加快发展助学制度进一步完善。高等教育规模不断扩大南阳理工学院升格为本科院校南阳医专、河南工业职业技术学院挂牌成立南阳师院和南阳医专先后通过教育部评估验收。公共卫生服务体系进一步健全市县疾病防控中心和医疗救治项目建成投运县乡村三级预防医疗网络建设得到加强被授予"全国农村中医工作先进市"。文化事业繁荣发展内乡宛梆等8个项目被列入国家非物质文化遗产名录荣获"中国楹联文化城市"称号。有线电视数字化整体平移工作进入全国先进行列。成功申办2012年全国第七届农民运动会。人口和计划生育工作新机制不断完善低生育水平持续稳定被确定为全国计划生育综合改革试点市。人事、统计、规划、物价、新闻出版、工商、税务、金融、口岸、供销、农机、盐业、史志、气象、地震、人防、消防、对台、侨务、外事、民族宗教、残疾人以及民兵预备役、"双拥"等工作都取得了新的成绩。

精神文明和民主法制建设明显加强和谐南阳建设扎实推进。深入开展社会主义荣辱观教育和精神文明创建活动广大干部群众思想文化素质和精神风貌发生新的变化。"五五"普法全面启动法律服务体系日益健全。认真贯彻落实《全面推进依法行政实施纲要》和《行政许可法》政府依法行政能力不断增强。加强政府廉政建设和效能建设强化行政监察和审计监督政风行风明显好转。积极推行政府信息公开。应急管理体制建立运行。自觉接受人大法律监督和政协民主监督五年共办理人大代表建议和政协委员提案3690件办结率100%、满意率97.6%。全面推进基层民主政治建设顺利完成第五、第六届村委会换届选举城镇社区建设加速推进。重视加强人民群众来信来访工作深入开展"平安南阳"创建活动狠抓安全生产社会大局保持和谐稳定。全力支援四川抗震救灾圆满完成抢险救援和过渡房建设任务对口援建工作走在全省前列。

各位代表过去五年是我市综合实力提升

快、社会建设成效好的五年是人民群众受益多、城乡面貌变化大的五年是奠定坚实基础、积蓄发展后劲的五年是我市经济社会发展最好最快的时期之一。五年来取得的巨大成就是省委、省政府和市委正确领导的结果是市人大、市政协大力支持的结果是全市人民共同奋斗的结果。在此我代表市人民政府向全市广大干部群众向市人大代表、政协委员、各民主党派、工商联、各人民团体、离退休老同志、无党派人士向驻宛企事业单位、驻宛部队、武警官兵向所有关心支持南阳发展的各界朋友表示崇高的敬意和衷心的感谢!

各位代表总结回顾过去五年的探索与实践以下五条经验弥足珍贵需要我们认真把握和长期坚持一是必须把解放思想作为应对新挑战、开创新局面的一大法宝与时俱进开拓创新奋发有为二是必须把加快发展作为第一要务以科学发展观统领全局强化项目支撑加快工业化、城镇化进程带动经济社会全面振兴三是必须把改革开放作为强大动力重视营造发展环境以开放的思维、改革的办法破解难题、促进发展以良好的环境增强吸引力、竞争力四是必须把改善民生作为政府工作的出发点和落脚点坚持以人为本让改革发展成果更多地惠及于民五是必须把务实重干作为基本要求牢记使命求真务实多做打基础、增后劲、管长远的事以事业凝聚人心以发展鼓舞士气。

在肯定成绩的同时我们也清醒地认识到全市经济社会发展还面临不少困难和问题。主要表现在五个方面一是经济实力大而不强。我市主要经济指标人均水平在全省长期处于靠后位次财政收入占生产总值的比重仅为全省平均水平的二分之一。二是经济结构不合理经济发展方式粗放。农业基础还比较脆弱工业经济不大不强第三产业比重偏低节能减排任务艰巨土地、资源、环境等约束加剧城镇化水平低中心城市辐射带动能力弱县域经济发展整体水平有待提升。三是体制机制性矛盾仍很突出。政府机构改革有待深化事业单位改革进展缓慢财政供养人员过多、包袱沉重国有商贸流通企业、集体企业改革滞后、任务艰巨。四是和谐社会建设任重道远。社会保障和就业压力加大教育、医疗、社会治安等方面还有很多亟待解决的问题。五是政府自身建设有待加强。政府职能和作风转变不到位有的部门和工作人员责任意识、服务意识不强形式主义、官僚主义问题比较突出发展环境不优。对此我们一定要高度重视认真加以解决。

今后五年奋斗目标和主要任务

站在继往开来的历史节点审时度势南阳到了奋力爬坡、跨越发展的重要关头。

我们面临的挑战前所未有。国际金融危机仍在扩散和蔓延冲击影响程度和持续时间难以预测。长期积累的体制机制性、结构性深层次矛盾和困难在新形势下逐步显现对改革发展稳定形成了沉重压力。区域竞争日趋激烈前边标兵越跑越远后边追兵日益迫近我们面临不进则退、慢进掉队的严峻挑战。面对崇高的历史使命面对全市1100万人民奋发图强的殷切期望我们必须增强忧患意识、危机意识和责任意识迎难而上以破釜沉舟的决心和气魄采取超常规举措实现跨越式发展。

我们面临的机遇和条件也前所未有。一是国际金融危机增强了国内外产业梯度转移的趋势有利于南阳在对内对外开放中寻求新的突破和更大发展危机形成的倒逼机制压力有利于我们加快结构调整和产业升级。二是国家实施积极的财政政策和适度宽松的货币政策加大对中西部和“三农”及社会建设的支持力度省委、省政府把南阳确定为区域性中心城市和省次中心城市有利于我们争取更多、更大的支持解决自身难以解决的问题。三是南阳自然资源丰富文化积淀深厚区位优势日益凸显正处于工业化、城镇化加速发展时期基础设施建设、产业振兴、社会发展等方面有巨大空间。四是南水北调中线工程南阳段、南阳核电站、南阳粮食主产区建设和全国第七届农运会筹办等重大工程陆续上马多年来谋长远、打基础、增后劲积蓄的巨大能量与全市上下人心思进的精神动力融合在一起必将为我们应对挑战、实现跨越式发展提供强大的物质和信心支撑。

今后五年政府工作的总体要求是以科学发展观统领经济社会发展全局实施“三大战略”奋力实现“四大突破”加快构建现代产业体系、现代城镇体系和自主创新体系努力推动经济大市向经济强市跨越、文化旅游生态资源大市向文化旅游强市和生态宜居名市跨越为中原崛起做出重要贡献。

今后五年经济社会发展的主要奋斗目标是到2013年全市生产总值、地方财政一般预算收入、全社会固定资产投资在优化结构、提高效益、降低消耗、保护环境的基础上力争比2008年翻一番实现五年倍增。主要经济指标年均增速达到、力争超过全省平均水平。城镇化率达到45%年均增长2个百分点。这些奋斗目标是按照上述总体要求把南阳置身于周边、全省乃至全国的发展大局中衡量在综合分析形势、认真研究市情的基础上确定的。这些目标是时代的要求、人民的期盼非常必要我们一定要努力实现！这些目标也是切实可行的我们坚信经过全市人民的共同奋斗一定能够实现！

根据上述总体要求和奋斗目标今后五年要突出抓好以下六个方面的工作

(一)建设新型工业强市构建现代产业体系。实施工业强市战略走新型工业化道路加快构建以高新技术产业为先导、以先进制造业和现代服务业为主体、以大型骨干企业为支撑、以产业集聚区为载体的现代产业体系努力在培育壮大战略支撑产业上取得突破性进展。力争到2013年生物、光电、光伏、超硬材料、石油化工、碱硝化工、先进制造、纺织、冶金、建材、医药、电力等12个优势产业销售收入均突破100亿元重点打造的新能源基地、新材料基地和食品产业基地分别达到600亿元、400亿元、500亿元以上产业集聚区工业增加值突破100亿元的达到10个2个达到300亿元以上销售收入50亿元－100亿元的企业达到10家2家达到200亿元以上。把服务业放在更加突出的战略位置加强规划引导加大政策扶持突出发展现代物流、通信、金融、商务等生产性服务业培育提升房地产、餐饮、社区服务等消费性服务业培育壮大一批现代物流园区和企业集团力争服务业占生产总值的比重每年提高一个百分点以上。

(二)加快建设区域性中心城市统筹城乡协调发展。实施中心城市带动战略构建中心城市、中小城市、小城镇协调发展的现代城镇体系。做大做强中心城市。围绕建设区域性中心城市目标加强中心城市发展战略研究按照“白河为轴、两岸并举、区块突破、组团发展”的思路坚持城市建设与产业发展、文化建设、生态建设并重强化枢纽地位扩大城市规模增强城市功能壮大城市经济改善城市环境全面提升城市综合承载力和区域发展服务能力努力把南阳建设成为全省全国知名的新型工业强市、文化旅游强市和生态宜居城市成为带动全市、辐射周边、助推中原崛起的区域性中心城市。力争到2013年中心城区建成区面积达到120平方公里人口120万人中心城市经济总量占全市的比重大幅度提升。向心发展加快构建现代城镇体系。制订实施南阳现代城镇体系发展规划和配套政策积极构筑以南阳中心城市为核心以鸭河口、官庄工矿区为两翼以镇平、邓州、新野、内乡、方城、唐河、社旗、南召等城镇为环绕核心的城镇圈以宁西铁路、焦枝铁路和许南襄、沪陕高速公路两个“十字”形重要通道为市域城镇与产业发展轴以邓州市和桐柏、西峡、淅川县城为四极以小城镇为依托拓展完善公路、铁路、航空现代立体交通支撑体系形成“一体两翼、一圈两轴四极”向心发展、合理分工、功能互补、协调推进的城乡统筹发展新格局。发展壮大县域经济。研究出台促进县域经济发展的政策措施鼓励基础较好的县市率先发展、加速增强综合实力积极扶持相对落后地区发展力争1～2个县市进入全省县域经济综合实力十强。

(三)巩固农业基础地位促进农村经济繁荣发展。高度重视“三农”工作加大政策扶持力度加快农业基础设施和新农村建设促进农业增效、农民增收、农村繁荣。以建设南阳粮食主产区为契机稳步提高粮食生产力争到2013年粮食总产达到120亿斤。按照高产、优质、高效、生态、安全的要求切实抓好优质粮食、棉花、烟叶、油料、蔬菜、小辣椒、中药材、林果、花卉、食用菌十大主导产业基地建设和以南阳肉牛、生猪、奶牛为重点的优质畜产品生产加工基地建设推动南阳由传统农业大市向现代农业强市转变。增加、整合支农资金强化农业基础设施建设加大农综开发、扶贫开发力度提高农业机械化装备水平五年内使农业生产条件明显改善、综合生产能力明显提高完成大中小型水库除险加固、南水北调中线工程征地拆迁和移民安置任务解决农村饮水安全问题和现有全部贫困人口的脱贫问题。按照新农村建设“二十字”方针要求以试点村、示范村建设和特色产业培育、村容村貌整治为重点因地制宜整村推进力争到2013年全市新农村建设实现较大跨越农村面貌显著改善、农民生活更加宽裕。

(四)发挥资源优势加快建设文化旅游强市和生态宜居名市。坚持市场化、产业化、品牌化运作和规模化、集约化发展深入挖掘开发南阳楚汉文化、医药文化、衙署文化、曲艺文化、玉文化、盘古文化、赊店商业文化等特色文化保护开发文化名胜和文化遗产加快发展特色文化产业、新兴文化产业和社会文化产业构筑主业突出、结构合理、特色鲜明的文化产业体系大力推进文化事业单位改革和文化管理体制改革鼓励各类资本进入政策许可的文化领域促进文化资源大市向文化强市转变。围绕“游在伏牛、养在南阳”目标积极创建旅游强市和生态宜居名市。坚持在保护中开发、在开发中保护以伏牛山生态游为龙头创建一批山水精品培育一批文化名片重点打造宝天曼、老界岭、南水北调中线渠首、恐龙遗迹园、玉雕湾、山陕会馆等核心景区完善旅游线路强化宣传推介提升服务质量拉长产业链条促进旅游业快速发展。充分开发利用南阳丰富、地道的中药材资源坚持医教研、产加销六位一体弘扬张仲景中医药文化致力打造中医药都和养生胜地。实施碧水蓝天工程强力推进节能减排加大污染治理力度搞好造林绿化强化生态保护努力把南阳建成山水园林相间、生态环境优美、人与自然和谐发展的宜居健康家园。

(五)大力实施开放带动和创新推动战略增强发展动力活力。把开放带动作为跨越发展的主战略依托优势资源和骨干企业办好节会、园区载体积极承接产业转移着力引进国内外大企业、大财团等战略投资者重点谋划引进一批超亿元、超十亿元的大项目。调整优化出口产品结构扩大横向经济技术合作不断拓展双向开放的广度和深度。优化经济发展环境着力打造“零障碍、低成本、高效率”的投资环境。深入推进各项改革。积极实施、如期完成新一轮政府机构和乡镇机构改革。巩固扩大国有工业企业改革成果。加快商贸流通企业、集体企业改革步伐全力推进事业单位改革争取五年内完成改制任务。大力开展全民创业出台优惠政策激活各类创业主体支持中小企业做大做强。积极推进财税、金融等重要领域和关键环节的改革攻坚尽快形成有利于推动跨越发展的体制机制。深入实施科教兴宛和人才强市战略加快构建以企业为主体、以市场为导向、产学研相结合的自主创新体系。力争2013年全市高新技术产业增加值占规模以上工业增加值的比重达到30%自主创新能力达到全省先进水平。

(六)加强社会建设努力构建和谐南阳。扎实推进以改善民生为重点的社会建设使广大人民群众学有所教、劳有所得、病有所医、老有所养、住有所居共享改革发展成果。坚持教育优先发展战略优化资源配置实现义务教育均衡发展基本普及高中阶段教育大力发展职业教育提升高等教育发展水平。进一步完善卫生服务体系基本建立覆盖城乡居民的基本医疗卫生制度为群众提供安全、有效、方便的医疗卫生服务。积极开展全民健身活动提高竞技体育水平办好第七届全国农运会。加强就业服务体系建设改善就业环境促进社会就业。完善养老、医疗、失业、工伤、生育保险制度和城乡社会救助制度全面提高社会保障水平。加大经济适用住房和廉租住房建设力度致力解决城市低收入家庭住房困难问题。强化社会建设和管理营造社会长治久安、人民安居乐业的良好环境。

概　况

基本情况

自然地理

【区域位置】 南阳市位于河南省西南部，东界河南省驻马店、信阳市，南接湖北省襄樊市、十堰市，西与陕西省商州市相连，北与河南省三门峡、洛阳、平顶山市毗邻。地理坐标为北纬 32°17′～33°48′，东经 110°58′～113°49′。以南阳为圆心，以郑州、武汉、西安等几个大城市划园，几百公里半径范围内再没有辐射性很强的城市，南阳正好可以在这个范围内发展成省际区域性中心城市。

【气温、降水】 全年平均气温 15～16.7 摄氏度。年降水总量 639.8～1317.3 毫米。日照时数 1476.8～1971.0 小时。

【地貌】 南阳地处全国第二级地貌台阶向第三级台阶过渡的边坡上，西、北、东三面环山，是一个向南开口的马蹄形盆地。山地、丘陵、平原大体各占三分之一。其中，山地面积为 9709 平方公里，占总土地面积的 36.5％；丘陵面积为 7889 平方公里，占总土地面积的 30％；平原面积为 8911 平方公里，占总土地面积的 33.5％。

山地包括北部的伏牛山、西南部的淅川岩溶低山与东部的桐柏山，海拔高度一般都在 400 米以上，相对高度大于 200 米，高山海拔高度超过 2000 米，相对高度大于 500 米；低山海拔高度 400～1000 米，相对高度为 200～500 米。

【水系】 南阳市河流分属长江、淮河、黄河三大水系。长江水系汉水流域的唐、白河水系最大，丹江水系次之，淮河水系分布于南召、方城、桐柏三县，黄河水系只有南召县马市坪乡的河水汇入嵩县的伊洛河。主要河流有白河、唐河、丹江、淮河、湍河、刁河、鹳河、三夹河、甘江河、泌阳河、赵河、淇河等。

自然资源

【矿产资源】 南阳市经过自元古时代至今多期次构造运动，伴随着多种成因的成矿地质条件，形成了种类繁多的不同规模和丰富的矿产资源。已发现各类矿产 82 种，其中探明储量的 66 种 146 处，大型以上 41 处，中型 47 处。矿产地达 460 余处。主要矿种有天然碱、金、银、石油、蓝晶石、红柱石、硅线石、金红石、蓝石棉、天然气、大理石、石墨、水泥灰岩、钒、铁、白云石、宝玉石、石膏、萤石、耐火粘土、膨润土、水晶、重晶石、铜、铅、锌、镁、云母、高岭石、蛭石、海泡石、钠盐、硫铁矿、蛇纹石、花岗岩、冰洲石、沸石、透闪石、矿泉水、地热等。其中天然碱、银矿、蓝晶矿、红柱石、硅线石、金红石储量居全国首位；蓝石棉储量为全国第二；铜矿、石墨储量居全省第一；石油、金矿储量居全省第二。独山玉是绝无仅有的天然玉石品种，探明储量1.957万吨，远景达 20 万吨。矿产资源储量潜在价值4274.54亿元，其中 14 种主要矿产经南阳市地质矿产局测算，其潜在价值达 1682 亿元。

现已开发利用的矿种 50 余种，主要有金、银、铜、铁、铝、锌、天然碱、石油、蓝晶石、石墨、石膏、大理石、花岗岩、水泥灰岩、膨润土等。同时，位于南阳城区的地热开发已经起步。

【动植物资源】 市境已发现有脊椎动物 415 种。其中哺乳类 49 种，鸟类 249 种，爬行类 32 种，两栖类 16 种，鱼类 69 种，还有节肢动物、环节动物、线形动物、扁形动物、腔肠动物、原生动物等。饲养动物主要有牛、马、驴、骡、猪、羊、兔、狗、猫、鸡、鸭、鹅、鹿、貂、蜂等。“南阳黄牛”体型高大，肌肉发达，皮质优良，为全国五大优良品种之一。“南阳黑猪”在全省享有盛名。南阳柞蚕居全省首位，柞绸驰名中外。

全市共有维管束植物 184 科 927 属 2298 种，其中蕨类植物 26 科 62 属 179 种，裸子植物 8 科 15 属 27 种，被子植物 150 科 850 属 2092 种。列入国家重点保护的植物 30 余种，主要有香果树、银杏、天麻等。列入省级重点保护的植物共 10 余种，主要有铁杉、石槲、辛荑等。用材树种有 300 余种，经济树种有数百种。其中西峡的猕猴桃、南召的辛荑居全国之首，西峡的油桐、西峡和内乡的山茱萸、镇平的杜仲、淅川的柑桔居全省之首，南召的苹果、桐柏的板栗为全省重点产区之一。药用植物共 1000 余种，野生花卉和城市绿化植物 400 余种。主要土特产有猴头、木耳、香菇、茶叶和蕨菜、珍珠花等山野菜。主要农作物有小麦、玉米、水稻、棉花、烟叶、绿豆、芝麻、红薯、花生等。

【水资源】 全市多年平均地表水径流量为 67 亿立方米，地下水年补给总量达26.64亿立方米，可供开采的地下水资源多集中在唐、白河下游的平原区，年可采量约8.58亿立方米；全市实有水资源总量70.35亿立方米。

【土地资源】 土地资源类型复杂多样，土地总面积为 2.66 万平方公里。其中，耕地 1489.16 万亩；园地 79.57 万亩；林地 1229.25 万亩；草地 6.84 万亩；其它农用地 236.62 万亩；居民点及工矿用地 312.64 万亩；交通用地 17.97 万亩；水利设施用地 79.27 万亩；未利用土地 400.91 万亩，其它土地 124.08 万亩。土地利用方面兼有南、北方特点，其空间分布及土地利用有明显的差异，耕地主要分布在盆地平原及两侧的岗地，林地则集中分布于山地和丘陵，城乡建设和交通用地以平原区和岗地占绝对数量优势。土壤类型以地带性黄棕壤土类为主，兼有区域性砂姜黑土、潮土、水稻土、紫色土等土类。

【旅游资源】 南阳市是中国优秀旅游城市、国家园林城市、国家历史文化名城，2009 年度中国旅游竞争力百强城市。邓州市是省级历史文化名城，社旗县赊店镇、淅川县荆紫关镇是国家历史文化名镇。南阳旅游资源丰厚，有成熟景区（点）70 多处，2A 级以上景区 22 个，国家工业示范点 1 个，其中 4A 级景区 5 个。

南阳的古文化旅游资源主要有楚、汉、三国、淮源、盘古、古官署及宗教文化系列等。楚文化系列有被誉为“长城之父”的南召楚长城，楚国古都丹阳迹址等。汉文化代表有全国最大的古代冶铁作坊——瓦房庄遗址、汉宛城遗址、医圣祠、张衡墓等。南阳汉画像石（砖）发现的数量、规模、内容、研究和旅游价值，均属全国第一。南阳的三国留存遗迹主要有武侯祠、魏公桥、汉桑城、火烧博望古战场遗址等。淮源文化和盘古文化位于桐柏山淮源景区，主要景点有淮景亭、淮渎庙、大禹锁蛟处、盘古山、盘古庙等。南阳府衙和内乡县衙皆为全国重点文物保护单位，是国内尚存为数不多的几家官署中的精品，具有极高的研究和旅游价值。南阳的古建筑群资源数不胜数。有香严寺、菩提寺、丹霞寺、水帘寺等，有建筑风格和雕绘艺术独特的社旗山陕会馆，有五里长街保存基本完好的清代建筑原貌荆紫关古街道，有以地宫内发现“金棺银椁”而引起轰动的邓州福胜寺梵塔，有因范仲淹在邓州写成天下名篇《岳阳楼记》而闻名天下的“百花洲”，有道教胜地五垛山、小顶山等。

南阳的红色文化之旅有桐柏叶家大庄、镇平彭雪枫纪念馆、唐河张星江纪念馆、方城杜凤瑞纪念馆、邓州雷锋纪念馆等。

南阳的山水自然风光秀美，旅游资源丰富，开发潜值巨大。已开发的自然景观以“两山”、“两水”为代表，构成了独具南阳特色的旅游品牌。"两山"即伏牛山和桐柏山,"两水"即丹江口水库和鸭河口水库。

伏牛山环抱在南阳的西部和北部,南阳境内面积占73.1%,自然景观也主要集中在此,是世界地质公园、国家级伏牛山自然保护区。典型的景观有被联合国教科文组织命名的"人与自然生物圈保护区宝天曼、西峡恐龙遗迹园、龙潭沟瀑布群、九龙口瀑布群、双龙潭瀑布群等。桐柏山位于豫、鄂两省交界处,是千里淮河的发源地和早期革命根据地。淮河源古老的民间传说与秀美的山野风景相互印证,赋予桐柏山令人向往的文化内涵。有丰富的盘古文化、淮源文化、西游记文化、佛教文化,是国家推出的红色旅游县。

丹江口水库位于丹江和汉江的交汇处,横跨豫、鄂两省,水库水面 800 余平方公里,蓄水达 174 亿立方米,是亚洲水面面积最大的水库,被誉为"中国的阿斯旺水坝"、"内陆的太平洋"。库区群山耸立、湖光山色,美不胜收。举世瞩目的南水北调中线工程源头就在这里。水库沿岸古文化相对集中,楚文化遗存尤为丰厚。主要景观有楚始都丹阳故址龙城,规模巨大的下寺春秋楚墓群、千年古刹香严寺,修炼胜境坐禅谷等。

鸭河口水库在白河的中上游,离南阳城区 30 公里,水面 120 平方公里,蓄水 13 亿立方米,具有防洪、灌溉、养殖、旅游等综合功能。水库库叉众多,沿岸低山丘陵起伏多姿,半岛小岛星罗棋布,休闲度假、观光旅游十分便利。

行政区划

全市辖卧龙、宛城二区和南召、方城、镇平、内乡、西峡、淅川、新野、唐河、桐柏、社旗十县及邓州一市,92 个乡,114 个镇,30 个街道办事处,4540 个农村村委会,341 个社区居委会。是河南省土地面积最大、人口最多的地级市。

人　　口

2008 年全市年出生人口 12.36 万人,出生率为 11.36‰;死亡率为 5.94‰;人口自然增长率为 5.42‰。年末全市总人口为 1091.31 万人。

民　　族

南阳市是一个多民族的人口大市。2008 年,全市共有 44 个民族成分,除汉族外,计有回、蒙、满等 43 个少数民族,总人口 25.5 万余人,占全市总人口的 2.4%,占全省少数民族人口1/5强,居全省 17 个市地少数民族人口之首。

南阳市少数民族人口的分布呈大分布小聚居的格局,是典型的杂散居地区。千人以上的少数民族 4 个,其中回族 156143 人,主要分布在南召、镇平二县;蒙古族 67118 人,以镇平、南召、内乡居多;满族 29721 人,以淅川县居多。全市少数民族万人以上的县(市、区)有 10 个,其中卧龙区 15537 人,宛城区 28724 人,邓州市 24000 人,镇平县 54922 人,南召县 29811 人,方城县 20279 人,淅川县 12831 人,唐河县 15145 人,新野县 13078 人,内乡县 19696 人。全市共有少数民族千人以上的乡镇 82 个,2 个民族乡,218 个少数民族聚居村。(李海阳)

宗　　教

南阳市的宗教历史久远。全市有佛教、道教、伊斯兰教、天主教和基督教五种宗教,信教群众达 54 万多人,遍及全市 13 个县(市、区)。从事各种宗教教职人员共有 2071 人,其中佛教 317 人,比丘 186 人,比丘尼 131 人;道教 381 人,乾道 147 人,坤道 109 人,道士 103 人,道姑 22 人;伊斯兰教阿訇 147 人;天主教 20 人,神甫 5 人,修士 10 人,修女 5 人;基督教 1206 人,牧师 6 人,长老 56 人,传道员 1144 人。佛教活动主要分布于桐柏、南召、社旗、唐河等县;道教主要分布于南召、方城、邓州、西峡、卧龙、宛城等地;天主教活动主要分布于唐河、邓州、镇平、卧龙、宛城、南召等地;伊斯兰教和基督教活动遍及全市。至 2008 年底,全市共登记开放宗教活动场所 943 处,其中寺观教堂 492 处,固定场所 451 处。基督教 652 处,伊斯兰教 117 处,道教 96

处，佛教68处，天主教10处。全市共有各级宗教团体47个，其中市级7个，县级40个。（李海阳）

交　通

2008年，全市形成以航空、铁路和高速公路为骨架，以干线公路为支脉，县乡公路、农村公路为网络，四通八达的现代化立体交通新格局。南阳飞机场是河南省三大民用机场之一，可直飞北京、上海、重庆、深圳等地，年旅客运输量达9.5万人次。焦枝铁路和宁西铁路在南阳形成十字交叉，使南阳成为全国重要的铁路交通枢纽。6条高速公路以南阳城区为中心向外呈五角星状辐射全市11个县（市、区），境内高速公路通车总里程达553公里，连续两年名列全省第一。4条国道和14条省道分别从境内纵横穿过，农村公路通路网络密布，全市乡镇客车通达率达100%，行政村通达率达98%。至2008年底，全市营运车辆100195辆，其中营运客车6005辆，营运货车94190辆，客运线路1100条，辐射全国28个省、市、自治区。公路运输共完成客运量11164万人次，客运周转量717966万人公里，居全省第一位；货运量9629万吨，货运周转量695147万吨公里，居全省第二。公路运输行业总产值87.81亿元，创造利润11.11亿元。

组　织　机　构

中共南阳市委

书　记　黄兴维
副书记　穆为民　贾崇兰（女）
常　委　黄兴维　穆为民
贾崇兰（女）
朱长青　刘朝瑞
王建民　杨其昌
孙丰年　姚进忠
陈代云　陈光杰
原永胜　常　康
秘书长　原永胜
副秘书长　谢先锋　王金泉
王韵华　王荣建
张聚奎　宁春士
肖　河　赵显夫
张何伟　刘文俊
刘中青

市委机关事务管理局
局　长　杜学锋

保密局
局　长　郭荣庆
副局长　刘　进　李文举

市档案局
局（馆）长　武乐善
副局长　金　鹏　靳社强

市国家密码管理局
局　长　张何伟
副局长　张　岩　吴庭贵

南阳宾馆
市委副秘书长、总经理　李宗玲（女）
副总经理　郭玉堂　单清林
苏　石　贾书文（聘）
霍咏梅（聘）

市委党史研究室
主　任　吕德民
副主任　张艳佩（女）
李克实

政策研究室
主　任　赵显夫
副主任　赵　静（女）
曲　岩

市委组织部
部　长　杨其昌
副部长　党光德　苏方文
许　正

市党员电化教育中心
主　任　文　锋

市委宣传部
部　长　姚进忠
副部长　庹　军（女）
吴朝河　景文栓
王同杰

文明单位建设指导委员会办公室
主　任　王贵汉
副主任　银　剑　孙起照
纪检组长　杨林云

市委党校
副校长、书　记　郑德扬
副书记　王自全
副校长　许玉建　杨振保
高元志

南阳日报社
总编辑　葛　宏
副总编辑　任威东　包廷怀
张　敏　张富杰
杨培基　李明建
纪检书记　赵怀成

南阳晚报社
总编辑　张　敏（兼）

市委统战部
部　长　王建民
副部长　李志广　靳明志
朱　钦
纪检员　温毅明

市委台湾工作办公室
主　任　徐朝炎
副主任　谢文海

市侨联（侨办）
主　任　刘红跃

南阳市工商联
会　长　吴冬焕（女）
书　记　陈冉楠
副会长　李光敏　吴桂荣（女）
纪检员　金少鹏

市台胞台属联谊会
会　长　王艳丽

市委政法委员会
（市社会治安综合治理委员会）

书 记 常 康
副书记 杨强德 刘 明
柳维钦 司如岑

市委市直机关工作委员会

书 记 王法志
副书记 张宜民 王晓东
纪工委书记 郭建里
工委委员 尹 晓 文 锋
法玉伟

市委老干部局

局 长 丁功银(回)
副局长 李书胜 吉星庆

老干部活动中心

主 任 闫富旺

老干部休养所

所 长 朱海成

市委政府信访局

局 长 李 鹏
副局长 余国廷 刘荣堂
李保灵 王炜逸
李苏宾
纪检组长 贾振强

中共南阳市纪律检查委员会

书 记 孙丰年
副书记 高立业 张海泉
褚松华
常 委 孙丰年 高立业
张海泉 褚松华
白 湇 孙秀奇
贾 硕(女)
徐天如 苌其林

监察局

局 长 高立业
副局长 白 湇 徐天如

南阳市第四届人民代表大会常务委员会

主 任
党组书记 李天岑
副主任 马东升 李东武
杨德明 金 星(女)
秦 俊 党光德
谢先锋
秘书长 何新华
委 员(40名,以姓名笔画为序)
马 俊 王子芝(女、蒙)
王成法 王国俊
王保全 王恒宇
王献忠 王新志(回)
朱中典 朱玉伟
刘亚斌 刘克成
刘克敏 杜风光
李 科 李文安
李为民 李全胜
肖庆玲(女)
张 航 张学祥
陈代云 陈保国
宗香勤(女)
赵 杰 胡逸云
秦英林 袁中告
徐文建 高志平
常 杰 庹 军(女)
韩松德 韩奎生
程相武 曾宪玲(女)
雷恩洲 廖华歌(女)
薛江峰(女)
冀淑芳(女)
副秘书长 刘克敏 常 杰
王子芝(女)

办公室

主 任 刘克敏(兼)

机关党委

党委书记 常 杰(兼)

研究室

主 任 李全胜
副主任 唐炳申

信访室

主 任 王子芝(兼)
副主任 陈松华

法制委员会

主 任 朱中典
副主任 王富生

财政经济委员会

主 任 朱玉伟
副主任委员 宗香勤(女)

内务司法工作委员会

主 任 杨运合
副主任 雷恩州(正处)
王显德(正处)
樊黎明(女)

法制室

主 任 曾宪玲

选举任免代表联络工作委员会

主 任 李为民
副主任 孟祥营 范成志

代表工作室

主 任 王新志

预算工作委员会

主 任 韩松德
副主任 徐富华 高黎明

农村工作委员会

主 任 陈保国
副主任 朱云申(正处)
马 俊

教育科学文化卫生工作委员会

主 任 冀淑芳(女)
副主任 翟 毅 李静敏(女)

城乡建设环境保护工作委员会

主 任 齐文生
副主任 王国俊(正处)
赵 杰 游金会

民族侨务外事工作委员会

主 任 王成法
副主任 郭 成

南阳市人民政府

市 长 穆为民
副市长 朱长青 陈光杰
李建豫(女)
姚龙其 冯晓仙(女)
张振强 贺国营
崔 军
市长助理 马学民 李中杰
王 中 田向和(女)
秘 书 长 李中杰(兼)
副秘书长 姚国政 赵 彬
曾光春 卢伟平
李 力 郭 鹏
张 伟 杨明显
孙经合 程相岑
周天龙
纪检组长 周传民

市政府机关事务管理局

局 长 殷家良

市政府法制局

局 长 燕军庆
副局长 陆 波

市政府驻郑州办事处

副秘书长
主 任 武安庆
副主任 闫广州 郑春山

市政府驻北京联络处

副秘书长
主 任 张运成
副主任 高 峰 孟范中
纪检员 王春堂

市地方史志办公室

主 任 秦 俊
副主任 刘胜海 马秀银(回)
纪检员 潘华强

省无委办南阳管理处
处　长　齐富宇
市烟叶生产办公室
主　任　赵国交
南阳市接待办公室
主　任　赵　彬(兼)
书　记　宁春士
副主任　张书锋　杨天嘉
纪检员　梁军胜
南阳节会活动办公室
主　任　张　伟(兼)
副主任　朱青山
市地震局
局　长　郭　鹏(兼)
副局长　王　勉　邱海涛
市房管局
局　长　陆行任
书　记　张清范
副局长　刘书臣　向天军
　　　　贾晓斌
纪检书记　郝　丽(女)
房改办主任　安怀申
市住房公积金管理中心
主　任　冯文胜
市旅游局
局　长　黄　乐
副局长　刘建中　李忠林
　　　　张清岑
纪检组长　杨云梯
外事办公室
主　任　赵天才
副主任　郝以昆
市人事局
局　长　张书报
副局长　刘丰良　闫宏显
　　　　夏广军　王金彦
纪检组长　文献华
安置办主任　曹全中
市人才交流中心
主　任　柯其锐
市人事考试中心
主　任　周　华
市编委办公室
主　任　张书报
书　记　夏广军
副主任　刘金栓　朱明意
市劳动和社会保障局
局　长　何新华
副局长　王　坤　高　华(女)
　　　　李绍华　李　军
纪检组长　付文义
市失业保险管理处
主　任　周清香
市企业养老保险局
局　长　苏金勇
市机关事业单位保险处
主　任　刘照红
南阳市高级技工学校
校　长　赵保志
书　记　秦运洪
市医疗保险中心
主　任　杨　华
书　记　段庆银
市民政局
局　长
书　记　王　琴(女)
副局长　曾凡春　郭亦红(女)
　　　　陈洪勋　张天庆
纪检组长　王宏旭
南阳西军用饮食供应站
站　长　郑先波
市民族宗教局
局　长　杨光才
副局长　赵　刚　崔德锐
纪检组长　李万清
市发展和改革委员会
主　任　李甲坤
副主任　苏玉南　时乘风
　　　　梅晓林　刘荣阁
　　　　石显清　殷玉宝
　　　　王清平　杨子宛
　　　　李聚兴　陈建敏
　　　　时德清　李学勤
纪检组长　李聚兴(兼)
工业运行局局长　赵成林
市信息中心
主　任　李学勤(兼)
市物价局
局　长　常秀梅(女)
副局长　吕秀成　王志涛
　　　　丁心长
纪检组长　李　军
市规划局
局　长　张德宝
书　记　李保江
副局长　周德林　王建生
　　　　门国平
纪检书记　康　臣
总规划师　王群彦
市建设委员会
主　任　李金旺
书　记　廖玉安
副书记　王　克
副主任　刘鹏举　张群林
　　　　张喜雨
纪检书记　张　森
市政管理处
主　任　魏春兴
市园林绿化管理局
局　长　秦书林
市环境卫生管理处
主　任　李　伟
市建筑设计研究院
院　长　刘　伟
市城市管理监察支队
支队长　相庆斌
市环境保护局
局　长　赵明喜(女)
书　记　宋宽军
副局长　刘金利　王修志
　　　　张建新　彭德栋
纪检组长　王卫华
工会主席　王喜章
市国土资源局
局　长
书　记　包建铎
副局长
副书记　王保湘
副局长　张清松
市土地储备开发中心
主　任　徐　洋
南阳地质公园管理局
常务副局长　关　湘
市统计局
局　长　王书延
副局长　陈长龙　王中华
　　　　赵信章
纪检组长　谭涌涛
市经济社会调查队
队　长　李继山
南阳地方经济社会调查队
队　长　杨　光
国家统计局南阳调查队
队　长　潘书林
副队长　李显清　宋　瑞
纪检组长　李俊岭
市国资委
书　记
常务副主任　张树华
副书记
副主任　肖海有
副主任　桑万有　陈兰君
　　　　胡石明　王玉建
　　　　蒋　璞
纪检书记　李　中
离退办主任　陈　克

政治部主任　尚军生
市企业干部培训中心
书　记　方遂昌
市医药经济发展中心
主　任　陈瑞伟
市安全生产监督管理局
局　长　周建国
副局长　彭义仁　贾宗温
　　　　李玉春　韩宝立
纪检组长　赵　震
市交通局
局　长　李建涛
书　记　王谊卿
副书记　陈文珍
副局长　张宝玉　付中玉
　　　　闫保卫　赵　伟
　　　　高贤信　刘学刚
纪检书记　白　烽
总　　工　王文东
市公路管理局
局　长
副书记　王国俊
书　记　王志克
副书记　杨春生
副局长　鲁相林　王建海
　　　　徐　超　李付平
　　　　熊永建
纪检书记　高新峰
工会主席　王建义
总　　工　毕旭冰
市交通战备办公室
主　任　张建强
市财政局
局　长　胡云生
书　记　孙天朝
副局长　孙专才　郭廷献
　　　　王景文
纪检组长　贾国远
投资总公司
总经理　宋黎明
总会计师　孙　勇
市财政干部教育中心
主　任　韩海平
市财政专项资金管理处
处　长　宋黎明
市非税收收入管理局
局　长　艾国强(回)
市农村信用资金管理处
处　长　尹清占
市会计核算中心
主　任　马传亚
市基层财政管理局
局　长　刘德安
市审计局
局　长　程建华
副局长　方　向　田　青
　　　　鲁德岑　孔雪飞
纪检组长　李东晓
市经济责任审计局
局　长　余耀伟
市供销合作社
书　　记
理事会主任　张兴珍
副书记
监事会主任　王　奇
理事会副主任　彭义举　刘安豪
监事会副主任　史　良
纪检书记　何英俊
总经济师　董文基
市粮食局
局　长
副书记　畅　强
书　记
副局长　郭德生
副局长
副书记　王建跃
副局长　李　华　张德新
　　　　赵天祥
纪检书记　李鹤翔
市农业综合开发领导小组办公室
(扶贫开发领导小组办公室)
政府副秘书长
主　　任　赵玉坤
副主任　胡庆恒　王珊民
　　　　江宏伟
纪检组长　王兴华
市农业科学研究所
所　长
书　记　王玉斌
副书记　陈明侠
副所长　冉中民　徐　郁
　　　　徐志森
纪检书记　余行简
市农业局
局　长　谢广平
副局长　宋天庆　王志恒
　　　　孔　伟　葛荣黎
　　　　李敬铎　董国良
　　　　袁　璋
纪检组长　王德钊
总农艺师　李玉生
市农业机械化管理局
局　长　张胜海
书　记　赵玉安
副局长　马子斌　阎道畅
　　　　岳明书　范保祥
纪检书记　张国云(女)
市林业局
局　长　宋运中
书　记　张荣山
副局长　刘化忠　张宏宪
　　　　齐宗俭　吴子献
　　　　周明金
纪检组长　邹平洲
总　　工　王邦磊
南阳黄石庵林场
局　长　李金平
书　记　曹志刚
市畜牧局
局　长　王　放
书　记　王长勋
副局长　王冠立　刘长胜
　　　　张振耀　魏家川
纪检组长　王　鹏(蒙)
总畜牧师　马建坤(回,女)
市黄牛良种繁育场
场　长　王玉海
南阳黄牛科技中心
主　任　贾志阳
市水利局
局　长
副书记　雷恩洲
书　记
副局长　李守强
副局长　李金栓　刘　垠
　　　　张　晌　孟庆德
　　　　李星华
纪检书记　张秀杰
总　　工　王会午
市南水北调中线工程
领导小组办公室
主　任
副书记　刘浩安
书　记
副主任　王玉献
副主任　靳铁栓　曹祥华
　　　　皮志敏
纪检组长　武　伟
市水利建筑勘测设计院
院　长　路金镶
书　记　吴家宝
市鸭河口灌区管理局
局　长　孙跃星
鸭河水库工程管理局
局　长　田国祥
副局长　张思峰　王新建

齐　峰
纪检书记　周永聚

市中小企业服务局
局　长　李　洪
副局长　陈佰灵　苏克刚
刘书忠
纪检书记　方聚才

市城镇集体工业联社
主　任　李　洪(兼)
副主任　王成来　刘永德
张大豪

市科学技术局
局　长　褚庆义
副局长　李静波(女)
张华国　栗杰阳
毕跃莲(女)
纪检组长　闫光彬

南阳21世纪议程办公室
主　任　蔡国印

市知识产权局
局　长　崔云宝

市卧龙高新园区管委会
主　任　葛均西

市教育局
局　长　贺国勤
副局长　李英世　李宗阳
李元章　杨　扩
纪检书记　张世君

市宛西中等专业学校
书　记　郝树声
副书记
校　长　周树先
副校长　丁　成　袁延波

市宛东中等专业学校
校　长
书　记　张　满
副校长　潘自力　曾凡新
郭清华

南阳幼儿师范学校
书　记　王明亭
校　长　全廷建
副校长　卢明存　李　黄
刘洪奎

市宛北中等专业学校
书　记　宋长庚
校　长　李天祥
副校长　张金玉

南阳广播电视大学
书　记　黄景玉
校　长
副书记　马汉亭
副书记
副校长　贾伟杰
副校长　史天为　冯俊玲(女)
副书记
纪检书记　马晓玲(女)

市招生考试办公室
主　任　张建生

市教育局油田教育中心
主　任　黄传录
书　记　曹明伟

市第一中学校
校　长　杨显社
书　记　周道平

市第二中学校
校　长　李金平
书　记　张合福

市第五中学校
校　长　叶文瑞
书　记　王　超

油田第一中学
书　记　闫胜彦
校　长　王海云

油田第七中学
书　记　聂海勇
校　长　魏忠星

市第一中等职业学校
书　记　朱星光

市第二中等职业学校
校　长　黄　鹂(女)
书　记　王齐星

市体育局
局　长　杨鸣哲(女)
副书记　王玉亭
副局长　吴　强　吴宗彦
徐春林　马驰昭
纪检组长　黄　华

市体育运动学校
书　记　董书林
副校长　刘自群　董建中
纪检书记　刘红霞(女)

市文化局(文物局、新闻出版局)
局　长
书　记　陈华山
副书记　马本殿
文化局副局长　贾廷选
文物局副局长　陈同庆
新闻出版局副局长　罗佩霞(女)
纪检书记　焦　蕴

南阳文化艺术学校
书　记　崔照臣
校　长　张新强
副校长　时　坚　张学增

胡大卫

市博物馆
馆　长　赫玉建

南阳汉画馆
馆　长　凌解兵

市卫生局
局　长
书　记　王保云(女)
副书记　陈启功
副局长　冀文鹏　王卫民
舒国华　桂延耀
张封岭　陈少禹
王尽翔
纪检书记　秦守国

中医药管理局
局　长　王保云(女,兼)
副局长　冀文鹏　舒国华

市疾病预防控制中心
主　任　王卫民
书　记　冀文鹏(兼)

市爱卫会办公室
主　任　熊　岩

市中心医院
书　记
院　长　赵玉亭
副院长　李玉东　仝运科
翟玉峰　张保朝
纪检书记　仝运科
副书记　任　武

南阳医学高等专科学校
书　记　鲁庚林
校　长　方家选
副书记　张金虎
副校长　梁新武　逯应坤
张须学　徐持华
纪检书记　张国良

南阳医专第一附属医院
院　长　林文博
书　记　傅建邦

张仲景国医院(中医院)
院　长　高立超
书　记　陈启功(兼)
副院长　符华阳　赵清春
李瑞森
纪检书记　林海兵

市广播电视局
局　长　张　恂
副局长　杨振江　田　岭
万富立　杨永德
张　涛
纪检组长　严红伟

南阳电视台
台　长　田　岭
南阳广播电视网络中心
主　任　张红亚
南阳人民广播电台
台　长　陈建明
书　记　陈振海
市人口和计划生育委员会
主　任　李天玉
副主任　张海阔　白均益
　　　　王　克　姚　辉
　　　　张耀军
纪检组长　孙　波
市商务局
局　长
书　记　郑国炳
副局长
副书记　秦　炫
副局长　田　峰　李金岭
　　　　王文巍　孔繁智
　　　　乔保全　谢北新
纪检组长　田　军
市商务管理职业学校
校　长　杨亚娜(女)
国际贸促会南阳市支会
会　长　陈中林
市经济协作办公室
主　任　唐跃鹏
市场发展中心
主　任　刘　波
书　记　王学峰
市人民防空办公室
主　　任　王志鹏
副 主 任　任传伟　牛豫忠
纪检组长　夏明晓
市盐业管理局
局　长　吴成玉
书　记　范道理
副局长　焦　勇　朱玉召
纪检书记　贾廷恩
南阳理工学院
书　记　安身健
副书记
院　长　姚锡远
副书记　刘　建
副院长　郭建生　刘荣英(女)
　　　　刘振山
纪检书记
工会主席　黄林江
组织部长　周礼春
院长助理　陈世云　肖泽昌
南阳农业学校
书　记　王胜利
校　长
副书记　邱佳阳
副书记
副校长　范长海
副校长　贾国文　宋建华
　　　　布登付
纪检书记　孙天洲
南阳工业学校
校　长
副书记　王　岩
副书记
副校长　冉生学
副校长　张廷哲　常绍君
　　　　刘延召
纪检书记　郭　坚
南阳经济贸易学校
书　记　牛建刚
校　长
副书记　贾兆玉
副校长　李增基　陈居政
市公安局
局　长
书　记　马学民
副局长
副书记　万保平
工会主席　宁指南
副局长　路书剑　马建峰
　　　　魏玉廷　周长远
　　　　张其俊　高广伟
　　　　马中虎　勾志强
纪检书记　赵明杰
市公安干部学校
书　记　罗小果
校　长　顾军旗
市治安警察支队
政　委　胡志勤
市刑事警察支队
支队长　张　鋆
政　委　李保山
市交通警察支队
支队长　别占军
政　委　张文媛(女)
市监管支队
支队长　江俊斌
政　委　陆平汉
市司法局
局　长　曹月西
副局长　贾宗华(女)
　　　　李青田　刘中和
　　　　谢清波
政治部主任　宋向阳
纪检书记　邓士星
南阳监狱
监 狱 长　杨志刚
政　　委　周广聚
副监狱长　王栓保　李振海
　　　　　王　炜
纪检书记　赵旗田
政法干校
书　记　张士华
校　长　董宏彬

政协南阳市第四届委员会

主　席　朱广平
副主席　文学林　赵秀玲
　　　　全运科　宋　蕙
　　　　赵金文　张志安
　　　　贺国勤　刘荣阁
　　　　吴冬焕
秘书长　王保云
副秘书长　赵增琦　韩德栓
　　　　　彭廷政
常务委员(以姓氏笔划为序)
　　　　王　力　王　克(蒙古族)
　　　　王文顺　王西娟(女)
　　　　王同杰　王克成(蒙古族)
　　　　王若愚　王金富
　　　　韦占荣(女)
　　　　卢国强(回族)
　　　　任　锋　任玉晋
　　　　刘　冰　刘文青
　　　　刘洪定　华道梅(女)
　　　　师恒建　朱　钦
　　　　朱学灵　毕跃明(女)
　　　　毕跃莲(女)
　　　　许　正　闫保卫
　　　　余世虎　吴子献
　　　　张　晌　张小红(女)
　　　　张丰敏(女)
　　　　张建新(女)
　　　　张婉婉(女,高山族)
　　　　张略韬　张聚奎
　　　　时亚丽(女)
　　　　李　林(女)
　　　　李付元　李金朝
　　　　李冠彧(女,回族)
　　　　李晓兰(女)
　　　　李敬铎　李登刚
　　　　陈　曦(女,回族)
　　　　岳　爽(女)

柳维钦　胡卫东
胡保珍(女)
赵明喜(女)
赵增琦　郝书霞(女)
夏天俊(女)
徐春林　殷志永
聂付华　曹月西
常　琦(回族)
黄　鹏　黄新璞(女)
龚庆生　彭廷政
褚松华　葛宝丘
韩　博(女)
韩宝立　韩德栓
雷　耕　魏建廷

研究室
主　任　张小红
提案委员会
主　任　赵明喜
副主任　谷　晔
经济委员会
主　任　李金朝
农业委员会
主　任　张略韬
教科文卫体委员会
主　任　王克成
民宗台港澳侨委员会
主　任　张婉婉
副主任　闪秀荣
社会和法制委员会
主　任　曹月西
副主任　刘顺跃
学习和文史资料委员会
主　任　张建新
县级政协工作委员会
主　任　时亚丽

南阳市人民检察院

检察长
书　记　刘在贤
副检察长
副 书 记　李兴华　郭国谦
副检察长　李光成　秦大苏
　　　　　王中信　尤德炳
政治部主任　唐荣军
纪检组长　白晶玉
反贪局局长　张　科
公诉处处长　潘玉亭
反渎局局长　李明芳
省检察官学院南阳分院
院　长　龚岩林

南阳市中级人民法院

院　长
书　记　庞景玉
副院长
副书记　卢光明　刘　鹏
副院长　史成群　王　定
　　　　宋黎晓　王振国
政治部主任　杨振敏
纪检组长　铁松建
执行局长　葛庆河
法官进修学院南阳分院
院　长　谢明洋

中国人民解放军南阳军分区

司 令 员　陈代云
政治委员　任　峰
副司令员　傅生华
副政治委员　祝润安
参 谋 长　李建伟
政治部主任　刘新旺
后 勤 部 长　时召龙

中国人民武装警察部队南阳市支队

支 队 长　姬志刚
政治委员　郭　炬
副支队长　田光明　王天青
副政治委员　方亚伟

中国人民武装警察部队南阳市消防支队

支 队 长　郭华杰
政治委员　王晓河
副支队长　张洪如　赵　刚

民主党派

民革南阳市委
主 任 委 员　金　星(女)
副主任委员　张　驰
　　　　　　李晓兰(女)
民盟南阳市委
主 任 委 员　赵秀玲(女)
副主任委员　华道梅　王贺伟
民进南阳市委
主 任 委 员　刘荣阁(女)
副主任委员　葛宝岳
　　　　　　肖庆龄(女)
九三学社南阳市委
主 任 委 员　仝运科
副主任委员　胡宝珍(女)
　　　　　　宗香勤(女)

群众团体

南阳市总工会
主　席　韩奎生
副主席　常　琦　赵建军
　　　　李　中　聂首梅(女)
共青团南阳市委
书　记　王　庆
副书记　李冠彧(女)
　　　　樊　牛　赵　楠
纪检员　李会中
南阳市妇联会
主　　席　柳克珍(女)
副 主 席　毕跃明(女)
　　　　　齐　岭(女)
　　　　　乔　玲(女)
纪检书记　庄旭阳(女)
南阳市科协
书　记　刘建华
主　席　薛江峰(女)
副主席　彭富生
纪检员　刘卫利
南阳市文联
主　席　王遂河
书　记　廖华歌(女)
副主席　凌解放　陈明远
纪检员　张现实
南阳市社联
书　记
副主席　李义祥
副主席　石　峰　张建军
南阳残疾人联合会
理 事 长　宋金海
副理事长　唐圣敬　贾庆红
纪检组长　杨鹏兴

国家部委和省驻宛部分单位、市属企业

南阳市供电公司
总经理　孔林理
书　记　华　峰

副书记
纪委书记　冯国增
副总经理　孙建新　薛洛良
　　　　　徐　伟
工会主席　倪万力
总工程师　王　波
总会计师　朱一凡
飞龙公司总经理　赵永强

南阳市邮政局

局　长　李显林
书　记　王家伟
副局长　曲　扬　魏建峰

河南省移动通信公司南阳分公司

总经理　王保全
书　记　王景仲
副总经理　杨德志　张红伟

中国联合通信有限公司南阳分公司

总经理　陈小星
书　记
副总经理　乔宏伟
副总经理　朱玉平　葛华民
　　　　　符长征　纪国强
　　　　　焦国群　汪　洋
　　　　　杨　栋

南阳市气象局

局　长　李海彬
副局长　孙长林　赵丰飞
纪检组长　李文静(女)

中国人民银行南阳市中心支行

国家外汇管理局南阳市中心支局

行　长　程亚男
副行长　王　强　王　晓
　　　　武　勇　王学昌
纪检书记　吴家尧

中国工商银行南阳分行

行　长　王　伟
副行长　孙庆阳　王跃进
　　　　宋哲旭　温铁牛
纪检书记　孙君奇

中国农业银行南阳分行

书　记
行　长　赵乐飞
副书记
副行长　于　平　刘子军
副行长
纪检书记　武合建
工会主席
副行长　邹吉青

中国银行南阳分行

行　长　肖新勇
副行长　田海波　张俊普
　　　　刘　宏

纪检书记　魏建通
督导员　罗惠贤

中国建设银行南阳分行

行　长
书　记　王　毅
副书记
副行长　张中歌
副行长　李慧敏(女)
　　　　樊国兴　邬荣平
　　　　李伟农
风险主管　黄俊峰
工会主席　郭保平
纪检书记　涂志堂
行长助理　岁秀训

邮政储蓄银行南阳分行

行　长　杨洪泽
副行长　赵　英(女)
　　　　初辉建

中国农业发展银行南阳分行

行　长　王绍群
副行长　高建民　周运龙
　　　　张富山

市商业银行

行　长
副书记　贾继红
董事长
书　记　杨曙光
副书记　库有亮
副行长　朱建伟　李明建
　　　　曾　凡
纪检书记　陈育新
监事长　赵庆增
工会主席　毛　宇

市农信办

主　任
书　记　董金润
副书记　丁广源
副主任　翟　勇　黄汉三

中国人寿保险公司南阳分公司

总经理　淡新虎
副总经理　郭文彬(女)
　　　　　胡　峰　查广庆

中国人民保险公司南阳分公司

总经理　满占庆
副总经理　王国山　周学峰
　　　　　郝文彬　刘新强
　　　　　吴文光

太平洋财产保险公司南阳分公司

总经理　孙常安
书　记　乔玉勤
副总经理　门道发

太平洋人寿保险公司南阳分公司

总经理　宋文伟
副总经理　何心宽　李保瑞

市国家税务局

局　长
书　记　马东起
副局长
副书记　闫西伟
副局长　李德奎　贾福运
　　　　张培红(女)
　　　　曾凡平
总经济师　徐亚东
总会计师　张占伟

市地方税务局

局　长　高新运
副局长　王晨煜　张富升
　　　　刘顺伟
纪检组长　孙东方

市工商行政管理局

局　长　杜耀先
副局长　杜荣峙　陈桂芳(女)
　　　　张松富
纪检组长　武振强

南阳出入境检验检疫局

局　长　郭云超
副局长
纪检组长　刘　强
副局长　孙　映

南阳海关

关　长　张新生
副关长　鲁士勇　徐庆立

南阳市烟草专卖局

河南省烟草公司南阳分公司

局　长　赵明山
副经理　胡焕兴　张五庆
纪检组长　常　方

市质量技术监督局

局　长　傅新立
副局长　赵国强　朱　萍(女)
　　　　皮炳申
纪检组长　张　照

南阳市食品药品监督管理局

局　长　孙　振
副局长　黄国祥　刘林来
　　　　毛　伟　李金朝
纪检书记　韩　杰(女)
稽查大队长　王　定

南阳师范学院

书　记　苗相甫
院　长　石恒真
副书记　谢东华　黄荣杰
副院长　刘湘玉　宋争辉
　　　　刘国章　卢志文

纪检书记　黄荣杰(兼)
工会主席　李　宏

河南工业职业技术学院

书　记　唐伯武
院　长　李生平
副书记
副院长　翟福生　王　伟
副院长　赵德申　李金波
　　　　杜建根
纪检书记　张旭东
工会主席　王仁伟

省经济管理学校

校　长　刘　军
书　记　刘卫红(女)
副书记　杨国敏(女)
副校长　李俊伟　徐世国
　　　　张汉林
纪检书记　贺望琢(女)
工会主席　侯同江

新华书店

总经理
书　记　张广旭
副总经理　张耀华
副总经理
检纪组长　侯红昕

河南石油勘探局

局　长
总经理　李联五
书　记
副局长　唐大鹏
副局长　陶光辉　孔繁文
　　　　袁建强
副总经理　樊中海　张　毅
　　　　　王　敏
副书记
纪检书记　李　科
工会主席
总会计师　项习文
党工委书记　邱荣华

南方航空集团公司南阳基地

总经理　朱　海
书　记　刘照升
副总经理　张凤翔　张国卿
工会主席
纪检书记　张兴聚

郑州铁路局南阳车务段

段　长　马锡忠
书　记　李德龙
副段长　冯兴宽　邵金民
　　　　李学勤　杨　杰
　　　　张广州

副书记
纪委书记　王世英
工会主席　何铁军

二机石油装备(集团)公司

董事长
书　记　杨汉立
总经理
副总经理　尹永晶(董事)
　　　　　张　勇　曲　宁(董事)
　　　　　徐奇清　冯　草
　　　　　李　铁　吕　冰(董事)

乐凯集团第二胶片厂

厂　长
书　记　滕方迁
副书记
工会主席　杨宗锡
副厂长　杜　璠　李　柯
　　　　杨永宽
总会计师　叶抚舜

红阳工业公司

董事长
书　记　张宝振
总经理　王忠平
监事会主席
纪检书记　卢科杰
副总经理　张恒志　戚九民
　　　　　郝永林　韩　韬
　　　　　马金海　安中兴
　　　　　谢　宏
总会计师　范华平
副书记
工会主席　冯其应

红宇厂

厂　长　张振华
书　记　范　军
副厂长　李建平　冯愿军
　　　　张振强　徐金锁
副书记　师增田
总会计师　吕炳强
总工程师　陈振华
工会主席　彭爱莲

向东厂

董事长
总经理　徐爱军
副总经理
书　记　朱超英
监事会主席
工会主席　乔新涛
纪检书记
副总经理
总工程师　辛景平
副总经理　李彦民　刘云生

　　　　　田效军
总会计师　刘素强

北方星光工业公司

董事长　张子贤
总经理　袁堂洪
书　记　邓成行
副书记　朱长春
纪检书记
工会主席　褚德安
副总经理　李　域　李付生
　　　　　余　宏
总会计师　吕春果

中南工业公司

董事长
书　记　赵玉泉
总经理　贾　攀
监事会主席　周子平
副总经理　郝　玲(女)
副总经理
副书记　牛建伟
副总经理
工会主席　侯　军

中光学集团

总经理　张守启
书　记　王志亮
副总经理　王天洲　魏克伦
　　　　　王世先
总会计师　陈鲁平
总工程师　李智超

鸭电公司

董事长　何毅敏
书　记　高志平
总经理　张留锁
副总经理　宋嘉俊　余德忠
　　　　　赵安立
总工程师　姚建村
总会计师　李甲林

六四五六工厂

厂　长　宋铁军
书　记
工会主席　朱德法
副厂长　徐明明　陈　磊
　　　　张国庆
副厂长
纪检书记　刘云志
总会计师　朱晨荣

方达发电

总经理　吕学斌
书　记　丁　亿
副总经理　户传斌　秦　溱
纪检书记
工会主席　赵国峰

总工程师　陈广海

三七八处

书　记
处　长　裴绍营

副处长　姚庆宪

副书记　吴文方

高速公路公司

董事长　陈洪俊

总经理　王士教

副总经理　王景俊　王延风

副书记　周建功

纪检书记　汪　岩

总经济师　王　斌

河南兵储物流公司

董事长
书　记　郭克亭

总经理　王功成

副总经理　杨　勇

河南华阳装备制造公司

总经理　吕广波

副总经理　吕　涛

南阳卷烟厂

厂　长　王恒宇

书　记　李贵玲

副书记
副厂长　孟祥军

副厂长　石国强　张　喆

副书记
工会主席　曾显峰
纪检书记

中联水泥南阳分公司

总经理　任振河

副总经理　刘天成　孟显军　宋玉安

财务总监　李学功

向东粮库

主　任　任国强

书　记　宋福太

副主任　苏小强

亚龙筑路机械制造公司

总经理　王志兴

书　记　寇宗理

镇平新星光学有限公司

董事长
总经理　王九耀

副总经理　王天法

防爆集团

党委书记
董事长　魏华钧
总经理

副总经理　白照昊　张书启

副书记
纪检书记　田忠义

总工程师　靳　芝

总会计师　李连新

天冠集团

党委书记
董事长　张晓阳
总经理

副总经理　路明章　刘　宏　贾永文　晋兆林　郭　凯　李玉新　翟光校　韩永玉

副书记　冯文成　刘　宏

工会主席　王福祥

纪检书记　胡天增

总会计师　郭功合

总工程师　杜风光

衡清制药

董事长　谢清喜

总经理
书　记　余国全

副书记　陈永新

副总经理　郑山亭　黎喜才　郭更武　冯景仲　侯耀东　李　健

工会主席　胡　辉

南纺集团

董事长　张合谦

总经理　袁清智

书　记　余德聚

副总经理　袁宁华　孙德顺　白新民　杜思凡　朱庆生　何　建　蔡芳芝　谢清旺

副书记　杨振国　李俊廷

工会主席　张　伟

天泰水泥

董事长
总经理　余　强

副总经理　孙德明　姜克献　曾跃进　李泓冰　王　森　张文庆

金冠王码公司

董事长　闫成喜

总经理　赵子光

副总经理　李永祥　吕呈祥　海本霞

副书记　金宪章

神龙塑胶集团

书　记　齐德斌

副总经理　樊自新　杨永章　崔付全　李业军　曾庆长

工会主席　王　琪

长风机械制造厂

厂　长
书　记　王万彦

副厂长　张珂瑜

总会计师　尚玉洲

纪检书记
工会主席　王　伟

副书记　潘茂伍

新旺氯碱化工

董事长　张相生

总经理　田建军

书　记　朱克胜

工会主席　徐传谦

副总经理　李海明　程文波　白荣甫　朱光新　马金贵　卢俊杰　李遂堂

普康药业公司

董事长　席春迎

首席执行官　符蓬旭

党委书记
副总经理　牛　犇

副总经理　张小贝

副总经理
总工程师　张　华

工会主席
纪检书记　赵海光

副总经理　刘振敏

金冠集团

总经理　刘怀章

天工集团

总经理
书　记　张连喜

副总经理
纪检书记　曹　华

宛运集团

董事长
总经理　胡逸云

纪检书记　吕锐矛

副书记　熊富有

工会主席　韩永庆

财务总监　杨清霞

人　　物

党政军人物

黄兴维　中共南阳市委书记。男，汉族，1953年5月生，河南省固始县人。1982年12月加入中国共产党，1970年11月参加工作，郑州大学化学系毕业，大学文化程度。九届全国人大代表，省七次党代会代表，九届省政协委员，六届中国科协常委。1970年11月～1973年8月，为郑州大学化工厂工人；1973年8月～1976年8月，在郑州大学化学系学习；1976年8月～1978年12月，任郑州大学化工厂技术员；1978年12月～1984年3月，任郑州大学科研处助教；1984年3月～1985年2月，为河南省科学技术委员会科管处干部（其间，1984年10月～1985年1月，在日本东京国际培训中心进修学习）；1985年2月～1988年8月，任河南省科学技术委员会办公室副主任；1988年8月～1994年5月，任河南省科学技术委员会办公室主任（其间，1990年2月～7月，在河南省委党校第十期中青班学习；1991年1月～1992年12月，在河南大学经济学研究生班在职学习；1991年3月～1993年6月，下派偃师县任县委副书记）；1994年5月～2000年3月，任河南省科学技术委员会副主任、党组成员（1997年10月兼河南省科学技术协会副主席）；2000年3月～2002年10月，任河南省科学技术协会常务副主席、党组书记（正厅级）（其间，2000年9月～2001年1月，在中央党校地厅班进修学习）；2002年10月～2004年2月，任河南省科学技术协会主席、党组书记；2004年2月～2004年4月，任南阳市委副书记，市人民政府代市长、党组书记；2004年4月～2006年11月，任南阳市人民政府市长；2006年11月，任中共南阳市委书记。

穆为民　南阳市人民政府市长。男，汉族，1961年11月生，河南省叶县人。1985年6月加入中国共产党，1983年8月参加工作，郑州纺织机电专科学校机械制造工艺与设备专业毕业，政工师，中国人民大学研究生院政治经济学研究生。七届、八届省委候补委员。1980年9月～1983年8月，在郑州纺织机电专科学校机械制造工艺与设备专业学习；1983年8月～1985年9月，任郑州纺织机械厂技术处技术员；1985年9月～1989年4月，任郑州纺织机械厂团委干事、副书记、党委委员；1989年4月～1992年5月，任郑州纺织机械厂党委委员、团委书记；1992年5月～1994年

4月，任共青团河南省郑州市委副书记、党组成员；1994年4月～1996年12月，任共青团河南省郑州市委书记、党组书记、青联主席（其间，1992年9月～1994年6月，在河南省委党校经济管理专业夜大本科班学习）；1996年12月～1997年3月，任河南省巩义市委副书记；1997年3月～2000年12月，任河南省巩义市委副书记、市长（其间，1995年9月～1997年9月，在中国人民大学研究生院政治经济学专业在职研究生班学习）；2000年12月～2003年6月，任河南省巩义市委书记；2003年6月～2006年12月，任河南省郑州市委常委、巩义市委书记；2006年12月～2009年3月，任河南省郑州市委常委、副市长；2009年4月，任南阳市人民政府市长。

贾崇兰　中共南阳市委常委、市委副书记。女，汉族，1952年11月生，河南省镇平县人。1972年7月加入中国共产党，1970年1月参加工作，开封师范学院政教系毕业，大学文化程度。1970年1月～1973年9月，任镇平县张林公社民办教师；1973年9月～1976年8月，在开封师范学院政教系学习；1976年8月～1984年8月，任南阳卫校人事科干事；1984年8月～1985年10月，任南阳卫校学生科副科长；1985年10月～1989年11月，任南阳卫校学生科科长；1989年11月～1992年6月，任南阳卫校党委副书记；1992年6月～1994年5月，任南阳地区教委副主任、党组副书记（1993年2月提正处级）；1994年5月～1995年5月，任南召县委书记；1995年5月～2000年2月，任南阳市教委主任、党组书记；2000年2月～2004年3月，任中共南阳市委常委、宣传部长；2004年3月，任中共南阳市委副书记。

朱长青　中共南阳市委常委、市人民政府常务副市长。男，汉族，1959年1月生，河南省方城县人。1983年11月加入中国共产党，1982年7月参加工作，郑州大学历史系毕业，大学文化程度，学士学位。1978年9月～1982年7月，在郑州大学历史系历史专业学习，获历史学学士学位；1982年7月～1984年10月，任社旗县下洼乡团委书记、经联社副主任；1984年10月～1985年6月，任社旗县田庄乡乡长；1985年6月～1989年2月，任社旗县朱集乡党委书记；1989年2月～1990年3月，任社旗县人民政府副县长；1990年3月～1991年12月，任内乡县委常委、宣传部长；1991年12月～1992年10月，任共青团南阳地委书记；1992年10月～1994年5月，任共青团南阳地委书记兼邓州市委副书记；1994年5月～1997年8月，任桐柏县委书记、县人大常委会主任；1997年8月～1999年1月，任南阳市人民政府副市长；1999年1月～2003年11月，任中共南阳市委常委、市委秘书长；2003年11月，任中共南阳市委常委、市人民政府常务副市长。

刘朝瑞　中共南阳市委常委，邓州市委书记。男，汉族，1958年6月生，河南省淅川县人。1983年5月加入中国共产党，1976年8月参加工作，在读博士。1976年8月～1978年4月，任淅川县盛湾乡马湾初中民办教师；1978年4月～1980年4月，在内乡师范学习；1980年4

月～1983年12月，在淅川县盛湾高中任教；1983年12月～1985年8月，历任淅川县盛湾乡党委秘书、副书记、乡长；1985年8月～1988年3月，任淅川县滔河乡党委副书记、乡长；1988年3月～1989年9月，任淅川县宋岗电灌局党总支书记、主任，县农经委副主任；1989年9月～1991年12月，任淅川县滔河乡党委书记；1991年12月～1993年12月，任南召县人民政府副县长；1993年12月～1996年2月，任南召县委常委、县人民政府副县长（其间，1994年9月～1996年7月，在河南农业大学农业经济管理专业函授班学习）；1996年2月～1998年8月，任南阳市乡镇企业局党组书记、局长；1998年8月～2000年8月，任西峡县委副书记、县人民政府县长；2000年8～11月，任西峡县委书记、县长；2000年11月～2003年11月，任西峡县委书记；2003年11月，任中共南阳市委常委、邓州市委书记。

王建民　中共南阳市委常委、市委统战部部长。男，汉族，1954年5月生，山东省莱阳市人。1976年2月加入中国共产党，1970年12月参加工作，河南大学历史系毕业，大学文化程度，学士学位。1970年12月～1972年12月，在内乡县插队当知青；1972年12月～1976年3月，在部队服役；1976年3月～1978年3月，在南阳地区邮电局、方城县文化馆工作；1978年3月～1982年1月，在河南大学历史系学习；1982年2月～1984年12月，历任社旗县陌陂乡团委书记、乡党委副书记、经联社主任、乡党委书记；1984年12月～1988年12月，历任社旗县委常委、政法委书记，县委副书记（其间，1988年3～7月，在省委党校学习）；1988年12月～1991年2月，任社旗县委副书记、县人民政府县长；1991年2月～1992年6月，任社旗县委书记、县人大常委会主任；1992年6月～1995年4月，任南阳地区（市）工商局局长、党组书记；1995年4月～1999年1月，任南召县委书记、县人大常委会主任（其间，1997年9月～1998年1月，在省委党校学习）；1999年1月～2004年3月，任南阳市人民政府副市长；2004年3月～2009年3月，任中共南阳市委常委、政法委书记；2009年3月，任南阳市委常委、市委统战部部长。

杨其昌　中共南阳市委常委、市委组织部部长。男，汉族，1954年11月生，河南省长垣县人。1981年9月加入中国共产党，1970年8月参加工作，河南广播电视大学汉语言文学专业毕业，大专文化。1970年8月～1975年6月，为安阳震动器厂工人；1975年6月～1984年1月，在河南省安阳市机械工业局工作；1984年1月～1986年11月，任河南省安阳市重工局办公室副主任（其间，1982年8月～1985年8月，在河南广播电视大学文科汉语言文学专业函授班学习）；1986年11月～1987年8月，任安阳市人民政府办公室一办副主任；1987年8月～1991年4月，任安阳市人民政府一办主任；1991年4月～1994年12月，任安阳市人民政府办公室副主任（其间，1991年9月～1993年7月，在河南大学经济管理专业进修研究生班学习）；1994年12月～1998年2月，任安阳市人民政府副秘书长；1998年2月～1998年12月，任安阳市人民政府副秘书长、办公室主任；1998年12月～2001年12月，任河南省安阳县委书记、县人大常委会主任；2001年12月～2004年2月，任河南省农业科学院副院长、党委委员；2004年2月～

2004年3月，任河南省农业科学院副院长，开封市委常委、市委宣传部部长；2004年3月～2009年2月，任开封市委常委、市委宣传部部长；2009年2月，任中共南阳市委常委、市委组织部部长。

孙丰年　南阳市委常委、市纪委书记。男，汉族，1957年10月生，河南省巩义市人。1985年11月加入中国共产党，1976年8月参加工作，郑州大学中文系汉语言文学专业毕业，大学文化程度，学士学位。1976年8月～1978年3月，任民办教师；1978年3月～1982年1月，在郑州大学中文系汉语言文学专业学习；1982年1月～1989年6月，在河南省政府办公厅信访处、政法科教处、省长综合办、秘书处工作；1989年6月～1996年9月，任河南省政府办公厅秘书处副处级秘书；1996年9月～2000年10月，任河南省政府办公厅一处处长（1997年～1999年在禹州市委挂职副书记）；2000年10月～2002年8月，任河南省政府办公厅三处处长；2002年8月～2006年12月，任河南省开封市副市长；2006年12月～2009年3月，任河南省开封市委常委、市委秘书长；2009年3月，任中共南阳市委常委、市纪委书记。

姚进忠　中共南阳市委常委、市委宣传部部长。男，回族，1957年7月生，河南省漯河市人。1978年12月加入中国共产党，1975年10月参加工作。历任新疆塔城军分区战士、班长，解放军西安政治学院学员，乌鲁木齐军区军医学校政治部政教室副连职教员。1985年12月～1988年12月，任中共郑州市委组织部干事、办公室副主任、主任；1988年12月～1989年6月，任中共郑州市委办公室秘书；1989年6月～1992年8月，任中共郑州市委办公厅第一秘书处处长；1992年8月～1996年12月，任中共郑州市二七区委常委、常务副区长；1996年12月～2001年4月，任中共郑州市管城回族区委副书记、区长；2001年4月～2004年2月，任中共郑州市管城回族区委书记；2004年2月，任中共南阳市委宣传部部长。

陈代云　中共南阳市委常委、

南阳军分区司令员。男，1954年12月生，河南省桐柏县人。1974年9月加入中国共产党，1972年12月入伍，大学本科文化。先后荣立二等功三次、三等功两次，1996年被授予大校军衔。1972年12月～1978年10月，先后任某集团军某部战士、司令部测绘员、作训参谋；1978年11月，任某集团军司令部作训处参谋；1983年10月～2000年11月，先后任某集团军某师营长、作训科长、师副参谋长、团长、副师长；2000年12月，任河南省焦作军分区司令员；2004年12月，任南阳军分区司令员。

陈光杰　中共南阳市委常委、南阳市人民政府副市长。男，汉族，1959年9月生，河南省淮滨县人。1982年12月加入中国共产党，1981年7月参加工作，河南大学经济管理专业毕业，大学文化。

1978年9月～1981年7月，在开封师范专科学校中文专业学习；1981年10月～1984年5月，任淮滨县防胡乡办事员、副乡长；1984年5月～1985年4月，任淮滨县计划委员会主任；1985年4月～1988年7月，任淮滨县栏杆乡党委书记；1988年7月～1990年5月，任淮滨县政府县长助理；1990年5月～1996年2月，任淮滨县政府副县长（其间，1989年9月～1992年7月，在河南大学经济管理专业学习）；1996年2月～1998年7月，任信阳县委副书记、县长；1998年7月～1998年10月，任信阳市平桥区委副书记、区长；1998年10月～2003年12月，任信阳市平桥区委书记；2003年12月，任南阳市人民政府副市长。

原永胜　中共南阳市委常委、市委秘书长。男，汉族，1965年12月生，河南省温县人。1988年4月加入中国共产党，1991年7月参加工作，华中科技大学西方经济学专业毕业，经济学博士。1984年9月～1988年7月，在郑州大学政治系政治专业学习；1988年7月～1991年7月，在郑州大学政治系科学社会主义专业学习，硕士研究生；1991年7～11月，任河南省委办公厅第二秘书处干事；1991年11月～1994年1月，在河南省武陟县挂职锻炼，任县委办公室干事、县委办公室副主任、木城镇党委第二书记；1994年1月～1996年8月，任河南省委办公厅第二秘书处主任干事；1996年8月～1998年8月，任河南省委办公厅综合处主任科员；1998年8～12月，任河南省委办公厅综合处助理调研员；1998年12月～2000年10月，任河南省委办公厅常委办公室副处级秘书；2000年10月～2004年2月，任河南省委办公厅常委办公室正处级秘书（其间，2002年3～7月，在河南省委党校第三期青干班学习；2001年9月～2004年7月，在华中科技大学经济学院学习，获经济学博士学位；2003年6～12月，在美国马里兰大学学习，任党支部副书记、副班长）；2004年2月～2004年4月，任南阳市委组织部副部长（正处级）；2004年4月～2006年12月，任方城县委书记；2006年12月，任中共南阳市委常委、市委秘书长。

常　康　中共南阳市委常委、政法委书记。男，汉族，1954年6月生，河南省栾川县人。1984年9月加入中国共产党，1973年2月参加工作，新乡师范学院化学专业毕业，大学文化程度。1973

年2月～1975年10月，任栾川县双台小学民办教师；1975年10月～1978年8月，在新乡师范学院化学专业学习；1978年8月～1984年6月，为栾川县教育局干部；1984年6月～1987年3月，任栾川县人民检察院副检察长、检察长；1987年3月～1993年1月，任汝阳县人民检察院检察长；1993年1月～1994年6月，任洛阳市郊区人民检察院检察长；1994年6月～1999年4月，任洛阳市人民检察院副检察长、党组成员；1999年4月～2004年3月，任洛阳市人民检察院副检察长、党组副书记（其间，1999年9月～2001年7月，在河南大学诉讼专业研究生课程进修班学习）；2004年3月，任南阳市检察院党组书记；2004年4月～2009年3月，任南阳市人民检察院检察长；2009年3月，任中共南阳市委常委、政法委书记。

李天岑　南阳市人大常委会主任、党组书记。男，汉族，1949年12月生，河南省镇平县人。1982年7月加入中国共产党，1970年12月参加工作，河南电大党政干部班毕

业，大专文化程度。1970 年 12 月～1972 年 7 月，在镇平县农修厂当工人；1972 年 7 月～1979 年 2 月，任镇平县柳泉铺公社、遮山公社团委书记；1979 年 2 月～1983 年 2 月，任共青团镇平县委秘书、副书记；1983 年 2 月～1984 年 4 月，任镇平县纪委秘书；1984 年 4 月～1990 年 11 月，任镇平县委办公室副主任、组织部副部长（其间，1984 年 9 月～1986 年 7 月，在河南广播电视大学党政干部专修班学习）；1990 年 11 月～1992 年 2 月，任镇平县委常委、组织部长；1992 年 2 月～1994 年 2 月，任南阳地委副处级组织员、组织部干部科科长；1994 年 2 月～1997 年 4 月，任南阳地（市）委组织部副部长（其间，1996 年 9～10 月，在省委党校学习）；1997 年 4 月～1998 年 12 月，任中共邓州市委书记；1998 年 12 月，任南阳市人民政府副市长；2000 年 2 月～2003 年 11 月，任中共南阳市委常委、市人民政府副市长；2003 年 11 月～2006 年 12 月，任中共南阳市委副书记；2006 年 12 月，任南阳市人大常委会党组书记。2009 年 4 月任南阳市人大常委会主任、党组书记。

马东升　南阳市人大常委会副主任。男，汉族，1950 年 12 月生，河南省内乡县人。1973 年 9 月加入中国共产党，1970 年 12 月参加工作。1970 年 12 月～1979 年 9 月，为部队战士、营部文书；1979 年 9 月～1981 年 9 月，任内乡县检察院书记员；1981 年 9 月～1983 年 9 月，任内乡县委组织部干事；1983 年 9 月～1984 年 5 月，任内乡县委组织部秘书；1984 年 5 月～1989 年 8 月，任内乡县委组织部副部长；1989 年 8 月～1992 年 3 月，任内乡县委常委、组织部部长；1992 年 3 月～1994 年 1 月，任镇平县委常委、组织部部长；1994 年 1～11 月，任镇平县委常委、副县长；1994 年 11 月～1998 年 8 月，任西峡县委副书记、县长（其间，1993 年 9 月～1995 年 7 月，在河南师范大学高等教育实用人才班经济管理专业学习；1996 年 4 月～1998 年 3 月，在中国社会科学院工业经济专业在职研究生班学习）；1998 年 8 月～2000 年 5 月，任南阳市卫生局局长、党委书记；2000 年 5 月～2007 年 4 月，任南阳市财政局局长、党组书记；2007 年 4 月，任南阳市人大常委会副主任。

李东武　南阳市人大常委会副主任。男，汉族，1950 年 10 月生，河南省桐柏县人。1974 年 4 月加入中国共产党员，1972 年 7 月参加工作，中央党校经济管理专业毕业，中央党校大学文化程度。1972 年 7 月～1975 年 6 月，任桐柏县朱庄公社团委干事、副书记（1972 年 7 月选干）；1975 年 6 月～1983 年 3 月，任桐柏县果园公社党委秘书；1983 年 3 月～1986 年 8 月，任桐柏县委办公室干事、秘书（其间，1984 年 9 月～1986 年 7 月，在河南省委党校理论班学习）；1986 年 8 月～1990 年 11 月，任桐柏县委办公室副主任；1990 年 11 月～1996 年 2 月，任桐柏县委常委、县委办公室主任（其间，1993 年 8 月～1995 年 12 月，在中央党校经济管理专业函授班学习）；1996 年 2 月～1997 年 12 月，任桐柏县委副书记；1997 年 12 月～2001 年 9 月，任方城县委副书记、县长；2001 年 9～12 月，任方城县委书记、县长；2001

年12月～2004年4月，任方城县委书记；2004年5月～2007年4月，任南阳市政府秘书长、党组成员、政府办公室党组书记；2007年4月，任南阳市人大常委会副主任。

杨德明　南阳市人大常委会副主任。男，汉族，1950年8月生，河南省南召县人。1970年3月加入中国共产党，1969年2月参加工作，解放军兽医大学毕业，大专文化。1969年2月～1983年1月，在部队服役；1983年1～10月，任南召县人事局股长；1983年10月～1986年9月，任南召县皇后乡党委书记；1986年9月～1994年5月，任南召县委常委、纪委书记、副书记、县长；1994年5月～11月，任南阳地区行署副秘书长；1994年11月～1997年3月，任新野县委书记、县人大主任；1997年1月～2001年9月，任南阳市人民政府秘书长；2001年9月～2002年1月，任南阳市人大常委会党组成员；2002年1月，任南阳市人大常委会副主任。

金　星　南阳市人大常委会副主任。女，汉族，1949年7月生，河南省方城县人。民

革成员，1965年8月参加工作，在职研究生学历。十届全国人大代表、民革河南省委常委。1965年8月～1979年8月，任方城县唐楼小学、二郎庙高中教师；1979年8月～1981年9月，任方城县九中教师；1981年9月～1985年1月，任方城县新建中学教师；1985年1月～1992年11月，任南阳市（县级）归侨侨眷联合会干事、秘书（其间，1985年6月～1988年6月，在郑州大学法律专业函授班学习）；1992年11月～1996年8月，任南阳市（县级）、卧龙区侨联副主席兼秘书长；1996年8月～2004年1月，任民革南阳市委副主委兼秘书长（其间，2002年5月～2004年7月，在中国人民大学财政金融学院在职读研究生）；2004年1月，任民革南阳市委主委兼秘书长；2004年4月，任南阳市人大常委会副主任。

秦　俊　南阳市人大常委会副主任。男，汉族，1954年11月生，河南省邓州市人。1984年9月加入中国共产党，1973年2月参加工作，河南师范大学历史专业毕业，大学文化程度，学士学位。

1973年2月～1976年11月，任邓县白牛高中代课教师；1976年11月～1978年8月，在内乡师范学校中文班学习；1978年8月～1982年7月，在河南师范大学历史系学习；1982年7月～1982年11月，任南阳教育学院教师；1982年11月～1984年11月，任南阳行署地方史志办公室编辑；1984年11月～1986年8月，任南阳行署地方史志办公室副主任（正科）；1986年8月～1989年4月，任南阳行署地方史志办公室副主任、副总编（副处）；1989年4月～1996年2月，任南阳地区（市）文联副主席；1996年2月，任南阳市地方史志办公室主任；2009年4月，任南阳市人大常委会副主任。

党光德　南阳市人大常委会副主任。男，汉族，1954年11月生，河南省邓州市人。

1984 年 11 月加入中国共产党，1973 年 2 月参加工作，南阳师范专科学校中文专业毕业，大专文化程度。1973 年 2 月～1978 年 3 月，任邓县二中民办教师；1978 年 3 月～1980 年 11 月，在南阳师专中文系学习；1980 年 11～1984 年 7 月，任邓县二中教师；1984 年 7 月～1985 年 6 月，任邓县教育局办公室副主任；1985 年 6 月～1987 年 2 月，任邓县教育局副局长；1987 年 2 月～1991 年 3 月，任邓县（邓州市）教育局局长、党组书记；1991 年 3 月～1994 年 2 月，任邓州市教委主任、党委书记；1994 年 2 月～1997 年 12 月，任邓州市委常委、宣传部长；1997 年 12 月～2000 年 12 月，任内乡县委常委、纪委书记；2000 年 12 月～2001 年 12 月，任内乡县委副书记；2001 年 12 月～2004 年 5 月，任内乡县委副书记、县长；2004 年 5 月～2007 年 3 月，任南阳市人事局局长、党组书记；2007 年 3 月，任南阳市委组织部副部长（正处级）；2009 年 4 月，任南阳市人大常委会副主任。

谢先锋　南阳市人大常委会副主任。男，蒙古族，1957 年 1 月生，河南省内乡县人。1982 年 12 月加入中国共产党，1974 年 4 月参加工作，河南农学院果树专业毕业，大学文化程度，学士学位。1977 年 4 月～1978 年 2 月，任内乡县余关公社谢寨学校民办教师；1978 年 2 月～1982 年 1 月，在河南农学院园林系学习；1982 年 1 月～1982 年 12 月；任南阳县青华公社团委副书记；1982 年 12 月～1983 年 12 月，任南阳县青华公社管委副主任；1983 年 12 月～1984 年 6 月，任南阳县潦河乡经联社主任；1984 年 6 月～1986 年 6 月，任共青团南阳地委组织部副部长；1986 年 6 月～1991 年 12 月，任共青团南阳地委组织部部长；1991 年 12 月～1994 年 2 月，任共青团南阳地委副书记；1994 年 2 月～1997 年 12 月，任镇平县委常委、纪委书记；1997 年 12 月～2001 年 12 月，任镇平县委副书记；2001 年 12 月～2004 年 5 月，任南阳市委副秘书长；2004 年 5 月，任南阳市委副秘书长（正处级）；2009 年 4 月，任南阳市人大常委会副主任。

李建豫　南阳市人民政府副市长。女，汉族，1956 年 4 月生，山西省和顺县人。1975 年 4 月加入中国共产党，1973 年 5 月参加工作，郑州大学中文系毕业，大学文化。1977 年 9 月～1978 年 4 月，在周口市团委工作；1978 年 4 月～1982 年 6 月，在周口地区教育局工作（其间，1980 年 9 月～1981 年 7 月，在郑州大学中文系进修）；1982 年 6 月～1984 年 7 月，任淮阳县搬口乡党委委员、副乡长、副书记（其间，1984 年 2～7 月，在省委党校中青班学习）；1984 年 7 月～1988 年 5 月，任中共淮阳县委宣传部部长；1988 年 5 月～1993 年 8 月，任周口地区劳动局副局长、党组成员；1993 年 8 月～2000 年 8 月，任周口地区劳动局局长、党组书记（其间，1998 年 8 月～2000 年 12 月，在中央党校经济管理专业学习）；2000 年 8 月～2003 年 11 月，任周口市劳动和社会保障局局长、党组书记（其间，2003 年 3～7 月，在河南省委党校中青班学习）；2003 年 12 月，任南阳市人民政府副市长。

姚龙其　南阳市人民政府副市长。男，汉族，1962 年 10 月生，河南省伊川县人。1985 年 8 月加入中国共产党，1983 年 7 月参加工作，兰州大学历史系毕业，大学文化程度，学士学位。1983 年 7 月～1994 年 8 月，任河南省委统战部党派处干事、副主

任干事、主任干事；1994年8月～1996年11月，任河南省委统战部党派知识分子工作处副处级调研员；1996年11月～1998年12月，任河南省委统战部办公室副主任（1995年7月～1997年7月挂职锻炼任信阳县委副书记）；1998年12月～2001年6月，任河南省委统战部政策理论研究室主任；2001年6月～2004年2月，任河南省委统战部党派知识分子工作处处长（其间，2002年9月～2003年1月，在河南省委党校第31期中青班学习）；2004年2月，任南阳市人民政府副市长。

冯晓仙　南阳市人民政府副市长。女，汉族，1961年6月生，安徽省无为县人。1982年7月参加工作，西北电讯工程学院物理系毕业，大学文化程度，学士学位，高级工程师。九届省政协常委。1978年10月～1982年7月，在西北电讯工程学院红外技术专业学习；1982年7月～1984年6月，任电子工业部773厂技术员；1984年6月～1989年10月，任安徽省科技研究中心助工、工程师（其间，1986年6月～1988年11月，抽调安徽省科委大别山办公室从事科技扶贫工作）；1989年10月～1991年10月，任国家人事部专家服务中心工程师；1991年10月～1999年8月，任中国农村技术开发中心工程师（其间，1997年6月～1999年8月，下派南阳市卧龙区任科技副区长）；1999年8月～2004年4月，任南阳市市长助理（其间，2001年12月兼市工商业联合会会长）；2004年4月，任南阳市人民政府副市长。

张振强　南阳市人民政府副市长。男，1956年8月生，北京顺义人。1976年12月加入中国共产党，1974年7月参加工作，海军政治学院毕业，河南省委党校经济管理专业在职研究生学历。历任海军某航空军械库勤务连战士、连长，军械库保管队政治指导员，军械训练队队长，业务处副处长、处长；1991年10月，任河南省商管委办公室主任科员；1993年11月，任河南省商管委办公室行政负责人；1996年2月任河南省贸易厅物业管理中心主任；2000年6月，任河南省商业贸易行业管理办公室副主任、党组成员；2002年8月，任河南物资集团公司副总经理、党委委员。2005年6月，任南阳市人民政府副市长。

贺国营　南阳市人民政府副市长。男，汉族，1964年7月生，河南省平顶山市人。1991年3月加入中国共产党，1985年8月参加工作，经济学硕士学位。1983年9月～1985年8月，在河南省会计学校财政专业学习；1985年8月～1988年10月，在财政部办公厅工作；1988年10月～1991年9月，任河南省平顶山市财政局农财科副科长（其间，1988年9月～1991年6月，在中国青年政治学院夜大经济管理专业学习）；1991年9月～1994年7月，任河南省平顶山市财政局预算科副科长（其间，1990年7月～1992年1月，在河南省财税干部大专班学习）；

1994年7月～1997年12月，任河南省平顶山市财政局副局长、党组成员（其间，1996年6月在河南财经学院会计专业自考毕业）；1997年12月～2000年4月，任河南省平顶山市财政局副局长、党组副书记（其间，1996年9月～1998年2月，在财政部研究生班财政管理专业学习）；2000年4月～2003年7月，任河南省平顶山市政府副秘书长、市政府办党组成员兼市工农关系协调办公室主任；2003年7月～2004年3月，任河南省平顶山市政府副秘书长、市政府办党组成员；2004年3月～2005年11月，任河南省鲁山县县长；2005年11月～2008年10月，任河南省鲁山县县委书记；2008年10月，任河南省南阳市人民政府副市长。

崔　军　南阳市人民政府副市长。男，汉族，1962年4月生，河南省新野县人。1985年1月加入中国共产党，1981年9月参加工作，河南省委党校行政管理专业毕业，省委党校研究生文化程度。省十届人大代表、市四次党代会代表、四届市委委员、市三届人大代表。1979年9月～1981年9月，在南阳工业学校电机专业学习；1981年9月～1982年3月，在新野县乡镇企业管理局工作；1982年3月～1984年1月，在新野县五星乡政府工作；1984年1月～1984年12月，为共青团新野县委干部；1984年12月～1987年4月，任共青团南阳地委学校部副部长；1987年4月～1991年1月，任共青团南阳地委学校部部长（其间，1988年9月～1990年6月，在南阳地委党校大专班学习）；1991年1月～1993年4月，任共青团南阳地委宣传部部长；1993年4月～1995年3月，任共青团南阳地（市）委组织部部长；1995年3月～1997年12月，任共青团南阳市委副书记；1997年12月～2001年12月，任淅川县委副书记；2001年12月～2007年9月，任淅川县委副书记、县长（其间，2003年6月～2006年6月，在河南省委党校行政管理专业研究生班学习）；2007年9月～2009年4月，任淅川县委书记；2009年4月，任南阳市人民政府副市长。

朱广平　南阳市政协主席。男，汉族，1952年3月生，河南省开封市人。1974年9月加入中国共产党，1970年12月参加工作，郑州大学中文系中文专业毕业，大学文化程度，硕士学位。1970年12月～1975年4月，任陆军五师十五团特务连班长；1975年4月～1978年2月，为河南省洛阳铁路分局电影队职工；1978年2月～1982年1月，入郑州大学中文系中文专业学习；1982年1月～1983年12月，为洛阳市委办公室调研科干部；1983年12月～1985年10月，任洛阳市委政研室科级研究员、副主任；1985年10月～1988年4月，任洛阳市老城区委书记；1988年4月～1992年8月，任嵩县县委书记；1992年8月～1996年7月，任洛阳市交通局局长、党组书记；1996年7月～1999年1月，任洛阳市计划委员会主任、党组书记（其间，1994年4月～1997年6月，在武汉汽车工业大学工商管理学院管理工程专业在职研究生班学习，获经济学硕士学位）；1999年1月～2001年9月，任洛阳市人民政府副市长、党组成员；2001年9月～2003年8月，任洛阳市委常委、政府副市长；2003年8月～2006年12月，任洛阳市委副书记；2006年12月任中共南阳市委副书记、南阳市人民政府代市长；2007年3月～2009年4月，任南阳市委副书记、市长；2009年4月，任南阳市政协主席。

文学林　南阳市政协副主席。男，汉族，1950年9月生，河南省邓州市人。1972年5月加入中国共产党，1972年11月参加工作，新乡师范学院物理系物理专业毕业，大学文化程度。1972年11月～1974年9月，任邓县文营学校民办教师；1974年9月～1977年8月，在新乡师范学院物理系学习；1977年8月～1982年1月，任南阳宛运子弟学校教师；1982年1～8月，任南阳市（县级）化纤厂宣传科科长、秘书；1982年8月～1985年7月，任南阳地区纪委办公室干事、审理科副科长（正科）；1985年7月～1986年7月，任南阳地区纪委审理科科长（副处）；1986年7月～1989年8月，任镇平县委常委、纪委书记；1989年8月～1994年5月，任南阳地区纪委委员（正处）；1994年5月～1999年4月，任南阳地区（市）纪委副书记；1999年4月～2000年12月，任南阳市纪委副书记、市监察局局长；2000年12月～2004年4月，任南阳市劳动和社会保障局局长、党组书记；2004年4月，任南阳市政协副主席。

赵秀玲　南阳市政协副主席。女，汉族，1957年8月生，河南省南阳市宛城区人。1976年4月参加工作，1989年3月加入民盟，河南大学政教系政治思想教育专业毕业，大学文化程度。政协河南省九届常委、南阳市二届人大常委、民盟河南省委常委、民盟南阳市委主委、南阳师范学院经济与管理系主任、教授。1976年4月～1978年9月，任南阳四中教师；1978年9月～1982年7月，在河南大学政教系学习；1982年7月～1995年10月，任南阳师专政教系教师（其间，1994年9月～1995年8月，为北京大学经济学院访问学者）；1995年10月～2002年6月，任南阳师专（师范学院）工会副主席；2002年6月，任南阳师范学院经济与管理系主任；1998年1月，任民盟南阳市委主委；2004年4月，任南阳市政协副主席。

仝运科　南阳市政协副主席。男，汉族，1951年11月生，南召县人。1969年10月参加工作，2000年8月加入九三学社，中山医科大学医疗系毕业，大学文化程度。河南

省九届政协常委、南阳市二届人大常委、九三学社南阳市委主委、南阳市中心医院副院长、主任医师。1969年10月～1978年9月，任南召县太山庙乡马庄村乡村医生；1978年9月～1983年7月，在中山医科大学学习；1983年7月～1988年1月，任南阳地区医院医师；1988年1月～1993年12月，任南阳地区医院主治医师；1993年12月～1998年10月，任肿瘤内科副主任医师；1994年3月～1998年1月，任肿瘤内科主任；1998年1月，任市中心医院副院长；2001年9月，任九三学社南阳市委主委；2004年4月，任南阳市政协副主席。

宋　蕙　南阳市政协副主席。女，汉族，1957年7月生，河南省南召县人。1973年6月参加工作，河南医学院医疗系毕业，大学文化程度，

副主任医师。1973年6月～1978年2月，为南召县马市坪插队知青；1978年2月～1982年12月，为河南省医学院医疗系学生；1982年12月～1989年12月，任南召县医院妇产科医师；1989年12月～1991年11月，任南召县医院妇产科主任；1991年11月～1997年2月，任南召县医院副院长；1997年2月，任南召县人民政府副县长；2004年4月，任南阳市政协副主席。

赵金文　南阳市政协副主席。男，汉族，1953年10月生，河南省邓州市人。1976年4月加入中国共产党，1973年3月参加工作，大专文化。1973年3月～1974年11月，任邓县孟楼中学民办教师；1974年11月～1982年11月，任解放军基建工程兵第三支队战士、正排职干事；1982年11月～1984年9月，任西峡县人事局办事员；1984年9月～1986年8月，在河南省委党校理论班学习；1986年8月～1989年9月，任西峡县委党史办秘书，组织部副科长、科长；1989年9月～1992年3月，任西峡县委办公室副主任；1992年3月～1994年2月，任西峡县西坪镇党委书记；1994年2月～1997年12月，任西峡县委常委、办公室主任；1997年12月～2001年12月，任西峡县委常委、副县长；2001年12月～2004年3月，任镇平县委副书记、县长；2004年3～4月，任镇平县委书记、县长；2004年4月～2007年4月，任镇平县委书记；2007年4月，任南阳市政协副主席。

张志安　南阳市政协副主席。男，汉族，1952年2月生，河南省方城县人。1969年10月加入中国共产党，1968年2月参加工作，大专文化。1968年2月～1976年4月，为部队战士、班长、助理员（其间，1974年9月～1976年1月，在解放军后勤学院学习）；1976年4月～1982年7月，任南阳地区计划委员会干事；1982年7月～1985年8月，任南阳地区物价局人秘科干事（其间，1982年9月～1984年7月，在郑州大学干部专修科经济管理专业学习）；1985年8月～1988年10月，任南阳地区商业局业务科科长、人事科科长；1988年10月～1994年12月，任南阳地区（市）商业局副局长；1994年12月～1999年4月，任南阳市商业贸易局局长、党委书记；1999年4月～2004年5月，任南阳市对外经济贸易局（对外经济贸易合作局）局长、党委书记；2004年5月～2007年4月，任南阳市发展和改革委员会主任、党组书记；2007年4月，任南阳市政协副主席。

贺国勤　南阳市政协副主席。男，汉族，1954年9月生，河南省镇平县人。1973年11月加入中国共产党，1970年12月参加工作，中央党校经济管理专业毕业，中央党校大学文化程度。市四次党代会代表、四届市委委员。1970年12月～1976年4月，任解放军83028部队战士、班长；1976年4月～1978年9月，任镇平县石佛寺镇贺营村党支部书记；1978年9月～1981年9月，在南阳师专中文系学习；1981年9月～1983年9月，任镇平县委党校教师；1983年9月～1984年5月，任镇平县马庄乡党委副书记、书记；1984年5月～1988年10月，任共青团南阳地委副书记；1988年10

月～1991年12月，任共青团南阳地委书记；1991年12月～1994年2月，任桐柏县委副书记、县长；1994年2月～1995年7月，任南阳市教委副主任、党委副书记；1995年7月～2006年5月，任南阳市林业局局长、党组书记（1994年8月～1996年12月，在中央党校经济管理专业函授班学习）；2006年5月～2009年3月，任南阳市教育局局长、党委书记；2009年3月，任南阳市政协副主席。

刘荣阁　南阳市政协副主席。女，汉族，1964年8月生，河南省唐河县人。2006年6月加入中国民主促进会，1990年3月参加工作，北京大学经济学院经济学专业毕业，研究生文化程度，硕士学位，讲师。十届省政协常委。1982年9月～1986年7月，在北京大学中文系学习；1986年9月～1989年7月，北京大学经济学院研究生；1989年7月～1990年3月，待分配；1990年3月～1996年1月，任南阳市委党校经济管理教研室讲师、生活服务处经理；1996年1月～2003年12月，任南阳高新技术开发区管委会副主任科员、副局长；2003年12月～2007年4月，任南阳市高新技术开发区管委会助理调研员、副主任；2007年4月～2008年11月，任卧龙区政府副区长；2008年11月，任南阳市发改委副主任；2008年12月，当选民进南阳市委主席；2009年3月，任南阳市政协副主席。

吴冬焕　南阳市政协副主席。女，汉族，1956年1月生，河南省邓州市人。1979年8月参加工作，新乡医学院医学系毕业，大学文化程度，副主任医师。十届省政协常委、三届市政协常委。1976年9月～1979年8月，在新乡医学院学习；1979年8月～1997年2月，任邓州市人民医院医生、医师、儿科副主任（1993年3月～1997年2月，任邓州市政协副主席〈不驻会〉）；1997年2月～2004年10月，任邓州市政府副市长；2004年10月，任南阳市工商联主席、总商会会长；2009年3月，任南阳市政协副主席。

韩奎生　南阳市总工会党组书记、主席。男，汉族，1952年11月生，河南省方城县人。1982年9月加入中国共产党，1978年11月参加工作，河南省委党校干部培训班毕业，省委党校大专文化程度。1976年9月～1978年11月，在南阳师范学校美术班学习；1978年11月～1983年8月，任方城县教育局办事员、秘书股副股长；1983年8月～1985年7月，在河南省委党校党政干部培训班学习；1985年7月～1989年4月，任方城县券桥乡、城关镇党委书记；1989年4月～1992年11月，任方城县委常委、政法委书记；1992年11月～1996年2月，新野县委常委、政法委书记；1996年2月～2001年9月，任唐河县委副书记、县长（其间，1999年8月～2001年8月，在河南大学诉讼法学专业研究生班函授学习）；2001年9月～2001年12月，任唐河县委书记、县长；2001年12月～2006年12月，任唐河县委书记；2006年12月～2008年10月，任唐河县委书记（副厅级）；2008年10月～2009年4月，任南阳市总工会党组书记；2009年4月，任南阳市总工会党组书记、主席。

任　峰　南阳军分区政委。男，汉族，1957年3月生，江苏省如东县人。1977年12月加入中国共产党，1976年2月入伍，研究生学历。先后荣立三等功两次。2000年12月被授予大校军衔。1976年2月～1983年6月，先后任某军战士、排长、师宣传科正排职干事，军宣传处副连职干事；1994年1月～1996年4月，先后任某集团军宣传处处长、组织处处长、通信团政委；1998年9月任河南省军区政治部宣保处处长；2000年12月任漯河军分区政治部主任；2007年3月任南阳军分区政治委员。

庞景玉　南阳市中级人民法院党组书记、院长。男，汉族，1966年1月生，河南省巩义市人。1984年12月加入中国共产党，1985年7月参加工作，中国政法大学法律专业毕业，大学文化程度。1981年9月～1985年7月，在中国政法大学法律专业学习；1985年7月～1986年8月，任河南省高级人民法院代理书记员；1986年8月～1989年5月，任河南省高级人民法院书记员；1989年5月～1996年5月，任河南省高级人民法院审判员；1996年5月～1997年8月，任河南省高级人民法院党组秘书；1997年8月～1998年2月，任河南省高级人民法院研究室副主任；1998年2月～2001年9月，任河南省高级人民法院审判员；2001年9月～2004年5月，任河南省高级人民法院研究室主任（其间，2002年3月～2002年7月，在河南省委党校第三期青年干部培训班学习）；2004年5月～2007年6月，任河南省高级人民法院研究室主任、审委会委员（其间，2002年10月～2004年10月，挂职汝南县委副书记、副县长）；2007年6月～2009年3月，任河南省高级人民法院政治部副主任、审委会委员；2009年3月，任南阳市中级人民法院党组书记、院长、审委会委员。

刘在贤　南阳市人民检察院检察长，男，汉族，1954年4月生，河南省正阳县人。1974年4月加入中国共产党，1970年12月参加工作，郑州大学法律系法学专业，法学硕士学位，研究生学历。1970年12月～1976年3月，在空军高炮四师服役；1976年3月～1979年12月，在驻马店市水利局工作；1979年12月～1983年9月，任河南省人民检察院驻马店分院书记员、助检员；1983年9月～1987年11月，任驻马店市委政法委办公室副主任、主任（其间，1984年9月～1986年6月，在郑州大学法律系学习）；1987年11月～1993年1月，任遂平县人民检察院党组书记、检察长；1993年1月～2002年8月，任河南省人民检察院驻马店分院党组成员、副检察长，党组副书记、常务副检察长（其间，1998年9月～2000年7月，在郑州大学刑法研究生班学习）；2002年8月～2007年1月，任河南省人民检察院办公室主任、检察委员会委员（其间，2004年7月～2006年12月，挂职泌阳县县委常委、副县长、省联县驻村驻泌阳工作队总队长）；2007年1月～2009年3月，任河南省人民检察院公诉处处长、公诉一处处长、检察委员会委员、全省检察机关首批业务专家；2009年3月，任南阳市人民检察院党组书记、检察长。

逝世人物

武文斌　抗震救灾英雄战士。男，汉族，1982年10月1日出生，河南省邓州市张村镇程营村人，中共党员。生前系中国人民解放军71282部队炮兵指挥连实习士官。2002年高中毕业，同年12月入伍，为“叶挺独立团”、“红二连”战士。2005年8月以全团第一的成绩考入郑州信息工程大学测绘学院测量与导航工程系士官一队，2007年7月分配到铁军师直属炮指连实习。先后参加过“应急一06”活动、“铁拳一2004”涉外演习、“铁拳一2007”实兵检验性演习等大项任务。2003年、2004年连续两年被评为优秀士兵，2004年被团表彰为“百名铁军之星”，三次被团评为“新时期二十二勇士”。2008年5月13日，原本被连队安排留守的武文斌积极请战，坚决要求参加抗震救灾。全力参加抢救遇险者、进村入户帮困解难、搜寻失事直升机、支援灾后重建、恢复生产等任务。救援行动中，武文斌连续奋战32天，因长时间过度劳累引发肺血管畸形破裂出血，经全力抢救无效，于6月18日凌晨4时45分光荣牺牲，年仅26岁。6月21日，济南军区某集团军党委追认武文斌为中共正式党员，追记一等功，批准为革命烈士。7月14日，中华人民共和国中央军事委员会主席胡锦涛签署命令，授予武文斌“抗震救灾英雄战士”荣誉称号。

段大军　全国公安系统一级英雄模范。男，汉族，1966年8月16日生于河南省南阳市宛城区红泥湾镇，生前任南阳市宛城公安分局枣林派出所所长。1987年7月毕业于河南省人民警察学校，8月参加工作，历任派出所民警、刑警大队探长、副大队长、教导员、大队长、派出所所长（副科级）等职，1991年12月加入中国共产党，大专文化程度，二级警督警衔。连续多年被评为优秀共产党员、先进工作者，多次受到嘉奖，并荣立个人三等功1次。连续两年被评为河南省优秀人民警察。2009年1月9日，年仅43岁的段大军在连续工作8天后，累死在大走访途中。

任朝学　男，汉族，1963年出生，1982年参加工作，1984年加入中国共产党，先后在淅川县人劳局、县纪委监察局等单位工作，历任县纪委监察局办公室副主任，案件二室主任、纪委常委、监察局副局长，纪委副书记等职。任朝学先后被市纪委授予纪检监察先进工作者、被省政府授予河南省先进工作者等荣誉称号。2008年12月3日，任朝学因积劳成疾突发心脏病，不幸逝世，年仅45岁。2009年3月，任朝学被南阳市人民政府追记二等功。

政　　治

中国共产党南阳市委员会

综　　述

【市委工作概况】 2008年是南阳形势变化快、发展难度大的一年，也是大事要事多、发展成效显著的一年。温家宝亲临南阳视察，省委书记徐光春、省长郭庚茂多次到南阳实地指导工作，体现了中央和省委、省政府领导对南阳的关心厚爱。南阳市委以此为动力，落实科学发展观，落实省委、省政府一系列决策部署，积极应对复杂多变的经济形势，尽可能在危机中寻找生机，变压力为动力，全力保持经济平稳较快发展势头。2008年全市完成生产总值1636.4亿元，增长12.1%。全社会固定资产投资完成896亿元，增长28%；地方财政一般预算收入51.3亿元，增长14.5%；城镇居民人均可支配收入、农民人均纯收入分别达到12395元和4570元，分别增长8.6%和7.8%。与此同时，社会事业全面进步，全市大局保持稳定，党的建设取得明显成效，实现落实十七大精神的良好开局。

一、壮大优势产业，走农区工业化和高新技术产业化之路。围绕培育壮大光电、新能源、生物、纺织、超硬材料、碱硝化工等12大优势产业，育龙头，强骨干，抓创新，促重组，工业强市建设取得新成效。全市规模以上工业增加值完成467亿元，增长20.1%；实现利润106亿元，增长19.3%。一是优势骨干企业进一步发展壮大。以尽快培育形成一批年销售收入超百亿元的大型骨干企业和企业群体为目标，确定天冠、中光学、龙成等20家优势企业，在项目、资金、用地、政策等方面予以倾斜，促其快速做大做强。防爆集团、西保集团、宛西制药、南纺集团、安棚碱矿等7家企业跻身河南企业百强。推进企业战略重组，市政府分别与中国兵器工业集团、首钢控股、首钢控股（香港）公司签订战略合作协议，中光学集团、金光数显公司、天冠集团分别与美国新泰辉煌公司、日本智能泰克株式会社、内蒙古博源公司等实现强强联合，中联水泥南阳分公司收购淅川水泥、邓州花洲水泥等，大水泥产业正在形成，优势产业的集聚度和竞争力明显提高。二是高新技术产业发展实现新突破。以市场为导向，以企业为主体，加强与科研院所联合攻关，全面提高企业创新能力，加快高新技术产业化步伐。2月，以天冠集团为龙头的新能源产业国家高技术产业基地得到国家发改委批复；7月，以宛西制药为龙头的生物产业被省政府批准为重点建设的五个生物产业高技术基地之一；以中光学集团为龙头的光电产业园，跻身全省六大高新技术产业集群。三是发展后劲不断增强。把项目建设作为培育优势产业的重要依托，55个总投资170亿元的“发动机计划”项目加紧推进，鸭电二期、南阳热电厂一期等项目竣工投产，方城风力发电31台机组即将全部投运，二机石油装备集团公司大型数字化钻机开发、方城迅天宇二期多晶硅等项目进展顺利。静态总投资800亿元的核电项目2009年可望开工建设，天池抽水蓄能电站、宛西电厂等重大项目的前期工作也取得突破性进展。节能减排工作完成省定目标。

二、重视“三农”工作，推进新农村建设。贯彻党的十七届三中全会精神，坚持重心不转移、发展不松劲、改革不停顿、扶持不减力，“三农”工作迈上新台阶。一是抓好粮食生产。自觉把粮食生产放在更加突出的位置，以优惠政策调动农民生产积极性，以农田水利建设夯实农业生产基础，以科技进步提高综合生产能力。全年共发放种粮直补、综合补贴、良种补贴等支农资金21亿多元，其中市本级用于“三农”的财政资金近2亿元，比上年增长三分之一。粮食总产连续五年增产并连续三年突破100亿斤，2008年达到114亿斤，再创历史新高。全国小麦跨区机收启动仪式在南阳举行。南阳大型商品粮生产基地列入河南粮食生产核心区规划。二是大力发展现代农业。以高产、优质、高效、生态、安全为方向，抓好优质粮食、油料、食用菌、中药材、林果等十大优势农产品生产基地建设，培育一批辐射带动和竞争力强的产业化龙头企业，年屠宰加工100万头生猪的河南龙大牧原公司、年屠宰加工10万头肉牛的科尔沁牛业公司正在加紧建设，新纺集团和20家企业被认定为国家、省农业产业化重点龙头企业。三是分类推进新农村建设。全市累计投入各类新农村建设资金32.6亿元，以新农村建设“向荣杯”竞赛活动为载体，以路、水、气和教育卫生事业发展为重点，全面优化农村人居环境，改善村容村貌，完成1630个村庄的整治任务。按照典型带动、整村推进的原则，整合各项涉农资金，集中建设300个试点村和50个示范村，培育一批新农村建设的亮点和典型。同时，不断加强农业基础设施建设，70座病险水库列入国家投资规划，鸭灌、引丹、宋岗三大灌区续建配套和节水改造工程有序推进。

三、建设区域性中心城市，提高城镇化水平。一是加大区域性中心城市建设力度。坚持拉大城市框架与提升产业支撑、硬件建设与软件建设、新城开发与旧城改造并重，完善基础设施建设，推动内涵式发展，全力提升中心城市的首位度和影响力。完成了东北分区、河南分区和30平方公里控制性详细规划。投资10多亿元，完成了张衡东路、仲景北路新建，以及工农路、文化路改造等，城市功能不断完善。一批重点工程相继竣工，“城中村”改造扎实推进，50条背街小巷完成改造整治。市污水处理厂二期工程动工建设，利用日元贷款城市环境综合治理工程初步设计通过评审，梅溪河、温凉河等内河治理项目初设招标工作已经完成。与中国建筑股份有限公司合作，采用BT模式融资建设的仲景大桥已经开工，光武、雪枫两座跨白河大桥即将动工，中心城区面积扩大到90平方公里。以城市管理“靓丽杯”竞赛活动为载体，开展城市交通秩序集中整治，依法取缔三轮车营运，免费开放城市公厕，城市形象和宜居程度进一步提升。二是加快县城和小城镇建设。按照“拉大框架、提高品位，特色鲜明、环境优美，产业支撑、协调发展”的原则，加快11个县（市）城发展步伐，鼓励支持基础条件好、产业支撑强、辐射半径大的县（市）城发展成为中等城市；狠抓县城基础设施和环境整治，县城形象和品位明显提升。大力发展特色镇和沿线、沿边城镇带，突出抓好50个重点镇建设，提高辐射带动能力，城镇面貌进一步改善。全市城镇化率达到35%。以岭南高速建成通车为标志，对外形成全方位高速通道，对内形成1小时交通圈，交通的快捷度和便利度明显提高；南阳机场改扩建二期工程进展顺利，宁西铁路复线及电气化工程2009年将开工建设，大交通格局进一步提升了南阳的区位优势。三是大力发展第三产业。以城镇为依托，以文化旅游产业为龙头，大力发展现代服务业，改造提升传统服务业，加快发展物流业，第三产业发展得到质的提高和量的提升。全年完成增加值436

亿元，增长14.5%。文化产业着力抓好培育特色、龙头带动、人才兴文三个关键环节，成功举办第六届玉雕节暨首届宝玉石博览会、第七届张仲景医药科技文化节，培育形成玉雕、中医药等特色文化产业板块。南阳市被省委、省政府授予文化产业发展先进市。镇平县被列入全省首批文化改革发展试验区，内乡县成为全省首家“中国楹联文化县”。旅游业以打造伏牛山生态游龙头为目标，坚持抓基础、抓精品、抓机制三管齐下，整合资源，加强营销，串珠成链，老界岭、渠首等精品景区开发取得新进展，核心景区之间旅游通道加紧建设，南阳伏牛山世界地质公园品牌进一步打响，全年接待游客1080万人次，实现旅游综合收入56亿元。

四、深化改革开放，增强经济社会发展的动力和活力。一是打好改革攻坚战。针对改革进入攻坚阶段，难度增加、风险增大、成本增高的情况，下大力气解决市属28家企业改革遗留任务，为南阳工业的崛起奠定体制基础。商贸流通企业改革、商业银行综合改革、集体林权制度改革等顺利推进，发展的内在动力进一步增强。二是推进全民创业。在全社会弘扬创业精神，进一步降低门槛，放宽领域，加强创业扶持，优化创业环境，努力构筑融资担保、技术培训、社会服务、权益保障四大体系，鼓励下岗失业人员、大中专毕业生、退伍军人等自主创业，引导外出务工人员回乡创业，非公有制经济的发展规模和层次得到新的提升。全市非公有制经济增加值达到近900亿元，增长13.2%。三是实施开放带动主战略。以招商引资为重点，以园区为载体，坚持走出去和请进来相结合，引进大项目，提高对外开放的质量和水平。举办第三届豫商大会，参加中博会、高交会、厦洽会等一系列招商活动，全年共引进市外资金156.9亿元，新批外商投资企业25家，实际利用外资1.26亿美元，增长50%。全年外贸进出口完成8.8亿美元，增长48%。

五、改善民生，构建和谐南阳。重点抓四个方面的工作：一是为群众办实事好事。围绕行路难、上学难、就业难、看病难、吃水用电难和社会保障“五难一保”问题，集中人力、物力、财力，连续三年为群众办好十大实事。新改建农村公路近2000公里，解决了9万户用电和24.8万人安全饮水问题，发展沼气用户11万户，11.5万农村贫困人口脱贫或解决温饱；新增城镇就业人员11.5万人，下岗失业人员再就业3.76万人，基本消除零就业家庭；不断完善社会保障体系，养老保险金、失业保险金等按时足额发放率和社会化发放率均达100%；城镇居民基本医疗保险覆盖面不断扩大，新型农村合作医疗覆盖全市，平均参合率达95.5%，老百姓看病难、看病贵问题得到缓解。城乡低保覆盖人员分别达到13万人、30万人，农村五保对象集中供养率达到40%以上。经济适用房完成施工面积52万平方米，廉租住房实际保障1.5万户，中低收入家庭居住条件继续得到改善。二是加快发展社会事业。大力实施科教兴宛和人才强市战略，科技对经济增长的贡献率达到47%。向城乡中小学生累计发放“两免一补”资金5亿多元，投入1.5亿元新建、续建、改扩建中心城区中小学校12所，中心城区中小学超大班问题得到有效缓解。体育事业蓬勃发展，成功获得2012年第七届全国农民运动会承办权。计划生育工作扎实推进，人口自然增长率控制在5.1‰以下。生态文明建设力度进一步加大，6月在北京举办“南水北调中线工程渠首、水源地河南南阳生态文明建设图片展”。三是加强信访稳定工作。坚持把奥运安保和社会稳定作为一项重大政治任务来抓，研究新形势下人民内部矛盾的特点和规律，以化解矛盾为主线，紧紧依托三级信访例会，深入开展矛盾纠纷大排查、大调处活动，建立和完善县（市、区）委书记大接访活动长效机制，向各县（市、区）和市直部门下派了16个信访稳定督查组，加大信访问责力度，解决一大批群众反映的实际问题。奥运期间没有发生来自南阳的干扰。四是抓好社会治安综合治理和安全生产工作。以提高公众安全感为第一目标，以平安南阳建设为载体，加强社会治安综合治理和基层基础工作，重点开展打击“两抢一盗”和打黑除恶专项斗争，严重暴力案件明显下降，社会治安形势进一步好转，公众安全感指数达到93.69%，同比增加5.39个百分点，省委平安建设考核组给予高度评价。安全生产工作力度加大，事故起数同比下降19.9%，全市重特大事故得到有效遏制，安全生产形势继续稳定好转。

六、提高执政能力，加强党的建设。一是扎实开展“新解放、新跨越、新崛起”大讨论活动。把解放思想作为推动新一轮发展的总动力和突破口来抓，组织全市党员干部深入学习党的十七大、十七届三中全会精神，用科学发展观等马克思主义中国化的最新成果武装头脑、指导实践，提高各级干部领导科学发展的能力和水平。组织党政代表团赴环渤海地区考察，对照先进找差距，进一步开阔视野，加压鼓劲。特别是把大讨论活动落脚到推动南阳科学发展、跨越发展上，解决干部队伍中存在的“懒、怨、怕、俗、旧”等五个方面的突出问题，用改革创新的办法破解发展难题，营造干事创业的浓厚氛围。

二是加强领导班子和干部队伍建设。以贯彻执行民主集中制、改进领导作风为重点，开展科学发展观、解放思想、理想信念、党的方针政策、防腐倡廉等教育，要求各级领导干部特别讲大局、特别讲团结、特别讲奉献、特别讲正气，把各级班子建设成为政治坚定、团结务实、朝气蓬勃、奋发有为的坚强领导集体。分三批对县（市、区）和部分市直单位领导班子进行调整和配备。其中对缺职的18名正处级党政正职人员，市委全委（扩大）会议采用差额票决的方式产生。调整中严格按照《干部选拔任用条例》办事，导向明确，操作规范，注重扩大民主，增加透明度和公信力。

三是提升基层组织建设水平。以全市村党组织暨第六届村委会换届为契机，大力推进“双强工程”，选准配好自富能力强、带富能力强的“双强”村支书和“双强”村班子，从市县乡机关事业单位和高校毕业生中选聘3700多名大学生村官到村任职。村“两委”换届工作于12月全部完成，村委会主职“一肩挑”和交叉任职比例均达到95%以上，全市80%以上的村支部书记、60%以上的农村党员达到“双强”标准。出台《关于在全市农村深化完善“4＋2”工作法加强村级民主管理的意见》，提高基层民主政治建设水平。深入推进在外创业人员党建工作，在北京、广州等20多个城市建立外出创业人员党组织344个，管理党员1.4万多名。

四是加强党风廉政建设。一手抓经济发展，一手抓反腐倡廉，全面落实党风廉政建设责任制，扎实推进教育、制度、监督并重的惩治和预防腐败体系建设，反腐倡廉建设取得明显成效。加强反腐倡廉教育，桐柏红色廉政文化展馆建成开馆，被省纪委列为全省廉政文化建设三大精品工程之一。深入开展领导干部廉洁自律工作，查处违反廉洁自律案件130件，涉及党员干部130人。坚持从严治党，加大惩治腐败力度，严肃查处一批违纪违法案件，新立案件1182件，党政纪处分1327人。发挥信访渠道作用，强化直查快办功能，在全国纪检监察信访举报工作会议上作交流发言。制定《南阳市农村基层党风廉政建设有关规定》，全面加强农村基层党风廉政建设。以“两转两提”为总要求，以“效能建设年”活动为载体，加快建设服务型政府，干部作风进一步转变，发展环境不断优化，群众和基层满意度明显提高。

五是重视常委会自身建设。进一步健全和完善民主集中制的各项制度，按照“集体领导、民主集中、个别酝酿、会议决定”的要求，对事关全局的经济社会发展问题、重要干部任免、重大项目安排和大额度资金调度使用等，都由集体研究决定。

按照总揽全局、协调各方的原则，支持人大、政府、政协领导班子认真履行职能，支持统一战线成员发挥各自优势和作用，支持工会、共青团、妇联等人民团体依照法律和各自章程开展工作，最大限度地团结一切社会力量，调动一切积极因素，形成建设富强美好和谐新南阳的强大合力。大力支持国防事业，做好拥军优属工作，奋力争创双拥模范城。市委书记黄兴维被济南军区评为“党管武装好书记”，并入选“全国关心支持国防建设十佳新闻人物”。

【市委四届九次全体（扩大）会议召开】 1月2日，召开中共南阳市委四届九次全体（扩大）会议。会议的主要任务是听取和讨论市委常委会工作报告，回顾总结2007年工作，安排部署2008年工作。

【周永康到南阳考察雨雪冰冻灾情】 1月30日，中共中央政治局常委、中央政法委书记、国务委员周永康在省委书记徐光春，省长李成玉，省委常委、省委秘书长曹维新等陪同下莅宛考察。在听取了南阳工作情况的汇报，特别是南阳市抗灾救灾有关情况的汇报后，周永康对南阳的整体工作给予肯定，对南阳市抗灾救灾工作表示满意，并代表党中央、国务院向受灾群众和奋战在抗灾救灾一线的干部职工群众表示慰问。

【全市领导干部会议召开】 3月25日，召开全市领导干部会议，黄兴维、朱广平、解朝来、李天岑等市四大班子领导及市级领导干部出席会议。会议传达全国“两会”精神，动员全市上下全面落实科学发展观，按照市委四届九次全会的安排部署，进一步明确任务，加压鼓劲，推动全市经济社会又好又快发展，奋力开创富强美好和谐新南阳建设的新局面。

【中国·南阳第六届玉雕节暨首届宝玉石博览会举行】 4月15～25日，举行中国·南阳第六届玉雕节暨首届宝玉石博览会。全国政协原副主席张思卿，全国人大农业与农村委员会副主任委员、中国珠宝玉石首饰行业协会会长孙文盛，中国兵器工业集团公司党组书记、副总经理张国清，中国珠宝玉石首饰行业协会常务副会长陈洲其，中国广播电视协会副会长杨波，中国科学院院士高登义，中国珠宝玉石首饰行业协会副会长兼秘书长孙凤民，美国拉斯维加斯市市政助理杜斯·西彼，河南省副省长宋璇涛，省长助理何东成，南阳市委书记黄兴维，市长朱广平等出席开幕式。节会期间，全市共有27个项目签约，总投资44亿元，引资额41亿元，其中合同项目20个，总投资32.3亿元，合同引资30亿元，单个项目投资都在5000万元以上。

【南阳市党政代表团到环渤海经济圈考察学习】 4月20～29日，市委书记黄兴维率领南阳市党政代表团，先后到保定、天津、唐山、锦州、大连、烟台、青岛、日照等地，重点对环渤海经济圈城市的工业发展、城市建设、社会主义新农村建设等方面进行参观学习。黄兴维要求，认真总结考察成果，对照科学发展观的要求，对照跨越式发展的目标，借鉴先进地区的经验，自觉拉高标杆，思考和谋划好南阳未来的发展。

【张鹤田莅宛指导工作】 5月7日，济南军区副司令员张鹤田中将带领济南军区政治部副主任刘勇少将、省军区副司令员曹建新少将等到南阳市检查指导工作。市领导黄兴维、王建民、原永胜，南阳军分区司令员陈代云等先后陪同。在实地检查了驻宛部队建设和南阳市的“双拥”工作之后，张鹤田指出，驻宛部队要不辜负南阳人民的支持和厚爱，把驻地当故乡，视群众为父母，努力支持地方经济社会发展，进一步密切军民鱼水关系，为南阳创建国家“双拥”模范城作出新的贡献。

【叶青纯到西峡县考察工作】 6月8日，省委常委、省纪委书记叶青纯在市领导朱广平、申延平等陪同下，到西峡县考察工作。叶青纯先后到恐龙遗迹园、鹳河漂流等处考察，并听取工作汇报。叶青纯强调，要围绕市场、突出服务、打造产业、逐步把西峡建成伏牛山旅游集散中心，伏牛山生态旅游核心区、国家级旅游度假区和世界旅游目的地。

【叶青纯考察桐柏红色廉政文化展馆建设工作】 7月9日，省委常委、省纪委书记叶青纯在市领导黄兴维、申延平的陪同下，到桐柏县考察红色廉政文化展馆建设工作。叶青纯对桐柏充分利用本地红色文化资源优势，在全省率先建成红色廉政文化展馆这一创举给予高度评价和充分肯定。并指出要结合实际，赋予内涵，使廉政文化深入人心，为经济社会发展起到助推作用。

【李新民到南阳市调研】 7月15～17日，省委常委、政法委书记李新民在市领导黄兴维、朱广平、李森林、王建民、申延平等陪同下，就南阳市政法稳定工作进行调研。在宛期间，李新民先后到社旗县城郊乡等地，对奥运安保、基层基础工作等情况进行实地检查，与广大干部群众和政法干警广泛交谈，认真征求各方面对政法工作的意见。李新民强调，要切实加强党对政法工作的领导，进一步促进社会和谐稳定。

【市委四届十次全体（扩大）会议召开】 7月26日，召开中共南阳市委四届十次全体（扩大）会议。贯彻落实省委八届八次全会精神；向市委全会报告上半年工作，安排下半年工作；对南阳市解放思想活动进行部署，动员全市广大干部群众迅速掀起新一轮解放思想热潮，以思想的大解放推动经济社会的大发展。市委常委黄兴维、朱广平、朱长青、郭庆之、李森林、刘朝瑞、王建民、姚进忠、申延平、陈代云、陈光杰、原永胜等出席会议。黄兴维指出，要把思想统一到省委八届八次全会精神上来，把行动统一到省委的各项安排部署上来，通过思想的大解放，不断增强南阳发展的实力、活力和竞争力。

【南水北调中线工程南阳段开工】 9月26日，南水北调中线工程南阳段开工动员大会在南阳市举行。国务院南水北调办副主任宁远，河南省人大常委会副主任铁代生、副省长刘满仓、省政协副主席靳绥东、省军区副司令员曹建新、省长助理何东成，南阳市委书记黄兴维、市长朱广平、市委副书记贾崇兰等出席大会。南阳段总干渠从南阳市淅川县的陶岔引水北上，穿越淅川、邓州、镇平、宛城、卧龙、方城6个县（市、区）及高新区的26个乡镇，全长185公里，占河南省境内长度的1/4，中线全线长度的1/7，是经过省辖市长度最长、输水量最大的渠段，工程量近2000万立方米，计划总投资125亿元。

【南阳解放60周年庆祝大会】

11月4日，南阳市社会各界在解放广场隆重集会，深切缅怀为南阳人民的自由和解放英勇献身的革命英烈，热烈庆祝南阳解放60周年。黄兴维、朱广平、褚庆甫、解朝来等市党政军领导出席庆祝大会。此次大会旨在回顾60年来勤劳智慧的南阳人民顽强拼搏、艰苦奋斗所取得的巨大成就，激励全市上下以南阳解放60周年为新起点，贯彻落实科学发展观，进一步解放思想，团结一致，抢抓机遇，加快发展，不断开创富强美好和谐新南阳建设的新局面。

【中共南阳市委全委（扩大）会议召开】 11月10日，市委全委（扩大）会议召开，市领导黄兴维、朱广平、贾崇兰、朱长青、郭庆之、李森林、王建民、姚进忠、申延平、陈光杰、原永胜等出席会议。会议传达了党的十七届三中全会和省委全委（扩大）会议精神，研究部署了南阳市农村改革发展问题和当前工作，审议通过了《中共南阳市委、南阳市人民政府关于贯彻落实党的十七届三中全会精神，进一步推进农村改革发展的意见》。会议号召全市广大干部群众，要认清形势、坚定信心、加压鼓劲，确保完成全年各项目标任务，奋力开创南阳市“三农”工作新局面，加快富强美好和谐新南阳建设步伐。

【叶冬松莅宛调研农村党建工作】 11月13日，省委常委、组织部部长叶冬松带领省委组织部调研组，到南阳市召开“问计基层、破解难题”创新农村党建工作座谈会。叶冬松强调，要认真贯彻落实十七届三中全会精神和省委全会精神，以新视野认识新事物，以新观念研究新问题，以新思路推动新发展，奋力开创农村党建工作新局面。市领导黄兴维、贾崇兰、李森林、申延平、原永胜、姚龙其等出席座谈会。

【桐柏红色廉政文化展馆隆重开馆】 11月16日，桐柏红色廉政文化展馆隆重开馆。省委书记、省人大常委会主任徐光春为展馆题写馆名并发来贺电。中央纪委副书记李玉赋，省委常委、政法委书记李新民，南阳市领导黄兴维、朱广平、解朝来、李天岑、申延平、原永胜等出席开馆仪式。桐柏红色廉政文化展馆位于桐柏县城南叶家大庄桐柏革命纪念馆（原中共中央中原局旧址）西侧，占地面积1356平方米，建筑面积674平方米，整个展馆分“廉政历程”、“不朽丰碑”、“警钟长鸣”、“中原新风”、“时代号角”等5个部分，通过丰富翔实的史料，旨在以史为鉴、惩前毖后，教育各级干部廉洁从政。该馆被中央纪委、中央组织部、中央文献研究室、中央党史研究室确定为重点项目，被河南省纪委列为全省廉政文化建设三大精品工程之一。

【纪念党的十一届三中全会召开30周年】 12月31日，南阳市纪念党的十一届三中全会召开30周年大会在南阳影剧院隆重举行。大会认真回顾了改革开放30年的光辉历程，全面总结了改革开放的成功经验，共同展望了催人奋进的美好未来。大会号召全市人民高举中国特色社会主义伟大旗帜，进一步把改革开放的伟大事业推向前进，为加快建设富强美好和谐新南阳而奋斗。朱广平、贾崇兰、褚庆甫、解朝来、李天岑、朱长青、李森林、刘朝瑞、姚进忠、申延平、陈光杰、原永胜等市党政军领导及市级离退休老领导等出席会议。

市委办公室工作

【服务全市中心工作】 （一）服务市委重要工作会议。精心准备市委常委会、市委四届九至十一次会议、全市领导干部会议、赴环渤海经济圈考察总结座谈会、县域经济观摩座谈会等，高质量做好会议文件、领导讲话的撰写和会务服务工作，确保了市委重大战略决策的及时部署。（二）服务市委重点工作。围绕市委实施工业强市、开放带动、创新推动“三大战略”，农区工业化、中心城市建设、新农村建设、文化旅游产业发展“四大突破”等中心工作，本着实事求是、突出重点、统筹兼顾、注重实效的原则，充分发挥参谋助手作用，协调左右、联系内外、沟通上下，加强同县（市、区）、市直部门、驻军部队、基层群众等方面的联系，掌握面上情况，解决实际问题，凝聚各方面力量，千方百计抓好落实，推动市委重点工作的开展。（三）服务全市重大活动。完成温家宝、周永康、郭庚茂等中央、省级主要领导视察南阳的汇报准备、接待服务和接待宣传工作。做好第六届玉雕节暨宝玉石博览会、第七届张仲景医药科技文化节、南阳生态文明建设图片展、南阳市党政考察团赴环渤海经济圈考察等活动的筹备和组织落实工作，牵头做好第三届豫商大会、桐柏红色廉政文化展馆开馆等活动的筹办服务工作。

【综合材料工作】 以对重点工作的系统研究、前瞻性思考为基础，以“深”、“新”、“实”、“简”、“精”为标准，全年共撰拟各类文稿300多份200多万字，准确体现领导意图，反映工作要求。

【公文处理工作】 按照规范化要求，严把公文程序、内容、格式、政策、文字五关，共处理各类文件、电报等300多份180多万字无差错，《秘书工作》通联工作被省委办公厅评为一等奖。编写《公文处理工作十讲》、《公文处理规范》两本书60多万字。办理省、市人大议案和政协提案，完成《南阳年鉴》撰稿任务。

【信息工作】 充分发挥党委信息主渠道作用，坚持及时、全面、准确、高效方针，着力提高信息编发质量，全年共编发各类信息300多期1400多条，有20多条被省领导批示。

【调查研究工作】 围绕市委中心工作和社会热难点问题等13个重大课题展开，形成调研报告、理论文章50多篇，总结了南阳工作的新亮点、新特色，多数调研成果在省市以上报刊发表并进入市委决策。其中《南阳市推行“4＋2”工作法的实践与启示》在《人民日报》理论版和《人民论坛》上发表，《以科学发展观为指导加快建设富强、美好、和谐新南阳》在《领导科学》上发表，《坚持四个注重努力探索新形势下的接待宣传工作》、《做好会务工作的几点体会》等分别在中央办公厅《秘书工作》上发表，《关于建立十大实事长效机制的调查与思考》等5篇文章在省委《督促检查情况》上发表，《用企业文化助造中医药“旗舰”》在省委政研室《调查研究》上发表。有16篇文章分获河南省优秀调研成果一、二、三等奖。编发《南阳通讯》12期400篇约68万字。

【督查工作】 从抓重点、强机制、活方法、定规范入手，紧紧围绕中央、省委、市委重大决策和重要工作部署，重点督查落实温家宝、周永康、郭庚茂等视察南阳重要指示精神情况，市委全会、市委常委会等主要会议精神情况，市委书记黄兴维在鸭电二期现场办公会上指示精神情况，省委、省政府和市委、市政府2008年分别承诺的十件实事办理情况，以及新农村建设、中心城区整治、安全生产、社会稳定等重点工作进展情况，编发督查通报、专报等82期，被省委督察室采用28期，采用量居全省第一，其中有3期得到省委书记徐光春的批示。办理中央、省、市领导等批示件37件，办结满意率100%。妥善处理到市委机关上访530多起。

【目标管理工作】 注重南阳市与省定目标任务的有机结合，注意研究新任务、新情况、新问题，科学设置13个县（市、区）和107个市直单位的目标任务，细化、量化考评细则，强化目标运行监控检查，切实发挥目标管理的约束激励鞭策作用。实施高位启动，由市四大家领导带队，对目标承担单位进行客观、公正、全面的综合考评，激发各级、各单位干事创业、争先创优的积极性，推动全市年度工作目标任务的完成。

【会务事务服务】 全年组织服务各类会议260余次。值班工作常年坚守岗位，热情接待来访来客，妥善处理事务。全年发出各类会议活动通知700多次，编发《值班快报》80多期，分发资料、信函2万余份，处理市委主要领导群众来信批件190余份，接待来访来客600人次。文档工作细致收发、传阅文件，认真整理、立卷、归档、清退文件，及时销毁机要文件，全年累计处理各类文件76万多份，完成市委各类大型会议材料的印制和分发工作。圆满完成《中办通讯》订阅和机关医保等工作。机要文件管理和《中办通讯》工作分别被省委办公厅评为先进。

【机要、保密工作】 机要工作加强机构建设，完善保障措施，提高通信保障能力和服务水平，完成温家宝等中央领导来宛期间密码通讯服务，确保抗震救灾、汛期和奥运等重要敏感时期密码通信的安全畅通。全年共传输办理各类电报3万多份15万多页，递送紧急重要电报625人次。保密工作不断完善工作机制，强化领导，科学谋划，改进工作方式，突出抓好规范党政以及军工企业等要害部门、涉密计算机信息系统、重大涉外活动、涉密人员的保密工作检查、监控和培训，保持在全省保密工作中的先进位次。

【机关党委工作】 加强机关党的思想、组织、作风和制度建设，组织开展支部换届选举、发展新党员、培训入党积极分子等项工作，发挥基层党组织的战斗堡垒作用和党员的先锋模范作用。组织市委机关迎新春联欢会、缅怀革命英烈教育活动、爱国主义教育活动和职工体育运动会等一系列活动。

【后勤服务】 保持市级“园林式单位”、“卫生达标先进单位”称号。保证市委和机关重大活动的顺利开展。接待工作坚持照章办事，重大活动接待文明热情、细致周到。加强对机关车辆和驾驶员的教育管理，机关车辆全年行驶110万公里无事故。加强硬件设施的检修、更新和添置，对关键部位实行24小时全天候监控，人防技防能力全面提升，确保了机关安全，市委机关被市、区、社区三级评为平安建设先进单位，机关保卫工作被省公安厅评为先进单位。组织老干部进行健康巡诊、外出参观考察及参与全市重大活动，帮助解决老干部生活中的困难和问题。（杜金增）

组织工作

【领导班子建设】　一是进一步加强和改进思想政治建设。落实全国、全省领导班子思想政治建设座谈会精神，以开展“新解放、新跨越、新崛起”大讨论活动为契机，强化对领导干部进行以十七大、十七届三中全会精神、中国特色社会主义理论体系特别是科学发展观为主要内容的学习教育，加强处置公共事件能力的教育培训。围绕创新领导班子思想政治建设的方法和途径，组织县（市、区）和市直单位领导班子思想政治建设情况专题调研。指导各级领导班子加强民主集中制建设，完善领导班子日常管理的各项制度和措施。二是建立完善领导班子配备改革后新的领导体制和工作机制。执行中央《关于进一步完善地方党委领导班子配备改革后工作机制的意见》，指导县（市、区）党委建立完善职责分工、议事决策、执行保障、监督约束机制。三是调整配备领导班子。对县（市、区）和部分市直单位领导班子进行调整配备，分批次选拔调整县处级干部838名，其中平调351人（正处平调61人，副处平调290人），提拔390人（副处提正处114人，科级提副处276人），其他调整107人。

【干部教育培训】　制定《2008～2012年全市大规模培训干部工作的实施意见》。选送103人次参加省以上调训；在市委党校举办县处级干部进修班、乡镇党委书记（乡镇长）班、中青班、高知班和市（县）直科（局）长班9期11个班次；协同市人事局、国土资源局等单位举办培训班4期，共培训干部1457人次。配合省委组织部对推进县级党校办学体制改革进行专题调研，对县（市、区）干部教育培训工作实行百分量化考评，规范培训管理，提高培训质量。

【培养锻炼年轻干部】　着眼于领导班子长期建设的需要，在民主推荐的基础上，建立600人左右的县处级后备干部队伍，完善后备干部定期谈话、定期分析、动态管理制度。选派34名市直机关优秀年轻干部下基层挂职锻炼；配合省委组织部选派4名县处级干部到沿海地区和省直机关挂职锻炼；安排省商务厅和南阳理工学院3名副处级干部到县（市、区）挂职；做好援川、援疆干部选派工作，选送10名干部到四川省江油市和新疆阿克苏地区新和县挂职；做好市参加省公开选拔副厅级干部的宣传动员、组织报名、资格审查、考前培训等工作，2人被选拔为副厅级领导干部。做好分配到南阳市的12名省选调生和3名市选调生的面试、体检、考察和安置工作；对1992年以来的省市选调生基本情况进行全面调查，督促有关县（市、区）落实好选调生的政策待遇。

【干部监督】　落实任职资格审查、征求执纪执法部门意见、考察预告、任前公示、经济责任审计、收入申报和重大事项报告等制度，对三批278名拟提拔为副处级干部人选逐人进行资格审查，有2人被暂缓提拔；对401名拟提拔对象征求执法执纪部门意见，有3人被取消提拔资格；组织对7名县（市、区）党政正职和10名市直单位主要负责人进行经济责任审计。加强在职市管干部出国（境）管理工作，对市管干部因私护照（通行证）实行集中管理，全年对116名县处级干部因公因私出国（境）进行审查把关，有6人因不符合规定未予批准；完成62名省管干部的收入申报和重大事项报告工作；做好“12380”举报电话受理和信访案件查办工作，使有关问题得到妥善解决。

【人才管理】　一是加强人才工作宏观指导和统筹协调。合并成立市人才和知识分子工作领导小组，明确工作职责和议事规则；完善市级领导联系高级专家制度和人才工作联络员制度，在大中专院校、重点科研院所和优势企业等高级知识分子相对集中的84个单位选定联络员。牵头成立由市人事局、发改委等16个单位组成的规划编制协调小组，着手编制《南阳市人才队伍建设中长期规划》。二是加强人才队伍建设。命名表彰第五批专业技术拔尖人才198名。出台《关于进一步加强高技能人才工作的意见》。组织对全市非公有制企业（单位）人才资源状况进行抽样调查。引进3名省博士服务团成员到南阳市挂职服务；召开全市科技副职暨省博士服务团成员座谈会，总结交流工作经验。组织有关人员参加省统一组织的博士、硕士招聘活动，有113名博士、172名硕士现场签订招聘意向。三是做好选聘“大学生村干部”工作。出台《关于实施“大学生村干部”工作的意见》和《“大学生村干部”管理办法（试行)》。采取选聘未就业的高校毕业生与选派在职人员相结合的方法，通过考试选聘1347名“大学生村干部”，从市、县、乡党政机关事业单位中选派2400名大学生村干部，完成省定80%的村有大学生村干部的目标。

【基层党组织建设】 在农村，一是继续深化农村党建“三级联创”活动。制定《关于进一步深化农村党建“三级联创”活动意见》，完善县委书记党建工作述职制度、乡镇党委书记党建工作责任追究制度，为“三级联创”活动深入开展提供体制和机制保证。二是大力推行“4＋2”工作法。出台《关于在全市农村深化完善“4＋2”工作法加强村级民主管理的意见》，提高基层组织民主管理水平。三是推进农村基层党建工作创新。以省委组织部开展“三级联动，问计基层，破解难题”活动为契机，分析新形势下农村基层党建面临的新情况、新问题，提出推进工作创新的对策意见。完成由叶冬松直接牵头负责、由南阳市承担的专题研究报告。四是做好新农村建设驻村帮扶工作。指导驻村工作队依托帮扶单位，开展项目帮扶、科技帮扶、文化帮扶和送温暖献爱心活动。在非公有制经济组织，组织对全市党员私营企业主基本情况进行调查摸底；在非公有制企业建立党组织689家，其中规模以上非公有制企业中建立党组织477家，建成比例提高到99.8%。在城镇社区，以增强服务功能为重点，加大“建组织、建阵地、建服务体系”力度，指导县（市、区）探索建立社区党员联谊会、党员议事会等，开展形式多样的党员义务服务活动。在外出创业人员中，继续抓好外建党组织建设、推广在外创业党员“双向共管”模式，组织开展“为驻地做贡献，为家乡添光彩”活动，扩大外建党组织的影响，增强凝聚力、向心力。同时，深化城市分行业创“五好”活动，表彰225个先进基层党组织。

【党员队伍建设】 一是建立完善党员保持和发挥先进性的长效机制。组织对县（市、区)、市直各单位建立长效机制情况进行督查和调研，在全市普遍推行党员设岗定责、服务承诺、结对帮扶、设立党员责任区（岗）等措施；指导淅川等县对建立党员党性定期分析制度，及时处置不合格党员进行了实践探索；制定《关于对农村老党员和城镇无固定收入老党员发放定额生活补贴的意见》、《关于建立健全村干部激励保障机制的暂行办法》。二是抓好党员教育培训。出台在农村基层干部中开展大专学历教育工作的意见，分4批组织90名乡镇党委书记、乡镇长、村（社区）党支部书记参加省组织的基层干部集中培训。召开全市培训基地主任座谈会，明确了培训基地工作的方向和重点；制定《关于加强农村党员活动日工作督导的通知》，对县（市、区）开展党员活动日情况进行督查。三是做好党员发展和管理工作。制定党员发展计划，指导各地及早着手做好高中生党员的培养和发展工作；推行发展党员“两票制”、公示制和责任追究制，确保发展党员质量，全年发展党员12700多名。指导各级党组织按照新标准做好党费收缴工作。对部分县（市、区）和市直单位党费收缴工作进行检查。做好流动党员管理工作，指导各县（市、区）完善流动党员信息库，并对各县（市、区）发放流动党员活动证情况进行检查。四是发挥党员电化教育和现代远程教育的作用。对《南阳党建》网站进行改版，高质量完成图、文、视频的组稿、编审和制作任务，完善网站防御系统，增加“大学生村官”、“驻村工作”、“新书推荐”等版块，网站点击量达三千万次。在党员干部远程教育频道和南阳电视台《党建视窗》栏目制作播出党员电教节目400余期，推出《阳光人事》、《远教风采》、“学习十七大精神系列访谈”等影响较大的品牌栏目。完成42部国选课件制作和曲剧《武文斌》的拍摄任务，抽调业务骨干参加中组部拍摄《十七大党章电视教材》。推进现代远程教育“入户工程”，建成各类远教站点550165个，居全省之首。

【村党组织暨第六届村民委员会换届选举工作】 全市村党组织暨第六届村民委员会换届选举工作从2008年9月22日开始，至2008年12月31日，全市4509个村党组织、村委会全部换届选举完毕。召开全市村党组织暨第六届村委会换届选举工作会议，成立换届选举工作协调小组和办公室，建立市级领导联系分包县（市、区）制度；会同市民政局举办换届工作培训班4期，培训434人次；指导县（市、区）举办培训班400多期、培训骨干3万多人。组派调研组深入全市13个县（市、区）78个乡镇205个村，了解掌握村情民意，分类制定工作措施。组派13个督导组进驻县（市、区）现场督查指导。换届选举后，全市村“两委”主职“一肩挑”和“两委”成员交叉任职比例均达到95%以上，“双强”村干部、妇女干部、大学生村干部、少数民族干部比例均达到省定目标。

【收缴“特殊党费”】 5月19日，根据省委组织部《关于做好部分党员交纳“特殊党费”用于支援抗震救灾工作的通知》，全市广大党员踊跃交纳“特殊党费”。至7月23日，全市共有239000余名党员交纳“特殊党费”2011万多元。

【“讲党性、重品行、作表率，树组工干部新形象”活动】 2008年3月上旬开始，全市组织系统开展“讲党性、重品行、作表率”活动。参与活动的人数达5927人，其中市直单位588人，县（市、区）5339人；厅级干部1人，处级干部231人，科级干部2999人，科级以下干部2696人。（于海营 李廷武 陈经波）

宣传工作

【理论党教】 一是坚持以领导干部为重点，完善党委（党组）中心组学习制度。对县处级党委中心组十七大精神学习分专题作出安排，抓好各级党委中心组的学习。服务市委中心组学习，结合中心工作，邀请著名新闻与传播专家、清华大学教授董关鹏先后作题为《突发事件应对与境外媒体沟通》和《领导干部如何面对媒体》的报告，邀请国家宗教事务局副局长王作安作题为《新形势下的宗教问题和宗教工作》的报告，邀请清华大学核能与新能源技术研究院核电专家朱书堂博士作有关核电知识的专题报告。邀请国家科技部党组成员、纪检组长吴忠泽作题为《走中国特色社会主义创新道路，加快建设创新型国家》的专题报告。二是以基层党校为阵地，加强对广大党员干部的教育培训。狠抓基层党校建设，4月，省委宣传部对市基层党校建设情况进行检查考评，对市基层党校的办学模式和建设水平给予充分肯定。5月，在全省基层党校建设工作会议上，南阳市又有12所乡镇党校、12所村级党校被命名为省级先进基层党校。在大河南阳网开通“网上党校”，开辟党员教育的新阵地。利用县乡村三级党校，对党员干部进行以党的十七大和十七届三中全会精神为主要内容的理论培训。开展“学习贯彻十七大精神”主题党课活动，全市领导干部讲党课5000余场次，受教育党员33万余人次。全年共举办培训班6200余期，培训党员36.5万人次。三是开展纪念改革开放30周年征文活动。组织社会各界干部群众广泛参与，共收到论文317篇，评出89篇优秀文章汇编成《光辉历程——南阳市纪念改革开放30周年征文集萃》一书。四是加强社科研究工作。召开南阳市社会科学界联合会第三次代表大会，对全市今后一个时期的社科研究工作进行全面安排部署。

【思想道德教育】 围绕社会主义核心价值体系建设，大力推动社会公德、职业道德、家庭美德、个人品德建设。一是扎实开展“知荣辱、讲正气、促和谐”主题道德教育实践活动。开展“我推荐、我评议身边好人”活动。围绕纪念改革开放30周年，开展“南阳人看南阳”形势政策宣传教育活动。开展“热情迎奥运、文明我先行”活动，举办“迎奥运文明礼仪知识电视竞赛”，启动“创建美好家园志愿行动”，普及奥运知识，弘扬奥运精神，传播奥运文明。坚持以“三理”教育为载体，组织未成年人开展“知荣辱、树新风、我行动”、“做一个有道德的人”活动，推进未成年人思想道德建设。实施网吧市场专项整治，市领导亲自带领有关部门进行大规模的集中检查，处罚关闭一批违规网吧。探索实施“监督＋监控”管理模式，实行行政执法责任追究制，取得明显成效。二是探索加强和改进企业思想政治工作的新方法、新途径，召开企业文化建设经验交流会，对全市企业文化建设进行部署，并明确建设标准，确定15家文化建设示范企业，初步形成宛西制药“仲景医药文化”、天冠集团“红色厂史文化”、南阳供电公司“阳光文化”等一批各具特色的企业文化品牌。三是加强学校思想政治工作。会同教育部门开展“学校思想政治工作优秀研究成果”评选活动，共收到论文216篇，内容涉及新形势下学校思想政治建设、校园文化建设、学校党的建设、学校政工队伍自身建设等各个方面。评选出一等奖35篇，二等奖40篇，三等奖41篇。推荐市优秀学校思想政治工作论文参加全省思想政治工作优秀研究成果评选活动，《以“三理”教育为契机，搞好学生思想政治工作》等8篇论文获奖，其中一等奖1个，二等奖5个，三等奖2个，位居全省前列。

【新闻舆论宣传】 一是以“深入贯彻落实十七大精神，加快建设富强美好和谐新南阳”为主题，宣传全市上下学习贯彻党的十七大及十七届三中全会精神，实施“三大战略”，推进“四大突破”的重大举措、生动实践和明显成效。突出抓好对“发动机计划”、传统农区工业化、高新技术产业化、和谐社会建设、生态文明建设等重点工作的宣传报道。特别是针对当前社会各方面关注的经济热点问题，做好正面引导，阐释政策，解疑释惑，引导人们正确认识面临的困难，把广大干部群众的思想统一到中央对经济形势的正确判断上来，把行动统一到中央一系列重大决策部署上来，为实现经济平稳较快增长营造良好舆论氛围。二是围绕全市性重大经贸活动组织系列集中宣传战役。组织开展第六届玉雕节暨首届宝玉石博览会的新闻宣传工作，先后在北京、郑州举办新闻发布会，邀请人民日报、新华社、中央电视台、河南日报等18家新闻媒体记者来宛采访，刊发一大批有关报道。做好第三届豫商大会和第七届张仲景医药科技文化节等活动的宣传报道，通过在媒体开设专栏，推出专题，为节会的成功举办营造浓厚的舆论氛围。三是做好抗击冰雪灾害、抗震救灾等突发性、灾害性事件的宣传，及时报道灾情和各级党委、政府抗震救灾的决策部署，报道救援工作进展情况，大力宣传南阳社会各界发扬一方有难、八方支援的精神和全力支援灾区的各项举措及感人事迹。四是宣传北京奥运会和残奥会、纪念改革开放30周年等重大活动。五是对上报道成效明显。2008年，南阳市在省以上主要报纸、电台、电视台发稿3800余篇（条），其中在省以上主要报纸发头版头题35个，在中央电视台新闻联播发头条2个，在中央人民广播电台发头条新闻3个，在省电台发头条新闻40个，在省电视台新闻联播发头条35个。

【精神文明创建】 一是以创建文明城市为载体，组织开展市容环境、交通秩序综合整治，不断提高文明城市创建水平。狠抓市民素质教育，开展文明市民评选和表彰活动。以家庭和美、邻里和睦、人际和谐为内容，开展“和谐社区”创建活动，建设管理有序、服务完善、文明祥和的居民家园。二是开展文明景区创建活动。景区创A工作再创佳绩，内乡宝天曼峡谷漂流被评为国家4A级景区。全市A级景区达到20家，其中4A级景区5家。三是以“乡风文明、村容整洁”为着力点，以培育新型农民为根本，以完善文化设施、改善人居环境为突破口，推进文明新村创建活动。召开全市文明新村建设观摩会，组织力量对各县（市、区）申报的市级文明新村进行检查验收，新命名68个市级文明新村，全市市级文明新村达416个。开展“清洁家园行动”，抓好环境卫生整治，使村容村貌明显改观。加强农民文明素质教育，采取典型引路的方法，组织开展“南阳十佳新型农民”评选表彰活动。发挥道德评议会、红白理事会、精神文明建设协会的作用，开展移风易俗活动，促进乡风文明建设。

【文化艺术和文化产业】　一是精品创作成果丰硕。组织实施“五个一工程”。电影《山娃子》、电视连续剧《喋血英魂》、戏剧《这院那院》、歌曲《幸福的生活甜溜溜》、长篇小说《镇委书记》获得全省第八届精神文明建设“五个一工程”入选作品奖。实施南阳历史（名人）长篇小说精品工程，确定王俊义、行者等作家正在创作的7部作品为入选篇目，实行“文化南阳写作计划”签约作家制度，确定廖华歌、水兵等10名作家为首批签约作家，一批重大题材作品的创作正在有序推进。影视剧创作百花齐放，电视剧本《大秦名相》在省委宣传部电影、电视剧、戏剧优秀剧本征集评选中获得入选奖，20集电视连续剧《小鼓大戏》已摄制完毕，军旅作家柳建伟创作的南阳历史题材33集电视连续剧《爱在战火纷飞时》在一些省级电视台播出。以胡锦涛签署命令授予南阳籍战士武文斌“抗震救灾英雄战士”荣誉称号为契机，抓好曲剧《武文斌》的编排和演出工作，扩大宣传教育效果，抗震救灾精神更加深入人心。二是加强公共文化服务体系建设。落实市委、市政府向全市承诺的“十件文化实事”，县级图书馆、博物馆建设得到加强。乡镇综合文化站、农家书屋、农村文化信息示范点建设资金已经到位，正在加紧建设。为基层配置的9辆文化下乡大篷车已经到位，2700个行政村电影放映工程顺利实施。市博览中心规划已经完成，即将开工建设。市汉画馆被国家文物局命名为国家一级博物馆。群众文化活动丰富多彩，春节、灯节期间全市各地组织送春联、民俗展演、焰火晚会等系列文化活动，烘托喜庆祥和的节日气氛。继续开展“欢乐南阳”广场文化活动，全市各地围绕建设社会主义和谐文化、庆祝改革开放30周年、建设社会主义新农村等主题，通过文艺演出、主题文化活动、数字电影放映等形式，开展丰富多彩的广场文化活动。组织较大规模的广场文化活动400余场。荣获全省“欢乐中原”广场文化活动组织工作奖，有4个单位和7名个人受到省委宣传部表彰。举办“魅力南阳”大型文艺晚会，配合第三届豫商大会举行，东方歌舞团著名演员牟炫甫、张燕、刘维维等为现场近5000名观众奉献了充满民族特色和异域风情的精彩节目。三是推进文化产业发展。完善南阳市文化产业项目库，补充金光数显等20余个新项目，在中国文化产业网上发布重点招商项目30余个，拓展文化产业招商渠道。加大省文化产业专项资金的争取力度，乐凯集团第二胶片厂年产1600万平方米CTP数码印刷版材生产线及配套工程项目获得省100万元支持，河南耀威科技有限公司年产5000吨特种纸生产线项目获得省50万元支持。在省委、省政府召开的全省文化产业发展和文化体制改革工作会议上南阳市受到表彰，市委书记黄兴维在大会上作典型发言，南阳拓宝玉器公司和西峡恐龙遗迹园获得全省先进文化产业企业称号。四是推进文化体制改革。图书馆、博物馆、文化馆等公益性文化事业单位从内部机制改革入手，深化劳动人事制度改革，建立科学岗位体系，实行岗位分类，公开选拔，竞争上岗，实行一把手负责制、全员聘用制、项目负责制、签约制、合同制，内部三项制度改革进展顺利。文化艺术学校、博物馆、群艺馆、图书馆等单位均全面推行和完善全员聘任制，单位岗位科学设置及岗位绩效工资的实施正在摸底排查，将按照“先入轨、后完善”的思路，完成事业单位的设岗和绩效工资的落实。

【对外宣传】　一是推进奥运“采访线工程”建设。市委常委会专门听取“采访线工程”建设工作汇报，并进行研究部署，落实相关经费。先后两次举办全市“采访线工程”建设暨新闻发言人培训班，邀请中国人民大学新闻学院党委书记、教授高钢，清华大学新闻与传播学院院长助理、教授董关鹏，《中华儿女》杂志社主编、新闻学博士孙聚成等莅宛授课，600余人参加培训。各县（市、区）和市直部门共举办培训班30多期，培训人员6000多人次。精心设计采访线路，设置“经济”、“文化”、“生态”3条市级采访线、100多个采访点，南水北调中线工程渠首、武侯祠、天冠集团等被纳入国家和省级采访线。设计印制5000份中英文对照的《南阳市奥运采访线折页》和服务手册。组织各地各有关部门制订周密的接访计划。梳理热点敏感问题，逐一制订预案，明确主责单位和处置流程，制定对外宣传口径，做到积极主动、从容应对，确保每块阵地、每个岗位、每项工作都万无一失。二是举办“南水北调中线工程渠首、水源地河南南阳生态文明建设图片展”。这次展览是南阳市在北京举办的一项重大宣传活动，是南阳市多年来举办的规模最大、内容最系统、形式最新颖、设计制作最精美、领导关注度最高、参观人员最多、社会反响最强烈、影响最广泛的一次展览。展厅面积2200平方米，展线长500多米，采用图片、实物（模型）、音像放映相结合，声、光、电综合运用的手段，整个展览大气、新颖、精美。展览介绍南水北调中线工程概况，反映南阳人民为支持南水北调中线工程建设，在产业结构调整、环境治理和保护，以及移民搬迁方面作出的巨大努力和无私奉献，展示南阳秀美的自然风光、厚重的文化底蕴、丰富的人文资源和南阳经济社会发展取得的巨大成就。李长春等中央、国家部委、北京市、河南省的领导和全国各地近5万名观众参观展览。李长春等领导对此次活动给予了充分肯定。李长春说，南阳此次图片展办得非常精彩，要进一步扩大影响，让更多的北京市民关注图片展，关注南阳，热爱南阳。曹刚川称赞图片展构思精巧，内容丰富，设计新颖，并深情地说，饮水思源，沿线受益群众都要感谢南阳人民。要在干渠沿线进一步加大宣传力度，弘扬南阳人民舍小家、为大家的高尚品德。军博的领导对这次展览也给予充分肯定。许多观众写留言赞扬此次展览，赞美南阳风光，感谢南阳人民。展览期间，发放《魅力南阳》、《中国南阳》画册、《南阳旅游》等外宣品48000余份。同时邀请中央、北京、香港和河南省的45家主要媒体对展览活动进行采访报道，人民日报、经济日报、中央电视台、北京日报、河南日报等主流媒体刊发相关稿件40余篇，130余家网站登载相关报道280余篇、图片360余幅。三是组织开展《瞩目南阳》大型摄影采风活动，对知名旅游景区、文博景点、特色产业、城市建设等100多个具有南阳名片性质的拍摄点进行全方位拍摄，共拍摄照片2000余幅，评出的优秀作品将入选《中国南阳》画册，并在各种展览中展出。四是做好第三届豫商大会、第七届张仲景医药科技文化节、第六届玉雕节暨首届宝玉石博览会的对外宣传工作。围绕举办第三届豫商大会，周密策划、创新形式，为宣传推介南阳积极搭建平台。邀请人民日报、河南日报、香港大公报等30多家新闻媒体记者前来采访，并组织市外媒体深入南阳各行业、各区域采访报道。组织召开大会新闻发布会，印制《魅力南阳》宣传折页，制作《约会南阳》城市形象片，在豫商大会主要来宾驻地——南阳宾馆举办“魅力南阳”大型图片展览，展出200余幅照片，从历史文化、山水风光、工农业生产等7个方面，形象、生动地展示南阳丰富的人文和自然资源，经济社会的发展成就和巨大发展潜力。省级以上主要媒体刊发本次大会相关稿件近百篇（条），90余家网站刊发、转发相关报道200余篇，图片100余幅，提高南阳市在海内外的知名度和影响力。围绕举办第七届张仲景医药科技文化节，加强对外宣传。在武汉举办由湖北省、武汉市主要媒体参加的新闻发布会，在郑州举办由中央、河南省及香港媒体参加的新闻发布会，向海外华人介绍南阳市情和医药节的情况，邀请海外华人来宛参会。邀请人民日报、新华社、中央电视台等23家新闻媒体记者来宛采访节会，举行记者招待会，向中央及省内外新闻媒体介绍节会的有关情况，展示南阳良好形象。省级以上主要媒体刊发、转发相关报道400余篇，图片100余幅。围绕举办第六届玉雕节暨首届宝玉石博览会，组织制作发放各类外宣品，服务节会，宣传南阳。此外，推出《南阳十大历史名人》邮册和图书，丰富对外宣传的内容。

【互联网宣传管理】 以网络文化建设和管理工作为重点，组织全市各新闻网站围绕市委、市政府的中心工作，开展网络宣传。大河南阳网等新闻网站先后制作“第六届玉雕节暨首届宝玉石博览会”、“南阳生态文明建设图片展”、“第三届豫商大会”、“第七届张仲景医药科技文化节”等专题网站，利用音频、视频、图片、文字等宣传手段，加大宣传力度。同时，实现与新华网河南频道、人民网河南视窗、大河网等国内重点新闻网站、各省辖市重点新闻网站的链接，扩大网络宣传南阳的影响力。人民网、新华网等市外各大网站登载转载南阳市稿件3000多篇（条）、图片1000多幅。加强市网络文化协会网站建设，设计制作“社会主义核心价值体系专题网站”和“中华汉文化网站”。加强网上监控管理，正确引导网上舆论，出台《关于加强网络文化建设和管理的实施意见》，网络文化建设和管理工作得到加强。在全国“两会”、抗震救灾、奥运会等特殊时期，实行24小时值班制度，对辖区内网站严格监控，先后删除不良信息100多条。在全市范围内开展整治互联网站违规登载新闻工作，规范网上新闻宣传秩序。以协会为依托，加强行业管理，组织首届铁通杯“十佳网站”评选活动和第二届网通杯“南阳网络十年”征文活动，促进文明上网、文明办网。

【宣传干部队伍建设】 一是全市宣传战线各部门、各单位开展“新解放、新跨越、新崛起”大讨论活动，采取集中学习、专题辅导、交流研讨等形式，进行系统学习，查摆整改，提高宣传干部队伍素质。二是推进“四争一创”活动。全市宣传系统精神文明建设以“四争一创”活动为主要载体，结合自身实际，不断创新活动内容，在文明单位创建、加强自身建设、铸就团队精神、推动宣传工作等方面取得明显成效。到2008年底，全市宣传系统省级文明单位达到7个，市级标兵文明单位达到8个，市级文明单位达到37个，县（区）级文明单位达到34个，全市宣传系统文明单位达到100%，宣传系统继续保持“全市文明系统”称号。三是组织开展市直宣传系统大众广播体操比赛等丰富多彩的活动，进一步激发宣传干部干事创业的热情，树立宣传系统的良好形象。广大宣传干部务实重干，深入基层调查研究，成果丰硕，在上级报刊发表一大批宣传思想工作调研文章，服务领导决策，推动工作落实。

【“新解放、新跨越、新崛起”大讨论活动】 根据省委的统一部署，市委决定在全市组织开展“新解放、新跨越、新崛起”大讨论活动，市委宣传部牵头全面负责全市的大讨论活动。一是坚持把学习贯穿于大讨论活动始终。以科学发展观为重点，组织全市干部群众深入学习，在全市掀起学习热潮。特别是突出学习胡锦涛视察河南时的重要讲话精神和党的十七届三中全会精神，通过邀请专家教授作主题报告、开办专题讲座、进行主题辅导等形式，组织干部群众深入学习。推动全市广大干部群众解放思想、更新观念，增强深入贯彻落实科学发展观的自觉性、坚定性，提高各级领导干部领导科学发展的能力和本领，为建设富强美好和谐新南阳打下牢固的思想基础。二是开展调查研究、查摆问题活动。组织全市广大党员干部深入基层、深入一线、深入职工群众中进行实地走访，倾听群众的意见和呼声。广开渠道，征求意见，市委带头围绕“七个方面”的重要内容，通过多种渠道广泛征求到社会各界的意见建议共 6 个方面 81 条。同时，组织召开征求意见会、专题讨论会查摆问题。各地各单位通过设置征求意见箱，发放征求意见表（函），开设热线电话，开通网上征求意见通道，召开不同类型的座谈会，开展问卷调查，上门走访，开展谈心交心活动等形式，充分征求广大干部群众和各方面的意见建议。全市上下按照联系实际、推动工作、促进科学发展的要求，查摆“十重十轻”在本地本单位的主要表现，查摆思想不解放的突出问题。市委常委会通过召开民主生活会，找准主要问题，理清工作思路，提出整改措施。各地、各单位共查摆出存在的各类问题 2 万多条。这些问题系统真实地反映南阳科学发展的制约因素，为今后采取有效措施，进一步推动南阳科学发展、和谐发展奠定了基础。三是对查摆出的问题进行整改。全市各地各单位针对查摆出的突出问题，强化整改措施，加大整改力度。对面向全社会征集到的意见建议和问题进行通报，并细化分解任务，按照属地管理和归口管理原则，逐一落实到有关地方和单位，明确分工，强化责任，狠抓落实，通过整改，把大讨论活动的成果落实到解决问题、推动工作、促进发展上，体现在老百姓的笑脸上。四是巩固提高大讨论成果。坚持把确定和解决南阳经济社会发展和当前工作中的重大专题，作为巩固提高阶段的一项突出任务来抓。在深入调查研究的基础上，结合南阳实际研究确定全市大讨论活动 7 大类 36 个重大专题。印发了《关于认真解决南阳市大讨论活动重大专题的通知》。把这些重大专题逐一落实到有关单位，明确责任分工。制定切实可行的解决方案。建立工作台帐，明确完成重大专题的具体步骤、完成时限、责任单位和责任人，层层分解任务，将工作目标量化，工作措施细化，做到科学规划，分步实施。特别是积极应对当前国际国内经济形势的发展变化，市委在充分调查研究的基础上，围绕抓好扭亏增盈、扩大社会需求、扩大企业进出口规模、促进房地产市场平稳发展、解决中小企业融资难问题、抑制通货膨胀等六个方面的重点工作，研究制定一系列新政策、新措施，破解经济运行中的各种难题，为完成经济社会发展目标任务创造良好条件。（李忠）

统战工作

【服务经济发展】　一是推进“百企帮百村”活动，巩固扩大已有成果。表彰 62 个“百企帮百村”先进企业，10 月，在内乡召开全市新农村建设“百企帮百村”活动经验交流现场会，推广各级统战部门和民营企业参与新农村建设的经验和做法。全市有 3126 个民营企业参与新农村建设，其中 630 个企业与 615 个村结成帮扶对子，累计实施项目 458 个，投资总额 4.75 亿元。“百企帮百村”活动作为 2008 年～2020 年农村工作规划的一项重要内容，纳入《中共南阳市委、南阳市人民政府关于贯彻落实党的十七届三中全会精神，进一步推动农村改革发展的意见》。二是推进“百企进南阳”活动暨“光彩回归工程”。配合 8 月份在南阳市举办的第三届豫商大会，组织民营企业到沿海发达地区招商引资，超额完成市委、市政府下达的 2 亿元的引资任务。三是引导参与社会公益事业。共筛选上报国家级光彩事业重点项目3个（内乡牧原养殖有限公司15万吨饲料加工、新野县宛绿蔬菜专业合作社蔬菜基地建设及产品加工整理包装配送、南阳市丹江湖乳业有限责任公司年产3万吨生态功能原奶工程）。开展“光彩扶贫”、“光彩助学”、“光彩就业”等光彩事业系列活动，引导组织广大民营企业参与村庄整治、扶危助困、建桥修路等社会公益事业，捐赠金额达1.17亿元；捐款100多万元，救助贫困大学生560多名；对下岗失业人员和农村贫困地区劳动力进行专业技术培训，帮助近5000人走上脱贫致富之路。5月12日汶川大地震后，市直统战系统各单位、各民主党派、工商联、民族宗教界人士、非公企业和非公经济人士踊跃向灾区捐款160余万元。据不完全统计，全市各级统战干部和统一战线人士累计为灾区捐赠款物达2000余万元。

【多党合作】 3月，市4个民主党派市级组织完成换届。换届后各民主党派领导班子中新的代表人物增多。为提高其政治把握能力、参政议政能力、组织领导能力和合作共事能力，协助各民主党派开展以坚持走中国特色社会主义政治发展道路为主题的“政治交接学习教育活动”。自10月开始，在全市无党派人士中开展“自觉接受中国共产党的领导，坚持走中国特色社会主义道路”主题教育活动。9月3～7日，省党外人士恳谈活动在南阳市举行。省委常委、省统战部部长刘怀廉，省各民主党派、工商联负责人及无党派代表人士参加恳谈活动。

【维护和谐稳定】 一是加强对民族宗教工作的领导。解决部分县民族宗教局与其他政府部门合署办公、不具备独立法人地位的问题。全市13个县（市、区）均单独设立民族宗教局。13个县（市、区）均将民族宗教工作纳入党政工作年度考核目标，纳入干部考核内容。二是宣传教育。4月，请国家宗教局副局长王作安为市委中心组作专题报告，市四大班子领导及市直单位负责人参加报告会，开创市委中心组集体学习宗教理论政策的先河。市委统战部常务副部长李志广在各县（市、区）和市大中专院校开展巡回宣讲，普及执政党对宗教工作和宗教问题的理论政策法规知识。三是巩固和发展平等团结互助和谐的社会主义民族关系。开展民族团结进步教育活动，坚持和完善民族团结五项长效机制，形成各级重视、齐抓共管、群众参与的民族工作格局。遇到民族矛盾纠纷和突发事件时，及时处理，准确定性，发挥民族宗教界代表人士作用，在依法办事的同时，注重社会效果，将矛盾化解在萌芽状态。坚持以发展促稳定，争取少数民族发展扶持资金300多万元，用于少数民族聚居村基础建设；在“百企帮百村”活动中，将少数民族村作为重点帮扶对象，进行优先扶持，少数民族文明新村建设取得明显成效。四是落实《宗教事务条例》，引导宗教与社会主义社会相适应。以《宗教事务条例》为依据，依法加强对宗教事务的管理，抵御境外宗教渗透，持续开展对天主教地下势力的集中整顿和教育转化工作。在宗教界开展“四争创”活动，加强对宗教团体、宗教活动场所和宗教教职人员的规范化管理，引导宗教与社会主义社会相适应。将5个爱国宗教团体办公经费纳入市财政预算，每年各拨付1万元。一些县（市、区）还由财政拨款，对宗教教职人员给予适当的生活补贴。

【海外统战和对台工作】 一是加强对台工作机构建设。9月27日，将市台办升格为正处级，增加编制，增拨经费，更新车辆。各县（市、区）根据各自实际，提升台办规格，增配对台工作干部。4月，召开市第二次台胞台属代表大会，实现市台联理事会的新老交替。二是开展海外统战和对台工作。争取到台商为南阳市捐建小学3所，每校投资45万元。设立台联扶贫助困基金，助困基金的资金来源为市台联二届理事会成员自愿捐赠，用于资助全市台胞台属中的贫困家庭、贫困学生，每年发放1～2次，2008年首次资助40户（人）。加强与海外侨胞和基金会的联络，引导捐资支持南阳市文化教育事业发展。美国爱心助学基金会、加拿大河南同乡会、香港应善良福利基金会先后捐资170多万元，地方配套300多万元，在南阳市建11座教学楼、资助160名贫困学生。（项宁）

市直工委工作

【工委工作概况】　一、学习宣传十七大精神和纪念改革开放30周年为载体，强化理论武装。举办市直机关学习十七大精神知识答卷活动，收回答卷1.2万多份，并组织安排主题党课，市直有2份党课教案在全市评比中获奖。协助市委宣传部组织好市直各单位党组（党委）中心组学习，发放《形势与任务教育读本》等2000多册，有7个中心组被市委宣传部评为先进中心组。配合市委宣传部、市社科联开展纪念改革开放30周年征文活动，收到论文50多篇，其中8篇由市直单位主职所撰写。开展市直机关文化建设研讨活动，收到论文128篇，评奖57篇。完成市直机关党报党刊发行任务，在《南阳日报》上发新闻稿件15篇，另有专版3个。市直6个单位和6名党务工作者被市委表彰，市公安局机关党委专职副书记贾中华受到省委表彰。

二、深化文明单位创建活动。市直有3个单位被命名为国家级文明单位，16个单位晋升省级文明单位，27个单位参加市级文明单位的考评验收。开展“迎奥运文明礼仪知识竞赛”。加强“三理教育”及未成年人思想道德建设，制订考评意见。南阳工业学校被评为省级“三理”教育工作先进集体。在市直范围内推选全市道德模范，有5人榜上有名，3人获提名奖。

三、深化城市分行业创“五好”活动。“七一”前夕市直机关有30个基层党组织受到市委表彰，8个基层党组织受到省委表彰。在市直一级单位新建机关党委3个，党总支改建党委1个，换届选举机关党委7个、党支部1个。机关党委新建、换届时同步建立机关纪委。进一步理顺机关党组织隶属关系，国家统计局南阳调查队、市编办2个党支部由工委直管。贯彻中组部意见，在市直机关执行新的党费收缴标准。就市直机关党建情况及退休干部党组织建设情况进行调研，向市委组织部提交调研报告。举办党员发展对象培训班6期，培训1227人，审批发展新党员1177名。重视在市直大中专学校和高中发展党员，全年共发展学生党员256名。使用留成党费12万多元，救助市直310名困难党员。

四、以落实党风廉政建设责任制和预防职务犯罪为重点，加大对科级以下党员干部的教育监督力度。全年审结案件1起，给予1名科级党员干部开除党籍处分，并对1起情况复杂的申诉案件作出结论。组织市直机关党员干部参加中纪委在全国开展的学习贯彻《建立健全预防和惩治腐败体系2008～2012年工作规划》活动，回收答题卡近万份，并配合市纪委开展一条街宣传活动。协调市直部分单位参加全市“忧乐杯”廉政演讲比赛并组织撰写研讨论文5篇，其中1篇被市纪委评为优秀论文。

五、加强基层工会组织建设。新建工会组织2个，改选换届17个。提升基层工会组织建设标准，开展“模范职工之家”创建活动，已检查验收，拟对其中20个进行表彰，并择优向市总工会推荐10个受表彰单位。举办第九届大众广播体操领操员培训班，市直有54个单位选送82名领操员参训。加强自身建设，经市总工会批准，组建市直机关工会工作委员会。

六、加强团的基层组织建设。新建团组织1个，改选换届12个。创新团建工作模式，在市统计局成立青年工作委员会，对学校团支部推行直选。举行市直机关纪念“五四”运动89周年暨新团员入团宣誓大会，1500多名新团员集体入团宣誓，并表彰一批模范团干部、先进团组织和优秀团员。在市直9所大中专学校开展“迎奥运、讲文明、树新风”大型文艺巡演，累计有1400多名团员参与，3.5万多名师生观看。举办第六期市直团干部培训班，培训团干部115人，并举办业余团校9期，培训团员、团干部700多人。发展新团员3000名，推荐优秀团员入党220名。组织120名优秀青年志愿者服务南阳玉雕节、张仲景医药节、第三届豫商大会，并登记注册志愿者6000名。由团市委交办，组织市直1700多名团员青年到兰营水库植树添绿，并承办“为了灾区孩子的明天”大型赈灾义演，现场募捐127万多元。

七、主动就市直机关建立健全妇女组织与市妇联衔接和沟通，并召开专题会议进行督促。协助市妇联在市直机关选举妇女代表，参加全省第一次妇代会。了解市直机关妇女工作情况，探索新时期妇女工作新路子。

八、扎实推进无邪教创建工程，命名150个单位为无邪教达标单位。先后与市直有关单位签订责任书和责任状，完善并强化防控措施，确保奥运期间的安全和稳定，并将3名“法轮功”顽固分子送到市委610办所办的转化班。以教育转化为治本之策，全年有效转化“法轮功”人员2名，未发生“法轮功”人员上访和闹事事件。重视对已转化“法轮功”人员的后续帮教，经协调妥善解决3名已转化者的从业和生活困难。

九、市直党校发挥教育培训主阵地作用，全年举办各类培训班8期，培训1481人次。教学楼产权确认取得实质性进展，并正在做好纳入事业单位管理的准备。

十、对县（市、区）直工委工作指导关系进一步深化。9月下旬在唐河召开第六次县（市、区）直机关党建工作座谈会，专题研讨机关党的工作党的建设怎样贯彻和体现科学发展观的要求，并实现自身的科学发展。

十一、市机关党建研究会于4月29日召开第一次代表大会，选举产生研究会领导班子并出台会员章程。及时收缴会费，已收缴3.5万元，并为市直机关赠订1000份《机关党建之窗》。加强机关党建理论研究和探讨，年底省机关党建研究会年度优秀成果总结表彰会上，《机关党的工作一定要贯彻和体现科学发展观的要求》一文获一等奖，另有12篇论文分获二三等奖和优秀奖，数量创近年来之最。市机关党建研究会被评为2008年度课题调研工作先进单位。

【学习党的十七大精神】 十七大闭幕后，工委随即发出通知，在市直机关迅速掀起学习贯彻十七大精神的热潮。举办市直机关科级干部轮训班，召开市直机关党务工作者座谈会、市直机关党的工作会，并于9月26日在唐河召开全市第六次县（市、区）直机关党建工作座谈会。11月26日，举行市直机关党务工作者纪念改革开放30周年座谈会，在《南阳日报》上发两个纪念专版，摘发18位机关党务工作者的发言摘要。在全省乃至全国机关党的工作系统率先推出三大创新举措：一是设立市直机关困难党员救助基金，变春节前一次性救助为按月定补，二是设立市直机关党务工作者奖励基金，使党内表彰具有“含金量”，三是组建市直机关党员服务中心，为党员排忧解难。

【纪念《条例》颁布实施10周年】 4月17日召开《中国共产党党和国家机关基层组织工作条例》颁布实施10周年纪念座谈会。市委书记黄兴维和省委副秘书长、省直工委书记王群出席并讲话。会上市委首次命名表彰市直机关党建60佳，即20佳机关党建第一责任人，20佳专职机关党务工作者，20佳基层党支部书记。配合纪念活动，在《南阳日报》上发纪念专版。

【机关党建纳入全市目标管理】 2008年4月30日，市委、市政府把市直机关党建工作列入全市经济和社会发展大目标。12月13日，将机关党建工作目标细化为4项评分标准，基础分为10分，并明确市直工委为监控单位。机关党建从此有了可监控、可考核、可评价的硬指标、硬手段、硬尺度。

【其他四项任务】 2008年所承担的任务主要有四项：一是受市政府委托，负责南阳核电建设项目的社会舆论引导和宣传教育，按要求顺利完成一系列任务：组团带队赴浙江秦山核电站考察，开展舆情调查和宣传教育，会同市委党校举行核电知识专题报告会，进行核电项目公众问卷调查，协调新闻媒体公开宣传等等。二是会同市总工会、市体育局，举办市直机关迎奥运体育活动月。7月份共进行游泳、跳绳、拔河、大众广播体操四大项7个小项的比赛，有63个单位的1600多名运动员参赛；三是由市委组织部交办，在市直机关组织开展“讲党性、重品行、作表率，树立组工干部新形象”学习实践活动；四是配合市委宣传部等部门，在市直机关组织开展“新解放、新跨越、新崛起”大讨论活动。(陈学健)

政法工作

【政法工作概况】　一、以基层基础为重点，全面深化平安建设工作内涵。一是着力构建齐抓共管的平安建设格局。由公安、妇联、工商、建设、教育等12个部门牵头，40多个部门参与，分别制定行业、系统平安建设具体标准和工作方案，在全市范围内，广泛开展平安新村、平安社区、平安校园、平安医院、平安效能、平安建筑、平安市场、平安企业、平安单位、平安家庭等十大平安工程建设，形成各级综治委牵头，各职能部门齐抓共管的工作体系。从基层抓起，广泛开展平安新村创建活动。采取以点带面，整体推进的方式，以平安家庭创建为基础，以农民法制学校为阵地，以治安“双向”承诺为纽带，把创建平安新村作为推进农村平安建设，服务社会主义新农村的有效载体，纳入总体规划。全市已命名平安新村1212个。二是不断完善人技结合的防控体系。在全市按照乡不低于10人，镇不低于15人，城区不低于40人的标准全部建立专业治安联防巡逻队，在保障人员、经费的基础上，加强使用和管理机制建设，用健全的规章制度和保障措施指导巡逻开展。同时，中心城区和各县城沿街单位共建立治安执勤岗1748个，121个大型商场、206个宾馆酒店成立义务治安员队伍，在145个各级各类学校和114个医院建立了以干警名字命名的驻校、驻院警务室，有效维护这些单位、场所的治安秩序，并在处理社会矛盾、维护社会稳定等方面发挥了积极作用。按照因地制宜、因情施策的原则，全面普及技防设施建设。在城区，以主干道、科级以上单位内部为重点，普遍安装数字视频监控系统。在农村，以村组和农户为重点，推广普及“气死贼”、“十户联防报警系统”和村级“平安互助网”等小型、实用技防设施。特别是对农户安装“气死贼”的，由市财政补贴1元，县（市、区）财政补贴3元，乡镇给予适当补贴，调动农民群众的使用积极性。全市城区一半以上的主干道纳入视频监控范围，340个科以上内部单位安装数字视频监控系统，230个单位安装红外报警系统，单位技防普及率达到85%左右。1563个行政村安装“平安互助网”集中报警系统，网内电话达8万余户。75万耕牛养殖户使用了“气死贼”报警绳索，占养殖户总数的76%，42万农户安装了“十户联防”报警系统，占农户总数的34%。人防技防的有机结合和全方位覆盖，使南阳整体治安防控能力和水平得到有效提高。三是全面整合基层工作资源。以公安派出所、司法所、信访办、人民法庭、人民武装、民政、土地、计生等单位为成员，在全市乡镇、街道全部建立综治工作中心，实行一个窗口对外，一站式办公、一条龙服务的工作模式，建立治安防范、矛盾排调、普法教育、协调督查四位一体的工作体制，在乡镇、街道形成了组织有力，协调有序，齐抓共管的防范合力。综治工作中心全部由乡镇、街道党委副书记兼任主任，副科级综治办主任任工作中心副主任，文化程度均达到大专以上，年龄在35岁以下的196人，占85.2%，工作中心专职工作人员992人，平均每个乡镇、街道4.3人。同时，全市3132个村、社区成立综治服务站，实现中心工作职能向村、社区的有效延伸。

二、以打击“两抢一盗”犯罪和打黑除恶专项斗争为重点，始终保持对各类违法犯罪的高压严打态势。把打击“两抢一盗”犯罪专项斗争作为政法工作的重要任务，年初召开动员大会，市委书记黄兴维做动员报告，南阳电视台向全市进行同步直播，市县党政领导班子、政法部门全体干警、市县直单位负责人、全体乡镇干部和村（社区）两委班子成员共计3万余人集中收听收看会议实况。各级各部门利用电视、电台、网站、手机短信、宣传标语和各类报刊等，对专项斗争开展的意义、目标、要求进行大篇幅、高密度的宣传发动。共制作宣传条幅、宣传版块和各类宣传单500余万份，设立举报箱、举报电话300余个，利用广播、电视、报纸、手机等播发宣传有关打击“两抢一盗”犯罪案件情况信息600余万次，群众对专项斗争的知晓率达到95%以上。具体斗争中，抓住打现行、挖团伙、抓逃犯三个关键环节，建立打击专业队，成立案件专办组，实行快侦、快捕、快诉、重判的处理策略，全方位推进专项斗争深入开展。为提高综合打击效能，市公安局多次召开不同层次的专门会议，对打击盗抢犯罪工作进行具体部署，周密安排，抽调精兵强将，集中优势兵力，在案件高发时段和重点区域采取便衣跟踪、蹲坑伏击等手段，对盗抢犯罪活动予以迎头痛击。检、法、司等部门统一思想，密切配合，开展不同形式的破大案、抓逃犯、比效率等侦办竞赛活动，提高广大政法干警开展专项斗争的积极性，形成合力打击、强力攻坚的综合打击态势。同时，为从源头上减少盗抢案件发生，在中心城区和各县（市、区）城区推行打击与防范相结合的网格化社会治安管理模式，分级控制，第一级以条为主，由公安局巡特警负责，对城区主次干道实行控制，主要任务是打击和防范街头双抢；第二级以块为主，由街道和辖区派出所负责，以社区为单元组织防控，主要任务是打击和防范入室盗窃及针对楼群大院的盗窃活动。网格化社会治安管理逐级按照定范围、定任务、定领导、定人员、定责任、定奖惩的“六定”责任制，明确任务、责任和奖惩，对城区实行网格化控制，遏制城区盗抢案件高发势头。2008年全市共破获“两抢一盗”案件34049件，抓获“两抢一盗”犯罪嫌疑人13030人，破获省督破案件274起，破案率99.28%；抓获省督捕逃犯297人，抓捕率97.7%，综合打击效能实现历史性突破。全市共发“两抢一盗”案件14140起，同比下降21.96%，盗抢犯罪活动的高发势头得到遏制。

对黑恶势力犯罪，政法各部门坚持打早、打小、露头就打、除恶务尽的原则，深入细致地开展排查工作，对排查出的黑恶势力犯罪逐一成立专案组，采取成立打黑专业队、提级办案、异地用警办案等手段，提高侦办涉黑涉恶案件的效率和质量。政法机关统一执法，加强配合，在“两个基本”的前提下，依法快侦、快捕、快判，稳准狠地坚决予以打击。在抓好大要案侦破的同时，政法各部门把集中整治中心城区及各县城城区“亮队”问题作为重点，对组织者、策划者和骨干分子实施严厉打击，并做到“一集中三公开”，即集中优势兵力，公开打击，公开处理、公开曝光，“亮队”活动明显收敛。至11月6日，全市共立案侦办涉黑案件11起，打掉恶势力团伙33个，判决团伙成员153人，公开打击处理组织参与“亮队”人员273人。特别是成功侦破白玉刚涉黑团伙、方城刘氏兄弟涉黑团伙、卧龙区赛超涉黑团伙等一批大案要案，打黑除恶斗争取得阶段性成果。

三、以“大走访”活动为重点，解决广大群众关注的社会治安热点难点问题。为把打击“两抢一盗”犯罪和“打黑除恶”等专项斗争的成果转化为实际社会效果，大幅度提高群众的安全感和满意度，4月初在全市深入开展以“关注民生、保障民安”为主题的“大走访”活动。活动由市委政法委牵头，以各县（市、区）为主，组织基层党政机关干部走村入户开展大走访，走访活动进村（社区）达到100%，入户率达到85%以上。全市共派出市、县、乡、村、组干部46000余人次，其中政法干警

5980余人次，走访行政村入村率达到100%，走访242万户，入户率达到90%以上，发放宣传卡421万余份，收集意见建议37000余条，为群众解决涉法涉诉问题、化解各类矛盾纠纷6524起，搜集各类案件线索1600余条。通过走访、整改和回访一系列实际行动，转变政法机关工作作风，解决一批群众关注、关心的社会治安问题。2008年公众安全感指数达到93.69%，较上年底上升了5.39个百分点。

四、以奥运安保为重点，积极预防和化解各种不稳定因素。围绕奥运安保工作，加强和完善各级应急预案的制定和落实，及时预防和妥善处置各类突发群体性事件和公共安全事故。市委维护稳定工作领导小组修订完善了《南阳市突发公共事件处置预案》，建立市委维护稳定工作领导小组统一领导、公安110组织指挥，各级各部门分级负责、反应及时、规范有序、科学高效的应急体制。按照中央、省综治委《关于集中排查调处矛盾纠纷、排查整治治安混乱地区和突出治安问题的通知》要求，结合奥运安保工作，以市、县、乡、村、组五级矛盾纠纷排查调处网络为依托，规范联席办公会议、排调例会、矛盾纠纷零报告等工作制度，严格落实重大决策信访评估制度，每月组织有关部门召开一次信息协调会，分析研判信访稳定形势。每月对各县（市、区）和市直各部门排查的重大问题进行分析汇总、交办督办，尤其对可能引发重大治安问题和群体性事件的隐患，采取领导包案、挂牌督办、派驻工作组等措施限期解决。先后三次在全市范围内开展矛盾纠纷、治安乱点集中排查、集中调处治理行动。共排查各类矛盾纠纷6648件，调处6612件，排查治安乱点37处，全部得到及时治理。为准确掌握各种矛盾纠纷的症结和趋势，在做好县（市、区）委书记、县（市、区）长大接访活动的基础上，各级政法机关领导干部自7月份开始轮流值班，公开接访，督促涉法涉诉问题的解决。全年共接待、处理群众信访事项19870起，全部进行立案查处，到期结案率为85%，大量的重大不稳定因素得到有效化解。其中，省委政法委转交中央政法委交办南阳市12批涉法涉诉进京非正常访210人，办结179人，办结率为85%，回访155人，回访率为87%。省委政法委转交全国人大交办南阳市的涉法涉诉信访案件30案31人，办结28案29人，办结率为94%。省委政法委转交省联席办交办南阳市的涉法涉诉信访案件29案34人，办结26案29人，办结率为85%。奥运期间没有发生来自南阳的干扰，作为一个人口大市南阳经受住了这一特殊时期的考验。

五、以严密防范和严厉打击为重点，不断强化对敌斗争工作。围绕重点核心部位、敏感时期、社会热点问题和重大活动，密切关注敌情动态，加强专案侦查，进一步掌握了对敌斗争的主动权。在处置“法轮功”等邪教问题上，贯彻“旗帜鲜明、态度坚决、有效处置”的总方针和“有什么问题处理什么问题、什么问题突出就处理什么问题”的基本原则，通过集中开展“百日打击行动”，全面强化社会面防控，加强技术防范，大力加强情报信息、宣传教育等工作，遏制邪教组织的发展蔓延，实现了“三零目标”。破获“法轮功”案件37起，抓获涉案人员96名，打掉团伙8个，端掉活动窝点16处，收缴各类“法轮功”宣传品37000余份。查处冒用宗教名义邪教组织案件54起，抓获参与邪教组织活动人员244人，打掉团伙11个，捣毁窝点17处，收缴各类邪教书籍及宣传品5000余份。全市有215个乡镇（街道）创建达标，占乡镇（街道）总数的91.49%，有4637个村（社区）创建达标，占全市村（社区）总数的96.42%。

六、以大学习、大讨论活动为重点，推进全市政法队伍建设。各级政法机关以深入开展“大学习、大讨论”和“三新”大讨论活动为载体，全面加强政法队伍建设。在学习教育活动中，市委政法委先后三次组织政法战线先进个人、先进集体事迹报告团巡回报告，配合活动开展，用身边的人和事教育广大政法干警。为把“大学习、大讨论”不断引向深入，政法各部门把进一步排查整改政法队伍存在突出问题和认真开展向社会公开承诺办理实事活动作为践行社会主义法治理念的重要环节，切实抓紧抓好。各级政法部门共查找涉及队伍执法、工作效率、工作作风、廉政建设四个方面的各类问题400多条，制定整改措施400多项。同时，政法各部门结合自身实际，分别确定8～10件要办理的实事好事，通过新闻媒体向社会进行公布，并逐件落实到位。通过深入开展“大学习、大讨论”和“三新”大讨论活动，向社会承诺办实事，促进全市政法队伍建设，端正政法队伍的执法思想，规范执法行为，提高执法水平，促进执法公正，树立政法队伍的良好形象。

【政法系列会议】 1月7日，在唐河县召开全市冬季“严打”斗争现场会。决定从即日起到3月底，在全市范围内开展以农村社会治安秩序综合整治和城区打击“两抢一盗”为重点的冬季严打整治斗争。

1月29日，在南阳宾馆召开全市春节期间安全保卫工作会议。会议总结了前一阶段全市冬季严打斗争开展情况，对春节期间各项安全保卫工作进行具体部署。

6月14日，召开全市继续深化打黑除恶专项斗争工作会议，对打黑除恶专项斗争进行总结，就下一步打击工作作出部署。

7月21日，召开政法系统奥运安全保卫工作会议。对全市做好奥运期间安全保卫工作进行再动员、再部署，确保奥运期间全市社会大局平稳，奥运会不发生来自南阳的干扰。

8月27日，召开全市社会治安综合治理工作会议。分析当前全市社会治安总体形势，对下步社会治安综合治理工作进行全面部署。

9月18日，召开中心城区打击传销专项整治工作会议。决定自即日起至年底，在中心城区集中开展打击传销专项整治行动。

【打击“两抢一盗”犯罪专项斗争系列活动】 3月4日，在南阳宾馆召开全市政法暨推进打击“两抢一盗”犯罪专项斗争工作会议。会议对2008年度全市政法和打击“两抢一盗”犯罪专项斗争工作进行全面部署。

3月7日，市委书记黄兴维带领市直有关部门领导及卧龙、宛城、高新三区区委书记对中心城区打击“两抢一盗”犯罪专项斗争进行检查指导。

3月18日，在南阳影剧院召开中心城区打击与防范“两抢一盗”犯罪网格化管理动员会。会议要求在中心城区和各县（市、区）城区推行打击与防范相结合的网格化社会治安管理模式，逐级按照定范围、定任务、定领导、定人员、定责任、定奖惩的“六定”责任制，强化区域治安管理，遏制“两抢一盗”犯罪高发势头。

3月24日，在内乡召开全市打击“两抢一盗”犯罪专项斗争现场会。

4月25日，在南阳宾馆召开全市深化打击“两抢一盗”犯罪专项斗争工作会议。重点部署在全市开展以“关注民生、保障民安”为主题的“大走访”活动。

6月6日，召开中心城区深入开展打击“两抢一盗”犯罪专项斗争暨做好“大走访”活动会议。要求以大幅度提高公众安全感为第一目标，在中心城区扎实开展“大走访”活动。

10月14日，召开夺取打击“两抢一盗”犯罪专项斗争全面胜利动员会。会议总结了前期专项斗争开展情况，要求全市上下继续努力，坚持严打严防不松劲，坚决夺取打击“两抢一盗”犯罪专项斗争的全面胜利。

【全市执法巡视工作动员会议】 4月23日，全市执法巡视工作动员会议在南阳影剧院召开。要求全市各级政法机关和全体政法干警自觉接受巡视组的检查监督和巡视。6月18日，召开执法巡视工作再动员大会。总结省委政法委执法巡视南阳工作成效，安排部署下一步工作开展。（赵毅辉）

老干部工作

【离休干部概况】 2008年

底，全市共有离休干部4190人。其中享受地专级待遇68人、正县级待遇66人、副县级待遇1525人、其它待遇2531人，行政事业单位3184人、企业1006人。全年离休干部逝世273人。

【落实老干部生活待遇】 落实离休干部生活待遇，完善“两费”保障的“三个机制”。对县（市、区）的离休干部，实行县属企事业单位离休干部医药费本级财政全额负担。新野、唐河、社旗、镇平、内乡把部分有一定保障能力的企事业单位离休干部彻底收归政府财政管理。全市13个县（市、区）全部实现企事业单位离休干部离休费和医药费全部由县级财政承担。市直企事业单位离休干部医药费保障，通过采取每年一次评审，由财政补贴的方法予以解决。从2007年4月份起先后将市直破产、改制、关停企业223名离休干部和42名离休干部遗属收归主管部门管理，管理经费列入市财政年度预算。在县（市、区）和市直单位进行“两费”自查和老干部工作大检查活动。由地厅级老领导带队，对重点单位进行全面检查，促进老干部政策的落实。宛城区分包服务的做法得到普及，全市有115名健康老干部推荐省报批。邓州、淅川、宛城、卧龙、桐柏等单位困难离休干部遗属帮扶机制逐步完善。新野、社旗退休干部退休费全部纳入县级财政统一管理，淅川、邓州组织科级以上退休干部全部进行身体检查，大部分单位对退休干部进行普查，建立退休干部档案。

【落实老干部政治待遇】 一是坚持抓好政治理论学习。以学习党的十七大精神和纪念改革开放30周年系列活动为重点，通过举办辅导班、报告会、知识竞赛和文艺演出等形式，使老干部普遍接受十七大精神的学习和改革开放30周年成果的教育。各级党委政府坚持向老干部通报工作，重大活动和重要会议邀请老干部参加，落实组织外出考察和参观工农业生产制度。由老干部参赛的三个文艺节目在全省老干部文艺调演大赛中，获得二金一银和组织奖的好成绩。二是老干部党的建设质量进一步提高。在社旗县召开全市离退休干部党支部建设创新工作经验交流会，在全市推广社旗县建立离退休干部党工委的经验，淅川、镇平、南召、宛城建立离退休干部党工委，市老干部党工委方案确定。南阳市建立离退休干部党工委的经验做法，先后在中组部《情况交流》和省委《咨询与建议》上编发。三是老干部教育活动场所建设得到新的发展。继南召县新的活动中心、老干部大学投入使用后，西峡县新的老干部活动中心和老干部大学正式启用，唐河县新建工程已近尾声，淅川县总投资400万元新建的老干部大学将在2009年“五一”前建成，方城县正在拆建改造，其它县（市、区）正在积极规划。全市有七所老干部大学推荐为省级第一批示范校。四是老干部思想政治工作成效明显。通过组织动员老干部深入学习党的十七大和十七届三中全会精神，吸收老干部参与“三新”大讨论和“讲党性、重品行、作表率”活动，联系老干部的思想实际，系统地对老干部开展理想信念和保持革命晚节教育，把进一步增强先进性意识，明确先进性标准，实践先进性要求，树立先进性形象作为老干部思想政治建设的重点。这些做法受到中组部和省委老干部局联合调研组的高度评价。在2008年遭受百年不遇的南方雪灾、汶川大地震救灾活动中，广大老干部纷纷捐款捐物，表现了老干部与党同心同德，共克时艰的高尚情怀。

【老干部发挥作用】 全市建立老干部发挥作用组织1662个，有39000余人参与基层组织建设，有22000多人参与种、养、加工和领办民营企业，写调查报告212篇，调解民事纠纷1800件，创收2亿元以上，为当地群众办实事好事2350件。全市关心下一代工作中，建立组织7000多个，发展会员18万余人。老干部以培育“四有新人”为核心，开展科技教育、法制教育和社会主义道德教育，先后创办了爱国主义教育基地、科技示范园和关工委先进村、先进社区，建设质量

进一步提高。10个单位和64名人员被省关工委评为先进单位和先进工作者。（赵扬波）

党史研究

市委党史研究室主任　吕德民

【党史研究概况】 2008年，市委党史研究继续重点编写、修改党史二卷。编辑、出版《渠首沧桑耀京宛》一书。完成中央党史研究室、河南省委办公厅下达的“建设社会主义新农村带头人口述历史”征编任务。《盆地春潮育明珠—南阳市建设社会主义新农村带头人口述史》一书出版。搞好中共南阳党史大事记当月记和年编工作，编印2008年南阳党史新闻月刊《南阳党史》。编辑、出版《2007年中共南阳历史大事年编》一书。南阳市委党史研究室被中央党史研究室评为2007～2008年度全国党史工作先进集体。

【《渠首沧桑耀京宛》出版】 4月，《渠首沧桑耀京宛》一书正式出版发行。该书43万字，收录历史图片350余幅。全面、系统、准确地记载党和国家几代领导人对南水北调中线工程的关注和对南阳人民的亲切关怀，记述50年来南阳人民为中线工程所作出的重要贡献和重大牺牲，展示京宛两地碧水情深的互动场景，填补了南水北调中线工程记实作品的空白。

【弘扬渠首精神】 南阳是南水北调中线工程的重要水源地和渠首所在地。50年来，南阳人民为中线工程的水源工程（丹江口水库）、渠首工程、库区移民工程、水源保护工程等基础工程作出重要贡献和巨大牺牲，形成“自力更生、艰苦创业，顾全大局、无私奉献，团结拼搏，务实创新”的渠首精神。为宣传弘扬渠首精神，市委党史研究室抓住中线工程南阳段开工这一时机，开展以下三项工作：一是召开《渠首沧桑耀京宛》一书首发座谈会。6月17日，著名作家二月河等南阳市社会各界50余人参加座谈会。二是服务南水北调中线工程渠首、水源地河南南阳生态文明建设北京图片展。为展览提供700多幅历史图片和大量的史料，与《南阳日报》社联合推出7篇专题报道。6月25日至29日，展览在中国人民革命军事博物馆成功举行。中共中央政治局常委李长春参观展览后给予高度评价，国家有关部委领导给予充分肯定，北京市民通过展览了解了南阳人民的牺牲、奉献和渠首精神。三是在9月26日中线工程南阳段开工前夕，与《南阳日报》合作，连续编发《一渠碧水连京宛、千秋伟业起宏图》、《旷世工程话中线》、《南水北调大事记》三篇整版文章，介绍中线工程，展示渠首沧桑，讴歌渠首精神。

【《中共南阳历史大事年编(2007)》出版】 7月，出版《中共南阳历史大事年编(2007)》一书。该书以中国特色社会主义理论体系为指导，坚持实事求是原则，以中共南阳市委重大决策、重点工作和重要活动为主线，全面反映南阳的政治、经济、文化、社会各方面的工作进展情况，为了解南阳、建设南阳提供及时有益的服务，同时也为存史修史积累资料。

【纪念南阳解放60周年和改革开放30周年】 11月4日，隆重纪念南阳解放60周年和改革开放30周年。开展寻找解放南阳功臣、召开座谈会、纪念大会、撰写纪念文章等活动，为南阳革命烈士纪念馆的筹建提供大量珍贵翔实的历史资料。邓州、西峡、宛城、淅川、内乡、卧龙等地党史部门开展纪念当地解放60周年活动。11月下旬，为纪念改革开放30周年，与市委宣传部、市社科联联合召开纪念改革开放30周年学术研讨会，全市党史工作者提交论文50余篇。

【《盆地春潮育明珠》出版】 12月25日是中国改革开放30周年纪念日。12月12日，出版《盆地春潮育明珠—南阳建设社会主义新农村带头人口述历史》一书。该书30

余万字，图片50余幅。以新时期建设社会主义新农村带头人—农村党支部书记口述历史的形式记述改革开放30年农村发生的变化，有一定的故事性、可读性。（张新玉）

档案管理

市档案局(馆)局(馆)长　武乐善

【档案管理概况】　2008年，全市14个国家综合档案馆馆藏档案1234178卷，比上年增加248816卷；以件为保管单位的档案62246件，比上年增加9597件；馆藏声像档案1929盘，比上年增加171盘；馆藏照片档案59628张，比上年增加2872张；馆藏电子档案249件，比上年增加78件；馆藏资料239675册，比上年增加3986册。全市14个档案馆有案卷目录4988册，全引目录12459册，专题目录2168册，重要文件目录98册，著录卡片40004张。2008年6月全市14个档案馆统一配备科怡档案管理软件，转换、录入机读目录共845095条，其中案卷级130435条、文件级832050条。向社会开放档案68825卷，其中建国前档案1600卷，开放案卷级和文件级目录183406条。新编内部参考资料13种93万字，公开出版1种130万字。14个档案馆全年向社会各界提供档案服务30838人次，调阅档案60056卷次；提供资料服务3216人次，调阅资料6897册次；提供现行文件服务2417人次，调阅文件3918件次；共向利用者提供档案、复印件92653页。6个县（区）开通当地的档案信息网，7个县在政府网站设置网页。4个档案馆晋升为国家二级档案馆。整体工作仍居全省同行业之首。

【档案室建设】　全市机关档案工作按照河南省档案局2007年颁发的新标准，有52个机关的档案工作经过重新评审认证，达到新标准的要求，其中省标特级先进档案室1个、省标一级先进档案室25个、省标二级先进档案室26个；复查认证企业档案国家二级先进档案室4个、省级先进档案室3个，新认证国家二级1个，省部级1个。全市企业档案工作共有224家达标，其中国家一级先进档案室2个、国家二级先进档案室38个、省级先进档案室184个；全市共有48个科技事业单位的档案工作达标，其中国家二级先进档案室3个、省级先进档案室45个。督导全市各机关团体、企事业单位归档上年度各类文件材料。全市616个限额以上非公有制经济组织有407个建档，建档率达66.07%；有53个社区建成高标准档案室；129个市级新农村建设试点村全部完成建档工作；重大项目建设档案注重登记、监督、验收，完成市供电公司500千伏白河——南阳西线路工程、河南天冠年产30万吨燃料乙醇建设项目、南阳天益发电有限责任公司工程、南阳回龙抽水蓄能发电公司工程等4个重点项目的档案专项验收工作。会同有关部门完善低保、社保、医保、城镇下岗失业、信用、林权制度改革等档案工作的规范化管理。

【档案科研】　全市10个科研项目在省档案局立项，并完成结项11个，其中2个项目荣获省局优秀科技成果二等奖，4个项目荣获省局优秀科技成果三等奖。1999～2008年全市档案科研项目在国家、省档案局立项总计84项结项56个，共有44项荣获省局优秀科技成果奖，其中一等奖2项、二等奖11项、三等奖31项。全市档案学会会员在省以上档案报刊发表论文、报道60篇（条），其中在国家级刊物发表33篇（条），在省级刊物发表27篇（条）；选送5篇论文参加“2008年中国档案学会档案工作者年会”论文评选，有4篇入选；2008年《南阳晚报》先后21次对全市馆藏珍品进行报道。这是本地媒体首次有计划地对全市档案工作进行专题性连续报道。

**【成立南阳市档案工作领导小

组】 2008年2月28日，南阳市委、市政府成立南阳市档案工作领导小组。市委常委、市委秘书长原永胜任档案工作领导小组组长，市人大常委会副主任袁晴超、市政府副市长李建豫、市政协副主席张忠祥任副组长。领导小组成员由市长助理、市政府秘书长，市委副秘书长，市委组织部副部长，市委宣传部副部长，市发展和改革委员会主任，市财政局局长，市人事局局长，市机构编制委员会办公室主任，市文明办主任，市档案局局长组成。领导小组下设办公室，办公地点设在市档案局，办公室主任由市委副秘书长王金泉担任，副主任由市档案局长、副局长担任。

成立由市“四大班子”有关领导为正副组长、市直有关职能部门主要领导为成员的档案工作领导小组不仅在南阳历史上尚属首次，而且在全省18个地市也是第一家。

【颁发《南阳市档案馆接收电子档案暂行规定》】 6月10日，南阳市档案局颁发《南阳市档案馆接收电子档案暂行规定》。《暂行规定》共4章16条，对市直机关团体、企事业单位电子档案的归档方法、技术要求、移交形式与移交手续等均作明确规定。

【南阳市、卧龙区、镇平县、西峡县档案馆晋升为国家二级档案馆】 11月1～2日，国家二级档案馆测评组一行5人按照国家档案局2008年2月21日颁发的《市、县级国家综合档案馆测评办法》和《测评细则》分别对南阳市、卧龙区、镇平县、西峡县档案馆创建国家二级档案馆工作进行测评验收。上述四个档案馆顺利通过测评，被命名为“国家二级档案馆”。其中南阳市档案馆的得分为全省最高分。

【南阳市档案馆向社会开放馆藏第四批档案】 2008年4月，南阳市档案馆向社会开放了馆藏1967～1978年的文书档案164个全宗2060卷22445件；1970～1999年的工程底图4693套76441张。之前，南阳市档案馆分别于1988年、1989年、1996年向社会开放馆藏民国档案、革命历史档案及建国后1966年以前的文书档案。四次累计向社会开放档案173个全宗、7139卷70575件，科技档案4693套76441张，共计147016件。凡开放档案均编制供利用者自行检索的案卷目录和案卷文件目录，并对较为珍贵的档案全部进行复制。《南阳市档案馆开放档案简介》及开放档案目录在南阳档案信息网上公布，以便利用者网上查询。

【南阳市档案局馆蝉联省级文明单位四连冠】 2008年11月14日，省委、省政府命名南阳市档案局馆为“省级文明单位”称号。这是南阳档案局馆连续四届16年保持这个称号，也是全市范围内第一家连续四届保持这个荣誉称号的单位。

【唐河县档案馆新馆开工】 2008年2月18日，唐河县档案馆新大楼开工奠基仪式在县行政区隆重举行，县委书记韩奎生、副书记张居文、县委办公室主任赵超、副县长潘自钦及城建、施工部门领导、档案局馆全体人员出席典礼仪式。唐河县档案馆新馆建筑面积3800平方米，总造价1000万元，由河南天工集团承建。

【李天岑文学创作档案入藏镇平档案馆】 2008年10月，南阳市人大党组书记、副主任、著名作家李天岑将自己多年从事文学创作的手稿、作品、照片等移交镇平县档案馆。李天岑移交的个人文学创作档案有近年出版的小说集《月牙弯弯》、《找不回的感觉》、长篇小说《人精》和早期发表的小说、诗歌、报告文学等手稿50卷册。镇平县档案馆将这些档案进行规范整理后建立李天岑个人全宗。

【社旗县档案馆征集到大量清代档案】 社旗县档案局馆在档案普查中发现社旗县朱集镇大梁庄村村民梁士松珍藏了一批其祖父遗存的清代档案资料。经过档案局多方协调，梁士松最终把家藏清代档案资料160余册，字画24幅全部寄存到县档案馆。这些档案资料形成于清乾隆、嘉庆、道光、咸丰、光绪年间，主要有《康熙字典》一套38册、《四书精言》、《四书会要》、《四书体注》、《课幼三十艺》私塾教材教案88

册，还有较高史料价值的《会试闱墨》、《通鉴纲目》、《海门联谱》、《四书人物类典串珠》、《养正遗规》、《训俗遗规》等。

【《2007年南阳大事记》出版】 由南阳市档案局编辑，河南大学出版社出版的《2007年南阳大事记》于2007年12月出版发行。《2007年南阳大事记》为大16开精装本，141.3万字；收录大事图片196幅，其内容涵盖全市各行各业发生在2007年的大事、要事、新事。

【《南阳干部任免名录》出版发行】 由南阳市档案局编辑的《2001～2005年南阳干部任免名录》于2008年5月以内资形式出版，该《名录》是2001年出版的《1949～2000年南阳干部任免名录》的续集，精装32开58万字，收录了256个姓氏、3845名干部的17423条任免信息。(张怀珍)

党　　校

市委党校副校长　郑德扬

【主体班次】 围绕提高培训质量这一中心，牢固树立现代培训理念，以提高执政能力为重点，以满足学员需求为导向，以从严治教为保障，在培训轮训高素质执政骨干中充分发挥主阵地主渠道作用。共举办县处级干部进修班、中青年干部培训班等主体班次13个，培训学员1000余人次。

【教学改革】 教学内容不断深化。在坚持“三基本、五当代”的基础上，把马克思主义中国化的最新理论成果纳入到主体班教学中。开设《科学发展观》、《社会主义和谐社会建设》、《党的执政能力建设和党的先进性建设》、《社会主义新农村建设》等重要教学专题。教学专题设置欢迎率达98%以上。教学方法不断改进。突出抓好研究式、调研式、体验式、案例式、讨论式教学，实现课堂讲授与课外自学相结合、理论与实践相结合、提高素质与增强党性相结合、校内学习与社会调研相结合。组织主体班学员开展户外拓展训练，在全校推行课间广播操运动。教学手段不断优化。充分发挥中央党校远程教学网的作用，严格落实教学计划，组织学员收听收看远程教学20余场。不断提高图书馆数字化程度，增加电子图书种类，较好地发挥图书馆第二课堂作用。

【科研工作】 坚持正确的科研方向，加强管理，强化激励措施，实施科研精品战略。发表学术论文150余篇，其中省级以上46篇；中标科研课题80余项；获得市级以上科研成果奖80余项。《南阳论坛》编发6期。

【函授教育】 加强精细化管理，提高办学质量。重点把好教学、考试、班级管理三关，严肃办学纪律。作好学员思想政治工作和服务工作，提高函授教育质量。丰富教学内容，加强经验交流。先后召开全市党校函授工作会议、函授招生工作会议、函授教师座谈会、教学观摩会等，加强市县两级党校的联系，增进交流，整合力量，提高全市党校函授的整体实力。(裴先东)

保密工作

市保密局局长　郭荣庆

【保密工作部署】 一是全面筹划全年保密工作，及时制定2008年工作要点。二是以组织传达学习中央、省、市有关领导关于做好保密工作的重要讲话、批示精神为动力，及时调整工作重点，坚持科学发展观。三是及时召开新一届市委保密委员会会议，传达学习中保委、省保密会议精神，研究部署2008年及今后一个时期全市保密工作。

【保密宣传教育】 一是按照“五五”保密法制宣传教育规划，对全年保密法制宣传教育工作作出全面部署。二是组织赴郑州参观省国家保密局举办的“河南省窃密泄密案例暨保密技术演示展”。组织参观人员进行讨论。三是开展“五五”保密普法中期督导检查。四是开展庆祝《保密法》颁布20周年宣传教育月活动。及时制定下发《关于开展庆祝〈中华人民共和国保守国家秘密法〉颁布20周年宣传教育月活动的通知》。在《南阳日报》发表市委常委、秘书长、市委保密委员会主任原永胜《深入学习〈保密法〉不断开创保密工作新局面》的署名文章。组织全市范围内的普法教育活动。据不完全统计，活动期间，各级领导撰写纪念文章或发表讲话50余篇，举办座谈会40余次，组织展板1500余块，张贴宣传和悬挂宣传横幅2000余条，放映保密教育片1000余场次。五是全市各级党校(行政院校)按照保密委员会的要求，制定保密教育计划，做到教师、教材、时间、效果四落实。共对1700多名县处级、科级干部进行保密教育培训。六是办好《南阳保密工作》，搞好《保密工作》杂志的征订发行，办好《保密在线》宣传专栏，促进保密宣传教育工作全面开展。

【保密监督管理】 一、规范全市党政机关保密要害部门、部位的保密管理。主要是明确保密要害部门、部位的保密标准，涉密人员工作职责和应具备的基础设施、设备，确保各级各部门工作职责规范、工作标准规范、工作程序规范、工作考核规范。二、规范专项保密管理。重点是抓好规范化“三室”(机要室、阅文室、档案室)，定密工作责任制，涉密载体管理，国家统一考试，印刷、复印定点单位，废旧物品收购站点的保密检查、管理工作。三、规范军工企业的保密管理。一是将驻宛军工企业的保密工作纳入年度目标管理规划，实行目标管理。二是配合省军工企业保密资格认证办公室，完成有关驻宛军工企业保密资格的复审工作。其三是落实《南阳市企业商业秘密管理规定》。四是对军工企业计算机信息系统进行保密年审。四、规范技术保密管理。重点通过建立涉密计算机台帐，推广涉密计算机非法外联监控软件，普及技术保密知识，实施涉密计算机、涉密计算机网络审查备案及审批制度等，做好保密技术防范管理工作。五、规范监督检查工作中的保密管理。一是在全市范围内开展计算机保密专项检查。二是组织开展保密科学技术“十一五”发展规划落实情况中期检查，并接受省委保密委员会组织的抽查。三是《中华人民共和国政府信息公开条例》实施后，配合市政府信息公开办公室，督促全市各级各部门落实保密审查制度。

【保密服务保障】 一是明确保密服务保障任务和职责。二是实行保密工作责任制。三是“2008年第六届玉雕节暨首届宝玉石博览会”、“第三届豫商大会”和“中国·南阳第七届张仲景医药科技文化节”期间，确保节会保密工作不出问题。四是落实人防、物防、技防措施，提高全市各级各部门的技术防范能力。

【保密理论调研】 围绕保密工作如何做好服务保障、《政府信息公开条例》实施给保密行政执法带来的新课题等，开展保密调查研究工作。全年评出优秀论文101篇。(周永卫)

信访工作

【加强信访工作组织领导】 全市各级各部门高度重视信访工作。市委、市政府先后召开28次信访工作专题会议，下发文件、电报近100份，安排部署全市信访稳定工作。各级党委、政府和市直单位按照市委、市政府的统一部署，分别召开高规格工作会议，进一步统一思想，明确任务，强化责任，夯实基础，在全市形成一级抓一级、层层抓落实的工作格局，促进各项工作的落实。特别是在奥运会期间，各级各部门把信访工作作为首要的政治任务和中心工作来抓。市委、市政府成立由市委书记黄兴维为组长、市委常委、市委政法委书记王建民任副组长的信访稳定工作领导小组，强化对信访工作的组织领导。市委书记黄兴维、市长朱广平等17次在全市重要会议上安排部署信访稳定工作。市四大班子领导亲自深入基层接待信访群众，亲自分包重要信访案件，亲自处理疑难信访问题。市委书记黄兴维、市长朱广平等先后多次带案下访，深入卧龙区、邓州市、唐河县等地，调查案情，研究措施，协调解决相关问题，检查指导信访稳定工作。市委、市政府先后召开市四大班子联席会、市政府常务会，研究国有企业改制、市工商分流人员等共性信访问题，着力从根本上解决长期遗留的疑难信访问题。

【解决群众信访问题】 2008年，共接待、处理群众信访事项10052批(件)次，其中集体上访1382批28052人，个体上访4794起7091人，办理群众来信3702件，受理复查复核案件174件，立案查处5870起，年终结案率为97%，群众满意率为79%。对上级交办和涉及面广、利益关系复杂的重点、疑难信访案件，全市按照“属地管理”和“谁主管、谁负责”的原则，由市委信访工作领导小组逐案逐级进行交办，明确包案领导、责任单位和责任人，明确办结时限。市、县、乡三级都组成下访工作组，逐案了解信访人的诉求，逐案研究解决办法，制定工作措施，督办解决问题。经过各级的共同努力，上级交办的案件全部按要求报结。市、县自立案件绝大多数按期结案，一大批事关群众切身利益的问题得到妥善处理，部分长期困扰南阳市的大案、积案得到彻底解决。

【县(市、区)委书记大接访】 市委、市政府制定《关于开展县市区委书记大接访活动的实施意见》，多次召开专题会议研究部署。各级各部门按照上级要求，紧紧抓住“公示、接访、包案、落实”四个关键环节，加大工作力度，创新工作方法，大量信访问题在基层得到有效解决。一是行动迅速，要求严格。中央联席办“6.28”会议后，部分县开始组织实施县(市、区)委书记大接访活动。为确保大接访活动取得实效，市委、市政府明确要求各地党政主要领导每月至少接访两次，保证了每周都有一名党政主要领导接访，为及时解决信访问题提供可靠保证，确保大接访活动取得实效。二是宣传有力，公示到位。各地采取不同形式，不断加大对大接访活动的宣传报道，使群众深入了解，有序参与这项活动。通过电视、广播、网络、报纸等媒体进行公示，广泛宣传“大接访”信息。《南阳日报》、《南阳晚报》、南阳电视台等主流媒体开辟县(市、区)委书记大接访活动专栏，集中报道各地活动的开展情况。三是形式完善，不断创新。在工作中形成“联合接访、现场接访、归口接访、预约接访、带案下访、上门回访”相结合的工作方法，提高接访质量和效率。四是措施完善，效果明显。对在大接访活动中所接待的案件，各地一律登记造册，建立台帐，严格落实领导包案，明确专门工作班子，明确工作责任，明确处理意见，明确化解期限，包案领导全程参与案件的调查、协调和处理，直至“案结事了”。各县(市、区)委书记大接访活动共接待群众来访7046起19299人，群众满意6378起，满意率92%以上。南阳走在了全省的前列。内乡、新野、淅川3县被省委、省政府评为“县(市、区)委书记大接访工作先进单位”。

【完成奥运期间“两个确保”任务】 市委、市政府多次对扎实做好奥运期间信访工作作出安排部署，黄兴维、朱广平亲临一线指挥。制定下发《奥运期间信访稳定工作应急处置预案》，组建由70人组成的客运安保工作队伍，负责城区火车站和汽车站的客运安保和劝返工作。各级各部门按照要求，制定完善应急处置预案，明确专人、增拨经费、加派车辆，强化工作。在车站、收费站等出境点和交通要道设卡蹲点，及时排查越级上访苗头。奥运期间，各级各部门严格实行24小时值班制度和“零报告”制度，领导亲自带班值班，确保信息畅通。市委群工部每天将各县(市、区)和北京、郑州的信访动态以及突发性信访问题进行汇总整理，以《重要信访信息》、《奥运期间信访稳定信息专刊》的形式上传下达，做到急事急报、特事特报、大事快报，为工作争取主动。奥运期间，市委书记黄兴维、市长朱广平亲赴北京检查、指导驻京信访工作，市委常委、市委政法委书记王建民、市政府副市长张振强留驻北京协调指挥。13个县(市、区)和市公安局、市中级法院等部门也派出由处级领导干部带队的工作班子。全市派出230多名工作人员、20余台车辆赴京开展工作。奥运期间，南阳市群众赴京上访全部得到妥善处理和及时劝返，没有发生群众赴京集体上访、赴京非正常上访和到省大规模上访或群体性事件。

【排查化解社会矛盾和信访隐患】 各级各部门严格贯彻落实《中共南阳市委南阳市人民政府关于对重大信访事项进行评估的意见》精神，在出台政策、作出决策时，积极开展信访评估和论证，做好信息的搜集和反馈，充分考虑大多数群众的意向和承受能力，及早制定预案，有针对性地开展工作，避免因决策失误、政策不合理而侵害群众利益，造成群众越级上访，把信访稳定工作做在前面、做在源头，积极防范信访问题的发生。同时，全市各级把矛盾纠纷排查化解工作摆上更加突出的位置，紧紧依托三级信访例会，组织动员社会各方面力量，在全市深入开展矛盾纠纷大排查、大调处活动，坚持定期排查和集中排查、全面排查和重点排查相结合，构建完善定期分析、信息预警、事前防范、随时化解、应急处置、责任倒查工作机制，落实工作责任，实行“包保”责任制和“五包”责任制，做到排查到位、化解到位、稳控到位，切实把各类不稳定因素纳入掌控之中。全市共排查各类矛盾纠纷隐患 12389 起，有 98%的信访隐患被控制在基层、消化在萌芽状态。

【强化督查，严格问责】 为确保责任落到实处，根据不同时期和阶段的工作中心和特点，全市先后组织高规格督查活动 20 余次，特别是奥运会期间，市委、市政府成立 16 个信访稳定工作督查组，由市级领导带队，深入基层，采取听取汇报、查看资料、翻阅纪录、明察暗访等形式，对大接访、案件办理、重点人员稳控、责任追究等工作进行督促检查，发现问题，及时提出工作建议，限期进行整改。市委、市政府出台《重要时期信访工作责任追究暂行规定》，明确信访工作相关责任的追究和处理要求，建立健全一整套信访工作责任追究工作体系。全市共追究失职失责工作人员 312 名，其中处级干部 43 人，科及科以下干部 269 人；依法处理违法上访人员 261 人，其中训诫 99 人，行政拘留 158 人，劳教 4 人。（姚中伟）

纪检监察

【惩防体系建设】 成立南阳市惩治和预防腐败体系建设工作领导小组，制定下发《南阳市建立健全惩治和预防腐败体系 2008～2012 年工作方案》，对建设和落实惩防体系任务进行层层分解，确保责任到位。抓住腐败现象易发多发的重点领域和关键环节，以及群众反映强烈的突出问题，推进惩治和预防腐败的各项工作：一是抓住领导干部这个重点，在加强反腐倡廉教育方面取得新突破；二是抓住规范和制约权力这个核心，在有效监督方面取得新突破；三是突出制度创新，在源头防治腐败方面取得新突破；四是抓住查案这个重点，在加大惩治力度方面取得新突破；五是切实维护最广大人民的根本利益，在解决人民群众反映强烈的突出问题方面取得新突破。组织协调“收支两条线”管理、领导干部经济责任审计、政府采购监督等反腐败抓源头工作。检查政府采购单位 72 家，对 52 家下达处罚决定书。会同审计、组织、人事部门开展领导干部经济责任审计，对虚列预算、违反“收支两条线”规定、改变资金用途、违规收费集资等问题进行处理和纠正。制定《政府信息公开条例责任追究制度》，保障《政府信息公开条例》贯彻实施，并对各单位落实情况进行检查和责任追究。

【反腐倡廉教育】 围绕领导干部树立正确权力观这个关键，以弘扬求真务实之风为重点，以廉洁奉公、务实为民为主题，加强领导干部理想信念、党风党纪、廉洁从政教育。在桐柏建成全国首家红色廉政文化展馆，中央纪委副书记李玉赋出席开馆仪式，省委书记徐光春题写馆名并发贺电，省纪委把其列为全省廉政文化建设三大精品工程之一。桐柏红色廉政文化展馆、内乡县衙被省纪委监察厅确定为河南省首批廉政教育基地，成为全市廉政教育的新载体。坚持每月9日向全市县处级以上领导干部发送廉政短信，勤提醒、常警示，引导筑牢防腐思想防线。在各级新闻媒体发表反腐倡廉文章935篇，编发《纪检监察信息》917期，上报信息被中央纪委采用11条，被省纪委采用202条。调研法规工作被中央纪委评为全国纪检监察调研信息工作先进单位、被省纪委评为全省纪检监察调研工作和调研信息工作先进单位。

【领导干部廉洁自律】 执行中央纪委《关于严格禁止利用职务上的便利谋取不正当利益的若干规定》和《领导干部廉洁从政十二条规定》，落实南阳市机关工作人员转变作风"十禁止"。全年查处违反廉洁自律案件130件，涉及党员干部130人，其中县处级干部4人。围绕反腐倡廉建设工作的重要领域和关键环节，完善和强化党风廉政建设半年汇报制度、纪委负责人同下级党政主要负责人谈话制度、述职述廉制度、领导干部个人重大事项报告制度和责任制工作考核追究制度。2008年，全市共追究失职失责党政领导干部111人，通报批评15人次。

【案件查处】 2008年，全市纪检监察机关共受理群众来信、来访、电话举报2183件次；初核1038件，立案1182件，其中涉及县处级干部26件，涉及乡科级干部133件；结案1181件，受党政纪处分1327人，其中处分县处级干部26人，乡科级干部143人，移送司法机关46人。查处市林业局党组成员、副局长兼黄石庵管理局局长王金敏腐败窝案，市公安局副处级侦查员、南召县公安局原局长李平腐败案，宛城区政协副主席李文阁腐败案等一批大要案。组织对土地、环保、建筑市场、整顿矿山资源开发秩序等23项执法监察，涉及资金5988万元，追缴违纪资金369.77万元，挽回经济损失2718.7万元，给予43人党政纪处分，移送司法机关处理13人，下发监察建议书11份。畅通信访渠道，加大督办查办力度，解决信访问题。2008年7月，南阳市在全国纪检监察信访举报工作会议上作《从实际出发，开拓创新，有效解决信访举报问题》典型发言。加强案件管理、案件审理、申诉复查和行政复议及行政应诉工作，确保案件质量。南纺集团原董事长、党委副书记李兴敏受贿案，南阳市环保局腐败窝案被评为河南省纪检监察系统优质案件。

【纠风治乱】 规范学校收费行为，解决群众"上学难"问题，清理有关部门和学校违规收费27项，涉及金额176.69万元。落实各项惠农政策，减轻农民负担。共查处和纠正损害农民利益案事件502件，涉及金额222.51万元，责任追究191人，减轻农民负担2513.85万元。纠正医疗服务和医药购销中的不正之风，解决群众"看病难、看病贵"问题。查处医疗机构违规收费案件35件，涉及金额180万元，党政纪处分和其它处理29人。严查公路"三乱"，解决群众"行车难"问题，查处公路"三乱"案件16件，党政纪处分46人。加强价格、社会保障基金、住房公积金、救灾基金监管，规范行业协会、市场中介组织服务和收费行为，查处和纠正违纪违规问题139个，涉及金额24074.25万元，党政纪处分及其它处理101人。开展"千企评机关"、"履行职能、服务民生"惠民实践、"创建群众满意基层站所"和评议行风等活动，维护广大群众的利益。对群众反映强烈的停车场乱收费问题进行集中查处，共拆除、关闭非法停车场38家，16名公安干警受到党政纪处分，7名公安干警和1名停车场负责人被移送司法机关处理。

【效能监察】 围绕市委、市政府《关于开展"效能建设年"活动的实施意见》，抓住思想教育、清理职权、权力公开、提高效率、强化督查、严格考核等关键环节，组织实施"效能建设年"活动，促进政府职能转变、工作作风转变，提升行政效能，提高公务员素质。对行政审批事项、行政事业性收费、经营服务性收费等进行全面清理。共取消行政审批职权330项，取消审批事项446项，下放31项；停止征收行政事业性收费141项，降低标准63项；取消经营服务性收费27项，降低收费标准44项。拓展效能投诉渠道，开通

"效能热线"，受理群众投诉和咨询，严查损害经济发展环境的人和事。全年共受理损害经济发展环境及效能过错投诉133件，立案107件，查结101件，组织处理71人，党政纪处分76人，移交司法机关3人，媒体公开曝光15件。2008年8月，南阳市被评为"2002年以来全省优化经济发展环境工作优秀单位"。(王慧)

南阳市人民代表大会

【人大工作概况】　2008年，在中共南阳市委的领导下，市人大常委会切实履行宪法和法律赋予的职责，全面落实市三届人大六次会议确定的各项任务，为建设富强美好和谐新南阳做出了积极贡献。

一、围绕国计民生重大问题，听取审议专项工作报告。一年来，常委会围绕全市经济社会发展的有关重大问题，听取审议"一府两院"专项工作报告16项，提出许多重要的审议意见。为促进经济社会又好又快发展，常委会对全市工业"发动机计划"项目实施情况进行专题视察，适时听取审议市政府关于国民经济计划执行情况、预算执行情况、审计工作情况和"十一五"规划实施的中期评估报告，审查批准了2007年市本级财政决算。常委会对全市经济社会发展呈现增长较快、结构优化、民生改善的良好态势给予充分肯定，针对工作中存在的工业经济面临激烈竞争、"发动机计划"项目进展不平衡、发展环境不优等突出问题，要求市政府抓好"发动机计划"项目实施，优化发展环境，提高招商实效；下大力气抓好财源建设，稳步推进财政改革和预算管理，健全项目预算考评体系，提高财政资金使用效益，加强对重点部门、重点项目、重点资金的跟踪审计，维护预算的严肃性。为了推动旅游业发展，常委会听取审议了旅游发展总体规划实施情况的报告，提出了强力推进市区旅游业发展，协调部门之间的利益关系，理顺管理体制，推广"西峡模式"，鼓励私人投资等审议意见。常委会听取审议了节能减排工作情况的报告，要求有关方面强化目标考核和责任追究，严格项目准入制度，抓好重点领域节能，严厉查处违法排污，支持污水处理厂和垃圾处理场正常运行，建设资源节约型和环境友好型社会。常委会高度重视"三农"工作，听取审议了农民专业合作社法实施情况的报告，督促有关方面积极引导农民参社，落实惠农政策，提供优质服务，扶持合作社发展，让农民得到更多实惠。听取审议了全市养牛业发展情况的报告，就制订养牛业规划、提高产业附加值、保护农民养牛积极性等提出审议意见，促进了全市养牛业发展。市中心城区道路交通管理比较混乱，影响南阳的形象，给群众出行带来许多不便。常委会组织人员对该项工作进行集中视察，听取审议公安机关的专项工作报告，提出了加强宣传，加强管理，加强协调，加大投入，启用汽车南站，取缔三轮车非法营运等审议意见。从11月份开始，市政府开展了为期3个多月的城区交通秩序集中整治活动，建立指挥协调机构，整合执法力量，完善道路基础设施，如期启用汽车南站，取缔非法营运的三轮车，使中心城区交通秩序明显改观。促进民生改善是常委会关注的重点。为加快中心城区中小学建设，从根本上解决教育资源总量不足的问题，常委会再次审议教育议案办理情况的报告，要求继续加大工作力度，彻底解决适龄孩子入学难问题。为了保障低收入居民的基本生活，听取审议了城镇居民最低生活保障情况的报告，要求健全工作机制，严格界定低保对象，管好低保资金，确保应保尽保。为了促进农民看病难、看病贵问题的解决，听取审议了新型农村合作医疗工作情况的报告，要求加强基层医疗卫生体系建设，进一步提高农民参合率，加强农村药品质量的监督检查，促进了新农合工作的健康发展。常委会还听取审议了市政府关于调整南阳市总体规划的报告，批准了调整后的南阳市总体规划，做出了《关于南阳市城市总体规划（2008—2020）的决议》。听取审议了中心城区社区建设、土地市场运行监管和城乡规划法实施情况的报告，提出了审议意见。

二、开展执法检查和信访督办工作，促进涉法涉诉问题的解决。常委会检查了《中华人民共和国水法》和国务院《宗教事务条例》的贯彻实施情况，开展了以“关注农村环境保护”为主题的“环保世纪行”活动，完成了上级人大交办的20多部法律法规立法调研任务，促进了这些法律的有效实施。组织旁听法院部分案件的庭审，对检察机关预防职务犯罪工作进行视察，认真做好新一届人民监督员的考核、确认和管理工作，促进了“两院”公正司法。重视发挥信访监督的作用，全年受理人民群众来信来访1000多件，从中筛选200多件进行立案督办。针对群众反映集中的问题，督促有关方面依法按政策处理，推动问题的解决，并就涉法涉诉信访问题进行深入调研，积极探索化解此类问题的方法和途径，为维护群众利益，促进社会和谐，发挥了积极作用。

三、坚持党管干部与人大依法任免干部相统一，认真做好换届选举和人事任免工作。常委会坚持党管干部和人大依法行使任免权相统一的原则，切实做好换届选举和人事任免工作。依法任免地方国家机关工作人员138人，通过组织拟任的政府组成人员、法检“两院”副职作表态发言、颁发任命书等形式，增强了被任命人员的法律意识、民主意识和责任意识。在市委的领导下，认真做好市人大换届选举工作，使此项工作依法有序顺利进行。全市共选举市人大代表638名，代表结构更加合理，素质明显提高。

四、加强和改进代表工作，为代表履行职责提供保障。坚持和完善重点建议办理制度，从代表提出的建议、批评和意见中确定14件重点建议，由常委会直接督办。对这些社会普遍关注、与人民群众切身利益密切相关的建议，常委会多次听取办理情况汇报，检查办理进度，评估办理质量，公开办理过程和结果，推动建议事项的落实，督促有关方面解决了免费开放公厕、加强治安管理、建立失地农民养老保险和最低生活保障等问题。至年底，市三届人大六次会议期间代表提出的185件建议，已经或列入计划逐步解决的140多件。确因客观条件限制不能解决的，有关方面已向代表作了说明。开展优秀市人大代表评选活动，对61名优秀市人大代表进行表彰，激励代表为经济社会发展建功立业。邀请代表列席常委会会议，参加常委会组织的视察、执法检查等活动，先后两次组织部分驻宛全国和省人大代表，围绕全市重大问题进行调研和视察，为代表依法履行职责提供服务。

五、落实公开透明原则，推动人大宣传工作不断发展。加强与新闻单位的联系，改进人代会、常委会会议及重大活动的报道方式，使常委会及时通过新闻媒体与群众互动，广泛宣传南阳民主政治建设取得的新进展、新成效。努力办好《南阳人大》、《南阳人大信息》和常委会《公报》，将常委会依法行使职权的过程向代表通报，向社会公开，自觉接受人大代表和人民群众的监督。重视发挥基层宣传网络的作用，开展宣传工作先进单位、优秀通讯员和好新闻评选活动，激励通讯员不断推出精品力作。常委会再次被评为全省人大宣传工作先进单位。

六、加强自身建设，提高履职能力。思想建设：认真组织学习党的十七大和十七届三中全会精神，在把握中国特色社会主义理论体系上下工夫，提高走中国特色社会主义道路的自觉性和坚定性。根据市委统一部署，扎实开展“新解放、新跨越、新崛起”大讨论活动，认真查摆在思想和工作上不适应科学发展的问题，切实抓好整改，为做好新时期人大工作奠定思想基础。作风建设：对列入常委会会议的重要议题，组织组成人员深入基层、深入实际调查研究，实事求是地反映人民群众的意愿和呼声，督促解决发展中遇到的突出问题。以增强服务意识、提高服务质量为重点，全面加强机关建设，大力倡导干事创业、奋发进取的良好风气，激发工作活力。常委会机关保持了省级文明单位荣誉称号。

【市三届人大六次会议】 1月8～11日，南阳市第三届人民代表大会第六次会议在南阳举行，640名代表出席会议。会议听取和审议市人民政府工作报告，作出了关于《政府工作报告》的决议；听取和审议了《关于南阳市2007年国民经济和社会发展计划执行情况与2008年计划（草案）的报告》、《关于南阳市2007年财政预算执行情况和2008年财政预算（草案）的报告》，审查和批准了《南阳市2008年国民经济和社会发展计划》、南阳市2008年市级财政预算；听取和审议了市人大常委会工作报告、市中级人民法院工作报告、市检察院工作报告，并作出了相应决议。

【市三届人大常委会第三十二次会议】 3月18～19日，市三届人大常委会举行第三十二次会议。市人大常委会主任褚庆甫，副主任李天岑、袁晴超、杨德明、周明军、马东升、李东武，秘书长韩自林及委员共40人出席会议。周明军主持会议。会议听取审议了市人民政府关于《落实2007年市人大常委会审议意见情况的报告》、关于《全市土地市场运行监管情况的报告》、关于《2008年市级部门预算（草案）编制情况的报告》，会议审议通过了市三届人大六次会议14件重点代表建议和人事任命事项。市人民政府副市长陈光杰，市中级人民法院院长王树茂，以及市政府办、市检察院、市发改委、市财政局、市国土资源局、市交通局、市教育局、市规划局、市建委、市劳动和社会保障局、市林业局、市审计局、市畜牧局的主要负责人，各县市区人大常委会负责人和市人大常委会机关副处级以上干部列席会议。

【市三届人大常委会第三十三次会议】 5月22～23日，市三届人大常委会举行第三十三次会议。市人大常委会主任褚庆甫，副主任李天岑、杨德明、周明军、金星、马东升、李东武，秘书长韩自林及委员共39人出席会议。金星主持会议。会议听取审议了市人民政府关于《中心城区道路交通安全管理情况的报告》、关于《中心城区社区建设情况的报告》、关于《城镇居民最低生活保障情况的报告》、关于《农民专业合作社法》贯彻实施情况的报告、关于调整中心城区总体规划的报告。会议审议通过了关于调整中心城区总体规划的决议、关于表彰优秀市三届人大代表的决定和人事任命事项。市人民政府副市长李建豫，市中级人民法院院长王树茂，市政府办、市检察院、市公安局、市财政局、市农业局、市民政局、市规划局、市建委、市工商局的主要负责人，各县市区人大常委会的负责人和市人大常委会机关副处级以上干部列席会议。

【市三届人大常委会第三十四次会议】 7月22～23日，市三届人大常委会举行第三十四次会议。市人大常委会主任褚庆甫，副主任李天岑、袁晴超、杨德明、周明军、金星、马东升、李东武，秘书长韩自林及委员共40人出席会议。马东升主持会议。会议听取审议了市人民政府关于2008年上半年国民经济和社会发展计划执行情况报告，南阳市国民经济和社会发展第十一个五年规划实施情况的中期评估报告，关于2007年市级财政决算和2008年上半年财政预算执行情况报告，关于2007年财政预算执行和其他财政收支情况的审计工作报告，关于对口支援四川地震灾区工作情况报告。会议审议并通过了南阳市人大常委会关于批准2007年市级财政决算的决议，会议批准了市人民检察院关于提请对南阳市三届人大代表徐国有、王金敏采取强制措施的报告，会议对主任会议许可检察机关对市三届人大代表万洪波、王从旭采取强制措施的意见予以确认。通过了人事任命事项。市人民政府常务副市长朱长青，副市长姚龙其，市中级人民法院院长王树茂，市人民检察院检察长常康，以及市政府办、市发改委、市建委、市国资委、市财政局、市民政局、市环保局、市商务局、市卫生局、市统计局、市审计局、市中小企业服务局、市国税局、市地税局的主要负责人，各县市区人大常委会的负责人和市人大常委会机关副处级以上干部列席会议。

【市三届人大常委会第三十五次会议】 9月22～23日，市三届人大常委会举行第三十五次会议。市人大常委会主任褚庆甫，副主任李天岑、袁晴超、杨德明、周明军、金星、李东武，秘书长韩自林及委员共39人出席会议。李东武主持会议。会议听取和审议了市人民政府关于新型农村合作医疗工作的报告，关于"加强中心城区教育资源整合和加快中小学建设"议案办理情况的报告，关于全市养牛业发展情况的报告，关于贯彻执行《中华人民共和国水法》和《河南省实施＜中华人民共和国水法＞办法》情况的报告。会议对市人民政府关于加强《南阳市中心城区教育资源整合和加快中小学建设的议案》办理情况做出了决议。会议对主任会议许可检察机关对市三届人大代表尚君晟、雷广志采取法律措施的意见予以确认。市人民政府副市长姚龙其，市政府办、市中级人民法院、市人民检察院、市卫生局、市教育局、市畜牧局、市财政局、市水利局、市农业局、市发改委、市农办的主要负责人，卧龙、宛城两区政府和高新区分管教育工作的负责人，各县市区人大常委会负责人和市人大常委会机关副处级以上干部列席会议。

【市三届人大常委会第三十六次会议】 10月28日，市三届人大常委会举行第三十六次会议。市人大常委会主任褚庆甫，副主任李天岑、杨德明、周明军、金星、马东升、李东武，秘书长韩自林及委员共40人出席会议。会议听取和审议了人事任免事项。市人民政府副市长张振强，市中级人民法院院长王树茂，市人民检察院检察长常康以及市政府办、市人事局的负责人、市人大常委会机关副处级以上干部和拟提请任命领导职务的人员列席会议。

【市三届人大常委会第三十七次会议】 11月24～25日，市三届人大常委会举行第三十七次会议。市人大常委会主任褚庆甫，副主任李天岑、袁晴超、杨德明、马东升、李东武，秘书长韩自林及委员共36人出席会议。褚庆甫主持会议。会议听取和审议了市人民政府关于市三届人大六次会议代表建议、批评和意见办理情况报告、关于全市节能减排工作情况报告、关于贯彻执行国务院《宗教事务条例》情况报告、关于全市旅游总体规划实施情况报告、关于贯彻执行《城乡规划法》情况报告、关于市中心城区跨白河三座大桥建设进展情况报告和市人大常委会执法检查组关于贯彻执行国务院《宗教事务条例》情况检查报告。会议表决通过了市人民政府关于市三届人大六次会议代表建议、批评和意见办理情况报告。市人民政府副市长张振强，市中级人民法院院长王树茂、市人民检察院检察长常康以及市政府办、市发改委、市民宗局、市国土资源局、市环保局、市建委、市旅游局、市规划局的负责人，各县市区人大常委会主要负责人和市人大常委会机关副处级以上干部列席会议。

【市三届人大常委会第三十八次会议】 12月26日，市三届人大常委会举行第三十八次会议。市人大常委会副主任李天岑、袁晴超、杨德明、周明军、马东升、李东武，秘书长韩自林及委员共37人出席会议。袁晴超主持会议。会议审议并通过了南阳市人大常委会关于罢免李九成省十一届人大代表职务的决定和人事任免事项。市人民政府办公室、市中级人民法院、市人民检察院的负责人和市人大常委会机关副处级以上干部列席会议。（王琪）

南阳市人民政府

综 述

【政府工作概况】 2008年，全年全市生产总值完成1636.43亿元，比上年增长12.1%。其中，第一产业增加值344.48亿元，增长5.7%；第二产业增加值856.01亿元，增长13.6%；第三产业增加值435.95亿元，增长14.5%。人均生产总值16367元。全市工业增加值768.21亿元，增长14.3%。全年粮食总产量569.66万吨，增长3.5%。全市地方财政一般预算收入51.29亿元，一般预算支出162.58亿元。全社会固定资产投资895.83亿元，比上年增长28.0%。社会消费品零售总额568.61亿元，比上年增长23.0%。城镇居民人均可支配收入12395元，扣除价格因素，比上年实际增长8.6%；农民人均纯收入4570元，扣除价格因素，比上年实际增长7.8%。全市城乡居民年末储蓄存款余额687.44亿元。

一、大力实施工业强市战略，工业经济快速发展。全市规模以上工业完成增加值468.19亿元，增长20.1%。项目建设成效显著。全市确定的181个重点项目，有101个竣工投产，完成投资223亿元。鸭电二期两台机组、南阳热电两台机组全部并网发电，南阳风电首批发电机调试成功，1000千伏特高压开关站顺利建成。迅天宇多晶硅二期、内乡飞龙“双千万”汽车零部件、南阳天羽铝箔PS版基、中南金刚石高品级钻石等重点项目开工建设。南阳核电、抽水蓄能电站、鸭电三期、宛西电厂等重大项目取得新进展。继续推进工业“发动机计划”，市财政安排1亿元资金予以扶持，55个“发动机计划”项目完成投资39.8亿元，有7个项目开工、11个项目建成或部分建成投产。企业战略重组迈出新步伐，中联水泥与南阳恒新水泥实现联合重组，市政府分别与首钢控股、首控（香港）公司、兵工集团签署了战略合作协议，与中国建筑股份有限公司签订了合作框架协议。积极培育12个销售收入超百亿元的骨干企业或企业群体及20家骨干企业，龙成、淅铝、天冠、新纺、西保等5家企业跻身河南工业百强。积极推进自主创新和高新技术产业化，南阳市先后被授为新能源产业国家高技术产业基地和河南省生物产业高技术产业基地，二机集团4000米车装钻机被列入国家火炬计划项目。

二、重视加强“三农”工作，新农村建设取得新成就。切实把“三农”工作放在重中之重位置，以发展现代农业、增加农民收入和强化农村公共服务为重点，扎实推进社会主义新农村建设。认真落实各项支农惠农政策，全年共发放各类涉农补贴资金13.2亿元；发放“两免一补”资金5亿元。全年粮食总产量569.66万吨，增长3.5%，连续5年增产并连续3年保持在100亿斤以上。油料总产量101.98万吨，增长3.2%。完成造林面积89.4万亩，超额完成全年造林绿化任务。坚持以工业理念发展农业，全市市级以上农业产业化龙头企业121家。出台实施南阳肉牛、生猪产业规划，加快发展以南阳黄牛、皮南牛、生猪、奶牛为重点的畜牧优势产业。致力改善农村生产生活条件，乡村道路建设、安全饮水、农村沼气、扶贫开发、农综开发等年度任务已完成。在新农村建设上，捆绑使用各项涉农支农资金，300个试点村、50个示范村建设和1250个村村容村貌整治任务已完成。

三、加大建设和管理力度，城乡面貌得到较大改观。中心城区市政重点工程建设进展顺利，工农路、文化路、新华路、麒麟路部分路段大修改造和50条背街小巷改造任务全面完成。张衡东路、仲景北路、车站北路竣工通车，独山大道南延、仲景路南段改扩建、城区集中供热管网一期、污水处理厂二期等工程开工建设。市政府与中建公司签订协议，采取BT模式新建白河3座大桥，其中仲景大桥已开工建设。城中村改造扎实推进。南阳市利用日元贷款城市环境综合治理项目、沼气利用工程初步设计通过评审，滨河路污水管网改造、城区内河综合整治等重点工程前期工作进展顺利。建成区面积达到90平方公里，人口90万人。实施城市精细化管理，深入开展交通秩序集中整治活动，重点取缔城市营运机动三轮车，城市环境卫生和交通秩序明显改观。县城基础设施建设和环境整治力度加大，形象和品位不断提升。全市城镇化率达到36%，提高2.7个百分点。南水北调中线工程南阳段开工建设。城乡交通体系建设稳步推进，岭南高速全线建成通车，环城高速建设大头落地；南阳机场航站楼改扩建工程开工奠基；干线公路、农村公路分别完成21.5公里、1598.5公里，总投资10.3亿元。旅游基础设施建设进展顺利，宝天曼至真武顶旅游道路隧道工程建成通车，4条旅游公路建设任务基本完成。全年共接待游客1080万人次，比上年增长21.3%。实现旅游总收入56.10亿元，增长24.4%。全年新创4A级景区1家（宝天曼峡谷河流）、3A级景区1家（花洲书院）。

四、深入推进改革开放，经济活力进一步增强。国有企业改革大头落地，28家市属国有工业改制企业，有11家已实现产权转让，组建了新的公司并正常运行，17家基本完成破产终结。积极稳妥推进商贸流通企业改革，5家企业改制工作已完成，3家企业完成改制程序，4家企业进入破产程序。商业银行综合改革、集体林权制度改革、水管单位体制改革等改革顺利推进。对外开放进一步扩大，成功举办了第六届玉雕节暨首届宝玉石博览会、第三届豫商大会和第七届张仲景医药科技文化节，组织参加了第三届中博会、第五届豫洽会、第十二届中国国际投资贸易洽谈会等节会，共签约各类项目161个，总投资433.5亿元。在北京成功举办南水北调中线工程水源地生态文明建设图片展。全市新批外商投资企业27家。实际利用外资11635万美元，增长38.2%。全市完成进出口总值8.77亿美元，增长47.5%。5个产品荣获“河南出口名牌”称号。

五、致力改善民生，和谐南阳建设取得新进展。省、市确定的十大实事全面完成。全市累计发放就业小额担保贷款1.2亿元，新增城镇就业11.3万人，下岗失业人员再就业3.6万人，“零就业家庭”实现动态归零。企业离退休人员养老保险金、失业人员保险金按时足额发放率和社会化发放率均达100%。共为12.96万城市低保对象发放资金1.82亿元，人均月补差标准由上年的70元提高到126元；为30万农村低保对象发放资金1.56亿元，人均月补差标准由上年的30元提高到50元；农村五保对象集中供养率达到40%。全市参加城镇居民医疗保险65.3万人，参加新型农村合作医疗867万人、参合率为95.5%。农村文化、卫生等基础设施得到改善，农村中小学危房改造、城区中小学改扩建、示范村卫生所建设有序推进。成功申办全国第七届农运会。社会治安防控体系进一步完善，信访秩序和安全生产形势持续好转，社会大局保持稳定。支援湖南郴州雨雪冰冻重灾区任务圆满完成，支援四川地震灾区工作进展顺利。

【孔玉芳到宛考评党风廉政建设责任制】　1月9日，在副省长孔玉芳的带领下，省委考核组莅临南阳，考评南阳市2007年度党风廉政建设责任制工作。并于9日下午举行考评大会，孔玉芳出席考评大会并发表重要讲话。孔玉芳指出，要用科学发展观统领反腐倡廉建设，坚持“标本兼治、综合治理、惩防并举，注重预防”。在坚决惩治腐败的同时，要更加注重预防，要通过明确责任主体、内容来建立完善的责任考核追究制度，推动党风廉政建设和反腐败斗争的深入开展。

【刘满仓到宛调研农业和农村经济工作】　2月27日，副省长刘满仓在市长朱广平、副市长姚龙其的陪同下，就南阳市农业和农村发展情况进行调研。刘满仓一行先后考察了南阳市黄牛科技中心、宛城区高庙乡黄牛饲养基地。刘满仓指出，南阳是全省重要的优质肉牛生产基地，黄牛饲养要向规模化、专业化方向发展，尽快打响南阳黄牛品牌。他强调，当前各级政府要把粮食生产放在农业工作首要位置，指导农民做好麦田管理工作，为夏粮丰收打下坚实基础。

【刘满仓到宛调研南水北调中线工程】　3月13～14日，副省长刘满仓带领省直有关部门负责人，深入南水北调中线工程渠首陶岔等地调研，并慰问了丹江口库区移民。刘满仓强调，要切实做好移民安置工作，保障移民切身利益。要通过搞好移民试点工作，推动移民工作顺利开展。调研中，刘满仓对南阳市移民工作给予充分肯定。他指出，在今后的工作中，各级各相关部门要加强组织领导，加大治理力度，实现生态效益与经济效益的协调发展。

【温家宝莅宛考察指导工作】

5月10～12日，中共中央政治局常委、国务院总理温家宝一行在省委书记徐光春、代省长郭庚茂、市委书记黄兴维、市长朱广平等陪同下，深入到西峡、内乡等地考察。温家宝深入到田间地头，走访学校、医院、企业和农户进行调查研究。他强调，各级政府要把爱国卫生运动作为当前一项重要任务，加强城乡环境卫生的综合整治，依法科学防治各类传染病。温家宝一行还深入到宛西制药、石油二机厂、防爆电机集团等企业，深入考察企业生产和销售情况，强调企业要紧紧围绕国家节能减排要求，开发出具有自主知识产权的高新技术产品。考察期间，温家宝还主持召开了基层代表座谈会，要求各级领导干部要树立忧患意识，带领广大人民群众坚定信心，艰苦奋斗，夺取改革发展的新胜利。

【刘满仓出席在宛召开的省南水北调中线工程水源地水质保护工作会议】　5月20～21日，省南水北调中线工程水源地水质保护工作会议在淅川县召开，副省长刘满仓出席会议并讲话。他强调，要认真贯彻落实温家宝南水北调讲话重要精神，把水污染防治作为水质保护工作的重中之重，要加大对重点污染企业的监管力度，加快规划项目实施，严格控制矿产资源开发，大力调整经济结构布局，加强治理农业面源污染。

【郭庚茂到宛出席全国小麦跨区机收作业启动仪式】　5月25日下午，全国小麦跨区机收作业启动仪式在镇平县举行，国家农业部部长孙政才、代省长郭庚茂出席仪式并发表重要讲话。郭庚茂指出，组织好小麦机收会战是确保夏粮丰收的关键一环，各有关部门要全力做好农业机械的组织调度、物资供应、交通维护等工作，为机收会战提供强有力的支持，确保小麦机收会战顺利进行。

【郭庚茂陪同国家农业部领导考察南阳市“三夏”工作】

5月26日，农业部部长孙政才，省委副书记、代省长郭庚茂莅临南阳考察南阳市“三夏”工作。孙政才、郭庚茂一行先后来到中石化加油站、312国道收费站、南阳市“三夏”跨区机收作业服务站，了解机收服务措施落实情况，并对南阳“三夏”服务体系建设给予充分肯定。郭庚茂强调，各级各部门要全力做好“三夏”各项组织、服务工作。同时，要加大监督检查力度，及时消除安全隐患，确保“三夏”生产安全。在宛期间，郭庚茂一行还对南阳市高新技术产业发展情况进行专题调研。他指出，发展高新技术产业是落实科学发展观的必然要求，要利用好国家产业政策，采取市场化运作等方式引进人才和高新技术，促进高新技术产业不断实现新进展。并强调，要加大知识产权保护力度，全面加强质量管理，牢固树立质量意识、品牌意识，着力培育一批更多拥有自主知识产权的名优产品，提高河南省高新技术产业在国内市场知名度和影响力。

【史济春莅宛检查指导防汛和工业经济工作】　6月11日，副省长史济春带领省直有关部门负责人，莅临南阳市检查指导防汛和工业经济工作。史济春一行先后察看了白河南南阳城区险工险段防汛和卧龙区水库防汛工作。史济春强调，要把防汛工作作为一项政治任务，强化防汛责任监督和责任追究制度，制订完善各项防汛工作预案，扎实做好2008年的防汛工作。当天下午，史济春一行还先后考察了龙成集团、防爆集团等企业。他要求，要紧紧抓住机遇，全力支持企业发展，为企业发展创造宽松环境，使南阳工业上一个大台阶。

【宋璇涛到宛考察伏牛山生态旅游开发】　7月17日，副省长宋璇涛带领省旅游局等部门负责人，在市委副书记贾崇兰、副市长张振强等陪同下，深入西峡县考察伏牛山生态旅游开发工作。宋璇涛要求南阳市相关部门要坚持区域整体规划，抓住机遇，集中力量，加快整体连片综合开发步伐，形成吃、住、行、游、购、娱的产业体系，努力提升旅游产业化的整体水平，打造伏牛山生态旅游品牌。全面深入贯彻落实全省伏牛山生态旅游发展的总体规划，以科学发展观为指导，进一步解放思想，以改革开放和机制创新为动力，以加快基础设施建设和构建配套服务体系为重点，统一品牌形象，打造旅游精品，全面提升伏牛山生态旅游的品位和吸引力，尽快把伏牛山培育成全国著名的生态旅游目的地，更好地发挥旅游产业在建设小康社会、实现中原崛起中的重要作用。

【郭庚茂来宛考察指导工作】　8月18～19日，省委副书记、代省长郭庚茂在副省长刘满仓，省长助理、省政府秘书长安惠元和省直有关部门主要负责人的陪同下来宛考察指导工作。在宛期间，郭庚茂作了“新解放、新跨越、新崛起”大讨论活动专题报告，并深入农村和二胶厂、天冠集团等企业进行调研。他强调，继续解放思想，要坚持领导带头，作好表率；把握方向，掌握原则；联系实际，解决问题；加强领导，务求实效。要紧紧围绕推进科学发展这一主题，努力改变主观方面的不适应，破除客观方面的不符合，开辟思想解放的新境界，实现经济社会发展的新跨越，开创科学发展的新局面。

【郭庚茂出席在宛召开的第三届豫商大会】　8月28日上午，由省政协主办，南阳市政府、省商务厅、省工商联、省豫商联合会承办的第三届豫商大会开幕式在南阳体育中心隆重举行。十届全国政协副主席李蒙，省委书记、省人大常委会主任徐光春，省委副书记、代省长郭庚茂，省政协主席王全书，中国工程院副院长、院士杜祥琬等莅宛出席大会。郭庚茂会见豫商代表时提出，充分发挥广大豫商在资金、技术、人才、信息等方面的优势，抢抓机遇，关注家乡，支持家乡，建设家乡，为河南进一步发展外向型经济搭建桥梁和平台，为河南振兴、中原崛起作出更大贡献。

【徐济超到宛参加中国·南阳第七届张仲景医药科技文化节】　9月20日上午，中国·南阳第七届张仲景医药科技文化节在南阳市体育中心隆重开幕。国家科技部副部长刘燕华，副省长徐济超，国家中医药管理局副局长房书亭，中国工程院院士、天津中医药大学校长张伯礼等莅宛出席开幕式。徐济超代表省委、省政府作重要讲话。他指出，河南高度重视科技创新和中医药事业发展，中医药科技创新和产业发展为振兴河南经济发挥了重要作用。第七届张仲景医药科技文化节的举办，是1085万南阳人民的一件盛事，也是全省经济社会发展的一件大事，必将进一步加强中医药界的交流与合作，推动中医药科技创新，加快中医药产业的现代化、国际化进程，使源远流长的中华医药文化不断焕发出新的生机和活力，也必将使充满生机和活力的古宛大地掀起新一轮招商引资、投资兴业和旅游观光的热潮，为实现中原崛起作出新的更大的贡献。

【张大卫来宛检查岭南高速蒲山特大桥工程施工情况】　9月24日，副省长张大卫带领省直有关部门负责人，在市委常委、副市长陈光杰的陪同下，深入到岭南高速公路蒲山特大桥工程施工工地检查指导工作。张大卫指出，岭南高速蒲山特大桥工程是2008年全省高速公路建设的一个重点工程，现在已到了工程施工的关键时期，施工单位要周密组织，科学安排，保证工程质量，确保年底实现通车。

【刘满仓到宛出席南水北调中线工程南阳段开工动员大会】 9月26日上午，南水北调中线工程南阳段开工动员大会在宛隆重举行。国务院南水北调办副主任宁远，省人大常委会副主任铁代生，副省长刘满仓，省政协副主席靳绥东，省军区副司令员曹建新，省长助理何东成，市委书记黄兴维、市长朱广平、市委副书记贾崇兰等出席大会。刘满仓指出，南阳段的开工，是全省人民的一件大事、喜事，标志着河南省南水北调工程建设进入了新阶段。南水北调工程河南段干线最长、投资最大、条件最复杂、征地和移民安置任务最重，一定要坚持服从国家大局、服从河南发展、关注群众利益的原则，举全省之力，整合一切资源，全力保证环境、保证服务、保证质量、保证进度、保证安全，努力把河南省南水北调工程建成“一流工程、廉洁工程、生态工程、利民工程、和谐工程”，确保一渠清水送北京，以实际行动向党中央、国务院和全省人民交上一份满意的答卷。

【刘满仓来宛检查指导工作】 12月5日，副省长刘满仓带领省直有关部门负责人，到南阳市调研指导农业综合开发、畜牧养殖工作和南水北调南阳段工程建设情况。刘满仓一行先后到唐河县大河屯镇农业综合开发项目区、内乡县河南牧原养殖有限公司和南水北调中线工程膨胀土南阳试验段工地检查指导工作。他指出，要加大工作力度，加快开发进度，高标准建好农业综合开发项目。南水北调中线工程是国家重点建设项目，事关大局，事关长远，要以高度的责任感，严格按照规划设计，加快施工进度，确保工程质量，以科学严谨的精神，把工程建设成一流工程、示范工程、样板工程。沿线各级政府要为工程施工创造良好的外部环境，让京、津地区人民早日喝上干净水、放心水。

【宋璇涛到宛出席全省新农合监管工作邓州现场会】 12月12日，全省新型农村合作医疗监管工作现场会在邓州市召开。副省长宋璇涛，省卫生厅厅长刘学周，市领导黄兴维、朱广平、刘朝瑞、张振强等出席会议。宋璇涛强调，新农合制度是一项涉及千家万户、维系亿万农民健康的民心工程，在实现新农合全面覆盖后，加强和改进监管将成为当前和今后一个时期工作的重中之重。对此，各级各部门要认清形势，切实增强对新农合监管工作的责任感和紧迫感，整合监管资源，创新监管机制，形成监管合力，让参合农民真正享受到适宜、价廉、质优的医疗服务，使新农合工作真正得到群众的信任和认可，为提高农民健康保障水平，推进社会主义新农村建设作出积极贡献。

【市政府三届八次全体（扩大）会议召开】 2月22日下午，市政府三届八次全体（扩大）会议在宛召开，市长朱广平在会上作重要讲话。会议的主要任务是：深入贯彻科学发展观，分解落实市委四届九次全会和市三届人大六次会议通过的《政府工作报告》所确定的各项目标任务，动员全市政府系统各级领导干部和广大工作人员，进一步振奋精神，明确目标，强化责任，转变作风，狠抓落实，高标准、快节奏地推进工作，努力实现全市经济社会又好又快发展。

【市政府三届九次全体（扩大）会议召开】 7月16日，市政府三届九次全体（扩大）会议在宛召开，市长朱广平作重要讲话。会议的主要任务是：回顾总结2008年上半年政府工作，研究部署下步重点工作，确保圆满完成2008年全市经济社会发展的各项目标任务；贯彻落实省政府一次全会和廉政工作会议精神，加强政府自身建设，努力开创政府工作新局面。

【重要决定】 2008年，市政府先后作出的重要决定有：

1月10日，作出关于表彰淅川12.24案件侦破工作先进集体和先进个人的决定

4月10日，作出关于表彰2007年度全市重点项目建设暨“发动机计划”项目建设先进集体的决定

4月21日，作出关于2007年度南阳市科学技术奖励的决定

4月22日，作出关于表彰全市农村公路村村通建设先进集体的决定

5月15日，作出关于奖励南阳市2007年度社会科学优秀成果的决定

6月4日，作出关于表彰南阳市第四届人民满意公务员集体和人民满意公务员的决定

12月28日，作出关于表彰南阳市第四届文学艺术优秀成果奖的决定

【重要通知】 2008年，市政府先后发出的重要通知有：

1月3日，发出关于下达2008年工业“发动机计划”项目的通知

1月12日，发出关于进一步加强和改进物价工作的通知

1月28日，发出关于公布第一批南阳市市级非物质文化遗产名录的通知

1月28日，发出关于印发南阳市市区城镇退役士兵安置实施细则的通知

3月21日，发出关于印发南阳市城市生活垃圾处理费征收使用管理办法的通知

4月4日，发出关于印发“工业强市杯”等劳动竞赛活动实施方案的通知

4月10日，发出关于进一步做好城市居民最低生活保障工作的通知

5月5日，发出关于印发南阳市2008年防汛工作方案的通知

5月23日，发出关于印发南阳市2008年国民经济和社会发展计划的通知

6月3日，发出关于进一步加强全市大中专毕业生就业工作的通知

7月11日，发出关于切实做好第二次全国经济普查工作的通知

8月8日，发出关于印发南阳市城镇居民基本医疗保险补充规定的通知

11月12日，发出关于印发南阳市城区交通秩序集中整治实施方案的通知

市政府办公室

市长助理兼秘书长　李中杰

【调研信息工作】 2008年，工作中突出调研实效性。年初，围绕党委、政府中心工作和经济社会发展中的重点工作以及领导关心、群众关注的热点难点问题，认真筛选关系全局、有针对性的调研课题45个。注意整合力量先后对经营城市、光电产业、项目建设、新农村建设、人才建设等重点课题进行了专题调研，推出了《关于加快南阳高新区发展的调查报告》、《关于中心城区城中村改造的调查》和《当前宏观经济环境对我市民营经济发展的影响及建议》等一批有份量、有价值的调研文章。其中《对我市墙材革新工作的调查与思考》在《南阳日报》全文发表，《积极培育龙头企业推进新网工程建设——南阳市供销社农村现代流通网络建设经验获全国推广》，在省政府《政务要闻》第531期刊发，并被副省长刘满仓批示。全年共编发《市长参阅》38期，调研课题的深度和质量受到了市领导、县（市、区）和市直部门的高度评价和充分肯定。同时充分发挥政务信息服务功效，紧贴政府工作部署，及时反映全市社会发展和经济运行中出现的新情况、新举措、新经验，辅助领导决策、推动工作开展。全年共编发《南阳政务信息》130期、《政务要情》15期，采用信息1880条，创刊并编发《南阳政务信息．专报》22期，编发《南阳政务通报》39期；上报国办、省办信息1406条，被省政府办公厅《政府工作快报》采用87条、《政务要闻．专报》采用42条、《省政府共享信息》采用239条。其中，《南阳市蒲山区域环境综合整治取得阶段性成果》、《南阳市加大建设管理力度实现农村沼气建设新突破》、《河南天冠集团依托循环经济打造生物能源产业基地》、《南召县全面禁停鸭河口水库水域非法采砂为确保汛期安全和鸭河口水库水质》

等多篇信息受到副省长张大卫、徐济超、刘满仓和市长朱广平等省市领导的批示和重视，全市政务信息工作继续在全省保持先进位次。改版、丰富了《南阳市人民政府公报》，全年共编发12期，对传达政务、指导工作起到了积极作用。

【公文办理工作】 在文稿撰写方面，牢固树立公文精品意识，进一步规范完善公文办理程序，重点在文稿的思想性、指导性、实效性上下功夫，积极为改革出思路，为发展出谋略，为推进工作出实招。全年共起草领导综合性讲话、专业性讲话、工作汇报材料、署名文章等180余篇，约190余万字，撰写了市委经济工作会讲话、市委全会讲话、市政府全会讲话、政府工作报告、市政府系统办公室工作会议讲话等一批有影响、有深度的文稿。在政府及办公室文件制发方面，突出规范运行，实行首办负责制，明确主办科室、主办人、把关科室、分管领导的审签责任，严把政策关、文字关、体式关、审批关，确保了公文的高效、快捷、安全、规范运行。全年共起草审核把关各类文件711份，其中宛政88份，宛政文127份，宛政函43份，宛政办115份，宛政办文43份，宛政办内17份，政务通报41份，宛政土159份，宛政纪68份，市政府常务会议纪要10份；办理上级公文600余份，制作转换电子公文1500余份，98%的文件制成电子版本在政府内网发布，政府系统全面实现了电子公文传输和无纸化办公，提高了公文办理效率。进一步加强保密工作，顺利通过了省、市保密工作大检查并受到好评。积极推进档案规范化、信息化建设，共处理上年度市政府全宗永久归档文件805件、办公室全宗归档文件427件，按要求向市档案局移交市政府现行文件786件，档案工作率先在市直机关晋级为省特级先进单位。

【目标管理及督查工作】 2008年，不断完善创新工作运行机制，坚持把督促检查与目标管理有机结合，加大目标监控和督促查办力度，对年初市十大实事和市政府工作报告确定的重点工作进行分解立项，明确责任单位，提出具体要求。先后印发了《南阳市人民政府办公室关于分解2008年十大实事任务明确责任单位的通知》和《南阳市人民政府办公室关于明确政府工作报告提出的2008年重点工作责任单位的通知》，市政府督查室逐项目严密监控，每季度通报一次进展情况，并在南阳日报进行公示，推进了政府民心工程和全市重点项目建设的落实。办公室上下紧密配合，采取重点工作重点查、难点工作跟踪查的办法，抓全程、全程抓，切实做到事事有着落，件件有回音，有力地推进了市委经济工作会议、市政府三届九次全会、市政府常务会议精神和重要部署贯彻落实。全年共办理省、市领导批示件52件，下发督查通知275份，开展专项督查112次，特别是对镇平县黏土砖瓦窑厂拆除、全市防震减灾、夏季秸杆焚烧等工作的督查，力度大、成效突出，得到市政府主要领导的肯定。对市人大、市政协交由市政府办理的173件建议、361件提案如期办结完毕，办复率达100%，代表、委员普遍满意，办理工作得到市人大和市政协的高度评价和充分肯定。加强政府法制建设，推进仲裁事业发展，全年受理符合立案条件行政复议申请67件，已办结53件，促进了政府依法行政水平的提高。

【协调服务工作】 立足办公室联系上下、沟通左右的枢纽位置，在内部协调方面，重点做好市政府重大工作部署、重要会议、重大活动的服务工作，做到超前筹备，精心组织，使各方面工作衔接有序，形成合力，落实到位。在上下协调方面，重视加强与省政府办公厅及省直部门的联系，积极争取上级指导和帮助；注意加强与县（市、区）政府办公室的联系，搞好沟通交流，将政府工作的触角延伸到基层，实现了上下工作联动。在左右协调方面，注意加强与市委办、人大办、政协办和市直各部门之间的联系，在重大活动、重要会议等方面，保持密切联系，沟通信息，搞好协调，为政府工作的顺利开展营造了良好氛围。同时，科室之间密切协作，不推诿扯皮，不回避矛盾，充分发挥主观能动性，创造性地开展工作，尽心尽力督导检查促进落实，不折不扣完成工作任务的务实作风受到了省市领导和相关部门的一致好评。

【后勤管理工作】　机关上下牢固树立办公室工作无小事意识，围绕会务要规范、接待上水平、信访有秩序、后勤有保障、卫生有改观、节约见成效等后勤服务上台阶的工作要求，在管理水平上找差距、在硬件建设上弥不足，努力做到让领导满意、机关干部满意、基层群众满意。一是严谨高效筹备会议。全年共组织召开市长办公会议、市政府常务会议、市政府全会、市政府系统办公室工作会议等大型综合性会议60余次，各类专业性小型会议80余次，在会务组织上细心筹划、周密部署，没有大的纰漏。二是细致周到做好接待。本着热情周到、提高水平、坚持制度、注意细节的原则，圆满完成了温家宝来宛视察、全国小麦跨区机收启动仪式、中国·南阳第六届玉雕节暨首届宝玉石博览会、豫商大会和兄弟省地市到南阳参观考察等接待工作。三是协同维护好信访秩序。全年接待到市政府上访的群众456批次，疏导上访群众20127人次，确保了政府机关正常办公。四是切实搞好机关建设。完成了1号楼及2号楼卫生间维修改造、3号楼窗户更换、机关理发室搬迁、机关浴池建设和老干部活动室热力管道改造等工作，机关大院办公条件、环境卫生和综治管理水平得到进一步改善和提高。

【机关自身建设】　围绕南阳市机关效能建设年和“新解放、新跨越、新崛起”大讨论活动的开展，办公室上下合力奋进，抓效能促进工作，抓形象实现提高，致力打造办公室良好形象。一是重视搞好班子建设。把“团结求实，严谨高效，勤奋求新，充满活力”作为班子建设目标，办公室党组每位干部都精心维护班子团结，严格履行领导班子议事规定，努力以人格的力量去带好分管科室。工作中坚持实行层面管理制，对班子成员合理分工，严格按原则办事。班子成员之间相互理解、相互信任、相互支持、互相补台，自觉做到顾全大局，以事业为重，形成了心齐、气顺、风正、劲足的良好局面。二是切实加强干部队伍建设。着力在培养造就一支“讲服务、讲质量、讲规矩、讲创新、讲和谐、讲责任”的干部队伍上下功夫。时常告诫大家一个不讲大局的人最不能用、最不可取，要时刻保持政治上的清醒与坚定。在干部使用上弘扬正气，不搞亲亲疏疏，坚持正确的用人导向，以业绩、能力、公认度定使用，使一批优秀的干部脱颖而出，激发了全体干部干事创业的激情和活力。三是认真抓好办公室形象建设。办公室党组把开展形象大讨论活动作为落实机关效能建设年和“三新”活动的载体，叫响“抓效能促进工作，抓形象实现提高”。6月28日办公室机关效能建设座谈会上10名代表作典型发言，并将优秀文稿印发全体干部学习，在市直机关引起较大反响。在开展树形象活动中，坚持以学习为“先”，努力打造学习型科室；坚持从制度入手，推进办公室工作制度化、规范化、标准化；坚持搞好热情服务，合力打造服务型政府，使办公室工作质量和服务水平及机关整体效能得到有效提升（徐文凯　谢春平）

人事编制工作

市人事局长　张书报

【精心组织，稳慎推进，进一步提高机构编制管理水平】　一是积极做好深化行政管理体制和机构改革准备工作。抓好乡镇机构改革成果的巩固完善工作。继续深化行政审批制度改革，取消和调整58项行政审批项目，其中取消19项，调整39项。理顺和明确民用爆炸品安全监管和船舶建造质量安全监督职责划分，强化和调整了有关部门职能和内设机构。根据省编委部署，研究核定县（市）森林公安机构设置和政法专项编制。二是积极稳妥推进事业单位分类改革。制定培训类事业单位改革意见，推进企业养老保险制度改革和水管体制改革。三是进一步加强机构编制管理和监督检查工作。根据省编办《关于南阳市中小学教职工附加编制的批复》，为市直和13个县（市、区）下达了附加编制4777名。严格审定了市直建委系统移交三区人员名单。全年共办理人员增减册手续1239人，清理出不及时办理核减手续83人，并对各县（市、区）和市直30多个单位进行了集中监督检查。四是着力提高事业单位登记管理工作水平。全年新登记事业单位法人182个，注销登记3个，办理年检5184个；各县（市、区）举办培训班15期，培训法定代表人3000余人；顺利完成了法人年检工作，年检率达98.1%。

【坚持推进“两转两提”，公务员队伍建设取得新成效】

一是公务员素质进一步提升。坚持“按需培训、因需施教”的原则，以增强行政意识、提高行政能力为重点，全面开展18000余名公务员“四类”培训和公共管理核心内容培训，先后组织13个县（市、区）176名乡（镇）长参加全省乡（镇）长培训班。二是公务员考录范围进一步拓展。受省厅委托，完成了120名高速公路交通警察考录工作。会同市委组织部，从普通高等院校选调15名应届优秀大学毕业生到基层工作，从大学生中选聘1347名村干部到村任职，从优秀村干部中考录11名公务员充实到乡镇机关。三是参照公务员法管理制度进一步推行。至2008年底，省人事厅先后对县（市、区）、市直分别批复了131和37个参照公务员法管理事业单位，已登记工作人员3012名，参照单位人员全部纳入公务员队伍管理。四是科级非领导职务晋升进一步规范。严格市政府工作部门和市直参照公务员法管理事业单位工作人员非领导职务配备，明确了晋升人员条件和民主推荐程序。五是行政表彰奖励管理进一步加强。在全市范围内严格执行行政表彰奖励报批制度，控制行政奖励种类，统一行政奖励名称，提倡隆重节俭的表彰形式。创新评选方式方法，开展了全市第四届“人民满意的公务员（集体）”评选活动，命名表彰了人民满意公务员集体10个、个人20名。

【坚持培养引进相结合，实施人才强市战略迈出新步伐】

一是参与全省高层次人才“兴豫之光”行动计划成效明显。会同市委组织部，积极做好公开选配博士科技副县（市、区）长、硕士科技副乡（镇）长及高级咨询参谋顾问工作，先后有113人报考博士科技副县（市、区）长，176人报考硕士科技副乡（镇）长，并聘请中国工程院院士、华中科技大学水利水电专家张勇传为南阳市人民政府高级咨询参谋顾问。二是高层次人才和高技能人才队伍建设得到加强。围绕全市产业集聚区、工业企业、重点企业、高新技术企业、工业“发动机计划”项目和社会主义新农村建设等经济社会发展多个领域，评选表彰了第十二批南阳市学术技术带头人119名，推荐享受政府特殊津贴专家候选人6名、省级学术技术带头人候选人7名。完成全市机关事业单位1.3万名技术工人培训任务，考核（考试）选拔工人技师145人、高级工6353人。三是博士后建站工作取得新进展。经积极申报和争取，2008年国家人力资源和社会保障部新批二胶、中光学2家企业博士后科研工作站，使全市建站总数达到9家，进站博士10余名。四是引进国外智力工作成果显著。全年共执行引智项目25项，争取省计划配套经费75万元，聘请外国专家49人次，帮助项目单位解决关键性技术难题36项，产生直接经济效益近2亿元。

【圆满完成军转安置任务，企业军转干部解困维稳工作取得明显成效】 继续推行“考试、考核、公平竞争、阳光安置”分配办法，共安置军转干部143名（计划分配

131名、自主择业12名），随调家属13名。全市211名自主择业军转干部，就业率达82%。继续做好企业军转干部解困稳定工作，对企业在岗、下岗、失业和离退休军转干部解困标准进行全面贯彻、督促检查，确保一人不漏、一分不少、一天不拖。

【坚持深化改革，人事管理制度有了新探索】 一是事业单位人事制度改革稳步推进。广泛推行事业单位新进人员公开招聘制度，为市直和三区43家事业单位公开招聘438人；事业单位全员聘用制进一步落实，全市事业单位工作人员聘用合同签订工作基本完成。二是职称制度改革推出新举措。严格审批结构比例，规范评审行为，严肃评审纪律，建立职称申报评审诚信制度，把“公开、展示、考核、评议、监督”程序落到实处。评审通过的5742名高、中级专业技术人员全部在“南阳人事人才网”公示，接受社会监督。加大向基层专业人员政策倾斜力度，1000余名长期在农村一线工作且符合条件的专业技术人员不受结构比例和岗位职数限制申报了高一级专业技术职务。三是机关事业单位工资管理取得新进展。会同有关部门进一步规范调整了公务员津贴补贴。完成了3.8万名机关事业单位工作人员正常晋升工资和事业单位绩效工资实施前的生活补贴发放工作。

【加强沪（长三角）宛人才合作，共同打造人才资源开发新平台】 进一步深化落实《南阳市加强沪宛人才、智力合作意见》，先后与上海市人事局、上海市科技教育党校、上海行健职业学院、上海市人才服务中心、上海市海外人才服务中心、上海浦东国际培训中心等部门建立定期沟通机制，在高层次人才和高新科技项目引进、专业技术人员继续教育、高等职业培训、人事代理等方面达成合作共识。5～8月份，先后委托上海市科技教育党校举办了4期198人参加的南阳市医院院长管理创新培训班、南阳市社区建设与管理创新培训班。9月份，沪（长三角）宛人才合作座谈会暨签约仪式在南阳隆重举行，市人事局分别与上海市人才服务中心、上海市浦东新区人才服务中心、浙江省湖州市南浔区人力资源局签订了一揽子人才合作协议。

【坚持“公开、公平、公正”，着力打造“南阳人事考试”品牌】 一是坚持依法治考，从严治考。2008年，圆满完成事业单位公开招聘、专业技术资格、工人技术等级、军转干部和退役士兵安置等各类政策性考试14次，参考人员4.7万余名，并对17名违规违纪考生做出取消当年成绩、2年内不得参加相关考试的处理决定，有效发挥了震慑作用，净化了考试环境，人事部门的权威性、公信度和影响力得到显著提升。二是积极拓展人事考试社会化服务领域。先后承接信阳市水管系统体制改革及南阳市农村信用社招录员工、南阳经贸学校招聘教师、南阳市中心医院竞聘护士长等21次社会化考试，参考人员达5000余名。通过优质、高效、周到的考试服务，赢得了社会各界和周边市的赞誉，叫响了“南阳人事考试”品牌。

【坚持拓宽渠道，人事公共服务实现新突破】 一是面向社会发布涉及12大类14136个岗位的《南阳市2008年度人才需求目录》，为人才合理流动和配置指明了方向。二是推出了升级改版后的“南阳人事人才网”，与南阳市委组织部党员电化教育中心联合制作播出24期“阳光人事”电视节目，创建了“南阳市人才交流与毕业生就业网”，成功打造了现代人事公共服务新平台。三是争取财政资金改扩建了南阳人才市场，全面提升了人才市场服务效能和服务水平。全年共举办日常招聘会65场，大型招聘会3场，招聘单位1500余家，应聘6.5万人次，提供就业岗位2万个，达成就业意向1.3万人次。四是不断扩展人才公共服务项目，广泛推行人事代理制度，切实保障代理人员合法权益。五是积极开展毕业生就业服务工作，出台了引导毕业生面向基层就业、到中小企业就业、自主创业以及提升毕业生就业能力、完善毕业生就业服务等一系列优惠措施。

**【统筹兼顾，各项人事编制工

作协调发展】　人事人才工作信息化水平明显提高，政务公开工作取得阶段性成果。圆满完成人事人才计划规划、工资年报、离退休审批、老年人优待证核发、人事争议仲裁、干部调配、人事宣传、人事信访、人事调研、人大代表建议和政协委员提案办理、综合治理、计划生育、机要档案、驻村帮扶、社区援建、行政审批项目入中心、机关党建、人事管理、老干部等工作。(田彤)

民族宗教事务

市民宗局长　杨光才

【开展"民族四争创"活动】　2008年，开展"民族四争创"（创民族团结进步先进市、民族团结进步先进县、民族团结进步先进乡（镇）、民族团结进步先进村）活动，是促进民族团结、经济发展、社会和谐的有效载体。年初，民宗局在总结以往经验的基础上，认真查找不足，及时召开会议对活动的开展进行安排部署。要求各县（市、区）结合实际，在广泛开展民族团结进步教育活动的同时，认真组织实施《南阳市少数民族经济和社会发展"十一五"规划（2006～2010年）》，积极引导支持民族乡村立足本地实际和资源优势，发展特色经济和优势产业，培育一批新的少数民族新农村建设试点村，并通过其示范带动作用，把少数民族新农村建设引向深入。至2008年底，全市已有26个少数民族聚居村被确定为市级新农村建设试点示范村。市民宗局为民族聚居地方考察论证上报省民族发展资金扶持项目19个，资金350万元；民族用品定点企业已享受到财政贴息1700多万元。有力地促进了全市的民族团结和社会稳定，确保了民族乡村经济社会事业的全面发展。南阳市被评为全省民族团结先进市。

【《国务院办公厅关于严格执行党和国家民族政策有关问题的通知》贯彻落实】　为认真贯彻落实好《国务院办公厅关于严格执行党和国家民族政策有关问题的通知》精神，积极消除3·14拉萨打砸烧事件所带来的负面影响，及时制定贯彻落实民族政策实施方案并召开全市贯彻落实民族政策工作会议，对贯彻落实好国办文件精神进行了专题安排部署。同时，定期组织公安、安全、旅游、交通、教育等民族宗教工作领导小组成员单位负责人深入城区重点场所、重点部位和县（市、区），采取明查暗访的形式，对民族政策的执行情况进行了督导检查。6月份，国务院检查组在对南阳市贯彻落实民族政策情况的检查中，对南阳市贯彻落实民族政策情况和新农村建设情况给予了高度评价。

【清真食品管理工作】　加强民族政策和清真食品经营知识教育宣传，举办了城区大型超市、量贩负责人民族政策及清真食品经营知识培训班；会同有关部门定期开展经常性清真食品执法检查，及时查处了新疆马肉饭店等假冒清真、清真不清的违规经营活动，并主动上门为城区河街清真食品经营商户搞好服务，办理有关手续，较好地规范了城区清真食品市场的经营秩序；协助省民委成功召开了全省清真食品管理工作南阳现场会，宣传推广了南阳市的清真食品管理工作经验；主动向市有关领导作好汇报，积极协调城区回民仪地建设有关问题，并形成会议纪要。目前，城区回民仪地建设的相关工作正有序进行。

【奥运期间宗教领域的安全稳定】　采取措施，做好迎奥期间民族宗教领域的安全稳定工作。市委常委、统战部长郭庆之，副市长张振强先后两次主持召开市直有关部门和县（市、区）负责人参加的专题会议进行安排部署，并就阻止天主教界人员赴佘山朝圣问题作出明确要求，市、县两级制定方案，加强演练，统战、民宗、公安、安全等部门密切关注动态，互通信息，对重点部位、重点堂点和重点人实行24小时关注，通过多方努力，实现了全市天主教界无一人赴上海佘山朝圣的工作目标，确保了社会稳定，得到省宗教局和市有关领导的肯定。在上年工作的基础上，根据形势和地下神职人员的思想状况，调整了工作方案，进一步坚定地下神甫中部分积极靠近党和政府人士的立场，促使地下势力在思想和实际行动上有明显突破。经过召开座谈会、个别谈话谈心和政策法规教育，使绝大多数地下神职人员有较大转化。一部分地下神父还主动向市、区宗教部门写出了公开站出来的申请。以市委中心组集体学习的名义邀请国家宗教局副局长王作安为市县两级领导专题讲授《新形势下的宗教问题和宗教工作》，进一步增强各级领导干部做好宗教工作的责任感、使命感，受到省宗教局领导的高度评价。建立了抵制渗透工作责任制，加强对宗教活动场所和信教群众的政策法规教育，注重从思想上构筑抵御渗透的牢固防线，妥善做好挪威信义会访问团来宛期间的安保协调工作。强化执法检查，集中开展对基督教私设聚会点和佛道教乱建寺庙、滥塑宗教造像及假冒教职人员行骗等专项整治。奥运期间，根据省宗教局和省公安厅的要求，会同公安部门圆满完成了对基督教地下组织——中国家庭教会联合会会长张明选夫妇的监控工作，受到国家宗教局、省宗教局和市领导的充分肯定；配合上级有关部门对基督教地下组织——中国家庭教会联合会依法予以取缔。

【宗教“四争创”活动】 对全市寺观教堂的布局、现状进行认真分析研究，依据《南阳市旅游发展规划》和省评选重点寺观教堂的有关要求，制订了《南阳市民族宗教局关于打造品牌寺观教堂总体规划》，并筛选确定了12个寺观教堂，加强指导，全面规范，着力培育宗教文化精品。二是督促各市级宗教团体分教别召开会议，贯彻落实全市统战工作会议和全市民族宗教局长会议精神，再次对“四争创”活动开展进行安排部署，并组织工作人员深入重点宗教场所，对“四争创”活动开展情况进行跟踪检查、分类指导，确保活动扎实开展。

【宗教团体自身建设】 召开市级宗教团体负责人会议，听取各团体工作打算，对2008年宗教团体工作进行了安排部署；对各市级宗教团体和团体负责人贯彻宗教法规、开展宗教“四争创”活动等情况进行了综合考评，并指导各市级宗教团体完善有关规章制度，进一步强化团体负责人的责任意识，使其充分发挥好党和政府联系信教群众的桥梁纽带作用。举办了5期宗教教职人员轮训班，对全市重点宗教活动场所的300多名教职人员进行集中学习培训，进一步提高他们的宗教学识和政策法规观念。指导市佛教协会成功举办了桐柏县水帘寺八关斋戒佛事活动。积极指导协调河南佛教学院建设各项工作。至2008年底，河南佛教学院建设已累计完成投资3400万元，教学实践区的天王殿、大殿、观音殿主体工程已完工，行政楼、宿舍楼预计年底前完工，图书馆预计明年4月完工，学院计划2009年9月挂牌招生。（李海阳）

侨　　务

市侨办主任
市侨联主席　刘红跃

【积极实施“侨爱工程——抗雪救灾温暖行动”和“侨爱赈灾行动”】 2008年初，雨雪冰冻灾害袭击南方，波及南阳市大部分县（市、区），市侨联侨办争取上级帮扶资金2万元，地方配套1万多元，救助50户受灾归侨侨眷。汶川特大地震发生后，市侨联侨办积极动员侨务干部、归侨侨眷、侨资企业和海外侨胞捐款捐物，支援灾区抗震救灾和重建。全市侨务系统干部职工捐款4.32万元，归侨侨眷及海外侨胞捐款62万元，侨资企业捐赠款、物33.4万元，总计99.721万元，为灾区同胞提供就业岗位500多个，联络捐建学校、医院的意向3个。9月28日，国务院侨务办公室召开全国侨办系统抗震（雪）救灾先进表彰大会，表彰抗震、抗雪先进集体和个人。南阳市侨办荣获“全国侨办系统抗震救灾先进集体”称号，为河南省唯一受表彰先进集体。

【引资助教工作取得新进展】 2008年，市侨联侨办通过多方联络，共引进资金230万元，协调地方配套300多万元，用于援建11所贫困小学和资助贫困学生。

【引资引智工作取得新成就】 充分发挥侨务工作的优势，坚持“走出去”、“请进来”相结合，积极牵线搭桥，招商引资，服务南阳经济发展。一是以省、市举办的各种招商引资、经贸洽谈活动为平台，以侨引侨，以侨引外，联络邀请客商来南阳参观考察、投资兴业。二是组团参加了2008华侨华人中原经济合作论坛，把南阳市60多个项目在华合论坛网站上发布，积极进行宣传推介。在论坛举办期间，南阳市代表团发放宣传册200多册，推介了100多个项目，达到了“结交一批朋友，推介一批项目”的参会预期目标。三是加强与深圳潮商会联系，向商会会员推介项目60多项，并就一些项目进行了前期洽谈。四是深入开展“海外百名博士故乡行”活动。共组织讲学交流6场，听众达3000多人次。五是依托姓氏文化优势，积极开展寻根活动，加强经济文化交流。全年先后接待了邓氏、岑氏、谢氏寻根团组5批、60多人次。

【为侨服务工作取得新成效】 一是以侨法知识竞赛活动为载体，动员侨务干部和归侨侨眷积极参与，广泛宣传侨务法律法规，增强依法护侨意识。二是认真开展归侨侨眷就业和侨资侨属企业吸纳就业情况调查，摸清底子，有针对性地做好就业帮扶工作。三是加强对归侨侨眷的职业技能培训，动员他们参加各种劳动技能培训班，并争取为他们减免有关费用。四是依法做好侨务信访工作，促进侨界的和谐稳定。2008年市侨办共接待来信来访88人（件、次），接受咨询180余人（件、次），反映的问题都得到了较好解决。省侨联主席董锦燕一行来宛就信访工作进行调研时，对南阳市侨联在维护侨益、化解纠纷、推进侨界和谐方面做出的积极努力，给予了高度评价。

【侨联基层组织建设进一步加强】 2008年，市侨联按照“组织起来，活跃起来”的总要求，进一步加强侨联基层组织建设，建立健全市侨联基层组织体系。一是针对基层侨联普遍存在编制缺、经费少、办公条件差、活动难以开展等问题，与市财政局联合下文，要求各县（市、区）对华侨事业费要给予保证。二是举办侨联干部培训班，提高侨联工作质量和水平。三是指导一些基层侨联组织按章程要求进行换届。2008年在市侨联的指导下，邓州市成立了侨联组织，内乡县、淅川县理顺了侨务工作机构设置，增加了编制，为侨联工作的开展提供了有力的组织保障。四是认真抓好理论学习，加强思想和作风建设，增强责任意识和表率意识，提高侨联干部为侨服务和经济建设服务的能力，做到政治强、业务精、作风正、干实事，推动侨联事业的不断发展。

【侨务外宣和信息工作取得新成绩】 2008年全市侨务部门共组织归侨侨眷向海外发出以推介南阳为内容的信函456封，向海外寄发宣传册、图片、音像等26册（幅），发电子邮件、贺卡224封，向上级部门报送信息52篇，被采用29篇，为厦门鹭风报等外宣媒体撰稿3篇。新野县侨联牵头编纂出版了《中国·新野岑氏文化》和《邓氏族史》等资料图书，共计30多万字；方城县侨联任怀卿撰写的散文《点燃民族的希望》在“同一个世界、同一个梦想”全球华人迎奥运征文活动中荣获纪念奖。（张硕）

对台事务

【认真贯彻落实中央、省、市对台工作会议精神】 2008

市台办主任　徐朝炎

年针对两岸关系局势复杂多变，中央和省委分别召开对台工作会议，安排部署新时期的对台工作。南阳市各级台办认真贯彻中央和省委对台工作会议精神，把各项工作落到实处。一是在全市范围内认真学习中央、省委对台工作会议精神，组织召开了全市对台工作会议，把上级的对台工作要求贯彻落实到基层。以科学发展观把握对台工作大局。8月份，分别召开了全市台办系统干部会，市委对台工作领导小组成员单位会议，传达学习省委对台工作会议精神；9月27日，市委常委会议专题学习了省委对台工作会议精神；10月9日，市委对台工作会议召开，市四大家领导、市直各单位主要负责人、各县（市、区）委书记、统战部长、台办主任共200余人参加了会议。市委书记黄兴维总结了近年来的对台工作，并就贯彻落实好省委对台工作会议精神，发挥南阳的优势，做好新时期对台工作提出了明确要求。市委、政府为加强对台工作，提升了台办为正处级规格，增加了编制，为对台工作深入开展创造了良好环境。年底，省委督查组对南阳贯彻省委对台工作会议情况进行督查后，对南阳的工作给予了高度评价。二是及时转发了中央政法委、中央台办《关于在台湾“大选”期间依法审慎处理涉台案件的紧急通知》，协调公安局、法院、检察院、商务局、工商局等部门，对涉台案事件进行排查调处，共有7起涉台案事件得到了妥善解决，确保了大局稳定。三是根据《2008～2012年河南对台工作规划》的要求，市台办起草了南阳市贯彻实施意见，并以市委、政府两办的文件下发各县（市、区）贯彻执行。

【对台经济工作有新的突破】

2008年，市台办锁定中心，强力服务，在对台经济方面取得了新进展。一是抓住机遇，发挥优势，加大招商引资力度，积极邀请台胞台商参加省市节会及各类招商引资活动。全市台办共发出邀请函120余份，打电话联络牵线200余次，接待台商考察投资团组6个28人。通过项目对接和跟踪服务，全年新增台资企业7个，利用台资3170万美元。方城县深入开展“五个一”活动，引进台资工作有了新的进展，投资额为1500万元的小麦深加工项目落户方城赵河镇，成为方城台商投资农业的第一个项目。内乡县围绕“项目立县、产业兴县”的发展目标，发挥“人缘”、“地缘”优势，邀请台胞台商返乡考察投资，促成了台商陈大靖与县三泰石材公司联合兴办“三泰矿业开发有限公司”，项目投资1.5亿元，分三期建成年产3000吨五氧化二钒生产线。镇平县台办围绕全县项目建设年活动，加大招商引资力度，促成了台商吴忠汉在镇平城区投资200余万元成立南阳宝成石业有限公司。台商吴义龙在卧龙区蒲山镇投资100余万元与村民合办“蒲山欣龙养殖场”等。同时还接受台湾曹仲植基金会捐助轮椅350辆，促成王永庆捐助明德小学3所，以及其他捐赠项目11个，接受捐赠金额216万多元。二是加强台商投资园区建设。10月，南阳台商投资园区挂牌后，市台办积极协助园区建立组织机构，制定了吸引台资的相关政策，帮助园区申请省商务厅专业招商园区的认可。目前，两家台资企业正与园区洽谈。同时，唐河县工业园区也已辟出专门区域吸引台资，已有5家台资企业入驻园区。三是主动服务，营造亲商、安商、富商环境。南阳丹尼斯继府衙店后，又投资3000万元的新华商城店已签约，并计划向周边县市辐射。桐柏县建立联络、交流、咨询、法律保障、培训等五大服务体系，促进台资、台属企业发展。通过协调服务，至年底，东裕（桐柏）精密阀门有限公司累计投资已达3600万元，年产值6000万人民币，创汇260万美元。邓州市台办针对台资企业天合木地板砖厂出现生产和销售滑坡的问题，带领专家深入企业与企业负责人研究分析、查找原因，从更新设备、边角废料再利用、培训人员三个方面进行突破，使企业重新焕发了活力。产品在日本和东南亚地区的销量增加了2倍，边角废料利用率达到了95%，增加产值700万人民币，年创汇1300万美元。新野县嘉元食品有限公司是市县台办的重点联系企业，在市县的重视支持下，企业经营良好，现月脱水生鲜蔬菜能力达1000吨，全年销售收入突破1亿元，利润超千万，被南阳市人民政府授予"农业产业化重点龙头企业"。宛城区大力扶持台属企业，帮助解决实际问题，使台属企业及专业户不断发展壮大，全年新发展台属企业4家，年创税利100余万元。四是加强台商投诉协调工作，为稳定大局服务。2008年，中央要求积极解决台商投资中遇到的问题，确保大局稳定。市委、市政府专门下发了解决台商投诉的文件，要求各地认真排查，把问题解决在基层。5月份，市台办借助省人大来南阳就《一法一办法》贯彻落实情况调研的时机，会同市人大在全市开展检查调研，督促各级政府落实涉台法律法规，妥善解决台胞台商投诉，依法维护台胞台商的合法权益。各职能部门也都以不同形式为台资企业服务、排忧解难，形成了联动机制，进一步促进了涉台法律、法规在全市的贯彻和落实。全年所有的投诉纠纷案件都得到妥善解决。

【对台宣传方法不断创新】 市台办充分发挥去台人员及在台上层人员较多的"人缘"优势，利用"借人代言"、"借船出海"等方式，加大对党的对台方针政策、中华民族优秀传统文化、南阳经济社会发展成就及南阳市投资环境、优惠政策等内容的宣传力度，达到了入岛、入脑、入心的效果。一是认真做好台湾地区领导人选举前的宣传联络工作。为配合岛内选举，积极做好反"台独"工作，全市各级台办关注台湾选情，加强与重点台胞的联系，利用他们在台的影响力引导更多的台湾同胞在选举中做出正确选择；走访在宛台胞台商，鼓励他们回台投反"台独"选票。通过召开台属代表座谈会等形式，通报岛内选情，揭露陈水扁的本来面目，号召广大台属通过书信、电话等方式影响在台亲人，使他们明辨是非，反独促通，积极投票，努力为两岸和平稳定做出贡献。二是利用国内外重大事件，组织台胞台属积极参与，扩大对台工作的影响力。5月12日，四川汶川发生严重地震灾害，全市各级台办通过各种方式联系台胞台属，引导他们关注灾情。台胞台属纷纷伸出援助之手向灾区同胞捐款捐物。据不完全统计，全市台胞台属向灾区捐献款物折合人民币200余万元。在奥运盛会期间，组织台胞台属收看开、闭幕式盛况，同享国家富强、民族振兴的伟大成果，以凝聚两岸民心。淅川县是南水北调中线渠首所在地，丹江库区将有部分乡村被淹没，沿库的老台胞非常关注家乡的迁移安置情况，纷纷回乡探亲，县台办不仅热情接待，宣传党和政府的迁安优惠政策，还向他们赠送《丹江神韵》、《淅川风光》等光盘，使他们情系故土。三是利用现代传媒进行宣传。全年向市以上各类新闻媒介发涉台稿件230余篇（幅），采用170余篇（幅）。南召县在《根在中原》网站南阳网页上发信息18条，宣传南召旅游资源和招商优惠政策；西峡县利用西峡统战网站，开设涉台知识专页，为两岸网民了解党的对台方针政策、相互交流联络提供了更加快捷的平台。四是在台湾《中原文献》上组稿26篇，以专刊专版宣传南阳，收到了良好的宣传效果。同时重视对台信息工作，全年编发信息21期，被省以上采用34篇。

【宛台交往交流层次不断提高】 近年来，中央把对台工作的重点放在做台湾人民的工作上，要求各地做好与台胞的联络联谊工作，扩大交流交往，实施对台"民心工程"，争取台湾民众对"和平统一、一国两制"方针的理解和认同。围绕这一重点，全市各级台办坚持中央提出的“积极主动、发挥优势、以我为主、对我有利”的方针，充分发挥南阳优势，不断扩大宛台人员往来，拓宽宛台交流渠道，有力推进了对台交流深入开展。一是提高交流人员层次。全年共接待探亲、旅游、商贸等交流团组20个、220人。还利用节会等各种活动，先后邀请了马爱珍、周涛、刘克等岛内政经要员和社会名流参访。4月20日，中国国民党名誉主席连战向南阳师院、南阳理工学院、市图书馆及市档案馆等四个单位捐赠《台湾通史》各一套。同时，还办理了4批赴台进行经贸、科教交流活动的团组。5月，南阳门球代表队赴台，参加在台湾举行的第五届亚洲门球锦标赛并获得冠军，为南阳赢得了荣誉。二是利用南阳独特的文化优势，积极开展对台交流活动。南阳具有的楚汉文化、玉文化、根文化、官衙文化等优势，是开展对台交流的重要资源。市台办在加强同台湾文化界、学术界的联系合作，实现高层次研究人员的互动的同时，重点加强了与源于南阳邓、谢、唐、丁、吴、岑等姓氏在台宗亲联谊会的联系与交流，邀请他们来宛寻根谒祖、参加文化研究及联谊活动。5月，成功组织了谢氏文化研讨会，来自台湾的12名谢氏文化研究学者同国内百余名代表进行了学术交流。三是做好台胞台属工作，通过他们影响在台亲人。(1)扎实开展送温暖活动。利用“双节”时机，向台湾同胞发慰问信、贺年卡1200余份，收到台胞寄来的感谢信、贺年卡近千份，加强了同重点台胞的联系；筹措面粉、被褥、棉衣、食用油等慰问品折合人民币5万余元，对全市200余户重点台胞台属和贫困户进行慰问，把党和政府的温暖送到台胞台属家中。(2)切实为台胞台属办实事好事。全年为台胞台属办实事好事180余件，接待台胞台属来信来访150余件次，均做到了件件有回音、事事有落实，深受台胞台属好评。(3)认真做好咨询服务，为台胞台属提供准确、可靠信息。近两年来，台湾部分中介组织甚至个人从荣民院等单位收集台胞死亡信息，以代办继承遗产为名进行诈骗活动。唐河、卧龙、宛城、西峡、方城等地均收到诈骗信函，唐河已有台属被骗。市台办得到反映后，一方面查阅有关资料、帮助甄别；一方面通过在台同乡会及台湾相关机构了解情况，避免台属上当受骗。一年来已妥善处理此类案事件16起，赢得了台属的信任。目前，全市的台属企业已发展近千家，不少台属户也因此富裕起来，同时在子女升学、就业等方面给予照顾和优待，在政治上给予关心，不少台属被推选为市、县、乡人大代表和政协委员。这些细微的工作，潜移默化地影响着台胞同胞，在台湾民众中产生了良好的影响。

【涉台教育工作不断深化】 根据中央两办关于加强涉台教育工作的意见和要求，建立健全涉台教育工作体系，创新涉台教育方法，探索涉台教育途径，广泛开展了涉台教育。一是健全涉台教育机制。市委对台工作领导小组下发了《关于进一步加强涉台教育工作的意见》，对机关、学校、涉台窗口及基层涉台教育工作进行全面部署和安排，并建立了由市委宣传部、组织部、人事局、教育局、团市委、市台办等十余个有关部门组成的涉台教育工作领导小组，研究制定涉台教育工作总体规划、阶段性任务和实施方案，确保了涉台教育工作顺利实施。二是创新涉台教育方法。开展了“涉台教育进机关、进学校、进社区”活动，以知识竞赛、问题答卷等形式，在各级党政机关普遍进行了涉台知识普及工作，并面向党政机关干部印发了《中国台湾问题干部读本》和《对台工作资料选编》等书，掀起了学习热潮。各大、中、小学校增加了涉台知识课程，开展了演讲、朗诵、歌咏比赛等形式多样的活动，帮助广大青少年了解台湾问题，增强爱国热情，并取得良好效果。三是建立教育平台。在各级党校的干部培训班中开设涉台知识讲座，帮助各级领导干部学习和掌握党的对台方针政策，提高其对本地区、本部门对台工作指导协调能力。同时采取报告会、座谈会、专题讲座等形式向社会各界通报台湾政局和两岸关系形势，宣传党的对台方针政策。利用新闻媒体开设专版、专栏、电视专题节目，增强了教育效果。全年共组织了8个场次的专题宣传教育活动和涉台知识竞赛活动，使广大干部群众特别是青少年学生认识台湾、了解台湾，增强促进祖国统一的责任感和使命感。

【对台干部队伍建设得到进一步加强】 2008年，市台办以加强组织机构建设为契机，着力加强创新性、服务型、学习型机关建设。一是认真学习党的十七大精神和十七届三中全会精神，以科学的发展观应对台海局势，进一步增强做好对台工作的责任感和使命感。二是积极参与“新解放、新跨越、新崛起”大讨论活动，强化作风建设，提高工作效率。增强为台胞、台属服务的自觉性。三是加强理论与业务知识学习与培训，提高对台干部的整体水平。坚持周二、周五下午学习讨论制度，学习新知识、新理论以适应新的对台工作需要。还组织3批台办主任参加中央和省委的对台干部培训班。四是认真贯彻省、市委的对台工作会议，加强了对台工作的领导。市委、政府既提升了台办的规格，又增加了经费。各县（市、区）也都以不同方式加强了对台工作部门的投入和建设，为对台工作创造了良好环境。各级对台工作干部，面对新的两岸形势与任务，更新观念，查找差距，创新方法，为对台工作做贡献的积极性空前高涨。（谢文海）

市台联会长　王艳丽

【深入开展联络联谊活动】 2008年，市台联把持之以恒地关心帮助台胞台属作为一项民心工程，充分发挥亲情、乡情优势和民间性质的特点，情系两岸，广泛深入地开展与台湾岛内外、海内外台胞、台属及台商的联络联谊，广交深交朋友，相互沟通，相互理解，增进共识，凝聚人心。（一）双节期间走访慰问。在坚持平时“四个必访”（台胞来宛必访，台胞台属生病住院必访，重大节日必访，台胞台属家中发生重大事情必访）基础上，利用中华民族的传统佳节开展形式多样的慰问活动。采取电话慰问、寄贺年卡、走访慰问、向困难台胞台属发放补助金等多种形式，表达党和政府对台湾同胞的关怀，加深祖国大陆与台湾同胞之间的亲情。元旦、春节期间，市台联共筹措资金近3万元，购置慰问品慰问40多户重点台胞台属，发放慰问金8000多元。各县（市、区）台联在双节期间也积极主动慰问重点台胞台属。邓州市、桐柏县、卧龙区、内乡县等县（市、区）台联积极筹措资金走访慰问，把党的温暖送到台胞台属的心坎上。邓州市台联慰问台胞11人，台属20户，发放慰问金3600元，向台胞发出慰问信230份，电子贺卡260多封，打慰问电话106人次。据统计，双节期间，全市台联组织共发贺卡1200多份，打电话3000余次，走访慰问600多家。（二）举办大型联谊活动。借台胞集中还乡之机召开台胞台属联谊会，如组织召开台胞台属“春节”、“中秋”茶话会、涉台婚姻台属座谈会，台胞台属台商代表欢聚一堂，围绕促进祖国统一、反对“台独”、发展两岸关系、振兴南阳经济等话题畅所欲言，共谋发展。一年来，市县两级台联共举办茶话会、座谈会、联谊会等活动40多场次，卧龙、宛城一年至少举办两次联谊活动，邀请市、区领导参加。（三）热情接待台胞台商。贯彻“寄希望于台湾人民”的方针，借助血缘亲、地缘近的特点，做好台胞接待工作。对重点人士的接待制定周密方案，邀请市领导参与接待，高接远送，体现亲情和关怀。据统计，市台联全年共接待台胞台商29起76人。其中对内乡籍台胞台湾退役中将周先生携妻、子一行四人返乡探亲，东莞兴成电子有限公司总经理李先生等7名台商的接待都很有成效，初步和已经达成投资意向，促进了合作。周先生的三子表示要积极牵线搭桥，介绍更多的台湾上市公司来南阳考察投资，并且独自出资近千万元做房产开发。福建泉洲台商林先生与南阳日报社广告公司的合作已经签定协议。各县（市、区）台联也热情接待回乡探亲、观光、考察的台胞、台商，提供优质服务。据统计，全年以来，全市各级台联组织共接待台胞289起、600多人次。

【赴云南与昆明市台联联谊交流】　11月21日，市台联一行12人赴云南省昆明等市进行考察交流。考察团参观了当地的台资企业。通过听取介绍和实地参观，考察团成员切实感受到了改革开放以来昆明市在政治、经济、文化、社会各方面取得的巨大成就。两市台联举行了座谈，双方互相介绍了在联络联谊、招商引资、机关建设、对台宣传、调查研究、参政议政等方面的工作情况，互赠礼物，建立友谊，相约今后加强联系，相互学习，共同为祖国统一、民族复兴做贡献。

【服务台资企业，大力促进经济社会全面发展】　2008年，市台联紧紧围绕党和政府的中心工作，围绕发展第一要务，牵线搭桥，吸引台资，服务台资企业，大力促进南阳经济社会发展。（一）主动调研。市台联加强与在宛台商广泛联络。经常深入台资企业生产第一线，调查研究，掌握第一手资料，向台商宣传解释相关政策，提出发展建议，促进台资企业健康发展。坚持走访制度，对重点企业每季度走访一次，做到“进厂、知情、解难”，随时了解台资企业的情况和需求，及时将台资企业生产经营中遇到的问题形成书面报告提供给有关领导参考，协调有关部门帮助解决其实际困难。（二）热情服务。把服务放在首位，为台胞台商提供车辆、法律咨询、办理证件、签证等各种服务，与有关部门协调安排下岗职工再就业。2008年，全市台联为台资台属企业提供法律咨询800余次，办理各种证件、签证400余次，解决各种纠纷300余次，提供车辆服务600余次。（三）引导台属合理利用台资。市台联依据自身优势，积极主动、满腔热情为台属提供咨询服务，引导台属合理利用台湾亲友汇款，创办企业，帮助他们选项目，协助办理有关手续。目前全市共创办120家台属企业，利用台资1652万美元。

【狠抓宣传信息调查研究】　2008年，市台联根据自身的特点和优势紧密联系海峡两岸发展新形势，狠抓对台宣传信息工作，使其在做好台湾人民工作中发挥重要作用。在对台宣传中，坚持“和平统一、一国两制”对台基本方针，相信台湾人民，依靠台湾人民，充分理解、尊重台湾人民“当家作主”的愿望，务实、广泛、深入照顾台湾同胞的利益，在针对性上下功夫，做到了入情、入理、入心。积极参与上级部门举办的征文活动。7月份，全国台联举办纪念《告台湾同胞书》发表30周年征文活动，市台联积极响应，所撰写的《走马观花看台湾》、《我的台湾心》两篇高质量的文章，被省台联选中，并推荐至全国台联。10月份，市委统战部举办“改革开放30年与南阳统一战线理论研讨会”，市台联指派专人收集资料，撰写《春风洒甘露，润物细无声》等文章，呈送大会组委会。据统计，全年市台联宣传稿件在《两岸关系》、《台声》等中央级对台刊物以及台湾的《中原文献》等杂志上发表20余篇，各县（市、区）台联在岛内外刊物上发表文章200多篇。努力办好市台联内部刊物《台联通讯》，发挥好交流平台作用。各县（市、区）台联上报信息185条，推荐上报90条，省级采用23条，中央级采用5条。宣传信息工作连年受到上级部门的表扬。积极发挥台胞台属调查研究、参政议政方面作用。全市各级人大、政协的代表、委员有400多人。市台联积极引导代表、委员履行职责，努力做到参政参到点子上，议政议在关键处，积极提交提案、议案，建言献策，发挥作用。市台联利用各种时机加强培训，要求立足本职，树立为文明社会建设和祖国统一做贡献的精神；注重发挥自身优势，勇于、善于建言；注重学习积累，选题准确，建言有理、有据、有科学性、有操作性；增强大局意识，加强与政府部门的沟通和理解等，不断提高台界委员、代表自身素质，提高参政议政能力。

【加强自身建设】 市台联始终注重做好新时期台联工作的重要基础，选拔培养一支精干的台联干部队伍。（一）召开全市第二次台胞台属代表大会。台联换届是2008年的工作重点。市台联把换届作为重头戏，于4月11日在梅溪宾馆隆重举行了南阳市第二次台胞台属代表大会，来自全市13县（市、区）、河南油田、市直有关单位的56名台胞台属代表参加了会议。会议审议通过了市台联会长王艳丽代表第一届理事会所作的工作报告《全面落实科学发展观，开创台联工作新局面》、《章程》（修改草案）、大会决议（草案），选举产生了市台联第二届理事会。会后，印发了《南阳市第二次台胞台属代表大会材料汇编》60册，记录、留存史料，为县级台联组织换届提供指导，为今后工作提供参考。（二）实现机关规范化管理。市台联广泛学习外地经验并结合南阳实际，建立健全了《联络联谊制度》、《对台交流交往制度》、《服务台资企业制度》、《走访慰问制度》、《学习研究制度》、《台联会议制度》、《台胞接待制度》等，以制度管人管事，规范运作，保证了机关工作高效率高质量。（三）及时召开“三会”。为更好地发挥台联会长、常务理事、理事的骨干作用，研究解决工作中的实际问题，及时召开会长会议、常务理事会议、理事会议。10月份，市台联召开了二届理事会首次会长办公会议，学习省、市委对台工作会议精神，研究设立了台联助困基金，弘扬中华民族扶危济困美德，资助困难台胞台属家庭和学生，为公益事业做贡献。（王诗振）

外　事

市外事办主任　赵天才

【成立南阳市人民政府外事办公室】 2008年11月15日正式成立南阳市人民政府外事办公室。这是南阳市外事工作的一个重要里程碑，标志着外事工作不再是一个单纯服务政府和国有企业的政府内部办事机构，官方和民间对外交流的增多，已经使外事工作面向大众，与普通南阳人生活息息相关，在南阳市经济社会中发挥比较重要的作用，赵天才被任命为第一任外事办公室主任。从此，外事部门开始作为一个独立机构正式运行。

【出国管理】 2008年，全市因公出国团组29个，89人次，涉及24个国家和地区。汶川地震以后，本着消减经费、支援灾区的原则，南阳市压缩了部分出国团组，停止了没有实质性出访任务的考察活动，有效的防止了借考察为名公款旅游的现象。在出访团组中，贸易洽谈、技术合作、文化交流占80%以上，有效的提高了出国团组的成效。同时，根据中央和河南省有关精神，外事办会同纪检部门对因公出国团组进行了全面清理和整顿，全面收缴了流失在外的公务护照，对出国团组在境外的活动内容和停留时间进行了全面清查，加强了对出国团组的行前教育和回国汇报制度，有效遏制了公款出国旅游行为。

【友城工作】 2008年，积极发展对外交往工作，促进南阳的对外开放，为企业走出国门创造有利条件。保持了和日本南阳市和秋田县增田町的友好关系，同时积极开拓新的交往渠道。9月，莫桑比克商务部长来宛访问，与南阳市相关企业和部门进行了积极接触，双方签订了友好合作意向和南阳企业赴莫桑比克投资的框架协议，为南阳市企业拓展了新的市场和发展空间。

【涉外管理】 2008年，在宛常驻外国人106人，其中，教师26人，留学生74人，在宛其他技术人员6人。外事部门指导各个涉外单位建立了完善的外国人管理办法，为外国人在宛顺利工作学习提供了良好的环境。同时，加强对在宛外国人的法律教育，有效的防止外国人在宛违法犯罪事件发生。在汶川地震以后，外事部门主动向在宛外国人介绍情况，使在宛外国人及时了解了地震的真实情况，大部分在宛外国人通过捐款、发函等方式表达对灾区人民的同情和对抗震工作的支持。随着南阳人在外工作、经商、务工人员逐渐增多，在外南阳人遇害、受伤、劳资纠纷逐渐增多，外事部门高度重视这一新现象，积极与省外事部门和外交部联系，建立了在外人员保护渠道。全年共处理在外南阳人各类纠纷7起，有效保护了南阳人在外权益。

【友好往来】 2008年5月，市人大副主任袁晴超率内乡宝天曼国家级自然保护区团组一行6人赴加拿大进行保护区合作项目合作，宝天曼国家级自然保护区与加拿大环境保护局签订了合作协议。

2008年9月，市委书记黄兴维等4人赴香港参加豫港经济贸易洽谈会。

2008年9月，副市长张宪中等3人赴意大利、瑞典、芬兰参加生物能源利用年会。

2008年12月，市委书记黄兴维一行6人赴日本福冈县进行经济文化交流。（马金祥　史正昭）

地方史志工作

市人大副主任
市地方史志办主任　秦俊

【《南阳市志》编纂工作进展顺利】 2008年，《南阳市志》编纂工作，总体进展较快，但也存在个别单位不重视的问题，根本没有安排这项工作，严重影响了《南阳市志》编辑工作的进度，为解决这一问题，市地方史志编委会进一步加大了督查力度，采取了三项措施。一是由主任、副主任带领责任编辑到落后单位督查；二是由市级老领导、市史志编委会顾问前往问责；三是由市政府督查室下发督查通知书，限期完成任务。6月13日，南阳市人民政府办公室下发《关于全市第二届志书编纂情况的督查通报》。通报对工作进展较好的市总工会、农机局、林业局、教育局、公安局、审计局、新华书店、党史研究室、老干部局、供销社、烟草局、盐业局、水利局、农业局、农业银行、检验检疫局、国税局等17个单位通报表扬。对工作进展迟缓的文联、南阳车务段、文化局、检察院、安监局、口岸办、国资委、建设银行、农信办、人寿保险公司、交通局、规划局、九三学社、体育局、省地矿一院等15个单位通报批评。督查通报的下发，对《南阳市志》编纂工作进展取得了明显的促进作用。至年底，《南阳市志》141个承编单位，已完成初稿的135个单位，占总数的96%，有6个单位未完成初稿，占总数的4%。市地方史志办公室，严格遵循质量第一的要求，对志稿精心编辑，严格评审，对质量较差的志稿，责任编辑深入承编单位，提前介入，帮助编写修改，把问题解决在萌芽之中。

**【县级志书编纂工作取得新成

果】 2008年，市地方史志办公室加强对县级志书编纂工作的督查和指导，继续加强和完善评审验收制度，精心组织市级评审，市评未通过的决不提交省评，确保了县级志书编纂工作又好又快的进行。全市纳入第二届修志规划的12部县级志书中，《邓州市志》、《镇平县志》、《南召县志》、《宛城区志》已出版发行，《内乡县志》已经批准出版，正在印刷中。《西峡县志》、《方城县志》、《社旗县志》、《唐河县志》、《桐柏县志》已通过省市两级评审，即将进入审核验收程序。

【年鉴编辑出版质量稳步提高】 《南阳年鉴》已连续出版了13卷，2008年《南阳年鉴》在提高刊物印刷档次和编辑水平上下功夫，通过科学调整栏目归属，使之更加符合社会分工和科学分类，通过增加实用信息和政策性文件，使之更具有实用性，及时更新组织机构及党政军人物信息，扩大经济社会发展各项统计资料的范围和数量，使之更加有效地为现实服务。同时，全市已有9个县（市、区）开展了地方综合年鉴编辑出版工作，在全省处于先进行列。

【《南阳月鉴》获得各级领导的好评和肯定】 2008年，《南阳月鉴》继续保持时效性的特点，无论是双休日还是元旦、春节、五一、国庆节等假日，都能保证每月10号出版，及时发送到读者手中。为了提高刊物的可读性和艺术性，刊物增加了领导随笔、调查研究等新栏目，增加了新闻图片量。根据工作需要重新调整了编委会，进一步突出了刊物由市委、市政府主办的地位。在经费十分紧张的情况下，扩大了发放范围，把市直各单位办公室和副处级单位领导也列入了赠阅范围，进一步增强了服务功能。配合全市纪念改革开放三十周年活动，特别开设了“改革开放三十年专稿”专栏。大量的信息和及时的报道，获得了各级领导的充分肯定和好评。同时，桐柏、唐河两县在续修县志任务十分繁重的情况下，也先后编辑出版了本县的大事月报。

【外出考察学习活动】 7月28～31日，市地方史志办公室一行5人在副主任刘胜海、马秀银的带领下，先后到信阳市地方史志办公室、安徽省安庆市地方志办公室、湖北省荆州市地方志办公室考察学习，通过考察学习，学到了经验，开阔了眼界，广交了朋友。

【市情信息库建设步伐加快】

市地方史志办公室先后完成了市级志书及地情书和部分县（市、区）志及地情书的输机工作，提高了查阅的快捷性。资料室全面向社会开放，全年接待省内外及市内数百人次的查阅，满足了广大干部群众了解地方文化的需求。（汤永良）

中国人民政治协商会议南阳市委员会

【政协工作概况】 2008年，市政协在中共南阳市委的领导下，牢牢把握团结和民主两大主题，围绕中心，服务大局，解放思想，开拓奋进，切实履行政治协商、民主监督和参政议政职能，为促进全市经济社会又好又快发展做出了积极贡献。

一、围绕中心议大事，为全市全面建设小康社会积极建言献策。2008年，市政协根据市委四届九次全会的工作部署，围绕加快推进全市城镇化建设，为切实提高全市城镇化率这一主题进行专题议政。经济委员会针对市中心城区城中村改造、建设生态宜居城市进行调研。组织委员对全市企业自主创新工作进行视察。农业委员会围绕全市农业专业合作社发展为推进农业现代化建言献策进行调研。教科文卫体委员会围绕农村中小学“两免一补”实施情况和农民工子女入学情况进行调研；围绕全市重点科技项目建设情况进行视察，为发展教育事业和经济发展献计出力。民宗台港澳侨委员会围绕少数民族聚居地的新农村建设进行调研，提出意见和建议。社会和法制委员会围绕循环经济的法制环境或食品安全问题开展调研，提出意见和建议；并围绕社会建设问题开展视察评议活动。

二、发扬民主，增进团结，达成谋发展促和谐的共识。市政协始终坚持团结和民主两大主题，注重营造民主宽松的氛围，发挥了团结各界、凝聚人心的作用，为全市政治稳定、经济发展和社会和谐做出了贡献。一是发挥民主党派、工商联及无党派人士在政协中的作用。在全体会议、常委会议等重要协商会议上积极组织民主党派以本党派名义发表意见和主张。通过调研视察、座谈会等多种形式，为各党派参政议政、发挥作用创造条件。重大活动、重要工作都要同民主党派、工商联协商，征求他们的意见建议，形成共识。重视办理民主党派、工商联提案，对其优秀提案确定为重点提案进行重点督办。为全市的发展稳定和推进民主政治建设发挥了积极作用。二是协助市委、市政府认真做好贯彻落实党的民族宗教政策工作，促进社会和谐。组织委员对全市宗教活动场所以及《宗教事务条例》的实施情况进行视察，及时了解并帮助解决一些实际问题。积极开展祖国统一和海内外联谊工作，认真学习宣传胡锦涛总书记关于新形势下发展两岸关系的意见和《反分裂国家法》；举办台海形势报告会，宣传中央对台政策；认真贯彻《中华人民共和国归侨侨眷权益保护实施办法》，主动走访在宛侨资和台资企业，加强与他们的联系，为他们排忧解难，鼓励和支持他们为南阳经济发展和社会稳定做贡献。协助党委政府做好政策宣传，解疑释惑、化解矛盾等工作，把社会各界人士的思想统一到党的路线方针政策和市委、市政府决策部署上来，共同为促进科学发展、构建和谐社会献计出力。

三、纵向指导、横向交流，共促政协事业发展。市政协重视接待全国政协领导来宛视察；主动争取省政协的指导和支持，配合全协、省政协对南水北调中线源头水质保护工作、新型工业化发展、中部崛起、发展循环经济、文物保护与开发等工作进行的调研、视察活动；抓住机遇争取通过省政协、全协的渠道及时反映有关问题，争取上级的重视和支持。组织驻宛省政协委员开展视察活动。开展与外地市政协的交流与合作。接待多批来宛考察团，组团赴外地政协学习考察，与各省、市政协相互交流经验，共同促进政协事业的发展。加强对县市区政协的联系和指导，及时了解情况，听取意见，总结经验，推动工作。坚持县市区政协领导列席市政协常委会议和有关重要会议。每年召开1次县市区政协主席联系会，总结推广工作经验，促进全市政协工作更加活跃地开展。

【市政协三届五次会议】　1月7～11日，市政协三届五次会议在宛召开。会议审议通过了由政协主席解朝来代表三届政协常务委员会所做的《政协南阳市第三届委员会常务委员会工作报告》和赵金文副主席所作的《关于三届四次会议以来提案工作情况的报告》以及其它决议。市委、市人大、市政府、军分区的领导和法检两长、市公安局、市总工会、市委党校等单位领导，以及驻宛省政协委员和市直一级单位负责人出席会议。

【市政协三届十九次常委会议】　6月9～10日，市政协在宛召开三届十九次常委会议，主要议题是：围绕加快全市城镇化进程建言献策；人事任免事项。市政府朱广平市长亲临会议听取大家的意见和建议，并作了重要讲话。

【市政协三届二十次常委会议】　10月131～4日，市政协三届二十次常委会议在宛召开。一是听取和审议三届常委会五年工作总结报告；二是审议政协南阳市第三届委员会各委室五年工作总结报告；三是表彰优秀市政协委员。

【市政协三届二十一次常委会议】　2009年3月19～20日，市政协召开三届二十一次常委会议，会议主要议题是：听取市委副书记、代市长穆为民关于《政府工作报告》的起草修改情况；审议通过政协南阳市第三届委员会常务委员会工作报告；审议通过政协南阳市第三届委员会常务委员会提案工作报告；听取市委统战部关于政协南阳市第四届委员会人事安排情况的说明；审议通过政协南阳市第四届委员会委员建议名单；审议通过政协南阳市四届一次会议议程和日程；审议通过关于召开政协南阳市四届一次会议的决定；人事任免事项。

【提案工作】 2008年，市政协共收到提案420件。经审查，立案380件。其中，市政协委员提案307件，市各民主党派、工商联、政协专门委员会提案73件。工交类28件，占提案总数的7.37%；计建类131件，占提案总数的34%；农林类31件，占提案总数的8.16%；财经类25件，占提案总数的6.58%；教科文卫体领域的提案80件，占提案总数的21.05%；劳动人事类46件，占提案总数的12.11%；政治类11件，占提案总数的2.89%；党及其它类12件，占提案总数3.16%；县市区类16件，占提案总数的4.21%。截至2008年11月底，全部提案办复完毕。（季夏玲）

民主党派和工商联

民革南阳市委员会

民革南阳市委主委　金星

【思想建设】 2008年是各民主党派开展“主题教育活动”的关键一年。民革南阳市委抓住机遇，围绕主题开展了“加强思想建设，全面提高政治素质”这一主题教育活动。深入学习邓小平理论和“三个代表”重要思想，学习统一战线和多党合作理论，立足本职岗位，深入贯彻落实科学发展观。为使活动达到预期目的，民革南阳市委统筹规划，科学安排，将活动分为三个阶段，并采取四种形式，即：一是要求各支部撰写中共中央发布“五一口号”60周年纪念文章，每个支部至少一篇，经民革南阳市委统一把关审查后，推荐给民革河南省委和《团结》杂志社。二是召开自身建设研讨会，就如何加强参政党自身建设、参政议政的重点和未来参政议政主要方向，如何正确行使民主监督职能等问题展开研讨，研讨会上收到理论文章17篇，在民革河南省委评选活动中获奖6项。三是就台湾政局的变化展开学习和讨论。四是就西藏发生打砸抢事件、藏独分子破坏奥运会火炬传递等实事政治展开学习和讨论。通过以上形式的学习讨论和活动，使民革党员更加深刻地认识到坚持中国共产党的领导，是历史的选择，人民的选择，多党合作事业繁荣发展的选择，从而使民革南阳市委领导班子和广大民革党员，提高了接受中国共产党领导的自觉性和政治鉴别力，思想建设得到了加强，政治素质得到了提高。

【组织建设】 民革南阳市委在组织建设上严把质量关，既注重政治素质和文化层次，又注重参政议政能力和代表性，组织发展工作取得新进展。把那些自愿申请、且政治素质好，参政议政有一定能力，祖国统一有一定影响，岗位工作有一定成绩，年龄较轻、文化素质较高，有培养前途的人员及时吸收到组织中来。全年共发展新党员11名。截至2008年底，全市共有民革党员142人，平均年龄46.52岁。

【制度建设】 完善各项制度，增强凝聚力。一是坚持集体领导和个人分工负责相结合的原则，建立健全民主科学的议事决策制度。二是完善各项工作会议制度。每年召开一次全会，集体决定重要会务事项，并分工负责执行。三是机关实行主委会领导下的秘书长负责制度，理顺了领导机构与工作机构的关系。四是健全领导班子成员联系基层制度。促使领导班子成员深入基层、深入民革党员中，体民情、察民意、解民忧、启民智。五是建立健全机关工作制度。使民革机关真正成为能够代表民主党派形象，起着承上启下、协调左右枢纽作用的办事机构、参谋机构、秘书机构和服务机构，焕发出团结、文明、务实、高效的崭新精神风貌。

【参政议政】 2008年，民革共提出建议和提案78件。其中，在省政协会议上提出提案2件，在市政协会议上提出提案36件（集体提案27件），在两区政协会议上提出提案26件。在市人大会议上提出建议12份，在区人大会议上提出建议2份。提案和建议受到各级人大、政协的重视。《关于加快我市农业产业化进程的建议》、《关于在我市建立个人信用制度的建议》、《关于规范夜市餐饮市场的建议》、《关于对我市物业维修基金加强监管的建议》被评为2008年度优秀提案。《关于加大社会治安力度的建议》被列为市人大十三件重点督办建议之一。《关于规范城区停车场的建议》被列为市政协十大督办提案之一。张弛所提的《切实加强环境保护工作，促进我市经济可持续发展》和张英所提的《实施以企带村、兴农村发展之路》两份提案在两会上做了发言。张弛、杨金德荣获市政协三届委员会“优秀委员”称号。张英荣获三届市人大“优秀人大代表”称号，并在表彰会上作典型发言。孙俊德、王文顺、李雪丽、贾文豪、张英被评为“卧龙区优秀政协委员”。《规范鸭河口区域的工程建议》、《农村初中生辍学现象不容忽视》、《取消名校择校费的建议》、《非机动车违章亟待整治的建议》分别被《南阳日报》、《南阳晚报》给予报道。提案和建议受到承办单位的重视。公安局、交警支队、农业局等单位领导到民革机关征询意见。部分建议转化为科学发展和新农村建设的成果。停车场得到治理，社会治安力度加大，交通秩序明显好转。民主监督工作取得新成绩。张弛、刘仔峰以“市纪委行风评议员”身份参加了南阳市行风评议工作。时大中、张英以“市纪委党风廉政监督员”身份参加市纪委组织的“十条禁令”和“党风廉政效能年”督察活动。

【社会服务】 民革党员在各自的本职工作中，成绩不断显现。南阳市著名曲艺表演艺术家党铁九，他的新书《党铁九小品集》由北京文化艺术出版社出版发行。50篇小品经舞台演出检验，多部在省、市获奖。这些作品紧扣时代脉搏，着墨于芸芸众生，贴近群众生活，集时代性、艺术性、文学性于一体，是促进文艺繁荣的力作。任万富是市法院的一名法官，专门负责企业破产案件的审理工作，本年度核销银行贷款2亿元，安置下岗职工近万人，荣立个人三等功，被市政法委授予“全市政法工作先进个人”荣誉称号，被省高院授予“全省民商事审判业务骨干”荣誉称号。王文顺领导的豫阳建筑公司连年被评为省市重合同守信用质量安全先进企业，安排下岗职工60人。明霞的矿产品公司安排残疾人11名。胡西玉申报的“以人为本道路交通安全保障”管理成果荣获“河南省管理成果一等奖”。5月12日，四川汶川地区发生特大地震，民革南阳市委积极捐款捐物。据不完全统计，民革党员首批捐款32434元。10月份，民革南阳市委机关工作人员为灾区捐献棉被10条，棉衣10件。（薛灵环）

民盟南阳市委

【思想建设】 2008年是中共中央“五一口号”发布六十周年和改革开放三十周年，也是各民主党派开展“政治交接主题学习教育活动”的关键一年。民盟南阳市委以纪念活动为载体，采取多种学习形式，广泛开展爱党、爱国、爱社会主义和发扬民盟的光荣传统教育，进一步提高全市盟员的政治素质和理论水平。使全体盟员更加深刻认识到坚持中国共产党的领导，是历史的选择，人民的选择，进而提高了接受中国共产党领导的自觉性和政治鉴别力。

【组织建设】 民盟南阳市委始终贯彻执行《中国民主同盟组织发展条例》和《河南省民主党派组织发展规程》，严格按照《盟章》要求，坚持“三个为主”方针，注重标准、注重质量、注重保持民盟的特色和优势，确保民盟队伍健康有序发展。4月10日，盟市委组织召开市委扩大会议，对各专委会进行了换届改选。设立教育、医疗、妇女、文艺科学等四个专委会。全年共发展新盟员10名。为盟组织注入了新的活力，增添了新鲜血液、储备了新的人才。盟员队伍的知识结构、专业结构、年龄结构得到进一步优化。至年底，盟市委下辖12个基层支部，盟员总数为220人。全市民盟成员中，有省政协常委1名、委员2名，省人大代表1名，市政协副主席1名、常委2名、委员8名，区政协常委1名、委员5名，各级人大代表，政协委员共计22名。盟员中有1人被中共南阳市纪委聘为党风廉政监督员，有3人被市政府纠风办聘为政风行风评议代表。此外，盟员中还有市特邀四员7名，区特邀四员2名。

【提案议案工作】 民盟南阳市委在继续开展“一人一议”活动的基础上，组织实施“调查研究”活动。4月份，组织全体盟员到邓州市花洲书院进行参观调研，为全市旅游业的发展献计出力。每年“两会”提案工作是民主党派参政议政工作的主要渠道，民盟坚持围绕全市经济社会发展大局，做好提案议案工作。全年在各级“两会”上以集体或个人名义共提交议案、提案70余件。在市政协三届五次会议上，盟市委被评为提案工作先进单位；华道梅、李仁瑞获市政协三届委员会“优秀政协委员”称号。

【社会服务】 社会服务是民盟外树形象的重要工作。经济支部依托退休老盟员、高级农艺师高玉喧创办的苗圃园的资源优势，为城市建设贡献力量。元旦刚过，高玉瑄向南阳府衙博物馆递交了一份“名贵花木盆景捐赠单”。第一批捐献13个品种482棵价值名6万元名贵花木。据南阳府衙园艺师估算，这些树木价值6万元左右，是南阳府衙2008年接到的第一份“礼物”。4月份，工业技术教育支部会同宛城区科协于在宛城区瓦店、黄台岗等乡镇开展了“科技下乡，服务三农”活动，深受当地群众欢迎。12月份，卧龙医药支部在卧龙区安皋镇开展了送医药下乡活动，为群众排忧解难。其他支部也结合自身实际，以不同形式开展了社会服务活动。

【成果展示】 盟员赵秀玲被中共河南省委、省政府命名为第七批“河南省优秀专家”，被中共南阳市委、市政府命名为第五批“南阳市专业技术拔尖人才”；王肇基被中国新文学学会增补为副会长，主编的《底层文学创作论集》一书由人民日报出版社出版发行。据不完全统计，盟员全年在各级报刊、杂志发表论文近百篇，著书7部。其中获得国家级论文奖3篇，省、市级18篇。12人次获“优秀政协委员”、“优秀提案者”、“先进工作者”、“优秀教师”以及各类专业能手等荣誉称号。

【抗灾救灾】 民盟南阳市委在全市盟员中广泛开展“送温暖、献爱心”活动，纷纷向受冻灾区和地震灾区捐款捐物、捐助棉衣棉被。5月14日，在市统战系统、各民主党派市委、市工商联“众志成城抗震救灾”捐款仪式上捐款1.5万元。许多盟员多次在各种所自发捐款，据不完全统计，至5月30日，全市盟员通过不同渠道向地震灾区捐款约8万元。盟员贾天涛为鼓励和感谢大家的爱心和奉献，专门制作了《2008“抗震救灾捐助活动”纪念卡》，印有捐赠者的姓名、金额，还有热情诚恳的感谢信。利用“网络法律热线”，在网上开辟专栏，宣传报道抗震救灾情况和先进事迹。贾天涛被民盟河南省委授予“抗震救灾先进个人”荣誉称号。10月份，盟市委为灾区捐献棉被10条，棉衣10件。司法支部全体盟员还通过慈善机构向地震灾区进行了定向捐助。（陈龙海）

民进南阳市委

【思想建设】 2008年，民进

南阳市委紧紧围绕政治交接这个主题，以思想建设为核心，以组织建设为基础，以制度建设为保障，以高素质参政党为目标，不断加强自身建设。3月份，在民进河南省委和中共南阳市委统战部统一安排下，开展了“政治交接学习教育”专题报告会，两次组织会员参加了中共南阳市委统战部副部长李志广主讲的宗教和台海形势讲座，会员们对统战和国际国内形势有了深刻和清醒的认识。结合学习教育活动、中共中央“五一口号”发布60周年纪念活动和《民进河南省委关于开展深入学习贯彻科学发展观的通知》精神，民进南阳市委向全体会员发放了学习中共十七大精神和民进会史、民进中央十大情况简介等有关辅导材料。使会员对民主党派的发展有了更深刻的了解，增强了自觉接受中国共产党的领导和坚持走中国特色政治发展道路的意识。

【组织建设】　民进市委会始终把做好基层组织工作作为组织建设的重要内容。10月，民进对原来三个总支按照专业和行业性质调整为五个总支、20个支部。12月，增选了主委，进一步完善组织形式。以活动为纽带，切实增进基层组织的凝聚力。要求基层支部年初有计划、年终有总结、活动有记录，促进基层支部工作规范、有序、充满活力。全年新发展会员11名，为民进组织增添了新鲜血液。至12月底，民进共有会员263人（自然减员数1人），会员平均年龄48.7岁。女会员99人，占会员总数的37.6%；高级职称82人，占会员总数的31.2%。

【社会服务】　民进市委会高度重视社会服务工作，在利用原有社会服务基地进行扶贫助教的基础上，注重开创社会服务新领域，使社会服务工作的内容更加丰富，服务面进一步开阔，被民进河南省委授予“社会服务先进单位”称号。4月18日，为南阳市特教学校组织了“我为残疾人讲奥运”、“我给盲人说电影”活动，并为全体学生购置了脸盆和毛巾，让残疾孩子们感受到社会的关爱。四川特大地震发生后，南阳民进会员通过单位渠道和社会福利组织共向灾区捐款9万余元，棉衣棉被20件；葛宝岳作为心理学专家赴灾区一线，采取集体讲座、个别谈心、电台广播等多种形式为受灾群众做心理辅导，被民进中央命名为“民进全国抗震救灾优秀会员”。民进南阳理工学院支部捐款3000多元，购置了灾区急需的药物和20多台收音机等器材。6月，民进市委会组织会员到南召县坂山坪乡的楚长城遗址进行调研活动，作家们为周家寨小学送去了自己的作品，民进市委会向坂山坪小学捐赠1000元现金资助贫困学生。10月，民进市委会召开社会知名人士座谈会，庆祝民进会员、首届鲁迅文学奖得主周同宾创作50周年。10月22日，民进南阳市委为宛城区樊营小学购置一台无塔供水设备，解决了在校师生饮用水问题。11月15日，文工总支为宛城区溧河乡金奇敬老院送去米面、粮油、鸡蛋及棉被等生活用品，价值数千余元。11月30日，医卫总支到樊营村和三十里屯村开展送医下乡活动。12月2日，政法总支捐款为南召县坂山坪大青小学20名贫困生购买了羽绒袄，让185名学生全部带上羽绒手套，使贫困山区学生度过了一个温暖的冬季。12月19日，文工总支与南阳市三色鸽乳品公司联手赴南召县潘寨小学，为学生们送去文化体育用品、50箱牛奶和1000元现金。文工总支曲剧团支部开展“舞台送农民”活动，组织会员到农村进行义务演出。支持民办教育事业，南阳民进中学二中分校已发展成为拥有中学部、小学部、幼儿园部近两千学生的综合性学校，成为南阳民办学校的典范。

【成果展示】　2008年6月，人民日报出版社《旗帜》人物篇报道李贤书献身民主党派事业，教书育人，参政议政的事迹；张传奇33万字新作《智美人》在台湾出版；《草庐故事》是南阳电视台新设的一个栏目剧，2008年南阳民进两位会员的剧本被该栏目选中并拍摄播出。马东伟的《罂粟花》获中共南阳市委宣传部三等奖。沙超经过多年的潜心研究，写出了8

万多字的诸葛亮躬耕地学术文章，在《南阳日报》全文发表，引起有关方面高度关注。郭继军策划创办了南阳市油画展，社会影响良好；吕风林在人民日报海外版发表有关南阳汉画文章6篇，河南楹联报以“河南楹联人物”为题、南阳日报以“南阳拾古人”为题对其进行特别报道；会员陆芬华《苦难是上帝的祝福》一书出版；李矫龙飞被国际科学研究院特聘终身客座教授，被评为“和谐中国2008年度影响力人物”；陈烁的散文获得“和谐中国第八届新世纪之声”散文类金奖，并被授予“2008年度具有影响力新闻工作者”荣誉称号；会员刘国方在“2008奥运杯书法”活动中获得银奖；张茹热心公益事业，与社区志愿者协会一起创办《南阳志愿者杂志》，在“向灾区伸出援助之手”活动中为灾区募捐善款几十万元，被团市委评为“优秀青年志愿者”；刘修元、陈同震在全省开展的“河南文化海南行”活动中，刘修元的精彩演技受到了海南观众的一致好评，陈同震获得海南省政府颁发的“个人特别奖”；律师刘宏羽、苗德群等人向社会无偿办理50余件法律援助案事件。梁晓宇获国家“实用新型专利”；刘国印被评为“中国改革开放三十周年医疗卫生行业影响力人物”；崔建春论文获省科学研究推广成果评比二等奖。

【参政议政】　民进提交的优秀提案《优先发展公交，构建和谐民生》，2008年又产生了后续效力，市政府投资5000万元购置了100辆高档公交车投入使用，缓解了群众乘车难问题；《关于加大对商品住宅维修资金的归集、监管》的建议，市房管局已建立了住宅维修资金临时管理机构，先后投入资金50余万元购买了国内最先进的管理软件，维修资金交存工作已经启动；《规范食品市场，打击劣质食品》的提案，市工商局将35套食品质量快速检测设备，用于集贸市场、超市、食品经营单位的食品快速检测工作，市卫生局也加强了公共卫生许可行政效能工作；《关于加强城中村卫生的几点建议》的提案，卧龙区投资600余万元用于硬化社区道路等，启动了11个城中村改造项目，加快了城中村改造的步伐。《强化“两会”公民旁听制度》、《尽快打通八一路、麒麟路》、《拓宽中州路两座桥的建议》、《加快对城区河道的治理》、《开通电力工交车》、《乡村客运安全亟待加强》、《建立南阳籍优秀人士资料展览室》、《违章建筑拆迁不予赔偿》、《在魏公桥周边设置城市广场》等提案在市“两会“期间，在《南阳晚报》选登。（肖庆玲）

九三学社南阳市委

【自身建设】　2008年，九三学社南阳市委以政治交接学习教育活动为载体，以探索新时期开展社务工作的新途径、新方法为重点，以领导班子建设为突破口，推动制度建设、作风建设，努力把九三学社建设成为高素质参政党。通过报告会、座谈会、问卷调查等多种形式，深入推进学习教育活动向纵深发展。3月20日，九三学社南阳市委与其它党派特邀市委统战部副部长李志广对全体社员作了台海局势专题报告。5月份，中共南阳市委统战部举办了纪念“五一口号”发布60周年暨主题教育活动座谈会，市委会主要成员参加座谈，对多党合作优良传统进行回顾和展望。农业二支社、教育一支社被九三学社河南省委评为教育活动先进集体。

【组织建设】　全年九三学社新发展社员14名，使社员结构得到进一步优化。全市共有9个基层组织102名社员，平均年龄44.3岁。其中科学、教育、医药卫生界84人，占社员总数的82%；男社员55名，占社员总数的53%，女社员47名，占社员总数46%；全社大专以上学历100人，占社员总数的99%，高级职称65名，占社员总数的63.2%。九三学社共有省人大代表1人，省政协常委1人，市人大常委1人，市政协副主席1人，市政协常委2人，市政协委员9人，宛城区政协委员2人。

【成果展示】　九三社员立足岗位，努力工作，积极奉献，为九三学社南阳市委赢得了众多荣誉。据不完全统计，社员中有42人获国家、省、市级奖励，发表论文80篇，出版专著8部，获得科技成果22项。苏子硆多年来潜心研究，培育玉米新品种，此项工作已取得突破性进展，具有很大的发展潜力。上报九三学社中央、河南省政协、九三学社河南省委信息稿件10篇，其中被九三学社中央采用1篇，被九三学社中央网站采用1篇，被河南省政协采用2篇。

【参政议政】 九三学社南阳市委领导利用参加中共南阳市委、市政府召开协商会、座谈会、通报会及征求意见会等时机，就构建和谐社会、环境保护、社会保障、“三农”问题等发表了多项建设性意见和建议，得到了中共南阳市委、市政府的认可。在市政协三届五次全会上，由九三学社选送并被采用印发大会发言材料2篇。其中，以九三学社南阳市委名义印发1篇（《完善农业行政综合执法、提高农业管理法制化水平》），以市农业局名义印发1篇（《实施科技入户工程、推进现代农业发展》占大会发言材料7篇的28.6%；向大会提交集体提案4份，委员提案30份。其中，九三学社南阳市委提交的《关于完善国家对良种补贴实施办法的建议》、《南水北调中线工程对淅川的影响及建议》分别被九三学社中央、九三学社河南省委采纳，并受到九三学社河南省委奖励。《推进县域经济跨越发展的有益探索》被九三学社中央第三届“九三论坛”采用，副主委胡保珍被特邀参加该论坛。针对南阳汽车南站建成后多年被占用的问题，艾春萍等所提《关于尽早启用南阳汽车南站》的提案，被市政协主席会议列为2008年度5个重点督办提案之一，已得到落实，南阳汽车南站（2001年建成）已于12月20号正式启用，全市发往广州、新野、油田方向的车辆均从南站发车，缓解了市内交通压力。九三学社南阳市委提出的《关于高品位打造独山风景区的建议》被市政协列为2007年度重点提案，南阳独山玉文化广场一期工程已于2008年年初建成并投入使用，二、三期正在建设之中。九三学社南阳市委提交的《关于进一步加强南阳市中心城区管理的建议》得到了有关部门的高度重视，中共南阳市委、市政府也出台了多项措施加强城市管理，城市面貌已发生很大变化。《保障员工合法权益，建立劳动用工机制》被市政协列为提案。苏子硆、尹德胤荣获市政协三届委员会“优秀委员”称号。

【社会服务】 “5·12”汶川特大地震发生后，九三社员通过不同途径向灾区捐款32780元，献血1000毫升，社市委向灾区捐棉被10床。卫生一支社、二支社和仝运科、张瑞璋、吴汉卿、薛思贤、刘世恩分别被九三学社河南省委授予抗震救灾先进集体和先进个人荣誉称号。（胡宝珍）

南阳市工商联

【组织建设】 2008年，召开了市工商联直属行业商会年会；起草了《南阳市工商联行业商会管理暂行办法》；新发展南阳市钢材营销商会、南阳市汽车摩托车配件用品营销商会、南阳市光学行业协会、南阳泉州商会4家直属行业商会，使市直属行业商会总数达到12家。在全面做好全市236个乡镇办事处工商联组织情况摸底、登记造册的基础上，按照有地点、有人员、有经费、有活动、有成效的要求，切实抓好基层工商联组织作用的发挥，系统总结整理出全市乡镇基层工商联组织建设经验材料，在全省范围内宣传推介。全市共新发展会员1020个，其中市工商联直属会员208个。市工商联被人力资源和社会保障部、全国工商联联合授予“全国工商联系统先进集体”荣誉称号，是河南省工商联系统惟一受表彰的先进集体；获河南省民营企业参与新农村建设“千企帮千村”活动“优秀组织奖”、河南省工商联“行业商会工作先进单位”；荣获南阳市2008年度社会主义新农村建设“先进集体”奖，市委、市政府2008年度目标管理工作“先进单位”。

【“百企帮百村”系列活动】 2008年，南阳市工商联引导百家民营企业“走出去”，扎实开展“千企帮千村”、“千企进河南”、“帮扶万人创业活动”省工商联确定的“百千万工程”。以此为指导，在全市开展了“百企帮百村”系列活动，收到了良好的效果。

“百企帮百村”活动。一是进一步调整充实了领导小组和工作机构，主要领导亲自抓、负总责，分管领导具体抓、抓落实，重点工作做到了任务明确，责任到人，落实到位。二是广泛宣传，加强引导。表彰了62家参与新农村建设的先进民营企业，同时，按照省工商联的部署，组织开展了“帮扶之星”、“光彩之星”的推选工作。10月份，在内乡县召开了全市新农村建设“百企帮百村”活动经验交流现场会。三是为加强对“百企帮百村”推进情况的督导，市工商联专门下发文件，提出了明确要求。各县市区按照市工商联的统一部署，均确定了2～3个重点帮扶对子。各级工商联干部经常到帮扶企业和帮扶村进行调研、督导，协调解决问题，推进活动的深入开展。至年底，全市有3126家民营企业参与新农村建设，其中630家企业与615个村结成帮扶对子。累计实施项目458个，投资总额4.75亿元。南阳的经验和做法在全省新农村建设“千企帮千村”活动经验交流现场会上作典型发言。年初，“百企帮百村”被作为社会力量参与新农村建设，写入市政府工作报告；在11月召开的市委全会上，又被市委、市政府纳入《关于贯彻落实党的十七届三中全会精神，进一步推进农村改革发展的意见》中；在市委四届十二次全体会议上，市委书记黄兴维对全市“百企帮百村”活动所取得的成绩给予了充分肯定。

“百企进南阳”活动暨“光彩回归工程”。一是为配合在南阳举办的第三届豫商大会，市工商联圆满完成了市委、市政府分配的2亿元的招商引资任务。二是构筑平台，搭桥铺路，着力营造良好环境。如建立异地商会，拓宽联络渠道，开展走访和联谊活动等，使来南阳投资的企业家满意，使回归者真正回得来、稳得住、干得好。涌现出唐河县皓月棉业公司、福林先科航模公司，内乡县乌克化工厂、西峡县瑞龙实业发展有限公司、淅川县路逾三五四二鞋业有限公司等一批返乡创业典型。三是做实做细统计工作。据统计，“百企进南阳”活动暨“光彩回归工程”实施一年来，全市各级工商联共引进项目51个，其中返乡创业项目30个。同时，加强与南阳籍在外创业人士的联系，为“百企进南阳”活动暨“光彩回归工程”的进一步深入开展奠定了坚实基础。

“帮扶万人创业”活动。一是举行不同形式的创业报告会、座谈会、演讲会，让创业成功人士现身说法，弘扬创业精神，启发和激励更多的人走创业之路。二是积极整合资源，大力开展创业培训活动。开办了“科学发展与民营经济”论坛，全国著名突破管理专家、南京大学李涛博士作了题为《成长、卓越、突破——成长型企业成功经营的12项突破》的报告，受到了全市500多名民营企业家的欢迎；指导温州商会和酒店商会对会员进行科学发展和《劳动法》学习培训；组织13家民营企业参加省工商联举办的“走出去”培训班。全年共举办不同类型的实用技术和创业技能培训班10余期，培训达2000多人次。三是把“帮扶万人创业”活动与“百企帮百村”活动紧密结合，通过民营企业实施的产业带动等帮扶活动，引导和帮助农民由传统农业和小农经济向现代农业的转变，在帮助农民融入产业化、规模化、集约化生产的过程中实现创业。开办下岗失业人员和返乡创业人员专业技术培训班40期，共培训3500余人次，帮助近5000人走上脱贫致富之路。四是引导和组织民营企业“走出去”，助推有实力的民营企业实现再创业、再发展。二机集团的“华石”牌钻机、龙成集团的“成飞”牌钢板畅销国际市场，被评为2008～2009年度“河南出口名牌”产品。陆德公司的筑路机械已远销到阿尔及利亚、哈萨克斯坦、印度等国家和地区。

【宣教活动】　纪念改革开放30周年系列宣传活动。在《南阳日报》开辟了“辉煌30年？南阳民营经济发展巡礼”专栏，在南阳电视台新闻联播节目开辟了“民企风采”栏目，突出宣传了18家业绩辉煌的民营企业；在市委大门东侧墙体宣传橱窗举办了“辉煌30年？南阳民营经济发展成就图片展”，共15板块，62张图片，宣传了44家企业、6家行业商会和基层组织。通过开展系列综合宣传活动，全方位回顾总结了改革开放30年来南阳民营经济发生的巨大变化和取得的成就，展示了民营企业坚持科学发展，承担社会责任的时代风采，营造了民营企业又好又快发展的舆论氛围。

信息上报和稿件宣传。全年通过省工商联网站上报信息3380条，在省工商联《河南工商界》发表文章9篇，在省工商联《民企社情》发表文章5篇，被省工商联《工作信息》采用信息10条，被全国工商联网站采用信息2条，在《南阳日报》、《南阳晚报》、《人民政协报》、《中华工商时报》等媒体刊发稿件12篇。被省工商联评为《河南省工商联网站》信息发布先进单位、《河南工商界》宣传工作先进单位、《民企社情》信息采用先进单位、《工作信息》采编先进单位。

“30年·30人”系列表彰推荐工作。在市工商联的积极推荐下，全市共有26家企业及个人获得省表彰。其中，9家企业荣登“河南省民营企业百强”行列，8家企业被评为“河南省民营企业纳税先进单位”，3家企业被评为“河南省民营企业安置就业先进单位”，2家企业被评为“河南省民营企业参与新农村建设帮扶先进单位”，1家企业被评为“河南省民营企业光彩事业先进单位”；朱书成、魏华钧被评为“河南省最受尊敬的民营企业家”，孙耀志被授予“河南省最具影响力的民营企业家”荣誉称号，受表彰数居18个省辖市前列。

【调研参政】　一是撰写完成了《把发展民营经济作为全民创业主战场，为建设富强美好和谐新南阳建功立业》的政协提案，并在政协会上作了典型发言。二是开展了全市性组织工作调研，完成了市本级和13个县市区、236个乡镇办事处工商联三级组织建设情况调研，受到省工商联表彰。三是开展了“非公有制经济人士思想政治工作”专题调研，形成的调研报告在《河南工商界》刊发，并被省工商联评为优秀调研报告。四是配合省工商联调研组来宛调研，开展了行业商会、协会工作调研，对市工商联直属8家、县级70家、乡级514家行业商会情况进行了分类汇总，获省先进荣誉称号。五是开展了民营企业科学发展调研活动，全市共发出问卷调查175份，收回147份，其中，经过随机抽样100份上报省工商联，并在此基础上写出专题调研报告上报省工商联。

【光彩事业】　全年向全国工商联推荐上报3个光彩事业重点项目（内乡县牧原养殖有限公司15万吨饲料加工、新野县宛绿蔬菜专业合作社蔬菜基地建设及产品加工整理包装配送、南阳市丹江湖乳业有限责任公司年产3万吨生态功能原奶工程）。组织引导民营企业参与村庄整治、助学帮困、建桥修路等新农村社会公益事业，捐赠金额1.17亿元。继续开展“光彩助学”活动，组织捐款100多万元，救助贫困大学生560多名；有力地支持了南阳和谐社会建设和社会主义新农村建设。5月15日，市工商联、市总商会举行了南阳市民营企业“众志成城，抗震救灾”捐赠活动，募集善款近160万元。与此同时，各县市区工商联和各行业商会募捐活动也随即开展。在市、县两级工商联和各行业商会的组织号召下，全市民营企业和非公有制经济人士纷纷踊跃捐款捐物。据不完全统计，全市工商联系统向四川地震灾区捐赠款物累计达2000余万元。

【服务会员】　一是信息服务。创办了《南阳商会》内刊，开通了“南阳商会”网站，搭建了服务民营经济发展的新平台。《南阳商会》编发12期，发放范围除报送省委统战部、省工商联和市四大家领导领导外，还发至全国各地友好商会，各县市区党政正职、统战部、工商联及市工商联执委以上全体会员。南阳商会网自3月5日开通以来，共发布会务工作、商务动态、政策法规、项目推介等方面的信息1700余条，访问量已达20000余人次。二是“一联两送一帮”活动。积极推进服务会员、联系会员工作，切实为会员企业送信息，送服务，帮助解决实际问题。在融资服务方面，组织召开银企座谈会，促成企业间联保，协调会员企业之间进行资金拆借，以及推动建立中小企业信用担保机构等。全市各级工商联组织共为民营企业提供融资服务10余项，融资近2000万元，有效缓解了民营企业融资难的问题。三是积极开展维权服务。与河南文力律师事务所合作成立了市工商联民营企业法律服务中心，主动为民营企业提供法律咨询、诉讼等服务。四是搞好协调服务。充分发挥桥梁、纽带作用，与有关职能部门加强合作，优化民营经济发展环境。针对全市房地产市场面临的困难和形势，及时向市委、市政府提出合理化的意见建议，引起了市委、市政府主要领导的高度重视。11月4日，全市召开房地产开发企业座谈会，市长朱广平出席座谈会。随后，市政府对全市涉及房地产开发建设的各种收费（基金）项目予以清理，共取消收费项目2项，降低收费标准21项，整顿、取缔不合理收费项目15项。据测算，上述项目取消和标准降低后，全市每年可减轻房地产开发企业和群众购房费用负担1.8亿元。11月20日组织全市部分民营企业家召开座谈会，共同探讨如何应对国际金融危机给企业带来的冲击和影响，并及时向市领导及有关部门汇报、反馈，为促成相关问题的解决起到了积极作用。五是为非公经济人士提供人事人才服务。市工商联首次参与了全市学术技术带头人的选拔推荐工作，做好人员推荐把关、评审材料审核上报等一系列工作，所推荐的3名人选全部通过初审，实现了在全市非公经济组织中评选学术技术带头人零的突破。（邹粤）

群众团体

南阳市总工会

市总工会主席　韩奎生

【开展大讨论活动】 2008年，南阳市总工会机关及下属单位集中两个多月时间，深入开展“新解放、新跨越、新崛起”大讨论活动。活动以邓小平理论为指导，以深入贯彻落实科学发展观为主线，以学习讨论、查摆问题、整改提高、巩固成果为主要形式，努力解决影响工会工作发展的思想观念、精神状态、体制机制、工作作风等方面存在的突出问题，积极探索工会工作实现科学发展的新思想、新途径、新举措，为工会创新发展打下坚实的思想基础。

【职工劳动竞赛】 市总工会组织全市广大职工积极参加以“当好主力军、建功‘十一五’、创新促发展、和谐奔小康”为主题的劳动竞赛活动，把职工的智慧和力量凝聚到为实现全市经济社会发展的目标任务上来。召开了“工人先锋号”命名表彰大会，对全市首批38家“工人先锋号”先进集体进行了表彰。深入开展以“三创四争”为主要内容的群众性经济技术创新活动。在全市规模以上企业大力推行首席员工制度，在全市制造业、服务业、商贸等产业组织开展50个工种的职工职业技能竞赛，进一步掀起职工学技术，练技能的高潮。全市参加各类技术培训、岗位练兵、技能竞赛的职工达到20万人次，培训技术创新骨干2000人。围绕重点建设项目，选定20个重点工程，开展以“三保三讲”为内容的重点工程建设项目竞赛立功活动，为全市经济社会发展做贡献。为实现“十一五”期间全市节能减排20%的目标，会同市发改委、市环保局在22家重点企业中开展“比管理制度、比技术进步，降能耗、降排放”为主要内容的节能减排竞赛活动，取得明显成效。深入开展“创建学习型组织、争做知识型职工”活动。全市近30万职工参加创争活动，涌现出技术标兵9000余人，提高了广大职工的整体素质。以建筑、矿山、化工等高危行业和非公有制企业为重点，深入开展全国“安康杯”竞赛活动和“一法三卡”工作。全市1285家单位、69万职工参加了活动，提高了职工的安全生产意识。全年参加安全生产大检查16次，参与事故调查处理14次，查处安全隐患65起。

【组织建设】　市总工会把农民工集中的区域、行业建会和发展会员作为重点，突出抓好乡镇（街道）工会的完善和村（社区）工会的组建及发展会员工作，最大限度地把包括农民工在内的广大职工组织到工会中来。至年底，全市新建工会组织1225家，发展会员123819人，全市村级工会联合会组建率达80%以上。同时，大力推进乡镇、村级、企业工会“小三级联创”活动的开展，扩大了工会“三级联创”活动的覆盖面。继续深化工会“三级联创”活动，按照工会组织建设规范化标准，进一步规范了考核标准和考核办法，把工会“三级联创”和建设职工之家有机地结合起来，同贯彻落实《企业工会工作条例》结合起来，推动了活动的深入开展。对选树的27个示范乡镇工会按规范化建设标准深化创建，“小三级联创”活动已经成为突破“把农民工最大限度地组织到工会中来”难题的特色亮点，新野上港乡工会、西峡五里桥工会被全总树为先进乡镇工会典型。受到全总表彰的模范职工之家5个，省总表彰的15个。为了解决非公有制企业工会主席的职能发挥和干部来源问题，在全市范围内推进聘用工会协理员工作，已聘用工会协理员27名，在对非公有制企业工会组建工作中发挥了重要作用。

【民主管理】　全市工会按照“主动维权、依法维权、科学维权”的要求，以发展和谐劳动关系、维护职工合法权益为主线，以贯彻实施“一法两条例”为契机，以创建劳动关系和谐企业活动为载体，以推行工资集体协商，开展劳动合同集体合同签约行动年活动为突破口，切实维护广大职工的合法权益。坚持和完善职代会制度，大力加强企业民主管理工作。全市各级工会认真落实以职代会为主要形式的职工民主管理制度，尤其是改制方案和涉及职工切身利益的重大问题提交职代会审议通过。全市1022家国有、集体及其控股企业建立健全了职代会制度，经营相对稳定的非公有制企业建立职代会制度的达2450家，4438家企事业单位实行了厂务公开。广泛开展创建劳动关系和谐企业活动。全市开展创建活动的企业3013家，其中规模以上企业621家。进一步抓好乡镇职代会制度的规范完善。签订乡镇区域性集体合同221份，覆盖职工18万多人。开展劳动合同集体合同签约行动年活动，加强源头维权力度。全市与职工签订劳动合同的企业达到3285家，占企业总数的73%；签订集体合同的企业3403家，占75.3%。深入开展维护农民工合法权益集中行动。市总先后在南阳广播电台开办了农民工维权系列讲座、《劳动合同法》知识竞赛等，慰问救助农民工，推动了农民工中不签订劳动合同、劳动报酬偏低、劳动安全生产条件较差等问题的解决，切实维护农民工的合法权益。与劳动局、企业家联合会、企业协会等单位联合下发了《关于进一步推进企业工资集体协商工作的意见》，并召开了推进会，促进企业建立工资正常增长机制和支付保障机制，建立工资集体协商制度，更好地维护职工合法权益。

【帮扶工作】　全市工会以帮扶困难职工为重点，尽力解决广大职工最关心、最直接、最现实的利益问题。一是深入开展“双节”送温暖活动。2008年元旦、春节期间，全市各级工会共筹集资金518万元，慰问24387户困难职工；筹集资金50万元，对困难劳模进行救助和慰问，送去了党的关怀和工会组织的温暖，缓解了生活困难。二是在“5·12”汶川大地震发生后，全市工人阶级发扬“一方有难、八方支援”的优良传统，积极为灾区献爱心，全市工会会员共捐款1241278.90元，以实际行动支援灾区人民抗震救灾。三是加强和推进困难职工帮扶中心规范化建设。按照省总对帮扶中心工作的要求，市总对县级帮扶中心进行了普遍督查，促进了帮扶中心星级达标竞赛活动的深入开展。有11个县市区工会帮扶中心已通过省总检查考核。同时，市总于7月8～10日组织13个县市区工会主席，对新郑、登封、汝阳困难职工帮扶中心进行了观摩学习。四是加大小额借款力度，扶持再就业基地建设。市总新投入小额借款20万元，带动全市新投入200万元，扶持全市再就业基地达90个，发挥了促进职工就业和再就业的作用。五是职工学校免费为下岗职工进行财会、计算机、市场营销等三个专业的职业技能培训，举办30期培训班，结业2000余人。

【“迎奥运”职工乒乓球大赛】 4月23日，由南阳市总工会主办的全市“移动杯”迎奥运职工乒乓球大赛开幕。市领导申延平、周明军、刘群星以及南阳师范学院有关领导出席了大赛开幕式。来自各县市区、市直各单位的65个代表队、410名运动员参加比赛。这次“迎奥运”职工乒乓球大赛，旨在坚持以人为本的理念，围绕“迎奥运、讲文明、树新风”活动，以职工群众为主体，以乒乓球比赛为载体，以“全民健身与奥运同行，迎奥运、健身心、促和谐”为主题，在全市广大职工群众中大力倡导团结、友谊、和平的奥林匹克精神，充分展示南阳经济社会发展的成就，展示全市职工群众蓬勃向上，拼搏进取的精神风貌，在全社会营造喜庆热烈的奥运氛围。本次乒乓球大赛共设男女团体、男女单打、男女双打、混合双打7个奖项。这次迎奥运职工乒乓球大赛，对于凝聚人心、鼓舞士气、全面贯彻“全民健身与奥运同行”活动，大力弘扬为国争光的爱国精神、艰苦奋斗的奉献精神、精益求精的敬业精神、勇攀高峰的创新精神、团结协作的团队精神，具有重要的现实意义。

【“五一劳模”座谈会】 4月30日上午，南阳市召开庆五一劳模座谈会。市领导贾崇兰、李中杰、王清华出席座谈会。座谈会上，贾崇兰代表市四大班子向各位劳模以及奋战在各条战线上的劳动者致以节日的问候和崇高的敬意。会议指出，要大力宣传劳模的先进事迹和优秀品质，让劳模的崇高精神影响和带动全社会，不断激发广大劳动者奋发向上的工作热情。各级党委、政府要切实关心劳模，积极帮助他们解决实际困难，进一步维护劳动者的合法权益，努力营造和谐的社会环境；要切实加强对工会工作的领导，支持各级工会组织和工会干部依照法律和章程创造性地开展工作。各级工会组织和工会干部，要认真履行依法维护职工合法权益的基本职责。每一位劳模也要珍惜荣誉，始终保持谦虚谨慎、不骄不躁的作风，用自己的辛勤劳动，继续谱写动人的赞歌。座谈会上，劳模代表凌解放、杜东翔、胡逸云等先后发言，交流了干事创业、成才成长的体会，抒发了热爱南阳、建设南阳的豪情。会议还对获得全国、省、市“五一”劳动奖状、奖章的单位和个人进行了表彰。

【“金秋助学”活动】 8月29日，2008年“金秋助学”发放仪式在新落成的市总工会困难职工帮扶中心举行。市委常委、纪委书记申延平，市人大党组成员、市总工会主席刘群星，市政府市长助理、秘书长李中杰，市政协副主席文学林等市领导及市总领导班子成员出席发放仪式。市直部分单位的工会主席和受到救助的学生及学生家长200多人参加了发放仪式。市水利水电工程公司困难职工子女侯楠代表受助学生在仪式上发言。仪式当天共为120名困难学子发放助学资金共计21.85万元。

【**自身建设**】　全市工会组织围绕服务建设富强美好和谐新南阳的目标，抓住公开职权、公开程序、公开结果和提高效能等重要环节，进一步加强作风建设和制度建设，使工会机关干部的政治业务素质明显增强，工作作风明显改进，办事效率明显提高。进一步加大税务代收工会经费工作的力度，强化工会经费征缴，保证了工会经费稳步增长，保证了工会各项工作的开展。会同市地税局对非财政集中划拨的企事业单位的工会经费进行了审计稽查，追缴工会经费80余万元。12月份，在全省六市工会经审工作经验交流会上介绍了经验。积极推进女职工专项集体合同工作，全市共签订女职工专项集体合同2435份，覆盖基层单位4326个，以实际行动维护女职工合法权益。充分发挥新闻媒体和工会宣传阵地的作用，大力宣传工会工作，进行了劳模系列报道，评选表彰一批职业道德“双十佳”单位和个人，启动了一批职工示范书屋，扩大了工会在社会上的影响力。工会信息、信访、统计和二级单位建设都取得了新的成绩，较好地发挥了服务全局的作用。（温阳）

共青团南阳市委

【**共青团南阳市第三次代表大会**】　2008年1月2日，共青团南阳市第三次代表大会在南阳影剧院召开。市领导黄兴维、贾崇兰、褚庆甫、朱长青、姚进忠、陈代云、陈光杰、原永胜出席了会议。30余名特邀代表和市直、卧龙、宛城的部分青年代表和武警消防官兵参加了会议。市委书记黄兴维发表重要讲话。王庆代表共青团南阳市第二届委员会做了题为《高举旗帜科学发展团结带领全市广大团员青年为建设富强美好新南阳而奋斗》的工作报告。3日，市委副书记贾崇兰、市长助理李中杰、市政协副主席赵西群出席闭幕式。贾崇兰发表了重要讲话。共青团南阳市三届一次全会选举产生了共青团南阳市三届委员会常委、书记、副书记。王庆任团市委书记，李冠彧、樊牛、赵楠任副书记。

【**共青团南阳市三届二次全委（扩大）会议**】　3月10日，召开团市委三届二次全委（扩大）会议。团市委书记王庆主持会议。团市委委员，不是团市委委员的县市区、直属单位团委书记，团市委机关全体人员共60余人参加了会议。会议通过了《团市委委员卸职递补、修补委员卸职确认案》；表彰了2007年度团市委机关先进部室；印发了《关于对市属下级团组织实行百分考评制度的通知》。

【**青年教育**】　一是利用北京举办奥运会、神七成功发射和纪念改革开放三十周年等重大事件，深化青少年爱国主义教育活动。1月6日，在南阳理工学院举办了第四届校园歌手大奖赛。丰富了校园文化生活，给青年学生搭建了展示才华的平台。3月15日，组织中心城区的广大团员青年在兰湖公园开展了“保护母亲河—共建南阳青年林”活动。二是大力开展青年解放思想大讨论和科学发展观学习实践活动，以“新解放、新跨越、新崛起、新青年”为主题，于7月9日，召开了解放思想大讨论活动动员大会；8月26日，在南阳师院东区演播厅举办了“新解放、新跨越、新崛起、新青年”为主题的辩论赛，市领导贾崇兰、金星、张忠祥出席，整个活动掀起了青年思想行动的高潮。三是以青少年网络建设工程为统揽，不断加强和改进思想引导的方式方法，发挥互联网等现代传媒的有效作用，把广大青年凝聚在爱国主义和社会主义的旗帜下。

【**青年文化行系列活动**】　一是启动共青新村建设示范行动，实施大学生村干部培养计划，把共青新村信息工程系列活动贯穿其中，全市范围内新涌现出4个不同类型的共青（科技、生态、文明、信息）示范村13个，新涌现出各类农村青年专业合作组织56个。5月27日，团省委书记何雄深入桐柏康庄村进行实地调研。二是深化青年节能减排攻坚行动，开展青年突击队竞赛活动和青年创新创效以及安全生产示范岗、节能减排示范岗创建等各类活动，在“发动机计划”项目企业中开展科技创新工作，累计实现各类发明、革新、创新136项，为项目建设单位节约资金360余万元。三是扎实推进青年文化行动，积极营造多姿多彩、生动活泼、健康向上、创新奋进的良好氛围，丰富了青少年的文化生活。在“五四”青年节来临前夕，水务集团举办了感恩于心，责任于肩演讲比赛，号召广大青年工人牢记使命，为企业发展做贡献。四是开展各类青年志愿者服务活动。5月27日，全省团组织“三夏”青春行动启动仪式在新野县举行。团省委书记何雄、副书记候红，团省委组织部长窦旭东、新野县委书记方显中、团市委书记王庆等领导出席仪式。南阳的青年科技、卫生、农业专家，“三夏”帮扶青年志愿者以及村民等一千余人参加启动仪式。9月21日至10月5日，组织110名青年志愿者服务中国?南阳第七届张仲景医药科技文化节。五是深化青年文明号创建活动，全市新涌现出省级以上青年文明号16个，市级青年文明号78个。

【服务和维护青少年】 一是以农村青年、下岗失业青年和高校毕业生为重点群体，建立各类创业就业培训见习基地127个，培训青年4万人次；以小额贷款为主要形式扶持青年创业，并通过争取创业政策、搭建创业平台、选树创业典型、营造创业氛围，引导一大批青年成为创业先锋。12月27日，南阳在郑州青年创业就业工程正式启动。会上，下发了《南阳在郑青年创业就业工程方案》，与会领导为青年创业中心、见习基地授牌，南阳赊店酒业负责人代表青年创业就业见习基地企业作了发言。二是深化希望工程行动，继续开展送温暖活动和救助贫困大学生和捐岗助学活动。1月16日，联合南阳安利青年志愿者协会到桐柏县平氏镇康庄村开展“送温暖、献爱心”活动。3月28日，南阳师院化学与制药工程学院向希望工程捐赠3万多元，累计全年筹集捐款586万余元，援建希望小学5所。4月20日，南阳驻郑团工委举办捐助当代孝女陈辉仪式。现场为陈辉同学捐赠现金27000元。5月2日，河南威佳集团捐资25万元在内乡县援建的一所高标准中心小学落成。5月14日，省注册会计师协会号召全省500多名注册会计师共同出资40万元在方城县杨楼乡梁城希望小学援建的一所高标准中心小学落成。三是在全市各级团组织踊跃开展向地震灾区人民送温暖献爱心活动。5月22日，举办了“为了灾区孩子的明天”大型赈灾义演活动，市领导贾崇兰、原永胜等出席。全市1000余名青年代表和3000余名爱心市民观看了晚会。筹集捐款1271432.65元。从5月22日起，团市委组织全市团员青年为抗震救灾缴纳特殊团费218943.07元。四是成立南阳市预防和减少青少年违法犯罪工作领导小组，建立市县乡、部门、街道、社区上下联动立体预防网络，并开展“绿色上网，远离网瘾”、“为了明天——预防青少年违法犯罪巡回展览”等活动，成立12355青少年维权服务中心，举办12355青少年自护教育进社区、进课堂活动。五是召开第三届南阳市杰出（优秀）青年卫士暨杰出（优秀）青少年维权岗表彰大会。市委常委、政法委书记王建民到会并做重要讲话。

【南阳市青年联合会三届一次全会】 5月4～5日，南阳市青年联合会三届一次全会隆重召开，来自全市各条战线的315名青年参会，市委书记黄兴维、市长朱广平会前接见了出席会议的青联委员。市领导贾崇兰、原永胜、金星、冯晓仙、赵西群参加接见并出席会议。团市委书记王庆作了题为《团结奋进、开放创新、为建设富强美好和谐新南阳而努力奋斗》工作报告。选举产生了三届南阳市青联领导班子。市委副书记贾崇兰被聘为名誉主席。市委常委、常务副市长朱长青，市委常委、秘书长原永胜被聘请为名誉副主席。王庆当选为市青联第三届委员会主席。李冠彧等65名青联委员当选为三届南阳市青联常务委员会委员。表彰了

2008年度先进基层团组织和南阳市十大杰出青年志愿者。举办了《青春飞扬》三届青联委员联欢晚会。12月27日，南阳驻郑州青年联合会一届一次全会在郑州召开。

【自身建设】 团市委始终坚持党建带团建，以改革创新精神全面加强团的思想、组织、作风和制度建设，不断增强团组织的吸引力、凝聚力和战斗力。一是开展了“抓团建，办实事，促和谐”。3月28日至4月3日，团市委对共青团员“推优”入党进行了调研，为下一步加强“推优”工作打下了坚实的基础。继续推进“共青团机关作风建设年”活动，切实推动全市共青团作风建设。二是按照强本固基的要求，把团建“三级联创”纳入党建“三级联创”目标考评序列，积极营造上下联动抓团建的浓厚氛围；创新团建模式，不断扩大组织覆盖，在郑州创新成立了南阳市驻郑青联。三是进一步延伸团的手臂，召开青联换届大会，促进学联、青企协、青年志愿者协会等青年社团组织和少先队组织稳步发展，有力地扩大了团的社会影响，巩固了党执政的青年群众基础。四是加强团干部的培训工作。10月19～23日，为适应新形势下共青团工作发展需要，进一步提高团干部的学习能力、创新能力、执行能力、亲和能力和自律能力，团市委在福建省团校举办南阳市2008年第一期团干部培训班。（王庆峰）

南阳市妇联

【妇联工作概况】 2008年，全市各级妇联，坚持城市农村统筹、发展维权齐抓、宣传培训结合、文明和谐共进，引领全市广大妇女不断绽放智慧、凝聚力量、展示风采，在推动发展中建功，在促进和谐中奉献，在共建共享中受益，实现了南阳妇女工作的历史性跨越和创举性突破。市妇联荣获全国“平安家庭”创建先进集体、全国“双学双比”先进集体、全国抗震救灾先进妇联组织等12项国家、省、市级荣誉。县、乡、村妇联共受到国家、省、市级妇联表彰的先进集体223个，先进个人290多名。

【宣传教育】 各级妇联以贯彻落实科学发展观为统领，坚持用中国特色社会主义理论武装妇女，用共建共享的和谐理念教育妇女，用先进典型昭示凝聚妇女，引领全市妇女为构建和谐社会、全面建设小康社会贡献力量。一是扎实开展解放思想“三新”大讨论活动。8月份，市妇联组织召开了全市各界妇女“三新”大讨论座谈会，邀请各界妇女代表、专家学者200余人，结合南阳发展和妇女工作实际，从不同角度、不同侧面畅谈认识体会，进一步把“三新”大讨论活动变为推动工作的重要举措，把解放思想、科学发展转化为推进妇女儿童事业发展的强大动力。在四川汶川大地震发生后，各级妇联全面投入，建立机构，开通热线，发捐助倡议，办赈灾义演，设捐款箱、台，组织志愿者队伍等，在20天时间内，全市妇女共捐款530多万元，报名参加志愿者队伍12300多人。市妇联获“全国抗震救灾先进妇联组织”。二是广泛宣传南阳妇女儿童事业。各级妇联组织采用节日宣传、日常宣传、标语宣传、专栏宣传、街头田间宣传、集中分散宣传等形式，广泛宣传南阳500万妇女的业绩。尤其是充分利用报刊、电台、电视、网络等宣传媒介，发稿件、图片，制作网页专版，播专题、开专栏，上至国家媒体，下至机关网站，形成了向社会宣传南阳妇女，向妇女宣传社会的强大舆论氛围，为南阳妇女儿童营造了良好的发展环境。据不完全统计，全市在各级媒体上刊登稿件、图片500多篇（张），仅市妇联与南阳电台联办的《花样女人》栏目全年播出288期，滚动播出365次，与南阳电视台联办的《女性故事》栏目共播出52期，滚动播出156次，集中宣传报道了110多名妇女典型的鲜活经验和感人事迹，对于彰显女性的传统美德，弘扬“四自”精神，激励干事创业，促进男女平等起到了不可替代的作用。三是大力选树和表彰先进妇女典型。在“三八”节和“母亲节”期间，市妇联与市移动公司等单位联合开展首届“感动南阳十大女性人物”和第二届南阳市“十佳母亲”、“优秀母亲”评选表彰活动，引起社会各界的广泛关注和踊跃参与。其中，“感动南阳十大女性人物”评选从征集报名、初步遴选、群众投票，到公布结果并由电视台现场直播颁奖典礼，历时4个月，报名参选者达200多名，收到选票15万余张，各行业参与群众达20多万人，层面之广，人数之多，热情之高达到了空前。十位典型人物的事迹被广泛传诵，十佳和十优母亲的影响力激发了广大妇女以典型为榜样，积极投身南阳经济、社会发展的热情与活力。四是深入开展和谐家庭建设。各级妇联把和谐家庭建设作为妇女参与和谐社会建设的重要切入点，广泛培树“学习型、助廉型、平安型、环保型”的和谐家庭理念，以家庭和谐促进社会和谐。市妇联组织开展了节能减排进家庭、进社区活动，采取宣传咨询、知识竞赛、赠送环保菜篮、收集金点子等多种形式，发放竞赛试卷1万份、学习书籍6000本，倡议书7000份，并与市环保局联合于举办了“节能减排，共创绿色家园”文艺晚会，宣传节能环保新理念，推广生活消费新模式。各县市区妇联也都开展了相应的家庭建设活动，使全市共评选出市、县级“五好文明家庭”、“十佳和谐家庭”、“节能环保家庭”15000余户，表彰好媳妇、好婆婆、好妯娌等各类先进典型20000多人，营造了健康文明、积极向上的家庭观念。与此同时，市妇联组织开展了“七夕”民俗文化艺术节，对弘扬民族文化，倡导和谐婚姻理念起到了良好效果。

【统筹城乡妇女发展】 各级妇联立足城乡经济社会发展一体化的新高度，帮助农村妇女增收致富，激励城镇妇女创业就业，引领妇女全面参与经济建设。一是大力推进“巾帼科技星火工程”，增强农村妇女致富能力。加强与农林、科技、畜牧等涉农部门合作，组建巾帼科技服务队、宣讲团，依托巾帼科技示范基地、示范村，采取现场示范、基地培训、科技咨询、巡回指导等多种形式，向农村妇女提供技术指导和信息服务。全年各级妇联共举办各类实用技术培训班1030期，受训妇女达10.5万人次，其中3000多名妇女取得了“绿色证书”，成为当地巾帼科技致富的带头人。全市共创建巾帼科技示范基地210个、科技服务基地155个，巾帼科技示范村830个，其中省级“巾帼示范村”9个，有力助推了农村经济的振兴和发展。二是努力实施“巾帼信用致富工程”，为农村妇女开辟致富绿色通道。与农信社、农行等金融部门紧密联系，争取优惠政策，扩大扶持资金。市、县两级妇联协调发放小额信用贷款2005.3万元，争取农行、扶贫等资金160多万元。同时，把信用致富工程与新农村建设试点帮扶工作相结合，与农业部门的沼气工程、畜牧部门的养殖工程相结合，整合资源、集中投入，发展“巾帼信用致富户”4600多户，帮助一批会技术、有能力的妇女筹发展资金、上科技项目、增致富门路，为妇女参与新农村建设提供了有力的支持。三是扎实开展“巾帼创业发展工程”，激发妇女创造活力。南阳作为农业大市，80%的粮食是由农村妇女生产的，为全市连续三年实现粮食产量过百亿斤做出了贡献。在建设新农村、发展现代农业的进程中，各级妇联积极开展“巾帼创业发展工程”，引领农村妇女转变观念、应用新技术；大胆创业，发展产业化。对从事种植、养殖业的妇女，开展了粮食增产技术、集约化养殖技术、特色高效农业生产技术为主要内容的培训和技术服务，培育了一批科技种粮大户、养殖大户；对务工返乡的妇女，引导她们树立市场观念，投身农产品精加工产业、工艺品制作业、服装加工业等，推动形成了“一村一品”、“一乡一业”、“一地一特色”的区域化产业链条。全市涌现出市级“种粮女能手”350名，“创业女能人”220名，1300多名妇女成为种、养、加大户，为发展现代农业，繁荣农村经济做出了突出贡献。在城镇社区，各级妇联坚持不懈服务妇女创业就业。联合劳动和人事部门，开展庆“三八”、送岗位、下岗再就业培训等活动，举办各类培训510期，培训妇女5900人次，安排就业2300多人。17个县市区妇联和市、县直部门被河南省评为“双学双比”活动先进单位。四是“以城带乡帮扶工程”，支援妇女发展生产。各级妇联围绕推进城乡经济协调可持续发展，坚持重心下移、互动联动、统筹推进，动员组织720多个市直、县直妇代会与720个农村妇委会拉手结对。通过开展“十个一”等帮扶活动，发挥机关妇委会自身优势，从技术、项目、资金、培训等方面加大对农村妇女的扶持力度。全年共开展政策法律、技术培训1200多期，捐助资金200多万元，为农村妇代会和农村妇女办了实事、好事，增强了干事创业的实力和后劲。五是拓宽“巾帼文明岗”创建领域，激励妇女建功立业。为进一步深化“巾帼建功”活动，市妇联下发了《关于在市直单位开展“岗岗争创、岗村联创、岗位建功”活动的实施方案》，通过专题部署、观摩交流，抓树典型等工作，带动全市820个市、县直单位开展了“岗岗争创”活动，新增200个单位。27个荣获全国、省、市级文明岗开展了“岗村联创”活动，涌现出了一批业务骨干、技术能手、行业标兵。特别是把“岗村联创”和“以城带乡帮扶工程”紧密结合，架起了城乡妇女联动的桥梁和纽带，促进了城乡妇女的共同发展与进步。全市被授予全国文明岗位5个、河南省文明岗位8个和市级文明岗位20个。

【依法维权】　全市各级妇联坚持以《妇女权益保障法》、《未成年人保护法》等法律法规为主要内容，不断强化依法维权、源头维权和社会化维权，促使妇女儿童共享改革发展成果。积极参与源头立法，大力开展普法教育。7月份，市妇联与市人大联合召开了《河南省实施＜妇女法＞办法》修订工作座谈会，邀请全市各界代表进行认真讨论，提出修改建议30余条，部分被采纳并最终写入《实施办法》，展示了南阳妇女的法律水准；二是出台了《南阳市预防和制止家庭暴力细则》，为受暴妇女争取了政策上的支持和保护。全市各级妇联采取多种形式向广大妇女宣传法律法规知识，提高依法维护自身权益的能力和水平。仅11月份，市、县两级妇联在全市12个中心城区同时举办了一条街宣传活动，参加单位1200多个，共制作展板2000余块，悬挂横幅15000余条，发放宣传材料50多万份，为万余名群众提供了法律咨询服务。在“国际反家暴日”当天，市妇联在南阳日报社举办了反家暴热线活动，在南阳晚报设专版刊登家庭暴力案例，与南阳电视党教台联合持续一周滚动播出《预防和制止家庭暴力细则》，有效地促进了维权工作的健康开展。二是搞好信访接待，参与平安家庭创建。各级妇联不断健全四级信访网络，强化日常信访接待，妇女利益协调机制、诉求表达机制、矛盾调处机制、权益保障机制进一步规范。全年全市共受理来信来访2710件，结案率达99%。继续深化“平安家庭”创建工作，开展了“法制教育进家庭”、“安全知识进家庭”、“和睦新风进家庭”等活动，并结合禁毒宣传和艾滋病预防培训活动，进一步夯实了平安家庭建设的基础。全市共涌现“平安家庭”创建先进集体14个，先进村（社区）30个，示范户5000个。与此同时，市、县两级妇联协调医疗卫生部门，为广大女干部职工免费健康普查，为保障其身心健康做出了努力。三是开展干部培训，提高基本素质。9月份，市妇联举办了中断六年的全市乡科级女干部培训班，请四名市级领导到班上讲南阳现状、讲南阳发展前景、讲妇女作用发挥，市妇联领导结合女干部成长特点，进行交流式授课等，使330名女干部感到受益空前。四是落实专职专选，女性进“两委”实现100%。各级妇联抓住全省第六届村委换届的契机，协助当地党委政府，在妇女参选参政工作中，把好三个关口，提出四条建议，采取四项补救措施，共选出女性委员4776人，确保了女性进“两委”实现100%，妇代会主任进“两委”达到95%以上，在全省居于领先地位，创造了南阳历史上的最高和最好水平，为农村妇女作用的充分发挥选准了带头人，增强了凝聚力。五是加强呼吁，促进妇女参政。妇女参政水平的高低，是衡量一个地区男女平等程度的重要标尺。培养妇女干部，推荐妇女干部，促使更多的优秀女干部走上各级领导岗位是妇联组织的重要职责。继06年底在市妇联努力下，13名女干部走上县处级领导岗位后，2008年，市妇联又多次向市委组织部门汇报反映南阳女干部队伍现状及建议，使6名女干部得到重用，一批市直女干部得到提拔和调整。

【关爱少年儿童】 各级妇联坚持以加强未成年人思想道德建设为主线，不断深化“双合格”（争做合格家长、培养合格人才）家庭教育活动和“留守流动儿童关爱工程”，促进儿童少年健康成长。一是不断深化“双合格”活动。开展“家庭道德教育宣传实践月”系列活动。全年共举办家庭教育巡回宣讲、专题咨询、亲子互动、家庭才艺展示等活动482场次，向6万多名家长传播了科学的教子方法和先进的育人理念。4月份，市妇联与市教育局等7个部门联合制定了《南阳市家庭教育工作“十一五”规划》，并创建了全省唯一一家网上家长学校，开设12个大栏目39个子栏目，利用现代网络信息技术构建学校、家庭、社会“三位一体”教育新体系。“六一”节期间，又与市教育局联合举办了庆“六一”、迎奥运幼儿健身操展示赛，展示了新时期儿童健康活泼、积极向上的精神风貌。市妇联、邓州市妇联荣获“河南省儿童工作先进集体”。二是开展“留守流动儿童关爱工程”。以宣传、帮扶、维权、关爱为重点，推动农村留守流动儿童工作“一个格局”、“五大关护网络”、“五四长效机制”的不断完善。6月份，市妇女儿童工作领导小组在邓州召开全市留守流动儿童工作经验交流会，对“留守流动儿童工程”的开展情况进行了交流和观摩，促进了此项工作的健康开展；“六一”节期间，举行全市“春暖行动”启动仪式，推出12项关爱留守流动儿童公益项目，组织市、县直部门和社会企事业单位踊跃为“春暖行动”项目捐款捐建。全市捐款达60余万元，捐建“阳光操场”15个、“爱心书屋”49个、留守儿童之家4个，60多个单位购买了爱心结对卡，与留守儿童结对2万余人，使“春暖行动”的春风温暖了万千贫困和留守流动儿童。三是推进“代理妈妈”活动。各级妇联十年如一日，坚持开展关爱贫困儿童的“代理妈妈”活动，广泛募集资金，整合社会力量，开展扶贫帮困。全年筹集资助金达120多万元，新增加代理儿童220名，“代理妈妈”总人数累计近万人，使这一品牌性工作产生了强大的社会影响力。

【组织建设】 各级妇联坚持一手抓事业发展，一手抓组织建设，把夯实组织基础、提高干部队伍素质、加强自身建设摆上重要日程。一是基层组织建设进一步完善。在第六届村委换届中，努力把妇女组织建设纳入基层党组织建设的总体规划，消除妇联基层组织建设空白点。全市乡镇妇联、村妇代会组建率分别为100%、98%，市直单位妇委会组建率达96%。二是妇联干部队伍素质进一步提高。各级妇联采取走出去、请进来等方式方法，广泛开展妇联干部培训，提高综合素质。全市选派5名处级女干部，参加了省妇联第十八期女干部培训班。推选66名优秀妇女代表参加了省妇女第十一次代表大会，3名妇女代表参加了全国妇女第十次代表大会。三是机关作风进一步转变。10月份，市妇联开展妇女儿童工作大调研活动，深入各县市区，通过座谈交流、实地查看、听取汇报，掌握第一手资料，形成专题调研报告6篇，为工作开展提供了重要参考。全市各级妇联开展各类调研活动30多次，撰写调研报告20多篇。与此同时，各级妇联结合驻村帮扶工作，开展送温暖、献爱心活动，帮助贫困农村妇女脱贫、资助女童入学、为下岗特困家庭送温暖等200多次，捐助物品资金50多万元，切实为妇女儿童办实事、做好事、解难事。四是妇联基层干部队伍待遇有望得到解决。解决好基层妇联干部的政治、生活待遇，是凝聚人心、团结力量，扎实做好妇女儿童工作的重要保障。市妇联与市委组织部联合下发了《关于在全市开展集中建设妇联基层组织工作的实施方案》，在南阳妇女工作历史上首次把村妇代会主任享受副村级待遇、乡镇妇联主席享受副科级待遇、市直妇委会主任享受正科级待遇写入文件，并和市委组织部联合召开专题会议，明确要求抓住市直妇委会换届和村“两委”换届契机，切实落实妇女干部政治待遇和生活待遇。（勾志峰）

方城是丝绸之路源头之一

2009年，地处河南省南阳市东北的方城县，吸引了一批又一批考古、文史和旅游专家。专家们在对大量文物遗址、遗存考证后认定，南阳方城是古丝绸之路源头之一。

考古研究发现，张骞出使西域所带的丝绸制品主要来自方城，这是张骞后来被封侯方城的主要原因。方城有7000年文明史，古为缯国，天下九塞之一的方城隘口及古方城防御体系古称“缯”关，依据《辞源》的解释，缯为丝织品的总称，早在西周时期，方城就以擅长养蚕抽丝而著称。在方城县境内发现的大量西汉画像石证明，西汉时，方城的丝织技术已相当发达，所产丝绸制品花纹美观，质地柔软，是西汉时上乘丝绸的主产地。

考古研究还发现，方城是古丝绸之路上贸易货物的集散地，是中西方经济和文化交流的重点区域。方城素有“五界一口”之称，水陆交通便利，其优越的地理位置，决定了方城自古就是南北通衢的重要关塞，从方城辐射四方的水陆交通道路以及驿站，均与通四夷的多条丝绸之路衔接起来。

当地现存的大量文物、古迹，也为方城是古丝绸之路源头之一提供了佐证。在方城县小史店镇东南7公里的香山北麓，佛沟摩崖造像镌刻在南北两块天然巨石上，总计造像32龛138尊，主要雕像有一佛二弟子或一佛二菩萨、文殊骑青狮、普贤乘白象等。考古和文史专家研究发现，佛沟摩崖造像雕刻于距今两千多年的汉代，比佛教文化传入中原还要早数百年，从雕刻的风格、细节来看，此雕刻来自西域，是丝绸之路源头在方城的重要物证。方城出土的大量汉画像石有不少胡人形象，进一步表明两汉时期这里与西域就交往频繁。

著名西域史研究专家、中国社科院研究员杨镰介绍说，作为古丝绸之路源头之一的南阳方城，在整个丝绸之路发展史中是不应被忽略的重要环节。古丝绸之路源头考证的成果已引起河南省的高度重视，省旅游局下一步将考虑将丝绸之路源头开发纳入河南省“旅游立省”战略总体规划，进一步挖掘丝绸之路的丰富内涵，推动河南旅游业的发展。

军　事

地方军事

南阳军分区

【军分区工作概况】 2008年度，各级党委坚持以党的十七大精神为指引，深入贯彻落实科学发展观，着眼履行军队历史使命，紧紧围绕“五项任务”，坚持把思想政治建设摆在首位，扎实做好反“台独”军事斗争准备，严格落实从严治军方针，坚持抓基层、打基础，与时俱进、开拓创新、求真务实，各项重大任务完成圆满，民兵预备役建设呈现出良好的发展局面。

一、思想政治建设不断加强，坚持把学习贯彻科学发展观和党的十七大精神作为首要政治任务，突出中国特色社会主义理论和30年改革开放史学习教育这个重点，采取“三统三分”的办法，促进了党委中心组、机关学习质量的提高。积极参加军区、省军区组织的师、团职领导干部轮训和军区远程网络同步培训；团以上干部培训率达到98%以上。“坚定中国特色社会主义信念，有效履行军队历史使命”主题教育深入扎实，“讲党性、重品行、作表率”、认清“西藏问题本质”和“党纪条规学习”以及“三个深化”系列教育扎实开展，基层官兵和职工“每月四堂课”落实较好。坚持不懈地抓好经常性思想教育，开展的经常性谈心活动效果明显，确保了部队的纯洁巩固和集中统一。新闻宣传和政研信息工作取得较好成绩，国防教育有新的进步。

二、军事斗争准备扎实推进，坚持以“五项任务”为牵引，着眼完成多样化军事任务需要，狠抓战备训练工作落实。依据《省军区军事斗争准备三年规划》，进一步修订完善各类基本方案和综合保障计划，购置战备器材设施，应急处突通信指挥手段进一步完善。扎实开展民兵组织整顿工作，突出应急分队建设，调整应急动员任务分队和空军民兵专业分队，加强针对性训练演练，遂行应急任务的能力得到提高。狠抓民兵军事训练，圆满完成了省军区赋予的基干民兵训练任务。广泛开展岗位练兵活动，结合实际拟制了《南阳军分区岗位练兵实施方案》和《现役干部岗位任职能力考核实施方案》，现役干部岗位任职能力考核内容及组织形式受到省军区的充分肯定。积极适应征集主体调整的新变化、新要求，紧紧围绕确保新兵质量这一核心，积极创新动员、审查、监督、奖惩模式，坚持廉洁征兵、规范征兵，圆满完成了士官招收任务和新兵征集任务，高学历青年入伍比例明显提高，高中以上毕业生征集比例达到了82.6%。

三、党委班子和干部队伍建设进步明显，以能力建设和先进性建设为重点的党委班子和干部队伍建设成效明显。坚持把激发动力、提高能力、端正风气、严守纪律、树好形象作为加强党委班子和干部队伍建设的关键问题紧抓不放。围绕强化集体领导观念、强化班子团结意识，提高工作标准、改进领导作风，坚持对团级党委班子经常性考核帮抓，较好地解决了存在的问题，有力促进了班子建设。严格贯彻省军区《关于选拔任用师团职领导干部的实施办法》，积极探索干部选拔任用机制，坚持党管干部、民主推荐干部，加大干部培训、考核和教育管理力度，干部队伍能力素质和结构得到优化。积极推进惩治和预防腐败体系建设，严肃查处违纪违规问题，党风廉政建设不断加强。

四、贯彻从严治军方针取得显著成效，始终坚持把安全稳定工作作为关系全局的重要任务，摆上突出位置，加大从严治军力度。认真贯彻省军区管理教育集训精神，牢固树立安全发展理念，深入贯彻《安全工作条例》，扎实开展条令法规学习和百日安全竞赛活动，集中开展“四项整治”和安全隐患排查，各级的安全预防意识进一步增强，打牢了安全发展的思想基础。突出抓好奥运会等重要敏感时期安全管理工作，严格落实省军区“特别讲政治、特别守纪律、特别重实干、特别抓落实”的指示要求，切实做到了保稳定、多贡献、不添乱。坚持瞄准薄弱环节抓落实，突出人车枪弹密酒等重点，抓好重要部位和重点目标的管理，坚持把民兵武器装备仓库作为管理工作的重中之重。完成了县级仓库和人武部兵器室武器装备转运任务，落实了武器弹药的集中管理。对军分区武器装备仓库安防设施和房屋、围墙等进行配套完善和改造施工。抓好仓库人员的使用管理，落实库管人员每年两次政治审查，调整了仓库管理干部，确保了重要部位的安全稳定。圆满完成了士兵的复转退役和士官的选取工作。加大车辆安全管理力度，将封存车辆集中统一管理，有效解决了车辆动用频繁等问题。

五、后勤综合保障能力不断提高，扎实进行国民经济动员潜力调查统计，进一步修订完善各类后勤战备方案。深入开展后勤岗位练兵活动，后勤干部素质有新的提高，在河南省军区财务业务比武活动中取得了优异成绩。加强基础设施和配套设施建设，完成了老干部公寓房腾退拆除后的营院绿化美化，创造了良好的工作生活环境。制定出台了南阳军分区《县（市、区）人武部营区基本建设管理规范》，进一步规范人武部营区土地管理、新营区迁建管理和建筑施工管理。军需物资油料、军交运输、医疗卫生等各项保障得到加强。加大审计和监督力度，对民兵综合训练基地和办公楼装修改造等工程进行审计，对离任主官进行经济责任审计，配合保障军区审计局圆满完成了司令员陈代云的履行经济责任审计工作。07式服装发放供应任务完成圆满。加大职工队伍管理，对职工队伍建设情况进行深入调研，撰写的高质量调研报告为省军区加强职工队伍管理提供了科学依据。后勤信息交流和学术研究被省军区后勤部评为“二等奖”。

六、军政军民关系更加和谐融洽，坚持把支援地方经济建设作为双拥共建的重要内容，作为军分区系统的重要职责和练兵强兵的重要途径，紧紧围绕市委、市政府的中心工作，积极协调驻军和组织广大民兵预备役人员参加经济建设、新农村建设、和谐社会建设和平安建设，军政军民关系更加和谐融洽。根据省军区部署要求，大力实施支援社会主义新农村建设“五个一”工程，特别是资助60名贫困大中专学生，产生了良好的政治和社会效益。积极参加“平安南阳”建设，民兵治安巡逻分队成为地方平安建设的一支重要力量。对抗击雨雪冰冻灾害、支援抗震救灾、抗洪抢险、植树造林等急难险重任务，各级高度重视，思想敏感，行动积极，主动请战，完成任务出色，受到地方党委政府和人民群众的高度赞誉。充分发挥军地桥梁纽带作用，协调军地认真做好了“抗震救灾英雄战士”武文斌的学习宣传及家庭解困工作，做好了二十集团军装甲旅重大交通事故的善后工作，受到了两级军区首长的高度肯定和表扬。

【冯兆举到南阳军分区检查调研工作】　11月20日，济南军区副司令员冯兆举带工作组，对南阳军分区民兵预备役工作和年度征兵工作进行检查调研。工作组在省军区副司令员杨武的陪同下，听取了军分区的工作汇报，召开了军分区机关及部分人武部人员参加的座谈会，查看了军分区机关办公楼和“三室两库”情况。冯兆举指出：南阳军分区是个老分区，1949年组建的，工作做得很好，很有成果，有些工作在全区具有影响力。这得益于军分区各级党委的正确领导，得益于全区上下的共同努力。现在的党委班子一班人思想很稳定，能够按照民主集中制的原则，按照“十六字方针”，加强集体领导。做到大事大议，进行集体决策、民主决策。特别是事关干部、战士的切身利益方面，能够做到公开、公正，体现了党委班子的凝聚力和战斗力。南阳军分区能够紧紧围绕担负的任务，抓好以动员工作为中心的各项工作任务的完成，能够发挥桥梁纽带作用，积极协调地方党委政府推出了武文斌等先进典型。同时要求，动员工作是三维一体的武装力量的组成部分，是国家的一项重要体制，也是国家大的优势。做好此项工作，对于抓好军委新时期军事战略方针，增强全民的国防观念，维护国家政权稳定都将起到很重要的作用，尤其是在新的历史时期有新的作用。要发挥好各级政府的教育引导作用，同时，面对方方面面的矛盾和威胁，民兵预备役在维护稳定中将发挥不可替代的作用。动员工作就是维护政权稳定，抓动员工作就是抓和平、稳定和统一。当前，动员工作确实面临很多矛盾和问题，要调整。要依托现有的法规政策。要依托现有的组织领导机制，要在坚持党的绝对领导下，由地方政府、当地最高军事机关共同组织实施。

【王健到南阳军分区检查调研工作】 11月25日，济南军区政治部主任王健到南阳军分区检查调研工作，市领导朱广平、原永胜，南阳军分区领导陈代云、任锋、傅生华、祝润安、李建伟、王波等先后陪同。王健首先听取了南阳军分区全面建设情况汇报并给予充分肯定，随后在军地有关人员的陪同下到内乡县进行了工作调研。

【刘孟合到南阳军分区检查指导工作】 9月21～22日，河南省军区司令员刘孟合带工作组，莅临南阳检查指导工作。市领导黄兴维、朱广平、李建豫，南阳军分区领导任锋、傅生华、祝润安、李建伟、王波、董建亚等先后陪同。工作组在宛期间听取了军分区党委工作汇报，先后深入军分区机关，卧龙区、宛城区、内乡县、方城县人武部，检查指导岗位练兵工作、百日安全竞赛活动等开展情况，实地查看了南阳军分区民兵综合训练基地和民兵装备仓库建设情况。刘孟合指出：南阳军分区坚持以十七大精神为指导，深入贯彻落实科学发展观，积极适应新的形势任务要求，在省军区的正确领导下，在地方党委、政府的大力支持下，突出工作重点、高标准建设，各项工作成绩斐然。

【颜纪雄莅宛调研工作】 8月13～14日，省军区政委颜纪雄带工作组到南阳市进行调研。市领导黄兴维、朱广平、原永胜、李建豫，南阳军分区领导陈代云、任锋、傅生华、祝润安、李建伟、王波、董建亚等先后陪同调研。颜纪雄认真听取了南阳市经济、社会、文化、旅游等各项事业发展情况的汇报，并深入天冠集团、中光学集团、金光数显公司等企业进行参观考察。颜纪雄对南阳市经济社会又好又快发展以及党管武装、“双拥”等工作取得的显著成绩给予高度评价。颜纪雄通过听取汇报、开展谈心等方式，对南阳军分区全面建设情况进行深入调研并给予充分肯定。他指出：近年来，南阳军分区党委认真贯彻党中央和中央军委重要指示精神，认真履行党委领导职责，充分发挥集体领导作用，改革创新意识，班子建设继续保持发展进步、团结的好势头。同时，注重加强思想政治建设，切实履行抓大事、把方向的责任，从思想上、政治上建设和掌握部队，军分区及民兵预备役全面建设取得了显著成绩。颜纪雄就南阳军分区当前和今后一个时期的工作提出了四点要求：一是进一步抓好官兵的思想政治建设，积极推进思想政治工作创新发展，充分发挥思想政治工作服务保证功能，用党的创新理论武装官兵的思想。二是进一步研究探索加强民兵预备役建设的有效途径，在实践中摸索适应社会主义市场经济体制的民兵预备役建设的新路子，提高民兵预备役建设质量。三是进一步发挥党委的领导核心作用，坚持民主集中制原则，重大问题集体研究决定，规范党委自身建设。四是积极开展军民共建，在新农村建设、社会文明建设和维护社会稳定等方面发挥应有的作用，确保一方平安。

【组织首长机关训练】 年初，司令部针对军分区所担负任务，制定了年、月、周训练计划。在新大纲规定的课目内，按照“大纲明确、岗位需要、突出重点、贴近实际”的原则，业务基础以基本常识和技能为主；军事理论以学习中国特色军事变革基础知识为主；战术课目以平时可能担负的任务为主，体能训练以提高身体素质为主，认真抓好首长机关以新知识、新理论、新技能、新装备、新战法为主的学习训练。在具体落实中，严格落实各项训练制度，坚持训练登记和考勤登记，完善了军分区军官军事训练档案，组织机关进行了按纲施训考核。

【开展岗位练兵和比武竞赛】 根据年度工作计划安排，本着区分层次、突出重点、着眼实效、确保落实的原则，对按纲施训和岗位练兵进行了具体筹划和部署。重点抓了现役干部岗位任职能力训练。拟制了《南阳军分区岗位练兵实施方案》和《现役干部岗位任职能力考核实施方案》，明确了岗位练兵比武竞赛的内容、阶段和参加人员、组织方法等；将各类人员应知应会知识收集整理并编拟成600道考题，与政治部、后勤部共同建立了岗位练兵理论知识考核题库；并与南阳理工学院联合开发了随机抽题软件。9月21～22日，组织所属人武部现役干部分类进行了岗位任职能力考核。考核内容及组织形式受到省军区的充分肯定。

【修订计划方案】 根据省军区要求，在上年完成军分区本级方案修订的基础上，6月底前，指导13个县（市、区）人武部分别完成了19个战备方案和6个配套保障计划的修订完善工作。

【开展“四无”活动】 认真贯彻省军区管理教育集训精神，牢固树立安全发展理念，深入贯彻《安全工作条例》，在全区深入开展“四无”（无责任亡人事故、无刑事案件、无严重违纪问题、无军民纠纷）活动，按照省军区提出的“六个方面问题不能出”的要求，突出安全管理工作重点，抓好全区安全管理工作落实。第一季度结合两级军区组织的学用法规活动，在全区集中开展了以安全法规为重点的条令法规学习，强化官兵的法规意识，提高依法办事能力。开展了作风纪律教育整顿，着力解决薄弱环节和倾向性问题，进一步规范了“四个秩序”。

【开展“百日安全竞赛”活动】 6月20日～9月30日，根据上级通知要求，南阳军分区深入开展了“百日安全竞赛”活动。6月18日省军区电视电话会议结束后，军分区党委立即对“百日安全竞赛”活动开展进行了专题研究。军分区制定了《南阳军分区“百日安全竞赛”活动实施方案》，成立了以副司令员傅生华、副政委祝润安为组长，李建伟、王波、董建亚为副组长，机关司、政、后各1名干部为成员的“百日安全竞赛”领导小组，具体负责竞赛活动的组织指导、督察检查和验收总结工作。6月25日上午，军分区召开了由首长机关和所属团级单位全体干部、职工参加的“百日安全竞赛”动员部署电视电话会议。会上，傅生华就开展“百日安全竞赛活动”进行了动员和部署。陈代云就如何结合“四项整治”开展“百日安全竞赛”活动、如何抓好安全管理工作落实等问题作了进一步明确。从9月16日开始，由傅生华带队，参照河南省军区下发的《“百日安全竞赛”活动检查评比细则》规定的检查内容与标准、检查方法组织军分区机关和各团级单位“百日安全竞赛”活动开展情况进行检查，促进了全区“百日安全竞赛”活动深入开展，确保全区安全稳定。

【民兵组织整顿】 按照分

类、定量、定性的原则，研究制定了《民兵组织建设检查标准》和《民兵整组检查评分细则》。4月14～18日，军分区党委常委带工作组，分片对13个县（市、区）和高新区、河南油田的民兵组织整顿工作逐一进行了检查，对36个基层武装部和40余个民兵营（连）整组工作进行了检查验收，对10多个不同类型的民兵分队进行了点验。

【开展“坚定中国特色社会主义信念，有效履行军队历史使命”主题教育和“讲党性、重品行、作表率”教育活动】 5月5～9日，根据省军区统一部署，全区利用5天时间集中开展了“坚定中国特色社会主义信念，有效履行军队历史使命”主题教育和“讲党性、重品行、作表率”教育活动，教育坚持以深入学习理解党的十七大精神为主线，以坚定中国特色社会主义信念为核心，以总政教育学习材料和军区教育讲课提纲为基本教材，以强化战斗精神、有效履行使命为着眼点，通过学习理论、授课辅导、讨论辨析、活动牵引相结合，使广大官兵更加坚定了高举伟大旗帜、听党指挥的信念，增强了对全面建设小康社会的信心，对中国特色社会主义理论体系有了比较全面的理解把握，进一步确立了科学发展观在部队和国防后备力量建设中的指导地位。增强了积极推动“五项任务”准备，有效履行军队历史使命的自觉性。也使大家看到了自身在思想观念、能力素质、精神状态等方面存在的差距，增强了提高自身能力素质的紧迫感，高标准完成各项任务的责任感，立足本职岗位建功立业的荣誉感，为军分区全面建设奠定了良好的思想基础。

【“每月四堂课”教育成效明显】 为进一步打牢基层官兵和职工的思想政治基础，从5月份开始，坚持在全区广大基层官兵和职工中深入开展以坚定理想信念、培育道德情操、模范遵规守纪、强化安全意识为主要内容的“每月四堂课”教育。教育着眼形势任务发展变化，紧贴单位和个人实际，以省军区编印的《每月四堂课教育提纲》为基本教材，采取请进来、走出去，大课堂、小讨论等灵活多样、行之有效的方法手段，认真解决基层官兵和职工中存在的突出现实思想问题，有效提高了广大基层官兵和职工的思想觉悟，确保了年度各项工作任务的圆满完成和部队的安全稳定。

【开展法纪教育】 10月13～15日，采取市、县、乡三级联学联教的形式与省军区同步开展以强化征兵政策纪律观念和安全发展理念为主题的法纪教育。教育坚持以邓小平理论和“三个代表”重要思想为指导，深入贯彻落实科学发展观，认真学习胡锦涛关于从严治党、从严治军和安全发展的一系列重要指示，学习上级关于征兵和安全稳定工作方面的政策法规，学习省军区首长在教育动员时的讲话精神，认真对照单位实际，进行检查分析，查摆问题，制定措施，进行整改。通过教育，广大官兵的政策纪律观念进一步增强，安全发展意识进一步强化，为年度征兵工作任务的圆满完成和各项工作的顺利开展奠定了扎实的基础。

【开展中国特色社会主义发展史教育】 10月21～23日集中3天时间，在全区集中进行了中国特色社会主义发展史教育。通过教育，使全体官兵和职工学习了解了中国特色社会主义的发展历史，理解掌握了中国特色社会主义理论体系的精神实质，充分认清了走中国特色社会主义道路的历史必然性和无比正确性，进一步打牢了高举旗帜、听党指挥、履行使命的思想政治基础，有效激发了广大官兵、职工为夺取全面建设小康社会新胜利、开创部队民兵预备役建设新局面，有效履行军队历史使命作贡献的政治热情。

【加强干部队伍建设】 在干部队伍建设上，认真贯彻落实省军区党委《关于选拔任用师团职领导干部的实施办法》和南阳军分区《关于推荐选拔任用团以下干部的实施意见》，严格干部任用标准，完善用人机制，坚持党管干部、德才兼备、注重实绩、群众公认、公平公正、合理配置、依法办事的原则，及时调整充实了干部队伍，全年共调整31名干部，其中主官调整5人，进一步优化了干部队伍结构，增强了干部队伍活力。

【广泛开展纪念改革开放30周年庆祝活动】 为庆祝改革开放30周年，南阳军分区积极行动，广泛开展了一系列纪念活动。一是组织全区官兵认真收听收看党中央纪念改革开放30周年庆祝大会实况。二是组织市书画界知名人士与分区官兵开展书画笔会活动。三是举办了一次“改革开放与国防建设”征文活动。

【深入开展向武文斌学习活动】 获悉武文斌牺牲在四川抗震救灾一线后，南阳军分区党委和机关立即行动，在组织广大官兵和民兵预备役人员开展“识英雄、学英雄、见行动”活动的同时，积极协调地方党委政府，配合部队搞好深入扎实的学习宣传活动。一是组织人员到英雄故乡深挖英雄生前先进事迹，为军区深入宣传英雄事迹奠定了基础；二是积极协调地方党委政府解决英雄家庭实际困难。市党政军领导先后两次对武文斌的父母进行看望慰问，共送慰问金5万元。同时，将武文斌的母亲列入邓州市低保对象。协调残联部门为其智障弟弟办理有关残疾人优待证和技能培训，并吸收到残联工作；三是修建了一条长2.5公里、宽6米的从省道通向其村内的公路，并命名为“文斌路”，完成了英雄生前筹资为村民修路的愿望；四是协调南阳市委宣传部、南阳市文化局编排了曲剧《武文斌》，并进行了公映；五是配合市委组织部和“八一”电影制片厂编导到127师进行采访，做好数字电影《武文斌》拍摄的有关准备工作；六是协调军地有关方面做好邓州“文斌小学”命名活动。11月26日，济南军区政治部副主任张宝明、河南省军区副司令员曹建新、54集团军政委高建国、信工大副院长贾文平及127师和军分区首长在南阳市委书记黄兴维、市长朱广平等陪同下到英雄生前所在小学参加了命名大会。

【认真落实“五个一工程”】

南阳军分区积极响应两级军区号召，认真贯彻落实省军区《关于在全区实施支援社会主义新农村建设“五个一”工程的意见》要求，在全区广泛开展“落实五个一，援建新农村”活动。在帮扶贫困村上，军区各单位都对所属辖区的村组进行了调查摸底，然后根据实际情况确定帮助对象，结成定点帮扶对子14个。在资助贫困学生上，组织全区现役干部全部开展了捐资助学活动，捐款将近10万元。并于6月初将捐款资助给了在南阳师院、南阳医专两所高校上学的思想进步、成绩优良、家庭贫困的60名新入校大中专学生。在帮带烈军属上，主要是帮助他们发展农副业生产，协调提供就业机会，培训提高创业致富技能，指导开展多种经营，解决生产生活中的实际问题。在解决军人军属涉法问题上，认真疏理全区的军人军属涉军案件，集中人力、物力进行攻坚。在帮建农村医疗卫生室上，积极协调地方民政、卫生部门对全区所有农村医疗卫生室进行调查，挑选出一部分卫生医疗室进行重点帮建。军分区卫生所把价值数千元的氧气瓶、输液架等医疗器械捐给镇平县老庄村任家沟村卫生室。

【加强党风廉政建设】 开展党纪条规学习教育，组织全区进行廉政法规知识竞答，结合军分区实际，制定完善了军分区《党委常委议事规则》、《南阳军分区党员领导干部工程建设中廉洁自律若干规定》、《加强团级单位财务管理的意见》、《南阳军分区财务管理补充规定》、《关于廉洁征兵有关规定》等一系列规章制度。坚持每季度分析一次党风廉政建设情况，重点查找问题，分析原因，制定对策。疏通监督渠道，设立举报信箱和举报电话，对群众反映和发现的问题，严肃查处，积极整改，从制度上筑牢“防腐线”。

【加强新闻报道工作】 2008年，重视和加强新闻报道工作，被河南省军区表彰为新闻报道工作先进单位，这是继2003年以来，连续第6次受到省军区表彰。

【黄兴维荣膺“全国关心支持国防建设十佳新闻人物”】 在解放军报社、中国国防报社、中国民兵杂志社举办的

"全国关心支持国防建设十佳新闻人物"评选表彰活动期间，军分区积极向其推荐市委书记黄兴维。经过考评团综合考察评定，黄兴维被评选表彰为"全国关心支持国防建设十佳新闻人物"。

【全力支援四川汶川地震灾后重建】　四川汶川发生特大地震后，军分区积极行动，一是组织全区人员进行捐资捐物，全区官兵共捐款135880元，捐赠衣被900余件；二是做好了对南阳籍抗震救灾军人家庭的慰问工作，协调市委、市政府联合作出了向邓州籍战士武文斌学习的决定，并向省军区上报了有关情况，看望慰问了兰州军区某陆航大队大队长张晓中家庭；三是协调地方有关部门快速妥善解决了6起参加抗震救灾战士家庭的涉军纠纷。

【后勤战备训练】　紧紧围绕完成多样化军事任务后勤保障要求，抓具体促深化，后勤战备训练工作得到有效落实。认真抓好民兵后勤专业分队建设，根据《南阳市基干民兵组织建设"十一五"规划》和《二〇〇八年民兵组织整顿工作指示》要求，对13个县（市、区）人武部民兵后勤专业分队编组、训练、动员、管理、使用等情况进行调研，基本摸清了底数，较好地解决了各单位在民兵后勤专业分队建设中存在的编组不科学、训练不落实、管理不到位等问题。深入开展后勤岗位练兵活动，制定下发了《关于组织开展全区后勤岗位练兵活动的通知》，明确了参训人员、时间、方法及要求，后勤干部能力素质明显提高，在参加省军区组织的财务比武竞赛中，取得第三名的好成绩。采取岗位自学、送学深造等形式，认真抓好新任职后勤干部业务培训，不断提高岗位任职能力。紧紧围绕提高遂行非战争军事行动后勤保障能力，认真研究新形势下军分区系统保障任务的方法路子，撰写上报研讨文章10余篇。深入开展后勤信息和学术研究交流活动，全区在军（省）级以上刊物上发表后勤学术文章和工作信息18篇，获得省军区后勤部二等奖。

【后勤业务改革】　按照上级的部署要求，结合单位实际，大力推进后勤各项改革，部分改革取得了初步成效。深化资产管理与预算管理相结合改革，严格按照《省军区师、团级单位实物资产限额标准管理办法》，统一编配全区资产限额标准，规范资产处置与收缴使用管理。积极推行行政消耗性费用货币化支付改革，认真落实《省军区师、团级单位行政消耗性费用货币化支付实施办法》，实现了水电费、通讯费等货币化支付。深化营房保障社会化改革，进一步完善管理机制，协调业主委员会与物业公司签定正式《物业服务管理合同》，督促业主委员会履行职责，逐步实现与分区管理脱钩。（何应华　丁泽增）

武　装　警　察

武警南阳市支队

支队长　姬志刚

政委　郭炬

【武警支队工作概况】　2008年，认真贯彻落实武警总部、省总队指示要求，狠抓各项工作落实，圆满完成以执勤和处突为中心的各项任务，高标准实现“两个确保”，连续三年被省总队表彰为“基层建设先进支队”。

一、思想政治建设成效明显。精心组织“坚定理想信念，忠实履行使命，永远做党和人民的忠诚卫士”主题教育，有效抓好六项经常性基础性政治工作落实。认真组织官兵参加武警总部举办的“学习新党章知识竞赛”，邓州市中队指导员王博荣获一等奖。广泛开展“我为奥运添光彩、我为祖国作贡献”系列文化活动，参加省总队组织的乒乓球比赛，获得季军。扎实开展拥政爱民活动，踊跃参加“情系灾区、奉献爱心”捐款，支队团委被表彰为“河南省五四红旗团委”，邓州市中队中队长唐洁被表彰为“第三届河南省杰出青年卫士”和“第八届河南省优秀青年”，涌现出“舍己救人的好战士”——直属大队一中队战士赵景涛。积极做好任务中政治工作，遂行镇平“3·25”重大秘密抓捕任务中的政治工作做法被省总队转发。扎实做好新闻宣传工作，被省总队表彰为“新闻工作先进单位”，荣获省总队网上信息一等奖。政治处自身建设得到全面加强，被武警总部表彰为“先进支队政治机关”。

二、中心任务完成圆满。认真贯彻落实省总队执勤、战备两个特别规定和《加强执勤工作补充规定》，确保固定目标的绝对安全。狠抓部队军事训练，参加省总队参谋业务比武和优秀“四会”教练员网上考核，取得较好成绩。支队被武警总部表彰为“标兵台站”，被省总队表彰为“先进司令部”和“侦察情报工作先进单位”。扎实做好处突战备工作，为每个中队争取反恐经费，购买反恐装备。参加南阳市2008——“利剑3号”反恐演练，提高首长机关应急指挥能力和分队应急处置能力。圆满完成“1·30”中央首长专机备勤任务、“5·10”国务院总理温家宝莅宛视察一级加强警卫勤务、第三届豫商大会安全保卫、捣毁“涉黑”团伙和突审现场外围警戒以及押解押运、抗洪抢险、灭火救援等重大临时勤务，受到武警总部、省总队的充分肯定和地方党委政府的高度评价。

三、安全发展根基进一步巩固。认真贯彻武警总部1号文件精神和《武警河南总队防范重大安全问题的措施》，围绕省总队确立的“零事故案件”目标，扎实开展安全教育、安全隐患排查整治和“百日安全无事故”活动，完成支队机关执勤信息化建设任务，实现科技创安的要求。认真贯彻落实省总队《非常时期部队管理特别规定》，扎实抓好奥运安保期间部队封闭式管理，部队实现安全稳定目标。支队被武警总部表彰为“连续五年预防事故案件工作先进单位”，被省总队表彰为“安全工作先进单位”。

四、基层建设水平全面提升。认真落实武警总部《关于深入抓好武警部队各级党委（支部）班子考察帮建工作实施意见》和“季度过中队”制度，加大帮建力度，基层党支部“三个能力”有较大提高，邓州市中队党支部被省总队表彰为“标兵党支部”，2个中队党支部被省总队表彰为“先进党支部”。扎实开展“三个意识”（政治意识、大局意识、法纪意识）教育，每月向基层干部下发函授作业，组织所有干部签定履职尽责保证书，协调干部子女入学、入托，对支队转业干部的工作进行妥善安置，拿出资金用于干部困难救济、发放福利和子女学费补助，激发广大干部提高素质、干好工作的热情。广泛开展“夺旗争星”评比竞赛活动，继续采取季度分口考评和“分层次竞争、按比例升降”的办法，认真组织季度双向讲评。邓州市中队被省总队表彰为“基层建设标兵中队”，新野县中队、淅川县中队、直属大队一中队、内乡县中队、南召县中队被省总队表彰为“基层建设先进中队”。1个中队荣立集体二等功，2个中队、17个班荣立集体三等功，1人荣立二等功，27人荣立三等功，166名战士被评为“优秀士兵”。

五、后勤综合保障能力显著增强。经费管理规范严格，支队被省总队表彰为

"先进后勤机关"和"四类经费管理先进单位"。严格落实伙食管理五项制度，扎实开展"伙食指导周"活动，官兵对伙食满意率达95%以上。继续加大"四项设施"建设力度，支队机关实现整体搬迁，被官兵称为"暖心工程"的新生活区主体工程已基本完工。镇平县中队搬入新营区。基层"四项设施"完全配套率达90%以上、基本配套率达100%，被省总队表彰为"基层'四项设施'建设先进支队"。

【担负南阳市"白河之春"元宵节焰火晚会安保任务】 2月21日晚，支队出动官兵担负南阳市"白河之春"元宵节焰火晚会安全保卫任务。支队长姬志刚、政委赵顺民亲自审定执勤方案，亲临一线组织指挥，全体执勤官兵依法执勤、文明执勤，任务完成圆满，受到与会领导和人民群众的高度赞誉。

【参加种植"奥运林"活动】 3月11日，支队出动官兵参加南阳"奥运林"植树活动，种植红李、香樟等名贵树木共180余棵。

【担负中国·南阳第六届玉雕节暨首届宝玉石博览会安保任务】 4月15日，中国·南阳第六届玉雕节暨首届宝玉石博览会在南阳市体育中心隆重开幕。国家政协原副主席张思卿、副省长宋璇涛，省长助理何东成和南阳市领导黄兴维、朱广平等国家、省、市领导和宝玉石专家出席开幕式。支队受领任务后，高度重视，支队领导亲临一线部署勤务，进行现场指导；执勤官兵依法执勤，文明执勤，以严谨的作风、过硬的素质、热情的服务圆满完成安全保卫任务，受到与会领导、嘉宾和人民群众的一致好评。

【担负南阳机场反劫机机动备勤任务】 4月28日～8月18日，支队每天出动官兵，担负南航训练基地奥运安保飞机临时守卫和反劫机机动备勤任务。执行勤务过程中，支队长姬志刚、政委赵顺民多次深入机场检查指导；担负执勤任务的官兵克服天气炎热带来的不利因素，坚持依法执勤、文明执勤，树好自身形象，受到机场领导和旅客的一致好评。

【举办"官兵齐唱和谐"歌咏比赛】 4月29日上午，支队利用电视会议系统，组织所属基层中队举行"官兵齐唱和谐"歌咏比赛。经过激烈角逐，直属大队一中队摘得桂冠，邓州、唐河等5个中队分别获得二、三等奖。

【开展向地震灾区"送温暖、献爱心"捐款活动】 5月12日，四川省汶川县发生8.0级强烈地震，为帮助灾区人民度过难关，支队积极开展向灾区送温暖献爱心捐款活动，共捐款167034元，向灾区人民献上一份深情厚意，用实际行动展示人民武警爱人民的良好形象。

【武警总部法律服务工作组莅临支队开展法律咨询活动】 5月27日，由武警总部保卫部干事赵建新、武警北京军事法院法官曹广进和武警济南军事检察院检察长张吉忠组成的法律服务工作组，在省总队秘群处干事王涛的陪同下来到支队，为官兵进行普法教育和法律咨询活动。工作组利用电视会议系统，采取集中授课、案例剖析、观看录像等多种形式为基层官兵开展法律服务，并现场解答官兵提出的问题，增强官兵法纪观念，提高依法解决涉法问题的能力。

【支队举行新营区搬迁仪式】 6月29日上午，支队隆重举行新营区搬迁仪式，支队党委成员、机关干部、驻市区中队部分官兵参加仪式。仪式由支队长姬志刚主持，政委赵顺民代表支队党委讲话。支队新营区于2006年奠基开工建设，于2008年1月竣工验收。营区总面积78.05亩，实用面积60.06亩，主要建筑包括机关办公楼、警通中队、一中队、卫生队和招待所，建筑总面积14178.23平方米。

【武警总部工作组到支队检查指导安全工作】 7月11日，武警总部警务部副部长丁福建一行4人在省总队副总队长丁信志、副参谋长熊先海陪同下莅临支队检查指导安全工作。丁福建一行首先对南召县中队安全工作开展情况进行检查，工作组深入班排、勤务值班室、兵器室、弹药库、哨位、食堂以及各个库室进行认真细致的查看，并与中队官兵进行座谈。随后，认真听取支队党委安全工作汇报。丁福建对支队安全工作开展情况以及支队全面建设取得的成绩给予高度评价，就做好奥运期间部队安全保卫工作对支队全体官兵提出希望和要求。

【支队官兵参加抗震救灾烈士武文斌安葬仪式】　7月21日20时，抗震救灾英雄战士武文斌烈士骨灰安葬仪式在邓州市烈士陵园隆重举行，支队官兵出席安葬仪式。

【刘生辉到支队检查指导工作】　8月22日，省总队政委刘生辉一行深入南阳市支队检查指导工作。刘生辉到支队后，先后检查机关营院、直属分队以及施工在建的新生活区。随后，在支队党委会议室与支队在家的党委成员进行亲切座谈。座谈中，刘生辉充分肯定支队在部队全面建设和奥运安保期间所做的工作，并结合当前部队面临的形势，明确具体任务，提出具体要求。

【担负第三届豫商大会安保任务】　8月28日，河南省第三届豫商大会在南阳市体育中心隆重开幕。全国政协副主席李蒙、省委书记徐光春、省长郭庚茂、省政协主席王全书和和南阳市市委书记黄兴维、市长朱广平等国家、省、市领导150余人和2000余名贵宾及豫商参加开幕式。支队出动官兵担负安全保卫任务，受到与会领导、嘉宾和人民群众的一致好评。

【担负中国·南阳第七届张仲景医药科技文化节安保任务】

9月20日，中国？南阳第七届张仲景医药科技文化节在南阳市体育中心隆重开幕。国家科技部副部长刘燕华、河南省副省长徐济超和南阳市市委书记黄兴维、市长朱广平等国家、省、市领导、嘉宾400余人出席开幕式，现场观众4000余人。支队出动官兵担负安全保卫任务，支队领导亲临一线组织指挥，执勤官兵坚持依法执勤、文明执勤，警容严整，警资端庄，树立威武之师、文明之师的良好形象。

【担负南水北调中线工程南阳段开工动员大会安保任务】

9月26日上午，由国务院南水北调办公室、河南省人民政府主办的“南水北调中线工程南阳段开工动员大会”在南阳市举行。国务院南水北调办公室副主任宁远、河南省省长郭庚茂和南阳市市委书记黄兴维、市长朱广平等领导参加动员大会。支队出动官兵担负动员大会现场安全保卫任务，执勤官兵以严整的警容警姿、严明的纪律作风、过硬的军事素质圆满完成勤务，受到与会领导及友邻单位的高度赞扬。

【担负2008年“盘古杯”全国越野摩托车比赛安保任务】

9月27～28日，2008年“盘古杯”全国越野摩托车比赛在南阳市桐柏县进行，支队配合公安机关担负比赛安保任务。执勤官兵服从命令，听从指挥，执勤任务完成圆满，受到当地党委政府和人民群众的高度赞誉和一致好评。

【陈进平到支队检查指导工作】　10月7日，省总队总队长陈进平一行3人，到支队检查指导工作。到达支队后，先后深入方城县中队、直属大队一中队、警通勤务汽车中队、卫生队及机关检查指导工作。每到一个单位陈进平都亲自上哨位、进厨房、查库室，与官兵亲切交谈，仔细询问官兵学习、训练、工作、生活及部队全面建设情况。随后在支队党委会议室听取部队工作情况汇报。陈进平对支队的整体工作和党委班子建设情况给予充分肯定，对下步工作提出希望和要求。

【召开基层正规化建设暨“四配套”建设现场会】　10月28日，支队在内乡县中队召开基层正规化建设暨“四配套”建设现场会。会上，内乡县中队官兵演示警容风纪检查、依图讲解执勤方案、执勤研究会议的召开等内容，与会代表还参观中队各项硬件设施，查看各种软件资料。现场会的召开，进一步统一规范基层建设标准，提高部队正规化建设层次。

【担负南阳解放60周年庆祝大会安保任务】　2008年11月4日上午，“南阳解放60周年庆祝大会”在解放广场隆重举行。支队出动官兵担负庆祝大会的安全保卫任务。执勤官兵以良好的形象，严明的纪律圆满完成勤务，受到市领导及与会嘉宾的一致赞誉。

【完成纪念改革开放 30 年文艺晚会表演任务】 12 月 23 日晚，南阳市纪念改革开放 30 年专场文艺晚会——《永远的春天》在南阳电视台演播大厅举行，支队官兵参加演出。官兵表演的节目《南阳，向前走》受到市领导和社会各界的一致好评。

【支队通信台站被武警总部表彰为“标兵台站”】 年初以来，支队通信台站以开展“争创先进台站”和“争当优秀值机员”活动为契机，依据《通信值勤管理实施办法》，按照支队级通信台站建设标准，先后进行全面升级改造，为中心任务的圆满完成提供有力的通信保障。12 月，被武警总部表彰为“标兵台站”。

【支队政治处被武警总部表彰为“先进支队政治机关”】 近年来，支队政治处围绕建设政治强、业务精、作风实、形象好的高素质、高效能的政治工作领导机关，有力促进自身全面建设和政治工作的创新发展，充分发挥在高标准实现“两个确保”和推动部队建设又好又快发展中的服务保证作用。12 月，被武警总部表彰为“先进支队政治机关”。

【支队团委被表彰为“河南省五四红旗团委”】 近年来，支队团委坚持以“三个代表”重要思想和科学发展观为指导，以《军队共青团工作条例》为依据，按照胡锦涛“四个新一代”的指示要求，紧紧围绕履行新世纪新阶段历史使命，坚持“党建带团建”，按照“班子建设好、主题活动好、支部建设好、活动阵地好”的基本标准，广泛开展“四联活动”，较好地发挥党的助手作用、完成任务的突出作用和联系广大青年的桥梁作用，不仅有力地推动部队全面建设和中心任务的圆满完成，而且为地方的“四个文明”建设做出突出贡献。5 月，支队团委被表彰为“河南省五四红旗团委”。

【邓州市中队党支部被省总队表彰为“十大标兵党支部”】

邓州市中队自组建以来，历届党支部始终坚持中心居中，围绕中心抓建设，抓好建设保中心，带领官兵有效履行职责使命，中队连续 59 年实现执勤安全发展，连续 59 年没有发生政治性问题、刑事案件和责任事故。2008 年，被省总队表彰为“十大标兵党支部”

【邓州市中队被记集体二等功】 中队自 1949 年 3 月组建以来，党支部战斗堡垒作用发挥好，党员干部先锋模范意识强，中队安全发展成绩突出，实现连续 59 年执勤安全发展、59 年没有发生政治性问题、刑事案件和责任事故。1991 年中队被总部表彰为“基层建设先进集体”，1997 年至今连续 12 年被总队评为“基层建设标兵中队”。中队党支部 1990 年被总部表彰为“先进党支部”，连续 8 次被总队树为“先进党支部”，2007 年 9 月被表彰为武警部队十大“标兵基层党支部”。中队曾被河南省民族事务委员会授予“河南省民族团结进步先进集体”，被南阳市委、市政府命名为“政法系统先进集体”。先后荣立集体二等功 3 次、三等功 7 次。近年来，该中队牢记武警部队的职责使命，在上级党委和业务部门关怀指导下，坚持围绕中心搞建设，抓好建设保中心，紧跟时代步伐，争创一流，努力推进部队建设与时俱进，全面协调发展，中队全面建设继续保持良好的发展势头。12 月，省总队党委决定给南阳支队邓州市中队记集体二等功一次。

【南阳支队直属大队一中队被记集体三等功】 近年来，该中队坚持以“三个代表”重要思想和科学发展观为指导，狠抓经常性基础性工作落实，加大训练难度，圆满完成以执勤、处突和反恐为中心的各项任务，为地方的社会稳定和经济发展做出突出的贡献。自 2001 年以来，中队连续 8 年被省总队评为“基层建设先进中队”，先后荣立集体二等功 1 次、三等功 5 次，多次被省总队、支队评为“训练标兵中队”，多次被南阳市委、市政府、军分区评为“警民共建先进单位”、“政法十佳单位”。12 月，省总队党委决定给南阳支队直属大队一中队记集体三等功一次。

【淅川县中队被记集体三等功】 近年来，该中队党支部带领中队官兵以《军队基层建设纲要》为依据，牢固树立“全面建、整体上”的意识，坚持盯着问题抓落实，解决问题求进步，着眼内部关系，狠抓制度建队，有力地促进中队建设的全面协调可持续发展。中队实现连续32年安全无事故，连续6年被省总队评为“基层建设先进中队”；中队党支部连续3年被省总队表彰为“先进党支部”。12月，省总队党委决定给南阳支队淅川县中队记集体三等功一次。

【唐洁被记二等功】 唐洁，男，汉族，湖南省永州市人，1979年4月生，1997年12月入伍，中共党员，大专文化，中尉警衔，现任武警南阳市支队邓州市中队中队长。他自入伍以来，爱岗敬业，无私奉献。在担任邓州市中队中队长期间，带领中队实现连续59年执勤安全发展，连续12年被省总队评为“基层建设标兵中队”，多次被支队评为“军事训练先进单位”、“安全稳定先进单位”、“执勤战备先进单位”。中队党支部连续8年被省总队评为“先进党支部”，2007年被表彰为武警部队十大“标兵基层党支部”。他牢记职责，不辱使命。先后参与处置邓州2006年“5·24”特大劫持人质事件、2007年“7·26”抓捕持枪绑架案主犯等重大战斗，受到市委市政府、公安机关和人民群众的高度赞誉。他情系驻地，服务人民。近年来，带领官兵参加义务植树、美化环境、清挖河道等活动36次，个人义务修车、修理家电数千件，法律义务咨询310余次，资助失学儿童2名，照顾孤寡老人3人，各类捐款5800元余元。唐洁因工作成绩突出，先后被河南省授予第八届“河南省杰出青年卫士”荣誉称号和第三届“河南省优秀青年”荣誉称号，多次被省总队评为“优秀带兵干部”、“优秀四会教练员”、“优秀共产党员”，被南阳市评为“拥政爱民先进个人”，先后荣立个人三等功5次。12月，省总队党委决定给唐洁记个人二等功一次。（袁松林　马攀）

武警南阳市消防支队

支队长　郭华杰

政委　王晓河

【消防支队工作概况】 2008年，全市消防部队紧紧围绕“建一流班子，带一流队伍、创一流业绩”的工作思路，坚持“安全发展、确保稳定”的工作理念，真抓实干，开拓创新，消防工作和部队建设不断得到新发展，确保了火灾形势和部队内部稳定，圆满完成了抗击冰雪、抗震救灾、奥运安保等重大任务，为建设富强、美好、和谐新南阳营造了良好的消防安全环境。市政府为抗震救灾突击队荣记集体三等功，支队被市政府通令嘉奖，支队被评为市级文明单位和安全生产先进单位，并被省消防总队评为“三基”工程建设先进支队。

【社会消防工作】 认真履行各项消防工作职责，大力开展消防安全宣传教育，努力消除各类火灾隐患，社会化消防工作全面推进，社会防控火灾能力不断提高，全市火灾形势持续稳定。

（一）严格落实消防安全责任制。市政府出台了《南阳市消防工作目标责任考核实施办法》，将消防安全工作纳入政府综合目标管理体系，作为政府绩效考核和领导干部政绩考核内容，层层签订消防安全责任书，定期督导，年终考评。大力推进部门联动机制建设，建立起防火安全委员会分包督办、联合执法等七项工作机制，定期召开联席会议，有力推进了消防工作社会化。一年来，全市各级政府共召开消防会议29次、下发文件116份，在公共消防设施建设、农村消防工作等10多个方面建立了长效机制。严格落实消防安全责任追究制度，建立完善责任倒查机制，凡发生特大火灾或2起以上亡人重大火灾的，实行消防工作“一票否决”，为各项消防目标得到落实提供了强有力的领导支持和组织保障。

（二）不断提高单位消防安全管理水平。全市1713个消防安全重点单位全部完成“三会一标”建设任务，城市火灾远程监控系统建设工作走在全省前列，在全省第三季度执法例会上作了典型发言，组织研发了消防安全重点单位信息管理系统，有力提升了社会单位自我防控能力。全市1172个行政村达到新农村消防工作建设标准，超额完成了20%的目标任务。

（三）巩固发展社会消防力量。大力发展乡镇多种形式消防队伍，处于城市消防站保护范围之外的186个乡镇全部建立多种形式消防队伍。大力推广“保消合一”、“巡消结合”工作模式，全市3000多名保安人员和巡防队员都接受了消防培训，达到了“四懂四会一具备”要求，成为社会单位和城市社区扑救初期火灾的有生力量。

（四）着力深化消防宣传工作。研发改造了消防宣传车，配备了高质量的摄录装备，打造流动的消防宣传站。创办了《南阳消防》报，举办了119消防足球对抗赛、少儿消防夏令营、少儿消防征文比赛等宣传活动，设置大型消防宣传广告牌128块，聘请省、市主流媒体记者组成特约消防记者队，跟踪报道消防工作动态。一年来，在中央媒体发稿20篇，省级媒体发稿85篇，被公安部转发简报两期，有力地提升了消防宣传的影响力。

（五）大力整治火灾隐患。认真贯彻落实国务院、省政府“隐患治理年”工作要求，先后开展了“三合一”场所、人员密集场所、易燃易爆单位、地下工程、建筑消防设施、高层建筑和打击假冒伪劣消防产品等消防安全专项治理，组织开展了“霹雳”、“铁拳”、“中原风暴”及“天网”等9次消防安全专项行动，始终保持整治火灾隐患的高压态势。强力推进重大火灾隐患整改，省、市两级政府挂牌督办的25处重大火灾隐患，在奥运前全部整改销案。

【消防执法监督】　按照“规范化、服务型”的执法要求，强化执法机制建设，创新执法方式方法，执法质量和效益大幅提升。严格按照“五规范三统一”的要求，深入开展消防执法规范化建设，全力打造责权明晰、行为规范、严明公正、监督有力、服务优质的消防执法品牌。支队完善并落实了消防行政审批“五项举措”、便民服务七项措施、廉洁执法八项承诺，积极打造消防执法“阳光工程”。加强执法检查指导，成立5个执法质量服务工作队，派驻基层蹲点指导；完善内部监督机制，出台消防执法“十个不准”、“十个严禁”，全面规范消防执法行为。实行网上执法月通报制度，对执法工作流程中的每个环节进行实时监督，及时发现和解决问题，减少因执法过错引起的法律纠纷。一年来，全市公安消防机构共办理行政处罚案件1497起，查处各类违法违章行为3488起，下发责令限期改正通知书3289份，督促整改或隐患7786处，处罚949人，责令“三停”1314家，依法拘留176人，执法总量比上年增长31.5%，无一起行政复议、诉讼案件。

【执勤训练和灭火救援】　紧贴实战需要和岗位职责，不断深化“十百千”岗位练兵活动，制定了55个岗位、96个项目的练兵标准，狠抓技能和体能训练，举办执勤岗位练兵比武会操2次，创新练兵操法26项，官兵体能、技能合格率达100%；六熟悉合格率达100%；器材装备熟悉率达100%。创新练兵方法，扎实开展消防装备“五知一会”训练，把“标示化”管理应用到了装备器材操作使用和管理中，实现了人与装备的最佳结合。按照“特殊技能、特殊训练、特殊待遇”的原则，在所有中队组建了特勤尖刀班，在处置急难险重任务中发挥了重要作用。尤其是在“5·12”地震灾害中，支队派出22名官兵参加省总队赴川抗震救灾突击队，共搜救倒塌建筑72栋，面积76000多平方米，救助受灾群众139人，捡拾现金及各类贵重物品价值50余万元，受到了各级领导和灾区群众的高度赞誉。进一步加强支队全勤灭火救援指挥体系建设和应急救援联动机制建设，不断提高社会应对突发事件的能力。2008年，全市消防部队共接警出动4323次，出动消防车16965辆次，出动兵力37252人次，抢救被困人员462人，抢救财产价值13.86亿元，接收社会单位和群众赠送的锦旗、感谢信169件，成功处置了“5·19”缫丝厂厂房火灾、“5·27”邓州造纸厂液氯泄漏事故、“6·2”唐河县苏豫三合板场火灾等火灾事故、“6·22”方城深井塌陷事故、“7·30”建筑女工跳楼轻生救援、“10·30”312国道火电厂门口货车和罐车相撞等事故和抢险救援任务。圆满完成总理温家宝在南阳视察期间的消防安全警卫任务，连续三年参与南阳玉雕节、医药节消防安全现场执勤活动，受到市委、市政府通报表彰。

【消防部队建设】 支队党委团结和谐，科学决策，以人为本，锐意进取，抓班子、带队伍、促业务、争一流的能力强，大、中队两级班子团结和谐，求实创新，堡垒作用发挥好。支队党委连续三年被省公安厅党委评为先进党委，支队军政主官被评为一对好主官。6名官兵受到公安部消防局表彰，19名官兵受到总队表彰，2名干部被市委、市政府评为“南阳市杰出青年”和“南阳市十佳优秀青年”，2人荣立二等功，33人荣立三等功，先后有6名干部走上团职领导岗位。制定了《部队正规化建设实施细则》，推广了唐河中队以“标示化”管理为主要内容的物品定位、人员定责、工作定效“三定”管理模式，部队正规化建设不断向精细化延伸。严格教育管理，官兵条令条例意识进一步增强，四个秩序正规，营区管理规范，执勤训练有序，制度落实到位，杜绝了各类违纪事件和责任事故的发生。大力加强装备和队站建设，购置执勤消防车18辆和一大批抢险救援器材及个人防护装备，基本形成了编程合理、种类齐全、性能先进的装备体系。新建了内乡大队、特勤中队营房，改造、整修营区4个，新建、改建、扩建营房建筑面积1.2万平方米，如期完成了战勤保障中队征地任务。强力推进信息化建设，建成了消防指挥中心，完善了三级视频会议系统、部队管理可视化系统、远程教育培训系统、火场无线图像传输系统、执勤车辆地理信息GPS卫星定位系统，开通了公安350兆无线通信集群网，完善了消防350兆无线通信常规网，实现了“三台合一”消防接警调度系统三方通话功能，极大提高了工作效率。

【火灾综合情况】 2008年，全市共发生火灾118起，死亡1人，受伤1人，直接财产损失128.8万元。同上年相比，火灾起数下降了47.55%，亡人数持平，伤人数上升了100%，经济损失上升了5%。未发生较大以上火灾事故，火灾形势总体平稳。（唐键强）

人　防

【人防组织指挥通信警报建设】 2008年，市人防办加大投入，加强管理，人防组织指挥、通信警报能力得到较大提升。一是完成市、县（市、区）、街道（办事处）三级人防指挥部组织和编成任务，市三级人民防空指挥体系初步确立。市国防动员委员会下发了《关于南阳市人民防空指挥部人员编成的通知》，对市人防指挥部的组织和编成任务进行了进一步明确。二是完成了全市重要目标单位防空袭组织指挥机构的编成与组建工作。三是根据市城区人口变化情况，拟制《人防专业队编组训练实施方案》，并先后到组建部门、单位征求意见，由政府办以宛政办〔2008〕109号文件转发，印发各县（市、区）执行。四是建设市直机关疏散基地，建立了作战指挥室和战斗值班室，制定了指挥部工作程序和规章制度，并于11月27日正式挂牌。五是按照省人防办的统一安排部署，完成了“三网合一”系统建设。目前，视频会议、语音通信、数据传输等都能正常运行，实现了与省人防办指挥通信系统的互联互通。六是在已建防空警报集中控制系统的基础上，新购置12台警报器及控制终端和3台手提式电声警报器，并于10月上旬完成了选点及安装调试。两区固定警报器音响覆盖率达95%以上。有7个县新购置安装了警报器，县（市）警报器平均音响覆盖率达50%以上。七是市城区自动化警报控制网进一步完善，全部实现了无线遥控发放，统控率达100%。西峡县超前部署，人防警报已经实现了遥控发放。5月19日，按照国务院决定和省人防办紧急通知要求，向13个县（市、区）人防办发出指令，全力以赴对警报器逐台进行检查，并向当地政府汇报准备情况，确保了防空警报鸣响任务的胜利完成。

【人防工程建设】 严格审批，注重质量，人防工程建设成效显著。一是市城区人防结建工程建设成绩突出。全面落实市政府、南阳军分区《关于加快人民防空改革发展的实施意见》，坚持“以建为主，以收促建”的方针，强化宣传，突出重点，严格把关，虽然房地产业受到金融危机影响，但人防工程建设总体上依然增势明显。全年审批人防工程面积达26万平方米，是上年的170%，竣工项目17个，面积64000余平方米，完成全年任务的142%。同时，收取人防易地建设费515万元。城区人均占有人防工程面积达到0.31平方米，比2007年的0.22平方米增加了0.09平方米。人防工程建设程序规范，管理严格，图纸设计资质合格率100%，送审率100%，按规定办理人防监督、监理手续率100%，工程主体验收合格率100%。2008年南阳市被省表彰为全省人防工程建设先进单位。二是县（市、区）人防工程建设取得新进展。方城、南召、西峡、桐柏等县都按照程序审批了人防工程，面积1000到5000平方米不等，桐柏县有2个人防工程立项，方城的人防工程项目已经按照要求实行了人防监督、监理，并已开工建设。三是深入开展人防工程三年大清查工作。按照《关于开展结合民用建筑修建防空地下室工作大检查的通知》精神，市人防办党组高度重视，周密部署，深入发动，狠抓落实。截至年底，共清查城市民用建筑项目196个，通过查纠补建人防工程1064平方米，追缴人防易地建设费90万元。四是人防工程维护管理进一步加强。对13000多平方米的早期人防工程进行了有效地维护管理，排查出险工险段3个，拆除回填面积471平方米。积极推进人防工程维护管理和开发利用的现代化、科学化，建成了《人防工程管理自动化系统》，纳入了全省统一管理。

【人防法制建设】 依法行政，严格执法，人防法制建设不断加强。一是按照《行政许可法》的要求，不断建立完善了多项人防执法工作制度和执法文书。认真落实市委市政府要求，将人防行政审批项目全部进入行政服务中心办理，做到一个窗口对外，积极推行“阳光作业”，在报纸上、网站上公开人防行政审批项目、法律依据、办理程序、办理时限、服务承诺以及投诉办法等内容。全年“人防窗口”接收群众咨询1300人次，受理行政审批事项158件，全部按规定程序和时限办结。二是加大执法力度。立案93起，处理32起，申请法院执行30起，纠正违法行为31起，没有发生执法实体违法、程序违法或因执法不当引起的案件事件，被市政府授予“行政审批先进单位”。唐河县在全市率先成立了人防执法大队，淅川县不断加大人防执法力度，对违规建设项目逐个查处，收到了很好的效果。

【人防宣传教育工作】 突出重点，分清层次，人防宣传教育工作进一步深入。一是对社会层面，利用报纸、电视、电台、宣传一条街、形势报告会以及发放彩页等多种形式，进行了广泛宣传。特别是在《人民防空法》颁布实施12周年和国防教育日人防警报试鸣之际，开展了宣传周活动。市政府副市长陈光杰、军分区司令员陈代云以及各县（市）区政府、武装部领导纷纷在电视台、电台就人防工作发表讲话。还在南阳日报开设了《落实科学发展观，构建和谐人防》专栏，对市人防建设进行了全面宣传。同时积极开展人防教育“三进”工作，各县（市、区）分别选定1～2个试点，在厂矿企业、机关、社区开展了宣传活动。建立和完善南阳人防门户网站，设立了人防宣传专栏，不断丰富网站人防宣传内容，进一步拓展了人防宣传教育范围。二是对在校学生，围绕“巩固基础、扩大覆盖、提高质量”的思路，不断普及和加强学校人防知识教育工作，在全市46所初级中学，3所高等院校扎实开展了人防知识教育，建立了2个人防知识教育基地，50000余人接受了教育。三是对重点服务对象，将有关人防法律法规政策和办理人防审批事项的有关程序，打印装订成册，依托人防行政服务窗口，依靠人防执法队伍，向服务对象单位和群众宣讲和发放。四是对各级领导，坚持将人防杂志、报刊等资料，定期报送，在人防工程建设、人防三年大清查等重点工作上，坚持常请示，勤汇报，得到了市领导的重视和支持。全年在各级各类报刊、杂志发表文章、信息200余篇，发送杂志、简报等资料15000余份，发放宣传彩页共30000余份。

【机关建设】 以人为本，强化督导，人防机关呈现新气象。一是加强机关“准军事化”建设，确保政令畅通。在思想政治建设方面，深入落实科学发展观，自觉践行“三个代表”重要思想；在战备制度方面，制订突发事件应急处置等预案，并坚持战备值班制度；在业务素质建设方面，努力提高应用现代化办公设备能力和业务综合素质；在作风纪律方面，认真查找人防行政审批、行政执法等工作中的不足，制订整改措施，增强了依法行政和服务为民意识。二是严格财经纪律，加强人防财务管理。严格执行《人民防空预算管理规定》、《人民防空基本支出标准》、《人民防空预算外资金管理规定》，实行收支两条线管理，并做好各项经费征收工作。三是抓好办公室日常工作。全年无失、泄密事件发生，无违法违纪和上访案、事件，被授予省级卫生先进单位、全市保密先进单位、全市平安建设先进单位等荣誉称号。（马鹏志　汪存林）

法　制

公　安

市长助理、市公安局长　马学民

【公安工作概况】 2008年，全市公安机关紧紧围绕“打基础、树形象、上台阶，确保全市社会大局稳定”的总体思路和“重点工作争第一，整体工作创一流”的奋斗目标，以科学发展观为指导，以“奥运”安保、打击“两抢一盗”专项斗争和“三基”工程建设为重点，以“中原卫士杯”竞赛活动和“平安杯”治安防控体系建设竞赛活动为载体，以“大学习、大讨论”和弘扬河南公安精神为动力，各项工作和队伍建设都取得新的进展，较好地维护了全市社会治安大局的稳定。市局被市委、市政府评为“2008年度目标管理工作先进单位”；在省纠风办组织的整体测评中，群众对公安机关的满意率达到了97.99%，较上年上升了15.24%，创历史最好成绩；在市纠风办组织的整体测评中，市局连年名列参评单位前10位，并连年被市政府评为“全市行风评议优秀单位”。维稳工作成效突出，确保了全国、省、市“两会”和重大警卫任务及节庆活动的安全。重点信访案件专项治理活动成效显著，省厅在南阳市召开信访稳定工作现场会总结推广经验。“奥运”安保万无一失，圆满完成了各项安保任务。打击效能显著提升，打黑除恶专项斗争和追逃成绩均居全省前列。中心城区“双抢”和农村盗抢耕牛案件的高发势头得到有效遏制，省委政法委衡量专项斗争的五项指标均居全省前列。公安行政管理严格高效，全年全市没有发生重大涉爆涉毒等恶性案事件，没有发生重大群体性治安事件、群死群伤恶性交通事故和重特大火灾事故。社会治安防控体系建设进一步完善，防控能力明显增强。“三基”建设成果丰硕，圆满完成了省厅部署的“六大战役”，实现了“三基”工程建设“三年为期”的阶段性目标任务。行风建设和机关自身建设也得到进一步加强，队伍建设再上新台阶，立功创模氛围日益浓厚。

【维护政治稳定】 严厉打击民族分裂活动和宗教领域的违法犯罪活动，先后成功破获了公安部、省厅督办的一系列案件，受到了中央和省、市领导的高度评价；成功举行了南阳2008“利剑－3号”反恐演练，全市没有发生在全国、全省有重大影响的危害政治稳定的事(案)件。依法妥善处置因企业改制、医疗纠纷、征地补偿等人民内部矛盾引发的各类突发性事件，成功拦截和处置了一批赴省进京上访事件，切实维护了南阳安定团结的政治局面。深入开展重点信访问题专项治理活动，中政委两次交办的30起37人涉法涉诉案件于10月底前全部办结息诉，提前完成了上级交办的任务。圆满完成温家宝、周永康等中央领导和郭庚茂等省部级领导来宛视察以及全国、省、市“两会”、第六届玉雕节暨宝玉石博览会、第三届豫商大会、第七届张仲景医药科技文化节等大型会事活动的安全保卫(警卫)任务。北京"奥运"会和"残奥"会期间,全市没有发生暴力恐怖事件、恶性刑事案件、重大群体性事件,全市社会政治稳定、治安秩序良好、社会和谐安宁。

【打击刑事犯罪】 全市各级公安机关牢固树立主业意识,以"中原卫士杯"竞赛、打击"两抢一盗"专项斗争、冬季打防攻势竞赛等活动为载体,始终保持对刑事犯罪的高压严打态势。全年共立各类刑事案件27217起,与上年同比下降30.88%;破获各类刑事案件45776起,与上年同比上升53.54%;抓获各类犯罪嫌疑人12443人,逮捕5628人,起诉8606人,打击效能显著提升。一是打击"两抢一盗"专项斗争取得全面胜利。自2月份以来,在全市深入组织开展了打击"两抢一盗"专项斗争。共立"两抢一盗"案件15334起,与上年同比下降23.13%;破获36724起(其中破获盗窃案件32565起、抢劫案件2977起、抢夺案件1182起),与上年同比上升182.19%;摧毁"两抢一盗"犯罪团伙445个,抓获"两抢一盗"犯罪嫌疑人13612名;劳动教养962人;省厅督办的276起案件已破获275起,破案率为99.64%,省厅督捕的304名逃犯已抓获300人,抓捕率为98.68%。特别是宛城红泥湾镇系列盗牛案和公安部挂牌督办的邓州"6·15"撬盗保险柜案等一大批社会各界高度关注案件的成功侦破,受到社会各界和广大群众的一致好评。二是深化命案侦破攻坚。全年全市新发现行命案157起,破获149起,破案率为94.9%;破获命案积案27起,破获外省命案7起,抓获外省命案逃犯59人。成功侦破了内乡"2008·5·5"杀人案、唐河"2008·10·19"杀人焚尸案、淅川县"1989·10·24"故意杀人案等一批社会反响强烈的现行命案和命案积案。三是深入开展"打黑除恶"专项斗争。全市立案侦办14起,其中法院作出一审判决7起;已作出一审判决的涉恶犯罪团伙99个,一审判决团伙成员547人。成功打掉了市区白玉岗为首的一批黑恶势力犯罪团伙,人民群众拍手称赞。四是全力追捕逃犯。全市共抓获各类网上逃犯3808名,其中抓获08年前网上逃犯1310名、网上故意杀人逃犯16名,外省逃犯1314名,公安部B级通缉令逃犯3名,总成绩位居全省第一。市局监管支队被公安部评为全国公安机关网上追逃先进单位。五是深入开展狱内政治攻势。全市监管部门共深挖各类案件线索3913条,破获刑事案件5420起,抓获犯罪嫌疑人1562人,缴获赃款赃物折款519万余元,得到了上级公安机关的充分肯定。市第二看守所、南召县看守所副所长陈超分别被评为全国深挖犯罪专项行动先进集体和先进个人;监管支队、西峡县看守所分别被省厅评为深挖犯罪先进组织单位和先进集体。六是严厉打击经济犯罪、涉毒犯罪和网络犯罪。共破获各类经济犯罪案件493起,抓获各类犯罪嫌疑人441人,为国家、集体和个人挽回经济损失3.27亿元,成功侦破了公安部督办的刘长征等人涉嫌出售伪造发票案、省厅督办的陈曦东等人以南水北调工程名义诈骗案等一系列重大经济犯罪案件。破获毒品案件60起,刑事拘留106人,逮捕100人,抓获外省涉毒逃犯2人,缴获海洛因、冰毒等毒品共计3783.2克。网警部门认真开展打击网上淫秽色情等有害信息专项行动,清理删除淫秽色情等有害信息25000余条,净化网上舆论环境。

【治安行政管理】 加强治安管理和隐患排查整治。围绕"奥运"安保工作,加强党政企事业、金融等重点单位和水、电、油、气等要害部位安全防范措施的督导检查,组织开展了重点人员排查稳控、治爆缉枪危险物品整治、流动人口清查、打击"三电"犯罪等一系列专项行动,实施了对公众聚集场所、公共娱乐场所、旅馆业、废旧金属收购业、寄卖业、印章业等特种行业和场所的清理整顿,保持了安全管理形势的相对稳定。在市区推行"网格化"巡防模式,进一步完善市县三、四级巡逻防控网络,加强社会面巡逻控制;认真研究辖区发案的规律和特点,定期实施警情研判通报,合理调整防控重点和警力分布;推行重点区域治安承包和基层所队弹性工作制等勤务制度,强化了对高发案时段、高发案地区、高发案部位的巡、查、防、控力度；依托社区和农村警务室，开展平安零发案创建活动，全市4768个村组中有4395个实现了零发案，2315个楼院中有2117个实现了零发案，7809个基层单位中有7562个实现了零发案。

推出便民利民新举措。派出所、户政、网警、车管、消防等警种、部门积极履行《河南省公安机关向社会公开承诺办理的八件实事》和《关注民生服务群众八项措施》，为人民群众办好事、实事，树立良好形象，密切了警民关系。户政部门先后为群众换发二代身份证128.3517万张，超额完成省厅下达的任务，并组织开展了“立足岗位提效能，优质服务创满意”活动，建立务工返乡人员办理身份证“绿色通道”，深入社区村组上门服务，受到群众的广泛好评；网警部门积极构建“虚拟社会”综合防控体系，在175家本地网站上设立了报警岗亭，确保了24小时网上见警；出入境管理部门采取“三时一约”、“三零三声”等多种服务方式和服务制度，得到了广大群众的交口称赞，全市11个县(市)公安机关出入境管理窗口全部实现达标；消防、车管、事故等部门也都努力改善服务环境、提高服务质量，为群众提供了优质快捷的服务。

【道路交通管理】 紧紧围绕预防和减少重特大道路交通事故这条主线，以创建“平安畅通县区”活动为载体，以开展“奥运”攻坚战、预防特大交通事故百日行动、城区交通秩序集中整治为主题，大力开展交通安全宣传，积极构建“政府领导，部门配合，职责明确，齐抓共管”的交通管理社会化模式，不断提升人民群众对交警队伍、交警执法的满意率。全市全年共发生一般以上交通事故918起，死亡289人，受伤1061人，直接经济损失224万余元，与上年同比，分别下降13.64%、7.67%、14.5%、14.29%。

【消防管理】 组织开展“霹雳”、“铁拳”、“中原风暴”、“天网”等系列消防安全专项行动，对全市人员密集场所、易燃易爆单位、“三合一”场所和重大火灾隐患单位逐一登记造册并进行拉网式排查，铁腕整治火灾隐患，严惩消防违法行为，省防委通报的5处重大火灾隐患全部整改完毕，确保了消防火灾形势的持续平稳。全市全年共发生火灾118起，与上年同比下降了47.5%；死亡1人，与上年持平；伤1人，直接财产损失130.1万元，与上年同比分别上升了100%、5%。

【队伍建设】 通过深入开展“大学习、大讨论”、学习弘扬“河南公安精神”、“新解放、新跨越、新崛起”等一系列主题教育活动，广大民警进一步打牢了执法为民的思想根基，工作作风得到了较大转变，始终保持了良好的精神状态。市局“新解放、新跨越、新崛起”大讨论活动和大练兵、“四整治两规范”等工作分别被省委宣传部和省公安厅评为先进单位。特别是扎实开展了“大走访”、“万警进社区、警民一家亲”和“促和谐、保稳定，警民一家亲、民警大走访”爱民实践活动，广大民警带着深厚感情走访慰问辖区群众，倾听群众的意见、建议，对群众反映的问题认真进行整改，理顺群众情绪，化解群众积怨，赢得群众拥护，增进了社会各界和广大人民群众对公安工作的理解、信任与支持。认真落实从优待警措施，全年共发放各类抚恤金150万元；解决了市局18名干部的正、副处级待遇；民警年休假、体检和人身保险制度得到落实；大力加强公安文化建设，内乡县局被全国公安文学艺术联合会选树为“河南文学创作基地”。市局被全国绿化委评为“全国绿化先进单位”，全年先后有66个集体和186人次荣立一、二、三等功，49个集体和97名民警受到嘉奖，有8名民警光荣负伤，5名民警因公牺牲，队伍中涌现出以二级英模赵富堂为代表的一批英雄模范。

【基层基础建设】 围绕决战之年的“六大战役”和公安部、省公安厅“三基”工程建设验收标准，采取抓绩效问责、会议推动、督导检查、典型推动等措施，使“三基”工程建设取得了新的成效。一是基础设施建设取得了新突破。新建、改扩建“三所三队”12个，提前完成了省厅下达的基础设施建设任务。二是警务保障和装备配备得到了新改善。全市县级公安机关人均公用经费达到了1.95万元，大要案准备金全部足额拨付，实报实销；为“三所三队”新增配汽车134辆，新增配计算机890台，派出所车辆、电脑以及通讯工具均达到部颁标准；一次性投入1100万元，为全市公安民警全部配齐了单警装备。三是社区农村警务建设取得了新成效。全市按照“六有四统一”的标准建成社区警务室234个、农村警务室711个，建成率和达标率均达到100%，共配备社区民警390名、驻村民警821名。深入开展“三有”竞赛活动，流动人口登记率、辖区群众见警率、重点人口熟悉率明显提高。四是县级公安机构改革迈出了新步伐。全市15个县(市)区公安局内设机构设置工作已于6月份全部完成，内设机构总数(不含派出所)由原来的313个减少到161个，减幅达48.6%。五是公安科技和信息化上了新台阶。全市350兆集群通信系统升级改造工作全部完成，共升级改造信息网接入点381个；加大了全警信息化应用培训力度，全市公安机关所有案件实现了网上流转；强力推进社会治安视频监控系统和农村技防设施建设，有效提高了快速反应能力和处警实效。全市共安装治安视频监控探头5443个，防盗报警器1437946户，农村技防覆盖率达到84.6%，全年利用农村技防手段共破获案件82起，利用城市报警与监控系统直接侦破刑事案件172起，技防作用初步显现。六是基本功训练取得了新进展。进一步健全完善了大练兵长效机制，调整充实培训教官，落实训练经费；全面推行轮值轮训、战训合一的训练模式，较好地落实了“三个必训”的要求，全年共举办各类培训班52期，培训民警4338人次，圆满完成年度调训任务；认真组织开展“三考”工作，在全体民警中深入开展了“大学法”、“百堂讲座、百场测试、百案评析”活动，共举办法制讲座270期，测试167场，评析案卷351案，进一步提高了广大民警的执法素质和执法水平。

【重大案事件】　1、宛城分局成功摧毁一特大盗抢耕牛犯罪团伙。2008年1月9日，宛城区红泥湾镇常孟营村燕集二组高某被几名犯罪嫌疑人打伤后抢走家中耕牛四头，价值2.5万余元。案发后，市局立即组织刑警、技侦和宛城分局成立专案进行侦查。经对2006年以来宛城辖区发生的盗抢耕牛犯罪案件进行筛选、分类和回访后，确定多起盗抢耕牛案件系一个犯罪团伙所为。于2月20日将主要犯罪嫌疑人李某(男，26岁，宛城区茶庵乡丁庄村人)抓获归案，并顺线追踪，成功摧毁了这个涉嫌盗窃、抢劫、销赃耕牛的特大盗抢耕牛犯罪团伙，抓获犯罪嫌疑人16人，破获盗抢耕牛案件近百起。

2、市区公安机关成功破获“2·27”系列砸车盗窃案。2008年2月27日夜，市区宛城、高新两个辖区7个家属院连续发生23辆机动车辆玻璃被砸失窃案件。市局迅速成立了以刑警支队及高新分局为主，相关警种、单位精干警力组成的侦破专案组，根据作案现场和作案手段，初步认定“2·27”系列盗窃案件系流窜作案团伙所为，一银白色面包车(车号豫D86067)有重大涉案嫌疑。在平顶山公安机关的配合下，经过十昼夜连续奋战，于3月7日将面包车车主李天弓(男，35岁，平顶山新华区人)抓获后，又将另一涉案犯罪嫌疑人梁洪洋(男，22岁，平顶山市新华区人，2007年2月因盗窃罪被判缓刑1年)抓获归案。经查证，该盗窃团伙涉案人员共6人，作案时分工明确，以砸车窗撬车门为手段，盗窃车内物品，2008年2月份以来，先后在许昌、平顶山、南阳等地流窜作案80余起。

3、市局特警支队成功打掉一“双抢”团伙。2008年5月20日以来，市中心城区有一男一女“双抢”犯罪嫌疑人骑红色无牌摩托车频繁作案，引起社会各界和新闻媒体的高度关注。市委常委、政法委书记王建民多次指示，市长助理、局长马学民亲自部署。于6月3日下午14时40分左右，以市局特警支队为主的市区公安机关经过周密布控、快速反应，成功将这一在中心城区疯狂抢劫、抢夺作案10余起的犯罪嫌疑人李淼(男，20岁，唐河县人，无业，系吸毒人员)、张营(女，26岁，宛城区人，无业，已怀孕)抓获。

3、内乡县局成功侦破

"2008·5·5"杀人案。2008年5月5日,内乡县局接报称,该县大桥乡南王村发生一起特大杀人案,村民田春强(男,62岁,系犯罪嫌疑人的岳父)等5人被杀。内乡县局立即启动命案侦破机制。经专案民警现场勘验和走访调查,迅速锁定胡传广(男,26岁,家住江苏省宿迁市泗阳县)有重大作案嫌疑。后在市局和桐柏县局的协助下,将潜逃至桐柏县的犯罪嫌疑人胡传广抓获归案。经审讯,该胡对其实施杀人的犯罪事实供认不讳。

3、邓州市局成功侦破公安部挂牌督办的"6·15"保险柜被盗案。2008年6月15日,位于邓州市西城区的中央粮食储备库邓州直属库财务室保险柜被撬,被盗现金200余万元。案发后,公安部张新枫副部长,省委常委、政法委书记李新民等领导先后作出批示,要求"挂牌督办,限期破案,查明原因,堵塞漏洞"。南阳、邓州两级公安机关迅速抽调警力成立专案组,综合现场勘验和调查走访情况,在省厅和市局主要领导的直接指挥下,经过一个多月的全力奋战,破获该案,抓获了万有钱、张海生、郑立如等三名犯罪嫌疑人,追回赃款100余万元。经进一步深挖,专案组将该团伙其他10名犯罪嫌疑人抓获,查实在湖北武汉、河南南阳、信阳、郑州、河北望都、唐山等地作案52起,涉案价值400余万元。至此,这起公安部挂牌督办的案件成功告破。

4、淅川县局成功侦破"1989·10·23"命案积案。2008年7月9日,淅川县局经过艰苦、缜密的调查摸排,在新疆乌鲁木齐市成功抓获潜逃19年之久的命案逃犯衡泽伟(男,35岁,淅川县盛湾镇人)。经审讯,犯罪嫌疑人衡泽伟如实供述了1989年10月23日夜,因琐事在该县市政公司门口持刀将门卫徐某杀死后一直潜逃在外的犯罪事实。

5、市局成功侦破白玉岗黑社会性质组织案。2008年7月10日,为严厉打击黑恶犯罪,省公安厅和市公安局两级公安机关决定组织"7.10"专案对白玉岗团伙案进行侦查。7月31日,在市委、市政府和省公安厅的领导下,经缜密侦查,专案组一举抓获以白玉岗(又名白岗,男,42岁,南阳市宛城区人,曾于1999年因窝藏罪被南阳市中级人民法院判处有期徒刑三年,缓刑三年,2001年以寻衅滋事罪被判处有期徒刑五年)为首的犯罪团伙数十名犯罪嫌疑人,摧毁了这个危害一方、倍受社会各界关注的有组织犯罪团伙。经查证,白玉岗等犯罪嫌疑人涉嫌组织、领导、参加黑社会性质组织罪,故意伤害等多种犯罪。9月6日,经南阳市人民检察院批准,白玉岗等主要犯罪嫌疑人被依法逮捕。

6、唐河县局成功侦破"2008·10·19"杀人焚尸案。2008年10月19日,唐河县局接报称,在该县郭滩镇董营村委附近一干水沟内发现一具被焚烧的尸体。唐河县局立即成立专案组,指派民警先期赶赴现场,开展侦破工作。经现场勘察及尸体检验,专案组确认死者为女性,系被他人杀死后抛尸。后在市局的指导、帮助下,经大量的调查摸排和网上对比,确定了死者的真实身份,并采取侦技手段,在福建省漳浦县将犯罪嫌疑人牛松宽(男,23岁,唐河县张店镇人)抓获归案。经审讯,牛松宽对其杀人抛尸的犯罪事实供认不讳。此案的成功侦破被省厅评为全省精品案件之一。(彭星)

检　察

【检察工作概况】 2008年,南阳市检察院以科学发展观为指导,紧紧围绕党委政府工作大局,依法履行职责,各项检察工作均取得了新的成就。建立了案件质量监控机制、案件质量评查机制、案件质量问责机制等案件质量保障体系。全面建立干警绩效评价制度,制定重大贡献特别奖励制度、精品案件评定制度和亮点工作评定制度等。出台了《为建设富强美好和谐新南阳服务的若干意见》、《服务社会主义新农村建设的意见》、《执法为民十二项承诺》等指导性文件。全年共批准逮捕各类刑事犯罪嫌疑人5367人，提起公诉6534人。成功办理了原南召县公安局局长李平受贿案、卧龙区法院破产庭庭长郑福坤受贿挪用公款案等有影响案件，郑福坤受贿挪用公款案被评为全省十大精品案件第一名。开展“执法活动向社会开放”和“吸收公众参与司法活动”，进一步深化检务公开。建立检察工作社区服务站13个，有42名检察官兼任中小学法制副校长，聘请专家学者、专业人士、律师接访50余次，两级院均制定检察机关结构图、办案流程图。全市有78人通过国家司法考试，通过率为51.8%，高出全国38个百分点，连续五年保持全省第一。宛城区院业管中心主任杜东翔先后被最高人民检察院授予全国模范检察官称号、被中共河南省委授予优秀共产党员称号。

【侦查监督】　全年共受理各类刑事案件4220件6424人，经审查，批准逮捕3791件5707人。突出打击黑恶势力犯罪、严重暴力犯罪和抢劫、抢夺、盗窃等多发性犯罪，依法快捕以白玉岗为首的“涉黑”犯罪团伙22名犯罪嫌疑人，从严、从重、从快打击了黑恶势力犯罪。南召县院在办理刘恩峰涉嫌强迫交易罪过程中，两次追捕6名共犯，其中6名犯罪嫌疑人分别被判处5年到2年有期徒刑，及时成功地摧毁一起羽翼尚未丰满、雏形初具的黑社会性质犯罪团伙。严厉打击严重影响群众生产生活的“两抢一盗”（抢劫、抢夺、盗窃）犯罪活动，共批准逮捕“两抢一盗”犯罪案件1604件2646人。采用个案引导、类案引导等方法，引导公安机关收集固定证据，介入引导侦查“两抢一盗”案件312件588人。快速办理“两抢一盗”案件910件1416人。加大追捕力度，深挖“两抢一盗”余罪漏犯，共追捕漏犯184人。

切实维护案件当事人的合法权益。贯彻宽严相济刑事司法政策，发挥侦监部门减少对抗、化解矛盾、促进和谐的作用。对未成年人犯罪案件实施“三见面一考察”（与未成年犯罪嫌疑人及其监护人、所在学校班主任或者社区负责人见面，调查嫌疑人一贯表现，考察其是否具有逮捕必要性）制度，探索对未成年犯罪嫌疑人特殊司法保护，得到了高检院的认可，2008年1月22日，最高人民检察院以“河南南阳市检察院创新机制少捕慎捕，切实维护未成年人合法权益”为题向全国转发了南阳的经验。强化刑事立案监督。共受理立案监督案件线索115件，要求公安机关说明不立案理由通知书115件，公安机关共立案115件161人，按立案监督程序监督立案的案件逮捕68件107人，有罪判决102件154人（含往年监督立案案件）。纠正不应当立案而立案监督2件2人，监督自侦部门立案6件。监督了一批重大、有影响案件和人民群众反映强烈的案件。如浙川县院监督立案的周国良强奸案，8月28日法院对其判处死刑。加强侦查活动监督，保障人权。共发出检察建议26件48人，对侦查活动中的违法行为发出《纠正违法通知书》11件，监督侦查机关依法予以纠正。进行工作机制、方法创新。推动与市公安机关共同建立“逮捕条件证明制度”，与已经实行的“不捕理由说明制度”构成完整的“审查逮捕双向说理机制”。5月，全省检察机关侦查监督工作座谈会上，该项创新做法受到省院检察长蔡宁等领导及与会人员的充分肯定和高度评价并在全省推广。6月，根据高检院朱孝清副检察长批示，最高人民检察院以〔2008〕高检侦监发19号文件全文转发南阳《关于建立逮捕条件证明制度的规定》，并在高检院《侦查监督工作情况》（专刊）上推介了南阳市的“审查逮捕双向说理机制”。侦监部门协同检察技术部门、公诉部门实行了刑事技术证据分卷装订、分流审查制度。市院侦查监督处被省院连续第三年记集体二等功。

【公诉工作】　全市共受理审查起诉案件5377件8362人，其中自侦案件319件430人；决定提起公诉5055件7720人，其中自侦案件288件396人；决定不起诉77件100人，其中自侦案件15件17人。出庭支持公诉3016件次，适用简易程序1812件。对提起公诉的案件，法院作出判决4870件7342人，均为有罪判决。

共受理故意杀人、强奸、爆炸、绑架等严重暴力犯罪、毒品犯罪和抢劫、抢夺、盗窃等多发性侵财犯罪案件2057件3425人，提起公诉1916件3172人，一批严重刑事犯罪分子受到严惩。提起公诉的石冠军、常飞等人抢劫、盗窃、盗窃枪支弹药案，判处被告人石冠军死刑，被告人常飞、申长喜无期徒刑。受理各类破坏市场经济秩序犯罪案件106件169人，提起公诉102件163人。受理并成功办理了一批职务犯罪案件。最高人民检察院指定审查起诉的原内蒙古通辽市人大常委会副主任贾裕民（副厅级）等四人滥用职权、受贿、巨额财产来源不明、职务侵占一案，法院已作出一审判决，判处贾裕民有期徒刑十年。加大诉讼监督工作力度。依法追漏纠错，共追诉漏犯134人。强化审判监督，树立抗诉质量和数量并重的观念，坚持抗诉案件抗前汇报、备案审查、检察长列席审委会等行之有效的抗诉工作制度。

【反贪污贿赂】 全市两级检察机关共立案侦察贪污贿赂等职务犯罪案件174件229人，其中大案要案117件147人，分别占67.2%和64.1%。侦查终结170件225人，侦结率97.7%，提起公诉208人，起诉率90.8%。法院已经做出有罪判决193人。比较有影响的案件有，市国土资源局纪检组长朱连海贪污受贿案，南召县公安局局长李平受贿案，方城县公安局局长王从旭受贿案，市规划局规划服务中心主任唐鸿蔚受贿案，民生证券有限公司副董事长郭豫琦贪污案，市林业局副局长王金敏贪污受贿挪用公款案，卧龙区人大常委会副主任徐国友贪污受贿挪用公款案。同时对热点难点案件和实权人物涉嫌贪污贿赂案件，发现一起查处一起。共查处一般案件转化为大要案23件。把查办涉农职务犯罪、保障社会主义新农村建设工作作为加大办案力度的重要载体，切实把反贪工作成效建立在维护广大群众的切身利益上。全年共查处涉农贪污贿赂案件96件129人，其中大要案68件75人，占立案总数的70.8%和58.1%。实行分片包干，对口帮扶，促进查案工作整体推进，将全市13个基层院分为四个责任区，实行反贪局长包片制度。将全市副科以上干部犯罪线索纳入市院反贪涉案信息库统一管理，解决案源匮乏问题，制定案件请示制度，对拟撤案、移送不起诉案件以及变更强制措施案件，进行事前审查，有效解决因案件把关不严、处理不当等造成的质量问题。全面实行安全办案责任制，层层签订安全办案责任书，用制度保证办案责任落实。

【反渎职侵权】 全市两级院受理渎职侵权案件线索144件，初查138件，立案侦查106件124人，大要案120人，侦查终结并移送审查起诉105件，公诉部门审查后提起公诉98件116人，法院已作出有罪判决99件118人（含往年4件4人），其中实刑判决4件4人。深入查办危害能源资源和生态环境渎职犯罪，共查办此类案件57件64人，查案数量位居全省前列。实施完善了捕、诉提前介入制度。坚持每季度对全市侦查终结的案件进行个案质量检查制度和年度十大精品案件评选制度。淅川县院办理的该县国土局土地储备中心主任薛明昌和其分管领导景占清，非法低价出让国有土地使用权犯罪案被评为全市十大精品案件，邓州市院反渎局办理的该市烟草局原稽查人员孙晓等5人非法拘禁案、宛城区院办理的唐河县法院原法警张建富滥用职权案分别被省院反渎局评为精品案件和优质案件。对群众来信来访，做到案案有着落，件件有回音，对上级机关和领导批转的案件积极认真查办。上半年，共接待群众来信来访62人（件、次），所反映的问题已解决57件。反渎局被评为2004～2007年度全省检察机关查办渎职侵权犯罪工作先进单位。9月22日，由河南省人民检察院检察官、著名检察文学作家李厚健专著的反映南阳市检察院反渎职侵权局干警历年来侦破的大案要案《权力轨道》一书，被改编成24集大型系列电视剧后，由河南电视台、河南省人民检察院和南阳市人民检察院三家联合，开机拍摄。

【监所检察】　在刑罚执行监督过程中，共发现各类违法行为312件，向监管单位提出纠正意见201件，已纠正201件，纠正率达100%。其中纠正错拘错捕20件，违法减刑、假释、保外就医11件，混关混押45件，违法收押67件，应释放未释放46件，违规使用戒具12件。共发现司法工作人员职务犯罪案件线索40件，立案27件34人，侦结26件，起诉19件24人。坚持“严打”方针，共审查批捕被监管人犯罪案件39件57人，审查起诉54件94人，团伙犯罪7件19人。开展揭发余漏罪活动，敦促在押人员交代犯罪线索7件，揭发犯罪线索5件。全市大部分监管改造场所均设立了法律援助中心，先后为60余名押犯提供法律帮助。加强规范化检察室创建，邓州市院驻所检察室被高检院授予“规范化检察室”荣誉称号。

【民事行政检察】　全市共受理不服法院民事行政生效裁判的申诉案件562件（其中不服中级法院生效的裁判26件），立案审查517件（其中中级法院生效的裁判26件），基层院提请市院抗诉127件，经审查市院依法提出抗诉20件、提请省院抗诉21件（含07年立案案件）。两级法院共审结市院抗诉案件52件，改变原生效裁判45件，改变率为86.5%；共发出再审检察建议220件，被采纳220件，采纳率为100%；发现审判人员职务犯罪线索20件，初查16件，被作出党政纪处理16人；提起刑事附带民事诉讼13件，法院判决13件，均支持了检察机关的诉请；办理公益侵权案件103件，支持起诉21件，均得到法院的判决支持，发出检察建议82件，采纳82件，为国家挽回经济损失520余万元。南召县检察院针对该县退耕还林工作中存在的问题，向南召县政府发出检察建议，促使南召县政府对全县各乡、镇退耕还林工程进行全面整改。

【控申举报】　全市两级院控申部门共受理群众来访820件，其中受理举报517件（举报贪污贿赂356件，举报渎职侵权143件），审查处理517件，审查数占受理总数的100%；举报中心初查197件，移送立案84件，移送立案率为42%；受理控告申诉156件，立案复查刑事申诉案件17件，复查有结果17件，其中维持原决定4件，改变原决定2件，提出抗诉意见11件；受理刑事赔偿申请6件，立案复查4件，确认6件，给予赔偿4件，支付赔偿金5.36万元，返还财产36件；排查涉检信访案件183件（含上级交办案件），办结174件，息诉156件。开展了集中处理涉检重信重访专项活动和争创“无进京涉检上访年”活动，全市共排查涉检信访案件183件，其中，省院重信重访专项活动排查40件，省委政法委执法巡视组交办109件，省委政法委交办20件，省院交办11件，已办结174件，办结率为95%，息诉156件，息诉率为90%，救助信访人资金40余万元。全市两级院共办理不服检察机关处理决定的申诉案件5件，办结5件，维持原决定4件，改变原决定1件。依法办理刑事赔偿案件，全年办理的6件赔偿案件，全部确认，立案复查的4件，全部按期办结。开展了刑事申诉案件质量检查和优质案件评比活动。制定《关于办理上级交办案件有关事项的规定》，明确上级交办案件的范围及责任划分，办理程序和质量要求。高度重视上级交办案件，对上级共交办的143件，按期办结上报136件。

【检察技术】　全年共对案管中心、侦监、公诉部门转来涉及技术性证据案件1654件进行了文证审查，审查率和采信率均达到100%。其中，对一起技术鉴定程序违法和鉴定结论错误案件进行了纠正。通过利用笔迹鉴定成功化解一起集体上访案件。全年共撰写技术实践调研文章47篇，其中有8篇收录于中南五省物证技术论文集。全年共发技术信息8篇，其中被高检院技术信息中心，转发一篇。方城县院通过法医文证审查依法纠正了一起违反程序的法医学委托检验鉴定，退回公安机关重新鉴定并改变了被鉴定人的伤情鉴定结论。淅川县人事局招录事业编制工作人员笔试中出现替考。淅川县检察院技术科对可能招工舞弊的5名考生（当事人）的试卷进行笔迹鉴定。作出署名为“寇君”的试卷上的字迹不是寇君本人书写的结论，排除了其余4名考生考试作弊的嫌疑。

【预防职务犯罪】 9月1日，市检察院预防处更名为“职务犯罪预防局”，成为全省首个地市级预防局。南召、社旗、西峡、邓州等县（市）预防科相继改设为预防局。全年共开展预防调查86件，涉及民政系统21件，医疗卫生系统8件，城建土地系统4件，新农村建设6件，服务党委政府中心工作开展预防调查18件。通过预防调查化解矛盾，解决上访突出问题23件，挽回经济损失5400万元，发现犯罪案件线索53件，立案48件。开展类案及个案犯罪分析293件，占当年立案总数的97%，向发案单位发出检察建议297件，被采纳251件。对220件重大工程开展专项预防，严格执行《南阳市人民检察院重大建设项目预防工作实施细则》，对重大工程中的资格预审、编制标、招投标等九个环节进行全程监督。开展法制讲座和警示教育282场次，受教育人数6万余人次。预防局荣立集体二等功。

【案件监督管理】 全市两级院业管中心共阅卷审查“四不一撤”案件734件992人，对照法律有关规定，共提出与办案部门不同意见31件34人，提请检委会、检察长研究决定或与原办案部门协商改变原处理结论、意见28件28人。做好空白文书的保管及法律文书审批、登记用印开具等环节的工作，共审查开具重要法律文书12038份，协助业务部门对其它138种法律文书进行了规范管理。两级院业务监督管理部门共对11468案件质量进行了考评。其中优质9337件，合格2131件。清理督办了一批积案。共督促催办各类积案875件，其中办结公诉积案803件，占公诉积案总数的92%，办结自侦积案72件，占自侦积案总数的84%。

【廉政监察】 全市检察机关开展廉政专题教育活动30次，对中层以上干部进行廉政谈话22次520人，其中市院对缺额提拔50余名中层以上领导干部进行了廉政谈话。量化目标考评，对廉政建设目标任务进行了分解，继续实行廉政押金制度。两级院纪检组监察部门全年共受理违法违纪案件线索20件，初核18件，立案查处1案1人，行政警告处分1人，诫免谈话6人，通报批评7人，办理上级要结果案件7件。两级院纪检监察部门共监督各类案件700余件。其中备案监督320件，回访监督165件，同步监督215件。如卧龙区院对普康衡育制药有限责任公司供应处长曹东红受贿118.9万元一案讯问时进行录像，纪检监察部门对整个讯问过程进行了全程监督，收到了良好的社会效果和法律效果。（尚文来 王永强）

审 判

【审判工作概况】 2008年，全市两级法院在党委领导、人大监督和上级法院的指导下，全面落实“公正司法，一心为民”指导方针，积极践行“公正与效率”工作主题，充分发挥审判职能作用，大力加强法院自身建设。全年共受理各类案件39215件，审（执）结34822件，结案率97.98%。中院的司法警察工作被最高法院评为全国先进集体，民事审判、行政审判、思想宣传、调查研究等项工作继续位居全省前列。内乡法院荣立集体一等功，新野、桐柏法院被评为全省优秀基层法院。

【刑事审判】 全市法院共审结各类刑事案件5299件，判处犯罪分子6911人，其中判处十年以上有期徒刑、无期徒刑、死刑（含死缓）329人。一是深入开展严打整治斗争，积极参与打击“两抢一盗”和“打黑除恶”专项斗争，重点打击杀人、绑架等严重暴力犯罪和盗窃、抢劫等多发性侵财犯罪，实行“三快两公开”，即快立案、快审理、快结案，公开审理、公开宣判，全力维护社会稳定。二是严厉打击合同诈骗、制假售假等危害经济安全和破坏市场经济秩序犯罪，依法保障社会主义市场经济健康发展。三是从严惩处贪污、贿赂、渎职等职务犯罪，推动反腐斗争深入开展。四是坚持宽严相济和“少杀慎杀”的刑事政策，对于因邻里、家庭等矛盾引发的刑事案件，慎用死刑立即执行，认真做好刑事附带民事案件的调解工作。五是对少年犯实行温情审判、注重帮教感化，寓教于审，惩教结合，取得了良好效果。

【民商事审判】　全市法院共受理一、二审民商事案件27924件，诉讼标的额31.7亿元。一是制订《关于强化民事案件当事人出庭参加诉讼的若干意见》、《关于审理劳动争议案件的若干意见》等规范性文件，统一司法尺度。二是妥善审理婚姻家庭、损害赔偿、拆迁补偿、物业纠纷、劳动争议等民事案件，化解矛盾纠纷，平衡利益关系，倡导良好风尚。三是依法审理合同、金融、保险和公司纠纷等商事案件，制裁违约失信，规范经济秩序，维护交易安全，营造公平诚信的经济发展环境。四是慎重处理企业破产、改制案件，促进经济质态的改善。五是切实强化多元调解，促进诉讼调解与人民调解、行政调解的有机结合。总结推广承办人、庭长、院长梯次调解工作模式，把调解作为处理民事案件的首选手段，贯穿于诉讼全过程、运用在各个审级，努力实现案结事了。

【行政审判】　全市法院共审结各类行政案件910件，执结非诉行政执行案件3926件。一是积极做好法律释明、判后答疑工作，妥善处理涉及土地征用、城市规划、房产登记、社会治安、劳动和社会保障、自然资源和环境保护等行政案件，依法化解行政争议，努力实现案结事了。二是促成市政府在全省率先出台了《南阳市行政首长出庭应诉暂行规定》，认真落实《加强行政案件协调和解工作若干意见》，在全省法院树立了强化行政案件协调和解力度的品牌。

【执行工作】　全市法院共执结各类案件11718件，标的额9.7亿元。一是落实市委领导下的人大、政府、政协及有关部门参加的执行工作联席会议制度，切实转变执行理念，强化和谐执行。二是狠抓财产处理、异议审查和结案三个环节，规范执行行为。三是健全执行期限、执行督办等一系列制度，不断提高执行案件的质量和效率。四是设立执行救助基金，完善执行威慑和联动制约机制，使执行难问题得到进一步缓解。

【立案工作】　一是实行立案、收费、排期开庭等“一站式”服务，加强诉讼指导和风险告知，依法向当事人告知诉讼权利和义务，引导群众依法行使诉讼权利，其中关于导诉的做法被省法院张立勇院长充分肯定，并要求予以推广。二是严格执行《诉讼费用交纳办法》，对涉及弱势群体和困难群众的989件案件，依法缓、减、免交诉讼费用318万元，确保经济确有困难的当事人打得起官司，体现司法的人文关怀。三是积极响应省院号召，坚持走群众路线，推行马锡五审判方式，实行就地立案、就地审理、当庭调解、当庭结案，及时调处纠纷，化解矛盾。

【审判监督】　2008年共受理各类案件252件，审结210件。实行听证复查，建立“宽进严出”的再审立案机制；突出“强化调解、强化纠错”原则；完善管理规范，制作案件办理情况公示栏，细化审限跟踪，确保了案件的质量和效率。

【涉诉信访】　全市法院站在保障民生、促进和谐的高度，下大力气抓好涉诉信访工作。一是正确估价南阳作为人口大市、案件大市所面临的严峻涉诉信访形势，牢固树立“群众利益无小事、涉诉案件无小案”的观念，切实把工作的着力点放在解决实际问题上。二是建立“一把手”负总责的领导责任制，对重点信访案件实行严格的“四定一包”领导包案制度，明确结案的标准和时限。三是建立上下联动、多部门参与的协调处理机制，集中解决进京非正常信访问题。四是实行信访责任倒查制度，从严追究案件承办人的党政纪责任。五是狠抓源头预防，进一步规范判后答疑工作，认真落实来访接待制、院长预约接待制和案件质量终身责任制，建立完善涉诉信访工作全程预防机制，努力避免新办案件发生非正常上访问题。2008年，全市两级法院共开展集中接访7次，受理案件421件，全部办结；按时按要求办结中央政法委、全国人大、省委政法委等上级机关交办的各类重点信访案件；按照“四定一包”模式，组织两级法院先后成立94个包案组，召开36次案件汇报会，以千言万语、千辛万苦、千方百计的“三千”精神，强力推行解决涉诉信访问题的各项措施，使大多数上访老户停访息诉。

【国家赔偿】 市中级法院共审结国家赔偿案件20件，决定赔偿8件，赔偿金额68万余元。一是在国家赔偿工作中，提高审理工作的透明度，推行审判方式的改革，全面引入听证制度，保证国家赔偿审判工作公开、公平、公正地开展。受理的国家赔偿案件，全部适用了听证程序，效果良好。二是在国家赔偿审理工作中继续施行告知制度和释明制度，对宣告无罪、违法财产保全等违法裁判予以纠正后，均告知当事人有申请国家赔偿的权利及申请国家赔偿应承担的证明责任，并有针对性地对申诉人进行提示、指导和说明，帮助申诉人了解赔偿程序。

【减刑假释】 全年共办理减刑、假释案件826件，全部按期办结。对减刑案件，坚持公开、透明、阳光作业；对假释案件的办理，坚持到罪犯服刑场所组成合议庭进行公开听证。

【司法技术】 司法技术鉴定处共办结各类案件的司法技术鉴定42件。以规范程序为重点，经过严格审核，制定下发年度对外委托评估、审计、鉴定、拍卖机构备选名册，规范市两级法院的对外委托工作。

【司法警察】 以加强死刑案件二审开庭警务保障为契机，促进全市法警工作标准化建设。认真履行法警职责，维护正常的审判、信访秩序。发挥司法警察在管理体制、装备上的优势，积极参与清理执行积案。2008年中院法警局被最高法院评为全国先进法警局，继续保持“全国法院法警工作先进集体”荣誉称号。（牛永权）

司 法 行 政

市司法局局长 曹月西

【司法行政概况】 2008年，全市司法系统以科学发展观为指针，紧紧围绕市委、市政府中心工作，在全市扎实开展“六项活动”。一是扎实开展学习党的十七大精神和胡锦涛重要讲话“大学习、大讨论”活动；二是扎实开展“新解放、新跨越、新崛起”大学习活动；三是扎实开展人民警察综合素质教育训练活动；四是扎实开展打击“两抢一盗”犯罪专项斗争活动；五是扎实开展法律服务进社区、进街道、进乡村活动；六是扎实开展“大接访”、“大走访”、“大督查”活动。认真落实向社会承诺的“六件实事”。一是监狱长接待日制度；二是积极帮助农民工学法用法，免费发放《农民必备法律常识》书籍、宣传挂图1万本（套）；三是组织3000余名法律服务工作者深入机关、企业、农村、社区、学校、单位免费进行法律咨询和法律宣传，及时提供法律服务；四是组织开展村调委会主任、人民调解员、村法律骨干培训，免费发放业务学习资料，提高调解能力和水平；五是开辟法律绿色通道，对农民工因工伤赔偿，追索劳动报酬，追要人身损害赔偿申请法律援助的，不再审查经济困难条件，优先办理。对农民工及弱势群体办理公证实行减、缓、免收费；六是对符合法律援助的司法鉴定事项减收30%费用。推动司法行政工作取得了新的成绩，为促进全市经济社会发展，维护社会和谐稳定作出了积极贡献。

【依法治市】　2008年，是落实“五五”普法规划的第三年，也是实现依法治理“三五”规划的关键一年。为推动普法依法治理工作向更深、更广层次发展，依法治市办公室及时理清工作思路，确定工作重点，强化措施落实，使全市普法依法治理工作出现了创新发展的良好局面。至年底，全市4540个行政村，被评为国家级示范村3个，省级示范村87个，市级示范村223个。共有社区364个，被评为市级示范社区43个。5月份，南阳市委宣传部、市人大内司委、市司法局、市依法治市办公室联合下发了《关于开展“五五”普法依法治理中期督导检查的通知》，四大家共抽调人员8名，组成4个检查组，对全市14个县市区和市直主要单位进行全面督导和检查。7月份，省中期督导检查组一行3人来南阳督导检查，听取了南阳市副市长张振强关于南阳市“五五”普法依法治理工作汇报，通过实地考察西峡县、中光学集团、市九中、常庄社区，市地税局五个单位，召开了社会各界近20人的座谈会，在反馈意见中对全市“五五”普法依法治理工作进行了充分肯定。组织开展“移动杯”平安南阳知识竞赛活动，加印18万份法律知识竞赛题和答题卡，开展法制宣传活动1500余次，印发各类法制宣传材料115万份，悬挂宣传横幅9000余条，张贴宣传标语13万多张，播放专题录像118场次，演出法制文艺节目620余场，举办各类普法培训班2866期，举办各类法律知识专题讲座1588次，解答法律咨询12万余人，受到法制教育140万余人；免费发放《农民必备法律常识》1万本、法制宣传挂图6800套；全市共有学校4871所，配备法制副校长4871人，建立青少年法制教育阵地15个，成立帮教小组3512个。11月28日至12月初，根据《全市干部法律知识学习考试的通知》精神，组成四个考核组，分别对全市5万余名干部进行了学法考试，其中处级干部1532名，科级干部5万人，参考率达97%，优秀率76%以上。全年依法治理工作共有123个集体，104名个人受到市委、市政府表彰。

【律师工作】　全市年检合格律师事务所49个，比上年新增两个，注册专职律师420个，兼职律师18人，新办律师执业证57人，执业律师495人，公职责律师7人，参加民主党派律师15人，担任人大委员2人，政协委员13人。全市49家律师事务所共选定服务点65个，其中社区31个，企业19个，村委10个，学校5个。律师共办理各类案件11809件，其中经济民事8939件，刑事辩护代理3643件，行政227件，担任企事业单位、政府部门及民营企业常年法律顾问2695家，办理非诉讼法律事务8192件，办理法律援助478件。积极配合做好打击“两抢一盗”犯罪案件工作，3月10日，专门下发了《南阳市司法局关于加强律师办理打击“两抢一盗”犯罪案件工作意见的通知》，开展专项斗争以来，全市律师共受理“两抢一盗”案件125件，其中已结案件27件，正在办理案件98件。积极参与政府信访工作，通过律师工作息访或通过法律途径解决287件，平息上访6件，并与市信访局沟通联系，建立了信访联系机制。5月30日～6月2日，全市48个律师事务所，460名律师在南阳市和11个县(市)开展贯彻落实新修订的《中华人民共和国律师法》宣传活动，共出动宣传车辆8台，印制横幅46条，设咨询台46个，制作宣传板面87个，印发宣传单25400张，解答群众法律咨询2070人次，代理案件8件。举行全市律师法律服务进社区宣传咨询活动，全市参加律师450人，实习律师82人，深入社区39个，乡村25个，工厂12个，共接待咨询3250人次，发放宣传资料10100份，收到良好的社会效果。9月3～4日，市司法局、市律师协会联合举办全市律师“大学习、大讨论”教育培训班，各县市区司法局分管律师工作的副局长、律师管理科(股)长，全市48个律师事务所主任及450名律师参加培训。10月5日,河南梅溪律师事务所郑州分所成立,省政协法工委主任吴合振,市委常委、组织部部长李森林,省司法厅律师处处长刘卫星等领导共60余人参加了开业仪式。在开展向四川地震灾区献爱心活动中,全市律师三次捐款46820元,捐物2000余件。

【公证工作】 全市公证工作充分发挥沟通、服务、公正、监督职能作用,认真贯彻落实“一法三章”,坚持抓队伍,建制度,抓落实,严管理,使全市公证工作又上一个新台阶。按照《公证机构考核办法》和《执业公证员考核办法》,采用个人总结,群众评议,行政机关考评的方法进行考核,实事求是地确定考核档次,全市共有15个公证机构和53名执业公证员通过考评,合格率达100%,全部通过省司法厅备案。全市共办理公证业务60081件,其中国内经济14878件,国内公民41285件,涉外3548件,涉港澳台370件,业务收费达315万元,建立常年法律顾问点210个,提供公证法律服务132起,援助资金2.9万元,拒绝公证197件,为国家集体和公民避免、挽回经济损失2100万元。开展公证宣传活动,共设立法律咨询台16个,出板报41块,挂图30副,悬挂横幅30余条,出动车辆12台,发放宣传材料3万余件,现场接待解答群众24000余人次。共举办公证人员培训班3期,其中执业公证员2期,公证辅助人员1期,有44人领取了省厅颁发的助理公证员证书。11月初,市局组成两个检查组对全市15个公证机构2008年办结的继承、遗嘱、现场监督,证据保全、强制执行和协议(合同)类公证事项进行检查,共检查卷宗840份,质量合格率达95%以上。11月7月,省厅检查组对南阳市的智圣公证处、邓州市公证处和西峡县公证处进行了抽查,查阅卷宗90份,质量合格率达98以上,受到省厅领导一致好评。

【基层司法行政】 基层司法行政工作,以服务社会主义新农村为主线,充分发挥职能作用,预防纠纷,化解矛盾,消除不安定因素,预防和减少重新违法犯罪,为广大基层群众提供优质高效的法律服务。一是人民调解。2008年,全市13个县(市)区共设立乡镇(街道)人民调解委员会234个,村(居)调委会4736个,企事业单位调委会125个,区域性行业性调委会3个,各级调解组织共调处民间纠纷53000件,调成51000件,调成率96%以上,防止纠纷激化323件560人。9月13日,召开全市人民调解员表彰大会,对全市17位优秀人民调解员进行表彰并每人颁发奖金1000元,有6个先进集体和个人作典型发言。市委常委、政法委书记王建民和省执法巡视组等领导出席会议。举办人民调解员培训班31期,培训人民调解员达2500人次,免费发放人民调解员培训教材5990册。二是安置帮教。全市共建市级安置帮教机构1个,县级13个,乡级232个,村级5039个,广泛开展了帮教活动。2008年,全市共接收刑释解教人员1531人,其中刑释人员1370人,解教人员161人,重新犯罪2人,重犯率控制在1‰以下。积极配合打击“两抢一盗”犯罪专项斗争活动,认真做好刑释解教人员的管控和安置帮教工作,共排查出三年来刑释解教人员5357人,其中具有“两抢一盗”前科的有2889人,摸排出犯罪线索23条。三是司法所建设。全市第1~3批150个国债资金司法所建设项目全部完成,经省厅验收全部达标投入使用。4月份,中央下达南阳司法所建设项目42个,由于受四川汶川大地震影响,下拨专项资金287.6万元于10月份才逐步拔到位,已建成投入使用40个,主体工程竣工的有2个。四是基层法律服务。全市共有205个法律服务所和592名法律服务工作者参加年检、注册。共建立法律顾问点6015个,代理诉讼事务12856件,代理非诉讼事务3454件,协办公证96774件,办理见证335003件,业务收费595万元,办理法律援助事务1006件。

【国家司法考试】 国家司法考试工作继续坚持“四严四最”标准,突出扩大宣传,抓好培训,严格报名,从严考试四个关键环节,努力推动司法考试各项工作不断创新,实现考试质量、考生数量双丰收。全市共报名参加国家司法考试人员 2128 人，报名人数居全省前列，设立考场 73 个，考试通过 409 人。举办国家司法考试培训班 3 期，参加培训人员达 1000 余人次，聘请知名教授 4 人。全市 14 项考评项目均获优秀，受到了司法部和省司法厅通报表彰。

【法律援助】 全市法律援助机构共办理案件 2576 件，连续两年全市办案数量超过 2000 件，居全省第一位，受援人员达 2590 人，接待咨询人数 13000 万人次，其中办理农民工案件 286 件，为农民工讨要工资 130 余万元，追要人身损害赔偿 170 余万元。全市法律援助经费全部列入财政预算，经费数额达 142.5 万元，同比增长 13%，其中市中心经费为 37 万元，同比增长 41%，居全省市级法律援助中心第二位。做好中央补助地方法律援助经费分配拨付工作，通过协调争取，共获得办案经费 60 万元，足额分配到各县市区法律援助机构。8 月份，市中心开展案件旁听、回访和卷宗抽查工作，并对市本级受理的旁听 8 件，回访 21 件，抽查率 56%。9 月 1～5 日，在全市开展纪念《法律援助条例》实施五周年法律援助宣传周活动，共发放宣传资料 15000 余份，制作宣传条幅 80 余条，张贴宣传公益广告 300 余张。南阳市法律援助工作先后获得司法部“全国法律援助先进单位”、河南省人事厅、司法厅“司法行政系统先进集体”、河南省司法厅“河南省法律援助先进集体”、共青团省委、省综治办“优秀青少年维权岗”等荣誉称号。

【司法鉴定管理】 全市 39 家司法鉴定机构、280 名司法鉴定人通过了省厅年度登录，29 家 2002 年年底以前申报的司法鉴定机构、49 个司法鉴定执业人进行了申请延续。根据河南省司法厅、中国人民财产保险股份有限公司河南省分公司《关于进一步做好保险事故受伤人员伤残等级评定司法工作的通知》精神，对全市所属法医司法鉴定机构进行了考核把关，共上报 9 家机构，最后 6 家机构被省司法厅批准为“人保财险事故伤残等级评定司法鉴定重点单位”。办理司法鉴定案件 650 件，人民法院采用率达 95% 以上。利用行风热线宣讲全国人大常委会关于司法鉴定管理决定 2 次，现场解答司法管理热点难点问题 16 个。开办司法鉴定人培训班 5 期，培训人员达 400 人次，较好地完成了省厅下达的培训目标任务。8 月 11 日至 9 月下旬组织宣传一条街活动，共出动宣传车 39 台次，制作宣传版面 118 板，挂过街横幅 76 幅，张贴宣传标语 5000 余条，设立咨询台 83 个，发放宣传资料 10000 余份，解答群众提问 500 多人次，取得了良好的社会效果。

【监狱工作】 南阳监狱认真落实科学发展观，践行社会主义法治理念和正确的监狱执法理念，全力打造平安监狱，较好地完成了全年目标任务。一是监管安全实现大局稳定。全年以确保监狱安全稳定为重点，建立健全监管安全工作机制，不断完善人防、物防、技防、犬防四位一体工作格局，认真落实监管安全措施，扎实开展监狱管理规范年活动和打击“两抢一盗”犯罪专项斗争活动。全年共建立健全监管安全规章制度 30 余项，70 余种台帐资料实现统一规范，有 141 名罪犯受到行政处分严管，45 名罪犯被隔离，3508 人次给予表彰，记功 500 人次，查出薄弱环节和漏洞 130 余条，下发整改建议书 19 份。破获 2 起罪犯预谋脱逃案件和 1 起罪犯自杀案件，收集罪犯交揭查犯罪线索 137 条。全年没有发生罪犯脱逃、暴狱、劫持人质、伤害他人和集体食物中毒、流行病传染等事故。二是教育改造质量进一步提高。始终把提高教育改造质量作为监狱的中心任务，把降低刑释人员重新违法犯罪率作出衡量监狱工作的首要标准。抓好“三课”教育，深化个别教育，突出素质教育，充分利用社会资源，大力开展形式多样、内容丰富的辅助教育，完成“三课”教育 521 课时，入学率 100%，确立顽危犯 130 人，应转化 121 名，已转化 73 名，转化率 60%。开设电工、焊工、缝纫、烹调、汽车维修等实用人才培训班 6 个，全年有 292 名罪犯获得地方技术鉴定证书，72 名罪犯获得省局组织的技术鉴定证书。组织罪犯现身说法，为社会开展廉政教育，受教育人数近 3000 人。开通女警心理咨询教育网络，共接受罪犯主动咨询620人次，进行心理治疗150人次。全狱共有20名警察获得个别教育先进个人，5人被记个人三等功。三是刑罚执行工作进一步规范。严格按照法律规定做好罪犯的收押、释放工作。全年共收押罪犯1341人，释放794人，办理监时离监34人。坚持“三公开、两公示、一监督”，把罪犯的减刑、假释、病保、监时离监、行政奖惩等重要执法环节全部予以公示，全年共对753名罪犯提请了减刑，2名罪犯提请了假释，新认定老病残罪犯125名，办理保外就医罪犯19人，续保17人次。不断深化狱务公开，促进监狱阳光执法，监狱长接待日接受罪犯咨询和反映问题72人次，接待群众52人次。重新聘请监狱执法监督员18人。通过社会问卷调查，监狱执法满意程度达到90%以上。四是监狱生产经营稳步发展。通过项目优化、资源整合、加大投入、化解债务、强化管理等措施，全年完成工业总产值1800万元，总收入1862万元，其中主管业务收入1017万元、外加工收入845万元，企业弥补经费不足380万元。积极争取财政资金，落实经费保障，全年财政拨款4990万元，争取市追加拨款952万元，省追加拨款548万元，比上年同期增加1875万元，协调省市有关部门返还2007年度增值税92.2万元，实现历史最高水平。五是干警队伍建设进一步加强。扎实开展监狱人民警察综合素质教育训练等活动，活动中广大干警每人写读书笔记15000余字，学习心得4篇，研讨文章1篇，组织开展监狱人民警察综合素质训练考核，干警笔试人数651人，合格率100%，优秀率达98%，平均分达96.33。体能考核抽查314人，合格率达100%，优秀率达93%。技能考核抽查282人，合格率达100%，优秀率达92%。9月23日，在河南省经济管理学院举行南阳监狱人民警察综合素质教育训练成果汇报会，市委常委、政法委书记王建民、副市长张振强等领导参加并给予高度评价。南阳监狱受到市委政法委通令表彰。（赵春付）

政　府　法　制

【推行行政执法责任制】 2008年，法制局推行行政执法责任制，对市级政府的执法依据进行梳理，补充完善了政府“权力清单”，对已分解的执法职权重新修订，使职权更明确，达到了有权必有责，用权受监督，违法受追究的目标和要求。并制定了2008年度行政执法责任制考评实施方案，明确了考评方法、内容、评分办法和时间要求。

【规范性文件审查、清理】 全年对450份文件进行了审查把关，提出了符合法律规定的修改意见。经法制局审查把关的文件未出现与法相悖、与政策不符、损害公民、法人和其他组织合法权益的现象。按照规范性文件备案的要求，对市政府及市政府办出台的规范性文件向省政府进行备案，并通过了省政府法制办的审查，对下级政府和政府部门制定的规范性文件进行了备案审查。对市政府及政府办1994～2007年制定的文件进行全面清理。共筛选出涉及公民法人和其他组织权利义务的规范性文件700余份。通过初审、复核等环节，确定保留规范性文件205份，需要修订的规范性文件54份，应废止文件171份，自行失效文件246份。市政府常务会议已审议通过，并以文件形式向社会公布。

【行政复议】 全年受理行政复议申请67件，已办结53件。在办结的案件中，维持29件，撤消7件，申请人撤回申请1件，其他方式协调结案15件，驳回复议申请1件。代表市政府出庭应诉行政复议案件3件，1件已经法院审理维持，2件未结。

【执法证件审验】 法制局进一步规范行政执法证件的颁发程序，对需要申领行政执法证件的人员，严格程序，严把资格审查关。对不符合行政执法人员条件、不在执法岗位、有违规违纪行为受到处分的、法律知识考试不合格的人员，坚决不予发证。同时，按照《河南省行政机关执法条例实施办法》，对行政执法证件进行年度审验。对有违纪记录或已调离执法岗位的，注消其执法证。建立全市行政执法人员信息网上查询系统，将全市1.6万名执法人员的相关信息录入查询系统软件。

【行政仲裁】　2008年是南阳仲裁委开展工作第一年，法制局聘请58名具有社会知名度、符合仲裁法律规定条件的仲裁员，受理了一批仲裁案件，已办结10件。

【法制信息】　全年编发《政府工作信息》（法制专号）6期，刊发信息35条，省政府法制办及省政府法制网采用70条，被省法制办评为政府法制信息工作先进单位。法制局撰写的《全面推进依法行政，加快建设法治政府》的调研报告，在《市长参阅》刊发。（杜婉丽）

典　型　案　例

【吴天喜等人强奸、组织领导黑社会性质组织案】　吴天喜，男，曾为农民企业家、县人大代表、政协副主席、原省人大代表、第九届全国人大代表。自1996年以来，以被告人吴天喜为组织、领导者，刘建军、刘培、张玉（三人均另案处理）及被告人吴庆有、吴光林、马新青、吴长卫等为成员的犯罪组织，多次实施强奸、敲诈勒索、寻衅滋事、非法倒卖土地使用权等违法犯罪活动，逐步形成以吴天喜为首、骨干成员较为固定的黑社会性质犯罪组织。该组织在镇平县有组织的实施了敲诈勒索、寻衅滋事、非法倒卖土地使用权、强迫交易、非法吸收公众存款等违法犯罪活动，获取大量的非法收入，为组织确立了强势地位，在当地称霸一方，欺压群众、商户，严重干扰基层正常行政工作。被告人吴天喜还指示刘培、张玉等人多次组织实施强奸犯罪，采取诱骗、殴打、恐吓等手段先后强奸24名女学生，其中6名女学生被害时不满14周岁。该组织的犯罪活动严重破坏了当地的经济秩序和社会秩序，给人民群众的生命财产安全带来了极大危害。社会反映强烈，民愤很大。

经南阳市中级人民法院审理后认为，被告人吴天喜等人采取诱骗、殴打、恐吓等手段奸淫女学生，其行为已构成强奸罪；以吴天喜为首的组织称霸一方、欺压群众、为非作歹，其行为已构成组织参加黑社会性质组织罪、寻衅滋事罪、敲诈勒索罪等6项罪名。依照《中华人民共和国刑法》之规定，一审判处吴天喜死刑，判处刘培有期徒刑20年，判处陈秀云有期徒刑5年，其他犯罪嫌疑人也得到了相应的惩罚。

【孙宜华、刘素兰非法经营案】　2005年2月，被告人孙宜华，男，53岁，大学文凭，河南油田停薪留职人员和被告人刘素兰，女，49岁，高中文化，乐凯集团第二胶片厂停薪留职人员成立“南阳市宏大科技信息网”，孙宜华任董事长兼总经理，在南阳成立总会，刘素兰任会长，该网站面向全国，打着“推广网站，帮助企业宣传产品，推动全民上网工程”的口号，在各县市区设立“上网技术服务协会”机构吸收会员，制定分红加补贴奖励回馈制度，赚取人头费。每位入会会员交纳317元至323元不等的入会费用，即可成为该网站正式会员，可享受农业信息、法制顾问、电子书库等服务。每个会员再发展下线，即可获得提成；下线再发展下线，上级会员也可得到提成。自2005年7月1日至2006年8月30日，“南阳市宏大科技信息网”共收存资金1927笔，吸收会员注册资金1360822.13元，在全国成立协会16家，共发展正式会员4606人。2006年9月14日，南阳市工商局认定“南阳市宏大科技信息网”的经营行为属非法传销行为。此案人数之多、范围之广，在同类案件中十分罕见，被中国法院网称为“全国网络传销第一家”。

南阳市宛城区人民法院经审理后认为：被告人孙宜华、刘素兰创办的网站为合法网站，网站内容虽然不违背国家法律的禁止性规定，但其以发展下线人数来确定收入的经营方式已被工商管理部门认定为非法传销行为。孙宜华、刘素兰违反国家规定，进行非法经营活动，扰乱市场秩序，情节严重，其行为均已构成非法经营罪。被告人刘素兰在前罪刑满释放后不满五年重新犯罪，系累犯，应从重处罚。鉴于被告人刘素兰在共同犯罪中通过给会员讲课等方式发展会员，在最上线所起的作用较小，酌定从轻处罚。依照《中华人民共和国刑法》之规定，判处被告人孙宜华有期徒刑一年零六个月，并处罚金三万元；判处被告人刘素兰有期徒刑一年零六个月，并处罚金二万元。

【肖卓诉浙江省小家伙食品有限公司产品瑕疵案】 原告：肖卓；被告：浙江省小家伙食品有限公司、湖北省小家伙食品有限公司。

2006年10月17日上午，原告肖卓在被告侯少峰开办的门市部购买了一瓶标签为“小家伙”的矿泉水，原告肖卓在饮用时发现该瓶矿泉水商标标签的衔接处贴有毛发，引起心理上的不适，原告肖卓及其法定代理人与销售者侯少锋、生产厂家浙江省小家伙食品有限公司（以下简称浙江公司）、湖北省小家伙食品有限公司（以下简称湖北公司）进行了交涉，在双方未能协商一致的情况下，原告肖卓向淅川县人民法院起诉，要求三被告更换一瓶合格的矿泉水，并要求三被告赔偿精神损失费1元、在河南省主流媒体《大河报》上公开赔偿道歉。

被告湖北公司、侯少锋未到庭参加诉讼，被告浙江公司到庭辩称：公司生产的矿泉水严格遵照了国家规定的标准，不存在质量问题，请求法庭驳回原告的诉讼请求。另，湖北公司是公司授权的生产商，被告侯少锋是公司授权在淅川县区域内销售公司产品的代理商，湖北公司及侯少锋的行为及应承担的法律责任由公司负责。

河南省淅川县人民法院经审理后认为，被告生产的矿泉水是否存在瑕疵是本案争议的焦点问题。从消费者权益保护的法律规定中，影响生产经营者行为因素之一是商标和广告的影响，从广义的概念解读，商标与某一种商品或服务的标志是以包装为媒体，广告是经营者将某一种商品通过一定的媒体宣传，让消费者认为其包装自然也是一种媒体宣传，原告提供了被告方生产销售的矿泉水瓶，该瓶矿泉水商标包装的衔接处贴有毛发，不论从其商标包装规范上，还是从其商品广告规范上，应该说是存在瑕疵，因此原告要求更换一瓶矿泉水的请求应予支持。原告要求赔偿精神损失费1元和在《大河报》中公开赔礼道歉的诉讼请求，因未提供证据证明被告对原告的人身和精神造成损害，故予以驳回。被告浙江公司称被告湖北公司是授权的生产商，被告侯少锋是代理销售商，二被告的一切行为由其负责，经原告同意应予以支持，故根据《中华人民共和国消费者权益保护法》第二十三条之规定，判决：一、被告浙江省小家伙食品有限公司在本判决生效后三日内给原告肖卓更换其生产的“小家伙”饮用矿泉水一瓶；二、被告湖北省小家伙食品有限公司、被告侯少锋不承担责任；三、驳回原告肖卓的其他诉讼请求。案件受理费五十元由被告浙江省小家伙食品有限公司负担。

【刘阳群诉南阳日报社虚假广告纠纷案】 原告：刘阳群；被告：南阳日报社。

2007年4月10日，南阳日报社印发的社会早刊·都市版资讯宝典栏目发布一段文字称：急转证齐小车，广本（2万元），现代等。并刊登了联系电话。同时提示：使用本栏目信息请供需双方认真核实有关证明材料，投资、异地贸易时请谨慎。2007年4月17日上午，刘阳群拨打了被告南阳日报上刊登的电话号码，通过电话和卖车方商议购车事宜。经过协商，刘阳群往卖车方指定的银行卡上汇款500元作为定金。经其一再要求下在1

个小时内又分三次向卖车方指定的银行卡上汇款15500元，另支付汇费80元。因卖车方迟迟未将车开到双方约定的地点，刘阳群遂向警方报案。经警方侦查，犯罪嫌疑人提供的企业法人营业执照和法人代表身份证传真件均为虚假证件，该案目前尚未侦破。刘阳群遂向法院起诉，认为南阳日报社发布虚假广告，应赔偿其经济损失16080元。

南阳市卧龙区人民法院经审理认为：2007年4月10日，被告南阳日报社在报纸上发布的仅是提供有人欲转车的信息，并非商品经营者或者服务提供者直接或者间接地介绍自己所推销的商品或者所提供的服务，不符合《广告法》中商业广告的特征，不属于商业广告的范畴。原告刘阳群看到被告南阳日报社刊登的信息后，即电话与卖车人联系，在交易过程中被骗，造成财产损失，该损失与被告南阳日报社发布的信息之间并没有必然的因果关系。因此原告刘阳群诉称被告南阳日报社发布虚假广告，违反《广告法》的规定，要求被告南阳日报社承担赔偿责任，无法律依据，不予支持。遂判决：驳回原告刘阳群的诉讼请求。案件受理费由原告承担。（牛永权）

常见的网络用语

楼主：发主题帖的人。

斑竹：版主，也叫板猪。副版主叫板斧。

酒屋：WIN95操作系统的简称。

酒吧：WIN98操作系统的简称。

来乐：我来了。网民打招呼时的用语。

马甲：注册会员又注册了其他的名字，这些名字统称为马甲。

菜鸟：指网络新手，相对的就是老鸟。

大虾：“大侠”的谐音，指超级网虫，某一方面技能高超的人。

灌水：指在论坛发表的没什么阅读价值的帖子，不含贬义。

王道：相当于“权威、真理”之意。

水手：喜欢灌水的人，也称水桶、水仙。女性称水母。

潜水：天天在论坛里呆着，不发帖，只看帖。

打铁：写帖子，一般指有点儿分量的帖子。

拍砖：对某人某帖发表与他人不同看法的帖子。

盖楼：回同一个主题帖，一般粉丝比较喜欢盖楼。

楼上楼下：指上面的帖子和下面的帖子。

几楼的：除楼主外，回帖的人，依次被称为“2楼的”“3楼的”……

沙发：SF，第一个回帖的人。

椅子：第二个回帖的人。

板凳：第三个回帖的人。

地板：连板凳都坐不上的人。

顶：论坛里的帖子一旦有人回复，就到主题列表的最上面去了。这个回复的动作叫做“顶”。

走召弓虽：超强，通常用于回帖时表示对主题帖的膜拜。

暴好笑：非常好笑。

汗：表示惭愧、无奈之意。衍生词有暴汗、大汗、汗死、暴雨梨花汗等。

倒：晕倒，表示对某帖某人或某现实很惊异。

咣当：晕倒发出的声音。

寒：对某帖某人或某现象感到浑身发冷。

抓狂：形容自己受不了某人某帖的刺激而行为失常。

踩一脚：也称踢一脚、留个爪子印等，都是跟帖之意。

路过：不认真回帖，只想拿回帖的分数或经验值。类似的还有：顶、默、无语、飘过等。

闪：离开。

找抽帖：楼主的帖子让大多数人都不待见，也称找砖帖。

农　　业

农业综述

市农综办主任　赵玉坤

【农业和农村经济概况】2008年，全市农业部门坚持以农民增收、农村发展为目标，深化改革、加大投入，实现农业稳定增产、农民持续增收、农村全面发展。全年全市第一产业增加值达到344.48亿元，增长5.7%；农民人均纯收入4570元，增长15.6%。一是农业生产全面丰收。粮食总产达到57亿公斤，比上年增长1.56%，实现连续5年增产、连续3年超50亿公斤，其中夏粮总产35亿公斤，增长4.7%；秋粮总产22亿公斤。棉花总产1.66亿公斤，油料总产10.2亿公斤。烟叶完成收购44.3万担，比上年增加19万担。新建标准化规模养殖小区71个，肉蛋奶总产量达到120.7万吨，其中肉类总产63.9万吨、蛋类30万吨、奶类26.8万吨，分别增长7%、9%、20%。全市水产养殖面积4.67万公顷，水产品总产量29万吨。二是林业生态建设取得明显成效。全市完成工程造林6.08万公顷，造林规模和质量实现历史性突破。完成林业生态村建设1283个，桐柏县率先达到林业生态县建设标准。集体林权制度改革稳步推进，圆满完成年度改革任务。林业产业发展势头良好，新发展速生丰产用材林1.37万公顷，名优经济林0.11万公顷，林业产值达到59.92亿元。三是农业基础设施建设不断加强。全年农业综合开发项目投资1.58亿元，实施中低产田改造1.28万公顷。11座中型水库的加固除险工程进展顺利，唐白河干流防洪治理一期工程任务按期完成，鸭灌、引丹、宋岗三大灌区续建配套和节水改造工程有序推进。新增有效灌溉面积0.83万公顷、旱涝保收田面积0.73万公顷、节水灌溉面积0.68万公顷，治理水土流失379.7平方公里。以全省第一名成绩再次夺取全省农田水利基本建设“红旗渠精神”杯，实现10连冠。南水北调中线工程南阳膨胀土试验段工程顺利开工，丹江口库区移民试点工作全面启动。完成烟叶基础建设项目4183个，总投资11560.4万元，新增烟叶受益面积0.43万公顷。四是惠农政策得到全面落实。落实种粮直补和综合补贴资金10.06亿元，补贴面积83.3万公顷，亩均补贴80.5元；良种补贴1.53亿元，补贴面积81.97万公顷；农机补贴2146万元，购置各类补贴机械4869台；生猪标准化规模养殖场补贴4043万元、奶牛补贴1204万元；新建农村户用沼气池10.98万个，占省定任务的200%。全年进行2个农村饮水安全项目建设，解决39.82万人饮水安全问题。争取省以上财政扶贫资金9714万元，比上年增长28%。完成130个贫困村整村推进扶贫开发任务，解决11.46万贫困人口的温饱问题，其中解决特困人口

2.85万人。全年“阳光工程”招生21941人，完成引导性培训5.7万人，新增农村劳动力转移就业13万人；“雨露计划”完成培训17781人，占计划的102.7%，输出贫困地区劳动力12338人。五是新农村建设成效明显。全市累计投入新农村建设资金32.56亿元，350个试点村、示范村全面完成基础设施建设，1630个行政村完成村容村貌整治。初步打造出南召县辛黄路、环鸭河口水库生态农业线、内乡县油桃沟、西峡县林果生态线、卧龙区城郊特色农业线、社旗县园区示范带等多个特色鲜明的亮点片、亮点带、亮点线路，示范亮点的集聚效应和辐射效应显现。驻村帮扶工作成效显著。市派驻村工作队深入农村第一线，为当地群众解难事、办实事，争取各类基础设施项目423个，争取资金3386万元，促进所驻村群众生产生活条件改善，收入普遍提高，基层组织建设全面加强。六是现代农业建设步伐加快。全市农机总动力达到1044万千瓦，农用拖拉机达93.65万台，大型联合收获机械4610台，全年机耕面积126.27万公顷，比上年增长45%。示范引进农作物新品种533种次，实用新技术10余项，培育2个小麦新品种且通过省级审定，1个小麦新品种获得国家新品种权保护。制定全市示范农业标准，启动实施新野县、淅川县1个国家级2个省级农业标准化示范项目。全年新认定无公害农产品生产基地17个、3.65万公顷；新认证无公害农产品27个、绿色食品5个；94个畜牧企业通过省级无公害畜产品产地认定和产品认证验收。全市获得河南省品牌农产品达到24个。中心城区实施畜产品、水产品和粮食的市场准入制度。农业产业化经营水平稳步提高。全市累计发展农民专业合作社334个，全国、省、市级农业产业化重点龙头企业分别达到2个、20个、121个。建成乡镇自动雨量站182个，气象现代化建设及服务水平明显提高。七是农村各项改革不断深化。全市95个国有粮食购销企业成功改制86个，改制面超过90%。全市供销系统改革基层社189个，改制企业92个，发展县乡超市240个，村级农资连锁店3848个，全系统完成年度购销总额49.5亿元，实现利润总额3300万元，上缴税费6610万元，均比上年同期增长10%。兽医、农业科研体制改革正积极推进。农行、农发行、农信社、邮政银行发挥行业优势，加大信贷支农投入，累计投放贷款资金218.13亿元，贷款较上年净增43.2亿元。

【新农村建设】　全市新农村建设工作以“向荣杯”竞赛活动为载体，以试点村、示范村建设和村容村貌整治为重点，强力推进，取得显著成效。全市共投入各类新农村建设资金32.56亿元，修建村内道路3180公里，营造围村防护林670万株，新修村内排水沟1850公里，建文化大院136个，图书室173个，新建、改建村级卫生室185个，添置体育健身器材816套，320多个行政村形成“一村一品”产业，350个试点村、示范村完成基础设施建设任务，1630个行政村完成村容村貌整治任务。一是明确目标。市委、市政府制定《南阳市新农村建设“向荣杯”竞赛活动实施方案》、《南阳市社会主义新农村试点村建设标准》、《南阳市社会主义新农村示范村建设标准》、《南阳市新农村建设项目资金整合工作意见》等一系列配套文件，明确工作目标，确保新农村建设有章可循。二是加大督查力度。全市于5月中旬、9月中旬两次召开新农村建设工作现场会，市委书记黄兴维、市长朱广平亲自动员部署。成立13个新农村建设专项督查组分包13个县（市、区），把新农村建设列入市政府目标管理，平时进行督促检查，年终组织考核评比。组织试点示范村支部书记观摩学习新农村建设典型。三是培育示范典型。以相对集中连片为原则，选择确定300个试点村、50个示范村作为年度建设重点，采取整村推进，实行政策优惠、项目倾斜、集中扶持、培育产业，加大道路、沼气、卫生所、通讯、网络、文化大院等建设力度，使试点示范村成为建设新农村的样板村。四是实行全面推进，改变村容村貌。对1630个村大力开展以“五改、四清、三化”为主要内容的村容村貌整治活动，村庄绿化、旧危房改造、垃圾处理、沟渠清淤、道路硬化、路灯亮化、安全饮水、农村沼气等配套设施建设全面推进，农村面貌焕然一新。五是全社会动员，形成建设合力。各级各有关部门按照全市的总体部署，积极服务新农村建设大局，在项目实施和资金分配上向新农村建设倾斜，市、县直单位积极开展新农村建设驻村帮扶工作，有关社会团体、企事业单位广泛开展多种形式的帮扶共建活动，在全市上下形成支持新农村建设的强大合力。

【农业综合开发】 全市农业综合开发以改造中低产田、大力推进现代农业建设为重点，狠抓集中连片开发，取得显著成效。一是抓好2007年度项目工程竣工验收。2007年度省批复南阳市农业综合开发总投资1.08亿元，土地治理1.16万公顷，扶持产业化经营项目4个、科技示范项目4个，全部按计划完成并通过省级验收。二是组织实施2008年度项目建设。2008年度全市农综开发争取土地治理1.11万公顷，投资1.08亿元，产业化经营项目共5个，投资3054万元，至年底主体工程基本完成。三是强化项目管理。把农综开发列入市政府目标管理，严格考评，奖优罚劣。全面推行项目法人承诺制、资金公示制、工程招投标制、施工监理制和责任追究制。在项目实施过程中，采取专项督查组检查、项目县互评等办法，对项目工程建设进行现场监督检查。强力打造“精品工程”，在全面完成项目建设任务的基础上，每个项目区都根据开发面积建设一定范围的精品示范区。四是大力争取项目投资。及时分析把握中央扩内需保增长的经济政策，抢抓机遇，全力以赴做好下一阶段项目资金争取申报工作，做到早上项目、多上项目。积极争取国家、省打造粮食主产区项目。

【世行灌溉农业三期项目建设】 世行灌溉农业三期项目改造中低产田0.28万公顷，开发范围为方城、社旗、宛城、新野4个县（区）的4个乡（镇）、15个行政村。项目总投资2028万（含节约资金）。开挖疏浚沟渠动土59.3万立方米，修建渠系建筑物807座；新建、更新、维修机电井390眼，配套水泵266台，新建井房26间，购建农电线路8公里、变压器1台，新建小型蓄水工程2座；新修沙石路39公里，修土路109公里；完成防渗面积3.3万平方米，购建埋设地埋管道17公里，购建地面软管28公里；平整土地1130公顷，深翻、深松土壤65公顷；开展农艺节水培训64期；营造农田林网118公顷，植树22.5万株，防护林带植树12公顷，开展林木病虫害综合防治培训76期。主要成效：一是项目区农业生产条件和生态环境明显改善。以“水、路、林、田”综合治理为重点，通过对项目区道路硬化、打井、修渠、修建各类建筑物，改造中低产田，改善灌溉面积，进行大规模的农田林网建设，使项目区基本形成田成方、林成网、渠相通、路相连的高标准基本农田。新增节水灌溉面积0.56万公顷，增加农田林网防护面积0.46万公顷，为改善生态环境、促进可持续发展起到很好的推动作用。二是项目区农业综合生产能力显著提高。生产条件的改善和先进技术的推广应用，有效增强农业抗御自然灾害的能力，提高农业科技水平和综合效益。项目区优质粮食种植面积0.52万公顷，新增粮食8865吨、棉花490吨、油料1427.8吨、蔬菜16419吨，项目区直接受益农业人口6.8万人，人均收入增长350元。

【扶贫开发】 坚持以加快贫困地区脱贫步伐为目标，以强化基础设施建设为重点，高起点科学规划项目，高标准组织实施项目，强化督查，严格管理，项目建设动手早、行动快、建设标准高、效益发挥明显。一是贫困群众脱贫速度明显加快。全年共解决和巩固温饱人口12.15万人，超额完成省分配11.46万人的目标。至年底，全市贫困人口由2000年的112.56万人下降到47.25万人，

2001～2008年，扣除返贫因素，全市累计净解决贫困人口65.31万人。二是资金投入额度大幅度增长。全年实际到位中央、省财政扶贫资金一举突破1亿元大关，达到10007.5万元，比上年净增2700多万元，是历年来增长幅度和增加绝对额最高的一年。三是整村推进取得跨越式发展。全年投入中央、省财政扶贫资金6000多万元，加上整合有关部门资金及群众自筹资金和投劳折资，整村推进投资总额达到近3亿元，村均达到200万元左右，完成整村推进村142个，比上年净增40多个。四是产业扶贫迈出新步伐。共投入小额信贷财政贴息资金305万元，拉动农村信用社、邮政储蓄银行小额入户贷款6100万元。扶持贫困农民发展短平快增收致富项目，使3000多个贫困户实现脱贫。投入龙头企业贷款贴息资金222万元，拉动商业银行贷款7400万元，扶持龙头企业发展，为县域经济发展和贫困农民增收致富做出贡献。贫困村村级互助合作资金试点项目扎实推进。投入科技扶贫项目资金195万元，引进新品种，示范推广先进实用技术，提高贫困农民经营效益。五是移民扶贫进度明显加快。投入移民扶贫资金1263.5万元，其中财政扶贫资金800万元，生态移民资金463.5万元，带动各部门投资及群众自筹资金近5000多万元，共搬迁贫困人口3000多人。在搞好搬迁扶贫项目工程建设同时，积极做好搬迁户劳动力就业安置和产业发展工作，确保“搬得出、稳得住、有项目、能致富”。六是外资扶贫工作全面展开。南召、社旗、桐柏3县利用世界银行贷款五期扶贫项目，全面进入实施阶段。七是社会扶贫积极性高。各地结合新农村建设工作，动员党政机关、企事业单位对口帮扶整村推进。各对口帮扶单位派出政治素质高的工作队员驻村开展对口帮扶，积极捐款捐物，引进项目，为扶贫开发工作做出积极贡献。

【10万亩现代农业示范区建设】　10万亩现代农业示范区建设项目，坚持以基础设施建设为重点，以产业结构调整为方向，强化示范推广工作，基地建设初具规模，农民组织化程度明显提高，现代农业曙光初现。累计投入示范区农业基本建设项目资金858.2万元，完成渠系硬化配套改造，修筑硬化道路9条40.4公里，购置大型农业机械30台，建林果基地16.67公顷，造林60.43万株，建高标准温室大棚300座，新建水产养殖场20公顷，新发展农民专业协会6个，示范区内良种覆盖率达100％。

【科技开发工作】　科技项目总投资269万元。15个省级科技项目高标准、高质量地完成施工建设任务，发挥较好经济效益和社会效益。共引进新品种40个，新技术29项，推广示范面积966.67公顷；引进种畜522头，繁育种畜1589头；印发技术资料1.83万份，培训农民2.63万人。年可实现利润980余万元。使项目区2514个贫困户、0.95万贫困人口实现脱贫致富；带动项目区周边地区1.82万户、5.12万人增加收入。

【贫困地区劳动力转移培训】

全市贫困地区劳动力转移培训，以实施“雨露计划”为载体，以提高农民自身素质、增强“造血”功能为切入点，狠抓基地认定、规范化管理、培训质量和跟踪服务等关键环节，培训质量及转移就业人数实现新的提高。全市共投入培训资金463万元，举办各级各类培训400余期，免费培训贫困地区农民1.73万人，其中技能培训7700人，引导性培训0.96万人；转移就业1.61万人。

【革命老区建设】　市委、市政府成立革命老区领导小组办公室，召开全市加快老区发展工作会议。经过积极赴省争取，革命老区覆盖范围进一步扩大。经省委、省政府批准，全市革命老区由3个县扩大到10个县（市、区）。为部分老区村争取项目7个，落实资金150多万元。协调大中专院校安排50名老区贫困学生免费入学就读。（周晓义　刘万欣）

种　植　业

种植业综述

市农业局局长　谢广平

【种植业概况】　2008年，全市农业部门围绕增加农民收入、发展现代农业、建设社会主义新农村的中心工作，充分发挥农技推广和农业行政执法两大优势，抓好粮食生产、结构调整、产业化经营、技术服务、农产品质量安全、农资市场管理、减轻农民负担、农村沼气建设等8个重点工作，全市农业和农村经济保持持续快速发展的良好势头。农业综合生产能力稳步提高，粮食生产跨上新台阶，农业结构调整步伐加快，产业化经营实现新突破，农产品质量安全水平不断提高，农民收入持续增长。粮食、油料产量分别达到569.66万吨和101.98万吨，分别比上年增长3.5%和3.2%；棉花产量10.92万吨，比上年减少9.48%。全市第一产业增加值344.48亿元，比上年增长5.7%；农民人均纯收入4570元，扣除价格因素，比上年增长7.8%；农村居民人均生活消费支出3256元，实际增长8.7%；农村居民家庭恩格尔系数为39.4%。

一、加强农业基础建设，提高农业综合生产能力。一是加强基本农田保护。按照基本农田“总量不减少、用途不改变、质量不下降”的要求，配合国土资源部门，认真做好基本农田补划和废弃砖瓦窑厂整治工作，健全基本农田保护制度，把基本农田落实到地块、农户。二是提高耕地质量，培肥地力。西峡、桐柏成为国家测土配方施肥示范县。通过对不同土壤类型地力监测，加大测土、配方、配肥、施用一体化服务力度，全年推广测土配方施肥458.2千公顷。三是加强特色农业项目建设。围绕特色优势农产品基地、优质粮产业工程、农村生态环境等建设，争取上级农业项目资金24056.35万元，占全省农业项目资金总量的12.23%，比上年增加126.4%。

二、抓好粮食生产，调整农业结构。一是发展粮食生产。根据全市粮食生产单产低、技术水平低的实际情况，为实现南阳粮食主产区2020年总产达到690万吨的目标，参与制订《国家粮食战略工程河南粮食生产核心区南阳主产区建设规划纲要》，编制种子、土肥、植保、能源等7类50多个项目的实施方案。围绕农业生产，深入调查研究，制订生产方案和措施，抓好良种推广、良种良法配套、社会化服务、高产创建、土地流转等关键措施的落实。全年粮食总产达到57万吨，连续三年突破50万吨，全市形成一批种粮大户，其中年种粮面积6.67公顷以上的大户249户，涉及耕地3.33千公顷，年产粮食5.4万吨。二是发挥比较优势，调整优化农业结构。按照“质量先行、效益为先、科技为本，调优产业结构，调高产业层次，调强产业竞争力，推进一村一品，建立规模化、标准化的优质粮棉油烟、蔬菜、中药材、食用菌等10大优势农产品生产基地”的结构调整思路，制定实施方案，在项目、资金、技术、信息等方面做好服务，推动农业结构的调整优化。10大优势农产品生产基地基本形成，特色优势日趋明显，特别是蔬菜、小辣椒、中药材、食用菌、花生等优势产业进一步巩固壮大，在全省全国占有重要位置。形成422个一村一品专业村，21个一村一品专业乡镇和一批跨区域的特色产业带。三是推进农业标准化建设。5个省级农业标准化示范县、20个市级示范乡镇建设顺利。2008年新认定无公害农产品生产基地17个、面积36.47千公顷，新认证无公害农产品27个、绿色食品5个，全市无公害农产品总数54个，总面积422.18千公顷。启动实施新野县蔬菜标准化示范国家级项目和新野县蔬菜标准化示范、淅川县辣椒标准化示范2个省级项目。四是发展品牌农业。8月1日，桐柏县“埠江雪”牌小麦粉、西峡县“万果山”牌猕猴桃、宛城区“三好”牌鲜蛋被河南省农业厅农产品质量安全委员会确定为2008年河南省名牌农产品。

三、农业产业化经营水平和农民组织化程度进一步提高。全市农业产业化组织达到5278个，参与经营的农户188.03万户，占全市总农户的78.9%，户均增收1066元。全市6大特色产业链进一步完善壮大。一是以河南天冠企业集团有限公司、邓州市久友面粉有限公司等为龙头的粮食加工产业链。全市粮食加工企业达到250多个，其中日加工能力200吨以上的18个，年加工粮食能力600万吨。二是以新野纺织股份有限公司、南阳纺织集团有限公司等为龙头的棉纺产业链。全市棉纺企业238个，纱锭总数达到250万锭，年加工棉花能力40万吨。三是以宛西制药股份有限公司、河南福森药业有限公司等为龙头的中药材加工产业链。全市较大的中药材加工流通企业56个，年加工能力12.5万吨，年产值20亿元。四是以河南省烟草公司南阳分公司为龙头的烟叶产业链。南阳烟区被国家烟草专卖局确定为全国8个优质烟叶科技示范基地之一，成为多家全国知名烟草工业集团的原料供应基地。五是以镇平华新地毯集团有限责任公司、南召地毯集团等为龙头的桑蚕产业链。年生产地毯6.5万平方米，年产值4亿元，带动全市发展桑园6.67千公顷，柞坡146.67千公顷，年产茧16000吨，占河南省的70%。六是以三色鸽乳业有限公司、南阳市乐牛乳业有限责任公司、南阳市丹江湖乳业有限责任公司等为龙头的奶业产业链。全市较大的乳品加工企业8个，奶牛总量4.12万头，牛奶产量17万吨，年产值2亿元。

四、农业社会化服务体系日趋完善和服务范围进一步拓展。全市形成以市农产品质量检测中心为龙头、11个县级检测站为骨干、7个农业部定点批发市场、13个无公害蔬菜生产基地和12个大型量贩超市农产品质量检测室为补充的“两级三层”农产品质量安全检测体系，网络覆盖蔬菜、水果、茶叶等主要农产品。建立产地环境监控、投入品监管、市场准入、基地准出、产地认定、产品认证、加工监管、运输监测、信息发布、索票索证、质量追溯、定期督查等一系列规章制度。市农产品质量检测中心全年抽检蔬菜水果样品5799个，合格率98.7%。对市种子公司进行改制，撤销原市种子公司，设立南阳市种子技术服务站，完成人员竞聘上岗、落聘人员安置等工作。不断创新服务模式，开通12582手机短信和12316语言电话为载体的农业电话声讯服务平台。全年通过12582发送政策、技术信息1000余条、100万人次；通过12316接听群众咨询电话9961个。以实施“科技入户工程”和测土配方施肥项目为依托，探索“农资连锁＋农民协会（合作社）＋科技示范户”等新的服务模式，实行农资、技术、信息一体化服务。全年培训农民200多万人次，提高农业生产的科技水平。（王林胜）

粮食作物生产

【夏粮生产】　2008年，夏粮生产克服冻害、干旱等灾害的影响，出现面积、单产和总产增加的“三增”局面。全市夏粮面积659.16千公顷，比上年增加1.02%；单产354公斤，比上年增长4.06%；总产350万吨，增长5.11%。其中小麦种植面积654.07千公顷，比上年增加1.21%；单产355.3公斤，增4.07%；总产348.6万吨，比上年增长5.33%。夏粮生产的主要特点：一是长势均衡。平原、丘陵、山区等不同生态类型区、不同品种长势均衡，籽粒饱满，增产显著。二是主导品种进一步明晰，品质结构进一步改善。郑麦9023、豫麦70、豫麦70—36、新麦18成为全市主导品种，西农979等种植面积迅速增加，豫麦18、宛麦369面积逐步减少。全市以郑麦9023、新麦18、西农979为主的优质强筋小麦种植面积达到433.3千公顷，占66.3%。三是成产三因素呈“三增”局面。全市小麦平均亩成穗32.5万，较上年增加0.2万，穗粒数33.5粒，较上年增加0.3粒，千粒重39.0克，较上年增加1.3克。四是形成区域化布局、规模化种植、产业化经营格局。全市初步形成以唐河、邓州、新野、卧龙、宛城等县（市）为主的优质小麦生产基地。五是技术普及到位。麦播基础较好，全市小麦机耕640.67千公顷，其中深耕521.67千公顷，机播603千公顷，配方施肥564.67千公顷，土壤处理243千公顷，药剂拌种265.67千公顷，种子包衣284.2千公顷，精量半精量播种492千公顷。冬前以查苗补种、抗旱浇麦、中耕镇压、化学除草、防病治虫为主进行田间管理，确保苗全、苗匀，实现壮苗安全越冬。春季开展以中耕、追肥、化学除草、病虫害防治为重点的春季麦田管理，3月上旬至4月上旬，组织群众开展抗旱浇水80千公顷，促进苗情转化升级。中后期狠抓以吸浆虫、条锈病为主的病虫害防治工作，全市设立147个基层监测点，组织168个机防专业队，免费为群众防治吸浆虫53.3千公顷，控制条锈病发病中心40千公顷。

【秋粮生产】 秋粮生产克服干旱、病虫害等不利因素的影响，取得较好收成。全市秋粮种植面积442.4千公顷，单产331公斤，总产219.65万吨，其中水稻48.65千公顷，总产31.13万吨；玉米254.2千公顷，总产141.56万吨；豆类81.63千公顷，总产16.19万吨；红薯60.96千公顷，总产31.65万吨。突出特点：一是种植结构进一步优化。主导品种进一步集中，玉米主要是鲁单981、中科4号、豫玉22、郑单958、登海11、正大12、临奥1号、济单7号；红薯主要是徐薯18号、徐薯8号、北京553；豆类主要是豫豆22号、29号、周豆11号、平豆1号、中绿1号、2号。全市以郑单958、农大108为主的高淀粉玉米，以豫粳6号、9优138、Ⅱ优725、Ⅱ优838、金优725为主的优质稻，以豫薯7号、12号、徐薯18号为主的高淀粉、优质食用红薯，以豫豆22号、25号为主的高油、高蛋白大豆等大宗粮食作物优质率达到76%。二是粮食生产区域化布局初步形成。全市形成133.33千公顷专用玉米生产基地、33.33千公顷优质水稻生产基地，53.33千公顷优质脱毒红薯生产基地，秋粮生产区域化布局、规模化种植、专业化生产格局初步形成。三是农业先进技术得到普及。鲁单981、郑单958、豫粳6号、Ⅱ优725、Ⅱ优838等良种大面积推广。玉米积极推广“一增四改”技术措施，合理增加种植密度、改种耐密型高产品种、改套种为平播、改粗放用肥为配方施肥、改人工种植为机械化作业。水稻积极推广“一增四推”技术，合理增加穗数，推广轻简栽培、病虫害统防统治、配方施肥、机械化作业，提高科技含量。

【全国小麦跨区机收启动仪式在南阳举行】 5月25日，全国小麦跨区机收启动仪式在南阳市镇平县杨营镇郭营村举行。农业部部长孙政才，省委副书记、代省长郭庚茂分别作重要讲话。农业部副部长张宝文、副省长刘满仓、农业部总经济师、办公厅主任陈萌山、农业部种植业管理司、农业机械化管理司和省政府办公厅、省农业厅、省农机局的有关领导和南阳市领导黄兴维、朱广平、朱长青、原永胜、周明军、姚龙其、李中杰、王清华等出席启动仪式。《人民日报》、新华社、中央电视台、中央人民广播电台、《经济日报》、凤凰卫视、《农民日报》、中国农业信息网、《河南日报》、河南电视台、河南人民广播电台等新闻媒体现场进行报道。

【唐河县、邓州市被授予“全国粮食生产先进县”称号】 12月26日，农业部下发《关于表彰2008年全国粮食生产先进单位和个人的决定》，对在粮食生产中做出重大贡献、取得突出成绩的单位和个人进行表彰。唐河县、邓州市被授予“全国粮食生产先进县”称号，宋天庆被授予“全国粮食生产先进工作者”称号，杨明超（方城县清河乡王营村）、焦照远（社旗县朱集镇梁庄村）、海国勇（唐河县古城乡井楼村）、吴波（镇平县涅阳街道办事处东关村）、张丰奇（邓州市裴营乡裴营村）等5个种粮大户被授予“全国粮食生产大户”称号。（王林胜）

经济作物生产

【棉花生产】　2008年全市棉花种植面积118.03千公顷，比上年的137.86千公顷减14.38%，总产109150吨，比上年的120583吨减9.48%。（一）生产特点：1、前期长势良好，后期早衰严重。整个棉花生长期间除前期旱、中期遇雨致部分棉花受影响外，整体长势较好。由于后期脱肥及白粉虱爆发等因素，棉花早衰面积较大，程度也是近年来较重的一年。2、霜前花率高，整体品质好。棉花普遍吐絮早，收获早，烂铃少，僵瓣花少。后期降雨日数少，使霜前花率达到90%以上。3、出现一批高产典型。由于近年来包括棉花良种补贴等惠农政策的实施，加之气候条件比较适宜，尤其是科学植棉技术不断普及，涌现一大批高产典型。方城县植棉5千公顷，平均单产皮棉达1335公斤/公顷；新野县植棉20千公顷，平均单产达1311公斤/公顷；全市平均每公顷单产超过1200公斤的县4个，超过1125公斤的县1个，共有5个县跨入高产行列。新野县徐寨村全村植棉140公顷，平均每公顷单产籽棉5400公斤，农户徐新堂植棉0.68公顷，平均每公顷单产籽棉高达5700公斤；宛城区溧河乡程官营村王志山植棉0.24公顷，全部是麦棉套种，小麦平均每公顷单产4875公斤、棉花平均每公顷单产籽棉4950公斤。4、气候因素影响利大于弊。育苗初期一些棉区遭遇较强降雨，除部分棉花因降雨不能及时播种外，个别育苗池被大雨冲毁，全市棉花育苗时间平均比往年晚一周左右。从5月底到7月初，全市基本无有效降雨。7月温度正常略偏低，日照偏少，降水偏多且分布不均，全市9个植棉县（市、区）日照均列历史前10位低值，特别是方城、新野等县均列有气象记录以来第一位低值，阴雨寡照不利于伏前桃形成。7月全市有21天降水，且出现一些暴雨天气，致使一些棉花受淹或被冲毁，全市棉花受涝灾面积28.4千公顷，其中绝收面积2.2千公顷。此后7月下旬到9月全市气温高、日照足，土壤墒情适宜，有利增产。5、病虫害发生偏重。由于受菌源、品种、气候等因素影响，棉花枯黄萎病在部分地区发生较重，据7月初调查，棉区一般田块病株率1～5%，个别重茬地最高病株率达44.1%。8月下旬病田率达60～90%，平均病株率10.9～33%，严重田块病株率达70%。此外，白粉虱虫害在全市爆发，几乎所有棉田均有不同程度发生，南部重于北部，后期重于前期，8月初平均百株虫量270头，8月底虫田率达85～100%，虫株率50～100%，重田块百株虫量超过100000头，致使大量棉田8月底9月初即开始早衰、死亡。6、棉花收购迟缓，价格低，效益差。新棉9月中旬仍未开始收购，开磅时间比往年晚1个月，收购量小且价格低，籽棉刚上市售价每公斤5.6～5.8元，低于上年同期的6.4元，之后逐渐下降，到11月初每公斤仅5.0～5.2元，到12月20日一直维持在每公斤4.9～5.0元之间，与棉农期望最低价格每公斤6.8元相距甚远。（二）主要做法。1、统一供种，提高良种覆盖率。全市以抗虫棉、抗虫杂交棉为主，统一供种73.65万公斤，统供面积76.01千公顷，统供率64.4%；优良品种推广面积117.44千公顷，良种覆盖率99.5%。2、推广普及包衣棉种。全市组织包衣棉种109.1万公斤，种植面积115.79千公顷，占棉播面积的98.1%。3、精心育苗，培育壮苗。全市育苗移栽面积113.52千公顷，占总面积的96.2%。在唐河等4县（市）

示范推广棉花无土育苗1.53千公顷，移栽成活率均在95%以上，且长势稳健；在方城县示范搬钵育苗移栽技术，种植0.05千公顷，这种春播夏栽的生产方式，达到晚棉早种的效果。4、强化组织，搞好服务。全年举行市、县、乡3级培训510场次，培训棉农70.4万人次，印发技术资料96.3万份。全市组织90人的植棉科技队伍，承包66个乡镇共740个行政村，进行技术指导。5、落实良种补贴政策。国家棉花良种推广补贴项目涉及唐河、新野、宛城、社旗、邓州5个县（市）优质棉生产基地，项目总面积87.33千公顷，每公顷补贴225元，补贴总金额1965万元。全年落实供种量68.67万公斤，供种面积86.93千公顷，占下达任务量的99.54%，发放补贴资金1955.96万元。6、启动抓好棉花保险试点工作。2008年，南阳市被定为河南省棉花保险试点地区之一。市人保财险公司对唐河、邓州、新野、宛城、社旗、镇平、卧龙、方城、内乡9个县（市、区）的棉花进行保险，每公顷保额为物化成本3375元，保险费率8%，即每公顷缴保险费270元，其中中央、省、市、县财政分别承担35%、25%、5%和15%（邓州市承担20%），其余20%由农户和龙头企业负担。由于7月21～23日全市大部分县（市、区）普降暴雨，唐河、新野、邓州等7个县（市、区）80个乡（镇）的13.99千公顷棉花因灾减产，保险公司共支付保费1039万元。

【小辣椒生产】 全市小辣椒播种面积93.39千公顷，总产49500吨。（一）生产特点。1、普及实用技术，种植水平提高。地膜覆盖面积36.05千公顷，间作套种33.34千公顷，配方施肥92.08千公顷，分别占小辣椒移栽面积的38.6%、35.7%和98.6%。2、产量高。宛城区种植小辣椒12千公顷，总产量4.5万吨，平均单产3750公斤/公顷；方城县杨集乡刘其凤村陈方种植0.33公顷太空椒，按照无公害小辣椒生产技术规程进行管理，共收获干椒2000公斤，平均单产6000公斤/公顷。3、病虫害发生偏重。7月下旬到8月下旬，由于持续高温高湿及重茬、栽培方式等原因，全市普遍发生椒田炭疽病、疫病，局部灾情较重。8月初，重病区疫病、炭疽病平均病田率80～100%，病株率77～85%，病叶率5～30%，病果率35～75%。淅川的香花、九重、厚坡三镇最为严重，病田率、病株率、病果率均达100%，部分椒田基本绝收。4、辣椒市场低迷，价格较低。小辣椒价格收获前的8月20日为每公斤10～10.4元，9月20日新椒开始少量收购，价格为9～9.2元/公斤，然后逐渐下滑，10月1日为7.4～8.4元/公斤，11月1日为4.6～5.2元/公斤，然后一直稳定在4.0～5.0元/公斤之间，12月20日为4.0～4.8元/公斤。（二）主要做法。1、调茬轮作，降低病虫危害。2、实施种子工程，提高良种覆盖率。全市共种植三鹰椒46.2千公顷，子弹头10.53千公顷，新一代18.27千公顷，内椒系列1.33千公顷，其它良种15.27千公顷，优良品种总面积91.59千公顷，良种覆盖率达98.07%，比上年提高1.4个百分点。3、开展技术培训，落实“科技入户工程”。全市共进行各类技术培训1168场次，受训人员达87万人次，印发资料80万份。5、以示范方建设为先导，大力推广无公害生产技术。全市共建成各类示范方158处，总面积13.53千公顷。小辣椒无公害栽培面积达76.67千公顷，比上年增加10千公顷。

【猕猴桃生产】 全市年末果园面积7.89千公顷，比上年增14.8%，总产17.27万吨，比上年增39.4%。作为猕猴桃主产区的西峡县，发展新基地352公顷，自繁苗木104万株，猕猴桃新发展基地所需苗木首次实现自产自给。全年共完成高接换头、改良品种面积264.7公顷；人工授粉完成面积1.5千公顷，海沃德、红心果授粉率达到100%，病虫害防治、疏蕾疏果、抹芽、摘心、定枝等落实90%以上；发放果袋3500万个；猕猴桃优果率、商品率分别达到50%和92%；在5个乡、10个村、34户果农中布点进行有机猕猴桃生产试验，取得初步成效。同时，在5～6月份和8～9月份施用膨大素和抢青早售两个关键时期，加强宣传引导和市场管理，确保西峡猕猴桃的质量和品牌。在猕猴桃销售上，广泛实施订单农业。以四川禹王公司、四川恩源果业公司、上海三义公司、上海财都贸易公司和扬州杨氏猕猴桃研究所为主，采取企业提前入驻、提供技术和物资支持，对猕猴桃基地海沃德、红心果、华美二号、秦美等品种实施订单销售6500吨。由于组织得力，从9月15日到10月5日，共销售猕猴桃基地2.2万吨商品鲜果和1.2万吨基地小果及野生果。2008年西峡县新建3座猕猴桃保鲜库，新增储量2000吨，总贮量达到6300吨。以西峡华邦公司、福莱尔南方航空食品有限公司为龙头的猕猴桃加工企业，生产能力不断提高。在猕猴桃主产区新成立6个猕猴桃专业合作社，使专业合作社总数达11个，经营面积2千多公顷，基地规模化、群众组织化程度进一步提高。2008年9月“西峡猕猴桃地理标志产品保护”认证工作通过国家质检总局的最终审查。

【食用菌生产】 全市发展袋料菌类2.03亿袋，比上年增6.73%，地栽菌类650万㎡，比上年减18.75%。其中香菇8100万袋、平菇1700万袋、金针菇1250万袋、木耳5300万袋、白灵菇2300万袋、杏鲍菇150万袋、灵芝380万袋、鸡腿菇1200万袋、鲍鱼菇10万袋、黄背木耳10万袋、天麻250万㎡、巴西菇170万㎡、双孢菇100万㎡、草菇100万㎡、猪苓20万㎡、茯苓10万㎡。年总产干品99758吨。为实现菌业可持续发展，加强环境保护意识，西峡县限制香菇过度发展，将栽培规模控制在4000万袋以内，所用木屑均购自东北等地，并大力发展白灵菇、鸡腿菇等草腐性菌类。其他山区县也加大对环境保护的宣传力度，运用政策杠杆，采用封山育林和林木再植相结合的办法，增加林木储备，实施节木工程和替代料栽培技术研发。

【蔬菜生产】 全年蔬菜瓜果类播种面积289.66千公顷，总产1072.97万吨，比上年分别减少18.67%和15.59%。其中：蔬菜种植面积237.55千公顷，总产878.31万吨（含小辣椒和食用菌干重），瓜果类播种面积52.11千公顷，总产194.65万吨，包括西瓜44.91千公顷、267.65万吨，甜瓜6.96千公顷、15.95万吨，草莓0.24千公顷、0.26万吨。（一）防冻救灾，抢种、补种、补育。1月10日至2月初，全市出现自1973年以来持续强降温降雪天气，造成部分大棚蔬菜和越冬蔬菜及春播育苗受冻，全市蔬菜产量损失57.8万吨，直接经济损失11.6亿元。其中露地蔬菜受灾18.67千公顷（成灾12.67千公顷、绝收6千公顷），受灾温室545座、31.2公顷，受灾大棚5600栋、418.4公顷。灾情发生后，一是加强对受灾温室大棚及露地蔬菜等进行田间管理；二是对绝收地块抢种补种速生蔬菜18千公顷（其中，小白菜6.67千公顷、水红萝卜3.33千公顷、茼蒿2千公顷、其它蔬菜6千公顷）；三是补育番茄、茄子、辣椒、西葫芦等春播蔬菜苗10亿株，使全市蔬菜育苗总数达到25亿株，确保春播蔬菜用苗。（二）搞好规划布局，扩大基地规模。卧龙区制定“一环二方三带四绕”的生产发展规划，即环绕城市近郊，实施南北两大方蔬菜基地互动发展，抓好区内三条主要交通要道沿线带蔬菜基地建设，围绕新农村建设、围绕传统特色蔬菜基地、围绕农游一体化、围绕城市近郊基地等大力发展温棚瓜菜、错季蔬菜、速生叶菜，确保市场供应。形成石桥、七里园优质西瓜基地、王村乡方营村温棚蔬菜基地、英庄分葱基地、青华小辣椒基地和安皋镇小白瓜等特色瓜菜基地。宛城区规划“鸭河灌区带”温棚蔬菜基地，新店乡的贾庄村、茶庵乡的袁黄庄村和黄台岗镇的张典村等温棚蔬菜基地初具规模。新野县投资300万元，新建26.67公顷蔬菜产业示范园区，已建成30座日光温室、54栋立柱大棚。桐柏县计划用5～8年时间建设高标准蔬菜基地666.67公顷，新发展菜田1.53千公顷，全县菜田总面积达到2.87千公顷，实现人均1分菜田、日均2斤净菜的目标。（三）实施蔬菜标准化生产，狠抓品牌建设。全市共申报茄子、辣椒等21个无公害农产品认证和7个无公害蔬菜基地认定。全市已获得省认定的无公害蔬菜基地61个、58.75千公顷，共有34个蔬菜产品通过农业部无公害认证；甘蓝、小辣椒2个蔬菜产品被认定为中国名牌农产品，9个产品被认定为省名牌农产品。新野县获得1个绿色基地（城郊乡吕庄村）认定和3个绿色产品（大葱、甘蓝、胡萝卜）认证。“宛绿”甘蓝获中国名牌农产品称号。（四）大力发展蔬菜专业合作社（协会），提高产业组织化程度。全市农民专业合作经济组织达625个，其中农民专业合作社280多个，宛城、卧龙两区已建立蔬菜协会34个，蔬菜专业合作社20多个，农民经纪人100多人。

【水果生产】　全市年末果园面积74.93千公顷，比上年增5%，总产量56.65万吨，比上年增22.3%。其中苹果10.13千公顷、5.98万吨，梨11.78千公顷、8.4万吨，柑桔9.79千公顷、3.9万吨，桃15.26千公顷、11万吨。各品种的果园面积及产量与上年相比，均为持平稍增。各地立足本地优势，结合自身特点，科学规划，以县为单位初步形成各具特色的水果产业。以西峡县猕猴桃、镇平县老庄镇樱桃、内乡县油桃、宛城区小杂果等一批名、特、优、新品种呈发展趋势。

【中药材生产】　2008年全市中药材播种面积35.81千公顷，较上年下降8.3%。一是种植面积、产量均有所下降。主要受春夏之交的干旱和夏秋之交的阴雨等自然灾害和国际金融危机的影响。二是药农种植趋于合理。药农跟风种植现象逐渐好转，使全市的中药材种植业逐渐步入良性发展轨道。三是中药材与其它作物间作套种模式多样化发展。在西峡、淅川、南召、唐河等药材种植大县，“果药套种，菜药套种”的种植模式相当普遍。四是订单生产快速发展。白云山制药厂在方城建有丹参标准化生产基地、宛西制药厂在西峡建有山茱萸等标准化生产基地，且均为订单生产，降低药农的种植风险。

【蚕茶生产】　全市蚕茧总产量1.97万吨，比上年增22.3%。其中桑蚕茧1.47万吨，增29.9%，桑蚕茧平均收购价16元/公斤，最高20.6元/公斤，最低12元/公斤。全市放养柞蚕籽9800公斤，蚕种孵化率均在90%以上，总产柞蚕茧0.52万吨，比上年增5%，平均收购均价18元/公斤，与上年的25元/公斤相比，减幅达28%。2008年末全市实有茶园面积1.9千公顷，比上年增11.8%，采摘面积1.72千公顷，比上年增11.7%，茶叶产量比上年增长41.2%。（王志刚）

【油料生产】　全市油料种植面积291.41千公顷，总产102万吨，其中花生188千公顷，总产80.38万吨；芝麻57.36千公顷，总产8.27万吨；油菜46.02千公顷，总产13.33万吨，其中“双低”油菜达到78%。油料品种结构进一步优化，白沙1016、宛8908、鲁花15、豫花15、豫芝8号、10号、驻芝8号、豫油4号、5号成为主导品种。平衡配套施肥、麦垄套种、化学除草、病虫害综合防治等先进技术得到大面积推广应用。油料生产区域化布局、规模化生产格局已经形成，建成以方城、邓州、桐柏、唐河、镇平、新野为主的花生生产基地，以淅川、邓州、方城为主的油菜生产基地，以淅川、唐河、邓州、社旗为主的芝麻生产基地。以邓州市永盛油脂有限公司、河南淮源盛煌油脂有限公司等为代表的大中型油料加工企业，油料深加工能力进一步提高。（王林胜）

农业产业化经营

【龙头企业建设】　2008年全市农业产业化龙头企业建设按照“高水平、大规模、专业化、外向型”的思路和“龙头企业+基地”、“龙头企业+中介组织+农户”的经营模式，以资本运营和优势品牌为纽带，开展跨区域、跨行业、跨所有制的联合与合作，推进优势产品向优势企业集中、优势企业向优势产业和优势区域集聚。2008年8月，河南新野纺织股份有限公司成为农业产业化国家重点龙头企业。全市农产品生产加工流通企业共1139个，其中年销售收入1亿元以上的有45个，500万元以上的有576个；国家重点农业产业化龙头企业2个、省级20个、市级121个；资产总额218亿元，其中固定资产总额147.85亿元，年销售总收入282.5亿元，利润总额24.4亿元，出口创汇1.39亿美元。带动种植基地77.8万公顷，养殖1443万头（只）。重点龙头企业积极推进产品质量标准化工作，加强产品质量建设，均通过ISO9000系列和HACCP等质量认证，创省级以上名牌产品36个。龙头企业进一步带动全市农村经济健康发展。

【6个企业被授予“河南省农业产业化优秀龙头企业”称号】 2008年12月9日，省委、省政府印发《关于表彰全省农业产业化优秀龙头企业和优秀企业家的决定》，对全省100个农业产业化龙头企业及其法人代表予以表彰，河南省宛西制药股份有限公司、河南新野纺织股份有限公司、河南天冠企业集团有限公司、河南省内乡县牧原养殖有限公司、河南三色鸽乳业有限公司、镇平华新地毯集团有限责任公司等南阳市6个企业被授予“河南省农业产业化优秀龙头企业”称号，6个企业的法人代表孙耀志、魏学柱、张晓阳、秦英林、孙建新、王进生被授予“河南省农业产业化优秀企业家”称号。

【农民专业合作组织】 2008年围绕10大优势农产品基地建设，广泛宣传，依法引导，强化服务，发展多形式、多成份、多领域的农民专业合作经济组织。至年底，全市成立各类农民专业合作经济组织1070个，其中农民专业合作社360个，社员总数28万人，32万农户，涵盖种植、养殖、农机、沼气等行业，辐射种植基地面积244千公顷、水产养殖面积8千公顷、畜禽养殖1820万头（只）。农民专业合作经济组织的发展由自由发起向有序引导、由数量增长向规模扩张、由分散经营向横向联合纵向深入三方面转变，出现类型多样、作用显著、运行健康的良好发展态势。

【农产品市场】 根据农产品不同流通特点，结合当地产业发展状况和交通条件等因素，全市形成以城镇大型专业批发市场为龙头，产地市场为主体，城镇量贩、乡村集贸市场为依托，农民经纪人和购销大户为纽带的市场网络，建成一批规模较大、拉动力较强、有一定影响的小辣椒、香菇、蔬菜、花生、玉雕等专业市场。全市年交易额1000万元以上的农产品批发交易市场有161个，其中年交易额5000万元～1亿元的12个，1～5亿元的40个，5亿元以上的4个，年交易总额132亿元。7个市场成为农业部定点农产品批发市场。年交易额10万元以上的经纪人1704人。加强电子结算、信息采编发布、质量安全检测、物流服务、秩序监控、环境卫生等建设，发展经纪人代理、农产品拍卖、连锁配送经营、网上交易等现代流通方式，逐步实现市场交易、结算、仓储、运输、配送的智能化管理。（王林胜）

农产品质量安全

【检测体系建设】 2008年，在市级农产品检测中心和新野、淅川、西峡、内乡、邓州5个县级检测站配套建设基础上，方城、唐河、镇平、卧龙、桐柏、南召6个县级检测站通过机构批准。邓州、新野、淅川、宛城、卧龙、西峡6个县级检测站具备对农产品进行快速检测能力，唐河县、西峡县全国农产品质量检测体系项目获批复。在7个省部级农产品定点批发市场、13个无公害蔬菜产地和市中心城区12个大型超市、量贩建立农产品质量安全检测室。健全化验室内部质量控制体系。按照实验室资质认定评审新准则，进行质量体系文件改版、仪器设备周期检定、化验室内部质量审核和管理评审。对筛选农残、重金属、粮油品质、微生物、化肥、农药、添加剂、生物毒素等200多项参数进行扩项认证。

【农产品质量检测】　质检部门每月对南阳中心城区农产品市场进行两次农药残留例行监测，对华山路蔬菜批发市场、天山路农贸市场、中心市场、百里奚水果批发市场及万德隆、世纪龙、金玛特、三色鸽等量贩的蔬菜水果累计抽样检查25批次、5799个样品，农药残留整体检测合格率97.1%。其中蔬菜3947个样品，整体检测合格率96.9%；水果1852个样品，整体检测合格率97.5%。依上级指示于6月、11月对信阳、平顶山2市及固始县的蔬菜质量进行监督抽检，共抽取36个品种220个样品。接收社会委托化验样品、市场准入产品、获证基地产品、无公害产地认定、无公害产品认证及农产品质量安全专项整治样品803个。全年共进行元旦春节农产品质量安全专项整治、农产品质量安全执法春季行动、五一节农产品质量安全专项整治、国庆节农产品质量安全专项整治、农产品包装与标识执法检查等7次专项整治。出动执法人员80人次，执法车辆30台次；检查各类食品批发市场、农贸市场60个，食品经营企业20个次；抽取样品30批次，查处不合格蔬菜水果4100公斤；查处冒用无公害农产品标志8起，冒用绿色食品标志2起。有效保障人民群众食用农产品的质量安全。

【农产品认证】　按照农产品认证“三位一体，整体推进”的思路，组织开展无公害农产品、绿色食品、有机农产品的质量安全认证。8月，国家质检总局审查通过西峡县猕猴桃地理标志产品认证。全年新认定无公害农产品产地17个，面积36.47千公顷；认证无公害农产品27个，换证产品3个，上报41个无公害认证产品申请材料，认证绿色食品5个。至年底全市认定无公害农产品生产基地111个，面积422.18千公顷；认证无公害农产品54个，绿色食品5个，经欧盟有机作物协会和美国NOP组织认证有机产品111个。12月12日，省农业厅认定新野县城郊乡蔬菜生产基地、邓州市揽秀花木生产基地和桐柏县茶种场淮源茶叶生产基地为标准化生产示范基地；续认定方城县方娇小辣椒、淅川县香花辣椒和桐柏县花生3个标准化生产示范基地。

【市场准入】　1月1日在南阳中心城区实行水产品、畜产品市场准入，7月1日起实行粮食市场准入，11个县（市）城区从7月1日起启动农产品市场准入。市农产品监测中心与10家量贩、市场签订农产品质量责任书，建立农产品质量安全长效机制。同时会同3区农业行政主管部门加大对批发市场、量贩和超市的监管力度，全年共抽检样品22860个，合格率97.5%，及时收缴和销毁不合格蔬菜、水果6210公斤。（王林胜）

农村经营管理

【土地承包】　2008年全市以维护农民土地承包权益为核心，认真贯彻落实农村土地承包法律政策，稳定和完善农村土地承包关系。重点强化农村土地承包管理，解决土地承包纠纷，化解基层矛盾，保持农村稳定。6月，对农村土地经营及流转情况进行调查，全市农村土地流转面积为49.6千公顷，占家庭承包耕地总面积的5.8%，转出土地的农户15.7万户，占全市总农户6.7%。土地流转出现4个特点：1、流转形式以转包和出租为主，占土地流转总面积85.8%。2、流转主体以本村组农户之间自发流转为主，农村专业大户、农民专业合作组织、农业企业参与流转的很少。3、受让方土地以种植粮食作物为主，占土地流转总面积的82.2%。4、土地流转大多数以1～2年的短期流转为主。运用信访、调解、仲裁等手段解决土地承包纠纷，全年共受理农村土地承包信访130件，立案查处75件。

【农民负担监管】　市农监部门贯彻落实党中央、国务院和省委、省政府减负惠农政策，以防止农民负担反弹为重点，完善制度，加强监控，防止发生涉农恶性案（事）件和严重群体性事件，促进农村社会和谐发展。强化目标管理，实行党政一把手亲自抓、负总责的工作制度和农民负担专项治理责任单位负责制，把减轻农民负担工作纳入对县（市、区）的目标考评。实行违反减轻农民负担政策“一票否决”制，对社旗县大冯营乡、宛城区金华乡、方城县小史店镇2007年度减轻农民负担工作实行一票否决。对减负惠农政策落实较差、农民负担问题多发的县（市、区）、乡（镇）实施重点监控。市农监办5月28日印发《关于做好2008年减轻农民负担专项检查及重点监控工作的通知》，对全市6个县（市、区）、16个乡（镇）涉农单位实施重点监控。推行农民负担监督卡制度。全省统一印制的农民负担监督卡，由乡（镇）人民政府负责填写并加盖公章，村民委员会发放到农户手中，做到一户一卡。全市共发放236万份监督卡。8月5日～9日，对全市农民负担监督卡发放情况进行检查，共抽查14个县（市、区）的38个乡（镇），103个村，共走访农户2281户。6月5日，市农监办印发《关于做好2008年农民负担专项审计工作的通知》，重点对支农惠农政策落实情况、一事一议筹资落实、行政事业性收费、村级组织收费、乡村债务化解等进行审计。11～12月，市农监办与市纠风办组成2个工作小组，对30个乡（镇）及有关县（市、区）直重点涉农单位进行专项审计，加大专项治理力度。开展对农村义务教育、农民建房、殡葬、计划生育、农民外出务工及农业生产经营服务等方面乱收费、乱罚款的专项治理，纠正和查处面向农民的各种乱收费、乱罚款和集资、摊派行为。做好信访接待工作，加大案件查处力度。对农业部6月对南阳市检查、省农监办7月、11月暗访中发现的社旗、镇平、淅川、桐柏、唐河等县的问题进行认真查处。全年受理、办理农民负担来信来访268件，立案查处206件。

【农村财务管理】　加强农村集体资产与财务管理，从民主管理和民主监督机制、资产运营形式、财务管理模式和手段等方面着手，推进农村集体资产和财务管理规范化建设。完善农村财务公开制度，搞好民主理财，接受群众监督。定期对财务公开和民主理财情况进行监督检查，保证农民对农村集体经济财产的知情权、监督权。开展农村集体经济审计，重点开展村干部离任、土地补偿费管理使用等专项审计。对群众反映强烈的问题进行重点审计。抓好农村财务管理规范化示范村建设。按照全国农村集体财务管理规范化示范标准，各县、乡搞好试点，在财务会计制度、财务处理程序、民主管理机制、审计监督及会计电算化方面规范化。加强村级征地补偿费的分配管理，指导各地建立健全征地补偿费专户管理制度。（王林胜）

农业科技教育

【阳光工程】　2008年省下达全市（不含邓州市）阳光工程培训任务1.8万人。全市共认定阳光工程培训基地112个，其中公办31个、民办机构69个。实际招生19809人，培训结业19809人，转移就业19056人，占培训结业人数的96.2%，输入监管系统19056人；完成引导性培训54000人。开展17个专业培训，其中计算机专业9829人，占49.6%；驾驶与维修专业3498人，占17.7%；电气焊专业895人，占4.5%；服装加工专业891人，占4.5%；机械制造专业954人，占4.8%；电子电器专业977人，占4.9%；餐饮旅游专业512人，占2.6%；家政保健专业128人，占0.6%；玉雕加工专业395人，占2%；幼师专业79人，占0.4%；电动缝纫专业210人，占1.1%；食品加工专业70人，占0.4%；商业营销专业140人，占0.7%；建筑装饰专业329人，占1.7%；美容美发专业465人，占2.3%；保安专业86人，占0.4%；其它专业351人，占1.8%。培训每个时间段所占比例：1个月554人，占2.8%；2个月3525人，占17.8%；3个月8957人，占45.2%；4个月2396人，占12.1%；5个月114人，占0.6%；6个月4263人，占21.5%。转移就业人员中，省外12578人，占66%；省内6404人，占33.6%；境外74人占0.4%。转移就业人员中月务工收入最低650元，最高3000元，其中650～800元4701人，占23.7%；801～1000元5752人，占29%；1001～1500元7356人，占37.1%；1501以上，占10.2%。在阳光工程的带动下，全市外出务工人员230万人，创收236亿元。打造出“唐河保安、社旗海员、邓州出租车司机、南阳校油泵、镇平玉器加工经营”等在全省乃至全国都有相当知名度的劳务品牌。唐河保安在北京工作人员2.1万人，年创收2亿元。社旗县近年来累计向日本、新加坡、巴西等20多个国家和地区输出海员6436人/次，年创汇220多万美元。镇平县5万余名玉器经销商遍布全国30个大中城市，年创汇9亿元。南阳校油泵门店在全国发展到1.2万家，年创收5亿多元。

【科技入户】 全市大力推行科技入户，做好科技兴农工作。3月28日，召开南阳市12316三农热线开通仪式暨农业科技入户工作会议，副市长、市农业科技入户工作领导小组组长姚龙其为市12316三农热线开通授牌并发表重要讲话。为大力发展南阳市农业10大产业，4月21日召开农业科技入户工作暨农业10大产业科技专家组组长联席会议，提出通过科技入户，做到“四个一”，达到提高三种能力、培育一支队伍的目的，即一个专家确定一个联系点，引进一个新品种，推广一个配套技术，培养一个科技明白人；大力提高农业科技人员的推广能力、农民对科技的吸纳能力和科技成果的转化能力；培育和造就一支思想观念新、生产技能好、带动能力强、常驻农村的农民技术员队伍。（王林胜）

种　　子

【种子生产与推广】 2008年建立小麦种子生产基地26.13千公顷，产种量12368.9万公斤，其中原种20.09千公顷，良种6.04千公顷。全市小麦优良品种覆盖率达95%以上，玉米、棉花良种覆盖率达100%，花生良种覆盖率达50%以上，大豆良种覆盖率达45%以上。完成3个作物、138个品种、13个点次的试验。其中完成国家小麦长江中下游组12个品种的区域试验、河南省优良小麦22个品种的展示试验及南阳市20个小麦新品种的比较试验，3个点次；国家玉米试验31个品种，省玉米生产试验和引种试验共34个品种，3个点次；省棉花引种试验6个品种，4个点次；南阳市棉花品种比较试验13个品种，3个点次。开展小麦、玉米、棉花等作物新品种展示88个品种、10个点次，其中小麦50个品种、6个点次；玉米18个品种、1个点次；棉花20个品种、3个点次。

【种子市场管理】 全市加强种子市场管理，严把经营者的资质关，种子经营者只有在领取市种子管理部门批准备案通知以后才能办理营业执照。严格检查种子质量，对检验不合格的种子坚决不准其上市、下田。严禁销售无包装或标签不全的种子，以包装和标签为突破口，加强监督，防止假冒种子坑农害农。玉米、棉花、水稻等农作物标准化包装达到95%以上，标签规范率达到99%以上。采取登记备案制度，加强对种子经营户的监管力度，在种子销售之前根据备案情况进行全面检查，严厉打击制售假冒种子行为。全市建立完善种子经营档案3300份，查处78起种子违法行为，立案8起，结案8起，结案率100%。没收违法种子1860公斤，清退不合格种子1650公斤，罚款3.5万元。接待群众来信来访12起，组织专家进行5起田间鉴定，解决小麦种子质量纠纷。

【种子质量管理】 严把种子销售质量关，对市场上销售的种子进行质量统检。全年共抽检玉米、棉花、大豆、西瓜、花生等作物种子质量150个批次，199份样品；抽检小麦种子质量1320个批次，1371份样品。全市进行夏秋两季品种考察，共考察128个小麦品种、1280个种次，筛选出苗头品种20多个；考察玉米、棉花、水稻等3个主要作物450个品种、2000余个种次。对种子生产基地加强田间检验，全年共进行田间检验3个作物15个品种，面积18千公顷，合格率90%；检验室内种子样品1570份，12个作物150余个品种，数量9000万公斤，禁销不合格种子30余万公斤。

【召开第五届豫西南种子信息发布暨产品展示会】 11月15～17日，第五届豫西南种子信息发布暨产品展示会在南阳市中心广场举办，参加会议的有北京、四川、湖北、山东、河北、湖南、江苏等7省（市）200多个种子企业及科研单位代表。会上展示农作物新品种200多个，发布2009年春夏播种子供求信息。

【良种补贴】 5月4日，省农业厅、财政厅下达南阳市小麦、水稻良种补贴项目645.01千公顷，其中小麦玉米良种补贴594.52千公顷，水稻50.49千公顷。对种植水稻农户按每亩15元进行普惠制补贴，小麦、玉米良种补贴资金捆绑使用，每亩补贴10元。同一农户水稻、小麦、玉米补贴不重复。玉米补贴采用现金直接补贴方式给农户，小麦补贴采用售价折扣补贴方式。5月28日，市农业局确定郑麦9023等16个小麦品种、郑单958等20个玉米品种、豫粳6号等12个水稻品种作为2008年良种补贴推介种植的主导品种。通过招标确定6%的立克秀悬浮种衣剂、3%敌委丹悬浮种衣剂、0.8%晴菌唑＋戊唑醇悬浮种衣剂作为小麦良种补贴种衣剂；确定29个企业为2008年南阳市12个标段优质小麦良种补贴项目区供种企业。项目区全部推广包衣种子和测土配方施肥，实行统一的供种价格，每公斤包衣种子3.1元。全年共落实小麦、玉米、水稻、棉花良种补贴732.34千公顷，比上年增138.8%，补贴资金12018.83万元。

【河南省小麦品种考察总结会在西峡召开】 6月9～12日，河南省小麦品种考察总结会在西峡县召开，参加会议的有河南省种子管理站站长汤其林等负责人和河南省品种审定委员会、小麦专家组部分专家。专家们对全省2008年100多个小麦品种和试验、示范的小麦新品种（系）进行认真讨论、评价，提出2009年河南省小麦品种推广意见。

【市种子公司改制】 2008年1月28日，市机构编制委员会下发《关于撤销南阳市种子公司设立南阳市种子技术服务站的批复》，撤销南阳市种子公司，设立南阳市种子技术服务站，科级事业单位，由市农业局领导，核定编制35名，其中领导职数3名，经费形式为财政全额预算管理。根据改制工作实施方案，原南阳市种子公司61名在职职工通过专业知识考试和民主测评，确定在编人员名单并进行公示。各县（市、区）种子公司的改制工作，参照执行。（王林胜）

土壤肥料

【土壤肥料概况】 2008年，全市以实施测土配方施肥补贴项目为突破口，大力推广测土配方施肥技术和其它土肥新技术，不断提高耕地质量。全市配方施肥面积458.2千公顷，其中施配方肥面积182.1千公顷；小麦留高茬、麦秸糠盖田433.33千公顷。年有机肥用量平均15000公斤/公顷，用量呈下降趋势，且分布不均，有⅔的田块常年不施有机肥只施化肥。全年农用化肥施用量753472吨，其中氮肥277765吨，磷肥152551吨，钾肥91425吨，复合肥231731吨。年化肥平均投入量氮282.9公斤/公顷，磷115.5公斤/公顷，钾57公斤/公顷（均以纯N、P、K）表示。与上年度相比，氮、磷化肥投入量均有所上升，钾肥用量有所下降。全年共化验土样1450多个，肥料样品450多个，植株样品480个。7月23～24日，耕地地力评价指标体系建立研讨会在唐河召开，河南农大、河南省农科院、河南省土肥站组成的专家组，对唐河、邓州、方城、内乡4个项目县负责地力评价工作的主管领导、技术负责人、专家和后期技术报告编写人员进行培训。

【肥料管理】 全市共检查农资市场（门店）900余个，抽查企业25个、立案80个、结案77个，查处涉案肥料500

余吨、货值150余万元。严格登记证的初审工作，共审查办理11个肥料登记证。对化肥生产企业进行定期检查，健全企业档案。3月，结合春季麦田管理，对磷酸二氢钾等微肥市场进行专项整治，同时对辖区内生产、销售的磷酸二氢钾、微肥、叶面肥进行全面清查，主要检查登记证、有效含量、标志标签等，严防假冒、伪劣化肥坑农、害农。

【土壤地力变化】 全市在4大土类上建立7个部、省级地力监测点，21个市级地力监测点。共采集土壤样品48个，化验460余项次，取得监测数据968个。

2007～2008年度耕地土壤养分监测结果

土类		有机质(g/kg)	全氮(g/kg)	有效磷(mg/kg)	速效钾(mg/kg)
黄褐土	空白	1.0	0.0845	9.85	198
	常规	1.275	0.108	28.1	234
潮土	空白	0.585	0.064	14.2	108
	常规	1.23	0.118	28.9	168
砂姜黑土	空白	1.24	0.112	26.9	169.3
	常规	1.29	0.132	59.8	210
水稻土	空白	1.36	0.0975	18.7	91
	常规	1.69	0.113	30.2	106
平均	空白	1.05	0.0895	17.4	142
	常规	1.37	0.118	36.8	179.5

砂姜黑土、水稻土有机质含量普遍高于潮土，黄褐土有机质含量逐年上升，砂姜黑土、水稻土除个别年份有所下降外，总趋势是积累。全氮含量与土壤类型有关，水稻土、砂姜黑土全氮含量高于潮土、黄褐土。潮土、黄褐土全氮含量逐年上升，除砂姜黑土全氮含量年度间变幅较大外，总的趋势是上升。黄褐土、潮土有效磷含量逐年上升，砂姜黑土、水稻土有效磷含量年度间变幅较大。潮土、水稻土土壤速效钾含量低于砂姜黑土、黄褐土，潮土速效钾含量逐年上升。砂姜黑土速效钾含量总的趋势是下降，但从监测结果看，耕地土壤缺钾状况逐步得到缓解。

【测土配方施肥】 2005～2008年，全市11个县（市）被列为国家测土配方施肥项目县，累计投资1795万元。3月在全省2006度测土配方施肥补贴项目县省级阶段性集中验收中，邓州市、内乡县、方城县全部通过省测土配方施肥专家验收组的验收。根据全市主要土壤类型耕层养分状况、产量水平及小麦需肥规律，结合肥效田间试验和多年配方施肥经验，制定小麦生产具体的施肥配方。探索吸纳大中型肥料企业参与测土配方施肥，各项目县都选择3～5个省认定的大中型测土配方施肥定点生产企业开展合作，由土肥部门提供配方，企业按照配方生产肥料，并联合经营公司、大户建立乡村网点，使配方肥直供到户。配方施肥区与常规施肥区相比，每公顷增产小麦439.5公斤，增产率7.4%，每公顷减少不合理化肥用量25.05公斤（折纯），每公顷节约成本112.5元。

【召开第四届豫西南肥料（农资）产品交易暨信息交流会】 11月28日召开第四届豫西南肥料（农资）产品交易暨信息交流会。双交会由市农业局、宛城区政府主办，南阳市土壤肥料站、南阳市土壤肥料产业协会、南阳市溧河农资物流园承办。本届双交会参展企业70多个，共布展台80个，参展肥料品牌200多个，各企业代表和南阳代理商、经销商、教学、科研单位代表等2000余人参会。经过大会专家委员会的评审，对当选的8个大会推介品牌进行颁奖表彰。（王林胜）

植保植检

【病虫草害测报与防治】

2008年，全市农作物病虫草害发生程度除小麦属中度偏重外，其他属中度发生。经综合治理共挽回小麦损失309101吨，挽回秋粮损失116946.1吨。挽回皮棉损失27813.1吨，挽回水果损失3685吨，挽回蔬菜损失18753.2吨。（一）小麦病虫草害中度偏重发生。共发生2535.3千公顷，虫害重于病害，发生病害786千公顷，发生虫害1311.44千公顷，发生草害437.87千公顷。全市共防治小麦病虫草害2120.67千公顷。（二）秋作物病虫草害中度发生。发生面积2900.1千公顷，其中病害发生1029.75千公顷，虫害发生1068.19千公顷，草害发生802.16千公顷。棉花黄萎病、红叶茎枯病、芝麻叶斑病、玉米锈病、辣椒疫病、炭疽病、花生地下害虫、玉米螟、烟粉虱、蟋蟀等病虫害发生严重。全市共出动劳力222万人，成立机防专业队153个，动用弥雾机3.83万部，手动喷雾器74万台，使用农药3657.4吨，共防治秋作物病虫草害2567.61千公顷，其中防治病害902.83千公顷，防治虫害1018.87千公顷，防治草害645.91千公顷，综合防治330.27千公顷，统一防治165.33千公顷。（三）蔬菜病虫害中度发生。虫害重于病害，病虫害总发生295.42千公顷，其中病害发生153.82千公顷，虫害发生141.6千公顷。对病虫害发生区的蔬菜应用高效低毒农药，物理防治、生物防治和化学防治相结合。示范推广烟酰胺、银法利、腈嘧菌唑、醚菌酯等新农药。全市共防治病虫327.57千公顷，挽回蔬菜损失18753.2吨，其中病害挽回损失9462.2吨，虫害挽回损失9291吨。（四）果树病虫害中度发生。发生面积84.87千公顷，其中病害发生38.23千公顷，虫害发生46.64千公顷。苹果病虫害中度偏轻发生，梨树病虫害中度发生，部分病虫偏重发生，梨黑星病、梨锈病、梨木虱中度发生，局部重发生。桃树病虫害中度发生，油桃裂果病在唐河县重发生，裂果率70%以上。葡萄、猕猴桃病虫中度偏轻发生．山茱萸角斑病、炭疽病偏重发生。全市防治91.65千公顷，其中综合防治28.68千公顷，技术承包防治2.7千公顷，生物防治2.99千公顷，挽回水果损失3685吨。

【农药监督管理】　全市以引进推广新型无公害农药和生物农药为突破口，禁用、限用高毒农药，控制农药过量使用，加强对农药市场的监管力度，对武侯路、长江路、新华西路、新野路口等农资市场进行检查，抽查农药标签110多个，检查农药经营门店1204次、生产厂家40次，勘验农药品种420个，数量120多吨，查处农药90多个批次、14.21吨，立案97起，结案97起，查获甲胺磷、对硫磷、甲基对硫磷、久效磷和磷胺5种高毒农药0.68吨。全年受理群众举报案件23起。

【植物检疫】　加大市场检疫监管力度，在春、秋种苗调运旺季，开展种苗市场联合检查，共检查经营单位1336个，涉及作物种类、品种400余个，检查种子21180吨，查处未粘贴标识、无证调运经营等检疫违章56起。强化检疫标识制度，全市共领取、发放检疫标识120万枚。落实检疫备案制度，发放植物检疫备案证1667份，备案单位占应备案单位的90%。强化农产品产地检疫，进行小麦种子基地产地检疫12.06千公顷，花卉苗木产地检疫1.27千公顷，棉花产地检疫113.33公顷，烟草、中药材、小辣椒、油桃等农产品产地检疫153.33千公顷。生产无疫良种63332.5吨，苗木4062万株。加强农产品调运检疫，全市检疫调运业务17998批次，较上年增长30%。为加强农作物疫情监测，全市建立防控示范区11个、设立监测点33个。（王林胜）

农村能源环保与农场工作

【农村沼气建设】　2008年，

农村沼气建设出现新突破，全市新建户用沼气10.98万户（其中国债项目24010户），占省下达任务的199.64%、市定任务的109.8%。建设大中小型沼气工程332处，新增池容39530立方米。新培训沼气技能工1218名，占省下达任务的121.8%。建成服务网点182个。各地采取“政府扶持、社会参与、农户自筹”的办法，以农户为主体，多渠道筹措沼气建设资金。全市沼气建设投资2.9亿元，其中中央投入1963.6万元，省投入1565.472万元，市级财政投入300万元，县级财政投入1869.02万元，其他渠道及乡级财政投入1577.30万元，农户自筹16470万元，折劳投资6588万元，资金投入呈现多元化趋势。卧龙区、新野县、邓州市等地要求新建养殖场必须配套建设沼气工程，并对建设沼气工程每处给予5000～30000元的补助。西峡、淅川等地制定沼气建设监管和服务具体措施，探索出“政府补贴、协会领办、个体承包、企业参与、股份合作”的多元化服务管理模式。

【农村环境保护】 对全市进行第一次全国农业污染源普查。共培训普查员2500余人，撰写28份工作报告，编发20余期工作简报，对收集的5万余份农村污染源普查表的数据进行采集、录入、确认、汇总、分析。建立全市农业污染源普查对象名录库，采取实地测量定位、走访群众和调查整理等方法，建立农产品产地环境数据库。做好野生植物保护，认真防范外来有害野生植物入侵。桐柏县野生大豆保护、西峡县野生猕猴桃保护的项目建设全面完成。2008年4月，联合国在桐柏召开野生农业资源保护研讨会，对桐柏县在野生大豆方面所做的工作给予高度评价。

【农场工作】 全市10个农垦企业共占面积2471公顷，其中耕地592公顷，牧草21公顷，林地1422公顷，茶、果、桑园70公顷，水面39公顷，人口5657人。34个农业二场土地面积5559公顷，人口1248人。农垦企业场以农业制种为主，采取企业化管理，自负盈亏，主要为短期承包经营和长期租赁经营。春季以小麦为主，秋季以种植水稻、玉米、大豆、花生、棉花等，兼有畜禽、水产养殖。全年生产粮食3459吨，油料362吨，棉花82吨。大牲畜年末存栏136头，猪年末存栏1702头，羊1065只，家禽18660只。肉类总产量198吨，水产品22吨。实现工农业总产值12651万元，实现国民生产总值4752万元，农业增加值742万元，人均纯收入3710元。（王林胜）

烟　叶　产　业

市烟办主任　赵国交

【烟叶生产概况】 2008年全市烟叶主要分布在方城、社旗、唐河、邓州、镇平、内乡、淅川、西峡8县（市）75个乡（镇）925个村、4033个组32087户，户均种烟0.46公顷。植烟面积在200公顷以下的乡（镇）52个、333.33公顷以上的乡（镇）9个。全市植烟面积1.48万公顷，收购烟叶44.3万担，较上年增加19万担，完成省定年度计划的105.4%。种烟总收益达到3.8亿元，烟农户均收入达到1.46万元，实现烟叶税收7181万元。

【烟叶生产先进单位】 市政府对2008年度在烟叶生产中做出突出成绩的先进集体进行表彰。先进县（市）3个：社旗县、内乡县、西峡县；先进乡（镇）15个：西峡县丹水镇，唐河县少拜寺镇，淅川县九重镇，邓州市高集乡、文渠乡，方城县广阳镇、清河乡、古庄店乡，内乡县余关乡、赵店乡、灌张镇，社旗县朱集镇、苗店镇、饶良镇，镇平县遮山镇；基地暨设施建设先进县：方城县；科技创新先进集体：市烟草公司金叶园；服务烟叶工作先进单位11个：市技术监督局、市农业局、市气象局、市工商局、市公安局、市农机局、市地税局、中国邮政银行南阳分行、市烟办、市信息中心、市烟草公司。

【姜成康来宛调研】 2008年4月4日，国家烟草专卖局局长、中国烟草总公司总经理姜成康、省烟草专卖局局长、省烟草公司总经理郑建民，省烟草专卖局副局长秦留拽等一行到宛调研烟叶工作，对全市烟叶生产、流通体制改革、卷烟工业企业等工作给予充分肯定。在宛期间，市委书记黄兴维、副书记贾崇兰等会见姜成康一行。市委副书记、市长朱广平，副市长姚龙其陪同调研。

【优质烟草生产基地建设】 南阳优质烟叶生产科技示范基地是2004年经国家烟草局批准建设的国家项目，2008年全面完成国家烟草局规定的科研开发、技术推广、规模生产3项任务。以第一名的成绩顺利通过国家烟草局的验收。在基地建设过程中，争取到蒙特利而国际多边基金组织赠款项目，建成6座育苗温室，并于3月下旬通过国家环保部和国家烟草局验收。内乡、方城、社旗3县建设的9000公顷无公害烟叶生产基地工作进展顺利。

【植烟科技】 全市烟叶生产科技含量进一步提高，烟叶亩产由上年的83.55公斤提高到136.6公斤，增长39.5%。烟叶品种进一步优化，优良品种应用率达到100%。建设育苗大棚904座，集约化育苗比例达到100%，高于上年25个百分点。商品化供苗比例达到80%，高于上年40个百分点；1.38万公顷烟田全部落实平衡施肥技术，推广地膜覆盖面积0.77万公顷，较上年增长23.1%；密集化烘烤面积0.87万公顷，占总面积的62.8%。

【烟叶生产专业化建设】 全市按照“专业化组织、商业化运作、社会化服务”的原则，引导、扶持建立育苗专业户166个、烘烤专业户332个、机耕作业队59个、植保服务队23个，对烟农提供1.1万公顷育苗、0.87万公顷烟田冬耕、0.53万公顷烟田起垄、0.67万公顷烟田烘烤、0.87万公顷烟田病虫害防治的专业化服务。全市共投入烟叶生产专用机械补贴款140余万元，新配备一批烟田机械，提高烟叶生产装备水平和生产能力。

【烟农服务体系建设】 一是建立新的服务理念、工作作风和办事方式，拉近与烟农之间的距离，树立行业崭新的形象。二是对烟农开展差异化管理个性化服务。以户籍化管理为基础，对农户进行登记、分类统计，针对烟农不同期望和需求，分类制定政策，拓宽服务项目，丰富服务内容，使烟农简单种烟轻松种烟。三是提高社会化服务水平。在统一机耕、起垄、供肥、育苗、病虫害防治等方面实现新突破，减少烟农用工和劳动强度。四是不断提高生产队伍素质。利用视频培训系统和现有的科技推广网络，以科研单位和高等院校为依托，采取灵活多样的形式，对生产人员和烟农进行定期专业技术培训，提高整体素质和科技到位率，全市烟区完善以户籍化管理为核心的责任制，实行“六包一联”，加强对烟农跟踪服务，与烟农签订双向承诺书，明确双方的责任和义务，规范生产行为。在生产环节及时把肥料、农药等烟用物资供应到户，深入到所承包的村组及时指导烟农生产，现场答疑解难。烟叶收购之前，及早进村入户宣传政策、方法和措施，并帮助烟农分级、挑拣，提高进站烟叶等级纯度，加快收购进度。收购中推行“入户预检、轮流交售、密码验级、封闭收购”的模式和“委托付款、限时收购”的方法，为烟农提供周到、细致、快捷的服务，提高对烟农的服务水平。（马丽珍）

畜　牧　业

市畜牧局局长　王放

【畜牧业概况】 2008年，全市畜牧工作以南阳肉牛、生猪、奶牛三大优势产业发展为中心，突出完善规划、建设基地、培育龙头、争取项目等4个重点，力争在膨胀规模、打响品牌、开拓市场、产品加工等方面实现新突破，促进畜牧业发展。全市肉蛋奶总产量达到120万吨，其中肉类总产63.9万吨，比上年增长7%，蛋类总产30万吨，比上年增长9%，奶类总产26.6万吨，比上年增长20%。全年各级政府加大对畜牧业的财政投入力度，奶牛直补资金1202万元，生猪标准化规模养殖场建设补贴资金2880万元，能繁母猪补贴资金1667万元，生猪调出大县奖励资金3009万元，国务院2008年现代农业生产发展资金肉牛产业项目的投入1500万元，动物防检体系建设项目投入5038万元，市政府列支1000万元扶持肉牛产业发展。全年畜牧系统共争取各级财政资金1.6亿元，其中中央、省财政资金1.2亿元。南阳特色畜牧业发展取得明显成效。以肉牛加工为主的科尔沁牛业、以生猪加工为主的河南龙大牧原肉食品加工、以牛奶加工为主的三色鸽乳业二期工程相继开工建设，3大畜产品加工企业为畜牧优势产业发展奠定坚实基础。通过基地建设、龙头加工企业培育、皮南牛品种审定、牧原猪商标注册等工作，南阳肉牛、牧原猪、三色鸽乳业3大品牌已成为区域性知名品牌。南阳肉牛、生猪、奶牛3大特色生产基地基本形成。畜牧业产值实现198亿元，占农业总产值的比重达到34%。畜产品生产和加工基地建设工作名列全省第四，目标综合考评获得全省畜牧系统优秀单位。

【畜产品生产和加工基地建设】 全市围绕优质畜产品生产和加工基地建设，扩规模建基地，育龙头上项目，强力推动畜牧业产业化经营步伐。全市新建标准化规模养殖小区72个。年屠宰加工100万头的河南龙大牧原肉食品加工有限公司全年完成投资4000余万元；年加工屠宰10万头肉牛的科尔沁牛业南阳有限公司，一期工程全面启动实施，全年完成投资3560万元，具有5千头规模和1万头规模的2个肉牛育肥场项目全部建成，10万头肉牛屠宰加工厂正在进行土建施工。

【重大动物疫病防控】 全市按照“政府保密度，畜牧部门保质量”的要求，搞好集中免疫，确保免疫密度，建立健全责任目标考核体系。市、县14个兽医实验室建设项目全面完成。加强基层防疫队伍建设，制定关于基层动物防疫队伍建设及选聘工作方案和管理办法，选聘基层防疫人员2202名，完善基层队伍建设、资金支持、督导检查等一系列措施。落实疫情监测、免疫消毒、检疫监督、无害化处理等综合防治措施。全市共免疫注射畜禽1.97亿头（只）次，高致病性禽流感和口蹄疫的免疫抗体合格率分别达到90.1%和85.6%，分别高出省定标准20.1%和15.6%。全市无重大动物疫情发生。在检疫监督上，组织开展动物卫生执法规范年活动，依法加强对畜禽饲养、屠宰加工、市场流通的全过程监管，使屠宰动物的同步检疫率、规模场出栏动物检疫率、上市动物及动物产品持证率、检出染疫动物和病害动物产品无害化处理率均达到100%，确保上市动物及产品质量安全。

【畜牧优势产业】 全市畜牧系统大力发展南阳肉牛、生猪、奶牛3大优势产业，切实打造南阳特色畜牧业。以新野、邓州、唐河、方城、社旗5县（市）为核心区的肉牛产业发展迅猛，核心区肉牛饲养量达到140万头，占全市的67.6%。新建300头畜位以上肉牛育肥场32个，完成年度计划的102%，其中1000头畜位以上肉牛育肥场10个。全市投入扶持肉牛产业发展资金1000万元。以唐河、邓州、内乡、宛城、卧龙、方城、镇平等7县（市、区）为主形成优质生猪产业生产基地，生猪饲养量550万头，占全市的71%。全市新增年出栏1万头以上的养猪场22个，完成年度计划的110%。牧原猪品牌注册已上报国家工商总局。以宛城、卧龙、镇平、社旗等4县（区）为核心区形成奶牛产业，奶牛存栏达2.8万头，占全市的68.5%。全市新增200头畜位以上的奶牛养殖场18个，完成年度计划的120%。

【畜牧业项目建设】 全市畜牧系统采取上争、外引、内促等措施，切实抓好畜牧项目建设。全市共上报省级以上财政支持项目32个，申请财政支持资金6329万元。基本确定招商引资项目21个，其中13个项目正式动工，协议引进资金2.1亿元。至2008年底，共到位国家惠农政策补贴及财政项目支持资金1.6亿元。中原肉牛科技示范园区建设项目、河南龙大牧原肉食品加工项目、河南牧原有限公司年出栏15万头扩建项目、新野县1000头畜位肉牛育肥场建设项目、方城县年出栏2万头生猪养殖项目、社旗县1万头奶牛生产基地建设等6个畜牧业重点项目建设进展顺利。

【畜产品质量安全】 按照“产地认定，产品认证，政府推动”的模式，积极组织畜牧企业开展无公害畜产品产地认定和产品认证工作。2008年共有150个畜牧企业申报无公害畜产品产地认定和产品认证，其中94个已通过省级验收。加强市场监管，实施畜产品市场准入制度，制定一整套畜产品市场准入规范和中心城区畜产品市场准入产销联建方案，保证畜产品质量安全。南阳中心城区47个量贩与26个畜牧养殖企业实施产销联建。“三鹿”奶粉事件发生后，畜牧系统积极行动，快速反应，强化监管，一定程度上减弱“三鹿”奶粉事件对全市奶业的影响。组织开展奶站专项检查，成立由市长朱广平为组长的奶站清理整顿和监督管理领导小组，制定《南阳市奶站专项整治行动方案》。全市共出动执法人员712人次，签订目标管理责任书1179份，派驻监管人员405名，对奶站加强质量监管。全市30个挤奶站点个中有5个生鲜奶收购站点停止运营，25个按照省定奶站建设规范进行整改完善。全年查处违法违规生产饲料企业2个，经营饲料企业1个，累计查封疑似问题饲料14.55吨，销毁问题饲料4.15吨，罚款2.3万元。全市监测生鲜牛奶三聚氰胺样本39个批次，监测饲料三聚氰胺样本44个批次，检出三聚氰胺样本2个批次，对违规企业进行严肃查处。（杜红渊）

林　业

市林业局局长　宋运中

市林业局党委书记　张荣山

【林业概况】 2008年，南阳市林业部门重点抓好林业生态工程建设和集体林权制度改革，加大科技投入，强化森林资源管护，林业建设持续快速发展。全年完成工程造林6.08万公顷，森林抚育和改造1.51万公顷，林业生态村建设1283个。全民义务植树2127.7万株，新发展速丰林1.37万公顷，新发展名优经济林0.11万公顷。全市林业产值达到59.92亿元，引进林果新品种30个，推广应用新技术10余项。查处各类涉林案件2898起，处理违法犯罪分子1389人，收缴野生动物1.18万余只（头），挽回经济损失720多万元。

【林业生态市建设】 市委、市政府把林业生态建设作为改善生态状况、促进经济发展的根本措施。市委书记黄兴维、市长朱广平多次作出重要指示，带头参加义务植树，深入县、乡调研指导林业生态建设。市委副书记贾崇兰、副市长姚龙其等市领导，先后8次召开林业生态建设电视电话会、动员会、造林绿化观摩督查会、环城绿化工作会等会议，安排部署林业工作。市长办公会议两次研究林业生态市建设和“常青杯”竞赛活动。各县（市、区）党政主要领导亲自部署督查抓落实，有力地促进林业工作的开展。市委、市政府明确各级党政一把手是林业生态建设第一责任人，分管领导是主要责任人。市林业、农办、农业、交通、水利等部门组成督查组，进行专题督查。每次督查都作为“常青杯”考评的重要依据。各县（市、区）成立由四大家领导或由县委、政府“两办”牵头组成的督查组，加强督查指导，促进工作开展。

【集体林权改制和非公有制林业】 全市把集体林权改制作为推动林业生态市建设的重要动力，制定《南阳市深化集体林权制度改革实施方案》，选择具有平原代表性的邓州市和具有山区代表性的南召县作为两个不同类型示范点，进行典型指导。3月17～18日，在桐柏召开全市林权改制工作会议，部署林权改制任务。为推进集体林权制度改革，8月18日，副市长姚龙其就集体林改的意义、指导思想和基本原则、具体目标和任务、范围和主要内容、实施步骤、林改应注意问题、当前进展情况等9个问题，回答记者提问，并刊登在《南阳日报》上，促进社会各界对集体林改工作有更全面了解和认识。全年对县（市、区）参与林改人员进行3次培训。市林业局组成6个督查组，分包13个县（市、区）跟踪督查，及时解决工作中出现的新情况、新问题，林改工作进展顺利。全年不断探索造林新办法，放活造林机制。淅川县实施订单林业，新野县实行“两权”拍卖，落实造林用地2700公顷，内乡县采取拍卖、承包等形式，吸引山东维坊电子集团公司和河南天源实业有限公司投资3300万元，营造高标准生态林和用材林370余公顷。西峡县新发展非公有制造林基地67处，面积780余公顷。2008年，全市共吸引社会资金1.26亿元投资造林绿化。

【科技兴林】 落实重点科技项目实施工作，组织实施国家“948”项目、国家科技推广项目及省、市科研项目，《南阳楸树优良无性系种质收集与保护利用研究》等项目通过评审鉴定，《曼地亚红豆杉引种与快繁技术》和《楸树新品种选育及高效栽培技术研究》科研项目进展顺利。积极探索黄连木良种繁育新技术，培育苗木2公顷，并通过省林业厅验收。制定《河南杜鹃引种驯化与繁殖应用研究》、《美国长山核桃中试项目》等3个新的科研项目。全年编制完成《兰湖森林公园总体规划》、《石武铁路客运专线河南段工程使用林地可行性报告》等规划报告12个，制定《栀子栽培技术规程》国家技术标准。组织林业技术人员，深入生产第一线，开展造林指导、果园管理、林木病虫害防治、苗木培育等技术服务活动。全市发放林业科普宣传资料10万余份，科普图书1600余册，制作发放光盘1000多份，培训林农及职工23.2万人次。西峡县邀请中国林科院森林环境保护所副所长、首席专家张永安等4名资深专家指导林业发展，进行杨树栽培、病虫害防治、林果管理等实用技术讲座。

【林业产业】 2008年，全市林业一、二、三产业协调发展。一是大力发展林果业。重点发展以107、108杨树为主的速生丰产用材林，全年新种植1.37万公顷。稳步发展以山茱萸、猕猴桃、辛夷、梨、柿子、板栗、木瓜、核桃、油桃为主的名优经济林，新发展1060公顷，建成一批干鲜果品基地和中药材基地。全市林业育苗3866.67公顷，花卉基地面积达840公顷，第一产业完成产值49.56亿元。二是积极培育林产品加工业。依托资源优势，培育和壮大林产品加工业，初步形成以南方木业、内乡天曼、宛城金品、社旗茂林、邓州北园、新艺木业为主的木材加工业，以宛西制药、福森药业为主的中药加工业，以南召华龙辛夷、唐河泰瑞栀子为主的林产化工业，第二产业产值7.39亿元。三是加快推进森林旅游业。以森林公园和自然保护区为依托，不断改善基础设施，加快景区建设步伐，森林旅游及休闲服务业发展良好，旅游收入1.44亿元，第三产业完成产值2.97亿元。

【森林资源管护】 全年林业部门坚持以保护促发展，加大执法力度，加强森林资源管理，维护生态安全。一是加强林政资源管理。严格实行限额采伐，坚持凭证采伐、凭证运输、凭证经营加工制度，严把木材源头关、流通关，规范木材采伐运输经营加工行为。全市审核上报征占用林地33起，面积15.09公顷，征缴森林植被恢复费810.2万元。二是加大林业案件查处力度。全市组织开展“猎鹰二号”、“候鸟三号”等6次严打专项整治行动，重点督办大案要案，严厉打击各类破坏森林资源的违法犯罪行为。三是坚持不懈地抓好森林防火和林木病虫害防治工作。各地认真落实森林防火行政首长负责制，严格火源管理和24小时值班制度，抓好春节、元旦、清明节、重点风景名胜区等重点时段、重点部位的森林防火工作，没有发生大的灾情。据统计，全市共发生森林火灾165起，过火面积405.27公顷，受害森林面积237.33公顷。开展主要林木病虫害的预测、预报和防治，扩大飞机防治病虫害面积，抓好检疫工作，严防外来有害生物入侵。全年共发生各类林木病虫害10.73公顷，防治面积9.07万公顷，做到了有害不成灾。四是加强野生动植物保护和自然保护区建设。印发《野生动植物保护管理工作手册》，与市教育局联合下发《关于加强未成年人生态道德教育的实施意见》，广泛宣传保护野生动植物的重大意义。抓好野生动物疫源疫病监测救护工作，积极布控，严密监测，及时救护，有效保护野生动物。自然保护区建设步伐进一步加快。完成黄石庵管理局、南召宝天曼管理局、黑烟镇管理一期建设工程和二期工程的申报工作。五是圆满完成一类调查任务。采取“分县组织、全员培训、理论学习与实践操作相结合”的方法，整合资源，严密组织，圆满完成一类调查任务，顺利通过省级和国家质量检查验收。（王保刚）

【温家宝深入西峡县丹水镇调研猕猴桃特色产业】 5月10日，中共中央政治局常委、国务院总理温家宝深入西峡县丹水镇英湾村视察优质猕猴桃生产示范基地。温家宝对当地农民靠发展林果业增收致富给予高度评价。

【全省森林航空消防南阳开航巡护暨灭火演练活动在南阳举行】 1月3日，全省森林航空消防南阳开航巡护暨灭火演练活动在南阳隆重举行。省林业厅副厅长弋振立代表省林业厅作重要讲话，市政府副市长姚龙其与各县（市、区）签订2008年度森林防火目标责任书。执行演练任务的M—8型直升机是中国主要的森林航空消防机型。

【开展林业生态建设观摩督查活动】 2月17～18日，市长朱广平带领由副市长姚龙其、市政府秘书长李中杰、市长助理王中、市政协副主席王清华、市农办、林业、农业、交通、水利等部门主要负责人组成的督查组，进行林业生态建设观摩督查活动，实地观摩13个县（市、区）植树造林情况。观摩结束后，对各县（市、区）植树造林情况进行评比。

【开展“奥运林”认种活动】 为祝福奥运会成功举办，倡导全社会植绿护绿新风尚，3月3日，市绿化委员会和南阳日报社、团市委第六次联手，共同发出在南阳市兰营水库认种“奥运林”活动的倡议。3月8日，1000余名植树大军来到兰湖森林公园，挥锨义植“奥运林”，共种植红叶李、香樟、牡丹、石榴等名贵树木500余株。

【“植树节”义务植树活动】 3月12日，市委书记黄兴维、市四大家领导贾崇兰、褚庆甫、解朝来、李天岑、李森林、申延平、陈代云、姚龙其、原永胜，卧龙、高新两区及市直有关单位干部职工和部分在校师生、驻宛官兵等共计5000余人，在兰湖森林公园参加义务植树活动，共栽植香樟、桂花、含笑、雪松、紫薇等树种3000多株。

【南阳市森林资源连续清查工作通过国家验收】 6月30日～7月17日，国家林业局华东院高级工程师陈金海，在省林业调查规划院主任黄运明的陪同下，对南阳市第七次森林资源连续清查工作进行检查验收。全市共有1660个固定样地，其中林地样地700个，非林地样地960个。检查组共实地抽查26个样地，其中乔木林样地23个，城乡居民建设用样地3个，抽查样地全部合格，顺利通过国家林业局验收。

【南阳市荣获第八届中原花木交易博览会金奖】 9月28～29日，南阳市组团参加由国家林业局和河南省人民政府主办的第八届中原花木交易博览会。市政府副市长姚龙其、副秘书长周天龙、市林业局局长宋运中参加活动并进行具体指导。经过专家认真评审，南阳市参展的作品以其立意深远，厚重大气荣获金奖。其中木瓜、月季、望春玉兰、太湖景石、银杏分别获得特色产品奖。

【河南省第六届中州盆景大赛暨豫鄂皖三省盆景技艺交流联谊活动在南阳举行】 10月1～5日，由河南省中州盆景学会、南阳市人民政府共同举办的“移动杯”河南省第六届中州盆景大赛暨豫鄂皖3省盆景技艺交流联谊活动在南阳隆重举行。中国花协副秘书长陈建武，原河南省人大副主任、省中州盆景学会高级顾问李中央，原河南省政协秘书长、省中州盆景学会高级顾问赵风羽，原河南省人大农工委主任、省花协会长杨金亮，原河南省林业厅常务副厅长、省中州盆景学会名誉会长张守印，河南省花协秘书长张兆铭，河南省林业厅种苗站副站长刘振喜，市人大副主任周明军，市政府副市长姚龙其，市林业局局长宋运中、党组书记张荣山等领导参加活动。

【市林业有害生物监测预警中心成立】 为做好林业有害生物的调查、数据分析、预测预报及发布预警等工作，2008年10月，成立南阳市林业有害生物监测预警中心，该中心与市森防站实行一个机构两块牌子的管理机制。

【市委、政府召开林业工作会议】 12月18日，市委、市政府召开全市林业工作会议。市委副书记贾崇兰、市人大副主任周明军、市政府副市长姚龙其、市政协副主席王清华等市领导参加会议。会议对在2008年度平原绿化高级达标、林业生态县创建、森林资源保护、集体林权制度改革和森林资源连续清查等工作中做出突出贡献的先进集体和先进个人进行隆重表彰。方城县、淅川县、西峡县、邓州市作大会典型发言。市政府与各县（市、区）政府签订2009年度森林防火目标责任书。会议全面总结2008年度全市林业工作，并安排部署2009年度林业重点工作。

【南阳市“候鸟三号”行动】 根据省统一安排部署，南阳市森林公安机关集中组织开展“候鸟三号”行动。据统计，全市共出动警力300人次，出动车辆103台次，查处林政案件7起，检查巡护鸟类活动区域15处，清查宾馆、饭店175个，清查市场、窝点41个，行政处罚18人，收缴野生鸟类1015只、国家二级保护野生动物1只、其他野生动物101只（头）。（马国丽）

非公有制经济

市中小企业局局长　李洪

【非公有制经济概况】 2008年，全市优化生产环境，克服不利因素影响，非公有制经济呈现速度加快、园区集聚效应凸现、外来企业增多的发展势头。（一）经济指标快速增长。全年非公有制经济完成营业收入2877亿元，增15.4%，增加值946亿元，增16.1%；实缴税金45.2亿元，增19.8%，利润260亿元，增13.2%，工资总额234亿元，固定资产747.5亿元，从业人员205万，年营业收入超亿元的企业达113家。全市中小企业完成总产值1663亿元，增12.5%；完成营业收入1577亿元，增10.7%；增加值553.8亿元，增13.3%；实交税金30.2亿元，增17.5%；利润总额141.5亿元，增22.2%；从业人员90万人，增8.6%。综合经济指标居全省第三位，保持较快发展。（二）企业组织结构不断优化。全市民营经济发展领域由传统的流通、服务业为主向第二和第三产业领域拓展；组织形式由家族企业向公司制转变，生产经营由粗放型逐步向集约型转变。新成立的企业多数是有限责任公司形式，同时产业结构、产品结构进一步优化。（三）社会效益显著。全市民营经济的发展，为增加居民收入，繁荣区域经济，促进社会稳定奠定坚实基础，2008民营经济（不包含市直和高新区）占GDP的比重达到57.8%。（四）园区聚集效果明显。中心城区的龙升工业园区、生态工业园区、高新工业园区和县（市）工业园区、乡（镇）工业园区发展步伐加快。全市年营业收入超亿元的工业园区达到51个，入驻企业4195个，从业人员19.2万人，全年完成营业收入368.4亿元，利润88.9亿元，上交税金11亿元，园区累计固定资产投资130亿元。南阳生态工业园区投资5000多万元，修建园区区间道路，引进工业项目26个，总投资44亿元。投资2.09亿元的哇哈哈三期营养快线项目、投资1.3亿元的海泳制衣10万锭棉纺织生产线、投资2.07亿元的乐凯集团CTP数码板材生产线项目建成投产。西峡生态工业园区全年新入园项目7个，总投产项目69个，2008年产值20亿元，税利2亿元，被国家科技奖励办公室、国家科技部联合授予“全国先进科技产业园民营科技发展贡献奖”。（五）产业集群不断壮大，产业链条日益完善。龙成集团实现产值62.6亿元，销售收入49.5亿元，税利7.3亿元，利润4.8亿元，钢材出口中亚、欧盟等27个国家和地区。汉冶钢铁公司成为全国能够生产50毫米以上中厚板3个企业之一。西保集团实现产值30.2亿元，销售收入21亿元，税利3.3亿元，利润2亿元。冶金辅料产品已出口5大洲、10多个国家和地区、140多个钢铁企业。西峡县汽车配件产业以西泵、西排、西铸为龙头，共有企业18个，拥有“飞龙”中国驰名商标，完成产值11.2亿元。宛药公司完成产值15亿元，税利1.1亿元，利润5100万元，拥有“月月舒”、“仲景”2个中国驰名商标，在北京、郑州等大城市及省内10多个中等城市设立仲景大药房102个，经销全国各地药品上万种，中药制药产业链条延伸到销售终端。石佛寺玉雕产业通过弘扬玉文化，扩大市场规模，提高加工水平，企业达到6256个，从业人员达3万人，年产值8亿元，确立在全国玉雕业的重要地位。桐柏碱化工、新野棉纺等产业，通过技术创新，扩大规模，完善产业链，提高资源综合利用效率，扩大市场份额，发展成为全省有影响力的产业集群。(六)新项目投资规模大，科技含量较高。2008年新上技改项目1105个，总投资107亿元。邓州市投资1亿元的裕祥纺织项目，全部采用国际一流设备。西施兰公司投资5000万元高起点建设的研发中心即将投入使用。(七)引资企业、回乡创业企业成为重要力量。宛城区引进的娃哈哈南阳分公司，2008年纳税超3000万元，成为宛城区第一纳税大户；邓州市引进的金星啤酒项目，2008年纳税超1000万元，成为邓州市第二纳税大户。邓州市张楼乡引进福建客商建成中低档饼干生产基地，以企业多、产量高、品种全在国内形成较大影响力。新野鼎盛电子公司、唐河畅鸿塑胶公司都由在外打工人员回乡创办，投资均超过5000万元。引资企业所创产值已占民营经济总量的¼以上。(八)企业信息化程度提高，经营环境明显改善。全市70%以上的限额企业均制作企业网站(页)，越来越多的企业采取网上订货。经过各县(市、区)大力整治，邓州、西峡、桐柏等多数县(市)的企业反映经营环境得到明显改善。西峡县、镇平县、市高新区等县(区)，对贡献突出的企业给予重奖，其中西峡县奖励企业1200万元，镇平县奖励484万元、高新区奖励122万元，进一步促进全市非公有制企业发展。

【市政府召开民营经济及工业园区建设会议】 4月3日，召开南阳市民营经济及工业园区建设工作会议，副市长张宪中、市人大副主任金星、市政协副主席王清华出席会议。会议总结2007年度南阳市民营经济工作，对8个民营经济发展先进县、6个县级示范工业园区、6个乡(镇)示范工业园区、55个先进乡(镇、街道办事处)和50个先进民营企业进行表彰。西峡县、邓州市城镇综合开发区、新野县上港乡、福森药业公司4个先进单位在会上发言介绍经验。

【申报诚信企业】 3月组织全市20多个企业申报2008～2009年度“河南省诚信民营企业”，经严格审查，上报省局17个，最终有11个企业荣获“河南省诚信民营企业”称号。

【企业融资】 全市大力扩宽融资渠道，解决中小企业资金问题，健全担保机构。2008年，成立民间投资担保公司2个，引进外地担保机构2个。对全市担保机构内部管理、规避风险、担保金额规模控制方面进行监督规范，加强财政担保资本金监管。大力推进银企业合作，在掌握全市中小企业资金需求的基础上，有针对性的向投融资、担保机构推荐。5月推荐16个企业参加省银企洽谈会，西峡龙成集团与银行成功签订5000万元的贷款协议。10月推荐5个企业参加省政府组织的第二次银企洽谈会，邓州北园木业与银行签订2000万元贷款合同。10月30日，组织召开南阳市银企合作促进会暨工行南阳分行中小企业金融产品推介会，10个中小企业与工商银行签订3960万元的贷款合同，进一步推动全市金融部门向中小企业信贷倾斜。组织10个企业参加河南省组织的中小企业集合债券发行工作，龙成集团和普康药业分别成功发行8000万元、5000万元中小企业集合债券。

【企业人员培训】 全市大力实施民营企业家培训工程，开展对非公有制企业管理人员和专业技术人员的培训。先后举办新《劳动合同法》培训班、民营企业经营管理培训班、《企业不同阶段的纳税筹划》和《总经理财务管理》讲座、企业制度建设和规范化管理培训班，全年共免费培训2100人，为提高非公有制企业经营水平奠定坚实基础。

【中小企业信息化建设】 全市积极推进中小企业信息化建设，不断拓宽信息采编渠道，全年为企业进行商业宣传1800余次。更新发布各类信息近5万条，有41条原创信息被省、国家网站采用。收集录入3709家企业资料信息，企业数据库建设位于全省前列。网站日访问量突破2000大关，浏览率位于各地市前列。

【安全生产监管】 全市加强对非公有制企业实行安全生产目标管理，坚持安全生产月报制。参与全市百日安全督查专项行动，对国资委系统和两属系统中已改制为民营的企业进行督查。第四季度参与市安委会3个督察组的集中督查活动，负责对市直和两属企业、危险化学品企业、烟花炮竹企业进行全面检查，督促企业整改一批隐患。6月11日，按照市安全生产委员会的统一部署，参加“安全生产宣传一条街”活动，通过设宣传展板和现场接受咨询等形式，提高安全生产意识。

【组团参加第六届中国（漯河）食品博览会】　8月27～29日，南阳市组织企业参加第五届中国河南国际投资贸易洽谈会分会暨第六届中国（漯河）食品博览会。市人大副主任李东武任代表团团长，组织上会企业22个，布置展位8个，展示展销面制品、乳制品、果类饮品、调味品、辣椒系列产品以及中药制品等16大系列32个品种。会展期间，全市代表团现场签订贸易合同6个，合同贸易额7260万元；签订贸易协议18个，协议贸易额1.3亿元，参展产品现金成交额6.32万元，发布推介项目5个，发送各类宣传资料10000余份。

【组团参加东西合作会】　9月26～29日，全国东西合作经贸洽谈暨农产品加工业博览会在驻马店市召开，全市组织以市长朱广平为团长、副市长李建豫、市政府副秘书长曾光春、市中小企业服务局局长李洪为副团长的236人代表团参会。组织上会企业78个，邀请客商104人，布置室内展示区1个、室外展销展位16个，组织展示展销猕猴桃等果类饮品、酒类饮品、粮油加工产品、棉纺织产品、辣椒系列产品、中药材加工产品、玉雕骨雕工艺品以及农产品加工机械设备等36个系列157个品种。会上全市共有58个项目成功签约，合同总投资384207万元，其中引资314325万元。签订贸易合同21个，合同贸易额42000万元，签订贸易协议26个，协议贸易额112000万元。会上共引进人才19人，引进技术8项，发放各种宣传资料20000余份。南阳市代表团获得大会“组织奖”和“成果奖”。

【组团参加第五届中国中小企业博览会】　9月22～25日，组织全市4个企业参加在广州举办的第五届中国中小企业博览会暨中韩中小企业博览会。参展企业共签定贸易合同28个，合同贸易额2420万元；签定贸易协议42个，协议贸易额6700万元；现场销售25万元，发放宣传资料5000余份。

【企业人才引进】　2月20日组织乐凯集团第二胶片厂等3个企业赴郑州参加全省春季人才交流大会。160多名本专科毕业生及急需人才与企业达成用人意向。3～6月，组织141个企业参加中小企业网上百日招聘毕业生活动，招聘涉及机械、化工、建筑、医药、纺织等专业3000余个岗位，吸引众多大专院校应届毕业生和其他专业技术人才应聘。

【李新杰来宛调研】　11月17～18日，河南省中小企业服务局局长李新杰率省局调研组一行5人对南阳民营经济发展情况进行调研，对南阳光电产业孵化园区、白河生态工业园区、唐河工业园区、桐柏安棚化工城的建设情况进行考察，视察了南阳金冠电器公司、防爆重型电机公司、木兰花家纺公司、乐凯集团第二胶片厂、日之新电子公司、合室家建材公司、福林先科航模公司、安棚碱业公司等企业。听取企业家代表的座谈汇报，详细了解企业生产情况及当前国际经济危机对企业的严重影响。省调研组介绍中央和省、市应对经济回落采取的一系列措施，希望市、县积极行动，抓住危机中的机遇，争取上级扶持，用好政策，加快中小企业服务体系建设。

【南阳担保机构获8864万元省财政资金】　为缓解中小企业融资困难，支持中小企业发展，省政府决定，省财政安排8亿元资金，专项用于对县（市、区）中小企业信用担保机构的支持，南阳市13个县（市、区）共获得8864万元补助资金，占全省总量的11.08%，在全省18个市中所占数额最大。

【5人获工艺美术大师称号】　12月30日，南阳市仵孟超、刘晓强、刘晓波、董学清、张克钊被河南省中小企

业服务局授予“第五届河南省工艺美术大师”。此次评选活动是河南中小企业服务局依据《河南省工艺美术大师评审暂行办法》和《河南省工艺美术大师评审委员会关于开展第五届河南省工艺美术大师评审工作的通知》精神，经过申报、审核、公示、评审，最终确定的，全省共有59人获此荣誉。(周涛)

水 利

【水利概况】 2008年，南阳市水利部门抓住中央扩大内需增加基础设施投资和省委、省政府打造河南粮食核心区的历史机遇，突出病险水库除险加固、农村饮水安全、灌区“两改一提高”和大中型水库移民后期扶持4件大事，加快水利基础设施建设步伐，深化水管单位体制改革，全市水利事业保持发展加快、管理加强、保障有力的态势。全市新增有效灌溉面积8.27千公顷、旱涝保收田7.33千公顷、节水灌溉面积6.8千公顷，改善灌溉面积5.93千公顷，打配机电井3050眼，除涝8.52千公顷，治理水土流失379.72平方公里，解决饮水安全24.82万人。截至2008年底，全市有大中小型水库494座，其中大型2座、中型22座、小型470座，塘堰坝21998座，总库容29.17亿立方米；大中小型灌区3300处(其中万亩以上灌区37处)，设计灌溉面积409.75千公顷，有效灌溉面积251.93千公顷；机电井79182眼，配套机电井73615眼，机电灌站787处；全市有效灌溉面积456.07千公顷，旱涝保收田326.87千公顷，节水灌溉面积105.94千公顷，除涝213.6千公顷，治理水土流失8892平方公里；小水电站66处、装机2.2万千瓦；累计解决农村饮水困难155万人、饮水安全66.6万人。

【水利项目建设】 全市争取省以上水利建设资金11.7亿元，创历史最高水平。其中第四季度中央新增水利投资5.69亿元，包括7个病险水库除险加固、15万人农村饮水安全、2个大型灌区续建配套暨节水改造、2个县水土保持及水产、南水北调移民试点项目。列入国家投资规划的70座病险水库有60座下达投资计划，其中11座水库基本完成主体工程，49座水库除险工程正在建设。鸭河口、引丹、宋岗三大灌区续建配套暨节水改造项目连续实施。开展流域综合规划修编和部分专项规划编制，中心城区防洪规划、粮食主产区水利建设规划、丹江口库区及上游水土保持项目、桐柏县国家水土保持重点工程淮源项目区可研报告及小流域初设、8县区国家重点水土保持项目实施方案顺利完成；成功编制34处中型灌区末级渠系改造、26处1～5万亩灌区续建配套暨节水改造规划、8处5～10万亩灌区续建配套节水改造项目的可研报告。下半年开始编制全市中小河流治理规划、中小型病险水库除险加固规划、大中型水闸除险加固规划和2010～2013年农村饮水安全规划，修订大型灌区续建配套暨节水改造规划，编制后续项目可研报告。

【防汛抗旱】 按照“安全第一、常备不懈、以防为主、全力抢险”的方针，全力抓好水库、在建涉水工程、山洪地质灾害和城镇防洪安全。完善全市、唐白河和25座大中型水库防洪应急预案，编制山洪灾害防御预案，开展汛前检查和河道清理，共清理采(运)砂船824只，清除河道内违章林木1万余株，拆除违规建筑物37处。全市储备编织袋147.28万条、铅丝128.8吨、木材1426.9立方米、橡皮船62只、冲锋舟45艘、救生衣1560件、救生圈284只、土工布13100平方米。开展多层次防汛抢险技术培训演练，组织防汛抢险队伍11万人。投资300余万元建设完善市、县防汛抗旱视频会商系统。对汛期出现的9次大范围降雨严密监测，积极应对，保证安全度汛。抓好抗旱应急水源工程建设，对“三夏”期间及冬季开始出现的旱情及时做好供水调度，全力组织和服务抗旱，为全市2008年粮食总产创历史新高提供有利条件。

【农田水利建设】 完成投资规模分别为1600万元、1800万元、600万元的鸭河口、引丹、宋岗3处大型灌区续建配套暨节水改造工程。第四季度中央分别投资3500万元、2000万元，新增鸭河口、引丹灌区的水利工程进展顺利，整修加固虎山、鹳河、重阳、望花亭4处中型灌区骨干工程渠道4.95公里；维修廖庄、太山庙、陡坡3处中型灌区末级渠系配套项目斗农渠7.56公里、建筑物84座。卧龙区陆营镇国家级节水灌溉增效示范项目打配井23眼，新增节水灌溉面积201公顷；宛城区溧河乡、卧龙区龙兴乡、新野县城郊乡、内乡县打磨岗灌区、鸭灌试验站等5个省级节水灌溉示范项目区打配井15眼，发展节水灌溉面积400公顷。总投资2900万元的中央财政农田水利建设补助专项资金项目建设进展顺利。继续加大涉农项目资金整合力度，全市农田水利基本建设在治理规模、工程质量和项目效益等方面有进一步提高，累计投资7.39亿元，投工2098.68万个，完成土石方5414万立方米，新增灌溉面积11.61千公顷、旱涝保收田9.19千公顷、节水灌溉面积9.5千公顷，治理涝区8.88千公顷，改造中低产田21.08千公顷，治理水土流失251.23平方公里，解决农村饮水安全24.8万人。水利建设成就继2007年后再列全省榜首，夺得“红旗渠精神杯”，淅川、西峡两县获得县级杯，淅川县被水利部、财政部评为2007～2008年度全国农田水利基本建设先进单位。

【水土保持】 全市水土保持工作成效显著，相继完成涉及6县的省重点小流域综合治理90平方公里及淅川、西峡、桐柏3县136.6平方公里的小流域综合治理项目建设，另有8个项目区43条小流域173.33平方公里的项目建设进展顺利。建成桐柏县淮河源水保科技示范园一期工程。继续做好南召县全国第二批生态修复试点县建设工作，治理水土流失4平方公里。计划治理水土流失157平方公里，总投资5065.26万元的桐柏县国家重点水土保持建设项目初设方案已经省水利厅审查批复；规划治理水土流失213.98平方公里，总投资5188.2万元、涉及内乡、南召两县2个项目区9条小流域的初设方案通过省水利厅审查，计划列入长江中上游水土保持重点防治工程。2008年中央投资2300万元，规划治理内乡县、南召县水土流失78万平方公里的项目和总投资2.4亿元涉及8个县（区）的国家重点水土保持综合治理工程的前期工作稳步推进。对2005～2007年度水土保持返还治理项目进行检查验收。全市举办水保法颁布实施17周年庆祝活动，开展水土保持监督执法专项行动，排查开发建设项目239个，下发整改通知书83份，验收水保项目4个。审批水保开发建设项目方案25份，开矿项目水保方案编报率达95%以上，大型开发建设项目水保方案编报率达100%。对岭南高速公路、宛坪高速公路、南阳热电厂、鸭电二期工程、桐泌高速公路等建设项目进行严格执法检查，落实水土保持监理、监测和技术评估工作。

【农村饮水安全】 南阳市委、市政府把农村饮水安全工作列入县（市、区）目标管理，全市水利部门精心组织，狠抓落实。12月中旬省下达第一批项目工程全部通水，共建成饮水工程185处，解决24.82万农村人口饮水安全，惠及13个县（市、区）148个乡（镇）262个行政村，完成投资9928万元。第四季度新增项目施工进展顺利。

【水资源管理】 水利执法部门开展全市河道内非法采砂联合执法和水保、渔业执法专项行动，查处水事、渔事案件820起，打击水事渔事违法行为。全年征收水资源费2100万元，征收水保规费1110万元。加强对市中心城区40多个地下水位观测点的常年观测和200多个点的水位统调工作，对地表水功能区30个断面和全市29眼观测井的水质进行定期观测。发布年度水资源公报和水质动态公告，编制突发水污染事件应急预案。重新对取水户登记排查，规范市级建设项目水资源论证，建立水资源评审论证专家库。积极推进节水型城市创建，全市工业水重复利用率达到72.2%，万元产值取水量降至65.4立方米，降低4.2%。新增市级节水型单位5个、省级2个，中心城区市级节水型单位达到21个，省级达到6个。鸭河口水库向中心城区调水1亿多立方米，改善中心城区水环境。城市供水水源地水质达标率保持在100%。

【移民安置】 9月23日、10月10日国家发改委和国务院南水北调办先后批复丹江口库区移民安置试点规划，试点任务计划2009年底前完成。搬迁安置河南、湖北两省3县移民23085人，其中淅川县10627人。复建省道S335线，修建丹江口市司均大桥、郧县汉江二桥和淅川县小三峡大桥等，总投资253847万元，其中河南省97948万元。试点工作于2008年11月正式启动，年底前完成移民新村征地开工建房。淅川县库区7个村完成与迁入地对接。社旗、新野县移民点整合和耕地问题正在协商。提前一年半完成燕山水库移民搬迁安置任务，年底前1308户移民入住新房。对2007年底以后的移民人口进行核对，省移民办核准全市有大中型水库农村移民348472人。发放2007～2008年大中型水库移民后期扶持资金2亿多元。对丹江口水库6年移民安置规划项目进行扫尾和验收。完成省管水库移民区水利工程投资174万元，发放粮食补贴资金30万元。下拨雪灾移民救灾资金330万元、小型水库移民生产生活困难补助金1962万元。

【水产业】 全市加强水产品监管，推进无公害水产品基地建设，水产养殖业稳步发展。1月1日南阳中心城区开始实施水产品市场准入制度。5月，市政府颁布《关于规范水库施肥养鱼管理的通告》，成为全省首个规范水库施肥养鱼行为的地级市。完成全国第一次水产养殖业污染源普查工作。在桐柏县和卧龙区开展渔业资源普查，在丹江口水库和白河橡胶坝等大型水域开展渔业增殖放流活动，放流各类鱼种6万公斤150万尾。做好技术推广和水产新品种引进示范，引进推广小龙虾、泥鳅等品种。实施南阳市水产“1112”科技入户工程。新认定无公害水产品生产基地2个347公顷，全市无公害水产生产基地达到32千公顷，淅川县水产系列开发公司和邓州市鱼种场被农业部授予健康养殖示范场。开展渔船安全生产隐患排查治理、安全生产百日督查、安全生产月等专项行动，加强渔业许可证整顿管理，继续实施禁渔制度，全市首次召开渔业安全管理专题会议。淅川、南召2县国家第一批水生动物疫病防治站建设项目11月份通过农业厅验收。全市水产品总产量达到29万吨，其中鱼产量9万吨，水产业总产值达到36亿元。

【水利改革】 全市水利改革工作稳步推进。66个水管单位按照纯公益性、准公益性和经营性标准全面进行管理体制和运行机制改革，涉及职工4800余人。至年底各水管单位完成单位定性和机构编制批复，“两费”（公益性人员经费和工程维修养护经费）初步落实。鸭河口灌区水价综合改革试点工作取得新进展。“民办公助”项目下达540万元扶持资金在宛城区鸭灌区腹心地带完善末级渠系配套建设，农民用水户协会和经济水价体系建设加快进行。全市继续深化小型农村水利工程管理体制改革，在安全饮水等工程实行用水户参与管理方面进行有益探索。水利经济和科技工作取得很大成绩。南召久龙湖、辛庄2个水利风景区被授予“省级水利风景区”，全市水利风景区达到7处，居全省第一。全市水利经营总产值达到5亿多元，实现利税2828万元。水利系统荣获市政府科技进步奖6项，其中《豫西南南阳市山区生态修复技术研究与应用》获得一等奖。（阎海涛）

南　水　北　调

市南水北调办公室主任　刘浩安

【南水北调工作概况】　2004年6月12日，成立南阳市南水北调中线工程领导小组办公室（简称市南水北调办），2004年11月8日正式挂牌运行。正处级事业单位，编制22名，其中主任1名，常务副主任1名，副主任2名，科级领导职数9名（含总工程师1名），工勤人员2名，经费实行财政全额预算管理。内设4个科室：综合科、计划建设科、环境与移民科、财务审计科。2006年3月2日，成立南阳市南水北调中线工程建设管理局，与南阳市南水北调中线工程领导小组办公室一个机构两块牌子。2008年，市南水北调办认真贯彻落实国家、省、市南水北调工作部署，积极搞好南水北调工程各项规划设计、占地实物指标调查、水源区环境保护和南阳试验段征地拆迁等项工作，圆满完成各项年度目标任务，为南阳段工程顺利开工和南阳经济发展做出积极贡献。办公室被市委、市政府授予年度目标管理先进单位和“市级文明单位”。

【南阳膨胀土试验段工程】南水北调南阳膨胀土试验段工程起点位于卧龙区靳岗办事处坡桥村孙庄东，终点位于卧龙区七里园乡大刘村武庄西南，渠段全长2.05公里，征地拆迁处理渠线长度2.42公里。涉及南阳市卧龙区3个乡（镇、办事处）5个村，高新区1个办事处1个村。试验段工程永久征地31.98公顷，临时用地39.44公顷。工程设计断面为半挖半填和挖方渠道，最大挖深19.2米，最大填高5.5米，水深7.5米，建跨渠公路桥和生产桥各1座。工程建设总投资1.85亿元，其中工程部分投资12291万元，移民与环境部分投资3403万元，试验研究经费2105万元。工程工期24个月，2008年9月26日开工，计划2010年11月完成。全年完成征地拆迁71.42公顷，下达征迁资金26000万元，完成土方20万立方米、投资500万元，施工环境和谐稳定，工程建设进展顺利。

【工程规划设计】　2008年，市南水北调办配合长江水利规划委员会设计院、国家中线局、省南水北调办、省移民办、省水利设计院等有关部门，积极做好南阳段的各项规划设计工作。一是审查南阳膨胀土试验段工程规划设计。配合上级部门，通过实地勘查、召开座谈会、参与国家、省有关部门组织的评审等，圆满完成南阳试验段的规划设计和概算审定工作，保证试验段工程招投标顺利实施。二是做好中线工程南阳境内各类交叉建筑物规划设计。配合设计部门对南阳市境内的左岸排水、干渠、河渠、路渠交叉建筑物进行规划确认。收集沿线各地对工程规划设计的意见和建议。总干渠通过南阳中心城区的5座公路交叉桥梁，按照南阳市城市发展规划要求纳入主体工程初步设计，新增加桥梁投资3.1亿元的设计项目已上报国家有关部门审查。试验段总投资2600万元的1座公路桥和1座生产桥已列入建设计划正在实施。三是陶岔渠首电站建设项目得到国家专家组确认。陶岔渠首枢纽总投资约9亿元，其中渠首电站投资约3.7亿元，装机2台，每台2.5万千瓦，与渠首枢纽工程同规划、同建设。四是完成总干渠两侧水源保护区划定报告编制及上报工作。初步确定南阳段总干渠水源保护区总面积855.8平方公里，涉及34个乡（镇）349个村65.2万人，其中一级保护区58.5平方公里，二级保护区797.3平方公里。五是完成总干渠占地位置确认及实物指标核查工作。初步确定南阳段总干渠永久占地2760公顷、临时用地4793.33公顷、拆迁房屋8.2万平方米，搬迁安置群众4260人。六是完成地方供水配套工程规划修订。国家原规划南阳市南水北调供水自来水厂为9个，规划修订后在邓州市、唐河县、新野县各增加1座水厂。同时，增加邓州市供水线路6.6公里和调蓄池1座，增加南阳市中心城区供水线路4公里，并把兰营水库作为调蓄水库，增加唐河县供水管线3公里和调蓄池1座；将方城自来水厂从城南移至城北，增加管线7.6公里。以上项目可节约地方配套资金投入3.7亿元。

【丹江口库区水质保护】 按照市委、市政府打造绿色水源地的要求，南水北调办多次召开专题会议，研究部署《丹江口库区及上游水污染防治和水土保持规划》项目实施工作，及时足额将省政府分配的180万元前期工作费落实到库区相关县，会同市直有关部门和库区县对项目进行调整、补充和完善，做好新项目筛选、评估和上报工作。完成2个县城垃圾处理场、2个县城污水处理厂和1个工业污染源治理项目建设。总投资5.97亿元的18个前期项目和总投资1.74亿元的8个水土保持项目全面启动实施。加大对水源地水质保护工作的监督、执法力度，控制各种污染源，保持丹江口水库水质稳定在Ⅱ类水质标准。

【水源地项目补偿】 2008年，中央对南水北调南阳市水源区4县（市）生态补偿财政转移支付6200万元。引丹灌区人畜吃水工程施工期间灌溉影响补偿、牧草地补偿、淅川电灌塑编厂一次性补偿等项目在初设中进行明确。国家专家组审定同意将张沟水库续建项目、淅川力强水泥厂搬迁补偿、渠首建设过程中对陶岔灌区影响等补偿资金，由设计单位进一步核准后实施。水源保护区补偿项目——宛西电厂建设得到核准。一期规模2×660MW火力发电机组，总投资48.5亿元，可研报告已通过电力规划设计总院审查，规划在“十一五”末开工建设。

【温家宝到南阳视察南水北调工作】 2008年5月10日，中共中央政治局常委、国务院总理温家宝视察南阳工作，听取南水北调中线工程河南段穿黄工程和南阳移民安置进展情况汇报，并在南水北调中线工程总干渠穿越宛坪高速公路处停车实地察看。温家宝指出，南水北调中线工程举世关注，河南为此做出了巨大贡献，尤其是南阳，承担着工程建设和移民安置的双重任务，付出的更多。能否把移民安置好，使移民群众从中受益，是这项宏伟工程能否得到群众拥护的关键，也是衡量工程成败的关键。各级各部门一定要增强大局意识、政治意识、责任意识，科学编制移民安置规划，科学施工调度，确保社会效益和经济效益统筹兼顾、和谐统一。温家宝强调，从实际出发，国务院最近已调整了南水北调中线工程概算。但是这决不意味着可以大手大脚，铺张浪费，而是要更加注重精打细算，更加注重工程质量，更加注重成本核算，更加注重节约土地。要一个环节一个环节地扎实开展工作，确保把南水北调中线工程建设成为一流工程、廉政工程、生态工程、利民工程、和谐工程，确保一渠清水送北京。

【郭庚茂来宛视察南水北调工作】 2008年8月18日，河南省代省长郭庚茂到南阳视察工作。郭庚茂在淅川调研南水北调中线工程，走访慰问移民户，实地考察丹江口库区及南水北调中线工程渠首，并发表重要讲话。郭庚茂首先肯定南阳市、淅川县南水北调工作取得的成绩，指出南阳市、淅川县两级党委、政府对南水北调工程的重大意义认识深刻，贯彻中央和省委、省政府的决策部署态度坚决，能够顾全大局主动工作，在移民安置、污染控制、发展经济等方面都取得明显成效，库区群众做出了很大牺牲。郭庚茂省长强调，要牢固树立科学发展观，把工程建设与发展当地经济、改善群众生活结合起来，要严格按照省政府常务会议确定的南水北调工作坚持5项原则，在科学发

展观的正确指导下，和谐推进南水北调工作。（李家峰　庄春波）

鸭河口水库

【水库工程与管理概况】　鸭河口水库主要建筑有拦河大坝1座，全长3249米；2座泄洪闸位于大坝右岸，最大下泄流量8663立方米/秒；2座水电站，总装机13200千瓦，设计年发电量3500万千瓦时。灌区包括白桐、鸭东2条干渠，8条分干渠和100多条支渠，设计灌溉面积14万公顷，惠及下游5县（区）。鸭河口水库始建于1958年，1959年建成。水库控制流域面积3030平方公里。水库最大水面面积110平方公里，经常保持在50平方公里。水库总库容为13.16亿立方米，正常蓄水位177米，相应库容8.3亿立方米；防洪限制水位175.7米，相应库容为7.3亿立方米，库容居全省第一。鸭河口水库工程管理局作为鸭河口水库工程的管理机构，成立于水库大坝竣工伊始，其名称、级别、隶属关系历经多次变更。1997年12月更名为南阳市鸭河口水库工程管理局，正处级水利事业单位，经费为差额补贴。2008年12月，按水利部、河南省政府及市政府要求完成水管单位体制改革任务。改制后的鸭河口水库工程管理局仍为正处级规格，纳入市财政统管，实行收支两条线。共有编制217人，领导职数7人。内设办公室、人事科、纪检监察室、财务审计科、水政水资源科、水利经济办公室、计划建设科和保卫科8个科室和市鸭河口水库水电站、市鸭河口水库防汛调度中心和市鸭河口水库工程管理监测中心3个正科级事业单位。鸭河口水库建库50年来，已发展成为一座以防洪、灌溉为主，兼顾工业及城市用水，结合发电、养鱼等综合开发利用的大型水利枢纽工程，产生巨大的经济效益和社会效益。到2008年，水库发挥的总效益已超过200亿元，相当于工程总投资的180多倍。先后被省委、省政府和省水利厅命名为“省级精神文明建设先进单位”、“全省大型水库达标晋级一级单位”和“全省水利经营先进单位”等。2008年，鸭河口水库的各项工作在科学发展观的指引下，取得协调发展，水库的工程管理、防汛抗旱、水资源管理、发电生产和项目建设等工作，得到全面推进。

【工程管理】　2008年工程管理坚持“四无、四随、四固定”的大坝观测工作要求，保持大坝观测指数准确率和观测点完好率为100%。严格操作规程，强化内部管理，采用经常检查、运用前检查和汛前检查相结合的办法，有效地保证工程设备运行的安全高效。对新老溢洪道闸门进行全面检修，为彻底排除闸门安全隐患，及时降低水库水位，保持低水位运行，对钢丝绳、止水等进行检修、更换，确保闸门启闭万无一失。全年共启闭闸门25次，成功率达100%。继续维持水库达标晋级一级管理单位的管理水平和良好的工程面貌。

【防汛灌溉】　防汛工作贯彻执行“安全第一，常备不懈，以防为主，全力抢险”的总方针，进一步健全和完善以行政首长负责制为核心的各项防汛责任制度。及时编制调度计划、防洪预案和度汛方案，对大坝工程和闸门等设施进行安全隐患排除，确保水库安全度汛。抓好水情预报、洪水调度和汛期检查抢修等工作。为确保雨量遥测系统正常、准确报汛，对上游16个雨量点进行检修，并配备有线电话作辅助，确保汛期报讯信息畅通。及时编制、归档有关技术数据，保持工程技术档案完整准确。聘请湖北麻城白蚁防治研究所专家，对库区白蚁进行全面灭杀，查挖出蚁穴144个，确保水库工程安全。做好防汛物资储备和代储工作，储备物资数量、质量符合规范要求。成立防汛专业机构和队伍，完善汛期相关制度，切实做好防大汛、抗大洪的各项准备。到12月底，水库共来水6.6亿立方米，总供水5.6亿立方米，有效地保障南阳市工农业生产和城镇居民用水及城市环境用水需求。鸭河口灌区全年配水2.06亿立方米，其中农业灌溉配水1.75亿立方米，灌溉作物9.61万公顷，复灌18.13万公顷，增加粮食1.71亿公斤，增加经济效益6.35亿元，亩均净增效益440元，开创灌区开灌以来年度灌溉面积最大、增产增效最好的历史纪录。

【水费收缴】 结合年度目标管理，全局上下统一思想，把水费收缴作为一项基础性工作，明确目标分步具体实施。针对工作难点，采取主动协调、甚至诉诸法律等措施，确保供水合同及时签订、水费收缴到位。在世界水日和中国水周期间，大力推进《水法》宣传，普及水法规常识。进一步落实装表计量工作，做到计量准确，收费合理，全年收缴水费1400万元。

【水力发电】 水电站围绕安全生产是龙头、素质教育是基础、设备管理是关键、和谐发展是目标的整体思路，实现安全生产、运行管理、职工教育、企业管理、和谐电站建设等6个方面的明显成效。进一步建立健全各项规章制度，初步形成一整套长效管理机制。2008年由于受来水量限制，电站全年开机206天，共发电2680万千瓦时。

【除险加固工程项目申报】 2008年，鸭河口水库管理局在水利部大坝管理中心将鸭河口水库认定为三类坝后，进一步加大工作力度，先后多次邀请水利部、水利规划设计总院有关专家亲临水库现场指导除险加固工程项目申报工作。完成《鸭河口水库除险加固可行性研究报告》的编制，并报河南省水利厅、河南省发改委和水利部批准后已上报国家发改委待批复。（温春东）

农　机　管　理

市农机局局长　张胜海

【农业机械化概况】 2008年全市农机化工作围绕农业增效、农民增收的总体目标，加大农机装备和技术投入，取得显著经济和社会效益。全年农机总动力达到1044.4万千瓦，同比增长31.9%，农机固定资产原值达56.2亿元，同比增长25.1%。各种农用拖拉机93.65万台，增长57.4%，其中大中型拖拉机1.85万台，增长71.5%，配套农具159万部，增长27.2%，大中型联合收获机械4610台，增长12.7%，秸秆粉碎还田机1250台，增长45.3%，旋耕机10630台，增长25%。农产品初加工作业机械48820台，农用运输车71010台，农田基本建设机械1280台。全年累计完成机耕面积126.27万公顷，机械深耕面积48.87万公顷，深松面积3.6万公顷，机械化免耕播种面积9.27万公顷，保护性耕作面积1.9万公顷，农田机械节水灌溉面积8.75万公顷，机械化秸秆还田面积13.98万公顷，小麦机收面积6.33万公顷，机收水平90.5%，小麦机播面积60.33公顷，机播水平达92.3%。在机械化生产薄弱环节取得重大突破，秸秆还田面积14万公顷，同比增长72%，玉米机收面积达4.77万公顷，水稻机收面积2.28万公顷，花生机收面积2.33万公顷。全年实现农机经营服务收入21.3亿元，占目标任务的118%。

【农机监理】 全市农机监理部门创新思路，坚持以人为本，牢固树立“在管理中体现服务，在服务中实现管理”的工作理念，健全安全生产责任体系，深入开展“平安农机”、“农机百日安全专项整治”活动和“农机安全生产月”活动，强化农机普法宣传和技能培训，在关键生产季节，开展集中教育整治，奠定全市农机安全生产基础。（一）全年共检验拖拉机、联合收割机51430台，新入户10800台，新培训办证8500人。组织驾驶人员安全教育培训300余次，全年出动宣传车2000余次，印发宣传材料10万余份，举办事故案例展栏10余期。全年执法检查1500余次，查处拖拉机违章载人、拉客、超载等违法行为11291台次、未按时年检的拖拉机12724台。（二）突出关键环节，强化监督检查。为准确把握农机安全生产动态，对全市各类农业机械进行摸底、登记、造册，准确掌握农业机械的安全性能状况，协助机手搞好维修、保养，确保机具技术状态良好。在关键农时季节，开展农机安全生产和农村道路交通秩序整顿，重点查处和纠正无证驾驶、无牌行驶、人货混载、超速超载、酒后驾驶等违章违规行为，杜绝人为事故隐患，促进农村道路交通安全和生产安全。（三）完善内部管理机制，强化服务效能。根据《道路交通安全法》、《农业机械化促进法》和《河南省农业机械安全管理规定》等法律法规，严格执行农机行政许可审批集中办理规定，实施“一个窗口受理，一条龙办理，全过程服务”，坚持“谁主管、谁经办、谁签字、谁负责”的岗位工作责任制，全面落实首问负责制、限时办结制、服务承诺制、效能过错责任追究制，完善部门和职工工作责任体系。严格遵循法定权限和办理程序，强化牌证管理，强化机手的培训、考试、考核和机车检测检验工作，从源头上把好农机生产安全关。健全和完善农机安全事故应急预案，增强事故应变能力和监控能力，最大限度地维护农民群众的生命财产安全。全年无重特大农机事故发生，事故率控制在万分之一以下。

【农机推广鉴定】　市农机推广部门大力推广农机新机型、新机具、新技术，不断扩大农业机械的利用率和普及率。加强对农机推广鉴定的管理，严格程序，促进全市农机企业快速发展。2008年全市共推广大中型拖拉机935台，麦稻收割机317台，玉米收获机284台，秸秆还田机261台，旋耕机581台，水稻插秧机23台，青贮铡草机26台，玉米秸秆收割机20台，烟草起垄机87台，烟草覆膜机60台，大型挤奶机4台，花生收获机106台和其它配套机具753台。全年市、县农机部门承担5个省、市农机化技术试验示范项目，市站与宛城区承担的省花生收获机研制与示范项目，已完成试验示范基地建立、鉴定大纲制订、收获机性能测试和适应性试验，编写出花生收获机收获作业规程，进行项目总结。方城县保护性耕作取得重大成果，保护性耕作较传统耕作模式每亩小麦增产28公斤，增产率为7.7%；桐柏县水稻育插秧机械化试验示范项目取得较大进展，推广插秧机19台，实施面积300多公顷。唐河县第一次承担水稻育插秧机械化试验示范项目，推广插秧机4台，实施面积68公顷。全年对8个农机企业进行新产品鉴定，市农机推广部门主动与国家鉴定总站合作，使南阳利民科技开发中心生产的棉花异性纤维清除机和南阳恒润机械制造有限公司生产的小型联合收割机通过部级鉴定，其中在小型联合收割机鉴定中，市站经部鉴定总站批准，独立承担对该产品进行可靠性试验鉴定。

【农机科教培训】　农机科技教育工作以推动农机科技进步和强化农机主业务培训为重点，提高农机手的规范操作能力。全年共培训无证机手7800人、联合收割机手1230人，组织送教下乡49000人次，培训农机技术员16500人、农机大户750人、管理干部1155人。培养农村实用型人才，开展以农村劳动力转移为内容的“阳光工程”，邓州、淅川、镇平、内乡、唐河等地农机校成为全市阳光工程培训基地，内乡机校组织阳光工程培训4期共培训203人，镇平机校实施订单培训、委托培训等形式开办计算机操作技能、玉雕加工等专业课程，邓州机校培训服装、鞋材加工专业农村学员60名，全市通过“阳光工程”培训468名技术人才。大力开展农村新机具的引进试验、示范、推广应用工作，全年示范推广新机具228台套，落实国家购机补贴148万元。宛城区组织召开花生机收演示现场会，推广花生收获机械56台，花生机收面积达到1666.67公顷，占全区花生面积的16%。唐河、桐柏2县水稻育插秧机械化项目推进速度加快。

【农机市场管理】　严格规范农机市场秩序。全年共出动执法人员400多人次，印发宣传资料3万多份，整顿农机市场20多个，检查企业（网点）500多个，查获假劣农机产品（配件）600多台件，案值9万多元，受理投诉（举报）23件，查处结案23件，有效保护农机生产、经营和消费者的合法权益。贯彻落实农机行业特有工种从业人员职业资格证书制度，对大中型拖拉机驾驶员、联合收割机驾驶员和农机修理工进行职业技能鉴定，全年共培训鉴定537人。借助“3.15”消费者权益保护日，在全市掀起农机政策法规宣传和打假维权高潮，市农机局组织参与“2008南阳市3.15广场维权大型活动”和“南阳市3.15电视晚会”，对农机消费者的现场投诉进行受理和答复。唐河、卧龙、宛城、社旗、内乡、新野等县采取设立咨询台、印发宣传资料、组织宣传车辆下乡等形式，宣传《农机化促进法》、《农机维修管理规定》、《河南省农业机械安全管理规定》等法律法规和农机识假辨假及购买使用常识。

【农机管理服务】　全市各类农机作业服务组织245个，农机户总数达到85.07万户，年农机经营服务总收入达到21.27亿元，农机化作业收入达19.14亿元。全市共投入抗灾救灾的农机总动力达到208万千瓦，投入各种排灌机械21.3万台（套），完成农机抗洪排涝作业面积6万公顷，抗旱浇灌面积23.73万公顷，投入抗灾救灾农机人员25.4万人（次），农机抗灾救灾为减少粮食损失，保障人民群众生命财产安全做出突出贡献。

【农机跨区作业】　2008年5月25日，在镇平县隆重举行全国小麦收获开机仪式。三夏全市机械收获小麦59.13万公顷，占麦播面积的90.5%。全市共投入联合收割机16530台，其中从外地引进12000多台，本地出勤4500台，组织本地联合收割机3600多台外出跨区收麦。从机械出勤到机收规模均创全市历史最好记录。三秋全市机耕面积65.33万公顷，玉米秸秆机械还田5.4万公顷，占玉米播种面积的23.14%，玉米机械收获面积4.73万公顷，占玉米播种面积的20.29%，水稻机械收获2.28万公顷，占水稻播种面积的42.77%。大中型拖拉机出勤11410台、小型拖拉机51.5万台。三秋期间豫北1002台大型农业机械到唐河、社旗、方城、镇平等县区作业，同时，全市组织892台拖拉机和160台收割机走出盆地开展三秋跨区作业，提高三秋生产进度，提高农机户的经济效益。

【农机专业合作社建设】　全市成立108个农机专业合作社，其中取得营业执照的61个，总注册资金达到5160万元，拥有大中型拖拉机603台，收割机196台，配套机具1590台（套），2008年作业总面积4.17万公顷，总收入3244万元，95%以上的农机专业合作社固定资产规模在80万元以上，年农机经营净收入25万元以上。全市加大对重点农机专业合作社的扶持力度。2008年共争取省级专项资金160万元，对33个示范性农机专业合作社分别给予3～8万元资金扶持。新野县富德、方城县丰坡、万方、宛城区三杰、社旗县东风、唐河县仪勇、内乡县天丰农机等专业合作社发展的典型事迹，受到中央、省、市电视台、广播电台、报社等媒体采访报道。新野县富德、方城县万方农机专业合作社被评为全省明星农机专业合作社。2008年，全市农机专业合作社建设处于全省领先水平。

【农机示范园区建设】　在市政府10万亩现代化农业示范区农机化项目建设中，市农机部门狠抓技术培训、机具推广、技术服务和农机化示范村建设，全市新建2个示范基地和1个示范村。在示范区内共培训各类农机手

3500多人，发放资料5000余份，召开农机新技术、新机械现场演示会6次，示范区农户购买农业机械产品专项资金补贴达35万多元。西峡县围绕“菌、果、药”3大支柱产业，抓好农机化示范园建设，在已建猕猴桃示范园区，召开现场示范会5次，推广田园微耕机84台，猕雾机20台。丹水镇南湾村、英湾村和五里桥镇前营村、黄狮村建成具有一定规模的农机化作业精品示范园区，果园内除草、施肥、打药、灌溉基本实现机械化作业。方城县选择券桥乡马庄村作为项目示范区，进行保护性耕作技术示范推广，取得良好效果。

【农机化项目建设】 2008年全市共用于农机购置补贴资金2146万元，其中中央资金1550万元、省级456万元、市级140万元，对购置农业机械的农民和从事农业生产的农机服务组织实施补贴。中央和省级补贴资金是上年同级资金的2.2倍，是2004年以来连续5年同级专项资金的1.2倍。在补贴规模上，由上年的7个县扩大到14个县（市、区），由过去单一的大中型联合收割机、拖拉机扩大到9大类33个品种，是全市农机化发展史上补贴资金最多、补贴范围最广、机具品种最多、发挥效益最好的一年。全年全市共补贴各类机具4862台，其中拖拉机3644台、玉米收获机127台、水稻收获机73台、配套农具1018台，受益农户4451户，带动农民直接投资6120万元。在推进烟叶生产机械化过程中，实现全年烟农总收益、户均收入、烟叶税收分别比上年增加2亿元、2500元、8000万元。（楚鹏）

丹江口库区移民三次大搬迁

第一次搬迁

1958年9月1日，丹江口水库大坝动工。1959年3月，8008名淅川青年（男5565人，女2443人）集体赴青海省自治州循化撒拉县、贵南自治州贵南县和海南自治州都兰县。1960年3月，这批青年的家属4709户、14334人也迁至青海，先后移民22342人。

第二次搬迁

1961年，为配合丹江口水库大坝围堰壅水，国家决定库区124米以下居民迁移，涉及淅川县三官殿、埠口两个区4个公社、32个大队的14106人。按照“移民自由选点、国家采取赔偿”的办法，三官殿区5个大队的4310人迁移到邓县，其他投亲靠友，迁往他乡。

第三次搬迁

1964年，丹江口水利枢纽工程复工，国务院批准水库初期正常蓄水位145米，移民高程147米，“河南包迁，湖北包安”。

1966年春，淅川县三官殿区3个公社、18个大队的10976人迁往湖北省荆门县，1个公社、6个大队的3895人整体迁至湖北省钟祥县大柴湖区。

1967年春，三官殿、埠口两个区34个大队的23311人动迁，除三官殿区8个大队的8424人迁往大柴湖外，其余在荆门县安置。

1968年，三官殿等区27个大队的31670人全部整体迁至钟祥县。

1969年，国家决定将蓄水位提高到155米。库区147～157米高程之间的居民需要搬迁。河南、湖北两省举行移民联席会议，总结认为“移民远迁不如近迁，近迁不如后靠自安”。

1971年，淅川县城关、香花等6个公社55个大队的32188人动迁。除城关、宋湾两个公社23个大队的10679人迁往邓县外，其余均在淅川县内安置。

1973年春，152～157米高程内的淅川县10个公社、24000人动迁。其中，滔河、宋湾、城关3个公社9701人迁往由邓县划归淅川的九重、厚坡2个公社。

1974年，国家决定丹江口水库蓄水位提高到157米，移民高程159米。1976年，淅川县10个公社、105个大队的25870人动迁，他们绝大部分在本大队后靠自安。

除以上移民外，另有3032户、13645人零星插队或投亲靠友迁离原居。

——摘自《淅川县志》

工　业

电　业

【电网建设】 2008年南阳市供电公司从特高压建设为契机，制定和完善了南阳供电区“十一五”电网发展规划和滚动规划，积极争取项目，做好前期工作，加快电网发展。全年新建500千伏群英变电站、扩建白河变电站，新增变电容量150万千伏安；新建和扩建220千伏变电站11座，新增变电容量195万千伏安；新增500千伏线路210千米，220千伏线路296千米。创新工程管理，在建项目进展顺利，所有项目均超里程碑计划，工程优质率不断提高，500千伏群英变电站获国家优质工程奖。至2008年底，110千伏及以上变电容量达1023.45万千伏安，110千伏级以上线路长度达4281千米，电网规模与4年前相比翻了一番，实现每个县（市）都有220千伏变电站。形成以1000千伏特高压变电站为龙头，白河、群英两座500千伏变电站为支柱，220千伏电网环网、城区110千伏电网双环网，各电压等级协调发展的坚强架构。骨干网架实现由220千伏向500千伏的升级，提前完成省公司“三步走”规划第二步目标。城市配网建设，累计投入资金1.66亿元，新建改造10千伏线路128条、长度294.85千米，新建改造配电变压器332台、增容11.425万千伏安，新建10千伏开闭所6座，一户一表改造6080户，城区配网10千伏景观化示范线路经验在全省推广，城市电网可靠性显著增强。

【电业经营】 紧紧围绕增供扩销的主题，成功实现对淅川市场的规范，开拓丹江市场，稳固周边市场，主动服务市政府重点建设项目，不断深化优质服务，切实强化对电费、电价、线损、计量和防窃电的管理，确保公司主要经营指标实现跨越式增长。销售电量从57.97亿千瓦时增长到110.38亿千瓦时，增长90.41%。电力销售收入从20.43亿元增长到47.5亿元，增长132.5%；线损率从4.8%下降到4.11%，下降0.69个百分点；电费年年实现“双结零”，截至2007年底陈欠电费全部结清，累计回收陈欠电费1113万元；售电均价从352.51元/千千瓦时增长到411.14元/千千瓦时，增长58.63元/千千瓦时；电网最高有功负荷达205.6万千瓦，日最大供电量4051万千瓦时，创历史新高。

【财务管理】 坚持经营管理以财务管理为中心、财务管理以资金管理为中心，强化资金管理。一是注重资金使用效果，杜绝浪费现象，控制成本费用。二是创新预算管理模式，实施包括分流和多经单位在内的严格的全面预算管理。三是坚持依法理财，加强审计监督，研究建立标准成本体系，强化内控制度建立，公司财务精细化管理水平显著提高。三项可控费用由6723万元增长到19562万元；支付工资总额由6199万元增加到18968万元；地方入库税收由8543万元增长到19432万元；固定资产原值由34.59亿元增加到54亿元；年实现内部超利都在3000万元以上。三项可控费用、支付工资总额和地方入库税收接近两亿元，公司各项经济指标基本实现翻番。

【安全生产】 2008年市供电公司在安全管理上，以保人身、保电网、保设备为重点，全面落实“三个百分之百”要求，健全安全生产责任体系和制度体系，强化现场安全监督，深入实施以“爱心活动、平安工程”为核心的平安文化建设，扎实开展百问百查、安全隐患治理等专项活动，保持安全稳定的生产局面。截至2008年底，公司实现连续安全生产1504天，荣获全国“安康杯”竞赛优胜企业。全年共投入大修、技改、“两措”资金2.49亿元，实现110千伏及以上变电站开关无油化、保护微机化、通信光缆化、变电综自化；投入2000多万元购置500千伏张力放线设备、大型滤油机、真空泵、空气干燥发生器等先进设备，提升工作效率。独创并大力推广“三个现场、五个环节”的集中检修施工法，使工作改在停电前，高空作业地面干，小组变成大兵团，创造了两天更换15组各类型220千伏刀闸、16小时更换一台110千伏主变的“南阳速度”，此成果荣获全国优秀质量管理成果奖。深入实施科技强网战略，推进创新型企业建设，累计申请受理（授权）专利39项，完成科技项目18项，其中12项获省公司科技进步奖，“防误入带电区预警器”项目先后入选省科技成果库和国网公司科技创新奖，科技创新工作在省公司系统保持领先。

【农电建设】 一是提前完成农村户户通电工程。累计投资3.93亿元，解决农村无电户3.2万户、6.6万人的用电问题，并改造盲点村14.5万户，被评为河南省户户通电工作先进集体。二是实施“农田机井通电工程”。完成投资2409万元，新建10千伏线路82.268千米、400伏低压线路213.42千米，改造台区153个，实现通电机井851眼，灌溉面积4.68万亩，为农民抗旱保墒、粮食稳产高产提供坚强保障。三是推进农村电网完善工程。累计完成投资1.845亿元，新建和改造10千伏线路1036.88千米，新建和改造400伏线路2001.81千米，新建和改造台区1088个，完成516个盲点村、9万余户农网改造任务。四是完善新农村电气化建设。2007年以来启动并完成西峡1个新农村电气化县，45个乡（镇）、569个行政村的建设任务。五是加强县级供电企业管理。以同业对标、创一流为抓手，坚持代而必管、管必管好、有效管理，提高县级供电企业管理水平。在全省率先完成郊区农电管理规范工作，11个县局中分别有3个国家电网和2个省公司一流县供电企业。

【各种经营】 坚持好字优先、稳中求进，在稳妥推进诸多规范和股份制改造的基础上，实施改革重组，发展壮大拳头产业。多经企业安全局面稳定，经济效益稳步提高。铁塔厂进入国网公司合格供应商目录，输变电工程公司具备500千伏输变电工程施工能力，电器公司实现与厦门ABB公司和上海施耐德公司战略合作，电器公司年产1.5万台输配电开关项目和三色鸽10万吨液态奶扩建项目入选2009年南阳市“工业发动机计划项目”，具有国内一流设计水平的三色鸽豆业项目已经进入生产调试阶段，即将正式投产。2008年底多经实现产值7.365亿元、利润2299万元，分别与2004年底相比增长91.5%和150%。

【履行企业社会责任】 发挥国有企业履行社会责任的表率作用，打造国家电网良好品牌形象。一是夺取抢险救灾、奥运保电的全面胜利。面对2008年突如其来的冰灾和震灾，公司勇挑责任、敢打硬仗、能打胜仗，夺取援湘抗冰抢险、援川抗震救灾的全面胜利，赢得广泛好评；面对奥运保电与迎峰度夏的双重责任和压力，克服电力供应紧张、负荷压力大等困难，出色完成历史上时间最长、范围最广、规模最大、要求最高的保电任务。二是积极支援教育事业。累计投资1192.86万元，为全市义务教育阶段新建和改扩建的中小学校免费提供安装高压设备，赢得到社会各界的赞誉。三是解决弱势群体用电问题。公司系统职工捐款117万元设立“南电光明爱心基金”，有3726个贫困户受益。

四是服务市委市政府重点工作。针对全市近年来重点发展的“工业发动机计划项目”和12个优势产业集群，筹措资金，靠前服务，做好为重点项目建设专用线路和变电站、配合城市道路改造电缆入地等工作。五是热心公益事业。为西峡洪灾捐献价值300多万元的救灾物资，为地震灾区捐赠价值97.9万元的饮用水净化装置和淋浴车，组织广大职工为冰灾和震灾捐款202.5万元，为农村户户通电捐款58.81万元。

【行风评议持续领先】　全面践行“三个十条”，落实“四个服务”，深入开展优质服务百问百查活动，不断丰富服务内涵，拓展服务外延，完善优质服务常态机制。规范业扩报装流程，增加客户交费途径，强化服务窗口建设。优化运行方式、推广配网区域集中检修、带电作业和零点工程等减少客户停电时间。在供电形势紧张的情况下，加强95598客户服务系统指挥功能，深入开展“党旗红”配电服务队、“共产党员号”服务队等优质服务活动，扩大新闻宣传力度，积极走访客户，争取社会各界的理解支持。开展高危企业和重要客户供用电安全隐患排查治理，保障供用电安全。坚持明察暗访，严肃查处行风案件。公司以优质的服务和履行社会责任的模范行为树立了企业良好形象，连续四年荣获全市行风民主评议第一名。(张宗国)

石　油　工　业

【河南油田概况】　河南油田现为中国石化集团河南石油勘探局(以下简称河南石油勘探局)和中国石化股份有限公司河南油田分公司，实行勘探局、分公司——二级厂(处)——基层队(站)三级管理体制。截至2008年底，河南油田机关设26个职能处室．分公司下属11个二级单位，勘探局下属15个二级单位。共有105个矿(大队)、416个基层队(车间)、1940个班组，其中地震队9个、钻井队41个、油建施工队10个。有职工20904人(其中分公司10530人)，油区总人口7.18万人(不包括改制单位)。有各类专业技术人员5146人，其中教授级职称4人，高级职称662人，中级职称2311人，初级职称2169人。享受政府特殊津贴2人，石化集团公司有突出贡献的科技和管理专家7人，石化集团公司优秀青年知识分子11人，石化集团公司学术、技术带头人25人，“新世纪百千万人才工程”国家级人选1人。河南油田已取得探矿权的勘探面积23717.92平方公里，油气资源总量达14.36亿吨，已找到15个不同类型的油气田，累计探明石油地质储量2.85亿吨，探明天然气地质储量90.20亿立方米，已投入开发14个油气田，累计生产原油6562.35万吨、天然气17.90亿立方米。河南油田拥有固定资产原值191.86亿元(其中分公司161.73亿元)，净值94.42亿元(其中分公司71.76亿元)；实现工业总产值148.6亿元，销售收入140.5亿元，实现利润20.42亿元，实现各种税费35.55亿元。(韩伟　杨振明)

【油气勘探】　2008年河南油田探明石油地质储量1065万吨、控制储量911万吨、预测储量856万吨，均超额完成年度任务，油气储量保持9年稳定增长。泌阳凹陷南部陡坡带中段立体勘探新增三级储量2300万吨，展示良好勘探潜力；梨树凹构造勘探取得新进展，新增探明储量482万吨，形成与下二门油田复合连片态势；古城泌浅33井区勘探开发一体化取得新进展，新增探明储量583万吨；南阳凹陷发现新的含油断块；河南外围有利勘探区带、层系和目标进一步明晰，有望成为资源接替新领域。是年，河南油田获“全国地质勘查行业先进集体”称号。(吴献立)

【原油生产】　2008年河南油田开发工作以提高储量动用率和采收率为核心，实现产量保持180万吨以上硬稳定、三采和特殊结构井应用规模持续扩大、自然递减、综合含水和井下作业频次得到较好控制的“一稳、两扩、三控”目标。全年新建产能21.6万吨，综合达标率93.4%；生产原油180.5万吨。（韩伟）

【对外创收】 2008年，河南油田外拓市场队伍新增11支，累计达到106支，对外创收18.8亿元（包括外贸），同比增长23%。国内在巩固西北、西南等市场的同时，向长庆、东北等市场转移；国际市场适度集中，退出苏丹、埃塞俄比亚，向效益好、项目连续性强的市场转移。获得了叙利亚稠油项目技术支撑服务资格；签订沙特SRB公司地面工程焊接分包项目，取得海外地面工程项目零的突破；尼日利亚EPCC工程总承包项目进展顺利；70129钻井队再次刷新壳牌尼日利亚公司钻井承包商500天安全生产无事故纪录。（韩伟）

【特色精蜡化工】 河南油田精蜡化工坚持特种蜡产品差别化、高端化发展方向，共开发新产品10个，产量破2万吨。其中ZH－08型防锈蜡、系列耐火材料专用蜡和微晶硬质地板防潮蜡3种新产品实现工业化生产，2008年分别生产34吨、263吨和157吨。特色产品研发实力不断增强。所产“卧龙”牌蜡系列产品于2008年9月26日被中国质量协会授予“全国用户满意产品”称号。该系列产品已先后取得犹太洁食认证、英国药典、中国食品卫生认可证等国际国内最高级别的质量标准，远销丹麦、越南、缅甸、蒙古、朝鲜、韩国、南美、非洲、澳大利亚、德国、美国、新加坡、日本、印度、香港等国家和地区。（杨振明）

【科技研发】 2008年，河南油田共安排科技进步项目129项，其中集团公司项目14项。科技项目开题率100%，实现科技增油10.8万吨，科技增效1.7亿元。申请专利20件，授权专利14件。获省部级科技进步奖4项，“含油污泥无害化应用研究”成果获河南省科技进步二等奖，“南阳凹陷油气成藏规律与勘探潜力研究”、“新庄复杂小断块稠油油藏开采关键技术研究”两项成果获集团公司科技进步二等奖，“南襄盆地中新生代构造演化及含油气特征研究”成果获集团公司科技进步三等奖。河南油田共评出局级科技进步奖85项，其中一等奖8项，二等奖17项，三等奖60项。科技应用见到显著成效：展了稠油油藏开发后期提高采收率潜力与方法等的攻关，稠油生产再创新水平；推广应用水平井、超深井钻井及无渗透钻井液等新技术新工艺，水平井投产效果达到直井的3～5倍。（王丽萍）

【企业经济运行质量】 河南油田精细管理，深化挖潜，坚持财务预算与生产预算相结合，实施生产经济技术一体化管理，企业经济运行质量进一步提高。针对成本控制的重点、难点问题，组织开展各项“降本增效”劳动竞赛；对施工作业单位实行全效益奖励办法，形成闭合的生产经营责任考核体系，促进基层管理由现场管理型向技术效益型转变。全年共实现降本增效1.97亿元。在中国石化集团公司组织开展的“金银牌石油工程队伍”评比活动中，有15支队伍被评为金牌队，17支队伍被评为银牌队。河南油田被评为“河南省改革开放30年卓越贡献国有企业”。（吴献立）

【企业党建】 河南油田筹备召开第四次党代会，制定完成《河南油田党委工作体系》，建立和理顺了党委工作体制，明确党委工作的方向、任务和目标。全年局领导班子成员分批参加各类培训32人次，厂处干部接受民主集中制教育、MBA课程等培训640余人次，局厂两级领导干部引领企业发展的能力得到明显增强。先后调整29个单位和23个处室的处级领导班子，涉及处级干部90名。加强对各级领导干部的管理和考核，努力实现干部考核全覆盖，首次组织二级单位的处级干部对局机关37个部门及直属单位的97名处级干部进行测评，建立完善包括基层车间队（站）干部在内的分级年度民主测评干部考核体系。年度述职测评直属单位班子较好以上比率平均达95.58%，处级干部优称率平均达98.27%。职工对上级和油田政策测评认可度达 96%以上；四川汶川特大地震灾害发生后，河南油田党员和职工群众踊跃奉献爱心，共缴纳特殊党费、捐款 431.3 万元，捐赠棉衣被等 4.2 万件。(吴献立)

【职工队伍建设】 河南油田把建设一支高素质的职工队伍作为加快发展的根本。推行完善“导师制”、“名师带徒制”，首次开展首席技师评选，为油田技能操作人才成长开辟一条新的上升通道；加大人力资源培训力度，共培训管理、专业技术、国际化人才、技能操作人员等 380 期 2.5 万人次，组织技能操作人员开展岗位练兵 9210 人次，均超额完成全年计划；引导和激励职工参加各级各类技术比赛，一批高层次技术人才、关键岗位技能操作人才脱颖而出。有 18 人获省部级以上“技术创新能手”、“节约标兵”等称号，1 人获河南省“十大能工巧匠”称号，13 人获省部级以上“劳动模范”称号和“五一劳动奖章”。(王丽萍)

【民主管理和权益维护】 2008 年，河南油田认真落实职工民主管理制度，局、厂(处)两级职代会召开率 100%。首次开展职工代表巡视活动，对 15 个二级单位和 11 个机关处室，就两级职代会立案提案落实情况、厂务公开、劳动保护、住房建设及分配情况等内容进行巡视。加强厂务公开工作，全年公开事项 2100 多项。推动《劳动合同法》等法律、法规的贯彻实施，加大劳动争议调处力度，全年局、厂两级调解处理劳动争议案件 197 起，调解成功率 98%。全面推行女职工专项集体合同平等协商签订制度，并与职工集体合同同步签订、同步实施，局、厂两级签订率达到 100%，从源头上维护了女职工的特殊权益。2008 年，河南油田被中华全国总工会、国家安全总局授予全国“安康杯”竞赛优胜企业，被河南省授予“劳动关系模范企业”。(韩伟)

【社会保险和福利】 2008 年，河南油田社会保险覆盖面涵盖所有全民工和非全民工。截至 12 月底，勘探局全民工参保人数 20656 人，改制企业全民工参保人数 3010 人。勘探局非全民工参保人数 5166 人，改制企业非全民工参保人数 3493 人，并完成退休人员增加养老金工作。为 9902 名全民工退休人员、5667 名非全民工退休人员增加基本养老金，全民工人均增资每月 112.2 元，非全民工人均增资每月 75.5 元；组织 1566 名职工健康疗养，为 1094 名职工进行血吸虫病检查，为赴新疆工作的 1589 名职工进行莱姆病检查，并为 450 名患病职工进行治疗，为 6793 名职工注射乙肝疫苗。(韩伟)

【环保安全】 河南油田把安全环保工作放在重要位置，严格落实中国石化集团公司“十大禁令”及各项安全环保措施，强化直接作业环节执行力，加强承包商 HSE 监管，完善境内外项目风险评估机制，换版升级油田 HSE 体系文件。以节水、排污达标为重点，加强污水循环利用、废弃泥浆无害化处理等工作，安全环保指标控制在计划之内。河南油田连续三年被评为“中国石化集团公司环境保护先进单位”。(杨振明)

【物资供销流程化操作】 河南油田物资供销工作实行分段管理办法，推进流程化操作。物资供应体制达标率为 97.87%，计划准确率为 99.66%，供应商结构合理率为 88.01%，网上采购达标率为 98.45%，采购资金节约率为 6.04%，物资供应保证率达到 100%。被中国石化集团公司评为“物资供应管理先进单位”(杨振明)

【泌深 1 井完井】 2008 年 9 月 7 日，由河南油田钻井公司 70195 队承担施工的中石化集团公司重点超深风险探井——泌深 1 井完井。该井为河南油田东部区块首口超深、超高温井(设计井深 6 000 米，由邻井资料预测井底温度达 245 摄氏度)。于 8 月 30 日 19 时 35 分钻至设计井深 6 000 米，9 月 7 日 20 时 35 分完井，完钻井深 6 005 米，钻井周期 322.80 天，井底静止 24 小时的实测温度达 236 摄氏度。泌深 1 井的成功施工，填补了河南油田钻超高温深井钻井技术空白。(吴献立)

石油装备

【南阳二机石油装备（集团）公司概况】 南阳二机石油装备（集团）有限公司（原石油工业部第二石油机械厂、中国石化集团河南石油勘探局南阳石油机械厂）是中国研制石油钻采装备的大型骨干企业，重大技术装备国产化基地和石油轻便钻机装备国产化基地，是河南省百户重点企业、首批创新型试点企业、知识产权优势培育企业、专利申请二十强企业。在中国石油和石油化工设备工业协会历年评比中，综合实力稳居国内同行业“十强”，在国内外市场上具有重要影响力。2004年6月，按照中国石化集团统一部署，南阳石油机械厂成功实施改制，南阳二机石油装备（集团）有限公司挂牌成立。2006年4月引进加拿大外资，成为中外合资经营企业。公司占地面积56.46万平方米。2008年底有职工2075人，其中，教授级职称3人，中高级专业技术人才243名，享受政府特殊津贴3人，省学术技术带头人2人。公司下设10个机关部室，设有技术中心、信息中心、质量检测中心等科研检测机构，以及铸锻、金属加工、钢结构、总装、物料配送、喷漆、热处理等13个基本生产单位，国际、国内两个销售公司和3个中外合资企业、1个全资子公司、4个控股公司、4个参股公司。公司主导产品共有12大系列、200多个品种，包括石油钻机、海洋石油钻修井装备、石油修井机、油井测试设备等。2008年，集团公司完成工业总产值21.28亿元，同比增长了27.8%；实现销售收入18.15亿元，同比增长了28.9%；实现利润总额1.58亿元，同比增长了20.1%。与2004年相比，2008年公司产值翻了两番多，利润净增15倍。

【温家宝总理视察公司】 2008年5月11日，中共中央政治局常委、国务院总理温家宝前来公司视察。温家宝参观金加分厂、总装一分厂、第四试验场后，即席发表了重要讲话，并称赞“二机集团是大有希望的!”给公司全体员工带来极大的振奋和鼓舞，使公司上下倍感自豪。应现场工人请求，温家宝与大家合影留念。

【技术中心被认定为国家级企业技术中心】 10月12日，国家高技术产业化十年成就颁奖大会隆重举行。作为79个国家认定企业技术中心之一，公司技术中心参加了授牌仪式。这是公司在技术方面获得的一项国家最高荣誉，并可享受相关优惠政策。2008年河南省被认定的企业共5家。公司自2005年被认定为省级技术中心后，开始将创建国家级技术中心作为重要工作提上日程。通过扩建技术中心工作场地，调整技术中心内部设置，增强产品研发的专业化和前瞻性研究，坚持把科技开发投入放在优先和重要的位置，实施先进信息管理体系，实现CAD、CAE、CAPP、CAM、PDM、ERP等软件集成，大力推行技术创新，使公司年新产品开发项目保持在20项以上，新产品产值率持续保持在40%以上。成功使公司技术中心被国家五部委认定为“国家级企业技术中心”。公司也被科技部、财政部、国家税务总局认定为2008年度首批国家级高新技术企业。

【数字化超深井石油钻井装备研发及产业化列入河南省重大科技专项】 11月5日，河南省科技厅副厅长贾跃、黄布毅等在南阳市副市长李建豫、南阳市科技局等有关领导陪同下，带领专家组成员前来公司，就“数字化超深井石油钻井装备研发及产业化”项目进行论证，专家组经过现场考察、调阅资料、听取汇报，进行质疑、答辩、讨论后，建议将该项目列入河南省“十一五”重大科技专项。12月15日，该项目被正式列入河南省重大科技专项，获得省政府500万元的科研经费资助。河南省重大科技专项是2006年以来河南省科技厅为改革省级科技计划管理体系而推出的一项新政策。目地在于培养企业的国际竞争力，打造和带动河南工业产业体系。

【杨汉立、尹永晶入选南阳市拔尖人才】 8月25日，《南阳日报》公布的第五批南阳市专业技术拔尖人才名单，公司董事长、党委书记、总经理杨汉立，副总经理尹永晶名列其中。

【市场营销】 在市场营销工作中，坚持“两个市场并重”的方针，按照“无内不稳、无外不大”的工作思路，继续巩固和拓展国内市场，在下半年国际油价大幅下跌引发装备需求锐减、国际经济复杂多变的形势下，面对激烈的市场竞争，公司经营班子在精力投放上把市场放在更加突出的位置，带领营销团队，加大工作力度，提高服务水平，扩大市场份额，保持了国内市场占有率的稳定增长势头。公司国际市场从无到有、从小到大，出口额占到公司经营总规模的50%。2006年以来，公司出口量连续3年名列河南省机电工业设备出口前三名。2008年，公司加大国外市场的营销力度，做大做强国际市场，在抓成套装备订货的同时，加大配件、工具类产品营销力度，市场营销工作不断取得新的市场突破。公司全年累计订货突破20亿元，再创历史新高，国际市场订货占到公司订货总额的51.2%。公司产品畅销全国陆地、海洋各大油田的同时，还远销美国、英国、加拿大、俄罗斯、匈牙利、哈萨克斯坦等国家和地区，在南美、中东、南亚、东南亚等新兴市场接连取得新的突破，公司钻机首次打入巴西、科威特等国家市场。

【技术创新】 1月23日，南阳二机石油装备（集团）公司研制的ZJ70/4500DBS数字化交流变频钻机通过了中国石油化工集团公司科技开发部验收委员会组织的项目验收。该钻机的研制中，公司完成10项关键技术的研究，申报2项发明专利、5项实用新型专利。公司“4000米车装钻机”被列入国家火炬计划项目。“数字化超深井石油钻井装备研发及产业化”项目12月被正式列入河南省重大科技专项，获得省政府500万元的科研经费资助。“4000米丛式井钻机研制”被确定为河南省重大科技攻关项目，获得了省财政50万元的资金支持。公司研制开发的“适用于零下45度高寒地区的低温石油钻机”项目，通过了河南省科技成果鉴定。2008年公司共申报专利25项，获得授权专利36项，其中“机械设备提升系统承载零件用铸钢的制造方法”等3项获国家发明专利。新产品开发计划落实率100%。

【品牌建设】 明确提出了“创国际知名品牌，建行业一流企业”的品牌建设目标，积极实施名牌战略，努力培育和打造国际品牌。在加强技术创新的同时，公司把质量管理当作品牌建设的重要内容，持续推进，持续提高。遵循“质量制胜”的管理思想，狠抓质量管理体系的有效运行。公司建立了完善的质量检测体系，能够实现从原材料进厂到产品型式试验全过程的质量检测控制。公司每年投入大额资金，对关键装备、关键设施进行更新改造和升级，以先进的制造检测手段保证质量。加强全员针对性培训，通过“三级培训”、“首席员工”评选、“人才库”建设等载体，不断提升队伍整体素质，以高素质、高技能的员工队伍保证质量。公司除了在内部严格开展自我约束和自我检验外，积极主动地邀请用户代表驻厂监造或监理，同时开展第三方检验，如请挪威船级社和中国船级社对产品进行认可等活动，这对产品质量的提高起到了积极的推动作用。通过不懈努力，2007年9月，公司钻机入选“中国名牌产品”，成为中国钻机类产品首批“中国名牌”。

【企业管理】 全面推行TPM管理（全面生产管理）。以前期6S现场管理为基础，TPM管理在公司全面铺开，设备自主保全、课题改善、改善提案、6S及品质保全、人才育成等五大支柱有序推进，全员参与、持续改善的氛围在公司基本形成。开展内控体系建设。规范管理行为，提高工作效率，确保经营管理者“做正确的事，正确地做事”，公司对管理部门职能、职责及公司管理制度进行系统清理和优化，对业务流程进行修订，涉及18个部门和单位的109项制度、78项流程，公司内控体系建设取得阶段性成果。有序推进成本管理。以推行全面预算管理为重点，设计优化及经济性评价体系、定限额发料等9个成本管理重点课题全面开展。针对原材料价格上涨的情况，公司一方面将原材料价格信息及时传递到供应、销售部门，并通过他们将压力向上、下游传递；另一方面完善定额管理制度，控制原材料消耗。与此同时，组织库存物资大清理，并通过舆论宣传和政策激励，促进积压闲置废旧物资有效利用。加强质量管理和HSE管理。以QHSE一体化管理手册为总揽，全面贯彻QHSE方针、落实QHSE目标，切实抓好质量管理和HSE管理。公司QHSE体系和3C通过年度审核，继续保持认证资格。推行质量管理例会制度，加快质量问题的处理，加强过程质量控制，加强质量损失的统计和分析，降低质量损失。组织重点产品质量攻关改进，推动产品质量向精细化发展。

【生产组织】　2008年，公司省级重大项目——大型数字化钻机配套项目一期工程，一万平方米钢结构厂房、两万七千平方米综合试验场等陆续形成现实产能并日益完善。一批大型关键设备投入使用，公司的关键制造能力和研发能力显著提高。专业化生产取得有效进展。积极推进井架、底座、车架专业化生产，扎实做好箱体、绞车、盘刹、泥浆泵等单元的专业化部件组装，通过推行专业化生产，各个生产单元的生产时间大大缩短，车装产品生产周期由3个月缩短为2个月，全配套橇装产品由7～8个月缩短为5～6个月。专业化生产加快了生产进度、减少了资金占用，使各生产单元资源、技能优势得到充分发挥，产量质量得到有效保证。通过及时掌握市场变化与需求情况，公司生产计划的周密性和科学性不断提高，生产控制能力不断增强，市场响应能力不断提高。强化生产组织管理，加强对计划执行的掌控和考核，实施目标责任考核，运用并发挥生产奖的激励和杠杆调节作用，有效提高了生产运行效率，全年基本保持了均衡生产态势。PMC（物控管理）体系、物料安全库存、产能分析和产能档案、设备自主保全等项目有序开展，为提高生产能力、扩大生产规模提供了基础性支撑。

【员工队伍建设】　人才库建设工程。11月13日，公司发布《人才库工程建设管理办法》，启动人才库建设工程。根据公司现实和长远发展需要，2008年着手建立出国服务、产品操作、全配套技术、营销、管理五大人才库。通过加强对入库人员的针对性的培训，加速各类人才的成长，加快企业后备人才梯队建设，搞好各业务口后续人才的储备和接替，健全人才成长和流动机制。人才库实行动态管理，建立能上能下的准入、准出机制，不断调整和充实，每年考核和选拔一次，决定继续培养和出库。实施“人才育成”专项工作，由公司单一培训逐步向公司、基层单位和班组多层次培训转移，员工培训针对性、实效性得到增强。强化机关员工考评，激发管理团队队伍活力。2008年度机关员工考评中，公司创新员工年度考评办法，采取述职和评议的方式，对机关105名管理人员的职责履行、问题意识、改善思路及能力等要素，逐人进行综合量化评价，并分机关部室长、主管、主办三个层级，对考评结果中得分靠前者，按10%的比例给予表彰奖励；对得分靠后者，按10%的比例实施离岗培训。

【节能降耗】　2008年，公司开展多项工作，推广节能新技术，改造耗能大的旧设备。用新型的硅酸铝保温材料，改造热处理三台电炉；改造35kv供电线路，原线路（南石线）25km，现改为4km（孔石线）；改造（3T）蒸空两用锤；淘汰落后高耗能设备4台；采用液氧技术，空压机采用节能装置。通过节能改造，年节电达124万kwh。循环水重复利用，减少排放，节约能源，每年节水达58万吨；对砂型烘干窑进行改造，每年节煤80吨；投资300万元建设大型喷砂、喷漆房，减少粉尘、漆雾排放；投资10万元改造锅炉除尘装置（采用麻石除尘器），使锅炉排放达标；投资200万元建设树脂砂项目，提高产品质量，减少废砂排放（每年减排1000吨左右）；公司产品设计制造上，采用节能新技术、新材料，为社会节能作出贡献。2008年，公司万元产值能耗由2006年的0.14吨标准煤、2007年的0.1吨标准煤，下降到0.07吨标准煤，节能降耗取得明显效果。

【扶贫帮困】 公司积极履行社会责任，踊跃参与公益事业和光彩事业，捐资助学、扶贫帮困、解囊赈灾。四川汶川大地震灾害发生后，公司积极组织捐款，企业捐款、员工捐款和党（团）员缴纳特殊党（团）费达56万余元。开展残疾人慰问救助3000元、金秋助学12200元，对困难职工救助23000元，春节救助、慰问95人，金额57600元等公益活动，完美塑造和展示了企业的社会形象。9月12日，公司印发《“一助一”扶贫帮困工程实施办法》，对特困和困难家庭实施一对一的帮助，使帮贫扶困更有针对性。（马驰　尚云芳）

国　防　工　业

【红阳工业有限公司概况】 公司位于河南省南召县境内，始建于1968年，1979年投产。公司占地面积970多万平方米，注册资本19628万元。至2008年底，资产总额8.6亿元，员工3000余人，各类专业技术人员1000余人，拥有各类先进机械设备3000余台。公司下设“十部一室”、13个分厂（分公司），拥有省级技术开发中心—豫西高新装备技术研发中心；国家二级资质的兵器工业区域计量站，承担河南国防工业的量值传递，河南区域型号工程和生产科研的计量保障；中南地区唯一的废旧退役弹药拆分利用销毁中心。公司是“国家重点保军单位”、全国弹药行业首家安全级企业、安全质量标准化一级企业、省级重信用守合同企业、AA级信用企业、省级文明单位，通过GJB9001A—2001质量管理体系认证和汽车行业ISO/TS16949－2002质量管理体系认证。公司曾多次被评为“中国兵器工业集团安全生产管理先进单位”、“河南省国防科技工业经营管理先进单位”、“质量管理先进单位”、“河南省保密工作先进单位”、“全国模范劳动关系和谐企业”、“统计工作先进单位”、“会计信息工作先进单位”。

【生产经营】 公司始终坚持“军为根本，民为关键，科技创新，协调发展”的发展战略，军品上，狠抓科研开发与技术创新，以豫西高新装备技术研发中心为依托，积极开发各类先进武器装备；民品上，按照“专业化经营、规模化发展”的思路，利用军工资产和技术优势，积极发展民品，形成以汽车零部件、石油钻杆接头和液压破碎器为核心的三大民品系列，具备年产汽车轴管60万只、发动机连杆120万件、汽车车桥桥壳8000根，石油钻杆接头20万支和液压破碎器500台的生产能力。中高档轿车连杆系列，技术先进，为国内外知名企业配套供货，市场占有率位居国内同行业前三位。液压破碎器被河南省科技厅评为科技创新产品，填补了国内在该领域空白。2008年公司实现主营业务收入6.3亿元，实现补贴前考核利润2542万元。

【科技创新】 为进一步加快科研开发步伐，提高核心竞争能力，公司同北京理工大学成立豫西高新装备技术研发中心，目前研发中心已经发展成为省级专业化技术研究机构。2008年，民品上，在产品毛坯精化方面进行工艺技术攻关，改进毛坯和模具加工工艺，有效降低毛坯重量，2008年此项改进节约资金30余万元。在提高模具寿命方面，通过采用新材料、改变制坯方式及热处理方式，使模具制坯重量每件比过去传统的制坯少20～40Kg，模具寿命比过去提高1～1.5倍，有效降低了模具成品的制做成本。

【项目建设】 2008年，按照国家和兵器工业集团对固定资产投资项目实施工作的要求，全面加强对项目建设的组织管理和资金管理，建立和完善各项规章制度，加强过程质量监督，确保项目建设顺利进行。完成多个生产线安全技术改造项目建设任务。从国外引进的某生产线建设项目一次安装调试成功，创造国内同类设备安装调试成功的新记录。其他配套基础设施改造项目、新增军民转换能力建设项目等也按照年度计划要求完成阶段性建设任务。

【企业管理】 2008年，进一步加强管理创新，向管理要效益，靠管理提升发展质量。对企业组织机构进行改革调整，完善规章制度，理顺管理体制，实现“十部一室”规范运行。财务管理上，强化全面预算管理，加强资金管理、成本控制、风险控制、预算管理，不断提高企业的经济运行质量。人力资源管理上，开展“新三项制度”改革，建立员工职业发展通道，组织开展竞聘上岗工作，实行“三岗”动态管理。建立以岗位工资、绩效工资为分配主线的分配体系，平衡推动工资结构调整。安全管理上，认真开展安全质量标准化达标工作，并通过集团公司安全质量标准化达标验收，获得安全级企业；狠抓安全生产责任制的落实，深入开展隐患排查治理活动和反“三违”活动。质量管理上，完成质量管理评审和内部审核，通过新时代认证中心第四次监督审核，产品监督抽查合格率100%，质量体系有效运行。节能减排上，将其作为企业履行社会责任的重要工作予以狠抓，全年万元工业增加值综合能耗同比下降6.2%，万元工业增加值新鲜水耗量下降4.5%。

【改革改制】 按照国家构建国防科技工业新体系的要求，为充分发挥资源优势，提升企业的资本运作能力，加快企业的调整改革步伐。中国兵器工业集团将该公司作为核心和重组平台，对河南红宇机械厂和河南向东机械厂的有效军品资产进行重组，组建高水平的军工企业集团。目前，已通过对向东厂、红宇厂两厂的军品重组方案，办理两厂军品生产用地划转手续，开展对两厂军品及红宇专用车辆的重组相关工作。组建后，到“十二五”末期，计划经营总规模达到60亿元。

【中国兵器工业集团与南阳市签订战略合作协议】 2008年4月15日，中央候补委员、中国兵器工业集团公司党组书记、副总经理张国清视察豫西企业，并代表中国兵器工业集团公司与南阳市人民政府签订战略合作协议。双方本着真诚合作、互惠互利、共创共赢的原则，构建互为补充的战略合作关系，共同促进兵器工业与南阳经济有机结合，实现合作双方共同发展。中国兵器工业集团公司将在总体战略规划、产业格局、项目建设等方面进一步加强对兵器驻宛企业的支持力度，巩固兵器驻宛企业在国防工业的战略地位，使之成为国家高新技术武器装备科研和生产基地。双方将通过战略合作，致力于把南阳打造成为金刚石超硬材料、专用汽车、汽车零部件、石油工程机械生产基地。同时，在南阳中心城区建设8000～10000套的“兵工新城”经济适用住房，用于解决兵器驻宛企业职工的住房。

【南阳红阳工业园建设】 南阳红阳工业园建设项目位于南阳市高新区，总投资1.7亿元，征地12.27公顷，用于汽车整体车桥、液压破碎器、汽车连杆和金刚石压机建设项目。纲领为：整体车桥5万根、汽车轴管100万支、液压破碎器3000台、汽车连杆总成200万件、金刚石压机500台的能力，达纲后，可实现销售收入5亿元以上。完成投资6000多万元，新建的连杆和轴管精加工生产线已实现批产。液压破碎器中缸体生产线、金刚石压机生产线计划2009年建成，并具备批量生产能力。

（吴元中　薛海宏）

感光材料工业

【感光材料工业概况】 2008年乐凯集团第二胶片厂产品结构调整初见成效，CTP版销量大幅上升，成为生产经营的一大亮点。但受经济危机的严重影响，销售额、感光材料产销量等经济指标均没有完成年度计划。因年初雨雪天气、汶川大地震和原材料价格反复波动，给该厂生产经营带来较大困难。面对困难，第二胶片厂灵活调整经营决策，采取有效措施，加大产品结构调整力度，积极推进新产品上市速度，稳定提高产品质量，降低生产成本，控制各项费用，保证生产经营稳定运行。进入三季度，国际金融危机逐渐显现，给实体经济带来严重影响，致使印刷业订单减少，许多印刷企业开工严重不足，也使胶印版材销量逐月下降。在严峻的经济形势面前，厂部积极采取措施应对经济危机的影响，苦练内功，迎接挑战，狠抓基础管理，稳定新产品质量，加快新产品推进速度，大力拓展国内外CTP版市场，不断增强抗风险能力，保证生产经营平稳运行。2008年实现营业收入增长4.06%，实现利润增长7.49%，实现销售额增长4.12%，印刷胶片产销量分别增长0.56%和11.76%，薄膜材料产销量分别增长5.48%和20.46%，CTP版产销量分别增长455.92%和601.86%；感光材料产销量分别下降6.63%和1.47%，其中胶印版材产销量分别下降9.1%和5.83%；实现工业总产值降低0.18%。销售额完成年度计划的89.72%，感光材料产销量分别完成年度计划的95.19%和92.618%，其中胶印版材产销量分别完成年度计划的96.1%和94.266%；印刷胶片产销量分别完成年度计划的92.59%和87.91%。

【隆重纪念胡锦涛视察一周年】 2008年4月30日，是中共中央总书记、国家主席、中央军委主席胡锦涛视察第二胶片厂一周年纪念日。为贯彻落实胡锦涛视察二胶的重要指示精神，鼓舞职工干劲，激发工作热情，促进二胶又好又快发展，该厂举行一系列纪念活动：召开纪念胡锦涛视察一周年大会，重温胡锦涛视察时的重要指示，观看胡锦涛视察的专题报道，党委书记、厂长滕方迁作了题为《牢记总书记嘱托，努力把二胶做大做强》的讲话，总结一年来取得的成绩，部署今后一段时间的工作：《二胶工人》发表反映二胶在胡锦涛视察一年来生产经营、技术创新、项目建设等取得成绩的通讯——《为了总书记的嘱托》，举办“纪念胡锦涛视察一周年”征文等；二胶电视台制作纪念专题节目，宣传橱窗举办胡锦涛视察的图片展；在《南阳日报》用一个专版进行宣传。

【数码印版生产线开始化工试车】 经过一年多时间的土建施工、设备安装、设备调试，数码印版生产线于2008年12月11日拉开化工试车帷幕，生产线经过1个多小时的提速、稳定运行后，第一张PS版于16时05分顺利下线。数码印版生产线是南阳市“发动机项目”之一，于2007年8月10日动工建设；2008年3月开始设备安装，8月开始设备单机调试，11月28日进入生产线联动试车；与之配套的公用工程于2008年4月上旬开始动工，空压机于10月24日开始输送压缩空气，透平制冷机在11月中旬投入运行，酸碱系统11月底完成试车；锅炉于12月3日点火升压，一次水系统在12月8日开始为华光园区提供加压水。数码印版生产线通过12月11日、12月23日的设备运行和感光液涂布，表明运行比较平稳，基本达到预期效果。

【新产品上市工作取得可喜突破】 第二胶片厂围绕全年技术创新目标，科研、技术部门全力推进新产品研发和产业化工作，生产系统、质检和营销部门全力配合，新产品研发和产业化取得重大进展，有3个新产品投放市场。第二代热敏CTP版完成了科研向生产转化、产品企业标准修订工作，产品投放市场后得到用户认可。紫激光CTP版实现批量生产并投放市场，在国内部分大报社招标中中标；柔性树脂版实现稳定批量生产并推向市场；UV—P型CTP版实现稳定生产，销量比上年增长2倍以上。PCB胶片研发取得新进展，其中重氮PCB胶片已有用户要求订货。

【热敏CTP版荣获中国石油和化工协会技术发明奖和乐凯集团公司总经理特别奖】 10月26日，中国石油和化学工业协会在北京人民大会堂隆重召开全国化工科学技术大会，表彰一批在科技工作上做出成绩的先进单位、先进个人和技术发明奖项目、科技进步奖项目。第二胶片厂热敏CTP版材研制项目荣获技术发明奖二等奖。在此后的2008年11月6日，乐凯集团公司召开技术创新颁奖大会，表彰2008年度技术创新成果。“阳图热敏CTP版材”项目荣获集团公司总经理特别奖。经过科研、生产、市场等部门的共同努力，热敏CTP版质量稳定提高，性能满足用户的需要，产销量不断扩大。

【职工踊跃向地震灾区捐款】 在5月12日四川汶川特大地震发生后，第二胶片厂迅速开展捐款活动，以实际行动支援抗震救灾。从5月15日开始，在生产现场、在办公室、在生活区，厂领导、职工、家属踊跃参加由厂工会组织的“抗震救灾献爱心”捐助活动，全厂共产党员并积极参加“交纳特殊党费、支援灾区人民”活动，共青团员还参加了交纳“特殊团费”活动，工会会员按照市总工会的要求，交纳特殊会费。全厂职工慷慨解囊，争相捐助，向灾区人民伸出援助之手。据统计，该厂职工累计向灾区捐款478442.6元。

【第二胶片厂迈进国家高新技术企业行列】 12月11日，河南省科技厅向国家高新技术企业认定管理工作领导小组办公室递交2008年第一批高新技术企业备案的申请，认定114个高新技术企业名单予以备案，第二胶片厂名列其中。2008年，该厂参加河南省第一批高新技术企业审报工作，经南阳市初审、河南省高新技术企业认定管理工作领导小组组织专家评审、公示等程序，省科技厅、省财政厅、省国税局、省地税局会商研究，确定第二胶片厂和其他113家企业为高新技术企业，并报国家高新技术企业认定管理工作领导小组办公室备案，进入国家高新技术企业行列。

【全国数码影像材料与数字印刷材料标委会秘书处落户第二胶片厂】 8月，中国国家标准化管理委员会复函中国石油和化学工业协会，同意成立全国化工机械与设备标准化技术委员会等六个技术委员会和分技术委员会。其中，乐凯集团第二胶片厂承担全国数码影像材料与数字印刷材料标准化技术委员会秘书处工作，主要负责全国数码影像材料与数字印刷材料领域的国家标准制修订工作。

【郭庚茂到第二胶片厂考察调研】 8月18日上午，河南省委副书记、代省长郭庚茂，副省长刘满仓等到第二胶片厂考察调研，考察胶印版材生产、检验情况，认真观看CTP版样版质量，充分肯定该厂技术创新和项目建设取得的成绩，希望二胶加大新产品开发力度，把生产经营搞得更好，把企业做大做强，实现又好又快发展的目标。厂党委书记、厂长滕方迁向郭庚茂代省长汇报企业生产经营、技术创新、企业发展、胶印版材生产等情况，并陪同视察印版分厂五号生产线。

【第二胶片厂荣获中国印刷业“十大创新之星”称号】 在“慧聪杯2007中国印刷业TOP10评比”（以下简称“TOP10评比活动”）中，第二胶片厂荣获“十大创新之星”称号，这是国内印刷感光信息记录材料行业中唯一一家获得此项荣誉的企业。

【热敏CTP版标准荣获“中国标准创新贡献奖”】 1月，第二胶片厂收到国家质量监督检验检疫总局和国家标准化管理委员会颁发的“中国标准创新贡献奖”证书。该厂制定的“HG/T 3804—2005阳图热敏CTP版”标准被授予2007年“中国标准创新贡献奖”三等奖。多年来，第二胶片厂积极牵头起草行业标准，已制修订行业标准13项，包含印刷影像材料中的PS版、印刷胶片、计算机直接制版版材（CTP版）、薄膜等主要产品；其它产品在达到国外同类先进产品的实物质量水平基础上，制订出企业标准，并提升为行业标准。

【第二胶片厂五号版材生产线通过验收】 4月25日，第二胶片厂年产1100万平方米PS版/CTP版材生产线（以下称“五号生产线”）项目通过由中国乐凯胶片集团公司组织的验收。五号生产线项目是在2002年9月开工建设，2003年9月基本建成，2004年1月至7月进行连续试生产考核；经实际运行考核，该生产线运行稳定，产品性能质量指标达到设计要求，于2004年8月转入正常生产运行管理。据统计，从2004年8月到2008年3月，该生产线已生产胶印版材4000多万平方米，产品成品率最高达到92%以上，超过原设计2.18个百分点。

【第二胶片厂聘任一批技师】 5月14日，第二胶片厂召开颁发技师聘任书大会，全国劳动模范、印版分厂维修车间电气技术组组长丁峰被聘任为高级技师，23位职工被聘任为技师。第二胶片厂技师评审工作从2006年10月开始，经过技师参评报名、参评资格审查认定、任职资格考察评审和论文答辩等程序，经厂技师评委会讨论，投票决定具备技师任职资格23人、具备高级技师任职资格1人。经该厂申报，乐凯集团公司、国家人力资源和劳动社会保障部鉴定中心审查认定，已于2008年4月办理完24人任职资格证。

【全国非银盐影像材料技术及材料发展与应用学术研讨会在第二胶片厂召开】 7月2～3日，来自全国科研院所、大专院校、企事业单位、民营公司的60多位专家、学者和科研人员会聚第二胶片厂，参加2008’全国非银盐影像技术及材料发展与应用学术研讨会，深入探讨中国非银盐影像技术的发展前景，交流非银盐影像技术最新研究成果。研讨会上，与会的专家、学者采用口头汇报、墙报展示、座谈讨论等形式，对光学存储和记录、微胶囊记录技术、CTP版材研发、PS版制造工艺、喷墨打印技术、抗蚀剂和辐射固化技术等方面的技术进展、应用前景进行深入研究探讨。

【第二胶片厂新产品在德鲁巴展会引人注目】 历时14天的2008’德鲁巴展览会于6月11日在德国杜塞尔多夫落下帷幕。本届展会是第二胶片厂历史上出国展览规模最大的一次，展位面积123平方米，现场布置CTP版演示设备两套。展会期间，第二胶片厂参展团接待来自世界各地的客商近2000人，其中重点客户达160多家；发放产品宣传资料2000套，发放产品版样1000多张。

【第二胶片厂通过清洁生产审核验收】 7月16日，第二胶片厂清洁生产通过由河南省环保局组织的审核验收。为落实科学发展观，保护和改善环境，提高资源利用效率，减少和避免污染物的产生和排放，建设资源节约型和环境友好型企业，确保清洁生产目标落实到位，第二胶片厂从2007年4月开始采用企业自主审核与南阳市清洁生产审计中心协助审核相结合的方式，开展清洁生产的审核工作。在清洁生产工作中，该厂成立清洁生产审核领导小组和工作小组，采取多种形式进行广泛宣传教育和培训，制定并下发《关于开展清洁生产审核的通知》，明确了清洁生产审核实施步骤和计划进度及责任单位、责任人，严格按照审核实施步骤和计划进度开展工作。在已实施的43项无/低费方案中，每年可获经济效益400多万元；已实施的3项中/高费方案，每年可获经济效益可达250多万元。通过这些项目的实施，节约资源、能源，减少污染物排放，取得良好的社会、经济和环境效益。

【第二胶片厂荣获印刷设备器材出口先进单位称号】 中国印刷及设备器材工业协会在7月召开的出口与展览工作会议上，表彰2006～2007年度印刷及设备器材出口先进单位，有44个企业荣获的此项荣誉，第二胶片厂榜上有名。近年来，第二胶片厂充分发挥华光产品的质量优势，抓住国际竞争对手战略性调整的机遇，大力开拓，实现跨越式增长。欧洲市场开发获得较大突破，华光版材得到用户的认可，呈现快速发展的良好势头；亚洲等传统市场实现稳定发展；在人民币汇率大幅上扬的情况下，采取积极的应对措施，努力化解汇率波动和原材料涨价对出口造成的不利因素，降低出口成本，提高出口产品的盈利能力；突出工作重点，做好新产品市场开发；整合优化海外销售网络，积极开展国际合作，把工作重心向效益好、有发展潜力的和使用“华光”商标的客户倾斜，确保国际市场的健康稳定，实现快速增长。2007年与上年相比，胶印版材出口量增长81.64％，出口额增长79.27％；2008年上半年与上年同期相比，胶印版材出口量增长15.42％，产品出口额增长39.82％。

【第二胶片厂华光宝利印刷版材生产线通过竣工验收】 10月9日，年产600万平方米的华光宝利印刷版材生产线项目通过由中国乐凯胶片集团公司组织的竣工验收。华宝生产线项目是由第二胶片厂和江苏宝利印刷版材有限公司共同出资设立的股份制企业，于2005年3月动工建设，2006年10月基本完成项目建设并投入试生产。该项目是该厂自行设计的印刷版材生产线，采用先进工艺技术和装备，其设备全部为国内采购、国内加工制作。经过试车和生产运行，生产装置运行稳定，产品性能指标优良，达到设计要求的质量标准；项目环保设施做到“三同时”，“三废”排放指标达到国家规定的排放标准。自2007年1月至生产线验收，已生产合格胶印版材600多万平方米。（赵国庆）

交　通

铁路运输

【铁路运输概况】 南阳车务段是郑州铁路局的南大门，管理区域为十字型，跨焦柳、宁西两线，管辖3省5市15县（市、区）、52个车站，是郑州铁路局管理车站最多、管辖范围最大的车务段。全段车站按技术作业性质分区段站2个、中间站50个；按地理位置分焦柳线车站20个、宁西线车站32个；按业务性质分客货运站18个、仅办理客运站10个、不办理客货运业务站34个；按车站等级分一等站1个、二等站2个、三等站9个、四等站16个、五等站24个。全段营运里程556公里。其中，焦柳线管辖平顶山西站至耿坡站等20个车站（K234＋956M—K474＋098M），计239.142公里；宁西线管辖李家湾站至富水站等32个车站（K248＋285M—K563＋617M），计315.332公里；孟宝线（K99＋528M—K98＋009M），计1.519公里。2008年，南阳车务段坚持以人为本，安全发展理念，强化铁路安全运输管理，加大客货营销宣传，整合客货资源，扩大运力，科学管理，取得较好的经济和社会效益。至年底，管内实现安全生产7742天，被郑州铁路局授予“安全优质站段”荣誉称号，全年共发送旅客396.1万人，发送货物556.1万吨，实现运输收入6.57亿元。

【主要技术设备】 南阳车务段管内焦柳线为双线双向自动闭塞区段，6502集中联锁设备，牵引方式为内燃机车；宁西线疏解区至南阳东、南阳站、南阳西、遮山站间为单线半自动闭塞区段（64D型单线继电半自动闭塞）6502集中联锁设备，其余区段为单线自动站间闭塞（ZP30CA型计轴设备）；南阳站、董庄和南阳西站为计算机联锁，其中南阳西站以西站为电力牵引区段、南阳西站以东站为内燃机牵引区段。全段共有到发线（含正线）190条，调车线16条，货物线45条，牵出线24条，专用线35条，专用铁道5条。管内有旅客候车室16座，行包房10座，售票厅10座，旅客站台21座，地道6座，雨棚13座。货运设施有货场23个，货物仓库35个。

【运输安全】 坚持“安全第一、预防为主、综合治理”的方针，牢固树立以人为本、安全发展理念，全面落实郑州局安全管理工作规程。在列车接发、切割正线调车、货物装载加固、消防安全、施工安全、劳动安全和路外安全等九大关键环节，严格执行操作规程，强化基层、基础、基本功“三基”工作，狠抓安全保障体系建设和安全专项整治活动，提升创新能力、安全控制能力和职工应急处理能力，实现创建安全优质机务段的目标。认真吸取胶济铁路“4·28”事故的教训，在全段管区着力整治一批影响安全生产的隐患和关键问题。积极探索适应新体制、新布局的安全保障体系，建立健全预警分析制度，实现安全生产持续稳定的发展局面，获得郑州铁路局“安全优质站段”荣誉称号和“大反思、大检查”活动运输系统第一名的好成绩。截至2008年12月31日实现安全生产7742天，再创车务段历史新记录并继续保持全局一流安全水平。

【运输生产】　全段利用春运有利时机，围绕“争创一流品牌，凸显南阳亮点，实现和谐春运”的奋斗目标，发扬优良传统，改善硬件环境，完善服务措施，在安全、组织、服务、形象、效益等五个方面实现新突破，取得经济效益和社会效益双丰收。春运期间共发送旅客 62.3 万人，客票收入 4791.1 万元，同比分别增长 6.6％、23％。抓住节假日制度改革的有利机遇，做好南阳、邓州等客运重点站的旅客组织工作，广泛开展营销宣传，积极实施“引流”、“截流”、“揽流”措施，实现客运季节性增收。货运方面，面对上半年的有利局面，紧抓机遇，强化营销，扩大运能，努力实现增运增收；面对下半年全球金融危机、国内经济增速减缓等因素的不利影响，沉着应对，坚定信心，不断强化货运营销，精心培育煤炭市场，重新开发流失市场，想方设法为供需双方搭建沟通平台，开创双向营销新局面，实现产、销、运三方共赢。在全国经济增速回落、全局运输工作整体下降的大气候、大环境下，南阳车务段超额完成多项运输生产指标。全年共完成旅客发送 396.1 万人，货物发送 556.1 万吨，装车 88042 车，实现运输收入 6.57 亿元，同比分别增长 4.7％、14.9％、12.6％、20.4％，分别完成年度计划的 100.0％、109.0％、106.9％、109.4％。此外，停时、静载重、中时等质量指标也较好完成计划，运输质量得到较大提高。

【经营管理】　车务段按照“长远规划，通盘谋划，高标定位，试点先行”的整体思路，坚持“量力而行、注重内涵、强化管理”的创建原则，适当投入必要资金，选择基础较好的内乡车站、南阳西车站作为试点，高标准定位、高起点布局，从整体形象、工作氛围、企业文化、生产环境、生活设施、日常管理等方面，全方位组织实施创建工作，建立健全各项管理制度，初步打造“管理一流，设备一流，素质一流，形象一流，业绩一流”的精品车站。大力压缩非生产性支出，运输成本控制在路局有权支出以内，达到收支平衡。顺利推进“站段不再主办或托管多经企业”体制改革，按照“长期共存、相辅相成、互为促进”的战略定位，对剥离后的多种经营企业，属于段主业的企业继续在人员、物资、资金、业务等方面大力支持，全年企业共完成收入 2237 万元，同比增长 3.7％。积极关注集体经济发展和集体职工生活，全年共投入 100 多万元，解决集体职工的生活保障问题，确保集体经济职工队伍的稳定。

【职工生活】　积极改善职工生产生活设施，全年共争取上级投资 1002 万元，段自筹 145 万元，完成基本建设项目 47 个。特别是针对沿线职工文化娱乐方式落后、内容单调的突出问题，在白秋等 15 站建设“职工网吧”，拓展“两线”建设的新途径，受到职工极大欢迎。为满足职工的住房需求，认真研究路局集资建房政策，根据车务段具体实际拟定“南阳车务段生产生活中心”建设规划方案，得到广大干部职工的拥护和路局领导肯定。在资金紧张的情况下，实行领导干部联系特困职工制度，积极开展“送温暖”活动，热心帮扶困难职工，保证困难职工的基本生活水平逐步提高。坚持共建共享，努力提高职工收入，全年在岗职工年均收入同比增长 18.01％。（李新功　鞠文基）

公　路　运　输

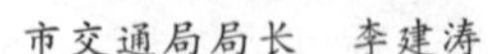

市交通局局长　李建涛

市交通局党委书记　王谊卿

【公路运输概况】　2008年，南阳市交通系统工作取得显著成绩，被省委、省政府授予“省级文明单位”、“省级卫生先进单位”；被省人事厅和交通厅联合表彰为“全省交通系统先进集体”；获取全省交通系统“安全知识竞赛一等奖”；被省交通厅授予“农村公路建设先进单位”、“农村公路‘好路杯’先进单位”、“干线公路‘好路杯’先进单位”、“安全工作先进单位”、“法制工作先进单位”。（一）交通基础设施稳步发展。全年交通基础设施建设计划投资23.69亿元，实际完成投资24.45亿元，为年度投资计划的103.7%，占全省交通基础设施完成投资的10%。（二）高速公路建设取得新成就。全年实际完成总投资8.88亿元。岭南高速公路建设项目完成投资8.15亿元，完成南召县城至分水岭段45公里建设任务，岭南高速公路（除蒲山大桥之外）于2008年11月26日实现通车，提前完成国家主干线二广高速河南全境通车的任务。（三）干线公路建设进展顺利。全年完成投资3.2亿元，为年度投资计划的106.6%。完成路面21.5公里。改建项目7个465公里，路基工程完成工程量的70%。在干线公路建设中，继续加大战备公路建设，全年完成投资1.44亿元，占全省战备公路建设总投资的62%。（四）农村公路建设成效显著。全年完成投资9.25亿元，为年度投资计划的123.7%。完成农村公路建设里程1880.6公里，其中县乡公路建设项目完成1114.6公里，建成村级联网公路766公里，建设桥梁750延米。加大旅游公路建设，旅游公路建设全年完成投资1.48亿元，建设里程140.6公里。（五）场站（渡口）规划和建设再创佳绩。编制完成《南阳市县级汽车客运站“十一五”建设规划》。《南阳公路运输枢纽总体规划》通过国家交通运输部审定。场站建设全年完成投资1128万元，建设4个县级客运站。水上基础设施建设全年完成投资655万元，改造17个渡口。（六）行业管理水平得到进一步提升。全系统大力加强在建交通工程质量监管，工程合格率达到100%，优良率达到80%以上。加大公路养护管理工作，公路质量和通达能力得到明显提高，新创建17公里干线公路文明示范路段和8条107公里农村公路文明示范路。推进农村公路管理养护体制改革。全市有管理养护任务的190个乡（镇）都成立乡（镇）养护站，聘用农民养护工7085人。全市农村公路基本形成“有路必养、养必有效、有路必管、管必到位”的良好局面。（七）公路运输能力进一步提高。全市公路运输共完成客运量11164万人次，客运周转量717966万人公里，货运量9629万吨，货运周转量695147万吨公里，分别是年计划的102.93%、109.57%、119.28%和117.38%。客运周转量居全省第1位，客货运量均居全省第2位。全市道路运输行业总产值达87.81亿元，占第三产业总产值的17.04%，创造利润11.11亿元，缴纳各种税费6.88亿元，同比增长16.02%。（八）交通规费征收和通行费堵漏增收成效明显。全市交通规费征稽部门和征稽人员实行人性化、网络化管理，开展治理交通规费车辆专项稽查行动，提高征收率，确保全市交通规费征收持续增长，全年交通规费征收完成3.78亿元。（九）继续保持安全无事故。认真开展百日督查专项行动和安全教育“百千万”工程，加强农村客运、重大节日期间车辆（船舶）运输和危险品车（船）运输安全管理。认真抓好工程建设安全管理，突出抓好高墩、大跨度桥梁、隧道作业和重点时段、重点环节的安全监管。加强安全隐患治理和渡口渡船安全管理专项整治，修建、完善安全设施，推进公路、水运应急保障系统建设，制定下发《南阳市水上漂流安全管理规定》。全年取得水上运输和工程施工“双零”事故好成绩。在全省交通系统安全知识竞赛中，南阳市代表队获得个人、团体预赛和决赛3个第一的好成绩。（十）党风廉政和精神文明建设得到进一步加强。深化交通基础设施建设领域廉政工作，打造阳光工程。加强交通建设资金特别是农村公路建设资金的审计。全年查处涉及农民负担的案（事）件13起，清理拖欠农民工工资30.2万元。继续开展治理公路“三乱”工作，制定《南阳市交通局查处公路“三乱”快速反应实施意见》，组织明察暗访，及时纠正处理各类违章违规行为20多次，有效地遏制公路“三乱”。加强政务公开工作，开通《南阳市交通局网站》，全年共受理举报、投诉、咨询300多人次，做到件件有回音，事事有结果。反腐倡廉工作扎实有效，为全市交通事业的持续、健康、快速发展提供强有力的政治保证。认真开展文明单位创建活动。2008年，全市交通系统文明创建活动成效显著，共创建6个省级文明单位、8个市级文明单位。（邹银杰　高新海）

【高速公路建设】　岭南高速公路完成投资8.15亿元，占年度投资计划7.86亿元的103.7%。11月26日完成南召至分水岭45公里路段和高速联络线24.25公里（蒲山特大桥除外）的建设任务，实现国家重点主干线二广高速河南境内提前全线通车。南阳市高速公路通车总里程达到553公里，占全省通车高速公路里程4841公里的⅑。全市通车高速公路总里程连续两年名列全省第一。（邹银杰　高新海）

【农村公路建设】　南阳市农村公路建设投资重点由“村村通”转向县、乡公路建设。全年完成投资9.25亿元，为年度投资计划的123.7%；完成农村公路建设里程1880.6公里，为年度计划的103.5%。其中县、乡公路建设项目完成1114.6公里，为年度计划的106.3%，完成投资81884.07万元，为年度目标的126.75%。在农村公路建设中，加大对旅游公路建设力度，全年完成投资1.48亿元，建设里程140.6公里。对进一步开发旅游资源，推动旅游业发展，创造有利条件。全年完成通乡油路项目67个762.6公里；完成大中桥3座228延米；完成村道405个657公里。（邹银杰　高新海　王铁峰）

【农村公路养护】　南阳市为加强和规范农村公路养护与管理，制定《农村公路管理养护意见》。明确市、县、乡3级人民政府以及农村公路管理部门的管理养护职责，规定农村公路的养护内容和质量标准。全市初步建立适应农村公路管理养护需要的体制和机制，12个县、区建立农村公路管理所并相继开展工作，190个乡（镇）成立乡（镇）养护站，各乡（镇）站有固定的场地和办公设备，共聘用农民养护工7085人，建立机械化中心养护站4个。市政府在地方财政中优先安排农村公路养护大中修资金，同时要求县政府在县级财政中按不低于县道每年每公里3500元、乡道每年每公里2000元、村道每年每公里1000元的标准安排日常养护资金，并督促县级财政纳入财政预算，按季度将配套资金拨付到农村公路管理部门。截至年底，市级养护资金1500万元、各县（区）列入财政日常管养资金2511.66万元全部到位。（邹银杰　高新海　王铁峰）

【开展农村公路“通达杯”竞赛】　南阳市委、市政府对农村公路工作高度重视，把农村公路建设和养护工作纳入市政府6项经济社会发展的重点工作之一，开展为期3年的农村公路“通达杯”劳动竞赛活动。市政府成立由主管市长牵头的“通达杯”劳动竞赛评比委员会，制定《南阳市农村公路通达杯劳动竞赛活动实施方案》和《南阳市农村公路通达杯评比标准》。内容分为工程建房、公路养护两大项35小项，总分1000分。根据综合得分，对前6名进行奖励，对第一年综合排名后3位的通报全市，媒体曝光，连续3年综合排名后3位的全市通报批评，县（区）领导向市政府写出书面检查。通过竞赛活动，使县级人民政府在农村公路建设、管理养护中的责任主体地位得到进一步明确，激发全市各级政府和农村公路系统广大干部职工的爱岗敬业精神和工作热情，增强服务意识，提高农村公路建设质量和管养水平。（邹银杰　高新海　王铁峰）

【交通安全管理】　市交通系统加大对安全隐患排查治理力度，先后5次派出督查检查组对13个县（市、区）的隐患排查专项整治行动进行监督、检查和指导。通过对189个单位的自查自纠，共查隐患267条，整改264条，整改率为98.8%。对在用大中型桥梁进行全面排查，对排查出有病害的桥梁采取安全防护措施。对库区、航道、跨河桥梁及通航水库的港区、坝区、节制闸区、交通管制区和水上水下施工作业区、客船、渡口渡船、货船、航标等进行认真排查，对桥梁、大坝、节制闸等设施采取防止船舶碰撞保护措施。全年实施道路运输安全督察34次，促使各单位提高责任意识，预防和减少事故发生。把好市场准入关、车辆技术状况关、营运驾驶员从业资格关，严格企业年审、车辆上线检测、技术等级评定和营运驾驶员满课时培训考试。要求驻站运管人员督促客运站落实“三不进站五不出站”的要求，维护站场良好运输秩序。把农村客运作为道路运输安全监管的重点，对农村客车车辆技术状况和从业人员进行重点管理，督促农村客运经营企业建立并落实安全生产责任制。全年道路运输安全形势稳定，未发生重特大安全责任事故。（邹银杰　高新海　杨明　张保印）

【交通规费征收】　市交通规费征稽部门以“征缴便捷化、执法规范化、队伍正规化、管理网格化”为目标，突出精细化管理和人性化服务两个重点，努力构建和谐征稽关系。一是着重加强车辆入户、停征管理、包干缴费管理、双实名制管理、票证和财务管理等，细化对车辆年吨征收额、漏征率和包干缴费履约率等考核指标，推动征稽管理规范化、科学化、制度化。二是积极转变征管模式，大力推行“网格化”征稽管理。全市共划分出13个一级（县级）网格，65个二级（城区、乡镇、缴费大户等）网格，对网格内车辆规费征缴实行责任制和上门服务，将征费服务延伸至社区、企事业单位、乡村，在强化源头管理和基础工作管理上寻求新突破，减少征缴摩擦，提高车辆实征率。三是加快征稽信息化步伐，实行人性化管理服务。继续推行延时限时服务、网上缴费查询、规范违章车辆停放管理、异地缴费、移动征费、银行代征、刷卡缴费、“温馨提示”、“无干扰稽查”和“八不暂扣”等多项具体便民服务措施。四是启动富有特色的征稽文化建设系列活动，在全系统成功举办“迎奥运讲文明树新风”礼仪知识竞赛、“展征稽风采、谱和谐新篇”演讲比赛、文艺汇演、聘请政风行风监督员、创建“星级文明规范征收大厅”、评选先进人物和先进集体等活动，将文化建设活动融入规费征收工作的全过程，树立交通征稽行业良好形象。在成品油价格和税费改革影响交通规费征收的情况下，全年全市共征收各项交通规费3.78亿元，比上年同期增长0.97%，占年计划的93.26%。其中：公路养路费完成30615.87万元，比上年同期增长0.53%，占年计划的92.16%；客运附加费完成2453.55万元，比上年同期减少5.31%，占年计划的96.79%；货运附加费完成3302.01万元，比上年同期增长14%，占年计划的108.62%；运输管理费完成

1473.75万元，比上年同期减少4.28%，占年计划的82.56%。（邹银杰　高新海　侯辛）

【交通工程质量监督检查】市交通质监站加强对监理和检测市场管理，严把人员准入、资质、资格审查关，要求监理和试验检测人员按投标承诺进场，对进场的监理和试验检测人员进行审查，组织培训、考试和实际操作技能考核。为确保试验数据的准确性和真实性，重点对部分公路工程建设项目的施工、监理单位工地试验室和从事试验检测业务的第三方检测机构进行抽查，有效遏制试验检测数据造假行为。加强对重点建设工程质量、施工工艺和实体质量监督检查，对7个干线公路项目进行交工质量验收检测，共检查路面宽度158个断面，厚度124处，纵段高程216处，横坡164处，平整度112处，钻芯取样136个，经检测以上路线基本符合交工要求。对全市2007年县乡公路未通达建制村项目进行验收，验收项目共42个，验收里程达483.74公里。对淅川县石庙湾渡口等17个渡口进行质量鉴定。（邹银杰　高新海　张莹）

【驾培市场管理】　市交通部门拓宽管理思路，主动和公安交警部门进行沟通衔接，使驾培市场管理走向良性发展轨道。继续在驾培市场开展专项整治活动，并与公安交警部门进行首次联合执法，共查处取缔"黑驾校"10所，查扣非法教练车4台，严厉打击驾校超越许可事项、异地培训、使用社会车辆培训等违法违规培训行为，维护驾培市场良好秩序。全年对新申请备案的21所驾校进行复核，并将符合条件的14家驾校上报省运输局，顺利通过省局验收。（邹银杰　高新海　杨明）

【客运市场清理整顿】　全市继续以打击、取缔各种非法、违规客运经营行为为工作重点，努力维护客运市场良好秩序。一是对客运企业、客运班线进行彻底清理，摸清客运企业的基本情况，理清所有许可线路投放的运力数、座位数、类型等级及经营期限。二是深入到相关客运企业、客运班线进行调研，督促企业加强内部管理，充分发挥其基础性组织管理作用。三是在条件比较成熟的南阳至油田、南阳至新野客运线路率先进行公司化改造，油田线路33辆车，新野线75辆车，每条班线为一家经营主体，采取循环经营，滚动发车，统一票价，统一管理的运行模式，两条班线的服务质量、经济效益明显提高，营运秩序日益规范，达到经济效益与社会效益双赢局面。四是对中心城区2000余名出租车司机进行轮训，与市文明办联合开展中心城区出租汽车行业星级服务评选，以公司为单位分批组织城区1100辆出租车到运管局集中接受车容车貌、内部卫生、服务用品配备方面的检查。在中心城区公开招聘100名监督员，并发给监督证，对出租车经营中存在的拒载、绕道、宰客、私自涨价、是否按规定使用计价器等服务情况进行动态监督，为市民提供良好的出行服务。（邹银杰　高新海　杨明）

【危险品运输企业监管】　南阳市强化对危险化学品运输企业监督检查，强力推行危险品货物运输的生产调度、安全管理、经济核算、车辆维修、质量管理、车辆保险"六统一"制度，提高运输企业处置突发事故应急能力和特殊天气的适应能力。加大科技手段运用，在全市货运企业推广安装"八卦来网"，建立物流信息平台，成立物流信息服务有限公司，落实科学发展、节能减排的方针，提高全市物流业整体服务水准和服务层次、经济效益。（邹银杰　高新海　杨明）

【道路运输市场诚信体系建设】　南阳市认真开展道路运输企业质量信誉考核工作，全市评定货运AAA级企业1个，客运AA级企业19个，货运AA级企业58个，维修AA级企业10个，驾培AA级企业13个。分行业在南阳汽车站、河南油田运输处等企业召开现场会，观摩先进企业管理，提高企业基础管理水平，推广先进管理经验。（邹银杰　高新海　杨明）

【农村客运网络化建设】　南阳市根据整个公路网的发展实际，市、县两级运管部门在充分调研的基础上，制定全市农村客运发展规划。至年底，全市农村车、站、路“三位一体”的客运网络初步建成，共有乡（镇）客运站149个，农村客运招呼站1162个，农村客运线路441条、客车2075辆，全市乡镇客车通达率达100%，行政村通达率达98%，农村客运班线日均发送旅客7.8万人次，较好地解决广大农村人口“乘车难”的问题，极大地加快全市新农村建设步伐。（邹银杰 高新海 丁松涛）

【道路运输市场管理】 全市营运车辆达100195辆，居全省第2位，其中营运客车（含出租车）600辆，营运货车94190辆，居全省第1位，客运线路1100条，辐射全国28个省、市、自治区。拥有客车站224个，汽车检测站13个，驾校34所，3类以上维修厂1108家。市交通运管部门，加大对运输市场管理力度，全年共查纠各种违规车辆7000余台次，罚没款123.5万元。全年审验营运车辆18499辆，一、二类汽车维修企业178家。技术等级评定检测车辆22683辆，二级维护竣工检测6695辆次。完成对危险品押运员、维修工、出租车司机、营运驾驶员等培训达17100人次，考试21000人次，基本杜绝病车上路营运，保证运输市场健康发展。（邹银杰 高新海 杨明）

公 路 建 设

【公路建设概况】 南阳市公路管理局是全市公路建设管理部门，机构初设于1963年，称南阳地区公路总段，自收自支事业单位，副处级规格。1995年更名为南阳市公路管理局。2001年12月市公路管理局升格为正处级单位，事业单位性质不变。2008年10月市公路管理局内设15个科室：办公室、党委办公室、人事劳动科、计划统计科、公路养护科、工程管理科、财务科、审计科、设备材料科、路政管理科（路政管理大队）、总工程师办公室、安全保卫科、通行费管理科、老干部管理科、纪检委（监察室）。机关事业编制118名，领导职数6人，科级领导职数38名，经费实行自收自支。直属单位：公路技工学校、南召稻田沟收费站、新野涧河收费站、桐柏耿家庄收费站、唐河太山收费站4个正科级单位。同时，市公路局下属的市公路工程处、市公路规划勘察设计院、市公路物资仓库、市公路局试验检测中心4个单位改为企业。辖13个县（市、区）公路局，管养干线公路2330公里，其中国道4条645公里，省道14条1685公里，桥梁884座37444延米，养护道班124个，超限运输检查站（点）10个，收费站站（点）15个，路政大队13个，11个直属单位，职工10380人，是全省管养路程最长、人员最多的地（市）级公路局。2008年全市干线公路建设坚持以科学发展观为统领，深入开展“交通工作管理年”活动，通过转变观念，深化改革，强化管理，全面提升公路行业管理水平和服务水平。建、养、收、管等各项工作均衡开展，公路事业呈现出健康、稳定发展的良好态势。全年投入6100万元，全面启动境内3条国道、2条省道的路桥大修改造工程；8个干线公路建设项目完成投资3.2亿元；通过“堵漏增效、百日工作制”活动，加对通行费环境整治力度，完成通行费征收2.48亿元，实现应收尽收；整改案件查处率、索赔率分别达到99%和98%，车辆超限率控制在4%以下。畅通无阻的公路交通，成为助推全市经济发展的巨大动力。

【干线公路建设】 全市干线公路进行8个建设项目，其中新建项目有岭南高速连接线、S231线蒲山段改线；续建项目有S249线内乡赤眉至板场公路、S331线方城申营至草庙段、S330南阳至叶县界段、S335桐柏毛集至泌阳交界段、S331线南召县城至宛洛界段、S331线宛洛界至西峡太平镇段公路改建。累计完成投资3.2亿元。岭南高速连接线位于岭南高速独山互通立交桥至市区312国道，全长5.4公里，全年完成建设投资4368万元，11月1日建成通车。省道改建项目共465公里，路基工程完成工程量的70%。在干线公路建设中，继续加大战备公路建设，全年完成投资1.44亿元，占全省战备公路建设总投资的62%，在建项目5个226公里，占全省在建战备公路总里程的63%。信南高速至油田全长15.72公里的连接线工程于11月15日开工，前期建设进展顺利。南邓一级公路项目已和投资方完成谈判并签订项目建设经营合同书。

【干线公路养护】　市公路局加大公路养护管理工作，全市工程质量和通行能力显著提高。一是多方筹措资金，加大养护投入。全年累计投入资金6100万元，全面启动实施省、市下达的“五路两桥”大修改造任务。“五路”为：G209线淅川境15公里大修、G312线镇平境1.2公里大修、S231线南召境7.4公里大修、S240线唐河境11.7公里大修、S249线邓州境10公里大修；“两桥”为：G207线南召南河店大桥危桥改造工程、S249线内乡赵店大桥危桥改造工程。二是狠抓经常性养护。全市共完成油路基层坑槽挖补12.24万平方米，完成面层坑槽挖补9.54万平方米，进行油路预防性养护5.15万平方米，利用改性石油沥青处治路面反射裂缝100.66万米，列养路线公路好路率93%，实现国家、省干线公路没有严重影响行车安全的病害和无差等路。三是积极创建文明示范路。在巩固和保持2007年303公里文明示范路创建成果的基础上，2008年又完成17公里的文明示范路创建任务，高标准种植公路各类苗木21.9万株，累计完成绿化投资293万元，平均成活率96%以上。四是在全市范围内继续深入开展“星级文明道班创建”竞赛活动。2008年累计投资300万元，使全市所有道班全部达到星级标准。五是投入专项修复资金1060万元，对2008年初严重雨雪灾害损毁的路面、塌方进行修复。六是进一步加强桥梁安全管理，辖区内干线公路危桥监控率100%，危桥加固改造率达80%以上。

【公路通行费征收】　干线公路通行费征收在高速公路分流、农村公路道口增多、“绿色通道免费”以及宏观经济增速放缓等不利因素影响下，通过堵漏增收和外部环境整治，共完成公路通行费征收2.48亿元。11月15日全市召开干线公路统贷统还资金“分责偿还”工作会议，下发《南阳市人民政府办公室关于确定南阳市干线公路建设统贷资金分责偿还目标任务的通知》，调整通行费征收任务数，进一步明确落实“分责偿还”目标任务的具体措施和办法，把省政府“分责偿还”任务落实到实处，为做好通行费征收工作提供有力保障。会后，市政府多次组织纠风、监察、公安、交通等部门，对收费站征收环境进行综合治理和督导检查，进一步加大对通行费环境整治的力度。全市交通系统深入开展“强化管理年”和“堵漏增收、百日冲刺”活动，杜绝私放人情车和不规范收费，强化内部管理，改革经费拨付办法，建立增收激励机制，使各站平均漏征率控制在2%以内，实现应收尽收。

【路政管理】　全市路政部门共出动宣传车330余台次，散发法律法规宣传单2.7万余份，路政巡查月平均达到26天次，共查处各类路政案事件1143起，依法索赔路产损失费335万元，路政案件查处率、索赔率分别达到99%和98%。依法拆除非公路标志800块，检测车辆58万台次，收取检测费450余万元，车辆超限率控制在4%以下。开通路政监控指挥中心，使用全省统一的96055路政服务热线，应用先进的GPS卫星定位系统和超限检测远程视频监控系统，极大提高路政执法的快速反应能力。

【省政府百日安全督察组到宛指导工作】　5月14日，省政府百日安全督察组组长、省交通厅正厅级巡视员常凤波一行在市安监局、市交通局和市公路局有关负责人的陪同下，对S103线方城县脱脚河危桥现场的监控防范情况和公路工程处安全工作进行检查指导。督察组对市公路局所做的危桥监控防范措施给予充分肯定。

【全省干线公路安保工程技术培训会在西峡召开】 5月27日，河南省干线公路安保工程技术培训会议在西峡县召开。国家交通部公路司高海龙教授、省公路局养护处副处长孙传夏、薛鹏涛、市公路局局长王国俊、副局长秦性奇及省内18个地市公路系统养护管理人员参加会议。与会人员对G311线西峡境文明示范路路段的公路安保工程设施、紧急避险车道、强制降温池和墙式护栏等进行实地观摩交流，对南阳市公路系统公路安保工作给予充分肯定和赞扬。（邹爱民　蒋天栋）

交通战备

市交通战备办主任　张建强

【交通战备概况】 2008年，南阳市交通战备办公室坚持交通战备工作为国防建设服务，为驻军部队服务，为地方经济建设服务的宗旨，开拓进取，扎实工作，较好完成年度各项工作任务。“5·12”四川汶川发生特大地震后，市交通战备办公室积极协调公安、交通等部门，做好抗震救灾部队的交通保障工作。市交通战备办公室同市公路局等有关单位，编制南阳大桥战时军区三级保障方案；全年在建国防公路5条，总里程300余公里，总投资69426万元；上报国防公路项目11个，部队进出道路项目11个；完成全市国防交通信息数据库建设。

【国防公路建设】 交战办积极做好续建项目施工和新开工项目建设工作。在建国防公路建设项目5个：西峡重阳——黄沙、内乡赤眉——板场、镇平县余堂——门岗——马山口、南召县城——宛洛界——西峡军马河国防公路（西峡境）、南召县城——宛洛界——西峡军马河国防公路（南召境）、内乡七里坪——万沟——二郎坪。总里程333.4公里，总投资69426万元，其中中央预算投资20735万元，省投资20901万元，市、县配套27790万元。截至2008年完成总投资33900万元，其中2008年完成投资13700万元。

【国防公路项目申报】 市交战办积极做好项目申报工作，南召县城——宛洛界——西峡军马河国防公路项目纳入2008年国家投资计划。根据国家扩大投资，拉动内需精神，市交战办在广泛征求南阳驻军部队意见的基础上，会同市发改委、市交通局等部门积极向中央、济南军区和省上报国防交通项目，争取早日纳入中央、省投资计划。其中上报国防公路项目11个，总里程361.29公里，总投资83332万元，申请中央、省投资65562.4万元；部队进出道路项目9个，建设里程28.4公里，总投资2210万元，申请中央、省补助1610万元。

【民用运力动员准备工作】 根据《民用运力动员条例》规定和上级通知精神，市交通战备办公室组织人员分别到市交警支队、市运输管理处、宛运集团、南阳油田等相关部门调查，收集全市民用运力资料，并做好统计、归档工作，及时上报省交通战备办公室。2008年全市拥有大型货车8080辆，其中15吨以上货车8010辆，15吨～20吨货车50辆，30吨以上货车20辆，30吨以上平板拖车2辆。这些数据信息为济南军区在南阳市建立重装备运输队提供依据。

【南阳市国防交通信息数据库建设】 按照《济南军区交通战备正规化建设工作实施细则》要求，建立国防交通信息数据库。该数据库包括全市国防交通组织机构数据、交通运输基础数据、战备工程设施数据、民用运力动员

潜力数据、交通专业保障队伍数据、国防交通储备物资数据、业务工作数据等七大类交通数据信息。（崔振平）

宛运集团有限公司

宛运集团公司董事长
总经理、党委书记　胡逸云

【生产经营概况】　2008年南阳宛运集团有限公司面对雨雪冰冻灾害影响、燃油价格上涨、交通规费负担加重以及客运市场竞争加剧的严峻形势，围绕“效益、安全、稳定”的目标，采取积极应对措施，精心组织生产经营，强化内部各项管理，加强企业党建、思想政治工作和精神文明建设，全力做好信访稳定工作，全面完成年度各项目标任务。全年实现利润889万元，超额完成原计划836万元的年度目标任务，保持企业改制后持续健康发展的局面。集团公司在中国道路运输协会发布的“中国道路运输百强诚信企业”中名列第19位，在“南阳市企业50强”中名列第20位，获得“河南省文明单位”、“河南省思想政治工作先进单位”、“河南省首届信用建设示范企业”、“河南省结对帮扶农村精神文明建设先进单位”、“南阳市五好基层党组织”、“南阳市信访工作先进单位”、“南阳市依法治市先进集体”、“南阳市安全生产先进单位”、“南阳市消防工作先进单位”、“南阳市纳税信用A级企业”等荣誉称号。集团公司下属的九州货运公司被评为“全省交通系统抗震救灾先进集体”。

【客运生产】　春运期间，积极应对雨雪冰冻灾害影响，千方百计组织客源，实现营运收入5213.6万元。“十一”黄金周期间，共组织加班、包车168台次，实现营运收入649.2万元。对各单位微机售票、微机打单严格进行考核管理，细化结算收入管理，建立收入分析制度，为领导决策提供依据。认真贯彻落实国务院《关于进一步加强道路运输企业安全生产管理工作的通知》精神，制定《安全生产责任追究办法》、《安全生产督查条例》，开展“迎奥运保安全”、“安全生产百日赛”、“安全管理回头看”和安康杯知识竞赛等活动，使安全理念深入人心。进一步加强对GPS和行车记录仪的管理，在已对330台客车安装GPS的基础上，2008年又投资400多万元对剩余900多台客车全部安装车载GPS监控系统，运用科技手段强化客运车辆监控管理。全年客车总行程18500万公里，百万公里行车安全四项频率分别比省定标准下降93%、87.5%、93%、47.7%。集团公司申报的《道路运输企业以人为本的精细化安全管理》课题荣获省、市企业管理现代化创新成果一等奖、全国企业管理现代化创新成果二等奖。全面整顿南阳至郑州精品班线，开展“旅途如家”、“争创质量信誉优秀单位和优秀个人”等活动，使客运服务水平明显提高。南阳汽车站被全国总工会授予“全国工人先锋号”荣誉，新野分公司被河南省总工会等部门授予省“经济技术创新示范岗”，同时获省“五一”劳动奖状。为提高客运市场竞争力，以新野分公司为试点，集团公司积极探索推行公车线路公司化经营模式，提高客运市场竞争力。2008年6月，新野分公司大胆创新，反包县运公司18台车辆，重组专线营运客车，实行公司化经营，建立有效的管理机制，取得初步成效，为集团公司稳步推进线路公司化经营进行有益尝试。

【机务管理】　机务管理严格落实集团公司《车辆资产管理条例》、《车辆技术管理条例》，有效遏制公车车况非正常下降，杜绝机械事故的发生。全年更新车辆139台，其中公车18台，使公车总数达到449台。全部参运客车完好车率99%，工作车率94%，公车一、二级维护费用预提全部到位。

【客运场站建设】　全年完成方城、社旗汽车站搬迁新建项目的申报工作；南阳汽车站改造项目已进入省交通厅和发改委审批阶段；桐柏、西峡、唐河汽车站改建项目已完成上报工作。为缓解中心城区交通压力，重新启用南阳汽车南站，有效盘活场站资源。

【多种经营】　集团公司对下属经济实体，根据经营状况，采取不同策略，不断寻求新的经济增长点。努力创造条件保障检测公司综合安检线良性发展。完善驾培公司从业资格证培训资质，加大设备投入，新增训练用普桑轿车15台，增设北京大道训练场，改善办学条件。石油公司开展石化副产品经营，拓宽经营渠道，取得较好效益。亚飞公司增加商业银行汽车消费贷款项目。在南阳汽车站院内设立维修服务车间，拓展依维柯维修服务项目。对扭亏无望的汽车修理公司和亚飞北京大道经销部进行重组。顺利完成幼儿园并入书院小学管理的清产核资、物资盘点、评估、交接和搬迁工作。促使技工学校与天津机电中专学校、河南工业职业学院签订联合办学合作协议。积极与高新区区委、规划部门、岗王庄村委协调，顺利完成大世界加油站拆迁工作。

【企业管理】　为加强安全管理，集团公司将客运总公司GPS总控室进行单设，成为客运总公司机关职能部门，建立集团公司、客运总公司和分公司三级安全监控管理体系，确保对所有营运车辆实行动态管理。做好财务核算和监督工作，严格执行财务人员考核办法，定期或不定期对基层单位进行财务检查。加强对财务人员业务知识教育，提高财会队伍的政治和业务素质。为强化管理职能，增强经营责任，制订年度目标考核奖惩办法，除股份制单位和个人承包经营实体外，对其他单位中层副职以上管理干部全部实行风险抵押经营。调整例会制度，实行集团公司月工作例会制度和领导班子周工作例会制度。坚持每月对各单位和中层以上管理人员进行考核，对重要事项、重大决策及临时性工作及时进行督查，基本实现由年终结果考核向过程考核的转变，进一步增强各级管理干部责任意识和风险意识。在加强基本建设，盘活企业资产方面，基本完成位于京达宾馆西侧两宗土地的立项规划审批手续。积极配合做好仲景路拓宽工程，完成集团公司机关、实业总公司机关、驾培公司、技校及石油公司搬迁工作。完善汽车南站的配套设施。全年完成房产、水电维修项目38个，审核决算资金130.59万元，审减13.57万元，全年维修项目投资117.02万元。为进一步掌握基层单位生产经营情况，提高管理水平，2008年6月21～27日，集团公司领导班子成员和三个机关职能部、处、室的主要负责人近40人组成现场观摩团，深入到33个基层单位调查研究。（韦献新　郑向华）

海　事　管　理

【内河航运概况】　2008年全市水路交通系统多措并举，大力完善安全监管体系，提高海事监管手段，加大对水路安全基础设施建设，严把水运企业资质关，对营运船舶加强质量检测和船员管理，为水运企业保驾护航，实现水路运输经济和交通安全双丰收。全年完成客运量54万人次，比上年增15万人次；货运量实现235万吨，比上年增80万吨。2008年10月，市政府对海事管理体制进行改革，将南阳市地方海事局由正科级自收自支事业单位，升格为副处级财政全供事业单位，与市航务管理处为一个机构两块牌子合署办公，机构编制30人。改革进一步激发全市水路交通系统员工积极性，为水路运输事业的健康发展奠定基础。

【水路基础设施建设】　全市水路安全基础设施建设共完成投资655万元，17个渡口和14艘渡船改造项目顺利完成，为农村渡口渡运提供安全保障。对4个重点库区的安全监管设施和装备进行建造和配置，提高海事监管手段，维护库区通航秩序，树立海事执法新形象。积极推进交通部“十一五”南阳丹江库区航运建设规划项目，编制完成《丹江库区航运建设工程可行性研究》报告。

【水路运输管理】　南阳水路运输管理工作多措并举，对辖区16个运输企业进行2次逐门严格核查，促使水运企业遵守水运政策法规的意识，加强内部安全管理。对水运企业行政许可审批进行严格把关，对经营长江干线水运公司的船舶扩大经营范围，进行严格审核和及时上报，提高南阳籍船舶的通达能力。认真开展节能减排和水路运输量专项调查，确保水运企业健康发展。全年完成客运量54万人次，客运周转量1921万人公里；货运量235万吨，货运周转量5751万吨公里。

【水运交通安全管理】　南阳市海事部门认真贯彻落实省厅水上交通安全监管“四项机制”和“三关一排查”要求，扎实开展“渡口渡船安全管理专项整治”、“安全生产隐患排查治理行动”等一系列专项整治活动，加强汛期及春运等重点时段、重要部位、重点船舶的安全监管，扎实开展安全宣传活动，建立完善水上应急救援机制和水上抢险救助预案，全年共排查并整改安全隐患40起。进一步落实船舶安全管理责任制，督促县、乡政府签订“四级”安全责任书90份，签订率达到100%。结合全市水上旅游项目丰富的特点，制定《南阳市水上漂流安全管理规定》。加强对船员的理论培训和实际操作能力考核，提高船员业务素质。全年对参加长江干线船员和省内船员组织2次培训和考试，其中参加理论培训考试的86人，参加实际操作能力考试的46人。全年未发生安全事故。

【船舶管理】　2008年，全市海事系统的船舶检验工作共检验营运船舶486艘，为年计划的105%，检验建造船舶3艘。认真抓好船舶登记管理，积极实施船舶一卡通推广工程，办理船舶签证卡232张。（邹银杰　高新海　李强）

民用航空

【南航南阳基地概况】　2008年，南阳基地以“保证安全运行、服务飞行训练、开拓航空市场、加快基地建设”为中心，完成飞行训练保障和航班生产任务，创造保障3架大型飞机（B737、A319、EMB145）同时进场飞行训练的国内记录。圆满完成中共中央政治局常委、国务院总理温家宝和中共中央政治局常委周永康到南阳考察的2次专机保障任务。通过岗位练兵、讲课培训等，不断提高员工服务技能，认真落实不正常航班保障预案，确保航班安全正常。全基地共安全保证航班2183班，同比增加12.8%，备降42班，专机保障4架次；保证分公司和股份公司本场训练21155架次，同比增加173.2%，飞行1585小时48分，同比增加236.7%；TB－20航线训练1012架次，各类调机144架次；校飞、运五航摄、农化等其它飞行170架次，飞行84小时26分。安全检查旅客63610人次，检查行李、货物156523件，查出各类违禁物品2251件，其中恐龙蛋化石2枚，管制刀具7把，子弹6发。2008年，南阳机场旅客吞吐量9.5万人次，同比增长37.6%；货邮运输量339.10吨，同比增长12.10%；航班上座率全年达67.44%，同比增加11.25%。在稳固发展京、沪、穗、深4条“基本线”的基础上，基地挖掘客货源，提高上座率。在巩固本地航空市场的同时，通过提供优惠政策、优质服务，使周边城市到南阳机场乘机的旅客越来越多，不断增加机场的辐射力。

【南航南阳飞行训练基地成立】 4月28日，南航南阳飞行训练基地成立庆典在南阳机场隆重举行，标志着国内第一家拥有飞行训练飞机、机场和管理机构的飞行训练基地正式成立。国家民航局副局长李健、南航集团公司总经理刘绍勇、股份公司总经理司献民，河南省委常委、省委统战部部长刘怀廉、省政协副主席袁祖亮，南阳市委书记黄兴维、市长朱广平、市委副书记贾崇兰及相关职能部门负责人出席成立庆典。

【南阳机场航站楼改扩建工程建设】 9月4日，南阳机场航站楼改扩建工程初步设计评审会在南阳基地召开，省发改委、民航中南管理局、省监管办、市政府及相关职能部门、东北设计院等单位的负责人及专家参加评审会。与会专家原则同意航站楼改扩建工程初步设计方案。10月9～10日，民航中南管理局在南阳基地召开南阳机场总体规划审查会，同意南阳机场总体规划方案。10月30日，南阳机场航站楼改扩建工程开工奠基仪式隆重举行，标志着该工程正式开工建设。至年底，工程前期项目建设进展顺利。（李英）

银鹰为南阳插上腾飞的翅膀

据《南阳民航志》记载，1934年4月，蒋介石为了加强对革命根据地的“围剿”，于郑州、南阳等13处修建飞机场。南阳飞机场建于南阳城西北方向，为简易土飞机场。后南阳飞机场被日军占领。日本投降后，南阳飞机场由国民党驻军接管。1948年5月，国民党驻军王凌云部组织民工历时3个月重修南阳飞机场。1948年11月，南阳解放，南阳飞机场终于投入人民的怀抱。

75载岁月悠悠，穿越历史的天空，南阳飞机场饱览风云变幻，历经时代变迁。40年前，南阳飞机场是一座拔尖的飞机场，驻扎着英雄的民航第十六飞行大队（现南航南阳基地）为建设祖国立下无数卓越功勋；现如今，南阳飞机场是河南省三大民用机场之一，让南阳走向世界，让世界走进南阳。

1966年，民航第十六飞行大队从郑州转场到南阳。据南阳唯一一位国家级功勋飞行员——李训廉老人介绍，当年，南阳的飞行主要执行通用航空的专业飞行任务，包括飞播造林、森林病虫害防治、灭蝗、防治小麦干热风、灭棉铃虫、航空探矿、城市上空灭蚊蝇、空投救灾、急救包机、货运包机、播种小麦和牧草、航空化学除草和施肥、灭火、人工降雨、航空摄影和录像、航空科学试验、空中跳伞等。忆起自己的飞行生涯，李训廉老人意气风发：“咱们南阳的每一座山上，都有我们当年飞播的马尾松；就是广东、广西，也有很多树木都是咱们南阳飞机播下的种子！那时候，南阳飞机场是拔尖的飞机场，民航第十六飞行大队是拔尖的飞行大队，我们最多时拥有19架飞机。要知道，同时期的广州只有6架飞机，而武汉仅仅有4架飞机!”

据今年82岁的飞行员黄锦文老人介绍，1958年，河南省准备开辟郑州至沈丘、郑州至濮阳、郑州至潢川、郑州至济源、郑州至南阳5条地方航线，但最终开通的仅有郑州至南阳航线。

1958年12月29日，以易空为机长的机组驾驶820号运五飞机从郑州首航南阳，飞机到达南阳上空后，盘旋数周，撒下五颜六色的传单，庆祝郑州至南阳航线正式开通。该航线是河南省第一条地方航线，每周6班，单机载客量12人，票价13元。这一票价足足执行了20年，直到1978年才涨了1元钱。

据黄锦文老人回忆，那时候，坐飞机可不是件容易事儿，且不说相当于普通人一个多月工资的票价，单是县团级以上人员才能乘坐飞机、购飞机票须持县级以上单位证明这些国家规定，就让绝大多数人望而却步了。

1992年，南阳飞机场迁建到现在的位置，随即由执行专业飞行任务转入航班运输生产。1992年12月12日，新南阳飞机场正式启用，成功开通由波音737执行航班任务的南阳至广州航线，票价为360元。随后几年，南阳飞机场所开通的航线呈现“井喷”状态，最多时曾经开通过南阳至广州、郑州、北京、武汉、沙市、宜昌、衡阳、桂林、合肥、黄山、常州、西安、深圳等城市的13条航线，经过10余年优胜劣汰，目前，南阳飞机场共有南阳通往北京、上海、广州、重庆、深圳、郑州6条航线，执行航班任务的飞机则由起初的运五飞机、运七飞机更新为先进的波音737、空客320、ERJ145，单机载客量可达168人。

新南阳飞机场正式启用之后，南阳的民航事业开始书写全新的篇章。据陆龙渠经理回忆，最初的南阳飞机场只是一个简易的土飞机场，其实就是一个大草坪，只能起降运五飞机，大一点儿的飞机根本不敢落下来，落下来就会陷入地面。后来，虽几经改扩建，但条件依然非常简陋。在1992年迁建之前，南阳飞机场的候机楼就在如今的南航大厦所在的位置，那是一座只有两层的小楼，服务厅仅110平方米左右，除了两张三屉桌和10余把藤条椅，别无长物；停机坪是水泥块铺成的；跑道从现在的人民北路与光武路交叉口附近到现在的张衡路市公安局家属院附近；飞机夜航靠马灯指引……

自1992年12月12日正式启用之后，新南阳飞机场逐步发展成为一座现代化飞机场，能够满足波音757、空客320等机型起降。今年7月18日，南阳飞机场新一轮扩建工程正式开工。此次扩建工程投资总概算为5.07亿元，包括飞行区场道工程、助航灯光工程、飞行区消防及消防救援工程、航管导航通信工程、货运库、航空食品厂、公安安检楼、运营指挥楼、供电工程、给排水工程、油库工程等，建设工期为18个月。此次扩建完成后，南阳飞机场将能满足57万人次的年旅客吞吐量和近万架次的年客机起降架次。

——摘自2009年9月8日《南阳晚报》作者：陈强，有删节。

信息产业

邮　　政

市邮政局局长　李显林

【邮政概况】　2008年，南阳市邮政局内设3部1室及工会工委，下辖15个生产科室、公司。全市共有邮政局所286处，储蓄网点271处，ATM自动柜员机37台，邮政车辆158辆。邮路总长5535公里，城市投递段道235条，农村投递线路（单程）2.80万公里。年末在岗职工1279人，其他用工1947人。全年完成业务总量3.91亿元，较上年增长14.45%；完成业务收入3.78亿元，同比增长22.05%。完成收支差额－2189万元。全员劳动生产率9.08万元。南阳市局和镇平、内乡、南召、西峡、淅川、社旗6个县局荣获“河南邮政先进企业”；邓州、新野、唐河、方城、桐柏、南阳市郊区局6个局荣获“河南邮政优秀企业”，36个支局（所）荣获全省“明星农村支局（所）”。南阳局被市委、市政府授予“市级文明单位”，被市政府授予“南阳市行风评议优秀单位”，被市总工会授予“劳动关系和谐企业”、“市职业道德十佳单位”、“市五一劳动奖状”。市仲景收投服务站荣获“全国工人先锋号”称号。新野县歪子支局被省政府评为“全省群众最满意的基层站所”，内乡县赤眉支局荣获南阳市五一劳动奖状。南阳市集邮协会荣获2008年度“河南省集邮协会先进单位”，内乡县集邮协会、油田集邮协会荣获“河南省集邮协会先进集体”。市局投递员闫双荣获“河南省五一劳动奖章”，市局田维平、桐柏局田宇荣获“河南省三八红旗手”称号，白雪霞荣获“市三八红旗手”称号。

【南阳局投递员入围“感动南阳”候选人】　2月14日，《南阳日报》刊登“移动杯”南阳市首届感动南阳十大女性候选人名单，南阳局宛北收投服务站投递员白雪霞光荣入围，全局上下迅速掀起一股学习白雪霞的高潮。

【南阳独山玉个性化邮票首发式】　4月16日，南阳局举行独山玉个性化邮票首发式。中国珠宝玉石首饰行业协会副会长、河南省珠宝玉石首饰行业协会会长刘长秀，中国珠宝玉石首饰行业协会玉石分会副主席兼秘书长奥岩，河南省邮政管理局局长杨汉振，中共南阳市委常委、统战部部长郭庆之，市人大副主任杨德明，市政府副市长张振强，市政协副主席张忠祥出席仪式。

【南阳局启用联体邮戳宣传宗教遗产圣地玄妙观】　4月18日，南阳局启用联体宣传邮戳一枚，关注“宗教遗产与圣地”、全国四大名观之一——南阳玄妙观。宣传戳主图采用玄妙观之三清殿，主文字为2008年“国际古迹遗址日”的宣传主题“宗教遗产与圣地”及玄妙观的来历“玄之又玄，众妙之门”。

【南阳仲景收投服务站获全国“工人先锋号”】　4月29日，

在北京召开的庆祝五一国际劳动节大会上，南阳局仲景收投服务站荣获全国“工人先锋号”。该站是全省邮政系统唯一获得此项称号的集体，也是该站继二月份获得河南省首批“工人先锋号”后，获得的又一更高荣誉。

【启用临时邮戳纪念汶川大地震】 5月19日，南阳局启用两枚临时邮戳。其一为“四川汶川大地震”，宣传文字“全国哀悼日”；其二为“全国哀悼日”，宣传文字“奥运圣火传递暂停”。这两枚邮戳互为链接，没有图案，仅有简洁的波纹，文字采用黑体及水柱体，简洁庄重、寓意深邃，以此寄托南阳人民对遇难同胞的哀思。

【投递网建设】 南阳局投入资金近200万元，对市区和邓州、新野、镇平、方城等局的发行投递站和速递分局生产场地进行高标准装修、改建，并配齐各项服务设施，建成市区速递旗舰店一处。高标准建设网点极大改善了邮政服务窗口形象和投递人员的工作环境，受到集团公司、省公司投递网验收小组的高度评价。同时，为进一步提升南阳邮政形象，专门制作投递网建设专题片。

【南阳邮政储蓄余额突破100亿元】 截至2008年6月15日，南阳市邮政储蓄余额达到102.25亿元，位居南阳市金融机构前列。6月19日，南阳局举行庆祝仪式，南阳市委常委、常务副市长朱长清，市委常委、市委秘书长原永胜，市人大副主任袁晴超，市政协副主席王清华等前往祝贺。

【市人大代表视察邮政工作】 7月14日，南阳市人大代表30余人分组到南阳市局、邓州局调研了解《中华人民共和国邮政法》、《中华人民共和国邮政法实施细则》、《河南省邮政条例》实施以来的贯彻落实情况。针对邮政部门在发展和改革中遇到的问题，表示人大有义务有责任向省人大和市委市政府提出建议，特别是城市信报箱建设情况、邮政办公场地土地规划情况、邮政车辆通行费用减免情况及局所建设占地费用等邮政部门迫切需要解决的问题，将积极协调督促有关部门积极配合邮政部门，在政策上给予支持和倾斜。

【信报箱群建设纳入南阳市城建规划】 2008年，南阳市政府办公室发文要求，城市住宅开发建设单位要把信报箱群建设作为配套设施纳入建设工程总体预算，列入建设工程的规划、设计、施工、验收的全过程，做到与建设工程同步设计、同步施工、同步竣工验收。凡新建、改建、扩建、在建的城市居民楼、住宅区，必须将邮政信报箱群作为居民楼房、住宅区的配套设施。

【南阳油田举办集邮展览暨第29届奥运会世界邮票大全发行仪式】 8月2日，河南石油勘探局、油田邮政局、油田集邮协会联合举办了“喜迎奥运共建和谐”集邮展览暨第29届奥运会世界邮票大全发行仪式。该邮展以“喜迎奥运、共建和谐”为主题，展出了“五环颂歌”、“五环辉煌”、“奥运北京”、“抗震救灾”、“五星红旗”等内容的邮集作品共32部83框。

【“医圣故里药材之都”个性化邮票在宛发行】 9月20日，“医圣故里药材之都”个性化邮票首发仪式在南阳举行。国家科技部副部长刘燕华、国家中医药管理局副局长房书亭、河南省人民政府副省长徐济超、河南省邮政管理局局长杨汉振、南阳市委书记黄兴维等为《医圣故里 药材之都》个性化邮票揭彩。该系列邮票共三版，其中，南阳地道药材邮票32枚，具有很高的艺术性、纪念性和收藏性。

【南阳局营业生产综合楼开工建设】 9月28日，南阳局营业生产综合楼奠基仪式在南阳局新址举行。市委常委、副市长陈光杰，市人大副主任李东武，市政协副主席王清华出席仪式并与南阳局局长李显林一起为大楼开工奠基培土。该楼主体六层，局部七层，主要建设内容包括邮政综合营业、邮政储蓄营业、信息中心、信函、速递、直复营销、中邮物流等。

【南阳邮政干部职工竞聘上岗】 11月23日～12月10日，按照省公司关于在全省管理岗位实行竞聘上岗的通知精神，南阳局圆满完成了12个县局和市局干部职工的竞聘上岗工作。据统计，全局共有200多人报名参加管理岗位竞聘，经过资格审查、面试、民主测评等程序，共有100人顺利上岗。

【南阳局隆重举行中国2009世界邮展60城市巡邮暨辉煌十年文艺晚会】 12月24日，中国2009世界邮展60城市巡邮暨南阳邮政辉煌十年文艺晚会在南阳电视台演播大厅隆重举行。中华全国集邮联合会副巡视员张宝生，中国2009世界邮展执委会办公室副秘书长吴宁军，中国2009世界邮展执委会办公室策划处处长王若谷，河南省集邮协会秘书长曹薇娅，中共南阳市委常委、宣传部部长姚进忠，市人大副主任金星，市政府副市长张振强，市政协副主席赵金文等出席活动。(邱丽娜)

无线电管理

市无线电管理处处长　齐富宇

【无线电管理概况】 2008年，市无线电管理处紧紧围绕“满足需要，规范秩序，加强管理，提升能力”的要求，加强频率台站管理，严格规费征收，严肃查处违章设台，清除有害干扰，为维护全市无线电电波秩序，确保航空安全，做出积极贡献。截至年底，全市共有各类无线电台站5142部（台），其中广播电视发射设备61部，数字蜂窝基站1774部，无线接入系统（小灵通）基站2110部，卫星地球站4部，雷达4部，微波发射设备155部，短波电台5部，甚、特高频电台1018部，集群通信基站11个。全市共有数字蜂窝手机用户340万户，小灵通手机用户10万户。先后被省无委评为目标先进单位，被市委、市政府评为“五好基层党支部”、“市级标兵文明单位”等荣誉称号。

【无线电频率台站管理】 在进一步抓好无线电频率台站数据清理登记工作的基础上，严格遵守各项审批程序和规定，对全市无线电台站的频率指配、规费征收、封存、报废进行彻底摸底登记，为新设台单位的台站进行行政和技术审查，如实核对台站技术参数，确保技术资料准确、完整和规范。一是加强无线电管理的宣传与服务。先后在广播、电视、报纸等新闻媒体上刊登文章、制作专版宣传无线电管理条例，全年共制作各类宣传板报和上报宣传无线电管理方面的文件报告和总结共58份，走访调研13个县（市、区），解决县（市、区）有关无线电管理工作问题6个。二是加强无线电频率占用费收缴和转移支付资金的使用与管理。认真贯彻落实《河南省省级无线电频率占用费管理暂行办法》，切实加强财务管理，严肃财经纪律，坚持“收支两条线”，确保无线电管理资金专款专用，使单位有限的经费都用在发展无线电事业上，发挥出最大的效益。全年共收取频占费76万元，审批1家设台单位，核发电台执照158个，新增台站设备6部（台）。

【监听检测】 一是注重业务培训，提高监测技能。针对当前新技术、新设备的不断更新，干扰事件频发的状况，立足现有技术设备，采取岗位练兵，技能竞赛等方法，使监测人员技能水平得到明显提高。在参加全省组织的干扰查处技能比武中取得较好成绩。二是依据无线电监测、检测管理规定，进一步完善应急预案。国庆节与奥运会期间，按照省及“610”办公室的要求，制定国庆节和奥运会期间广播、电视及各类无线电台站频率保护应急预案，并成立保障工作领导小组，工作人员24小时开机，全天进行监听，发现问题，及时处理。三是坚持监听工作制度化、经常化。坚持每天对30—1000MHz频段进行监听，记录在案。全年监听近1260小时，同时每月将监听情况汇总上报省无线电管理办公室。四是做好设备检测、电磁环境监测干扰排查工作。全年共处理干扰审诉4起，查处4起，分别查处河南省工业技术学院校园广播无线接收设备滤波器老化引起的干扰、因私设电台引起南阳供电公司电力负荷系统的干扰和南阳民航机场400MHzF地勤对讲系统的干扰3起，查封南阳有线网络公司私设的卫星干扰器2套，均进行妥善处理。还利用省配设备对网通公司和联通公司两家单位基站的电磁环境进行了监测，共检测设备155部（台）。五是建立并保持航空无线电专用频率工作的长效机制，加强航空专用频率保护工作。与南阳民航机场签订关于节假日及重大活动期间开展无线电电磁环境保护协议，每月与机场进行电话联络，相互沟通，随时掌握民航通信频率的使用情况，每天都要抽出一定的时间对航空专用频率进行监测，每季度前往机场塔台顶对机场内的电磁环境进行测试，确保民航在用频率安全使用。六是积极配合地方防汛部门和“610”办公室，做好防汛和中、高招通信保障及防范工作。在全国公务员招考中，查处利用通信工具作弊案1起。七是完成国家无委下达的专项监测任务。按照国家无委要求，选派技术精湛人员参加北京奥运场馆的无线电通信保障工作，确保奥运会期间通信的安全，受到省政府和省信息产业厅的表彰。（王访安）

信息化建设

【信息工作概况】 2008年，围绕中心，团结进取，务实创新，加强领导班子自身建设，重视全体人员政治业务素质提高，以《政府信息公开条例》的出台和实施为契机，以构建全新的政府门户网站为重点，加强信息资源的开发利用，狠抓政府信息公开和信息安全，积极推进全市电子政务和信息化进程，较好完成各项工作任务。被省发改委评为“工业景气调查工作先进单位”，被市政府命名为“2008年度服务烟叶工作先进单位”，被市直工委评为“先进党支部”。

【信息化推进】 一是调整南阳市信息化工作领导小组成员，加强对全市信息化工作的组织领导。二是根据《河南省电子政务建设领导小组关于〈2008～2010年河南省电子政务建设指导意见〉》，拟订《南阳市电子政务建设和应用指导意见》和《关于南阳市电子政务外网建设的建议》。三是推进信息技术在全市的广泛应用，引导IT企业健康快速发展。

【政府信息公开】 会同市政府办公室，积极贯彻国务院《政府信息公开条例》。一是建立政府信息公开的工作制度和工作机制。根据《政府信息公开条例》的要求，研究起草一系列关于政府信息公开的规范性文件。召开南阳市政府信息公开工作会议，下发关于政府信息公开工作的2个规范、6个制度，对全市贯彻落实《政府信息公开条例》工作进行系统的安排部署，对市政府各部门、各县（市、区）有关人员进行业务培训。二是充分发挥政府网站政府信息公开第一平台的作用，在市政府门户网站开设政府信息公开专栏，新建、调整100多个相应栏目，使13个县（市、区）政府、55个市政府部门信息公开内容全部上网。三是强化检查指导，确保政府信息公开工作扎实运行。会同市政府办组成检查组，于5月份及9月份先后两次对全市各部门、各县（市、区）政府的政府信息公开工作进行检查、督导和落实，并于10月份再次召开全市政府信息公开业务培训会议，有力促进全市政府信息公开工作。

【政府门户网站物理平台建设】 根据南阳市人民政府常务会议纪要精神，7月份市财政投资185万元用于政府门户网站建设。信息中心作为政府门户网站的承建单位，统筹安排，合理规划，抽调精兵强将加班加点，全力以赴，在短短的4个月内完成项目招标、机房建设、软硬件采购及集成、主网站框架设计及制作，完成主站内容采集、梳理、制作和同步建设的五个子站建设工作，新网站于12月26日顺利上网运行。政府网站物理平台的搭建，对全市电子政务建设具有重要意义。一是为市直各部门网站提供统一网络平台。建成以市政府网站为主站，以市政府部门及有关单位为子站，在统一平台、统一规范基础上的政府网站集群，既可实现全市政府信息资源互联互通，信息共享，又保证政府网站的安全稳定运行，极大方便了部门子网站的建设和维护工作。二是为市直各单位子网站免费提供安全、稳定、可靠的网络空间。各子站共享共用主站的网络条件、硬件设备、系统软件、安全保障等资源，可使财政节约网站建设投资3000多万元，每年节约运行维护费用300多万元，避免重复建设和资源浪费。三是为下一步政府办公外网平台的建设提供技术准备和经验储备，奠定坚实基础。

【构建全新政府门户网站】 政府门户网站物理平台建成后，在充分论证的基础上，明确网站建设的基本定位、主要功能、主题风格、基本栏目和相应内容，细化每个栏目对应的内容、涉及的单位、建设的步骤和完成的时间。全新改版的市政府网站，由静态的页面改为数据库管理，仅信息内容就分五大板块、38类、140个栏目，梳理录入全市行政机关和有关事业单位的服务事项3000多项，涉及市直各部门和与群众利益密切相关的公共企事业单位100多个。新的政府网站坚持以人为本、为民服务的原则，以政府业务流程为主线，突出信息公开、公共服务、互动交流三个功能，更好地体现政府信息公开的全面性、网上办事的便捷性、互动交流的有效性。整个网站布局更加科学，栏目更加合理，功能更加完善，内容更加丰富。

【信息资源开发与利用】 一是针对全市经济发展的重点、热点问题，在政府门户网站开设专题栏目。在政府门户网站主页发布“河南南阳核电厂一期工程信息公告（第一号）、（第二号）”，开设“核电科普知识专题”。同时，组织专门力量昼夜值班，对政府网站及南阳网民活动比较集中的“百度南阳吧”、“大河南阳网”等网络论坛和聊吧进行监控，并将收集的网民意见以简报的形式及时上报，供市领导及相关单位决策参考，受到市领导的重视和好评。二是充分发挥“市长信箱”这一政府密切联系群众的重要桥梁的作用。对市长信箱栏目进行重新设计，通过《南阳市人民政府网〈市长信箱〉快报》形式，将信件及时报送市政府领导及相关部门，并对已处理信件快速网上反馈。全年报送《快报》13期，转发部门信件230封，部门反馈100余封，涉及民生的多个问题得到圆满解决。其中《快报》5、6、7期反映的问题得到市长朱广平的批复。“市长信箱”已真正成为社会公众向政府反映情况、提出意见和建议的重要渠道。三是认真做好全市工业企业景气调查工作，为政府宏观经济决策提供依据。根据省发改委要求，精选了24家有代表性的市级重点企业和高成长企业作为全市工业企业景气调查对象单位，每季度都按要求组织实施，对全市工业经济运行状况进行了有效地监控和指导。此项工作组织有力，扎实有效，得到省发改委和省信息中心的肯定。四是不断提高信息产品质量，有效开展行业信息服务。针对全市烟草系统开展服务的信息产品《烟草信息》，从提高办刊质量入手，增强服务的针对性，全年共编发24期，得到用户的好评。五是认真做好省中心经济信息上报工作。按照省中心要求，报送11类、近200条信息，内容涵盖优化投资结构、产业结构升级、新农村建设、环境保护、市场供应、价格管理等方面，得到省信息中心的表扬。六是完成省政府网站日常新闻的上报工作。全年累计上报省政府网站《地方动态》栏目信息1600多条，省网采用1200余条，上报率和采用率均居18个省辖市前列。（丁光照）

移　动　公　司

中国移动南阳分公司
总经理、党委书记　王保全

【移动通信概况】　2008年，南阳移动加大基础设施建设，着力拓展新兴业务，强化企业管理，改善服务质量，取得新的业绩。全年累计净增客户61万户，客户总量达到302.6万户，客户增量及客户规模分别位居全省第三和第二。新增交换机容量180万门，累计达到624万门，新建开通基站（含直放站）493个，基站（含直放站）累计达到2000余个，共敷设光缆2065.7公里，累计达到11000公里，网络覆盖率达到99%以上，各项质量和技术指标均优于部颁标准，客户满意度和社会美誉度大幅度提升。公司被授予全国“五一”劳动奖状荣誉称号，在河南省电信行业是惟一一家。

【业务发展】　为有效发挥“新客户、新业务、新话务”的增收拉动作用，公司抓住各种有利时机，以品牌为主线积极开展营销活动。广泛深入开展业务劳动竞赛活动，充分调动员工发展业务的积极性。彩铃、彩信、手机上网（WAP）等重点业务快速发展，飞信、无线音乐、手机报等业务拓展取得明显成效。积极开拓集团信息化市场，着力推进“客户关爱、共同成长、行业联合”三大计划，有效利用基于移动终端的信息化应用优势及集团V网的语音营销策略，培养客户使用习惯。业务发展各项指标完成比率在全省名列前茅。

4月28日王保全总经理（右二）上台领奖

【通信保障】　公司如期完成GSM13期工程、传输网工程等项目建设，并荣获省公司“网络维护综合管理”一等奖和“12A扩容工程”一等奖，连续四年工程建设获得全省第一名。1月份公司积极迎战暴雪袭击，确保通信安全畅通。共出动发电机113台，车辆56辆，为全市抗雪救灾和正常的生产生活提供通信保障。特别是在抗震救灾、奥运通信保障和全市大型活动通信服务等方面措施得力，较好地完成通信保障任务。先后有4名员工得到中国移动集团公司、北京公司和省公司的表彰，提升了企业的美誉度。

【服务工作】　深入开展“金牌服务满意100”服务活动，以客户满意为目标，深化服务管理体系建设，服务质量得到有效改善，客户满意度得到稳步提升。在市人大、政协两会期间，公司组织专项服务小组，为人大代表和政协委员提供业务咨询及办理、免费清洗维修手机、新业务演示、体验、手机多媒体文件下载及会议祝贺、天气预报、会议提醒等个性化服务，受到代表和委员们的一致好评。公司以“3·15”为契机，七项举措争创“金牌服务”。公司连续7年被评为市“消费者信得过单位”。在全省客户满意度调查中，南阳分公司综合满意度达到87%以上，综合满意度及领先度均实现了达标。营业厅服务质量检查排名全省第二位，获得2008年全省“营业厅服务管理一等奖”，其中市区人民路营业厅荣获省级“优秀星级营业厅”和“文明示范窗口”称号，新野书院路移动营业厅荣获“优秀县级营业厅”称号。公司客户服务中心被集团公司、省公司授予“满意100”服务明星班组誉荣称号。公司荣获南阳市政风行风评议优秀单位，继续蝉联全市电信服务行业第一名。3月初南阳市委副书记贾崇兰一行到市内七一路移动营业厅亲切看望正在值班的移动女员工，并称赞南阳移动为建设富强、美好、和谐新南阳做出积极贡献。

3月6日市委副书记贾崇兰到人民路营业厅亲切慰问前台员工

【企业创新】 2008年，南阳移动深入开展“创新质量提升年竞赛”和创新文化示范点创建活动，制订下发《南阳分公司创新工作评估计分管理办法（试行）》，把创新纳入制度化管理轨道。公司采取走下去、请进来等方式，从广度、深度、实用性三个方面提升创新培训效果，全年授课13场，共480多人次；完成引入推广创新成果和提案项目45个，完成QC小组成果报告18个。有2个创新（QC）成果获奖、4个创新提案获奖，两次荣获省公司创新竞赛组织奖，荣获省公司QC全面质量管理活动优秀组织奖，创新评估得分位居全省各地市分公司第2名。12月被省公司命名为河南移动“创新文化示范点”。

【企业形象】 3月底公司特邀全国政协委员、享有中国美容大王之称的张晓梅女士为到场的400余位全球通VIP客户送上一场演讲美丽盛宴。4月初公司举办“欢乐新农村·移动邀您共享豫剧名家荟萃”活动，先后为西峡、内乡、镇平3县上万名农民送去一道道丰盛的“艺术大餐”。4月20日由南阳市委宣传部主办、南阳移动承办的大型情景歌舞晚会在南阳影剧院激情上演，来自中国歌剧舞剧院的60余名艺术家倾情献艺，市委常委、宣传部长姚进忠、市政协副主席王清华和全市千余名全球通VIP客户共赏视听盛宴。姚进忠部长热情称赞南阳移动为地方经济发展和社会进步做出了积极贡献。5·12四川汶川发生8级地震后，南阳分公司迅速启动应急预案，多渠道、全方位的支持抗震救灾。南阳移动从领导到普通员工都纷纷伸出友爱之手，通过各种形式捐款26万余元，其中党员缴纳“特殊党费”捐款66480元。第一时间对全市已赶赴灾区的坦克

5月16日王保全总经理带头为四川灾区捐款

部队、消防部队、电力公司抢险队共计400余人进行红名单保护（即欠费不停机）。为南阳市支援灾区医疗队提供两部卫星导航手机、两台5000W汽油发电机，公司还及时派出一批技术骨干前往灾区抢险。6月7日公司为高考生提供免费、应急、心理咨询等项贴心周到服务，受到学生和家长的一致好评。

7月，公司为桐柏县吴城镇林场村捐赠价值3万元的图书1580册，帮助建设新农村书屋，为村民送去精神食粮和致富“秘笈”。9月26日，中国移动·2008南阳市第四届“公仆”乒乓球联谊赛开幕式在南阳师范学院运动馆举行，市委常委、宣传部长姚进忠、副市长冯晓仙和南阳市各行业近千名运动员参加开幕式。10月公司员工向四川灾区共捐新棉被60条、棉衣1264件，捐款3600元，公司被市政府授予“抗震救灾协调工作先进单位”荣誉称号。12月24日为回报VIP客户长年来对南阳移动的支持与厚爱，公司举办平安夜客户联谊会，特邀请中国国家歌剧舞剧院的艺术家们来宛演出。公司被市委、市政府授予“2008年完成责任目标优秀单位”荣誉称号，在全市电信通信行业中是惟一一家获此殊荣。公司被市政府授予“2008年度政府工作先进单位”，被省工会、省安监局授予“2008年安康杯竞赛优胜单位”。（杨建朝）

联通公司

【联通南阳市分公司概况】 2008年，原南阳网通和原南阳联通重组融合为新的南阳联通。面对改革重组的新形势、新任务，南阳联通认真贯彻落实科学发展观，紧紧围绕“质量、服务、拓展、管理、创新”十字方针，在发展中改革，在改革中发展。大力实施精确化经营和精细化管理，促进企业持续协调发展，业务收入累计完成71240.48万元。（一）经营发展。南阳分公司推出多种专项营销活动，有效拉动宽带用户的规模增长。7月30日，在邓州组织召开“百万党员远程教育入户”工程全省性推进现场会，9月底全市累计发展党员远程教育10179户；围绕政府推进“平安村镇”建设，组织各县分公司开展“平安互助网”规模营销活动，全市累计新建平安互助网点2133个，促进固话业务恢复性发展；在协同营销方面，精心策划推出“精彩新联通，畅享新生活”主题营销活动，校园市场的用户占比有效提升，达到77%。（二）网络建设。自主研发本地网资源管理系统，实现全市宽带IP、光纤数据等资料统一管理，并且保证数据动态准确率达到100%。完成农行、国税、交通局、工商局、建行、党政军等10余家大客户的双路由改造工作，提高重要客户网络安全。（三）服务创新。南阳联通秉承“客户的事情是最大事情”的服务宗旨，确立“红逗号服务”品牌，创新推出“客户屏”，实施透明服务。公布垃圾短信举报电话10109696，对恶意诱骗等行为的垃圾短信联合工商、公安等部门坚决予以严惩。（四）精神文明。组织开展“新解放、新跨越、新崛起”大讨论活动，积极组织抗震救灾献爱心活动，共向灾区捐款25.5546万元（其中交纳特殊党费10.575万元）。市公司重新申报并保持“省级文明单位”称号，被市委、市政府授予“创建中国·南阳伏牛山世界地质公园集体三等功”，荣获市“2007年度民主评议政风行风优秀单位”和“履行职能、服务民生”惠民实践活动“先进单位”。被南阳市政府授于“南阳市安全生产先进单位”、“南阳市综合治理先进单位”。公司党委被市委授予“五好”企业党组织。

【企业改革】 5月24日，工业和信息化部、国家发展和改革委员会、财政部三部委联合发布了《关于深化电信体制改革的通告》。根据国家深化电信体制改革的有关要求，10月15日，原“中国网络通信集团公司”和原“中国联合通信有限公司”合并重组，成立“中国联合网络通信有限公司”。12月3日，原南阳网通和原南阳联通重组为新的南阳联通。

【市场经营】 结合省公司"百万宽带工程"工作部署，策划推出"宽带嘉年华"和"新年新奥运，网通送好礼"专项营销活动，有力地带动宽带、亲情1+等业务的快速发展。集中精力开展"百村实践"营销和城市市场规模营销活动，大力开展公话专项营销活动，促进公话业务的恢复性发展。大力推进小灵通终端社会化，小灵通彻底由原来的全员营销补贴终端发展模式转变为终端社会化销售模式，实现良性发展。大力发展村级代办点，新增村级代办点200多个。深入开展营业窗口岗位练兵，大力拓展社会渠道，推动单业务代理商向多业务代理商发展，对全市69家代理商纳入大客户管理，有效提升社会渠道的服务质量。

【通信建设】 2008年南阳分公司对宽带IP城域网进行大规模的改造建设，共进行15台BRAS设备、10台SR设备、10台县公司大二层交换机、101台乡镇大二层交换机的建设工作，全年新建宽带接入网点近1100多个，满足宽带业务流量及党员远程教育入户的需要。新建对县公司延伸的视频会议系统、通信枢纽大楼安全监控系统、邓州SDH传输系统升级改造工程、智能网平台扩容工程、汇接局扩容升级工程等。在G网建设方面，7月，南阳联通200多个新建基站相继开通，11月顺利完成100个基站的建设任务。

【网络支撑】 公司自主研发用电量监控系统和网络资源管理系统，各县级公司主局和市区主要端局已具备用电量统计和用电报表功能。实现全市宽带IP、光纤数据等资料的统一管理，并且保证数据动态准确率达到100%。对农行、国税、交通局、工商局、建行、党政军等10家大客户的双路由进行改造，提高重要客户网络安全。围绕机房达标和奥运重保，检查30多个局站、96个机房，强化整改各类隐患70多处，顺利完成北京奥运会和残奥会的通信重保任务。5·12汶川大地震发生后，根据省公司紧急要求，南阳分公司于5月13日委派何成进携海事卫星电话，随省公司抗震救灾分队赴四川执行抗震救灾任务，有力地支援抗震救灾工作。

【员工培训】 南阳分公司以职工业余学校为依托，从加强基础知识培训、提升服务水平、改善公司服务形象以及网通、联通业务融合等方面开展员工培训工作。对全市的社区经理进行培训并组织宽带和电话维护的"双证"考核。同时针对县级分公司业务骨干力量薄弱的问题，实施市公司业务骨干轮流到各县级分公司进行现场培训。制定"南阳网通与南阳联通交流协作培训计划"，为南阳新联通公司的全业务融合培训工作探索经验。

【企业管理】 企业基础管理工作全面加强。一是随着6项月度会议制度的深入实施，职能部门月度工作的计划性、有序性和可预见性显著增强。二是全面收入管理工作扎实推进。通过全面梳理收入源，在建立完善的收入管理流程和操作规范基础上，强化对收入源的稽核，初步形成全面收入闭环管理机制。三是加强资金管理，建立县公司标准化资金台帐。四是实现内控管理经常化。开展固定资产循环盘点、房产土地清查、网络资产清查、电信卡规范管理、各类出租电路核对、规范SP结算及代理佣金结算和营销终端专项稽核等管理工作。五是电缆防盗工作进一步加强。共破获电缆盗窃案件46起，打掉电缆盗窃犯罪团伙30个，抓获犯罪分子173人。

【服务创新】 南阳联通秉承"客户的事情是最大事情"的服务宗旨，确立"红逗号服务"品牌，通过延伸服务，使整个企业综合服务水平又上升到了新的台阶。开展"联通客户意见征集"活动，一年来先后向各级政府机关、新闻媒体、重点企事业单位等发放意见征求函5000余份，征集用户意见建议280余条。在全市通信行业中，率先启动预约服务。客户只需拨打10060，便可足不出户，按照预约的时间安排和业务需求，享受南阳联通开展的多项服务。同时，以现有街道、社区为基础共同创建社区服务站，实现"服务进社区、服务零距离"，通过有效的活动开展，大大提升客户服务满意度。(蔡保辰　王新成)

建 设 环 保

城 乡 规 划

【城乡规划概况】 2008年，全市规划系统干部职工紧紧围绕城乡规划工作目标任务和工作重点，充分发挥城乡规划的综合调控作用，较好地完成各项工作任务。全年完成东北分区控制性详细规划、住房建设等规划编制3个，完成中心城区道路规划编制10个，完成河道整治规划编制3个；编制完成11个县（市）总体规划，编制完成64个乡（镇）1128个村规划；受理各类规划业务269件，办理工业、中小学校、公益事业等建设项目用地规划手续60份；16个城中村改造项目涉迁土地面积533.33公顷。

【规划编制】 一是继续做好《南阳市中心城市总体规划》报批工作，至年底，《南阳市中心城市总体规划》经省建设厅审查完毕，待省政府审批。二是对《中心城区综合交通规划》从内容、文字、图则及成果运用等方面提出修改意见。三是启动《东北分区控制性详细规划》的编制。四是编制《南阳市2008年住房建设规划》、《南阳市2009年住房建设实施计划》和《南阳市2008—2012年住房建设规划》。五是加大控制性详细规划的编制步伐，控规覆盖率提高到50%左右，力争在2～3年内使之全部覆盖近期建设规划的规划区范围。

【规划实施】 一是加快规划项目的审批。严格“一书两证”管理，全年受理各类规划业务269件，总用地面积588.33公顷，建筑面积165万平方米。二是加大企业改制和公益事业项目的规划建设。完成30余项“发动机计划”项目的规划建设手续，完成15所中小学的改扩建规划和3个改制企业用地规划，办理2个院校的预留地选址规划手续，完成5个项目的规划选址工作，办理5个公益事业项目的规划手续。三是加快城中村改造步伐。“城中村”改造工作是2008年市政府向社会承诺的十件实事之一，按照省委、省政府要求，3～5年内要将城中村改造完毕。南阳市从2007年下半年开始启动，规划每年改造300万平方米以上。第一批6个城中村改造试点安置房用地已全部拆迁完毕，安置房已奠基建设，开发用地正在拆迁当中。第二批10个城中村改造项目已下达建设用地规划意见，进入签订协议动迁阶段。前两批16个城中村共涉及改造面积533.33公顷、2万多户、8万人左右，至年底，已签订协议动迁7000多户，涉及3万多人。保定、邢台、安康、东平4个外省市的政府领导前来考察学习。

【基础设施和公共服务设施规划】 一是规划确定市政、园林、交通近期建设项目，进一步拉大城市框架，完善城市功能。2008年完成张衡东路、车站北路、仲景路、光武路、独山大道南延的规划编制，编制完成建设路、新华路、文化路、工业路、麒麟路部分路段综合整治规划。二是完成滨河路污水管网改造规划，编制梅溪河、温凉河、三里河的整治规划，沿河两岸开发地块面积已初步划定。三是完成白河市区段光武路、仲景路、工业路三座大桥规划设计招标前期工作，奠定城市现代化建设基础。

【规划管理】 一是健全完善科学民主决策机制。召开城乡规划委员会第三次全体会议，学习贯彻落实《中华人民共和国城乡规划法》，修订《南阳市城市规划管理技术规定》，市博览中心规划设计方案提交市规划委员会审定，确定同济大学方案为最终中标方案。召开城乡规划协会二届理事会议，分三期对全市规划系统人员进行集中培训。开展体育场招投标评审会，对中标方案提出针对性的意见和建议。二是加强城乡规划效能建设。围绕"效能建设年"活动，主动转变职能、服务基层，在卧龙、宛城两区设立规划分局，在高新、龙升、油田3个工业园区设立办事机构，变被动服务为主动服务。三是加大对项目的批后跟踪管理，加强沿街景观的规划监管，加大规划执法管理。

【县乡规划】 一是加强各县(市)总体规划修编，全市11县(市)的总体规划已经编制完成。二是加快乡(镇)规划编制。全市共有206个乡(镇)，除去在各县(市)城区内的乡(镇)以外，还有186个乡(镇)需要编制规划，至年底，已经编制完成64个乡(镇)规划，有55个乡(镇)规划正在编制中，乡(镇)规划编制完成达60%以上。三是加快村庄规划编制。全市4622个行政村，40131个自然村(30户以上)。至年底，完成规划编制1128个，占总数的50%以上。社会主义新农村建设规划试点工作全面展开，市级试点村129个、县级试点村253个。四是风景名胜区规划编制工作进一步加强，桐柏淮源风景名胜区规划、方城望花湖风景名胜区规划已编制完成，丹江水库风景名胜区规划正在编制，科学指导景区健康发展。(陈刚)

城 乡 建 设

市建委主任　李金旺

【城乡建设概况】 2008年，全市城乡建设按照"立足新起点、实现新跨越、建设新南阳"的要求，瞄准建设富强、美好、和谐新南阳的目标，以推进城镇化为核心，创新工作理念，转变发展模式，加大资金投入，完善基础设施，提高城市功能，城乡面貌发生深刻变化，城镇规模明显扩大，城镇功能日趋完善，城乡人居环境明显改善，为南阳经济社会快速发展做出重要贡献。全市城镇化率达到34.9%，城镇常住人口达到391万。城镇基础设施建设完成投资46亿元，新增园林绿地面积215公顷。建筑业总产值达142.9亿元，全年创省"中州杯"金奖工程5项，银奖2项，省"结构中州杯"工程15项；创省级文明工地13项，市级文明工地46项；创市级优质结构工程60项，市优良工程56项，省"中州杯"工程7项。

【城镇化进程】 全市城镇化率达到34.9%。全市城镇常住人口达到391万人。中心城市建成区面积发展到90平方公里，常住人口达到85万人；11个县城建成区平均面积发展到15平方公里，平均人口达到12万人；全市县以下建制镇建成区总面积发展到285平方公里，常住人口达到165万人。

【中心城市建设】 以建设区域性中心城市和生态宜居城市为目标，坚持拉大框架与完善功能、新区建设与旧城改造并重，完成张衡东路、仲景北路、车站北路、工农路中段等4条新改建道路，对文化路、新华路、麒麟路等3条主要道路进行综合整修；开工建设仲景路中段、独山大道南延、仲景大桥和污水处理厂二期工程；启动实施16个城中村开发改造项目；对城区60条背街小巷治理改造；新建5座垃圾中转站和15座水冲式公厕，免费开放254座市管公厕。

【县城建设】 各县（市、区）充分利用地域优势，各展所长，竞相发展，走出一条特色鲜明的城镇化发展之路。桐柏县以“双创”（创国家级卫生县城、文明县城）为载体，实施50多项工程；方城县投资3.5亿元，实施“三路”（北环路、建设北路、文化路）改造、潘河景区续建等36项建设工程；邓州市投资2.09亿元，围绕城建十件大事抓建设；西峡县投入建设资金4.6亿元，着力抓好专业市场、居住小区、供排水等公用设施建设，推动县城扩容提质；内乡县以城市管理年和城市绿化年活动为载体，完成投资1.54亿元；淅川县高标准、高质量完成范蠡街改造、灌河路修复、体育场配套等功能性工程；唐河县加快推进城镇化进程，建成青少年活动中心、橡胶坝二期工程、第三水厂；新野县以“三城联创”（创省级文明县城、省级卫生县城、市级园林县城）为载体，实施一批供排水、绿化和道路、背街小巷改造工程；镇平县围绕“十件大事、七个重点”，开工上马“四路三桥”建设工程；南召县按照“山城、水城、绿城、生态旅游城”定位，强力推进“四路三厂三厕”建设；社旗县围绕打造“文化名城、商贸古城、现代新城、环保绿城”的目标，完成山陕会馆周边开发、道路建设等一批功能性项目；卧龙、宛城、高新三区加大城市管理力度，圆满完成背街小巷整治，强力推进城中村改造和道路建设。各县（市）贯彻节能减排，推进两厂建设，配套管网体系，强化城市污水垃圾处理设施运营管理，确保省定任务的全面落实。

【小城镇建设】 继续开展争创“星级城镇”活动，突出抓好50强镇，大力发展特色小城镇，构建经济支撑有力、基础设施完善、服务功能齐全、人居环境优美、管理规范有序的生态宜居城镇。全市县以下建制镇常住人口增长3%以上，基础设施投入增长20%以上。着力改善村容村貌，积极实施村庄整治，全年完成10立方米以下容量半封闭或全封闭村庄垃圾站池600余个。

【城镇基础设施建设】 全年城镇基础设施建设完成投资46亿元，新改扩建城市道路150公里，新增道路面积142万平方米，新铺设供水管网122.2公里，排水管网79公里，燃气管网12公里，集中供热管网4.5公里。新增日供水能力3.95万吨，集中供水普及率82%，城市燃气年供气规模达到1600多万立方米，燃气普及率74.75%。11个县市污水处理厂、垃圾处理场实现达标排放规范运营，全市新增日污水处理能力31.25万吨、日垃圾处理能力2750.4吨。

【城镇管理】 中心城市城管执法环卫体制运行正常、推进平稳，两级执法、三级管理、四级网络的城管格局基本形成，三区政府加大环卫基础设施建设力度，建成一批公厕和垃圾中转站。组织开展“靓丽杯”城市管理竞赛活动，依法取缔城区三轮车非法营运；各县（市、区）大力开展城镇环境综合整治，不断延伸城镇管理的广度、深度和精细度，桐柏、方城、社旗等县创新城镇管理体制，在园林、环卫等行业实行建管分离、管养分开，全面推向市场，鼓励创优竞争，努力改善城镇形象，城镇面貌发生较大变化。

【园林绿化建设】 全市县城以上新增园林绿地面积215公顷，其中，中心城市新增城市绿地56.1公顷。创建省级园林单位、园林小区7个，市级园林单位、园林小区51个，西峡县顺利通过国家卫生县城、中国旅游强县验收，新野、唐河、社旗、南召4县跨入市级园林城市行列，11个县城全部成为市级以上园林城市。

【城建招商引资】 中心城区和各县（市、区）积极探索，大胆尝试，建立以财政资金为主，多层次、多渠道、多元化的城镇建设投融资体制。采取股份制改造、整体转让、BT合作模式、委托经营等多种形式，吸引市外资本尤其是大开发商、大财团投资道路桥梁等基础设施和供排水、污水、垃圾处理等公用事业。利用日元贷款实施城市环境综合治理项目进展顺利，日元贷款资金已经到位。采用BT模式，启动实施跨白河仲景、光武、雪枫三座大桥建设，仲景大桥已经开工，光武、雪枫两座大桥2009年将陆续启动。各县（市）紧紧抓住国家扩大内需、拉动增长的发展机遇，集中力量，包装项目，搞好对接，努力争取，全市向上申报项目110项，项目申报总投资42.4亿元。

【城市综合开发拆迁改造】 全市房地产开发完成投资46.52亿元，房屋竣工面积65.8万平方米，实现销售额41.12亿元。全市共拆迁房屋建筑面积49.02万平方米，动迁居民2279户，涉迁居民9216人，拆迁国有企事业单位和集体单位47个，安置率达100%。完成16个城中村改造项目拆迁调查任务，调查面积150余万平方米，调查拆迁户2万余户，8万余人。

【精神文明建设】 按照市委要求，深入开展“新解放、新跨越、新崛起”为主题解放思想大讨论活动，在全系统掀起新一轮解放思想的热潮，坚持联系实际，强化督导、务求实效，着力更新思想观念，改革体制机制，转变发展方式，促进和谐稳定，提高干部素质，通过四个阶段活动，进一步统一思想，明确方向，开阔思路，增强信心，形成凝神聚力促发展的生动局面。以迎奥运、讲文明、树新风和践行社会主义荣辱观为主题，组织开展“知荣辱、讲正气、促和谐”道德教育实践活动，成功举办“庆七一、迎奥运、话改革”书画摄影大赛，促进全系统干部职工文明素质不断提高。继续深化文明行业、文明单位、文明窗口创建活动，着力塑造建设系统“奉献社会、服务人民”的良好形象，为全面完成城乡建设的各项工作提供强大的思想和组织保障。全年向市文明办和市直文明办推荐验收文明单位6个；文明示范窗口创建工作涌现出1个省级、2个市级示范窗口。

【政风行风建设】 全系统各级各部门坚持把民主评议政风行风工作作为党风廉政建设和纠风工作的重点，做到宣传发动与学习教育并举，自查自纠与制度建设并重，紧紧抓住公开权力、公开程序、公开结果等关键环节，建立完善首问负责、服务承诺等制度，全面提高效能建设水平。认真开展惠民实践活动，精心实施了一批民生工程、民心工程，形成了一批城镇建设亮点，建设系统行业形象得到充分展示，在2008年全市民主评议政风行风中位次比上年有较大幅度提升。

【建筑业管理】 全市建筑业总产值达142.9亿元，房屋建筑完成产值84.6亿元，建筑面积556万平方米。新增建筑企业25个，监理企业3个，劳务企业34个，二级总承包企业升一级1个，三级升二级7个。建筑从业人员达30万人，带动与建筑业相关联上下游产业发展，形成大中小梯次发展，总承包、专业分包、劳务分包门类齐全、结构合理的专业队伍。全年创省“中州杯”金奖工程5项，银奖2项，省“结构中州杯”工程15项，省级文明工地13项。

【建筑市场管理】 围绕宣传贯彻招标投标相关法律、法规，完善有形建筑市场相关管理制度，规范招投标程序、办法，升级改版《南阳工程建设信息网》，开发应用“开标、评标区域声像同步传递监控系统”和“计算机辅助评标系统”。中心城区进场交易招投标项目达137项，单体工程282幢，建筑面积259万平方米，工程造价39.9亿元。

【工程质量管理】 采取巡查、抽查、强制介入等监督检查方式，加大对全市工程质量监督力度。对住宅工程、重点工程、中小学工程、城乡结合部工程、市政工程等公共建筑实施重点监控，重点抓好工程地基基础、主体结构、使用功能，加强工程验收的组织形式、验收程序、执行规范情况的监管。全年创市级优质结构工程60项，市优良工程56项，省“中州杯”工程7项。

【建筑施工安全】 继续严格执行安全生产法律、法规规定，完善和修订安全生产监管办法，相继开展多次专项检查和隐患排查活动，共下发隐患通知书186份，停工通知44份，对10个项目因安全问题立案处理，8个项目简易处罚，6个项目下达不良行为记录通知书，对安全管理不力的15个企业约谈。全年创市级文明工地46项。

【勘察设计咨询】 相继开展勘察设计单位资质动态考核、勘察设计文件质量大检查活动，建立进宛登记备案制度，严格市场准入清出。修订和完善勘察设计文件审查管理制度，大力加强建筑节能设计文件审查力度，对地质结构复杂和结构类型复杂的大型建设项目实施集中会审和跟踪管理制。同时，继续深入开展设计精品引路，认真做好技术骨干培训教育工作，积极营造勘察设计创新氛围，有效促进勘察设计咨询业健康稳定发展。全年完成勘察设计项目3600多项，实现收入1.2亿元，建筑面积560万平方米。质量合格率达100%，优秀率46%。

【新型墙材发展】 从政策上引导、资金上倾斜、做好咨询服务，全力扶持新型墙材企业发展。积极配合相关职能部门及地方政府，加强执法检查，认真做好“禁实”（即：空心墙材）工作。同时，把新型墙材同设计、施工图审查、工程验收、专项基金返退、优良工程评定，与新农村建设有机结合起来，充分发挥示范工程带动作用。“禁实”工作实现全面突破，11个县（市）完成“禁实”验收工作，新型墙材产量达到38亿砖，新型墙材应用已由城市普及到农村，新建工程新型墙材应用率达96%。

【工程造价与标准定额管理】 按照《工程建设强制性标准条文》和《工程建设地方标准化管理规定实施细则》等规定，加大监督检查力度，强化合同管理，认真开展标准规范宣传，及时提供造价服务。全年对40项工程造价实施审查，造价3亿元，核减造价490万元。对107项在建工程执行强制性标准进行检查。先后在《南阳建设工程材料价格信息》杂志上发布价格信息9000多种。

【清理拖欠工程款和农民工工资】 采取健全充实机构、督查督办、重点约谈、张贴公告、完善联动机制等措施，有力地推动清欠工作深入开展。共接到投诉198起，投诉金额达2675万元；销案185起，清欠资金2269万元，相继对5个未按期完成清欠任务的企业予以制裁。

【建筑节能推广】 建筑节能推广成效显著，全市建筑节能设计标准执行率达到100%，中心城市建筑节能标准实施率达到95%，各县（市）平均实施率达到20%以上，其中方城、邓州、新野3县（市）达到30%以上。全年开展建筑节能查验工程项目24项，下发整改通知书14份，对6项违法工程进行查处。

【建设科技教育】 相继组织开展“十一五”《技术公告》宣传贯彻培训，培训人员1207人，机关事业单位工人等级培训考试339人，污水污泥处理工培训鉴定88人，建筑节能持证贯标继续教育培训2767人。

【援建四川地震灾区过渡安置房建设】 5·12汶川大地震发生后，按照省委、省政府和市委、市政府的要求，市建委积极主动，勇挑重担，带领市天工、建发、恒康等3个建筑公司，建筑设计院、质监站等委属单位，近600名援建队员，发扬英勇善战、敢打敢拼，特别能吃苦、特别能战斗的城建精神，顶烈日，斗风雨，抗余震，昼夜兼程，连续奋战近两个月，于7月18日提前并超额完成河南省政府确定的援川过渡安置房建设任务。在援建行动中，陆续共投入施工队伍560多人，大型机械设备9台，从5月28日进场施工开始，历时52天，在四川省绵阳市安县安昌镇鼓楼村和蔬菜村两个援建安置点，总占地6.87公顷，先后分3期共建成1714套过渡安置房以及小区道路、水电等公共设施，建筑面积约3万平方米。及时解决灾区5000多名灾民的临时生活居住问题，得到河南省政府、河南省建设厅、市委、市政府和灾区政府及人民群众的高度评价。（罗玉有）

房产管理

市房产管理局局长　陆行任

市房产管理局党委书记　张清范

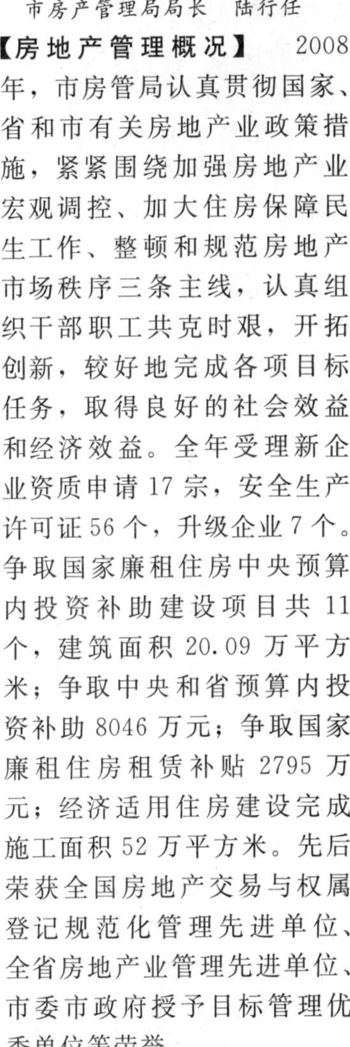

【房地产管理概况】　2008年，市房管局认真贯彻国家、省和市有关房地产业政策措施，紧紧围绕加强房地产业宏观调控、加大住房保障民生工作、整顿和规范房地产市场秩序三条主线，认真组织干部职工共克时艰，开拓创新，较好地完成各项目标任务，取得良好的社会效益和经济效益。全年受理新企业资质申请17宗，安全生产许可证56个，升级企业7个。争取国家廉租住房中央预算内投资补助建设项目共11个，建筑面积20.09万平方米；争取中央和省预算内投资补助8046万元；争取国家廉租住房租赁补贴2795万元；经济适用住房建设完成施工面积52万平方米。先后荣获全国房地产交易与权属登记规范化管理先进单位、全省房地产业管理先进单位、市委市政府授予目标管理优秀单位等荣誉。

【房地产宏观调控】　市房地产业呈现出健康发展的良好局面，但受宏观形势和消费预期及消费能力的影响，前几年快速发展的势头受到抑制，商品房销售增速下降，消费者普遍存在持币观望态度。在此情况下，市房管局一方面坚决贯彻落实国家和省一系列宏观调控政策，另一方面深入开展调查研究。先后开展不同类型的调研活动3次，邀请部分房地产企业进行座谈，对当前市房地产市场形势及存在的突出矛盾和问题进行分析，较为全面、准确地掌握全市房地产市场发展的基本情况，撰写《南阳房地产发展形势分析及建议》，为市委、市政府调控房地产市场提供决策依据。11月4日，市政府专门召开房地产开发企业座谈会，市长朱广平、副市长陈光杰及有关职能部门和26个开发企业的负责人参加会议，面对面地进行沟通交流，对当前存在的问题进行深入仔细的分析。11月19日，市政府通过《南阳日报》、《南阳晚报》刊发《南阳市人民政府关于房地产开发建设收费（基金）项目标准的通告》，对涉及房地产开发建设各种行政事业性、经营服务性收费及政策性基金项目进行清理，共取消收费项目2项，降低收费标准21项，整顿取缔不合理收费项目15项，据估算，每年可减轻房地产开发企业和群众购房费用负担1.8亿元左右。同时，拟定《关于促进我市房地产业平稳健康发展的若干意见》，提出促进住房消费、优化开发投资环境、完善住房保障工作的具体措施。将对促进房地产市场平稳发展，提高开发企业和住房消费群众的信心起到积极的作用。

【住房保障】　省安排全市廉租住房保障工作计划（含邓州市）为13414户，其中发放租赁补贴11796户，新增实物配租1618套。全市发放廉租住房租赁补贴15048户，新增实物配租1918户，落实安排廉租住房保障资金1757.62万元。根据国家加快建设保障性安居工程及积极的财政政策，积极申报争取国家廉租住房中央预算内投资补助建设项目共11个，建筑面积20.09万平方米，争取中央和省预算内投资补助8046万元；争取国家廉租住房租赁补贴2795万元。经济适用住房建设完成施工面积52万平方米。

【房地产市场管理】　全市房

屋产权登记发证52800本，面积570万平方米；房地产抵押登记11600宗，面积220万平方米，抵押额65亿元；房地产交易（含商品房）14600起，面积143万平方米，交易额22.8亿元；其中市中心城区房屋产权登记发证22376本，面积222.4万平方米；房地产抵押登记6048宗，面积195万平方米，抵押额45亿元；房地产交易（含商品房）6568起，面积67万平方米，交易额12.33亿元。

【物业管理】 市房管局围绕建设安逸舒适住宅小区的目标，结合全市物业服务工作的实际情况，组织开展为期3年的规范整顿物业服务市场秩序工作。一是加强维修资金管理工作，维护业主的合法权益。加强维修资金管理宣传工作，制订印发《南阳市共用部位共用设施设备专项维修资金管理实施细则》，并在新闻媒体上进行公布，开设《房产互动专栏》，对维修资金管理的法规、政策和知识组织了10期系列宣传。还组织人员深入社区到群众中进行宣传，使群众对维修资金管理工作家喻户晓，人人皆知。先后投入资金40余万元，购买物业维修资金管理软件系统等设施设备，抽调10多名人员，先后深入开发企业、物业企业和有关住宅小区，对维修资金的代收、管理、使用情况进行全面的摸底调查，并建立市中心城区建成和在建项目维修资金管理档案。据统计，中心城区已归集维修资金573.6万元，取得较大的突破。同时，组建南阳市物业维修资金管理中心，工作职能和人员已经到位，为开展住房维修资金管理工作奠定组织保证。二是突出物业市场整顿规范工作，规范物业服务市场秩序。为搞好物业市场整顿规范工作，先后组织召开全市规范整顿物业服务市场秩序工作会议，制订《南阳市整顿和规范物业服务市场秩序实施方案》，明确3年的工作目标和工作计划。在整顿和规范物业服务市场秩序中，通过全面的社会调查，把开发企业、物业企业和业主委员会在物业服务市场中表现出的43个方面的问题作为重点整顿规范的内容，采取自查自纠与检查处理相结合，公布物业管理服务督查投诉电话，在各小区设立投诉箱，并对违规严重、群众反映强烈的问题在新闻媒体上进行曝光，先后处理80余起违规案件。三是加强物业服务市场理论研究工作，积极探索解决问题的新路子。深入开展物业服务市场调查研究工作，先后撰写《南阳市住宅小区物业管理现状、问题及对策》、《南阳市住宅小区丢失被盗问题初探》两篇调研文章，全面分析全市住宅小区管理的现状、存在的突出问题，提出解决问题的对策，在《南阳日报》、《南阳晚报》上进行刊登，消除许多误解。

【装修装饰管理】 全市有装修装饰企业118个，其中二级资质22个，三级资质96个，设计资质6个。从业人员近3万人，转移社会剩余劳动力约2万人，完成产值8亿元。一是宣传贯彻《河南省建筑装修装饰管理办法》，认真落实施工图文件审查、施工许可、竣工验收备案和《河南省家庭装修装饰市场准入和清出管理办法》等法律法规制度，下发《南阳市房产管理局关于加强南阳市住宅室内装饰装修市场的通知》等规范性文件。二是加大执法检查力度，对规避招标、假招标及合同欺诈、偷工减料、使用劣质材料等违法违规行为进行查处。全年共检查工地1000余处，核发施工许可证和施工备案证明460份，依法对56个手续不全的工程项目进行处理，有效地规范装修装饰市场。三是推行装修装饰工程监理，逐步建立完善政府监督、企业自控、社会监督、用户评价四位一体的质量控制体系。四是全面实施市场准入和清出制度，把一些信誉好、施工水平高的装修队伍纳入到行业管理之中。五是严厉打击无证施工行为，保护正规装饰公司和消费者的合法权益。六是加强对正规装饰公司的推介与宣传，引导消费者选择正规的装饰公司。七是加强企业资质管理，全年受理新企业资质申请17宗，安全生产许可证56个，升级企业7个。八是组建装修装饰市场稽查队伍，为依法行政奠定组织基础和物质保障。组织参加河南省装修装饰行业50强企业、河南省装修装饰优秀企业家、优秀设计师、优秀项目经理、诚信市场、诚信经营单位等评选活动，3个装饰企业被评为河南省装修装饰行业50强，1个企业被评为河南省绿色诚信装饰单位。获省中州杯工程1项、省装修装饰优秀工程1项，5项工程获全国装饰工程奖，并分别以“设计、健康、自然、和谐”和“绿色、诚信、环保、节能、可持续发展”为主题，举办南阳市“迪诺瓦”杯装饰设计展和南阳市首届家居博览会。（王相超 刘志远）

环 境 保 护

市环保局局长 赵明喜

市环保局党组书记 宋宽军

【环境保护概况】 2008年，市环保局以污染减排为主线，以改善全市环境质量、保障群众健康为根本出发点，以开展重点流域、区域和行业环境污染综合整治为突破口，强化污染防治，加强生态建设，严格依法行政，全市环保工作实现新的突破，环境质量得到不断改善。全市两项主要污染物排放量实现双下降；完成22家电力、铁合金、刚玉、电石、化肥企业污染限期治理任务；全年安全收贮23枚废弃放射源。8个乡镇完成省级环境优美小城镇规划编制任务，14个行政村完成省级生态文明村的创建任务，淅川县国家级生态示范区创建任务基本完成；森林覆盖率达到34.51%。

【主要污染物总量减排】 2007年以来关闭12个涉水企业和41个涉气企业；鸭电公司、天益公司、普光公司、热电公司等4个大中型燃煤电厂均建成烟气脱硫设施；唐河、新野、社旗、淅川、邓州5个县（市）污水处理厂通过环保验收，11个县（市）污水处理厂全部投入运行；天冠燃料乙醇有限公司、南阳普康药业有限公司、天冠生物工程有限公司等重点排污单位水污染深度治理工程竣工投运。根据省总量减排年度核查，全市2008年两项主要污染物排放量实现双下降，圆满完成年度减排任务。

【建设项目环境管理】 严格执行国家产业政策和环保要求，全年共审批项目913个，否决不符合国家产业政策、选址不合理的项目85个。采取定厂定责、加强环境工程监理、严格项目试运行前的环保工程核查等有效措施，强化项目全过程监管，及时查处违法试生产建设项目20个。对已建成并通过试运行的项目，严格验收标准和程序，力求做到每个验收项目不留隐患，全年通过环保验收的项目283个。对市委、市政府确定的“发动机”计划项目、重点骨干企业和产业群体项目，搞好跟踪服务，全力以赴支持项目发展。对符合产业政策、无污染或轻污染的重大项目，开辟绿色审批通道，简化工作程序，提高工作效率。

【环境综合整治】 全年完成22个电力、铁合金、刚玉、电石、化肥企业污染限期治理任务。按照“中心城区热力公司管网铺设到哪里，锅炉取缔到哪里”的原则，对34台燃煤锅炉进行取缔；热力公司管网暂时没有覆盖的区域，对4吨以下锅炉实施清洁能源改造。积极开展蒲山区域“回头看”和生态恢复，敦促保留的2个旋窑生产企业配套完善污染防治设施；对符合产业政策的水泥粉磨站进行审批，监督其落实环保“三同时”制度；敦促卧龙区拆除矿区建筑物、构筑物共357间（座），平整土方1万余方，植树3万余株；积极协调有关部门强力推进该区域规划环评工作。

【生态及农村环境保护】 加强对尾矿库的环境安全管理，对全市尾矿库进行“拉网式”检查，34个违法项目受到严肃处理，其中关闭、取缔11个，责令停止生产1个，限期补办环评手续22个。强力推进规模化畜禽养殖企业治理，全市5个重点县12个规模化畜禽养殖企业实现畜禽粪便的资源化综合利用。加快生态示范区、环境优美小城镇和生态文明村创建步伐，8个乡（镇）完成省级环境优美小城镇规划编制任务，14个行政村完成省级生态文明村的创建任务，淅川县国家级生态示范区创建任务也基本完成。认真做好土壤污染调查工作，对油区和社会关注热点区域土壤污染状况进行调查，共调查地下水监测点位5个，土壤样品监测点位34个，采集各类样品136个。秸秆禁烧工作成效明显，出台《南阳市农作物秸秆禁烧综合利用考核奖惩实施办法》，严格督查，兑现奖惩，全市大面积焚烧秸秆现象得到有效遏制。

【固废和辐射环境管理】 开展固体废物现状调查专项工作，共调查固废产生单位296个，其中危废产生单位33个；完成《辐射安全许可证》核发工作，全市16个涉源单位和301个射线装置单位办证率分别为100%、99.3%；完成国控辐射网点的例行监测和数据上报工作，每月对淅川陶岔、南阳老庄两个国控网点进行辐射环境本底监测；全年安全收贮23枚废弃放射源。

【污染源普查】 向国家普查办上报各类共34152个污染源普查表格，其中工业源2280个、生活源3919个、集中式治理设施10个、农业源27943个，圆满完成第一阶段污染源普查数据上报和归档装订工作，成立污染源普查核查小组，全面组织开展质量核查工作。

【宣传工作】 积极探索环保宣传工作新形式，进一步拓宽宣传渠道，推进宣传深度。一是利用报纸、电视、广播等新闻媒体进行广泛宣传。全年先后在各类媒体上发表环保新闻335篇，其中在市级以上报刊发稿42篇。二是积极创新宣传形式。围绕中心工作，贴近生活、贴近群众，开展“四个一”活动，即一次环保知识竞赛、一次环保摄影比赛、一次环保广场文化活动、一次环保进农村活动，社会反响良好。6月5日，除组织好世界环境日宣传活动外，与中联水泥、南阳晚报社联合举办“中联水泥杯”环保知识竞赛，围绕节能减排、环境友好型社会等主题，通过环保知识竞赛的形式，宣传环保法律、法规，普及环保常识，共回收有效答卷12000份。9月份，联合南阳摄影协会组织摄影比赛，请各县（市、区）局和社会各界人士、摄影爱好者共同参与，共征集优秀作品100余幅，很好地展示近年来环保工作的成绩。9月30日在南阳电视台举办“迎国庆、绿色家园”环保文艺晚会，全市13个县（市、区）选送的优秀环保文艺节目参加汇演，市委书记黄兴维等市四大家领导亲临现场观看演出。11月份，在王村等10余个村民委员会开展环保文艺节目汇演和环保宣传单发放、环保咨询投诉活动，受到群众的热烈欢迎。为环保工作顺利开展起到助推作用。

【2008年全市环境质量状况】

（一）环境空气质量。2008年，南阳市建城区环境空气质量比上年明显好转，环境空气质量达到优良以上天数为344天，占全年天数的93.99%。其中，达到一级标准的天数为11天，比上年增加8天。首要污染物为可吸入颗粒物。全年降水PH值范围为5.42～8.85之间，酸雨发生频率为2.6%，比上年降低19.6%。（二）水环境质量。1.地表水环境质量。（1）白河：新甸铺断面（国控、省控）水质类别为Ⅳ类，满足规划水质要求。（2）唐河：梅湾断面（国控、省控）水质类别为Ⅲ类，满足规划水质要求。（3）湍河：内乡怀乡桥断面水质为Ⅲ类，满足规划水质要求；淯滩断面水质除枯水季节外，能够满足规划水质要求。（4）鹳河：淅川张营断面水质为Ⅲ类水质，满足规划水质要求。（5）鸭河口水库：鸭河口水库水质除总氮为Ⅲ类水质标准外，其余指标均满足规划Ⅱ类水质要求。（6）丹江口水库：陶岔监测点所测指标中除总氮为Ⅳ类水质标准外，其余指标均满足规划Ⅱ类水质要求。与2007年相比，鸭河口水库水质、丹江口水库水质除总氮浓度有提高趋势外，其它水质指标稳定在Ⅰ、Ⅱ类水平；从综合营养状态指数看，均为中营养状态。2. 地下水环境质量。2008年南阳市中心城区地下水水质良好，5个监测井位水质均符合《地下水质量标准》Ⅲ类标准，达标率为100%，与2007年相比，南阳市中心城区地下水水质相对稳定。（三）声环境质量。1. 城市区域环境噪声：2008年南阳市建成区区域环境噪声共设200个有效监测点位，等效声级范围为39.8～59.0分贝（A），平均等效声级为52.2分贝（A），符合Ⅰ类标准，声环境质量较好，与2007年相比，南阳市建成区区域声环境质量基本稳定。2. 功能区噪声：2008年南阳市建成区功能区噪声年平均等效声级昼间、夜间均达标。根据监测点次达标情况，混杂区、工业区、交通干线两侧区域达标率为100%，居民文教区达标率为87.5%，全市功能区噪声监测点次达标率为96.9%，环境质量处于较好水平。3. 道路交通噪声：2008年南阳市建成区19条主干线噪声等效声级范围在61.8～73.1分贝（A）之间，平均等效声级为67.3分贝（A），符合《城市区域环境噪声标准》4类标准，道路交通声环境质量为"好"的级别。其中，车站路、百里奚路属"轻污染"，新华路、卧龙路、文化路、北京路属"较好"，其他交通干线噪声属"好"的级别。

【固体废物污染防治】（一）工业固体废物管理。2008年南阳市工业固体废物产生总量为425.2万吨，综合利用量368.7万吨，综合利用率为86.7%，贮存量42.5万吨，处置量14万吨，排放量为0万吨。（二）危险废物管理。1. 工业危险废物产生及处置：2008年南阳市共有工业危险废物产生企业33家，主要分布于石化、制药、化工、机械等行业，工业危险废物产生总量为107889吨，其中，综合利用105421吨，处置量2468吨。2. 医疗废物的产生及处置：2008年南阳市县（市、区）级以上医疗机构和部分乡镇卫生院共产生医疗废物1036吨，全部送往南阳市医疗废物处置中心焚烧处置。（三）城市生活垃圾管理情况。1. 生活垃圾产生及处置：2008年全市城市生活垃圾产生总量为95.3万吨。其中，南阳市中心城区产生的31.0万吨，所辖11个县（市）生活垃圾产生量为64.3万吨，由环卫部门清运，进行简易填埋或卫生填埋。2. 建筑垃圾产生及处置：2008年南阳市区共产生建筑垃圾约21.9万吨，均由环卫部门清运送往城区周边高速公路建设工地作为路基材料使用，综合利用率为100%。3. 城市污水处理厂污泥：随着2008年底县级污水处理厂的全面建成投运，污水处理产生的污泥也成为固废管理工作的一项重要内容。全年南阳市污水净化中心污泥产生总量为3.4万吨（含水率80%），产生的污泥未经干化，直接堆放于卧龙区潘庄村一自然沟内，不符合"环评"批复要求。截至2008年底，所辖11个县（市）的污水处理厂已全部建成，全部通过环保验收（或阶段性验收）并投入正式运营。县级污水处理厂共产生污泥1.2万吨，送往生活垃圾填埋场卫生填埋或做农肥使用。

【生态环境保护】 截至2008年底，南阳市自然保护区8个，其中国家级4个，省级4个，总面积22.30万公顷，占全市国土面积的8.39%。全市建设或规划建设的国家和省级生态示范区4个，总面积103.92万公顷，占全市国土面积的39.11%。南阳市森林覆盖率为34.51%。

【主要污染物排放及减排】（一）主要污染物排放情况。2008年全市废水排放总量为24478万吨，其中工业废水排放量为9844万吨，比2007年下降18.6%，城镇生活污水排放量为14634万吨，比2007年增加3%。全市化学需氧量排放量为69500吨，其中工业废水中化学需氧量为36000吨，比2007年减少2.7%，生活污水中化学需氧量排放量为33500吨，较2007年降低9.5%。2008年全市工业废水达标率为96.2%，与上年基本持平，城镇生活污水处理率为39.5%。全市工业废气排放总量为10871358万标立方米，其中二氧化硫排放量为63000吨，比上年下降2.3%，烟尘排放量为30752吨，比上年降低11%，工业粉尘排放量为8451吨，比上年降低73%。（二）主要污染物减排情况。2008年度，经国家总量办和省总量办的两级核查，总量减排任务核定结果为：2008年化学需氧量排放量6.95万吨，比2007年下降5.7%，超过省定目标任务3.7个百分点；二氧化硫排放量6.88万吨，比2007年下降3.07%，超过省定目标任务0.4个百分点，圆满完成目标任务。（唐建力　王瑞琴）

树木越多 犯罪越少

●Kate Devlin　○南　风译

有研究者说，住在树木繁茂社区里的人们工作效率更高，人与人相处得更好。他们还说，葱郁的林木使居住环境更文明，使犯罪率降低，就算在贫困地区也不例外。他们认为，住在公园或其他绿地附近，对促进身心健康、调节人际关系非常有益。“树木和绿地对人的影响”研究小组组长、美国伊利诺伊州立大学教授弗朗西斯·库奥说：“大自然能让人平静，使人的心态变得年轻，更有能力迎接挑战。”

另外也有研究者说，从半径一英里内的树木覆盖情况，可以预计当地居民的健康水平。日本研究者也发现，那些住所离公园或绿地较近的老人，往往比其他老人长寿。库奥教授说：“在我们的研究中，那些接触大自然较少的人，注意力和认识能力相对较差，在处理人生问题方面能力较弱，抑制冲动的能力较差。”库奥还说：“犯罪率和绿地覆盖率之间的关系非常明显：树木越多，犯罪越少。据美国艺术与科学研究院的研究，树木覆盖率高能使犯罪率下降7%。”

（摘自《青年参考》2009年3月20日）

商　业

商　务

市商务局局长　郑国炳

【商务概况】 2008年全市对外贸易进出口达到87640万美元，增长47.5%，完成省定目标的127.2%。新批外商投资企业27个，实际利用外资11848万美元，完成省分目标的118.5%；实际到位省外资金131.5亿元，完成省定目标的119.5%。实际利用外资提前7个月完成省分年度目标任务。对外经济技术合作新签订合同额5199万美元，营业额4735万美元，外派劳务4850人。市商务局被省商务厅授予“2008年度河南省商务工作先进单位”，被市政府授予“2008年年度目标管理工作优秀单位”、“2008年度全市消防工作先进单位”，被市委办公室评为“2008年度全市党委系统信息工作先进单位”等称号。

【对外贸易】 全市对外贸易工作立足于增长方式的转变，强力实施全民外经贸战略、科技兴贸战略、品牌发展战略和市场多元化战略，企业和产品市场竞争力不断增强，对外贸易快速膨胀。全市进出口达到87640万美元，其中，出口69255万美元，增长38.9%，完成省目标的120%；进口18385万美元，增长92.4%，完成省目标的165.8%。进出口提前3个月完成省定年度目标任务。机电产品出口22849万美元，增长41.3%，占全市出口总额的比重达33%。全市一般贸易进出口累计62188万美元，占总额的89.8%；进料加工、来料加工、工程承包等其它贸易方式进出口7067万美元，占10.2%。进口超百万美元的大宗商品达23个，棉花、铝材、胶片等传统进口产品持续增长，机电产品等先进技术装备进口猛增。机电产品进口7642万美元，增长153%，铁矿砂、铬矿砂等资源型产品进口6014万美元。

【招商引资】 全市全年新批外商投资企业25个，引进域外资金项目636个，主要集中在先进制造业、高新技术产业和传统优势产业领域。天冠集团、石油二机、安棚碱矿、普康制药、衡育制药等企业先后引进外资进行并购重组。全年新批外资并购项目4个，合同利用外资3612万美元，占全市合同利用外资总额的20%；实际利用外资7671万美元，占全市实际利用外资总额的70%。安棚碱矿将部分国有股权转让给香港迪贝化学有限公司，引进外资5567万美元，占全市实际利用外资的50.5%。南阳迅天宇硅品有限公司与美国国际数据集团公司结成战略合作伙伴，实现南阳企业与世界知名企业合作，外资并购已成为利用外资的主导方式，骨干企业成为利用外资的主体。一批大内资项目开花结果：天冠集团与中石油、安棚碱矿与内蒙古伊化集团实现合作；中建材集团与市政府签订战略合作框架协议，重组打造中原建材

“航母”；杭州娃哈哈集团公司投资建设南阳娃哈哈生产基地三期项目；深圳太太口服液集团投资8580万元建设氮化钒项目；乐凯集团投资8.9亿元建设南阳华光数码印版工程项目等。全市引进市外资金156.9亿元。

【市场体系建设】　市商务局以商品市场建设为切入点，推进“六大工程”建设，构建现代流通网络。一是“万村千乡市场工程”深入实施。新建“农家店”801个，全市共建成“农家店”4424个，覆盖全市60%以上的行政村，初步形成以城区店为龙头、乡镇店为骨干、村级店为基础、连锁配送为核心的县乡村三级贯通的农村现代流通网络。先后争取国家和省政策性扶持资金1893万元，带动地方和企业投资1.2亿多元，吸纳富余农村劳动力1万余人，扩大农村消费10多亿元，使300万农民受益。二是“双百工程”稳步推进。发挥资源优势，加快建设粮油、蔬菜、黄牛等农产品批发市场。华山路蔬菜批发市场获得“双百市场工程”项目扶持。三是“信福工程”逐步推开。新野县“信福工程”项目顺利实施。四是“双进工程”步伐加快。卧龙区八一社区、西关社区，宛城区工人一村社区、枣林社区，高新区黄岗社区被省商务厅评为“省级商业示范社区”。五是组织实施“东桑西移”工程项目。配合省商务厅对南召东方蚕业公司等2个企业上年度国家“东桑西移”工程扶持项目进行检查验收，新组织3个企业申报国家茧丝绸风险发展基金，提高茧丝绸行业发展水平。六是“家电下乡”试点工作顺利开展。至12月底，全市累计销售家电下乡补贴类产品84426台（部），销售额11411万元，兑付补贴资金886.5万元，促进社会主义新农村建设。

【市场运行调控】　2008年受物价高位运行和年初南方冰雪灾害的影响，市商务局进一步完善肉类、蛋、奶等重要生活必需品储备制度，建立生活必需品市场供应应急预案，调控市场平稳运行。针对“问题奶粉”突发事件，一方面启动日报监测制度，及时掌握市场变化。另一方面会同有关部门，做好问题奶粉停售下架工作。引导企业加强产销衔接，加大合格奶制品的采购力度，维护奶制品市场经营秩序和稳定供应。

【对外经济技术合作】　全市注重发挥本地资源优势，贯彻中央“走出去”战略，对外工程承包、境外投资、劳务输出齐头并进、快速发展。全市新签合同额5199万美元，增长1%，完成省目标的102%；完成营业额4754万美元，较同期持平，完成省目标的103.3%；外派劳务4862人（次），同比增长11.1%，完成省目标的105.2%，提前1个月完成省分年度目标任务。天冠集团继在老挝投资设立天冠实业公司和在印尼投资设立三宝麟天冠生物能源有限责任公司之后，经商务部批准，又获得对外承包工程经营权。落实“出国门富万家521工程”，与舟山市初步达成招收3000名劳务人员的合作协议。外派劳务结构初步实现由过去初级粗放型渔工向中、高级智能型陆地劳务转变。

【企业改制】　全系统开始改制企业22个，职工7300余人。商贸大厦、市机电设备总公司、第一机电公司、隆昌公司、外贸基地中心5个企业完成改制。肉联厂、百货站2个企业正在对职工进行安置补偿。2008年新进入改制程序的商场、五交化、金属公司、粮油、土产等5个企业中，商场、五交化的清产核资和资产评估结果已经批准，企业职代会已通过职工安置方案和改制实施方案；金属公司、粮油、土产3个企业的清产核资和资产评估结果已报市财政局。需依法破产的9个企业中，黄牛清真、燃料集团、金汉丰、畜产品公司4个企业已进入破产程序，正在对职工进行补偿安置，副食品公司、生产资料公司、建筑材料公司、金属回收公司、工贸中心5个企业正在进行破产前的准备工作。

【商务活动】　全年开展重大商务活动6次，取得显著成效。（一）中博会。第三届中博会于2008年4月26日在湖北举办，南阳市代表团一行百余人参加会议，签约项目2个，投资总额7.7亿元。(二)第三届豫商大会。第三届豫商大会由南阳市政府承办，具体工作由南阳市商务局局承担。此次豫商大会规模盛大，中国500强企业TCL、德力西、宇通、建业、洛阳一拖等应邀参会。通过豫商大会，共收集到招商项目352个，总投资512亿元，签约项目68个，总投资151亿元。(三)河南一广州经贸洽谈会。2008年5月22日，副市长张宪中带队，组织淅川、宛城、方城、桐柏、唐河、新野等参加河南一广州经贸洽谈会，签约项目3个，总投资4.6亿元。(四)第五届豫洽会。第五届豫洽会南阳市签约5个投资项目，总投资19.5亿元，并推出300多个招商引资项目。(五)中国·南阳第七届张仲景医药科技文化节。9月20日至22日，中国·南阳第七届张仲景医药科技文化节在南阳市体育中心举行。本次节会南阳市共签约项目20个，总投资12.97亿元，利用外来资金12.57亿元，其中合同项目11个，总投资5.67亿元，合同引资5.27亿元。(六)广交会。第103届春季广交会，南阳市共有19个企业参加，摊位总数21个；第104届秋季广交会，南阳市共有18个企业参加，摊位总数28个。(王琳)

供销合作商业

市供销社主任　张兴珍

【供销合作事业概况】　2008年，全市供销合作经济实现新跨跃、新发展。全系统完成商品购销总额126亿元，较上年同期增长6%以上；实现利润总额3366万元，比上年同期增长13.4%；上交国家各项税费7329万元，比上年同期增长12.5%。(一)、企业改革。推进社有企业改革重组，建立现代企业制度，完善出资人制度，逐步健全对企业科学的监管考核体系，实现由"管企业"向"管资产"转变，培育一批有市场竞争力的骨干企业。市、县级社成立"资产经营管理公司"，行使出资人职能，统一运营和管理使用社有资产，发挥整体优势以实现社有资产保值增值。以"新网工程"、项目建设、资产开发为重点，以股份制为主要形式，组建社有资产控股、参股的多种经济成份的社属企业，通过发展乡镇超市、村级农家店和农资店等形式改造基层社。全系统改制企业92个，占74.8%；改造基层社189个，占196个的96.4%，改革后企业普遍建立新的运行机制。(二)、"新网工程"建设。抓住"新网工程"建设的重大机遇，把现代流通网络建设当做供销社的中心工作来抓，以市、县级配送中心和乡村超市建设为主要形式，以建立市、县、乡、村4级网络为重点，打造日用工业品、农资、棉花、再生资源和烟花爆竹五大经营网络。建成大型市级配送中心2个，县级和区域性配送中心32个，县、乡日用品和农资超市459个，村级日用品农家店4745个、村级农资连锁店4515个、村级农产品收购店508个，占行政村90%左右，基本形成覆盖全市的农村现代商品流通网络。(三)、农村合作经济组织。全市供销社系统领办联办各类示范专业合作社120个，已注册登记的27个，带动社员20余万户，各类行业协会70个以上，吸收会员2.1万个。其中唐河、新野、淅川、宛城、卧龙等县(区)专业合作发展快、质量好。唐河县栀子专业合作社带动4个乡镇6000余户农民从事栀子种植，面积达800公顷，亩增收2000余元，成为全国最大的栀子种植基地。方城县社引资6500万元兴建的河南胖哥健民食品有限公司，依托蔬菜专业合作社，年加工蔬菜2万吨以上，引导农民种植蔬菜1333.3公顷左右，每亩增收3000元左右，已成为国家标准化委员会批准的试验基地。(四)、主营业务。一是以红棉集团、兴合公司为龙头，抓好棉花经营。全系统共购销棉花（副产品）8.8万吨。二是以惠农达农资集团和13个县级农资公司配送中心为龙头，抓好农资连锁经营。供应化肥114万吨，供应农药10100多吨。三是以市广发物资回收公司为龙头，废钢和烟花爆竹经营成效显著。购销废钢铁5万余吨，烟花爆竹销售8500万元。四是以南阳新合作公司为龙头，发展日用工业品连锁经营业务。建设1个市级大型配送中心、8个县级新合作配送中心，加上各县供销社原有日用消费品经营网络，经营网点达4000余个，连锁经营额占全市农村日用工业品销售额的40%左右。五是狠抓“双总”业务。总经销、总代理品种3880多个。六是发展进出口贸易和机电设备工程外包业务。红棉集团等单位年度出口创汇650万美元，涉外食品加工工程设备技术承包项目稳步进行。(五)、资产开发和项目建设。全系统共开发资产近400处，兴建各类批发市场76个，新增社有资产5亿多元，资产综合经营年收益1亿元以上。市社直属单位资产开发成效显著：南都宾馆和银河宾馆客房、餐饮设施成功改扩建；欣华公司板材城二期建设完工，新增经营面积近4000平方米，加工市场新建厂房一栋；广发公司陶瓷卫浴超市建成营运；计划投资1.2亿元建设20层以上的南阳惠农达装饰商务大厦开工建设，欣华公司装饰商务中心进入有关手续的报批中。红棉集团棉花储备库和市兴合公司转运站改建项目及吉翔公司资产开发项目正在筹建之中。争取国家资金扶持项目，目前已申报惠农达、红棉、吉翔公司、邓州油棉、淅川农资配送中心和商贸城、唐河桅子专业社等10余个项目，资金总额达6亿元以上。(六)、农业产业化龙头企业。全系统经县级以上人民政府或其他有关部门确定的各类农业产业化龙头企业共17个，其中方城县健民食品有限公司、南阳红棉集团、南阳市兴合棉业公司、南阳市惠农达农资集团、邓州天龙集团、唐河县棉麻公司等9个企业被全国总社确定为农业产业化重点龙头企业，还有7个企业分别被市、县政府确定为市、县级重点龙头企业。红棉集团、兴合公司、惠农达集团、吉翔公司、广发公司、南阳新合作公司还被省社表彰为全省供销社系统20强企业。据统计，全系统农业产业化龙头企业实现销售收入9.6亿元，帮助农民实现收入2.6亿元。

【农资经营】　全年销售化肥120万吨，销售各种农药4500吨，销售农膜1672吨，种子、兽药、小件农机具等的销量较上年均有大幅提高。农资经营总的特点：一是市场不断整合，农资经营主体多元化发展。农资生产厂家及大的农资经销商在各县（市、区）设立直营机构数量增加，经营农药种子的个体商户数量增加。由于环保因素碳铵生产厂家停产或减产，小型复合肥厂数量有所增加，全市化肥80%货源依靠外地调入。二是农资价格大起大落，市场变化莫测。1～8月份，受国内国际经济形势双重影响，原材料大幅上涨，不少农资生产企业出现减产、停产现象，导致化肥价格大幅上涨，尿素出厂价一度最高达到每吨2550元、磷酸二胺每吨5000元、普通复合肥（含量45%）每吨3300元、钾肥从每吨2100元涨到每吨4700元，上涨幅度同比分别是59.4%、83.3%、123.8%。9～12月份，受国际金融危机影响，化肥价格在高价位上开始暴跌，尿素跌至每吨1650元，45%的氯化钾复合肥跌至每吨2500元，磷酸二胺跌至每吨3000元。三是国家为保护农民利益，继续实行多种惠农政策，对农资进行综合直补，对化肥进行宏观调控，提高化肥出口关税以控制化肥出口，保证国内供应，稳定化肥价格。四是国家商务部继续实施“万村千乡市场工程”，全国供销合作社实施“新农村流通网络工程”，鼓励农资经营企业开展农资连锁配送经营业务，并对符合要求的农资农家店给予资金补贴，同时，对农资配送中心建设给予贴息，补贴标准较往年有所提高。五是由于农资价格过高，农资制假、售假、坑农、害农事件有所上升，工商部门在媒体曝光的南阳10件商品侵权案件中，涉及农资就有3件。六是由于农资批发商占用资金大，对下游经销商不实行赊销。农产品收购价格偏低，农资价格相对过高，影响农民种粮用肥投入，农资总体需求下降。七是淡季储备量减少。由于化肥价格经历飙风和暴跌两个极端，对市场后市预估不准，备货风险较大，经销商持币观望成为主流，淡储市场启动缓慢，到12月底农资商品库存较同期下降16%以上。

【支农服务】 全年共开展农业科学技术培训32万人次，组织农业专家送科技下乡326次，技术咨询10万人次，印发新型实用科学技术资料7万份，测土配肥1.07万顷。

【棉花经营】 全市棉花种植面积约为13.7万公顷，与上年相比略有减少。全市拥有棉花资格加工企业80个左右，其中参加400型打包机技术改造的企业为37个，本生产年度实际开展收购加工活动的企业不足30家。棉花经营特点：（一）棉花质量平均指标良好。平均衣分为38%，平均品级在三级以上，平均长度29毫米。（二）棉价一路下滑。由美国次贷危机引发的全球金融风暴，致使部分棉纺企业订单下滑，出口减少，造成棉价自年初开始一路下滑，期货价从年初的每吨16600元降至年底的11000元左右；现货价也在11500元左右徘徊。棉花降价幅度之大，时间之短，速度之快，都是历史上所没有过的。（三）棉花购销平缓，棉农惜售。近年来棉花交售以棉花经纪人为主，棉农直接到棉花加工企业售棉比例较小；由于本生产年度棉价先高后低，低于棉农期望，造成棉农惜售，相当部分棉农持棉观望待售。（四）金融部门农贷资金投放采用新办法。2008年度农发行在投放贷款中，继续实行“区别对待，择优支持”的原则，加大对棉花产业化龙头企业的支持力度。市供销社农业产业化龙头企业红棉集团、兴合棉业公司都获得一定的贷款支持。市供销社系统棉花主产县（市、区）社的县、乡棉麻企业和所属的天骄集团、天运公司也享有贷款资格并获得贷款支持。（五）市供销社直属红棉集团、兴合棉业公司充分发挥区内棉花营销龙头企业的作用，广泛采用以现货为基础，以期货为龙头，利用手中持有的仓单为砝码，坚持效益为上，采取期货交割、仓单转让、撮合质押、现货促销、跨月套利等组合方式，规避风险，实现有限资源倍增经营，获取较好效益。（六）棉花储备转运库优势发挥明显。市供销社直属单位红棉集团是郑州商品交易所棉花指定交割仓和国家储备棉收储指定库点，兴合棉业公司是全国棉花交易市场指定交割仓。全年两公司共完成棉花购销2.6万吨，周转棉7.6万吨；监管棉花2.3万吨。

【烟花爆竹经营】 市供销社系统依托“新网工程”和“万村千乡”市场建设工程，以安全营销为中心，以构筑市、县、乡、村4级连锁配送服务体系为重点，以服务城乡居民需求为落脚点，开展连锁配送业务。建成市县级达标烟花爆竹仓储配送中心8个，年供应烟花爆竹8万多件。一是对市、县、乡、村四级营销网点进行规范、整顿和提高。要求经营烟花爆竹门店的负责人安全意识强，经营设施齐全、必须经营统一连锁配送的商品，不经营假冒伪劣商品。同时对一些责任心不强，安全意识淡薄，经营设施不达标的网点坚决予以取缔完善，规范烟花爆竹经营网络。二是明确任务，强化责任、搞好配送。市、县、乡配送中心根据各地人口数量和历史消费习惯，确定烟花爆竹配送基数。各配送中心分别采用领导包片、人员包店、实施无缝商品连锁配送，杜绝假冒伪劣产品进入流通环节。三是组织适销对路产品，保证各种规格不断档、不脱销。年初配送中心组织人员，奔赴广西、湖南、江西等18个厂家，联系货源，组织高、中、低档品种，保证市场供应。四是加大稽查监管力度，打击非法生产经营。市、县级配送中心配合当地安监、公安、工商等部门，定期或不定期地进行检查，加大稽查执法力度，净化烟花爆竹经营环境。烟花爆竹储存、配送、营销没有出现安全生产事故。

【南阳鑫合社有资产经营有限公司揭牌】 5月30日上午，南阳鑫合社有资产经营有限公司举行揭牌仪式。该公司是按照社企分开原则，由市供销社理事会注册1000万元成立的资产经营型企业。公司是市社理事会全权委托，代表市社以出资人的身份对社有企事业单位和控参股企业的社有资产进行监管、投资和运营。有制订发展规划、资产运营、产权管理、人力资源配置和出资人监督管理等基本职能。

【全国供销合作总社新合作现场会在宛召开】 7月7～9日，全国供销总社在南阳召开新合作现场会。原全国供销总社副主任、新合作公司董事长王如珍，全国供销总社审计局局长潘种树、新合作公司总经理侯顺利，河南省供销社主任焦锦森，南阳市人民政府市长朱广平、副市长姚龙其和全国12个省（市、自治区）供销社领导及新合作各子公司负责人参加会议。会议期间，与会人员实地参观南阳市新合作配送中心及镇平、内乡、西峡、淅川等县新合作配送中心建设和城乡网络发展情况。

【红棉集团棉花储运公司被确定为国家储备棉定点收储库】 10月，南阳红棉集团棉花储运有限公司与郑商所续签期货棉花指定交割仓库协议后，中国储备棉管理总公司、全国棉花交易市场，确认红棉集团所属棉花储备仓库为河南省唯一一家内地储备棉收储指定库点。南阳市棉花储运公司是国家棉花专业储备仓库，有着完善配套的硬件设施、规范化管理和经验丰富的仓储管理队伍。该公司多年从事国家储备棉管理工作，最多时存储量达3万多吨，连续多年获得全国“十佳仓库”荣誉称号，有着良好的商业信誉。

【6个企业分获全省供销社系统20强称号】 在12月20日结束的全省供销系统企业工作会上，南阳市供销社红棉集团、新合作商贸连锁有限公司、兴合公司、惠农达集团、吉翔公司、广发物资回收公司6个企业分别获得河南省供销社单位20强企业，占全省的近⅓。（李志明　常力）

粮　油　管　理

市粮食局局长　畅强

【粮食流通体制改革】 2008年，根据粮食流通市场化的新形势，粮食部门充分发挥粮食流通主渠道作用，鼓励支持多种所有制主体参与粮食经营，办理粮食收购许可证，及时提供粮食市场信息等。同时，加强监督检查，规范所有经营者的经营行为，共同维护全市粮食流通秩序，繁荣粮食经济。全市办理粮食收购许可证的经营户共801个，其中国有244个，国有控股186个，集体40个，私营58个，个体259个，其他14个。南阳市粮食流通市场主体多元化的格局已经形成。

【国有粮食非购销企业改革】 专门成立企业改制工作领导小组和办公室，加强对企业改制工作的督促和指导，加快企业改制进程。根据企业实际情况，采取一企一策的办法，成熟一个改制一个。改制过程中，在充分做好宣传发动工作、统一思想认识、保持大局稳定的基础上，通过土地开发、资产处置等多种形式，筹措改制资金，确保妥善安置职工。制定符合政策和企业实际的科学合理的改制方案，按照方案，阳光操作，稳步推进。全市95个非购销企业，已成功改制

86个，改制面超过90%。县（市、区）中，除邓州市、社旗县少数企业外，其余已全部完成；市直企业有2个成功改制，面粉厂大院7个企业改制前的准备工作已经就绪，待资金到位后即可进入实施阶段，其它企业的改制工作，包括成本测算、改制方案、争取优惠政策等前期工作已经完成，正抓紧时间创造条件向纵深推进。

【依法行政】 加强对粮食政策法规的宣传和粮食执法体系建设。市粮食局成立粮食流通监督检查科和粮食流通稽查大队，市级执法机构得到健全。唐河、社旗、内乡、镇平、西峡5县成立相应机构，其他县（市、区）正在筹建。加强对粮食执法人员的教育培训，全面提高执法人员素质和执法水平。加强粮食统计信息工作，建立市、县二级粮食统计信息网，并与省级信息联网，制定粮食购、销、存、加工和各类设施统计制度，为粮食宏观调控提供科学的决策依据。加强对依法行政工作的管理，实行粮食监督检查工作目标管理，制定粮食执法工作考评管理办法，规范执法程序，履行服务承诺，公正执法，文明执法。按照政策，规范办理粮食收购许可证。组织开展粮食收购资格检查、粮食安全仓储检查、粮食库存数量检查、粮食收购政策执行情况检查、“转圈粮”检查等，特别是夏粮收购期间，组织多个检查组，在全市不断地进行巡回检查，发现有问题的企业，及时下发整改通知书，要求立即整改，确保将党的惠农政策落到实处。全市粮食流通秩序正常有序。

【夏粮收购】 2008年，国家对夏粮收购继续实行最低收购价政策，各级粮食行政管理部门分别组织工作组，深入收购现场，指导收购，服务收购，协调处理收购过程中出现的如资金、设备等困难和问题，同时，监督收购，检查收购，确保企业在严格执行最低收购价，坚决杜绝压级压价，超扣水杂等坑农害农现象的发生，维护农民利益。各粮食收购企业，在收购前广泛宣传最低收购价政策，做好人员、仓库、设备等多项准备工作。在收购过程中，一是开展阳光收购。设立公示栏，将政策、价格、质量标准等交给农民；检斤验质等过程接受农民监督，让农民交上明白粮。二是提高服务质量和水平。高标准设立休息棚，茶水站等服务设施，组织人员帮助农民整晒、搬运粮食，服务农民售粮。三是采取灵活多样的收购方式，方便农民售粮。除依所、依点坐等收购外，还组织流动收购车，走村串户上门收购，尽一切能力方便农民售粮。全市夏粮收购210411万公斤，再创历史新高，支付农民售粮款32亿元，促进农村经济发展，支持社会主义新农村建设，达到农民、政府、银行、中储粮公司及粮食企业“五满意”。全年共收购粮食229071万公斤，销售粮食22807万公斤，完成粮食购销量251878万公斤，占省分目标任务104996万公斤的240%。

【粮食安全】 为确保粮食市场放开后的粮食供应安全，拟定《南阳市粮食供应应急预案》，建立中长期粮食供求总量平衡机制和市场监测预警机制，确定粮食预警调控指标，规划和设置粮食应急加工系统、运输系统和供应系统，保证紧急状态下粮食市场供应正常和粮食供求局势基本稳定。制定《南阳市储备粮管理办法》，建立市、县级粮食储备制度，全市地方储备粮规模7000万公斤，市级储备粮1500万公斤已储备到位，县级储备粮完成4217万公斤。为确保储粮安全，实行各级粮食行政部门一把手负总责的安全储粮责任制，严格各项规章制度，开展春、夏、秋季安全储粮大普查，加强夏季防汛工作，切实提高科学储粮水平，市储备粮油“四无”率达到98%以上，储备粮油管理100%达到“一符三专四落实”的要求。

【招商引资】 专门成立招商引资工作领导小组，层层签订目标责任，持续开展招商引资工作。借企业改制东风，加强引资环境建设，改进招商引资方式和机制，在跟踪落实以前年度有关引进项目的同时，选择一批优势项目，做好宣传和包装，向省内外推介。全市共引进项目15

个，引进市外境内资金2990万元。争取省级以上部门投入南阳市粮仓维修资金262万元，占省投入各地市2300万元的⅛以上。

【粮油产品质量管理】　一是严格执行成品粮油入市“准入证”制度，加大抽检力度，强化企业对产品质量的管理，从源头上把好粮油产品质量关，粮油产品质量明显提高。全系统共获得国家免检产品1个、中国粮食行业协会“放心粮油”称号产品2个、省粮协“放心粮油”称号产品2个。市粮协授予45个粮油经销企业为“放心粮油示范店”。有2个企业通过ISO9002质量体系认证，1个企业通过A级合格认证。粮油产品合格率及抽查率均达到100%，无一复检产品。二是组织开展“放心粮油宣传月”活动和“粮油科技宣传周”活动，强化粮油食品安全意识。三是各级粮食行政管理部门层层成立粮油食品安全领导小组，对整个粮食流通过程中的质量工作进行全程监督。共组织开展粮油质量检查4次。7月5日，在市中心城区开始实行粮食市场准入制度，保证粮油食品安全。

【行业管理】　加强对系统各项业务工作的指导，提升国有粮食企业的服务和管理。加强企业基础管理，建立健全企业内部各项规章制度，形成完善的企业制度体系、责任体系、监督体系和考核体系。加强企业财务管理，加大国有资产监管力度，落实会计委派制，推广费用送审制度，搞好成本核算，提高资金运营效率，降低费用支出水平。加强企业经营决策管理，建立科学、灵活、有效的营销机制，减少决策失误，搞活企业经营，增加企业收入，提高企业经济效益。全市国有粮食购销企业实现利润7961万元，占省分年度目标任务3770万元的210%。

【参与和服务新农村建设】　一是加强农村社会化服务网点建设，通过服务网点，搞好粮食购销，工业品下乡和农产品进城，服务农村经济、农业生产和农民生活。全市新增农村服务网点85个，累计达到836个。二是开展农业产业化经营，指导农民优选种子，连片种植，规模化生产，提高种田效益。发展壮大粮食产业化龙头企业，发挥龙头企业的辐射作用，带动农民致富。鼓励龙头企业开展多种产业化经营，就地加工消化农产品，增加农民收入。三是开展“放心粮油”进农村活动，确保农村粮油食品安全。“放心粮油”在农村的市场占有率达到30%以上。四是推广储粮新技术，送粮油科技下乡，指导农民科学储粮，减少产后储粮损失。五是做好新农村建设驻村帮扶工作。新农村建设驻村帮扶工作队筹资14万元筹建村文化大院、村村通公路、水利设施和沼气建设等工程，改善教育、医疗卫生等条件。

【温家宝总理查看南阳市粮食库存情况】　5月11日下午2点30分，国务院总理温家宝到内乡县1616河南省粮食储备库（即内乡县灌涨粮库）查看粮食库存情况，并与该库职工亲切交淡。温总理说：“我想我今天来检查这个仓库，一定向我报告真实情况，库存账实是否相符？你们都得实事求是地加以说明。大家都知道，现在国际粮食供求紧张，价格飞涨，国内粮食我们告诉老百姓库存还是比较充裕的。我今年在记者招待会上说了，国务院有关部门告诉我，我国粮食库存1.5亿吨，后来据统计，在1.7亿吨至1.8亿吨，加上农民自储粮食，至少2亿吨，这还保守了一点。但是群众也不那么放心，包括有的人民代表甚至举报哪哪库存在着亏库现象，甚至什么地方是空库。我认为这些人民代表和人民群众对粮仓的关心是负责任的，也是自然的。我们应该把真实情况告诉他们。我已经在全国范围内开始部署清查仓库，也就是说国家的库基本一个不漏。最后我们要把清查仓库的结果公诸于众。向人民做个交待。我这次下来到这里就是抽查!”之后，温家宝又详细询问了夏粮收购情况、该库粮食库存情况及职工的工作生活情况等。（李秀坤）

盐　业　专　营

市盐业局局长　吴成玉

【盐业概况】　2008年，全市盐业系统以确保群众食盐安全，全面落实年度食盐专营目标，完成国家下达的年度食盐专营计划，保证全市民食工需用盐供应，维护广大群众的食盐安全，取得精神文明建设、安全生产和社会治安综合治理等项工作的新成就。全年盐产品总购进75368.93吨，盐产品总销售79054吨，年销售额1.509亿元，实现税利931万元，全市食盐计划完成率、碘盐覆盖率及合格碘盐食用率均达到国家规定的标准。继市盐业局荣获全省食盐专营目标管理达标单位、全省平安建设先进集体、全市预防职务犯罪工作先进单位，淅川县盐业局、市盐业局城区分局、内乡县盐业局、市盐业局郊区分局分别荣获全省食盐专营先进单位荣誉称号。

【食盐专营】　面对湖北私盐大举入侵严重危害群众身体健康，市内剩余劳动力转移步伐加快导致食盐消费急剧萎缩，业务经营大面积滑坡的困难形势，全市盐行业重点开展以下工作：（一）完善目标考核机制，强化食盐计划管理。调整完善行业年度责任目标考核办法，细化考核指标，完善激励措施，实行国家计划分配与自报计划相结合的办法，逐级分解任务，落实工作责任，严格监督检查，为落实年度目标任务提供制度保障。（二）狠抓乡村网点建设，巩固专营发展基础。以全市乡、村食盐批零网点建设和“食盐安全村”创建活动为载体，与乡、村基层党委、政府密切协作，抓硬件建设，逐乡逐村发展联络员、刷写墙路标、开辟宣传栏，层层筛选确定合格碘盐供应户，悬挂“合格碘盐供应（站）点”牌匾，免费申核办理《食盐零售许可证》、配发宣传资料和碘盐试剂；抓规范管理，大力推行合同化、户籍化管理制度，完善营销监管措施，全面加强乡、村食盐批零网点规范化、制度化建设；经市盐业局反复检查督导，全市13个县（市、区）盐业局均在规定的时限内顺利通过达标验收。至年底，全市食盐批零网点总量15047个，其中代批网点509个，零售网点14538个，持证经营率达到100%。（三）开展营销创新，扩大食盐销售。一是辣椒腌制用盐市场保持良好发展势头。面对全市辣椒因雨涝、病害大面积减产或绝收，农民种植积极性严重受挫的不利形势，淅川、邓州、方城、内乡、镇平等县（市），采取组织乡村基层干部、致富能人外出学习考察，邀请专家举办辣椒种植、防病专题讲座，建立辣椒种植加工产业发展基金，帮助椒农引进良种、兴修水利、防治病害，发动行业职工，下乡承租土地开辟辣椒种植示范园地，出台优惠政策，吸引外地加工商落户产区等措施，真诚为农民办好事，办实事，在增加农民收入的同时，扩销食盐8000余吨，其中淅川、邓州两县（市）扩销食盐量均达到历史最高水平，分别占食盐销售总量的57%和38.8%。二是开发涉盐项目。内乡、镇平、唐河等县为牧原饲料加工厂、光友薯业公司、遮山酱菜加工厂、上屯花生加工厂等用盐项目的开发、引进、培育搞好服务，提供支持，开辟食盐扩销增效新的经济增长点。三是多品种盐销售继续走在全省前列。城区、桐柏、内乡、淅川等县局总结以往多品种营养盐营销经验，采取委托经营、代理销售、组织职工送盐进社区等措施，拉动多品种营养盐销售。至2008年底，全市共完成食盐购进56000吨，较同期增长5.5%；食盐销售完成55245

吨，较同期增长17.9%；对省盐款、食盐外包装款结算率均达到100%；全市碘盐覆盖率、碘盐合格率及合格碘盐食用率均达到国家规定的标准。

【盐政管理】　（一）强化盐政法制宣传，营造浓厚舆论氛围。（二）完善市场监管机制，增强依法治盐能力。一是立足自身，狠抓盐政执法队伍建设。注重选拔培养盐政骨干，壮大盐政稽查队伍；加大资金投入，提高装备水平，锤炼队伍，提高素质。二是着眼长远，构建市场监管长效机制。（三）狠抓市场治理整顿，依法规范经营秩序。一是开展自查自纠，规范行业经营行为。全市盐行业以食盐零售许可证换发、散碘盐、精工盐供应管理、食盐价格落实等为重点，进行对换证收费、擅自扩大散碘盐、精工盐供应范围和变相涨价等违规行为的自查自纠工作。相继组织开展食盐安全大整顿、大检查和"元旦、春节"期间、"高、中招"期间、奥运会期间、"十一"黄金周等不同时段、不同内容的市场专项整治行动。二是发挥监控网络优势，严厉打击涉盐犯罪。查处一大批通过高速公路长途贩运私盐的大案要案。打击一批长期从事私盐贩销活动的团伙、窝点和以工业盐为原料加工食品的违规单位、业主，并通过新闻媒体公开曝光。全市累计查处涉盐违法案件415起，其中10吨以上重大案件16起，端掉私盐窝点17个，取缔无证经营户132家，查获私盐659.8吨。

【小工业盐管理】　全市盐行业从服务南阳"工业强市"战略大局出发，遵照"多予、少取、搞活，服务经济发展，巩固食盐专营"的原则，改进营销手段，完善服务措施，并严格落实工业盐用户档案管理制度、销售台帐制度、点对点供应制度和跟踪回访制度，密切供销关系，强化全程监督，服务县域工业经济发展，杜绝工业盐冲销食盐市场，取得工业盐经营管理的新成绩。全年工业盐购进完成24616吨，销售完成23809吨，分别较同期增长18.3%和14.2%。

【重大涉盐案件】　（一）1月9日，市局盐政稽查大队与镇平县盐政稽查队联合行动，在镇平县境内查获一辆车牌号为甘J10325的贩私嫌疑车，共查没车上私盐33吨。该批私盐从湖北潜江起运。（二）1月23日，市局盐政稽查大队带领唐河县盐政稽查队，会同当地公安部门，于24日凌晨2点左右，在唐河县城附近分别将三辆涉嫌贩私车辆截获。经查，车上装运的均为广盐华源制盐厂生产的"永祥"牌湖北精制盐。经检查，三车私盐数量共计80吨，均为无碘工业盐。（三）2月27日，市局盐政稽查大队带领城区稽查队，在高速交警的配合下，于中午12点左右在二广高速南阳市境内段查获一辆车牌号为豫A75079的涉嫌贩私车辆，当场查获工业盐35吨。（四）3月17日，市局盐政稽查大队偕同方城县盐业局盐政稽查队，会同高速交警，在许南高速南阳段将车牌号为豫C60225挂3869的涉盐贩私车辆截获，查获湖北私盐45吨。（五）6月5日，市局盐政稽查大队组织城区、桐柏、唐河、新野、邓州5县（市、区）局盐政执法人员，在新野县公安部门的配合下，在新野县五星镇境内截获两辆车牌号为豫R27208、豫R22333的涉嫌贩运私盐车辆，经检查，该批盐共计64吨，均为工业盐，全部为无任何标识的白色编织袋包装。该批盐源由湖北省潜江市一化工厂院内装运。（史宏伟　李一博）

烟　草　专　卖

【烟草专卖局（公司）概况】

1983年9月南阳市烟草专卖局、河南省烟草公司南阳市公司组建，下辖镇平县、内乡县、西峡县、淅川县、邓州市、唐河县、新野县、社旗县、方城县、桐柏县、南召县、油田和城区13个县级烟草专卖局（分公司），一个金业烟草有限责任公司。

从业人员4202人，其中，在岗员工2751人，内退员工828人，聘用员工623人。

【烟草收入】　2008年，全市实现税利56677万元，同比增长33.55%，实现利润39854万元，同比增长34.3%，销售卷烟147.62亿支，同比增长2.8%；卷烟实现销售收入266815万元，同比增长15.15%，实现税利50979万元，同比增长37.91%，实现利润37331万元，同比增长35.19%。

【烟叶生产经营】　烟叶基础设施建设投资1.16亿元，高标准建设烟水配套、密集烤房、育苗大棚、田间道路、节水灌溉等工程项目4183个，受益烟田面积16万亩，受益烟农3万4千余户。全国优质烟叶科技示范基地验收以97.96分，排名全国第一，顺利通过国家烟草专卖局验收；《南阳烟区土壤改良综合技术研究与推广》、《密集式烘烤技术推广》、《土壤生态修复技术研究与应用》3个科研项目顺利通过省科技厅成果鉴定，荣获河南省烟草专卖局2008年科技进步特等奖。收购烟叶44.28万担，比上年增加19万担，增长75.23%，为社会创收3.22亿元，上缴地方烟叶税收7074万元，烟农亩均收入增加933元，比上年增收1.6亿元。

【卷烟打假】　改建新建专卖管理所52个，成立专卖稽查打私打假支队、市场监管支队和内部监管支队。共查处卷烟违法案件9611起，查获违法卷烟2789件，罚没款44万元，拘留105人、批捕50人、判刑26人、劳教7人。首次破获千万元以上的“12·10”网络案件，实现了破网追刑工作历史性突破。堵源头，打网络深度不断加大，市场净化率进一步提升，卷烟零售商户和消费者合法权益得到有效保证。

【烟草专卖服务】　卷烟销售网点星罗棋布，覆盖城乡，达到了凡有300户人家的村组均有卷烟经营者。全市34511个卷烟商户全部享受上门服务，足不出店接货经营，按每户两个经营人员推算，仅烟草行业就安排社会就业近7万人。

【改革创新】　全国领先的烟草工商业深度协同营销率先开展，按照“准确定位、有机对接、突出品牌、全面提升”的原则，卷烟工业和商业的平等互利、互动互信、资源共享、效率责任平台搭建成功，中国烟草的权威性报纸整版报道。全面构建了母子公司新体制，取消全部县级公司法人资格，市公司成为唯一独立法人，成为市场经营主体。职责明确，权责明晰，高效快捷的企业体制逐步形成。（霍国伟　孙善兴）

财　　税

财　　政

【财政收入】　2008年，全市一般预算收入突破50亿元，完成51.3亿元，为预算的101.2%，比上年增长14.4%，增收6.5亿元。分级收入完成情况：市级一般预算收入完成16亿元，为预算的100.5%，增长13.7%；县（市、区）级一般预算收入完成35.3亿元，为预算的101.5%，增长14.7%。分项收入完成情况：全市地方税收收入完成38.5亿元，增长19.8%，增收6.4亿元。其中：增值税9.4亿元，增长21%；营业税12亿元，增长6.6%；企业所得税2.8亿元，增长32.8%。税收占一般预算收入比重75.1%，比上年提高3.4%。全市非税收入完成12.8亿元，增长0.8%，增收1030万元。

【财政支出】　2008年，全市一般预算支出突破160亿元，完成163.2亿元，为调整预算支出168.5亿元的96.9%，增长18.9%，增支26亿元。分级支出完成情况：市级一般预算支出完成34.3亿元，为调整预算支出的90.8%，增长4%；县（市、区）级一般预算支出完成128.9亿元，为调整预算支出的98.5%，增长23.6%，比全市平均水平高4.7%。主要支出完成情况：教育支出完成34.4亿元，增长19.8%；科技支出完成2.9亿元，增长64.8%；农业支出完成18.4亿元，增长46.9%；文化体育与传媒支出完成1.6亿元，增长21.6%；社会保障与就业支出完成21.8亿元，下降10.1%（扣除2007年向东厂、红宇厂关闭破产一次性补助后，增长10.5%）；环境保护支出完成15.5亿元，增长32.1%；一般公共服务支出完成25.6亿元，增长16.2%；公共安全支出完成9.2亿元，增长16.2%。

【基金和预算外资金收支】　2008年，全市基金预算收入8.2亿元，增长11.7%；基金预算支出17.2亿元，增长28.8%。市级基金预算收入3.7亿元，基金预算支出6.2亿元。全市预算外资金收入12.6亿元，支出12.5亿元。市级预算外收入5.5亿元，支出5.2亿元。

【收支结构】　加强收支管理，突出组织协调，完成市人代会确定的预算任务。财政一般预算收支分别突破50亿元和160亿元，总量分别居全省第4位和第3位。收入质量进一步提高，税收占一般预算收入的比重首次超过全省平均水平。在组织收入过程中，实事求是，依法征税，落实税费优惠政策，规范非税收入管理，实现财政经济协调增长。全市一般预算收入增长14.4%，与生产总值12.5%的增幅基本一致，经济发展成果在财政收入上得到较好体现。在支出管理方面，面对收入增速下滑、支出压力不断加大的新形势，强化管理，加快进度，做到有保有压，集中财力确保经济社会发展急事、大事支出，确保法定支出增长，发挥财政保障职能作用。

【落实企业财政政策】　一是向上争取资金。抓住国家调整财政政策、扩大内需的有利时机，加大协调力度，共争取转移支付和奖励资金91.6亿元，增长37.5%。其中，争取一般转移支付20.3

亿元，增长38.8%。二是逐步夯实财源基础。市级整合专项资金1亿元，用于“工业发动机计划”项目建设，支持中光学集团、防爆集团、二胶厂等高新技术项目尽快投产达产；安排1000万元用于推动肉牛产业发展，支持品种认定和规范化育肥场建设。三是促进节能减排和产业结构调整。争取淘汰落后产能和节能技术改造奖励资金1.4亿元，市级安排1400万元，支持新纺集团、天冠集团等节能减排改造项目；筹措自主创新、进出口结构调整等资金2亿元，市级安排排污费1000万元用于污染防治，支持企业发展。四是落实财税优惠政策。落实减免部分行政审批事项和税收优惠政策，及时办理出口退税2亿元，优化企业发展环境。五是支持缓解企业融资困难。安排1500万元注入市中小企业担保中心，提高其担保能力；推进银企洽谈，鼓励商业银行增加对企业发放贷款，缓解企业资金紧张局面。六是支持国有企业改革。市财政筹措拨付安置职工资金2.6亿元，促进石化厂、普康集团和南纺集团等重点企业改制工作顺利推进。

【“三农”投入】　把新农村建设作为支持重点，财政支出进一步向“三农”倾斜，促进农村经济发展和社会和谐稳定。一是积极发展现代农业。争取产粮大县奖励资金1.03亿元，争取9个县纳入省粮油倍增计划支持范围，调动县乡政府发展粮食生产的积极性；争取上级资金4580万元，支持粮食、畜牧业、油脂等支柱产业发展；积极筹措资金，支持新纺集团、宛西制药、龙大牧原等一批农业产业化龙头企业发展。二是支持农村基础设施建设。加大支农资金整合力度，投入资金3466万元，支持灌区配套、节水灌溉等农田水利建设；筹措资金1亿元，解决全市25万人的饮水安全问题；筹措资金2.6亿元，支持改造县乡公路和通村公路；筹措资金3871.2万元，支持推进农村户用沼气和改厨、改圈、改厕。三是严格落实各项惠农政策。共发放粮食直补和综合直补、“两免一补”、农机补贴、良种补贴等惠农补贴21亿元，促进农民增收；筹措资金1487万元，对2.6万名农村劳动力进行职业技能培训，提高农民就业技能；投入财政扶贫资金1.3亿元，带动贫困人口脱贫致富。

【公共服务保障】　调整优化支出结构，注重加大公共服务领域投入。一是逐步完善城乡社保体系。全年社会保障与就业支出21.8亿元，同比增长10.5%，确保城乡低保、农村五保等社会弱势群体基本生活所需资金。落实对高校学生发放临时生活补贴和食堂补贴，对城市出租车等六大行业发放石油价格补贴，缓解了物价上涨影响。二是支持社会公益事业发展。筹措资金1.5亿元，新建、改扩建、续建、资源整合中小学校16所，缓解中心城区入学难问题；筹措资金6764.4万元，改造177所农村初中校舍。市财政融资2.2亿元，支持仲景路北段、张衡东路、车站北路等项目建设；安排城建资金6545.7万元，支持背街小巷改造、道路大修、蒲山环境整治等。争取资金2.9亿元，市本级安排1264万元，支持污水和垃圾两厂建设等环保项目，改善群众居住环境。投入资金980万元，购置公交车50台，支持公交事业发展。三是确保办实事支出。各级财政筹措“十大实事”资金46亿元，其中市县配套资金8.5亿元，支持民生事业发展。筹措资金支持廉租住房建设和对低保家庭发放租赁补贴，缓解城市低收入家庭住房难问题。四是加大维护社会稳定投入力度。全市公共安全支出9.2亿元，支持平安南阳建设。筹措资金1507万元，对奶粉事件婴幼儿进行筛查和救治；筹措资金1565万元，继续对艾滋病患者及致孤人员救治和救助。五是支持灾区恢复重建工作。多方筹措资金8200余万元，保障抗震救灾和对口援助工作。

【财政管理】　以促进财政科学发展为目标，深化财政改革，加强财政监管，提高依法理财、依法行政水平。一是深化各项财政制度改革。部门预算全面推进，编制水平不断提升；国库管理制度改革继续巩固深化，资金入库效率和监管水平进一步提高；政府采购范围和规模继续扩大，采购规模达到22.2亿元，同比增长33.3%。二是提高财政资金使用效益。发挥政府投资评审、绩效评价等平台作用，推进依法理财。全年评审财政投资25.4亿元，综合审减率达21%；加大对重点项目的绩效评价，并将评价结果同预算编制相结合，促进财政资金使用效益的发挥。三是借助全国开展的政府采购执行情况专项检查，继续巩固和扩大采购范围和规模，市县财政部门推行财政投资工程实行政府采购规范化管理。全年政府采购规模累计达到22.2亿元，较2007年增加5.55亿元，增长33.3%，节约额2.85亿元，同比节约额增加0.89亿元，增长45.41%，资金节约率为11.38%。政府采购规模占财政一般预算支出的13.6%，超额完成省定11%和市定12%的目标任务。四是强化财政支出监管。加强行政事业单位资产监管，提高资产规范化管理水平。全年共收缴行政事业国有资产收益8132万元。坚持强化资产管理与预算管理和财务管理的有机结合，逐步将车辆、房地产、电脑设备等对部门预算影响较大的资产购置项目纳入部门预算编制管理，实现资产的合理配置和有效利用。加强企业改组、改制和事业单位转企改制中的清产核资和资产评估等工作，防止国有资产流失。注重强化会计集中核算管理，严格把关各项支出。组织开展对企业职工安置费、白河游览区绿化等项目的专项检查，促进财政资金的规范、安全、有效运行。狠抓农村基层财会管理，巩固提高“村账乡监”水平。(李晓波)

国　家　税　务

市国税局局长　马东起

【国家税务概况】　2008年全市共组织国税收入57.96亿元，占年初计划56.8亿元的102.4%，同比增长14.88%，增收7.5亿元。增值税完成40.3亿元，同比增长19.22%；消费税完成6.8亿元，同比增长0.45%；企业所得税完成7.42亿元，同比增长23.7%；利息税完成1.06亿元，因政策性因素同比下降40.86%；车购税完成2.34亿元，同比增长13.81%。中央级收入完成45.75亿元，同比增长14.15%。地方级收入完成12.21亿元，占目标11.93亿元的102.35%，同比增长17.67%。其中：省级收入1.36亿元，同比增长13.46%；市级及市级以下收入10.85亿元，同比增长18.22%；市本级完成4.47亿元，占计划4.45亿元的100.45%，同比增长15.4%。税收总量位居全省第6位，税收增幅居全省第10位。税收专项整治工作被评为全省国税系统税收专项整治先进单位，连续四年保持行风评议第一名，市国税局获得国家级文明单位创建工作先进单位，被省国税局评为目标管理先进单位。

【国税收入】　2008年税收收入的主要特点：一是全市重点产业税收支撑作用明显。原油和碱矿业税收增长迅猛，全年来自这两个行业的税收共增收2.97亿元，占全部增收额的39.65%。二是查补入库税收增收显著。全市税收专项整治入库税款6.6亿元，稽查入库税款1.1亿元，成为全年税收的主要增长点之一。三是先征后退税款明显下降。全年先征后退税款7355万元，同比下降60.6%。四是县域税收增长加快。全年县域税收同比增长20.12%，远远超过中心城区7.27%的增长幅度，县域税收的增收额占全部增收额的47.23%。

【税收专项整治】　税收专项整治的重点是农产品加工行

业、商业、汇总（统一）纳税行业（企业）、金属冶炼及压延加工业、医药制造业和省控、市控重点税源企业。一是加强组织领导。制定《2008年税收专项整治工作方案》，明确税收整治范围、目标、方法和工作要求。成立以局长为组长，局其他领导为副组长，征管科、办公室、流转税科、所得税科等10个部门负责人为成员的税收专项整治领导小组。二是建立联动机制。市国税局专门成立税收整治办公室，制定《税收整治办公室及成员科室工作职责》，明确参与整治的责任科室和工作职责，共召开联席会议12次，解决工作中的问题。三是实施项目管理。采取“三级筛选”制度确定整治对象，实行“统一挂号、严格销号、全程监控”的工作方法，对省、市、县三级确定的重点整治企业，市国税局统一“挂号”备案，由市国税局以工作通知单的形式将整治对象具体分解到各县（市、区）国税局。四是创新整治方法。采取实地检查与评估模型并用的方法组织农产品加工行业整治，采取核实费用与突击检查提取数据的方法开展商业量贩整治，从社会职能部门获取信息入手强化房地产行业所得税整治，从规范征管基础入手推进专业市场整治。镇平县国税局的商业量贩控管、淅川县国税局的石材行业“一体化”治理、桐柏县国税局的施工企业管理、唐河县国税局的房地产行业检查、西峡县国税局的钢铁加工企业评估、邓州市国税局的农副产品加工清查、卧龙区国税局的水泥制品清理、宛城区国税局的烟草行业所得税整治等都创出特色。全市共整治业户7077户，整治入库税款6.6亿元，整治成效率为10.11%，全市宏观税负前三季度达到4%，较同期3.85%提高0.15个百分点。市国税局和13个县（市、区）国税局的税收专项整治经验先后被省国税局《工作动态》、《税收专项整治工作简报》和市政府《政务信息》总结推广。

【税收征管基础工作】　一是落实征管措施。开展全市税源清理清查工作，重点是加强对新开业户、停歇业及注销户的排查比对，加大对前店后厂、明零售暗批发、废弃库房等隐蔽户的实地核查，以及对应纳入管理的新办企业重点清查。清理漏征漏管户1647户，查补税款175万元。落实税收管理员巡查巡管制度，制定多行业个体税负警戒线，规范税收档案资料。定期下发全市征管质量通报，对征管指标进行分析评比。全市准期申报率为99.34%、入库率为99.85%、欠税增减率为－0.03%、滞纳金加收率为100%、处罚率为100%，在全省均保持较高水平。未达起征点率61.67%，比上年同期65.4%明显下降，增值税小规模企业低零申报率为13.16%，始终保持全省最低水平。在全省9个重要考核指标中有6个指标位居前六名，12个辅助考核指标中有7个指标位居全省前六名。二是开展普通发票专项整治。共对17424户纳税人的发票进行检查，查处发票违章纳税人1663户次17615份违章发票，补缴税款233.36万元，罚款35.3万元，加收滞纳金7.44万元，对双定户调增税负24.51万元，追回发票271份。开展发票防伪品管理、印制管理、安全管理等全面检查。加大对假票打击处罚力度。全年共捣毁3个非法出售假发票窝点，打掉7个非法出售假发票团伙，查获假发票32509份，抓获假发票贩子16名，涉税金额4亿多元，批捕犯罪嫌疑人12名。加大索票奖励力度。全市共兑付发票奖金14万余元。三是推行税收管理系统。推行税收分析监控管理系统，通过该系统提供信息开展纳税评估1855户次，评估入库税款5.57亿元。稳步试行计算机定额核定系统，全年约增加税收1100万元。四是抓好个体税收管理落实税管员制度，推广《纳税人信息采集卡》、《巡查工作记录卡》、《税收管理员巡查管理办法》和《税收管理员岗位目标考评办法》。加强个体税收分析，推行多元化纳税申报方式，强化个体税收考核。个体税收完成1.69亿元，较上年完成1.52亿元增收1749万元，增幅11.53%。五是加大税务稽查力度。共检查纳税人658户，入库税收5708.86万元，其中税款5100.66万元，罚款408万元，滞纳金200.2万元。在专项整治中，查结230户，查补税收4246.62万元，其中税款3933.39万元、罚款188.93万元、滞纳金64.3万元，实际入库4230.27万元。共受理、查处各类税务违法举报案件48起，查补税款603万元。加快案件审理工作，无一起税务行政复议、行政诉讼案件发生。

【国税税种管理】　一是强化流转税税收管理。以落实政策和强化管理为主题，以信息化手段为依托，提升流转税管理的质量和效率。深化流转税信息应用。利用抵扣凭证分析系统加强四小票管理，搞好一般纳税人申报异常情况核查，开展水泥企业专项评估。做好增值税转型等政策变化的调研测算工作。二是严格进出口税收管理。做好退调库工作，做到应退尽退，应调尽调。开展出口退税提醒服务，加强出口退税的基础征管建设。强化薄弱环节管理。尤其是对以农产品为原料的出口货物，加大分析监控力度，开展对香菇加工出口企业的专项评估工作，5户纳税人共补缴税款14.22万元。全年通过免抵调库实现税收收入2.34亿元，占市国税收入的比重为4.29%。三是抓好所得税新法实施。搞好新旧企业所得税法过渡衔接，企业所得税收入提前两个月完成全年任务。四是规范国际税收管理。全市外商投资企业和外国企业共入库企业所得税4568.22万元，占年计划4100万元的111.42%，增收468.22万元。五是加强车辆购置税管理。开通车购税网上申报纳税系统，成功接收纳税人网上申报。组织开展车辆购置税专项检查，不断提升车辆税收管理的质量和效率。

2008年南阳市国家税收组织收入情况表

单位：万元

序号	项目	年度计划	本月			累计			
			完成	同期	占同期%	累计完成	同期完成	累计完成占	
								同期%	计划%
1	一、税收收入总计	568000	34647	48266	71.78	579572	504518	114.88	102.04
2	1、国内增值税	394100	28981	36797	78.76	403274	338260	119.22	102.33
3	其中：免抵调		－1	405	－0.25	23381	23214	100.72	
4	扣除免抵调直接收入		28982	36392	79.64	379893	315046	120.58	
5	2、国内消费税	68340	616	6302	9.77	68131	67824	100.45	99.69
6	3、企业所得税	67000	2538	2047	123.99	74222	60002	123.70	110.78
7	其中：内资企业	62900	2436	2024	120.36	69523	56510	123.03	110.53
8	外资企业	4100	102	23	443.48	4699	3492	134.56	114.61
9	4、利息税	14660	742	1372	54.08	10595	17916	59.14	72.27
10	5、车购税	23900	1770	1748	101.26	23350	20516	113.81	97.70
11	6、其他税种					0			
12	二、海关代征		1306	466	280.26	19360	11478	168.67	
13	三、出口退税			－1134	0	－40532	－32256	125.66	
14	四、其他收入合计		43	67	64.18	522	558	93.55	
15	附：1、税款查补收入		675	927	72.82	10959	7676	142.77	
16	2、本年新欠					0	37	0	
17	3、清理欠税		1	3		8	211	3.79	
18	4、先征后退税款		－2033	－1312	154.95	－7355	－18667	39.40	
19	5、个体税收		1748	1879	93.03	19074	17018	112.08	

2008年南阳市国家税收分经济类型收入情况表

单位：万元

序号	项　　目	本　月			累　计		
		完成	同期	占同期%	累计完成	同期完成	累计完成占同期%
1	税收收入合计	34647	48266	71.78	579572	504518	114.88
2	其中：国有控股	6881	11656	59.03	138981	114560	121.32
3	其中：国有企业	7957	14320	55.57	171160	158991	107.65
4	集体企业	317	848	37.38	6511	8334	78.13
5	股份合作企业	78	126	61.90	1401	1013	138.30
6	股份企业	16916	23289	72.64	291474	232168	125.54
7	私营企业	2083	1878	110.92	21110	16168	130.57
8	涉外企业	921	1462	63.00	28008	27327	102.49
9	其它企业	6375	6343	100.50	59908	60515	99.00
10	（一）国内增值税	28981	36797	78.76	403274	338260	119.22
11	其中：国有控股	6123	11651	52.55	103776	82936	125.13
12	其中：国有企业	7514	8038	93.48	89765	80951	110.89
13	集体企业	303	833	36.37	6426	8207	78.30
14	股份合作企业	73	123	59.35	1356	989	137.11
15	股份企业	15157	21540	70.37	238632	188083	126.88
16	私营企业	1958	1609	121.69	19319	14232	135.74
17	涉外企业	816	1436	56.82	23254	23766	97.80
18	其它企业	3160	3218	98.20	24522	22022	111.35
19	（二）国内消费税	616	6302	9.77	68131	67824	100.45
20	其中：国有控股	51			1066	947	112.57
21	其中：国有企业	1	5723	0.02	59315	59693	99.37
22	集体企业	3	2	150.00	9	19	47.37
23	股份合作企业	2			5	2	250.00
24	股份企业	601	511	117.61	8159	7270	112.23
25	私营企业	11	58	18.97	518	718	72.14
26	涉外企业	3	3	100.00	55	59	93.22
27	其它企业	−5	5	−100.00	70	63	111.11
28	（三）企业所得税	2538	2047	123.99	74222	60002	123.70
29	其中：国有控股	707	5		34139	30677	111.29
30	其中：国有企业	442	559	79.07	22080	18347	120.35
31	集体企业	11	13	84.62	76	108	70.37
32	股份合作企业	3	3	100.00	40	22	181.82
33	股份企业	1158	1238	93.54	44683	36815	121.37
34	私营企业	114	211	54.03	1273	1218	104.52
35	涉外企业	102	23	443.48	4699	3492	134.56
36	其它企业	708	0		1371	−2	
37	（四）个人所得税	742	1372	54.08	10595	17916	59.14
38	（五）车购税	1770	1748	101.26	23350	20516	113.81

2008年南阳市国家税收分征收品目收入情况表

单位：万元

序号	项　　目	本　　月			累　　计		
		完成	同期	占同期%	累计完成	同期完成	累计完成占同期%
1	一、国内增值税	28981	36797	78.76	403274	338260	119.22
2	卷烟	0	1942	0.00	21862	22105	98.90
3	酒	22	153	14.38	3053	2753	110.90
4	纺织	1801	1262	142.71	17339	16694	103.86
5	成品油	0	7	0.00	13	1153	1.13
6	原油	5798	11079	52.33	80320	58788	136.63
7	化工产品	1194	2197	54.35	31850	21223	150.07
8	建材	1197	3522	33.99	34463	26598	129.57
9	钢坯钢材	50	27	185.19	18799	19927	94.34
10	有色金属	1007	1124	89.59	6961	7499	92.83
11	机械、运输设备	1468	1524	96.33	21062	19784	106.46
12	电力	4000	3398	117.72	54314	48008	113.14
13	商业	6248	4571	136.69	57259	42419	134.98
14	其他	4577	4985	91.82	42223	39248	107.58
15	二、国内消费税	616	6302	9.77	68131	67824	100.45
16	卷烟	1	5723	0.02	59314	59692	99.37
17	酒	155	107	144.86	3052	3012	101.33
18	汽油、柴油	350	433	80.83	4778	4634	103.11
19	其他	−5	2	−250.00	19	28	67.86
20	三、企业所得税	2538	2047	123.99	74222	60002	123.70
21	工业	2193	1161	188.89	52073	44272	117.62
22	商业	100	591	16.92	16947	12443	136.20
23	金融保险	2	−1	−200.00	2394	378	633.33
24	房地产	201	380	52.89	1843	2391	77.08

2008年南阳市国家税收分入库级次收入情况表

单位：万元

序号	项　　目	本　月			累　计		
		完成	同期	占同期%	累计完成	同期完成	累计完成占同期%
1	税收收入合计	34647	48266	71.78	579572	504518	114.88
2	中央级收入	26090	37759	69.10	457470	400754	114.15
3	省级收入	93	671	13.86	13589	11977	113.46
4	市级及市级以下收入	8464	9836	86.05	108513	91787	118.22
	其中：市本级净收入	2749	3862	71.18	44726	38735	115.47
5	一、国内增值税	28981	36797	78.76	403274	338260	119.22
6	中央级收入	21735	27598	78.76	302455	253699	119.22
7	省级收入		485	0.00	5466	5504	99.31
8	市级及市级以下收入	7246	8714	83.15	95353	79057	120.61
9	二、国内消费税	616	6302	9.77	68131	67824	100.45
10	中央级收入	616	6302	9.77	68131	67824	100.45
11	三、营业税				0	0	
12	中央级收入				0	0	
13	四、企业所得税	2538	2047	123.99	74222	60002	123.70
14	中央级收入	1526	1228	124.27	57181	47967	119.21
15	省级收入	93	186	50.00	8123	6473	125.49
16	市级及市级以下收入	919	633	145.18	8918	5562	160.34
17	五、个人所得税	742	1372	54.08	10595	17916	59.14
18	中央级收入	443	883	50.17	6353	10748	59.11
19	省级收入				0	0	
20	市级及市级以下收入	299	489	61.15	4242	7168	59.18
21	六、车购税	1770	1748	101.26	23350	20516	113.81
22	中央级收入	1770	1748	101.26	23350	20516	113.81

【纳税服务】　一是落实优惠政策。共为779户企业办理减免退税2.8亿元，其中审批增值税退税1.02亿元，税前减免增值税1.78亿元。审批出口退（免）税额4.55亿元，比上年同期3.87亿元增加6839万元，增长17.69%。为11户内资企业办理9.13亿元的财产损失审批手续，为4户内外资企业办理减免税资格认定。为70名从事个体经营的下岗失业人员减免税务登记证工本费。二是落实“两个减负”。共取消纳税人不必要的办税事项36项，减少涉税报表资料522项。与地税部门联合评定纳税信用A级企业45户，B级企业53457户，C级企业9875户，对A级企业授牌表彰。三是推行网上申报。全市网上申报企业4268户，占全部申报企业的69.14%，其中一般纳税人网上申报达到3475户，占一般纳税人户数的96.66%。个人储蓄利息所得税网上申报42户。四是加强12366呼叫中心系统建设。上线运行集中加远程坐席模式的12366呼叫中心系统，通过12366热线受理各类咨询1661件，发票查询及语音留言3312户次，建立12366网站南阳分站。（金永存　肖军）

地 方 税 务

市地税局局长　高新运

【地方税收概况】　2008年，全市地税部门共完成各项收入30.9亿元，其中实现税收收入29.3亿元，同比增长21.7%，增收5.2亿元，超过全省平均增幅4.2个百分点。税收总量、增幅、增收额分别在全省排名第5、第6、第4位，地方税收占地方财政一般预算收入的比重为47.8%，同比提高2.7个百分点。按级次，中央级完成4.8亿元，同比增长24.3%，增收0.9亿元；地方级完成24.5亿元，同比增长21.1%，增收4.3亿元。其中：市级完成7.9亿元，同比增长24%，增收1.5亿元；县乡级完成16.6亿元，增长19.8%，增收2.8亿元。市地税局荣获全国精神文明建设先进单位，被省地税局评为2008年全省三员技能竞赛优秀组织奖、2008年全省地税系统依法治税先进单位，再次荣获全省卫生先进单位称号。

【地税法制建设】　全市地税法制建设进一步加强。（一）严格执行减免税管理办法，建立和完善企业减免税、财产损失扣除、弥补亏损、所得税抵免等的台帐管理制度，加强涉税审批事项的管理和专项检查，确保税收法律、规章和制度的有效执行。全年共审批减免地方税收8322万元，其中审批减免企业所得税5863万元，土地使用税1418.3万元，房产税60.7万元，车船税17万元，营业税963万元。（二）强化执法监督和税法宣传，扎实推进税收执法考核。一是以执法考核信息系统为抓手，加强日常监督。全年共对1676989件执法行为进行自动考核，其中执法过错12387件，申辩调整3009件，调整率为24.29%，低于省地税局申辩调整率30%的规定。申辩调整后执法行为正确数1667611件，过错数9378件，执法正确率达到99.44%，位居全省第一名。二是以开展税收规范性文件清理为重点，抓好事前监督。三是以规范重大税务案件审理为重点，抓好事中监督。全系统共审理重大税务案件50余起，审理面达13%，高于省地税局确定的10%的审理目标。四是以强化执法过错追究为重点，抓好事后监督，不断强化对税收执法全过程的有效监控。9月，在各单位开展自查的基础上，市地税局开展年度执法检查和执法监察工作。重点检查个体业户697户，企业102个，调阅稽查案卷144卷，检查梳理出各类问题268个，切实强化执法监督，规范税收执法。五是加强税法宣传教育工作。落实“五五普法和依法治税工作规划”，开展多形式多层面的税收主题宣传和税收政策宣传活动，提高全社会纳税意识和广大纳税人的税法遵从度。全市共有14个单位开展20场讲座，受众达1000余人（次），有2个项目分获全省宣传月优秀项目二、三等奖。（三）以查办精品案、样板案和打击涉税涉票违法活动为重点，整顿和规范税收秩序。组织纳税信用A级企业复查，开展房地产业、建筑安装业、烟草、平安保险等行业税收专项检查，打击假发票、假税票等涉税违法行为。全市地税稽查部门查补地方各税、滞纳金、罚款1.18亿元，共查办各类涉税涉票违法行为116起，批捕9人，拘留2人，追缴税款罚款100余万元，其中发票违章罚款7.65万元。（四）建立健全社会综合治税机制。地税部门与23个部门建立起涉税信息传递机制，定期交换36种涉税经济信息，协作护税综合效能得到有效发挥。

【地税征管】　全市地税征管建设实现新突破。一是以税基系统为依托，切实加强征管基础建设。以税基管理为核心建立真实可靠的税收分析评估数据库。全市税基建设初具规模，初见成效。7月16

日《中国税务报》以“加强税基建设推进科学管理”为题，进行专题报道。二是税收分析更加科学。建立各业务科室、稽查、发票等部门参与的横向分析及市、县、所3级的纵向分析机制，对地方税收完成情况、分税种、分单位、分经济性质进行面上分析，分行业、分产业进行线上分析，还对重点税源企业、个体税负等进行点上分析，从分析中找差距、找问题、找薄弱环节，不断提高税收预测水平。《促进全市地方税收可持续发展的若干思考》被市政府《市长参阅》第29期全文采用。三是纳税评估不断深化。全市共对53159户纳税人进行评估，评估税款6266万元，撰写棉纺、餐饮、房地产、KTV、面粉加工等行业评估案例826篇。四是征管查良性互动初步实现。各级以税基数据资料为依据，以互动讲评会为平台，加强征管查之间的衔接与协调，构建信息共享、良性互动的大征管格局。市稽查局针对2007年农村信用社专项检查和2008年A级企业复查工作中发现的问题，从8个方面对税收日常管理情况进行剖析，共查摆征管问题7类13项，提出征管建议13项40余条。市发票管理部门对城区4个征收单位、19个基层单位进行检查，同时通过微机筛选、比对抽查，对纳税异常、领票异常的174个纳税户进行抽查，发现问题4大类18个，提出建议11条。五是完善税收管理员制度。加强户籍管理、有奖发票工作和

2008年南阳市地方税收分税种完成情况

单位：万元

项目	南阳市			全省	
	完成	占全省比例	增幅	完成	增幅
营业税	119693	5.7	6.6	2095461	13.7
企业所得税	47954	3.7	23.0	1306993	6.8
个人所得税	32375	5.0	26.3	651394	26.8
资源税	9242	3.8	－1.9	241045	13.1
土地使用税	22713	6.1	158.1	371888	104
城市维护建设税	32455	6.6	21.7	490671	14.4
印花税	3721	3.6	35.7	102538	31.5
土地增值税	6000	3.7	29.5	163824	9.2
车船税	2387	6.3	331.6	37807	121.9
房产税	9487	5.6	19.2	168866	7.9
烟叶税	7077	15.1	118.8	46717	61.4
教育费附加	14308	6.12.6	235678	13.7	
文化事业建设费	164	1.9	15.5	8576	16.3
残疾人保障金	929	5.8	25.4	16082	36.0

2008年南阳地方税收分单位税收完成情况

单位：万元

单位	税收完成情况				地方级			
	完成数	增幅	排序	同比增减	完成数	增幅	排序	同比增减
卧龙区	29459	18.2	12	4539	25955	20.3	11	4377
宛城区	18420	－5.2	17	－1020	16695	－4.8	16	－847
邓州市	15513	19.5	11	2526	13949	25.2	8	2807
唐河县	14040	26.5	7	2942	12618	24.4	9	2475
方城县	14350	82.0	1	6465	10838	52.3	1	3723
镇平县	15207	27.8	6	3308	12953	28.0	6	2836
社旗县	6065	34.1	3	1542	5668	34.1	3	1441
新野县	12911	14.0	13	1585	10851	20.1	12	1768
内乡县	11519	33.6	4	2894	9393	25.3	7	1899
淅川县	14428	25.9	8	2969	11544	28.9	5	2588
西峡县	32404	23.8	9	6226	24068	23.4	10	4566
南召县	8601	0.3	16	23	7764	1.5	15	111
桐柏县	20064	3.6	15	694	13355	－8.4	17	－1223
开发区分局	8678	23.1	10	1631	7553	19.4	13	1228
市直分局	45797	28.1	5	10034	38549	31.8	4	9311
油田分局	17712	38.8	2	4947	16492	44.4	2	5071
涉外分局	7936	12.2	14	863	6933	9.7	14	615
合计	293104	21.7		52168	244908	21.1		42746

个体集贸市场税收管理。引入相互监督机制,相互促进完善,推行“双人上岗、集体负责”制度,加强对管理员权力的有效约束。

【地税税政管理】 全市加强税政管理,依法规范纳税行为,实现地税收入稳步增长。(一)加强流转税管理。一是落实房地产税收“一体化”管理。各县(市、区)地税部门均已进驻房地产交易大厅,按照“先税后证、以票管税”的模式,做好房地产税收一体化管理工作,共完成房地产税收30401万元,较同期增长14.5%,其中一体化征收窗口征收二手房交易税款980万元。二是开展城镇土地使用税税源清查,加强城镇土地使用税管理。全市入库城镇土地使用税22713万元,同比增长158.1%。三是加强货运业税收管理,落实对自开票纳税人的资格认定和年审办法,做好发票信息的采集和上传工作,共认定自开票纳税人3户。四是开展“行业整治暨蹲点查看”活动。市地税局逐月下发《个体税收通报》,搞好行业税负调研分析,各单位实行分级分类管理和税负动态管理,改变餐饮业税收长期零增长的局面。五是做好营业税征收情况的调研,共调查营业税纳税人425户,掌握营业税税源变化情况。六是贯彻新修订资源税条例和细则,共征收资源税9242万元。(二)加强所得税管理。一是加强企业所得税管理。贯彻落实新《企业所得税法》及《实施细则》。加强企业所得税分析评估和2007年度所得税汇算清缴工作。企业自行纳税调整增加应税所得额28347万元,纳税调整减少应税所得额43076万元,实际入库汇算税款11601万元。二是抓好年所得12万元以上个人所得税自行申报工作。全市共有1038名年所得超过12万元的纳税人自行申报,补缴税款814万元,申报人数居全省前列。将年扣缴个人所得税款30万元以上的单位纳入全员全额扣缴申报管理,稳步扩大个人所得税完税证明的开具面。共为47800名个人所得税纳税人开具2007年度完税证明。三是做好工会经费、残保金代征工作。共代征工会经费2092万元,代征残保金929万元。(三)加强财产行为税管理。一是落实《河南省车船税代收代缴管理办法》。全年全市共入库车船税2387万元,同比增长331.6%,超过全省平均增幅210个百分点。7月31日,国家税务总局的《税务简报》对南阳地税局车船税代收代缴工作进行通报。11月21日,省政府办公厅《政务要闻》全文刊发南阳地税局车船税代收代缴工作经验,在全省推广。二是加大对房屋租赁税收征管。全市入库房产税9487万元,同比增长19.2%,超过全省平均增幅11.3个百分点。三是加强对印花税应税凭证管理。分行业推行核定征收,全年全市入库印花税3721万元,同比增长35.7%。共入库城建税32455万元,同比增长21.7%。四是加强烟叶税管理,共入库烟叶税7077万元,同比增长118.8%。并做好土地增值税清算工作,土地增值税入库6000万元,增长29.5%。(四)加强国际税收管理工作。加强反避税、税收协定和国际税收合作交流。共组织入库涉外税收12990万元,同比增长14.9%。

【地税纳税服务】 一是完善服务制度。制定《关于完善纳税服务体系的实施意见》和《纳税服务工作考评办法》,建立纳税人对税务机关纳税服务质量的评议、评价和监督制度。部分单位探索实行“晨宣誓、日点评、旬小结、月考核”制度。二是丰富服务内容。贯彻落实《纳税服务工作规范》,完善首问负责、限时服务、延时服务、“一站式办税”等制度。在办税服务厅建设方面,采取硬件与软件一齐上、自身要求与组织检查相结合、强化考评与规范管理双推动的办法。三是改进服务手段和方式。把纳税人和社会各界对税收政策的知情权和监督权落实到位。四是减轻纳税人办税负担。全面实行国、地税共同办理税务登记证、开展纳税信用等级评定等,降低征纳双方成本。坚持优化和简化办税程序,简并报表资料,加强“一窗式”管理,实行“一户式”储存,避免纳税人重复报送涉税资料,减轻“两个负担”。(马顺利)

2008年南阳地方税收分产业完成情况

单位:万元

行　业	南阳市			全省	
	完成	占全省比例	增幅	完成	增幅
二产	145787	5.1	14.3	2853622	16.3
工业	98745	4.8	29.7	2043490	16.9
采矿业	29009	3.2	24.2	911581	26.2
制造业	58383	5.9	3.8	986275	10.0
电力、燃气及水	11353	7.8	40.1	145634	12.8
建筑业	47042	5.8	－8.5	810132	14.7
三产	147317	5.2	29.9	2827341	18.8
交通运输	20374	5.9	22.6	346486	32.5
批发零售	21784	7.4	62.5	292553	35.0
金融	25349	4.9	39.8	519711	32.7
电信	9290	7.2	5.7	128484	12.7
住宿餐饮	10773	8.0	7.8	133850	15.4
租赁及商务服务	21493	5.7	45.1	377923	5.1
房地产	30401	3.8	14.5	796595	4.0

金　融

人民银行

【人民银行南阳市中心支行概况】　2008年，中国人民银行南阳市中心支行辖12个支行，员工549人。面对国际金融危机和国内经济环境变化的严峻形势，市中心支行认真贯彻执行金融调控政策，紧密结合辖区实际，创新举措，灵活施策，振奋精神，扎实工作，充分履行基层央行职责，推动全市经济金融又好又快发展，年末全市金融机构各项人民币存款金额921.18亿元，各项人民币贷款余额550.91亿元，实现国际收支顺差6.41亿美元，净回笼现金20.80亿元，市中心支行被授予全国金融系统"模范职工之家"称号、被评为总行先进集体，被郑州中支评为节能减排暨后勤管理先进单位。中支营业室被评为总行级青年文明号，新野县支行被济南分行推荐为总行级文明单位。

【金融运行情况】　南阳市各金融机构围绕全市经济发展目标，着力优化信贷结构，以信贷杠杆促进经济结构调整和发展方式转变，推动地方经济平稳较快发展。全市金融运行总体平稳，各项业务呈现"三高一回"的态势，存款大幅度增加、贷款稳步增加、现金收支净回笼，整体盈利水平高速增长。（一）各项存款大幅度增加，增幅为历年来之最。2008年全市金融机构人民币各项存款余额921.18亿元，比年初增加134.2亿元，增长17.05%，同比多增67.38亿元，增幅同比上升7.77个百分点。企业存款余额118.34亿元，比年初增加3.63亿元，增长3.17%，同比多增4.39亿元，增幅上升3.83个百分点。储蓄存款余额为687.44亿元，比年初增加108.94亿元，增长18.83%，同比多增63.31亿元，增长10.27%。（二）各项贷款稳步增长，增速有所回落。到2008年底，全市金融机构人民币各项贷款余额550.91亿元，比年初增加56.24亿元，增长11.37%，增速下降2.52个百分点。短期贷款同比有较大幅度增长，中长期贷款增速同比明显下降。全市金融机构短期贷款余额362.33亿元，较年初增加27.2亿元，增长8.12%。同比多增11.25亿元，增速提高3.89个百分点。受上半年宏观调控和下半年经济减速的影响，全市中长期贷款增速同比明显下滑。到12月底，中长期贷款余额166.55亿元，较年初增加31.38亿元，增长23.21%；同比少增9.58亿元，增速下降14.91个百分点。贷款投向重点是，农林牧渔业、制造业、电力行业及批发零售业，其中农业贷款、中小企业贷款、消费贷款分别比年初增加17.22亿元、5.22亿元、4.85亿元，分别增长10.82%、28.3%、37.1%。同期，工业贷款、商业贷款较年初分别减少0.72亿元、2.8亿元，降幅分别达1.72%、2.89%。全市金融机构继续加大对再就业、助学和居民消费等民生工程方面的信贷投放，支持保障性住房、廉租住房建设。年底各金融机构本年度累计发放各类再就业小额担保贷款4936笔，金额11591.5万元，同比增加3960万元；个人住房贷款余额23.61亿元，助学贷款余额573万元。（三）外汇收支规模扩大，银行结售汇结构趋向优化。截至2008年末，全市银行累计结汇收入7.76亿美元，同比增长23%，银行售汇支出1.08亿美元，同比增长21%，实现结售汇顺差6.69亿美元，同比增长39%。全年实现国际收支顺差6.41亿美元，同比增长40.3%。（四）现金收支轧差后呈净回笼。全市金融机构累计现金收入3109.7亿元，累计现金支出3088.9亿元，收支相抵净回笼现金20.80亿元，同比多回笼16.47亿元。（五）金融机构盈利能力显著提升，中间业务发展迅速。全市金融机构全年累计盈利10.81亿元，同比增盈9.31亿元。各金融机构大力拓展中间业务市场，通过发展中间业务来丰富业务品种，壮大资金实力，提升经营效益。全年累计实现中间业务收入2.3亿元，比2007年增收3000多万元。

【货币信贷政策】　针对不同阶段金融宏观调控重点，紧紧围绕科学发展观的要求，把执行调控政策与支持地方经济发展紧密结合起来，创新方式，灵活施策，有效引导金融机构增加信贷投放、促进结构调整，支持地方经济又好又快发展。（一）加强金融宣传引导，提高社会金融意识。一是健全宣传沟通机制。定期召开信贷运行分析会、金融形势分析会、金融工作座谈会等，传导金融宏观调控政策，把握金融运行动向，引导金融机构信贷投向。二是加大新闻媒体宣传力度。先后在《南阳日报》上以行长名义发表答记者问两次、发表行长署名文章两篇，宣传人民银行货币政策，介绍人民银行执行货币政策、维护金融稳定、改善金融服务的措施和办法。三是组织开展“金融知识进社区”活动。与团市委联合开展“青春共建和谐社区行动——金融知识进社区”活动，起到宣传普及金融知识、服务百姓日常生活、共建和谐社区环境的目的。（二）创新信贷调控机制，正确引导资金投向。一是把握重点，政策引导。年初制定出台《关于全市金融业支持南阳经济社会又好又快发展的指导意见》、《关于金融支持南阳市外向型经济发展的指导意见》等，并以市政府名义进行印发。下半年，根据经济环境变化新特点，制定下发《关于金融支持南阳市中小企业发展的指导意见》、《关于贯彻落实科学发展观支持农村改革发展的指导意见》，引导金融机构调整信贷结构，把符合国家产业政策、科技含量高、发展势头好、带动能力强的工业企业作为重点支持对象，增强货币政策执行的有效性、针对性。二是监测分析，防控风险。建立辖区法人金融机构贷款进度和投向监测制度，引导金融机构认真执行信贷规划，根据实体经济部门的信贷需求，在年度内均衡放款，并及时跟踪反馈信贷规划执行情况，防止贷款出现大的波动。三是加强督导，正向激励。制定《南阳市货币信贷政策贯彻实施效果评价办法》，加强对金融机构贯彻实施货币信贷政策的效果评价，评估结果向政府和其上级行通报，督促金融机构贯彻落实人民银行信贷政策。建议市政府建立信贷激励机制，对银企合作好、信贷支持大的银行给予通令嘉奖，充分调动金融机构加大信贷投入的积极性。（三）创新信息沟通途径，搭建银企合作平台。与政府相关部门联合建立“银企合作项目信息发布”网页，定期发布金融信贷政策和企业项目信息。定期召开由政府有关部门、金融机构和企业参加的座谈会，交流沟通情况，密切政银企关系。7月份组织召开银企洽谈会，共达成银企合作项目118个，签约金额共计288.55亿元。10月30日，组织召开南阳市中小企业金融产品推介暨银企合作促进会，首批10个中小企业签约，获得贷款3960万元。加强对签约项目资金到位情况监测，督促金融机构资金及时到位，年内已到位资金122.16亿元，保证南阳市重点项目的资金需求，促进重点企业的发展壮大。（四）积极推进创新金融产品，促进信贷有效投入。继续推进“小额贷款＋创业培训＋信用社区建设”机制，督促市商业银行发放小额担保贷款，支持下岗失业人员实现自谋职业或自主创业。指导农村信用社开展农村信贷产品创新，推出“订单农业＋信贷”、“保险＋信贷”、“担保协会＋农户”、“个体信用担保协会”等新的信贷运作模式。引导金融机构研发符合“三农”需要的信贷产品，选择镇平县开展“贷款＋保险”模式试点，加大信贷投放和支农力度，《金融时报》对此予以报道。11月13日，人行郑州中支在辖内镇平县召开南阳市农村信贷产品和服务方式创新现场会，总结推广农村信贷产品和服务方式创新经验。（五）灵活运用货币政策工具，提高货币政策执行效果。一是认真落实存款准备金率政策。做好实施差别存款准备金制度的有关工作，按月监测法人金融机构流动性变化情况，实时跟踪反馈存款准备金政策实施效应。二是加强支农再贷款投向考核。结合新农村建设的实际需求，适当扩大支农再贷款在县域间的调剂力度，确定西峡、淅川、内乡3县为重点支农地区，对支农力度大的农村信用社进行倾斜。全年累计发放支农再贷款16.4亿元，引导农村信用社累计发放农业贷款115.5亿元，同比多增8.7亿元。向市商业银行发放1.4亿元经营性再贷款，支持中小企业和下岗失业人员再就业。三是引导金融机构开展金融市场业务。积极为邓州市、内乡县、桐柏县农村信用联社申报办理银行承兑汇票和贴现业务，使开展银行承兑汇票业务的农信社达到7个，有效缓解部分企业短期流动资金不足的矛盾。四是做好专项票据兑付考核工作。全市专项票据资金全额予以兑付，共计获得专项票据资金44954万元，标志着全市农村信用社改革试点资金支持工作取得阶段性成果。

【金融稳定工作】 积极推进金融生态环境建设，建立健全金融风险防范机制，加强金融风险的监测分析和防范，进一步完善区域金融稳定协作机制建设，确保辖区金融稳定。（一）抓好长效机制建设，优化农村信用环境。强化舆论宣传，引导社会各方面关心支持金融生态环境建设，形成建设良好金融生态的合力。制定《南阳市农村信用体系建设工作意见》，选择邓州市、新野县分别开展农村信用体系、农村金融生态环境示范点建设，目前试点工作已取得初步成效。其中采取“研发一个系统、采集四套信用档案、建立五项机制”的“1＋4＋5”农村信用体系建设模式，得到郑州中支的充分肯定，邓州市也因此被郑州中支确定为全省唯一的农村信用体系建设示范点。（二）加强金融风险监测，及时化解风险隐患。加强对地方中小法人金融机构经营状况的监测分析，及时掌握风险苗头，化解风险隐患，特别针对存在风险隐患的部分农村信用社，建立风险状况月度监测分析制度。认真完成《南阳市2008年金融稳定报告》，做好金融稳定资产管理，对资产处置工作进行监督检查，尽力保全资产，减少损失。（三）完善金融稳定制度，探索区域合作机制。在全省率先建立国有商业银行股份制改革进展情况和辖区其他金融机构改革进展定期报告制度。在豫鄂渝陕川毗邻地区金融稳定协调机制的基础上，建立豫鄂陕环丹江库区金融稳定、反洗钱协作机制，并于9月份在淅川县召开首届年会，将金融稳定协调延伸到县域层面，金融稳定与反洗钱协作机制建设进一步完善。

【金融服务工作】 坚持从安全、规范、创新三个方面入手，逐步实现由业务操作型向科学管理型、优质服务型转变，全面提升辖区人民银行的金融服务水平。

（一）积极开展金融服务创新，打造金融服务工作亮点。圆满承办豫西南片区反洗钱“两项行动”开展情况汇报会，市中心支行发掘可疑交易线索的做法和成果，在会上做了经验介绍。积极开展金融机构反洗钱工作评价办法的试点工作，为上级行推行该评价办法提供有力参考。发起并参与鄂豫皖地区3省7市金融统计信息交流与共享，建立区域金融信息共享机制出台《人行南阳市中心支行关于提高农村地区支付结算服务水平的指导意见》，选取镇平县为试点，将支付清算网络延伸到农村地区。举行“南阳市征信宣传月活动启动仪式”，对征信工作给予充分支持。积极推进现代化支付体系建设，开通小额支付系统通存通兑业务，实现跨行通存通兑。在河南省第一批成功开办银行本票业务，为社会提供高效的资金清算服务。为抗震救灾款项汇划提供绿色通道，督促各金融机构根据支付系统双休日运行时间要求，合理安排系统运行时间和值班人员，确保救灾款第一时间到达指定金融机构和收款人账户，为支援抗震救灾发挥积极作用。圆满完成县支行会计核算业务上收试点工作，7月3日，郑州中支在南阳召开会计核算业务上收试点现场会，在全省推广市中心支行的经验做法。（二）规范金融服务管理操作，夯实金融服务工作基础。一是与南阳市城区82个金融分支机构负责人签订《南阳市金融机构经收国库资金自律责任书》，切实防范国库资金风险。协调督促商业银行加快税款报解和票据提交速度，确保每日税款报解“零在途”。成功进行财税库银横向联网系统（TIPS）的公共代码管理信息模拟测试使用，受到省分库表扬。二是加强发行基金的调拨、投放和回笼工作，新建人民币流通监测网点99家，使全市人民币流通状况监测网点已达280个，人民币流通状况监测网点不断扩大。加大农村反假货币宣传网点建设，使反假货币宣传站达2320个。协助公安部门破获万元假币案件3起，收缴假币21.98万元。三是是做好各项外汇管理与服务工作。举办外汇管理法规培训班，对南阳市邮政储蓄银行16个分支机构对私结售汇市场准入业务进行实地验收，并及时予以备案。在全省率先完成139个外商投资企业信息系统录入和“IC”卡的登记换发工作，通过年检的外商投资企业达109个，年检率达100%，得到省分局的充分肯定，河南省联合年检办公室对南阳中心支局所作的贡献给予通报表扬、全年上报的各类分析报告、监测报表做到及时、完整、准确，达到零差错。（三）加强金融业务检查监督，保证业务规范有序开展。按照郑州中支以及中心支行的统一安排，对市农业银行、中国银行各项金融业务和辖内保险公司的反洗钱工作进行大检查。加强日常监督检查，组织开展外汇现场检查，立案查处外汇违规案件4个，查处违规问题4类10条。对检查中发现的问题，分别进行处理，有效地规范金融机构的金融业务行为。加强执法行为规范化建设，制定《规范性文件制作办法》、《行政执法案卷评查制度》等制度，规范行政处罚工作流程，全年无行政复议和行政诉讼案件发生。（四）积极开展优质服务活动，不断提高金融服务水平。对营业大厅进行改建、整修，完善各项服务设施，实行一条龙式办公，极大地方便客户。推行“首问负责制”、“服务承诺制”、“服务标准公示制”，坚持“客户无过错”原则，引入“限时服务”管理，向客户公布监督电话，设立监督台、意见簿，推广文明用语和普通话，向客户发放“青年文明号服务承诺卡”，坚持用“热心、细心、耐心、诚心”为客户提供优质服务，树立人民银行的良好形象。（刘波）

南阳银监分局

【银行业质效】　2008年，各项业务持续增长，支持经济实力进一步增强。截至12月末，全市银行业金融机构各项存款余额923.49亿元，较年初增加134.11亿元，增幅16.99%；各项贷款余额551.05亿元，剔除农行剥离因素，较年初增加55.21亿元，增幅11.14%（农行剥离不良贷款70.84亿元、农发行核销呆账3.75亿元）；不良贷款余额111.96亿元，占比20.32%，较年初下降91.76亿元和15.61个百分点；全市银行业金融机构全年实现盈利10.9亿元，较2007年增盈4.62亿元。银行内部管理更趋完善，金融秩序持续好转，全辖没有发生重大违规经营，连续两年没有发生金融案件和重大风险事件。

【银行业服务】 南阳银监分局出台《南阳市银行业支持地方经济发展的指导意见》，积极引导银行业满足地方经济发展的合理信贷需求，分局的做法在省局年中工作会议上进行书面经验交流。以西峡县小企业金融服务试点县为契机，多层次组织召开政银企推进小企业授信工作座谈会、银企资金供需洽谈会和金融产品推介会，为银企资金供求对接搭建有效平台。同时，小企业贷款的机制、产品和服务方式不断创新，小企业信贷业务不断拓展，小企业融资担保难问题得到有效缓解。

【银行业改革】 农业银行顺利完成70.84不良资产剥离工作，股份制改革稳步推进。深入推进南阳市商业银行的改革工作，法人治理架构进一步完善。完成方城县农村信用合作联社的一级法人改革，桐柏县农联社率先达到农村合作银行组建条件，实现突破性进展；交通银行入驻南阳，增强了全市银行业活力。

【银行业风险防控】 “两高一剩”行业信贷规模逐步压缩，银行业信贷结构得到进一步调整和优化。不良贷款实现“双降”。银行业案件治理工作持续深化，查防机制日益完善，案件治理成果进一步巩固，安全保卫工作进一步加强。

【银行业监管】 进一步加强监管能力建设，不断提高监管有效性。出台《联动监管办法》，实行监管走访制度。加大对违规经营的处理力度，提高现场检查的震慑力，不断提高现场检查质效。完善非现场监管预警功能，充分发挥市场准入在持续监管中的重要作用，建立分专业的现场检查人才库，因地制宜选择人员集成方式，增强监管合力，提高监管效能。（杨磊）

工　商　银　行

【工商银行南阳分行概况】 2008年市工商银行南阳分行实现拨备前利润20743万元；实现拨备后利润18790万元。实现中间业务收入6433万元。各项贷款净增14412万元。销售个人理财类产品11.2亿元，销售法人理财产品36270万元。

【存款业务】 储蓄存款抓住一季度业务旺季的有利时机，加大个人业务宣传力度，强力推介代理业务。开展劳动竞赛活动，实现储蓄存款工作首季开门红，为全年储蓄工作的开展夯实基础，储蓄存款保持强劲增长势头。对公存款实行营销责任制，联系绩效考评，督促客户走访、联谊，促进对公存款稳定增长。积极开展对公结算账户营销活动，开展经常性的走访联谊活动，深化与大单位、大系统业务合作关系，促进大单位、大系统存款的稳定增长。

【贷款业务】 工商银行，贯彻国家和行业信贷政策，严格客户分类标准和准入条件，按照有进有退的原则，努力调整信贷结构。贷款以电力、高速公路项目为重点，积极向上级行和地方政府沟通，新增流资贷款主要支持鸭电、安棚碱矿、天冠集团、二机厂、龙城集团等重点企业和税利大户，全年累计营销项目贷款14.8亿元，流资贷款16.8亿元，实现银企双赢。按照国家扶持中小企业的信贷政策，稳妥推进中小企业信贷业务，全年向中小企业发放贷款1.2亿元，实现kh小企业贷款营销的新突破。个人贷款以个人住房贷款为重点，坚持住房开发贷款与住房按揭业务的联动营销、互动发展，积极拓展县域个人住房按揭市场，全年新增个人住房按揭贷款18750万元。

【中间业务】 坚持中间业务“优先发展”的指导思想，全行动员，全员参与，促进了中间业务快速发展。（一）加大中间业务收入的考核权重。以激励机制引导中间业务健康发展，形成市行与支行、部门与支行纵横结合齐抓共管的局面。（二）抓好投资银行、企业年金、银保业务、理财业务等重点产品的推动，实现重点产品大跨度、超常规的发展，进一步提升重点产品的利润贡献度。（三）拓宽增收渠道。在巩固和扩大传统结算、代理业务的基础上，注重培育中间业务新的增长点。银行卡发卡实现新突破。先后开展快乐“猪”福卡营销活动、牡丹运动卡营销活动、财政公务卡营销活动、牡丹金山卡营销活动、POS机和特约商户营销活动，形成了批量办卡、快速办卡、快乐用卡的工作局面，银行卡发卡创历史新高。全年共发卡60000多张，银行卡交易额达5亿元。银行卡业务综合盈利能力显著提升。电子银行围绕“安全便捷用电子银行，足不出户办金融业务”的营销主题，开展多渠道、多层次、全方位的宣传营销活动，进一步拓宽银企合作新途径，增加业务新品种。加强电子银行业务管理，规范操作流程，做好售后服务，提高动户率，确保了电子银行业务健康发展。全年新增电子银行客户120093户，交易额达972.3亿元。国际业务做到本外币存贷款、结算、理财等业务的综合营销。对开户的外贸企业，实行一企一策，加强与二胶、天冠、镇平地毯等国际结算大户深度合作。成功为南阳二机石油装备有限公司办理169.5万美元预付保函业务，填补该行外汇担保业务的空白。理财业务加大宣传力度，引导客户多渠道投资，全年销售个人、法人理财类产品14.8亿元。

【风险管理】　全面强化贷款风险管理，对于不符合国家行业产业政策或产品进入衰退期的企业贷款采取压降措施，进一步提高贷款安全性。抓好贷后管理工作，加强信贷作业监督，开展业务合规检查，规范业务操作，防范业务风险。及时介入企业改制，及时完善贷款手续，确保贷款不被逃废。落实法人客户信贷业务风险分析制度，针对分析中提出的风险点，制订详细周密的防范化解预案和措施，提升贷款系数。加强信贷基础管理。完成PCM2003信贷管理系统的升级改造，加快推行信贷业务无纸化审批系统的应用。加快不良资产处置步伐。市行行长、主管行长亲自上阵，做好市政府及有关部门商谈协调工作，多次奔赴总行、省行汇报、沟通，争取政策支持，督促审批，清收处置不良贷款2.16亿元，实现不良贷款“双降”目标。进一步完善制度建设，相继制定完善《内控管理积分考核办法》、《南阳分行操作风险管理委员会工作规则》、《南阳分行财务审查委员会工作规则》等制度办法。强化内控管理、规范业务运作，保障业务安全营运。

【服务管理】　先后制定出台《南阳分行服务工作考核办法》、《南阳分行营业网点服务工作管理办法》、《南阳分行优质服务工作管理办法》、《第三方检查考分办法》等。实施第三方“神秘人”服务检查，增强全行服务意识，整体服务水平大幅度提升。实行市行本部人员到网点担任大堂经理、支行领导深入营业网点坐班，及时解决服务工作中存在的问题，促进网点服务工作健康发展。加强服务渠道建设，对9个支行营业场所进行改造升级，美化营业环境，整合业务流程，体现人性化服务，树立南阳分行崭新的形象。加强客户经理、大堂经理队伍建设，并对其进行综合业务、营销技能、服务礼仪培训，充分发挥两支队伍在业务拓展中的作用，促进业务营销，维护客户管理。（刘万强）

建　设　银　行

【建设银行存款】　2008年存款余额1064878万元，新增191793万元，同业排名第二位，其中：对公存款余额432285万元，新增57894万元；储蓄存款余额632594万元，新增133899万元。

【建设银行贷款】　2008年贷款余额553697万元，新增126285万元，同业排名第一。

其中：公司类贷款余额493701万元，新增100262万元；个人类贷款余额59996万元，新增26023万元。累计投放公司类非贴现贷款270571万元，个人住房贷款27046万元，个人消费贷款14248万元。

【经营效益】 2008年实现考核利润20235万元，同比增加2140万元；实现经济增加值11351万元，同比增加3201万元。

【信贷业务】 针对2008年贷款规模先紧后松、贷款投放调控难度增加、空间缩小的情况，深入推进信贷结构调整，结合公司类存量客户的行业、信用等级、经营管理等，逐户明确结构调整方案，实行有进有退的信贷政策。信贷资源向优质客户集中，贷款种类向固定资产贷款倾斜。经过结构调整，贷款投向合理，资产质量得到提升，资本占用降低。随着国家扩大内需10项措施的公布，以出具“贷款意向书”、“意向性贷款承诺书”为切入点，积极为地方申报的项目提供金融服务。贷款份额在全省系统中排名第四，新增贷款份额全省排名第三，在当地同业中非贴现贷款份额及新增均为第一。获得省分行另一个小企业贷款品牌“成长之路”的试点权。小企业贷款的做法被省、市监管部门推广。同时，积极发展个人信贷业务。以“新系统、新流程、新效率”为主题，推出“让房贷减负”的系列新举措，举办优质房地产开发企业新春联谊会和“个贷体验”活动。实现个人资产业务由部门的单一营销向各机构共同参与的全面营销转变。组织推进个贷经营模式的优化实施方案，建立起“营销前台充分发散、贷款调查专业化、中后台高度集中”的个人贷款经营模式，确立“城乡协同发展”的个贷业务区域发展策略。密切与公积金管理中心、房地产开发企业、房产中介机构、新闻媒体等外部链接渠道的业务协作，加大外部市场的宣传、营销和拓展力度，加大楼盘和“城中村”改造项目的营销。个人消费贷款在上半年负增长的情况下，克服不利因素，抓源头，抓批量，抓房抵类贷款，深化与汽车经销商的务实合作，使消费贷款呈现快速增长局面，成为当地同业唯一正增长的机构。

【客户营销】 （一）以个体工商户、中小企业主、集团客户中的个人高端客户、名人名家等为目标，积极与基金公司、黄金咨询公司等单位的沟通与联系，根据客户需求，走进重点社区、走进重点企业、走进重点市场，巡回各县支行和网点，走近客户，开展社区营销和金融课堂、现场咨询活动，累计举办“百县行”理财报告活动30余场，网点社区营销和金融课堂100场左右，先后印制宣传单、折页、横幅万余张（幅）。紧跟市场热点，分别以黄金投资理财报告会、基金投资理财报告会、巅峰对话等形式，举办规模600人左右的大型投资、黄金理财报告会19场，累计参加客户数量约11000人。（二）以黄金、利得盈、信用卡等产品吸引维护中高端客户的特性，做好高端客户的资产配置，挖掘客户潜力。通过OCRM系统和管理平台，及时筛选和发现符合条件的VIP客户，加强高端客户理财卡的配发工作，提高显性识别率。通过节日祝福、生日提醒、户外联谊活动、VIP理财沙龙等增值方式，加大对VIP客户维护力度，举办特色营销活动10多次，累计参与客户上万人。对公高端客户实行名单制管理，行级领导分别认领14户对公业务大客户，根据客户的实际情况及贡献度，逐户确定营销目标，制定营销策略，围绕开户、企业年金、银团贷款、个人业务、电子银行、国际业务、理财业务、上市客户营销、自助设备配备等方面，采取有效措施，有重点、有针对性地开展营销。（三）推通过组建任务型团队和客户经理小组的方式，实现对公客户产品的全面营销。巩固了对南水北调、天益发电、驿宛高速、南阳非税等重大项目营销成果。以高校、医院、个体工商户等市场为目标，以银行卡、代发工资、结算通卡、网上银行为重点产品，加强与公私业务联合，通过金融课堂、联谊活动、设置咨询台、悬挂横幅、宣传展板、现场办卡、POS收费等形式，深入持续营销。其中高校秋季开学期间，高校学生现场办卡超过1000张，累计发卡约18000张，签约网银800户左右，个人存款和对公存款分别新增约1.5亿元和3000万元，产品已全面辐射南阳所有的高等院校。（四）加大电子银行产品的捆绑销售力度，建立与公司贷款、个人住房和消费信贷款、批量代发工资等产品的捆绑销售计划，确保个人房贷客户、消贷客户100%签约手机短信，公司类信贷客户100%使用网上银行、财务人员签约手机短信。

【经营转型】　（一）稳步推进公司、个人两大事业部制的改革。11月中旬，两大事业部已开始按照新的模式运作。（二）有序推进网点转型。网点、自助设备建设持续加快。投入资金580万元，完成网点迁址装修项目3个（淅川、南召支行和油田中原小区分理处），安装自助银行9个（离行式自助银行3个，在行式自助银行6个），ATM7台（附行式ATM4台，离行式ATM3台）。升格网点5个（镇平、桐柏、王府、车站、伏牛路5个分理处升格为网点型支行）。（三）财富管理中心正在筹建。按照网点转型推广要求，从2月份开始第三批的14个网点、第四批24个网点进行转型工作，到年底，第三批的14个网点已全面实现转型，第四批24个网点已基本实现转型。网点转型后，客户平均等候时间缩短168秒。通过设置专门的销售岗位、规范各岗位销售流程、丰富销售工具和技巧、采取销售推荐等措施，增加销售能力，多项产品销售量较前期均有明显增长。（四）加快推进公司业务转型。把对公理财业务作为公司业务转型的突破口来抓，精心寻找目标客户，以“利得盈”、“乾图理财”、IPO、国内保理等产品为重点，组建保理、利得盈、乾图理财、国际业务四个任务型团队，把对公理财纳入KPI考核，对公理财业务提前一个月完成省分行年度计划。（五）全面推进县支行转型。按照“精品化、有特色、内涵式”的方针，加强对县支行的调研、指导和分类管理。成立加快县支行发展领导小组，明确一行一策的县支行定位，配置专项资源。（六）深入推进服务转型。坚持每月举办一次“客户接待日”活动。在强力推进标准化服务的基础上，扎实做好差别化服务工作。实行全辖机构月度服务讲评例会制度，完善服务检查考核奖惩机制。坚持不懈地对网点进行服务检查，引导、纠正、规范服务行为，引导网点从以经营业绩为主向经营业绩、服务质量与风险内控并重的考核体系转变。实行客户经理、大堂经理的双配，规范理财室（理财中心）服务设施和服务流程。开展明星俱乐部创建活动，在全辖开展“网点之星”、“基金之星”等多层次、多角度的“明星”评比活动。共评出月度之星240名，其中季度之星30名，省分行金牌之星3名。（七）加快推进前后台分离和后台业务集中。完成全辖4000余户对公账户集中管理。从9月份开始，分行集中办理由原来分散管理的财政统发工资，9～12月处理代发、代扣业务60000余笔，累计金额7500余万元。实行了重要单证和一般单证实现全辖集中配送，累计向营业机构配送重要单证及一般单证90余次，总计60万份。对城区内9台离行式自助设备运营实行集中管理。全年清机、加钞662次1.5亿元，维护1360次。

【优化结构】　强力推进中间业务发展。及时调整产品销售思路，确定了对公理财、国际业务、银行卡业务、代理基金业务、代理保险业务、手机短信业务六项产品为重点推进产品。依托资产业务拓展外汇业务客户，强化本外币一体化经营。促进电子银行业务跨越发展。扩大信用卡业务优势。

【内控风险】　（一）强化资产质量管理。坚持把防范系统性风险放在重要位置，增强了国际金融危机的预见性，做好微观层面的主动应对工作。坚持业务发展与风险管理并重，提高审批效率。建立健全授信审批项目的公开披露制度，确保对公贷款质量。先后开展了个贷业务、抵押物权证、个贷流向、个贷数据清理、个人征信系统等专项自查自纠活动，充实贷后管理，加强对关注类、次级类贷款的管理，对长期拖欠的钉子户依法诉讼，实现个贷业务发展速度、质量、效益的相统一。(二)严控操作风险。坚持操作风险综合协调监控管理制度，按季召开4次操作风险综合协调监控会商会，落实整改问题78个(次)。对基层机构关键风险点组织2次检查和调研。加强内外部资金对账工作，账户对账率从二季度末开始一直保持100%。加强柜面业务以及现金、金库、尾箱的检查，改造中心金库清分区域，开展常规性录像监控检查11次，重点检查及专项检查14次，接受省分行及银监分局专项检查3次，发现各种问题344个，下发通报11次。全行柜面业务的稽核差错率基本上保持在0.5‰以下，最低时为0.37‰。(孙君泽)

农业银行

【农业银行概况】 2008年，南阳市农业银行紧紧围绕股改准备、风险防控、业务经营、服务“三农”等项工作，统筹兼顾，稳步推进，取得显著成效。全行各项存款净增20.61亿元，占省分年度计划14.5亿元的142.2%；人民币各项存款存量和增量分别占全市四大商业银行的35.4、31.5%，均位居第一位。全行发放惠农卡51128张，完成省分年度计划4.6万张的110%，服务“三农”投放贷款12792万元，全面完成省分计划；累计清收不良贷款本息10435万元。累计实现中间业务收入6194万元，中间业务对经营利润的贡献度明显提高。

【负债业务】 农行站在打造南阳农行服务品牌的高度，提高服务水平，满足客户需求；加强服务监督，加大明察暗访和奖惩力度，尝试性聘请专业评估机构对南阳市区5个行进行测评，完善服务监督手段，提升了服务质量。加强网点服务环境建设，新装修骨干网点25个，对全辖网点桌椅、办公机具进行更新，使网点服务环境、外部形象明显改善。围绕公存大户，大力开展“班子营销”活动，优化服务质量，有效应对宏观调控政策下公存营销困难和下滑局面，避免公存的大幅度波动。继续加强与各商业银行及邮储、信用社、农发行的合作，拓宽同业存款来源渠道，促进同业存款的快速增长。完善存款业务考评机制，突出日均增量和贡献度指标，引导效益性存款快速增加。继续开展存款上台阶活动，围绕存款上台阶目标，加大对网点的督导力度，提升网点存款上台阶水平，提高网点单产能力。

【服务“三农”】 南阳市农行围绕上级和市委、市政府确定的服务“三农”中心目标要求，起草《关于对金穗惠农卡发行暨农户小额贷款发放进行支持的请示报告》，各支行积极争取政府和有关部门支持配合，协调地方政府建立服务“三农”贷款特别是农户小额贷款担保的担保公司、风险补偿基金等。邓州、西峡等部分县（市）政府专门成立担保公司和完善风险补偿机制，为快速推动农户小额贷款和县域中小企业贷款发放创造有利条件。8月12日，举行全市农行金穗惠农卡暨“三农”信贷业务全面启动仪式，加强与地方政府的沟通协调，为“三农”业务顺利推进创造良好环境。并借助“试点”经验，对全市农业产业化龙头企业、农产品加工企业、种养殖大户，实地进行调研座谈，对县域经济结构和支柱产业、特色经济及种植大户、养殖大户、县域信用状况等情况全面掌握，建立健全“三农”业务项目库。市行还出台了《三农’业务计划及考核办法》、《加快‘三农’业务发展的十条措施》、《金穗惠农卡营销推进方案》等，把“三农”业务纳入综合业绩考核，以机制促进“三农”业务快速推进。建立“三农”业务问责制度，定期对“三农”业务开展和目标完成情况排队通报，对工作不力、完成落后的行进行问责，鞭策后进，加快“三农”业务进度。市行把小额农户贷款、农户贷款、小企业简式贷款的审批权转授给符合授权条件的县支行，提高基层行“三农”业务的主动性和工作效率。严格落实省行《县级支行机关机构改革方案》，压缩机关人员，充实“三农”业务客户经理队伍。

【资产业务】　南阳市农行始终把加快资产业务营销放在重要位置，努力克服有效资产不足产生的“瓶颈”制约，提升有效发展速度。把县域经济重点县、列入省市行营销目录的企业、市委市政府确定的“发动机”项目等作为营销重点，加快南水北调、核电、鸭电三期等项目营销，加快优质中小企业贷款营销工作，特别是高度关注邓州、西峡、桐柏等经济强县发展，加大信贷支持力度。全行新投放贷款21亿元（含票据贴现16.5亿元），储备和投放一批优良的贷款项目和客户。围绕优质个人客户，及时掌握客户金融需求，大力推介资产业务产品，开发和稳定了一批高端个人客户。各行、各部门加强贷后管理，及时采取措施，严防贷款劣变，使存量正常贷款收息率和到期收回率均达100%。

【清收不良贷款】　市农行在股改工作深入推进、清收难度加大的情况下，努力克服畏难厌战和“等股改、等剥离”的思想，围绕清收重点，不断完善“资费合一”和清收问责机制，大力开展“班子清收”工程，全行累计清收不良贷款本息10435万元，提前超额完成省分不良贷款利息清收年度计划，有效改善财务收入状况。

【中间业务】　南阳市农行借助自助设备、网上银行等拓宽营销渠道，扩大金穗借记卡发卡总量和市场份额。加大贷记卡营销力度，提高高端客户市场份额，逐步形成规模效益。加大ATM机投放数量，新投放安装ATM机40台，并切实做好对ATM机的管理，加强引导，落实巡逻制度，减轻柜面压力，优化用卡环境。围绕高价值、高收益险品种加大营销力度，通过落实奖励机制，激发全员销售保险的积极性，推进保险代理业务的产品调整、结构优化和效益增长。加大网上银行、电子商务和电话银行业务宣传营销力度，增加注册客户数量和交易规模，打造强大的零售业务服务平台，全年新增网上银行个人客户10371户、企业客户182户，使电子银行业务成为新的收入潜力点。有重点筛选进出口大户和新成立的三资企业，充分挖掘县域经济中的外汇业务资源，促进结售汇、国际结算业务的快速增长。大力拓展投资银行、养老金和企业年金等新业务，不断优化中间业务收入结构。按照中间业务计价办法的标准及时兑现各项奖励，提高全员营销中间业务积极性。

【股改工作】　2008年，为了确保股改准备工作圆满完成，农行加强与政府及房产、土地等职能部门的沟通协调，营造良好的外部环境，争取地方政府的支持，重点解决固定资产确权、抵债资产处置、实体脱钩等工作中遇到的困难，为股改工作推进做好全面保障。市农行把“剥得出去，不被退回，不被反诉”作为不良资产处置准备的主要标准，保质保量按时完成各项工作任务。严明股改工作纪律，严防弄虚作假、违规违纪行为。目前，按照上级行的要求和标准，圆满完成了不良贷款尽职调查、档案资料整理、不良贷款责任追究、法律尽职调查、自办实体脱钩、CMS数据核对、不良资产信息补录和组卷工作，较好完成固定资产确权和闲置固定资产处置工作。

【机制建设】　市农行制定了《综合业绩考评办法》，在考核导向上突出当期发展，在指标设置上突出业务转型和经营效益，在考核方法上采取绩效、计划和内控安全指标相结合，发挥考评成效。完善出台《法人客户市场营销奖励办法》、《中间业务计价考核办法》等奖惩机制，充分调动员工积极性。内部管理上，制定完善《规范化服务管理办法这》、《工资分配管理办法》、《机关费用管理办法》、《员工考勤管理办法》等机制，规范管理行为，提高管理效率。队伍和基层建设上，完善和出台《科级干部动态管理办法》、《十件实事活动实施方案》、《党委加强自身廉政建设意见》、《党风廉政建设责任目标》等制度办法，促进队伍建设和基层建设制度化、规范化。风险防控上，进一步建立和完善合规文化教育、风险查处和问题整改机制，促进内控管理水平的提升。经营管理机制的不断完善，为全行各项工作顺利开展提供了有力保障。（谢国雄）

中国银行

【中国银行概况】 2008年，中国银行面对复杂多变的经济金融形势和日益激烈的市场竞争，全面落实科学发展观，围绕“追求卓越”的核心理念，积极转变增长方式，强化资本约束，严格风险管理，狠抓内部控制，继续深化改革，提升市场竞争力，实现了又好又快发展。至2008年末，全行实现本外币账面利润1.70亿元，同比增长69.49%；实现本外币拨备前利润2.11亿元，人均利润23.84万元。全行授信余额39.47亿元，其中，公司贷款余额29.40亿元，新增5.25亿元；零售贷款余额5.74亿元，新增3905万元。本外币各项存款72.20亿元，新增12.94亿元。其中公司存款新增5.49亿元，储蓄存款新增7.29亿元，各项外汇存款新增259万美元。本外币综合不良率0.79%，较年初下1.08个百分点。

【公司业务】 积极落实宏观调控政策，拓展优质授信业务，优化业务发展结构。（一）重点营销能源、交通、电力、化工等行业，全年新增授信5.2亿元，实现早投放、早收益。（二）积极稳妥开展小企业授信，以西峡县域优秀民营企业为目标，重点筛选4个符合准入条件的小企业，签订授信合作意向1500万元。（三）加大重点产品营销力度。全年网银业务交易量达330亿元，网银客户新增33户。全辖办理工商验资业务205户，新增存款5522万元。（四）稳妥发展票据贴现业务。合理压缩票据业务规模，重点加大高收益优质票据的营销力度，提高议价能力，增加票据业务净收入。全行累计办理票据贴现业务25.49亿元，贴现利息收入6841万元，完成省行目标136.82%。

【个人业务】 以经营结构转型为重心，促进个人金融业务稳健发展。（一）突出中国银行奥运合作伙伴的独特优势，积极营销奥运系列产品。（二）稳健拓展个人贷款业务，重点叙做一手住房和消费类汽车贷款等风险相对较低、收益稳定、批量型业务。（三）持续加大自助设备投放力度，全年新安装ATM和存取款一体机、取款机、查询机30台，提高网点服务和营销水平。（四）开展丰富多彩的营销活动，树立中银理财品牌。举办“中银理财”文化节、“玫瑰重生”形象提升讲座、基金理财座谈，满足客户个性化需求，提高客户忠诚度。（五）组织开展奥运主题系列营销活动。充分发挥奥运产品特许经销商的优势，先后成功举办奥运商品订货会、奥运冠军签售活动，全年奥运产品销售937万元。（六）加快营业网点战略转型，全年完成标准化装修改造网点12个，完成省行计划120%。

【中间业务】 加强重点产品营销，拓展收益渠道，促进中间业务稳健发展。加强财务顾问业务、转贷款业务、企业年金业务的营销，通过财富管理推动中间业务增长、积极拓展代理业务，实现代理保险收入368万元、国债销售5100万元。大力推广个人网银业务，新增个人网银8361户。加大保理、福费廷、国内信用证、进出口押汇等业务的营销力度，为重点企业办理人民结构性理财产品1520万元、进口汇利达业务240万美元，切实提高收益水平。全行累计实现中间业务净收入5181万元，同比增长14.70%。

【内控管理】 以控制新发生不良为重点，加大资产质量监控力度，有效控制信贷成本。（一）实施精细化、差异化管理，按客户高、中、低风险系列，建立监控库并动态维护，加强大客户风险预警分析。（二）严格控制新增不良贷款，逐户制订“增、持、减、退”授信方案，明确授信策略。（三）加大关注类贷款监控力度，完善预保预报制度，及时采取保全措施。（四）采取多种措施进一步压缩不良资产，全年累计化解不良贷款6035万元。健全管理机制，构建内控防案长效机制。一是实行《南阳分行内控合规“6＋3”评价办法》，设置重点业务差错率、内外审检查发现问题整改率、违规操作量化处罚率、客户对账率、监控录像查看处罚率、内控合规工作进程赋分等六项防案核心评价指标，员工评价优秀率、员工学习与教育赋分、客户投诉率三项附加评价指标，通过量化细化内控指标，提高防案和管控能力。二是强化内控合规教育，完善防案预警机制。开展“警示教育月”活动，举办《刑法》知识学习座谈会；做好突发事件处置的预警工作，健全危机预警和应急处置机制建设；坚持“人防、技防、物防”，扎实有效开展“四类”案件防查工作；稳步推进守押社会化和押运监管工作，顺利完成守库社会化移交工作。

【企业文化】　围绕“追求卓越”核心价值观，推进企业文化建设，实现健康和谐发展。加强班子建设和队伍建设。继续深入推进“四好”班子和“四优”团队建设，增强各级管理者推动战略转型能力和全行员工的凝聚力、竞争力、执行力。加强党风廉政建设，严格按照“一岗双责”原则，推动党风廉政建设与业务工作同部署，同落实，同考核，同奖惩。加强基层党组织建设，抓好党员“先锋工程”。2个单位被命名为省级“巾帼文明示范岗”；1名基层支行干部被评为总行级职业道德先进个人；全行员工积极为四川汶川地震灾区捐款13万元；全体党员踊跃缴纳“特殊党费”70900元。

加强文明优质服务工作，引入营业网点服务质量第三方监测机制，提高服务质量、服务效率和客户满意度；开展奥运服务系列活动，设立双语服务柜台，开辟奥运服务绿色通道；抓好业务技术练兵活动，全行技术能手率达80%，两名员工被总行工委授予“五星级柜员”。重视并加强行风建设，规范服务行为，市行营业部荣获总行级精神文明建设先进单位，并被推荐为全国文明规范化服务单位。深入组织开展“解放思想与提高竞争力”大讨论和学习实践科学发展观活动。围绕科学发展观要求深入基层调研，认真查摆问题，深刻分析原因，努力破解难题，促进全行持续健康发展。（宋歌）

农业发展银行

【信贷支农】　2008年，紧紧抓住新农村建设和业务范围拓宽的重大机遇，不断加大信贷投入力度。2008年末，各项贷款余额111亿元，比上年增加8.8亿元，加上核呆因素，实际增加12.6亿元；新业务贷款31亿元，较2007年净增12.9亿元，其中，中长期贷款7.3亿元，净增6.1亿元，占全省增量的20%。目前，省、市级农业产业化骨干龙头企业基本纳入农发行支持范围，主流客户群体基本形成，“一体两翼”业务构架基本确立。一是全力支持粮棉油购销调储。2008年，累放粮棉油收购贷款48.63亿元，支持收购粮食48亿斤、棉花185万担。其中，发放小麦最低收购价贷款33.8亿元，收购小麦41亿斤，再创历史新高，带动农民增收近3亿元。二是大力支持农业产业化经营。2008年，累计对龙头及加工企业发放各类贷款24亿元，对8家企业公开授信额度11.8亿元，全行已形成粮油加工、棉纺加工、畜牧养殖、中药材加工、乳业加工等五大行业主流客户群体。三是积极推进非粮棉油产业和农村农业中长期项目发展。2008年，营销非粮棉油产业项目15个、金额8.6亿元，其中，获批南水北调中线工程等中长期项目10个，金额7.05亿元，实施8个，金额6.1亿元。年末全行新业务贷款总量居全省第2位。信贷业务发展中的商业性贷款占比低、中长期贷款占比低、非粮棉油产业贷款占比低、信贷行业和客户集中度较高的“三低一高”问题得到显著改观，可持续发展有了坚实基础。

【风险防控】 2008年市农发行做到活化存量与优化增量两手抓，清收盘活和呆账核销两手硬，不良贷款“双降”工作取得突破性进展，资产质量发生历史性转变。2008年，不良贷款净下降40520万元，占全省下降额的13.8%，居第2位；不良贷款率为4.38%，低于全省平均水平5.55个百分点。西峡、营业部两个行（部）继续保持零不良记录。严格客户准入和管贷责任，全面落实信贷管理“四示一追究”和风险经理制度。加强客户维护，一企一策，为客户“量身定做”服务，帮助企业共渡难关。加强客户风险排查，及时了解和掌握产业行业的现状和发展趋势。对生产经营下滑、已形成潜在风险的5个粮油加工企业果断予以信贷退出，本息全额收回，经验被总行《决策参考》转载。本行支持的企业经受住了金融危机、严峻宏观经济环境的检验，新发放商业性贷款无一笔形成逾期，保证业务经营的稳健运行。

【经营绩效】 推行县级支行等级管理，修订经营绩效考评办法，增加不良贷款清收、存款等关键指标的权重分值，按月分析通报，按季考评兑现。实施重点工作专项奖励，对存款、利润等6项重点工作，除纳入经营绩效考核外，视收益或计划完成情况予以重奖。2008年，实现账面利润2.85亿元，同比增盈1.38亿元，人均盈利87万元，实现中间业务收入145万元，继续保持全省第2盈利大行地位。在全省2008年度等级行考评中，有11个行较上年实现升级或保级，进步3个以上等级的行达到4个，占全省的36%，其中，新野上升4个级次，邓州、淅川、桐柏上升3个级次。自2006年起，连续第3年跻身全省市级分行经营绩效考评先进单位行列；2008年，除存款外，囊括省分行表彰的不良贷款清收、中间业务、推进粮改等所有奖项。

【和谐银行建设】 按照总行统一安排部署，认真开展学习实践科学发展观活动，测评满意率达100%。继续深入开展创建“四好班子”、“党员活动日”和“党员设岗定责”等活动，不断增强基层党组织的凝聚力和战斗力。2008年，市分行党委被省分行党委命名为“先进基层党组织”。结合持证上岗考试，开展全方位、大规模、多层次的培训活动，先后举办培训班12期，培训达360人（次）。深入推进专业文化、家园文化建设，构建具有自身特色的文化体系，被省分行命名为企业文化建设先进单位。组织进行企业文化核心理念和系列价值观的学习宣讲，获省分行举办的企业文化知识竞赛组织奖。开展赈灾捐款和缴纳“特殊党费”活动。积极创建系统文明单位，市分行机关、方城、邓州、西峡4个机构被命名为省分行级“文明单位”。切实加强党风廉政建设和安全经营责任管理，顺利实现“四无”安全经营目标。（张晓军）

农村信用联社

【农村信用社概况】 2008年，南阳市农村信用社以改革统揽工作全局，正确处理规模、速度、质量和效益的关系，在规模不断扩大、速度不断加快的同时，以提高经营效益为中心，狠抓信贷资产质量的提高，严格控制经营风险，实施精细化管理工程，在全力支持服务地方经济发展中实现了自身业务经营的稳健快速发展，整体工作呈现出“各项业务大幅增长、信贷结构不断优化、经营质量有效改善、效益水平稳步提升、业务经营稳健发展”的特点。至2008年底，全市农信社各项存款余额288.09亿元，较上年净增37.74亿元，完成省分计划30.86亿元的122.30%。存款市场份额位居全市金融机构之首，新增存款市场份额为27.03%。各项贷款余额达227.41亿元，较上年增加27.77亿元，完成省分计划的119.97%，贷款市场份额为41.1%，位居全市金融机构之首。

【信用社改革】 2008年，全市农信社初步形成社员大会、理事会、监事会和高级管理层构建的现代法人治理架构。全市13个县联社全部完成统一法人工作、圆满完成央行票据兑付工作，13个联社全部完成专项央行票据兑付工作，共获得专项央行票据资金44954万元。选定西峡和桐柏两个联社作为组建农商（合）行的试点，并计划在未来3年内完成全辖县级联社30%的农商（合）行组建工作。市政府成立南阳市农商（合）行组建工作领导小组，印发《关于加快农村信用社体制改革的意见》和《关于集中处置全市农信社不良贷款的意见》，为全市农信社深化改革提供政策依据。桐柏县联社借鉴山东潍坊的改革经验，积极与地方政府沟通，初步达成收购协议，西峡县联社采取土地置换不良资产的办法，加速推进改革工作。

【存款业务】 至2008年末，全市农信社各项存款余额288.09亿元，较年初净增37.74亿元，增幅为15.07%，较上年同期多增5.64亿元，完成省联社年度分配30.86亿元的122.30%。其中低成本存款余额89.35亿元，占各项存款总额的31.02%。全市农村信用社占比为31.14%；新增存款市场份额为27.03%，位居全市金融机构第一位，存款增幅为13.87%。

【贷款业务】 至2008年末，各项贷款余额达227.41亿元，较上年底增加27.77亿元，增幅为13.91%，新增存贷比例为73.57%，完成省联社分配年度增长任务23.145亿元的119.97%。贷款市场份额位居全市金融机构之首，占比达41.1%。其中农业贷款余额为195.45亿元，占各项贷款的85.95%，较年初增长22.91亿元，占本年贷款新增额的82.50%。2008年累计投放支农贷款146.76亿元。

【信贷支农】 至2008年末，全市农信社支农贷款余额为195.45亿元，较年初增长22.91亿元，占本年贷款新增额的82.50%。重点扶持内乡生牧原养殖、镇平康苑[illegible]业、新野棉纺、唐河黄牛育肥、邓州北园木业、西峡药材等一大批农业产业化龙头企业，培育新的农村经济增长点。继续推行农户小额信用贷款管理办法，不断完善农村信用体系建设，严格标准做好信用乡镇、信用街道、信用社区等评定活动，努力营造良好的经营环境。至12月底，全市农信社共创建信用乡（镇）49个，评定信用村1540个，建立信用联合体791个，创建信用社区（街）38个，评定信用户56.85万户，守信卡贷款余额达31.21亿元。信用工程和阳光信贷的做法被《河南日报》分别在2008年8月24日、9月5日以《南阳：信用工程掀起农民创业潮》和《南阳："阳光信贷"助推和谐发展》头版头题予以报道。南阳市农信办被市委、市政府授予金融行业支持南阳经济发展优秀单位和新农村建设先进单位荣誉称号。

【盘活资金】 2008年采取与南阳银监分局联动清收的办法，持续强力清收不良贷款，印发《南阳市农信社清收盘活不良贷款实施方案》，银监部门督促高管抓法人，农信社抓责任追究强化落实，在全市掀起集中清收盘活的新高潮。全年共清收盘活不良贷款10.88亿元，完成省分计划5.278亿元的206.17%。

【中间业务】 全市农村信用社积极拓展中间业务。积极开展农民工银行卡特色服务营销活动，全方位营销金燕卡，增加银行卡收入。2008年全市农信社农民工银行卡交易量1.50亿元，ATM交易0.80亿元，POS交易8.60亿元，实现卡收入98.70万元；全面推行保险代理工作，通过积极申请、规范运作、严格制度、强化管理、严格考核、正向激励，使该项工作取得良好效果，实现保险手续费收入124.47万元。另外积极创新中间业务品种，开办代收代付、银行承兑、票据贴现等，努力实现业务收入的多元化。至12月底，全辖中间业务收入实现1712万元。

【业务创新】 全市农信社在信贷服务过程中，结合实际，在贷款模式、利率定价、担保方式等方面锐意创新，使信贷服务呈现“百花齐放”的态势。2008年全市农信社开办中小企业担保中心贷款担保业务达2.55亿元，累计投放中小企业担保中心担保贷款6.3亿元，支持142个会员企业的经营发展，既解决企业融资难问题，又确保信贷资金的安全。同时不断创新贷款担保模式，开办动产质押、应收账款质押、结算质押、动产抵押等新型贷款业务，满足不同类型客户的贷款需求。2008年11月12日南阳市农村信贷产品和服务方式创新现场会在镇平县联社举行，南阳被人行郑州中支定为全省农村信贷产品和服务方式创新两个试点地市之一。(史得生)

商业银行

【商业银行概况】 2008年，南阳市商业银行（以下简称南阳商行）以“科学发展、合规发展、有效发展”的思想统领全局，深化机制改革，加速风险处置，严格规范管理，狠抓优质服务，重塑企业形象，各项监管指标提前达标，竞争实力明显增强，经营活力逐步迸发，规模、质量和效益全面丰收。至2008年末，总资产79.46亿元、各项贷款余额39.85亿元；各项存款余额59.03亿元。全年实现净利润0.45亿元，较上年同期增盈0.35亿元。全行资本充足率，不庚贷款率、拨备覆盖率三项核心监管指标全部达到或超过监管要求。其中：资本充足率达到9.35%，优于监管标准1.35个百分点；不良贷款率2.76%，优于监管标准0.24个百分点；拨备覆盖率118%，优于监管标准18个百分点。代理保险、代收行政事业费、代发工资、代收学费等业务得到全面拓展，全年实现中间业务收入615万元。“世纪一卡通”银行卡，发卡总量达到200104张，年新增93009张，卡下存款余额41631万元，较上年新增16842万元。同时以卡为媒，代收电费、水费业务全面铺开、业务量成倍增长，电话银行、短信提醒功能不断完善，POS消费、ATM业务量不断增加。

【主要业务发展】 南阳商行强化服务，扩大营销，以服务促营销，以营销抓服务，各项业务全面发展，资金实力进一步壮大。年末全行各项存款余额59.03亿元，较年初净增2.92亿元。南阳市商业银行华瑞支行以其卓越的服务品质，被中国银行业协会命名为全国文明规范服务示范单位。

【支持服务地方经济】 围绕“三个服务”，优化信贷投向，大力支持经济社会发展，累计投放贷款9.8亿元，办理银行承兑8.2亿元，贴现2.9亿元，先后为省、市骨干企业和重点项目提供资金支持5亿余元，办理项目搭桥贷款3000万元。同时利用自身优势，办理委托贷款21688万元，提供保函1573万元，发放汽车消费贷款4675万元，发放其他个人消费贷款3486万元。汶川地震灾害发生后，广大员工个人主动捐款20余万元支援灾区，并紧急向承担灾区过度安置房建设和医疗器械供应的企业发放搭桥贷款1150万元。配合落实扩内需、保增长各项措施，为南阳市政工程如“三座大桥”立项引资提供融资担保服务，与高新区政府签订全面战略合作协议，开辟银政、银企合作共赢、共度时艰的新路子，展示地方银行的责任、形象和活力，取得良好的社会效益。针对中小企业普遍存在的贷款难、担保难问题，在认真分析其经营特点的基础上，加快产品创新，丰富信贷业务品种，加速小企业信贷业务“六项机制”建设，有效促进南阳地方中小企业的快速发展，全年共向480个中小企业新增授信达3.97亿元。通过与劳动部门和南阳市担保中心相互配合，继续大力开办由财政贴息、担保中心担保的下岗失业人员再就业贷款，支持下岗失业人员再就业，全年累计发放此项贷款1249万元，惠及317户。

【资产风险管理】 南阳市商业银行以加强信贷管理为主线，全面提升资产风险管理水平。制定《贷款管理基本制度》和《信贷业务操作规程》，成立贷后管理委员会，出臺《贷后管理委员会工作规则》、《贷款风险分类实施细则》、《信贷客户退出管理规定》等，夯实贷后管理的制度基础。并组织两次信贷大检查，使全行信贷管理工作进一步得到强化，把住关口，管住风险，新增贷款收息率和到期收回率全部达到100%。在管控新增风险的同时，大力清收盘活资产，全年累计现金清收不良贷款（含已置换剥离不良贷款）37429万元。

【经营管理】 南阳商行全面推进经营管理，高标准完成董事会、监事会换届任务，建立健全公司治理基础框架和制度。加强机构建设，单设票据业务中心，充实特资部力量，装修改造一部分营业网点，添设ATM、叫号机、查询机、电子显示屏等便民、利民设施20余台（套），使客户享受到更为方便、更加人性的金融服务。规范用工管理和人员流动制度，组织部分支行行长岗位轮换，开展中层干部述职述评，并对总部机关以及部分支行“两部经理”以上缺职岗位进行竞聘上岗，面向校园招聘30名专业对口的应届大学毕业生充实队伍。健全考核激励修订等级行管理办法，实行总部与支行上下联动、绩效挂钩制度，细化、调整绩效考核内容，配套实施专项、阶段性奖励办法，有力促进业务发展。（朱明杰　曾照准）

人保财险

【财产保险概况】 2008年是人保财险南阳市分公司面对严峻的经济形势和激烈的市场竞争，系统上下团结一心，奋发图强，以科学发展观为指引，深入贯彻落实“促发展、保效益、防风险”抢抓战略机遇，拓宽发展渠道，实施管理升级，加强风险管控，坚持以人为本，创新服务内涵，进一步提高市场竞争能力和持续盈利能力。取得令人振奋的经营业绩，圆满完成了既定的工作目标。公司全年累计承担各类风险责任限额2948亿元，实现保费收入30126.1万元，完成年度计划的104.6%，同比增长22.11%，年保费收入突破3亿元大关，实现了历史性的跨越。全年共处理各类赔案42134件，支付赔款19717.5万元，已结案件简单赔付率65.45%，年申报纳税额2500万元，为全市经济社会发展和人民群众生活安定发挥了应有的作用，为构建社会主义和谐社会和社会主义新农村建设做出了积极贡献。公司被命名为“重合同守信用企业”、“全市100强纳税企业”，纳税额在全市金融系统排名第一；在“2008年最受市民信赖的十佳保险公司”评选中名列第一；在全省系统内，公司被授予“开拓杯”荣誉称号。

【业务发展】 公司通过调整市场策略、采取激励措施、深挖市场厚度、拓宽业务发展渠道，积极谋求业务跨越式发展。一是确立了“抓续保、抓竞回、抓新增、抓渠道”的车险发展思路，巩固车险业务主体地位；加强与相关职能部门的有效合作，不断提高法定保险的覆盖面。二是以大项目为依托，大力拓展财产险大项目业务。启动了“大项目拓展基金”，组建大项目专业化团队，不断拓宽大项目业务新领域；积极参与农村平安建设，试点推广“和谐家园”农村治安保险。三是深入拓展责任意外健康险新领域。创新工作思路，从政府关切的焦点问题和人民群众的切身利益入手，在全省系统率先启动社保超赔工作，为城镇居民和职工提供社保补充医疗保险；整合各种资源，配合教育部门，在全市范围内打响校（园）方责任险攻坚战；进一步加强了与消防、计生、安监等职能部门的合作，积极推进责意险进学校、进机关、进厂矿、进家庭，不断扩大责意险覆盖面。四是加大投入力度，搭建“城网、农网、电网”三网并重的营销模式，进一步拓宽保险产品销售渠道。五是继续开展形式多样的竞赛活动，不断提高全体员工干事创业的积极性和主动性，充分激发员工的潜能。

【经营管理】 加强了承保、理赔、财务“三位一体”的内部管控模式建设，积极实施“车险保效益”工程，深入开展“开源节流、增收节支”活动，确保各项经营指标稳健运行。一是把好承保关，优化业务质量。完善承保管理规定，明确操作规则，细化承保流程；制定完善差异化的承保管控措施，严把承保关口，优化业务质量。二是把好理赔关，严控理赔成本。继续巩固理赔质量达标活动成果，最大限度地压缩赔款水分；改进、完善车辆招标定损、远程核损，完善医疗协作网，切实发挥驻院代表的职能作用；坚持重大赔案集体审理和聘请技术专家定损，确保赔款的公正合理；健全防灾防损预警机制，完善防灾预案，最大限度地避免和减少灾害损失；发挥理赔稽查大队在案前调查、疑案调查、案件复审、法律事务、代位追偿等方面的突出职能，切实为降赔增效发挥应有的作用。三是加强基础管理工作。严格单证管理制度，明确职责，规范流程，定期核对，坚决杜绝任何有价单证游离于公司管控之外；加强应收保费控制工作，按月进行清理核对，建立应收保费实时监控制度；全面提高数据质量，确保数据的录入准确，严格数据录入的严肃性和标准化，净化数据源头。四是健全财务制度。加强资金管理，加大对现金流的管控力度；强化预算管理，提高费用使用效率，把有限的费用资源向基层一线倾斜，不断提高费用资源的配置效率。五是强化“三个中心”基础工作。坚持“三个中心”联席会议制度；加强对承保、理赔数据的对比分析，及时解决影响经营指标的深层次问题，及时做出监控调整；加大创新力度，优化流程环节，建立完善环环相扣、层层负责的工作流程，从每个环节上抓好管控，健全责任追究制度。

【诚信服务】 一是履行了国有保险企业的社会责任，积极服务当地社会经济建设。在中国？南阳第六届玉雕节暨首届宝玉石博览会期间，公司无偿为总价高达20亿的宝玉石展品免费提供保险保障；在第七届张仲景中医药科技文化节期间，公司为价值达1亿元的药材展品无偿提供保险保障，积极履行了应尽的社会责任，圆满完成了市委市政府交给的光荣任务。二是继续开展“规范服务达标”和“金牌服务窗口创建”活动，加强对相关岗位人员的教育和培训，增强了窗口服务意识、规范了服务行为、提升了服务能力。三是继续实施“理赔无忧”工程，简化理赔手续，建立5000元以下赔案快速处理通道，不断提高服务效率。四是发挥95518客户服务专线的功能优势，完善特色服务体系，为不同层级的客户量身定做各具特色的增值服务。五是认真落实总公司第二届客户节暨奥运理赔体验季活动，召开了高端客户座谈会，增进了与社会各界的友谊，扩大了社会影响力，提高了公司品牌知名度。

【队伍建设】 2008年，公司坚持“以人为本”的理念，实施人才强司、文化兴司战略，努力实现公司价值和员工价值的协调统一。一是突出业绩导向，创新薪酬激励机制。进一步完善薪酬分配机制；突出绩效激励导向，建立工资收入浮动机制，强化激励作用；建立倾斜一线的政策保障机制。二是坚持依法合规，实施人才战略，充分挖掘人力资源潜能。着眼于公司跨越式发展对队伍建设的长远需要，结合《劳动合同法》的实施，加强全员劳动合同管理，实行分类管理、动态调整；建立用工效能评价体系，根据员工数量、结构以及用工效能，建立用工效能评价体系，制定基层单位各类人员用工管理办法，提高用工管理精细化程度。三是实施人才战略，提升队伍素质。健全干部任用管理制度，规范各级管理人员的选拔聘任程序和培养、交流、考核办法；探索建立领导干部能力素质模型和综合考核评价体系，以领导力、胜任力、执行力为重点，大力加强能力建设，严格聘期管理和考核；建立与外部人才市场衔接的用人机制，积极引入公司稀缺的高端专业技术人才，不断改善员工队伍结构和整体素质；发挥公司营销优势，加大增员力度，在壮大展业力量的同时，提高营销人员个人业务能力。四是注重长期激励，增强全员凝聚力。完善福利保障措施，整合福利资源，落实员工法定基本福利保障项目，关注员工个性化需求，开办选择性、自助型福利项目；实施员工关爱工程，体现对员工成长成才、身心健康的全方位关心关怀，落实以人为本，构建和谐企业；规划员工职业生涯，设计员工职业发展计划，引导员工结合自身情况和目标，明确个人发展方向，有针对性地提高自身综合能力，实现事业留人，增强队伍忠诚度和长期活力；完善培训体系，实行外出培训、学历培训、集中培训、个性化培训、以会代训等多种形式相结合的办法，保证各层面干部员工的培训提升。

【服务三农】 在巩固城市阵地的基础上，公司把大量的精力放在了开辟广大农村市场上。一是加强农村网点基础设施的投入。不断完善基础设施建设，保证员工基本的办公条件；对管理过硬、规模较大、有较强辐射带动效应的农村保险服务网点，有计划、有步骤的配备必要的签单设备，实现远距离签单；大力开展创建“百万乡镇”、“千万县区”活动，不断提高农村网点的产能。二是加强农村网点员工队伍建设，引进高素质的人才，强化人员培训，不断提高从业人员的业务素质和工作技能。三是认真履行国有企业的政治责任，继续做好政策性能繁母猪保险工作，全年累计承保能繁母猪 51.71 万头，承保面达 99%以上，实现了“应保尽保”的工作目标；做好了政策性棉花保险试点工作，全市 215.93 万亩棉花全部在该公司承保。四是加强市场调研和信息采集，根据全市农村市场的特点和实际，开发出一系列“保障适度、保费低廉、条款简明、理赔快捷”的保险产品，满足广大农村不同层次的保险需求。五是要做好理赔服务。理赔服务是老百姓对三农服务质量评判的直接依据，也是保户购买保险的出发点和落脚点。克服点多、线长、面广的困难，快速理赔、诚信服务，让出险的老百姓及时得到应有的补偿和安慰，上年共支付农业类保险赔款 5000 余万元，较好的发挥了保险补偿职能，有力的支援了新农村建设。(陈明国)

人寿保险

【人寿保险概况】 2008 年是中国人寿保险公司全面超额实现经营目标，完成个险、中介、团售三大销售渠道基础建设。全市人寿保险系统实现总保费收入 16.7 亿元，较上年增长 73.13%。其中：首年保费收入 110841 万元，完成年计划的 185.5%；期交新单保费收入 19843.5 万元，完成年计划的 107.8%；短险保费收入 6658 万元，完成年计划的 100.3%。

【保险业务】 一是个险业务进一步提升。实行新基本考核办法，提高各类人员和各级主管达标动力，提升人均产能。加大了“创星”工作力度，准星级以上网点达到总数的 41.4%以上，一星级以上网点达到总数 29.2%，二星级以上网点达到总数 17.1%，三星级以上网点达到总数 4.9%。二是团险业务不断创新。建好职场营销队伍，实行统一团险管理办法，统一利益分配标准，统一管理人员，统一教育培训工作。

三是中介业务得到扩充。保持网点代理的绝对优势，确立代理业务久经营的思想，把握代理工作的每个环节，不断提高对中国人寿认同感。

【经营管理】　一是落实展管分离。按照省公司统一部署，落实运营部门垂直管理，有计划实施柜面与市、县公司的剥离。二是抓好柜面标准化建设。公司投资300余万元，装修新柜面10个装修覆盖面达到60%，市人保寿险系统提前完成当年柜面标准化建设。三是有效发挥信息技术作用。各单位配备兼职信息技术人员，做好网络日常维护。对现有的信息技术查询处理功能做到“应知、应会、应能”、四是制定严格理赔规定，切实解决好理赔时效问题。五是积极推进“零现金”收付费工作。严控农村销售人员、城区销售人员和柜面收费人员三个层面，保证“零现金”收付费制度落实到位，推动业务拓展工作。六是扎实做好审计工作。配合省公司开展执行力、教育经费、固定资产和内部食堂专项审计及经理离任和3年任期经济责任审计。七是落实404条款遵循规定。积极抓好依法合规教育工作，规范404条款遵循行为，确保公司持续合规达标。八是实施“阳光工程”。在基本建设、重大开支等方面，坚持推行阳光工程，提升员工满意度，推进公司党风廉政建设。2008年市人寿保险公司被省公司授予党风廉政建设先进单位。

【客户服务】　公司大力提倡优质服务着力提升服务质量，满足广大客房需求。一是规范窗口服务，提高窗口在客户中的识别形象、实力形象、服务形象。二是提高服务附加值。提升对VIP客户的服务品质，推进“1＋N”客户服务活动，办好第二届“国寿客户节”，积极参与社会重大活动和保障体系建立工作，使公司连续三年被南阳市政府授予行风政风评议先进单位，并被评为“南阳市民最信赖的保险公司”。（张锡奇）

太平洋财险

【太平洋财险概况】　中国太平洋财产保险股份有限公司南阳中心支公司自2002年成立以来，秉承“诚信天下，稳健一生，追求卓越”的企业核心价值观，本着努力打造“一家负责任的保险公司”经营理念，坚持科学发展，勇于承担社会责任。2008年共实现保费收入2840.8万元，共受理案件8223件，累计支付赔款1903.8万元，为南阳经济发展和人民生活安定发挥重要作用。

【业务发展】　2008年在理顺内部管理的同时，紧抓业务发展主线。参与行政事业单位的采购招标，努力探索“群众花钱买保险、保险公司请保安、保安进村保平安、有了意外找保险”的“治安双保”工作模式，扩大公司影响，提高知名度。抓重点企业，积极开展大项目攻关。注重渠道业务，提升公司规模。及时解决工作中的问题，为业务发展铺平道路。

【经营管理】　对外强化诚信建设，对内强化管理和风险管控。在诚信建设方面，向社会公开承诺“不欺骗客户，热爱职业，不误导消费，尊重同业，不诋毁同行”；对内，确立“快速发展、优质增效、提升管理”的经营方针，不断完善、细化内控管理制度，规范员工行为，在承保管理、理赔服务和财务管理等方面下功夫，加强核保核赔的管理和协调工作，完善约束机制，不断提升内勤岗位的人员的综合素质，切实把规范制度落到实处。

【客户服务】　依托全国统一客户服务电话95500实行24小时全方位、无障碍的客户沟通。实施全员大客服，实行首问负责制，营业大厅设立“行风投诉受理处”，方便客户投诉和监督。不断完善客户服务平台建设，通过建立以客户为中心的管理理念和经营模式，建设专业、规范、高效的客户服务体系，树立公司的客户服务品牌。做好窗口的文明服务工作，建立健全售前、售后服务体系，对各岗位人员的客户服务质量予以细化。（聂永红）

经 济 管 理

计划与投资管理

市发展和改革委员会主任 李甲坤

【发展改革工作概况】 2008年，全市生产总值1620亿元，比上年增长12.5%，高于全省0.5个百分点。农业生产全面丰收，全年粮食总产达569.7万吨，增长3.5%，再创历史新高。工业经济在十分困难的形势下继续保持较快增长，规模以上工业增加值增长468.3亿元，增长21.3%，高于全省2.3个百分点。服务业保持良好发展势头，增加值增长14%，高于全省4个百分点；全年预计接待游客总数1100万人次，旅游综合收入56亿元，均比往年增长20%以上。全社会固定资产投资完成900亿元，增长28.6%；城镇以上固定资产投资708亿元，增长27.8%；社会消费品零售总额568.9亿元，增长23.1%，高于全省0.1个百分点。发展质量继续提高，地方财政一般预算收入51.3亿元，增长14.4%。节能减排取得较大进展。改革开放深入推进，企业战略重组、财税、文化、林权、水管等重点改革取得积极进展；实际利用外资1.18亿美元，增长1.3倍。城镇居民人均可支配收入12480元，实际增长8%；农民人均纯收入4700元，实际增长7%。

【经济形势分析】 市发改委针对南方低温雨雪冰冻灾害、汶川地震、生产要素供应趋紧、世界金融危机爆发、社会需求减弱等突发因素的干扰，仔细研究经济运行中深层次矛盾相互交织迅速变换的态势，密切关注国家信贷、土地、市场准入等政策调整对南阳的影响，坚持月度经济运行监测与季度经济形势分析制度，对重点行业、重点企业跟踪监控，更加注重时效性与前瞻性，不断提高分析的深度与广度。特别是7月份以来，密切跟踪国际金融危机走势对南阳可能造成的影响，深入研究国家、省一系列扩大内需的各项政策，适时提出应对金融危机的办法和措施，及时向市委、市政府提出对策建议。

【重大项目建设】 坚持把重点项目建设作为经济工作的重要抓手，不断加大工作力度，完善协调推进机制，有力地推动一大批重点项目建设实施，增强投资对经济增长的拉动作用。（一）狠抓重点项目建设。落实重点项目建设责任制，及时协调解决项目建设中的突出问题，狠抓节点控制，一批重点项目陆续建成投产或开工建设，全年重点项目累计完成投资196亿元。鸭电二期、南阳热电厂一期等72个项目竣工投产，方城风力发电31台风电机组安装完毕，全国唯一一条1000KV特高压线路南阳段竣工。岭南高速公路建成通车，全市高速公路通车里程达到551公里，占全省高速公路通车里程的⅛。新野科尔沁牛业10万头肉牛产业开发、方城县迅天宇二期多晶硅、中南工业公司年产3.2

亿克拉金刚石等56个项目开工建设。（二）加快推进重大项目前期工作。南阳核电、天池抽水蓄能电站、鸭电三期、白河南热电、宛西电厂、西气东输二线、宁西铁路复线及电气化工程、南阳机场改扩建二期等一批重大项目前期工作取得突破性进展。加强重大项目谋划、筛选、论证和储备工作。编制2008～2012年全市重大项目库规划，规划5000万元以上项目366个，总投资达2388亿元。

【争取项目和资金】　开展银企洽谈活动，共达成银企合作项目118个，已到位资金108.9亿元，履约率94.8%，有效缓解重点企业流资短缺局面，保证重点项目建设资金供应。积极推动企业上市和发行债券，安棚碱矿、中南金刚石、西泵、淅减振器、防爆集团、内乡牧原养殖等6个企业被列为全省重点上市后备企业，西泵公司上市辅导期已近尾声。龙成集团和普康药业在全省中小企业集合债券发行中分别发行债券8000万元和5000万元，进一步拓宽企业融资渠道。积极争取国家和省投资支持。争取到位上级投资25.63亿元，取得历史最好成绩，特别是第四季度新增中央1000亿元投资项目。经过多方努力，国家已下达南阳市中央投资计划11.8979亿元（含7亿南水北调资金），占全省争取上级投资的23.51%，居全省第一位，较好地完成市政府确定的争取资金比例达到⅙的目标。

【工业经济运行调节】　坚持工业经济运行月分析制度，对经济运行中出现的带有苗头性的问题，突出抓好监测预测和协调化解。做好煤电油运和资金等生产要素的供应保障工作，为企业生产经营创造良好的外部环境。加强对两属企业的服务和协调，帮助企业解决项目实施和改制中出现的问题，促进两属企业的快速发展。召开银企洽谈会和专题协调会，有效缓解企业资金紧张等问题。会同供电部门，科学拟订供电方案，确保全市迎峰度夏和奥运期间等重要时段和重点环节的电力供应。针对9月份以来经济运行中出现的新情况、新问题，围绕加强项目建设、缓解资金制约、加强企业战略协作“三个关键点”，狠抓工作推进和政策落实，对遏制经济增速过快下滑发挥重要作用。加强对两属企业的服务和协调，帮助企业解决项目实施和改制中出现的问题，为企业创造良好发展环境。

【工业结构调整】　市发改委围绕工业强市战略，着力培育12个骨干企业或企业群体。制定今后五年的发展思路及目标，建立重点产业项目建设协调推进联席办公会议制度，组建14个产业项目建设协调推进办公室，每个产业办公室都由一名市级领导挂帅，一名发改委处级干部任副主任、一名科长为联络员，具体负责产业的发展规划和项目建设的协调工作，有力地推动骨干企业或企业群体的发展。积极推动企业战略重组，中联水泥南阳分公司收购淅川水泥、邓州花洲和南阳恒新水泥公司；市政府与中国兵器工业集团公司签订战略合作协议，在南阳打造金刚石超硬材料、专用汽车、汽车零部件、石油工程机械四大产业基地；市政府与首钢控股、首钢控股（香港）公司签署战略合作协议，结成战略联盟，致力于以Lcos技术为代表的MD光电显示产业、太阳能光伏产业、矿产资源开发等方面开展合作。集中运用土地、资金、环境容量等政府可掌控的要素资源，向重点企业、重点项目倾斜，实施110个重大工业结构调整项目，全年完成投资84.22亿元。二胶厂年产1600万平方米CTP数码印刷版材生产线及配套工程、新野纺织环保高档仿真服装面料、西峡鑫龙公司年产10万吨彩涂宽钢带（板）深加工、南阳娃哈哈公司果蔬饮料等55个项目建成投产或部分投产。二机石油装备集团大型数字化钻机开发、龙成集团年产400万吨宽厚钢板、西峡汽车水泵公司“双千万”工程、内乡仙鹤纸业有限公司5.1万吨制浆等57个项目进展顺利。推进创新能力建设，组织新能源产业高层论坛、光电显示产业发展高层论坛，请国内新能源、光电领域的院士和专家对南阳高技术产业发展把脉问诊、出谋划策。南阳防爆国家技术中心创新能力建设专项已获得国家评审通过，南阳防爆新型高效节能电机关键技术等3个自主创新项目获得省评审通过。中南金刚石公司、二机石油装备（集团）公司技术中心被授予国家级企业技术中心，二胶厂、金光数显、西峡通宇、安棚碱矿等4个企业获得省级企业技术中心认定。至2008年，全市国家级企业技术中心达到4个，省级企业技术中心达到25个。

【农业结构调整】 争取国家支持，实施一批大型灌区节水改造、中小型水库除险加固、优质粮产业工程、长江淮河防护林建设、水土保持工程等农业基础设施项目，促进粮食稳定增产。突出发展南阳肉牛、生猪、奶业三大优势产业，支持建设132个生猪标准化规模养殖场（小区）、1个生猪扩繁场和1个奶牛标准化小区，促进全市畜牧业发展。

【文化旅游建设】 旅游基础设施建设力度加大，宝天曼隧道等12个伏牛山生态旅游交通项目进展顺利。镇平县彭雪枫将军路、宝天曼隧道引线公路等相继建成通车。南阳汉画馆跻身国家一级博物馆。南阳独山玉国家矿山公园揭牌开园，南阳独山玉国家矿山公园博物馆开馆。南阳被省授予文化产业发展先进市。内乡县被中国楹联学会命名为“中国楹联文化县”，成为全省唯一的中国楹联文化县，镇平县被列为全省首批8个文化改革发展试验区之一。现代物流、金融保险、商贸流通、中介服务、房地产等呈现加快发展的良好势头，服务业对经济社会发展的贡献逐步增大。

【城市基础设施建设及城镇化进程】 围绕做大做强中心城市，推进城镇统筹协调发展，全市城镇化进程明显加快，全年全市城镇化率达到35%。南阳中心城区基础设施建设进一步加强。完成仲景北路、张衡东路、建设路、文化路、工农路、新华东路、七一路、车站北路等8条道路改建、扩建、大修工程；独山大道南延工程开工，50条背街小巷改造和配套路灯安装完成；光武东路、光武西路、滨河路污水管网改造工程完成各项准备工作；梅溪河、温凉河等内河治理项目初设已经完成；市污水处理厂二期、仲景大桥已开工建设，南阳中心城区跨白河三座大桥已与中建总签订协议（BT模式）。旧城改造迈出新步伐，城中村改造试点扎实推进。县城建设力度不断加大，各县（市）根据河道穿城、绕城的特点，投资投劳，大做水文章，出现令人瞩目的滨河现象。一批城镇供水、供电、交通通迅等公共服务设施基本配套；城镇绿化、亮化、美化成效明显；游园、公园、广场等居民活动场地建设配套积极跟进；市、县污水处理厂、垃圾处理厂都已建成并投入运行，城市环境状况明显改善。

【节能减排】 市发改委与各县（市、区）签订年度节能减排目标责任书，出台《关于实行节能减排目标问责制和“一票否决”制的规定》。开展百家重点能耗企业节能行动，将年耗能3000吨标准煤以上的用能单位纳入市级重点监管，与各个重点耗能企业签订“十一五”节能目标。主要行业和产品单位能耗显著下降，预计全年累计实现节能量30万吨标准煤。实施中联水泥余热发电等10大节能工程项目；完成内乡牧原、赊店酒业公司等水污染治理工程、鸭河电厂3#机组、南阳热电厂脱硫工程等，完善一批县级污水处理厂管网配套设施。在总结推广天冠集团国家循环经济试点单位工作经验的基础上，经过争取，第六四五六工厂被确定为14个国家汽车发动机再制造试点单位之一。桐柏安棚化工城（园区）、内乡牧原养殖公司2个单位被确定为省第二批循环经济试点单位。

【经济体制改革】 28个市属工业企业改制大头落地，其中11个企业已签订产权转让合同，实施破产的17个企业，6个破产终结，9个企业破产程序性工作已经完成，柴油机厂、康远厂政策性破产工作正在推进。普康制药、衡消制药已实现有偿转让。市百货站、肉联厂、纺织站等商贸流通企业股份制改革基本完成，实现国有资产的退出。集体林权制度改革、水利管理体制改革稳步推进。成功举办第六届玉雕节暨首届宝玉石博览会、第三届豫商大会和第七届张仲景医药科技文化节，组织参加中博会、豫洽会、厦洽会等一系列招商活动，合同引进市外资金307亿元，新批外商投资企业25个，实际利用外资1.18亿美元，首次突破亿美元大关。6月25日至29日，在北京中国军事博物馆举办“南水北调中线工程渠首、水源地河南南阳生态文明建设图片展”，参观的各界人士达5万多人。中共中央政治局常委李长春、原中央军委副主席曹刚川专程参观南阳生态文明建设图片展，对南阳在京举办如此高规格、大规模的图片展表示祝贺，对南阳人民为南水北调中线工程所作的贡献给予充分肯定和高度评价。

【和谐社会建设】 全市累计发放“两免一补”资金5亿元，免除城市义务教育阶段学生学杂费。新建、续建、改扩建市中心城区中小学校12所，新增校舍6万多平方米、学位3810个。20所农村初中校舍改造项目投资计划已下达。南阳职教中心等一批职业教育项目和方城县中医院等一批县级医疗机构项目已开工建设。完成1034个20户以上自然村广电村村通工程。新发展农村沼气11万户，解决24.8人的安全饮水，完成农村公路1903公里，累计完成农村电网改造盲点村500个，解决9万户的用电问题。强力推进社会保险、医疗保险工作。全市参加城镇职工基本医疗保险65.3万人，城镇居民医疗保险60.3万人，新型农村合作医疗867万人，参合率为95.5%。企业离退休人员养老保险金、失业人员失业保险金按时足额发放率和社会化发放率均为100%。全市累计发放就业小额贷款1.1亿元，新增城镇就业11.5万人，下岗失业人员再就业3.76万人，“零就业家庭”实现动态归零。经济适用房完成施工面积52万平方米，廉租住房实际保障1.5万户，中低收入家庭居住条件继续得到改善。对四川江油市雁门镇、石元乡地震灾区恢复重建的对口支援工作进展迅速。第一批援建协议项目9个，援建资金1450万元。

【全市经济社会发展重大调查研究】 开展一系列事关南阳经济社会长远发展的重大专题研究。编制《河南省粮食生产核心区南阳主产区建设规划纲要》，在深入分析全市粮食生产现状、基础条件、增产潜力的基础上，提出到2020年粮食产量由100亿提高到138亿斤的主要建设任务和保障措施。国务院15个部门组成的联合调研组来南阳调研。编制“南阳12个骨干企业或企业群体发展规划”，提出2008年～2012年12个骨干企业或企业群体的发展目标和支撑项目，理清全市工业经济发展的思路。编制“南阳新能源国家高技术产业基地发展规划”，分析南阳建设新能源高技术产业基地发展基础与优势，提出集聚形成生物能源、多晶硅光伏、新能源装备三大产业链的发展目标和发展思路。上报国家发改委后，通过国家组织的专家评审，被国家发改委批准建设南阳新能源国家高技术产业基地，2008年2月25日在北京钓鱼台国宾馆正式授牌。编制“南阳市生物产业基地发展规划”，提出在3～5年内，把南阳生物产业园发展成为全国最大的燃料乙醇、化学原料药、现代中药等产业化生产基地，到2020年发展成为全国乃至世界一流的生物产业基地的发展思路，呈报省发改委后，通过省组织的专家评审，被省发改委批准建设河南省生物产业高技术基地。编制“521”企业上市规划，在全市范围内选择50个成长潜力较大的企业进入上市数据库，对其中20个企业进行重点培育，力争2009年～2012年有10个企业材料上报中国证监会并成功上市。开展产业集聚区发展研究，会同有关部门，提出加快产业集聚区向中心城市、县城和重大产业带集中布局，推动城市、产业和生态融合发展，培育一批规模优势突出、功能定位明晰、集聚效应明显、辐射带动有力的产业集聚区，使之成为先进产业集中区、改革创新示范区和现代化城市功能区的思路，编制上报18个产业集聚区规划，经过努力争取，有13个被省政府认定为省级产业集聚区。开展“十一五”规划中期评估，围绕“十一五”规划纲要提出的发展目标、战略任务、政策措施，形成评估报告，客观评价“十一五”以来取得的成效，分析存在的问题及原因，并提出进一步推动规划实施的对策建议，形成评估报告，经市政府审查后，提交市三届人大常委会第三十四次会议审议通过。开展“大调研、大信息、大宣传”活动。全年共完成专题调研报告13篇，其中7篇被市级以上采用，《南阳市在中原崛起中的支撑作用研究》被市政府评为2008年度决策研究成果一等奖。配合国家、省有关部门做好《丹江口库区经济社会发展规划》编制的相关工作。（黄晨阳）

国有资产管理

市国资委党委书记、常务副主任　张树华

【市国有资产监督管理委员会成立】　2004年8月，设立南阳市人民政府国有资产监督管理委员会（简称国资委），为市政府直属正处级特设机构。国资委机关行政编制67名，其中，部门领导职数2正3副，纪委书记1名。设办公室、综合法规科、政治部、人事科、统计评价科、业绩考核科、企业分配科、产权管理科、规划发展科、企业改革办公室、资产重组科、监事会工作科、企业领导人员管理科、安全生产监督管理科、信访科、计划生育办公室、纪检委（监察室）。市政府授权市国资委代表国家履行出资人职责，监管范围是市属企业的国有资产。

【国企改革】　2008年，继续推进国有企业改革，完善企业经营机制，增强企业活力。（一）着重推进“五个一批”。一是规范完善一批。重点是对上年度完成改制、实现产权转让的木兰花家纺公司等企业，完善改制及产权转让相关手续，促其真正实现体制、机制创新，焕发改制活力。二是权权转让一批。重点是对普康集团、德信公司、新普公司等企业，引进投资者，实施产权变革。完成普康药业和衡消制药公司两家药厂产权转让合同的签订和外商并购项目的审批、核准、注册工作。西施兰化工厂的股权转让协议已签订。德信公司的产权转让通过公开竞价，实现国有资产的溢价转让。三是破产终结一批。重点是上年度启动破产尚未终结的9个企业，其中神龙、石化、齿轮等6个企业完成资产处置和分配。启动柴油机厂和康远总厂两个政策性破产企业的破产工作，这两个企业已按程序完成任务，其破产重组工作正进行。四是职工安置一批。通过努力，对12个改制、破产企业发放职工安置费，其中普康药业、石化、神龙、齿轮、仪表等企业职工安置费已发放到位；衡消、宏大、模具等企业职工安置费用费正在发放。五是挂帐核销一批。主要是解决改制、破产企业欠缴社会保险费。对大河洞矿等18个企业欠缴养老、失业保险费做实个人帐户记录工作已启动，其中衡流通公司、宏大厂等企业已经完成。职工欠缴社会保险费的核销、职工安置费用的发放到位。（二）解决“五个遗留”。一是政策遗留问题。市国资委会同有关部门解决困难企业欠缴养老保险费个人帐户问题，退休职工待遇差问题，企业停产期间的生活费问题，临时工、农民工、集资工等问题，这些问题都有相应的处理办法，既符合相关政策，又符合改制的实际情况。改革方面政策性问题已基本解决到位。二是债权债务遗留问题。国资委会同有关中介机构，澄清南纺集团的应收款问题，金冠集团的债务清理和以物抵债的纠纷问题，衡淯公司的资产不实问题，兰博公司与威克达的债务纠纷等。三是职工安置遗留问题。全年的重点工作是职工安置遗留问题，通过对养老、失业保险的核销挂帐，土地资产的挂牌出让等途径，加之市财政资金资助，筹措部分安置费用。市政府组织审计、财政、劳动、国资委等部门对职工安置费用情况进行复核认定，市国资委按照复核结果，结合职工安置费用到位情况，组织企业进行发放。既解决职工生活困难，也推进企业改革进程，保证社会大局稳定。四是历史遗留问题。市管28个企业都是计划经济时期的产物，历史遗留问题比较多，既有职工的劳动关系问题，也有抵押担保等债务纠纷问题。着重解决油泵油嘴厂的土地权属问题，安装公司的抵押问题，大河铜矿的土地纠纷问题，万方变压器与天力公司的股权纠纷问题，南纺集团的工伤遗留问题和医疗期间职工的医疗问题及1997年以前农民工的社保问题。这些问题的解决，维护了职工的合法权益，推进企业职工安置工作的顺利进行。五是已改制企业的遗留问题。重点解决防爆集团内退职工生活费标准问题，宛运集团公司等企业分离企业办学校过程中退休教师遗留问题，市丝织厂除名职工的社保问题，维护社会稳定。

【国资监管】　全年加强国有资产的监督管理，确保国有资产保值增值不流失。一是加强对企业的财务监管。通过公开选聘中介机构，对21个企业进行年度财务审计，及时汇总企业年度财务报表和财务情况说明。根据企业年度财务决算统计显示，2007年企业资产总额146.6亿元，增长19.1%；所有者权益19.7亿元，减少9.8%，二是完成国有资产统计汇总工作。对全市370个国有及国有控股企业开展国有资产统计，资产总额296.8亿元，增长12.8%，负债241.1亿元，增长15.0%所有者权益55.7亿元，增长4.1%。三是加强对企业资产监管。对控股企业，积极探索现代企业制度下经营业绩考核办法，结合企业年薪下达经营指标，通过考核，调动经营者的积极性。充分发挥派驻企业监事的作用，加强对企业内部管理监督，确保实现国有资产保值增值。对改制企业，进一步完善三级复审、复核制度，先后对天冠啤酒公司、新普电机公司、邓州正兴公司、微特电机公司等企业进行清产核资、财务审计工作，为改制顺利推进奠定基础。四是加强监管企业劳动用工的调查摸底和年薪的审核批复。按照省、市的统一安排，先后对防爆集团、天工集团、柴油机厂等18个企业的劳动用工情况进行调查，组织开展《劳动合同法》的宣传贯例。对天冠集团企业负责人年薪进行测算，根据近年的经营情况，在严格把关的基础上进行批复兑现。

【资本运营】　全年共补办产权登记企业2个，增加国有资本482万元；评估备案企业国有资产2个，评估值1.059亿元，增值23%；全年共有4个企业通过产权交易机构依法进行产权转让，成立总额达到4088.8万元。市产权交易中心全年共在媒体发布产权转让公告13次，办理产权交易企业20个，交易总额3.13亿元，改制企业进场交易达到100%。编制国有资本经营预算，对3个企业启动国有资本收益收缴工作。

【企业领导班子建设】　重点是加强企业家队伍建设，努力培养造就一批具有现代经营管理理论、能够带动企业快速发展壮大的企业家。2008年，按照市委组织部的统一安排，依托市工业干部培训中心举办七期企业干部轮训班，先后派出6名教师到宛运集团、国家粮食储备库、天工集团等企业讲课，参加培训人员达1026人次。为适应国企改革形势需要，按照干部管理权限，先后对普康、衡淯、德信等6个企业的领导班子进行考核，调整任免企业领导人员20名。对南阳国家粮食储备库、长风机械厂、南阳防爆集团3个改制企业新党委进行审批，对新普电机公司、东佳机械厂、天泰水泥公司3个企业的24名新增党委成员进行考核任命。企业党委和行政班子的整体素质提高，结构优化，活力增强。

【企业廉政建设】　按照党风廉政建设责任制的要求和全市预防职务犯罪工作会议部署，制订印发《2008年预防职务犯罪目标管理方案》及《预防职务犯罪工作制度》，建立系统内治理工作体系。全系统共设置机构35个，配备人员117人。全年市国资委纪委共收到市监察局交转案件4件，市廉自办交办的案件1件，纠风办转交案件3件。对此，市国资委纪委及时组成工作组进行调查，并对当事人进行处理，在一定程度上挽回企业的经济损失。

【安全生产】　全年进行四次安全生产检查，重点是节假日的安全生产、汛期的防汛工作。9月上旬，对市中心城区重大安全隐患单位南阳市旺氯碱化工有限公司进行关闭，削除城区一重大危险源。全年没有出现重特大安全事故，完成防雷防静电目标。并对防雷装置监测，监测率达100%，合格达80%以上，不合格整改率达到100%；落实高层建筑、弱电设备和易燃易爆场所的防雷装置。对新、改、扩建设的建（构）筑物计算机房和易燃易爆场所的防雷工程图纸设计审核率达100%，防雷工程竣工验收率达100%。

【扶贫慰困】　一是帮扶新野县上港乡岗北村。开展村庄环境整治，为该村提供150吨水泥，完成5个村组之间1000余米道路的硬化。修建一个蓝球场，安装体育健身器材，丰富农民文化活动。为村小学送慰问金20000余元，村里300余名劳动力进入县工业园区务工，占全村劳动力的70%以上，每户年收入比上年增加3000多元。二是争取市解困资金81.9万元，对30个困难企业的11605名特困职工进行求助。从党费中拿出6.42万元，对困难党员进行帮扶。在支持四川抗震救灾活动中，委机关二级单位共交纳特殊党费5.38万元。（徐沙）

统　　计

市统计局局长　王书延

【统计工作概况】　2008年，统计局确立“重点工作谋划到位，规章制度健全到位，基础建设推进到位，责任压力传递到位，职工热情激发到位”的总体工作思路，锐意进取，扎实工作，圆满完成各项统计调查任务，数据质量把握控制能力和服务科学发展能力不断提高，统计的职能作用得到更好发挥。组织开展“统计业务技能”、“统计分析研究”、“计算机技能”等五项竞赛活动，对785名基层统计工作人员进行从业资格培训，80余名县（市、区）业务骨干参加省、市统计业务知识培训，统计人员能力素质得到加强。精神文明建设成效显著，连续14年保持省级文明单位、连续6年保持“全市文明单位建设先进系统”荣誉称号。荣获第二次全国农业普查国家级先进单位、投入产出调查国家级先进单位。市政府目标管理先进单位、市政府调研工作先进单位、全市政务信息先进单位。

【统计调查与普查】　统计部门严格按照国家和省统计制度方法要求，切实加强组织协调和督促检查。一是完成年报、定报工作和各项调查任务。全面完成年报、定报和国民经济核算，加强对农业、工业、投资、贸易、居民收入、劳动工资等各专业统计数据质量的审核和评估，全市形成GDP核算评估与专业评估联动机制，主要统计数据客观、真实地反映全市经济社会发展水平、结构和动态变化。二是第二次全国经济普查顺利推进。组建普查机构和工作队伍，制定普查方案，组织普查试点和大规模人员培训，举办“经济普查暨统计知识电视大赛”，组织单位清查及数据处理，较好地完成普查表填报工作，有关数据一次性通过省级验收。三是完成能源统计监测，有效推动节能减排工作。市编委批复统计局成立能源统计监测科，增加行政编制5人，各县（市、区）也相应成立能源统计机构，完成13个县（市、区）能源调查统计人员的业务培训工作；初步建立能源统计指标体系、监测体系和考核体系；完善大中小型三类用能企业综合能源消费统计调查制度；实现对节能减排指标的定期监测，满足部分县（市、区）万元GDP能耗等指标考核和公布节能降耗完成情况的需要。四是服务业统计工作得到进一步加强。按照加快全省服务业发展的指导思想，抽调业务骨干充实服务业调查队伍，组建服务业统计调查机构，制定《南阳市服务业统计调查数据质量控制办法》和《南阳市服务业统计调查数据审核要点》，认真组织实施服务业统计调查工作。五是部门统计建设扎实推进。市政府办下发《关于进一步加强和规范部门统计工作的通知》，明确部门统计的职责、管理渠道、组织领导、信息化建设等具体工作，加强部门统计调查项目的审批、备案，从源头上规范部门统计行为。建立部门统计数据报告制度，加强对部门统计工作的有效指导，全面理顺部门资料上报渠道，为国民经济核算工作提供详实依据。六是投入产出调查和第二次农业普查工作取得阶段性成果。抓好投入产出调查数据填报和审核等各环节工作，完成投入产出调查任务。及时发布第二次农业普查普查公报，开展普查资料的归档、汇编和分析研究，高质量研究成果得到社会各界的高度评价。

【统计服务】 针对国际国内急剧变化的复杂经济形势，及时提出在特殊时期认真履行统计职能的要求，组织各专业准确把握数据质量，加强全市经济运行和社会发展情况监测，及时为市委、市政府应对快速变化的经济形势提供决策建议。一是强化经济运行监测。围绕国际金融危机冲击、保持经济平稳较快发展，以及市委、市政府及社会关注的重大问题广泛开展调研；牵头启动市直部门、重点企业共同参与的全市经济形势分析例会制度；多次举办企业、专业、县（市、区）不同层次的经济形势分析会、座谈会，为准确判断形势，服务领导决策奠定坚实基础。在年内市委、市政府召开的各次经济运行分析会、座谈会上，都提供全面、客观、及时，观点鲜明的经济形势分析材料，主要观点被市委、市政府主要领导采纳，并成为判断经济形势的主要依据。二是积极开展机动灵活的典型调查、监测预警。围绕全市热点、难点问题，先后开展金融危机对工业企业影响、小麦生产成本、农用油供求及价格情况、农村劳动力返乡情况等一系列专项调查，逐月开展工业企业、投资项目定点监测调查，为党委和政府提供快、新、准的预警信息。三是及时整理提供数据资料。编印出版《2008年南阳统计年鉴》、《2008年南阳统计提要》，每月向党委和政府提供统计快报、统计月报、要情信息等多种形式的信息服务。编辑出版由黄兴维书记、朱广平市长题词，宣传部长姚进忠作序的《改革开放30年——巨变》一书，受到普遍好评。四是积极开展统计科研。全年承担省、市科研、调研课题6项，获市级以上奖励12项。五是认真为全市重大活动提供高效统计服务。组织实施各种经济社会的考核评价工作，完成目标管理考核、县（市、区）领导班子换届评价考核等任务。多次派出业务骨干参与市委、市政府重要会议材料起草工作，参与全市大学生村官选拔工作的方案设计和面试计分、干部公开选拔面试程序研制和计分工作。

【统计制度方法改革】 建立服务重点企业统计监测制度、成品油批发和零售统计制度，完善文化产业、全社会GDP能耗等多项统计制度，加大报送频率。制定交通运输能源消费抽样调查方案。开展非公有制企业（单位）人才资源调查工作。及时启动统计监测快速反映机制，逐月开展工业、投资定点监测调查。行政区划代码库和城乡划分代码库的维护继续进行，建立乡级城乡划分地图查询系统，完成对全市统计调查单位名录库的动态维护和更新。

【统计法制建设】 开展统计“五五”普法宣传、统计执法培训等活动，不断加大对统计违法行为的查处力度，努力净化统计环境。全年共对7个专业的535个基层统计调查单位进行统计执法检查，发现有77个单位存在有不同程度的统计违法行为，先后立案查处统计违法行为46起，结案46起。并按照省局统一部署，在全市开展统计从业资格专项大检查，共检查基层单位717个，对聘用未持证上岗人员的188个单位下发《责令整改通知书》。

【统计信息化建设】 一是进行统计信息网络全面升级改造。在全省18个省辖市中率先使网络主干速度达到千兆，桌面速度达到百兆，大大提高工作效率。二是加强网络安全管理。加大对内、外网系统的安全监测和维护，确保网络安全、高效运行。三是完善统计视频会议系统，最大限度的简化办会方式，降低办公经费。四是改善基层办公条件。积极创造条件为乡（镇）配套微机，推进乡（镇）、企业的联网直报工作。目前236个乡镇街道办事处均已具备直报基本条件，大中型工业企业网上直报率达100%，有效提高基层统计数据的采集效率和准确性。

【统计规范化建设】 一是规范统计流程。进一步完善原始记录和统计台帐，将规范化工作纳入制度化、经常化轨道。二是专业规范化建设。不断加强对市局各专业规范化建设的督促检查，按照成熟一个、申请一个、验收一个的原则，在五个专业一次通过省局验收的基础上，又有四个专业向省局提出验收申请。县（市、区）及部门、企业规范化建设试点已经确定，各项工作正有序推进。（杨光 马彦彬）

国情市情调查

国家统计局南阳调查队队长 潘书林

【国情市情调查概况】 2007年1月，国家统计局南阳调查队成立，是国家统计局派出的正处级单位，既是政府统计调查机构，也是统计执法机构，依法独立行使统计调查、统计监督的职权，独立向国家统计局河南调查总队上报调查结果，并对上报的调查资料的真实性负责。同时，承担地方政府委托的各项调查任务。内设六科一室，分别为：办公室、综合和法规制度科、农业调查科、住户和价格调查科、工业和监测调查科、商业投资和服务业调查科。编制24名。

【调查工作】 2008年，南阳调查队按照国家统计局和河南调查总队的统一部署，承担常规监测调查和相关专项调查任务，全年完成“南阳20个企业集团监测调查”、“20个企业集团节能减排调查”、“企业景气和采购经理调查”、“规模以下工业、个体工业调查”、“规模以下工业能源消耗调查”、“样本服务业调查”、“贫困监测调查”等国家、省按各种报表制度下达的调查任务，调查工作得到总队及各专业处的肯定，特别是部分专业的做法及经验多次被总队网站采纳和推广；同时，在县市区局、队的配合支持下，南阳调查队完成国务院委托安排的“主要畜禽监测调查”、中央组织部委托安排的“组织工作满意度调查”、中央和河南省纪委安排的“党风廉政建设满意度调查”和“国有企业党风廉政建设调查”、国家环保部安排的“公众对城市环境满意度调查”、国家邮政局安排的“邮政普遍服务满意度调查”、省政府安排的“粮食购销企业情况调查”和“农户存粮情况调查”等专项调查任务。南阳调查队组织专门人员，成立2个调研课题组，历时8个月完成2008年河南总队的两篇专项中标课题《现代畜牧业生产的规模与效益问题研究》、《物价上涨对城市居民生活的影响研究》，荣获河南调查总队优秀调研分析文章一等奖和二等奖。

【调查服务】 全队共撰写调查分析资料273篇，政务信息及工作动态134篇条，队网发布信息949篇条，国家级网站采用121篇条，省级网站采用338篇条；省政府采用10篇以上，国家统计局采用4篇，其中《煤电紧张、沼气断气》一文受到副省长的批示。国家统计局内部信息网也分别于10月31日、11月3日、11月5日发布南阳调查队编写的《南阳农民工转移过程中存在的问题及对策》、《南阳副市长要求密切关注畜禽监测调查》和《南阳农民对十七届三中全会精神落实有"七盼"》等3篇文章。

【进度经济形势监测与分析】 按照专业调查频率，组织撰写进度经济形势分析资料，提高进度分析水平和质量，及时为市委政府提供经济运行动态趋势变化资料。其中《企业集团上半年经济运营简析》、《企业集团经营运行分析》、《对企业生产经营情况的调研报告》、《2008年上半年企业宏观景气指数综合景气指数受挫下跌》、《南阳市国家粮食购销企业现状简析》和《南阳农民工转移过程中存在的问题及对策》、《2008年上半年企业集团经济运行研讨资料汇编》分别呈送领导后，受到市四大家领导的广泛好评，同时也得到总队领导和监测处的充分肯定，并在全省会议上作经验介绍。（赵春风）

审计监督

市审计局局长　程建华

【审计监督概况】 2008年全市审计机关共完成审计单位691个，查出违规金额114263万元，应上缴财政9234万元，已上缴财政9212万元，应归还原渠道资金7731万元，已归还原渠道资金7656万元，向各级党委、政府和上级审计机关提交宏观报告和信息421篇，被批转采用230篇。其中市局计划审计单位115个，实际完成195个，查出违规金额88990万元，应上缴财政5798万元，已上缴财政5730万元，应归还原渠道资金16122万元，已归还原渠道资金638万元，减少财政拨款9340.93万元，向有关部门移交案件线索2件，公告审计结果4篇，向市委、市政府和上级审计机关提交宏观报告和信息158篇，被批转采用30篇。全市审计机关全部进入省级文明单位行列，连续18年保持文明系统荣誉，市审计局第二次申报全国文明单位获得成功。

【本级预算执行情况审计】 全年完成财政预决算审计126个单位，查出违规金额84396万元，上缴财政8624万元，归还原渠道资金6269万元，调账处理金额54977万元，进一步规范财政资金管理。依法分别向市政府、市人大提交的2007年度市本级财政预算执行和其他财政收支情况的审计结果报告、审计工作报告。

【重点建设项目审计】 全市审计机关组织完成2007年救灾资金和大中型水库移民后期扶持专项资金及汶川地震捐赠资金物资审计和审计调查等318个单位，查出违规金额29867万元，上缴财政588万元，归还原渠道资金1387万元，调账处理金额1662万元。一是开展农村公路"村村通"工程项目审计。对审计中发现的问题，引起交通部门和有关县（市、区）政府的重视，认真加以整改。特别是方城危桥问题，交通局会同方城县政府要进一步核实，迅速整改，责任追究处理到位。二是开展全市大中型水库移民后期扶持专项资金审计。召开办公会议听取汇报，研究提出整改意见和措施，并形成办公会议纪要（宛政纪〔2008〕31号）印发各有关单位，要求认真抓好落实。三是开展市白河大桥改造项目审计。审减造价1298.93万元，审减率16.25%，为政府节约大量财政资金。四是组织完成市政府临时安排的13个破产改制企业职工安置补偿费审核，审减费用8042万元。五是组织审计人员配合市纪委、市纠风办完成土地执法和涉教收费情况检查，对有关单位存在的问题依法进行处理。

【经济责任审计】 坚持“积极稳妥、量力而行、提高质量、防范风险”的原则，继续巩固提高县级以下党政领导干部和国有及国有控股企业领导人员的经济责任审计，继续全面推进县处级党政领导干部的经济责任审计，积极推动部门单位经济责任审计，强化对领导干部的经常性监督。全市审计机关完成领导干部经济责任审计247名，其中县处级22名、乡科级225名，查出违规金额4574万元，管理不规范金额1577万元。对公、检、法“三长”、工会主席和市直单位行政正职及县（市、区）党政正职进行审计。对审计过程中审出的一些问题，要求由市公、检、法主要领导分别对被审计人进行谈话，指出存在的问题，力戒以后再出现类似问题。

【审计法制建设】 在积极开展“五五”普法教育的同时，组织审计人员认真实施《审计机关审计项目质量控制办法》，严格落实审计质量过错责任追究制，坚持实行审计组长、业务科长、法制机构、总师、分管局长五级复核，积极推进“四规范”（审计程序规范、进点讲话规范、审计承诺规范、审计方案规范）、“四公开”（公开审计内容、公开审计方法、公开审计结果、公开监督电话）、“一持证”（持证上岗）、“一挂牌”（挂牌审计）措施，扎实推进“五个一”活动，即实施一个效益审计项目、公告一个审计项目、打造一个审计精品项目、提出一项审计建议、提交一件案件线索，促使审计工作做到依法审计，规范审计，公正审计，廉洁审计，文明审计，审计执法水平和服务质量不断提高。

【机关效能建设】 按照市委、市政府关于在全市开展“效能建设年”和“两转两提”活动的要求，结合审计工作实际，组织制定《南阳市审计局首问责任制实施细则》、《南阳市审计局审计限时办结制度》、《南阳市审计局效能过错责任追究暂行办法》、《南阳市审计局行政首长问责制实施办法》和《南阳市审计局审计服务承诺》，使效能建设更加有章可循。建立市审计局门户网站，对审计权力、审计程序、审计纪律、审计承诺、审计结果和人员晋职晋级、工资调整、考勤情况、卫生评比、目标管理考评、年度财务计划、机关基本建设、基础设施购置及改造、大宗物资采购等情况进行公开，以公开促效能。

【审计宣传和理论研究】 审计宣传信息工作继续巩固提高，市局提供的稿件被《中国审计报》采用7篇、《南阳日报》采用15篇；组织编发《南阳审计信息》60期，被市委、市政府和省审计厅采用27篇。撰写的《创新中国特色国家审计研究》被省审计厅评为一等奖，撰写的《政府审计与国家经济安全研究》被省审计厅评为二等奖，市局被省审计厅评为“审计科研工作优秀组织奖”。审计志编纂工作顺利完成，市局被评为南阳市“史志工作先进集体”。

【驻村帮扶工作】 市局在邓州市孟楼镇西竹村新农村建设帮扶活动中，先后投入18万元，建成村敬老院；投入1.8万元，购买1575册图书，建成示范型图书室；投入3万元，完成村部文化大院内部设施建设；邓州市四大家领导、市直单位领导和100多名乡（镇）、村领导4月份在西竹村召开新农村建设现场会。被中共南阳市委评为“先进驻村工作队”。（刘彦忠）

工商行政管理

市工商行政管理局局长　杜耀先

【工商行政概况】 2008年，市工商局认真贯彻“立足工商抓工商、跳出工商抓工商”工作新理念，突出重点抓落实，开拓创新谋发展，做到监管与发展、服务、维权、执法和创建文明单位相统一，服务南阳经济社会又好又快发展取得显著成绩。全年累计登记内资企业23386个、外商投资企业1030个、个体工商户105562户、私营企业12484个，其中新审批内资企业1194个、外资企业10个、个体工商户19225个、私营企业1618个；进行市场清理整顿，立案查处违法广告案230起、商标侵权案162起、各类农资案939起、成品油案148起，收缴违法违规印刷品30余万份，查扣涉嫌伪劣化肥229吨、种子6769公斤、农药5462公斤，召回涉案奶粉65274.7公斤，取缔“黑网吧”53个，打掉传销窝点88个；受理消费者投诉举报8867起，维护消费者合法权益。市局继续保持省级文明单位称号，被市委、市政府评为“目标管理优秀单位”、“政风行风建设优秀单位”、“行政审批服务工作先进单位”、“安全生产先进单位”、“全市党委系统信息工作先进单位”、“政府信息公开工作先进单位”、“全市政务信息工作先进单位”。

【清理和规范系统内社会团体收费】 为贯彻落实民政部、发改委、国务院纠风办等六部门《关于规范社会团体收费行为有关问题的通知》精神，从根本上制止和杜绝工商系统所属社会团体乱收费行为，省工商局于2008年3月5日制定下发《全省工商系统清理和规范社会团体收费工作实施方案》，要求全省工商系统所有社会团体一律停止向社会收取会费及各种费用。按照省局统一部署，市工商局迅速对所属的市消费者协会、市个体私营经济协会、市商标协会、市广告协会、市企业信用协会等5个社团组织2007年度的会员费收支情况进行全面审计，要求全市工商系统所属各级社团组织，自2008年3月起，一律停止收取会费和各种费用，并动员全系统51名公务员全部辞去在协会所兼职务，清退所有临时聘用人员，对510名自愿退会人员办理退会手续。

【停止征收“两费”】 8月21日，财政部、国家发改委、国家工商总局联合下发《关于停止征收个体工商户管理费和集贸市场管理费有关问题的通知》，自2008年9月1日起在全国统一停止征收个体工商户管理费和集贸市场管理费。市工商局严格执行国务院停收“两费”政策，迅速通过新闻媒体、网络、公示栏等多种方式，向社会通告停止征收“两费”的有关规定。同时设立举报电话、投诉箱等，自觉接受社会各界和广大群众的监督，全市没有出现一起继续收取或变相收取“两费”行为。个体工商户管理费是依据1987年国务院发布的《城乡个体工商户管理暂行条例》的规定，向个体工商户征收的。集贸市场管理费是依据1983年国务院发布的《城乡集贸市场管理办法》的规定，向进入集贸市场进行商品交易的单位和个人征收的。1998年工商行政管理系统实施“收支两条线”管理后，“两费”收入成为财政非税收入的重要组成部分，作为财政性资金，全部纳入财政预算管理。

【实施“兴企强市”和“兴农富民”两大工程】 认真总结推广上年实施两大工程工作经验的基础上，进一步加强领导、完善措施、创新机制，通过加压力、增动力、聚合力、激活力，激发全市工商系统服务发展大局的热情高涨，“两大工程”取得明显实效。一是政策扶企惠农。把服务各类市场主体发展和支持企业改制作为工作重点，在名称核准、出资、涉及许可项目等方面提供指导和帮助，营造宽松发展环境。全市新审批设立内资企业 1194 个、外资企业 50 个，帮助完成企业改制 12 个，新登记私营企业 1618 个，个体工商户 19225 个。围绕支持“三农”工作，大力发展农民专业合作社。采取宣传倡导、政策引导、登记指导等措施，使全市农民专业合作社实现快速发展，由上年的 10 个猛增到全年的 298 个，成员由 87 人增加到 3408 人。新发展农村经纪人 951 人，经纪人总数达 8726 人，为搞活农产品和农业生产资料“两个流通”发挥积极作用。二是商标强企富农。帮助企业和涉农经济组织申请注册商标，申报驰名著名商标，全年全市新申请注册商标 167 件（其中涉农商标 70 件），新认定中国驰名商标 1 件，省著名商标 16 件。至 2008 年底，全市拥有驰名商标 3 件，著名商标 66 件，均居全省前列。三是合同兴企活农。围绕支持企业拓宽融资渠道，积极办理动产抵押登记，帮助企业融资 9.8 亿元。开展合同帮扶，大力推广订单农业，全年全市工商系统共鉴证、备案涉农订单合同 26 万余份，金额 12.3 亿元。四是维权护企保农。先后与省内外 20 余个企业开展联合打假行动，为企业挽回经济损失 1070 万元；开展“红盾护农”保春播、保三夏、保秋冬种等农资市场专项整治行动，共查处各类农资案件 939 起、成品油案件 81 起，取缔无照农资经营 278 个、无照加油站 35 个，查扣涉嫌假劣化肥 229 吨、种子 6769 公斤、农药 5462 公斤、农机具及配件 91 台（件），为农民挽回经济损失 267 万余元。

【食品安全监督管理】 （一）开展食品安全专项整治。组织开展“元旦、春节食品专项整治”、“奥运食品安全专项整治”、“校园周边食品专项整治行动”、“流通环节奶制品市场专项整治”等 10 余次专项执法行动，较好维护食品市场正常经营秩序。特别是含三聚氰胺奶制品事件曝光后，市工商局系统迅速行动，集中执法力量对全市 10640 个食品经营户、308 个商场超市、7 个食品批发市场、217 个集贸市场、8730 个奶制品经营户进行拉网过筛式反复排查清理，共召回、下架涉案奶粉 65274.7 公斤，工商部门就地封存 5728.2 公斤，监督销毁工商部门查扣和经销商主动召回的各类不合格乳品 260 余吨，及时消除安全隐患。（二）创建“食品放心示范店”。全市工商系统在巩固“2007 年食品放心示范店”的基础上，按照创建“百千万食品放心示范店工程”要求和标准，在地域上不断向乡村和社区等基层食品经营商户延伸，加强宣传，引导有条件的食品经营企业和商户按照要求规范经营行为，完善硬件设施，积极参与创建活动。年底，全市共创建“食品放心示范店”787 个。（三）推行食品监管新模式。为探索和建立食品安全监管长效机制，市工商局在全系统推行食品行业自律溯源监管新模式，以各级食品行业协会为单位实行“食品经营户索证索票‘一票通’”。即：食品批发商在销售食品时，辖区食品行业协会代表所有食品零售商，集中向批发商索证索票并存档备案，所有食品批发商和零售商统一使用由食品行业协会印制的销货清单，不再重复填写批发商销货台帐和零售商进货台帐。在此基础上，市工商局与南阳网通公司合作，着手研发食品安全信息电子备案查询系统。依托信息化建设，拟将食品经营单位的基本信息、索证索票信息以及与食品相关的其他信息整理汇总、上网公布，以供执法者和消费者查询。工商部门可依靠该系统全面掌握各食品经营单位所经营食品的相关信息，及时锁定问题食品，实施快捷有效地监管。

【市场监督管理】 （一）加强粮食市场监管。按照《国务院关于进一步深化粮食流通体制改革的意见》和《粮食流通管理条例》的规定，严格执行粮食收购市场准入制度，加强监管执法，打击无证经营、掺杂使假等违章违法行为。（二）打击各种棉花违法违规经营行为。对未经资质认证，擅自从事棉花加工的企业和个人坚决予以取缔；对存在掺杂使假，以次充好的棉花加工企业责令其停业整顿，逾期不改，取消其棉花加工资格，吊销营业执照。（三）强化成品油市场监管。全年共检查成品油经营企业、加油站（点）552个，取缔无证无照经营15个，查处各类成品油案件148件，案值64.71万元。三夏期间，市工商局抽调人员成立14个督察组对全市成品油市场进行专项清理，确保全市夏收不停机。（四）开展各类专项检查。开展化学药品企业监管、限塑、清理整顿人力资源市场秩序及“三电”专项整治工作。参与市政府组织的安全生产、国土资源整治、节能减排、环境保护和城区交通秩序集中整治等多项执法检查。尤其在城区交通秩序集中整治工作中，市局从城区三个分局抽调80余名精兵强将，成立三个联合执法大队和一个机动分队，科学划分执法区域，扎实开展“溯源行动”，严厉查处违规违章行为，取得明显工作实效。

【公平交易执法】 全年共办理各类案件18626起，罚没金额1901.18万元，罚没款万元以上案件326起。一是整治虚假违法广告。以关系人民群众身心健康的药品、保健食品、化妆品、医疗、美容服务等广告作为重点，对广告发布实施动态监管、监测，加大违法广告查处力度。共监测媒体发布各类虚假广告17500条，给予行政告诫、责令整改470条、下发责令停止发布通知书310条，收缴违法违规印刷品30余万份，立案查处违法广告案件230起。二是加大商标行政保护力度。先后开展五粮液、青岛啤酒、啄木鸟等驰名、著名商标保护专项行动，严厉打击各种“傍名牌”行为；加大奥林匹克标志保护力度，严查各类侵犯奥林匹克标志专用权行为，北京奥组委法律事务部先后3次来函向市局表示感谢。共立案查处商标侵权案件162起，没收、销毁侵权商标包装6万余套（件）。三是强力整治文化娱乐场所。积极开展校园周边环境整治、依法清理非法出版物的同时，把查处取缔文化娱乐场所无照经营作为工作重点，多次召开会议进行专题部署，在7～9月开展查处取缔“黑网吧”专项行动的基础上，又于11月5～20日开展为期15天的集中整治行动，共查处取缔文化市场无照经营165个，其中“黑网吧”53个，电子游戏厅49个，歌舞娱乐场所63个。对查处的53个“黑网吧”，采取立案查处、查扣设备、提交法院强制执行、要求通信部门切断接入信号等有力措施，全部予以关停，实现标本兼治。四是建立打击传销和规范直销的长效机制。进一步完善各级政府对打击传销工作实行“一票否决”的目标考核体系，开展创建“无传销社区（村）”活动。对非法传销坚持露头就打，严防死灰复燃。在传销活动相对集中的中心城区集中开展3次大规模专项整治行动，打掉传销窝点88个，驱散、劝返传销人员1610人次。同时，通过送法进企业、发放宣传资料、在媒体开设法律讲堂等形式，引导直销企业自觉规范直销行为，取得明显效果，全市打击传销和规范直销的长效机制已初步建立。

【内资企业登记管理】 （一）做好企业登记服务。进一步完善服务措施，改进服务方式，推行咨询服务、延时服务、上门服务、即时服务、规范服务等五项服务。特别对重点企业指定专人负责，帮助企业办实事、解难事，积极支持企业的发展。全年累计登记内资企业23386个，其中国有企业5333个，集体企业11276个，股份合作企业907个，公司5378个，其他492户。一是严把市场主体准入关。对涉及产能过剩、污染环境、化工生产经营单位、废品收购站点以及食品生产经营等企业加强登记事项的审查和监督。对已设立的上述类型的企业，及时按照国家实现节能降耗、污染减排、安全生产等目标要求，依法及时做好变更登记、注销登记和吊销营业执照等工作。二是支持国有集体企业改制。建立与改制企业的定点联系制度，实行联络员制度，为企业改制及时提供政策咨询，上门服务，并开辟改制企业绿色通道，认真落实改制企业的有关名称、出资、涉及许可项目、登记收费等的优惠政策。改制企业登记做到程序合法、材料齐全，没有出现违法登记行为。（二）做好企业年检工作。继续改进年检方式、简化年检程序、简化年检材料，进一步强化年检服务，对市政府确定的重点企业、大型企业、集团企业、分支机构较多的企业实行上门年检、预约年检。全年内资企业年检率为75%，并对未参加年检的企业给予相应处罚。（三）做好企业信用分类监管工作。进一步加强企业信用建设，以信用分类监管软件为依托，以信用分类监管为手段，进一步提高监管效能。至年底，全系统23386个企业已全部按照A、B、C、D四种类型实行信用等级分类监管。

【外资企业登记管理】 2008年市局借鉴沿海地区工商机关的做法，在办理变更企业名称、住所、证照换发等简易登记事项时，试行“审核合一制”，即由一名核准员独立完成受理、审查和核准登记，进一步保障当场登记的实施，提高办事效率。全年办理变更登记的265个企业均在当天领取营业执照。同时，进一步规范外资企业登记行为，严格按照《外商投资产业目录》的规定，规范企业经营范围，不擅自增加或删减前置许可项目。外商投资公司的办事机构不再纳入工商登记后，市工商局及时对原有的4个办事机构进行规范登记，除1个期限届满办理注销登记外，另外3个均办理分公司的登记注册。对长期不出资、连续两年不参加年检又不说明原因的40个企业进行公告催检、立案调查、处罚告知听证等程序后依法做出吊销营业执照的处罚决定。至年底，全市累计登记各类外商投资企业1030个，其中法人企业234个，分支机构796个，投资总额126786.65万美元，注册资本70718.56万美元，外方认缴44544.91万美元。是年新登记外商投资企业10个，其中独资企业4个、合资企业5个、合作企业1个，投资总额、注册资本、外方认缴额分别为13955.58万美元、9756.10万美元、4463.37万美元。

【个体私营经济登记管理】 立足工商职能，鼓励支持和引导个体私营等非公有制经济发展。支持下岗职工、大中专毕业生、刑满释放劳教人员、复转退军人创业就业，促进企业和个体私营经济的健康发展。全市共登记个体工商户105562个，从业人员241908人，注册资金195186万元；私营企业12484个，投资人数28978人，注册资金1447453万元；登记农民专业合作社298个，成员总数3408人，出资总额40563.42万元；帮扶下岗失业再就业5631人，为其减免登记和管理费用共计146.24万余元。

【消费维权】 市工商系统和各级消费者协会，紧紧围绕中消协确定的“消费与责任”年主题，开展消费维权活动。一是进一步强化消费宣传与引导。发挥各级媒体作用，开辟消费专栏，普及消费知识，发布消费警示，引导消费者树立成熟消费、节约消费观念。二是进一步加强12315消费者申诉举报网络建设。积极推进12315进商场、进市场、进社区、进乡村、进景点“五进”活动，12315联络站（点）除进社区进乡村履盖率为97%外，其他均达到100%，形成以市局12315中心为龙头、各县（市、区）12315中心和工商所为主干、各联络站为支脉上下互动、内通外联的全方位、多形式的消费维权网络。全年共受理消费者投诉举报8867起，为消费者挽回经济损失160余万元。（陈向北　邓玉顺）

物价管理

市物价局局长　常秀梅

【物价工作概况】　2008年，全市物价管理部门充分发挥价格杆杠作用，加强价格管理，整顿市场价格秩序，保障和改善民生，为全市经济和社会发展做出积极贡献。市物价局相继被评为省级文明单位、机关效能建设优秀单位、优化经济发展环境和效能监察优秀单位，全市物价系统被市文明办命名为文明系统，多项工作受到市委、市政府的表彰。

【物价指数】　全市全年居民消费价格总水平比上年上涨6.5%。其中，食品类价格上涨17.7%，商品零售价格总水平上涨6.4%。农业生产资料价格总水平上涨10.0%。

【价格管理】　认真落实党中央、国务院发展生产、保障供应、稳定市场等措施，用足用活价格政策，积极疏导和化解价格矛盾，为全市经济平稳较快发展创造良好的价格环境。一是健全价格监测、预警和应急机制。对部分与居民生活关系密切的重要商品及服务实行临时价格干预措施，成立市临时价格干预措施实施工作领导小组，全力保持市市场价格总水平的基本稳定。经市政府同意，在南阳市场销售量较大，市场占有率较高，对市场影响较大的7个批发商、大中型超市和连锁商店纳入调价备案范围。对成品粮、食用植物油、猪肉、牛羊肉及其制品、鸡蛋、牛奶、液化石油气实行提价申报和调价备案制度。同时，召集部分食品生产经营和出租车、公路客运企业贯彻落实临时价格干预措施政策提醒会，在报纸上刊登市物价部门主要领导《就我市实行临时价格干预措施答记者问》和《关于促请生产经营者加强价格自律保持市场物价基本稳定的提醒告诫书》，要求相关企业在价格波动特殊时期，兼顾国家、企业和群众利益，自觉承担社会责任和义务。二是严格控制调价项目出台。严格执行上级从严控制政府管理的商品和服务价格的政策，全市的供电、供气、供水、供暖、公共交通等公用事业价格，以及游览参观点门票价格，各级各类学校的学费、住宿费收费标准均从严控制，没有提高或暂缓提高。三是加强房地产价格物业收费服务管理。做好经济适用住房价格核定工作，建立由市物价局、建委等7部门参加的经济适用住房价格复核制度，确保全市经济适用住房价格科学、合理、透明。组织专门人员对全市涉及住房建设的相关费用及基金进行全面认真清理，取消收费项目5项，降低收费标准18项，整顿、取缔不合理收费项目15项。有关项目和标准取消或降低后，全市每年可减轻房地产开发企业和群众购房费用负担1.8亿元左右。同时加强物业收费管理，推广分类制定物业收费标准办法，使业主交费与享有的服务相对等。四是加强药品和医疗服务价格管理。落实药品降价措施，配合市卫生管理部门积极推进按病种收费试点工作。五是开展涉农价格和收费清理整顿工作。市、县两级物价、财政部门会同农民负担监督管理等部门对现行涉农价格和收费政策等文件进行一次全面清理整顿。

【价格监督检查】　按照国家和省统一安排，市价格监督检查机构认真开展价格监督检查，先后对教育、电力、经济适用住房、电信、药品和医疗服务等行业进行专项检查，查处价格违法案件35起，查出违价金额774万元，收缴违法金额300余万元。一是开展教育收费专项检查。对全市重点高中、大中专院校的教育收费政策执行情况进行检查。二是开展县级电力价格专项检查。抽调骨干力量组成6个检查小组，直接检查镇平、淅川、邓州、南召、内乡、社旗、油田、市供电公司等8个电力企业，同时，对其他5个县（市、区）电力价格检查进行督导。三是开展经济适用房价格政策检查。以望岳小区为重点，对2006年以来的经济适用房价格政策执行情况进行调查和检查。四是开展电信邮政资费专项检查。对2007年1月以来违反国家法律法规和政策规定的违法收费行为，价格欺诈行为，违反明码标价规定、不按规定提供服务而收取费用以及以保证金或抵押金等形式变相收费等价格违法行作为重点进行检查。五是开展全市药品和医疗服务价格重点检查。对市内各大医院政府降价药品、招标采购药品价格执行情况，以及一次性医用卫生材料、医疗器械、医用设备检查治疗价格与收费政策执行情况进行检查。六是开展惠农价格专项检查。从年初开始全市开展惠农价格、收费政策落实情况以及化肥为主的农资价格专项检查，查处各类价格违法案件25起，违法金额340余万元，已处理22起，经济制裁82万元。七是开展农用柴油专项检查行动。特别在“三夏”期间，按照市政府安排，会同公安、工商、商贸等部门组成联合执法组，对全市13个县（市、区）的所有城乡加油站、农资市场进行拉网式检查。共查处油品经营者哄抬物价、囤积居奇、串通涨价、价格欺诈等不正当价格行为40余起，罚款70余万元。八是做好各项价格举报工作。全年市价格举报中心共受理各类举报、咨询895件，其中咨询463件，立案查处432件，退还群众2.075万元，罚款2.537万元，使每起举报案件件件有着落，事事有回音，受到群众好评。

【价格服务和诚信】 进一步加强价格服务工作，坚持在服务中发挥作用，在服务中提升地位，在服务中传播诚信，在服务中奉献社会。一是开展价格诚信体系建设活动，优化南阳经济社会发展环境。落实市委、市政府“建设诚信南阳、创造优良环境”活动要求，4月份以价格诚信活动仪式启动全市价格诚信体系建设步伐，以制定规程、强化宣传和向诚信企业授牌等多种措施，引导经营者诚信经商，合法取利，遵守商业道德和社会公德，自觉为打造诚信南阳做贡献。二是发挥价格职能作用，为企业和广大人民群众提供优质服务。通过召开价格信息发布会和定期不定期地在新闻媒体、物价网站发布价格政策、商品价格信息，引导企业生产经营和农民群众种植养殖结构调整，为群众生产和生活提供帮助。三是继续向企业派驻价格顾问。全年价格顾问共深入企业90余次，着重为企业提供价格政策、法律法规和生产经营信息服务，为企业解疑释惑，并帮助企业抵制乱收费，维护企业的合法权益。四是继续做好广播电台“行风热线”工作。市局参加9期“行风热线”活动。对“行风热线”反映的具体问题，能现场解答解决的，现场解答解决；现场不能解答解决的，将相关问题带回来及时研究解决，并将处理结果按时、按要求向群众反馈，受到电台“行风热线”栏目组的好评。五是加强行政审批服务大厅工作。积极与市行政审批服务中心搞好协调、配合，出台《市行政服务中心物价局窗口实行双休日正常办理请办事项制度管理暂行办法》，抽调2人于双休日到服务大厅值班，实现双休日正常办理请办事项。按照市行政服务大厅的要求，对部分行政审批的承诺时间进行再压缩，保证行政审批服务中心物价窗口为广大群众提供优质高效的服务。六是认真办理完成政府交办的人大建议和政协提案6件，受到大代表和政协委员的好评。

【价格调节基金】 落实《南阳市价格调节基金管理办法》，进一步加强价格调节基金征收力度，全年市本级共征收价格调节基金560万元。同时，报经市政府同意，两次动用价格调节基金共计135万元，分别用于低收入群体、困难企业职工生活补贴和春节市场食糖、牛羊肉等副食品的储备供应，运用价格调节基金平抑市场物价，救济低收入群体，有效地缓解物价上涨给低收入群体带来的生活和思想压力，体现党和政府对群众的关心。

【价格认证】 积极开展涉案物品价格鉴定、交通事故车物定损工作。全年共办理价格鉴证32起，标的额93万余元，车物定损215宗，标的额217.8万元。

【价格信息监测】 一是根据《价格监测规定》，完成对"重要消费品和服务价格"、"重要能源价格"等项监测报告制度，对200多个品种（规格）组织监测分析和落实工作。二是严把监测数据质量关，对重要商品及服务价格实行日监测制度。全年共上点采价389次，文字汇总上报283次，采集整理出版居民生活消费品价格专版51期，通过报纸和有线电视台及时发布。三是加强分析预测，密切关注市场价格动态。对每月和重大节日期间主要食品价格及钢材、石油液化气、成品油等重要商品价格变动情况做好成本测算与动态分析，为上级实施宏观决策提供翔实的第一手资料。

【价格成本】 完成市2所学校7个企业11个品种（规格）的定期监审上报工作，对主要农产品、副食品、农业生产资料3大类62种商品价格进行监测分析。对市动物园、内乡县七星潭滑道、桐柏革命纪念馆、新野县中医院、南阳郑燃集团、赵湾水库、内乡制药厂、信达、东洁等5个物业服务公司、两家经济适用住房、市热力生产经营成本、城区老年人残疾人车牌成本等27个成本项目进行审核，核减不合理费用4074.88万元，为政府调定价（审价）提供科学依据。

【价格宣传】 2008年是《中华人民共和国价格法》实施10周年。组织《价格法》知识竞赛、报纸专题专版宣传、电视台屏幕滚动宣传和公交、出租车流动宣传等多种形式的宣传活动，宣传《中华人民共和国价格法》实施10年来全市价格部门取得的巨大成绩，宣传物价的职能，彰显物价部门的地位、作用和物价队伍的新形象。（张振强　刘云）

国土资源管理

市国土资源局局长　包建铎

【国土资源管理概况】 2008年，全市国土资源管理部门全面贯彻落实国土资源管理基本国策，围绕中心，服务大局，在耕地保护，节约集约用地，盘活存量土地，规范和整顿土地、矿产资源市场秩序，增加国土资源资产收益等方面取得新成效。耕地保护力度不断加大，连续10年实现全市耕地总量动态平衡；全市土地出让金收入8.355亿元，两权价款和矿产资源补偿费收入3500万元，创历史最好水平；继续深化"三项整治"工作，国家、省、市共投入土地整理专项资金5亿元，改造中低产田8313.33公顷，全市建设占用耕地1540公顷，补充耕地2373.33公顷；开展土地市场秩序和矿业秩序治理整顿，国土资源管理步入规范化、法制化轨道。市国土资源局荣获2008年度南阳市目标管理工作优秀单位称号。

【耕地保护】 市政府把耕地保护纳入县（市、区）政府综合目标考评体系，并从责任主体、保护目标、奖惩措施等方面明确具体的考核办法，市、县、乡、村层层签订责任目标，各级政府和社会各界保护耕地的责任和意识进一步强化。市政府下发《加强耕地后备资源开发利用工作的意见》，制定《南阳市土地开发整理项目资金管理办法》，规范专项资金使用和管理，保证耕地占补平衡制度的落实。全市纳入省、市级占补平衡项目125个，规划新增耕地3886.67公顷。加大基本农田保护示范区建设力度，示范区建设在基础工作规范化、保护责任社会化方面进行积极探索，邓州市“国土综合整治工程”试点工作已经启动，社旗、新野两个省级基本农田保护示范区建设工作逐步规范。国家、省、市全年共投入土地整理专项资金5亿元，改造中低产田8313.33公顷，全市建设占用耕地1540公顷，补充耕地2373.33公顷，连续10年实现“占补平衡”。

【国土资源市场建设】 市中心城区总计供应国有建设用地37宗，面积79.45公顷，上缴土地出让价款7265.54万元，土地净收益突破4000万元。其中：划拨供地14宗，面积50.07公顷；协议出让21宗，面积28.41公顷，上缴土地出让价款6757.63万元；招拍挂出让2宗，面积0.97公顷，上缴土地出让价款507.91万元。市场配置资源的力度不断加大，全市土地出让金收入8.355亿元，矿产资源两权价款和矿产资源补偿费收入3500万元，创历史最好水平。

【建设用地管理】 全市共上报建设用地123个批次，421个项目，报批土地总面积1618.45公顷，创历史新高，保证焦柳铁路洛阳至张家界段电气化改造工程、桐柏安棚碱矿三期项目建设用地、沼气利用子项目LNG气化掺混站项目、南阳市污水处理厂二期工程、安棚铁路货运场及专用线项目、河南天益(鸭河)电厂输变工程500KV白河变扩建项目、河南红宇机械厂、南阳金光数显公司等项目用地。

【地籍管理】 第二次土地调查工作进展顺利，在全省首家实行由市财政对县财政资金补贴，缓解县级调查经费不足的压力；在全省首家组织全市统一航飞、率先制定招投标管理办法。全年全市招投标工作全部完成，调查经费到位80%，外业调查面积达2.65万平方公里。新一轮城镇土地级别与基础地价更新成果顺利通过省厅验收。各县（市、区）地籍规范化建设全部达标，综合评定均在80分以上。

【矿业秩序治理整顿】 开展全市矿产资源整顿“回头看”活动。全市共排查矿山企业371个，查处无证勘查开采51起，查处超层越界、以采代探、非法转让矿业权等违法行为5起，炸毁非法采矿坑口（井口）121处，下发整改指令51份，提请暂扣安全生产许可证2个，对严重污染环境、未按要求进行环境影响评价且拒不停产、停而不整和整改后仍达不到要求的5个矿山进行强制性关闭，对6起情节严重的违法案件移送法院。积极推进资源整合，矿山企业下降为371个，矿山企业小、散、乱的局面得到很大改善，矿山开发布局逐步趋于合理。

【矿产资源勘查及储量】 执行探矿权审批市级会审制度。全年收到省厅受理探矿权新设50个，延续项目52个，变更1个，转让17个，共计120个。做好全市矿产资源利用现状调查前期准备工作。对全市30种矿产开发利用现状调查工作进行布置，完成176个矿山企业储量核实备案情况调查，对十几个2004年以前备案的矿山已要求重新进行储量核实。全市矿产资源利用现状调查区域划分审查获得初步通过。加大勘查违法行为查处力度。对43个年检不合格的项目进行调查，根据调查的不同情况进行分别处理，对未及时提交年检资料的项目进行催交；对其中12个连续两年不合格的项目，分别征询县局意见，并向省厅建议吊销其勘查许可证。配合国家级督察员对唐河周庵铜镍矿、桐柏天然碱矿进行督察。全年完成矿山储量动态检测矿山290个，其中，检测部、省发证矿山69个，检测市、县发证矿山221个，完成率达100%。全市储量动态检测工作取得在全省各项指标考核中排名第二的好成绩。

【地质灾害防治】 市局提请市政府下发《南阳市2008年度地质灾害防治方案》在全市施行。市局同各县（市、区）国土资源局签订《地质灾害防治管理目标责任书》。市局及各县（市、区）按要求建立汛期值班制度，设立专门的值班电话，安排专人24小时值班。组织对重要地质灾害隐患点、特别是各类地质灾害危险区进行排查、巡查。通过巡查，发现并掌握全市中型以上地质灾害隐患点43处。汛期坚持地质灾害灾情速报制度和月报制度。不断加强地质灾害群测群防网络建设，已基本形成县、乡、村、组、个人五级联动的地质灾害防治工作格局。全年全市发放“防灾工作明白卡”和“防灾避险明白卡”1385张，涉及西峡、淅川、镇平、内乡、南召、方城等县1093户、5232人、5320间房屋，基本上覆盖全市主要的地质灾害隐患点。全年全市降雨量较往年偏少，全年因降雨而引发的地质灾害仅发生1起，无一人因地质灾害伤亡。

【地质环境保护】 编制《南阳市矿山环境保护与治理规划》，对59个建设用地备案项目进行地质灾害危险性评估。争取市财政资金155万元用于10个地质灾害隐患点的治理，将西峡等3个地质灾害隐患点纳入省厅治理计划。14个国家和省级矿山环境恢复治理项目全面实施。

【地质公园建设】 南阳伏牛山世界地质公园与嵩山世界地质公园缔结为姊妹公园。河南唯一矿山公园——南阳独山矿山公园4月16日成功揭碑。该公园位于南阳城区东北3公里处的卧龙区七里园乡境内，它是全国首批，河南惟一的国家矿山公园，是南阳伏牛山世界地质公园的重要组成部分。

【测绘管理】 加强测绘资质管理，实现由“重资质、重审批”向“重资质、重监管”的转变，建立动态管理和退出机制，南阳市D级GPS控制网建设全面启动，“数字城镇”建设工作取得突破。

【土地利用规划管理】 严格执行土地利用年度计划，防止土地浪费和租放利用。省厅分解下达新增建设用地计划指标357公顷，其中农用地指标276公顷，农用地中耕地指标195公顷；砖瓦窑整治奖励南阳市土地利用计划指标为：新增建设用地105公顷，其中农用地89公顷，农用地中耕地63公顷。两项合计新增建设用地指标462公顷，其中农用地指标365公顷，农用地中耕地指标258公顷。全年全市上报审批用地中新增建设用地项目68批次，新增建设用地926.42公顷，其中农用地896.41公顷，农用地中耕地754.27公顷。超出指标部分，使用省厅追加下达计划指标。上报审批单独选址项目7个，总面积68.4公顷。所使用的土地利用计划指标由省厅统一匹配，全年无超计划批地现象发生。强化项目用地保障。全年省政府已批建设用地590.91公顷，已供414.86公顷，供地率达到70.2%。

【节约集约用地】 （一）盘活存量建设用地。全市共盘活存量建设用地96宗294.13公顷亩，其中盘活闲置土地13宗7.3公顷，空闲土地16宗92.34公顷，低效利用土地53宗101.3公顷，批而未供土地14宗33.16公顷。全年新建标准厂房占地16.79公顷，建筑面积9.38万平方米。通过实施“三项整治”，共新增耕地770公顷。（二）强力推进粘土砖瓦窑厂拆除复垦工作。全年总计关闭拆除粘土砖瓦窑789座（含拆除违法新建及死灰复燃粘土砖瓦窑厂92座），复垦土地1694.6公顷。（三）加大中心城区土地储备力度。储备土地9宗，73.33公顷。（四）构建节约集约用地机制。下发《南阳市人民政府关于节约集约用地严格集体建设用地管理的意见》。明确土地利用总体规划与其他规划的关系及发改、规划、建设和金融等部门在节约集约用地管理中的职责；对存量土地提出依法处置、盘活利用的具体意见，限制土地投机行为，强化对建设项目的约束和监管。

【国土资源执法监察】 一是不断加大国土资源执法监察力度。全年动态巡查共立案土地违法138件，结案130件，拆除建筑面积6292平方米，收回土地4.37公顷，刑事移送3人，刑事处罚3人。查处矿产违法案件12件，结案12件。二是做好卫星图片执法和集体土地违法用地清查工作。卫片执法共排查违法用地129宗，自行纠正14宗，立案102件。清查集体土地违法占地325宗，面积229.45公顷。拆除建筑物面积495万平方米，涉嫌犯罪移送12人。

【窗口办文与政务公开】 出台《南阳市国土资源管理工作规则》和《南阳市国土资源管理运行程序》，明确行政审批工作职能、业务程序和办事规则，建立以制度约束工作人员，以制度约束行政行为的工作机制。在《南阳日报》公开行政审批事项及文明执法、阳光行政等9项承诺，对每项业务的项目名称、审批依据、办理程序、申报材料、承诺时限和收费标准实行“六公开”。窗口办文施行首问负责制、一次性告知制、封闭运行制、主协办科室责任制、定期会审制、传件签收制等10项工作制度，做到一个窗口对外，一站式办公。同时，强化窗口便民服务意识，施行请办事项双休日正常办理制度。全年窗口受理业务779件，接受咨询服务1490人次，收费99.75万元。窗口办文工作被市政府行政服务中心评为“红旗窗口”，窗口工作岗位被评为党员模范服务岗。加强行风建设，组织多次由房地产商、用地单位、行风监督员等各界人士参加的行风建设工作座谈会，面向社会发放1000多份《征求意见函》，诚集社会各个方面对国土资源管理工作的意见和建议。(王继宏　宋伟)

质量技术监督

市质量技术监督局局长　傅新立

【质量技术监督概况】　2008年，市局按照省局党组“服务、发展、和谐、建设”八字要求，结合南阳质监系统事业发展实际，确定2008年为全系统“科学发展年”。全市质监工作面对十分复杂多变的严峻形势，领导班子统一思想，埋头苦干、务实拼搏，完成省局下达的各项目标任务。在全省技术比武活动中，荣获1个集体一等奖和3个个人三等奖。在全省系统第二届职工运动会上再次荣获4个单项奖和优秀组织奖；内乡局为全市发动机项目维权挽回直接损失1000万元，再获政府集体三等功；市局和桐柏县局行政审批窗口又双获“全省优质服务窗口”，淅川、新野、唐河、镇平、方城、高新区分局等基层单位都先后受到当地党委政府公开表扬。市局荣获全省系统目标管理优秀单位，精神文明建设优秀单位和食品安全监管工作先进集体。

【基础设施建设】　全系统新增基建面积8200平方米，总投资1020万元。其中，邓州市局投资520万元建筑面积4200平方米的办公与检测大楼、西峡县局投资250万元建筑面积2700平方米办公与检测楼、南召县局投资230万元建筑面积1300平方米的办公楼扩建工程均已顺利完工并完成整体搬迁，彻底改善基层局办公及技术机构发展条件。全年累计用于技术机构建设资金达877万元，新上项目15个，新增检测设备473台(套)，10个县级检测中心技术装备总值都已超过50万元。执法装备累计投入174万元，新增执法装备28台(套)，信息化装备累计投入136万元，实现省、市、县三级视频会议室联网运行。

【质量管理】　名牌战略工作再创佳绩。全年争创中国名牌1个，省名牌5个，省优质产品9个；1466个建立起完善的质量档案，QC小组荣获2个国优8个省优，创历史之最。

【质量监督】　全市产品质量省以上抽检合格率达92.26%，较上年同期增加2.06个百分点。

【标准化工作】　标准化战略有力推进。2个国家级8个省级农业标准化项目通过验收。丹江坐禅谷景区再获全省服务标准化示范景区，西峡猕猴桃喜获地理标志产品保护。服务烟叶生产工作被市政府评为先进集体。

【计量管理】　计量工作有效拓展。全市计量器具监管强检率达到95%，以“民生计量”为重点的计量监督不断扩展和深化，1508台加油机检定率100%，持续开展的

"计量惠民实践活动"惠及1470多名群众。

【食品安全】 食品安全监管水平显著提高。全市303个食品生产企业100%取得市场准入资格，232个食品加工小作坊已全部分类纳入监管，食品安全正式纳入各级政府目标体系。全力应对三鹿奶粉事件，全市共抽检产品383批次，没有发现问题奶制品，对11个乳制品企业实施24小时驻厂监管。

【特种设备安全监察】 特种设备安全监察扎实有效，有力支持抗震救灾和保奥运安全工作。法制建设取得新成就，"五五"普法荣获市委市政府表彰。

【队伍建设】 一是干部选拔使用全面引入竞争和民主考核机制，全年调整提拔科级干部33人，两级班子的年龄学历层次进一步优化，正确的用人导向有效激发了全体人员干事创业的积极性。二是在职学历教育发展迅猛，全系统累计127人在读，全市大专以上学历人员比例813人，达79.4%；三是队伍综合素质明显提高。

【服务地方经济发展】 市局服务地方经济发展的做法先后两次受到市委书记黄兴维亲自批示转发；邓州局作为该市两家之一的部门代表在全市经济发展大会上典型发言，服务经济做法被省电视台在《河南新闻联播》播报；全市行政审批工作顺利推进，成效突出，市局连续五年受到市政府表彰。（刘元礼）

食品药品安全监管

【食品安全综合监管】 制定下发《2008年南阳市食品放心工程实施方案》，以市安委会的名义与各县（市、区）及市安委会有关单位签订食品安全责任书，把食品安全监管工作重点细化、量化，逐一分解到责任单位，建立工作台帐，对目标任务完成情况进行动态监控。对生猪产品、畜产品、蔬菜、水果、禽类、中心城区粮食等实施市场准入制度。制定出台南阳市重大食品安全事故应急预案及操作手册，建立应急工作专个库。各县（市）均出台应急预案及应急操作手册。在创建食品安全示范省活动中，唐河、西峡顺利通过省级食品安全示范县的考核和验收。通过狠抓综合协调与监控目标落实，食品放心工程取得明显成效，食品安全综合监管工作居于全省先进位次。

【食品安全宣传教育】 制定《南阳市食品安全宣传活动实施方案》，利用大众传媒、教育培训、网络传播、社区宣传等各种手段，提高群众的食品安全意识。加强食品安全信息平台建设，开展食品安全知识进农村、进校园、进社区活动，开展"3.15"打假维权宣传一条街活动，协助引导大学生暑期食品药品安全宣传队深入乡村开展宣传活动。积极参与第二届全国食品安全知识竞赛，再次荣获国家局颁发的"第二届食品安全知识竞赛优秀组织奖"。

【食品安全专项整治】 开展元旦、春节、奥运期间、高考、中考、抗震救灾等食品安全专项整治，查处食品案件185起，取缔无证生产经营71个，捣毁制假窝点27个，查处各类不合格食品2.8万公斤。对各县（市、区）开展抽验评估，共抽6大类食品780批次，合格率为88.1%。针对存在问题的品种，开展专项整治，全年没有发生一起重大食品安全事故。三鹿婴幼儿配方奶粉事件发生后，迅速启动重大食品安全事故应急预案，切实搞好筛查、救治和问题奶粉退市、退货。对全市7个液体乳制品生产企业，11个含乳饮料生产企业进行全面的抽样检查，检查乳制品经营主体71492户次，召回、下架问题奶粉、液态奶共计77585公斤，问题奶制品全部妥善处置，维护社会稳定。10月7日全省进一步加强食品安全工作电视电话会议后，市委、市政府迅速成立南阳市食品安全工作领导小组，制定下发有关整治文件，组织在全市范围内开展为期3个月的食品安全大整顿大督查活动，并成立6个督查组，分包县（市、区）明查暗访，督促整改，确保成效。大整顿期间，开展集中督查2次，全市4.4万个企业进行自查，共检查各类企业2万多个，查处食品案件430件，查处不合格食品9.7万公斤，罚款270万元，捣毁制假窝点12个，取缔无证经营单位82个，责令整改1177个。

【药品监管】 全市药品生产企业在线生产品种共173个，全部落实以品种为单元的药品GMP管理工作，全年无发生药品生产质量责任事故，生产环节质量监管工作位居全省先进行列。加强对药品生产企业的日常监督检查，覆盖率达100%。对13个认证企业进行跟踪检查，对发现的问题督导企业整改到位。对医疗机构制剂室人员进行培训，并强化对辖区14个医疗机构制剂室的日常监管，全年监督检查覆盖率达100%。对7个特药生产经营企业进行28次日常监督检查和6次专项检查，监督检查覆盖率达100%，全年辖区内未发生任何特药安全事故。加强药品不良反应监测网络建设和人员培训工作，ADR监测网络覆盖率和报告质量进一步提高，全年共监测上报药品不良反应病例报告3021例，达到每百万人口300份的要求。

【药品流通环节专项整治】 制定下发《南阳市药品流通秩序专项治理整顿工作实施方案》及有关配套文件和制度。10月市、县局统一抽调执法人员，采取集中时间、集中人员、异地执法的办法，对11个县（市、区）的药品批发、零售企业及医疗单位进行推磨式突击检查，查办一批案件，有力地打击违法违规行为，促进专项整治工作的开展。全市专项整治共检查经营使用单位6231个，查出各类违法违规案件1722起，责令9个药品批发企业整改，对5个药品批发企业核减经营范围，责令85个药品零售企业整改，收回药品零售企业GSP证书1个，核减经营范围2个，取缔无证经营10个，取缔挂靠经营20个。继续整治零售连锁企业，剥离不能达到100%统一配送的连锁门店35个，解散连锁企业2个，合并与批发企业为同一法定代表人的连锁企业178个。市局安装使用药品违法广告电子监测系统，提高监测能力，全年监测违法药品广告108起，已全部及时移送工商行政部门处理。

【农村药品“两网”和医疗机构药房规范化建设】 在社旗、南召两个示范县推行“电子监管”，实施对相对人营销活动的全程动态监管，同时选择基础较好的西峡、邓州纳入扩大示范县范围。全市225个乡（镇）均有药品供应网点，药品供应网络乡级覆盖面达100%，村级达90%。全市225个乡（镇）建立协管站，设置884名协管员，3533个村设置信息员，覆盖率达100%。市局与卫生部门联合制定下发《南阳市医疗机构药房规范化建设实施方案》，并制定县、乡、村三级药房规范化建设标准，通过典型示范、加强培训、完善制度、严格验收，积极推行医疗机构药房规范化建设。全市100%县级医疗机构和70%的乡级医疗机构药房规范化建设工作基本达到省局的要求。

【医疗器械监管】 对全市13个医疗器械生产企业、128个经营企业和61个县级以上医院及其它医疗机构进行监督检查，医疗器械生产经营企业检查覆盖率达100%，对检查中发现的违法案件及时移交稽查机构进行查处，取缔1个无证义齿生产加工企业和3个无证经营企业，对其中1个无证经营单位实施行政处罚。完成针对性抽样145批、专项抽样10批，在省局组织的评价性抽验中，全省平均不合格率是2.9%，南阳市为1.02%，居全省第三。推行生产企业质量责任承诺制度，明确企业第一责任人的责任，与13个医疗器械生产企业签订质量承诺书。全年监测医疗器械违法广告5起，均已移送工商行政部门处理。加强对一类医疗器械产品注册、重新注册的审批管理，新注册1个产品，重新注册4个产品。接受省局委托，完成30个三类医疗器械经营企业新开办、行政许可事项变更的现场检查验收工作。对128个医疗器械经营企业、13个生产企业进行信用等级评价，建立信用等级档案。对266个医疗器械耗材投标企业6300个投标产品、84个设备投标企业30个投标产品的投标资质进行审核、确认。

【创新药品稽查抽验工作机制】 全市药品稽查工作坚持“市县一体，上下联动，左右结合，协同作战”的工作格局和“查、审、定”三分离的阳光办案机制，集中精力，重拳出击，始终保持对药品违法犯罪的高压态势，药品市场秩序日益规范，药品质量进一步提高。全市共抽验药品3160批，检出不合格药品1364批，对检出的不合格药品全部予以立案查处。全市共查出各类违法违规案2119起，其中一般程序案件立案1903起，简易程序案件216起，结案2076起，结案率达98%，涉案金额117万元，罚没执行金额226万元，移交公安机关查处案件9起，全市假劣药品整体追踪率居全省前列，在省局组织的农村药品评价性抽验中，全市的合格率也达到历年的最高。药品检测车全年筛查药品3500余批次，查获假劣药品165批次，充分发挥出药品检测车的综合监管效力。在省局组织的大比武活动中，市局获得药品检测车项目组集体和个人第二名的好成绩。市局稽查大队被河南省人事厅、省食品药品监督管理局授予“全省药监系统先进集体”荣誉称号；省局在南阳召开现场会，通过现场观摩，向全省推广南阳稽查工作的经验。

【药品检验能力建设】 市食品药品检验所进一步规范业务流程，加强软硬件建设，强化业务培训，完善各项管理制度，顺利通过省资质认定监督评审。市所被省人事厅、省局授予全省食品药品监督管理系统“先进集体”称号。县级药检所开展18项检验的能力进一步提高，及时有效地服务一线执法。积极参加全省药品检验技术大比武活动，市县所技术人员的业务素质得到显著提高。全市县级药检所通过考录新招录进一批专业人员，改善县级药检所药品检验队伍的专业结构和年龄结构。

【药品检验执法】 各县（市）局设立法制室专职负责法制工作，有一名副局长主抓法制工作。对规范性文件制发进行审核把关，共审核市局文件105份，规范性文件及时向省局报备。依法规范行政许可行为，实行优质服务，全年共受办许可审批、审查事项404件。通过媒体公布服务承诺，落实政务公开，许可项目实行服务窗口“一站式”办理和限时办结，市局行政服务中心窗口实行双休日正常办理请办事项。对470起行政处罚案件做到每案必审，合法性审查率100%。全年讨论重大案件7起，其中向省局上报大案1件。开展行政执法责任制内部考评工作，对行政许可、行政处罚及日常监管档案进行全面监督检查。开展全市优秀案卷评查活动，全系统行政处罚案卷制作水平明显提高，全年未发生行政复议及行政诉讼案件，依法行政水平有明显提高。

【药品检验基础设施改造】 2008年省局为市、县两级局（所）新装备计算机、执法车辆、数码照相机、录音笔等一批执法装备，还配备打印机、复印机等办公设备，特别是唐河、方城、南召、镇平、内乡、西峡、社旗、邓州、新野、淅川、桐柏县局搬入新办公楼，改善全系统办公和监管执法条件。整个基建工作过程严格执行招投标规定，严格质量控制，无违规违纪现象发生。市、县局开展食品综合监管、药品安全监管、医疗器械、稽查办案、依法行政、药品检验等专业培训，市、县局执法人员基本轮训一遍。（张明旭）

安全生产监督管理

市安全生产监督管理局
局长　周建国

【安全生产监督管理概况】 2008年，市安监部门坚持“安全第一，预防为主，综合治理”的方针，紧紧围绕“隐患治理年”活动要求和年初确定的目标任务，加大监管力度，狠抓措施落实，深化专项整治，全市安全生产形势继续保持稳定好转的发展态势。全市共有各类企业13万多个，其中非煤矿山企业500多个，危险化学品（烟花爆竹）生产经营单位1200多个，各类从业人员150多万人；有各级各类学校8447所，在校学生近270万人；辖区内有注册机动车辆100万台，驾驶员120万人，农用车50多万台；6条高速公路通车历程508公里，4条国道17条省道260余条县乡公路通车历程8000余公里，村村通公路15000余公里，通车历程全省第一；6大旅游景区100多处景（区）点，其中，国家、省级旅游景区（点）77处，星级宾馆38个，农家宾馆600多个；有各型水库495座，其中，大型2座（丹江口、鸭河口），中型21座，小型86座；有船舶4363艘，其中客运渡船4525艘，农用船1028艘，漂流船2600艘，挖沙船283艘；建筑施工企业245个；民爆器材生产企业1个，销售经营企业10个；各类压力容器4870台（套）；各类压力管线6618条，总长度555.49公里；电梯867台；厂内机动车1113台；大型游乐设施42台；客运架空索道1部。全年全市重特大事故得到有效遏制，较大以下事故总量大幅下降，实现年初制定的有效控制较大事故，减少一般事故，坚决遏制重特大事故的目标。全年共发生各类伤亡事故1044起，死亡303人，与上年相比，事故起数和死亡人数分别下降19.94％和11.14％，死亡人数占省定控制指标的73.90％。其中：道路交通事故918起，死亡289人，同比事故起数和死亡人数分别下降13.64％和7.67％；消防火灾事故118起，死亡1人，同比事故起数下降47.79％，死亡人数与上年同期持平；工矿商贸事故8起，死亡13人，同比事故起数和死亡人数分别下降52.94％和59.67％。亿元GDP死亡率0.19，比省政府下达的控制指标低0.11。南阳市被省政府评为2008年度安全生产优秀市。

【开展隐患治理年活动】 2008年是国务院确定的安全生产“隐患治理年”，按照国务院、省政府的部署，把隐患排查治理作为全年安全生产工作的主线，制订下发《南阳市安全生产隐患排查治理工作方案》、《关于开展百日安全督查专项行动的通知》和《关于在全市开展安全生产大检查的通知》，突出重点行业、重点地区、重点企业、重点隐患，扎实开展“百日安全督查”、拉网式大检查和专项整治等行动。市直各行业部门、各县（市、区）和工矿商贸企业分别在本行业、本辖区和本单位认真开展督查检查和自查自纠活动。全市共组织市级检查组64个，县级检查组222个，组织专家和专业技术人员240人次参与检查，对11个重大隐患进行会诊，帮助企业制定监控方案8个，对全市重点行业11162个生产经营单位进行检查，共排查各类事故隐患25117条，已整改23762条，整改率94.51％。其中，重大事故隐患66条，已整改60条，对不能整改到位的6处重大隐患，实行市、县两级挂牌督办。消除新旺氯碱化工有限公司安全距离不够、南阳机场导航灯被树木遮蔽、宛城区天冠商贸城消防通道不畅等一批省、市挂牌督办的重大隐患。排查重大危险源137处，并对这些重大危险源进行登记、评估，制定应急预案，明确监控责任，完善监控措施，进行分级管理。

【安全生产专项整治】 把非煤矿山、危险化学品（烟花爆竹）、交通运输、公众聚集场所、冶金建材和建筑施工等六个事故多发行业确定为安全生产专项整治重点，协同安监、公安、工商、质监、供销、农业、电力等有关部门，按照“领导得力、标准严格、排查认真、整治坚决、效果明显”的要求，进行综合整治。

【“百日安全”活动专项督查】 5月5日，省政府“百日安全”活动第13督查组对南阳市14个县（市、区）、13个市直重点行业、123个县（市、区）政府部门和乡（镇）、138个工矿商贸企业、6座水库、10处建筑工地、11所学校和幼儿园“百日安全”专项行动开展情况进行督查。督查认为南阳市委、市政府对安全生产工作高度重视，安全网络制度健全（市、县、乡、村、企业五级安全生产监管网络和长效机制），安全责任落实，安全生产形势持续平衡。

【非煤矿山专项整治】 以南召、方城、镇平、内乡、桐柏、淅川等6县为重点整治县，以钼矿、小铁矿、钒矿、大理石矿为重点整治矿种，对全市580多个非煤矿山企业执行建设项目安全“三同时”、制定应急救援预案和演练情况、实施爆破作业的管理情况、地下矿山规范标准的执行情况、落实防范水害制度情况以及超层越界、乱采滥挖等情况进行全方位检查整治。全年市、县两级共组织矿山专项检查105次，检查非煤矿山900多个（次），发出整改指令书738份，提出整改意见950多条，共关闭非煤矿山企业114个，取缔非法矿点409处，1个地下矿山企业被吊销安全生产许可证，矿山秩序得到进一步规范，安全水平进一步提高。认真汲取山西襄汾县尾矿库溃坝事故教训，组织相关县（区）和部门对全市256座尾矿库开展全面排查，下发《南阳市尾矿库专项整治方案》、《南阳市尾矿库隐患排查方案》、《南阳市2008年尾矿库专项整治重点》等文件，加大对全市尾矿库的监控整治力度。进一步明确政府和企业的责任，建立尾矿库数据库，完善台帐，并争取省政府尾矿库整治专项资金4200多万元，使全市所有尾矿库得到有效监控和整治。

【危险化学品和烟花爆竹、民爆器材专项整治】 开展合成氨、氯碱、石油库、加油（加气）站安全专项检查，积极推广HAN阻隔防爆技术，督促9个安全距离不合格的加油站进行HAN阻隔防爆新技术改造。加强危险化学品生产、经营、使用企业的安全监管与安全评价认证工作。对从事危险化学品运输的单位和人员、车辆进行全面普查登记。加强对小化工、小农药生产经营的监督管理。全市共检查危险化学品生产经营单位1653个（次），发出限期整改指令书486份，提出整改意见1910条。对烟花爆竹生产、经营、储运各个环节进行安全监管，严厉打击非法违法生产经营活动，集中治理生产企业“三超一改”问题，依法关闭生产企业4个，取缔非法生产窝点63个、经营销售网点92个，收缴、销毁劣质鞭炮2980余箱。加大民爆器材专项整治力度，对涉爆单位进行清理整顿，取缔不符合安全规范的民爆销售点17个，查处涉爆案件26起，治安拘留11人，刑拘7人。

【道路和水上交通、消防安全专项整治】 加强营运驾驶员从业资格管理，严查超速、超载和疲劳驾驶；集中开展超限、超载、超速行驶、无牌无证机动车、拼装车、报废车上路行驶等专项治理，全面排查事故多发点段和危险路段的安全隐患。共查处各类交通违法行为5.2万起，吊销驾驶证206本，拘留171人；共排查公路危险路段498处。开展以渡口渡船为重点的水上交通安全专项治理，落实水上交通安全“三关一排查”，重拳打击“三无”船舶。共排查航运企业14个，船舶260艘，强制报废51艘不符合规范的低质量船舶。完善和推动社会消防安全责任制，加大对公共聚集场所和重点防火单位的隐患排查治理。开展2次“霹雳行动”和4次“中原风暴”消防安全专项整治行动，整改消除火灾隐患8955处，省、市督办的25处重大火灾隐患全部整改销案。

【建筑施工安全】 对大型在建项目和有关施工现场进行全面检查，强化建筑施工企业危险部位、危险环节、危险设备、危险场所的排查监控，对不具备安全条件的，一律责令停止使用，有效预防高处坠落、塔吊倒塌、支护垮塌、基坑坍塌等事故发生。共检查建筑施工企业505个，查出隐患2958处，已整改2874处，整改率97.19%；检查在建项目150个，查出隐患418处，下达隐患整改通知书68份、停工整改通知书30份，清理不合格安全网324张，责令停用设备22台，约谈重大隐患责任单位负责人4人次。全市建筑施工行业伤亡事故大幅下降，未发生较大以上事故。

【冶金建材安全】 汲取“5·1”卧龙鼎鑫钢厂煤气炉爆炸事故教训，对冶金建材企业加大安全生产“三同时”的监管执法力度，提高企业安全水平。在对26个企业的检查中，查出隐患177处，已整改163处，整改率92%，冶炼、铸造和机械伤害事故明显减少。

【事故查处与责任追究】 对发生较大以上事故的5个单位实行安全生产“一票否决”，对26个发生事故或安全生产管理工作薄弱的单位及企业实行重点监控。对调查结案的3起生产安全事故进行认真查处，依法严肃追究27名相关人员的责任。

【安全宣传教育】 利用市安全生产网站，与电视、报刊、电台等新闻媒体密切合作，初步构建立体式的安全宣传网络。从2月份起，在市远程教育电视台开设安全生产宣传专栏，每月播出3期县（市、区）和乡（镇）安全生产工作的典型事迹。在广播电台“行风热线”栏目设立专栏，定期通过热线与群众交流、沟通。3月份，《中国安全生产报》用两个整版对南阳安全生产工作好的经验和做法进行专题报道。组织开展以“治理隐患，防范事故”为主题的第7个全国安全生产宣传月和“安康杯”、“移动杯”安全生产有奖知识竞赛活动；各县（市、区）还开展“中小学安全教育月”、安全生产宣传一条街等宣传教育活动。进一步加大高危行业企业负责人、管理人员和特种作业人员的安全培训力度，举办各类培训班152期，培训特种作业人员1.5万人，生产经营单位负责人和安全管理人员5000余人；生产经营单位从业人员安全技术培训和“三级安全教育”率达95%以上，企业安全管理水平和作业人员操作技能得到提高。

【安全生产执法监察】 部门联合执法，对“三非”行为依法严厉打击，共查处“三非”行为1539起，有力震慑非法违法生产经营行为。严格行政许可，严把市场准入关。做好高危行业安全评价认证和建设项目“三同时”的设计审查和验收工作。共审查验收非煤矿山、危险化学品、烟花爆竹、电力和冶金建材等企业建设项目526个，审发矿山、危化企业安全生产行政许可证140个。全年全市安全生产许可申报率达94%以上，共发放许可证和换发非煤矿山、危险化学品生产经营许可证1283个，烟花爆竹生产批发经营许可证30个，零售网点经营许可证4800多个，吊销各类安全生产许可证32个。矿山企业的安全评价合格及取证率达65%，危险化学品从业单位的安全评价合格率和取证率分别达到100%、74.7%，烟花爆竹生产企业和批发经营单位安全评价合格及取证率达100%。认真执行新、改、扩建项目安全设施“三同时”规定，加大对新、改、扩建项目安全生产“三同时”执法力度。全年审查验收非煤矿山建设项目91个，危险化学品和烟花爆竹企业179个，电力企业2个。

【南阳市鼎鑫钢铁有限公司“5·1”爆炸事故】 5月1日23时30分左右，位于卧龙区王村乡辖区内的鼎鑫钢铁有限公司煤气发生炉发生爆炸，造成11人受伤，其中6人伤势较重，3名伤重人员于5月2日在南石医院抢救时相继死亡。直接经济损失230多万元。经调查，这是一起

企业员工违章操作造成的较大生产责任事故。对相关责任人分别给予党、政纪处分。（杨云衡）

出入境检验检疫

南阳出入境检验检疫局
局长　郭云超

【检验检疫概况】 2008年，共检验检疫出入境货物2712批、货值2.96亿美元，比2007年分别增长5.85%和37.3%。其中出境2277批、货值1.8亿美元；进境435批、货值1.17亿美元；检验检疫规费收入259.46万元，减免农产品收费64万元。在世界经济形势滑坡的情况下，出境检验检疫批次及货值、入境检验检疫批次及货值、规费收入实现五个增长，分别比上年同期增长1.65%、28.7%、35.1%、53%、15.2%。出口包装品检验217批92万件。出具各类检验检疫证单4915份，签发各类产地证书1395份，签证金额1.4亿美元。新开验螺旋藻、紫薇、石棉纤维、金属除油除锈液、煤气发生器、蘑菇菌丝、锦带、溲疏、硅锆、发电机房10种商品。全年共检出进出口不合格商品75批、货值206万美元。其中，出口不合格商品7批、货值126万美元；进口不合格商品68批，出具索赔证书114份，其中进口机械和配件索赔证书2份，索赔金额12万美元；进口棉花不合格65批，短重277吨，出具索赔证书112份，索赔金额64万美元。检验检疫进出口机电化矿产品769批，货值1.57亿美元，首次突破亿元大关，同比分别增长27%和118%。出口检验检疫617批、货值7705万美元，同比分别增长15.3%和45%；进口检验检疫152批、货值8031万美元，同比分别增长117%和320%。3月，市局被市委、市政府表彰为“2007年度全市依法治市工作先进集体”，综合业务科被市文明委命名为“南阳市文明示范窗口”。4月，党组书记、局长郭云超被市委授予“市直20佳机关党建第一责任人”荣誉。5月，市局在市直工委、市总工会和市体育局三部门联合举行的迎奥运体育月活动中，带领全局人员积极参与，取得良好成绩，荣获“优秀组织奖”和“道德风尚奖”两项荣誉。

【农产品出口】 全年农产品出口1411批、货值9346万美元，货值增长20.4%，占出口检验检疫总货值的52%，连续5年保持30%左右的增长速度。谷朊粉、西峡香菇出口再创新高，出口谷朊粉35320吨，货值3570万美元，比上年增长46%，占据全国出口谷朊粉总量的40%；出口香菇2150吨，货值3000万美元，比上年分别增长64%和77%。

【检验监管】 （一）以出口香菇为突破点，推进政府为主导的抓源头工作机制。成立河南检验检疫系统首家县级办事机构一南阳出入境检验检疫局西峡办事处，它的设立不仅为企业提供方便，同时也更有利于做好经常性的加工生产质量监管工作，更好地落实抓源头工作机制，实现质量安全区域化管理和香菇标准化的各项要求；9月份在西峡召开西峡香菇标准化示范区项目启动暨出口质量安全区域化管理现场会，旨在通过科学的质量管理，建成特色鲜明、规模化、专业化程度较高的香菇种植加工区域，培育示范性出口企业，有效应对国外技术性贸易措施，开拓和扩大国际市场。（二）3月19日，市局与南阳海关签署《支持南阳外向型经济发展合作协议书》，建立检关合作例会制度，定期召开工作会议，互通情况，实现资源和信息有效共享，共同助推南阳外向型经济发展。（三）对全市10个重点企业确定联系人，实施重点企业帮扶制度。桐柏安棚碱矿为拓展市场，改变以往单一的内销局面，准备自营出口。市局组织人员深入企业做好帮扶工作，培训报检人员，使企业当月实现报检，全年已累计出口纯碱 1.6 万吨、500 万美元，成为南阳又一新的出口大宗商品。（四）探索“先监管、后检验”工作方式。以南阳防爆电机为试点，在风险分析和诚信评估基础上，采取人工干预电子监管，综合评定放行，1～2 个月监管检验一次，使该公司顺利出口 381 批、2800 多万美元，既提高效率，又方便企业。（五）加大分类管理力度，实施定期监管和动态管理，对危包、活猪发运以图片留存监装原始记录。

【出入境检验科技研究】《西峡香菇标准化示范区》项目顺利通过国家标准委审查，被正式列入第 6 批国家农业标准化示范区项目，是国内第一个由检验检疫部门承担和保证的国家农业标准化示范区项目；《香菇中二硫代氨基甲酸盐类农药总残留量测定的研究》课题获准与河南检验检疫局技术中心共同上报国家质检总局；在《福建分析测试》、《冶金分析》等省部级核心期刊上发表科技论文 2 篇。实验室参加 CNAS 组织的奶粉中蛋白质、脂肪测定的能力验证活动，结果全部满意。（董昊）

南阳海关

南阳海关关长　张新生

【海关业务概况】2008 年，全市累计受理报关单 2085 份，创历史新高，与上年同期相比（下同）增长 2%。其中进口报关单 260 份，增长 1%；出口报关单 1825 份，增长 3%。监管货运量达 1308808 吨，增长 34%，创建关以来历史新高。其中进口货运量 1244227 吨，增长 28%；出口货运量 64581 吨，增长 439%。进出口货值达 38163 万美元，增长 116%。其中进口 24493 万美元，增长 88%；出口 13670 万美元，增长 192%。征收税款 22172 万元，增长 75%。其中关税 2219 万美元，增长 88%；增值税 19953 万元，增长 74%。实际入库税款 21552 万元，增长 70%。其中关税 2192 万元，增长 86%；增值税 19360 万元，增长 69%。办理减免税审批业务 142 笔，增长 8%；减免货值 6969 万美元，下降 19%；减免关税 2697 万元，下降 42%；减免增值税 8690 万元，下降 27%。办理加工贸易合同备案 63 份，下降 38%；备案货值 4009 万美元，下降 53%。南阳海关荣获 2007 年度完成责任目标先进单位。

【联网监管】对海关记录良好、加工贸易进出口量大、批次多的企业实行电子账册管理，新增联网监管企业 1 个，累计 3 个。

【海关稽查】开展常规稽查 3 个，验证稽查 5 个，开展贸易调查 2 个，提高风险管理工作水平。全面执行新的企业分类管理制度，实行企业分类管理与统一通关便利措施相结合，目前关 AA 类申请 2 个，A 类申请 19 个，促进企业守法自律。举办两期企业培训班，共有 60 个企业参加。

【对外贸易】全市对外贸易继续保持增长势头，实现进出口总值 87678 万美元，比上年同期增长 48%。其中实现出口总值达 69284 万美元，增长 39%；进口总值为 18394 万美元，增长 92%。累计实现贸易顺差 50890 万美元。对外贸易呈以下特点：（一）一般贸易进口增长幅度较大，加工贸易进出口明显放缓。一般贸易进口 13449 万美元，增长 165%；出口 62195 万美元，增长 48%；加工贸易进口 3601 万美元，下降 3%；出口 5964 万美元，增长 20%。（二）国有企业对外贸易发展迅猛；国有企业进口小幅增长，出口略有下降。

民营企业进口总值达7158万美元，增长571%；出口总值为36409万美元，增长49%。中外合资企业进口3334万美元，增长31%；出口10762万美元，增长107%。外商独资企业进口199万美元，增长143%；出口3802万美元，增长208%。国有企业进出口25640万美元，增长4%。其中出口17999万美元，下降4%；进口7461万美元，增长27%。

【李克农到南阳海关慰问视察】 1月18日，海关总署副署长李克农到南阳海关检查指导工作。听取南阳海关工作汇报，召开座谈会。在慰问视察期间，李克农还冒雪到南阳海关查看新关址，看望慰问关员，会见南阳市、驻马店市地方党政主要领导。

【南阳海关、南阳检验检疫局签署《关检合作协议》】 3月19日，南阳海关、南阳检验检疫局签署《关检合作协议》，标志着两部门关检合作机制正式启动。南阳海关与南阳检验检疫局建立联合执法机制，在敏感商品进出监管、货物转关运输、商品分类鉴定、应对重大疫病疫情等方面，发挥各自职能优势，改革通关模式，优化资源配置，实现资源共享，形成监管合力，共同推进大通关建设，提高通关效率，优化经济发展环境。南阳市政府副市长张宪中、副秘书长曾光春，南阳市政府口岸办主任肖阳出席签字仪式。

【“支持中原崛起十项措施”暨海关政策法规宣讲】 7月23日，郑州海关在南阳举行“支持中原崛起十项措施”暨海关政策法规宣讲会。“十项措施”的最新政策对通关监管、减免税、企业分类管理、加工贸易监管、电子口岸、知识产权保护等方面将产生积极影响。(刘茜)

2008年南阳市进口前10位企业情况

企业名称	2008年进口值(万美元)	2007年进口值(万美元)	同比(±%)
南阳汉冶钢铁有限公司	5599	0	—
河南新野纺织股份有限公司	4348	3346	30
乐凯集团第二胶片厂	2199	1569	40
南阳娃哈哈昌盛饮料有限公司	1114	0	—
南阳南方智能光电有限公司	984	1252	−21
南阳利达光电有限公司	806	612	32
河南天冠企业集团有限公司	502	774	−35
镇平华新地毯集团有限责任公司	454	0	—
方城县神牛矿业有限公司	413	0	—
南阳二机石油装备(集团)有限公司	400	0	—

2008年南阳市出口前10位企业情况

企业名称	2008年出口值(万美元)	2007年出口值(万美元)	同比(±%)
河南龙成集团有限公司	20386	10990	86
南阳二机石油装备(集团)有限公司	4973	0	0
南阳二机石油装备(集团)有限公司	4700	3133	50
南阳华光商贸有限公司(二胶厂)	3989	642	521
河南新野纺织股份有限公司	2676	2158	24
河南天冠企业集团有限公司	2471	1859	33
南阳防爆集团有限公司	2295	1751	31
南阳利达光电有限公司	2091	2120	−1
河南省西保冶材集团有限公司	1933	1800	7
南阳福森镁粉有限公司	1556	376	314

教　　育

教育综述

【学校·学生·教师】　2008年，南阳市共有各级各类学校8344所，在校学生(学员)2690811人。其中，普通高校4所，在校生52386人；普通中专13所，在校生62358人；普通高中86所，在校生169784人；职业高中72所，在校生52111人；普通初中450所，在校生402682人；普通小学3786所，在校生990287人；特殊教育学校10所，在校生798人；有独立设置的幼儿园405所，在园儿童180493人；成人高校1所，在校生(学员)13577人；成人中专15所，在校生2025人；成人技术培训学校3483所，在校生(学员)623115人。另有成人中小学2379所，在校生141195人。全市共有教职工113544人，其中专任教师101771人。

【教育投入】　2008年，全市国家财政性教育经费投入46.15亿元，比上年增加38.2%；预算内教育经费拨款37.99亿元，比上年增加6.09亿元，增长19.1%。普通高中生均预算内教育事业费2214.11元，生均公用经费880.42元，分别比上年增长4.1%和143.1%；普通初中生均预算内教育事业费2553.67元，生均公用经费808.71元，分别比上年增长23.3%和65%；普通小学生均教育事业费1584.94元，生均公用经费427.19元，分别比上年增长10.6%和83.2%。全市征收城镇“三税”教育费附加12485万元，比上年降低9.1%。全市多渠道筹措教育经费6.82亿元，比上年减少1.22亿元，下降15.2%。全市学校校舍总面积1412.91万平方米。全市中小学图书、仪器和体育卫生艺术设施有新的增加。

【温家宝视察南阳教育】　2008年5月10～12日，中共中央政治局常委、国务院总理温家宝深入南阳市学校等处视察。在视察学校及幼儿园时，对教育工作提出殷切期望。11日中午时分，温家宝来到内乡县赤眉镇鱼贯口村，在上小学四年级的陈晨小朋友家，与陈晨的奶奶、父母、姑父、姑姑等热情交谈，并在陈晨小朋友的笔记本上工工整整地写下“努力学习、锻炼身体、进步成长”12个大字，勉励少年儿童都能成为德智体美劳诸方面协调发展的有用人才。同时，详细询问了“两免一补”的落实情况，以及农村学生辍学的比例。温家宝表示“免费实行九年义务教育，不是我们的最终目标，我们还要把免费义务教育扩展到高中阶段，而是首先是普及农村学校。这样带来的不仅是学生自身素质的提高，而且农民的整体素质、农村的面貌都会发生显著巨变，消除工农、城乡差别才能真正变成现实。因此不管资金再紧，我们也要优先加大对教育的投入力度。与此同时，要切实加大对中等职业教育的扶持力度，不能让所有学生都来挤上大学这座独木桥。中等职业教育是面向社会的教育，是可以就业的教育。我们在中等职业学校设立助学金，就是要让更多的农村孩子通过学技术，提高动脑特别是动手的能力，为社会培养大量实用人才。”

5月11日下午6时左右，

温家宝来到南阳供电公司社区幼儿园考察工作。他指出，“夏季是传染病的高发季节，大力开展爱国卫生运动，加强传染病防治工作，对于提高人民群众健康水平，促进经济社会发展，具有重要意义。各地区、各有关部门要高度重视，坚持以人为本，把维护人民群众健康放在第一位，把防治重点放在基层，放在农村，放在学校和儿童身上。当前要切实做好四项工作：一是大力开展爱国卫生运动，动员和组织基层单位和群众搞好环境卫生，加强食品卫生监督，防止病毒性传染病和食源性传染病。二是要广泛宣传普及预防疾病的卫生知识，引导群众正确认识疫病，养成良好卫生习惯。三是要对各类传染病实行依法防治、科学防治，做到早发现、早诊断、早报告、早治疗，有效阻断传播途径，防止蔓延。要集中力量，按照统一部署，做好手足口病防控工作，消除群众的恐慌心理。四是要坚持广泛发动群众、依靠群众、服务群众、造福群众，建立健全政策法规体系，完善党委政府领导、部门组织协调、全社区共同参与的工作机制，不断掀起爱国卫生运动的新高潮，改善环境卫生面貌，增强文明卫生意识，完善疾病防控体系，提高应急处理能力，保护人民群众健康。”

5月11日晚8时，温家宝在南阳宾馆主持召开了由全市领导干部和部分基层干部参加的座谈会。市教育局局长贺国勤和内乡县教体局局长孙君庚代表全市教育系统的干部参加了座谈会。孙君庚向温家宝汇报了近年来内乡县教育发生的可喜变化以及党的惠民政策、国家教育方针的贯彻落实情况，并就全县教育存在的有关问题谈了自己的看法。汇报时，温家宝不时询问该县中小学生辍学情况、留守儿童受教育情况、学校债务和职业学校招生等情况。

5月12日上午8时许，温家宝走进位于高新区内的市政府机关幼儿园，看望幼儿园的孩子们。温家宝详细询问了幼儿园的生源情况，参观了小朋友们的绘画和泥塑作品，察看了幼儿园的厨房卫生情况，并叮嘱广大教职工，要教育孩子们注意卫生。养成良好的卫生习惯，注意多开窗，多通风，多晾晒衣被。在孩子们的活动室，总理与孩子们一起唱起了国歌，孩子们为总理演唱了自编儿歌《我是南阳娃》。他勉励孩子们从小要养成好习惯，爱读书、爱唱歌、爱跳舞；在一起要和睦，不吵架，要学会互相帮助，知道别人有困难的时候，要帮助他，还要帮助老人，还要学会克服困难。随后，总理和师生们合影留念。9时，温家宝来到宛城区李八庙小学和孩子们一起听课。

【召开全市中小学安全工作会议】　4月8日，全市中小学安全工作会议召开。市教育局副局长杨显社强调，要加大安全教育力度，切实增强广大中小学生的安全防范意识和自护自救能力；提高安全监管水平，加大安全责任追究力度；扎实开展“隐患治理年”活动，认真排查各类安全隐患，防患于未然。

【全市教育系统向地震灾区捐款】　四川省汶川县地震后，全市教育系统广大干部和师生心系灾区，迅速发起向灾区人民捐款。截至5月20日下午18时，全市教育系统共捐款8958729.39元。5月20日，千余名党员又以交纳“特殊党费”的形式向四川地震灾区捐款。半天时间，局直教育系统广大党员交纳“特殊党费”179938元。

【接收四川灾区学生51名】　5月16～30日，全市中小学校接收四川灾区学生51名。其中幼儿园儿童2名，小学生31名，初中生9名，高中生9名；中心城区接收灾区学生20名，新野县接收6名，河南油田接收10名，方城县接收1名，社旗县接收2名，内乡县接收4名，唐河县接收5名，淅川县接收3名；籍贯属南阳市的学生8名，四川籍的学生42名，内蒙古籍的学生1名。灾区学生来宛后，各级教育行政部门和学校，进行妥善安置，无条件予以接收。尽可能为灾区学生提供良好的学习和生活环境，不仅全部免除了他们的学费，还为他们购买了学习和生活用品，并主动与他们进行感情上的沟通和交流，帮助他们克服心理障碍，让他们充分感受到祖国大家庭的温暖和党的关怀。

【为四川地震灾区学生“庆六一、送温暖”活动】 5月31日，座谈会在市教育局举行。市政府副市长冯晓仙、副秘书长郭鹏、市教育局局长贺国勤、市教育局副局长杨显社和在中心城区就读的20名灾区学生及校长、教师代表参加了座谈。座谈会上，与会领导向每位灾区学生赠送了书包、文具和书籍等学习用品。会后，冯晓仙和孩子们一起来到南阳武侯祠拜谒智圣诸葛亮，并观看了汉乐曲表演，向孩子们介绍了南阳汉文化有关知识和“鞠躬尽粹、死而后已”的武侯精神。

【市教育局举行庆“七一”系列纪念活动】 6月30日，市教育局庆“七一”缅怀革命先烈、重温入党誓词暨新党员入党宣誓仪式在桐柏英雄广场举行。局班子成员、局属各单位党总支（支部）书记和局直教育系统41名新党员参加。市委组织部正处级组织员朱炳海出席并讲话。市教育局党委书记贺国勤就发展高中学生党员工作进行安排部署。活动在雄壮激昂的《国际歌》声中拉开序幕。全体党员一同向烈士纪念碑敬献了花圈，并向烈士默哀致敬，24名教师党员和17名学生党员进行了入党宣誓，其他党员重温了入党誓词。活动结束后，全体党员参观了桐柏革命老区红色教育基地——叶家大庄。

【市教育局举办首届教育网通讯员培训班】 9月26～27日，市教育局举办首届教育网通讯员培训班。各县（市、区）教体局（教育局）、局属各单位，局机关各科室近60名通讯员参加培训。此次培训内容包括新闻采写及公文写作等方面的知识。通过培训，参训通讯员对新闻采写和公文写作有了更全面深入地认识，拓宽了写作思路，提高了写作水平和服务教育的能力。

【全市共落实“两免一补”资金逾5亿元】 2008年，全市累计发放两免一补资金5.01亿元，其中补助公用经费资金3.083亿元，免杂费人数共计2002826人次；免费教科书资金1.231亿元，惠及学生1944518人次；补助寄宿生生活费资金0.696亿元，惠及学生200237人次。秋期，落实城市义务教育阶段学生免杂费资金842万元。

【市教育局实现政府信息公开】 5月1日，市教育局通过其门户网站南阳教育网公开政府信息，为社会提供教育信息查询服务。为方便公民、法人、或其他组织查询，市教育局编制了政府信息公开指南和公开目录，成立了政府信息公开办公室，配备了专人负责受理社会查询。并建立了相关制度和工作机制，确保此项工作规范有序开展。

【民办教育资源总量增长】 认真落实民办教育发展政策措施，规范民办教育办学行为。全市共有民办中小学校、幼儿园及中等职业技术学校378所，在校生11.3万人，占全市在校生总数的7.8%，比上年增加2.1个百分点。（张中锋　涂强）

基础教育

【加强和改进德育工作】 认真落实《中共中央国务院关于切实加强和改进未成年人思想道德建设的若干意见》精神，进一步完善了德育工作机制。形成了以党支部为核心，以团队为主阵地，师生人人参与，学校齐抓共管的中小学德育工作新局面。大力加强校园文化建设和中小学生校外活动中心建设，拓展了德育建设的外部空间。充分发挥爱国主义教育基地和青少年校外活动中心场所作用，开展富有成效的德育活动。建立了全市中小学德育工作网站，为德育工作信息化管理奠定了基础。以社会主义荣辱观教育为主体，深入进行中华民族传统美德教育，先后开展了“热情迎奥运、文明我先行”和“迎奥运、讲文明、树新风、强素质”等活动。改革了德育工作的内容、形式、途径和方法，努力使德育工作做到人性化、规范化、系列化和经常化，全市青少年学生精神面貌焕然一新。在全市教育系统继续深入开展“两争两创”、“公民道德规范进万家”活动，35 所学校、300 个班级、385 名教师、880 名学生分别被评为市级文明学校、文明班级、文明教师和文明学生。共评选市级三好学生、优秀学生干部 1157 名，评选推荐省级优秀学生、省级三好学生、优秀学生干部 156 名。

【基础教育工作扎实推进】 2008 年，市小学、初中适龄儿童少年入学率、巩固率、毕业率分别达到 99.7%、99.6%、99.7% 和 98.0%、98.9%、98.3%。幼儿入园率大幅度提升，城市、农村儿童学前三年受教育率分别达 91.7%和 75.7%。普通高中教学办学水平得到新的提升。

【南阳市农村义务教育阶段学生全部用上免费书】 2008 年秋季学期，南阳市农村义务教育阶段学生和城市低保家庭的义务教育阶段学生全部用上了免费教科书。其中国家课程免费教科书补助标准为小学每生每期 45 元，初中 90 元；省定地方课程免费教材补助标准为每生每期 10 元。全部免费提供教科书政策实施后，除寄宿学生住宿费外，严禁再向学生收取其他任何费用。

【中心城区小学实行校长届别制】 从 2008 年秋开始，全市中心城区小学将实行“校长届别制”，规定 4 年为一届，可连任一届，届满必须轮岗。

【中招体育考试与高中体质测试】 积极开展学生体质健康标准达标测试活动，有 100 多万名中小学生参加了测试，实施面达 100%；组织全市 7 万名初中毕业生参加中招体育考试，优秀率为 70%，不及格率为 1.5%；组织 3.2 万名高中应届毕业生参加体质健康标准测试，合格率达 99.7%。

【开展全市学校食品卫生安全专项检查】 为深入贯彻国务院《关于加强学校卫生防疫与食品卫生安全工作意见》和《学校食堂与学生集体用餐卫生管理规定》，探索学校饮食管理新办法，市教育局于 5 月下旬和 10 月下旬两次组织检查组，在全市开展学校饮食卫生专项检查活动，对检查出的问题及时进行了整改，消除了饮食卫生隐患。

【举行全市基础教育阶段学校管理巡回观摩活动】 5 月 6～12 日，市教育局组织开展了全市基础教育阶段学校管理巡回观摩活动。共观摩学校 129 所，其中县城学校 56 所、乡镇所在地学校 60 所、村办小学 13 所。通过观摩活动，比较全面地掌握了基础教育阶段学校管理的基本情况，查找了学校管理中存在的不足和问题，明确了下一步基础教育阶段学校管理的重点和要求，促进了中小学校管理水平和教育教学质量的进一步提升。

【市中心城区义务教育阶段学校招生区域调整】 根据南阳市中心城区学生和中小学校分布情况，市教育局研究，并报市政府同意，决定对当年中心城区各中小学校生源范围进行如下调整：南阳市二十二中西校区从当年秋期开始不再招收小学一年级新生。二胶厂职工子弟上小学按家庭实际居住地划分学区。市二十八中学和市实验中学由公办民助改为公办学校后，承担中心城区划片招生任务。生源范围分别是，市二十八中学：张衡路以北，大铁路以东，北环路以南，待建新华东路以西；市人大、政协家属院南区间道以北，工业路以东，人民路以西。市实验中学：医圣祠街以南，明山路－新华东路－独山大道以西，滨河路以北，仲景路以东；北寨根街至召杜巷以南，仲景路以西，新华东路以北，解放路北段以东。市十六中学：医圣祠街以北，明山路以西，光武路以南，仲景路以东；北寨根街至召杜巷以北，仲景路以西，建设路以南，公议门至北寨根街以东。市二十六中：大铁路以西学区不变。西至大铁路，南至北环路，北、东至高新区边界。

【786 项教育科研成果获奖】 2008 年，全市 800 项课题被确立为市级研究课题。对 2007 年立项的课题进行鉴定和评审，共有 786 项课题顺

利结题并获优秀教育科研成果奖。省级科研课题《研究性学习课程的开设和校本课程的开发研究》、《农村中小学教师继续教育模式研究》圆满结题。启动了由河南省教科所牵头的省级课题——《和谐社会背景下中华传统文化教育策略与实践研究之〈弟子规〉学习落实对促进素质教育背景下思想道德教育的影响研究》，参与研究学校达30所。

【市教育局开展人人捐赠一本好书，与灾区学生共阅读活动】 在“5·12”汶川大地震中，地震灾区绝大部分学校校舍损毁，大批图书、仪器设备被掩埋在废墟中，导致中小学生无法恢复正常的学习生活。7月4日～8月10日，按照省教育厅的统一部署，市教育局决定在全市开展“人人捐赠一本好书，与灾区学生共阅读”活动。号召广大师生自觉自愿、积极踊跃地捐书，为灾区重建和灾区中小学生恢复正常的学习生活贡献力量。活动主要参与对象是全市城镇中小学教师和学生。

【举办全市第二届中小学网络夏令营活动】 6月27日市教育局启动全市第二届中小学网络夏令营活动。此次活动主题为“校校有网站，人人有博客”，活动内容包括网站设计大赛、师生博客制作大赛、网络课堂体验三大板块。网站设计大赛以县区教体局（教育局）、教育网络管理分中心和中小学校为单位，从本单位选拔有一定电脑作品制作能力的教职工和学生参赛。中小学师生可以在“中小学网络夏令营专题网站”建造自己的博客，作为交流学习、资源共享的平台。博客中的内容以迎奥运、网络教育、师生风采等为主题，题材不限，每位参赛师生的博客作品不低于5件，作品必须为原创。本活动在网络夏令营专题网站上开辟实时网络课堂，由教育专家和一线教师与师生进行在线沟通交流，为中小学师生答疑解惑。活动时间分为竞赛阶段（6月27日～8月31日）和评选阶段（9月1日～9月20日）。

【南阳市网上家长学校成立】 7月22日，市教育局网上家长学校挂牌成立。该校部设在南阳市第二十二中校园内，网址是 http://www.nysjx.net。市网上家长学校以“为国教子、以德育人”为宗旨，利用现代网络信息技术建立具有互动功能的家庭教育宣传、学习和交流平台。通过整合开发优质教育资源，帮助家长更新教育观念，掌握科学的教育方法，解决家庭教育中出现的困难和问题，从而更好地对孩子进行家庭教育，帮助孩子健康成长。市教育局要求，各县区教体局（教育局）、油田教育中心、局属各学校要积极配合网上家长学校的工作，为网校专家队伍、指导教师队伍建设和日常教育教学活动的开展提供大力支持，共同努力把网上家长学校办出特色、办出成效。

【全市第五届音美教师基本功比赛】 6月16～19日，全市第五届音乐、美术教师基本功比赛在市二职校举行。经县区和局属学校层层选拔，共有56名教师（其中音乐、美术各28人）参加了比赛。比赛共分音乐、美术两组。音乐组比赛内容包括音乐理论、声乐、键盘、自弹自唱、指挥、器乐与舞蹈等；美术组比赛内容包括美术理论、设计制作、色彩创作、国画写生、网页设计等。参赛选手激烈角逐，最终选出10名教师参加河南省第五届音乐、美术教师基本功比赛资格。

【史永平荣获第五届全国中小学美术教师基本功大赛一等奖】 10月29日～11月2日，由教育部主办、河南省教育厅承办、《中国美术教育》杂志社和河南大学协办的全国第五届音乐美术教师基本功大赛在河南大学举办。每省均选派小学音乐、美术各1名，中学音乐、美术各1名参赛，来自全国百余名参赛教师在河南大学同台竞技，展示风采。经过4天激烈角逐，南阳市油田教育中心六中教师史永平摘取全国第五届全国中小学美术教师基本功大赛综合成绩一等奖桂冠（全国一等奖12名），同时获得网页创作第4名，色彩创作第10名（每项表彰前10名）。本次比赛系五项全能大赛，包括理论知识、手工制作、网页制作、色彩创作、国画创作等，其内容紧扣国内美术教师教学基本功的发展方向，最具代表性、科学性和影响力。史永平先后在河南油田教育中心、南阳市教育局、河南省教育厅举行的层层比赛中，以优异的成绩，被教育厅选定作为南阳市的唯一选手与郑州市的3名选手代表河南省进入全国比赛。据悉，这项全国性比赛，教育部每三年举办一届。史永平老师荣获全国一等奖，是南阳市美术教师近30年来在国家级比赛中的最好成绩。

【王敏勤教授到西峡调研】 6月12～15日，全国知名教育专家、天津市教育科学研究员、全国和谐教学法研究会理事长、天津市首席课改专家王敏勤教授先后深入该县城区二小、城区二中就"三疑三探"课堂教学模式进行专题调研。他通过听汇报、看资料、当场评课、即时座谈等方式，与教师们进行了广泛深入地探讨和交流。他指出，"三疑三探"课堂教学模式的精髓在于"于无疑处生疑"，让学生在自学中发现问题，在合作中解决问题。王敏勤就如何进一步完善"三疑三探"课堂教学模式提出精辟的意见和建议，并作了题为"如何提高课堂教学效益"的学术报告。(封德)

【宛城区组建起3个学校联合体】 暑假期间，宛城区教体局将位于中心城区的市七小、市八小、市九小分别与市二十五小、市二十六小、市二十七小合并组建起学校联合体，实行"一个法人、一套班子、两个校址"模式，统一配备使用教师，实行"人、财、物一体化"的办法，使这些学校得到均衡发展。(陈银德)

【市教育局举办中心城区庆"六一"小学校园集体舞比赛】 5月31日，市中心城区庆"六一"小学校园集体舞比赛在市二小举行。市中心城区共选拔出16支代表队参加了本次比赛。经激烈角逐，市十五小、十二小、二十一小、七小、二小等五个代表队荣获一等奖。其余代表队分获二、三等奖。

【西峡县区域推进"三疑三探"教学模式被国内多家媒体宣传报道】 2003年以来，西峡县在学习借鉴江苏洋思经验的基础上，经过认真思考、反复实践、总结提高、区域推进、不断完善，于2006年正式总结出了"三疑三探"的教改模式。这一教改模式在全县推进的过程，不仅使广大教师的教学理念为之一新，而且结出了丰硕的教学成果。2008年10月10日，《中国教育报》(新课程周刊)以《把课堂空间向学生思维全面开放》为题，大篇幅报道了该县区域推进"三疑三探"教学模式的做法，同版刊登了全国著名教育专家、天津市教科院基础教育研究所所长王敏勤教授对西峡教改经验的全方位权威性点评和该县基础教研室主任杨文普关于这一教改模式如何运用的理论文章。同日，《教育时报》头版以《西峡教改的课堂革命》为题，10月14日又以《西峡教改的教育学思考》为题，深入报道了该县"三疑三探"课堂改革实践、区域推进取得的成绩及深远意义。之后，《人民网》、《中国共产党新闻网》等网站纷纷转载。之前，该县教学改革的做法得到教育界的关注，省内外不少县市曾组团前去学习，此教学模式的主创人杨文普多次应邀赴外地介绍"西峡模式"和区域推进的典型经验。目前，"三疑三探"已成为南阳市创新课堂教学的"名片"，成为全国同行聚焦南阳的新的载体。"三疑三探"教学模式包括四个环节：即设疑自探、解疑合探、质疑再探、运用拓展。这一教改模式遵循以人为本、以学生为主体的教育理念，从学生终身发展的需要出发，依据新课标要求和学生的认知规律，让学生学会主动发现问题，学会独立思考问题，学会归纳创新问题，养成敢于质疑、善于表达、认真倾听、勇于评价和不断反思的良好品质和习惯，让每一位学生都能在民主和谐的氛围中想学、会学、学好，真切感悟到生命的价值和创新的快乐，真正突出了学生在学习过程中的主体地位，体现了建设创新型国家必须从培养具有创新能力的合格公民出发的基本思想和策略。西峡县区域推进"三疑三探"教学模式的实践，已经取得了显著的课堂效益和社会效益：一是课堂主体地位得以突出；二是课堂效率明显提高；三是学生疑探能力明显增强；四是教师素质迅速提升；五是教学质量实现突破。近年来，全县中小学教育教学质量稳步攀升，各项教育工作在全市综合评估中稳居前列。2008年普通高招，该县本科上线达1599人，是2003年的3.8倍。（杨占强　封德　王荣丽）

【市十三中青年教师陈峰在全国大赛中获一等奖】　11月2日，在北京举办的第三届“四方杯”全国优秀初中语文教师优质课大赛上，该校青年教师陈峰荣获一等奖（全国仅有5名一等奖）。陈峰作为河南省的唯一代表，被语文泰斗钱梦龙先生评价为“教师者不失其赤子之心者也”。

【全市高考成绩全面上升】　2008年，全市普通高招共报考82229人，比上年增加7044人；共有44817人被全国各类高校录取，录取率达54.5%。其中，全市共有2898名考生进入本科一批分数线，比上年增加497人，上线率为3.73%，较上年增长19.1%；共有11360名考生进入本科二批分数线，比上年增加1165人，上线率为14.63%，较上年增长11.43%；共有21507名考生进入本科三批分数线，比上年增加3297人，上线率为27.69%，较上年增长18.11%。

【市政府召开全市校舍安全工作会议】　7月17日，全市校舍安全工作会议在南阳宾馆召开。市政府副市长冯晓仙出席会议并讲话，市教育局局长贺国勤通报了震后全市学校校舍受损情况。贺国勤指出，全市受灾学校281所，占全市中小学总数的5%，灾损校舍建筑面积为106553平方米，占全市校舍总面积的1%，灾损造成的直接经济损失达534.22万元。如不采取有效排险措施，将会带来严重后果。冯晓仙在讲话中要对中小学校舍再进行一次全面普查，对学校校舍、大门、厕所、围墙、水电气等附属设施逐校、逐间、逐部位深入细致地排查，对存在隐患的校舍，要请建筑质量监督鉴定部门进行质量认定，并根据鉴定结果制订抗震排险加固方案。要做好受损校舍排险加固，确保秋期开学正常使用，坚决杜绝学生在危房中上课、露天上课。

【市中心城区中小学建设力度继续加大】　为尽快解决中心城区义务教育阶段学校上学难和大班额问题，市委、市政府着力从扩大义务教育资源总量入手，加快中心城区中小学建设步伐。当年，市政府又筹资1.5亿元在中心城区征地302.2亩，新建、改扩建、续建资源整合中小学共16所，新增建筑面积6.5万平方米。其中改扩建7所中小学校（即宛城区管辖的市二十八小、市四中、市十六中，卧龙区管辖的市九中、实验学校，高新区管辖的市六十五小，市教育局直属的市十三中学），共新增义务教育学位3810个。改扩建7所学校投资1728万元，至8月底，工程全部高质量按期完工，新增校舍面积2.06万平方米，新增教学班186个，新增学位3810个，进一步缓解了中心城区义务教育资源不足的问题。

高　等　教　育

南阳师范学院

【南阳师范学院概况】　2008年学校占地164公顷，建筑面积64.21万平方米，仪器设备价值1.1亿元，图书馆藏书139万册，电子图书40余万册；在职教职工1255人，专职教师1055人，其中正高职称77人，副高职称268人，博士、硕士研究生569人；有本科专业47个，全日制本、专科在校生18000余人，成人教育在籍生12000余人。10月31日，再次荣获河南省高校后勤工作先进单位荣誉称号。被河南省委宣传部、省总工会命名为“河南省职业道德建设十佳单位”，并被河南省总工会授予河南省“五一劳动奖状”。在河南省纪念厂务公开推行10周年大会上，被授予“河南省厂务公开民主管理工作先进单位”荣誉称号。作为2008年度河南省思想道德建设先进单位被中共河南省委宣传部、河南省文明办下文表彰。被中宣部、教育部、共青团中央授予2008年全国大中专学生志愿者暑期“三下乡”社会实践活动先进单位。

【领导视察】 5月12日上午，河南省教育厅厅长蒋笃运莅临学院考察指导工作。5月14日晚，省教育厅副厅长崔炳建来校考察指导工作。5月24日上午，南阳市人民政府市长朱广平在参加南阳文化论坛暨《文史知识》南阳专号首发式之后，察看学院的校园建设情况。

【教代会与工代会】 12月20～21日，学院举行南阳师范学院第二届教代会暨工代会第一次会议。省教育工会主席李新江，南阳市总工会主席韩奎生等出席，全体正式代表和特邀代表参加。会议选举通过了学院第二届工会委员会委员、经审委员会委员，通过了教代会6个专门工作委员会组成人员名单，通过了《工会工作报告》、《工会财务工作报告》、《工会经审工作报告》、《提案工作情况报告》，通过了《南阳师院教代会实施细则》，并通过了《大会决议》。

【学科专业建设】 成功举办“南阳师范学院学科建设规划和省级重点实验室建设咨询会”。“河南省伏牛山昆虫生物学实验实”获得省重点实验室建设立项，11月25日，省科技厅下函同意学院组建，该实验室建设总投资830万元，实验室面积达1700平方米，固定资产1308万元。“生物化学与分子生物学”被评为省级重点学科，实现了学院省级重点实验室和省级重点学科的重大突破。化学、外语专业荣获省级特色专业，学院省级特色专业已达4个。新增动画、软件工程、戏剧影视文学三个本科专业，本科专业增至47个。优化整合专业结构，理顺归属关系，重新组建了新闻与传播学院、软件学院、国际教育学院3个二级学院。努力争取“河南省硕士授权建设规划单位”，申硕工作取得阶段性进展。

【教育教学】 积极进行评估整改，修订新的人才培养方案，教学的中心地位、教学质量的首要地位和教学投入的优先地位进一步加强，教学质量监控与保障体系进一步完善。全年共有21项教学成果通过省级鉴定。受教育部高等教育教学评估中心邀请，分别在贵阳、昆明召开的全国高等学校内部质量保障体系建设会议上两次做经验介绍。《中国高等教育》2008年第22期刊发学院副校长刘湘玉撰写的论文《实现教学质量保障体系有效运行的探索与实践》。2008年第21期的《中国高等教育》刊发该刊记者撰写的《教学质量监控：内外结合以内为主——高校内部质量保障体系建设研讨会简述》一文，对学的教学质量监控工作给予高度赞扬。在河南省第六届师范教育专业毕业生教学技能大赛中，获得一等奖10人、二等奖8人，并荣获团体二等奖。在河南省第十一届大学生科技文化艺术节中，荣获一等奖16项、二等奖17项，并荣获优秀组织奖。在河南省教育厅组织开展的第十二届多媒体教育软件大赛上，共有8人获奖，受到省教育厅的表彰。2008年，共有近500名学生考取硕士研究生。

【招生】 转变观念，拓展办学渠道，积极开展国际合作，与韩国、美国联合办学，共招生300人。2008年实际招收各类学生6000余名，圆满完成招生计划。放开搞活成人教育，积极开拓成教新市场，多方争取政策支持，探索新的办学模式，成教录取本、专科生5600人，学院在籍成教生达1.3万人。

【科研工作】 2008年，获得各级各类科研项目135项，其中教育部人文社科项目2项，省级项目18项。两项人文社会科学研究项目为《河南戏曲文物调查与研究》和《出土汉画中早期宗教、神话资料的整理与研究》，获得教育部批准立项，全省共有9所高校的23个人文社会科学研究项目获批立项。发表学术论文720余篇，其中18篇被SCI、EI收录。出版学术著作、编写教材80余部。获得科研成果奖40余项，其中省级奖项4项。为了落实“学术至上”的办学理念，为学科建设提供坚实的人才支持，学院定期举办《博士论坛》学术讲座。

【学术交流合作】 4月25日下午，著名作家二月河与《大秦帝国》作者孙皓晖两人在学院进行“朝阳与落霞——关于《大秦帝国》与《落霞系列》”巅峰对话，引起社会各界强烈反响。12月24日下午，河南省少数民族传统体育项目（蹴球）训练基地挂牌仪式在科技大楼举行。河南省民族事务委员会副主任李尊杰宣读了对师院少数民族传统体育项目训练基地任命的通知。2008年先后邀请世界商务策划师联合会资深研究员高级讲师刘阳、中央民族大学张春敏博士、华东师范大学薛天祥教授、台湾辅仁大学李添富教授、天津师范大学王敏勤教授、著名油画家尹朝阳、中央编译局研究员季正矩、河南大学特聘教授、爱丁堡大学博士后贺渝滨、北京师范大学张涛教授、美国哈佛大学李建华教授、华中师范大学聂运麟教授、云南大学陈国新教授、郑州大学师黎教授、美国密苏理大学教授门红升博士等学者来校讲学。11月中旬，中央一套《科技博览》节目组来南阳报道独山玉雕产业，邀请独山玉文化研究中心主任江富建教授作为专家全程参与此次拍摄活动，江富建教授就南阳独山玉雕艺术和南阳玉文化作了精彩的阐释。11月9日，校副教授徐永斌应美国布瑞诺大学邀请到该校进行友好访问和学术交流。校外国语学院陈茂林博士、汉文化研究中心郑先兴教授、分别应广西师范大学、曲阜师范大学之邀到两校进行学术交流。5月，学院教师李艳梅赴泰国从事汉语教学工作。

【期刊管理】 《南都学坛》和《南阳师范学院学报》作为双核心期刊，办刊质量持续提高，再次被评为河南省一级期刊。《南阳师范学院学报》（自然版）再次荣获中国高校特色科技期刊。两刊被人大复印资料、《新华文摘》等全文转载或论点摘录40余篇。其中《南都学坛》2008年被人大资料期刊中心复印26篇，在全国同类高校中名列前茅。

【师资建设和人才引进】 落实“人才强校”战略，实现“双百计划”。年度共引进博士生8人、委培博士生11人，博士生总数已达86人。通过正高级专业技术职称8人，教授总数达77人，师资队伍的学历结构和职称结构进一步优化。认真落实河南省教育厅“教师培训年”的工作部署，加大师资培训力度，委培博士、硕士19人，校内培训70余人、校外业务学习80余人、“双师型”师资培训10余人。2008年荣获“河南省教师培训年活动先进单位”荣誉称号。

【校园建设】 南区二期工程300余套专家住宅开工，进展迅速。7号学生公寓楼竣工，保证新生按时入住。完成西区600亩征地工作，架起了中西区连接廊桥，形成了东、中、西一体化的新格局，校园结构进一步完善，学校办学条件进一步改善。

【校园文化建设】 4月21日，团委、校学生会成功举办第五届女生文化节。女生文化节从4月21日开始至5月9日结束，主题为“靓丽女生，秀出魅力”，旨在丰富校园文化生活，营造积极向上、清新高雅、健康文明的校园文化氛围，塑造当代女大学生自尊、自爱、自立、自强的新形象，促进广大女生自身道德修养、文化内涵、心理健康、独立意识等综合素质的提升，帮助她们走向成长、成才、成功之路。4月29日，校团委成功举办“虹志杯”首届红色经典歌曲大赛。5月28日，技能部和校团委联合成功举办南阳师范学院第四届硬笔书法大赛。11月3日，由图书馆策划，校团委、图书馆主办，绿茵读书会承办的“‘2008－中国’原创诗文朗诵大赛决赛暨颁奖晚会”隆重举行，南阳电视台、南阳晚报等媒体对本次活动进行了报道。11月5日，第八届卧龙文化艺术节各项比赛活动全面展开。本届“卧龙文化艺术节”以培育“卧龙学子”品牌为宗旨，以“丰富校园文化生活，提高学生人文素养”为主题，先后举办校园歌手大赛、校园主持人大赛、校园舞蹈大赛、校园曲艺大赛、校园形象设计大赛、校园健美操与街舞大赛、校园模特大赛、校园器乐大赛、校园英语情景剧大赛等九项特色文化活动，旨在挖掘南阳人文积淀，彰显南阳文化魅力，形成独具特色的卧龙文化景观，进一步促进广大青年学生人文素养和综合素质的全面提高。11月12日，“南阳师院教职工摄影协会”成立，全体会员讨论并表决通过了《南阳师院教职工摄影协会章程》，选举产生了首届理事会的会长、副会长、秘书长、副秘书长和理事等人员，安排部署了协会的工作规划和近期开展的活动。校团委成功举办“我眼中的改革开放三十年”大型征文活动。

【抗震救灾】　5月16日，全校开展抗震救灾捐赠活动，筹款243856余元；全校661名在职教工党员、122名离退休职工党员、2190名学生党员积极交纳特殊党费331333余元；全校11771名团员缴纳特殊团费61943余元。（王春阳）

南阳理工学院

【南阳理工学院概况】　2008年，学院设10个系：机电工程系、计算机科学与技术系、电子与电气工程系、土木工程系、建筑系、应用数学系、商学系、外语系、艺术设计系、音乐系；7个院：文法学院、生物与化学工程学院、软件学院、张仲景国医学院、教育学院、继续教育学院、国际教育学院；2个部：体育教学部，政治理论教学部。72个本、专科专业。现有教职员工1300余人，其中专任教师962人。有来自全国28个省、市、自治区的全日制普通在校生16385人,。学院占地面积79万平方米，建筑面积46万平方米。

【教学工作】　（1）按照应用型本科办学目标要求，组织开展千门课程教学大纲修编工作。研究制定了《南阳理工学院本科教学质量与教学改革工程实施方案》和有关落实方案的具体管理办法，争取3到5年内在“质量工程”有关建设内容方面实现较大的进步和突破。（2）加强学科专业建设，提升办学实力。结构工程获批河南省高等学校重点学科，土木工程专业获批河南省高等学校特色专业建设点，实现了省级重点学科和特色专业建设工作零的突破。《土木工程施工》获省级精品课程荣誉称号，实现了省级精品课程（本科）零的突破。（3）做好日常教学安排，加强日常教学秩序检查和教学督导，组织期中教学检查，切实进行教学过程管理。加强对学生上课情况、教师教学情况和教学质量的日常检查和监控；规范课堂教学行为，提高课堂教学质量；组织开展教学工作总结；严格课程考试管理并认真组织实施，狠抓考风考纪；确保教学工作和教学秩序平稳、高效、有序运行。（4）开展教学改革和研究，组织院级教学改革和教学研究项目立项55余个，鉴定通过教学成果4个，结题验收教改教研项目18个；立项建设《电路理论》等8门院级精品课程，首次采用网上验收形式对42门校级精品课程进行年度验收；24名教师获青年教师教学技能竞赛奖励。组织开展了优秀教案评选和首届优秀教育教学改革论文评比。以竞赛为载体，促进教师教学基本功的有效提升。组织申报了汽车服务工程、给排水工程、电子科学技术、市场营销、中药学等5个本科专业和国际商务等11个高职高专拟招生专业。认真组织开展学位授予工作，授予10个专业2019名本科毕业生（含专升本学生及成人本科毕业生）学士学位。在“保证基本教学需要、兼顾重点”的原则下，积极开展实验室建设工作。（5）做好教学仪器设备的购置工作，组织开展了实验室建设与管理工作调研活动。全年实施教学仪器设备购置项目38个，新增实验仪器设备1500余万元。新建实验室19个，其中多媒体教室6个，语音室2个。（6）从服务教学出发做好教材管理和建设工作。完成1000余种20余万册教材的订购任务，教材课前到书率达99%。开展了首届优秀教材评选活动。继续完善教材信息库建设，1010余本教材样书入库存档。通过各种形式与多家出版机构建立良好合作关系，力争早日形成稳定、畅通的教材出版渠道。制定并实施了《南阳理工学院合作举办研究生教育工作管理暂行办法》，为举办研究生教育创造条件，积累经验。

【科研工作】　在各级科研主管部门立项97项，比2007年增加20项。高层次项目立项取得重大进展。社科和软科学项目获省级立项14项，是建校以来最多的一年，并且首次获河南省政府决策研究招标课题立项；3项课题获河南省社会科学规划办立项，继2007年实现零突破后有了更大的发展；8项课题获河南省科技厅软科学立项，是建校以来最多的一年。共获各类科研成果奖励65项，比2007年增加24项，增幅达58%。《新建本科高校发展战略研究》获河南省发展研究奖二等奖，是2008年获得的最高层次社科成果奖励。共有61项科研成果通过各级鉴定（结项）。其中通过省级鉴定项目36项。举办了学研产工作论坛，扩大与兄弟高校、科研院所的联系。全校教职工发表学术论文656篇，比2007年增加77篇；其中核心期刊论文225篇，SCI、EI等“三大索引”收录论文62篇。出版各类著作68部，比2007年增加20部。一项专利正处在公示阶段，一项专利国家知识产权局已经受理，正在审查。

【学生教育与管理】　按照“巩固、提高、创新”的原则和“入网、入学、入心”的要求，密切结合学生的专业学习、身心发展和素质提高的需要，做好学生教育与管理工作。以“明德修身”系列活动为重点，深入开展“四项教育”，学生综合素质进一步提升。坚持集体辅导和日常咨询并重，知识传授和危机干预同举，通过构建“零缝隙”校园心理危机预防和干预体系，对学生进行了全员心理健康教育。创新学生教育形式，逐步实现新生入学教育、毕业生教育和心理健康教育的专题化和课程化，学生思想教育日渐规范。学生思想道德水平逐步提高，生化学院林荣威等8名同学勇救落水儿童，被授予“河南省见义勇为先进青年群体”荣誉称号，在全省树立了南阳理工学院大学生的良好形象。坚持以人为本、学生至上、服务基层的理念，构建和谐稳定的学习生活环境，完善日常管理和服务，工作效率和质量不断提高。不断落实有关政策，提高学生工作队伍整体素质。积极开展良好学风培育和引导工作，学生的创新精神、实践能力、就业竞争力、社会生存能力明显增强，在各级各类竞赛中屡创佳绩，2008年全国大学生英语竞赛获国家一等奖，“正保教育杯”第四届全国ITAT教育工程就业技能大赛获一等奖，首届全国大学生先进制图技能大赛获机械类团体三等奖，2008中国机器人大赛获三等奖3项，第九届中国智能机器人大赛获一等奖，全国大学生数学建模竞赛获全国二等奖。116名毕业生成功考取研究生，其中“985”和“211”高校占相当比例。以不让一个学生因家庭经济贫困失学为宗旨，把对学生经济解困和精神解困有机结合起来，进一步完善助学帮困体系，加强对贫困生的资助力度。开辟了新生入学绿色通道；建立了贫困生档案；全年共发放各类奖助学金1053万多元，发放国家助学贷款485万多元，发放贫困生越冬物资价值4万多元；加强后勤保障，用水并入南阳市自来水网，确保学校用水安全。与市电力公司合作建设中心配电室，彻底解决学校电力设施落后问题。完成了南宁园的建设，校园增添新景观；张仲景药用植物园被南阳市定为林木物种珍稀库。坚持教育和管理并重、服务育人和环境育人并举的人性化服务原则，扎实开展“学生满意工程”，完善安全设施，推行安装公寓保险箱，建立出入口监控系统，开放学生公寓自习室，努力打造学生公寓舒适、安全的育人环境。

【师资队伍建设】　根据“高起点、分步走、可持续”的师资队伍建设指导思想，引进与培养相结合，引进近40位硕士学历以上人员到院工作；有计划地支持优秀教师外出进修；以“教师培训年”活动为契机，积极开展各种形式的教师培训，尤其注重新进教师的岗前培训，教师的教育理念、教学水平、教风等有明显提高。9位教师获教授任职资格，43位教师获副教授任职资格，通过绝对人数继2007年第二次居全省高校首位；严格评审质量，引导教师注重科研成果的质量和学术水平，端正学术风气。聘请了14名外籍教师来校任教，基本上满足了相关专业的教学需要，注重对外籍教师专业水准的要求。评选出省学术技术带头人2人，省教育厅学术技术带头人4人，市学术技术带头人3人，市优秀教师4人。继续开展中级职称聘任竞聘上岗，为深入实行全员聘用积累提供经验。对编外聘用人员进行了摸底清查，着手解决劳动法合同法涉及的有关问题。

【国际交流与合作】 进一步拓展国际间校际交流与合作，实现了国际教育从“由内到外”一条路变为走“由内到外、由外到内”两条路合作办学的新格局，形成了国际教育的亮点。与加拿大南蛮中医学院签署了在国内外分阶段开展中医本科合作教育，实现了中外合作“3＋2”五年制分阶段教育的新模式。与韩国马山大学签署了在马山大学设立南阳理工学院张仲景国医学院马山分院的协议，实现了学校在国外设立分院的突破。与韩国东医国际学院签署了教育合作备忘录，在本科生海外教育、各种职业培训等领域达成合作意向，进一步拓展了海外办学领域。积极开展国际间友好往来，加强对外宣传力度，逐步扩大学校国际影响。继续加强与新西兰、日本等国合作院校的合作交流。与新西兰惠灵顿维多利亚大学签署《学生奖学金选拔备忘录》和新一轮《教师发展项目备忘录》；组织完成合作办学项目的专业调整；2006级本科层次的赴新学生签证通过率100％。合作办学项目在校学生连续两年获得新西兰国家奖学金。2008年12月12日，南阳理工学院接到新西兰教育部国家奖学金申请委员会的来电和传真，祝贺该校与新西兰惠灵顿维多利亚大学合作办学项目2006级学生郑芳获得约合16万元人民币的新西兰国家奖学金。该奖学金由新西兰教育部和惠灵顿维多利亚大学联合颁发。新西兰国家奖学金是由新西兰政府办赴新西兰留学学生提供的单笔最大数额的奖学金，由新西兰教育部直接负责受理申请和办理，申请范围向全世界156个国家和地区，每年在中国通过名额仅为3～5名。积极推进合作办学项目的教学改革，加强教学管理，合作办学项目教学质量保障体系已经初步建成。与日本大分大学校际交流项目顺利开展。制定和完善外国留学生外事、学籍、教学、学生管理及生活管理制度，加强在校外国留学生的管理，为留学生提供良好的学习和生活环境。提高外国留学生的规模与质量。努力扩大在韩国招生宣传，留学生总数达到74名。组织多场留学说明会，对国际交流与学生就业的结合进行了探索，努力开拓毕业生国外学习就业渠道。

【就业】 在巩固长三角、珠三角、京津塘等就业基地的基础上，积极开拓新的就业基地。配合相关单位开展空军飞行学员招收、省选调生选拔、“大学生村官计划”等工作，空军飞行学员招收成功率居河南省高校前列。建立“全程化就业教育网络学堂”，开发应用“用人单位信息库系统”，完善毕业生就业服务信息化手段。坚持就业情况统计报告制度，加大就业率核查力度。举办2009届毕业生就业招聘会和多场专场招聘会，2008年全校毕业生平均就业率97.45％，比上年增加4个百分点；正式签约率增加4.7个百分点。其中本科就业率98.56％，比上年增加近4个百分点；正式签约率增加10个百分点；专科就业率增加3.7个百分点。

【校园网建设】 加强网络建设，添置了必要的设备和网络信息安全产品，保证校园网的稳定运行，努力使校园网建设继续保持省内领先水平。以满足教学科研需求为目的，新增图书6万册；新增教参教辅数据库、网上报告厅视频资源数据库、清华同方中国工具书集锦在线、中国重要报纸、重要会议论文全文数据库等专业数据库，网上电子图书资源大为丰富。宣讲中华优秀传统文化的新平台——“文化茶座”开讲，师生反响良好并受到社会关注。

【黄兴维到校调研】　4月30日，中共南阳市委书记黄兴维、副书记贾崇兰到校调研并与校领导班子座谈。在听取了党委书记安身健、院长姚锡远就学校办学情况、发展思路等工作汇报后，黄兴维对校领导班子卓有成效的工作和学校多年来为南阳经济社会发展所作的巨大贡献给予高度评价。黄兴维指出，经过20年的发展，南阳理工学院实现了由地方性职业大学升至本科院校的重大突破，特别是升格本科，扩大了南阳高等教育规模，优化了高等教育结构。在今后的发展中，一要牢记育人为本。立足南阳，面向全国，努力把南阳丰富的劳动力资源变为建设小康社会的优秀人才。二要坚持质量兴校。坚持培养和引进两手抓，加大培养力度，造就一批具有创新能力和发展潜力的重点学科带头人和中青年学术带头人。三要突出南阳特色。紧密结合南阳实际，进一步突出理工特色，突出南阳特色，突出开门办学特色，努力培养高素质应用人才。四要勇当创新先锋。在南阳的创新发展中找准定位，坚持产学研相结合，坚持创新和创业并重，集中力量在南阳重点领域取得突破，为南阳高新技术产业化作出新的更大的贡献。黄兴维强调，要认真贯彻党的教育方针，坚持社会主义办学方向，积极探索现代大学教育和办学理念，处理好改革、发展和稳定的关系，巩固和发展来之不易的良好局面，努力把理工学院建成立足南阳、面向全国、在世界有影响的一流大学，为南阳的大发展、快发展，为南阳加速实现高新技术产业化提供强大的人才和技术保障。市直有关部门主要负责人参加座谈。座谈会后，黄兴维查看了学校的新校区，走进学生寝室与大学生交谈。最后还来到学生食堂与大学生们共进晚餐。

【举办全国院校发展战略规划研讨会】　6月28～29日，由学校和华中科技大学教育科学研究院共同主办的全国院校发展战略规划研讨会在校举行。副市长李建豫出席开幕式并致辞，党委书记安身健致欢迎辞，院长姚锡远介绍学院事业发展基本情况和发展规划，研讨会由中国高等教育学会常务理事、中国高等教育学会期刊工作分会理事长、华中科技大学教育科学研究院院长张应强主持。围绕“发展战略规划”这一在高校事业发展中起着引领作用的重大问题，以及各校在办学实践中遇到的共性问题，诸如：发展战略规划在高校事业发展中的作用如何体现，如何理解和认识“应用型本科”，怎样去办应用型本科，人文教育如何开展，如何处理教学与科研、“多科性”与“综合性”之间的关系等等，来自华中科技大学、陕西师范大学、武警北京指挥学院、肇庆学院、怀化学院、咸宁学院、荆楚理工学院、合作民族师范高等专科学校等高校的领导和专家和学校领导进行了的研讨。

【举办张仲景经方应用专家论坛】　9月21日，由国家科技部、国家中医药管理局、河南省人民政府联合主办，南阳市人民政府承办，南阳理工学院协办的中国·南阳第七届张仲景医药科技文化节”张仲景经方应用专家论坛暨南阳理工学院特聘客座教授聘任仪式”在校举行。中国中医科学院孟庆云教授、广州中医药大学黄仰模教授分别作了题为《〈伤寒论〉的医学模式对〈内经〉的突破》和《〈金匮要略〉的注家、注本研究》的学术报告，并受聘为学校客座教授。

【举办全国语言文字与中原文化高层学术论坛】　9月27～29日，由学校与郑州大学、河南省文字学会联合举办的全国“语言文字与中原文化”高层学术论坛举行。来自北京大学、清华大学、复旦大学、厦门大学以及河南省内19所高校的30多名著名语言文字学专家学者应邀赴会，围绕“汉语汉字发展走向”、“中原语言文字与地域文化”、“汉字文化的兴盛与崛起”等问题进行了广泛深入的讨论。

论坛结束后，学校举办了学科建设与发展咨询会，听取与会专家就学校学科建设与发展方面的意见和建议，中共南阳市委副书记贾崇兰、副市长李建豫出席咨询会。

【《南阳理工学院学报》获国家正式刊号】 8月11日，国家新闻出版总署《关于同意创办〈南阳理工学院学报〉的批复》，同意《南阳理工学院学报》创办，双月刊，大16开，公开发行，新编国内统一连续出版物号（即CN刊号）为CN41－1404/Z。4月20日，院党委决定成立学报编辑部。

【8学子勇救溺水父子引起强烈反响】 林荣威、袁庆飞、屈帅帅、赵庆红、胡庆涛、朱姝宾、关琳飞、梁宗勤等8位同学是南阳理工学院生物与化学工程学院精细化工专业061421班学生。6月7日下午，在南阳市城区南阳大桥北钓鱼台附近，市民朱建立带着7岁的儿子，凭借一条汽车内胎在白河练习游泳时突然溺水，林荣威等4位男生先后跳入8米深的白河中，对溺水的父子进行施救。在其他同学的帮助下，父子两人成功脱险。在安抚父子后，林荣威等人没留姓名悄然离去。事后，在被救者多方打听并经媒体寻找后才得知他们全是南阳理工学院的学生。6月11日下午，南阳理工学院召开“见义勇为优秀大学生表彰大会”，对8名学生的义举进行表彰，授予林荣威等8名同学“见义勇为优秀大学生”荣誉称号，并每人颁发600元“见义勇为”德育单项奖学金。共青团南阳市委授予林荣威等8位同学“南阳市见义勇为好青年”荣誉称号。学生代表关琳飞在会上把刚刚获得的奖金全部捐给汶川地震灾区。6月20日，共青团河南省委、河南省青年联合会作出决定，授予林荣威等8名同学“河南省见义勇为先进青年群体”称号。中国教育报、河南日报、南阳日报、大河报、东方今报等多家媒体进行了报道。搜狐、新浪、网易、凤凰网、百灵网、汉网、中国文明网等网络媒体纷纷转载相关报道。（逯忆）

南阳医学高等专科学校

【南阳医学高等专科学校概况】 2008年，学校占地面积1132亩，建筑面积45.4万平方米，固定资产6.3亿元，教学医疗设备总价值1.6亿元，建有综合实验中心和现代教育技术中心。全校共有教职员工1975人（含三所直属附属医院），其中教授、主任医师等正高级职称54人，副教授、副主任医师等副高级职称243人。各级各类在校生21733人。图书馆藏书86万册，中外文期刊1500余种，建有图腾图书集成管理系统。拥有直属附属医院3所，规模床位达到1246张。

【干部队伍建设】 按照市委组织部整体工作要求，制定党员干部培训计划，建立学校党员信息库、干部信息库，举办了首期副科级以上干部培训班，参加培训143人，选派6名干部参加省、市委组织部和省高校工委组织的干部培训，并对114名副科级以上试用期满干部进行了考核转正；在公开选拔配备附院领导班子的同时，完成了一、二附院科级干部竞聘工作；强力实施“人才强校”战略，深入开展“教师培训年活动”，有21人荣获南阳专业技术拔尖人才称号，占南阳市命名总人数的11%。在2008年全市组织工作会议上，学校做了题为《创新选拔机制、选准用好干部》的典型发言。

【评建工作】 11月12～15日，教育部高职高专院校人才培养工作水平评估专家组经过严格的评估，对学校的整体办学实力和人才培养工作给予了高度评价，学校最终取得优秀等次。

【师资队伍建设】 学校加大对高层次人才的培养与引进力度，着力打造一支学风优良富有创新精神的教师队伍。新引进硕士研究生36人、合同制外籍教师2人，有3人在读博士学位，2人博士研究生毕业，有21人获南阳市专业技术拔尖人才称号，3人被国家中医药管理局授予“全国优秀中医临床人才”称号；学校继续加强对“名师名医”创建对象的培养，积极支持、组织教师和临床专业技术人员参加相关的执业资格考试和职称转评，124名教师获得

“双师”资格认定，“双师型”教师达到210人；制定青年教师培养方案，落实老教师“一帮一”传帮带工作，一名人被列为河南省青年骨干教师资助对象；狠抓教学团队建设，中医学教学团队被评为省级教学团队，解剖学、护理学等14个教学团队被定为校级教学团队建设项目。

【专业建设】　按照“发挥资源优势，强化技能教学、提高基本素质”的要求，加强专业和课程建设。（1）先后投资1951万元用于迎评，其中700多万元装备了针灸推拿、药学、中医学等实验实训室和计算机实验室、数字语音室、多媒体教室、精品课程录播教室。（2）加强教材建设，培育特色精品课程。学校主编的高职高专教材《医学影像解剖学》、《医学影像学》被评为国家“十一五”规划教材，荣获全国首届医学职业教育优秀教材奖。《中药学》、《生理学》等6门课程确定为校级精品课程建设项目。针灸推拿专业被确定为河南省特色专业，针灸推拿实训基地被确定为河南省高职高专示范性实训基地建设项目，2008年争取到中医药学校实训基地建设项目资金300万元。

【教学工作】　学校继续强化专家听评、系（部）监督、学生评教、教案展评四位一体的质量评价体系，坚持学校领导联系系（部）制度、系（部）领导听课制度、教学检查制度等；形成了日常专家督导、期中教学检查、期末教学评比和教学信息反馈体系。完善学校、系（部）、学生三级教学质量监控机制，把师德师风建设纳入教师年度考核当中，增强广大教师教书育人、为人师表的自觉性和主动性，专家督导组全年听课827人次，教师年度优秀课率保持在85％以上；深化教学方法和手段改革，运用多媒体、语音室等现代教学手段，融“教、学、做”为一体，学生实践动手能力明显增强。在“河南省第十二届多媒体教育软件大奖赛”中，学校选送的6件作品全部获奖。

【科研】　全年落实资助、匹配科研经费23万元，申报科研课题51项，获取省、市级立项24项，取得省、市级成果58项；《中西医结合机能学实验体系的建立》等5项教学改革成果顺利通过了河南省教育教学成果鉴定，《亚健康大鼠模型的研制》等5项科研课题分别在省教育厅、南阳市社科联立项，医教研相辅相长。发表论文325篇，编写规划教材56部，专著9部。《国医论坛》杂志全年出版6期，发行范围覆盖8个国家。

【学生管理】　6月25日举行了首届团代会暨学代会，李筱珂当选为南阳医专第一届团委书记；健全了学生管理组织，形成上下联动的育人体系；完善学校、系（部）、班级和心理辅导协会组建的四级心理辅导网络，开通心理咨询网站，首次将一种新兴的心理治疗手段——“心理工作坊”运用于心理健康教育实践中；建立学生电子档案，完善学籍管理制度；改革奖学金发放办法，进一步完善以国家助学贷款、勤工助学为主体，其他资助形式为辅的助学体系，全年发放各类奖学金347.65万元，为620名贫困学生办理助学贷款304.7万元，调动了学生勤奋学习的积极性。

【学生就业】　建立就业飞信群，加强与毕业生和用人单位的联系；举办就业辅导讲座，举行大学生职业规划大赛，引导学生树立“先就业后择业、先立足后发展”的就业理念；落实“大学生村官”计划和“三支一扶”计划，选拔56名毕业生到农村担任党政职务，招募41人到基层支农、支医、扶贫；实施“走出去”战略，坚持“以实习促就业”，积极开发国内外就业市场，同国内外多家医药企业、人才输出机构建立了合作关系，5月28日向英国输送了16名带薪实习学生。全年举办毕业生就业洽谈会16场，200余家用人单位参加，提供就业岗位2500多个，2008届毕业生一次性就业率达85％，继续保持“河南省普通大中专毕业生就业工作先进集体”称号。

【招生】　利用教育部“阳光高考”招生信息平台和省、市教育网络、媒体，介绍学校办学优势，扩大招生宣传，生源范围扩大到18个省。共招收各级各类学生9000余名，创历史新高，第一志愿报考率和新生报到率居全省同类院校前列。

【对外交流与合作】　按照“请进来，走出去”的工作指导思想，先后与美国国际专家组织、加拿大海外专家服务组织、澳大利亚国际经济文化和教育交流中心等30多个文教专家组织机构进行了广泛的联系和沟通，获得了丰富的文教专家信息资源。4月份、12月份聘请来自英国的外籍文教专家迪维安.戈温德和马休德·雷扎克来校工作。

【精神文明建设】　以构建和谐校园为目标，积极组织“新风育师德，正气促和谐”为主题的师德教育活动和“全国百万青少年‘我承诺：做一个有道德的人’网上签名活动”，增强师生的文明素养。一附院党委委员、工会主席兼副院长郭遂成荣获“全市道德模范”称号。在“支援新农村，建设农村书屋”活动中，广大教职员工踊跃捐书2600余册。学校图书馆与南阳市文化传播有限公司联合兴建仲景文化特藏馆，收集古籍文献1000余册，历史文物300多件。通过省级文明单位届满验收，被评为“南阳市‘三理’教育先进单位”、“南阳市职业道德建设先进单位”等荣誉称号。

【后勤服务】　严格执行《南阳医专关于基建、修缮工程项目审计暂行规定》、《南阳医专财务管理制度》等，细化对人、财、物的管理，杜绝跑、冒、滴、漏和公物资产丢失、损坏、浪费现象；开展内部审计，强化对基建、修缮、物资采购等的管理，采用两审（一决一审）基建造价的方法，一审按造价的2‰取费，二审按审减额取费。全年审减金额37万元，节约开支，提高了资金使用效率；2008年11月19日～12月8日，省审计厅受省委组织部和省监察厅委托，对方家选校长2005年5月～2008年8月的任期经济责任进行了审计，对学校及其下属6个单位的财务进行了全面的审计和落实，没有发现校长违反财经纪律和领导干部廉政规定的情况，并对学校的办学条件、整体发展和内部管理等给予了充分肯定。并将中医药学校和一职专的账号同医专的账号进行了整合。

【基础建设】　财政一次性拨款617万元，建设体育训练馆，解决了100万元贷款贴息，有力地促进了学校建设。全年完成绿化面积3.45万平方米，铺设排污管道400多米，修建透绿围墙917米，主校区被命名为市级园林单位，东校区被命名为省级园林单位。新征发展用地239.13亩，学校总体占地面积达到1132亩。

【附属医院建设】　三所附院牢固树立“以人为本，以病人为中心”的服务理念，充分发挥教学医院的人才和设备优势，扎实开展“医疗服务质量管理效益年”活动，内强素质、外树形象，各项工作稳步推进。一附院狠抓医疗服务质量，强化全方位管理，形成人人、处处、时时抓医疗质量的良好局面。全年门诊量210万余人次，住院人数23589人次，完成大中型手术5102例，全年业务收入1.58亿元；二附院坚持“综合发展，特色突出”的办院宗旨，努力打造具有中西医结合特色的一流医疗保健中心，顺利晋升为国家二级甲等中医院。成立了“120急救站”，全年门诊量10.3万人次，住院人数1825人次，完成大中型手术643例，全年业务收入1460万元；三附院在激烈的医疗市场竞争中迎难而上、拼搏进取，在竞争中求生存、求发展。积极参加“曙光行动”，深入乡镇，全年完成白内障免费手术400余例，赢得了社会各界的赞誉和信任。全年门诊33160人次，住院病人1770人次，全年业务收入727万元。（田琳　毕大鹏）

南阳广播电视大学

【南阳广播电视大学概况】　2008年，学校有教职工66人，其中专职教师33人，技术人员20人，管理人员13人；具有高级职称的6人，中级职称的31人，初级职称的16人。外聘专兼职教师和辅导员42人。各类在校生5100人，下设8个电大分校

(工作站)。学校占地66亩,总建筑面积38000平方米。学校拥有现代化教学大楼、电教实验中心,数控机床实训工厂、图书馆、体育馆、计算机中心、校园网络、投影室、语音室、卫星接收系统及物理、电工、电子实验室等教学设施,固定资产4000余万元。图书馆藏书6万余册,各类中外期刊150种,报刊35种,微机500多台,10个投影室。2008年,校党委被市委授予"全市五好基层党组织"称号,学校被授予"全市思想政治工作先进单位"称号,被宛城区授予"平安校园建设先进单位"称号,被省电大授予"招生先进单位"称号,被市老干局授予"全市老干部工作先进单位"等。

【德育教育】 重视强化学生德育工作,在全体教职员工中深入贯彻"学校教育,以生为本"和"德、智、体、美,德育为先"的理念,坚持"课堂灌输、活动渗透、制度约束、实践强化"的方针,在发挥课堂主渠道教育的基础上,利用主题班会、团课和丰富多彩的活动把党的十七大精神渗透到学生德育教育中去。全年共有200多名学生向党组织递交了入党申请书,七一前夕,在高年级学生中(主要是五年制大专和普通大专)发展了102名新党员,并另有5名青年教师入党,为党组织输送了新鲜血液。5·12四川大地震后,全体师生纷纷伸出援助之手,共计捐款13563.9元,全体党员交纳特殊党费10320元,全体教职员工向灾区捐赠衣被计206件。

【招生】 坚持"多元办学"是学校发展的必由之路,成人学历教育、中职中专教育和继续教育培训等都是电大生存和发展中不可缺失的组成部分。学校继续把中职中专招生作为各类招生的重点,校级领导率先下县进行招生宣传,全体教职工利用节假日和休息时间深入到各学校发动生源。当年招中专生566名,其中校外班163人。坚定开放教育作为电大主业不动摇,春秋两季共招收开放教育学员1054人。从2007年开始,学校凭借电大自身的办学优势,提出中专套读大专的模式,2008年对套读大专模式进行更为广泛的宣传,使免试注册学生达到600余人。网络教育作为开放教育的补充,全年共招收郑大、中南、南开等网教学生512人,比2007年有较大增加。继续教育培训方面,全年组织并服务了工商系统计算机培训5期240人,初中英语教师岗位培训6期711人,初中数学教师岗位培训4期600人,保险代理人考试9040人次和司法考试培训等。

【教育教学改革】 学校明确"以服务为宗旨,以就业为导向"的中职教育办学方针,通过深化教学改革,力求从传统的知识教育为主,学历教育为主和课堂教育为主的模式中摆脱出来,确立了以技能教育为主、就业教育为主和实践教育为主的思想观念,努力用新的教育观指导教学实践。(1)深化课堂教学改革,科学选定教材,改进教学方法,着力提高课堂教学质量;(2)完善学生学业成绩评价体系,结合期中考试、平时作业、课堂考勤、期末考试等综合评定学生学业成绩;(3)强化实践环节,加大实践教学力度和强度,着力提高学生职业技能水平,春期组织07级数控专业学生进行为期12周的实践实习,秋期组织07级数控机电专业学生进行为期14周、08级数控专业学生进行为期6周的实践实习活动;并开展了学校首届技能月竞赛活动,大大提高了学生的职业技能水平;(4)实施套读大专计划,努力探索"双学历"人才培养模式。同时,学校高度关注教师队伍建设,秋期面向社会公开招聘9名专业教师,拟对部分符合人事代理条件的人员实行人事代理,逐步建立起一支相对稳定的专兼职教师队伍。在成人教育教学管理中,重视网络教学的平台建设,不断规范学员作业及形成性测评成绩的体系管理,积极探索满足个性化学习需求的教学模式,主动做好不同层次、不同专业学员上网学习的支持与服务。在对各教学点的服务管理中,充分考虑到各教学点的实际情况,做到主动服务,在QQ上组建了"南阳电大教务、考务群",保证电大系统的信息交流和沟通更加快捷方便。

【校园建设】 在内部管理方面，确定了“稳定、规范、和谐、高效”的基本要求，着重围绕创建和谐校园及市级文明单位开展工作。继续坚持行政值班和教职工签到制度，加大值周组督促检查工作的力度，实行值班情况实名通报制度，逐步形成规范有序的工作环境；按照全市开展“效能建设年”活动的要求，明确和公示各内设部门的工作职责，出台处室工作效能和作风建设的评议办法，着力提高办事效率和工作效益；优化学生管理队伍，配备男女生专职辅导员，不断增强班主任的责任意识，制订学生日常行为规范和违纪处理规定，加强学生的科学管理；做好市级文明单位的争创工作，认真搞好文明细胞建设，积极开展“文明个人”、“文明宿舍”、“文明班级”和“文明处室”各项创建活动；重视校园文化建设，校园剧社、文学社、文艺队、书画社等学生社团积极开展活动，丰富了校园文化生活；每个教室还制作了警句格言，文化氛围更加浓厚；重视学校的安全管理，加强了领导力量，突出了对重点部位的安全防范和对校内流动人员及车辆停放的有效管理，继续做好学生封闭管理、门卫值班和安全巡逻，致力于打造平安校园；强化校园环境建设和管理，强化食品安全和伙食管理，做好各类设施设备的及时维修、维护与管理，确保了学校整体工作的正常运转。（李春雷）

职业技术教育与成人教育

【职业技术教育与成人教育概况】 2008年，积极开展职教宣传周活动，营造全社会关心支持职业教育发展的良好氛围；加大宣传力度、改革招生政策、完善贫困生资助体系，认真做好招生工作，完成省定的招生3.7万人的目标任务；积极实施中等职业学校基础能力建设计划。南阳市第四中等职业学校、社旗县中等职业学校获得年度国家基础能力建设计划项目资助，每所学校获得专项经费280万元；积极开展“职教强县”创建活动，镇平县被推选为全省“职教强县”候选县。深入实施“成教兴农工程”。紧密结合农村经济发展和产业结构调整的实际，大力开展农民技术培训、进城务工人员培训和科技推广工作，全年完成各类培训94万人次，引导农村富余劳动力向非农产业和城镇转移，大力发展现代农业，推进社会主义新农村建设，增强职业教育服务当地经济建设能力。全市各类中等职业教育学校达100所，其中国家级重点职业学校13所，省级重点职业学校6所。

【全省职业教育与成人教育为新农村建设服务工作现场会在宛召开】 5月15日，现场会在南阳召开。河南省教育厅职成教处处长董丞明、省职业教育教学研究室主任黄才华、省成人教育教学研究室主任臧怀森、书记谭玉辉和各省辖市、重点扩权县（市）教育局主管职成教工作的副局长、职成教科科长等参加会议。河南省教育厅副厅长崔炳建出席会议并讲话。南阳市委副书记贾崇兰致辞。南阳市教育局局长贺国勤做了《大力发展农村职成教育为建设社会主义新农村提供人才支持》的经验介绍，郑州市教育局等4个单位也从不同侧面介绍了职业教育与成人教育为新农村建设服务的经验和做法。全体与会人员于当日下午，到镇平县就职成教育为新农村建设服务工作进行了现场学习考察。

【组建起5个职业教育集团】

2008年，南阳市为加快全市中等职业教育发展，逐步实现中等职业教育集团化、规范化、连锁化办学，在2006年组建南阳科技职教集团的基础上，又组建起5个职业教育集团。它们分别是：南阳农业职业教育集团、南阳工业职业教育集团、南阳现代服务业职业教育集团、南阳机电职业教育集团和镇平县玉雕职教集团。上述职业教育集团是分别依托南阳市电子电器中等职业学校、南阳农业学校、南阳工业学校、南阳经济贸易学校、南阳市高级技工学校和镇平县工艺美术中等职业学校而组建的。

【参加全省职业技能竞赛】 2008年，全市共选派16个代表队64人参加全省竞赛，成绩显著。其中，11人获一等奖，22人获二等奖，28人获三等奖，32名教师获优秀辅导奖，4个代表队获团体奖。

【河南省南阳市农业学校】 学校占地42.59公顷，校舍建筑面积13.5万平方米，图书馆藏书18万余册，教学仪器设备1500万元，固定资产近2亿元。2008年招收新生2650人，毕业学生2613人。在校生人数达8052人。学校继续保持省级文明单位称号，荣获“河南省职业教育先进集体”、“南阳市学校思想政治工作先进单位”、“南阳市三理教育先进单位”等荣誉称号，学校党委先后被授予“全市‘五好’基层党组织”、“全省‘五好’基层党组织”。实施两区办学。计算机系、电子系2000多名学生顺利搬迁到新校区学习、生活。新校区启用，教学、学生管理等工作有序开展。加强对食堂、服务部食品的检查和管理，学校被评为“饮食卫生先进单位”和“疾病防控先进单位”，新校区被市商务局授予“2008年放心肉工程星级模范单位”综合市场管理规范，《南阳日报》和南阳电视台新闻分别进行了宣传报道。校办产业。绿白奶业公司严抓管理和产品质量，成功应对“三鹿毒奶粉事件”，抓住国家整顿奶源市场的有利时机，逐步建立稳定的奶源基地，提高原料奶质量。为三农服务。学校派出专业教师到淅川县金河镇下吴村和新野上港开展新农村建设帮扶工作；承担了省下达的扶贫开发项目4项；完成415名劳动力转移培训工作。

（一）队伍建设。（1）加强教师队伍建设。学校加强师德师风建设，强化教师教学基本功训练，重点加强新进教师教育教学能力培训，48位新教师与指导教师签订了帮带协议；省市优质课评选中，学校获一等奖1名，市一等奖5名，5位教师获得市“第五批专业技术拔尖人才”，6位教师获得南阳市“第十二批学术技术带头人”称号；推荐国家级和省级骨干教师培训10名，按教育部门要求对全市73名教师进行了教育技能培训；教师在CN级刊物发表论文57篇，申请省、市级教育教学改革项目18项，获省级科技进步及教育教学成果奖4项，获市科技进步奖2项，出版教材7部。（2）加强学生管理队伍建设。严格执行《南阳农校班主任工作规范》，明确班主任八项工作质量注意事项，甄选120名责任心强的教师组成班主任的核心队伍，加大对班主任工作的考核和奖惩，坚持班主任教育周例会制，以会代训，增强班主任工作的科学性、针对性和有效性。

（二）教学工作。（1）规范教学行为。认真执行《南阳农校教学工作规范》，严格教学纪律，加强教学督导，完善教学质量监控体系，规范教学行为。（2）突出实践教学。深化教学内容和教学方法改革，构建、组合课程体系；秋期对语文、数学、英语三门课的考试方式进行改革，使基础课教学能更好地适应企业招聘考试需要；组织学生开展各项技能竞赛和实践活动，提高学生的专业技能；加快实验室建设，投资260万元，组建PLC实验室，完善汽修实验室，在新校区新建成电工电子实验室。

（三）学生管理。（1）深化养成教育成果。全面落实《南阳农校学生品德操行实施考核细则》和《养成教育实施方案》的规定，端正学生个人行为习惯，提高学生应职能力，强化对学生纪律、卫生等方面的监督检查，学生讲文明，懂礼貌，纪律观念得到加强，受到招聘企业好评。（2）开展主题教育月活动。相继开展了文明卫生强化月、文明礼仪月、安全教育月、感动服务月、心理健康月等主题教育活动，在全市大中专院校中首创学生学习《弟子规》活动，充分利用宣传栏、广播、《文学书画报》、国旗下的演讲等多种渠道对学生进行思想道德教育和文明行为规范教育，教育学生会做人、会做事，形成良好的校风、学风。（3）加强学生的思想政治工作。召开第一届学生思想品德工作研讨会，开展“三理”教育，通过普及心理、生理知识，开展健康心态训练活动，学校成为南阳市“三理”教育示范带动工程示范单位；坚持开设有校级及全体中层干部担任主讲的德育综合课讲座，分12个专题对全校学生进行择业创业，行为规范等方面的教育，培养良好的职业道德和职业技能。（4）开展阳光体育活动。科学安排学生早操、大课间操、课外体育活动，确保学生每天运动1小时，围绕迎奥运开展了一系列体育比赛活动，举办第23届秋期运动会。

（四）招生就业。（1）招生。严格执行国家有关中职招生政策，扩大外省、地市生源，与内蒙、青海、甘肃签订招生计划；积极与大专院校联系，开拓成人教育办学资源。（2）就业。健全实习学生管理的规章制度，加强与企业、与学生的沟通，2008深圳富士康科技集团、中兴集团、华为公司等20多家企业进行40多次招聘，农学、牧医系对本系学生也进行了对口安置，就业率达到99%以上；新增加达丰等四家企业作为校园招聘企业；参加华为惠通公司举办的校企合作交流会，被确定为优秀校企合作学校。

（五）党建工作。加强党支部建设，对党支部进行了重组、改选，共设11个党支部；新提拔任用了正科级干部8名、副科级干部14名；发展党员31名，8个党支部保持“五好”党支部的称号，受市直表彰的思想政治工作先进个人6名，党委书记王胜利被授予市直“二十佳党建带头人”，汶川大地震发生后，173名党员交纳特殊党费21860元。

（六）精神文明建设。开展文明学生、文明班级、文明科室、文明标兵等群众性文明细胞创建活动；开展丰富多彩的校园文化活动，组织策划了“市直大中专院校‘迎奥运、讲文明、树新风’文艺巡演汇报演出暨南阳农校首届‘绿白杯’校园文化艺术节启动仪式”，5.12汶川大地震发生后，广大师生捐款54869.40元，秋期为患病学生李金洋募捐19528元；制订《关于进一步加强和规范学校宣传工作的实施意见》，加强学校宣传工作，南阳电视台、《南阳日报》等新闻媒体先后38次对学校进行了新闻报道。（刘春霞）

【南阳经济贸易学校】　2008年，学校有教职工117人，其中专任教师75人，高级讲师23人，讲师28人，在校生1754人。学校建筑面积26055平方米，藏书45000余册。学校获得省、市级五好基层党组织，保持市级文明单位、省级卫生先进单位等称号。科研成果显著，开展省、市级课题研究5项，省级课件、论文、成果获奖31项，在各级各类报刊杂志上发表论文70篇。

（一）教学工作。（1）深化课堂教学改革，提高品牌教学水平。组织16期课改观摩教学活动，邀请市教育局教科所专家到校观摩课改成果，受到了市教育专家充分的肯定。全年教学管理部门组织全体教师课改相互听课200余次，课改督查听课26次；编写课改动态25期；整理反馈课改信息反馈实录18期；举行课改工作主题研讨交流会18次。开展省市级优质课评比，评选推荐省市级优质课教师7人。课改激发了学生的学习兴趣，提高了教学育人品牌效益。（2）加强专业建设，突出技能教育。以知名企业为依托，新建了摩托罗拉班（电子电器制造与应用专业），改造经贸专业，成立现代物流与电子商务专业和人本经理班（经济贸易与市场营销专业），校企共进、互惠双赢。教学过程中突出技能教育，充分调动学生动手、动脑的积极性。重视“双证”合格率的提高，先后有541人次获得了专业资格证书。组织装潢专业代表队3人参加全省中等职业教育技能大赛，取得了二等奖和三等奖的好成绩。（3）严肃教学常规，狠抓师资队伍。进一步严肃教学纪律，执行各项教学管理规章制度，强化备、讲、辅、批、考诸教学环节的管理，建立了公共课和专业基础课的题库建设，严肃毕业生的资格审查和成绩管理，以考风转变促学风转变。加强教师队伍建设，采取公开招聘的办法，新招聘教师8人。注重教师培训，选拔24名教师参加国家、省、市级培训并召开培训经验交流会。

（二）学校管理。（1）深化准军事化管理，注重养成教育。以自律、奋斗、荣誉、尊严为主题，加强立德教育，成立学生荣誉管理委员会、学生自律管理委员会，建立荣誉制度和学生荣誉档案。加强准军事化管理，以课间站军姿、广播操比赛、卫生纪律双评月、宿舍文化等活动为载体，在就餐、就寝、出操、升旗、上课、自修、交往、集会、活动等方面，从细处着眼，规范学生的行为，使学生养成良好的学习、生活、卫生习惯。（2）强化安全意识，打造"平安校园"。举办"安全伴我成长"应急疏散消防演练活动，副市长冯晓仙等上级领导亲临现场指导观摩。邀请市少年法庭专家和消防专业人士到校为学生进行以案说法和防火自救专业常识讲座。多次开展校园安全大检查活动，落实中层干部24小时值班制度和学生夜间值班巡逻制度。积极协调公安、司法等有关部门，维护好学校及周边治安秩序，学校被评为"南阳市平安建设先进单位"。（3）强化责任意识，优质高效做好后勤服务工作。加强中层、教师、一般干部、工人量化考核和科室工作量化考核。认真落实岗位目标责任制和责任追究制。

（三）招生就业。全年招生604人。在就业工作上，逐步实现校企直供，毕业生共780人，就业率达98%以上。学校认真研究新《劳动合同法》对中职学校毕业生就业的影响，调整与用人单位、人才服务中介组织的对接，先后与深圳富士康集团、青岛海尔集团、温州人本、天津摩托罗拉、苏州华硕、明基集团、北京、广东的高尔夫球场等签订了就业"协议书"，为学生就业直通车奠定了良好的基础。

（四）思想整治与校园文化。（1）认真学习和贯彻党的十七大精神，加强学校党建工作。开展"联系工作实际，畅谈十七大体会"主题教育活动和党员包班联系学生活动，67名党员包班27个，协助班主任做好学生的思想教育，搞好班风建设和学生管理。发展党员18名，其中学生15名。认真贯彻"党员干部十禁止"条例，深入开展"廉政文化进校园"示范点创建活动。（2）开展"迎奥运、讲文明、树新风"活动，丰富校园文化建设。组织师生先后奔赴宛北中专和宛西中专，与两校师生联合举办"迎奥运、讲文明、树新风"校际文艺演出活动。成功承办了由市直党工委主办的南阳市直大中院校"迎奥运、讲文明、树新风"文艺巡演启动仪式和首场演出活动。编印《迎奥运文明礼仪知识读本》，学习普及文明礼仪知识。组织560人参加"努力做个有道德的人"网上签名活动，用实际行动宣传普及"绿色奥运、科技奥运、人文奥运"理念。举办"奥运在我心中"演讲比赛、"中华诗词吟唱会"，开展学生大众广播操比赛和篮球比赛等活动，丰富了学生校园文化生活。（3）开展情系汶川献爱心活动，深化学生爱国主义思想教育。四川汶川发生地震发生后不久，学校连续组织二次捐款活动和交纳"特殊党费"，共向灾区捐款21314.1元。组织全体学生参加全国哀悼日活动，充分发挥学校网站、橱窗、黑板报的作用，把教育的实质内容进网络、进社团、进班级、进宿舍，让学生在汶川地震中，感受社会主义大家庭的温暖，深化爱国主义教育。（刘新　焦中群）

【南阳市体育运动学校】 2008年，学校共有教职工120人，其中专任教师教练102人，拥有高级职称者23人，中级职称者50人，在训队员212人（其中校外训练80余人）。校园面积3.5万平方米，总建筑面积3.2万平方米，藏书5000余册，固定资产总值4000多万元。招收中专新生70多人，毕业学生50多人。

（一）国家体育总局专家组统评南阳体校。12月27日，国家体育总局专家组一行9人莅宛，对备选为"国家高水平体育后备人才基地"的南阳体育运动学校进行统评。国家体育总局从2006年开始，以奥运会四年为一个周期，在全国各类各级体校中开展"国家高水平体育后备人才基地"认定工作。南阳体育运动学校11月17日接受省体育局复审，被推荐为申报"基地"备选学校。此次全国从331所学校中先出24所学校为备选学校，南阳体育运动学校是河南省唯一一所被统评单位。如果成为国家高水平体育后备人才基地，国家每年给基地的配备资金不会低于40万元到50万元。

（二）训练工作。(1)学校参加省级以上比赛15次，其中省锦标赛13次，获9金19银10铜，第四至八名33个，全国少年比赛2次，获2金3银3铜。其中9月26日～30日，2008年河南省赛艇、皮划艇锦标赛在舞钢市举行，学校赛艇队7名年轻队员参加比赛，共夺得7金4银，名列金牌榜第二位、学校自行车队选手杨留和徐玲玲在河南省首届龙峪湾自行车公路计时大奖赛中顽强拼搏，分别获得专业组女子二、三名。(2)改革训练管理机构。训练科成立了6个项目管理中心（球类中心、重竞技中心、田径中心、射击中心、自行车中心、水上中心），恢复了科研室，使训练管理更加层次化、精细化。(3)明确项目层次。自行车、赛艇、皮划艇、篮球、中长跑项目被市体育局确定为重点项目，女足、柔道、竞走为次重点项目，其余为一般项目。(4)学校19支运动队，各队确立主教练1人，助理教练根据各队带队规模确定。(5)面向社会，积极开展体育短期培训。暑假，共有300多名青少年学生参加了短训班，效果良好，并从中选拔了一批优秀苗子运动员。(6)加强业务培训。上半年派男篮主教练、皮划艇主教练赴京学习；下半年学校领导带领训练科及其所属的科研室、医务室人员多次赴外市地观摩学习先进经验。

（三）教学工作。(1)对教学管理机构进行改革。教务科成立了两委（学术指导委员会、教学督导委员会）两部（初中部、中专部）一中心（教学管理辅导中心）。(2)调整文化课教学方案，加强计算机、休闲体育等实用技能课程的建设，全面增强学生素质，为社会培养一专多能的复合型应用人才。(3)深化与市五中的联合办学。在上年出租学生公寓楼的基础上出租教学楼，并由五中投资80万元建造餐厅一栋，投资30万元，其中省体育局投入14万元，市体育局投入10万元，学校自筹资金6万余元，硬化校园地坪，维修综合训练馆、办公楼，购置训练、科研、医疗所需的器材设备，更新改造教学楼，改善办学条件。(4)继续和宛东中专联合，开办休闲体育服务与管理专业，颁发中专毕业证、技能等级证和就业报到证，拓宽生源渠道。

（四）学生管理。(1)明确学校行政值班和教练员值班制度。(2)利用学生会、班干部和各运动队队长的作用，让学生学会自己管理自己。(3)重视情感教育。在建立和谐的师生关系中培养情感(4)实行训练科承包学生公寓、上课前以队为单位集合进教室上课、学生科将旷课学生名单每周通报训练科并存档等措施严格管理学生。

（五）优秀运动员。8月17日，学校培养输送的社旗籍姑娘周春秀在2008年北京奥运会女子马拉松决赛中以2小时27分07秒的优异成绩为中国夺得一枚宝贵的铜牌。这是中国马拉松选手在奥运会大赛中首次夺取的奖牌，也是中国选手在北京奥运会田径赛场上获得的第一枚奖牌，周春秀因此被誉为“中国马拉松第一人”，成为中国女子田径的代表性人物。

周春秀，1989年进入社旗县体育队；1996年从南阳市体校毕业，并以优异的成绩进入河南省体工队；2001年加盟江苏省田径俱乐部，开始显露峥嵘，并入选国家队；2002年正式开始马拉松训练，进步神速，在国内外比赛中多次登上领奖台。周春秀此次夺得铜牌，创造了中国田径马拉松项目的奥运会最好成绩，标志着中国女子马拉松已跻身世界一流行列。

8月18日，省委书记徐光春电贺周春秀并南阳市委、市政府，社旗县委、县政府，称赞周春秀“是祖国的荣耀，也是河南人民的骄傲。”号召河南人民“向周春秀学习，勇于争先，敢于拼搏，为加快中原崛起而奋斗！”南阳市委、市政府专门发电致贺。受市委书记黄兴维、市长朱广平委托，副市长冯晓仙亲往周春秀家中表示祝贺，并宣读了贺电。9月9日周春秀载誉还乡，市长朱广平、副市长冯晓仙亲切接见。（王秀林）

师资队伍建设与师范教育

【教师学历达标率和高学历比率持续上升】 各级教育部门通过组织多种形式的进修和培训,全市普通高中、初中、小学教师学历达标率和升学率比率分别达到94.7%、97.8%、99.5%和4.2%、35.4%、64.3%。

【全市教育系统开展向杜广云学习活动】 3月，南阳市教育局党委作出《关于在全市教育系统开展向杜广云学习活动的决定》（下称《决定》)，号召全市教师广泛开展向杜广云学习活动。杜广云，男，汉族，1961年10月10日生，南召县留山镇大沟村小学教师。1990年夏，他冒雨修建校舍，因劳累过度患病致残，左半身瘫痪，左手不能抬起，左脚勉强能挨地。为了不耽误给学生上课，16年如一日，在其妻子的背扶下一天4次往返于家和学校之间，在崎岖的山路上走了近25000里。他的事迹先后被《南阳日报》、《河南日报》、《教育时报》、《中国教育报》、新华社等新闻媒体宣传报道；2008年元月，他被评为河南省十大教育新闻人物；中共河南省委书记徐光春于2008年元月15日亲笔批示要组织宣传和学习他的先进事迹。为学习、弘扬杜广云的先进事迹和崇高精神，切实加强师德师风建设，努力办好让人民满意的教育，决定在全市教育系统开展向杜广云学习活动。《决定》指出，学习杜广云，就要学习他扎根山村教育，无怨无悔，矢志不渝的理想追求；学习他身残志坚，自强不息的拼搏精神；学习他公而忘私，默默奉献的高尚品质；学习他关爱学生，敬业爱岗的优良师德。活动要求，全市各级教育行政部门和各级各类学校，要广泛深入地组织开展向杜广云学习活动，注意总结经验，挖掘、树立本地本单位的先进典型。全市教育系统广大干部和教职工，要充分认识开展向杜广云学习活动的重大意义，以实际行动来学习和实践杜广云的崇高精神和优良师德。在学习活动中，要把学习杜广云先进事迹与学习贯彻党的十七大精神结合起来，与学习孟二冬、王生英、丁恒桂等优秀教师典型结合起来，与做好本职工作、争创一流业绩结合起来。自觉加强师德修养，做到爱岗敬业、为人师表、教书育人、无私奉献，争做让人民满意的教育工作者和教师，为办好人民满意的教育做出新贡献。

【全市公开招录教师1328名】

经市政府批准，全市13个县（市区）和市直学校，在本年暑假期间面向社会公开招录教师1328名（含进入“绿色通道”人员40名）。其中，高中教师398名，初中教师427名，小学教师497名，特教教师3名，幼儿园教师3名。为保证教师招录工作公开、公平、公正，真正把那些德才兼备的优秀大中专毕业生选招进教师队伍，各地都采取了一系列有效措施。一是成立招教工作领导小组，制定招教方案，加强领导，周密部署。各地招教工作都由政府领导挂帅，人事教育、纪检、监察和公证部门负责人任成员，抽调有关部门精干人员把好各个程序的关键环节。二是坚持公开、公平、公正原则，严格招聘程序，严守工作纪律。整个教师招聘工作严格按照报名资格审查、笔试、面试、体检、政审、公示等程序进行。三是全过程接受监督。在强化内部监督的基础上，主动接受外部监督。邀请纪检监察部门领导和人大代表、政协委员、学生家长参与到招录工作中，对招聘工作进行现场监督；邀请新闻媒体对招录工作过程进行跟踪报道，公布举报电话，接受群众投诉。

【培训教师6万余名】 深入开展“教师培训年”活动，各级各类共培训教师60332名。其中有528名教师接受省级骨干教师培训、900名教师接受了市级骨干教师培训。组织了南阳市第三届学科带头人评选认定工作，451名教师被认定为市第三届学科带头人。同时，师德师风建设进一步加强，整体素质进一步提高。

【表彰优秀教师1730名】 2008年教师节期间，全市共表彰中小学优秀班主任500名，表彰优秀教师、优秀教育工作者680名；同时，表彰50名师德标兵和500名师德先进个人。

【面向社会认定教师资格】 2008年，组织对2007年度申报教师资格人员的教学能力测试工作，最终认定教师资格8154人。其中，认定高中（含中等职业学校）教师资格1187人，认定初中教师资格5258人，认定小学教师资格1042人，认定幼儿园教师资格667人。

【宛城区公开选聘校长】 为进一步加强校长队伍建设，改革校长任用办法，7月19日，该区教体局举行市十七中校长竞争上岗演讲答辩，共有7名候选人参加。该区聘请大中专院校、教育行政机关和中心城区名校的教育专家任评委，采取当场打分、当场计分的办法，确保选聘公平公正。经过演讲答辩、民主考核、工作成绩评定、征求群众意见等程序，最终确立了校长人选。之后，该区不断完善选拔机制，着力实施“名校长工程”，在8月12～20日期间，共择优选拔中小学校长118名。（陈银德）

【南阳市宛西中等专业学校】 2008年，在校学生3000余名，在职教职工146名，其中高级职称31名，中级职称65名，省市级名师、学科带头人、骨干教师、科技拔尖人才、跨世纪学术技术带头人、河南省教育厅学术技术带头人等47名。学校占地面积160亩，建筑面积4万平方米，固定资产3000万元。共招新生800人，新增激光和幼师两个专业，共14个专业，学生主要分布在南阳及周边的17个县（市）区。2008年是建校100周年，学校举行了庆典活动。

（一）狠抓教学工作。教务处认真落实每位教师的学期工作计划，每月进行作业和教案的检查，评选出优秀教案，进行表彰。高中教学上，强力推进六查、两看、三防、一分析、一评价，实行教学管理人员推门听课制，建立课堂教学问卷调查月报制度。学校在完善了《教师量化方案》、《教研室量化考核方案》和加大运做“学生评教”机制的基础上，进一步开展了“以校为本”的教研活动，使学校教科研工作逐步趋向成熟。尤其是上半年推出的“每月之星”评选活动，推选出了一批优秀教师，营造出浓厚的教研氛围。修改完善了教师课节补助办法，提高了一线教师待遇，调动了教师教学积极性；学校还鼓励各教研室和教师个人积极申报课题、发表论文。本年度学校教师共有30多篇教学论文和教学案例在省市级刊物发表及在各类比赛中获奖；在中专课程设置上，开设常规课程的同时，组织了选修课教学，丰富了学生的文化生活，提高了综合素质。

（二）加大师资培训力度，调整“双师型”教师结构。2008年派出20名青年教师到江苏省盐南中专学习专业技能，15名教师到南阳参加现代教育技术培训，2名教师参加省教育厅组织的职业教育培训，还有2名教师到武汉瑞丰公司培训深造。本年度教学模式完成两个转变，一是以高中教育模式为主向以中专教育模式为主转变，一是由传统的以教师为主体的教学模式向以学生为主体的教学模式转变。进一步学习杜郎口教学经验，积极探索并实践学生自主探究学习教学法，切实激活中专课堂教学。完善教学评价体系。对教师的评价，逐步转变单纯凭考试成绩及领导印象评价教师的做法，逐步把评教的中心转到学生身上，强化过程评价。

（三）重视德育教育，锻造学生精神意志品质。继续打响“教师强则学校强，学生强则家国强”口号，要求教师把“以人为本”管理理念落实到实处。2008年，针对学校学生层次多、类型杂等特点，在实施准军事化全封闭管理的框架下，继续实施名誉班主任制度，严格要求全体德育人员实行定时签到制、定期开会制、定点值班制，同时落实学生管理量化积分制、重大事故首问负责制，不断进行德育工作理念的引导与培训，定期召开德育研讨会，不定期开展德育培训班。创办《德育通讯》，重视学生干部的选拔与培养，畅通学校与学生干部的交流渠道。开展中专班“坚韧行”野外拉练活动，进行耐挫教育，煅造学生精神意志品质。

（四）改善办学条件。在校新征用地上建标准化操场，在原操场的西边建造实训实验室，占地1000多平方米，通过盐南中专援建、出资、改造等方式又置办了大批实训设备，改善了学校硬件设施。还在主干道上安装路灯，对学校建筑墙壁进行美化工作等，使校园干净整洁，环境优美。再次被授予“河南省卫生先进单位”。

（五）加强就业指导。教育学生正确面对就业形势；着力落实“校企共育订单培养”，在深入了解冠名企业的基础上，围绕企业的需求，有目的地加强学校和企业合作，使企业和学校能近距离接触，开展“订单”培养，从而进一步提高中职毕业生的就业质量和就业率；构建全程化的就业指导服务体系，畅通就业渠道，为毕业生谋职就业铺路搭桥；学校主动向社会有关企业及在互联网上发布学校简介和毕业生信息，让企业了解学校培养目标、专业设置和人才信息，并通过走访用人单位，追踪毕业生质量，建立长期合作关系，加强与就业市场的联系最后，指导帮助学生收集就业信息，提供就业政策、职业咨询、就业服务。（李河江　张逸）

【南阳市宛东中等专业学校】

2008年，招收新生887人，其中高中565人，中专322人；毕业学生1109人，其中高中797人，中专312人。年底在校学生总数2578人，在编教工192人。高中设本地普通班、体艺特长班（含播音主持）及重庆升学班。中专设汽车驾驶与维修、幼儿教育、船舶管钳、数控、模具、电子电工、国际商务、旅游等10个专业。有10名师生加入党组织。保持省级文明单位称号。

（一）精神文明建设活动。以“迎奥运、讲文明、树新风，践行社会主义荣辱观”为主题，广泛开展“热情迎奥运，文明我先行”活动；在全校范围内倡导崇尚文明、弘扬正气的社会风尚，强化文明细胞建设，普及奥运知识，引导师生讲社会公德，做模范公民；讲职业道德，做模范职工；讲礼仪礼节，做文明学生。在支援新农村建设工作中，全校教工捐献图书2000余册，兴建唐河县古城乡井楼村“农家书屋”一个；为他们捐献鼓乐器材及彩扇、腰鼓各20套，组建了村文化大院腰鼓队，活跃了农民业余文化生活。“5·12”汶川大地震后，全校师生两天时间捐款近3万元；另有28名学生无偿献血，将赤诚与关爱送给灾民；10月下旬，再次在教工中发起“送温暖、献爱心”活动，为四川灾民捐献棉衣、棉被近400件。

（二）师资队伍。巩固高中师资，强化中专师资，储备技术学院师资。发挥现行人力资源共享的体制优势，努力做到人尽其才，制定优惠政策鼓励高中教师到中专去兼课兼职，鼓励行管人员到教学一线、尤其是到中专去兼课、兼职。在全校掀起了学习新学科的热潮，使教师成为一专多能、多专多能的双师型教师、高学历教师。先后选出25名教师参加国家、省、市级技能培训，朝着教师能力结构复合化的目标，迈出了历史性步伐。面向社会选聘了紧缺专业的部分教师。教师队伍结构日趋完善，技术实力日益雄厚。

（三）狠抓教学质量，提升办学信誉。（1）高中教育。高一课改正式启动，顺利实施。以体艺部为主体，特长生培养模式的探讨和试验初见成效。坚持以研促教，不断提高教学质量，作为第五届学生的2008年高三毕业生三本以上上线人数达208人，创历史新高，从绝对数量上已跃居唐河县12所高中的第三名，升学率居唐河第二，社会反响持续提升。（2）中专教育。以申办职业技术学院为契机，对中专专业设置进行了适当调整，适时启动对中、高职教兼容性强的基础性课程；鼓励教师自主创新，部分专业开发了切合学生实际的校本教材；继续搞好课改，推广任务引领型课程体系，向课堂要质量、要信誉；尊重中专教育规律，大幅增加实验、实训课比重；大力探索、开发、稳定自主专业，形成幼教、汽修、数控模具等特色品牌专业。扩大了联合办学的范围，由东部沿海发达地区向中西部内陆地区发展，创新了联合办学的形式，与重庆签订了联合办学协议。本年度，经多方努力，中央财政拨付的300万元实验实训楼建设资金即将到位，中专实验实训条件将会有明显改善，中专教育前景广阔。

（四）加强学生管理，提高综合素质。全体教工人人参与学生管理，切实做到了“教书育人，管理育人，服务育人，环境育人”。坚持开展感恩教育、“三理”教育、养成教育、文明卫生月活动等，关注学生身心健康、培养学生健全人格。开展了“迎奥运、讲文明，树新风”学生千人签名活动，“做一个有道德的人”网上签名主题实践活动，向四川灾区献爱心活动，“珍惜粮食，节约水电，勤俭光荣，浪费可耻”千人签名活动，庆祝改革开放30周年系列活动等。开展各项保障工作，为师生工作、学习、生活提供良好条件。深井水泵的购置安装，改善了女生寝室六楼不上水的现状。加大实验实训设施投入，多媒体等现代化教学设施的普及、应用，保证了学生实践课比重的不断增加，荣获省级园林单位发文，省级卫生先进单位期满复验，顺利通过。（田立新）

【南阳幼儿师范学校】　2008年，学校招生新生1432人，其中三年制幼儿教育专业939人，学前教育（3＋2）187人，大中专306人，毕业生670人。在校教工137人，其中专兼职教师123人，高级讲师42人，讲师36人。荣获省级“文明单位”称号。本学年，共有400余名师生递交了入党申请书，60余名学生被确定为入党积极分子，共有26名师生被发展为党员。6月，学校再次被市委宣传部、市教育局授予“思想政治工作先进集体”荣誉称号。拆除旧房危房20间，整修改造房舍40间，并投入40余万元对西公寓楼、教学楼进行了加固改造，确保了无重大安全事故发生。以完善办学条件为载体，加强沟通与协调，稳步推进升格筹建工作。市政府于3月5日在学校召开了升格调研论证座谈会，专题研究部署解决学校升格中遇到的困难和问题。做好新征土地使用和新校区规划设计工作。新征280亩土地使用手续已办理完毕，围墙圈地正在进行之中。新校区的正式设计方案已经定稿。不断优化师资队伍结构，提高教师学历层次，从省内外高校选聘20余名优秀毕业生，其中硕士研究生4名，充实教师队伍。

（一）以教学常规管理为突破口，进一步深化教育教学改革，着力提高教育教学质量。学校以教学常规管理为突破口，狠抓了“备、讲、辅、批、考”诸环节的管理。狠抓教师上课情况的考勤，做到晌晌检查、天天公布、周周汇总、月月兑现。加大教案检查、随机听课、作业检查、早晚自习辅导检查的力度，改革考核评价办法，严把命题关、考纪关、技能考核关，确保了各项常规教学工作的顺利进行。组织教师积极参加优质课竞赛活动，进一步提高教师的教学技能。安排12名教师参加省教育厅组织的全省幼师优质课竞赛活动，有10位教师获奖，学校荣获奖牌总数第三名。改革和完善校内优质课评选办法，增加学生评议的权重，以教研室为单位分学科进行集中听评课，提高了全体教师的教学水平，促进了课堂教学质量的提高。改革学制结构。攻坚计划的要求，及时调整了06级教学计划，适当增加了见习、实习时间，有效地缓解了幼师毕业生与幼儿园之间供需不衔接的矛盾。重视和加强非师资类专业的教学和管理。修订完善了计算机、涉外财会专业教学方案，增加了学生动手操作能力的培训，组织学生参加了会计资格考试，一次性通过率达35％，有效提升了学生的职业素质和应聘能力。开展技能训练和竞赛活动，提高学生职业技能。按照《南阳幼师学生教育教学基本功达标方案》的要求，在学生中先后开展了创编舞、声乐、地功、钢琴、讲故事、演讲、作文、键盘录入等比赛活动；参加了南阳市、邓州市庆祝改革开放三十周年文艺演出、南阳市大中专院校“迎奥运、讲文明、树新风”文艺巡演；代表邓州市参加南阳市“迎奥运”文明知识竞赛并荣获第三名；成功举办了“庆五一·迎奥运”文艺晚会、05级毕业汇报文艺演出、元旦文艺晚会等。鼓励教师参加教科研活动，不断提高教师的教科研水平。修订完善了《南阳幼师教科研奖励办法》，组织教师积极承担省、市教科研课题，参加省、市有关部门组织的科研成果评选活动。本学年，教师参编教材、论著18部，发表CN文章60篇，在省、市教育部门获奖论文80篇。

（二）以学生纪律安全教育为重点，狠抓学生的养成教育。坚持每月一次校会、每周一次班会制度，对学生进行经常性的纪律安全教育；加强两操管理，鼓励班主任带操；狠抓早晚自习的管理，要求班主任进班督促；强化集会管理和就寝管理，严禁学生外宿；加大平时纪律检查力度及对违纪学生的处罚力度，从而进一步规范了学生的生活和学习习惯。

坚持以正面教育、集体教育为主的原则，制订了学生德育工作系列实施方案，有计划、有重点地对学生进行思想道德教育、法制纪律教育、网络安全教育、生理心理教育、文明礼貌教育。注重发挥校会、班会的作用，先后组织了“扬荣弃耻、树时代新风”演讲比赛、“迎国庆”卡拉OK比赛、“一二九”歌咏比赛，组织了以“纪律规范教育”为主题的班会观摩活动；邀请邓州市检察院副检察长梁凉为学生做法制报告，邀请南阳师院教科院丁心胜教授为学生做心理健康教育专题报告。重视学生干部的选拔、培养和试用，成功召开了南阳幼师第一次学代会、团代会，提高了学生干部队伍素质和学生自我管理、自我服务、自我教育的能力。本年度，共有26名优秀毕业生受到省、市表彰，10名学生被评为省、市优秀学生干部和三好学生，1个班级被评为市级文明班集体，2名学生被评为市文明学生，学校再次被评为思想政治工作先进集体。

（三）做好招生工作，逐步扩大办学规模。针对生源数量锐减，各学校生源竞争更加激烈的新情况、新问题，学校及早制定并出台了招生工作方案，大力宣传学校的专业优势、师资优势和设施优势，积极向外市进行招生宣传，开拓外市招生市场。学校招生人数达到了1300多人，在校生人数已超过4000人，再创在校生人数的新纪录。借助供需洽谈会平台，不断提高毕业生就业质量。一方面，通过报告会、讲座、模拟招聘等形式，加强对学生进行多角度、全方面的就业教育和就业指导，促使毕业生转变就业观念，掌握应聘技巧；另一方面，加强与用人单位和中介机构的沟通和联系，定期邀请华必信会计公司等用人单位的代表给学生做报告，开展就业跟踪调查与服务，了解用人单位的实际需求，有针对性地对学生进行指导和培养。同时，高标准组织召开了05级毕业生供需洽谈会，毕业生的就业质量进一步提高，一次性就业率再次保持100%。

（四）狠抓常规管理，提高学校管理水平。本学年，学校加强了内部管理制度建设，先后修订完善了《教师量化考评方案》、《学生管理条例》、《加强教职工请假管理的意见》等一系列规章制度，并将近几年来制定的规章制度一并汇编成册，推动了学校管理的科学化、制度化建设。同时，学校加大了各项规章制度落实的力度，采取一系列得力措施，以确保管理实效。（1）值周情况通报制度，值周组每晌对教职工上班情况进行考勤，并及时予以通报；（2）教师上课情况通报制度，教务科每天、每晌、甚至每节课派专人对教师上课情况进行检查，并及时予以通报；（3）班主任出操进班情况通报制度，学生科坚持每天早晚自习时间进行考勤，并及时予以通报；（4）将考勤情况与文明奖、年终工作奖挂钩。（韩明锋）

【南阳市宛北中等专业学校】 2008年，宛北中专毕业学生420人，招收新生600人，其中高中180人，年底在校学生共计1560人，设24个教学班，除普通高中外，中专开设有综合文科（3+2）、综合理科（3+2）、英语教育（3+2）、学前教育（3+2）、计算机技术与应用、电子电器应用与维修、制冷和空调设备运用与维修、数控技术应用、磨具设计与制造等专业。年底学校在编教职工88人。

（一）教学工作。学校不断强化教学管理，以常规教学和课堂管理为重点，以加强检查和考核评比为手段，不断推进教育教学工作向前发展。（1）健全教师考评和激励机制，深化教学改革，细化教学任务，激励和提高教师在工作中比、学、赶、帮、超的积极性，强化创优意识，教学质量明显提高。在的高招考试中，各类本科上线40人，专科一批上线116人，艺体特长生本科上线率达90%。（2）强化课堂秩序管理，加强对教师上课、辅导的检查，坚决制止迟到、早退、旷课现象；同时针对中专学生的特点，加强对课堂纪律的管理，采取有效措施制止上课睡觉、听音乐、玩手机、说话、做小动作等违纪行为。（3）加强中专课程改革和教学改革。从中专班各专业的培养目标出发，积极探索和实施了中专课程改革，突出了专业亮点，做好了教师选配和实验实习课的安排落实。在教学中，积极推行模块化教学，注重培养学生专业素质和基本技能。（4）加强常规教学管理。注重对备、讲、辅、批、考、评、补各个教学环节的检查督导，坚决制止不备课或备课不充分、作业布置不科学、批改不认真、讲评不到位等不良现象；认真组织了各类考试，做到了命题规范、编排有序、纪律严明、惩戒到位，真正把考试作为评估阶段教学、改进日常教学的手段，并有效地端正了考风，扭转了学风。（5）抓好教研。强化教研组工作职能，积极组织各类教研活动。深入开展了校本教研，认真组织了听评课、公开课和观摩课活动，促进了课堂教学水平的提高；组织教师参加高中新课改培训、职业教育培训、国家和省、市骨干教师培训等，促进了教学思想的转变和教研水平的提高；全年教师在各类刊物上公开发表学术论文34篇，在教学成果、论文评比中12人次获奖。（6）教学服务。本年度，学校成立了教学服务中心，规范了教学仪器设备的管理、使用和教材、教辅资料的征订、发放，为确保各项服务工作及时到位，学校制定了教学服务工作的三项规章制度，为教学活动的正常开展提供了强有力的保障。

（二）学生管理。（1）加强和改进德育教育。学校坚持以思想教育为先导，加强对学生进行爱国主义、集体主义和革命传统教育，深入开展社会主义荣辱观和公民道德教育，提高学生的道德修养；借助升旗仪式、校园广播、文艺演出、成人宣誓、社会调查等形式，开展系列主题教育活动，德育工作出现了动静有序、生机勃勃的新气象；建立了学生科、团委、班主任、任课教师和学生干部五位一体的德育工作体系，把德育工作贯穿于日常教学和管理之中，提高了德育工作的实效。本年度，共涌现出省市级优秀学生干部、三好学生8人、校级三好学生、文明学生111人，优秀学生干部53人，发展团员186人，发展党员6人。（2）不断推进军事化管理的规范化、精细化。坚持以素质教育为抓手，以队列训练、内务整理、文明教育为手段，建立军事化管理的标准体系，认真落实“一日规程”，提高学生的身体素质、规则意识，培养文明习惯，使学生基本品质得以不断提升。（3）加强“三集合、三讲评”工作。在每天的“三集合、三讲评”中，加强对学生的学习态度、学习方法、行为习惯和文明礼仪、理想信念、人生感悟等方面的教育，积极帮助学生提高学习能力、认知能力，改变学生精神面貌。（4）加强班主任队伍建设，提高班主任管理水平。进一步提高了班主任的政治待遇和经济待遇，增强工作积极性；定期组织班主任工作经验交流会，增强班主任的事业心和责任感；制订落实《班主任量化考核办法》，规范对班主任的管理与考核，增强班主任工作的自觉性。全体班主任老师均能按照学校要求，不计得失，任劳任怨，为学校工作无私奉献，涌现出市级模范班主任一名，校级模范班主任20名，模范班集体20个，优秀团支部10个。五是狠抓学生管理中的难点、热点，全面提高管理水平。本年度，学校采取有力措施，严厉查处学生翻墙外出、夜不归宿和“早恋”等行为，实现了学生管理水平的全面提高。执行班主任查寝制度和夜晚值班制度，基本上杜绝了学生私自外出和不按时就寝现象；加强对“早恋”现象的正确疏导与教育，澄清“早恋”危害，做好学生的思想转变工作；加大对学困生的教育管理力度，深入细致做好他们的转变工作，促进他们积极成长。（5）加强学生安全教育，提高学生防范能力。学校始终把学生安全放到头等重要位置，注意加强安全教育，确保学生人身和财产安全。首先是利用多种形式对学生进行安全知识教育，使安全教育经常化、课堂化，提高了学生的安全意识和防范能力。其次是不断进行全校性的安全大检查，及时排查安全隐患，制定整改方案并立即实施。第三是层层签订《安全目标责任书》、《消防目标责任书》，明确责任，落实到位。

（三）招生。继续巩固高中、中专双轨制办学模式，稳定高中规模，大力发展中专教育，探索和实施校校联合、校企联合的路子，积极申请了师范类“3＋2”计划，扩大了企业冠名班数量。根据学校实际和社会需求，积极创新专业设置，突出专业亮点。除原有专业外，增设了二年制计算机及应用、电子电器应用与维修、制冷设备运用与维修、数控技术应用、模具设计与制造等专业，面向高中毕业生招生，为落榜青年搭建创业平台。搞好方案创新。根据学校实际，积极改革招生方案，完善落实新的招生政策，分解了招生计划，督促全校教职工积极为招生工作想办法、出主意、做贡献，取得了一定成效。2008年共招收各类新生470多人，为学校的稳步发展奠定了基础。

（四）加大投入，改善办学条件。投入资金近50万元，新装配微机教室1个，电子电器实训室2个，购置普通车床3台，数控车床1台，钳工台30个，基本满足了实训课的需要。（王秋举　刘付亭）

科学技术

自然科学

自然科学综述

【科技工作概况】 2008年科技工作突出一条自主创新能力建设主线；强化科技创新和科技服务两个体系；实施全民科技、大科技攻关、领军人才培养、科技大开放四大战略；做好科技入园、科技支持社会主义新农村建设、科技支持全民创业、科技支持和谐社会建设；逐步健全科技保障和激励机制，抓好高新技术开发区、大学科技园区、民营科技园区、农业示范园区和工业园区等五大园区的科技发展。1月7日，国家科技部批准南阳市为“全国科技进步先进市”。这是南阳市第四次获得全国科技先进市荣誉称号。12月8日，镇平县被确定为“国家级科技富民强县”试点县。止年底，全市先后有桐柏、镇平、邓州、唐河、方城成为省级科技富民强县专项行动计划试点县，其中，桐柏、镇平为国家级试点县。6月6日，秸秆乙醇关键技术研究及产业化示范项目课题研讨会在南阳召开。省科技厅副厅长马世民指出，要加强课题项目组交流合作，强力推进中国生物质能源关键技术研究与产业化发展。7月2～6日，中国21世纪议程管理中心战略与政策研究处处长周林海带领中国社科院、北京林业大学、北京大学等单位专家一行8人莅宛，对南阳市南水北调中线工程项目进展及丹江口库区生态环境状况进行调研考察。考察重点包括库区社会经济发展、生态建设、环境保护、生态移民安置等。这此考察将为国家政府部门今后对库区进行生态补偿及政府决策提供科学依据。8月19～20日，河南省科技厅厅长赵琛一行对南阳市的光电产业发展进行了实地考察。考察组一行先后考察了乐凯集团第二胶片厂、中光学集团、利达光电股份公司、南阳二机石油装备（集团）有限公司、金光数显有限公司、南阳防爆集团等企业和南阳高新技术开发区的研发及生产情况，对光电产业发展提出了具体的指导意见。

【科技计划与经费】 2008年，以重大科技专项为突破口，争取国家、省级项目及科研资金都取得了长足进展。全市共争取国家、省级科技项目87项，其中国家级13项，省级74项，共争取科技研发资金7564万元，列入省重大科技专项4项，其中，乐凯集团第二胶片厂承担的“紫激光计算机直接制版（CTP）版材研发及产业化”获得支持经费1000万元，防爆集团承担的“核电厂用系列核级电动机关键技术研究”获得支持经费600万元，普康药业公司承担的“克林霉素关键技术研究”获得支持经费600万元，二机石油装备有限公司承担的“数字化超深井石油钻井装备研发及产业化”获得支持经费500万元。宛西制药有限公司“现代技术集成在传统中药浓缩丸中的应用”被列入国家重大新药创新专项，争取科技经费1000万元；河南天冠企业集团有限公司承担的“酒精工业园区资源循环利用关键技术开发及应用”、“秸秆乙醇产业化示范关键技术开发”，南阳防爆集团有限公司承担的“大型（4500kw－20000kw）增安型同步电动机防爆关键技术研究”3个项目进入“国家科技支撑计划”，共获得国家支持经费593万元；西保集团“无氟环保型连铸结晶器保护渣研究”、乐凯集团第二胶片厂的“阳图热敏型计算机直接制版版材”等3个项目被列入国家重点新产品项目。

2008年，共组织实施市级科技发展计划73项，匹配市级科技经费980万元。其中，“发动机计划项目”6项，普通科技攻关计划35项，软科学19项，科技专项13项。这些项目覆盖面广，带动能力强，涵盖了工业、农业、社会发展、国际科技交流与合作等多个领域，对支柱产业发展具有较强的引领和带动作用。大部分市级科技计划项目实施顺利。

【高新技术及其产业化】

（1）坚持“发挥优势，突出重点，强化投入，形成产业”的原则，围绕光电、防爆电机、生物质能源、电子信息等重点领域，以“火炬计划”实施为龙头，积极推进高新技术产业的发展。金光数显的“MD高清数字多媒体教育一体技术研发及产业化”、中光学集团的“光学显示器研发及产业化”和防爆集团的“新型高效节能电机关键技术研发及产业化”项目获河南省扶持企业自主创新资金支持，共获得省支持经费45万元。省级重点实验室南阳防爆电气研究所承担的防爆内燃机阻火系统技术研究项目，获得省支持经费10万元。根据国家科技部、财政部、税务总局2008年出台的《高新技术企业认定管理办法》，防爆、二机、二胶、西排、龙成特材、宛西制药、西峡水泵、西保、西泵特铸、利达光电、防研所、金冠电气、普康、福森药业14家企业被认定为国家高新技术企业。防爆集团、二机、中光学集团、天冠集团、龙成集团等6家企业进入全省百户重点工业企业，二胶、宛西制药、中南金刚石、迅天宇公司等7家企业进入全省50户高成长型高新技术企业行列，位居全省前列。

作为全市工业企业自主创新能力提升的核心体现，二机、防爆、天冠、金冠、二胶、西泵等一大批企业开始牵头制订或参与制订了国家和行业标准，成为标准主要起草单位和承担组建全国、省标准化专业技术委员会的企业、研究开发和检验检测单位。其中，南防集团分别牵头和参与制订了33项行业标准和3项国家标准，利达光电是“LCOS光学引擎”和“DLP光学引擎”国家行业标准的主要起草单位，天冠集团牵头和参与了燃料乙醇行业国家标准的制订等。

南阳已成为国家级新能源高新技术产业基地和省级光电、生物高技术特色产业基地。南阳防爆集团已成为全国最大的防爆电机科研生产基地，南阳二胶厂已经发展成为全国最大的印刷感光材料科研生产基地，南阳二机集团成为全国唯一“石油轻便钻井装备国产化基地”，桐柏碱矿已经发展成为亚洲最大的天然碱科研生产基地。在光电领域，南阳已成为中国三大光学冷加工基地之一。

（2）创新型试点企业。利达光电、西排、龙成3家企业被确定为河南省创新型试点企业，防爆集团被认定为国家创新型试点企业、河南省创新型企业。全市国家创新型试点企业1家，河南省创新型企业1家，河南省创新型试点企业5家。

（3）高新技术产业开发区。在高新技术引进开发、研发资金支持等方面予以倾斜，通过逐步健全科技保障和激励机制，做到成果入园、信息至园、服务到园，高新技术开发区等科技园区实现了跨越式发展。高新技术产业开发区快速发展。南阳高新区是国家发改委公布的全国首批通过审核的145家省级开发区之一，南阳高新技术创业服务中心已被国家科技部批准为国家级创业服务中心。

（4）全省高新技术企业认定。分别是：南阳防爆集团、南阳石油二机集团、乐凯集团第二胶片厂、西峡排气管股份有限公司、龙成特材公司、宛西制药、西峡水泵股份有限公司、西峡保温材料集团有限公司、西泵特铸公司、利达光电股份有限公司、南阳防爆电气研究所、金冠电气股份有限公司、普康药业股份有限公司、福森药业股份有限公司。

【农业科技进步与科技扶贫】

（1）农业科技进步。充分发挥科技在新农村建设进程中“支撑新产业、建设新环境、造就新农民、创造新生活”中的作用，促进农村社会和谐发展。①以农业科技项目为载体，加大对现代农业建设的投入力度。2008年全市共承担省级以上农业科技项目28项，其中，国家农业科技成果转化资金2项，省级农业科技成果转化资金6项，省级以上星火计划项目20项。项目实施进展情况良好并取得了明显的经济效益和社会效益，其中一些项目已取得阶段性成果。市农科所承担的国家级农业科技成果转化资金项目“高产优质抗病耐湿热棉花新品种宛棉9号试验与示范”，在总结出良种繁育技术和配套栽培技术规程的基础上，2008年在社旗和宛城建立了种子繁育基地2300亩，超高产示范田50亩，示范基地3.5万亩。通过示范展示，宛棉9号得到了广泛认同，应用面积迅速扩大，被确定为南阳的棉补品种。②组织实施科技富民强县工程，推动农村经济发展。12月8日，镇平县被列入国家“科技富民强县专项行动计划”试点，至此，先后有桐柏、唐河、镇平、方城、邓州等5个县成为“省级科技富民强县专项行动计划试点县”。其中，桐柏、镇平已跃升为国家级试点。桐柏县通过项目带动，全年全县新增中药材生产基地7万亩，建成木瓜、桐桔梗等中药材规范化种植基地5.6万亩，项目实施地亩均和户均增加收入分别达到810元和1560元。③组织实施新农村建设科技示范工程。2008年国家、省先后启动了该工程。南阳市南召县乔端镇白水河村成为首批国家级新农村建设科技示范村，通过发挥科技的引领带动作用，白水河村已基本实现了“一专、四高、五化”。“一专”即形成“一村一业一品”，具有专业化生产的特色支柱产业，“四高”即科技水平高、市场占有率高、经济效益高、生态环保水平高，“五化”即生产规模化、管理标准化、经营产业化、产品品牌化、服务系列化。④培育特色农业。主要以黄牛、食用菌、中药材为重点，积极培育特色产业。南阳黄牛改良取得实质性进展，南阳成为全国最大的德国黄牛纯种繁育基地和皮南牛核心产区，肉牛饲养量居全省第一。全市以香菇为主体的食用菌产业已经得到长足的发展。以山茱萸、辛夷、裕丹参等为主的优质道地中药材种植面积发展到190万亩，实现产值24亿元。西峡山茱萸、南召辛夷、方城裕丹参，唐河栀子和半夏5个中药材基地先后获得国家原产地保护认证；西峡和内乡夏馆两个山茱萸基地通过了国家GAP认证。

（2）高新农业示范园区建设与发展情况。卧龙农业高新科技示范园区示范带动作用明显。①积极实施科技项目。园区与天冠集团合作承担了国家级农业科技成果转化资金项目“燃料乙醇专用能源（薯类）作物储藏保鲜及初加工技术集成试验示范”，组织实施了“薄皮核桃优质种苗组培工厂化快繁技术研究与应用”和“软籽石榴优质种苗繁育技术研究”项目，积极开展甘薯与马铃薯新品种引进试验研究，促进了农业科技的推广应用。②加速农业科技成果转化。依托自身科研优势，建设了脱毒红薯、品种花卉、优质林果、无公害蔬菜等生产推广基地，2008年实现产值1350万元。③规划建设能源作物示范园。已于天冠集团达成了初步合作意向，园区的科研水平和综合实力将迈上一个新的台阶。

【社会发展科技进步】 （1）社会发展科技工作。深入实施可持续发展战略。重点围绕生态农业、清洁生产、节能减排组织科研攻关和示范推广，组织实施了一批可持续发展项目。先后引进推广了香根草、百喜草世界领先水保植物、人工湿地深度处理工业废水技术，沼气综合利用技术和生物能源开发技术等，并建立了一批试验基地和示范点。CDM（清洁生产机制）项目取得实质性进展，1月24～26日，在河南省CDM项目技术服务中心和南阳市21世纪议程管理办公室的共同努力下，瑞士FACTO公司亚太区总经理Marcello、Balasini先生和项目经理毛洋先生、张丽女士赴宛考察并与唐河县唐源生物能源热电有限公司和唐河县隆泰水泥集团下属两家子公司签约CDM项目。根据有关国际规则和协议，这两家企业共计每年可获得碳排放收益额约3000万人民币，并可持续五年。内乡牧源公司在联合国成功注册了甲烷回收利用CDM项目计划，成为中国第一家国际CDM项目畜禽养殖企业，每年将得到来自国际二氧化碳减排组织的130万美元碳排放收益。

（2）开展可持续发展试验区活动。抓住南阳被国家确定为“中国21世纪议程试点城市”的深化可持续发展试点工作。在镇平县被认定为省级可持续发展试验区的基础上，2008年又组织筛选了宛城、唐河、桐柏等县区按照省级可持续发展试验区的相关要求，积极开展试验区晋档升级工作。

【科技成果与技术市场】

（1）科技成果概况。通过广大科技人员的协作攻关，2008年，全市共取得市级科技成果224项，其中医疗卫生114项，经济与社会发展类项目100项，软科学项目10项；16项科技成果获得省科技进步奖（通过南阳申报12项），其中获省科技进步二等奖6项，省科技进步三等奖10项。这些成果中，达到国际先进水平的12项，达到国内先进水平以上的30多项。其中，南阳防爆集团研制开发的TAW增安型无刷励磁同步电机荣获省科技进步二等奖，具有独立的自主知识产权，达到了国际先进水平，结束了中国大电机完全依赖进口的历史；南阳市眼科医院申报的“巩膜下小湖成形小梁切除术治疗闭角型青光眼”项目荣获省科技进步二等奖，填补了全市十年来没有医疗卫生类省级二等奖的空白。

（2）2008年河南省科学技术进步奖获奖名单

登记号称	项　目　名　称	主要完成单位	等级
9412008Y0160	含油无害化应用研究	中国石油化工股份有限公司河南油田分公司第一采油厂	二
9412008Y0800	TAW8800－20/3250增安型无刷励磁同步电动机	南阳防爆集团有限公司	二
9412008Y0806	巩膜下小湖成型小梁切除术并可调整缝线治疗闭角型青光眼的临床观察	南阳市眼科医院	二
9412007Y0663	薄板坯连铸结晶器铜板	河南龙成集团－西峡龙成特种材料有限公司	三
9412007Y0665	棉花新品种宛801－8选育与示范推广	南阳市农业科学研究所、南阳市人民政府棉花生产办公室	三
9412008Y0310	大容量自耦变压器在110千伏电网中二次升压的研究与应用	淅川县局	三
9412009Y0769	大型复杂结构型式优化知识发现的关键技术及应用研究	南阳理工学院	三
9412008Y0801	小麦新品种平安6号（南阳996）的选育及应用	南阳市农业科学研究所	三
9412008Y0808	宝玉石组合浮雕工艺研究与开发	南阳市拓宝玉器有限公司	三
9412008Y0811	第三脑室造瘘术手术入路的定位研究	南阳市医学高等专科学校	三
9412008Y0932	下颌升支截骨下颌前徙治疗小下颌畸形伴阻塞性睡眠呼吸暂停综合征	南阳市口腔医院	三
9412005Y1022	斯达油脂酵母产酸性多糖发酵工艺及土壤改良效果的研究	南阳理工学院	三

【科学技术普及】 从强化全民科技意识教育入手，加大科技宣传和科学普及力度，营造依靠科技发展经济的社会氛围。(1) 3月19日上午，在镇平县侯集镇举行了南阳市科普示范点授牌暨“神州行”送科技下乡活动。本次活动是由市科技局与河南省移动通信南阳分公司联合开展的。授予镇平县候集镇向寨村、宛城区溧河乡郭店村、卧龙区潦河镇辛店村和蒲山镇刁沟村4个村为南阳市科普示范点。(2) 组织开展“科技活动周”活动。5月19日，在中心广场举行了第八届科技活动周启动仪式。活动周主题为“携手共建创新型南阳”，围绕突出服务民生和改善民生、突出节能减排和安全生产，组织开展丰富多彩的科技活动。据统计，本届科技活动周期间，全市共举办科普讲座62次，举办科技论坛、报告会9次，设立科技咨询台320个，科技下乡83次，投入经费20万元，直接参与群众90万人。(3) 针对春季冰冻灾害，启动“科技减灾活动”，深入乡镇及受灾地区调研，印制了5000本有较强针对性和操作性的防灾减灾科技手册并免费发放，受到了群众的欢迎和省科技厅的肯定，争取省支持经费15万元。(4) 汶川地震后，印制并发放了20000份《地震科普常识》，在社会公众中消除了恐慌，减少了损失。(5) 组织实施“省级科普传播工程项目”7项，目前项目总数已累计达到122项，通过项目示范带动，培育了一批科普示范基地。(6) 开展科技下乡活动，全年共开展活动项目180个，科技下乡61次，举办科普讲座42次，举办科技论坛、报告会13次，展出展板1700块，挂图209张，下发各类宣传资料58万份，直接参与群众近百万人。(7) 同市公安局在全市公安系统联合开展了“科技强警”活动，把科技强警作为基层基础建设的突破口，加大投入，强化措施，力求取得实效。已初步建成了刑事技术、行动技术、网侦技术等8大资源库，警用装备和系统完成升级改造，打击犯罪的能力和水平明显提升，明确了一批科技强警示范所队，市公安局成为全省科技强警先进集体。

【民营科技企业】 2008年，新成立南阳市科技类民办非企业5家，民营科技企业3家。全市民营科技企业已经发展到1028家，技工贸总收入236亿元，从业人员达到7万多人，民营科技企业总收入位居全省第三。涌现出了一批大型企业和企业集团，超十亿元企业已达到8家，超亿元企业达到29家，西峡龙成集团、南阳防爆集团、南阳石油二机等六家企业跨进河南省民营科技企业五十强。民营科技企业的强势发展，已经成为全市经济增长和发展高新技术产业的主力军。

民营科技园区建设进一步加快。西峡县民营科技工业园在2005年成为河南省首批认定的省级民营科技园区的基础上，积极申报争取国家级民营科技园区，已得到国家民营科技促进会的认同，被评为“全国先进科技产业园”。镇平县工业园区和唐河县工业园区迅速发展壮大，已申报省级民营科技园区，其中镇平县工业园区已通过省科技厅组织的答辩和现场考察。

【知识产权与保护】 国家知识产权试点城市建设进展顺利。试点工作各项政策措施相继出台，制定了《关于促进专利技术、专利产品标准化试点工作的指导意见》等扶持政策；出台了《关于加强农业知识产权保护的指导意见》；中国（南阳）知识产权维权援助中心成立运行。(1) 10月15日，授牌仪式在南阳举行。中共南阳市委副书记贾崇兰主持仪式，国家知识产权局副局长张勤代表国家知识产权局向南阳市政府授牌，副市长张振强代表市政府接牌。国家知识产权局专利管理司副巡视员陆毅、河南省知识产权局局长郭民生出席了授牌仪式。中国（南阳）知识产权维权援助中心的成立是对南阳保护知识产权工作的极大支持，也是南阳知识产权工作再上新台阶的极大鼓舞和鞭策。(2) 知识产权培优和试点工作成效显著。镇平县专利申请达56件，试点区域新野县专利申请超过50件；培优企业河南中光学集团全年专利申请超过50件。(3) 专利技术交流交易平台运行良好。河南省专利技术（南阳）展示交易中心自上年底成立以来，共展示专利技术项目200余项，制作展板260块，委托交易5项，转让意向1项。技术合同登记网站建设得到加强，提高了技术合同登记效率和管理水平，2008年全市共认定登记技术合同140份，技术交易总额4080万元。(4)宣传培训和专利执法力度加大。举办各类知识产权培训班和报告会10期，培训人员超过两千人次。联合南阳日报等媒体，组织了“知识产权知识竞赛”。联合公安、工商、文化、技术监督等部门在全市开展大规模的保护知识产权专项执法行动2次，调处专利纠纷案件12起，查出假冒、冒充专利15件。2008年南阳市专利申请量首次突破1000项，达到1049件，专利申请和授权的数量与质量与上年相比都有大幅度提高。

【国际科技合作与交流】 (1)通过开展人员交流、信息交流、学术交流、人员培训等形式的国际科技交流，引进国外先进的技术、人才和资金。新建国际合作渠道5个，其中同韩国韩中科技文化交流中心、英国洛桑研究所和德国德邦文化交流有限公司共3个国外机构的合作，开拓了对外科技交流渠道，实现了区域性科技交流与合作。(2)国际科技合作项目取得新进展。筛选推荐国家、省级国际科技合作项目7项，其中国家级5项，省级2项；实施河南省重点国际科技合作项目1项。镇平县先锋制革有限公司申报的《金属有机鞣制革新技术研究与应用》项目被确立为2008年河南省重点科技计划项目，获得省财政10万元经费资助，这也是2008年河南省重点国际科技合作项目安排给省辖市仅有的4个项目之一；乐凯集团第二胶片厂“紫激光(CTP)制版机”和宛西制药厂“六味地黄丸国际合作与开发”项目被国家科技部列为2009年国际科技合作项目；“南水北调中线工程水源地生态环境保护与管理”项目再次被列入国家和省重点引智项目。

【科研机构与科技人员】 2008年，南阳防爆电机工程技术研究中心、普康药业“微生药物工程技术中心”、宝天曼公司“地源热泵工程技术研究中心”、西保集团“冶金保护材料工程技术研究中心”、西排公司“汽车发动机排气歧管工程技术研究中心”等5家单位被认定为省级工程技术中心；南阳师院“伏牛山昆虫生物学实验室”被认定为省级重点实验室；认定并组建南阳龙成集团“连铸结晶器工程技术研究中心”等16家市级工程技术研究中心；认定并组建了南阳师范学院“南阳光电信息处理重点实验室”等4家市级重点实验室。市工程技术中心、重点实验室达47家，其中省级工程技术中心11家，重点实验室2个，市级工程技术中心20家，重点实验室14个。初步构建了一批有特色的科技创新平台，形成了以企业为主体、市场为导向、产学研相结合的技术创新体系。继南阳天冠生物化工有限责任公司等7家企业建立博士后科研工作站之后，2008年又新增河南中光学集团有限公司、乐凯集团第二胶片厂两个博士后科研工作站。全市博士后科研工作站已达9个，建站数量在全省位居第二位。9个科研工作站已有进站博士后14人，设立了16个科研项目，已完成4个科研项目，其中南阳天冠生物化工有限责任公司的“生物饲料、生态肥”两个项目已经产生经济效益1200万元。

【举办中国·南阳第七届张仲景医药科技文化节】 9月20～22日，科技文化节在南阳举行，节会以“传承、创新、合作、发展”为主题，科技部首次成为主办单位。节会期间，通过举办中医药科技创新与产业化发展成果展览、中医药科技创新与产业发展战略论坛、张仲景经方研究应用学术研讨会、张仲景医药文化建设研讨会、道地中药材标准化基地参观考察等活动，围绕张仲景传统医学与现代化工程技术的有效对接、中药材标准化基地产业化发展和深加工技术合作等问题进行交流和探讨，推动了中医药事业在弘扬和传承传统精粹的基础上创新发展。节会为广大企业、高校、科研机构、客商搭建了一个合作交流的平台。一批合作项目也在节会期间洽谈成功，为南阳中医药产业发展注入了新的生机和活力。在本届节会上，南阳市共签约项目20个，总投资12.97亿元，利用外来资金12.57亿元。其中合同项目11个，总投资5.67亿元，合同引资5.27亿元。

**【200学子喜领仲景奖学金助

学金】 9月20日下午，第二届张仲景奖学金助学金发放仪式在宛西制药总部举行。国家中医药管理局副局长房书亭，河南省卫生厅副厅长、中医管理局局长夏祖昌，市领导贾崇兰、姚进忠，中国中药协会副会长、宛西制药公司董事长孙耀志等出席仪式，并向学子代表颁发张仲景奖学金助学金。宛西制药公司出资500万元，在5年内每年对来自北京中医药大学、南京中医药大学、成都中医药大学、天津中医药大学、浙江中医药大学、河南中医学院、湖北中医学院、安徽中医学院等国内知名中医药大学的100名品学兼优的博士生、硕士生给予每人5000元的奖励，对100名学业优秀、家庭困难的博士生、硕士生给予每人3000元的资助。

【王永民获得国家科学技术奖】 1月8日，在中共中央、国务院举行的国家科学技术奖励大会上，王永民发明的“王码五笔字型”获得国家技术发明二等奖，并成为中国上千种汉字编码中唯一获得国家技术发明奖的发明。

2008年度南阳市经济社会类科技进步奖获奖项目表

序号	项目名称	完成单位	主要完成人员	获奖等级
1	适用于－45℃高寒地区的石油钻机	南阳二机石油装备（集团）有限公司	刘延峰 宋 刚等	一
2	中小型超高效率三相异步电动机	南阳防爆集团股份有限公司	白双建 玉佳彬等	一
3	ZLB60型沥青混合料厂拌热再生设备	河南陆德筑机股份有限公司	王旭朗 朱炳蔚等	一
4	城市社会治安动态视频监控系统	中国移动通信集团河南有限公司南阳分公司	王保全 张晓峰等	一
5	YCS抽油机用新型三功率高效节能三相异步电动机	南阳华晟辰电机工程有限责任公司等	王雪帆 易以睦等	一
6	宛坪高速公路生态景观技术研究	南阳市宛坪高速公路有限公司等	薛鹏涛 许金良等	一
7	G1Q－002光学引擎	利达光电股份有限公司	李文彦 王天洲等	一
8	农业有害生物预警体系在小麦主要病害综合防控中的应用	邓州市植保植检站	张光先 张 浩等	一
9	优质高产抗虫棉花新品种宛棉10号的选育与示范	南阳市农科所等	强学杰 赵松林等	一
10	大型秸秆联户沼气工程的研制和应用	南阳市卧龙区农村能源环境保护管理站等	于若文 徐志恒等	一
11	南阳市山区生态修复技术研究与应用	南阳市水土保持监督监测站等	杨 柳 王玉英等	一
12	集团拆分的战略重构与拆分效率评价方法研究	南阳理工学院	李晓彦 邢 俊等	一
13	基于现场总线的沥青混凝土搅拌站控制技术	河南工业职业技术学院	杨聚庆 刘娇月等	二
14	S11－250～1600/10系列箔绕配电变压器	河南天力电气设备有限公司	吕秀明 肖 冰等	二
15	LBQ4000型强制式沥青混合料搅拌设备	河南陆德筑机股份有限公司	庄振献 王旭朗等	二
16	FMFQ10×2A气压磨粉机	南阳光辉机械厂	杜保年 刘素山等	二
17	FBCDF NO. 22/2×132煤矿井下用防爆抽出式对旋轴流辅助通风机	南阳防爆集团股份有限公司	邢 印 宗林才等	二
18	TBFW－355－4 200kW隔爆型无刷励磁同步发电机	南阳防爆集团股份有限公司	吴宣东 白双建等	二
19	异步/同步电动机自动检测、分析系统	南阳防爆集团股份有限公司	白照昊 王敬刚等	二
20	5LB－60型节能热风炉	南阳市亚龙筑路机械制造有限公司	王志兴 王振涛等	二
21	MYQ－A型棉花异性纤维自动清除机	南阳市利民科技开发中心等	郭成献 朱邦太等	二

续表

序号	项　目　名　称	完　成　单　位	主要完成人员	获奖等级
22	铝硅合金真空密封造型铸造工艺研究与应用	南阳理工学院	林红旗　田光辉等	二
23	超高强度变形铝合金半固态模锻成形及热处理新工艺研究与应用	南阳理工学院	林红旗　张力重等	二
24	柔性旋切机数控系统的开发与应用	南阳理工学院	梁秀山　刘品潇等	二
25	H 型连铸结晶器铜板	西峡龙成特种材料有限公司	朱书成　曹国超等	二
26	油田分散矿区有线无线通信网络综合管理平台	河南石油勘探局通信公司唐河通信站	杜守全　赵景阳等	二
27	网络 CAI 课程系统开发	南阳师范学院	张鸿军　张红薇等	二
28	会计档案管理系统	南阳市会计核算中心等	马传亚　张本柱等	二
29	现浇混凝土空心楼盖的应用研究及软件编制	南阳理工学院等	程远兵　赵　权等	二
30	禽流感防控信息综合管理平台设计与实现	南阳理工学院等	刘黎明　李金玲等	二
31	IPV6 在运营园区网中部署的研究与应用	南阳理工学院	吴绍兴　明廷堂等	二
32	基于移动通信网络的远程监控系统	南阳理工学院	薛庆吉　周国运等	二
33	基于蓝牙技术的实用反求系统的研究	南阳理工学院	刘品潇　刘宏伟等	二
34	电子警察系统整体解决方案设计与研究	南阳理工学院	刘黎明　张晓民等	二
35	警务信息综合平台设计与研究	南阳理工学院	王　水　于　彬等	二
36	高校录取数据管理信息系统	南阳理工学院	任朝斌　高彦卿等	二
37	小型田径运动会竞赛自动编排系统	南阳理工学院	隋晓航　袁东锋等	二
38	天然雄蛾圣酒	南阳微生物研究所	黄　霞　丁晓东等	二
39	利用石化废渣生产多元醇	南阳市东峰化工有限公司	李宇隆　李澄非等	二
40	改性铵油炸药开发	南阳市神威民爆有限公司	徐宜敏　郑联合等	二
41	红薯叶系列食品加工技术研究	南阳理工学院等	岳　春　初　峰等	二
42	复合微生物对棉籽饼粕的发酵脱毒及饲料化研究	南阳理工学院	郭书贤　王冬梅等	二
43	宛坪高速双连拱隧道工程可靠性评估研究	南阳市宛坪高速公路有限公司等	刘怀相　康海贵等	二
44	宛坪高速公路沥青路面修筑关键技术研究	南阳市宛坪高速公路有限公司等	杨新民　蒋应军等	二
45	4FP－V3－prism 高分辨率掌（指）纹采集仪窗口棱镜	南阳市英锐光学仪器有限公司等	孙志强　张　驰等	二
46	昼夜宽动态自适应数字夜视 CCD 成像系统	镇平县新星光学有限责任公司	王九耀　王天法等	二
47	JTZ－001 变焦投影镜头	利达光电股份有限公司	曹红曲　郑小霞等	二
48	纳米 TiO2 光触媒薄膜	利达光电股份有限公司	付　勇　王永杰等	二
49	家蚕秋用品种 37·39×40·42 选育	河南省蚕业科学研究院	褚金祥　王　新等	二
50	红掌快速繁殖与无土栽培技术研究	河南省南阳农业学校等	孙　廷　杨玉珍等	二

续表

序号	项目名称	完成单位	主要完成人员	获奖等级
51	植烟土壤生态修复技术研究与应用	河南省烟草公司南阳市公司等	赵明山　沈笑天等	二
52	万佳旺 2BXF－12 旋耕施肥播种机的研制	邓州市农业机械管理局等	孙中朝　黄龙昌等	二
53	西瓜抗根结线虫病砧木的研究与应用	内乡县植物保护植物检疫站等	黄明范　陆春显等	二
54	南阳盆地小麦主要种传、土传病害灾变规律及综合治理技术研究与应用	南阳市植保植检站等	李金锁　李晓清等	二
55	原子荧光光谱法测定土壤中元素镉的研究	南阳市农产品质量检测中心	江新社　王兴阳等	二
56	南阳水稻“壮、适、平”超高产栽培技术的研究与示范	南阳市农业科学研究所等	郭俊红　郑明范等	二
57	棉花无土育苗技术引进及配套高产栽培技术研究	南阳市农业技术推广站	杜昌学　马华锋等	二
58	沼液沼渣在主要农作物上的应用研究	南阳市卧龙区农业技术推广中心	张曼丽　郭小菲等	二
59	豫西南稻区水稻轻简栽培技术示范与推广应用	南阳市水稻生产办公室	张彩虹　郭秀照等	二
60	无公害 bejo 甘蓝标准化生产技术示范推广	新野县蔬菜产业协会等	胡勤俭　乔　靖等	二
61	核桃无性繁育与应用研究	内乡县林业局	张清浩　陈　征等	二
62	山茱萸害虫综合防治研究	南阳师范学院	梁子安　李玉英等	二
63	南阳市林业生态效益监测及价值评估研究	南阳市森林资源监测站	郭占胜　闫庆伟等	二
64	南阳楸树优良家系和无性系种质收集与保存利用研究	南阳市林业科学研究所等	翟文继　丁　博等	二
65	南阳市古树名木普查建档及保护研究	南阳市林业科学研究所等	王秋霞　翟文继等	二
66	南阳市岗丘瘠薄地无公害黄金梨优质高效生产技术研究	南阳市林业科学研究所	孙曾丽　董建军等	二
67	曼地亚红豆杉引种扦插繁育技术研究	南阳市林业科学研究所	田子涛　董建军等	二
68	大鲵模拟生境驯养与人工繁育技术研究	西峡县林业局野生动植物管理站	杨华胜　李金伟等	二
69	红心果猕猴桃在伏牛山引种及丰产栽培技术研究	西峡县林业局	封光伟　冯新富等	二
70	油桐低产林综合改造技术研究	西峡县林业技术推广站	李纪华　郑金成等	二
71	山区红灯樱桃高效栽培技术研究	西峡县林业技术推广站	王熙龙　魏远新等	二
72	南阳市规模化猪场哺乳仔猪等孢球虫病综合防治研究	河南省南阳农业学校等	李生涛　曲平安等	二
73	奶牛产后瘫痪综合症防治研究	南阳农业学校	李进德　刘　波等	二
74	益康（C_1O_2）消毒剂在南阳市鸡群中的应用研究	南阳市黄牛科技中心等	宋海忠　王海利等	二
75	南阳市规模化鸡场高致病性禽流感免疫监测技术研究与应用	南阳市动物疫病预防控制中心	惠　煜　董海岚等	二
76	检测评估体系在农村饮水安全项目管理中的应用	内乡县水利局	刘德晓　胡春祥等	二
77	高压管道循环供水技术在水帘景区的应用研究	南阳市水利建筑勘测设计院	郭晓丽　路金镶等	二
78	河南省南阳市地质灾害防治研究	河南省地质矿产勘查开发局第一地质勘查院等	李进莲　韩建秀等	二
79	道路运输企业精细化安全管理的研究与实施	南阳宛运集团有限公司等	胡逸云　韩永庆等	二

续表

序号	项目名称	完成单位	主要完成人员	获奖等级
80	各向异性二次三角形元的超收敛分析及应用研究	南阳理工学院	肖泽昌　杜跃鹏等	二
81	校园网络文化兴起与高校德育范式重构	南阳理工学院	刘　建　葛晨光等	二
82	医院成本核算研究	南阳理工学院	徐　黎　吴战勇等	二
83	欠发达地区农村社会保障问题研究	南阳理工学院	孙合珍　闫　然等	二
84	大学英语多媒体网络教学模式研究	南阳理工学院	黄义娟　田　园等	二
85	南阳地域旅游景区门票艺术设计的系统化研究	南阳理工学院	唐建中　张力克等	二

2008年度南阳市医疗卫生类科技进步奖获奖项目表

序号	项目名称	完成单位	主要完成人员	获奖等级
1	病原体感染与多发性硬化病因相关性的研究	南阳市中心医院	付国惠　温昌明等	一
2	经鼻内镜眶内、下壁部分切除术治疗甲亢恶性突眼临床研究	南阳市中心医院等	尹　昕　金贵玉等	一
3	PDX－1蛋白对细胞因子和棕榈酸诱导的大鼠胰岛细胞的保护实验研究	南阳市中心医院等	王守俊　黄文平等	一
4	早产儿的规范化管理模式研究	南阳市中心医院	宋雪民　张焕新等	一
5	新生儿窒息血清酶活性变化与脑损伤相关性研究	南阳市第一人民医院	李天慧　曹小彩等	一
6	肝硬化门脉高压症患者血管活性物质及门脉血流动力学检测的临床意义	南阳市第二人民医院	丁旭萌　尚军洁等	一
7	Y－STR家系排查法在刑事侦查中的研究应用	南阳市公安局	周付祥　史绍杏等	一
8	牛磺酸、维生素对Hhcy兔动脉粥样硬化的干预作用	南阳医学高等专科学校	康爱英　周铃生等	一
9	《影像诊断学》	南阳医学高等专科学校第一附属医院	蒋烈夫　蒋　蕾等	一
10	温阳祛瘀化痰通络法对硬皮病小鼠模型皮肤硬化的抑制作用及机理研究	南阳理工学院等	卞　华　毛秉豫等	一
11	中医辨证结合放疗治疗鼻咽癌的临床研究	南阳市中心医院等	尹中普　冯银水等	二
12	苦参碱提高胶质瘤细胞U251对NK细胞杀伤敏感性的实验研究	南阳市中心医院	郭　锰　杨桂珍等	二
13	保留灌肠量的不同治疗放射性肠炎的临床观察和研究	南阳市中心医院	时彩丽　王震宇等	二
14	对细菌增菌培养液的改良研究	南阳市中心医院	卢庆文　陈新燕等	二
15	胃镜下应用不同治疗方法对消化性溃疡大出血的疗效比较	南阳市中心医院	倪　猛　丁小琳等	二
16	褐藻多糖硫酸酯对糖尿病肾病蛋白尿和肾功能的作用临床研究	南阳市中心医院	任东升　陶雅非等	二
17	心理干预对医保慢性病患者生活质量影响的研究	南阳市中心医院	杨桂珍　熊宛梅等	二
18	腰大池脑脊液持续引流术对蛛网膜下腔出血的疗效研究	南阳市中心医院	贾东佩　付国惠等	二
19	支气管镜下腔内高频电刀治疗中央气道良性肿瘤的临床疗效	南阳市中心医院	党　强　赵　江等	二
20	尼莫地平治疗重度迟发维生素K缺乏颅内出血后神经损害的临床研究	南阳市中心医院	高　华　何长生等	二
21	人脑胶质瘤干细胞的分离、培养及初步鉴定的实验研究	南阳市中心医院等	王昆鹏　王新华等	二
22	前庭入路直肠瘘修补术的临床应用	南阳市中心医院	赵玉亭　赵成鹏等	二
23	颈胸交界处椎体病变手术入路的选择的临床研究	南阳市中心医院	张超远　宋应超等	二
24	自制可吸收网套在保脾术中的临床研究	南阳市中心医院	刘向业　贾会文等	二

续表

序号	项 目 名 称	完 成 单 位	主要完成人员	获奖等级
25	颅脑损伤后脑积水治疗的临床研究	南阳市中心医院	周国平 陈金安等	二
26	不同质地垂体大腺瘤的术前 MRI 预测与手术入路选择技巧的可行性研究	南阳市中心医院	张建党 陈金安等	二
27	前矢状入路直肠肛门重建术治疗肛门闭锁直肠前庭瘘的临床研究	南阳市中心医院	王 雅 赵成鹏等	二
28	超声与 X 线钡餐诊断先天性肥厚性幽门狭窄的对比研究	南阳市中心医院等	陈新燕 吴永娟等	二
29	弥散加权成像（DWI）对鉴别脑脓肿与坏死、囊变脑肿瘤的可行性研究	南阳市中心医院	张晓亚 杨建设等	二
30	彩色多普勒超声引导下 PTCD 术治疗梗阻性黄疸的临床研究	南阳市中心医院	门永忠 陈新燕等	二
31	多层螺旋 CT 断层和三维重建图像及 DSA 造影在主动脉腔内支架置入前的相关研究	南阳市中心医院	郭广春 乔 梁等	二
32	改良非脱垂子宫阴式切除术的临床研究	南阳市第一人民医院	翟俊英 钮红丽等	二
33	抚触对促进低出生体重儿生长发育的研究	南阳市第一人民医院	杨付莲 王 霞等	二
34	一次性安全单翼外周静脉输液针的临床研制及应用	南阳市第一人民医院	杨付莲 程相玲等	二
35	吸入噻托溴铵对稳定期慢性阻塞性肺疾病患者 FEV1 谷值改善作用的临床研究	南阳市第一人民医院	李卫阳 乔 华等	二
36	癫痫患者发作间期心理行为调查及癫痫综合治疗模式临床研究	南阳市第一人民医院	王振焕 余珊容等	二
37	a一硫辛酸对 2 型糖尿病性微血管病变的保护作用的研究	南阳市第一人民医院	王翼华 殷明君等	二
38	学习困难儿童智力发展平衡性临床研究	南阳市第一人民医院	申改青 李天慧等	二
39	改良翼点入路基底节区血肿显微手术治疗的临床研究	南阳市第一人民医院	樊 斌 孙世远等	二
40	针灸治疗经尿道前列腺电切术（TURP）/气化电切术（TUVP）后尿道潴留的临床研究	南阳市第一人民医院	何长海 李保安等	二
41	超声对肥胖代谢综合征人群颈动脉粥样硬化特征的相关研究及临床应用	南阳市第一人民医院	王宏伟 周 锋等	二
42	多途径联合引导定位穿刺破膜治疗膜性闭塞型布加综合症的临床应用	南阳市第一人民医院	李 彬 王 忠等	二
43	复杂性食管狭窄支架置入技巧的临床研究	南阳市第二人民医院	尹先哲 杜 峰等	二
44	苯磺酸氨氯地平联合咪哒普利优化方案治疗原发性高血压临床研究	南阳市第二人民医院	赵金玲 张英丽等	二
45	氯解磷定延时应用治疗甲拌磷农药中毒临床研究	南阳市第二人民医院	郭清晓 李 瑛等	二
46	阻塞性睡眠呼吸暂停低通气综合症与高血压关系的临床研究	南阳市第二人民医院	吕树志 周华顶等	二
47	术前已合并 DVT 的髋关节置换手术临床研究	南阳市第二人民医院	刘永西 尚立林等	二
48	胃底再造、吻合口下肺韧带包埋治疗贲门癌及其抗反流功能研究	南阳市第二人民医院	秦永跃 庞 彬等	二
49	精神分裂症、抑郁症患者视觉 P300 与探索性眼动的对照研究	南阳市第四人民医院	邱亚峰 丁彦杰等	二
50	猪苓汤治疗小儿急性腹泻病阴虚型临床研究	南阳市中医院	张 炜 蔡 文等	二
51	“持续口胃管法早期微量喂养”治疗极低出生体重儿临床研究	南阳市中医院	曹 红 马秋玲等	二
52	烧伤灵Ⅰ号治疗Ⅱ度烧伤临床研究	南阳市中医院	林海兵 郭洪耀等	二
53	LASIK 术前干预性光凝周边视网膜变性的临床研究	南阳市眼科医院	贾乃伟 王 伟等	二

续表

序号	项 目 名 称	完 成 单 位	主要完成人员	获奖等级
54	玻璃体视网膜手术是治疗严重眼外伤的临床研究	南阳市眼科医院	李　兵　贾乃伟等	二
55	唇裂术后鼻唇畸形外科整复的临床研究	南阳市口腔医院	刘中寅　温　炎等	二
56	牙龈成形术重塑牙周外形的临床研究	南阳市口腔医院	张　淅　姚　瑶等	二
57	圆锥型套筒冠义齿在牙列缺损中的临床应用	南阳市口腔医院	张春来　刘中寅等	二
58	循证护理在断指再植病人血管危象预防中的应用研究	南阳市骨科医院	王　敏　刘存湘等	二
59	椎体部分切除钛网（笼）支撑植骨内固定超短程化疗治疗脊柱结核的临床研究	南阳市骨科医院	刘　雅　蔡　明等	二
60	微创髋关节置换临床研究	南阳市骨科医院	段喜彦　吕尚军等	二
61	丙泊酚联合麻醉在上腹部手术术中对心功能影响的研究	南阳市肿瘤医院	宋万新　冯雨人等	二
62	周围型与中心型非小细胞肺癌热化疗临床应用研究	河南南阳市油田总医院	乔林邦　葛国平等	二
63	希罗达联合草酸铂治疗晚期大肠癌临床研究	南阳医学高等专科学校第一附属医院等	时　沛　库建立等	二
64	Ki－67，nm23，P53 基因及 ER，PR，C－erbB－2 在乳腺癌组织中的表达及其临床意义	南阳医学高等专科学校第一附属医院	郭彦伟　李汝敏等	二
65	高危妊娠产前干预治疗对低出生体重儿影响的研究	南阳医学高等专科学校第二附属医院等	周梅玲　王学玲等	二
66	异位妊娠药物保守治疗三种方法的临床研究	南阳医学高等专科学校第一附属医院	魏明久　韩　迪等	二
67	水囊填塞宫腔及联合用药防治产后出血临床研究	南阳医学高等专科学校第三附属医院等	李秋霞　陈广军等	二
68	护理干预在芍倍注射治疗痔疮中的应用研究	南阳市第九人民医院	张荣华　单小虹等	二
69	呼吸机相关性肺炎的护理研究	南阳市卧龙区第一人民医院等	王登秀　潘朝伟等	二
70	超声引导微管微创人工流产术和护理干预的临床效果观察	南阳医学高等专科学校等	石　玉　王冬娜等	二
71	抑钾消炎同步湿敷法对化疗性静脉炎预防作用的临床研究	南阳医学高等专科学校	吕云玲　孟晓红等	二
72	血半胱氨酸蛋白酶抑制剂 C 测定对早期肾功能损害的应用价值	河南南阳市油田总医院	姬宪民　张穗华等	二
73	经桡动脉路径冠状动脉造影及介入治疗	河南南阳市油田总医院	秦志慧　翟晓江等	二
74	早期气管、食管序贯插管下综合救治重度有机磷农药中毒临床研究	南阳万和医院	李红哲　张丰伟等	二
75	支架辅助血管成形术治疗症状性脑动脉狭窄的临床研究	南阳医学高等专科学校第一附属医院	邓　倩　王国庆等	二
76	运动试验变时性及相关因素的研究	南阳医学高等专科学校第一附属医院	王　璐　雷　伟等	二
77	BiPAP 通气治疗重症心力衰竭并呼吸衰竭疗效的临床研究	南阳医学高等专科学校第一附属医院	许东风　冯文化等	二
78	多烯磷脂酰胆碱联合复方甘草酸苷治疗非酒精性脂肪肝的临床与实验研究	南阳医学高等专科学校第一附属医院	郭遂成　黄　普等	二
79	负荷量加高维持量阿托伐他汀改善 ACS 患者冠状动脉 DES 支架植入术后预后的临床研究	南阳医学高等专科学校第一附属医院	于淑君　王立峰等	二
80	数字化心脏动态模型对心律失常直观显示技术方法的研究	南阳医学高等专科学校等	范　真　郝　洪等	二
81	早期应用 Bobath 技术治疗脑梗死偏瘫患者康复疗效的临床研究	南石医院	凌　云　石军锋等	二
82	西峡县控制白喉策略研究	西峡县卫生防疫站等	赵印刚　石明华等	二

续表

序号	项目名称	完成单位	主要完成人员	获奖等级
83	自体骨髓干细胞双向移植配合中药治疗股骨头坏死的临床研究	南阳医学高等专科学校第二附属医院等	王红升 忽中乾等	二
84	外科常见细菌耐药性与抗菌药物用量的相关性研究	南阳医学高等专科学校第一附属医院等	聂建军 张少羽等	二
85	高渗晶胶混合液预扩容用于剖宫产手术椎管内麻醉诱导期容量治疗的可行性研究	南阳医学高等专科学校第一附属医院	徐国亭 王立义等	二
86	甲状腺手术高位硬膜外麻醉临床研究	南阳医学高等专科学校第一附属医院	毛晓茹 邓佩琳等	二
87	骨髓基质细胞移植治疗大鼠脑损伤的实验研究	南阳医学高等专科学校第一附属医院	焦政安 胡成旺等	二
88	射频靶点热凝术治疗颈椎间盘突出症的临床研究	南石医院	杨书萍 王小红等	二
89	高强度聚焦超声（HIFU）治疗子宫肌瘤的临床价值	南石医院	马慧堂 郭 兴等	二
90	超声对单侧颈内动脉严重狭窄或闭塞时颅内动脉血流动力学变化的研究	南石医院	贺庆红 徐显贵等	二
91	中西医结合配合早期针刺治疗脑梗塞临床研究	南阳市卫生职业中等专业学校等	闫炳远 董建义等	二
92	《平补阴阳抑抗汤》治疗女性免疫性不孕症临床研究	南阳市人口和计划生育指导中心	周建华 山书玲等	二
93	中西医结合治疗幽门螺旋杆菌相关性胃炎的研究	镇平县中医院等	肖化云 秦书杰等	二
94	复方维压合剂治疗肝郁脾虚、血瘀湿阻型高血压病的研究	镇平县人民医院等	秦书杰 肖化云等	二
95	六味地黄汤对雌性致衰模型小鼠生殖器官形态学影响的实验研究	南阳医学高等专科学校	周玲生 张海燕等	二
96	脐疗新法治疗产后肥胖症临床研究	南阳市宛城区妇幼保健院	董建义 杨长帆等	二
97	中药内服联合手法对腰椎间盘突出症根性痛镇痛的疗效观察	南阳市宛城区中医骨科医院等	李 伟 彭 彬等	二

气　　象

市气象局局长　李海彬

【气象基础业务】 2008 年，业务质量稳步提高。地面测报错情率 0.1 ‰；农气观测错情率 0.25‰；高空探测业务指数 96.5；10 个自动站运行正常，错情率 0.1 ‰；预报降水准确率比上年提高，尤其是中长期预报准确率高于省定标准；农业气象产量预报质量总评分为 97 分；全年 5 人次创 250 班无错情、30 人次创百班无错情；网络传输率位居全省第一。

【气象服务】 2008 年发布灾害性天气预警 129 次；重要天气公告 16 期；农气情报预报、遥感服务材料 97 期。2008 年元月中下旬南阳市出现了大范围的强降雪过程，部分县市出现了暴雪，气温骤降，各级气象部门及时启动了《南阳市突发气象灾害应急预案》，全程做好监测、预报、预警和服务等工作，为各级党委、政府和社会公众战胜这场极端气象灾害提供了有力支持和有效保障。

防汛气象服务。7 月 21～23 日南阳市普降暴雨，降雨量超过 100 毫米的乡镇雨量站有 94 个。市气象台于 21 日上午 10 点发布《重要天气公告》，并召开了新闻发布会，通过各新闻媒体服务社会公众。局领导亲自向市委、市政府、防汛部门汇报。气象台与防汛办、国土资源局密切联系，发布天气预报和雨情短信 1100 余条；8 月 14 日，市委书记黄兴维在《汛情简报》上作出批示，要求各县（市、区）和市直有关部门根据“近几天南阳降雨相对集中，部分县市将有暴雨和大暴雨”的预报，高度重视，加强防范，备好应急方案，确保安全度汛。

为“三农”服务效果显著。三夏期间，市局利用短信平台，提供各类天气预报和预警信息，为机割手组建了平台并免费提供气象信息，指导机割手合理安排收割，避免了盲目性，提高了农机作业效率，受到了广大农民和农机作业人员的欢迎；在市局网站上开辟“三夏”和每日天气预报专栏，供各级领导和农民调阅；“12121”开辟三夏服务专题信箱和有关部门的涉农信息，向广大用户提供一周天气预报；专业气象台开通了十路气象服务热线电话，由高级工程师领班坐阵，值班人员及时了解最新天气动向，做好热线答询工作。麦播期间，气象台组织专业技术人员全力以赴做好“三秋”气象服务，制作麦播期天气预报6期。适时开展了人工增雨作业，平均雨量达到27.3毫米，有效缓解了9月中旬以来的旱情，使全市小麦按时播种。邓州市公共气象服务短信平台紧贴农业生产需求，联合农业技术专家，在秋作物收获、晾晒，小麦备播、施药、选种、播种时，及时发布针对性强的气象信息及农业技术服务信息，成为农民的好参谋。

重大气象服务活动。元宵灯火晚会、第七届张仲景医药科技文化节、高（中）招气象服务、桐柏全国首家廉政文化馆开馆仪式、邓州第二届范仲淹文化节、淅川生态建设大会等重大活动气象保障服务受到各级党委、政府的高度评价，提高了气象部门的声誉和形象。

人工影响天气。全市组织人工增雨作业10次，防雹作业1次，累计出动高炮191门次，耗弹1385发，出动火箭28套次，发射火箭弹71枚。5月23日到7月中旬，大部分县市出现了不同程度的阶段性旱情，内乡县和唐河县尤为严重，对秋作物造成了严重的影响。气象台多次发布干旱重要天气信息和未来天气趋势，提醒农民及时抗旱保苗。人影指挥和作业人员日夜坚守岗位，严密监视天气变化，先后17天实施人工增雨作业，彻底解除了全市的旱情。为了支持秸杆禁烧工作，市人影办调剂了两套火箭布设在宛城区的红泥湾和新店镇，实施增雨作业。6月13日，邓州市出现了冰雹天气，最大直径6mm，邓州得子桥炮站在市人影办的指挥下，发射防雹炮弹47发，在回波移动的下游没有冰雹出现，有效防御了冰雹灾害。

跨领域合作。11月份与市林业局联合签署了《林业有害生物监测预报合作协议》，双方就信息、人才、技术、发布平台等资源共享，加强林业有害生物监测预报技术研究，适时发布林业有害生物灾害预警信息和防治技术等达成合作目标；自11月1日起，市气象台与市防火办联合组建了全市森林防火气象服务短信平台，为森林防火领导小组成员、防火办、及山区县、乡领导200余人免费发布森林防火气象信息，并于10月31日起开始利用气象电视节目、12121电话、手机短信等进行宣传，提醒各公众增强防火意识，防止森林火灾发生；与市国土资源局合作，建立地质灾害气象预警预报发布工作流程。汛期双方联合发布地质灾害预报5次，最大限度地避免和降低地质灾害给经济社会和人民生命财产造成的损失；还与南阳电业局、旅游局等单位合作，建立了电力负荷预报预警服务系统、高温中暑气象指数预报系统、旅游气象保障服务系统等。气候资源开发利用取得阶段性成果。方城县风电场11月2日并网发电调试成功后，该县政府又给气象局拨专款10万元开展太阳能普查观测工作。

公共气象服务短信平台服务三农。用户达3.9万户，2008年发布信息2018条，接收人数210万人次。地方财政投入维持经费29万元。有效促使气象科技转化为趋利避害的生产力。特别是邓州市短信平台，已成为各行各业服务三农的绿色通道，市政府各部门通过短信平台发布各种支农、惠农信息。该市28个乡镇、578个行政村和农村经济合作社都有气象信息员，平台用户达到1万余户，年内发布各类信息267

条，接收人数98.5万人次。

【综合气象观测系统建设】 新一代天气雷达和185个自动雨量站运行正常，11个四要素站通信畅通率达90%以上；完成了四要素区域站选址任务；市政府发文要求再建42个自动雨量站，各县市目前落实经费20余万元；开发了雨量自动报警系统、组建了VPN虚拟专线，为县市气象局及有关部门调取雷达资料和气象服务产品提供了一条安全通道。

邓州市气象局在该市2.1万亩现代农业示范园区建设一座集人工增雨防雹、气象、土壤水分自动监测、天气预报预警服务、科普宣传为一体的多功能气象服务站。

气象探测环境保护落实探测环境保护责任制，6月份与各县市局（站）的主要负责人签订了环境保护责任书；12个台站均设立了公示栏和警示牌；加大探测环境保护的宣传及执法查处力度，各县市局紧紧依靠地方党委、政府以及有关的社会管理部门，采用有效措施制止危害行为的发生；完善了探测环境变化监控业务工作流程，严格执行探测环境变化月报告制度；方城、西峡、淅川、唐河成功制止了危害气象探测环境的事件发生。

【气象依法行政】 加强气象法律法规的社会宣传力度。3月份开展了以“探测环境保护”为主题的法规宣传月活动；加大气象行政执法责任制各项制度的落实力度，对案件实行统计备案、案卷评查、规范性文件制定备案制度；继续抓好气象行政许可项目的审批，全年收到行政许可项目防雷件72个，气球件19个，所接项目全部办理结件；加强气象行政执法能力建设，组织全体职工学习法律法规知识，10月份举办了南阳市气象系统首届法律法规知识竞赛，提高执法人员的执法能力和执法水平。

继续把防雷安全和12121气象信息服务规范化管理作为重点。与南阳市安监局、教育局联合下发了《关于开展防雷安全检查的通知》，印发了《南阳市防雷安全隐患排查治理工作方案》。成立了以副局长赵丰飞为组长的防雷安全隐患排查治理工作领导小组，市局和各县（市）局共组成14个工作组，对各行业的防雷安全进行了一次拉网式隐患排查治理专项行动，做到了不留死角，及时查处安全隐患。

【气象科研】 修改完善了《南阳市气象局科技创新管理办法》，加大了对获奖成果的奖励力度。由过去的少数人搞科研转变为广大专业技术人员积极参与科研的新局面。本年度除承担省局科研课题1个、纳入市局科技创新委员会批准的6个课题外，部分专业人员还自立课题。市局创新委员会受理论文129篇，评出优秀论文23篇，在省级以上气象刊物发表论文9篇；唐河局的科研项目《县级人工催化作业决策指挥系统》获南阳市科技成果二等奖。

【气象应急管理】 建立健全了各项应急管理工作制度，市局配备了应急值班设施，24小时不松懈；与驻军某部气象台签订了气象资料共享、灾害性天气通报、复杂天气会商协议，关健时刻可调用军队的移动雷达和移动气象站，并联合举行了应急服务演练，巩固提高业务人员的应急处理能力。12月16日西峡森林火灾发生后，县气象局与林业局联合启动应急响应预案，气象应急服务小分队深入救火一线提供现场气象服务。

【南阳市气象状况】

（一）气候概况

2008年南阳市气温、降水正常，日照偏少。其中，春秋季气温偏高，冬夏季正常；降水时空分布不均，秋季偏少；冬春季日照偏多，夏秋季日照偏少，特别是夏秋季多数县区日照较往年偏少2成以上。年内出现了低温雨雪、暴雨、大风、冰雹、干旱、大雾、干热风、寒潮等灾害性天气；特别是1月份出现的低温雨雪冰冻天气，持续时间之长，影响范围之大，属50多年来罕见，给人们的生产生活秩序带来严重影响，对交通运输、能源供应等影响更大，造成了不同程度的灾情。

1、气温。(1) 年平均气温。2008年全市平均气温为14.6℃（社旗）～15.9℃（淅川），距平值为－0.1～0.7℃，其中，南阳、新野略偏高0.7℃和0.6℃，其余县区较常年比正常。（2）季平均气温。冬季（2007年12月～2008年2月）气温正常。季平均气温1.7～3.3℃，其中，内乡、镇平、社旗、淅川、邓州、桐柏较常年偏低0.6～1.1℃，其它县正常。

季内：2007年12月全市平均气温3.6～5.5℃，较常年偏高0.9～1.6℃。1月平均气温－1.2～0.4℃，比常年同期严重偏低1.7～2.5℃；1月12日到31日20天的日平均气温均在零度以下，持续日数仅次于1955年27天的记录，与1967年20天的记录持平。2月平均气温1.9～4.0℃，较常年同期偏低0.4～1.7℃。

春季气温偏高。季平均气温15.9℃～17.8℃，比常年同期严重偏高1.2℃～2.3℃。其中，镇平列有气象记录以来第一位高值，其它县区均列前四位高值。

季内：3月全市平均气温10.8℃～13.0℃，比常年同期严重偏高2.5℃～3.7℃；其中，南阳、社旗偏高2.5℃、2.6℃，其它县区均偏高3.0℃以上。4月平均气温15.1～16.9℃；其中，社旗比常年偏低0.2℃，其它县区均比常年偏高0.2～0.8℃。5月平均气温21.8～23.4℃，比常年显著偏高1.1～2.5℃。

夏季气温正常。季平均气温25.5～26.4℃，距平值为－0.6～0.3℃，与常年同期比正常。

季内：6月平均气温24.7～26.0℃，与常年同期比正常。7月26.0～27.2℃，与常年同期比，桐柏偏低1.2℃，其它县区正常。8月25.4～26.6℃，与常年同期比正常。

秋季气温略偏高。季平均气温15.3～16.7℃，距平值为0.1～1.2℃，与常年同期比除淅川、新野、南阳略偏高外，其余县区正常。

季内：9月平均气温20.3～21.7℃，与常年同期比除社旗偏低1.2℃，其它县区正常。10月16.0～17.4℃，与常年同期比偏高0.6～1.3℃。11月9.5～10.9℃，比常年偏高0.3～1.2℃。

2008年12月，全市气温3.1～4.9℃，与常年同期比正常。其中，上旬平均气温为5.2～7.9℃，与常年值相比偏高0.6～2.4℃；中旬平均气温为3.9～6.1℃，比常年值偏高0.9～2.2℃；下旬平均气温0.2～2.2℃，属正常。

2、降水。（1）年降水量。2008年全市降水量为543～1207毫米，距平百分率为－25～5%，接近常年值。（2）季降水量。冬季降水接近常年。季降水量25～95毫米，距平百分率在－24.0～34.1%，除西峡偏多34%外，其余县区接近常年。

季内：2007年12月全市降水量7.3～19.9毫米，除西峡、方城较常年偏多外，其它县市接近常年，降水集中在中、下旬，上旬几乎无降水。1月12.9～69.4毫米，较常年同期偏多4.0～42.2毫米。其中，西峡、桐柏、淅川、唐河、方城较常年同期异常偏多82%～175%；其它县区显著偏多31%以上；降雪的持续时间、强度、积雪深度均为1955年以来，历史第二位高值。

2月全市降水量2.0～6.0毫米，较常年同期异常偏少67～88%。春季降水接近常年略偏多且时空分布不均。季降水量125～280毫米，距平百分率在－14.0～66.8%；其中，社旗、南阳显著偏多66.8%、58.4%，唐河偏多47.2%，其余县区接近常年。

季内：3月全市降水量12.7～49.4毫米，距平百分率为－57.8～16.1%。4月50.8～160.1毫米，距平百分率为－10.4～163.4%；其中，唐河、社旗、南阳、桐柏、方城较常年同期异常偏多108.2～163.4%，其它县区接近常年，降水时段在4月上、中旬，下旬几乎无降水。5月36.2～90.1毫米，降水时空分布不均；时间集中在上旬，空间上中部偏多其它区域偏少。

夏季降水正常。季降水量294～742毫米，距平百分率在－24.7～31.3%，其中，只有桐柏偏多31.3%，其余县区均接近常年。

季内：6月降水量9～54毫米，比常年偏少162.1～47.7毫米，其中，东部、东北部地区严重偏少80%以上，其它县区偏少47%以上。7

月135.5～413.6毫米，与常年同期比正常略偏多；降水时间上集中在下旬；空间上，中西部偏少，东部及东南部偏多。8月86.1～322.3毫米，距平百分率为－38.5～132.9％，其中，内乡较常年偏少38.5％，而方城、桐柏显著偏多60％和68.3％，南阳、社旗异常偏多82.2％和132.9％，社旗成为有气象记录以来第一位高值。

秋季降水偏少。季降水量69.4～180.8毫米，距平百分率在－2.3～－59.2％，较常年同期比偏少。其中，新野、桐柏、邓州显著偏少－51.5～－59.2％，淅川、南阳、社旗、唐河、镇平偏少－31.2～－49.2％，其余县区接近常年。

季内：9月降水量17～124毫米，距平百分率为－86.0～40.9％；除西峡偏多40.9％，其余县区均比常年平均值偏少。10月35.5～85.7毫米，距平百分率为－37.7～3.5％；其中，邓州、淅川、南召偏少3成左右，其余县区较常年比属正常。11月4.7～8.5毫米，比常年平均值偏少68.6～85.4％。

2008年12月，全月仅桐柏有0.4毫米降水，比常年偏少98.2～100％，与常年同期比属严重偏少。

3、日照。(1)年日照时数。2008年全市年日照时数为1612～1890小时，距平百分率为－14.8～1.5％，较常年比正常略偏低。(2)季日照时数。冬季日照接近常年。季日照时数324～407小时，距平百分率为－14.4～8.6％，接近常年。

季内：2007年12月全市日照时数80～123小时，较常年偏少19.0～53.5小时。1月50～81小时，较常年同期严重偏少32.6～56.0％。2月171～208小时，距平百分率为44～80％，属严重偏多；其中，西峡等八个县为有气象记录以来第一位高值。

春季日照接近常年略偏多。季日照时数516～612小时，距平百分率为4.0～22.8％，接近常年略偏多。

季内：3月全市日照时数162.6～211.6小时，较常年同期偏多20.6～53.1％；其中，3月中下旬偏多，上旬正常。4月150.1～177.4小时，与常年比属正常，但下旬严重偏多，中旬严重偏少。5月200.1～249.6小时，比常年偏多9.5～60.7小时。

夏季日照偏少。季日照时数381～485小时，距平百分率为－35.1～－13.8％，除西峡、镇平接近常年外，其它县区均偏少20％以上。

季内：6月日照时数112～179小时，距平百分率为－41.1～－7.7％，较常年同期比偏少。7月76～164小时，距平百分率为－13.1～－60.1％，较常年均值异常偏少；全区十二个县市，除西峡外其它均列历史前十位低值，特别是方城、桐柏、新野均列有气象记录以来第一位低值。8月日照时数135.8～217.7小时，距平百分率为－34.3～1.1％，除新野偏少34.3％外，其它县区均接近常年。

秋季日照偏少。季日照时数302.4～360.9小时，距平百分率为－31.6～－18.7％，与常年同期比偏少。其中，淅川严重偏少31.6％，多数县区偏少20％以上。

季内：9月日照时数87～119小时，距平百分率为－20.5～－44.6％，较常年均值比显著偏少；其中，新野异常偏少44.6％，列有气象记录以来第一位低值。10月92.5～126.6小时，距平百分率为－39.1～－16.7％，较常年均值比偏少。11月为102.9～145.7小时，比常年偏少3.7～39.7小时。

2008年12月，全市日照时数111.3～182.9小时，距平百分率为－19.3～26.0％，较常年比正常。其中，上旬日照时数为47～70小时，与常年值比正常；中旬为36～58小时，除社旗偏多38％外，其它县区接近常年；下旬为24～55小时，其中，内乡偏少37％，市区偏少43％，其余县区接近常年。

(二)主要气候事件及影响

2008年出现了低温雨雪、暴雨、大风、冰雹、干旱、大雾、干热风、寒潮等灾害性天气，发生气象灾害的频率高、种类多；1月出现了五十多年罕见的低温雨雪冰冻极端天气，对生产生活秩序、交通运输、能源供应等影响较大，7月份的暴雨致使部分区域农田、树木受淹；造成了不同程度的灾情。

1、低温雨雪冰冻。2008年1月10日起全市普降中到大雪，最大雨雪量达69.4毫米（积雪深度23厘米），因积雪道路结冰，加上持续低温，给人们的生产生活造成不利影响。全市因低温雨雪冰冻共造成：受灾人数19.15万人，紧急转移安置721人；农作物受灾面积9011公顷，成灾面积4300公顷；倒塌房屋6161间，损坏房屋310间；牲畜损失492头；全市共造成直接经济损失4849万元，农业经济损失4576万元。其中，新野1月11～28日，过程雪量23.4毫米，日最大雪量5.5毫米，最大雪深7厘米，受灾最严重的是城郊、溧河乡，15万人受灾，直接经济损失4433万元，其中，农业经济损失4400万元，牧业牲畜损失492头，经济损失18万元，损毁房屋110间，经济损失15万元。

南阳卧龙、宛城两区1月10～28日，一直维持低温阴雪天气，受灾人口3300人，因灾伤病人口10人，农作物受灾面积304公顷，倒塌房屋15间，损坏房屋170间，造成直接经济损失160万元，其中，农业经济损失121万元。

淅川县1月11～28日，雪量达39.4毫米，22日、28日雪深分别达8厘米和7厘米。全县受灾面积8667公顷，成灾面积4300公顷，受灾人口2100人，转移安置人口721人，倒塌房屋410间。

镇平县1月10～24日，因积雪和道路结冰，使全县倒塌房屋15间，26至28日，因天气原因造成交通事故17起。

西峡县1月11～28日，积雪日数长达19天，本次降雪共造成受灾面积40公顷，受灾人口3.6万人，倒塌房屋72间（计34户），损坏房屋30间，直接经济损失214万元，其中，农业经济损失55万元。

唐河县1月11～28日，连续降雪18天，过程雪量37.4毫米，最大积雪深度6厘米，全县受灾人口103人，倒塌房屋104间，经济损失42万元。

2、大雾。年内全市共出现53个大雾日，最小能见度10米，春秋季大雾天气较多，夏季次之，12月份4个大雾日。其中，3、4、10、11月的大雾影响较大，一度造成全市境内高速公路暂时封闭，交通运输受到较大影响，因其持续时间短，没有造成大的灾害，但给人们的生产生活带来诸多不便。

3、暴雨。年内暴雨灾害主要出现在5～8月份，全市共出现19个暴雨日，因暴雨造成受灾人口57786人，紧急安置转移人口226人，倒塌房屋483间，损坏房屋70间，毁地179.3公顷，农作物受灾面积8432.4公顷，成灾面积4831公顷，绝收面积820.6公顷，共造成直接经济损失约1976万元，其中农业经济损失约1493万元。

春季有5个暴雨日。4月4个，5月1个。4月7、8、18、19日在东部的桐柏、唐河，方城、南阳等地出现暴雨，过程最大雨量是桐柏的93.2毫米，无明显灾情；5月7日西峡站24小时雨量59毫米、双龙乡35毫米、米坪乡25毫米，其他乡镇雨量在10～20毫米之间，此次强降水解除了前期旱情，无灾。

夏季13个暴雨日，较往年暴雨日数有所增加，但8月份的强度较小；7月5个，8月8个。

7月4日9：48至5日9：34，受高空低槽和地面冷空气的共同影响，西峡境内出现了大到暴雨。其中，西峡单站雨量124.7毫米，各乡雨量分别在10～52毫米，由于前期干旱，此次强降水解除了前期旱情，经调查未造成灾情。

南召7月13日，12小时雨量54.7毫米，17日12小时雨量73.7毫米，21～22日24小时雨量63.8毫米；均达暴雨标准，但因前期旱情较重，无灾。

7月22日南阳市出现了大范围的暴雨天气，过程最大雨量141.7毫米，所有县区过程雨量都在70毫米以上，多数达100毫米以上，范围之广，强度之大列历史前位。其中，新野21日20点到22日20点，24小时雨量141.7毫米，此次暴雨造成农作物大面积受灾，受灾面积6000公顷，成灾面积3000公顷，绝收面积300公顷，受灾人口35000人，转移安置人口187人，倒塌房屋163间，基础设施损失25万元，直接经济损失1200万元，其中，农业损失1100万元。桐柏7月21日20时至22日20时，单站雨量122.8毫米，埠江、新集、安棚、大河、月河降雨量在136.9～240.4毫米之间，22日到23日，上述5个乡镇24小时降雨量在28.2～117.8毫米之间，21日20点到25日20点总过程雨量最大为月河320.9毫米，最小为朱庄117.1毫米。暴雨造成受灾人口22786人，紧急转移39人，农作物受灾面积2432.4公顷，其中成灾面积1831.0公顷，绝收面积520.6公顷，另外毁地179.3公顷，倒塌房屋246间，损坏房屋70间，直接经济损失776万元，其中农业经济损失393万元，工矿损失20万元，公益损失33万元，家庭财产损失98万元。唐河7月21日20点到23日8点42分，过程雨量131.2毫米，其中22日24小时雨量114.2毫米，全县自动雨量站过程雨量，最大王集226.8毫米，大河屯200.8毫米，14个乡镇超过100毫米，其余乡镇在86～96毫米；致使三夹河、唐河河水上涨，但无大损失。暴雨导致全县倒塌房屋74间。

8月1、4、12日，社旗达到暴雨标准，日降雨量为69.5、79.3、91.2毫米，无灾。14到15日白天，受高空低槽和地面冷空气的共同影响，西峡出现了大到暴雨，其中单站降雨量62.9毫米，各乡镇雨量（毫米）：丹水31.8、田关83.2、二郎坪37.6、丁河35.1、双龙79.2，其他乡镇降雨量在10～20毫米之间，由于前期干旱，此次强降水解除了旱情，未造成灾情。方城1、5、13日出现暴雨天气，日降雨量分别是57.9、57.8、52.2毫米，无灾。8月1日、13日桐柏境内出现暴雨天气，1日20时至2日20时，城关镇降水量59.0毫米，其它乡镇雨量在3.1（毛集）－46.6毫米（淮源）之间；13日20时至14日20时，朱庄降水量113.8毫米，其它乡镇雨量在5.2（城关）～91.0毫米（吴城）之间，无灾。8月19日8点到20日8点，南阳站日降雨量达112.8毫米，由于前期干旱，无灾。

4、冰雹。西峡、淅川县境内5月18日均出现了冰雹天气。其中，西峡县阳城乡5月18日06时10分，阵雨夹着雹粒，遍及全乡大部分地区，短短二十分钟，降雨量就达30毫米，降雨过程虽然持续时间不长，但使全乡17个村遭受不同程度的灾害，据统计：阳城乡农作物受损面积6568亩，经济林受损面积4900亩，整个过程使30个草腐菌大棚受到不同程度损害，树木倒伏30余棵，乡村部分道路路基受损；淅川无灾。

6月13日邓州、镇平境内出现了冰雹天气。13日下午镇平县的侯集、杨营部分村庄遭遇大风冰雹，杨营镇的小岗村和沙家村受灾较为严重。这次冰雹造成倒塌房屋20间，损坏房屋4间，刮倒树木660棵，损坏变压器1台，造成直接经济损失20.2万元，其中，农业经济损失12.7万元。同日，邓州境内也出现了冰雹天气，最大雹粒直径6毫米，使个别大棚损坏，有三个乡镇的3000亩烟叶受到不同程度损害。

6月27日西峡境内出现了冰雹天气。27日17时30分重阳乡的新营、重阳、卢沟三个村遭受不同程度的冰雹灾害，据统计：农作物受灾面积200亩，猕猴桃受灾面积491亩，造成直接经济损失175万元左右。

5、干旱。5～6月内乡、唐河等县区出现了夏旱。唐河5月23日至6月30日，39天降水量只有23.2毫米，由于正直麦收后秋播期，全县大都缺墒，尤其是东部乡镇的王集、少拜寺、大河屯、古城旱象严重，秋作物不能及时播种，推迟到6月中旬；全县秋播作物283.5万亩，其中受害215.2万亩，严重旱灾68万亩，因干旱不出苗11.5万亩。内乡6月11－30日，20天降水量9.7毫米，据28日测得土壤耕作层墒情为9%，影响了秋作物的适时播种。

从11月下旬至12月的土壤墒情监测结果可以看出，大多数地方的表层土壤墒情已经变差，南召已经达到轻度干旱的标准。

6、大风。全年有9个大风天气。冬季2个；春季1个，夏季3个，秋季3个。其中，2月8日12时57－58分，西峡部分乡镇出现了17.5米/秒瞬时大风，2月23日夜，镇平出现19米/秒瞬时大风。5月18日新野出现大风天气，风速达18米/秒。6月3日淅川境内出现大风天气，最大风速17.9米/秒；6月13日西部、西南部的多数县区出现大风天气，其中，新野最大风速达25.6米/秒，个别树木被刮倒。7月29日16点07分，西峡境内出现瞬时大风天气。9月23和26日镇平境内出现大风天气，瞬时风速17.2米/秒。11月26日邓州、内乡、南召、桐柏、新野出现大风天气，瞬时风速最高达19.5米/秒，因大风天气出现的时间短、未造成损失，无灾。

7、干热风。5月19～21、28～29日出现干热风天气。19～21日，三天中最高温度32.7℃，最小相对湿度14%，最大风速8.2米/秒，由于上旬降水充沛，墒情好，中旬开始连续晴天，有利于增加小麦千粒重，因此对小麦无影响；28～29日，最高温度34.0℃，最小相对湿度15%，最大风速5.0米/秒，由于小麦已成熟收割，因此两次过程均无致灾。

8、寒潮。2008年12月4～5日，社旗、桐柏、西峡出现寒潮天气。其中，社旗24小时温度下降8.2℃，最低温度－6.9℃；西峡、桐柏48小时温度下降10.9℃，最低温度分别是－4.8℃和－5.6℃，由于提前发布了降温消息，加强防范，无致灾。

（三）气候影响评价

2008年是气象灾害频发的一年，也是灾害影响较大的年份。

1、气候与农业。（1）气候与玉米生产。5月中下旬降水偏少，造成底墒不足，对播种不利，部分玉米不能适期播种；进入6月份降水继续偏少，土壤含水量下降，发生初夏旱，严重影响玉米的苗期生长；7月下旬的降水结束了自5月中旬以来连续七旬无有效降水的状况，利于玉米后期生育；8月末出现异常高温天气，保证了花粉的生命力，对玉米的开花、授粉非常有利，避免秃尖、缺粒现象的发生；8月中下旬玉米进入乳熟期，充裕的降水和热量便于干物质积累和转化，使籽粒饱满，粒重增加。由以上分析可以看出：2008年的气候条件对玉米的生长发育利弊均有，由于初夏旱较重，对玉米的影响弊大于利。（2）气候与小麦生产。2008年冬小麦生育期间，降水正常略偏少，热量充足，光照正常，播种以来的气候条件，可谓风调雨顺，利远大于弊。播前降水充沛，利于整地播种；播种后气温偏高，热量条件充足，播种到入冬前的累积活动温度较高，利于小麦增根生蘖，培育壮苗，冬前苗情长势稳健；1月虽然遭遇了低温冷冻天气，使部分小麦的叶尖被冻干，但对生长发育影响不大，较大的降雪恰似给小麦盖了一床棉被，使小麦安全越冬；返青后，间隔一定时间出现一次明显的降水过程，尤其是4月上旬到5月上旬出现了较大的降水过程，土壤水分充足利于小麦拔节、孕穗和开花灌浆，春季适宜小穗分化的温度持续时间长，使小穗数增多，开花后温度偏高，光照充足利于子粒增重。

2、气候与林业。多年不遇的低温雨雪天气和降水的时空分布不均，对林业弊大于利。首先是年初的低温雨雪冰冻天气，对西部山区的部分果木造成冻害；其次是夏季的暴雨天气，造成局地洪涝和湿害，对树木生长不利；再次是6月较少的降水，以及11月下旬到12月的无降水，致使大部分林木出现干旱现象；惟有7月份的降水对苗木培育有积极作用。

3、气候与交通运输。气候对交通弊大于利，而且较往年属于不利影响较大的年份。1月中下旬，大部分县市出现了五十多年来罕见的低温雨雪天气，因道路积雪结冰，辖区内主要高速公路一度封闭，部分国道、省道出现拥堵状况，加之受京珠高速公路关闭及京广等铁路干线影响，部分班车、列车出现晚点和停运现象，给人们出行造成一定困难。1月14日大雪，南航南阳机场路面及跑道严重积雪，机场被迫关闭，1月26、27日，南阳机场部分航班延误。公路方面，因道路结冰，镇平发生交通事故17起，伤20人；淅川发生重大交通事故2起，死亡3人，受伤3人。

春秋出现了多次大雾天气，一度使境内高速公路短时间封闭，虽然大雾持续时间较短，没有给交通运输造成大的灾害，但形成了不利影响。

4、气候与假日旅游。气候对旅游非常适宜。该年是国家公休假制度改革后的第一年，无论是清明、端午的新假期，还是“五一”、“十一”的老假期，适宜的气象条件，都对旅游业的发展起积极作用。特别是清明假期，非常适合郊游踏青和亲近自然，市风景区的游客数量相对平时出现了小高峰。4月份，中国·南阳第六届玉雕节暨首届宝玉石博览会隆重开幕，八方宾客云集南阳，在舒适宜人的气候条件下，充分领略南阳玉文化的璀璨魅力，博览会期间，珠宝玉石精品展，旅游景点、旅游产品宣传，精彩的各类文艺演出等一系列活动的开展，带动了全市旅游业和整体经济的快速发展。

5、气候与人民生活。经历了年初的低温雨雪冰冻天气，阳春三月的和煦阳光让人倍感春天的温暖，虽然初春时节气温日较差大，但丝毫没有削弱人们对大自然的向往，外出郊游踏青的人群络绎不绝，万物复苏的春天景象，让人感到了春的生机，给人们的生活注入了新活力。但秋季乍暖乍寒气温日较差大的气候特点易诱发各种疾病，特别是极易伤风感冒，易诱发扁桃体炎、气管炎和肺炎等，因此，上述疾病的发病率有所上升。总之，当年的气候条件对人民生活有利有弊。

6、气候与水资源。全市水库、河流蓄水主要来源于自然降水，虽然秋季降水偏少，但7、8月份的降雨过程，增加了水资源量，使年降水量接近常年，水资源量与往年持平。（刘萌）

地震工作

【地震活动概况】 2008年度南阳市及邻区共发生ML≥1.0级地震143次，其中ML≥2.0级地震21次，最大震级为ML4.0级，即2008年12月18日淅川ML4.0级地震：2008年12月18日21时44分南阳市淅川县厚坡镇（北纬32.7°，东径111.8°）发生ML4.0地震，此次地震震感较强，波及到河南、湖北两省三市十余个乡镇。这次地震有感范围广，受地形地貌影响较大，北部有感区域呈线状分布，基本沿南阳盆地西边缘展布，自方城县广阳镇、南召县石门镇沿北东向延伸至内乡县马山口镇、王店镇。南部有感区域分布较广，主要包括丹江口水库下游的淅川、邓州交界区和河南、湖北交界的丹江口市、老河口市、襄樊市等地。震中区为烈度5°区，主要涉及淅川县香花、九重、厚坡三镇及淅川邓州交界区的部分村组，呈椭圆状，长轴约15公里，短轴约10公里，面积约120平方公里。震中区群众普遍震感强烈并听到如重车经过似的响声。感觉上下抖动，门窗作响，悬挂物摆动。

淅川县九重镇程营村有家房屋出现裂缝、溜瓦；厚坡镇政府办公楼出现细微裂缝；香花镇有一间土坯房倾斜，在建房屋预制板掉落。香花镇有一船上运载的一车沙和一车水泥被震落水中。

【应对汶川地震】 5月12日，四川汶川发生8.0级特大地震，南阳市大部分地区震感强烈，市地震局按照《南阳市地震局地震应急预案》的要求，启动局内部应急预案，各工作小组按照分工，迅速与市地震台、省地震局取得联系，了解地震震中位置及震级，落实地震是否在南阳区域内发生等情况，开展地震信息公布、平息地震谣传，及时进行震情趋势会商，开展地震宣传及灾情调查工作，保证了南阳市群众工作学习生活秩序的稳定。

为尽快稳定南阳市社会秩序，在听取地震局汇报后，市长朱广平根据震情及对南阳的影响，在震后一小时内即发布政府第一号公告：“据国家地震台网测定，四川省汶川县于12日14时28分发生 Ms7.8 级地震，南阳地区有震感。由于南阳市距震中较远，对全市不会构成威胁，震后趋势市政府将适时公告预报，请广大市民无须担心，保持正常工作学习生活秩序。”与此同时，要求南阳市日报社、晚报社、电视台、广播电台等各大新闻媒体以最快的速度连续播发该公告，使公众及时了解地震情况，稳定社会秩序。

由于强烈地震的突发性和重大的社会影响性，南阳在震后出现了少数地震谣传，有市民打电话到地震局，反映“听人说在下午 6 点、晚上 8 点等时段南阳将发生大地震”，一时间人心惶惶，群众不敢进屋，学校放假、工厂停产。在对汶川地震的构造机理及可能对南阳的地震活动造成何种程度的影响进行分析会商后，市长朱广平再次签发了政府第二号公告：“汶川县发生的强烈地震波及南阳市，根据本次地震序列分析，南阳市近期不会发生破坏性地震，请广大市民不要轻信谣言，保持正常工作生活秩序。”并要求媒体立即播发。政府两个公告发布后，地震谣传逐渐平息，社会秩序逐渐恢复了稳定。

【地震机构建设】 2008 年，加大了对基层地震部门的工作支持力度。（1）各县（市区）地震工作机构落实 3 名以上全供编制，所学专业由市地震局把关，办公经费不得低于本县党政机关平均水平；（2）地震工作经费落实到位，台网建设（含仪器设备）经费及时落实，由市县两级均摊，台网建成后运转费用（含观测员工资）按归属列入本级年度财政预算；（3）各县地震办配备专用越野车一辆；（4）以市政府督察室牵头组成 2 个督察组，进行监督落实。

为适应防震减灾工作的需要，市编办同意地震局由副处级政府办下属单位，升格为正处级一级事业单位，并增设应急救援科和总工程师。

【地震监测预报】 全市 13 个县（市、区）的 CO_2 断层气、地电、电磁波等监测网点已基本投入试运行阶段。自 2007 年 Zk－8 井数字化改造后，2008 年又对剩余 5 口地震前兆深水井进行了数字化改造和观测井房修缮维护，设立保护标志。各观测井运行状态良好，与省地震局数据中心实现对接，资料共享。

定期召开会商会，根据南阳及周边区域小震活动和宏观异常情况，利用多种手段，对震情趋势做出明确判断，做好震情中长期判定和短临跟踪。会商会形成的会商意见、国内外发生的破坏性地震震灾情况、异常考察结果，以震情及工作简报形式报告上级。2008 年全年共编写《震情》46 期、《震情通报》12 期、《工作简报》6 期，根据内容，分级报送省地震局分析预报中心、及南阳市主要领导、市直有关单位，及所属县（市）区科技局地震办和鄂豫陕地震联防会协作单位。

2008 年 11 月参加了在平顶山举办的第 27 届陕豫鄂毗邻区地震联防会，会上与兄弟单位就地震监测预报、地震行政执法、防震减灾知识宣传、震害防御等方面进行了交流。市地震局在本次联防会上获震情趋势综合报告一等奖 1 项，个人专题论文一等奖 2 项，二等奖 5 项。

【地震前兆异常落实】 5 月 12 日四川汶川地震后，南阳市区域接连发生 5 起典型的宏观异常，分别是方城县河道喷气异常、桐柏水井异常、部分县市水泥路面裂缝突起宏观异常、镇平县彭营乡南王庄村发生水井翻花冒泡异常现象、卧龙区安皋镇李营村地裂缝异常现象等，在接到群众电话反映后，马上组织人员到现场调查走访，查清了异常原因，平息地震谣言。

5 月 26 日 19 时 30 分，桐柏县地震办公室报告，称在桐柏县城郊乡有群众反映水井水位出现异常，县地震办人员已经到现场落实，证实异常现象确实存在。经分析，此次水井水位异常可能是 5 月 25 日 16 时 21 分四川省青川县 6.4 级地震的震后效应，即地震活动对市地下构造应力分布的影响。

【地震灾害防御】 （1）先后制定了《南阳市地震安全性评价管理办法》、《南阳市地震安全性评价实施细则》、《南阳市建设工程抗震设防若干管理规定》等地方规章制度，针对建设工程抗震设防要求审批工作中出现的新情况、新问题，市政府出台了《南阳市建设工程抗震设防要求管理办法》。

（2）地震应急工作。2008年12月18日淅川ML4.0级强有感地震发生后，南阳市地震局快速启动了地震应急预案，于30分钟内到达各自岗位开展地震应急工作。此次地震于21时44分44.6秒发生，22时，现场工作组奔赴地震现场，沿邓州、淅川一线开展震情调查。实地察看了震感较为强烈的淅川县香花、厚坡、九重等镇，调查了土坯房倒塌、在建房屋预制板掉落等情况。凌晨4时，省地震现场监测组到达震区，市局地震现场工作组及淅川县地震办、邓州市地震办现场工作队协助其分别在淅川陶岔、香花、邓州九龙设立3个流动监测站，对地震活动情况进行实时监测。地震局分析预报组在震后立即与省局分析预报中心沟通意见，组织紧急会商，对震区地质构造情况、测震、前兆数据等资料进行分析，确定震后趋势判定意见。

【地震宣传】 2008年3月1日是《中华人民共和国防震减灾法》颁布实施十周年，市地震局统一布置全市宣传活动，发放宣传资料，增强全民防震减灾意识。全市共出动宣传车辆30余次，制作版面9幅，发放宣传资料20000多份，收到了良好的宣传效果。

5月12日汶川大地震后，针对社会对地震的恐慌心理，市地震局通过手机短信、电视台广播、报纸等宣传媒体，全面系统地对地震知识、应急避难和自救互救常识进行宣传，发挥了很好的稳定社会的宣传效果。为进一步扩大宣传面，加大宣传力度，市政府常务会议要求市县加大对地震宣传的投入，各县（市、区）政府批准由各县财政拨付1～2万元用于统一印制宣传手册等资料。

为了确保学校师生正确应对地震灾难，市地震局先后与镇平一初中、南阳市十二小、南阳市十五小联合开展地震应急疏散演习，使在校师生能全面掌握地震知识，知道地震来临时如何采取有效措施避险，迅速撤到安全地带。市地震局统一印制了防震避震知识手册，确保在校师生人手一册，通过“小手拉大手”教育一个学生带动一个家庭，共同提高应对地震的能力。

7月9日，中小学生迎奥运地震科普夏令营活动开营。这次活动，首先组织营员到市地震监测网点参观学习，然后起程到北京、唐山等防震减灾先进城市参观，学习了解国地震防御的最新科技，参观地震遗址、地震博物馆，模拟演练地震来临时的应急逃生活动。

科　　协

【第三次科协代表大会】 2008年1月4～5日，南阳市举行第三次科协代表大会。省科协副主席彭翼群出席会议并致辞。市委书记黄兴维讲话，希望全市科协组织和广大科技工作者在建设创新型南阳中发挥聪明才智，努力把南阳建设成为产业优势明显、科技支撑突出、创新氛围浓厚的创新型城市；在提高全民科学文化素质方面奋发有为，建立健全和充分利用科普组织网络，认真抓好《全民素质行动计划纲要》的贯彻落实，以重点人群科学素质的提高带动全民科学素质的整体提升；深入开展“科教进社区”等群众技术创新活动，积极搭建社会科普服务平台，进一步营造尊重科学、崇尚科学、相信科学、依靠重新安排 浓厚社会氛围；要在服务科技工作者方面发挥更大作用，把广大科技工作者紧密团结在党和政府的周围，进一步加强与各个领域、各条战线科技工作者的联系，促使广大科技工作者在各自的岗位上作出更大成绩。市科学技术协会三届一次全会，选举薛江峰任市科协主席，刘建华、彭富生为副主席。

【青年科技奖评审】 为鼓励青年科技工作者奋发进取，扶持各类优秀人才脱颖而出，造就大批新世纪青年学术和科技带头人，市科协、市委组织部、市人事局联合组织开展了“南阳市第六届青年科技奖”评选活动，经过下发文件，推荐选拔，专家认真评审，共有66人获得南阳市第六届青年科技。

【科普宣传活动】 为了调动全民参与实施《全民科学素质纲要》的积极性，市科协向市直和有关企事业单位发放《全民科学素质行动计划纲要》读本500余册，还充分利用电视、广播、报刊等阵地，宣传实施《科学素质纲要》的重大意义，营造宣传贯彻落实《科学素质纲要》的浓厚氛围。5月12日，市科协与有关部门联合举办了南阳市科技活动周启动仪式，市领导、市直有关单位负责人及群众约1000余人参加了启动仪式。活动当天，向科技示范村、示范户赠送科技图书1000余本，展出宣传板面56块，现场为农民群众解答技术难题200多个，受到了广大群众的一致好评。“十一”长假期间，在市科技馆举办了世界珍稀蝴蝶标本展、珍奇海洋生物标本展，共接待中小学生万余人，使学生们从中学会了不少课本上学不到的知识，从而拓宽了他们的视野，增长了他们的知识。

【“三创一带”活动】 （1）科普示范县创建工作顺利开展。市科协把创建科普示范县当作重点工作来抓，成立了领导小组，制订了工作方案，经常研究解决工作中的具体问题，为指导全市创建工作奠定了基础。唐河县委、县政府把创建工作纳入目标管理；宛城区研究制定了《创建全国科普示范县实施方案》，并成立了领导小组；西峡县在《创建全国科普示范县工作规划》中把科普经费人均0.35元标准纳入年度财政预算，并落实到位。方城、新野、唐河已被中国科协命名为全国科普示范县。（2）农村科普示范基地健康发展。创建先进农村科普示范基地是一个复杂的系统工程，市科协高度重视，认真组织，不断总结，推进了全市先进农村科普示范基地的健康发展。西峡县丹水镇绿色猕猴桃等3个农村科普示范基地分别被中国科协、河南省科协评定为科普惠农先进单位，新野县宛绿无公害蔬菜等3个示范基地被河南省科协评定为“三创一带”活动先进单位，庞国芳等被省科协评定为“三创一带”活动先进个人。（3）开展科普惠农兴村计划。桐柏县吴城镇养鸭协会、淅川县毛堂乡老田薄壳核桃示范基地、邓州市食用菌综合开发服务中心示范基地被省科协评定为“科普惠农兴村计划”先进单位，刘明轩、曹志书被省科协评定为科普惠农兴村先进个人。镇平县蚕业协会、唐河县源潭镇联心农业发展协会被中国科协评定为全国“科普惠农兴村计划”先进单位，于松昌被评定为科普惠农兴村先进个人。全市共获得中国科协、河南省科协科普惠农兴村奖补资金81万元。

【送科技下乡活动】 5月13日，市科协组织农业、卫生等方面的专家、市说唱团演员与邓州市科协一起到邓州市马营村开展送“科技、文化、卫生”三下乡活动，为广大农民群众送去了精神大餐。邓州市农、林、水、文教、卫生等20多个单位的负责人、各乡镇分管科技的副乡镇长、林扒镇各村支部书记、马营村群众共千余人参加了这一活动。10多位科技专家向农民群众讲解了种、养殖、加工、产业结构调整、卫生防疫等方面的知识。说唱团演员为农民群众表演了精彩的文艺节目，使农民群众得到了实惠。同时市科协还向邓州市各乡镇赠送科普图书杂志、挂图万余册（套），发放科普书籍资料12000余册，推广新技术7项，推广新品种9个，受到了广大群众的一致好评。

【青少年科技教育活动】 2008年市科协举办了南阳市“油田杯”青少年科技创新大赛。本次大赛共有6.5万名中小学生参加，共收到参赛作品1826项，共选出市级获奖作品468项，其中推荐上报一等奖作品61项参加省里比赛，获得省一等奖6项、二等奖12项、三等奖23项；科学幻想绘画一等奖6幅、二等奖9幅、三等奖12幅；科技实践活动二等奖4个；优秀科技教师2名；优秀组织奖2个。在参加全国大赛中，获一等奖1项、二等奖1项；优秀科技教师2个；全国优秀组织奖2个。

7月16日，2008年“城乡规划杯”全国青少年智力七巧板总决赛南阳分赛区开赛。全国智力七巧板科普活动组委会相关领导、省科协领导彭翼群、南阳市委副书记贾崇兰等四大家领导及市直、各县（市、区）、各中小学校有关负责人出席了开幕式。南阳分赛区的15个代表队参加了这一活动，最终南阳市共获得一等奖78个、二等奖86个、三等奖106个；有19个单位获得全国优秀组织奖；有31名教师获得优秀辅导员奖。（王金领）

南阳市农科所

市农科所所长　王玉斌

【新品种选育】 选育的小麦新品种南阳997、宛抗18，顺利通过河南省小麦新品种生产试验，10月被省品种审定委员会审定定名，创造了全市一年通过省级审定2个小麦新品种的历史。省审小麦新品种南阳997获得了国家品种权保护，国审棉花新品种宛棉10号申报了国家新品种权保护。选育的小麦新品系宛黑057、宛黑064、宛麦484、宛麦982参加了河南省小麦新品种区域试验，在各试验点均比对照增产，已顺利进入下一轮试验。选育的玉米新组合宛单739参加了省玉米新品种区域试验；宛棉11号参加了省棉花预试，杂棉12号参加了省杂交棉预试，宛杂棉3号参加了国家长江流域棉花新品种区试；水稻新品系宛6059参加了河南省水稻新品种区试。玉米、棉花、水稻参试品系在各试验点均表现优秀，有望2009年进入下一轮试验。新选育出有苗头的小麦、棉花、玉米、水稻新品系8个。

【农业新技术研究】 开展抗虫棉高产栽培技术研究，研究出选用抗病品种、适当推迟育苗时间、合理使用化学农药等高产栽培的关键技术。开展的优质小麦高产栽培技术研究，已筛选出小麦专用缓控施肥最佳施用方法。开展的玉米规范化高产栽培模式研究，完成了宛单739的密度、施肥等方面高产栽培技术参数的研究。

【科研成果】 主持完成的"小麦新品种南阳996（平安6号）的选育及应用"研究项目获得市科技进步一等奖、省农科系统科技成果一等奖、省政府科技进步三等奖；主持完成的"棉花新品种宛801—8选育与示范推广"研究项目获省政府科技进步三等奖。主持完成的"棉花新品种宛棉10号的选育与示范推广"、"小麦新品种宛麦18的选育与应用"、"南阳稻区水稻'壮、适、平'超高产栽培技术的研究和应用"三个研究项目申报了市政府科技进步奖。另外，在国家核心期刊上发表学术论文30篇。

【科技示范与服务】 实施"高产示范带动计划"。研究出台了《关于加强科研与开发有机结合的意见》，拉长科研链条，扩大研究室课题组职责，明确品种选育、示范、繁育三位一体的工作任务。将每个课题组建立5亩以上高产攻关田、100亩以上高产示范田纳入年度目标考核。制定方案，深入推进粮棉油高产创建活动，对自主选育的小麦、棉花、玉米、小辣椒、花生新品种，运用缓控施肥、简化栽培等技术，开展小面积高产攻关、大面积高产示范，创造高产典型，小麦单产增幅达12%，玉米达20%，棉花达15%，产生了良好的带动效应。重点示范展示南阳997、平安6号、宛棉9号、宛801、宛棉10号等农科所自主选育农作物新品种及其配套栽培技术。同时展示宛抗18、宛单739、宛杂棉3号和外引农作物新品系，示范推广了作物病虫害防治、平衡施肥技术等10余项农业实用新技术。新建科技示范基地1万亩，辐射带动6万亩，新品种新技术示范服务20万亩以上。完成了30万公斤绿豆良种供应项目、51万亩麦、棉良种补贴项目，推广棉花、小麦、花生等农作物新品种800多万公斤，增加社会效益1亿多元。组织农业科技服务队，通过南阳电视台乡村纪行栏目、南阳广播电台春来茶馆节目，进行技术咨询服务，解答农民群众生产中遇到的疑难问题，共做电视广播节目13期，热线服务100多次，组织科技大集5次，技术讲座50多次，培训农民10000多人次，编发《农业科技情报》6期，将适宜南阳种植的小麦、棉花、玉米、辣椒等品种种植技术以问答形式印发3万多册（份）。无偿提供良种，帮助南召县东王庄村调整种植结构；协助该村争取标准粮田建设、河堤加固、村级卫生室建设等3个新农村建设项目计70万元；筹资2万元，支援群众打井抗旱。治理村容村貌，新修道路2公里，整修鱼塘3个，捐赠图书2000多册，建起了农村书屋，连续两年被评为全市服务新农村建设先进单位。

【项目建设】 启动国家棉花现代产业技术体系“南阳综合试验站”，同时，又争取到了小麦、芝麻、食用豆3个国家现代产业技术体系综合试验站，使南阳成为全省依托建站最多的地市级农科所之一。各试验站按照农业部的方案要求，进行团队和试验、示范基地的建设，年度工作得到了体系首席科学家的肯定。申报的“抗虫杂交棉高产攻关简化栽培技术研究”项目被列入省科技攻关计划农业重点项目，编制的“水稻简化高产栽培技术研究”申报了省科技攻关项目；“绿豆种质资源的引进与研究”、“棉花麦后搬钵大苗移栽高产技术研究与示范”研究项目列入了市科技攻关项目；申报省级引智项目3项。

【改善科研条件】 投入200多万元，新打机井3眼，硬化道路7000米，排灌渠各2900米，实现了沟路渠配套，试验、生产、考种一体化，达到了试验所需要求，一个新的“现代农业试验示范基地”的雏形已初步显现。投入18万元，对办公区空调进行更新，投入40万元，购置了笔记本电脑、摄像机、数码像机及有关科研仪器设备，不断改进实验手段。

【人才队伍建设】 修订了《在职人员读研管理办法》，鼓励专业技术人员参加高层次学历教育，对于在职攻读学位的，待拿到毕业证和相应学位后报销全部学费。当年已有4名业务骨干参加了硕士学位学习，8人晋升了中高级职称，12人次获得省科普先进个人、服务三农优秀专家、科技功臣、科技拔尖人才等荣誉称号。开展学术交流，搞好横向联合。着力建设开放型研究所。先后与西北农林科技大学建立了长期的校、研、企合作创新关系、定期学术交流制度；同时与南京农业大学在棉花遗传育种上进行合作，与中国农科院进行小麦、棉花、蔬菜、航天育种协作，与河南省同位素研究所进行辐射育种协作，与中棉所，省农科院，省蔬菜所，山东省棉花所，四川省棉花所等进行多学科的协作攻关。依托高等院校和国家重点科研院所技术和人才优势，为科技创新注入了活力。（柳天芝　渠元春）

社　会　科　学

【学习宣传贯彻先进思想和理论】 2008年，市社科联率先在全市组织举办“全市社科理论界学习宣传贯彻十七大精神座谈会”，对全市学习贯彻十七大精神起到了积极的引导作用。座谈会从不同侧面探讨了对十七大精神的深刻理解，并就中国特色社会主义伟大旗帜、中国特色社会主义理论体系、十七大的重大历史意义、干部队伍培训、构建和谐社会、劳动分配中的效率与公平、党的建设、增加农民收入、反腐倡廉、和谐文化建设、南阳文化发展等方面畅谈了各自的认识和体会。发言内容在《南阳日报》上专版刊发。

组织开展“新解放、新跨越、新崛起”大讨论活动。2008年是设立党支部的第一年度，社科联充分动员，认真组织实施，保证各阶段任务落到实处，共发放征求意见表200份，收集意见和建议15条，自查出存在的问题18条，通过民主生活会集思广义，解决存在问题16条，在提高机关效能建设，更好地服务全市广大社科理论工作者，开拓创新，不断繁荣社会科学事业方面探索出了新路子。

【组织纪念改革开放30周年系列活动】 （1）举办征文活动。4月份，市社科联会同市委宣传部，通过下发文件、新闻媒体宣传等形式，历时3个月，共收到论文317篇，征文主题鲜明，内容丰富。经过专家组评审，评出一等奖30篇，二等奖30篇，三等奖25篇，组织工作先进单位10个。（2）印发《光辉历程》一书。对征文活动中的获奖文章及部分优秀文章结集成《光辉历程——全市纪念改革开放30周年优秀征文集萃》。市委书记黄兴维题词，市委副书记贾崇兰作序，全书共计55万余字，图文并茂，在全市产生了较大影响。（3）举办理论研讨会。11月25日，成功召开全市纪念改革开放30周年理论研讨会。市委副书记贾崇兰出席并作重要讲话，12位市直部门、高校和县（市、区）代表进行了发言，市直各新闻媒体对会议进行了详尽报道，小活动大宣传，取得了较好的社会影响。（4）主办的《卧龙论坛》开辟纪念改革开放30周年专栏。从2008年第1期至第5期在《卧龙论坛》显著位置开辟纪念改革开放30周年专栏，编发10余篇有分量的文章，对全市纪念改革开放30周年活动起到舆论导向作用。

【社科普及活动】 9月，参加在内蒙古包头市召开的全国大中城市社科联第十九次工作会议，并在会上作了题为《正确把握发展新规律 开创社科事业新局面》的典型发言，得到与会领导和社科界同仁的一致好评。所属各学会（分会）开展的社科理论研讨及普及工作，领域进一步纵深，形式更加丰富多彩。市职工政研会组织召开全市企业文化经验交流会、开展“三爱四评”创建活动政工师职称评定、“百城万店无假货”创评活动等；市地税研究会举办两次科研交流会、提高会刊质量和完善内部管理机制等；地方志学会在深入学习十七大和十七届三中全会精神中，编志、续志、评志、用志活动深入开展；市哲学学会和市党校教育研究会紧密结合学会工作特点，有力地宣传了党的十七大和科学发展观精神，并且在理论研究和理论成果方面取得了很大成绩，加强了全市各级党政领导干部的政治素质和执政能力；城市金融学会结合当前经济发展实际，认真开展应用对策研究，取得了明显效果；市档案学会勇于开拓，积极开展调查研究，营造出浓厚的学术氛围。各县（市、区）分会就纪念改革开放30周年、深入学习宣传贯彻党的十七届三中全会、组织开展“新解放、新跨越、新崛起”大讨论教育活动、建设社会主义新农村等开展了一系列丰富多彩的理论研讨和普及活动。全年，全市社科系统各学会、研究会、协会共举办各类研讨会765场（次），受众达22余万人（次）。有3位社科联系统先进工作者受到省社科联的表彰，市社科联也对50个单位和个人进行了表彰。

【社科研究】 认真组织申报2008年度市社科规划课题。在向市领导、有关单位和大专院校广泛征集课题后，拟定社科规划《课题指南》，及时下发至各单位。南阳师院、南阳理工学院、河南职业工业技术学院、市委党校等大中专院校和有关单位参与的积极性空前高涨，共组织申报社科规划课题153项。为提高选题立项的针对性、应用性，突出对构建和谐社会、建设社会主义新农村、中原崛起、实施“三大战略”、组织“四大突破”、经济社会和谐发展等问题的研究，组织成立课题评审组，对申报的课题一一进行论证，最后经评审立项100项（其中资助经费项目50项，自筹经费项目50项），年终完成结项97项。结项课题质量比上年大幅提高。

2007年度的规划课题论文选辑已由《卧龙论坛》2008增刊形式编印完毕，所有课题都具有较高的学术和应用价值，汇集成册后已报送至市四大家领导及有关部门，使社科研究成果向现实生产力转化的速度进一步加快，对党委政府及有关部门的科学决策起着重要的参考作用。

【理论宣传阵地建设】 重视理论宣传阵地建设，努力发挥《卧龙论坛》和“南阳市哲学社会科学网站”的作用。(1) 加强同全国29个省市自治区200多家社科联、100多家大专院校社科研究处（所）的联系，实施“走出去、引进来”的学术研讨交流活动战略，加强对前沿性理论问题的研究，使南阳社科工作与全国同步，与时代同步。(2) 在理论文章的采编、刊发上，突出社会效益的主导地位，并侧重刊发对解决改革发展稳定中的热点和难点问题的文章，紧扣中心工作。(3) 开辟专栏，重点加强“文化强市”、“新农村”、“十七大精神”、“改革开放30周年”等栏目的文章质量，扩大上述市委中心工作在全社会的影响。

【学会管理及自身建设】 年初对各学会的年度工作提出了目标，在科研、培训、咨询服务等方面都作了量化要求，强调学会要围绕部门工作加强学科建设，搞好咨询服务，以争取部门领导对学会工作的支持和重视。通过规范学术活动，进一步加强学会管理，促进各团体会员之间的横向联系。组织社科人才的培养。进一步充实哲学社会科学人才库和全市社科理论界专家库。

【社科优秀成果评奖】 7月，组织2008年度社科成果评奖活动。共评出优秀社科成果120项，其中一等奖13项，二等奖50项，三等奖45项，优秀奖12项。与此同时，还获得省级奖10余项。（迟赵冰）

2008年度南阳市社会科学优秀成果获奖名单

成果名称	作者姓名	获奖等级
《信仰的选择与实践》	安身健　刘　建　周礼春　葛晨光	一等奖
《创业·就业指导》	唐伯武　王仁伟	一等奖
《独山玉文化概论》	江富建　赵树林	一等奖
《国际经济合作实务》	姬会英	一等奖
《渠首沧桑耀京宛》	赵河成　张艳佩　张书朝　李克实	一等奖
论文化核心竞争力	赵秀玲　孙晓涛　张保林	一等奖
社会主义核心价值体系的基本问题探讨	叶德跃	一等奖
论邓小平以制度建设促进作风转变的思想	康永超	一等奖
公务员的抗令权及其适用	王应强	一等奖
汉代乐人的社会身份	郑燕欣	一等奖
提高函授教育教学质量的微观探析	姜金林	一等奖
冯友兰教育思想研究	姚　昕	一等奖
基于增长极理论的西峡经济现象解析	贾贵浩	一等奖
《师说》	郭林法　秦远晴　王金剑　马　可　李红普　程文刚　时文玲	二等奖
《普通话口语教程》	冯晓青　江学法　毕金林　许　可　孙超丽　张旭斌	二等奖
《中国设计简史》	周红旗	二等奖

续表

成　果　名　称	作者姓名	获奖等级
《信仰的选择与实践》	安身健　刘　建　周礼春　葛晨光	一等奖
《南阳知府衙门考》	姚柯楠	二等奖
《现代礼仪实用教程》	绳传冬　张政英	二等奖
《发展与和谐》	李宝玉	二等奖
苏东坡的快意人生	杜晓平	二等奖
以增进党内和谐促进社会和谐	李合敏	二等奖
试论政治文明建设与社会主义和谐社会的关系	贺　君	二等奖
汉代社会生活中舞乐热潮现象及原因	刘　琰	二等奖
农村社会保障的基础 ——农民合法权益的保障研究	周彩云	二等奖
浅谈大学图书馆馆风建设	逯爱英	二等奖
浅议科学发展观的理论创新价值	李新生	二等奖
鼓励良性竞争是领导者实现人际和谐的有效路径	李永超	二等奖
医患关系不和谐对医学生专业思想影响的调查与分析	连锡军	二等奖
高职高专图书馆的发展对策研究	梁明春	二等奖
传统“中和”哲学与构建和谐社会	毕云芝	二等奖
口述档案 ——我国档案工作的新视角	王素红	二等奖
谈外语学习中的网络资源利用问题	宗　云	二等奖
兴奋剂社会文化学研究	答邦俊	二等奖
大部门体制改革的价值分析与实施建议	包　晓	二等奖
对城市居民低保档案管理工作的思考	郭　红	二等奖
用仲景文化打造中医药旗舰 ——宛西制药企业文化建设调查	李　爽　李喜全　闫天三　赵　静　牛云霄	二等奖
试论制约创新的因素	胡　侠	二等奖
从“生态政治学”看和谐社会的构建	刘建川	二等奖
加强高校理工科大学生人文素质教育的探讨	傅　娥	二等奖
农村发展的十座丰碑 ——写在改革开放30周年之际	张笑丛　张永新	二等奖
手机短信对大学生影响的利弊分析	逯　扬	二等奖
经济文化化与中小企业应对措施	姜长宝	二等奖
中部6省外贸出口的比较分析	逯　忆	二等奖
建设和谐文化 推动形成良好人文环境和文化生态问题研究	梁玉振　张明亮　贾曼丽　张　睿　刘　正　韩道九　李　慧	二等奖

续表

成果名称	作者姓名	获奖等级
构建和谐社会　做好舆论宣传工作的思考	张今歌　张小满　刘红钊	二等奖
大力发展多种形式农村职业教育问题研究	周明义　姚万鹏　郭　淼　宋　秋　袁清峰	二等奖
公共预算建设项目监控机制的研究	王新征　郭国谦　石显清　贺　萍　石　静	二等奖
农运会对南阳城市文化建设的促进研究	丁丰斌　杨鸣哲　刘二侠　杜习利　孙冬青　朱瑞飞　陈　雷	二等奖
大力发展职业教育 加快城镇化工业化进程研究	唐伯武　刘纪山　李荣胜　马小兵　朱恩义	二等奖
大力发展我市民营经济问题研究	姬海莉　吴希慧　李　峰　胡玲玲　景　静　杨　阳	二等奖
农民工外出就业和权益保障问题研究	裴汉青　杨运秀　杨小成　李金良　赵伟锋　王天珍	二等奖
我市“无公害蔬菜工程”及相关对策研究	张君明　黄　维　顾元红　郭　欣　杨　琳　李忠义　赵　静	二等奖
南阳方言研究	姚炎嫣　杨天志　赵绍军　王　娟　滕冰冰	二等奖
南阳市温凉河整治及景观规划研究	王　忞　全　鹏　赵全儒　魏群英　焦志峰　李　季	二等奖
新形势下做好宣传思想工作对策研究	白　岩　杨春元　王鸿钢　孙怡村　宋　伟　刘　飞　刘　戈　陈煜烨　张　洋	二等奖
南阳新农村建设对策研究	魏　浩　陈新江　周大鹏　崔小忠　胡顺德　李　明	二等奖
镇平玉文化产业探究	周超举　耿　前　肖　实　陈同万　李　杰	二等奖
关于解放思想活动的理论思考与实践探索	卢忠哲　张富杰　乔浩光　于小龙　张　伟	二等奖
当代大学生思想政治教育工作存在问题与对策	徐　涛　李新生　杨金运　袁　欣　马帮敏　王建林	二等奖
大力发展多种形式的职业教育问题研究	胡永才　吕保献　王春昌　杜书德　盛宗生　刘晓峰	二等奖
具有自主创新学习能力应用型外语人才的教育与培养	王　杨　刘士垓　王　雨　杨纪欣　雪　征　周新令	二等奖
我市联合收割机跨区作业存在问题与对策研究	马子斌　张国云　李好明　王荣先　王成志	二等奖
素质教育与二语教学研究	王兰英　陈茂林　胡天赋　郑　华　郭　普　张宏丽	二等奖

文 化 旅 游

文化事业综述

市文化局局长　陈华山

【文化工作概况】　2008年，南阳市的文化工作全面贯彻落实科学发展观，以建设文化强市为目标，围绕年度目标任务，精心组织，狠抓落实，稳步推进，取得了显著成效。

一、文化惠民工程建设进展顺利。市委、市政府把文化惠民工程建设纳入政府承诺年度办理的十件实事之一。年底十件实事文化任务圆满完成。桐柏县固县镇综合文化站、宛城区高庙乡综合文化站等42个乡镇综合文化站已建成投入使用。已建成223个村级文化大院，全市农村电影放映52000余场，在800个行政村实施了文化资源信息共享工程。已组织建设380个新农家书屋。有力地促进了全市公共文化服务体系建设，覆盖城乡的公共文化服务体系已初步形成。

二、文化市场管理规范、健康有序。组织市、县文化市场稽查人员加大管理查处力度，在“双节”、全国“两会”和迎奥运期间先后组织四次大的集中行动，累计出动文化执法人员8240余人次，检查各类文化经营单位3178家，处罚违法违规经营单位42家，取缔非法经营32家，收缴非法印刷卡通画89册，清缴盗版教材教辅读物600余册，收缴非法光盘5万多盘。

三、文化遗产保护利用再创佳绩。全国第三次文物普查和全市第五次文物普查工作深入展开，新发现文物点500余处。南阳府衙、淅川香严寺等8处国保单位维修工程进展顺利。配合南阳物资公司住宅小区建设，在城区八一路发现，43座春秋至汉代古墓群，发掘出土形体较大、保存完整的春秋铜鼎、铜釜等文物近百件。南阳武侯祠被国家旅游局评为4A级景区，组织举办了“诸葛亮文化周”活动；南阳汉画馆在国家文物局组织的全国博物馆评估中，被评为国家一级博物馆。张衡博物馆配合市政府举办了纪念张衡诞辰1930周年活动。玄妙观、董作宾故居等15处文物保护单位被公布为河南省第五批文物保护单位，南阳市的省级文物保护单位由79处增至94处。在河南省文物局、河南省总工会主办的河南省“嵩山杯”讲解员大赛中，南阳市的贺民、丁露露荣获一等奖，闫子琦、韩飞荣获二等奖，房凌云等7人荣获三等奖，总成绩居全省前列。非物质文化遗产普查保护取得了显著成绩。南阳大调曲子、南阳三弦书、镇平玉雕等6个项目被公布列入国家非物质文化遗产保护第二批名录。宋向光、周成顺、程建坤被公布为国家非物质文化遗产首批传承人。在文化部开展的珍贵古籍评选中，南阳市图书馆馆藏的《新编并音连声韵学》，唐河县图书馆藏的《新编经史正音切韵指南》等该市馆藏的7

部古籍被公示为首批国家珍藏古籍。

四、文化产业及文化体制改革稳步推进。坚持一手抓文化事业的繁荣，一手抓文化产业开发，大力发展文化产业。3月，筹备建立了南阳先进文化研究会，聘请著名作家二月河先生为名誉会长，组织对文化产业的开发进行深入研究，提供理论指导。以南阳武侯祠成功申报4A景区和南阳汉画馆被评为国家一级博物馆为契机，大力发展文化旅游产业，坚持抓基础、抓精品、抓机制三管齐下，努力促进文化与旅游融合互动，实现文化旅游产业新突破。面对文化大发展大繁荣的新局面，积极转变职能，努力从“办文化”向“管文化”转化，充分挖掘和利用文化资源优势，引导、扶持、鼓励社会力量积极投入文化产业开发。配合南阳第六届玉雕节暨首届宝玉石博览会，承办了开幕式文艺演出；组织吴元全、刘天印等玉雕大师观摩南阳出土古玉，研讨南阳古玉的传统工艺。上报省文化厅公布镇平玉雕、南阳拓宝公司为文化产业示范基地。协调争取省文化产业发展基金110万元，扶持拓宝公司开发玉雕新产品。有力地推动了南阳玉文化产业快速发展，加工销售产值比上年同期大幅度增长，成为全市文化产业的支柱产业。积极探索和稳步推进文化体制改革工作。按照“区别对待、分类指导、循序渐进、逐步推开”的原则，对不同单位提出不同的改制思路，制订了全市文化系统文化体制改革方案，确定南阳影剧院、南阳曲剧团、南阳市电影公司为改制试点单位。市博物馆、南阳文化艺术学校等30余家公益性文化单位已全面推进和完善全员聘用制，单位岗位设置和绩效工资实施按照“先入轨、后完善”的思路，分步实施。市影剧院改制方案已经市改制领导小组批准，市曲剧团已制订了改制方案，市电影公司组建了南阳市新农村数字电影院线股份公司，进行股份制经营改造。各县市区文艺表演团体的体制改革也在不同程度地向前推进，西峡县曲剧团、内乡宛梆剧团等8家文艺团体已改出了活力。尤其是西峡县曲剧团采用政府扶持与市场运作相结合的方法，进行企业股份制改造，在原有剧团的基础上吸收演艺中介组织，组建西峡县演艺集团，充分调动了广大演职员工的积极性。内乡宛梆剧团改革内部分配和管理体制，下设戏剧一队、二队和县衙演出队，三支队伍自主经营、自付盈亏、灵活机动地开拓演出市场，提高了演出质量和演出场次，社会效益和经济效益明显增强。

五、文艺演出活动丰富多彩。全市文化系统大力实施艺术精品战略，创作出戏曲剧本《范仲淹》、《彭雪枫》等8部作品，尤其是创作的现代曲剧《武文斌》经市曲剧团的紧张排练，已进行公开演出，并代表南阳市参加全省第十一届戏剧大赛。组织参加全省第一届钢琴比赛，南阳市选手舒甜、刘帅分别荣获二等奖和三等奖。在全省第三届合唱节比赛中，代表队荣获牡丹金奖。市群艺馆举办的“唱响南阳”广场文化活动，卧龙区文化局举办的“卧龙飞歌”广场文化活动，南阳新农村数字电影公司组织的城市广场数字电影免费放映活动，镇平、唐河等县举办的迎奥运全民健身运动等全市1200余场广场文化演出活动，丰富了人民群众的精神文化生活。

六、文化建设的重点工程取得重要进展，文化大奖不断，捷报频传。市委、市政府拟投资2.5亿元，建设南阳博览中心，市文化局组建了筹建处，同时组织文物展览专家进行文物展览的设计论证，筹备撰写文物展览陈列大纲。新野、桐柏等县筹巨资建设集文化馆、图书馆、影剧院为一体的文化中心。淅川县文化中心、文体艺术中心已建成投入使用，唐河等县的文体中心即将建成使用，全市文化建设的重点工程已取得重要进展。

桐柏县被评为“河南省十大文化强县”，邓州市大力发展“文化茶馆”，把文化服务和文化经营有机结合起来，唐河县在推进农村电影放映工程的过程中，创造出“四个统一”（统一规划、统一协调、统一车辆、统一就餐）

的工作方法，使农村电影放映工作得到了有效地推进。镇平县加强服务引导，大力发展玉雕文化产业。南阳四圣科技公司研制的仿张衡侯风地动仪模型和南阳说唱团创演的三弦书《抢辣椒》，被评为“河南省知名文化产品”。全省讲解员大赛，文化遗产保护等工作均创出佳绩。

【南阳文化研究会成立】 3月28日，南阳先进文化研究会举行成立大会。会议通过了南阳先进文化研究会章程，选举产生会长、副会长、秘书长、副秘书长，通过了理事、常务理事名单，并聘请著名作家二月河为名誉会长。会上，新当选的南阳文化研究会会长、南阳市文化局党委书记、局长陈华山发表了重要讲话。他从推动文化大发展大繁荣、实现“两个跨越”、建设富强美好和谐新南阳的工作大局以及加强和创新文化工作的高度，肯定了开展先进文化研究的重要意义。提出要加强对汉文化、玉文化、中医药文化、“南阳十大历史名人”等文化品牌的研究，努力形成南阳独具特色的文化拳头项目；要积极构建同海内外文化研究、交流网络，拓展文化空间，丰富文化内涵，大力引进世界优秀文化成果。

社会文化

【桐柏县获“河南十大文化强县”殊荣】 桐柏县是千里淮河的发源地，是“中国盘古文化之乡”，是中原佛道文化的发祥地之一，还是著名的革命老区。近年来，桐柏县出台了《关于加强文化建设促进县域经济社会发展的若干意见》等文件，同时，举办淮河源文化节等有影响的文化活动，修复中共中央中原局旧址，与中国电影集团合拍电视剧《桐柏英雄》等，进一步彰显出淮河源文化、盘古文化、佛道文化和苏区文化4张“名片”的魅力，用这4张“名片”打造文化品牌，探索以文化建设促中原崛起的新路子。经过三年多的不懈努力，桐柏不但加快了文化事业发展，而且实现了文化与经济和社会发展的有机融合，促进了文化生产力的发展，综合经济实力得到了显著增强。文化时报社联合河南省文化产业研究院、河南先进文化研究会等单位于2007年年初启动了“河南十大文化强县（市、区）”大型报纸、网络读者推荐活动。评选揭晓，桐柏县获“河南十大文化强县”殊荣。

【南阳市非物质文化遗产保护成绩显著】 南阳板头曲和宛梆被国务院公布为第一批国家级非物质文化遗产，13个项目被省政府公布为河南省第一批省级非物质文化遗产，52个项目被市政府公布为南阳市第一批市级非物质文化遗产。南阳市成立了非物质文化遗产保护中心，建立了非物质文化遗产局际联席会议制度。特别是2008年底又有6个项目被公示为第二批国家级非物质文化遗产，3名传承人被公布为国家级非物质文化遗产传承人。南阳市非物质文化遗产保护工作在全省处于领先位次。

【中央台摄制组到邓州市拍摄省级非物质文化遗产——锣卷戏】 2008年5月19～22日，中央电视台戏曲频道摄制组对南阳邓州桑庄镇孔庄村的省级非物质文化遗产“锣卷戏”这一稀有剧种进行采访拍摄。桑庄镇孔庄的锣卷戏是全国现存的稀有剧种之一。据史料记载，锣卷戏起源于唐朝，于明末清初流传至邓州，兴盛于清雍正年间，后遭兵荒马乱，使锣卷戏几乎处于失传的边缘。桑庄镇孔庄村的锣卷戏剧团在改革开放后又重新组建，但由于受种种因素的影响，近几年处于濒危状态。为抢救、保护、发展这一稀有剧种，经过村、乡、市的积极努力，2007年成功申报为河南省非物质文化遗产项目。中央电视台摄制组在采访拍摄过程中，对锣卷戏的起源，传承人、目前状况、抢救保护措施、演出情况等方面，进行了跟踪采访拍摄。节目制作完成后，将在中央台11频道“戏曲采风”栏目播出，时间

30分钟左右。

【卧龙区文化馆被命名为全国一级馆】 2008年，文化部印发《关于命名一、二、三级文化馆的决定》公布了第二次全国文化馆评估定级结果。卧龙区文化馆被命名为全国一级文化馆。卧龙区文化馆馆舍面积5000余平方米。现有舞蹈活动室3个，声乐培训室2个，美术培训室12个，文学创作室1个，器乐活动室4个，综合活动室1个，图书阅览室1个，信息网络室1个。多次参加省级、国家级文艺赛事，并且取得了优异成绩。无论是设施建设，还是业务工作开展情况在全省乃至全国都是一流的。

【南阳举行《文史知识》南阳文化专号首发式】 2008年5月24日，由中华书局《文史知识》期刊编辑出版的南阳文化专号首发式在南阳举行。北京大学、北京师范大学、北京联合大学、中国社会科学院的专家学者及人民日报、光明日报、中华读书报、人民教育出版社的记者和《文史知识》编委会的资深编辑共20余人会聚南阳，共同研究南阳文化深刻内涵，共谋南阳文化发展大计。《文史知识》南阳专号从不同的侧面展示了南阳深厚的文化底蕴，是对南阳文化的一次集中检阅、展示和弘扬，更是对南阳文化地方特色的全方位的研究和探索、宣传和推介。

【南阳市在“中国民间文化艺术之乡”评选中取得佳绩】

2008年，在文化部开展的中国民间文化艺术之乡申报和评审工作中，南阳市文化局组织申报的7个县、镇全部入选中国民间文化艺术之乡。分别是：淅川县——曲艺之乡、南召县——谜语之乡、镇平县——玉雕之乡、方城县博望镇——曲艺之乡、卧龙区石桥镇——曲艺之乡、桐柏县平氏镇——社火之乡、唐河县桐寨铺镇——旱船之乡。

艺　术

【南阳曲剧团送戏下乡】

2008年春节期间，市曲剧团的广大演职员工放弃了节日期间与家人团聚、共享天伦的机会，发扬连续作战的优良作风，在内乡、西峡、邓州等地连续演出17场大戏，展示了南阳曲剧的风采，取得了社会效益和经济效益的双丰收，赢得了2008年的开门红。

【乔羽与南阳文化艺术界人士举行座谈】 5月31日～6月5日著名词作家乔羽受南阳市委、市政府的邀请到南阳采风，为“唱响南阳”活动创作歌词作准备。在南阳采风期间，乔羽先后参观了一些文博景点。在武侯祠参观、观看“编钟乐舞”表演后，挥毫写下“盛世之声”四个字；在西峡恐龙蛋遗迹园留下“自然是伟大的，人民也是伟大的”感言；在府衙、在宛西制药厂等处都留下墨宝。6月4日晚，他又兴致勃勃地与南阳文化艺术界人士举行了座谈。南阳市委副书记贾崇兰、文化艺术界部分人士及新闻媒体等50余人参加了座谈会。

【大型现代曲剧《武文斌》首演成功】 7月31日晚，大型现代曲剧《武文斌》在南阳影剧院举行了首演。河南省军区政治部副主任刘春辉、市委常委、宣传部长姚进忠、南阳军分区政委任峰等领导，烈士武文斌的妻子杨卫华及亲属与部分南阳驻军官兵、消防战士及社会各界群众千余人一同观看了演出。

大型现代曲剧《武文斌》是以胡锦涛总书记命名南阳籍“抗震救灾英雄战士”武文斌烈士在5·12汶川大地震抢险救灾事迹而创编的。该剧以散文式的叙事手法，撷取英雄在抗震救灾战斗、生活的几个片段，展示汶川地震发生后，武文斌再次推迟婚期，主动请缨，到灾区抢险，最后英勇献身的英雄事迹，弘扬革命军人坚决听党指挥，忠于使命，为人民利益不惜牺牲一切，不畏艰险，勇挑重担，顽强拼搏的战斗精神和关心他人、爱护战友、艰苦奋斗、无私奉献的高尚情操。

文化市场

【文化局执法人员突击检查文化市场】 从2008年12月26日晚开始，市文化局组织卧龙、宛城两区文化市场执法人员，冒雨对城区文化市场进行连续3天的突击检查。这次行动共出动执法人员60余人次，检查各类文化经营单位80多家。并对其中32家违规经营单位(场所)进行了处罚。

【南阳新农村数字电影院线有限公司成立】 2008年1月10日，南阳新农村数字电影院线有限公司成立庆典暨剪彩仪式举行。省文化厅文化市场处处长王云善，市领导姚进忠、冯晓仙，市直及各市县区相关单位的负责人参加庆典。

【市文化局开展文化市场集中整治行动】 市文化局决定自2008年2月25日起，为了确保“两会”期间全市文化市场繁荣健康、平稳有序，营造和谐的社会文化氛围，对全市文化市场进行为期一个月的集中整治行动。此次整治重点内容是：一是以禁止未成年人进入网吧为重点，进一步强化对网吧的集中整治，严厉查处违法、违规接纳未成年人的网吧。二是以查处政治性非法出版物、淫秽色情出版物和侵权盗版出版物为重点，整顿和规范出版物市场秩序。对繁华街区，车站、个体书店、摊点的非法出版物进行清查收缴。清查校园周边环境，坚决打击口袋书和淫秽卡通画。强化出版物运输环节的管理，加大对出版物和印刷复制行业的监督力度。三是以严厉打击危害社会稳定和政治安定、有严重政治问题的音像制品为重点，最大限度地提高正版音像制品市场占有率。四是查处娱乐演出市场的违法违规问题。按照娱乐场所管理条例的要求，对娱乐场所接纳未成年人超时营业情况进行有效监管。

新闻出版

【南阳市整治校园周边出版物市场取得初步成效】 2008年3月11日，市文化市场稽查大队与新闻媒体一起对校园周边的出版物市场进行了大规模清查。重点为社会反映的口袋书和淫秽卡通画及盗版教材、教辅等问题。此次行动共出动人员12人，车辆2辆，共检查经营单位10余家，取缔无证经营3家，收缴卡通画89册，查缴盗版教材教辅300余册。

【南阳市召开“扫黄打非”工作会议】 2008年3月28～29日，南阳市召开文化暨“扫黄打非”工作会议。在对2007年全市“扫黄打非”先进集体和个人、文化工作先进单位和个人进行表彰后，副市长冯晓仙作了讲话，在回顾肯定了2007年全市文化工作所取得优异成绩后，对2008年工作，从“统一思想、提高认识，突出重点、完成十大实事任务和优化环境、推动文化大发展大繁荣”三方面提出要求，明确了具体任务。

【市文化局严管出版物市场不松懈】 在全市整治校园周边出版物市场取得初步成效的基础上。近期，市文化局稽查大队加大执法力度，先后出动执法人员80余人次，车辆20余辆，对城区和部分县进行了大规模检查和督查。共收缴非法出版物3000余册。特别是对市邮政书报刊发行部门反映的中招考试教辅资料盗版问题。重点对唐河，桐柏、方城三县进行了督查，就发现的问题，督促县局严肃处理。并追查来源。市文化局稽查大队继续保持高压态势，严管重罚，确保出版物市场的进一步净化。

【南阳市捐建“农家书屋”工作全面启动】 2008年4月29日上午，南阳市捐建“农家书屋”启动仪式在宛城区黄台岗镇大夫庄村隆重举行。南阳市委宣传部、南阳市档案局、宛城区委宣传部等15个市直、区直单位共向黄台岗镇大夫庄村、张典村、禹王村捐赠各类图书11704册、捐建上网专线一条、电脑5台。作为社会主义新农村建设和公共文化服务体系的重要组成部分，“农家书屋”不仅发挥着让农民朋友“多读书，读好书”的重要作用，更重要的是，“农家书屋”作为农村知识、信息和文化的传播平台，肩负着培养新型农民的更深远的使命。

文物保护

【南阳市博物馆举办纪念胡锦涛视察卧龙岗武侯祠一周年座谈会】 2008年4月29日下午，市博物馆隆重举办纪念胡锦涛视察卧龙岗武侯祠一周年座谈会。博物馆领导班子、中层干部、高级专技人员、工青妇代表参加了座谈会。会上，馆长、支部书记张新强全面回顾了2007年4月30日下午胡锦涛视察武侯祠的盛况。一年来，博物馆在省、市领导和文物主管部门的重视支持下，认真贯彻落实胡锦涛重要指示精神，干部职工齐心协力、密切配合，接连办了几件大事。一是高质量完成古柏亭等古建筑的维修工程，立《重修古柏亭碑记》一通，以志永念；二是在古柏亭内举办《总书记与武侯祠》展览，宣传总书记视察武侯祠及古柏亭维修经过，扩大社会影响，提高知名度，受到广大游客的好评；三是武侯祠申报国家4A景区评审验收工作获得成功，武侯祠成为南阳市区唯一一家获得国家4A景区殊荣的文物旅游单位；四是成功举办了“诸葛亮文化周”活动。该活动形式多样、内容丰富，在往年祭拜的基础上有新的突破，对于宣传诸葛亮“臣本布衣，躬耕于南阳”这一主题，弘扬诸葛亮“鞠躬尽瘁，死而后已”的民族精神，打造诸葛亮文化品牌，具有积极的促进作用。

【南阳市新增省保单位15处】 2008年6月16日，河南省人民政府公布了第五批河南省文物保护单位，全省共计283处，南阳市有15处文物保护单位入选。至此，全市全国重点文物保护单位达到13处，省级文物保护单位达到94处，县（市）级文物保护单位568处。南阳市15处是：南阳市区的天主教主教府、董作宾故居、南阳女子中学旧址、镇平的彭公祠、内乡的信阳师范学校旧址等6处近现代重要文物；南阳市区的玄妙观、宛南书院、琉璃桥、内乡的法云寺塔、方城的普严寺大殿等5处古建筑；卧龙区的西鄂遗址、新集遗址、宛城区的八里铺遗址、张小洼遗址等4处古遗址。

【市领导亲临考古发掘工地检查指导工作】 南阳市城区八一路“名门华府”考古发掘工地发现春秋古墓葬群引起市委、市政府领导的高度关注，黄兴维、朱广平、贾崇兰、姚进忠、原永胜、冯晓仙等领导到考古发掘工地现场检查指导工作。市领导仔细询问了发掘过程和出土文物情况，并饶有兴趣地观看了清理出来的一批青铜器。市委书记黄兴维在听取市文研所专家关于此次文物考古发掘的情况介绍后指出，这次古墓葬群的发掘，再次证明南阳历史悠久，对研究南阳的历史文化意义重大。他要求文物、公安等部门要值好班，站好岗，确保发掘工作万无一失。市长朱广平对古墓发掘安全工作提出要求：第一要在加快发掘工作进度的同时，做好防雨、防塌方等工作，发掘现场要加固；第二要做好文物安全保卫工作，公安机关要派人实施24小时不间断保卫；第三在发掘过程中不损坏一件文物，不丢失一件文物，不调走一件文物。他还鼓励市文物研究所专业人员力争独立完成发掘工作。

【南阳市举办文物钻探培训班】 2008年7月9～13日，依照《河南省文物钻探管理办法》第八条“省、市（地）文物行政主管部门定期检查文物钻探队的执法情况及钻探质量，培训与考核各文物钻探队的领队和业务人员”的要求，市文物局举办了全市文物钻探培训班。通过培训，学员们不仅明白了文物钻探的意义，了解了与文物钻探有关的历史知识，更掌握了文物钻探的相关文物法律、法规，文物钻探的基本知识、技能、程序和规范操作要求，为下一步文物钻探工作的开展打下了良好的基础。

【南阳汉画馆拓片赴东莞展出】 2008年7月8日～8月9日，为迎接北京奥运会的召开，提高全民健身意识，普及古代体育文化知识，南阳汉画馆特组织汉画中有关体育竞技方面的拓片40余幅，组成《中国·汉代竞技石刻艺术拓片展》，在东莞市展览馆展出。这次展览是南阳汉画馆和东莞市本色文化传播有限公司联合举办，纳入2008～2009年东莞市公益文化活动招商项目之一“华夏文明之光”大型文化艺术系列珍品展。该展览共分汉代竞技、汉画百戏、汉代历史故事与传说三个部分，展出的角抵、射箭、击剑、蹴鞠、马术等精品汉画拓片，以真实的画面展现出汉代社会体育生活的各个方面，丰富的内容和多样的形式，反映出中华体育文化的源远流长。

【市古代建筑保护研究所参加四川江油灾后文物抢救工作】 “5·12”特大地震给四川人民带来了沉痛灾难，江油市同样损失惨重。在大地震中江油市的文化遗产，特别是文物古建筑遭到了严重破坏。辖区内2处国保、7处省保和12处县级文物保护单位均造成不同程度受损。国保单位云岩寺受损情况严重，所有古建筑均有不同程度垮塌；省保单位李白故居受损严重，陇西院照壁、太白祠屋脊等全部垮塌。河南省文物局按照省政府的要求，根据四川江油市文物受灾情况，抽调河南省古代建筑保护研究所、南阳市古代建筑保护研究所、河南大学土木建筑学院部分人员组成“江油灾后文物抢救”工作组，于8月26日奔赴受灾严重的江油市进行前期的测绘、规划工作。（魏志军）

文联工作

【文联工作概况】 2008年，南阳市文联坚持文艺“为人民服务、为社会主义服务”的方向，贯彻“百花齐放、百家争鸣”的方针，加强文艺队伍思想作风建设，着力于出作品，出人才，积极开展丰富多彩的文艺活动，充分发挥文学艺术在文化建设、和谐社会建设中的积极作用，全市文艺事业呈现出队伍壮大、创作繁荣、团结和谐、充满活力的良好局面。市文联所属各协会的创作队伍进一步壮大，全市已有国家级文艺家协会会员98人，省级文艺家协会会员897人，市级文艺家协会会员1800人，加上县级的数千会员队伍，组成一支浩浩荡荡的文艺宛军。市文联自实行协会秘书长驻会负责制以来，增强服务意识，并重视面向社会、面向市场，努力壮大协会的综合实力。

【协会活动】 2008年，市文联各文艺家协会充分发挥联络、协调、服务职能，全年举办各类活动近百次。南阳摄影家协会承办了由河南省委宣传部组织的省作协和省摄影家协会开展的“辉煌中原”大采风活动，利用不同的艺术形式对南阳进行了很好的宣传，加大了南阳对外的交流与影响。河南省摄影家协会五届二次理事会在南阳召开，市摄影家协会承办此次会议，组织了采风活动，省文联副主席何白鸥，南阳市委常委、宣传部长姚进忠等领导出席会议。“5·12”汶川大地震发生后，市文联市作协组织“抗震救灾—南阳作家群座谈会”，悼念遇难者，动员部分南阳作家带头为震区捐款，表达了广大南阳作家对灾区的关注、挚爱之情。为纪念改革开放三十周年，市文联与市委宣传部联合举办了“南阳文学30年”座谈会和“纪念改革开放三十周年书画展览”等活动。书协、美协也组织了相关的书法作品展、油画观摩展，召开了国画、版画、油画、雕塑等专业研讨会。影视家协会举办电影《赤壁》观摩研讨会，探讨新形势下电影创作的内在规律和创新问题。曲艺家协会成立南阳大调曲研究会。音舞家协会先后举办了多期声乐、器乐创作交流会，在社会上引起较大反响。

【文艺作品创作】 市文联采取多项措施，鼓励创作，强化服务和指导，千方百计为人才、佳作的涌现营造良好环境。组织评选了南阳市第四届文学艺术优秀成果奖，检阅全市近三年来文艺创作的丰硕成果。首次实施“南阳历史名人长篇小说精品工程”、实行了“签约作家制度”，继续打造南阳作家群品牌，试图催生出一批在省内外乃至全国都有较大影响的长篇力作，并对一批较有创作潜力的中青年作家进行鼓励扶持，为南阳文学培养后备力量。作协全年先后举办六次“文学论坛”，召开部分作家艺术家的作品研讨会等形式，对许多文学艺术的内部问题进行了深入探讨；美术家协会和摄影家协会先后邀请丁琨、程兆星、张松正、尹朝阳、于德水、姜健、刘鲁豫、陈晓琦等艺术家到南阳讲学和开展高水平的美术创作活动。

一年来，南阳文艺创作有了全面繁荣和发展。行者、廖华歌、殷德杰、刘正义等几位作家的长篇作品入选南阳实力派作家长篇小说丛书即将出版。其它南阳作家亦出版多部小说、散文、诗歌作品集，并有部分作品在全国重要文学期刊发表和选载。南阳书法家先后有50多件作品入展入围全国各类书展，60多件入展省内作品展，创作成绩处于河南地市级书法队伍的前列，充分显示了南阳书法群体的实力。南阳摄影创作依然保持了良好的创作势头，刘佳勤的摄影作品《诗意西峡》召开了作品首发式；李光成的《树影婆娑》、《万蕊缤纷》、《天之圣焰》先后出版，中国摄影出版社还在北京为其召开了作品研讨会，与会专家给予了较高评价；库金建出版了《湖光·水韵》作品集并在摄影界引起较大反响。高志平等作者在《中国摄影报》、《人民摄影报》、《中国摄影》、《大众摄影》、《摄影与摄像》等省以上摄影专业报刊上发表作品30余件(组)，在省以上诸多赛事上获奖和入展作品40余件(组)。影视家协会组织作家进行影视剧创作，做好《茅庐故事》栏目的作品征集、推荐工作。民协继续开展“民间文化遗产抢救工程”的相关工作，启动开展了河南民间美术遗产普查、河南古村落紧急普查、《河南民俗志》(河南县卷)编纂出版三项专项工作。2008年市曲艺作者和演员闫天民、李文武等八位作者荣获了“河南曲艺牡丹奖”的多个奖项。市音协组织南阳音舞作者在全省各类比赛中获得多个奖项，如“2008全国钢琴考级优秀选手展演比赛”河南省选拔赛上南阳市作者获一、二、三等奖各四名，市音协也获组织奖。在“河南省流行歌曲创作大赛”上全市组织选报原创歌曲14首，其中《丹江渔歌》获一等奖。

【人才培育】 2008年，南阳市文联在开拓艺术教育市场、培育社会艺术人才、推新育新方面做了有益的探索，陆续开办了“作家摇篮”作文班，少儿古筝、琵琶、书法培训班，“爱乐”合唱团，得到了一定成效，为下一步更大更好地开拓市场，培育新人积累了经验。市音舞家协会继续承办的全国音乐考级及美协承办的美术、书画考级，带动了业余艺术教育队伍逐渐壮大，调动了南阳青少年学习艺术的积极性，为南阳音乐、书画艺术培养了后备力量。(毕怡楠)

新华书店

市新华书店总经理 张广旭

【新华书店工作概况】 2008年全市新华书店在中原出版传媒集团的正确领导下，大力推进和谐文化建设，精心组织政治理论读物的宣传发行，圆满完成“课前到书，人手一册”的重大政治任务，积极推进“新农村书屋”工程建设，广泛开展全市性的读书教育活动，不断创新读者俱乐部发展模式，向全市人民供应了大量反映时代气息、积极向上、催人奋进的优秀出版物，为促进地方经济社会又好又快发展提供了强大的精神动力和智力支持。当年，全市新华书店纯销售码洋 30431 万元，实现利税 1271 万元，固定资产原值达 8353 万元，发行网点累计 161 处。

在 2008 年度中原出版传媒集团公司系统年度考核中：南阳市店荣获经营管理优秀单位称号，张广旭、刘兴超、陈俊国荣获优秀经营管理者和先进工作者称号，南阳市店荣获“五好”党组织称号，张广旭、刘文华荣获优秀党务工作者称号，夏幸福、杨建慧荣获优秀共产党员称号，南阳市店荣获纪检监察先进单位称号，侯红昕荣获纪检监察先进工作者称号，史西光（南阳市店）、刘山（西峡县店）荣获优秀工会干部称号。

在全省书店系统综合考评中：南阳市店、社旗县店、内乡县店荣获全省书店系统目标管理考核先进店称号；张广旭、刘兴超、陈俊国经理荣获全省新华书店优秀经理称号；孙晓东（社旗县店）、吕春（卧龙区店）、薛爱荣（内乡县店）荣获全省新华书店优秀管理者称号。在全省单项工作考评中，南阳市店、卧龙区店、内乡县店荣获教材发行工作先进店称号；南阳市店、卧龙区店、内乡县店、社旗县店、镇平县店荣获教辅发行工作先进店称号；南阳市店荣获出版物物流配送工作先进店称号；南阳市店、邓州市店、卧龙区店、新野县店、唐河县店荣获读者俱乐部暨“新农村书屋”建设先进店称号；南阳市店、南召县店、社旗县店、内乡县店、宛城区店荣获豫版图书发行工作先进店称号；卧龙区店荣获一般图书、电子音像出版物发行先进店称号；南阳市店、卧龙区店、宛城区店、邓州市店、唐河县店、淅川县店、内乡县店、社旗县店、南召县店、西峡县店分别荣获诚信经营单位称号；5 名营业员通过省店星级考核评审。

【人事安排】 5 月，中原出版传媒集团纪委书记王大伟带队来南阳市店宣布任职决定，任命张广旭为南阳市店总经理，张耀华、侯红昕为副总经理。同年 12 月，中共南阳市新华书店党组织进行换届选举，成立了由张广旭为书记，侯红昕、李尚奇、张亚军、史西光、吴天玮为委员的新的组织委员会。

【政治理论读物发行】 围绕服务党的中心工作，重点推出了迎接 29 届北京奥运会和纪念改革开放 30 周年专题图书展销活动，精心组织《理论热点面对面·2008》等重点书的宣传发行。在转企改制的情况下，注重改进工作方法，加强沟通协调，政治理论读物发行工作得到了各级党政领导的重视、支持，规范了市场秩序，理顺了工作关系，新华书店图书发行主力军作用得到有效发挥，有效满足了广大党员干部群众的学习需要。

【教材发行】 在春秋两季教材征订中，面对诸多不利因素，全市书店加强宣传，营造好的舆论环境；加大协调，创造良好的工作条件；创新工作方法，建立适应新形势的经营机制，使得全市教材经营在保持大局稳定的情况下，副课配套率有了新的提高，课前到书率达到 99%以上，全市教材发行总量得到有力提升。

【十五届读书活动】 以《奥运精神伴我成长》为主题的第十五届青少年爱国主义教育读书活动，在全市书店的共同努力下，共征订发行活动用书 85 万册，40 余名师生代表光荣出席了全国青少年读书教育活动表彰会，参加了日照夏令营活动。同时开展了向贫困地区捐赠图书、举办读书征文和电视演讲比赛等活动，把全市读书活动引向深入，取得了突出的社会效益和良好的经济效益。读书活动的广泛开展，有力地促进了广大青少年的健康成长。

【门市经营管理】 为提升门市的经营管理水平和盈利水平，全市两级书店下大功夫强化门市的标准化管理，从营业员素质提升这个根本出发，有计划、有步骤进行专业培训和技能考核，有四座中心门市、百名员工相继步入了星级行列，“双星”创建活动有力促进了门市经营管理，全市书店一般图书和电子音像出版物的销售能力明显提高。一是“双星”创建活动。5月组织现有星级门市（营业员）参加省级复核检查，顺利通过验收；8月，对宛城区店营业员进行专业培训和星级考评，有22名营业员步入星级行列；11月，选拔推荐5名营业员参加省店考评，全部通过星级考评（其中：四星级2名，三星级3名）。省店有关部门对南阳“双星”创建活动的经验做法作了调研总结，市店制定的星级营业员奖罚机制在商丘等地得到交流推广。二是主题营销活动。以纪念改革开放30周年为契机，围绕爱国主义教育，积极筹备第五届消夏阅读总动员活动，精心组织优秀出版物的展示展销活动，取得明显成效。三是专项检查。围绕省未成年人思想道德教育专项检查，认真组织中心城区4家图书卖场开展自查和整改，顺利通过省级检查验收。南阳市店围绕和服务未成年人思想教育工作扎实，成效显著，得到市文明办的重视和肯定。

【读者俱乐部】 以未成年人思想道德建设、全民阅读活动为载体，围绕联建扩建、功能拓展和会员活动等工作重点做文章，全面加快读者俱乐部的建设步伐。一是健全网络体系。内乡县店把读者俱乐部提升到基地建设的战略高度，加强组织领导，完善工作机制，形成了全店上下关心支持基地建设的良好氛围，会员规模和网点数量迅速扩张，读者俱乐部建设引起了县委、政府的高度重视，纳入了全县文化产业发展规划。二是开展会员活动。社旗、卧龙、宛城、镇平等店在俱乐部快速发展的同时，重视网点巩固和会员活动的开展，积极参与省店统一组织的暑期有奖征文活动，对优秀征文作者及辅导教师进行表彰嘉奖，有效增强了俱乐部的吸引力和凝聚力，为俱乐部快速健康发展打下牢固基础。三是创新发展模式。宛城区店为改善军营文化学习条件，经双方沟通协商，率先与当地驻军—独山坦克旅联办读者俱乐部，开创了与驻军联办读者俱乐部的先河。四是拓展营销功能。邓州、宛城、社旗、南召等店积极争取“两免一补”节余资金，改善当地农村中小学校阅读条件，成功筹建一批农村中小学图书室。其中，邓州市店集中筹建了66所农村中小学图书室。在深入调研的基础上，市店注意培养和树立典型，及时交流推广了内乡、卧龙、邓州等地经验做法，达到典型示范、整体推进的效果。在全市书店的共同努力下，俱乐部的网点数量、会员规模、专版书销售较上年大幅增长（其中：发展网点150所，会员20万人，专供书销售817万元），超额完成年度各项经营管理指标。

【新农村书屋建设】 围绕新农村文化建设的需要，充分发挥新华书店的行业优势，精心组织农村基础文化设施调研活动，制定年度书屋建设发展规划，积极开展“新农村书屋”的规划布局、筹建和装备工作，总结推广了卧龙区店在书屋建设、管理、维护等方面的经验，加速推进“新农村书屋”工程建设，累计筹建67家书屋，为农民朋友提供买得起、看得懂、用得上的优秀出版物，为社会主义新农村建设提供了精神动力和智力支持。

【物流管理】 认真落实《储运工作实施细则》，加快发运速度，提高发运质量，保证收货、发货、仓储各环节的协调运转，优质高效地完成全市课本的发货任务，全年共代发58个品种，累计1162万册，码洋6145万元，确保了“课前到书”目标的实现。

【营销宣传】 进一步加强了出版物营销宣传的组织策划工作，先后利用南阳电台、南阳电视台、南阳日报、南阳晚报等地方媒体，《河南图书信息》《中原书讯》，中国文明网等行业媒体，精心策划，组织开展多层次、全方位、系列化的营销宣传活动，收到明显成效。其中纪念改革开放30周年专题报道，集中展示了改革开放30年全市书店取得的巨大成就，树立了新华书店的良好社会形象；南阳市青少年爱国主义教育读书活动的经验做法成功登陆中国文明网，产生了良好的社会反响。

【公益活动】 南阳市店相继举办了一批公益性捐助活动：年初将价值6000元的年货和慰问金送到帮扶单位——卧龙区石桥镇贾寨村的12户困难群众手中，把全店干部职工的关心、慰问和新年祝福带给了贾寨村群众，鼓励和帮助村民自强不息，脱贫致富。5月下旬，组织全市书店系统为汶川地震受灾同胞捐款72805元，特殊党费36660元。

【调研活动】 在深入调研的基础上，组织撰写了一批调研报告：其中《表彰先进，交流经验，扎实推进"新农村书屋"建设》、《拓宽经营领域，健全网络体系，打造新华书店的行业品牌》、《精心组织，严格要求，宛城区店积极开展星级营业员选拔活动》等工作简报和调研报告，得到省店有关部门的重视和肯定，"双星"创建的成功经验产生了强烈的示范效应。

【体制改革】 5月，南阳市店会同市人事、劳动、编办、财政等职能部门召开了全市系统联席会议，就传达、贯彻省政府188次会议精神进行了布置与落实，解除了全市1700多名在岗职工的后顾之忧，妥善解决部分人员的遗留问题，保持了改制后职工队伍的稳定；12月初，根据中原出版传媒集团的统一部署，河南省新华书店南阳市店重新注册更名为河南省南阳市新华书店有限公司，下旬，成立河南省南阳市新华书店有限公司油田分公司，原隶属于河南油田勘探局的油田新华书店建制撤销。（刘晓宇）

2008年全市新华书店系统主要经济指标统计表

店名＼项目	销售		人均购书（元/人）	存货周转次数（次）	利润（万元）	劳动生产率（人均销售：万元/人）	期末职工人数
	册数（册）	金额（元）					
合计	59412607	304309617	27.97	4.96	182.70	17.79	1751
南阳市	12391611	60599363		12.80	21.48	68.09	106
卧龙区	12090000	30241663	32.82	3.89	25.28	19.02	155
宛城区	4389388	27226938	33.06	4.93	19.04	15.13	180
邓州市	6462897	30621195	19.88	6.72	5.20	12.35	274
唐河县	3773015	21348649	16.32	5.95	10.09	12.48	171
方城县	2393208	17101598	16.85	1.72	2.40	13.05	131
镇平县	2758496	17464981	18.19	7.31	0.12	14.93	120
新野县	2316885	14898379	20.07	3.45	0.02	9.43	158
淅川县	2925345	16932417	22.97	7.36	23.26	26.46	64
内乡县	2375284	19002344	29.57	4.40	38.05	15.32	124
社旗县	2747174	16483080	25.49	3.53	29.65	25.75	64
南召县	1441387	12002497	19.28	7.37	5.07	14.29	84
西峡县	1512447	9282047	21.24	3.82	0.12	16.28	55
桐柏县	1392519	8026189	18.38	10.62	2.10	13.38	60
河南油田	442951	3078277	66.63	5.09	0.82	61.57	5

2008年南阳市新华书店图书销售分类统计表

项　目	数量（册）	金额（元）
总计	59412607	304309617
哲学、社会科学	1168958	6116501
文化、教育	29328650	121049995
文学、艺术	2218367	16113861
自然科学、技术	1547024	8924076
少儿读物	1086763	6357728
大中专教材	46063	247093
课本	23217590	136514851
图片	237840	1881378
其他出版物	561352	7104134

（乔刚强）

报　纸

南阳日报总编辑　葛宏

【《南阳日报》新闻宣传工作概况】　2008年，南阳日报社按照中央“高举旗帜、围绕中心、服务大局、关注民生、改革创新”的总体要求，牢牢把握正确的舆论导向，唱响主旋律，打好主动仗，围绕市委、市政府的中心工作，围绕老百姓关注的一系列民生问题，突出搞好报道，突出宣传重点，凸显十大亮点。

一、“两会”的宣传报道。年初，全国和省人大、政协“两会”相继召开，开设“两会”专版专栏，全面报道“两会”盛况和中央及省委的大政方针，对“两会”报告进行解读。特别是省“两会”期间，派出骨干记者赴会采访，在报道大会盛况的同时，重点报道了南阳市代表团积极参政议政的情况。在市“两会”召开期间，整个报道充分、准确、全面、有新意。还在报纸上开设“两会建言”、“两会热线”、“我给两会建个言”和“我有问题问市长”等专栏，让读者广泛参与，做到会内会外互动，在社会上引起巨大反响。

二、十七大及十七届三中全会精神的宣传。年初，即在要闻版开设《贯彻落实十七大精神，县市区新年新举措》专栏和《新年工业新气象》专栏，全面反映各县市区和重点企业在贯彻落实十七大精神方面的新举措、新成效。并配发“开好头起好步”一组系列评论，围绕全市新一年的工作重点进行深入阐述。三中全会召开后，大张旗鼓宣传三中全会精神，并结合本地实际，精心选择刊发一些先进典型及其经验，使三中全会精神的宣传做到入耳入脑入心。

三、中央领导视察南阳活动的宣传报道。2008年是胡锦涛和李长春视察南阳市一周年。用几个整版的篇幅，系统反映一年来全市方方面面落实胡锦涛指示取得的辉煌成果。对温家宝视察南阳市进行文图并茂、超常规全方位浓墨重彩报道。既及时报道总理的各项活动和重要指示，又迅速报道全市干部群众学习总理视察南阳时重要指示的反响和行动，一时间形成了一个新的宣传热潮。

四、抗震救灾宣传。围绕汶川大地震所展开的抗震救灾活动的相对集中的宣传，前后持续了三个月时间。其间，每天拿出多个版面，报道党中央国务院的重大决策与举措，报道四川人民的抗灾壮举和全国人民万众一心援助灾区的义举，报道全市人民对口援助灾区的爱心行动与感人事迹。

五、玉雕节、豫商大会、张仲景医药科技文化节的宣传报道。2008年，南阳市先后举办了玉雕节、第三届豫商大会、第七届张仲景医药科技文化节。南阳日报强势报道会议盛况，并编发专刊、特刊，如“玉文化”特刊、“豫商大会特刊”和“医药节特刊”等，使报道达到高潮；会后，向纵深拓展，跟踪连续报道大会有关议题的具体落实情况。

六、效能建设年活动的宣传报道。2008年是南阳市“效能建设年”。在宣传报道中，做到了四点：一是宣传各部门的服务承诺与公示；二是宣传各地各单位在效能建设方面的动态新闻；三是宣传效能建设搞得好的先进典型；四是与市纪委、监察局、纠风办联手，开设“效能建设热线”和“效能建设直通车”，就效能建设工作接听读者投诉、互相进行沟通、现场解决问题。这一宣传贯穿全年，有力地促进了全市党风政风的好转。特别是关于开通“效能热线”的做法，被人民日报、河南日报刊发后，受到中央有关部门的关注和肯定。

七、奥运会的宣传报道。奥运是2008年中国又一个特大事件。奥运报道在内容上做到了三个结合：一是奥运前“迎奥运讲文明树新风”的报道与奥运期间的报道内容相结合；二是国际、国内、市内有关奥运的报道内容相结合；三是奥运召开期间，运动场内与场外家乡的报道内容相结合。在版面形式上，勇于创新，其间天天出版“奥运特刊”，大照片，多体裁，新版式，形成了很强的视觉冲击力。

八、“新解放、新跨越、新崛起”解放思想大讨论的宣传报道。关于“三新”的宣传报道。一是大造舆论。发表编辑部文章，刊发系列评论，转发省委省政府主要领导的讲话，编发出版《学习特刊》。二是突出重点。突出领导干部的带头作用，请各县市区主要领导谈解放思想；突出主要职能部门的带头作用，请数十个局委办的主要负责人谈如何解放思想；突出解放思想中的“六大关键性问题”，请社会各界权威人士谈如何解放思想。三是典型引路。开设《解放思想启示录》专栏，通过剖析解放思想的典型，起到引领一般的作用。四是反映成果。通过专版展示大讨论活动的成果，从多个方面来体现大讨论所带来的新气象、新变化、新收获。

九、纪念改革开放30周年的宣传报道。对这方面的报道，既有对全国30年来取得举世瞩目成就的报道，也有南阳市各行各业30年来取得辉煌成就的报道，还有反映普通百姓日常生活巨大变化的报道，而且力求做到“三贴近”。举办“牵手日报·与你同行”活动，组织市民深入社会各业，亲身体察改革开放的成果；举办各种征文活动，让市民现身说法，忆沧桑、谈体会；举办全市改革开放30年30件大事评选活动，让大家共同见证30年所走过的非同寻常的发展历程。通过深入持久的宣传，使全市人民又一次受到了继续解放思想、深化改革开放、推动科学发展、构建和谐社会的深刻教育。

十、关注民生的宣传报道。把“以人为本，关注民生”的理念贯穿在新闻报道中。这主要体现在：一是要求新闻人员自上而下牢固树立“人本”观念，用以指导采编行为；二是尤其关注重大民生工程方面的报道，如对市政府每年提出要办的十件实事展开连续聚焦；三是加大民生新闻的报道数量，拓宽民生新闻的报道视野，并办好服务民生的专版；四是推出一批“草根新闻人物”；五是办好服务民生的热线，利用本报市民呼叫中心平台，反映百姓意见诉求，为百姓排忧解难；六是本报编辑部身体力行，倡导发起组织各种类型的社会公益活动，促进社会慈善事业。如举办的救助百户特困职工家庭活动、救助贫困大学生活动、赈灾募捐活动、义诊义演活动、相亲大会活动、社会志愿者活动等等。

【全面接管南阳晚报】 11月28日，经市委研究决定，南阳日报社正式全面接管南阳晚报。这是南阳日报做大做强，向集团化方向迈进的重大步骤。

【南阳日报获中国地市报“百强”报社】 12月，中国地市报“百强”报社评选活动落幕，南阳日报跻身“中国地市报报业发展50强”行列。市委书记黄兴维作出重要批示，对南阳日报的工作予以充分肯定和高度评价，对南阳日报的发展寄予厚望。

【获奖情况】 4月，第六届河南省辖市新闻奖评选揭晓，南阳日报7篇作品榜上有名。8月，第二十五届河南新闻奖评选日前揭晓，南阳日报6件作品分获不同奖项。10月，第二十二届中国地市报新闻奖和第六届地市报论文奖评选揭晓，南阳日报82件作品分获一、二、三等奖。12月，第二十届河南新闻奖新闻论文（2007年度报纸部分）评选揭晓，南阳日报6篇论文获奖。（高鹏　赵静）

【《南阳晚报》宣传报道概况】

2008年，是胡锦涛总书记视察南阳市一周年，4月30日，在一版头条刊发了长篇通讯《春光尽耀新成就生机勃勃新跨越——写在胡锦涛总书记视察南阳一周年之际》，回顾了总书记视察南阳时一幕幕激动人心的场面，报道了南阳人民以总书记视察为动力的新发展、新成就。5月份，温家宝视察南阳市，5月13日，在一版头条刊发了《殷殷深情寄中州——温家宝在河南南阳视察工作纪实》。

在全方位、多角度宣传报道好市人代会、政协会的基础上，进一步深化这方面的报道，两会后对代表议案、委员提案保持高度关注，就群众关心的热点问题进行了系列报道，报道议案提案办复、有关部门的答复和解决、群众的态度和反应等。如《关注百姓生活质量重点提案办理情况》、特别报道《严格禁止水体化肥养鱼》等报道，受到了市民的欢迎。

对玉雕节、第三届豫商大会、第七届张仲景医药科技文化节，刊发了一系列深度报道文章，对开幕式、晚会、签约等重大活动，图文并茂，百姓喜读爱看。

5月12日，四川汶川发生了强烈地震，报社紧急行动，全力做好抗震救灾宣传报道。除及时转载新华社有关抗震救灾斗争的新闻外，还积极报道市委市政府组织派遣抗震救灾抢险队、医疗队等情况，报道党员干部和社会各界捐款捐物献爱心的情况。开设了“抗震救灾守望相助”专栏，进行系列报道。报道了全市各界踊跃为灾区捐献爱心活动；报道了南阳市派医疗、电力、消防、通讯部门等奔赴灾区抢险救人的英雄壮举。同时，策划组织大型募捐活动，公布捐款热线，20多天，到报社捐款的企业和市民络绎不绝。南阳晚报每天用一至两个整版，图文并茂刊登捐款的情况。在整个募捐活动中，通过南阳晚报搭建的爱心平台，企业和市民捐款达128万余元。

2008年北京奥运会是中华民族的一件盛事。南阳晚报每天固定三个专版，转发新华社大量的文稿和图片，并开辟了“中国军团、“五环故事”、“五环看台”、“五环诸强”、“五环面孔”等多个栏目，准确报道重要赛事，大力弘扬了奥林匹克精神，激发了广大群众的爱国热情和民族自豪感。

2008年是改革开放三十周年。一方面及时转载新华社的有关文章，报道全国三十年来取得的举世瞩目的成就，另一方面派出记者采访报道南阳市三十年来各行各业取得的辉煌成果，反映普通百姓生活的巨大变化。特别是在12月份重磅推出了“南阳改革三十年回眸”，用四个整版图文并茂地报道了“南阳三十年大事”、“南阳城建三十年巨变”、“家庭老账本反映居民生活变迁”、“个体户吹响改革号角”。

发展核电事业，是2008年市委、市政府的一项重大战略决策。对此，除及时对核电站进展动态报道外，还在报纸上开辟了“新型能源助推南阳”栏目，刊发报道20余篇，从核电知识、核电安全、发展核电助推南阳经济等多方面报道了发展核电事业的重大意义，为建设核电站营造了良好的舆论氛围。

全年先后推出了“追寻劳模足迹”、“庆八一老兵回忆”等。以“讲故事”形式讲述他们最难忘的感人事件和战斗岁月，共刊发通讯报道40余篇，弘扬了劳模精神、革命精神。省新闻出版局阅评员在《河南报刊审读》上刊发了《南阳晚报挖掘革命题材激励后人》的文章，对南阳晚报推出的这一红色经典报道予以充分肯定，高度评价。

【晚报关注民生，构建和谐社会】 2008年，进一步深入贯彻“三贴近”原则，把服务百姓生活、构建和谐社会作为新闻报道的重要一环来抓。春节前后，继续成功地开展了“寒中送暖”活动和“接孤儿回家过“年”活动。继续进行了“救助贫困中小学生”行动，在六一儿童节前后，还与市妇联联合开展了“关注失学儿童”活动，使一批因家庭困难而濒临辍学的孩子得以继续学习。在高考期间，全方位地服务考生，得到了学生和家长的欢迎。在经济生活和服务百姓方面，相继策划报道了城镇居民医保、整治食品安全、打击传销等专项报道。同时，举办了关于教育收费问题、市民用水用电、劳动和社会保障、物价、环保问题等多个“读者日”活动，赢得了广大读者的普遍欢迎。

在打造平安南阳和搞好舆论监督方面，开辟了“打两抢一盗保南阳平安”栏目，刊登一大批打击“两抢一盗”活动的典型案件。继续办好“行风直通车”栏目，刊登了《采沙船挑灯“夜战”忙采沙》、《镇平“黑幼儿园”出现监管真空》、《白玉岗黑社会性质组织被摧毁》等有分量有影响的报道。

【南阳晚报版面改革】 2008年12月份，新的领导班子锐意创新，决定对晚报的版面进行改革。此次改版遵循了“读者之上，新闻优先，创新第一”的原则，体现了“服务大局，服务中心，服务读者，服务生活”的宗旨。改版后的版面内容和风格具有“独、亮、活、深、快、动”六大特色。主要表现是改革了报头，更换了原报头，使用毛泽东的书法，重新设计了报眉。改革了一版，版式显得更大气美观，视觉冲击力强，突出了导读和热点抢眼新闻。改革了版面，各版风格基本一致：大气、简约、清秀、易读。新设了“重磅新闻”、“主题策划”、“速读南阳”、“第一现场”、“与您互动”、“民生在线”等贴近性和可读性很强的版面。报纸分正刊和周末刊，每刊封面套彩。

【南阳晚报获奖情况】 6月，2007年度全省报纸编校质量抽查评比揭晓，南阳晚报差错率为万分之二点二二，低于部颁标准，为历次抽查评比成绩最好的一次。河南省新闻出版局下发了《关于2007年度全省报纸编校质量抽查评比情况通报》，对此次编校质量抽查评比中差错率低于万分之三的《南阳晚报》等35种报纸予以通报表彰。

是月，2007年度“赵超构新闻奖”揭晓，王勇采写、张效景、马新峰编辑的《“母女换肾”彰显母爱如天》荣获一等奖。王勇、刘力果、于欢采写、高会强、马聆道编辑的《然然平安回家慈母泪满衣襟》荣获二等奖。马新峰、高文婷、赵雷采写、张效景、王好学编辑的《壮矣救邻人前赴后继痛哉缺防护有去无回》荣获三等奖。

7月，2007年度“南阳市新闻奖”（五一新闻奖）揭晓，南阳晚报6件作品分获一、二等奖，赵雷采写的《一家四代的百年邮政情结》获特等奖，赵雷荣获“南阳市五一劳动奖章”。

10月，中国晚报协会第23届年会在浙江嘉兴市召开。南阳晚报总编辑包廷怀获得中国晚报杰出贡献奖，这是中国晚报协会成立以来首次评出来的中国晚报杰出贡献奖。（周建生）

【《南阳广播电视报》宣传报道概况】 2008年度，《南阳广播电视报》进一步深入贯彻“贴近实际、贴近生活、贴近群众”的原则，把服务社会、服务生活、关注民生作为新闻报道的重要一环来抓，紧紧围绕构建社会主义和谐社会、贯彻落实科学发展观这一主题，策划了一系列在社会上产生较好影响的报道，从加油、鼓劲方面有力地配合了政府的工作。

一、密切关注重大新闻，进行全方位深入报道。新春伊始，十一届全国人大一次会议、全国政协十一届一次会议在北京隆重召开，因为这一次会议议程有选举的重大事项，因而备受全国人民关注，南阳广播电视报及时地报道了这次的选赞举结果，满足了老百姓的愿望；5月份，温家宝到南阳视察，南阳广播电视报推出了《温家宝总理情系南阳》的报道；“5·12”四川汶川发生特大地震，适时地报道了万众一心、共克时艰的救灾新闻和“地动天不塌、大灾有大爱——我市各界踊跃为灾区捐款”的感人事件；8月8日，举世瞩目的第29届奥运会在北京隆重开幕，南阳广播电视报除了适时地报道好赛况之外，还对南阳人参加奥运会进行了重点报道，社旗姑娘周春秀虽仅摘铜，但她创造了中国运动员在女子马拉松项目比赛中的奇迹，因而南阳广播电视报在8月20日报道了《周春秀摘铜　创造历史　乡亲们喝彩　春秀真棒》。

二、继续解放思想，深入贯彻落实科学发展观，实现广播电视新跨越的报道有声有色。南阳广播电视的数字化改造走在了全国的先进行列，如何保持这一荣誉，南阳广播电视报先后对《唐河县广电局三个月率先实现数字电视整体平移》和西峡、南召、邓州等地的先进做法进行了报道。8月份开始，市直广电系统吹响了“新解放、新跨越、新崛起”大讨论活动的号角，南阳广播电视报适时地报道了《继续解放思想　实现广电新跨越》进行宣传发动。

三、挖掘南阳精神闪光点，鼓舞人们为南阳的经济发展奉献力量。“非常人生”是《南阳广播电视报》的一个广受喜爱栏目，它所推出的一些南阳人艰苦创业的故事很是启迪人的智慧。2008年度，该栏目又推出了《他让黄金梨走向奥运——记方城博望黄金梨合作社主任高山峰》、《版画人生——记版画艺术家张学琨》，《木瓜飘香——方城木瓜生态园宋登来的创业人生》、《王清创：“河南的活雷锋”感动江城》、《寻找人生新坐标——记中国国际诸葛亮研究会会长李日仁》、《陈玉林：曲艺创作之路》、《俺在义乌卖河南大饼》等近30篇富有启发性的创业经历，引来了数以千计的咨询电话，起到了很好的宣传效果。

四、不断开辟新栏目，满足读者不同层次的需求。本报为配合改革开放三十周年，特推出了“改革开放三十周年回顾系列”，对南阳市城建中的《从“黑河”到南阳的“外滩”》、民俗中的《结婚的变迁》、餐饮中《吃出来的变化》以及新华书店、工矿企业等进行历史性的回顾，让读者从变化中感受到改革开放给人们生活带来的新变化。“二别子逛南阳”是该年度推出的一个新栏目，它通过爱挑毛病的二别子的眼睛，对生活中一些不合时宜的音符进行敲击，促使人们从我做起，从小事做起呵护南阳的文明，如《公园开放众人欢　花开溢香莫乱折》、《风中恶臭蚊蝇多　缘自城市“养猪场”》、《开车上路多点公德少点“横行”》等。“关注民生”栏目中推出的《永安路占道经营现象严重》、《公共台地商家占　市民休闲找地难》、《新野路口长途客车无序竞争》等报道都获得读者的赞许。

五、出千期特刊，改周报定位。7月30日南阳电视报隆重推出出版1000期纪念特刊，特刊对创刊以来的重大新闻报道、重大活动系列进行了回顾，对“千期之瞬”、“千期名家”、“千期名流”、“千期之舞”、“千斯名栏”、“千斯名版”、“千期之初”、“千期之艰”、“千期之路”、“千期之影”、“千期之声”、“千期之忆”、“千期之痕”、“千期之缘”、“千期书画”等进行了集束式的报道，千期特刊受到了社会各界的喜爱。进入9月，报社全体采编人员在新任总编辑何子杰的带领下，充分论证酝酿，决定对广电报重新定位，全面改版，最终定位为“都市周刊”，并在12月份出版发行了试刊，社会各界对耳目一新的《都市周刊》交口称赞，改版取得了初步的成功。（王伟）

广 播 电 视

市广电局局长 张恂

广播电视宣传

【重大活动宣传】 2008年，一是精心组织贯彻落实党的十七大及十七届三中全会精神和全市深入开展“新解放、新跨越、新崛起”大讨论活动宣传报道。制作电视专题《新起点新跨越》重点报道了全市上下学习贯彻十七大的新举措、新经验和新成效以及改革开放三十周年的沧桑巨变，为加快建设富强美好和谐新南阳统一了思想，凝聚了力量。二是认真做好北京奥运会和残奥会等重大活动的宣传报道。南阳电台开设了“热情迎奥运、文明我先行”专栏。在开幕式当天推出了“百年梦圆”大型报道和“直通北京”特别节目。三是全方位宣传第三届豫商大会、第六届玉雕节暨宝玉石博览会和第七届张仲景医药科技文化节等，为“节会”的成功举办营造了浓厚的舆论氛围。

【重大事件宣传】 积极稳妥地做好抗击冰雪灾害、抗震救灾等突发性、灾害性事件的宣传报道。南阳电台与湖南郴州电台联合举办“双城故事·温暖2008”特别节目，南阳电视台举办赈灾义演晚会，受到好评，南阳电视台还被评为全省抗震救灾宣传报道先进集体。全市广播电视在这些突发事件中，充分发挥了正确引导舆论、维护社会稳定、凝聚人心、鼓舞士气的重要作用。

【节目改革创新】 2008年，在宣传内容和形式上进行了大胆探索和改革，采取现场连线、专访、领导访谈等形式，形成了一批有独特风格的栏目。南阳电台深化节目内涵，改版调整了节目，特别是《行风热线》深受听众欢迎，被评为省名牌栏目；南阳电视台加大创新力度，改版调整了节目，新推出的《草庐故事》、《周末说事》受到广泛好评；南阳广播电视报进行全方位改版，新推出的《都市周刊》从内容到形式令人耳目一新，报纸发行量也大幅提高。

【对上报道取得新成就】 2008年，南阳电台在中央台发稿20条，其中头题4条；在省台发稿450条，其中头题44条，连续四年取得头题全省第一，总分全省第二的好成绩。南阳电视台在中央台发稿47条，其中头题2条；在省台发稿912条，其中头题38条，连续三年在河南卫视新闻发稿总量第一。另外，加强了与中央台的合作，策划了著名作家二月河与历史学家阎崇年的对话节目在《百家讲坛》中播出；在《人与社会》栏目推出了以南阳市崔明伟、焦连云二人身残志坚、自强不息先进事迹为内容的专题节目，在全国产生了积极影响。还与央视协商拍摄大型纪录片《南水北调从南阳开始》，这在南阳市历史上也是新突破。

事业建设和产业开发

【村村通建设】 高标准完成20户以上自然村通广播电视工程1034个村。涉及到全市7个县、52个乡镇、230个行政村，使4.5万户、15万偏远山区农民群众受益。方城县拐河镇被中宣部等四部门授予“全国村村通广播电视先进单位”，是河南省唯一获此殊荣的基层广播电视站。全市自筹资金500余万元，架设广播电视光缆杆路260公里，实现光缆连网20个乡镇、250个行政村，新发展农村有线电视用户4.5万户，发展无线数字电视用户5000户，超额完成了市政府下达的3万户工作目标。

【有线电视数字化建设】 多方筹措资金，完成了社旗、唐河、内乡、镇平、邓州、淅川、南召7个县市区有线电视数字化整体平移工作，全市新发展有线数字电视用户8万户，超额完成年度5万户的目标任务。

【农村网络建设】 2008年，坚持把覆盖率重点放在农村，全市自筹资金500余万元，架设广播电视光缆杆路260公里，实现光缆联网20个乡镇、250个行政村，新发展农村有线电视用户45000户，发展无线数字电视用户5000户。

【产业项目建设】 积极开发移动多媒体、数字电影、高清电视等新兴产业项目。还联合河南电视台、北国之春影视中心合作拍摄120集大型室内电视连续剧《清明上河》，该剧作为河南省重点文化项目，已进入后期制作。

【设备设施更新改造】 南阳电台积极筹措资金近百万元，实现了中波585发射机扩功改造，信号在淅川、西峡落地。及时更换和新装市区公交车调频广播140多台，广播直播车的设计及设备购置安装调试也已完成，广播信号覆盖盲点正在快速减少。南阳电视台投资30余万元安装了一套媒体资源管理系统，对音像资料实行计算机管理，逐步建立健全档案资源数据库，极大地方便了全台的资源共享、历史资料的存储、查询和再利用。

【项目建设资金】 2008年共争取村村通工程、中央电视台无线覆盖工程、中央电视台无线覆盖运行经费等项目资金1900多万元，有力推动了广电事业发展。同时争取了2009年村村通广播电视工程、河南卫视无线覆盖工程726万元，并已列入国家和省局规划。

【科技创新】 2008年，围绕网络技术、数字技术等高新技术的推广应用，加大科技创新的应用力度，全市共有27篇科技论文在全省广电系统获奖；有4人荣获全省广播电视技术能手称号。

广播电视行业管理

【行业管理概况】 2008年，一是加强广播电视行业管理。加大对卫星地面接收设施销售、安装的管理力度，开展专项整治活动，对擅自销售卫星接收设施的商户进行查处，对私自安装卫星接收设施的单位和个人依法进行了处理。全年共查处非法安装卫星地面接收设施8000户，查处非法销售窝点25个，查处物流运输5起，行政拘留20人，有效遏制了非法卫星广播电视接收设施滋生蔓延的势头。二是加强信息网络传播视听节目的管理。派出专项检查组深入一线收集资料，发现问题的立即整改，并组织相关人员到外地学习经验，采取有效措施遏制了违规发展IP电视的势头，保护和巩固了广播电视阵地。三是加强对市县两级播出机构所播电视节目的管理，加大对广播电视广告，特别是医疗广告的管理力度。全年共查处违规广告300余条，同时强化节目管理，实行四级审稿制度和节目监听监看制度，有效净化了荧屏。

【广播电视安全播出】 进一步完善全市广播电视安全播出指挥体系，监督全系统各单位全面落实安全播出责任制，严格执行五项制度，在保证人防的基础上，加强技防水平，形成畅通快速的联络协调机制，做到一旦发现安全隐患，能够迅速反应和有效处置，确保了“双节”、“五一”、“奥运”期间、“十一”等重要敏感期全市广播电视安全播出。全市广电系统安全播出已从被动应对向主动防范转变，从突击性任务向长期性工作转变，安全播出工作进入了一个崭新阶段。(王鹏)

南阳电视台

【温家宝视察南阳的专题创作和新闻报道受到好评】 2008年5月10～12日，中共中央政治局常委、国务院总理温家宝专程来南阳市考察指导工作。南阳电视台派出记者随同。在5月12日全文转播中央电视台《新闻联播》播出的《温家宝到河南南阳考察》的消息后，5月13日晚，大篇幅推出南阳电视台记者采写的特别报道《温家宝总理专程来南阳考察指导工作充分肯定我市近年来经济社会发展取得的成绩并提出新的希望》的消息，抢发在南阳各新闻媒体的前边。

之后，又派出骨干记者，沿着温家宝总理在南阳考察的路线，深入田间地头、企业车间、城市社区、中小学校和农户家里进行回访，先后制作出了6集连续报道《我与总理零距离》，于5月15日在《南阳新闻联播》节目中陆续推出。之后，又制作出了大型专题片《温总理在南阳》，作为建党87周年献礼片播出，受到了社会各界的广泛好评。

【纪念改革开放30周年宣传浓墨重彩】 于12月22、23日推出为期两天的“我们这三十年”南阳纪念改革开放30周年大型直播活动。这次直播活动凸显六大特点：一是特别推出南阳台独家专访：市委书记黄兴维、市长朱广平关于南阳改革开放30年的精辟论述。二是策划组织了三场直播活动作为全天节目的支撑：12月22日，上午《农村篇·邓州燕店的现场直播》，下午《城市篇·鸿德广场的现场直播》及晚上的大型庆典晚会《永远的春天》。三是各栏目都以特别节目的形式，紧紧围绕南阳改革开放30周年的辉煌进程，从百姓视角、平民角度、衣食住行来反映南阳人30年的传奇变化。四是节目中间还穿插南阳电视台精心拍摄的印证南阳改革开放30年巨大成就的专题《印象新农村》、《高点起大城》、《旅游去》及形象宣传片《改革开放30年》、《数字成就篇》等精品佳作。同时，以流动字幕的形式，随时发表观众对改革开放的感言，与观众形成互动。五是直播第一天的首播节目即长达10小时左右。六是12月23日采用演播室主持人主串的方式，把全天的节目有机地串联起来，形成宣传高潮。

【抗击冰冻灾害、汶川地震抢险救灾的宣传报道】 冰冻灾害袭来，市供电公司抢险队奔赴重灾区郴州帮助恢复电力供应，南阳台采取异地传输图片、电话连线等形式让观众在第一时间了解到救灾前线的最新进展。其中消息《新野菜农积极开展生产自救》还经省台传送在央视《新闻联播》中的重要位置播发，较好地表现了南阳人民面对灾害自强不息的顽强精神。

“5·12”四川汶川大地震发生以后，南阳电视台迅速组织了一场名为《共同的家园——南阳抗震救灾大型电视义演》晚会，并于5月16日进行现场直播。共筹集募捐资金470余万元，晚会后即全部上交市民政部门并转灾区。5月18日，南阳电视台派新闻中心骨干记者徐晓霁随市救援物资运输队赴四川灾区采访，他是全省第一个赴灾区采访的地市级台新闻记者。根据市委市政府安排，又先后派出三名记者冯永杰、王伟谦、王金科赶赴灾区，报道南阳市医疗队帮扶灾区、援建安置房、对口支援江油市以及在救灾一线牺牲的武文斌烈士等有关情况。据统计，一线记者共发回报道20余条约60分钟。5月21日晚，南阳电视台又现场直播了《直播南阳·特别节目》“大爱无疆——来自南阳的感动”，邀请从灾区抗震前线归来的骨科医生崔树平及他的医疗队讲述他们从13日起即自发赶赴灾区救援的动人故事，节目播出后社会反响强烈。为了弘扬“一方有难、八方支援”的民族精神，南阳电视台又专门组织人员在很短时间内创作了《重建家园》、《共同的责任》等五个“抗震救灾”公益广告宣传片，从22日起每天在三个频道密集滚动播出60余次。

由于在抗震救灾中的突出贡献，南阳电视台荣获“全省抗震救灾先进单位”荣誉称号，获此殊荣的全省地市台仅三家。

【第三届豫商大会和第七届张仲景医药科技文化节直播特别节目】 在编排上以大会开幕式及重要活动为支撑，中间穿插节会的重要新闻、专题、文艺节目等内容，科学缜密，布局合理。新闻报道方面，全部实现了当天消息当天播发。为让节会报道内容更有力度和厚度，两档直播访谈栏目《直播南阳》、《健康直播室》还分别邀请工业界和科技医药界领军人物与观众共同讨论有关话题。另外，还首次对中医药科技创新与产业化发展成果展进行了直播，把那些静止的图片和标本饶有趣味地在现场直播给广大观众。

【对上报道取得全省三连冠】

2008年，在中央台发稿47条，头题2条，省台发稿912条，头题38条，发稿总数和上年同期相比增长10%，在全省18个地市级台中排名遥遥领先。特别是在汶川大地震报道中，南阳电视台在派出多路记者报道南阳各地捐款捐物积极支援灾区情况的同时，主动和河南电视台联系，报送有关南阳抗震救灾的一系列报道，南阳支援灾区的各大重要活动都先后在河南新闻中播发。5月13日至28日，南阳电视台向河南电视台提供抗震救灾稿件50篇，播出22篇，头题2篇。在全省十八个地市中名列前茅。

【媒资系统实现电视资源的共享和有偿使用】 2008年，南阳电视台上马了一套媒资系统，对音像资料实现计算机系统管理，把那些具有一定思想性、针对性、学术性、观赏性的档案资料作为采集的重点，逐步建立健全档案资料数据库，极大地方便了全台的资料共享、历史资料的存储、查询以及再利用。另外，建立专门的管理机构，开展有偿服务，使宣传档案资料管理得到良性发展。

【《草庐故事》、《周末说事》及《早间新闻》周末DV版推出】 按照完全市场化运作的方式，推出了一档南阳百姓自己的电视剧栏目《草庐故事》。它是由南阳的专业、业余作家编剧，南阳各行各业的群众参与，演绎南阳人身边发生的故事。该剧每周三期。电视剧的拍摄是对电视文化产业探索的尝试。6月2日，南阳第一个方言新闻节目《周末说事》正式与广大观众见面。“十一”前夕，《早间新闻》周末DV版又精彩亮相。小栏目“DV现场”抓拍鲜活生动，“百姓故事”讲述亲切自然，“DV秀场”刺激独特，节目乡土气息浓郁，突出了本土化、贴近性。

【王文磊入选央视奥运解说“国家队”】 王文磊是南阳电视台艺术策划中心的主持人，在中央电视台举办的“谁将主持北京奥运”全国主持人、解说员大赛中，在河南赛区的预赛中获得全省第一名，入选央视奥运解说“国家队”，成为央视奥运解说“国家队”中南阳第一人。马同庆是南阳台广告中心员工，她被中国传媒大学数字媒体艺术专业录取为硕士研究生，是所录取的四人中的一个，其他三个分别来自中央电视台、北京电视台和中国传媒大学。（魏亚争　李学芳）

南阳人民广播电台

南阳电台台长　陈建明

【南阳电台宣传工作概况】 2008年的宣传工作，紧紧围绕市委市政府中心工作，重点策划了贯彻落实十七大和十七届三中全会精神、温总理到南阳视察、市两会、玉雕节、新农村建设、工业发动机计划、南水北调工程、奥运、抗震救灾、平安南阳建设、新能源建设、第三届豫商大会、张仲景医药科技文化节、解放思想大讨论、交通秩序大整治、科学发展观在南阳、改革开放30年、关注2008十件实事等宣传报道，弘扬主旋律，打好主动仗，实现了重大新闻无遗漏，新闻宣传无差错。

发挥广播优势，提升宣传效果。在市两会宣传中，以现场连线、录音专访、领导访谈等形式在《南阳新闻联播》、《整点直播》、《新闻聊天室》等新闻节目中全方位报道，邀请市领导陈光杰、刘朝瑞、赵秀玲，镇平县委书记史焕立等代表、委员走进节目介绍城中村改造、新农村建设、玉雕产业等两会议题及市民关心话题，深受群众欢迎。郴州雪灾发生后，南阳电力公司派出抢险突击队奔赴灾区，电台每天下午6：00准时电话连线突击队工作人员，独家及时报道前方抗灾情况。5·12地震发生后，电台在市政府会议结束第一时间播报“政府公告”，安抚市民稳定人心；在随后的报道中连线前方抗震救灾的南阳各界人士近百人次，邀请地震局专家和六批抗震救灾人士做客直播室，全面深入报道全市人民在抗震救灾中作出的突出贡献。通过广播吸纳社会力量捐款超10万元。《行风热线》节目实现音视频网上同步直播和点播；在网上实现了重大新闻、自采稿件的配图片登载等。

对上报道成绩明显。全年在省台发稿450条，其中头题44个；头题名列全省各地市电台第一名，总分名列第三。在中央台发稿19条，其中头题4个。圆满完成外宣任务。

【节目质量得到提升】 围绕目标听众，打造专业频率、特色节目。新闻台、交通台、文艺生活台一年来都围绕专业频率和特色节目而调整改版节目。《行风热线》增加了效能建设宣传，对上线单位进行了重新调整，每月十日确定为市领导上线日期，十三个县区电台也基本进行了同步转播；加强了《南阳新闻联播》、《新闻聊天室》、《一周路况回顾》等节目的策划，节目时效性信息量明显提高，录音报道、连线报道、请嘉宾参与的数量逐步增加；整点新闻、路况信息、《千色资讯》等信息类节目各具特色；新开办的《交通大家谈》、《吃在南阳》、《吃遍南阳》节目的成效已初见端倪；农业节目、谈话节目、娱乐节目的时效性、新闻性、前瞻性有所增强，表现形式鲜活而富有深度。在全省广播好新闻评比中，共获一等奖4件，二等奖6件，三等奖3件。《行风热线》被评为优秀栏目一等奖，省广电局发来贺信表示祝贺，获奖的档次和篇目创南阳电台年度获省奖之最，名列全省地市台前列。

【广播覆盖不断扩大】 南阳电台围绕扩大覆盖，提高信号质量，实现安全播出，采取一系列措施：提高前端信号质量，新配备了部分电脑、照相机、采访机、调音台、话筒、耳机等设备，并对现用设备进行全面拉网式维修保养；完成了中波585发射机扩功改造，扩大广播信号的覆盖半径；实现了信号在淅川和西峡落地转播南阳电台节目；进行了网站服务器扩容，不断扩大网站的延伸效益；更换和新装公交车调频广播，市区有150多台公交车已安装定频广播；完成了新直播车的购置安装；自动化监控系统已进入调试阶段。

【依托节目策划组织社会活动】 全年围绕市委市政府中心工作，依托节目找准切入点，策划组织了一系列社会活动：（1）组织了3·15消费者权益日纪念会暨《行风热线》广场维权活动。邀请律师以案说法，20多家职能部门和30多家商家现场咨询接受投诉，该活动已成为市政府年度3·15主体活动。（2）组织节目进社区活动。组织《空中大戏台》走进天冠、解放广场、七一游园、中光社区、油田等社区演出10余场。组织《春来茶馆》节目走进白河镇杨官营村，送去娱乐节目和农业科技知识。《健康直通车》节目与南石医院联合，走进社区进行义诊。（3）承办全国小麦跨区作业开幕式现场直播和扩音设备服务，受到中央省市领导肯定称赞。（4）汶川地震后，与市红十字会联合组织救灾捐款活动，共接受社会捐款10余万元，及本台职工捐款3万余元。（5）组织“中行杯·迎奥运援灾区”南阳市歌手大赛，有300多名来自社会各界的选手参加比赛，活动中中行拿出10万元捐给灾区大学生，实现社会和经济效益双丰收。（6）组织南阳电台首届听友联谊会，二百多名听友参加，以听友和主持人的互动，展示了主持人风采，提升了电台社会形象。（7）组织第二届少儿普通话大赛，全市各小学、幼儿园共有500多人报名参加，使广播的影响逐步向中小学扩展。（8）组织了全市出租车司机免费体检和免费维修出租车音响、车内空调活动，得到的哥的姐的赞誉。（9）策划组织了南阳市首届汽车文化节活动。此次活动内容丰富，形式新颖，从车队巡游的移动直播到新车展示、互动游戏及现场车技表演和模特大赛、少儿绘画等，将广播优势和车展紧密结合，探索了广播媒体组织车展类活动的经验。全年共进行户外现场直播活动130余场。（王慧）

有线电视网络公司

【有线电视网络公司运营概况】 2008年是南阳分公司纳入河南有线电视网络集团统一经营，统一管理，统一规划，统一核算的第一年，也是进一步深化企业体制改革，不断创新发展之年，为了更好贯彻省集团公司提出的“131工程”战略目标规划和总体部署，公司结合自身实际情况，紧紧围绕“以优质服务为保证，稳定基本业务，以完善网络为条件，发展增值业务”的工作思路，积极应对市场形势，努力拓展企业发展空间，推动分公司市场经营工作持续稳定发展。

【市场运营工作全面推进】 按照“以有线电视基本业务为基础，以增值业务和频道落入网业务为补充，以广告创收为突破口”的思路，稳扎稳打，全面推进，千方百计完成集团公司下达的创收目标任务，实现收入的最大化。一是加强对有线电视基本业务的管理，推进营业厅和用户档案管理的正规化建设，提高营业厅人员服务质量，及时整理通报欠费用户名单，协助运维等部门开展上门清缴欠费工作，尽一切可能提高有线电视基本业务收入；二是努力提高付费电视频道节目费收入。针对用户订购付费电视频道不很积极的状况，积极行动，广开门路，通过各种形式，举办多种活动来增加付费电视收入。联合中国移动、中国邮政等单位，利用其销售网络、渠道，共同举办优惠活动，合作共赢；三是提高数据专网业务服务质量，保证数据业务收入的持续稳定增长；积极同新建小区、集团用户联系协调，及时上报项目规划报告，为有线电视用户的增长创造条件；四是对自办频道进行定位细分，提高频道节目质量，增加对观众的吸引力。将频道的经营作为创收工作的重要增长点，通过优秀的节目吸引观众，吸引广告客户，全力实现频道经营创收的最大化。

【网络建设得到加强】 全年共进行了54个项目的建设，还有十几个建设项目正在报批中，这些项目涵盖了管道建设、市到县光缆骨干网建设、接入网建设等。管道建设为有线电视网络提供了近10公里的路由，市到县光缆骨干网的建设为南阳分公司和南阳的各县业务合作提供了可靠的网络保障，接入网的建设使南阳市区将近一万户收看有线电视提供了网络支持及保障。

【打击非法天线设备见成效】 8月份以来，实施打击非法卫星天线活动，联合公安、工商等执法部门，12个管理站由执法人员牵头每天抽调七八个人两辆工具车配合执法，同时实行分片包干，交叉实施的办法，使打击非法天线锅活动得到顺利开展，共查处批发窝点2处，收缴卫星设备700套，查处物流运输5起，收缴设备120套，拘留1人，强行拆除钉子户违法天线400余套，有效地遏制了市区非法天线设备的滋生蔓延。（胡化魁、吴维之）

旅　　游

旅游综述

南阳旅游局局长　黄乐

【旅游业发展概况】 2008年，全市旅游系统以伏牛山生态旅游为重点，以实现文化旅游产业发展新突破为目标，以“新解放、新跨越、新崛起”大讨论活动为动力，积极应对宏观环境对旅游业带来的冲击和挑战，使旅游业呈现出了又好又快发展的良好局面。全年全市共接待游客1080万人次，同比增长21.3%，实现旅游综合收入56.1亿元，同比增长

24.4%，旅游投诉率低于0.5‰，无重大旅游安全责任事故发生，圆满完成了年初确定的目标任务。

【旅游规划】 坚持景区自身挖潜和招商引资双管齐下，高起点制定景区规划。聘请中国地质大学、中国林业大学等国内权威机构，按照差异化发展战略要求，对鹳河漂流、仓房景区、太公湖生态旅游度假区等一批新老景区编制了具有前瞻性、富于个性化的专业规划，《淅川县香严寺佛文化生态休闲旅游区总体规划及核心区与服务区修建性详细规划》、《宋岗码头地区总体概念规划与重点地段详细规划》相继通过专家组评审，《伏牛山七里坪游客服务中心修建详细规划》通过了专家终期评审。规划实施了西峡旅游港、化山旅游服务区、七里坪和太平镇游客服务中心、龙乡商贸城等大型旅游服务设施建设项目。

【景区（点）建设】 新创建4A级景区1家（宝天曼峡谷漂流）、3A级景区1家（花洲书院）。新开发了广盛镖局、莲花温泉漂流、天竹峡、太公湖生态旅游度假区等景区（点）20多个。对35家景区进行了改造提升，共整修旅游步道18900米，安装索道1条（老界岭），新建改建旅游公厕8个、游客服务中心6个，宾馆8座、码头6个，新增停车场面积4380平方米，完善标示牌780块，“一山一水一恐龙”三大核心景区品牌形象得到了进一步提升。南阳汉画馆被评为中国首批79家国家一级博物馆。西峡县恐龙遗迹园被河南省环境保护局命名为“河南省环境教育基地”。医圣祠创建全国中医药文化宣传教育基地基本达标。内乡县衙、桐柏红色廉政文化展馆被河南省纪委、省监察厅评为河南省首批12家“廉政教育基地”。中国民间文艺家协会批准在河南省桐柏县建立“中国淮河源民俗博物馆”。西峡县开展创建中国旅游强县活动，已通过省级验收；社旗县把旅游开发与县城建设结合起来，形成了以赊店古文化为依托的特色经济板块。

【旅游交通建设】 抓住全省加快伏牛山生态旅游发展和南阳市宏观大交通体系形成的大好机遇，强力推进旅游交通基础设施建设。省定的内乡宝天曼至南召真武顶旅游道路圆满建成，贯穿伏牛山的宛坪高速公路和洛南高速公路顺利开通，淅川香花至仓房旅游公路等建设项目全面启动。同时，组织实施老界岭日月谷道路、镇平五垛山旅游公路、老君洞旅游道路、七峰山景区盘山公路、淮源旅游公路等一批新建改建项目。

【旅游宣传推介】 适应国家假日制度改革，抓住清明、五一、端午、仲秋“小长假”和“十一“黄金周带来的旅游商机，实行经常性宣传促销。以第六届玉雕节暨首届宝玉石博览会举办为契机，策应洛阳牡丹花会和武当山武术节，与洛阳、十堰联合推出了“洛阳观花，南阳赏宝，武当问道”跨区域线路；充分发挥旅行社的中介作用，先后邀请河南康辉、深航假日、北京当代丰泉等外地600多家知名旅行社老总到南阳实地考察踩线，与有关景区、旅行社签订了合作协议；与央视签订了为期一年的旅游宣传协议，在一、四、七套《请您欣赏》栏目播出了南阳旅游广告，并在河南电视台经常播放宝天曼等南阳旅游风光。由中央电视台海外节目中心《走遍中国》栏目拍摄的大型系列纪录片《走遍中国·南阳》在央视国际频道（CCTV－4）连续播出，对南阳历史、文化、旅游资源进行深度、系统报道，全方位展示南阳文化旅游魅力。组团参加了市委、市政府在北京举办的南水北调中线工程水源地生态文明建设图片展，赴洛阳、西安等地举办了南阳旅游推介会，组织重点旅游县、重点景区和旅游商品生产企业参加2008中国·郑州国内旅游交易会和延边北方旅游交易会。邀请著名作词家乔羽、著名作曲家徐沛东、著名歌唱家宋祖英联手创作了一首反映南阳旅游风光的歌曲《南阳·我的家乡》。以本地和周边地市主流媒体为阵地，开辟旅游专栏，大力开拓本地游和周边游。通过灵活多样的宣传推介，进一步扩大了南阳旅游的对外知名度和市场占有率，市场卖点由洛阳、郑州、西安等周边地市拓展至北京、广州、深圳等大型城市，高端游客比例达到5%，客源结构发生了重大变化。

【假日旅游】 “五一”节期间，全市共接待游客125.8万人次，旅游综合收入6.1亿元；端午节期间，全市共接待游客37.8万人次，实现旅游综合收入1.2亿元；仲秋节，南阳市共接待旅客38万人次，实现综合收入1.75亿元，游客投诉率低于0.1‰；“十一”黄金周，南阳市共接待游客约295.7万人次，实现旅游综合收入13.9亿元，与上年同期相比分别增长了11%和16%，各大宾馆餐位、床位吃紧，星级饭店客房出租率平均为81.5%，西峡、内乡、南召的农家宾馆生意十分红火，几乎天天爆满。各旅行社业务繁忙，在输入游客方面比上年有较大突破，共组接团1398个，累计接待游客4.26万人次。达到了“安全、质量、秩序、效益”四统一目标。

【旅游节庆】 4月15～25日，南阳市举办第六届玉雕节暨宝玉石博览会。期间，组织10个县（市、区）50余家景区（点）、旅行社在体育中心广场举办南阳旅游风光大型图片展，展出展板120块、发放宣传品16万余份；全市共接待海内外游客53万人次，仅武侯祠等十大景区就接待游客36万余人次，全市旅行社组接团800余个，接待团体游客2.7万余人次，星级饭店客房入住率达到70%以上。

【旅游行业管理】 贯彻以人为本的服务理念，把游客满意始终作为旅游服务工作的出发点和落脚点，围绕游客多样化需求和高期望值消费，大力提升旅游服务质量，努力构建和谐旅游新格局。邀请全国星级饭店评定委员会、南京金陵饭店管理学院、上海春秋旅游集团等省内外旅游专家，培训导游员、旅行社总经理、星级饭店高层管理人员近1000人次。积极开展农家宾馆和旅行社评星工作，把农家宾馆和旅行社纳入规范化、制度化管理轨道，共评定星级农家宾馆65家、星级旅行社13家。强化旅游行业监管，对星级饭店、A级景区严格按照行业标准实施动态监控，认真进行复核、评定和验收；按照省旅游局部署，在全市旅行社开展了旅行社服务质量督查工作，对旅行社进行综合评分和明查暗访；开展旅游市场集中整治3次，对硬件不完善、服务不规范等问题进行了及时认真的清理和整顿。经常性开展旅游安全检查和督查，重点加强景区旅游娱乐设施、旅行社租用车辆、高风险旅游项目的安全防范，共查出和整改各类隐患10多处。全市新评定星级饭店2家，新办旅行社4家，新发展农家宾馆120多家，新建丹江国际饭店等旅游宾馆5家，新增旅游从业人员2000多人。（杨云梯　郭振伟　李茹）

旅游服务

【南阳宾馆概况】 南阳宾馆始建于1959年9月，建成于1960年6月，当时为南阳宾馆南楼，占地25亩。1970年定名为南阳地区第四招待所（实为南阳地委招待所），隶属南阳地委行管科。1976年更名为白河宾馆，1980年更名为南阳宾馆。1995年5月，被河南省旅游局授予“二星级饭店”；1997年6月，被国家旅游局授予“三星级旅游涉外饭店”。

经过40多年的建设和发展，南阳宾馆现占地面积28000多平方米，建筑面积22000平方米。由一栋客房楼，发展到现在的三栋客户楼，两栋综合服务楼，一栋办公楼。现有客房260多间，餐位1200多个；由原来单一的吃和住，发展到现在的集吃、住、行、游、购、娱为一体。南阳宾馆现有员工472人，其中正式员工222人。现有客房266间、床位500多张，大、中、小型会议室8个；餐厅：豪华雅间30个，容纳33桌，宴会厅2个，容纳46桌（460多个餐位），自助餐厅1个，容纳16桌，共计餐位1000多个。歌舞厅1座（四号楼负一楼）：豪华雅间9个；保龄球馆1座（八道，在综合服务楼三楼）；桑拿中心1座（综合服务楼一楼）。营业收入逐年增加，至2005年度营业额达到4000多万元，上缴税款200多万元。

南阳宾馆人紧紧围绕管理服务和创造经济效益、创造社会效益这个中心，开拓进取。连续十三年保持河南省旅游星级饭店管理服务“十佳星级饭店”荣誉，连续十五年保持河南省卫生先进单位荣誉；2005年被中国市场协会授予“中国企业诚信经营示范单位”；餐竹园餐厅服务班1997年被授予“全国青年文明号”先进集体，并保持至今；总台服务班在连续七年保持河南省“青年文明号”先进集体的基础上，2005年被共青团中央、国家旅游局授予“全国青年文明号”先进集体；四号楼客房服务班1999年被全国妇联授予“巾帼文明示范岗”，保持至今；1999年10月在河南省第二届烹饪技能大赛上，荣获3个单项金奖、5个单项银奖、1个单铜奖和团体总分第一名；2001年11月在河南省旅游星级饭店服务技能大赛上，荣获2个单项第一、1个单项第四、1个单项第八和团体总分第一名；2004年11月在河南省服务技能大赛上，荣获3个单项第一、1个单项第四、1个单项第六和团体总分第一名；2005年被河南省旅游局授予旅游系统“青年文明号”信用建设示范单位；2007年11月，在全国旅游星级饭店服务技能大赛上，南阳宾馆餐饮部员工刘玉平代表河南省参加比赛，一举荣获中餐宴会摆台服务第一名，总评成绩二等奖好成绩。

多年来，南阳宾馆以服务优质环境优美而著称。接待过胡锦涛、温家宝、贾庆林、周永康、朱镕基、李岚清、王震、李德生、彭佩云、罗豪才、胡绳、王成喜等党和国家领导人及知名人士。

【管理服务情况】 在管理上，严格按照规范化、制度化、程序化的标准进行，改以往的人管人管事为制度管人管事。首先是制订一整套管理制度。在学习先进酒店管理经验的基础上，结合工作实际，制定了管理规章。其次是成立了服务质量督查组，按照管理服务规章和操作规程，定期或不定期地进行督查，并把每次的督查情况与各部门责任人的工资挂钩联动。其三是加强值班制度的落实。为确保宾馆服务的连续性，建立了总经理假日和夜间轮流值班制度，确保了宾馆二十四小时都有老总值班，各部门也都建立了值班制度。使各项工作在任何时候都能正常运行。其四是加强设备设施的维护管理，确保所有设施设备经常处于良好的技术状态。其五是加强能源消耗指标量化分配制度。从而减少了消耗指数，降低了经营成本，提高了服务质量。其六是在向外地其他宾馆酒店学习先进管理服务的基础上，培训和提高员工的服务技能。在实际工作中，总结出了“四化”和“四心”为标准的优质服务。即：有严谨科学的标准化操作规程，突出规范化；有见人达意的感悟能力和默契适宜的态势语言，突出感情化；有一丝不苟的认真细密和润物无声的自然顺意，突出细微化；有因人而宜的个性服务和特事特办的特色服务，突出个性化。“四心”是“热心”和“爱心”换来宾馆的“开心”和“顺心”。“四化”服务是软件服务的品牌，在宾馆各部门推广后，得到了广大宾客的认可，先后多次在全省旅游星级饭店管理工作会议上介绍经验。其七是开展承诺服务，以创建“青年文明号”为契机，向社会公开三项服务承诺：一是宾客提的正当要求，保证在8分钟内给予答复或妥善解决；二是提供“无障碍”服务和“一步到位”服务；三是保证全天24小时全方位服务。一经推出，受到了各界宾客的欢迎。在这些管理方面，使员工养成了自觉遵守规章制度，自我约束，自我规范的意识。先后为南阳同行业培养人才近千人，在南阳相当规模的酒店中，大部分骨干都是南阳宾馆培养出来的。同时，在圆满完成重大政治接待中，为南阳市争了光、添了彩。

【重大政治接待】 2007年4月30日，中共中央总书记胡锦涛光临南阳视察工作，中午下榻南阳宾馆贵宾楼。2008年5月10～12日，国务院总理温家宝在南阳视察工作期间，下榻南阳宾馆贵宾楼。2009年4月17～18日，全国政协主席贾庆林在南阳视察工作期间，下榻南阳宾馆贵宾楼。2007年6月5～6日，中共中央政治局常委李长春在南阳视察工作期间，下榻南阳宾馆贵宾楼。

【梅溪宾馆概况】 梅溪宾馆前身为南阳饭店，成立于1958年9月，隶属河南省南阳专署商业科。1959年12月更名为南阳宾馆，隶属河南省南阳专署办公室。1970年3月改名为南阳地区第二招待所，隶属南阳地区行署办公室。1983年7月改名为南阳地区梅溪宾馆。1994年11月改名为南阳市梅溪宾馆，隶属南阳市政府办公室。2006年12月梅溪宾馆改制为股份制企业，更名为南阳梅溪宾馆有限责任公司。该宾馆作为南阳市人民政府定点接待单位，是国家三星级旅游宾馆。宾馆地处市中心繁华的中州路东段梅溪河畔，与党政军机关、商场、影剧院、医院、广场、南阳府衙、公园、文化宫、白河游览区相毗邻，是集食、宿、娱、健、购、游于一体的综合性接待场所。宾馆总占地2．5万平方米，有客房楼1幢，中州苑快捷酒店1座，会议中心1座，客房300多间，总床位500余张。大、中、小各型会议室、多功能厅、雅间宴会厅30余个。有特级厨师15名，一、二、三级厨师近100名，可烹调中、西餐和八大菜系的菜肴及全国各地名吃名点，设有100多种美味佳肴的自助餐厅，可供1000余人同时就餐。同时还设有美容美发、康乐中心、商务中心、酒吧、商场等附属设施。宾馆连续多年被省消费者协会评为“最受消费者喜爱的河南十佳宾馆”。2001年9月被省豫菜文化研究会等11家单位授予“中华餐饮名店”；2002年8月，被省爱国卫生委员会授予“2002～2006年省级卫生先进单位”；2003年9月被省豫菜文化研究会确定为“河南省豫菜基地”；2003年8月，被人民日报市场信息中心授予“全国诚信单位”；2003年被市文明委授予“市级标兵文明单位”；2005年5月，荣获省豫菜文化研究会颁发的“社会效益、经济效益双佳企业”荣誉。

【企业改革】 2006年梅溪宾馆实行事业单位机构改革，完善企业经营机制。（一）做好思想动员工作，让每个员工认识到改制的重要性和必然性。（二）配合有关部门完成一系列的清产核资、资产评估、经济责任审计等工作。（三）配合市政府改制领导小组，制定完善改制方案，并经过职工代表大会表决通过。（四）对退休人员、内退人员进行妥善安置。（五）对在职职工，与原单位解除劳动关系，给予一次性安置补偿。对留宾馆工作的员工重新签定劳动合同关系。对离馆的员工用现金支付一次性安置补偿，保证离馆员工的权益。（六）按照《公司法》和《公司章程》，职工代表大会表决通过，选举产生一届董事会、监事会。董事会董事：魏恩卿、曹付文、汪宏春、魏建、温涛、牛志国。监事会监事：王绍贤。董事长魏恩卿，监事会主席王绍贤。改制后的梅溪宾馆更名为南阳梅溪宾馆有限责任公司，公司现有股东72名，职工251名。

【企业经营】 2008年，梅溪宾馆完成营业收入2396万元，其中客房部完成1098万元，餐饮部完成1078万元，其他收入220万元，纳税156万元。全年回收资金1341万元，当年的欠款全部收回，未发生死帐呆帐现象。一线部位实现“一升一降”，即：收入上升，成本下降。客房成本是历年以来控制得最好最低的一年，餐饮部直接成本控制在46％以内。改制后企业的活力明显增强。（牛合震）

卫　生　体　育

卫　生

【农村卫生工作】　2008年，提升全市农村三级卫生服务网络保障能力。共有14个国债县级医疗机构、11个乡镇卫生院、19个村卫生所纳入2008年国债建设项目，640个村卫生所纳入省投资计划。至年底国债县级医疗机构建设项目竣工8家，主体完工2家，在建4家；国债乡镇卫生院建设项目10家竣工，1家在建；全市新建成1179个标准化村卫生所。同时争取国债资金852万元，对81家乡镇卫生院配置设备558台件，有效提升了乡镇卫生院装备水平。

县级“120”急救指挥网络进一步健全。11个县急救指挥中心全部建成并运行，建成急救网络单位（急救站）102个，已与市“120”实现信息互通，初步实现了大调度、小半径、广覆盖的目标，着力打造15分钟急救圈。

城市支援农村卫生工作扎实开展。共派出103名医务人员进驻到对口支援的乡镇卫生院开展工作，积极为对口支援卫生院开展人才代培、技术援助、专科共建和提供资金、设备支持。共捐赠设备118台件，开展门诊27664人次，手术796人次，开展科普宣传1052次，培训2702人次，促进了受援乡镇卫生院管理水平和服务能力的提高。

【新农合持续健康运行】　2008年起，南阳市对新农合医疗政策进行重大调整：（1）提高医疗费报销上限，最高医疗补助由1万元提高到3万元。（2）住院起付线下调。原先不同级（国家、省、市、县四级）医疗机构参照不同的起付线，按医疗花费分段、按不同比例补助。现简化为在每一级医疗机构中，只有一个起付线和一个补助标准。（3）就诊全市“一卡（证）通”。省要求在县一级普及推广“一卡通”制度，南阳扩展为在全市范围内实行“一卡（证）通”。参合农民无须办理转诊手续，持证就可在全市定点医疗机构直接就诊，并在医院领取医疗补助。（4）实行补助金联审制。原为医院一次审核，现实行在医院审核补助后，市县联审小组每月对群众发生的医疗费用进行二次审核，确保补助资金足额发放，用到实处。2008年，全市867万农民参加新农合，平均参合率95.5%，比2007年提高3.5个百分点。调整出台了新的统筹补偿方案，参合农民人均基金实现翻番，群众受益面进一步扩大，补偿标准进一步提高，各项管理制度进一步建立健全。13个县（市、区）全部实现微机化管理，各级经办机构管理和服务水平明显提高。全年累计补偿医疗费总额5.73亿元，享受医疗补助4881150人次，达到封顶线3万元的参合农民133人。为解决好外出务工人员参合就医问题，确定上海嘉定安国医院、广州东莞厚街医院、杭州萧山钱江医院为首批省外新农合定点医院。

【疾病预防控制】　计划免疫。13个县（市、区）全部启动扩大免疫规划工作。乙肝疫苗、卡介苗、脊灰疫苗、百白破疫苗、麻疹疫苗、白破疫苗等6种疫苗以乡为单位接种率均在97%以上。新纳入免疫规划的疫苗做到了到位一种、实施一种。全市新建15个规范接种门诊，累计建成省级示范接种门诊55个、市级规范门诊64个，县级合格门诊100个，防保水平进一步提高。

重点传染病防治。（一）艾滋病防治工作建立健全长效机制，完善艾滋病疫情数据库，积极开展防治知识宣传教育活动和艾滋病抗体监测工作，认真落实国家“四免一关怀”政策及省委、省政府提出的“四有一不”要求，所有艾滋病患者“有药吃、有医治，有院住”，艾滋病病人稳控工作措施得力。同时，大力救助艾滋病致孤致困人员。确定艾滋病致孤改困人员救助标准。（1）生活救助，致孤单亲和未成年子女救助标准分别为每人每月200元和65元；艾滋病患者家庭符合条件的，分别纳入城乡居民最低生活保障范围。（2）医疗救助。致孤困人员纳入城乡医疗救助体系，每人每年给予300元医疗补助。（3）教育救助。免除致孤困儿童义务教育阶段杂费，高中阶段每人每年补助800元。（4）就业救助。对致孤困人员实行职业技能培训、社区融合、心理关怀等形式救助，提供免费职业介绍服务，鼓励和帮助其自谋职业和自主创业。（二）结核病防治。强化结核病归口管理，提高结核病发现率和治愈率。结核病控制项目覆盖率达100%，发现治疗管理肺结核病人4136例，超额完成了省政府下达4020例的目标任务。（三）着力防控手足口病。成立了手足口病防治工作协调小组，并组织疾控技术人员和临床诊病专家成立手足口病技术专家组和应急预备队；加强疫情监测，坚持每日审核和分析医疗卫生机构疫情报告情况，做好预警预测，重点加强对托幼机构、小学、流动人口聚集地的疫情监测，特别是对已发生病例的乡、村小学、幼儿园要进行定点监测，防止聚集病例发生；通过媒体、卫生防疫部门等多形式对群众进行健康知识普及宣传，增强自我保护意识，重点加强托幼机构和小学的防控，使幼儿及其家长了解和掌握手足口病的预防知识，培养良好的个人卫生习惯，切实保护易受感染的幼儿；针对手足口病的流行特点和临床表现，加强对各级卫生专业技术人员的业务培训，并做好相关物资和设备的储备，确保疫情发生后能及时采取有效防控措施，严防疫情暴发流行。全市传染病疫情总体稳定，重点疾病未发生大的流行。全市共报告各类传染病33708例，较上年同期下降2.93%，报告发病率340.37/10万，总体疫情保持稳定，重点疾病未发生大的流行。

妇幼保健工作。扎实开展了“产科建设示范单位”创建活动，产科建设质量和管理水平全面提高。全市县级医疗保健机构产科和40%以上乡镇卫生院产科达到省定标准。儿童系统管理率达到78.49%，孕产妇系统管理率达到75.45%，住院分娩率达到93.08%，新生儿死亡率下降至7.33‰，孕产妇死亡率下降至31.61/10万。累计救助贫困孕产妇21048人，救助资金343万元。

爱国卫生运动。认真贯彻落实温家宝总理视察南阳对爱国卫生运动工作的重要指示精神，印发市政府大力开展爱国卫生运动预防夏秋季传染病的通告3万余份，扎实开展了城乡环境卫生综合整治活动和爱国卫生创建工作。西峡、桐柏顺利通过国家验收，被命名为“国家卫生县城”，实现全市国家卫生县城零的突破。唐河、南召、方城、社旗、邓州跨入市级卫生县城行列。全市11个县（市）全部达到市级以上卫生县城标准。新建成80个省市级卫生先进单位。农村改厕、除害防病、健康教育等项工作也取得显著成效。

【卫生应急保障能力】　加强卫生应急工作，完善各类应急工作预案，充实应急工作队伍。在四川汶川特大地震抗震救灾工作中，卫生部门快速反应，连续派出3支4批次共64人的医疗卫生救援队，千里入川大救援。仅市直卫生系统即为灾区捐款21万余元，缴纳党员“特殊党费”15万余元，并通过红十字会募集救灾款物1050万元。在手足口病防治中，实现了省委、省政府提出的

“不死人、不蔓延、不恐慌”目标。在应对“三鹿奶粉”事件中，坚持“政府领导，属地管理，分级负责”的基本原则，顺利完成了415434名婴幼儿的筛查任务，门诊观察5810例，住院治疗737例，全部给予免费治疗，没有发生死亡病例。在独山特大交通事故、五一鼎鑫钢厂锅炉爆炸、双河油田井喷等重特大事件的医疗救治过程中，卫生部门发挥了作用。

【医院管理】 端正办院宗旨和方向。严格医疗机构及从业人员的准入和执业管理，把医疗机构依法行医规范服务作为监督管理的最重要内容，有效促进医院管理工作的法制化，多数医疗机构聘请了法律顾问，加强维权，维护医院及医护人员的合法权益。医疗质量意识、安全意识得到巩固和增强。各级各类医疗机构不断加大医疗质量保障部门的建设和管理，控感办、消毒供应室、供血库或输血科、临床实验室、医学影像科等得到了更大投入，取得了快速发展，管理更加规范。全市27家二级以上医疗机构的消毒供应室经过省市专家组评审合格。医院管理工作积极向一级医院延伸。市卫生局制定了《一级医院管理评价细则》，并组织专家对一级医院进行了培训指导，促使一级医院在提高医疗服务质量、保证医疗安全等方面取得了显著成效。医疗机构信息公示制度得到全面执行。大多数二级以上医疗机构均设立了电子滚动屏幕，向社会公布医疗服务项目、收费标准、药品及医用耗材价格等信息，引导人民群众科学、合理、安全就医。完善医德医风教育制度。及时化解医患纠纷苗头、采用法律手段维护医患双方的合法权益。医疗服务更加便民利民。通过新建、改扩建，医院的基础设施更加符合卫生学、人性化要求，功能更加完善。医疗服务费用控制制度更加完善。各级各类医疗机构认真落实住院病人一日清单制度、门诊辅助检查结果互认制度，积极推进单病种住院费用限价管理工作，全市共确定病种96个，涵盖26个专业。全市共收治单病种限价病人6000多人次，减免费用400多万元。开展抗菌药物临床应用评价公示，并组织专家进行督导检查，规范临床用药行为，提高合理应用水平。二级以上医院抗生素使用率为21.89%，与2007年同期相比下降了3.62个百分点。医疗服务各项指标趋于合理。2008年全市二级以上医疗机构29所，门诊共收治病人523.9万人次，较2007年同期上升8.08%；急诊人次为21万人次，较2007年同期上升9.35%；收住院人次39.3万，较2007年同期上升19.4%；门诊患者人均医疗费用102.6元，出院人均医疗费用3438元，与2007年基本持平；入出院诊断符合率98.6%，与2007年相比上升0.31%；大型设备检查阳性率74.2%；院内急会诊到位时间8.9分钟，与2007年相比下降4.84%。

【卫生监督执法力度】 严格实施《医疗机构管理条例》等法律法规，实行监管关口前移，医疗机构、医护人员、医疗技术准入制度得到有效落实。始终对非法行医和非法医疗广告保持高压严打态势，开展全市范围的打击非法行医专项行动，有效遏制了各类非法行医现象。贯彻落实《食品卫生法》，有效加强食品卫生安全监督。在卧龙、宛城、西峡3区县开展了餐饮业安全公示试点，起到了引导群众消费，业主加压整改的效果。对食堂和县城以上餐饮单位100%建立了进货索证制度，对县城以上无证餐饮单位查处率达到100%。全市食品抽检合格率达到91%。认真实施《无偿献血法》，加强采供血和血液质量管理。2008年全市共有50808人次参加无偿献血，比上年同期增长13.71%，全血采集量97365个单位，比上年增长15.97%，单次献血量400毫升的比例达97.57%，农村献血比例达62.55%，比上年增长33.3%。向临床提供安全有效血液185831个单位，比上年增长13.51%，临床成分用血率达99%，全市实现并保持了临床用血100%来源于无偿献血的目标和全年无输血安全事故发生。在2008年年底召开的全国无偿献血表彰大会上，南阳市再次被授予“全国无偿献血先进城市”称号，这是连续第四次获得这一殊荣。

【中医中药】 农村中医药适宜技术推广深入开展。全年培训乡村医生4000余名，推广适宜技术30项。“三名”战略初见成效，在全省中医院管理评价中，全市参评的12家中医院，有11家获得850分以上的优异成绩。市国医院被评为全省中医院管理先进单位，荣获省直及省辖市二级中医院特色管理第一名。在全省新命名的10家二级甲等中医院中，镇平县、西峡县、淅川县、医专附属中医院、张仲景医院等5家中医院榜上有名。市国医院儿科被列入国家重点专科建设单位，国医院骨伤科、张仲景医院中风科被确定为省重点专科。邓州市中医院周围血管病科、唐河县中医院骨伤科、方城县中医院脑病科、宛城区聋哑病科等15个特色专科已申报为国家中医药部门公共卫生项目特色专科建设单位。市中医院正式组建为张仲景国医院，并升格为正处级事业单位。医圣祠经国家中医药管理局验收，被命名为“全国中医药文化宣传教育基地”。

【城乡卫生改革】 在农村卫生方面，推行了乡村卫生组织一体化管理，实施“一改三制六统一”，探索出了“县市区统一规划、土地无偿划拨、村医个人兑资、政府适当补助”的卫生所建设新模式，形成了规范有序、协调统一的基层卫生服务格局。在城市卫生方面，积极探索卫生资源重组的路子，有针对性地解决弱小医院生存发展问题。2008年6月份把市肿瘤医院整体并入市中心医院管理，整合和优化卫生资源，运行半年多来，肿瘤医院效益大增，医院起死回生。在解决卫生人才不足方面，提出了“市场化配置，社会化代理”的办法，与市人事部门联合出台了人事代理制度，从政策层面解决因受编制所限卫生人才进不去、留不住的问题。在社区卫生服务方面，出台了《南阳市社区公共卫生考核暂行办法》和《政府购买社区公共卫生服务工作意见》，城市社区卫生服务的规范化管理水平进一步提高。全年新建成16个社区卫生服务站，累计已建成17个社区卫生服务中心，23个社区卫生卫生服务站。其中省级示范中心1个，市级示范中心4个，市级示范站4个。中心城区已初步形成了“以中心为主，站作补充”的社区卫生服务网络。

【卫生科教】 出台《南阳市医学重点专科、临床特色专科建设与管理试行办法》，明确了专科申报条件、审批程序，全年新建成市级临床医学重点专科69个，特色专科31个，申报省级临床重点专科5个。获得省级卫生科技进步奖1项，市级科技进步奖111项（其中一等奖10项，二等奖87项，三等奖14项）。基层无学历人员中专学历教育入学人数777名，累计培养4351名，培训全科医师441名，累计培训732名，培训社区护士213，累计培训363名。继续医学教育、住院医师规范化培训等工作均收到良好效果。

【看病难、看病贵状况得到缓解】 承办的省、市十大实事和市卫生局确定的十件实事圆满完成。“健康快车南阳行”免费为1510名贫困白内障患者实施了复明手术，免除费用1200万元。按病种付费试点工作在市中心医院、眼科医院等5家医院顺利实施，收治病人322例。“微笑列车”行动在市口腔医院、南石医院深入开展，免费为1566唇腭裂患者开展了手术治疗，减免费用460万元，“曙光行动”由省助残济困总会发起，通过社会捐助、政策补贴，对白内障患者实行免费治疗，解决白内障患者“因盲致贫、因盲返贫”问题的爱心行动。白内障是中国目前第一大致盲眼疾，全市有白内障患者4万余名，每年还要新增5000名左右。许多农村贫困白内障患者因无钱医治，长期生活在黑暗中。“九五”至今，全市共对近5万名白内障患者进行了救助。2008年，省助残济困总会无偿向患者提供晶体，市委、市政府从市财政拿出300万元实施“曙光行动”，全年共为10186例白内障患者实施了免费复明手术。城区共设济困病床84张，门诊治疗困难群众1060人次，收治困难病人260人次，减免济困对象医疗费用近75万元。积极救助“无主病人”，全年共有101人次“无主病人”得到及时，减免各种费用近25万元。

【政风行风建设】 坚持“管行业必须管行风”的基本原则，实施纠风目标责任制，落实三级服务承诺制，实行药品、器械、医用耗材集中招标采购制度。开展“效能建设年”活动，12项卫生行政审批项目全部进入政府审批中心，实行一站式办公。开展民主评议政风行风和民主评议医院行风活动。形成了“寓纠于建，以评促建，纠评建三位一体”的行风建设长效机制。认真解决群众反映的热点问题，投诉问题按时处理反馈率达到100%。全系统10个单位、20名医务工作者分别获得市“五一”劳动奖状、奖章，60名工作者受到市人事局、卫生局联合表彰。

【开展抗震救灾救援】 5·12四川汶川大地震发生后，先后组建并派出防疫、医疗、监督3支4批64人赴地震灾区一线开展救援。5月19日，派出由16名队员组成的南阳市抗震救灾防疫工作队，主要任务是防治灾区震后传播性疾病。5月23日，派出由25名人员组成的医疗队，奔赴灾区汶川、理县开展医疗救援工作。6月1日，派出由10名卫生防疫专家组成的第二批防疫队，赴安县秀水镇替换第一批防疫队员。6月4日，派出13名卫生监督人员组成的卫生监督救援队，奔赴四川安县对灾区食品和饮用水开展卫生监督和检测工作。

卫生防疫救援分包安县秀水镇，从集中安置点到偏僻山村，全方位开展消杀、消毒和粪便无害化处理，并在全省18个救援队中第一个对当地的蚊蝇鼠密度进行监测，填补了安县卫生防病史上的一项空白。南阳卫生防疫救援队被河南省抗震救灾指挥部命名为红旗支队，受到通报嘉奖。医疗救援队从5月23日出发到6月29日返回，时间长达一个多月，在汶川和理县的医疗队抢救伤病员8400余人，走访巡诊病人11000余人，为铁军体检450人，心理咨询135人，预防接种386人，为当地培训医护人员32人。卫生监督救援队承担了安县桑枣镇辖区所有食品卫生快速检测、生活饮用水快速检测、医疗救助点消毒、学生晨检等任务，同时，负责河省援建桑枣镇、黄土镇、花荄镇三镇活动板房建筑工地的卫生监督工作，圆满完成了灾区指挥部交给的各项任务。8月4～12日，市卫生局组成抗震救灾先进事迹报告会，在13县（市、区）进行了巡回报告，取得了较大社会反响。

【全省新型农村合作医疗监管工作现场会在邓州召开】 12月12日，全省新型农村合作医疗监管工作现场会在邓州市召开。省政府副省长宋璇涛、省政府副秘书长寇武江、省政府八处处长李刚、省卫生厅厅长刘学周及市领导黄兴维、朱广平刘朝瑞等出席会议。各省辖市和6个扩权县（市）分管副市长、卫生局长、省新农合技术指导专家组成员等参加会议。市长朱广平代表南阳市政府致欢迎辞，邓州市政府作典型发言，省卫生厅厅长刘学周通报了全省乡级新农合监管人员选聘工作进展情况，副省长宋璇涛就贯彻落实《河南省人民政府关于进一步加强新型农村合作医疗管理工作的意见》，全面加强新农合监管作重要讲话。会前参会人员深入到邓州市合管办、第三人民医院、新农合药品配送中心、穰东镇卫生院等四个单位参观考察。

【医圣祠荣膺“全国中医药文化宣传教育基地”】 医圣祠是国家确定的全国第一批中医药文化宣传教育基地建设单位，2008年在保护和利用好文物的基础上，重点突出了张仲景医药文化思想的宣传教育，利用张仲景诞辰纪念日、世界博物馆日、世界中医药日、张仲景医药节等活动，举办了六次大型宣传活动，弘扬了张仲景医药文化思想，提升了医圣祠作为中医药宣传教育功能。同时以第七届张仲景医药科技文化节举办为契机，按照全国中医药文化宣传教育基地建设的功能要求，加强了医圣祠内涵建设，装修粉刷了长廊亭台及办公场所，整理了张仲景医药文献资料等，并对搜集的张仲景生平事迹、医学思想典籍、张仲景学术研究渊源及有关南阳中医药特色的研究成果，举办了系列陈列展览，扩大医圣祠对外影响，使医圣祠达到了集张仲景生平介绍、历史文物收藏、医药文献研究、医药学术交流、中医药文化宣传教育、旅游观瞻、祭奠朝拜等为一体的文化宣传教育基地的标准要求。2008年9月顺利通过了国家中医管理局专家组的检查验收，并举行了揭碑仪式。

【南阳市医院管理协会成立】 2008年6月12日，南阳市医院管理协会正式成立。市政府市长朱广平致贺词。会议审议并通过了《南阳市医院管理协会章程》和《南阳市医院管理协会会员及会费管理办法》，选举产生了协会第一届理事会和第一届领导集体。市卫生局党委书记、局长王保云任会长。协会的成立，对更好地落实党和国家的卫生工作方针政策，加强行业自律和依法维权，构建和谐医患关系，提高医院管理水平，促进医院改革发展发挥重要作用。

【造血干细胞捐献成效明显】 2008年3月7日，南阳市举行仪式，欢送南阳建筑工程学校学生张亮亮赴郑州捐献造血干细胞。目前，南阳市先后成功开展了两次招募造血干细胞志愿者血样采集活动，共为中华骨髓库成功提供了672份造血干细胞。全市入库的造血干细胞已有七份初配成功、二份进行了高分辩检测，先后有镇平县李洪彬、张亮亮为白血病患者捐献骨髓。（樊新生）

体　育

【申办第七届全国农民运动会成功】 2008年3月17日，农业部、国家体育总局、中国农民体育协会联合下文，同意中华人民共和国第七届全国农民运动会于2012年由河南省人民政府承办、在南阳市举办。11月1日晚，在福建省泉州市第六届全国农民运动会胜利闭幕的当晚，南阳市市长朱广平接过了农运会会旗。

【举办南阳市首届篮球联赛】 南阳市首届篮球联赛由市政府主办，分县（市、区）组和市直综合组两个组，每个组14支代表队，共有28支代表队参加比赛。比赛分预赛、决赛和总决赛三个阶段，共有140余场比赛，历时半年之久。5月26日开始比赛，第一阶段的比赛中，县（市、区）组和市直综合组各有8支代表队出线。第二阶段的比赛中，县（市、区）组和市直综合组出线的各8支队伍进行争夺各组冠军的决赛。12月6日在市体育馆举行了第三阶段的总冠军争夺赛。最终，卧龙区代表队获得总冠军。

【开展全民健身活动迎奥运】 组织举办了以全民健身与奥运同行为主题的系列体育活动，以此达到宣传奥运、宣传南阳、科学健身的目的。春节期间开展“新时尚”健身活动，先后举办了迎新春冬泳团拜会、全市乒乓球比赛、老年人太极拳健身展示和抖空竹表演等。参加省春节新时尚健身项目大赛，南阳市荣获河南省第六届农民篮球邀请赛冠军、女子乒乓球比赛A组冠军、抖空竹比赛二等奖。

根据国家、省体育局统一部署，在奥运会倒计时100天，在市体育馆内举办大型庆祝活动。市四大家领导及市教育局、市直工委、工会、妇联等领导参加了活动仪式。全市以武术为主的15个项目参加了展演，参演人员达1000余人次，参与群众5000余人。

【南阳市第四届“公仆杯”乒乓球联谊赛】 9月25～28日，中国移动暨2008南阳市第四届“公仆杯”乒乓球联谊赛在南阳师院体育馆举行。在4天的比赛中，来自全市的41支代表队310余名运动员经过近500场的激烈角逐，共决出6个奖项。河南工院代表队摘得县处级市直单位组团体冠军，南召县代表队独揽公务员组男子团体和县处级县（市、区）组男子团体冠军；获得县处级组男女单打冠军的是祝润安和张建新，王猛和张孟宇分获公务员组男女单打冠军。

【举办龙舟比赛】 端午节这天，全民健身与奥运同行全市龙舟比赛在白河游览区市水上运动场举行，南阳理工学院、市三色鸽乳业有限公司等8支龙舟队参加了比赛。

【举行“迎奥运市直机关运动会”】 把6月份定为市直机关迎奥运活动月，和市直工委联合举行了“迎奥运”市直机关运动会，设游泳、篮球、广播体操、拔河等比赛项目，并在市体育中心举行了隆重的开幕式，市直共有5500多名干部职工参加了比赛。

【协会活动】 各类协会以“全民健身与奥运同行”为主题，分别举办了市第二届乒乓球擂台赛、市少儿围棋大赛、第四届“红丝带杯”乒乓球甲级联赛、市第三届围棋王预赛、市健身气功展示活动、南阳“晚报杯”第九届乒乓球比赛和第十届篮球比赛等项赛事。

【承办比赛】 先后承办了2008年度“蒙牛城市之间”全国百城全民健身活动南阳赛区的比赛，共有4800余人参加了比赛；承办全国历史文化名城围棋比赛，全国有14个城市、15个代表队参赛，南阳市包揽了团体赛第一名、名人组个人赛第一名、棋手组个人赛前三名；承办2008年“盘鼓杯”全国摩托车越野赛桐柏站比赛、全国百大公园健身气功展示活动及千村健身气功比赛、中国围棋名人邀请赛、第六届鄂豫边三市围棋、中国象棋擂台赛、河南省业余围棋段位赛等。承办2008～2009年全国男子排球联赛天冠男排俱乐部主场赛，被国家体育总局评为“优秀赛区”。

【参加比赛】 组队参加全国“市长杯”乒乓球邀请赛、中日友好城市乒乓球友谊赛、河南省第三届青少年羽毛球锦标赛、河南省青少年羽毛球公开赛等。

【业训网络和传统项目学校建设】 对确定的10个新建业训网点进行检查评估工作，并对各级训练网点和传统项目学校加强了管理。按照标准开始10个市级传统项目学校的上报、确定。体育局还对全国、省各级各类体校、传统校进行了情况调查，进一步修订完善了训练网点、传统项目学校评估标准和评估办法，完善了检查评估制度，促进了训练质量的提高。

【备战省十一运会】 确定的重点项目和次重点项目，在政策上给予优惠，在器材和经费上给予照顾，更多地提供比赛锻炼的机会。根据南阳实际情况和省业训工作会议精神，增加排球项目，借助全国男排联赛河南天冠男排主场的优势，与省体校联合成立了女子排球队。女子乙组排球第一年组队参加比赛就取得了第二名和身体素质第一名。

【参加年度比赛】 组织运动队参加年度锦标赛。在已进行的比赛中，南阳市参赛的运动员取得了较好的成绩，共取得第1名29个，第二名15个，第3名14个。

【周春秀在国际马拉松赛中夺冠军】 4月6日，南阳姑娘周春秀在第三届扬州鉴真国际马拉松（半程）赛暨全国首届半程马拉松锦标赛中得女子组冠军。参加此次比赛的选手来自美国、瑞典、肯尼亚、新加坡、波兰等20多个国家和地区，国内60多个城市以及24所高校、47个社会团体的1万多名马拉松运动员和长跑爱好者，经过激烈角逐，中国国家队的周春秀，以1小时8分59秒的成绩获得女子组冠军。

【表彰周春秀勇夺奥运奖牌】 8月17日北京奥运会上，社旗姑娘周春秀在女子马拉松比赛中勇夺铜牌。这是中国选手在北京奥运会上获得的首枚田径奖牌。省委书记徐光春和南阳市委、市政府当即向周春秀发出贺电。受市委书记黄兴维、市长朱广平委托，副市长冯晓仙专程前往社旗县周庄村周春秀家中表示祝贺。

【国际舞获殊荣】 10月1～2日，2008中国·平顶山第五届国际标准舞全国公开赛开赛。南阳市4名选手参赛，分别获得M长青A组第一名、M成人单项VW第一名、M壮年A组第二名的优异成绩。

【农民健身工程】 配合社会主义新农村建设，市体育局积极争取国家对“农民健身工程”进行扶持。又有170多个行政村获国家扶持。

【体育馆建设】 体育馆工程经过近5年的艰苦努力，工程全部竣工，2008年11月6日，由市政府组织市直有关职能部门组成的体育馆工程整体验收组进行了整体验收，经过实体察看、仪器检测等，同意体育馆通过整体验收，从即日起转为市政府国有资产，并投入使用。

【农运会场馆】 做好第七届全国农民运动会主场馆建设资金的争取申报工作。准备体育场、游泳馆、综合训练馆、水上运动场（龙舟赛场）等场馆的《可行性研究报告》和初步设计，向市、省有关部门争取将其场馆设施项目列为国家和省扶持文化体育事业项目给予资金扶持。申报所需的材料已准备就绪。

【体育产业开发和市场管理】 体育产业开发除继续搞好体育彩票发售外，重点搞好新建体育馆的开发利用，使之发挥应有作用，提高场馆利用率和综合使用效益，同时为体育事业发展筹措更多资金，走以体养体之路。体育市场管理要继续加强对武术馆校和市场监管，加强对从事漂流、攀岩等危险大、技术保障条件要求高的体育经营活动的检查验收和审批，确保体育健身项目的安全运营和体育市场的规范化、法制化、制度化。（余跃洋）

社　会　生　活

人口和计划生育

市人口计生委主任　李天玉

【人口和计划生育工作概况】 2008年，全市人口计生工作深入贯彻中央《决定》和省委《意见》精神，全面落实国家和省人口计生工作会议要求，紧紧围绕"以宣传教育为先导，依法管理、村（居）民自治、优质服务、政策推动、综合治理"的长效机制建设，努力提高管理和服务水平，整体工作保持了良好的发展态势。全市人口出生率控制在11.63‰以内，政策生育率为97.75%，出生人口性别比为113.5∶100，避孕措施落实率达到97.62%，圆满完成了全年人口计划和各项工作目标任务。各项工作取得了新的进展：各级党委、政府对人口和计划生育工作的重视程度进一步提高；计划生育目标管理力度进一步加大；认真开展人口和计划生育事业发展"十一五"规划中期评估工作；人口和计划生育综合改革步伐明显加快；继续深入开展计划生育"幸福家庭行动"；积极推进农村计生户养老保险补贴和计生家庭特别扶助工作；计划生育"生殖健康进家庭"优质服务活动扎实有效；出生人口性别比升偏高问题得到有效治理；流动人口计划生育管理服务水平进一步提高；信息化建设步伐明显加快；计划生育依法管理步伐明显加快；基层基础工作水平有了显著提高。

【计划生育目标管理情况】 继续把人口和计划生育工作纳入目标管理，逐级下达责任目标，明确工作任务，坚持督查考核，强化各级各部门的责任意识。4月11日，根据2007年度全市人口和计划生育工作目标考核情况，市委、市政府召开了2008年度人口和计划生育工作大会，对2007年度全市人口和计划生育工作目标任务完成情况落实了奖惩，对89个先进单位进行表彰，对25个落后单位分别予以黄牌警告和通报批评；4月中旬，市委、市政府又召开了全市人口和计划生育工作形势分析会议，深入查摆剖析存在的问题，研究措施。上半年，各县市区也先后召开高规格的奖惩会议，兑现奖惩，落实责任。据统计，全市共一票否决113个行政村，黄牌警告167个行政村，通报批评189个行政村，促进了人口计生工作全面健康发展。

【2008年度人口和计划生育工作奖惩单位】

1、人口和计划生育先进单位奖（9个）

镇平县、西峡县、内乡县、桐柏县、南召县、新野县、方城县、唐河县

2、人口和计划生育先进乡（镇、街道）（81个）

卧龙区：陆营镇、安皋镇、卧龙岗街道、车站街道、靳岗街道、王村乡

宛城区：溧河乡、仲景街道、官庄镇、枣林街道、黄台岗镇

邓州市：裴营乡、张村镇、刘集镇、构林镇、腰店乡、赵集镇、十林镇、龙堰乡、罗庄镇

唐河县：滨河街道、毕店镇、王集乡、龙潭镇、郭滩镇、昝岗乡、湖阳镇

方城县：赵河镇、广阳镇、独树镇、袁店回族乡、杨集乡

镇平县：石佛寺镇、涅阳街道、高丘镇、侯集镇、老庄镇、柳泉铺乡、贾宋镇、玉都街道

新野县：新甸铺镇、溧河铺镇、城郊乡、城关镇、上港乡

淅川县：荆紫关镇、九重镇、马蹬镇、商圣街道、厚坡镇、西簧乡

社旗县：大冯营乡、城郊乡、赊店镇、晋庄镇、李店镇

内乡县：湍东镇、大桥乡、板场乡、赤眉镇、余关乡、夏馆镇

南召县：太山庙乡、石门乡、皇路店镇、皇后乡、城郊乡

桐柏县：埠江镇、淮源镇、新集乡、月河镇、安棚乡、城关镇

西峡县：丹水镇、回车镇、双龙镇、五里桥乡、丁河镇、白羽街道、军马河乡

高新区：张衡街道

3 黄牌警告的单位（6个）

卧龙区谢庄乡、宛城区茶庵乡、邓州市张楼乡、唐河县祁仪乡、镇平县遮山镇、桐柏县程湾乡

4 通报批评的单位（19个）

邓州市九龙乡、邓州市小杨营乡、唐河县上屯镇、方城县小史店镇、方城县拐河镇、镇平县安字营乡、新野县施庵镇、新野县王庄镇、淅川县滔河乡、淅川县老城镇、社旗县兴隆镇、社旗县饶良镇、内乡县岞岖乡、内乡县王店镇、南召县云阳镇、南召县南河店镇、桐柏县朱庄乡、西峡县太平镇乡、西峡县寨根乡

【开展人口和计划生育事业发展“十一五”规划中期评估工作】 市人口计生委利用3个月时间通过抽样调查、综合评估等方式，对人口和计划生育事业发展的一些重点指标和重要工作进行了自评估，澄清了全市人口和计划生育基层基础工作的各类底子，并通过加强服务设施建设、提高人员素质等措施促进了各项工作的进一步提高。镇平、方城、社旗三县作为国家人口和计划生育信息网点检测县，信息化建设步伐明显加快。

【人口和计划生育综合改革步伐明显加快】 围绕机制建设的重点、难点，全市上下明确任务，合力攻坚。在依法管理上，狠抓社会抚养费的征收，全市共办理社会抚养费征收案件14536起，首征到位率83%，累计征收到位率达88%；在村民自治上，利用各级协会组织，实施生育关怀行动；在优质服务上，狠抓三级服务网络建设；在政策推动上，积极落实中央、省定普惠政策对计生户的倾斜，并积极开展计划生育“幸福家庭行动”；在综合治理上，加大对“两非”行为的专项整治行动。镇平、内乡、宛城等县区把新机制建设纳入整体工作规划；淅川、卧龙、社旗等地进一步明确县区直部门在新机制创建工作中的职责，形成工作合力，加快创建步伐。

【深入开展计划生育“幸福家庭行动”】 围绕“奖优政策、小康工程、宣传教育、生殖保健服务、政策法规”五进农户，教育、卫生、农业、广电、财政、扶贫等39个职能部门为计划生育家庭落实优惠政策109项，为240.56万户计划生育家庭落实奖励、救助、减免、补贴资金6902.68万元；建立小康工程示范基地1091个，免费培训技术型农民79.84万人次，新建文化大院1404个、村图书室1701个、文化广场870个，适时对育龄妇女开展上门健康服务近60万人次，向群众提供法律咨询，全市共建成县级以上“幸福家庭行动”示范村614个。

【农村计生户养老保险补贴和计生家庭特别扶助工作】 根据《南阳市农村计划生育独女户养老保险补贴工作实施方案》要求，市县两级财政共投入245万元对1.27万户独女家庭办理了养老保险补贴，全市确定507名计生家庭为特别扶助对象；卧龙、内乡、西峡等地对独生子女

死亡其父母不再生育和抱养的，给予8000～10000元的一次性救助，南召、方城、新野、社旗等地对考上大学的计生家庭一次性给予500～3000元的现金奖励。

【计划生育“生殖健康进家庭”优质服务活动扎实有效】 以扎实组织开展春秋两季“生殖健康进家庭”优质服务活动为载体，促进人口计生工作持续健康运行，采取村村到、户户过、人人清的办法，澄清康检底数，全年共查出漏管对象8921人，清理后纳入管理8870人。市人口计生委抽调业务骨干组织6个督查组对全市25个乡镇进行全程督查服务，对工作中弄虚作假的3个乡镇进行通报批评，对3名技术员按照相关规定进行了处罚。集中服务活动期间，全市共落实四项手术174821例，其中结扎40023例，上环118072例，引流产16726例，普查出乳腺病患者819829人，普查出生殖道感染患者937779人。

【出生人口性别比升偏高问题得到有效治理】 市委、市政府调整充实了市出生人口性别比偏高问题专项治理工作领导小组。市长朱广平任组长，市纪委监察局等有关单位作为成员单位充实到领导小组，使专项治理活动协调能力明显加强，工作力度大幅度提高。市人口计生委对全市超声诊断仪、染色体检查设备进行统一管理。对未经批准擅自购买、使用的进行严厉打击。相继下发了《关于强化治理出生人口性别比偏高问题技术服务措施的通知》、《关于建立出生人口性别比偏高问题技术服务统计监测制度的通知》，并协调市卫生局下发了《关于加强出生人口性别比偏高问题治理工作的通知》，市食品药品监督管理局下发了《关于进一步加强人工终止妊娠药品管理的通知》等规范性文件。2008年，全市共立案519起，结案516起，处理涉案人员443人，罚款529人，没收B超31台、药品1234盒、引流产器械967台套，收回二胎生育证119份，并对46名包保责任人进行了责任追究。对“两非”行为发挥了有力的震慑作用，全市出生人口性别比呈下降态势。

【流动人口计划生育管理服务水平进一步提高】 市政府出台《南阳市城区人口和计划生育管理办法》，把流入人口计划生育管理工作纳入全市人口计生工作总体规划，实行同安排、同部署、同投入，实施属地化管理机制，实行目标考核。一方面抓好全国流动人口信息交换工作。全市共向平台提交信息14547条，接受平台反馈信息282440条。另一方面加强区域协作。3月13日，同北京市丰台区签订流动人口双向管理协议书。落实维权服务。全市开通流动人口维权电话331部，受理侵权投诉案件45起，查处侵权案件44起。在广东、上海、北京等南阳籍流动人口较为集中的城市初步建立了流动人口计划生育协会，推选了理事和联系人。

【信息化建设步伐明显加快】 全市235个乡镇办事处的计划生育微机室有42个达到《河南省人口和计划生育信息化建设规范》要求标准，有8个县市区人口计生委机关局域网中心机房达到省定标准。基层信息岗位人员的基本素质和技能明显提高，组织对268位信息岗位工作人员参加岗位练兵、技术比武和知识竞赛活动，乡级信息岗位工作人员全部取得了市人口计生委颁发的信息岗位资格证书；全市信息岗位工作人员中有67人取得了国家级相关资格证书，占现有信息岗位在岗人员的23.59%。与此同时，还按照国家人口计生委建立快速调查和数据直报制度的要求，圆满完成了对全市3个统计网点县个案信息直报国家和14个县市区统计报表直报国家工作的指导。镇平、内乡、方城等县利用流动人口信息交换平台，加强对流出、流入人口的管理与服务，使流动人口计划生育管理服务率达到95%以上；人口信息入库率达到98.8%，应用水平有了较大提高。

【计划生育依法管理步伐明显加快】 在全市积极开展计划生育便民维权服务活动，向全社会公开计划生育17项办事条件和办事程序，接受群众依法维权监督，建立和完善了便民服务大厅，解答群众咨询政策1261人次，参加市《行风热线》新闻直播节目8期，受理热线电话57个。全市人口计生系统强化法制宣传教育，完善行政执法责任制，积极开展便民维权活动的计划生育“三项”治理活动，查处城镇违法生育3248人，经济处罚3220人，党纪处理541人，政纪处理526人。

【基层基础工作水平显著提高】 全市13个县级服务站全部达到甲级县站标准，233个乡镇计划生育服务中心已有231个实现了标识化，4661个村室中已有4321个达到规范化村室标准。内乡、西峡被命名为国优县；新野、方城、南召3个县被命名为省优县，有28个乡镇被命名为市级优质服务先进乡镇。人口计生队伍素质明显提高。市、县、乡三级共举办专业技术人员培训班112期，13000人次参加培训。全市有422名人口计生干部参加学历教育，将获医学中专文凭，组织对村级计生管理员进行集中轮训，开展岗位练兵、技术比武活动，不断提高村级人口计生管理员的水平。

【计生协会“生育关怀行动”】

市计划生育协会把“生育关怀行动”作为统揽计划生育协会工作的龙头和深化计生协工作的有效载体，采取积极措施，进一步加大了推动“生育关怀行动”的力度；计生协广大理事会员，把开展集中性宣传与经常性教育相结合，突出宣传主题，创新宣传形式，拓宽宣传内容，强化宣传效果。完善章程公约，规范自治行为，健全利益导向，推动自治发展，计划生育村民自治工作进一步加强；全面推行计划生育节育保险、独生子女伤残亡保险、基层计生干部意外伤害保险和以母婴安康保险为主的计生系列保险。

【计划生育药具管理工作】 以育龄群众需求为导向，以服务育龄人群为目标，扩大药具发放范围，建立以免费供应为主，多种发放模式相补充的药具管理与服务体系为主导，深入开展避孕药具免费发放工作，确保群众享受免费避孕药具服务，实现药具供应服务全覆盖。坚持一条主线：把免费发放作为避孕药具供应的主渠道；实现两个确保：确保药具质量优良、安全有效，确保药具优质服务、发放到位；抓住三个重点：加强药具工作网络建设，推进药具创新机制建设，完善药具制度建设；完成好三项任务：加快药具免费供应管理体制和运行机制的改革步伐，逐步形成“需求主导、服务优先”的药具管理新体系；探索药具社会营销供应新途径；加强药具队伍能力建设。各县市区在城区增设免费发放点共81个；全市统一建立7项工作制度，县乡均达到免费发放标识、标牌设置醒目，仓储色标整齐划一；建立避孕药具超市80余个，知情选择大厅46个，在2个县进行社会营销试点工作，以满足不同层次人群的需求。药具工作改革成绩显著，2008年8月国家人口计生委药具发展中心刘继武主任到南阳市内乡、西峡视察工作，对该市基层药具发放工作给予肯定和好评，全省计划生育药具改期评估总结会议8月份在西峡召开；对避孕药具市场进行3次清查，医药、工商部门对9个医药门店和保健品店进行了警告和处罚。（李长波　张黎）

劳动保障

市劳动保障局局长　何新华

【企业养老保险】 2008年，全市参保人数337662人，完成年度目标任务的100.1%。征缴企业养老保障费81760万元，完成年度目标任务的118.5%。新增扩面12316人，完成年度目标任务的101.8%。清欠4506万元，清欠率56.1%，创建立养老保险制度以来最高记录。为全市119274名离退休人员发放养老金127550万元，同比增发30539万元，增幅23.2%；按时足额发放率和社会化发放率均达100%。

【机关事业单位养老保险】 全市机关事业养老保险参保人数195968人。征缴养老保险费84772万元，征缴率100%。支付离退休人员养老金82726万元，发放率为100%。

【失业保险】 全市参加失业保险职工612152人，完成年度目标任务的100.4%。失业保险基金收入8761.4万元，完成年度目标任务的112.3%。清理以往年度欠费1679万元，清欠率为44%。发放失业保险金6549万元，失业保险金的发放率及社会化发放率均达100%。累计培训失业人员26700名，培训率达93%，帮助16621名失业人员实现了再就业，再就业率达到58%。累计领取失业金28637人，充分发挥了失业保险保生活促就业的双重功能。

【医疗保险】 全市城镇职工参保人数达到666711人，完成年度目标任务的102.6%，其中农民工参保人数21989人，完成年度目标任务的110.6%。清欠1136万元，清欠率100%。征缴职工基本医疗保险基金48940万元，完成年度目标任务的123.8%。支出医疗保险费33584万元。城镇居民基本医疗保险参保人数达到60.3万人。

【工伤保险】 全市新增扩面46681人，参保职工达到341969人，分别完成年度目标任务的135%、104%；其中农民工参保人数75120人，完成年度目标任务的116%。征缴工伤保险费2121万元，完成年度目标任务的125%。清欠280.5万元，清欠率48%。为627名工伤（亡）职工、433名供养亲属共支出待遇1199.9万元。

【生育保险】 全市参加生育保险人数达230020人，完成年度目标任务100.01%。征缴生育保险费1085.17万元，完成年度目标任务的138.29%。为1132名符合条件妇女发放生育保险金514.38万元。

【就业再就业】 全市城镇新增就业人数102346人，完成年度目标任务的136.5%。下岗失业人员再就业39053人，其中“4050”人员再就业14003人，分别完成年度目标任务的156.2%和155.6%。创业培训1110人，完成年度目标任务的116%；下岗失业人员再就业培训43575人，完成年度目标任务的174.3%。发放下岗失业人员小额贷款11591.5万元，完成年度目标任务的193.2%。农村劳动力转移就业193612人，完成年度目标任务的107.6%；农村劳动力技能培训53461人，完成年度目标任务的133.7%。开发公益性岗位9820个；为下岗失业人员再就业减免税费1248万元，发放社保补贴894万元；城镇登记失业率控制在3.4%，低于省定目标0.6个百分点。

【劳动保障监察】 全年共检查用人单位3870家，涉及劳动者32.15万人，受理投诉举报1683件，立案923件，结案914件，结案率99%，依法查处劳动保障违法案件436件，追讨工资等待遇6451万元。在第一季度开展的清理整顿人力资源市场秩序专项检查中，会同人事、工商、公安等部门共检查各类职介机构和用人单位403户次，依法取缔非法职业介绍活动22件，对11家“黑职介”进行了公开曝光，为求职者退赔求职费2.85万元，收缴虚假信息版面117块，打击了职介领域的违法违规行为，改善了广大进城务工人员的求职环境。加大对农民工权益保护力度，组织开展了农民工工资支付专项检查、整治非法用工打击违法犯罪等专项行动。

【离休干部医疗统筹】 市直离休干部1018人（其中机关及全供事业单位527人，差供、自收自支事业单位112人，企业342人），纳入统筹管理981人，自行管理37人。按年人均1.3万元的统筹标准，全年共筹集医疗费2013万元（其中财政预算安排1200万元，非财供单位缴费813万元）。全年医疗费总支出1930.2万元，与2007年同期比减少237.8万元，人均医疗费支出降低400元。

【劳动工资】 完善了劳动关系三方协调机制。调查并及时向社会发布城区51个职业

(工种)工资指导价位;对全市九大行业人工成本构成情况进行了调查摸底;建立了人工成本预控预警制度,劳动合同台帐比率达86%。在4300家企业推行工资集体协商谈判制度;建立拖欠农民工工资零清欠制度,清理拖欠农民工工资1630万元。推动各类企业,特别是非国有企业和新建企业为职工普遍签订劳动合同,完善了企业劳动合同台帐制度,督促各类用人单位依法与劳动者签订劳动合同1.8万份,劳动合同签订率达到99%以上。

【劳动争议仲裁】 各级劳动争议仲裁机构坚持多立案、快办案、办好案。全市劳动争议受案820件,已结案802件,法定时效内结案率达到97%,案由涉及解除劳动合同、工资、社会保险、经济补偿,就业、农民工维权等,为当事人挽回经济损失1680万元。严把劳动合同鉴证关,全年劳动合同鉴证13000份,纠正违反法律规定1100份,涉及不合理条款1560条,对企业的用工行为进行了有效的监督管理。

【职业技能开发】 全年企业共培训33464人次。新技师培养557人,完成年度目标任务的101.3%。技校招生3225人,其中预备技师78人、高级工917人,分别完成全年目标任务的443.4%和109.3%。全市职业技能鉴定19750人,合格发证18120人,其中初级工1022人、中级工14932人、高级工1609人,技师557人;农民工职业技能鉴定达19664人。全市社会力量培训机构达108家,全年培训38096人次,占全年目标任务100.25%。全市举办了54个工种的职业技能竞赛,23万技术工人参加,经过层层选拔,已选出135名南阳市技术能手。做好技工学校国家助学金资助工作,全市技工学校共有5972名学生享受了国家助学金。

【退休审批及劳动能力鉴定】 全市共审查正常退休人员档案7123份,为5487名符合条件的人员办理了退休手续;审查从事特殊工种退休人员档案1815份,为555名符合退休条件的从事特殊工种人员办理了退休手续。配合事业单位改革工作,审查市公路检测中心职工档案7份,为4名符合条件的人员办理了提前退休手续。审查南阳柴油机厂等2个经全国再就业领导小组批准政策性破产企业职工档案306余份,为其中272人办理了提前退休手续。做好因病、非因工(公)死亡职工遗属待遇的审批工作,为市直193名因病、非因工(公)死亡职工及其遗属审批了丧葬补助费、一次性抚恤金、生活困难补助费。全年共受理因病非因工丧失劳动能力的职工鉴定手续520份。对市五交化公司、南阳商场等5家破产改制企业的2000余名职工的安置费、内退职工生活费和符合供养条件的遗属待遇进行了审查。根据国家有关工龄政策,对市直单位67名职工和离退休人员重新确定了参加工作时间。认真落实困难企业军队转业干部待遇工作。对全市2007年底之前已办理退休手续企业退休人员增加养老待遇,平均每人月增加108元。(盛锋)

住房公积金管理

住房公积金管理中心主任 冯文胜

【公积金管理中心工作概况】 受国际金融危机的影响,2008年中国房地产市场受到严重冲击,南阳市的房地产业发展也出现了不少困难,但住房公积金管理工作仍然取得了历史最好成绩,主要业务指标均实现了不同程度的增长。一是住房公积金归集。全年归集住房公积金66493万元,同比增长34%,完成年度计划的121%;全年新增缴存单位481个,新增缴存职工22531人,住房公积金覆盖率达到43%。二是住房公积金提取。全年提取住房公积金13291万元，与上年同期大致持平，其中消费性提取6028万元，销户性提取6685万元，其他提取578万元。三是住房公积金贷款。全年向4196户职工家庭发放公积金个人贷款41141万元，同比增长10%，完成年度贷款计划的101%；全年回收贷款本金12120万元，利息3675万元。四是住房公积金增值收益。全年业务收入总额5612万元，业务支出4268万元，实现增值收益1343万元，同比增长38%；增值收益率为0.92%,与上年同期相比增长0.3个百分点。

【公积金归集】 2008年市公积金管理中心做到思想早发动、目标早明确、任务早下达、措施早落实，并重点抓了以下几项工作：一是积极汇报沟通，争取各级政府的重视和支持。市政府把住房公积金归集工作作为一项管理目标，纳入到2008年对各县市区政府年度目标考评中，各县市区政府也都把公积金管理工作列上议事日程，层层落实目标责任，营造了良好的外部工作氛围。二是自我加压，强化目标责任。在政府目标考核的基础上，中心进一步完善了内部目标管理办法，将全年目标任务，按归集、贷款发放、增值收益、财务管理、信息网络管理、党风廉政建设等7大部分细化分解为27个小项，分别下达到各科室及管理部。各科室、管理部又将任务分解到月，明确到人。三是坚持舆论宣传，积极营造良好的外部环境。通过各种新闻媒体，采取多种渠道，认真抓好《住房公积金管理条例》和相关政策、法规的宣传。四是建立归集工作长效机制，努力提高制度覆盖面。重点抓了规模以上工业企业，特别是明星企业、重点骨干企业，包括上市企业和机关事业单位非在编人员的扩面工作，通过采取下发缴存通知书、处罚告知书等行政执法手段，使重点企业建立公积金制度工作取得了新突破。上年，先后有龙城、西排、市水利建筑勘察设计院等41个企事业单位办理了公积金缴存手续，另有郑燃集团和中光学集团的机电装备有限公司等8家单位恢复了住房公积金缴存，补缴住房公积金800多万元。

【公积金使用】 随着住房公积金制度的不断完善和房地产市场的发展，城镇职工对住房公积金贷款的需求逐年增加，贷款对象和范围不断扩大，原来的贷款管理办法已不能满足职工购房实际需求。2月份，中心出台了新的贷款实施细则，细则将贷款额度由以往的15万元提高到20万元，贷款期限由以往的最长15年延长到20年，并取消了对企业职工担保贷款的限制，大力推介办理费用基本为零的职工联保贷款。同时为了便于职工办理贷款，中心在充分调研各管理部业务操作实际的基础上，将住房公积金贷款程序和手续进行了全面的修改、补充和完善。12月份，为促进房地产发展，帮助房地产市场走出低迷困境，将住房公积金贷款的首付比例由30%降至20%，贷款最长期限延长到了30年。二是增强风险意识，严格贷款审批。为了确保住房公积金贷款真正用于职工购建住房，中心严格执行贷款初审、审核和审批三级责任制，严把贷款受理关、审核关和审批关。为提高工作效率，创新工作机制，实行了贷款审批限时办结制，将中心和银行办理贷款时间控制在25个工作日以内；同时，注意改进服务方式，对集中办理贷款的单位，主动提供上门服务，联系房产评估公司、银行等部门实行现场办公，努力为职工提供最大便利。三是创新机制，拓宽公积金使用范围。在积极办理住房公积金贷款业务同时，中心积极拓宽公积金使用范围，多途径改善职工住房条件，在政策上注重向中低收入家庭倾斜。对凡在本市范围内购买、建造、翻建、大修自住住房，未申请个人住房公积金贷款的，一年内可支取公积金存储余额的90%，并允许职工提取账户内的住房公积金一次性偿还公积金贷款。此外，针对个别住房公积金缴存职工因家庭成员出现重大疾病或发生重大事故，导致生活困难的，坚持特事特办，允许提取本人及其配偶账户上的住房公积金缴存余额，用于缓解家庭困难。另外，对于非本市户籍的外来务工人员在与单位解除劳动关系后，凭相关证明材料，可全额支取本人账户内的公积金余额。四是及时研究利率政策，科学调度使用资金。在保证贷款和提取需求的基础上，将部分资金转为定期存款，提高了资金使用效益。五是积极支持廉租住房建设。随着住房公积金归集、贷款业务快速发展，住房公积金制度的社会效益逐步显现。2008年，中心从住房公积金增值收益中分配97万元，作为廉租住房补充建设资金，用于廉租住房建设，加上以往年度提取的廉租住房建设资金，累计为市县两级政府提供廉租住房建设资金206万元，为全市实施廉租住房制度做出了应有的贡献。

【公积金专项治理】 2008年，中心按照国务院及省、市有关住房公积金专项治理工作部署，坚持查找问题和规范整改相结合的原则，统筹兼顾，精心组织，扎实推进，圆满完成了专项治理活动各个阶段的工作任务。一是加强内部检查。在各管理部自查自纠的基础上，10月份，中心抽调业务骨干，组成专项检查组，对2006年以来财政、审计等部门反映出来的问题的整改情况，以及资金安全、贷款管理和财务管理情况等进行了全面检查。针对查找到的问题，中心责令相关管理部限期予以整改，及时纠正了业务操作不规范和违规违纪等问题，进一步强化了事前、事中、事后的监督管理工作。二是规范业务操作。严格按照贷款实施细则和归集、支取管理办法的规定，统一全市业务操作办法和操作程序，有效避免了弹性操作、违规操作现象的发生。三是强化资金使用监督管理。一方面对资金调度和运营实行三级审批制度，做到资金的使用与划拨相分离，相互制约、相互监督。另一方面加强对住房公积金提取的审查，确保资金合规使用。对每笔提取业务的办理，均要求查看职工提供的各种资料的原件，明确了经办人对提取资料真实性的责任，有效防止了个别职工通过虚假资料套取住房公积金行为的发生。四是规范经费管理。按照“统一管理，分级核算”原则，对管理部的经费实行“收支两条线”和“包干定额，超支自负”的管理方式，并严格按财务制度规定，定期对管理部公用经费支出进行审核，杜绝无计划、无预算、超预算开支情况的发生。五是建立贷款回收管理机制。坚持每月对当月贷款回收情况进行汇总分析，针对不同逾期督促催收。逾期一期的，督促银行进行电话催收；对逾期三期以上的，则督促管理部和银行共同催收。对经督促仍不按期归还的六期以上的贷款，启动法律程序予以催收。当年，全市共起诉个人6户、单位1个，收回拖欠贷款20多万元。六是进一步加强信息工作。按照“确保归集、使用、财务核算等基本业务的开展；确保实时、准确向省监网传递数据；确保内网正常运转；不断优化完善信息系统功能”的总体要求，进一步加强了住房公积金信息系统的安全管理，建立健全了异地备份预警措施，同时完善了公积金网站功能，开通了政务信息公开平台。七是继续推进机构调整工作。2008年，按照国务院及省、市有关住房公积金管理机构调整工作要求，继续推进公积金机构调整工作，通过多方协调和不懈努力，完成了对桐柏和内乡公积金管理机构的设立上划工作。13个县市区公积金管理机构已有12家完成移交，全市住房公积金统一管理局面初步形成。（张云峰）

人民生活

城镇居民生活

【城镇居民收入】 2008年据抽样调查资料显示，全市城镇居民人均可支配收入达到12394.98元，比上年增长15.7%，增幅高于全省平均水平0.4个百分点，扣除物价因素影响，较上年实际增长8.6%。其中，人均工资性收入893.82元，增长10.7%；人均经营净收入1336.50元，增长28.3%；人均转移性收入2307.30元，增长21.5%；人均财产性收入250.40元，比上年增长51.3%。

【城镇居民消费支出】 2008年城镇居民家庭人均消费性支出为8362.07元，比上年同期增长14.9%，扣除价格因素的影响，增长7.9%。其主要特点是：（1）食品消费支出增加。城镇居民人均食品支出2864.15元，比上年增长16.4%。食品支出占整个消费支出的比重34.3%。其中，人均粮油类支出577.31元，比上年增长24.8%；人均肉禽蛋水产品消费723.62元，比上年增长20.8%；人均蔬菜消费341.85元，增长11.2%；人们外出就餐增加，人均在外饮食消费439.50元，增长39.0%。（2）衣着消费支出平稳增长。城镇居民家庭人均衣着消费1195.69元，比上年增长7.4%。（3）医疗保健支出大幅增长。全年人均医疗保健支出689.80元，比上年同期增长34.6%。医疗保健支出在八大类消费支出增长最快。其中，药品类人均支出384.87元，较上年增长40.1%，医疗费人均支出234.32元，增长51.1元%。（4）家庭设备用品及服务支出增长较快。城镇居民家庭人均家庭设备用品及服务消费支出578.09元，较上年同期增长28.6%。其中，人均用于耐用消费品支出293.19元，较上年增长27.9%。（5）交通通讯支出持续增加。全年人均交通通讯支出903.72元，比上年增长9.8%。其中，人均交通费支出392.40元，增长31.1%；人均通讯费支出511.32元，同比下降2.3%。（6）教育文化娱乐服务消费继续增长。2008年城镇居民家庭人均教育文化娱乐服务消费达1004.90元，较上年增长7.5%。其中，人均教育支出444.82元，较上年增长10.2%；人均旅游支出达203.29元，较上年增长41.7%。（7）居住消费较快增长。居民对居住环境的追求越来越高，住房装修已成为居民住房消费的新时尚。2008年城镇居民家庭人均住房消费达870.00元，较上年增长15.5%。（8）其他商品和服务消费较快增长。城镇居民家庭人均用于其他商品和服务方面的消费276.00元，较上年同期增长14.8%。

农民生活

【农民收入】 2008年，农业和农村经济呈现良好发展态势，农民收入平稳增长。据抽样调查，全市农民人均纯收入达到4570元，按可比口径计算比上年增长15.6%，扣除物价因素实际增长7.8%。（1）惠农支农力度加大，增加农民收益。全年南阳落实兑现补贴资金9.17亿元，比2007年增加4.16亿元。其中粮食直补资金1.72亿元，农资综合直补资金7.43亿元。全年农民家庭因补贴力度加大直接比2007年人均多受益66元。补贴标准的大幅提高，缓解了农资价格持续上涨对种粮成本的影响。同时，政府还提高和完善了良种、农机购置、农村劳动力转移培训和测土配方施肥等政策性补贴项目。农民不仅从各项政策性补贴中直接得到实惠，农业生产投入能力得以增强，更重要的是促进粮食增产、农民增收的政策导向作用极大地激发了农民的种粮积极性，为粮食产量的稳步提高、农民收入的持续增加提供了可靠保证。（2）农业连年丰收增产为农民增收奠定了基础。2003年至2008年南阳夏粮连续6年增产，2004年至2008年秋粮连续5年增产。农业连年丰收，农民手中可供出售的农产品数量比较充裕，加之托市收购政策的继续实施，为农民收入的稳定增长提供了可靠的保证。全年农民人均获得农业纯收入2254.30元，比上年增加195.90元，增长9.5%。（3）劳务经济进一步发展，农民工资性收入较快增长。进入2008年，政府有关部门围绕构建和谐社会和解决民生问题，坚持解决农民工突出问题与建立长效机制一起抓，在农民工工资支付、劳动合同、就业培训、社会保障、公共服务等方面陆续出台了一系列政策措施，努力维护农民工切身利益，进一步完善农民工保障制度。全年农民外出从业收入人均626.30元，比上年增加100.80元，增长19.2%。(4)农牧产品价格全面上涨拉动农民收入快速增长。2008年，全市农牧产品价格大幅上升，对农民增收极为有利。据抽样调查，全年农牧产品生产价格上涨15.1%。其中，农业产品价格上涨8.6%，牧业产品价格上涨22.1%。全年农民出售农业产品收入人均增加187.3元，增长13.6%；出售牧业产品人均增加117.0元，增长21.8%。

【农民消费支出】 2008年，农村居民人均生活消费支出3256.30元，比上年同期增长14.8%。农村居民生活消费结构呈现出以下特点：(1)食品消费增长较快。全市农民食品消费人均为1291.40元，比上年增加155.40元，同比增长13.7%。食品消费中肉蛋奶水果等在食物消费中的比重不断提高，人均消费支出287.70元，增长12.3%，占食品支出的22.3%，比上年提高2.1个百分点。(2)居住消费稳步增长。随着农民收入的稳步增长和新农村建设的全面推进，一幢幢小楼拔地而起，成为当前农村最直观、最明显的变化。全年农村居民人均居住消费支出达884.50元，增长21.4%。人均住房面积达到29.8平方米。(3)交通、通讯消费支出快速增长。农民用于交通、通讯消费支出人均308.60元，比上年同期增长13.4%。(4)衣着消费向成衣化转变。农村居民衣着消费人均支出182.80元，比上年增长11.0%。其中，购买成衣支出人均127.40元，增长12.7%。(5)家庭设备及用品的支出大幅增长。全年农村居民家庭设备、用品及服务人均支出148.10元，比上年同期增长22.7%。(6)教育服务消费有所下降。农民用于教育服务消费支出人均91.00元，比上年下降13.5%。其中，人均学杂费支出65.70元，比上年下降22.0%。

【农民人均现金收入与全省的对比】 2008年，全市农民人均现金收入4351元，比上年增长17.7%，绝对数比全省低了103元。(杨光)

民　　政

市民政局局长、党组书记　王琴

【民政工作概况】 2008年，南阳市民政部门紧紧围绕市委、市政府的总体部署，坚持“以民为本、为民解困、为民服务”的工作理念，突出重点、强攻难点、狠抓落实、统筹兼顾，各项工作全面进展，取得了扎实的效果。

一、城市低保。强化低保动态管理工作机制，全市共有129593人纳入保障范围，占全市城镇人口的7.2%，人均月补差标准由2007年的70元提高到126元，全市支出低保资金1.51亿元，全面实行了社会化发放，基本实现了动态管理下的应保尽保。

二、农村低保工作。全市共有农村低保对象171957户、300027人，占2005年底农业人口的3.3%，人均月补差标准从7月份起由40元提高到50元，落实了省、市关于农村低保提标的要求。

三、五保供养。全市共有五保对象81149人，其中集中供养32946人，分散供养48203人。五保供养标准按照省定集中供养标准每人每年不低于1400元、分散供养每人每年不低于1100元予以落实，全面实行了社会化发放，全年支出五保资金9945万元。敬老院建设工作，全年共规划新建、改扩建敬老院309所，其中乡镇敬老院134所，村级敬老院175

所，农村五保对象集中供养能力达到40.6%。

四、救灾救济。扎实开展抗灾救灾工作，年初共救助雪灾困难群众和春荒困难群众21.9万人次，发放救灾款物1000余万元。全面开展了向四川地震灾区“送温暖、献爱心”捐赠活动，全市共接收抗震救灾捐款4475余万元，价值1100万元的物资，及时向灾区发放救灾款物。规范城乡医疗救助工作，简化审批手续，全市农村医疗救助共救助416499人次，支出救助资金927.2万元，城市医疗救助共救助3283人次，支出资金283.5万元。

五、双拥优抚。完成全市1889名参战人员、参试人员的身份认定工作，及时下拨各项优抚经费；把有困难的1848户重点优抚对象纳入了低保范围；“八一”和双节期间，共举办拥军和军民联谊会160余场，慰问款物达800余万元；协调驻宛部队子女共46人进入市区重点学校学习；协调有关部门为部队修建“拥军路”；多次组织对赴四川抗震救灾驻宛部队的慰问活动。11月4日，市四大班子领导为烈士陵园改建工程奠基，工程主体已经竣工。

六、安置工作。全市共接收复员退伍军人5229人，经审查应安置对象1575人，占退伍军人总数的30%。截至年底全市已有728名城镇退役士兵自谋职业，占应安置总数的46.2%。认真落实军休干部“两个待遇”，接收安置军休人员13人；协调组织市直和干休所军休干部参加南阳解放60周年纪念活动发言、敬献花篮、座谈等，丰富了纪念活动的内容。市军休中心改进基础设施水平，加强日常服务与管理。军供、军转单位在加强自身建设的同时，较好地开展了涉军服务工作；西军供站共接待服务抗震救灾过往部队等64批次2.6万余人，圆满完成任务，树立了窗口单位的良好形象。

七、社区建设。2008年社区建设纳入了市委、市政府对县市区的目标工作，促进社会建设向纵深推进。中心城区社区框架初步形成，基础设施不断完善；社区服务逐步完善；社区建设逐步向城镇和农村延伸，全市已确立农村社区试点63个，建成农村社区示范点35个，服务了新农村建设。

八、民间组织管理。积极培育促进经济社会协调发展和具有地方特色的民间组织，全市当年新登记各类社会组织210家，总数达到2112家。积极宣传推介民间组织发展的成果，编撰出版了《发展中的南阳社会团体》和《前进中的南阳民办非企业单位》两本图文并茂的宣传册，为民间组织发展营造了良好环境。

九、社会事务管理。努力推进殡改工作，全市火化率达到64.6%，坚持常年开展中心城区殡仪秩序整治，巩固了中心城区殡仪秩序整治的成果。依法开展城市流浪乞讨人员救助工作，对符合条件的5500余人实施了救助。全市共办理涉港、澳、台婚姻登记128对，国内婚姻登记79332对，合格率达100%。规范办理收养登记181件。完成省、市、县三级共14条行政区域界线的联检任务，完成南阳驻马店界线的勘定工作，开展平安边界创建活动，和平处理边界纠纷两起。城乡地名设标工作基本实现合理化、正规化、标准化。中心城区新增门牌4000余户，新增路名牌59块。

十、社会福利事业。福利彩票发行总量上亿元，电脑彩票发行稳居全省第三位。全市福利企业总量达100家，安置四残职工2868人，完成利税2.53亿元。对305名艾滋病致孤人员和农村因艾滋病导致单亲家庭未成年子女378人按标准实施了救助；继续开展艾滋病影响大龄儿童职业技能培训工作。成功承办了全省阳光家庭培训班和中国预防性病艾滋病基金会支持河南阳光家庭建设项目合作启动仪式。争取省级“蓝天计划”配套资金240万元，儿童福利院主要设施主体已经竣工；市儿童救助保护中心建设项目已获省发改委、民政厅批准，275万元建设资金已经到位。市殡仪馆、卧龙墓园、市肢体康复中心等单位切实加强内部管理，提高服务水平，实现了经济效益和社会效益的同步增大。

【主要灾情】 2008年元月中旬南阳市普降大雪，最高降雪量69.4毫米，部分县市积雪超过60毫米，造成全市受灾人口221857人，因灾伤病人口16人，紧急转移安置2118人，农作物受灾面积5785公顷，绝收面积2529公顷，倒塌居民住房1217间，损坏房屋676间，直接经济损失达6590.9万元，其中农业直接经济损失5616.8万元。入汛以来，13个县（市、区）又先后遭受洪涝、风雹等自然灾害，给人民群众生命财产造成较大损失。据统计：汛期共造成全市受灾人口105.8107万人，因灾死亡人口2人，紧急转移安置9356人，农作物受灾面积74944.5公顷，绝收面积3472公顷，倒塌房屋4113间（其中居民住房3981间），损坏房屋1648间，全市直接经济损失达19746万元，其中农业直接经济损失17859万元。

【生产救灾】 灾害发生后，一是组织各县区、乡镇反复摸排核实摸清底数，全市需政府救济人口约38.5万人，需救济口粮约2503万公斤；需衣被救济人口12.3万人。二是落实资金，开展捐助。下拨春荒救灾款713万元，通过政府采购集中购置6000套棉衣被、60吨面粉及时下拨各县市区，秉着公平、公开、公正原则将衣被口粮发放到困难群众手中，使冬春困难群众生活得到妥善安排。三是及时救助，加强督查。按照"突出重点、分类指导、统筹安排、分步实施"的原则，对因遭受轻灾造成临时缺粮的一般农户通过大力开展生产自救解决，政府加以引导，提供服务；对既缺粮又完全没有自救能力的五保户、优抚对象和低保户全部由政府救济和发动社会力量捐助加以解决。要求各县市区、乡镇严格救灾款物发放程序，对灾民救助全面实行《灾民救助卡》管理，坚持公平、公开、公正的原则，接受群众和社会舆论监督，确保灾民的基本生活得到保障。

【救灾捐赠】 5月12日，四川省汶川大地震发生后，市民政局于5月13日公布了捐赠帐号，按照市委、市政府安排部署，承担了捐赠的组织、宣传、发动、接收、发运工作。5月16日与南阳电视台联合主办了以"共同的家园"为主题的赈灾义演，同时抽调素质高、业务强的人员充实救灾扶贫服务中心，负责社会各界捐款、捐物的接收工作。截至年底全市共接收震灾捐款4475.9万元，价值1100万元的物资。购买价值130万元的药品、食品，并分别向绵阳和郑州发送了两批价值575万元的物资。剩余捐款已全部上缴市财政专户。10月份，根据省民政厅、省委宣传部、省交通厅、郑州铁路局、省军区政治部联合下发的《关于开展2008年全省"送温暖、献爱心"——向汶川地震灾区捐赠衣被活动的通知》精神，会同南阳市委办公室、南阳市人民政府办公室、南阳军分区政治部下发了《关于开展2008年全市"送温暖、献爱心"社会捐助活动的通知》，在全市开展了"送温暖、献爱心"向灾区捐赠棉衣被活动。共接收棉衣被13万件，捐款94.3万元，其中，向四川省江油市两镇各捐赠10万元，委托江油市民政局在当地采购棉被4000条，价值34.4万元，用于南阳市对口支援2个镇。其余捐款物资全部用于全市灾民救济。

【福利生产】 元月份，召开了全市福利生产表彰会和市福利企业促进会一届八次大会，在全市范围内通报表彰西峡县民政局等3个先进县市民政局、西峡神龙冶金炉料有限公司等8家先进福利企业和张晓阳等24名先进个人。建立福利企业管理档案，采取定期检查和不定期抽查，清除新野县新福塑料有限公司等35家不合格企业，保障残疾职工合法权益。同时严把新办福利企业审核关，对新申报的福利企业坚持高标准起步，高水平管理原则，严格审查，确保新发展福利企业的质量。全市社会福利企业100家，从业人员达到6030人，其中安置"四残"人员2868人，参加职工占总职工人数的47.6%，全市福利企业完成产值28.16亿元，实现销售总额24.69亿元，完成利税2.53亿元。

【福利彩票】 2008年，电脑彩票稳步发展，继续保持主导地位，占南阳福利彩票市场总销量的95%。同时全力配合中彩中心两次开展全国性的“亿元派送”活动，加强宣传力度，借中国彩票发行20周年机遇，编写《南阳福彩历程》《南阳福彩大事记》，同时在《南阳日报》、《南阳晚报》开辟福彩专栏、开奖公告栏，介绍福彩知识，与南阳人民广播电台常年联合举办《福彩ABC》栏目，普及广大福彩知识到农村，先后在《中国社会报》等媒体新闻发表39篇新闻稿件，宣传福彩发行宗旨及给南阳带来的社会效益。配合省中心制作发放传单19万份，宣传手册15册，海报8000张，宣传手提袋13万个，横幅8000条，通过以上宣传取得了良好的效果，正确引导彩民的购买行为，培养了彩民健康购彩心态。同时把重心转移到“双色球”品种上，加大对双色球的促销、营销宣传力度。使“双色球”成为电脑彩票的主打品牌，呈现良好上升态势。抓住“22选5”出现特等奖和一等奖的有利时机，制作宣传册子大力宣传，刺激了彩民购买欲望，稳定了电脑票的份额。在投注站管理中，制定《投注站规范化建设标准》建立健全了投注站业主，销售员电子档案，做到投注站五统一，全市300多站点大部分达到规范化要求。在服务上，市场管理人员全年到投注站维护450余次，行程4万公里，保证了各站点正常销售，对全市销量前35名的站点免费订阅《南阳日报》、《南阳晚报》进行鼓励。元月份组织全市投注站业主及销售人员600余人进行福彩相关法律、法规培训。3月份，对全市350名销售人员进行技能培训，使其达到快速准确销售。在汶川地震发生后，组织各福彩销售点捐款5000余元。全年全市彩票发行总量过亿，筹集公益金940万元，其中，电脑彩票1.1亿元，网点即开票800万元，全市彩票市场占有率达到44.7%，稳居全省第三位。

【社区建设】 市委、市政府把社区建设工作列入2008年度对各县市区的目标考评。4月11日，邓州市被国家民政部确定为“全国农村社区建设实验市”。5月22日，市民政局代表市政府向市三届人大常委会作了市中心城区社区工作进展情况的报告。11月22日，省民政厅领导到南阳市视察社区建设工作，对南阳市在这项工作中取得的成绩给予充分肯定。社区基础设施建设得到进一步改善。一是社区建设投入的保障水平有效增强。2008年，市财政局向中心城区下拨专项资金320万元，三区也投入相应匹配资金900余万元。4月份，市发改委又把宛城区、高新区2个街道8个社区的社区服务设施向上级申请资金340万元，市中心城区141个社区中，还有7个需要改建，4个需要扩建，14个需要新建的社区也将于下年底全部完成。二是社区服务内容逐步充实规范，全市社区已成立社保站69个，社救站56个，卫生服务中心16个，卫生服务站10个，计生服务站133个，治安警务室81个，文体活动中心112个。社区志愿者服务进社区工作继续健康稳步发展，社区志愿者已达10878人，无偿服务居民群众600余次。三是社区建设干部的工作水平进一步提高，2008年6月10日至18日，市人事局、民政局联合上海科技教育党校，组织对各县市区社区建设52名骨干人员进行培训。8月12日至8月20日，又组织带领49名市直下派干部赴上海学习社区建设与管理。四是社区干部待遇得到进一步提升，社区办公经费增加到月平均864元，社区干部补贴由2004年前的月平均205元，增加到月平均550元。市委、市政府对卧龙区92个先进集体和39名先进个人进行表彰。

【村务公开和民主管理】 4月9日，南阳市委、市政府在邓州市召开深化“4＋2”工作法推进村级民主管理座谈会。市委书记黄兴维出席并做重要讲话。全市共有4509个村推广实行了“4＋2”工作法。建立了民主决策的责任追究制度。2月16日，中央电视台《新闻联播》栏目在“高举旗帜，科学发展”专栏中播出了邓州市村务公开、民主管理“4＋2”工作法的先进经验，高度评价“4+2”工作灶实现了党支部领导与村民自治的有效结合。全市4540个村累计召开村民会议3169次，召开村民大会11049次，通过议案13988件，民主评议3475次。同时充分发挥村民民主理财组作用，有效地化解了基层农村的潜在矛盾。

【村“两委”换届】 9月，市民政局根据省第六届村民委员会换届选举工作视频会议，组织全市村党组织和村民委员会统一进行换届选举。同时市、县、乡分别采取办培训班或以会代训的方式对参与村“两委”换届选举的工作人员进行法律、政策、业务培训。全市4509个村，村党组织已换届的有4493个，占99.6%；已全部换届选举完毕4509个村委会，其中采取无候选人选举的村53个，占1.2%，全部选举成功。村两委已换届的村中，村党组织书记和村委会主任“一肩挑”4392个，占98%，村“两委”成员交叉任职16103人，占95%；村“两委”成员中“双强”型人才19987人，占100%，村“两委”主职有自己致富项目4538个，占98%；村“两委”成员中配备妇女干部的村4509个，占100%；大学生村干部参加村“两委”换届选举当选率达95%；176个少数民族聚居区村“两委”成员中有少数民族成员288个，占100%。集体经济未改制的126个社区也全部进行了换届选举。

【退伍安置】 2008年，全市共接收复员退伍军人5229人，其中城镇籍退役士兵1625人（含专业士官94人），农村籍退役士兵3597人，复原干部7人。经接收资格审查全市应安置对象1575人，占退役士兵总量的30.2%。为帮助退役士兵提高就业竞争能力，安置部门积极与劳动保障部门联合发文，把年度城镇退役士兵全部纳入就业再培训。在中心城区挑选了知名度高、师资力量强的技校作为退役士兵技能培训基地。从社会需求和实际出发，有针对性的开设培训科目。同时还积极为退役士兵搭建就业服务平台，将培训工作延伸到跟踪服务，提供社会用工信息，多渠道推荐、介绍就业累计2600余人。全年向省厅争取城镇退役士兵自谋职业资金764万元，适时提高自谋职业一次性补助标准，全年全市共有401人申请自谋职业，自谋职业率达25%。

【军休安置】 接收安置军休人员13人，超额完成了军休干部接收任务。全面落实军休人员的政治待遇和生活待遇，利用“春节”、“八一”建军节走访慰问军休老干部，体现党和政府的关怀。及时测算、协调财政局下拨军休经费，确保老干部生活待遇落实。同时进一步加大军休经费监管力度，健全财务规章制度，提高资金使用效能。积极协调财政、卫生、劳动和社会保障、医保等单位，加强军休人员的医疗保健工作。深入开展“双和谐”创建活动，组织引导老干部走向社会，实现老有所为。先后有65位军休干部参加义务巡逻队、家庭纠纷调解队、文明劝导队等多支志愿者队伍。南阳市军干二所获得全国“和谐军休家园”的称号。开展“南阳市军休服务管理工作风采”巡展活动，制作出了“成就篇”、“改革篇”等共32幅内容丰富的展版。组织全市军休干部参加民政部“我的军旅生涯”活动，军休干部宋春元的《难忘上甘岭》获优秀奖。举办形式多样的文化娱乐活动，达到区协会有授课、门球队有训练、棋牌室有比赛、合唱队经常练、体育竞赛不间断、形势教育讲座经常办，丰富了军休干部的文化生活。面对“5.12”地震，发动全市军休系统捐助金额累计13.5万元。11月份，组织市直部分军休干部参加庆祝南阳解放60周年座谈会，离休干部宋春元、庞洪恩代表老战士向南阳解放纪念碑敬献花篮。扎实做好前四批军休干部住房制度改革摸底工作，5月27～29日，在方城县召开了全市军休工作会议，对全市军休干部住房制度改革工作再一次进行了安排部署，已经完成全市军休干部住房改革前期的调查摸底和资料收集工作。

【城市居民最低生活保障】 2008年9月，市政府批准将城区低保标准提高到200元。其它县市也迅速行动，结合当地实际对城市低保标准进行调整，内乡县、桐柏县、邓州市由130元提高到180元，社旗县由136元提高到200元。上半年城市低保对象人均月补差标准由不低于70元提高到不低于95元的基础上，再提高15元，达到月人均110元。7月份，按上级要求每人每月补差标准再次提高15元，达到月人均125元。2008年上级共补助低保资金16650万元。至12月底共有低保对象129954人（占全市城镇人口的7.1%），累计支出资金18437.6万元，人均月补差129元，全部实现社会化发放。

【农村居民最低生活保障】 完善农村低保制度，适当提高农村低保补差标准，确保每人每月补差不低于40元，从7月份开始，农村低保月补差标准提高到50元，逐步实现应保尽保。同时做好农村低保的复核工作，在审核低保对象时村级必须保存张榜公布凭证和民主评议记录。2008年上级补助资金12163.4万元，市级补助资金475万元。全市共有农村低保对象172692户、300726人，占2005年底农业人口的3.3%，共支出资金16207.2万元，月补差50元。

【农村五保供养】 农村五保户集中供养率提高到40%，为完成目标任务，敬老院建设做为重中之重安排部署。一是完成了《敬老院建设规划方案》。全市共规划建、改扩建敬老院309所，其中乡镇敬老院134所，村级敬老院175所，总占地面积1960.7亩，建筑面积20.5万平方米，新增床位12551张，投资预算16591.6万元，县乡村自筹资金5410.6万元，缺口资金11181万元。乡镇敬老院134所已全部竣工，村级敬老院175所也全部竣工。二是深入调研，探索敬老院建设的新思路。适时提出了“1＋N”的建设模式，即每个乡镇根据本地集中供养人数和供养资源情况，以一所中心敬老院为依托，发展若干个分院或村级敬老院。市政府6月份组织督查调研组，对13个县市区农村敬老院建设情况进行督查调研。三是加强敬老院管理，加大工作督查力度。5月份市民政局下发《市级文明敬老院评选办法》，年底评选一批市级文明敬老院。4月份8月份市政府分别在淅川县、南召县召开全市敬老院建设工作现场会和促进会，会议观摩了淅川县、南召县敬老院建设情况，通报了各地敬老院建设的进度。四是加大资金投入。在敬老院建设上，采用五个一点的办法，即上边拨一点，市级补一点，县级筹一点，乡里拿一点，各方帮一点，解决建设资金不足问题。2008年共争取上级补助资金1810万元。市农村五保供养工作连续四年纳入政府目标管理，五保供养标准按照省定集中供养每人每年不低于1400元，分散供养每人每年不低于1100元予以落实。各地五保供养资金都列入当地财政预算，并实行社会化发放。全市共有五保对象81149人，其中集中供养32946人，分散供养48203人，集中供养率达到40.6%，累计支出五保供养资金9945万元，上级补助资金2255万元，各地资金全部实现社会化发放。

【农村养老保险工作】 实施计划生育家庭农村养老保险制度，确认全市补助对象11108户、18877人，邓州市、内乡县、西峡县等县市把补助范围扩大到农村双女结扎户和独子户7274户、10921人，2008年共发放计生家庭养老保险补助12729户、21413人、2545800元。内乡县、新野县同时实行了村干部参加养老保险补贴制度。

积极配合申报全国新型农村社会养老保险综合改革试点，市政府下发《南阳市人民政府办公室关于成立南阳市农村社会养老保险联席会议的通知》，起草《南阳市村干部养老保险补贴试行办法》、《南阳市被征地农民养老保险暂行办法》、《南阳市新型农村社会养老保险综合改革暂行办法》，南阳市被人力资源和社会保障部确定为全国新型农村社会养老保险重点联系市。5月27～28日，全国政协、省政协调研组到南阳市考察调研新型农村社会养老保险综合改革开展情况，探索建立新型农村社会养老保险制度的有效途径。11月28～29日，全国南水北调工程被征地农民社会保障工作座谈会在南阳市召开。针对农保基金存在的一些问题，开展了农保基金清查整改工作，对于违规和存在风险基金强力予以追缴和纠正。

【医疗救助工作】　一是加大救助力度，由低保中心统一全市救助审批表格，规范救助程序。二是根据省厅要求在宛城、邓州、西峡进行医疗救助试点，建立信息共享、平台共用，同步结算，指导三县市积极与卫生、劳动部门协调并学习外地经验，三县市区都出台了医疗救助试点方案，通过试点建立同步结算，总结经验，逐步推开。2008年农村医疗救助共救助437624人次，支出救助资金1335.5万元，城市医疗救助共救助5427人次，支出资金552.78万元。全年上级补助农村医疗救助资金954万元，城市医疗救助资金819万元。

【双拥优抚】　以创建双拥模范城（县）为载体，研究制定了《创建国家级双拥模范城工作方案》。全市全年共开展慰问驻军活动90多次，慰问优抚对象和复退军人1.6万人次，举行联欢会、联谊会100多场次，赠送发放各类慰问金、慰问品价值约600余万元。在市政府文件规定进藏兵及应届高中以上文化青年入伍在享受正常优待的基础上，分别发给500～3000元不等的补助规定。据统计，全市全年用于补贴部队粮油差价资金在580万元以上，用于支持部队建设资金在800万以上，为驻军购买科技书籍、慰问品160万元以上，先后为部队培训厨师170余人，理发师40余人，为3500多名官兵补习文化课近万课时。协调驻宛部队子女共46人分别进入市区重点小学、初中学习。同时大力宣传“抗震救灾英雄战士”武文斌的事迹，在全市掀起了学习英雄的热潮。汶川地震发生后，市委书记黄兴维、副市长李建豫、军分区政委任锋等领导到灾区慰问官兵，并送慰问金10万元。由于市委、市政府对双拥工作高度重视，南阳市委书记黄兴维被评为济南军区“党管武装好书记”和“全国国防后备力量建设十大新闻人物”。内乡县被国家命名为全国双拥模范城（县）。内乡县委书记王万鹏赴京参加全国双拥模范城（县）命名暨双拥模范单位表彰大会，受到中央领导的亲切接见。

全面落实优抚政策，提高优抚对象的补助标准，全市用于优抚对象慰问投入折合人民币120多万元。对参战、参试人员补助的18889人进行了身份认定，建立健全优抚对象医疗保障制度。对重点优抚对象的医疗保障经费纳入地方财政预算。对2596人一至六级残疾军人进行调查、摸底、登记。六级以上有条件的伤残军人都参加基本医疗保险，享受医疗补助和医疗救助。全市已有1848户重点优抚对象纳入了低保，占8%左右。深入开展“关爱功臣活动”，共出动服务队7个，服务车11台（次），军地双方医护人员28名，开展服务34次，惠及19个偏远地方和山区的2282名优抚对象，赠送价值46530元的药品，医疗设备34300元。与部队组织开展了“送医、送药、送健康”活动，共接诊190余人次，免费送药9000余元。

【信访稳定工作】　以宣传信访条例为契机，按照信访制度，妥善处理群众信访反映的问题。建立健全各类复退军人和青海支边人员以及越级上访民政对象台帐，全年共接待处置信访事项255起634人，处置复退军人聚集上访事件36起376人。在奥运期间，加强维稳力度，专门成立信访稳定工作小组，制定工作方案，确定“包案领导、责任单位、责任人”，确保“平安奥运”实现。先后被市委、市政府表彰为“全市维护稳定工作先进单位”、“全市信访工作先进单位”、“全市奥运期间信访工作先进单位”。

【社会团体登记管理】　2008年，认真做好登记和年检工作，促进社会组织健康发展。当年新登记131家，共登记社会团体1280家。其中，在市民政局依法新登记社团16个，总数达到350家，全市符合年检条件的社团依法参加年检的社会团体911家，年检率达 82.3%，比上年提高 9.1%。3 月 18 日，出台了《关于规范社会团体收费行为有关问题的通知》，针对规定的收费项目及开支情况进行了专项检查、清理。对社团组织和中介组织的违规行为进行了专项清理，共收到清理报告 42 份，自查表格 78 份。加大对非法民间组织的查处力度，全年共查处违法违规事件 30 多次，对 18 个运作不规范的社会组织下达限期整改通知书，依法撤销、注销 50 多家。编撰出版了《发展中的南阳社团组织》一书，服务了社会各界。

【民办非企业登记管理】 新登记民办非企业 79 家，共登记 832 家。对全市 745 家民办非企业单位进行年检，并由社会审计机构对民办非企业单位的财务状况进行审计，出具报告。对年检中发现的违规行为及时给予纠正。采取措施，在全市民办非企业单位中深入开展自律与诚信建设活动，举办多种形式的社会公益活动，提升了民办非企业的良好形象。出版了《前进中的南阳民办非企业单位》一书。汶川地震发生后，组织全市各类社会组织及其会员单位通过多种渠道为灾区捐款 3225466 元，组织各种义演、义诊、义务宣传 300 多场次，为贫困大学生、困难地区和困难群众捐献款物达 60 多万元。

【殡葬管理】 2008 年，市政府把殡葬管理工作作为工作重点，实行目标管理责任制。针对殡葬管理工作现状，注重深入基层调研，指导各县市区民政部门推行火葬、提高火化数量作为殡葬管理的重点，努力提高火化率。依法履行职责，加强对经营性公墓和殡仪馆等殡仪服务单位的监管。严格亡故人员遗体交接手续的监管，对《遗体交接单》执行一月三对照一通报制度。3 月 28 日，召开城区殡仪馆和经营性公墓会议，出席会议的公墓、殡仪馆负责人共同签署了《南阳市中心城区殡葬服务业诚信宣言》，下发南阳市民政局《关于加强清明节期间安全祭祀和殡改宣传的通知》。紧紧围绕“文明祭祀、平安清明”的宣传主题，3 月 31 日在南阳日报进行了清明节殡葬法规、政策的专版宣传。同时市民政局设立了清明节工作办公室，实行 24 小时值班制度，确保清明祭扫文明、安全、有序。

加大对殡葬市场和殡葬活动秩序的查处力度。9 月 22 日，成立了南阳市中心城区殡葬执法大队，联合工商、公安、城管、文明委等部门对辖区殡葬用品市场进行清理、整顿。协调有关部门对城区主要街道沿街抛撒纸钱、吹响、报庙等封建迷信活动进行专项治理，一年来，共查处丧事活动违规行为多起，对 14 个单位下达了整改通知书，对 14 起影响较大的丧事承办人进行了处理，有效地规范了城区殡仪秩序。根据《河南省民政厅关于做好今年公墓年检工作的通知》要求，对全市经营性公墓进行年度检查。10 月 30～31 日省厅和市局对城区重点经营性公墓进行了抽查，在抽查中问题严重的卧龙紫山汇仙园公墓和宛城区龙凤园等公墓下发了整改通知，责成限期整改。截至 11 月底，全市火化遗体 38078 具，火化率 64.6%。

【艾滋病救助】 2008 年，出台《南阳市人民政府关于进一步加强艾滋病致困人员救助安置工作的意见》，就进一步加强全市艾滋病致困人员救助安置工作提出意见和规定，规范了艾滋病工作的规程。全市共确定艾滋病致孤人员 305 名，农村因艾滋病导致单亲家庭未成年子女 378 名；及时与财政局协调落实市级配套资金，共拨付救助资金 93.37 万元，其中省级负担 84 万元，市级负担 9.37 万元，保证救助资金及时足额发放到救助对象手中。同时，严格落实艾滋病救助政策，切实维护和保障了艾滋病致孤人员和农村因艾滋病导致单亲家庭未成年子女的合法权益。

3 月 5 日和 11 月 8 日，成功承办民政部福利司与英国救助儿童会社区儿童福利合作项目培训班和河南省阳光家庭培训班暨河南省民政厅与中国预防性病艾滋病基金会阳光家庭项目合作启动仪式，“阳光家庭”合作关爱项目基金由香港宗教人士捐献，对南阳市阳光家庭内艾滋病致孤儿童的学习和家庭运作费的资助，受到民政部社会福利和社会事务司以及省民政厅的表扬。争取资金12.5万元，在唐河县城郊乡刘马洼村新建阳光家庭一处。全市共有“阳光家庭”4个，建筑面积3030平方米，房屋64间，入住儿童24名。积极开展受艾滋病影响儿童职业技能培训工作。全年进行两批共69名受艾滋病影响儿童参加学习培训，全部结业，其中80%已就业。

【救助管理】 救助管理工作按照救助管理法规的要求，依法行政，使各类救助人员得到救助。2008年5月10日，温家宝总理视察南阳期间，在公安部门的支持配合下，在全市范围内开展为流浪乞讨人员提供咨询、服务工作，救助流浪乞讨人员500人。通过组织上街政策宣传、流动救助和街头劝说等方式，救助流浪乞讨人员561人，确保6月至10月北京奥运会和残奥会期间全市救助工作正常开展，圆满完成了奥运期间流浪乞讨人员救助管理工作任务。同时开展医疗救治工作，为101人次流浪乞讨人员实施及时、周到、全免费的医疗救治，共计医疗费用246838.1元。贯彻落实《河南省民政厅关于做好大风降温和双节期间城市生活无着的流浪乞讨人员救助管理工作的通知》，使生活无着的流浪乞讨人员在双节和降温期间顺利返家，不滞留街头。截至年底，全市共受理求助5448人，对符合条件的5293人实施了救助。

【婚姻登记】 2008年，进一步规范婚姻登记和管理工作。协调编制、人事、财政等部门，解决了各县市区婚姻登记室的机构、编制问题，各登记室全部按规范化配备电脑、打印机等设施。南召县民政局婚姻登记处被民政部拟定为“全国婚姻登记规范化建设单位”，宛城区、卧龙区、邓州市、新野县、镇平县、淅川县、内乡县、方城县民政局婚姻登记处等8个婚姻登记处被省民政厅拟定为“全省婚姻登记规范化建设单位”，并在河南省民政网上公示。举办婚姻登记规范化建设工作培训班，对全市13个县市区民政局社会事务科（股）长和婚姻登记员共99人进行了培训，并组织学员实地考察了宛城区民政局婚姻登记处规范化建设工作，并统一组织结业考试，合格率100%。奥运会开幕之际，全市1071对新人选择在2008年8月8日这天喜结良缘，市局指导各级民政部门采取一系列有效措施，圆满完成奥运会期间特别是奥运会开幕当天的婚姻登记任务，顺利实现“平安登记”的工作目标。省民政厅对在北京奥运会期间表现突出的宛城区、卧龙区民政局婚姻登记处通报表扬。全年共办理内地结婚登记79332对，内地离婚登记7195对，补办证件3359本；办理涉港澳台居民结婚登记128对，其中香港26对，澳门4对，台湾98对。

【收养登记】 3月29日，在全市开展国内收养情况调研摸底工作。通过调研全面掌握南阳市《中华人民共和国收养法》实施以来收养登记工作的开展情况。5月8日，美国“对华儿童援助”机构，通过中国收养中心与南阳市社会福利院建立了合作关系，帮助该院办理涉外送养、病残儿童救治。市社会福利院患有先天性心脏病的3岁孤儿党果果被一对美国夫妇收养。已成功办理8起涉外收养。5月12日四川汶川大地震后，开展孤儿收养政策咨询、解答工作。开通热线电话，接受广大市民的咨询；在新闻媒体上发布有关政策消息，公示了汶川地震后“三孤”人员收养政策；受理部分市民自愿收养地震后失去父母孤儿的报名登记。对社旗县太和乡农民吕助正助养四川汶川大地震后绵竹市兴隆镇8名孤寡老人进行调查核实。全年登记机关依法办理收养登记181件，其中内地收养登记178件，涉港、澳、台收养登记3件。

【地名区划】 4月13日，下发了《南阳市人民政府关于对南阳市建成市区部分街道命名和对部分已命名街道调整分段的通知》和《南阳市人民政府关于公布市区规划道路地名规划的通知》，分别对南阳市的5条建成街道进行了标准命名，对16条已命名街道进行了调整分段，公布了市区195条规划道路的地名名称。城市和县乡镇地名设标基本实现合理化、正规化、标准化。新增门牌4000余户，新增路名牌59块。县乡地名设标在全市范围逐步扩大，政府驻地设路名牌320块，楼门牌165124块。206个乡镇政府驻地设名牌957块，楼门派3920块。村标设置完成880个，村户牌88360户。出台了新的《地名管理办法》征求意见稿。完成了《河南省地名故事》南阳部分的供稿任务，共撰写地名故事40余篇。

依据《河南省撤乡建镇申报审批程序》，开展行政区划调整，按照成熟一个发展一个的原则，依法完成对西峡县的重阳乡、太平镇乡，社旗县的下洼乡，镇平县安字营乡，唐河县东王集乡等5个乡改镇的审核考查和材料上报工作。其中，西峡县两乡已经获批。

【勘界工作】 认真执行《行政区域界线管理条例》，从2008年度开始进行第二轮行政区域界线联合检查工作。完成省级1条，县级5条，共6条行政区域界线400多公里的联合检查任务。7～10月，配合省勘界办，完成豫陕线的联合检查工作，对豫陕线南阳商洛段涉及2市3县的省线进行了联合检查。完成卧龙方城线、宛城唐河线、南召内乡县、唐河新野县、方城社旗线5条县级边界线的联合检查任务。全市发生边界纠纷2起，涉及平顶山南阳线叶县方城段，南召县的板山坪镇与白土岗乡边界线因资源引起的纠纷。通过走访群众，做耐心细致的思想工作，使边界权属纠纷得到了妥善处理。11月份完成了南阳驻马店线273.49公里界桩制作，埋设、协议书附图和调绘工作，编写边界线走向说明等，圆满完成南阳驻马店线的勘定工作。同时积极开展平安边界创建活动，7月29日，南阳、商洛市两市在陕西省商洛市召开了共创平安边界联席会议。两市领导分别在《南阳商洛行政区域界线创建平安边界睦邻友好公约》上签字。拟定了《行政区域界线突发公共事件应急处理预案》。与省界管办完成《河南省市县两级行政区域界线详图集》一书的编纂。（徐玉顺　崔本恒）

残疾人事业

市残联党组书记理事长　宋金海

【残联工作概况】 2008年，中共中央、国务院出台了《关于促进残疾人事业发展的意见》，市残联深入学习贯彻，紧紧围绕市委、市政府工作大局，结合“三新”大讨论活动的开展，大力加强机关效能建设，强力推进残疾人就业、康复、扶贫和社会保障以及维权为重点的各项业务工作，圆满完成年度目标任务，使残疾人事业出现了一个大发展、快发展的局面。

【残疾人就业】 （一）按比例安排残疾人就业。按比例安排残疾人就业工作继续纳入市委、市政府目标管理和实行企业残疾人就业保障金由地税部门代征政策。一是由地税、残联联合成立了地税部门代征残疾人就业保障金工作领导小组及办公室，将残疾人就业保障金征收工作纳入地税部门工作目标，实现与税收同步征收，加大了征收力度；二是对2006年度不履行法定义务，既不安排残疾人就业，又不缴纳保障金的40家单位，向其公证送达了《残疾人就业保障金处理决定书》并申请法院强制执行。全市按比例安排残疾人就业315人，其中市本级安排残疾人就业35人，分别占市下达目标任务的106%、121%；全市收缴残疾人就业保障金1160万元，全面完成省残联下达的目标任务。（二）残疾人就业服务。全市各级残联不断完善残疾人就业服务机制，经常性开展残疾人求职登记；加强对残疾人的就业咨询和职业指导，举办残疾人就业供需见面会，抓住一切机会和可能全力向有用工需求的单位推荐残疾人就业；积极探索开展残疾人劳务输出，实现残疾人就业和劳动力的转移；通过鼓励兴办盲人按摩机构，促进盲人按摩进乡镇、进社区，扩大盲人就业率；通过扶持福利企业发展，扩大集中安置残疾人就业；通过协调有关部门落实公益岗位，安排残疾人就业；为残疾人就业提供优惠政策以及资金、技术、信息等帮助，扶持残疾人实现个体就业。全市累计集中安排残疾人就业 1806 人，实现残疾人自愿组织起来就业和个体就业 2915 人。

【残疾人培训】 在依托市特殊教育学校和市按摩医院，搞好盲人保障按摩免费培训促进盲人就业的同时，坚持以劳动力市场需求为导向，拓宽培训渠道，扩大培训对象，延伸培训领域，通过向省推荐培训、利用社会培训机构委托培训等形式，使更多的残疾人通过免费培训实现了就业再就业。全市各级残联加大了就业保障金对残疾人培训经费投入力度，因地制宜，发挥优势、突出特点，通过建立种植、养殖和农副产品加工培训基地以及自办或委托培训等形式，广泛开展农村残疾人实用技术培训和城镇残疾人职业技能培训。全年累计投入经费 310 万元，全市巩固建立残疾人培训基地 23 个，共完成城镇残疾人职业技能培训 1830 名；完成农村残疾人实用技能培训 3670 人。争取上级农村实用技术培训补贴 4 万元，配套补贴农村贫困残疾学员 2200 人。

【残疾人康复】 围绕“人人享有康复服务”的总目标，合力推动年度常规性康复任务，加大康复救助力度，积极实施“曙光行动”，加快“创建白内障无障碍市”创建步伐，使全市残疾人康复工作实现跨越发展。一是全面完成省残联下达的各项常规性年度康复任务。全市共完成：白内障复明手术 13082 例，其中贫困白内障患者免费手术 10108 例；低视力儿童配戴助视器 194 人，是目标任务数的 152%；盲人定向行走训练 46 人，是目标任务数的 100%；收训听障儿童 198 人，是目标任务数的 122%；智力残疾儿童康复训练 185 人，是目标任务数的 122%，培训智力残疾儿童家长 113 名；肢体残疾儿童康复训练 63 人，是目标任务数的 185%；孤独症儿童康复训练 26 人；肢体残疾人社区、家庭康复训练 154 人，超额完成省残联下达的目标任务；适配助听器 195 名；辅助器具供应 4033 件；假肢装配 135 例，是任务数的 135%；矫形器装配 43 件，是任务数的 538%；精神病防治、康复 11566 人。二是重点开展万名白内障免费复明“曙光行动”，确保实事办实。万名白内障复明“曙光行动”，是由省扶残济困总会资助，市委、市政府部署开展的一项重大民生工程，列入到市委、市政府承诺的十大实事之中，市政府成立了“曙光行动”领导小组，制定了工作方案，市财政拨款 300 万元，县市区财政匹配 260 万元，市残联补贴 50 万元。在全市范围内确定手术定点医院 23 个，市县两级残联、医疗部门组成筛查小分队，深入乡（镇）、街道、村进行筛查和登记。全市共筛查出适合手术要求的白内障贫困患者 22193 例，完成复明手术 10108 例，是目标任务数的 101%。三是“创建白内障无障碍市”活动全面展开。在两年时间内完成“白内障无障碍市”创建工作，是省委、省政府统一部署的工作。市委、市政府高度重视“白内障无障碍市”创建工作，确定了在 2010 年前完成创建“白内障无障碍市”工作目标，2009 年首先完成白内障手术 1 万例，并作为年度全市十大实事之一进行重点督查和组织实施。市政府在充实调整“曙光行动”领导小组的基础上，成立了创建工作领导小组，加强了对创建工作的组织领导；市、县两级政府把创建工作经费、手术费用纳入 2009 年财政预算。在全市范围内开展“乡不漏村、村不漏户、户不漏人”的拉网式筛查病员，为 2009 年的复明手术做好了充分的准备。四是加强社区康复示范区建设工作，努力推动“人人享有康复服务”目标的实现。2008年新建语训机构2所、孤独症儿童康复和弱智培训机构1所、肢体康复训练机构和社区168处。183个有条件的社区（村）购置了训练器械，建立了社区康复训练室，建立了残疾人康复需求和训练、服务档案，总体实现了市辖区社区和县级所辖区社区全部开展了残疾人社区康复工作，农村60%的行政村开展了残疾人康复工作，全市残疾人康复服务覆盖面累计达到49.46万人。全市社区残疾人康复服务体系正逐步建立。

【残疾人扶贫救助】 全市各级党委、政府继续把残疾人扶贫和社会保障纳入总体规划，做到统一部署同步实施的同时，各级残联结合实际、因地制宜制定年度扶贫计划，积极开展残疾人专项扶贫工作，取得较好的扶贫效果。一是助学。残联积极筹集助学资金，对贫困残疾学生和残疾人子女广泛开展助学活动，全年义务教育阶段救助2000余人，高中、大学阶段救助210名。其中，争取国家彩票公益金助学项目资金15万元，对250名贫困残疾儿童、少年学生进行了救助；自筹资金9.4万元，对22名在校贫困残疾高中生和36名南阳籍在校贫困残疾大学生分别给予每人1000元和2000元的资助。在高考招录过程中，积极协调录取上线残疾考生36人。二是危房改造。争取和匹配农村贫困残疾人危房改造项目资金123.4万元，在桐柏、内乡、新野、淅川、社旗等5县，为280户贫困残疾人户实施了危房改造。三是扶贫贷款。争取国家康复扶贫贷款258万元（其中项目贷款100万元，扶持福利企业2个，到户贷款158万元。），直接进行就业安置、生产扶助及就业培训贫困残疾人600余人。四是万名白内障患者免费复明“曙光行动”。全市共筛查出适合手术要求的白内障贫困患者22193例，共完成复明手术10108例，人均减免医疗费用1200元，累计减免费用1212.96万元。五是助听。为全市195名贫困聋儿免费配戴助听器，人均免收费用3000元，累计救助金额58.5万元。六是社会保障。各级残联积极协调政府及有关部门，把贫困残疾人纳入最低保障范围，做到应保尽保；在农村残疾人普遍纳入新农合的基础上，贫困残疾人个人应交的10元钱由医疗救助基金垫付；在城镇居民医保中，重度残疾人及残疾学生入保费用得到大幅度减免。七是市、县残联利用春节、助残日活动以及业务工作的开展，广泛开展为残疾人办实事、送温暖活动。一年来，全市累计为残疾人无偿捐助轮椅1290辆，价值64.5万元，发放救助款以及粮油、棉衣被等救济物资累计48万多元。

【残疾人组织建设】 （一）基层残疾人组织建设。全市各级残联把进一步夯实基层残疾人组织建设基础作为工作目标，按照中国残联《基层残疾人组织建设标准》，对乡、村两级残疾人组织建设工作，进行进一步的规范和完善，并加强督促和指导。要求乡残联、村残协配齐残疾人专职委员，做到人员到位，工作经费落实到位，制度上墙，档案齐全，管理规范，并正常开展工作，使基层残疾人工作组织得到进一步加强。（二）换届工作。在全面完成县、乡两级残联换届的基础上，4月10日至11日，南阳市残疾人联合会第三次代表大会召开。市委书记黄兴维到会作重要讲话。大会全面回顾总结了五年来残疾人事业取得的成绩，明确了今后一个时期全市残疾人工作的发展目标和宏伟蓝图，选举产生了新一届主席团，并推举产生了南阳市残疾人联合会第三届主席团执行理事会，大会还选举产生了新一届肢残人协会、盲人协会、聋人协会、智残人亲友会、精神残疾人亲友会。

【残疾人事业宣传】 一是结合“助残日”主题“牵手残疾人走进残奥会”进行广泛的社会宣传。《南阳日报》发表了评论员文章；市委副书记贾崇兰发表了助残日电视讲话；副市长李建豫对市优秀残疾人运动员进行了看望和慰问；南阳电台举办了残疾人空中戏曲擂台赛；南阳电视台制作播出了宣传残奥专题节目。二是注重经常性宣传，形成事业宣传的长效机制。全年通过报纸、电台、电视台发新闻稿件或工作信息，中央级6篇、省级11篇、市级36篇，做到了残疾人事业宣传经常化、不断线，取得了较好的宣传效果。同时，积极组织参加上级残联举办的文宣评选活动，向省残联报送“同一个世界、同一个梦想”残疾人在祖国怀抱摄影稿6件；向中国盲人协会举办的“盲人之歌、散文朗诵大赛”推荐作品4个；向中国残联“心向奥运，走进奥运，放飞奥运，放飞梦想”全国残疾青少年优秀书画作品展投稿16篇。在文化设施建设方面，市残联积极协调有关部门，在市图书馆设立盲文及盲人有声读物图书室，投入经费1万元，配备了有声读物设备并投入使用。

【残疾人维权】 残疾人维权工作机制得到进一步健全完善。（一）法律救助体系得到健全。成立了南阳市残疾人救助工作协调领导小组及办公室，市残联积极协调司法部门广泛开展对残疾人的法律咨询服务、司法救助和法律援助，全市协助残疾人诉讼侵权案事件132件，切实有效地维护了残疾人的合法权益。（二）信访工作制度得到完善。全市残联系统按照国家信访条例和中国残联残疾人信访工作要求，进一步完善了信访工作制度，规范信访工作程序，使信访工作有领导分管，有工作专干，信访件处理及时，档案齐全，信息沟通、反馈渠道畅通。全年累计接待残疾人来信来访515件次，残疾人反映的困难和问题得到了及时的答复和解决，较好地化解了矛盾，消除了隐患，全市无残疾人集体赴省、赴京上访案件发生，确保了残疾人群体稳定。特别是在2008年11月20日开始开展的集中整治交通秩序，取缔机动三轮车非法营运行动中，按照市委、市政府统一部署，残联充分发挥职能作用，积极做好残疾人三轮车主的政策引导、说服教育工作，主动协调有关部门落实残疾人转岗就业公益岗位和小额借款，对符合城市低保条件的特事特办及时纳入了低保范围，较好地解决了残疾人因取缔三轮车营运失去生活来源而造成的生活困难。整治行动中，共为残疾人办理三轮车代步牌照223个，解决公益岗位指标100个，小额借款30万元，争取扶贫救助金9万元，稳定了残疾人情绪，保持了残疾人三轮车主群体的基本稳定，市残联切实做到了在贯彻执行政府决策的同时，积极反映残疾人的合理诉求，使残疾人的合法权益在政府决策得到落实的同时得到了维护。同时，结合残疾人就业工作的开展，在企业用工年审中，以及在对福利企业定期进行的维权检查中加强对企业残疾职工的劳动用工合同、工资待遇、劳动保护、社会保障等方面的专项监督检查，切实维护了残疾人合法权益。（郑伟　汪立栓）

精神文明创建活动

市文明办主任　王贵汉

【“迎奥运、讲文明、树新风”活动】 2008年，市文明办组织了“迎奥运文明礼仪知识竞赛”活动。各级各部门按照竞赛活动的总体部署，有计划、有组织、有步骤地开展形式多样的宣传教育活动。通过普及奥运知识，弘扬奥运精神，传播奥运文明，在全社会形成了人人关心奥运、人人参与奥运、人人奉献奥运的热潮。6月25日，在各县市区、市直各单位、两属系统前期学习、竞赛的基础上，全市举办“迎奥运文明礼仪知识竞赛”总决赛。竞赛活动传播了奥运知识，普及了文明礼仪常识，培育了知礼仪、重礼节的文明风尚。4 月份，南阳市在全省“迎奥运文明礼仪知识电视竞赛”中获得优秀组织奖。

【未成年人思想道德建设活动】 （一）深入抓好“三理”教育示范带动工程。4 月份，组织了全市“三理”教育现场观摩，各县市区与会人员先后参观了工业职业技术学校、市二十二中、高新区黄岗社区、内乡县灌涨镇杨岗村、西峡县丹水镇、西峡县电业局、西峡县城区二小等在“三理”教育工作中成绩突出、影响力大的示范点，并在西峡县召开了未成年人“三理”教育座谈会，推广典型经验，搞好示范带动，推动全市“三理”教育的广泛、深入开展。全市共有 2 个县区、6 个单位和 6 名个人分别被评为全省未成年人思想道德建设先进县（市、区）、先进集体、先进个人，1 人荣获全国未成年人思想道德建设先进工作者称号。

（二）广泛开展以“做一个有道德的人”为主题的道德实践活动。按照中央、省文明办等有关部门关于在广大中小学生中开展“知荣辱、树新风、我行动”道德实践活动的统一部署，制定下发了全市《“知荣辱、树新风、我行动”道德实践活动实施方案》，在市二十二中举行了“知荣辱、树新风、我行动”道德实践活动启动仪式。南阳日报、南阳晚报和南阳电视台、南阳电台开辟了“做一个有道德的人”专栏、园地，刊（播）发未成年人参加活动的优秀征文，报道活动的进展情况和实际效果，使道德实践活动的意义、要求、内容深入到各中小学校和广大家庭、社区以及村组群众。各县市区、市直有关单位积极行动，多措并举，在全市未成年人中掀起了以“做一个有道德的人”为主题的道德实践活动热潮。在“六一”儿童节期间，组织全市青少年，积极参加“全国青少年‘我承诺：做一个有道德的人’网上签名活动”，开展网上签名，发表感言，表达心声，为地震灾区的小朋友们送去祝福和问候，向全社会承诺：做一个有道德的人。

（三）扎实开展万场“三理”教育知识进学校、进社区活动。10 月，举办了万场“三理”教育知识讲座进学校、进社区活动启动仪式，组织全市伦理、心理、生理教育方面的专家深入学校、社区，坚持贴近生活、贴近实际、贴近青少年的原则，开展伦理、心理、生理知识讲座，提供教育咨询服务，引导广大未成年人树立爱国观念、践行道德规范、养成良好习惯、塑造健康人格。组织中小学生开展防地震、防火灾、防交通事故等应急避险训练，增强其安全意识，提高对突发灾害的自我保护技能和应急处理能力。仝市共有 5056 所中小学校和 348 个社区参加了此次活动，活动采取集中培训与分散授课相结合的方式，进一步推动了全市未成年人思想道德建设，扩大了未成年人“三理”教育的覆盖面和影响力，普及了“三理”教育知识。

（四）积极探索研究网吧治理新机制。认真总结近年来网吧治理的经验教训，在详细摸底调研的基础上，充分解放思想、破解难题，研究网吧治理新机制。根据中央 14 部委和省有关部门的文件精神，市纪委、市委宣传部、市文明办、市监察局研究制定了《关于在全市开展网吧市场管理工作执法监察的实施意见》，并经两办转发，进一步明确了文化、公安、工商、消防、通信、教育等部门在网吧管理中的职责，从监控执法管理部门履行职责入手，加强执法监察工作，重点对网吧市场治理工作中，相关执法部门的不作为、乱作为行为进行监督检查，强化管理部门和执法人员的责任意识，促其尽其职、尽其责。9 月底召开了全市网吧市场专项整治工作电视电话会议，市委副书记贾崇兰出席会议并作重要讲话。会议要求各地各责任单位，切实增强开展网吧市场专项整治的紧迫感和责任感；突出重点，打响网吧市场专项整治攻坚战；强化领导，严格督查，确保网吧市场专项整治任务真正落到实处。在暑期以网吧治理为重点的文化市场整治活动中，重点检查了网吧等文化娱乐场所接纳未成年人、场地位置与中小学校的距离、规模是否达标、消防安全设施是否符合要求和规定，以及经营秩序情况。全年共组织12次联合检查，检查网吧151家，电子游戏厅11家。

（五）开展未成年人思想道德建设测评工作。市文明委组织力量对全市未成年人思想道德建设工作进行了认真测评。通过测评，进一步提高了对未成年人思想道德建设重要性的认识，动员和调动了社会各方面共同参与未成年人思想道德建设的积极性，促进了未成年人思想道德建设工作的制度化、科学化、规范化。10月30日，省未成年人思想道德建设工作测评组，采取听取汇报、审核资料、问卷调查和暗访等方式，对南阳市未成年人思想道德建设工作进行了测评，并给予了较好评价。

【文明城市、文明社区创建活动】 2008年，加大创新城市管理体制，着力解决影响中心城市管理的深层次和老大难问题，在环境卫生方面初步建立了市区分级管理的环卫新体制、实现城市环境卫生的全覆盖，在城管执法方面基本理顺了管理体制、落实了市区街道三级管理责任制。围绕打造生态宜居城市，不断适应城市现代化建设的要求和市民生产生活的需求，坚持不懈地实施“绿洁畅亮美”工程，进一步抓好市民素质教育、环境综合整治、城市基础设施建设，加强城市管理和服务，强化长效机制建设，不断提高城市创建水平，城市功能日趋完善，城市品位不断提升，市民群众对城市的认同感、满意度大大增强。

（一）在中心城区组织开展城市管理“靓丽杯”劳动竞赛。此项活动，以“靓丽城市，和谐家园”为主题，以提高城市整体文明程度为目标。中心城区各有关单位，全面整治背街小巷，清理堆积垃圾，拆除乱搭乱建，清除乱贴乱画，修剪沿街花木，取得了明显成效。通过竞赛活动，进一步完善了城市管理长效机制，开展精细化管理，推动建立一流的城管队伍，创建一流的生态环境，塑造一流的城市形象，为南阳经济社会发展创造优美环境。

（二）实施中心城区交通秩序集中大整治。把整治交通秩序纳入创建文明城市工作的重中之重，出台了《南阳市城区交通秩序集中整治实施方案》、《关于加强南阳市城区三轮车管理工作的通告》和《南阳市城区交通秩序整治统一行动工作方案》等一系列政策、措施。各有关部门按照“因人制宜、区别对待、加强教育、合理疏导、措施到位”的原则，集中时间，集中力量，采取统一行动、联合执法，彻底取缔了城区非法营运三轮车，狠抓了占道经营、占道施工等交通占道违法行为，加强了出入市口和城区交通乱点的综合整治工作，严厉打击了各类无证营运“黑车”，重点整治了机动车乱停乱放，无牌无证驾驶，酒后驾驶，故意遮挡、污损机动车号牌，非机动车、行人乱闯红灯等交通违法行为，从重从快查处了逆向行驶、强行左转等严重影响路口行车秩序、加剧拥堵等交通违法行为，对行人和非机动车辆乱穿乱行等习惯性违法行为进行了教育规劝，达到“缓而不堵、堵而不乱、行驶有序、逐步文明”的要求。同时加强对客运、出租行业的管理，提高从业者的文明素质，规范交通参与者的行为。各级新闻媒体，通过多种渠道和途径进行广泛宣传教育，使广大市民充分认识到交通违法行为对人身安全、对城市管理的危害性，不断增强了市民群众参与城市管理的积极性和自觉性，对违法交通行为形成了强大的舆论压力，从而提高了群众的交通守法意识，营造了人人遵守交通秩序、维护城市文明的良好氛围。据统计，共补偿收缴三轮车3911辆，销毁机动三轮车2983辆。统一行动中，共强制收缴三轮车66辆，查处各类机动车交通违法2875起，查处非机动车、行人交通违法1860起，整治店外经营734家，清理马路市场60处，取缔非法客运、货运市场25个，强制接受教育群众5482人。通过集中整治，城区机动三轮非法营运明显减少，占道经营、流动摊贩、行人闯红灯、交通高峰混乱等现象得到有效改善。

（三）积极开展文明社区创建活动。以家庭和美、邻里和睦、人际和谐为内容，积极开展“和谐社区”创建活动，努力建设管理有序、服务完善、文明祥和的居民家园。组织社区讲师团广泛宣讲文明礼仪知识，提高市民文明素质。建立社区行政服务中心、文化活动中心，提高社区便民、利民服务水平。深化科教文体法律卫生“四进社区”活动，举办了“四进社区”优秀文艺节目展演。实施社区志愿服务行动，完善社区志愿服务体系，引导社区居民积极参与志愿服务活动。部分县市区组织举办了邻居亲情茶话会、家庭才艺展示、社区运动会、广场文化活动等多种形式的“邻里节”，加强社区居民之间的交流与沟通。2008 年共有 6 个社区被命名为第二批全省文明社区（小区）。

（四）各县市创建文明城市活动不断深入。一是创建文明城市工作整体规划不断完善。不少县市都高度重视老城改造和新区建设，在充分调研、科学论证的基础上，立足本地实际把创建文明城市纳入经济社会发展的整体规划，标准高、内容实、措施硬，统筹兼顾、相得益彰。唐河县提出围绕“一河三区”的整体建设发展思路进行规划，已初步形成规模。社旗县围绕山陕会馆厚重积淀，着力打造历史文化特色，对周边 7 条街道实施全面改造，初现了良好的城市新形象；二是创建文明城市工作专项投入不断加大。各县市区立足于经营城市理念，广开财路、多方筹资，每年都实施完成了大量的城市和景区基础设施建设项目，使城市路网渐趋合理、城市功能逐步完善、城市形象得到良好展示。新野县围绕城区基础设施十大重点建设工程和配套改造，投入 4.3 亿元，建设了全长 10 公里的滨河大道、三里河景观带、文化广场、金府步行街等项目。镇平县近两年采取市场运作方式，多方筹措资金，投入 5.5 亿元用于工业园区建设和城区路网改造。内乡县近三年来投资 6.1 亿元启动实施了县衙广场、湍河大桥、三级橡胶坝等一系列重点工程。三是城市环境面貌交通秩序不断好转。近年来，各县市区也通过坚持不懈的努力，狠抓城市环境整治和交通秩序规范，取得了阶段性成果。方城县推出的示范道路整治，统一装点粉饰、统一门匾招牌，以及淅川县大规模实施的主要道路铺油整修，都使各自的城市面貌发生了较大变化。西峡县围绕建设“经济强县、生态大县、旅游名县”的目标，大力开展创建文明城市活动，很好地展示了旅游城市形象。四是创建文明城市工作群众参与热情不断高涨。在创建文明城市过程中，全市各地深入落实《公民道德建设实施纲要》，扎实开展“道德规范进万家、诚实守信万人行”活动，大力开展社会公德、职业道德、家庭美德教育，大力加强爱国主义、集体主义和社会主义荣辱观教育，大力弘扬和培育民族精神。同时，结合开展“迎奥运、讲文明、树新风”活动，着力推行文明乘车、文明通行、文明观赛，积极优化社会公共秩序。如南召县组织开展的“三争”活动（在社会争做一名好市民、在单位争做一名好职工、在家庭争做一名好成员），镇平县组织开展的“参加城市管理、共建美好家园”志愿者活动等，都收到了良好的效果。2008 年，桐柏县被中央文明委命名为全国文明县城，西峡县被评为全省创建文明城市工作先进城市。

【文明行业、文明单位创建活动】 （一）在全市各行业开展了“创建文明窗口竞赛活动”。大力推广社会服务承诺制、行政执法公示制和生产经营信誉制。普遍开展职业道德教育、为人民服务的宗旨教育和民主法制教育，大力倡导爱岗敬业、诚实守信、办事公道、廉洁高效、服务人民、奉献社会的文明行业新风，各窗口行业的服务水平明显提高。各单位结合实际，普遍开展职业道德、文明礼仪、技能比赛等竞赛活动，从抓环境改善窗口面貌、抓纪律改善工作秩序、抓制度改进工作方法、抓作风树立行业形象入手，规范行业行为，全面提高行业和窗口单位的服务质量、工作水平，以良好的职业道德风尚和优质的服务影响群众，在社会上产生了较大的影响力和较高的美誉度。2008年，全市共有4个窗口、5名个人分别被评为全省“百家文明服务示范窗口”和全省“百名文明优质服务标兵”。

（二）继续完善文明单位创评体系。进一步加强对各级文明单位的创建、评选和管理工作，修订完善市级文明单位考核评选办法，健全上级考核、群众评议、社会监督的科学评价体系。深化文明单位质量建设，内强素质，外树形象，文明单位创建整体水平得到了新的提高。2008年，全市共有47个单位被命名为省级文明单位。南阳市审计局、南阳供电公司等8个单位分别被推荐晋升全国文明单位和全国精神文明建设工作先进单位。

（三）积极组织文明单位结对帮扶。先后组织两次省市级文明单位结对帮扶工作座谈会，总结交流经验。各级文明单位充分发挥各自优势，跑项目、筹资金、办实事，或协调资金、或提供信息、技术、管理服务，为帮扶村修路、建路，改造学校危房，修建文化大院、新农村书屋，开设技术培训班等帮助农民增收、致富，改善村容村貌，促进乡风文明。同时各单位驻村工作队通过走访调研，积极了解村民所需，发动干部职工捐款捐物，帮扶贫困大学生，救助困难户，树立了机关干部亲民、爱民、助民的良好形象，密切了基层党群干群关系。全市共有7个文明单位被省文明委命名为全省文明单位帮扶工作先进单位。

【农村精神文明创建活动】 全市坚持围绕社会主义新农村建设，以促进乡风文明为重点，以农村环境卫生整治为突破口，大力开展“清洁家园行动”，有效地改善了村容村貌，优化了人居环境，提高了农民卫生意识，促进了农村生态文明建设。4月份以来，认真贯彻落实省电视电话会议精神，按照一把手亲自抓，分管领导具体抓，一级抓一级，层层抓落实的要求，组织成立了“清洁家园行动”领导小组，抽调人员，组建了办公室，把“清洁家园行动”列入县市区、市直有关部门目标责任制，并做为文明单位、文明村镇考评内容，纳入综合考核；协调全市各级各部门，在各行业、各战线树立全市“一盘棋”的思想，把“清洁家园行动”纳入新农村建设规划，齐抓共管，形成了乡镇各负其责、有关部门各司其职，广大村民踊跃参与的创建机制；在全社会范围，特别是农村地区大力开展宣传引导，广泛进行“生态文明”教育活动。多次组织新闻媒体深入基层，对活动进行集中宣传报道，形成了浓厚的舆论氛围。市文明办先后编发农村“清洁家园行动”专题简报35期，及时总结经验，推广典型，指导工作。此项工作被省简报转发信息34条，居全省之首。同时，不定期组织暗访检查组，对全市农村“清洁家园行动”开展情况进行督查，发现典型，推广先进，研究问题，督促整改，确保了“清洁家园行动”的针对性和实效性。11月，在全省农村“清洁家园行动”总结表彰大会上，南阳市及内乡县分别被表彰为全省农村“清洁家园行动”先进市、县，45个村镇被表彰为全省农村“清洁家园行动”先进村镇。

在农村精神文明建设中，坚持着力为农民办实事、办好事。积极开展科技文化卫生“三下乡”活动。坚持将党政工作目标与农民的切身利益、发展需求有机结合，将行政推动和市场驱动有机结合，将外力帮助与提高农民能力有机结合，将临时性服务与经常性工作有机结合，使“三下乡”活动与时俱进，不断创新。在活动时间上，由“三下乡”逐渐转变为“常下乡”和“常在乡”；在活动内容上，由单纯自上而下的“送”转变为“送建”结合，以“建”为主；在执行主体上，由部门行为转变为全社会的共同行为；在工作方式上，由过去集中行动转变为规范化、制度化、科学化的经常性工作；在工作特点上，由小范围的试点和受益人群，转变为广泛的示范基地和大部分农民受益，逐步实现了“三下乡”向“三扎根”的过渡。在全市所有乡镇建立了文化站和新华书店发行网点，健全了文化网络和文化体系；村村建起了卫生室，基本做到了“小病不出村，大病基本不出县”；在科技扎根上，开展多渠道、多层次、多形式的培训活动。全市通过设立热线电话、服务站点，建立健全了农村科普网络，培育了一大批科技示范乡村、示范户，建起了一大批各类经济服务组织。组织实施了“西部开发助学工程”。共有6名高中“宏志班”学生和7名大学生受到资助。加强了文化阵地建设。充分发挥宣传文化中心（站）、宣传文化室、文化大院及农村文化中心户的作用，积极开展丰富多彩的文化娱乐活动，用健康向上的思想文化占领农村阵地。2008年市文明办经多方努力，积极争取，共取得15个省援建文化大院项目，援建资金共计90万元，有效地支持了农村精神文明建设。（曾庆川）

县市区概况

卧　龙　区

区情综述

【概况】 总面积1007平方公里，耕地面积55000公顷。总人口880312人。辖七一、车站、武侯、光武、卧龙岗、靳岗、梅溪7个街道办事处和英庄、陆营、潦河、清华、安皋、石桥、蒲山7镇，七里园、王村、谢庄、龙兴4乡。

区委书记：田向和（女）；副书记：王吉波、苏定堃（2008年10月任）；常委：王中华（纪委书记）、王子辉（组织部长）、刘勤（女，宣传部长，2008年10月离）、陈天富（宣传部长，2008年10月任）、摆向阳（常务副区长）、吴大革（统战部长）、赵云杰（区委办主任）、褚清黎（政法委书记，2008年10月离）、郭建国（政法委书记，2008年10月任）、常晓革（武装部政委）

人大主任：薛献府；副主任：包红伟、余召、徐国有、王万春、袁海成

区长：王吉波；副区长：摆向阳、吴明有、陈天富、于若文、宋瑞（女）、刘荣阁（女，2008年12月离）、李林（女，2008年12月任）、李宛生（2008年12月任）

政协主席：王金彪；副主席：祁娜（女）、魏玉彬、熊建富、王克

法院院长：铁松健（2008年12月离）、乔国和（2008年12月任）

检察院检察长：梁跃进

2008年，卧龙区按照科学发展观的要求，以“营造大环境、培育大产业、促进大发展”为基本理念，围绕建设“三产大区、工业强区、城郊型特色农业区和城市宜居新区”的奋斗目标，国民经济快速发展。全年生产总值787529万元，比上年增长11.7%；财政一般预算收入24943万元，比上年增长23%；固定资产投资364954万元，比上年增长39.6%；社会消费品零售额663734万元，比上年增长23%；农民人均纯收入4792元，实际增长8.3%；农民人均纯收入5177元，实际增长11.8%。年末全区金融机构各项存款余额为58.14亿元，贷款余额为61.42亿元。全区对外贸易出口总额1269万美元，比上年增长43%。人口自然增长率5.99‰；城镇化率为62.34%。

【项目建设势头强劲】 以开放带动作为加快全区发展的主战略，坚持引进区外资金、激活区内资金、争取上级资金三策并举，创新招商引资机制、方法，不断加大工作力度。2008年，全区引进市外资金12.3亿元、省外资金10.2亿元，争取政策性资金3.23亿元，实际利用外资838万美元。全区新建、续建投资50万元以上项目128个，总投资83.2亿元，累计到位资金43.2亿元，当年到位资金23.1亿元。

【第三产业快速膨胀】 抓住市委、市政府实施“做大做强中心城区”和“中心城区带动”战略机遇，把“发展城市、经营城市、服务城市”作为壮大经济的着力点，大力实施了城区开发战略，促进了第三产业繁荣发展。借助北京路南延、车站路北延等市政重点工程之势，对城

区的西南部、西北部进行高起点、高标准的开发建设，拉大城市框架，增加城市亮点，以卧龙岗街道办事处为核心、大学园区为主体的南阳西南新城区已见雏形。加快东华村、彭营村区域开发步伐，已进入安置房建设阶段。辖区新建续建房地产项目29个，总投资27.8亿元。裕华商城、南阳光彩大市场一期工程已建成投入运营，新增商业面积33万平方米，新华城市广场、淯龙苑商场等市场正在加紧建设。中心城区共有封闭半封闭商品市场44个，经营面积75万余平方米，年可实现税收6800多万元。同时，改造提升商贸、餐饮等传统服务业，发展休闲娱乐、生活服务等新兴服务业，促进了第三产业的健康发展。全年第三产业增加值完成25.5亿元，同比增长18.8%，已成为全区经济发展的重要支撑。

【工业经济实力大增】 龙升工业园区进行了产业功能区划分，制定了“六区一城”的总体规划。对园区的水电、通讯、管网等配套设施进行了建设完善，并实施园区“亮化、绿化、美化”工程。园区集聚效应凸现，一批投资额度大、科技含量高、带动能力强的工业项目纷纷入驻，建成、在建项目36家，总投资28.2亿元，有10家企业建成投产，总投资6.8亿元，年产值可达5.5亿元，税利近1亿元。龙升工业园区先后被授予省级光电产业园、南阳台商投资区和南阳民族经济聚集区，已成为南阳对外开放的窗口、新兴产业发展的示范区和卧龙区经济腾飞的引擎。围绕蒲山环境综合整治和恒新水泥项目建设，建立了建材工业小区，通过科学规划、提高门槛、规范管理，集聚一批低耗能、低排放、高产出的新型建材工业企业。全面启动实施了“支柱工业企业培育计划”，西施兰、起重机械、金牛彩印等一批企业产销两旺，骨干带动作用显著增强。2008年全区规模以上工业企业完成总产值43亿元，同比增长48%；增加值12.5亿元，增长22%；利税4.1亿元，增长87.6%，工业经济的整体实力进一步壮大。

【农村经济全面发展】 以新农村建设统领农村工作全局，全面实施“三四五”工程。2008年全区7个市定示范村、29个区定示范村示范带动，多模式发展，用于新农村建设的投资达5000余万元，新修道路190公里，新发展小型沼气池7500座。全面开展“公路建设大会战”活动，干线公路建设完成投资5120万元，7条农村公路正在加紧施工，农村生产生活条件进一步改善。林业建设加快推进，完成造林6.02万亩，向林业生态县区目标迈进了一大步。落实各项支农惠农政策，全年兑现各项助农增收政策资金8697万元，提高了农民种粮积极性。全年粮食总产29.57万吨，油料总产4.43万吨，实现了粮油生产连续五年大丰收。城郊型特色农业稳步发展，蔬菜、花卉、食用菌、小白瓜、奶牛养殖、石榴等特色基地进一步壮大。全区花卉种植面积1.2万亩，食用菌130万平方米，蔬菜27万亩。石桥月季、安皋小白瓜、青华食用菌等一批农产品成为远近闻名的品牌。城市近郊农游一体化步伐加快，成功举办了“金秋卧龙郊游采摘文化节”、“独山民俗文化旅游节”，收到了良好的社会效益和经济效益。全区农业总产值达到17.6亿元，比上年增长8%。

【各项社会事业协调推进】 坚持以经济建设为中心，协调发展各项社会事业，和谐卧龙建设取得新发展。科技创新，全区获得市级科技进步奖35项。整合教育资源，农村50所区域性中心小学快速发展，37所农村中小学校舍维修改造共投入500万元，改造面积1.2万平方米，清除危房1.6万平方米。文化事业进一步繁荣，开展“送文化下乡”活动10次，“卧龙飞歌”广场演出活动18场，完成了安皋镇“省先进文化乡镇”和青华镇“省民间艺术之乡”的申报工作。就业再就业工作成效显著，全年新增就业岗位10625个，下岗失业人员再就业2458人，其中“4050”人员再就业750人。社会保障体系进一步完善，企业养老保险、医疗保险、失业保险面不断扩大。全年城镇低保人数

83524人次，累计发放低保金1056.9万元。改扩建乡镇敬老院5所，新建改建农村五保大院4个。社区建设顺利推进，40个板块型社区中已有办公用房的达35个，占社区总数的87%。信访工作扎实有效，社会治安综合治理进一步加强，深入开展严打整治专项斗争和“大走访”活动，有效提高了群众的安全感和满意度，促进了社会稳定和谐。

卧龙区各乡镇办主要领导名表

乡镇办	党(工)委书记	乡镇长、主任
梅溪街道办事处	刘小丽(女)	华德奇
卧龙岗街道办事处	魏德林	张玉恒
靳岗街道办事处	冯居轩	王国辉
七一街道办事处	陈世海(2008年1月任)	陈世海(2008年1月离) 王　璞(2008年5月任)
武侯街道办事处	王　杰	潘同辉
车站街道办事处	刘洪岑	张晓东
光武街道办事处	顾章青(2008年2月离) 王宏波(2008年4月任)	窦晓蓓(女)
蒲山镇	王学显(2008年1月任)	王学显(2008年1月离) 樊　鑫(2008年4月任)
石桥镇	冉建国	田华宇
安皋镇	孙震(副处级)	方传军
潦河镇	刘子杰(2008年1月任)	刘子杰(2008年1月离) 王　建(2008年4月任)
青华镇	余永海(2008年3月离) 陈永平(2008年4月任)	陈永平(2008年4月离) 刘道杰(2008年4月任)
英庄镇	王天清(享受副处级)	王宏波(2008年4月离) 李明敏(女,2008年4月任)
陆营镇	华显文(享受副处级)	杨林青(2008年10月离) 李卫东(2008年10月任)
七里园乡	张建设(2008年10月离) 张明团(2008年10月任)	张明团(2008年10月离) 王志德(2008年10月任)
王村乡	张建龙	杨建泉
谢庄乡	张建勋	李伟兴
龙兴乡	王万春(2008年10月离) 杨林青(2008年10月任)	燕长春(2008年10月离) 惠广路(2008年10月任)

乡镇办概览

【七一街道办事处】 2008年，生产总值13.84亿元，全社会固定资产投资10000万元，财政收入670万元。引进项目13个，总投资额达6.25亿元，已投入运营的项目2个，累计完成投资额2.68亿元。社区建设，筹资36.9万元新建曙光社区办公用房，建筑面积约300平方米。永康社区协调前进村小组，投资16万元，建成了社区办公用房10间200余平方米。筹措资金16万元，硬化了茅岗屯巷长600米，筹资19万元实施永安路南延工程长360米，硬化面积2000余平方米。组织辖区120个单位大型卫生综合整治8次。社会稳定工作，以打击“两抢一盗”活动为重点，建立了62个单位治安值勤岗，完善了群防群治网络。为艾滋病人及致孤儿童发放福利救助7800元。

【卧龙岗街道办事处】 2008年，生产总值21.73亿元，固定资产投资3.5亿元，争取政策性资金245万元，财政收入749万元，农民人均纯收入2780元。新建项目10个，计划总投资9.49亿元，到位资金3.63亿元；续建项目9个，计划总投资25.48亿元，到位资金4.82亿元；拟建项目23个，计划总投资32亿元。建成项目11个，其中工业项目5个，商住项目6个；新开工项目10个，已建成7个。城市建设，投资150余万元，水泥硬化车站南路王营段2200米，投资100万元对唐湾路长1800米进行修建，投资195万元硬化了背街小巷11条，总面积达2万平方米。全年上缴农村养老金67万余元，五保老人集中供养率达34.7%，享受农村低保88户176人，享受城市低保152户304人，完成贫困居民廉租住房70户，救助五保户、低保户、特困户爱心物资共计39753元，拓展就业岗位80个。投资40多万元，建立了社区卫生服务中心，为居民建立健康档案2万余份。

【武侯街道办事处】 2008年，农业总产值2235万元，财政收入453.万元。已建成总投资5500万元项目2个。新开工总投资12530万元项目5个，已签约总投资2890万元项目2个，全年争取政策性资金项目16个，资金380万元。开展人居环境整治。投资1.2万元建成拥军爱民巷农贸市场，投资3.6万元建成岗东村农贸市场，投资16万元建成武侯西路农贸市场，投资9万元硬化崔西巷300米，投资36万元硬化兰庄巷1000米，投资28万元硬化上岗巷700米。投资5万余元对程沟水库大坝进行了维修，投资2万余元新修硬边渠1500米，新增有效灌溉面积500亩，投资15万元新打人畜安全饮水深水井1眼，解决了农民吃水难问题。共种植生态林520亩27620株。投资31万元新建沼气池55座，并配套搞好了“改厨、改厕、改圈、改水”工作。全年发放低保金10.14万元、优抚金3.6万元、退伍参战参试人员优待金13人1.56万元。

【梅溪街道办事处】 2008年，生产总值18.05亿元，财政收入686.5万元。新建项目3个，总投资22.15亿元；续建项目3个，正在办理相关手续项目1个，总投资1800万元。以打造宜居城市为目标，投资26万元对文化村南北巷进行改造，在长办巷等地安装路灯19盏。共发放低保金10074户23238人1790664元；对350户符合廉租住房条件的家庭实行了动态管理。成立了梅溪物业管理中心，安置下岗职工456名，584名困难职工实现了就业再就业。并对14名优抚对象发放优抚金61800元，对4名社会救济对象发放救济金5016元。成立了以老年人为服务对象的社康中心，使辖区的老年人老有所养、老有所乐。以“三示范”“三文明”活动为载体，夯实党建基础，被评为区“双三”活动先进单位。被省民政厅授予“省和谐社区建设先进街道”称号，并荣获了市级文明单位。

【车站街道办事处】 2008年，生产总值13.38亿元，财政收入518万元，固定资产投资2990万元。争取政策性资金15万元。新建项目7个，续建项目4个，总投资82000万元，已完成投资10990万元。新发展个体工商户58户、民营企业2个。筹资11万元，建成新西南社区办公用房。积极开辟社区服务新途径，成立了19支共产党员社区志愿服务队，设置了读报栏、文体活动室，成立了社区家政服务公司。开展了“平安街道”创建活动，辖区沿街科级以上单位都建立了治安执勤岗。2个社区达到了“平安社区”标准。开展严打整治斗争和打击“两抢一盗”专项整治，街道成立了专业治安巡逻队。城区建设，以“靓丽杯”竞赛活动为载体，集中整治小街小巷，组织义务劳动800多人次，改变市容面貌。投资24万元，改造旱厕3个。投资30余万元，硬化小街小巷道路2条2000平方米。顺达社区赵东巷成为高标准景观巷，创建了健康教育示范小区2个。

【光武街道办事处】 2008年，完成营业收入84466万元，非公有制经济总产值83698万元，财政收入420万元。新引进项目4个，总投资16.9亿元；续建项目2个，总投资7.79亿元。投资90万元，新建了光彩农贸市场和榆树庄农贸市场。投入57.46万元硬化光彩巷、史西巷、大官庄巷和西华巷共7183平方米，并实现亮化照明。“光彩巷”投入130万元，建设景观巷。小铁路社区投资30万余元建成420平方米办公楼，华盛社区办公楼扩建120平方米，工业路社区投资40多万元建成250平方米的办公楼，光彩社区新建约400平方米的办公楼，并设立了一站式便民服务大厅。投入2万余元，加强防汛物资储备。成立残疾人康复站，并对109名残疾人重新进行了摸底登记。

【靳岗街道办事处】 2008

年，生产总值8.48亿元，财政收入557.8万元，农民人均纯收入4468元，非公经济固定资产投资1.79亿元，新建非公企业6个。新建、续建投资项目共计22个，其中投资3000万元以上项目17个。依托兰湖森林公园开发旅游业，发展农游一体化，打造农游品牌，公园一、二期占地共3650亩，种植各类观赏苗木40万余株。落实种粮农民补贴，共发放直补资金23.1万元，综合直补资金105.8万元，涉及农户3538户。新修道路22公里。打深水井2眼，解决了1600余名群众吃水问题。开展示范卫生所创建活动。落实就业再就业各项优惠政策，实现再就业20人。新农村建设，把精品村建设与试点村建设相结合，以312国道沿线5个村为重点，分层次分步骤地实施建设。投资600余万元，新修道路6.7公里，硬化路面20余万平方米，新建文化广场3处。

【石桥镇】　2008年，以月季花卉、瓜果蔬菜、集镇商贸、文化旅游为四大支柱产业，月季种植规模达5000亩，精优品种1000余个，其中拥有自主知识产权品种50多个，建成花卉企业32个，较大的种植户180余户，带动8个行政村，19个自然村，1000余户农民从事月季生产。年生产销售各种种苗2000万株以上，年产值4000万元以上，是全国最大的月季生产基地、月季种苗的生产、销售中心，产品畅销全国各地，占国内月季种苗销售的60%，并出口日本、美国、德国等国家，月季种苗出口占国内出口总量80%。石桥月季被命名为“河南省名牌产品”。同时，建成了以生姜、蒜苗、韭菜、大葱精细蔬菜、西瓜等5个主导产品为主的无公害蔬菜基地，全镇瓜果蔬菜种植5000亩。素有“银石桥”之称的石桥，已形成了6条商业主街道，集贸市场年成交额达1.6亿元。有13个专业市场，是宛北最活跃的农村集镇之一，辐射周边三县十余个乡镇，是国家工商局命名的“全国文明集贸市场”。投资近200万元建成了占地20亩的石桥镇果蔬批发市场，建成了占地30亩的花生加工市场，建成了占地20亩的车站综合市场。乡镇企业发展迅速。来料加工项目发展较为强劲，仅碳化硅加工企业就达12家，年产值2000万元。乡镇企业达400多家，从业人员达4700人，初步形成了以月季花卉、建材、铸造、变压器、绝缘材料、制药、饲料加工为支柱的工业体系。

【潦河镇】　2008年，生产总值73751万元，固定资产投资6818万元，财政收入210.7万元，农民人均纯收入3269元。完成续建项目2个，续建资金投资1150万元；完成新建项目6个，总投资4200万元；合同项目1个，合同资金1300万元；运作中项目2个。政策性资金项目9个，争取资金2535.42万元，到位资金670.42万元。全年调整出绿化用地近2100亩，签订造林承包合同300余份，植树8万株。镇村两级在新农村建设上已投入资金近200万元，整修道路6000米，实现“户户通”3000米，建绿化带16000米，建文化长廊2个，粉饰墙壁3.8万余平方米，完成沼气建设目标任务700座，新发展有线电视用户765户。全镇已整修农村公路路肩边坡29.48公里，疏通边沟29.48公里，清理各类占道违章30余处，设置标志、标示牌48处，划道路标线20.18公里。完成农村劳动力转移就业1373人，农村劳动力技能培训240人次。

【安皋镇】　2008年，农业总产值18700万元，工业总产值1300万元，非公有制经济营业收入24600万元，固定资产投资11600万元，财政收入131万元，农民人均纯收入3780元。全年引进项目12个，总投资4010万元。其中500万元以上的项目4个，500万元以下的8个，正在洽谈的项目2个。投资300万元硬化了南京路南段和一职高段，投资130余万元建成了占地6亩的安皋文化活动中心，投资1080万元建成了南京路南段和扎花厂临街门面房，投资800万元以宏大汽车配件项目为主建设了“安皋工业品市场”。成功申报了“四星级小城镇”、“河南省先进文化乡镇”，建成了安皋文化中心和姜园、和庄、杨庄3

个村级文化广场。新农村建设实施了“农游一体化”工程，姜园、于岗、周庄新农村旅游观光带格局已初步形成。林果业逐渐壮大，新发展杨树5600亩，共30.8万株，沿河连片新发展软籽石榴300亩。注册了“安皋小白瓜”商标，并获得了新一轮国家农业部无公害农产品认证和省农业厅无公害产地认证，建立了瓜菜专业合作社。生猪饲养2.4万头，家禽饲养18.4万只，新建规模化养猪场8个，养禽场4个。发放农民直补和综合直补资金373.5万元。安排农村劳动力转移827人。建成了15个村级标准化卫生所。新建了一中综合教学楼，新建了连庄小学。

【蒲山镇】 2008年，财政收入769.2万元，新建项目17个，总投资1.76亿元。按照“西林东矿北游南菜中畜牧”的总体发展规划，建成了沿黄后路无公害蔬菜基地、沿龙祥路林果——小辣椒基地、沿蒲谢路生猪基地、沿宋陈路禽业基地。无公害蔬菜产值达3300万元，年生猪出栏83万头，产值8200万元，蛋鸡及种鸡产值达1.3亿元。由于环境优化，豫02线、蒲电路、龙祥路已成为新兴项目隆起带。举办了“桃花观赏节”和“鲜桃采摘节”，农游一体化收到了良好的社会和经济效益。农村公路建设总投资678万元，新修村级道路10.2公里，高质量完成了14.7公里龙祥路改建工程和8.6公里安蒲路路基修建任务。完成了豫02线公路两侧石材废料和废旧石灰窑的清理工作，强制拆除自行建设、恢复生产的2座靠山石灰窑和4台石子机，有效遏制了污染反弹。拆除蒲山矿区违章建筑和废弃民房461间，种植广玉兰、雪松、刺柏、冬青、速生杨7.2万株，完成了重点区域的绿化。实施矿山植被恢复工程，实行招投标制度，按照梯田设计、四季长青标准，已完成梯田的修筑和植树植草。总投资130万元，建设了镇综合文化站。

【陆营镇】 2008年，生产总值42562万元，非公有制经济完成40370万元，农业生产总值27075万元，财政收入104.4万元。农业支柱产业不断发展壮大，全镇已有16个村的“一村一品”主导产业初具规模，形成了北部冢头村的花生米加工、南部桂营村的柳编加工、东部朱屯村的苗木繁育、河西徐营村的蔬菜种植以及中部华庄、陆营村的畜禽养殖等五大基地。社会事业进一步完善。投资220余万元整修了龙凤路4.5公里路段和陆青路陆营段近12公里，使两纵一横过境县道全线贯通。投资160万元解决4000余人的安全饮水工程正在施工；在马营村建成了陆营镇第二敬老院；投资200万元设计面积3000亩的节水灌溉项目已经开工。修编一新的陆营镇集镇建设总体利用规划已通过初步评审。

【青华镇】 2008年，生产总值60900万元，财政收入180万元，农民人均纯收入3810元。新上项目10个，总投资5500万元，累计到位资金3000万元；争取政策性资金2400万元，待拨付资金180万元。积极搞好社会主义新农村建设，首先是精雕细刻王珍庄村，其次是继续打造远场村，三是高标准建设高老家村，四是延伸建设青南、青北村，五是整体推进新农村建设；新农村建设以点带面、连点成片，被省委、省政府授予新农村建设先进乡镇。小城镇建设，投资128万元新建小辣椒市场1座，硬化水泥路面1500平方米，配套排水设施，架设路灯30盏，修绿化带400平方米，栽植绿化树100株，新开门面房200余间。新植树23.87万株，形成了生态林业大格局。道路建设，投资130万元水泥硬化陆青路11公里，新建桥涵6座，完成村村通建设5.1公里。“不走泥巴路”工程，已建成水泥路18公里，硬化沙石路面46公里，并配备了24名村级护路员，监管并重，确保了农村道路的通畅。建成王珍庄和三李营2个养老分院。投资78万元的卫生院病房楼投入使用。被省委、省政府授予“平安建设工作”先进乡镇。

【英庄镇】 2008年，生产总值126230万元，财政收入167万元，农民人均纯收入3859元。引进新建项目和续建项目18个，其中新建项目17个，100万元以上项目14个，项目投资总额4660万元，其中争取上级政策性项目16个，争取资金889万元。新增非公有制企业18家，已达70家，总产值98600万元。基础设施建设，共争取项目资金146万元，自筹102万元，完成5个村的村道建设，新修水泥路14.6公里。积极配合支持龙凤路大修工程，镇投资9万余元，完成砂石料1800余立方，确保了辖区内干道的净化畅通。同时，以清洁家园行动为载体，开展了“一环三路一中心”的道路清洁整治工作。实施了小城镇的清洁整治工作，铺油整修集镇南北大街干道1000米，铺设彩砖10000平方米，整修完善了排水系统。开展“常青杯”竞赛活动，林业生态建设重点抓好高速公路两侧的植树造林工作，沿线已调整土地760亩，置换土地180亩，以组集体土地进行补贴置换的50亩。

【七里园乡】 2008年，生产总值4.2亿元，社会固定资产投资3.3亿元，财政收入433万元，农民人均纯收入3706元。投资项目16个，投资总额1.65亿元，到位资金1.25亿元。其中新建项目2个，已完成投资3800万元，新开工项目3个，共投资9000万元，正在洽谈项目5个。农游一体化成效显著。东起白河，西至靳庄水库的大旅游环线及按照地理位置划分的东、中、西三个小型独立环线已基本形成。豫山禅寺、祖师宫搭起了“三月三”庙会的大舞台；金岁月生态园、五星农家成为南阳市餐饮及旅游业的靓丽风景；独山森林公园、锦绣植物园、独山植物园、鲜果采摘园成为人们休闲娱乐的好去处。全乡已形成3000亩的无公害蔬菜基地，草莓、桃、美国杏李采摘园面积1500亩。又投资12万元，在达士营规划、修建了100亩蔬菜认种园；大寨、大庄的草莓采摘园发展到170亩。以达士营新农村精品村和白塔、大寨新农村试点村建设为重点，着力打造东部以达士营、白塔、冯楼、大屯村为主，西部以大寨、大庄、雷庄为主的新农村建设示范带。生态建设效果明显。以通道绿化、入市口绿化、围村绿化为重点，植树8万余株。全年共绿化美化道路80公里，栽植景观树2万株。投资30万元，维修改造校舍。投资20万元，改善了敬老院生活设施。

【谢庄乡】 2008年，生产总值2.14亿元，社会固定资产投资3200万元，财政收入60.1万元，农民人均纯收入2562.19元。引资300万元以上的工业项目3个，总投资1100万元。其中续建项目2个，新建项目1个。争取政策性投资项目9个，资金495万元。小城镇建设加大对掘地坪市场、刘庄市场、龚河市场的建设和整治力度。完成了安蒲路谢庄段9.6公里的建设任务。筹资480万元修建村村通水泥路32公里，惠及8个行政村；自筹60万元对靳水路、靳小路整修维护20余公里。畜牧养殖新增水冲养猪场、大庙养鸡场、徐庄养鸡场3家规模养殖场。整合教育资源，成立了4所区域性中心小学，公开选拔5所中小学校校长。卫生院新增x光机、多浦勒等设备，引进专业技术人员4名。建立4个村级文化大院。新建沼气池780座。投资310余万元，新改造7个村的电网线路；推进“万村千乡市场工程”，新建农家店5家，农资店2家。新增外出务工人员800余人。

【王村乡】 2008年，生产总值37602万元，财政收入979万元，农民人均纯收入6300元。续建、新建、拟建项目17个，完成投资3.5亿元，其中5个项目已建成投产，12个项目正加紧施工中。农业生产上，采取以市场为导向，大户示范、反租倒包、土地流转等形式，推进农业产业结构调整。沿王闫路规划的千亩无公害蔬菜基地，以方营村为试点，连片大棚种植蔬菜500亩。生态造林4200亩，生态观光休闲农业靓姿初现。何营村将位于王闫路东侧的300亩土地，按照每亩600元的价格对外租赁30年，建起了千头肉牛养殖基地，项目总投资1500万元，繁养育肥肉牛2500头，年出栏万余头，青贮饲料6000吨，使邻村的2400亩秸秆变废为宝，并为村民提供就业岗位150人。谢沟村依托近郊优势，发展了20亩的香菇温室种植，大井村发展了30亩的石榴园，王村发展了百余亩月季园。公路建设方面，投资200余万元，对王闫路、王安路沿线两侧各铺垫2米宽标准路肩，外延20米的绿化带，栽种冬青树、广玉兰6200株，补栽2年以上速生杨32000株。新修下水管道5600米，绿化、净化、美化了沿线村庄的整体面貌。

【龙兴乡】 2008年，生产总值33870万元，固定资产投资1440万元，财政收入80.2万元，农民人均纯收入1683元。全乡共有民营企业27家，其中规模以上企业1家，个体工商业户450余户，从业人员1000余人。实际利用乡内外资金1000万元，引进项目6个，实际到位资金800万元。进一步整合境内山水林资源，大力发展生态旅游、观光农业，已建成麒麟湖风景区、龙湖庄园、后庄游乐园、天鹅湖风景区，林果种植3万余亩。生态旅游、林果、畜牧已成为全乡经济发展的三大支柱产业。平原绿化植树92.25万株，成立了护林队。投资60万元，农业综合开发整理土地54公顷，新增耕地面积52公顷。投资1000余万元建设了市级新农村建设试点村后庄村、古庄新村及特色农家乐、文化广场、客运汽车站等标志性建筑，投资400万元建设潦白新街。投资2500余万元修建农村公路86.4公里。完成了乡卫生院和10处标准卫生室的配套建设任务。扩建后的敬老院投入使用。先后实施了村村通自来水、户户通有线电视、村村通水泥路、帮扶带救助等民心工程。（刘科峰）

宛　城　区

区情综述

【概况】 总面积927平方公里，耕地面积61.9公顷，城区面积86.04平方公里。总人口866458人。辖6个街道办事处，4个镇和6个乡。

区委书记：马瑞平；副书记：庞震凤（女）、王崇龙；常委：王元敏（纪委书记）、潘自东（政法委书记）、赵金元（组织部长）、全新明（常务副区长，2008年10月离）、李培彦（常务副区长，2008年10月任）、黄玉杰（女，宣传部长，2008年10月离）、梁海磊（宣传部长，2008年10月任）、谢先莹（区委办主任，2008年10月离）、孟庆剑（区委办主任，2008年10月任）、王仁峰（统战部长）、高贵州（人武部政委）、

人大主任：刘荣旭；副主任：张进学、阮明东（2008年8月离）、高波、马云德、徐存亮

区长：庞震凤（女）；副区长：全新明（2008年10月离）、李培彦（2008年10月任）、李登刚、李炳武、田西蒲、孟庆剑（2008年10月离）、张智广（2008年10月，由区长助理改任副区长）、桑玉强（科技副区长，2008年11月离）、王玉喜（科技副区长，2008年11月任）

政协主席：程广宗；副主席：李明君、刘金波、侯金星、李文阁（2008年10月离）

法院院长：贾志侠

检察院检察长：王金荣（女）

2008年，是宛城区经济社会发展遇到困难最多、挑战最大的一年。面对资源约束、资金紧张和国际金融危机等复杂多变的经济形势，全区上下深入贯彻科学发展观，认真落实各项宏观调控政策，经济社会发展取得了显著成效。全年完成生产总值77亿元，比上年增长13.1%；其中第一、二、三产业增加值分别达到22.5亿元、31.2亿元、23.3亿元，产业比例达到29.3：40.4：30.3，二、三产业比重分别提高2.2个、4.2个百分点，三次产业排序实现二一三向二三一的历史性转变。完成全社会固定资产投资43.2亿元，增长33%；其中城镇以上固定资产投资34.9亿元，

工业固定资产投资15.2亿元，分别增长42%、43.4%。实现社会消费品零售总额55.5亿元，增长23.5%。完成财政一般预算收入2.038亿元，首次突破2亿元大关，增长16%，税收收入占一般预算收入比重达到81.5%。争取财力性、专项转移支付资金3.51亿元，一般预算支出规模达到8.08亿元，增长15.2%，保证了各项重点支出需要。城镇居民人均可支配收入13546元，农民人均纯收入5168元。

【加大招商引资力度，强力推进项目建设】 规范招商引资优惠政策，大力开展招商引资活动，完善项目建设协调推进机制，全年实施投资千万元以上各类生产经营性项目28个，建成19个，实际完成投资11.6亿元。娃哈哈营养快线、防爆机电、光辉厂特种变压器、二胶厂数码印刷版材、光达数码印刷版材、三色鸽豆制品、众益食业一期、兴泰钢结构、万方变压器、滨河古玩花鸟市场、名流家具城、枣林姚庄家具生产基地等一批重点项目建成投产，天羽公司PS版基、海泳制衣一期、世纪精纺一期等投资超亿元项目正在进行厂房建设。

【突出工业园区建设，大力发展工业经济】 积极实施工业立区战略，强化重大项目支撑、园区产业集聚、企业技改改制，促进工业经济提速增效。全区限额以上工业企业发展到67家，比上年增加12家；完成工业增加值11.2亿元，增长22.1%；实现利润2.7亿元，增长78.5%。年产值超亿元的工业企业发展到7家，比上年增加3家，其中南阳娃哈哈生产基地年销售收入、利税分别达到5.3亿元、1.5亿元。理顺了生态工业园区财税、投入体制；完成了纬三路拓宽改造和110千伏变电站建设，正在建设经一路和标准化厂房。生态工业园区被确定为国家级新能源高技术产业基地核心区和省级生物产业高技术产业基地，成为全市13个省级产业集聚区之一。

【加大农业投入，扎实推进新农村建设】 认真落实各项惠农政策。及时足额发放种粮补贴、农机具购置补贴、良种补贴、奶牛补贴、家电下乡补贴、石油补贴等各项补贴资金8390多万元。稳定粮食生产。全年粮食总产37.8万吨，增长3.7%。进一步提高蔬菜、畜牧业发展水平。全年蔬菜总产量12.8万吨，肉蛋奶产量分别为2.73万吨、1.16万吨和7万吨；全区获省无公害蔬菜基地认证12个、无公害畜产品养殖场认证57家。茶庵袁黄庄温室大棚蔬菜、黄台岗大夫庄蛋鸡、溧河西洼奶牛、高庙黄池陂黄牛、新店瘦肉型猪等种植养殖基地发挥了较好的示范带动作用。林业生态区建设扎实推进。继实现平原绿化高级达标后，新增造林绿化4.96万亩。农村基础设施建设迈出新步伐。新建村级联网公路104.2公里、县乡公路94.2公里；完成世行三期项目中低产田改造2.7万亩和标准粮田一期4万亩建设任务，解决农村安全饮水2.94万人，新建大中小型沼气工程13处。深化“双加”模式，深入开展“向荣杯”新农村建设竞赛活动。围绕一村一品，依托特色农业，全区新发展农民专业合作社47家，新组建党群信用联合体102个，新发放信用贷款6008万元，切实提高了特色农业的比较效益。同时，在全区104个村中开展“向荣杯”竞赛活动，落实奖励、帮建资金300多万元，建成省级文明新村3个，市级文明新村37个。

【加强基础设施建设，城镇面貌明显改观】 积极服务、参与市政重点工程建设，张衡东路建成通车，独山大道南延、仲景路改造有序推进。稳定实施城中村改造，拆迁面积17万平方米。完成城区背街小巷改造28条，新建维修农村集镇街道15条，小城镇建成区面积达到20.4平方公里。巩固全省“建筑之乡”地位，完成建安产值15.2亿元。推进环卫城管体制改革，加大环卫清扫保洁和城管监察工作力度，城区卫生状况和公共秩序明显好转。

【着力改善民生，社会事业全面进步】 突出抓好十件实事，认真解决涉及群众切身利益的实际问题，全面加强民生工程建设。发展教育文化事业。加大教育投入，对农村中小学生继续实施“两免一补”，免除城市义务教育阶段学杂费，开展农村“普九”债务化解工作，完成了市二十八小、四中和十六中改扩建，投入1800万元实施26个农村中小学校舍新建改造项目。完成区影剧院改造，新建乡镇综合文化站3个、农村书屋18个，开展了电影公益放映和舞台艺术送农民活动。搞好医疗卫生服务。全区新农合参合率达到96.5%，发放医疗补助3966万元。在村级定点医疗机构全面推行了药品统一配送工作，新建农村示范卫生所50个。落实艾滋病免费治疗，对服用问题奶粉的430多名婴幼患儿实施了及时救治。加强就业再就业和社会保障工作。落实再就业资金307万元，发放下岗失业人员小额担保贷款1092万元。全区新增城镇就业人员1.1万人，下岗失业人员再就业2600人，农村劳动力转移就业1.2万人。积极开展城镇居民医疗保险试点工作，参保人数达到6.37万人。社会保险征缴扩面力度加大，养老保险金和失业保险金足额发放率和社会化发放率均达到100%。做好困难救助和优抚工作。提高了城乡低保、农村五保供养补助标准，共发放三项补助资金3000多万元，农村五保集中供养率达到40%。完善城乡医疗救助制度，实施“曙光行动”计划，免费为贫困白内障患者实施复明手术800例。为符合廉租房条件的1407户城市低保户发放住房补贴267.3万元。认真落实基本国策。稳定低生育水平，统筹解决人口问题，促进人的全面发展。加强环境保护，圆满完成第一次全国污染源普查，秸秆禁烧成效显著，节能减排扎实推进，万元生产总值能耗下降5.27%。加强土地管理，做好耕地保护和建设用地服务工作。推进平安宛城建设。深入开展安全隐患治理年活动，全区未发生较大安全生产事故。认真办理群众来信来访，切实解决群众反映的实际问题。坚持清欠与开发并重，消减“两会一部”存款规模1200万元。深入开展打击“两抢一盗”、“打黑除恶”、食品安全等专项整治活动，保证了社会大局稳定。广播、电视、体育等事业健康发展，科技、审计、物价、统计、工商、质量监督、金融、保险、信息、民族、宗教、地方志、残联、对台、民兵等工作均取得了新的成绩。

宛城区各乡镇办主要领导名表

乡镇办	党(工)委书记	乡镇长、主任
新华街道办事处	翟　青	付喜荣(女)
东关街道办事处	李　冰	赵　诚
白河街道办事处	高　波(2008年3月离) 刁仁庆(2008年3月任)	王宛川
枣林街道办事处	徐连会	葛青峰(2008年3月离) 黎永欣(2008年3月任)
仲景街道办事处	赵玉鉴	秦世海(2008年3月离) 陈联咏(女,2008年3月任)
汉冶街道办事处	吴宝毅(2008年3月离) 温东阳(2008年3月任)	王国光
官庄镇	贾玮(副处级,2008年3月离) 闫书勇(2008年3月任,12月任副处级)	包　鹏
瓦店镇	温东阳(2008年3月离) 杨旭光(2008年3月任)	杨旭光(2008年3月离) 马　炜(2008年3月任)
黄台岗镇	王时良	曾宪伟
红泥湾镇	王胜普	黎永欣(2008年3月离) 曾庆欣(2008年3月任)
新店乡	闫书勇(2008年3月离) 周大鹏(2008年3月任)	马勤成
溧河乡	胡忠志(副处级)	周大鹏(2008年3月离) 赵笏堂(2008年3月任)
金华乡	李云仓	曾庆欣(2008年3月离) 颜庆奎(2008年3月任)
汉冢乡	季丰毅(2008年3月离) 秦世海(2008年3月任)	罗　理
茶庵乡	李德森(2008年3月离) 翟世阳(2008年3月任)	张瑞阁(女)
高庙乡	刁仁庆(2008年3月离) 杨明雪(2008年3月任)	崔振宇(2008年3月离) 王明东(2008年3月任)

乡镇办概览

【新华街道办事处】 2008年，生产总值9.98亿元，财政收入621万元，固定资产投资25640万元。全处个体工商户1950家，非公有制企业300家，从业人员9000人，非公有制经济占全处经济总量的90%。100万元以上项目36个，引资1.5亿元。成立了13个就业岗位援助工作站，在12家民营企业中设立了“再就业岗位援助基地”，培训再就业人员1300人次，发放再就业优惠证187本，为88名下岗失业人员办理了小额担保贷款，优先安置零就业家庭56人。整修花坛80个，采购小黄杨6000株，绿化街道8条，对辖区内联合街等4条背街小巷进行了改造，总长960米，改造面积6720平方米。13个社区都建立了图书服务社和文体活动室，邮电、大井社区成立了老年文化艺术团，不定期为群众义演，已为辖区居民演出20余场。

【东关街道办事处】 2008年，生产总值10.1亿元，固定资产投资1.23亿元，财政收入637万元。引资100万元以上项目4个，总投资3220万元，实现出口创汇120万元。建成副食、纺织、粮油、小商品批发等各类专业市场9个，市场份额不断增加。投资70万元，分别在粮行、书院、建东建设成具有“五室、五站，一场地”标准化社区。对辖区83条小街小巷分批分期集中整治，对已建成的3个省级治安模范单位，24个市级治安模范单位，76个区级治安模范单位，17个治安模范居委会，16个安全责任区（其中5个市级安全小区），逐个进行复查验收，做好巩固，提高，创新工作。

【白河街道办事处】 2008年，生产总值4.6亿元，财政收入682万元，固定资产投资1.8亿元，城镇居民人均可支配收入11900元，农民人均纯收入4600元。项目建设工作，新上投资1000万元以上项目8个，投资总额1.8亿元，这些项目的建成投产，进一步增强了该处经济发展的后劲。全处限额以上工业增加值1.05亿元，限额以上工业实现利润2085万元，销售收入3.50亿元。实际利用区外境内投资额9000万元。引进建校、水利、井灌等无偿建设资金400万元，仅李八庙小学改造项目就引进省拨资金300万元。投资43.2万元高标准修建长900米、宽6米的九龙路。新农村建设力度加大，维修村内道路11条，15公里，绿化庭院3000平方米，投资80万元新建文化大院2处，新建农村书屋3处，藏书2万余册，组织各类文艺演出、文艺下乡活动71次，极大地丰富了群众的文化生活。

【枣林街道办事处】 2008年，生产总值8亿元，固定资产投资2.87亿元，城镇居民可支配收入13600元，财政收入945万元。各类非公有制经济单位1468家，个体工商户2981家，规模以上工业企业5家，中小企业420家，各类专业化市场、综合市场15个。项目建设实现了新跨越，新上投资在50万元以上项目11个，建成项目7个，在建项目4个，到位资金2.2亿元。家具专业化市场8座，经营面积120000平方米，容纳全国各地家具经销商800家，汇集国内外品牌家具200个，带动了200家家具加工生产企业，形成产、供、销一条龙的家具产业体系，催生400家家具运输专业户，60家餐饮、住宿业，20户物流信息货运部，年营业收入5.2亿，创利税9000万元。全处有专业市场15个，经营面积20万平方米，容纳各类个体工商户2989家，年交易额8.5亿元，为社会提供就业岗位8900个，安置农村剩余劳动力和下岗职工4000人。

【仲景街道办事处】 2008年，生产总值12.5亿元，财政收入923万元，固定资产投资2.3亿元，城乡居民生活水平有了新的提高，城镇居民人均可支配收入14000元，农民人均纯收入5200元。全处建成、在建、立项项目500万元以上9个，总投资11.24亿元。该处把背街小巷改造作为改善群众居住环境，提升城市建设水平的民心工程来抓，对文明南路等7条道路进行改造，共计全长3470米，修筑面积

23750平方米。社会治安综合治理工作被市、区评为“平安建设先进单位”。11月区政府安全生产现场会在该处召开，多次代表区政府接受国家、省、市检查，并被市政府授予安全生产工作先进单位。

【汉冶街道办事处】 2008年，生产总值4.56亿元，财政收入1178万元，城镇居民人均可支配收入13200元。新上固定资产投资50万元以上项目7个，计划总投资9.8亿元，到位资金5.59亿元。其中在建项目3个，已建成并投入运营项目4个。积极谋划新建市场，引资150万元，投建的宝来生活广场正式开业；位于北关社区，投资300万元的商业步行街正在积极论证筹划中。创新理念，突出特色，农业生产水平得到提升，全年共引进新品种6个，新建日光温室36个。已建成无公害菜田1500亩，年产无公害蔬菜800万公斤，产值1500万元；全年新增果园面积125亩，新建4亩以上花卉基地2个，辖区种植业结构得到了进一步优化。全年猪、牛、羊出栏量15000头，禽类出栏53000只，供应城区肉、蛋、奶总量3510吨，实现养殖产值2015万元。净土庵城中村改造工程进度在全市排在前列。7月净土庵作为区城中村改造工作先进典型接受了全市县域经济发展观摩团的现场观摩。

【官庄镇】 2008年，围绕“6369”经济社会发展目标和整体工作思路，全年完成农业总产值5.7亿元，工业总产值12亿元，乡镇企业总产值17亿元，财政收入580万元，农民人均纯收入4350元。通过招商引资，实施城中村改造项目，投资近亿元开发建设了五一园丁花园商贸城，共开发营业门店近百套，商品房100余套，被称之为城中村改造的样品工程。同时，还对3个已建成市场进行了配套完善，吸纳了全国各地客商1000余家入驻经营。积极协助市委、市政府对南阳市氮肥厂进行破产拍卖，由湖北厂商投资近亿元拍购，重组的晨光化工有限公司已进入试生产阶段。利用油田废弃的机关农场，引进投资近2亿元的生物能发电项目，现已进入工程实施阶段，此项目是该镇单笔投资规模最大的工业项目，达产后，可有效解决镇区秸杆的处置问题，并能为镇区居民提供可观的热能资源。先后从河南油田、上海引资420万元，建成了振兴化工有限公司和宏宇化工有限公司，生产油田钻井急需的泥浆注剂，以及石蜡、软麻油等产品，年创产值2600万元，利税250万元。引进高科技，改造升级了金马石化公司。全镇石油化工企业20家，棉花加工企业30家，服装加工企业10家，建筑建材企业100家，这四大支柱产业群已初具规模。随着“双加”模式的推广深化，全镇的林果花卉、食用菌种植、畜牧养殖和蔬菜种植四大农业支柱产业也更加清晰。

【瓦店镇】 2008年，生产总值10.1亿元，财政收入165万元，农民人均纯收入4800元。新上100万元以上工业项目6个，总投资1920万元。民营企业发展到110家，从业人员4200人。林业生产成效显著，新增造林面积0.6万亩，植树83万株，多次代表区里参加全市观摩。在镇区北部1.2万亩蔬菜基地农综开发建设任务的基础上，又引资575万元，高标准完成镇区南部1.2万亩土豆示范基地农综开发建设任务。全镇共筹措资金439万元，修建了8条、长10.3公里的水泥路和4.8公里的瓦金路县乡道改造扩建。投资120余万元，建成沼气池665座，安装太阳能150个，建成关帝庙沼气示范村一个。投资70万元，高标准完成了镇敬老院和4个村级五保大院建设。投资52万元，建成4个村级文化广场和14个村级文化大院，极大地丰富了群众业余文化生活。

【黄台岗镇】 2008年，生产总值12.1亿元，财政收入160万元，农民人均纯收入4600元。全镇春土豆种植面积3万亩，全部推广了“克新六号”、“郑薯五号”等土豆新品种，并采用了土豆与玉米套种的种植新模式，实现了亩均效益3000元以上。以大夫庄、勾营为主的蛋鸡养殖基地有了进一步发展，养殖总量50万只，由代付军牵头建立——黄台岗蛋鸡养殖有限公司，又投资100万元建成第三条现代化养鸡生产线，新增养鸡量3.8万只，公司生产的“三好”牌鸡蛋荣获省十大名优产品，同时由该龙头企业牵动，以“公司＋基地＋农户”形式，辐射带动周边养鸡业的发展，壮大养殖规模，沟通产销关系。全镇工业企业55家，其中限额以上工业企业6家，限额以上企业完成工业增加值6000万元。全镇工业企业完成增加值2.6亿元，实现利税2800万元。

【红泥湾镇】 2008年，生产总值14亿元，固定资产投资1.3亿元，财政收入312万元，农民人均纯收入5350元。夏粮连续五年获得丰收，总产达3.25万公斤；全年粮食总产4.85万吨。种植小辣椒8万余亩，占耕地面积的62%，农民60%的收入来自小辣椒产业。林业以通道工程和项目区农田林网为重点，完成植树40万株。引进公路建设项目资金475万元，建成水泥路21公里。新增沼气用户1640户，建池1680个。继续实施“开放带动”和“项目兴镇”战略，全镇共引进项目12个，引资额3.5亿元，已建成投产7个，在建5个。

【新店乡】 2008年，生产总值6.3亿元，财政收入256万元，城镇投资额3.3亿元，工业投资额26820万元，农民人均纯收入4832元。工业项目建设上充分利用轧花厂厂房，引资2000万元，建设了河南光达天宏科技有限公司，于8月份投产，年产量达500万平方米，产值1.5亿元。投资3000万元建成了南阳智能变压器厂，已投入生产。投资8000万元，开工建设了占地200亩的金河岸民族示范农庄，75套建筑面积计2500平方米的农家别墅已交付使用。养殖业规模不断壮大，全乡已建成养猪场180个，生猪存栏量8万头；建成奶（肉）牛场30个，饲养量1000余头；蛋（肉）鸡场50个，饲养量60余万只。畜牧养殖业已成为全乡广大群众致富增收的支柱产业。公路建设加快，累计投资950万元，按县道三级油路标准改造了博新路17.3公里，已全线贯通。全乡55个自然村通油路率60%，新店的交通面貌实现了质的飞跃，代表南阳市接受省“好路杯”检查，代表宛城区接受市“通达杯”检查。

【溧河乡】 2008年，生产总值5.62亿元，财政收入825万元，农民人均纯收入5600元。园区建设取得跨越式发展。全年共引进各类项目26个，总投资51.58亿元，有14个工业项目被列入市级工业“发动机计划”。其中投资超亿元的项目13个。总投资2.09亿元的娃哈哈昌盛饲料，总投资1.3亿元的防爆机电一期等5个项目已建成投产；总投资1.5亿元的海泳10万锭棉纺织，总投资2亿元的二胶厂数码版材等6个项目正在建设中；新旺氯碱和一期总投资6.65亿元的南阳纺织集团20万锭高档新型纺纱等15个项目正在做开工前的筹备工作。为保障重点项目建设及园区发展需要，对宽16米的纬三路进行了拓宽改造，完成了绿化带、路灯及各种管线扩建等建设任务。围绕园区重点工业项目，协调供电部门投资近600万元，架设2条10千伏高压供电线路47公里；配套二胶厂华光工业园35千伏变电站建设，协调供电部门投资270万元，架设35千伏供电线路800米，有力地保障了即将建成项目的用电需求。成功举办了第二届“牛郎织女节”。党的建设得到全面加强，该乡为河南省唯一一个农村乡镇面向中纪委党务公开和党风廉政建设工作直接联系点。

【金华乡】 2008年，生产总值4.38亿元，固定资产投资1.2亿元，农民人均纯收入5088元。全乡认真实行“三个三分之一”工作法，积极开展“四个一”招商引资活动。正大集团中原地区45万只大型养鸡场，已在东谢营村考察了场址。引资1500万元的供销社大院开发项目，已开始施工。引资1000万元新建免烧砖厂6个，已全部投产，年产值2500万元，利税250万元。宛城区金品木业公司金华分厂引资500万元，新上年产7000立方米胶合板生产线，投产后的生产规模扩大三分之一，年产值

5000万元以上。宝树面粉厂引资100万元，新上年产2000吨干面条项目，投产后年产值扩大到3000万元以上。叶营村引资100万元新建2万只规模养鸡场1个，年产值200万元。大力发展特色农业，建成5万亩优质小麦基地，3万亩优质棉基地，1万亩土豆胡萝卜基地，1万亩小辣椒基地，5000亩麦瓜萝套种基地等十大特色农业基地。在金华街主要街道两侧分别栽种大苗香樟、冬青等风景树16000余棵。

【汉冢乡】 2008年，生产总值4.21亿元，财政收入95万元，农民人均纯收入4725元。全年共引入各项生产经营性项目8个，引资3400万元。其中投资800万元的3.5KV汉冢变电站项目已进入网前调试阶段；引资700万元为大丰棉业引进了新的技改项目；与郑州市瑞星饲料厂联姻，投资800万元兴建了汉冢利民饲料厂，拓宽了农产品深加工的路子。引入农业基础设施建设项目4个，引资950万元，引入特色农业项目1个，引资150万元。生态村建设全年共植树7万株，以落实农村网络补植补栽和围村、围镇绿化工程为重点，共植树12.8万株。小城镇建设全年新发展个体加工企业12个，新发展个体工商户20家，新发展专业市场1个。开工建设“村村通”项目11个，修筑水泥路22公里。

【茶庵乡】 2008年，生产总值3.83亿元，财政收入97万元，固定资产投资1.44亿元，农民人均纯收入5117元。推广名优新品种科学种植技术，新品种覆盖率100%，科学技术含量超过80%以上，新培育农民经济人30人，形成了专业购销队伍2支。新建塑料大棚100个，现代化日光温室10座。基地内已建成连片蔬菜大棚680座，日光温室70座。春提早秋延后无公害蔬菜发展到3000亩，每个大棚纯收入8000元以上，每个温室纯收入1.5万元以上。引资500万元建成荣欣现代化养鸡场，饲养蛋鸡54000只。全乡各类专业养殖厂86个，专业养殖户421户。大牲畜存栏1.2万头，生猪存栏4.23万头，鸡鸭鹅存栏25万只，畜牧养殖已成为全乡农民增收的主要产业之一。

【高庙乡】 2008年，生产总值3.83亿元，城镇投资7838万元，工业投资额1.3亿元，财政收入54.8万元，农民人均纯收入3900元。新修村村通及县乡道路8.5公里，修建桥涵8座，全年共打浇灌机井510眼，疏通沟渠河道18处。畜牧业新建了占地120亩法玉亮黄牛养殖小区，成为养殖业的又一亮点。同时总投资600万元，年产值亿元的伊利嘉清真肉业公司，成为该乡黄牛育肥、加工、冷储、运输的龙头企业，有效拉长了产业链条。积极开展植树造林活动，全乡共新挖树穴13万穴，新植速生树12万棵，风景树1100棵，保活率100%。2月24日该乡代表区迎接全市林业生产观摩，并取得全市第一的好名次。（高孟林　崔艳艳）

南阳高新技术产业开发区

区情综述

【概况】 规划面积9.2平方公里，总人口12万，辖2个街道办事处，14个社区。

中共南阳高新区工委书记：梁进；副书记：郭斌、廖新志；委员：韩明国、张照基、王炎欣（纪工委书记）、文华、王晓云（女）、乔永杰、强国省、曹东

南阳高新区管委会主任：郭斌；副主任：张照基、文华、王晓云（女）、乔永杰、强国省；调研员：李文西、马喜平；副调研员：刘潇、李萌

人大政协联络处主任：韩明国；副主任：乔云章

2008年，实现地区生产总值40.17亿元，增长33.37%；全社会固定资产投资11亿元；财政一般预算收入10729万元，增长30%。实现工业总产值65.32亿元，

增长34.64%；工业销售收入62.28亿元，增长35.79%；高新技术产品销售收入26亿元，增长27.5%；外商投资企业销售收入7.7亿元，增长31.6%；出口创汇350万美元，增长25%。农民人均纯收入6096元，增长12.3%。

【以壮大特色产业作为主攻方向，推动经济又好又快发展】

一是努力打造产业平台，提高产业集聚度。改善科技园区结构，以创业大厦为核心，加快建设科技研发、成果转化平台和中试基地。投资1.2亿元、总面积近5万平方米的创业大厦已经建成，即将投入使用。提高机械制造园区建设水平，吸引大个企业入驻，扩大规模，提高质量，已基本形成以防爆集团为龙头的机械制造生产基地。加快光电产业园区建设步伐，完善路网、管网、电网，使园区入驻企业和项目能够正常生产和建设，中光学集团、光电孵化园、华祥光学、凯鑫光电、英锐光电、蓝天光电、同城光电等12个光学企业和项目已进驻。投资3000万元打造的光电孵化园独树一帜，新增孵化面积3万平方米，全区标准孵化厂房总面积达到18.7万平方米，孵化厂房利用率达95%以上，解决了一批中小企业的资金、场地难题，将分散的民营光学企业聚集到一起，技术水平、产品档次、企业形象、市场竞争力同步提高，成为中小企业发展和拉长产业链条的一种模式，得到了省科技厅的肯定。二是加大政策、资金帮扶力度，提高企业创新发展能力。直接为发动机计划项目提供支持资金近5000万元，有力促进了企业的快速发展；区财政安排500万元作为研发基金，选择15家研发能力强、产品科技含量高、对财政贡献大的骨干企业进行扶持；继续开展科技创新型企业评选活动，对科技创新型企业进行奖励；对进驻孵化园的中小企业实行减、免、缓等优惠政策；成立了高新区中小企业信用担保中心，为企业提供了融资服务；加紧组织了向上争取资金工作，帮助部分企业获得了专项资金。通过外引内扶，产业特色逐步明晰，形成了以中光学集团为代表的光学制造、以南阳防爆集团为代表的机电装备制造、以金冠电气为代表的电子信息三个特色产业集群。全区有工业企业269家，其中规模以上企业58家，年销售收入1000万元以上的企业35家，超亿元企业11家。

在经济快速增长的同时，质量和创新能力也大大提升，新增高新技术企业1家，高新技术产品6个，高新技术产业增加值占工业增加值的比重达到53%，新创中国名牌1个、河南名牌2个、省级以上著名商标3个、省优质产品2个。金冠电气公司自主研发的500KVSF6交流互感器通过国家级鉴定，达到国内先进水平；二机石油集团自主研制的“4000米车装钻机”被科技部列为2008—2009年国家星火计划、科技火炬计划项目。

【始终把招商引资作为生命线，扎实推进项目建设】

一是积极扩大招商成果。进一步确立了高新技术产业发展方向，制定《招商引资工作方案》，出台《加快光电产业发展的意见》，加大招商引资力度，以光电加工、机械制造和科技研发为重点，定人员、定方向、定目标，赴长三角、珠三角和环渤海经济圈招商引资；注重以商招商，充分发挥辖区大型、骨干企业的桥梁作用，通过参加豫商大会、中博会、深圳光博会等，开展重点招商，使招商引资工作不断获得新的进展。全年新立项和备案工商业项目19个，总投资34.7亿元。合同利用外资1600万美元，实际利用外资450万美元，引进省外资金6.54亿元，实现了招商引资工作新突破。二是扎实推进项目建设。以迎接全市经济观摩为契机，对市“发动机计划”项目和区重点项目，实行一个项目一名领导分包、一个部门负责，定目标、定奖惩，全程跟踪服务。同时加大督查力度，每月进行检查、通报，有效推动了重点项目建设。有关职能部门进一步简化行政审批事项，压缩审批时间，积极争取市有关部门支持，为项目建设提供了便利。街道办事处和社区积极配合，加强进地协调，做好群众工作，为项目建设创造优良环境。全区重点项目建设进展顺利，完成投资20.66亿元，其中，市定的7个工业“发动机计划”项目，金冠电气互感器、南阳防爆重型电机一期已建成投产，北方红阳车桥项目一期已建成试生产、二期厂房主体已建成，华祥公司光学棱镜项目正在建设，中光学集团光学引擎、中南金刚石、红宇专用车项目已开工建设。

【把改善民生作为落脚点，着力构建和谐社会】 在加快经济社会发展的同时，注重统筹协调，均衡发展，更加关注民生，让辖区群众共享高新区发展成果。一是在体制不顺的情况下，积极实施民生工程，大力推动社会事业。进一步完善了新农村合作医疗、农村低保、城镇居民医保、失地农民就业、困难户救助等社会保障体系，落实了计划生育奖扶、“两免一补”、粮食直补、水库移民安置补偿等惠民政策；加大资金投入，新建、改造了一批道路、环卫、校舍等公共基础设施，组织实施了农村安全饮水工程，解决了群众关心的热点、难点问题。市、区确定的十件实事全部完成，为辖区人民群众带了来实实在在的利益。改造农村公路1条（麒麟西路），长1700米；兴建了4座公厕和一批垃圾中转站、收集点，对社会免费开放公厕14座；顺利完成65小学教学楼改扩建工程，29中学改扩建工程正在按计划进行，辖区10余所中小学校办学条件得到了进一步改善；启动了许庄社区居民饮水安全工程。二是强化信访稳定工作。层层落实信访稳定责任制，健全了区、街道、社区三级矛盾纠纷排查网络，开展了全方位、滚动式、不间断的社会矛盾纠纷排查化解工作，对重点问题实行领导包案制，明确责任单位和责任人，切实做到排查到位、解决到位、稳控到位；开展了领导大接访活动，主要领导亲自接访，班子成员轮流接访，有效解决了一批老大难问题，化解了一些社会矛盾，集体上访和越级上访呈大幅下降趋势。三是加强社会治安综合治理和安全生产工作。以平安高新建设为载体，不断完善区、街道、社区三级治安防控体系，加强社会治安综合治理，开展了打击“两抢一盗”、打黑除恶和打击非法传销等专项斗争，严厉打击各类违法犯罪行为。辖区治安形势不断好转，群众安全感明显提高。以隐患治理年活动为载体，层层落实安全生产责任制，加强了应急体系建设，加大隐患整改和危险源监控力度，实现了全年安全生产无事故。

【强化政治保障为重点，全面加强党的建设】 一是认真开展“新解放、新跨越、新崛起”大讨论活动。把解放思想作为推动发展的总动力和突破口来抓，通过学习，广大党员干部进一步掌握了党的十七大和十七届三中全会精神，坚持用科学发展观指导工作实践，领导科学发展的能力得到提高；二是加强领导班子建设。坚持以贯彻民主集中制原则、增进班子团结为重点，加强理论学习和政治教育，不断提高各级领导干部的综合素质；三是加强干部队伍建设。坚持党管干部原则，积极推进干部人事制度改革，建立了干部能上能下、有序流动、公开选任的科学体系；四是加强基层组织建设。以思想建设为重点，以“三级联创”为载体，进一步完善党内各项制度，进一步提升组织建设水平。机关、社区、企业、学校等基层党组织，比、学、赶、超，形成了争先创优的良好局面。培育了黄岗社区党建示范点，受到省、市两级表彰。扎实稳妥地做好村改居社区“两委”换届选举工作；五是加强党员队伍建设。在坚持“三会一课”制度的同时，不断创新活动方式，采取红色教育、警示教育等形式，强化了政治学习和思想教育效果，提高了党员素质；六是加强了党风廉政建设。始终坚持一手抓经济发展不放松，一手抓反腐倡廉不放松，全面落实党风廉政建设责任制，坚持标本兼治、综合治理、惩防并重、注重预防的方针，扎实推进教育、制度、监督并重的惩治和预防腐败体系建设，扎实开展“效能建设年”活动，清理了行政许可和收费项目，清查、审核、公示了部门职责权力和办事流程，聘请了96名以人大代表和企业负责人为主体的效能建设监督员，发展环境进一步优化。加强廉政教育，采取正面教育与警示教育相结合，连续三年被评为全市党风廉政建设和反腐败工作优秀单位。

【坚持统筹兼顾抓亮点，精心塑造高新形象】 面对考验和挑战，统筹兼顾，同心协力，积极应对，全力打造亮点，树立了高新区良好的外部形象。在迎接温家宝总理视察活动中，工、管委周密部署，各级领导干部靠前指挥，各有关部门协同作战，为温家宝总理两次到高新区视察营造了优良环境。在支援四川地震灾区工作中，工、管委反应灵敏，迅速对支援灾区作出了部署，在全市率先以高新区名义向灾区捐款10万元，并发出了慰问电；全区各级组织和广大干部党员群众，积极响应工、管委号召，踊跃捐款70余万元，以实际行动支援了灾区人民。在迎接全市经济观摩活动中，严密组织，精心准备，打造精品。通过观摩，充分展示了高新区近年来的发展成果，树立了高新区的新形象。在北京奥运会、残奥会举行期间，开展了大接访和大排查活动，组织了9个督查小组，切实解决了一批热点、难点信访问题，有效化解了一些社会矛盾。“两奥”期间实现了赴京上访零目标，受到市委、市政府表彰。在精神文明建设和新农村建设上，高标准规划，软硬件建设并举，培育了黄岗市级新农村建设示范点；区机关在2007年获得市级标兵文明单位的基础上，2008年顺利晋升为省级文明单位，实现了三年三大步的目标，国税局和黄岗社区也分别获得省级文明单位和省级文明社区称号。

高新区街道办主要领导名表

街道办	党工委书记	主任
张衡街道办事处	周锦章	李　伟
百里奚街道办事处	杨东杰	洪保云

街道办概览

【张衡街道办事处】 2008年，张衡街道党工委、办事处以科学发展观为统领，围绕中心（招商引资）服务大局（项目建设），团结带领广大干部群众解放思想，干事创业，大力发展社区经济，维护社会稳定，积极推进民生工程，努力构建和谐社区，各项社会事业呈现出快速健康发展的良好势头。实现社会总产值3.43亿元，社会固定资产投资5800万元，社区集体经济收入180万元，新发展村组集体项目20余个。居民人均收入5600元以上。

【百里奚街道办事处】 2008年，百里奚街道党工委、办事处以科学发展观为统领，围绕中心（招商引资）服务大局（项目建设），团结带领广大干部群众解放思想，干事创业，大力发展社区经济，维护社会稳定，积极推进民生工程，努力构建和谐社区，各项社会事业呈现出快速健康发展的良好势头。实现社会总产值3.82亿元，社区集体经济收入410万元，农民人均纯收入6000余元。（姚寿忠）

社　旗　县

县情综述

【概况】 总面积1203平方公里，耕地面积108万亩，总人口67.05万人，其中乡村人口59.37万人。辖赊店镇、桥头镇、郝寨镇、兴隆镇、李店镇、晋庄镇、苗店镇、饶良镇、朱集镇9个镇和城郊乡、大冯营乡、下洼乡、陌陂乡、太和乡、唐庄乡6个乡、243个行政村（街）。

县委书记：秦鹏鸣；副书记：张明体、黄玉杰（女）；常委：贾星远（纪委书记）、白洁（县委办主任）、张富强（宣传部长）、刘玉彬（组织部长）、刘世家（常务副县长）、司仁银（统战部长）、王怀雨（武装部长）

人大主任：赵玉生；副主任：陈韬、王德麟、宋运

广、李延武、张宛黎（女）

县长：张明体；副县长：刘世家、闫玉华（女）、罗明柱、李明汉、马俊、耿新、王力庆；县长助理：孙大明、刘凤林

政协主席：孙涛；副主席：王传禹、杨海然、杭溪清、白国辉（女）

法院院长：刘宏

检察院检察长：赵新强

总工会主席：李德春（女）

群工部长：陈俊伟

公安局长：孙宪斌

2008年，社旗县实现生产总值71.5亿元，比上年增长10.8%。其中第一产业增加值23.5亿元，增长6.1%；第二产业增加值29.1亿元，增长11.7%；第三产业增加值18.9亿元，增长14.8%。工业增加值26.19亿元，增长12.4%，粮食产量50.02万吨，增长21.6%。财政一般预算收入1.27亿元，财政一般预算支出7.63亿元。全社会固定资产投资完成33亿元。社会消费品零售总额完成22.4亿元。商品出口总额150万美元。实际利用外资597万美元。城镇居民人均可支配收入9852元，人均消费性支出5938元。农村居民人均纯收入3416元，人均生活费支出2775元。城乡居民年末储蓄存款余额20.14亿元。

【工业经济提速增效】　把工业经济作为经济工作的第一要务强力组织，全县规模以上工业产值42亿元，增长18.3%，实现利税3.8亿元，增长80%。工业群体快速膨胀。全年新上工业项目55个，其中规模以上企业新增15家。骨干企业运行势头强劲。赊店酒业、华茸堂药业、森霸光电等6家骨干企业实现产值9亿元，同比增长43.8%。工业聚集区有新的发展。基础设施进一步完善配套，新建标准化厂房7269平方米，聚集区新入驻企业12家，达到54家，累计完成固定资产投资4亿元，实现产值13.68亿元，利税8031万元，同比分别增长30%、54%，工业聚集区发展成为功能完善、环境优美、产业集聚的新城区。

【“三农”工作全面加强】　粮食生产喜获丰收。全县粮食总产量达到50.02万吨，同比增长21.6%。支柱产业发展壮大。全县烟叶面积发展到3.2万亩，实现税收1478万元，烟叶生产跨入全市先进行列，被确定为全国烟叶科技示范基地县。完成造林5.6万亩，被评为全省绿化模范县。以奶牛为主的畜牧养殖业健康发展，新发展规模养殖场4个，全县新增奶牛2000头，奶牛存栏突破4000头，保持了全省畜牧重点县称号。新农村建设扎实推进。3个示范村、20个试点村的建设取得明显成效。扶贫开发在全省处于先进位次。劳务经济成效显著。全县共培训转移劳动力1.5万人，其中境外输出688人，被确定为全省劳务输出基地县。

【改革开放步伐加快】　不断深化各项改革。农村综合改革稳妥推进；企业改革继续深化，赊店酒业、华茸堂药业的战略合作取得重大突破；财政各项改革扎实推进。全面扩大对外开放，政策性项目争取和招商引资实现新突破。全年争取各类政策性项目100个，到位资金6.05亿元，累计完成投资5.2亿元，其中财政扶贫等建成项目20个，世行五期、标准粮田建设等在建项目42个，待建项目38。共引进各类招商项目181个，合同引资额20.2亿元，到位资金6.8亿元，其中建成项目42个，在建项目54个，亿元以上项目4个，5000万元以上项目4个，英宝电子、鼎威服饰、日升印刷等重点项目进展顺利，大上项目、上大项目呈现出空前的好态势。

【城镇建设成效显著】　2008年，是县城建大投入、大建设、大变化、大突破的一年，也是干部群众满意度较高的一年。县城建设累计投资2.5亿元，年初确定的“十大工程”基本建成。赵河公园建设一期工程顺利完工，春节前实现了蓄水，提升了县城品位；迎宾大道建设工程进入扫尾阶段；新修、改造道路13条，并进行了绿化亮化；建成2个垃圾中转站，完成了县城区36座公厕改造；新建设了5公里污水收集主管道；对红旗路、建设路等主要街道进行了立面改造；对瓷器街、永庆街进行

了保护性整修，以山陕会馆为中心的核心景区已初步形成；对12条背街小巷进行了硬化美化。县城管理进一步加强。以“三城联创”为契机，加大了县城综合治理力度，县城面貌明显改观，被评为市级卫生县城和市级园林县城。小城镇建设富有成效，建设管理水平明显提高，全县星级集镇达到9个。交通建设势头良好。投资7300万元，完成了4.6公里干线公路、77公里县乡公路及11座桥涵建设任务。

【人民生活逐步提高】 全面落实各项惠民政策和减轻农民负担有关政策，切实解决人民群众生产生活困难。全年共发放各类惠农补贴1.46亿元、救济救灾资金2818万元、低保金2274万元。进一步完善了社会保障体系，养老保险、失业保险、医疗保险覆盖面不断扩大。减轻农民负担工作得到了切实加强。就业再就业工作成效显著，新增就业人员9203人，下岗失业人员实现再就业2351人。科技普及推广工作成效明显，推广先进实用技术86项，科技进步对经济的贡献份额达到46%。教育事业得到优先发展，义务教育经费保障水平进一步提高，投入1100万元，改善了全县中小学办学条件，普通高中教育巩固发展，职业教育成效显著，被省政府授予“职教强县”荣誉称号。医疗卫生条件不断改善，完成了县医院病房大楼、县保健医院病房楼主体工程、120急救指挥中心和李店镇卫生院改造建设任务。新型农村合作医疗稳步推进，全县参合农民达到96.6%。人口和计划生育管理水平不断提高，计生信息化建设进入全省先进行列。顺利完成了第六届村委会换届工作。文化事业繁荣发展，群众文化生活丰富多彩，农村文化设施进一步改善。广电事业不断发展。强力实施可持续发展战略，加强土地管理和环境保护，圆满完成了省市下达的节能减排任务，主要河流水质和空气质量有所提高。

社旗县各乡镇主要领导名表

乡镇	党委书记	乡镇长
赊店镇	葛明平(女)	任林仲
李店镇	魏党勇	陈晓鹏
郝寨镇	赵向龙	秦旭征
饶良镇	李贺峰	李国伟
兴隆镇	王合民	苑黎民
苗店镇	宋庆伟(副处级)	文献充
桥头镇	王　辉(副处级)	李德新
晋庄镇	夏中畅	郭德生
城郊乡	李铁成	李景元
唐庄乡	王清钦	方明洋
大冯营乡	郭立宇(女)	陈　卓
太和乡	王玉合	高　闯
陌陂乡	李东方(副处级)	丁照省
下洼乡	焦运富	张玉泳
朱集乡	刘凤林	杨文勇

乡镇概览

【赊店镇】 2008年，生产总值4.0亿元，固定资产投资7000万元，财政收入810万元，城镇居民可支配收入10000。全镇有耕地4773亩，其中蔬菜1365亩。畜牧养殖总量有所增长，特种养殖有了新的进展，如彰新寨梅花鹿养殖场已发展梅花鹿86余头；周庄奶牛养殖场已发展102余头。粮食加工企业有24余家，农建任务已完成潘赵二河绿化，植树达到10万株。项目建设及城建工作。配合县大城建，完成11个行政单位搬迁以及台商工业园区、电子厂、英宝、县赵河公园一期工程等征地工作，总计723余亩。完成滨河路西延工程、金水小区二期工程、泰山路东段建设工程的建设任务。完成辖区背街小巷硬化47条3.6万平方米，建成标准化街道12条，安装路灯320盏。卫生工作顺利通过了市卫生县城的年度验收。招商引资工作采取了任务分解，加压增责，拓宽渠道等措施，使鼎威服饰公司、格法玻璃厂、东方水木杨木业公司、康元石材厂、卓威电源有限公司等大个企业先后落户赊店并开始生产，带动了区域经济发展。

【桥头镇】 2008年，生产总值3.1亿元，财政收入240万元，农民人均纯收入3368元，固定资产投资9800万元。全镇新发展项目10个，其中郑州客商投资2600万元的年产120万条牛仔裤生产线工程已入驻县工业园区。引进上海新星印刷器材有限公司计划投资2800万元的年产40万平方米橡皮布生产线也已进驻县工业园区，已注册为南阳日升印刷材料有限公司。镇区工业经济发展势头良好，初步形成了冷饮食品、木业加工、粮油加工、棉业生产、彩印包装等为特征的格局。实施富民路开发建设工程，全长300米，已建成门面房108间；社干渠集镇区段集中治理综合开发，新增商业用房40间。全年共植树4500亩。国家级土地整理项目2498万元，资金已到位。以“村村通”工程为主的道路交通建设工作进展顺利，保质保量按时完成新街郭庄、大河流环村路等水泥路的修建，共计22.6公里，全镇行政村之间全部实现“村村通”。

【郝寨镇】 2008年，生产总值31000万元，财政收入400万元，固定资产投资4500万元，居民储蓄存款余额6630万元，农民人均纯收入3820元。农村经济得到快速发展，全镇粮食总产量10.36万吨，新打配机电井35眼，整修乡村道路14条，整修桥涵13座，新增有效灌溉面积3000亩。新造林8654亩，植树65万株。种植烟叶4000亩，收购烟叶74万斤，产值660万元，实现税收127万元。以发展黄牛、养鸡、生猪为重点，突出“强村、强场、强小区”三强建设。现发展养牛、养猪、养鸡厂16个，总投资1640万元。投资3000万元的胡里村万头养猪场项目已初步达成意向。全镇猪牛羊存栏总量10.8万头（只），家禽31.6万只，实现畜牧业总产值12000万元。共争取政策性项目资金1448.33万元。共引进招商项目15个，总引资额4576万元，已到位资金1270万元。全镇已发展各类超市6家，专业市场3个，发展个体商户740家，年集镇贸易额达1.8亿元以上。年实现利税150万元。

【饶良镇】 2008年，生产总值5.6亿元，固定资产投资1.5亿元，财政收入442.2万元，农民人均收入3880元。落实烟叶133万斤，实现产值985.3万元，实现税收219万元。建成孟庄、程洼生猪养殖带，发展200头规模以上生猪养殖场15户20座。猪、牛、羊、禽存栏量达60万头（只），畜牧业产值达1.6亿元。强力推进蔬菜基地建设，完成投资50万元的夏老庄1500亩蔬菜基地节水灌溉项目，初步建成了以窦庄村为核心，辐射周边村组的3000亩蔬菜基地。夏老庄大葱成为远近闻名的品牌，已成为社旗县东南部最大的蔬菜生产集散地。集镇建设围绕建设区域性中心集镇的目标，坚持规划、建设、管理、经营四位一体，取得了南阳市“四星级”小集镇和全县小集镇建设第一名的荣誉。工业经济工业企业发展到58家，限额以上企业3家，其中新增企业12家，实现工业总产值4.8亿元，工业增加值1.4亿元，利税730万元。招商引资建成和在建项目5个，完成投资3070万元。项目建设申报项目15个，立项实施6个，投入建设资金167万元。

【李店镇】 2008年，生产总值4.74亿元，财政收入205万元，农民人均纯收入达3825元，社会储蓄余额达到1.2亿元。实施招商引资项目5个，合同引资6600万元，已到位资金3400万元，其中固定资产3100万元，流动资金300万元。全镇工业企业达到56家，其中规模以上工业企业6家。累计争取、实施政策性项目20个，项目金额1230多万元，建成19个。累计发放粮食和综合补贴650多万元，良种补贴80多万元。新建沼气683座，新发展沼气用户680户。

【朱集镇】 2008年度，生产总值5.7亿元，财政收入870万元，农民人均纯收入3960元。全镇耕地面积9.8万亩，培育了烟叶、林果、棉花、畜牧、铁矿五大支柱产业。种植烟叶1.2万亩，烟菜轮作4000亩，共收购烟叶330万斤，产值2640万元，实现特产税571万元。1200亩优质梨喜获丰收，亩均产值2300元。种植棉花2.1万亩，已建成棉花加工厂26家，脱绒榨油厂6家，朱集成为辐射百里之外集生产、收购、加工集散地。新建千头养猪厂2个，在建的3个，100头以上养牛场2个，千头以上养猪场12个，百头以上养猪场35家。已打物探井20眼，铁矿开采事宜正在积极协商中。申报各类政策性项目37个，资金2732.3万元。引进项目5个，总投资9930万元，建成投产项目3个，在建项目1个，意向项目1个。其中入驻县工业园区页岩砖厂项目总投资1269万元，征地40亩，两条生产线，已开工建设。扩建成11米宽的柏油街面。投资2万元栽植风景树1000余株，建成进入朱集景观道。

【晋庄镇】　2008年，生产总值2.75亿元，财政收入212.3万元，农民人均收入3590元。福润德化工有限公司新上一条600万元生产线，经营状况良好；引资1200万元的明胶项目目前到位资金750万元；鑫鑫颗粒厂运行平稳，投入资金达200万元；新建的6个投资超百万元的养殖场已建成投产。全年合同引资2764万元，到位资金2425万元，第四季度争取项目4个。进一步规范畜禽防疫体系，成立了镇畜禽检疫防控中心。建成养牛场1个、生猪养殖场27个，其中存栏300头以上的生猪养殖场15个。生猪存栏3.4万头，牛存栏9000头，羊存栏2.4万只，家禽养殖30万只。春季新栽植杨树2520亩，植树18万株。把小辣椒、棉花作为全镇的支柱产业培育，种植棉花2万亩，种植小辣椒3万亩。在前曹村和陈建龙村规划烟叶种植面积500亩，完成烟田整地任务。

【兴隆镇】　2008年，生产总值3亿元，财政收入218万元，农民人均纯收入4100元，固定资产投资6800万元。招商引资1790万元，其中改建扩建项目3个，新建项目6个，入驻县工业园区签约项目1个，意向性项目2个。全年共争取政策性项目578万元。全镇种植棉花1.8万余亩，年产籽棉达500余万公斤；种植小辣椒1.5万余亩，年产鲜干椒450万公斤；种植烟叶2000余亩，完成烟叶收购40余万斤，实现税收70余万元。畜禽养殖业稳步发展，通过赵岗养牛、大杨庄养猪和月楼养鸡3个小区的带动，新发展10个养殖专业村，带动1000户以上农户发展畜牧产业，户均增收10000元以上。赵岗养牛小区新入驻养殖户12户，月楼养鸡小区新入驻养鸡户16户，养鸡总量突破20万只，全镇黄牛存栏3000头以上，养猪6000头，养鸡30万只。新建养猪场6个、奶牛场2个，奶牛常年存栏80余头。

【苗店镇】　2008年，生产总值26000万元，财政收入314万元，农民人均纯收入3690元。全镇规模以下工业企业96个，其中新增12个；规模以上工业企业3个，其中新增2个。粮食总产量2.8万吨。种植烟叶4500亩，收购烟叶130万斤，实现税收230万元。三粉生产走产业化发展道路，种植红薯1.5万亩，年产鲜薯3.7万吨，鲜粉1.4万吨，加工三粉产品1.8万吨。新发展50头以上养猪专业户20户，生猪存栏量4400头。按创建林业生态县的总体要求，完成造林2100亩，稳妥推进了集体林权制度改革。共引进项目4个，引进资金1400万元。争取各类政策性项目7个，到位资金736.9万元。“五个一”工程全面推进，管理水平明显提高。打通了2条街，形成四纵四横的格局。建成了烟草综合办公大楼。投资20万元改建了镇综合文化站。

【城郊乡】　2008年，生产总值3.15亿元，财政收入381.5万元，农民人均纯收入达3441元。养殖规模不断壮大。养鸡示范基地以饲养成鸡和半成鸡为主导产业，已培育养鸡1万羽以上的大户5户，养鸡专业户70户，年出笼成鸡和半成鸡20万羽。全乡发展养猪大户300多户，生猪出栏6万头以上。发展畜牧专业户129户，其中奶牛养殖300头，肉类产量每年达5655吨，牛奶产量2730吨，招商引资工作。项目引进外资2510万元。在新农村建设试点村官寺修建村内道路和入户路2.5公里，硬化河南街村背街小巷5条3430平方米，完成迎宾大道工程征地202.24亩，完成赵河公园工程征地202亩。

【大冯营乡】　2008年，生产总值3.41亿元，固定资产投资5180万元，财政收入121万元，农民人均纯收入4229元。积极实施项目带动战略，广泛争取项目资金，共上报项目38个，总投资4150万元，其中立项10个，完成10个，实际到位资金580万元。招商引资项目8个，合同引资额5080万元，实际到位资金1600万元；入驻县工业园区合作议向1个，协议引资额1000万元。建成了3个新农村试点村。硬化进村入户路6公里，建成沼气池549个，成立了沼气技术服务站。发展了迎新立体养殖厂，猪存栏1200头，培育了吕营养鸡小区和草湖养猪小区，鸡存栏6500只，生猪存栏4000头。养猪专业村草湖王庄自然村，养猪专业户发展到21户，猪存栏3600头。姚庄村李春一投资200万元建成的养猪场初具规模，大冯营村张印德建成了200头奶牛养殖场。

【陌陂乡】 2008年，生产总值2.6亿元，农民人均纯收入3165元。“三粉”、烟叶、畜牧三大支柱产业已初具规模。种植烟叶4000亩，脱毒红薯2.5万亩，形成了张楼、黑土流、赵油篓等4个千亩连片示范方，畜牧业蓬勃发展，形成了张其浩养鸡场、完粮徐养猪小区、街南家禽养殖为代表的产业群。相继争取项目资金200多万元，一批涉及私营企业、机井、拦河坝、畜牧养殖等项目先后建成。以张其浩、完粮徐、黑土流、良王庄、辛庄北部五村为重点，推广脱毒红薯新品种，并以此带动全乡畜牧养殖业蓬勃发展。以专业场、专业小区、专业村“三专”建设为突破，发展了养牛场4个，养猪场26个，养鸡场12个，发展了张其浩村10万只规模的养鸡小区，黑土流黄牛育肥场，初步建成了完粮徐1000头猪场，张庄500头规模奶牛养殖场和黑土流200头规模黄牛育肥场。全乡黄牛存栏9000头，奶牛800头，猪羊存栏5.3万头(只)，家禽存栏32万只。新建可容纳80户商贸市场一个。引进天宇钢结构彩板项目，项目总投资2400万元。新建丰裕、兴发、青林面粉厂3个，陌陂宏阳造纸厂与加拿大麦格公司合作造纸项目，一期投资8000万元，建成5万吨高强度、低克量瓦楞纸生产线。

【太和乡】 2008年，生产总值1.718亿元，财政收入194万元，农民人均收入3285元，固定资产投资3000万元，利用外资2000万元。新修村村通公路10.3公里，全乡6个行政村全部实现村村通；新增沼气450户。繁荣农村文化事业，在6个村全部建成农村党员远程教育接受站点；积极做好农村富余劳动力培训、转移就业工作，新增劳动力转移就业800人。全乡招商引资引进资金1270万元。争取政策性项目4个。资金201万元。全乡速生杨面积16000亩以上，拉动了板材加工产业的发展，有板材加工厂3个，年产值1000万元以上。

【唐庄乡】 2008年，生产总值77943万元，农民人均纯收入3910元。充分发挥原有企业优势，在水泥厂、工艺玻璃厂等的基础上，以商招商，着力培育建材基地。由新乡王水文投资500万元的塑料制品项目正在建设中。投资1000万元的珠香葱生产、冷藏、初加工，销售出口项目已进入立项、环评验资阶段。投资6000万元的社旗县纤维乙醇标准化示范工厂，正在筹建当中。由南阳客商投资20000万元的生物菌肥项目合作协议已签订，正在规划建厂地址。政策性项目上，充分利用当前国家加大对扶贫开发的扶持力度的有利条件，共报批项目12个，5个项目在建，5个项目已批复，2项目上报待批，项目争取资金总额2512万元，现到位资金118.2万元。林业生产以沿河、沿路、沿沟为重点，发展速生杨片林2300亩，绿色通道600亩。养殖业大力推广林畜共养、林禽共养，全乡家畜存栏12000头，恒发生猪养殖场，生猪存栏2000头以上，养殖100头以上的养殖场超过20个，杨庄、漫流寨成为全县有名的黄牛、奶牛养殖示范村，新建挤奶站一个，新增养猪、养牛、养羊、养鸡以及特种养殖大户20多户，新增养殖专业村1个。

【下洼乡】 2008年，生产总值3.8亿元，财政收入468万元，固定资产投资1.1亿元，农民人均纯收入3800元。全乡种植烟叶4500亩，建成千亩大方2个，500亩大方3个，100亩大方4个，建设新型炕房110座。投资1300万元的烟水配套项目及社旗县烟草农业示范中心在坑黄村建成。示范中心集工厂育苗、专业化烘烤、分捡、仓储服务于一体，具有先进的技术与设备，成为全乡烟叶发展提升的新平台和助推器，并顺利通过了国家标准化示范基地验收。全乡共收购烟叶110万斤，总产值1000余万元，实现利税186万元。完成造林8000亩，种植花生3万亩，初步形成花生加工交易集散地，年交易额达8000万元。食用菌总量达250万节（袋）以上，年产值2500万元。引进项目12个，其中4个企业已逐渐成长为规模以上企业。引进政策性项目18个，总投资3800余万元。全乡19个村实现村村通，农道路网络初步形成。1月开通了社旗至下洼的县乡公交线路。小集镇形成四纵四横街道格局。被市授予二星级小集镇。（贾金星　张勇）

方　城　县

县情综述

【概况】　总面积2542平方公里，耕地面积105320公顷。城区建成面积14.3平方公里。总人口1028358人，其中乡村人口637705人，市镇人口290614人。辖7个镇9个乡。

县委书记：梁天平；副书记：秦书君、刘少先（2008年10月任）、李守强（2008年10月离）；常委：谢先莹（纪委书记，2008年10月任）、毕跃杰（纪委书记，2008年10月离）、李锡超（县委办主任）、柳明伟（2008年10月，由宣传部长改任组织部长）、周永奇（组织部长，2008年10月离）、白振国（副县长，2008年10月任）、李培彦（副县长，2008年10月离）、毕新民（政法委书记）、燕峰（宣传部长，2008年10月任）、徐启富（副县长，2008年1月任）、更智才让（副县长，2009年1月任）、张晔（女，统战部长）、铁作山（人武部政委）

人大主任：董振荣（女）；副主任：杨林升、陈振炎、刘兰生、张振西、孔祥朝

县长：秦书君；副县长：李培彦（2008年10月离）、白振国（2008年10月任）、夏天俊（女）、杨青华、杨新亚、杨红忠（2008年10月任）、司仁银（2008年10月离）、刘杰（2008年10月任）

政协主席：张春林；副主席：毛玉中、赵晓、李锡强（2008年10月离）、李国夫、包鸣彦（2008年12月任）

法院院长：张克

检察院检察长：梁志敏

2008年，在市委、市政府的正确领导下，县委、县政府全面落实科学发展观，深入实施“工业强县、人才兴县、开放带动”三大战略，全力推进“工业化、城镇化、新农村建设、交通建设、旅游文化开发”五大突破，努力打造“生态方城、活力方城、和谐方城”，着力加快“思维创新、机制创新、管理创新”，协调推进经济、政治、文化、社会和党的建设，实现方城经济社会发展的新跨越。全县国内生产总值87.1万元，增长11.2%。工业增加值329811万元，增长13.4%。农林牧渔业增加值262903万元，增长5.3%。全社会固定资产投资546355万元，增长37.9%。地方财政收入23701万元，增长22.6%。农民人均纯收入4296元，增长15.6%。社会消费零售总额385219万元，增长22.9%。粮食总产量538174吨，增长2.1%。计划生育人口自然增长率控制在5‰以内。

【工业经济快速发展】　实施工业强县战略，坚持以招商引资为总抓手，以项目为支撑，以园区为载体，努力构建新兴产业为先导、重点项目为龙头、骨干企业为基础的工业发展体系，推动了工业经济规模发展、科学发展。一是新兴产业引领。立足于促进硅材料、超硬材料、绿

色能源、钛材料四大新兴产业的发展壮大，在资金、用地、政策方面予以重点倾斜。中南金刚石公司工业钻石——民用高品级钻石产业链初步形成，迅天宇公司高纯硅——多晶硅——太阳能电池板产业发展格局初具雏形。二是大个项目支撑。引进县外资金14亿元，实施投资超千万元项目21个。多晶硅项目，3N级高纯硅已实现工业化生产，4N级生产工艺全面突破，5N－6N级近期可实现全流程工艺的单套设备贯通；通过战略重组，与美国IDG公司、日本三菱公司合作进一步深化，与内蒙古鄂尔多斯集团签订了合作协议，公司实力全面提升，二、三期工程新征用地443亩，为南阳成为国家高新能源产业基地做出了贡献。太阳能电池板项目，已征地110亩，近期可望开工建设。风力发电项目，一期工程正式并网发电，二期工程测试工作已经完成，正在进行数据分析。金刚石扩改项目顺利完成，年生产能力达到25亿克拉，成为全国最大的人造金刚石生产基地。金红石项目，中试取得成功，选矿生产线技术设计已经完成，正在与平煤集团洽谈合作事宜。1000千伏特高压开关站、特种水泥、天盛化工、天裕食品、木瓜深加工、天元轴承、叉车迁建等项目建成投产；丹参加工、酒厂搬迁等项目已经启动，为工业经济发展备足了后劲。2008年，全县完成工业投资同比增长58.3%，是近年来工业投入最多、增幅最快的时期。三是骨干企业强基。加快纺织、化工、建材、石材、机械制造等传统产业改造升级。筛选出51家发展潜力大、成长性强的中小企业强力培育，限额以上企业由73家增加到94家。中小企业信用担保中心正式运转，企业融资难问题得到缓解。企业改制顺利推进，华丰公司、铅锌银矿和玉立玻管公司、轴承公司、酒业公司和真宫公司等骨干企业改制已经完成，印刷厂、化纤公司改制按程序进行，企业发展的内在动力进一步增强。四是园区集聚拉动。投资1.8亿元，对园区的路、电、水、通讯等基础设施进行完善，项目承载能力明显增强。对工业园区资源进行优化整合，管理和服务机制进一步健全。产业集聚区规划已获得省政府批准，为吸引更多项目入驻奠定了基础。

【新农村建设扎实推进】　方城县以粮油生产和特色产业培育为基础，以提高农业产业化水平为重点，不断改善农村生产生活条件，全面增加农民收入，新农村建设进一步加快。一是特色产业巩固壮大。全年粮食总产11亿斤，增长2.1%，油料总产3.2亿斤，增长5.3%，进入全省四强。特色产业基地发展到90万亩，标准化生产明显提高。优质烟科技示范基地名列全国第一，收购烟叶920万斤，实现烟叶税1521万元；种植小辣椒25万亩，总产1.4亿斤；种植中药材7万亩。畜牧业发展增势强劲，全县新增各类养殖场208个。新建农业龙头企业7家，3家企业成为全市农业产业化重点龙头企业。组建各类农民专业合作组织129家，增强了特色产业抵御市场风险的能力。二是基础设施完善提高。统筹推进农综开发、土地整理、标准粮田等项目建设，大力改善农业生产条件。全年改造中低产田4.7万亩，新增节水灌溉面积2.1万亩，有效灌溉面积2.3万亩，治理水土流失8平方公里，继续保持全省农综开发先进县荣誉。解决农村饮水安全2.2万人，建成农村户用沼气1.1万户；对12个贫困村实行整村推进，实现1.36万人脱贫。三是试点新村建设步伐加快。进一步细化新农村建设规划，完成150个行政村规划编制；整合涉农项目资金向试点村倾斜，新建市级试点村22个、示范亮点村3个，完成185个行政村村容村貌整治，新建文化大院90个，30个试点村基本实现“六通六有”。

【基础设施条件不断改善】积极向上申报项目，加大配套资金筹措力度，创造优良施工环境，加快路、电、通讯等基础设施建设，进一步夯实县域经济社会发展基础。一是强力推进交通建设。积极争取上级支持、加快干线公路改造升级，道白线路基工程已经完成，高兰线一期工程路基、桥梁等主体基本完工。农村公路建设，建成县乡道路91公里，完成农村联网道路69.3公里，修复破损路段66公里。创新农村公路养护体制机制，组建了乡镇养护站，对路段养护进行了招标确定，实现了建管并重，在全市开展的“通达杯”劳动竞赛中处于先进位次。二是全面加快旅游开发。采取科学规划、招商引资、稳步推进的办法，加强重点景区的基础设施配套建设，努力提高接待能力。全县已形成了望花湖、大乘山、七峰山、七十二潭、黄石山、炼真宫等景区景点，全年接待游客51万人次，实现旅游综合收入1.5亿元，同比分别增长25%和20%。三是不断完善电力通讯网络。开工建设35千伏变电站3座、220千伏变电站1座，解决了318个盲点村、1.6万户用电问题，“户户通电”工程进度居全市第一。新建农村移动网络覆盖站20座，新增光缆线路108公里，新开通190个自然村广播电视光缆信号。

【各项事业协调发展，社会和谐程度进一步提高】 一是努力使发展成果惠及更多群众。认真落实好各项惠农政策，累计拨付各项惠农补贴资金1.77亿元，其中粮食直补和综合补贴达到1.11亿元，良种和农机具购置补贴、农村劳动力转移培训补贴、测土配方施肥补贴等均有较大幅度增长，并全部按时足额补贴到位。进一步优化支出结构，不断加大解决民生问题投入力度，推动各项社会事业全面发展。教育事业加快发展。一高中新校区配套工程、中心体育场改造工程及青少年课外活动中心全面完成，实施中小学危房改造项目49个；农村义务教育“两免一补”政策全面落实，全年免除课本费800多万元，补助贫困寄宿生生活费584万元；“教育质量年”活动深入推进，教育教学质量明显提升，全县高招本科进线1422人，增长21.9%。医疗卫生条件进一步改善。妇幼保健院病房楼扩建工程建成投用，民营医院和中医院病房楼主体工程已经竣工，县医院门诊楼开工建设，乡镇卫生院改造全部完成，建成高标准卫生服务站206家，新农合参合率达到90.15%，补助参合农民36.5万人次、4338.5万元。城乡社会保障体系逐步完善。全年城镇新增就业9787人，下岗再就业3353人，就业困难对象再就业2146人，安排残疾人就业30人，零就业家庭动态归零。农村劳动力培训“阳光工程”和扶贫培训“雨露工程”分别完成1790人和400人。加大各类保险费征缴力度，离退休人员养老保险金发放率达到100%。农村低保、城镇低保标准分别提高到每人每月50元和125元，基本实现应保尽保；五保集中供养率达到40%。通过发放住房补贴、实物配租等形式，解决了1292户住房困难问题。计划生育管理力度加大，继续保持低生育水平，荣获全省计划生育优质服务先进县称号；科技工作取得了新成效，被中国科协授予“全国科普示范县”；文化事业蓬勃发展，方城石猴被评为国家级非物质文化遗产，博望镇被命名为全国民间曲艺之乡、古庄店乡被命名为河南省民间艺术之乡，广播电视对外宣传居全市第一。二是着力优化生态环境。坚持自然生态与文化生态并重，加快推进生态文明建设。全力推进林业生态县建设，全年完成造林123万亩、1250万株，全县林木覆盖率达到35.9%。

方城县各乡镇主要领导名表

乡　镇	党委书记	乡镇长
城关镇	胡风洲(副处级)	郭　鹏(2008年2月离) 曹广智(2008年2月任)
拐河镇	樊　牛(2008年2月离) 马金强(2008年2月任)	关宏宇
广阳镇	艾进德(副处级)	单向丽(女)
博望镇	齐青年(副处级)	刘理山(2008年1月离) 史　钟(2008年1月任)
赵河镇	周新奇	王曦昌

续表

乡 镇	党委书记	乡镇长
独树镇	杜良川(副处级)	余瑞平(女)
小史店镇	侯春湘	张宏伟(2008年2月离) 邢必达(2008年2月任)
清河乡	侯金耀	李志华
柳河乡	赵晓远	张国铜
袁店回族乡	李龙晨(副处级)	李志杰
券桥乡	张义刚	吉庆安(2008年1月离) 陈广福(2008年1月任)
二郎庙乡	牛雪峰	史 钟(2008年1月离) 朱东明(2008年2月任)
古庄店乡	吴东升	王明伦
杨楼乡	张国强	侯其峰
杨集乡	马金强(2008年2月离) 郭 鹏(2008年2月任)	刘 晓
四里店乡	周 勇	朱东明(2008年2月离) 张宏伟(2008年2月任)

乡镇概览

【城关镇】 2008年，人口82515人，生产总值187035万元，农作物种植面积3264公顷，粮食总产量3394吨，财政收入1042.1万元，农民人均纯收入4040元。以社会主义新农村建设为重点，坚持抓两头促中间，把扶贫开发与改善基础设施、调整产业结构、加强基层组织建设有机结合，全面启动了新能源开发整体推进工程和新农村示范村建设。按照新农村建设“六通六有”的标准，大力加强水、路、电、通讯、文化、卫生、教育等设施建设。新建文化大院6个，标准化村级卫生站16个，中小学危房改造2所，培训农村劳动力2000人以上。户用沼气完成470户，新增绿化面积1331亩，新建示范亮点村2个，完成了5个新村规划，6个村村容村貌整治。成立农民专业合作经济组织4个。特别是方城县梨园农民合作社发展种植户216户，年产绿仕香梨500吨，实现产值600万元，发展速度快，规模大，影响力极强。农民合作社在种植、养殖、第三产业发展当中对产前、产中、产后提供服务，在农村经济发展中发挥了积极作用。

【拐河镇】 2008年，人口45511人，生产总值32272万元，农作物种植面积5270公顷，粮食总产量10459吨，财政收入199.8万元，农民人均纯收入2405元。按照新农村建设二十字方针要求，新农村建设扎实推进。一是村庄改造。利用政策抓好两个整体推进村的基础建设(杓留、顺店)，提高整体推进村水平(二郎庙、石门)，调动群众积极性，做好两个试点村工作(白湾、辛庄岭)。完成户户通水泥路8600米，设计花池30个，游园广场3个。二是培育特色支柱产业。以裕丹参为主的中药材优中更壮。以打造“中原丹参第一镇”为目标，在华丰公司的大力支持下，全年发展丹参3000亩，育苗200亩；以晚秋黄梨为主的杂果生产蓬勃发展，全镇种植晚秋黄梨400亩，亩均效益在4000元以上，成为群众增收的新亮点；以香菇、木耳为主的食用菌生产继续保持增升态势，年产菌品1000吨，食用菌市场初步形成；工业化养猪有了大的发展，已建成300头以上的养猪场15个。

【广阳镇】 2008年，人口78613人，生产总值83477万元，农作物种植面积14321公顷，粮食总产量37497吨，财政收入549.6万元，农民人均纯收入2974元。把新农村建设作为全镇工作的重点。全镇有1个村被评为省级文明新村、3个村被评为市级文明新村、6个村被评为县级文明新村，占全镇的¼。镇党委也先后被省、市、县委命名为先进基层党组织。根据产业基础和经济发展实际，对全镇40个村进行分析排队，推出四种新农村建设模式，分类指导各村发展。在推进新农村建设的过程中，明确要求村村有产业、户户有项目，把增加农民收入作为核心工作来抓。立足广阳土地瘠薄但土壤含钾量高的特点，大力发展喜钾耐薄作物，种植烟叶1.2万亩，烟农3000户，人均收入3000元以上。常年种植花生7万亩，近5000户从事花生米加工，仅此一项户均年收入平均2万元以上。

【博望镇】 2008年，人口100484人，生产总值69783万元，农作物种植面积18411公顷，粮食总产量61758吨，财政收入269.4万元，农民人均纯收入3990元。紧紧围绕建设“历史文化名镇、特色产业大镇、民营经济强镇”战略发展目标。一是民营经济迈上新台阶。碳化硅加工业注册成立了方城县众诚磨料有限公司、方城县隆元微粉有限公司、方城县隆鑫硅粉厂、方城县新兴微粉有限公司。一般纳税人企业达到4个，全年完成税收近30万元。方城县神牛矿业公司于2月引资兴建，全年完成销售收入1050万元，完成税收4万元。引进粮食直属库项目。该项目计划投资1亿元，第一期投资6000万元。全年新增个体商户22家，餐饮服务业3家，个体运输业112家，养殖专业户4家，全镇私营经济总量达2717家。二是打造了农业产业化发展平台。蔬菜面积稳定在1.5万亩左右，全面推广无害化生产，亩均效益达到1万元以上。黄金梨产业成立了博望坡黄金梨专业合作社，注册了“博望坡”农产品商标，经严格检测，“博望坡”黄金梨达到了绿色有机标准，被评选为2008年奥运会推荐果品，为奥运会供货4300件2.5万公斤。烟叶产业取得好效益。亩均效益达3000元以上，最高达4500元，完成收购16万公斤，实现税收45万元。推进林业大镇建设，全年新栽速生杨242万棵，除四旁植树外，新增片林7个。

【赵河镇】 2008年，人口95792人，生产总值67624万元，农作物种植面积18545公顷，粮食总产量51240吨，财政收入335.6万元，农民人均纯收入3980元。加快特色农业大镇、工业强镇、商贸重镇、魅力名镇建设步伐。一是发挥协会作用，培育特色产业，破解农业产业化发展难题。组织农民成立农民专业协会、专业合作社，依托专业协会（合作社）闯市场、谋发展，努力实现生产与市场对接，大力发展特色农业，加快农业产业化进程。全镇共成立烟叶、辣椒、养殖等协会和农机专业合作社13家，发展会员、社员2600多人。通过协会（合作社）推动，全镇种植植烟3200亩，实现烟税104万元，亩均烟叶收入2800元，全镇实现烟叶收入900万元。同时，积极探索土地流转新机制，鼓励种烟大户返租承包，实现烟叶产业规模化经营、企业化管理，在石寨、平高台等3个管理区规划了3个千亩以上连片的优质烟生产基地。二是发挥比较优势，广泛招商引资，破解工业经济薄弱难题。以招商引资为突破口，充分发挥赵河在外工作和务工人员多的人才优势和紧邻豫103线、豫331线和许平南高速公路的区位优势，广泛招商，已吸引宏达化工、凯克诺防水卷材、和兴纺织等企业落户。

【独树镇】 2008年，人口83205人，生产总值76325万元，农作物种植面积16974公顷，粮食总产量51639吨，财政收入298.2万元，农民人均纯收入3534元。招商引资和项目建设，全年引进项目4个，总投资5960万元，其中已完成固定资产投资5260万元。新建农业产业化企业2个，其中引进的南阳远山生态林牧有限公司总投资3600万元，承包开发荒山15000亩，修筑山区道路30公里，栽种速生杨20余万株，木瓜1万株，建立林间柴鸡散养基地8个并注册“南阳三青”柴鸡商标，散养柴鸡25000只，建设年孵化能力20万只雏鸡孵化厂1个，3个自然村农户以“公司＋农户”的形式为公司代养柴鸡50000只。开展清洁家园行动，完成沼气社会建池618池。建成6座50～2000立方米大型工程沼气，已全部投入使用。

【小史店镇】 2008年，人口76664人，生产总值44028万元，农作物种植面积16360公顷，粮食总产量45116吨，财政收入214.2万元，农民人均纯收入3354元。依照

"规划先行、突出特色、示范带动、梯次推进、全面开花'的原则，制定和完善建设社会主义新农村的总体规划和分年度实施计划。一是调整农业结构，培育特色产业。在稳定粮食种植面积的同时，培育大棚蔬菜、烟叶、苗木、林果等特色基地。五星、娄庄、舒庄、强庄的果树基地被县林业局确定为重点发展的南阳东大岗林果开发生产基地；二是扶优壮强畜牧业。全镇累计新建、改扩建猪、羊、牛养殖场36个，其中河西、尚庄、王楼3个养殖场年出栏生猪1000头以上，河西村养殖场成为双汇集团后备生猪生产供给基地；三是扶持食用菌产业。重点发展以黑木耳、香菇种植为主食用菌产业。形成了龙丰岗、贾沟、二郎店等14个行政村的食用菌生产基地。全镇共种植食用菌250万棒（袋）。

【清河乡】 2008年，人口65808人，生产总值41162万元，农作物种植面积15014公顷，粮食总产量46411吨，财政收入437.1万元，农民人均纯收入2954元。紧抓加大农村基础设施建设的政策机遇，把项目建设、道路建设、小集镇建设、中小学危房改造等作为全乡基础设施建设工作的重点。项目建设工程是农综开发项目，共涉及周庄、刘学庄、十里铺等11个村，建设面积3.5万亩，新修整修道路25条，其中经路13条，纬路12条，全长76.7公里，主干道20.8公里，新修道路14.2公里，调整占用耕地766亩，动用土方33.5万方，该项目区打配机电井172眼，建桥494座，修建水坝13座，植树12万棵。累计完成37所中小学危房改造。建设标准沼气池630个。小城镇建设主要建设工程有清河大道、交通街改造、文化路东延、西环路、客车站建设工程，完成投资1085万元。村村通道路建设全乡累计完成工程140多公里，实现了36个行政村全部通油（水泥）路。农村沼气建设已建成品池630个。

【柳河乡】 2008年，人口44053人，生产总值34725万元，农作物种植面积7143公顷，粮食总产量18091吨，财政收入226.3万元，农民人均纯收入2740元。以实现"工业强乡、木瓜名乡、烟叶大乡"为奋斗目标，在招商引资项目建设、支柱产业培育、基础设施建设、新农村建设等方面实现了新突破。一是招商引资项目建设。全年累计引进资金5500万元，其中固定资产5000万元，涉及项目5个，其中园区项目1个，重点大个项目1个，农产品精深加工项目2个。二是支柱产业培育。全乡种植烟叶2800亩，烟叶特产税突破70万元，烟叶亩均收入达3500元。种植木瓜3.5万亩，农户的木瓜年均亩收益4000元，年收入10000元。新农村建设全面推进，全乡共投资360万元，新修户户通水泥路10.8公里，新建沼气池550个，新修桥涵6座，建文化休闲广场4处。

【袁店回族乡】 2008年，人口17234人，生产总值12868万元，农作物种植面积2522公顷，粮食总产量6845吨，财政收入195.7万元，农民人均纯收入2704元。一是调整产业结构，烟叶生产为重点。新增汉山村植烟区。全年共完成烟叶收购31.6万公斤，产值490万元，完成烟叶税收108万元。林果生产在改良品种和技术服务上下工夫，杏、桃、柿达到历史最高产量，其中汉山林果基地，经市农科所检测被认定为无公害果品生产基地。二是农业基础建设。新修6.5公里袁（店）—清（河）县乡公路，在"通达杯"质量评比验收中，袁清路被评为全县第一名。新建汉山、尚台2处节水灌溉工程，新增有效灌溉面积3000亩，新建新型烟叶智能炕房67座。沼气建设以国债建池为主，全年共建国债池143户，社会建池147户。

【券桥乡】 2008年，人口62908人，生产总值36011万元，农作物种植面积14077公顷，粮食总产量40332吨，财政收入256.9万元，农民人均纯收入3976元。围绕新农村建设的总体要求，以改善农村生产条件、改善农民生活条件、改善生态环境，促进农村经济快速发展、促进农民增收为目标，实施了中低产田改造、平原绿化、种子三大工程。新修道路17

条，全长38.9公里，动工7.2万方，新打机电井66眼，新修桥涵97座，新增有效灌溉面积1.5万亩，全乡旱涝保收基本农田面积达到90%；以平原林网建设、通道造林、荒滩荒沟四旁绿化为重点，植树250万株，平原林网控制率达到96%。在券桥、券新、马庄等9个村建立小麦、玉米示范基地1.5万亩。公共事业基础设施建设，按照“六通六有”的要求，新修乡村油（水泥）路18公里，修建沼气池860个，建人畜吃水工程9处，解决了2800多人的吃水难问题；投入130多万元建村级一体化卫生服务社区26个。

【二郎庙乡】　2008年，人口48066人，生产总值32071万元，农作物种植面积11648公顷，粮食总产量26038吨，财政收入175.7万元，农民人均纯收入2814元。坚持用工业理念发展农业，按照优质、高效、生态、安全的要求，狠抓烟叶、林果、畜牧、三粉特色产业基地建设，进一步提高农业产业化水平和农业整体效益。一是烟叶生产。按照“科技兴烟、效益兴烟”的工作思路，着力培育专业村、专业户，实施集中连片，烟水配套，建设精品示范方。完成烟叶税收59万元。二是林业生产。完成环望花湖2500亩绿化造林，环城绿化带5.6公里补栽任务，鲁姚路12公里通道绿化，“村村通”以及荒山、四旁植树共计1.2万亩。三是畜牧业。按照“规模发展，科学发展”的工作思路。发展生态养殖村、养殖户，畜牧业进入快速发展期。全乡黄牛存栏1.5万头，山绵羊存栏2万只，生猪存栏5万头，与唐河桐寨铺镇齐名，成为全市畜牧养殖大乡。四是三粉产业。建成了以花山留为中心的万亩脱毒生产基地，产量达到100万吨以上。

【古庄店乡】　2008年，人口75133人，生产总值38749万元，农作物种植面积16791公顷，粮食总产量50645吨，财政收入401.6万元，农民人均纯收入3715元。围绕打造“道路通畅、街道明亮、农业有特色、工业有聚居区”的总体思路，组织实施三项重点工作。一是基础设施建设。以公路建设、集镇建设和农综开发为重点，建设独古和高兰路，高标准完成了古庄店街区和方古路口、新集、草店、歇马店、金汤5个小集镇的建设规划，开通了南环路和北环路。农综开发争取到2.6万亩开发任务，投入资金1200余万元，打机电井213眼，建桥涵425座，新修砂石路15公里，植树9万株。二是培育支柱产业，发展特色农业。全乡共落实烟叶连片4个，其中5000亩1个，1000亩3个，总面积达到1万亩，全乡收购烟叶55.7万公斤，实现烟税200余万元。三是在招商引资工作中，引进矿山开采企业6家，上大型矿山开采锯7台，年开采量达10万立方米以上，加工园区已入驻加工企业5家，其中建成投产3家，在建2家，达成意向的3家，完成投资4000余万元。

【杨楼乡】　2008年，人口73524人，生产总值49550万元，农作物种植面积15928公顷，粮食总产量40647吨，财政收入293.1万元，农民人均纯收入2854元。突出抓好招商引资、移民安置、新农村建设、小城镇建设等重点工作。一是服务燕山水库建设，完成移民安置。燕山水库淹没影响涉及全乡21个行政村，105个自然村，共需移民7000余人。截止年底，26个移民安置点（15个乡内后靠安置点）全部建成，完成3500人移民户口迁移，完成涉及23个行政村203个村民组的土地调整，顺利通过国家、省、市验收，受到省政府的通电表彰。二是招商引资项目建设。新引进项目2个，固定投资额达4000万元。三是新农村建设。全乡种植烟叶4000亩，形成了辛庄、秦岗2个千亩优质专业村，新建密集式炕房57座，新打机电井34眼，新修拦河坝4座，全乡烟叶收购41万公斤，烟叶产值650余万元，实现烟叶特产税140余万元。结合移民新村建设，完成环湖公路、杨史公路建设，完成乡内15个移民安置点的村庄道路硬化和供排水工程，实现户户通水泥路。四是小城镇建设。通过招商引资的方式，投资2800万元，完成征地169亩，建成了长870米宽37米的迎宾大道、长360米的风瑞路南延和224套市场房工程。

【杨集乡】 2008年，人口58787人，生产总值31954万元，农作物种植面积10941公顷，粮食总产量28916吨，财政收入467.5万元，农民人均纯收入2808元。一是以农民增收为重点，实施特色农业提升工程。与南阳白云山和记黄埔丹参开发公司合作，进一步扩大裕丹参种植规模，全乡种植裕丹参近2000亩；与上海旭梅香精香料有限公司合作，引进杭白菊，试种500亩取得成功，亩均效益1500元以上；发展围城瓜菜5000亩，推广应用双膜、嫁接、套种等生产技术，实现亩均效益4000元以上，“杨集西瓜”远销10多个省；以鸿旺牧业为龙头，全乡发展专业生猪养殖场58个，其中存栏生猪3000头的养殖场23个。二是农村基层设施建设。在尤庄、李楼、河坡等5个沼气示范村，新建沼气池716个；36个行政村全部架设了有线电视，实现有线电视“庄庄通”；郭庄、代庄、五龙庙等行政村，落实25000亩的标准粮田建设，新修砂石路14公里，新打机电井78眼。

【四里店乡】 2008年，人口54256人，生产总值33155万元，农作物种植面积6678公顷，粮食总产量18521吨，财政收入203.5万元，农民人均纯收入2952元。以招商引资项目建设、新农村建设、基础设施建设、农业特色经济培育、生态建设和社会事业发展为重点，保持了经济社会发展的良好态势。一是新农村建设初见成效。建成街村、老景庄等一批试点村，修筑“户户通”水泥路8.2公里，建成高标准文化广场和文化大院；发展沼气700多户。二是招商引资项目建设持续推进。中联、鑫发、铭源等老项目新增投资2950万元；周庙页岩砖、万顺页岩砖、富润矿业、和平路商业街等新项目完成引资额5580万元。三是基础设施建设继续加强。高标准完成四柳路16.4公里建设任务；建成人畜饮水工程2处，顺利实施湾潭水库除险加固工程；完成12个村电网改造工程。四是农业特色经济培育步伐加快。发展形成板材、食用菌生产基地和生猪、肉鸽、山羊养殖等一批特色基地，推广良种小麦3万亩。五是生态建设成效显著。新增林地1万亩，使全乡林木覆盖率达到80%以上。六是社会事业统筹推进。计划生育工作，投资80万元建成计生服务中心，并成功承办全县计划生育服务场所规范化建设现场会。（韦风云 杜晓东）

南 召 县

县情综述

【概况】 总面积2933.139平方公里，耕地面积31200公顷，城市建成区面积19.14平方公里。总人口631172人，其中男329623人，女301549人。辖8个乡8个镇。

县委书记：赵景然；副书记：鄢国宾、夏广军（2008年10月离）、毕跃杰（2008年10月任）、武志军；常委：汪天喜（常务副县长，2008年10月离）、余广东（常务副县长，2008年10月任）、李晓明（纪委书记）、郭建国（政法委书记，2008年10月离）、张振玺（政法委书记，2008年10月任）、罗岩涛（组织部长）、张梅（女，宣传部长）、刘明杰（县委办主任，2008年10月离）、周华峰（县委办主任，2008年10月任）、张富强（统战部长，2008年10月离）、邓俊峰（统战部长，2008年10月任）、秦跃海（副县长）

人大主任：张长生；副主任：杨省林、齐子杰（女）、阎成海、黄敏太、杨茂生

县长：鄢国宾；副县长：汪天喜（2008年10月离）、余广东（2008年10月任）、秦跃海、宋蕙（女）、郝华敏、孙桓（2008年10月离）、左德山、李世欣、李云京、魏鹏飞、吴廷凯（县长助理）

政协主席：朱晓栓；副主席：石哲、曾祥聚、宋家宽、张民

检察院检察长：齐杰

法院院长：谢云龙

总工会主席：景文敏

群工部长：张万军

2008年，是南召县近年来经济社会发展遇到困难最多、挑战最大的一年。县委、政府团结带领全县人民开拓进取，真抓实干，顽强拼搏，克难攻坚，较好完成了县十三届人大三次会议确定的各项目标任务，推动了经济社会协调较快发展。全县生产总值完成58.4亿元，同比增长5.3%；全社会固定资产投资完成31.6亿元，增长29.4%；地方财政一般预算收入完成1.91亿元，增长3.4%；社会消费品零售总额完成29.9亿元，增长23.1%；农民人均纯收入3604元，增长10.7%；城镇居民人均可支配收入10802元，增长16%；金融机构存款余额35.9亿元，增长16%，贷款余额12.9亿元，减少35.4%；人口自然增长率控制在4.8‰以内；城镇登记失业率控制在3.4%以下。

【项目建设成效明显，工业经济加速发展】 全年共争取各类政策项目162个，计划争取资金8.05亿元，到位7.24亿元，特别是国家新增1000亿元投资项目中争取到5300多万元。招商引资成效突出。共新上或续建项目86个，引进资金7.67亿元。利用外资860万美元，进出口总额550万美元，均较好完成了市定目标。通过积极争取，城南产业集聚区得到省政府认定，面积7.14平方公里，有效解决了土地、环评等瓶颈制约问题。重点项目建设取得突破。投资1.2亿元的鸭河水泥粉磨站项目建成投产；投资1.5亿元的贯沟金矿综合开发利用项目已经启动；投资5.5亿元的青山水泥项目完成所有报批手续和土地征用；投资6亿元的高温冶炼项目省发改委已经备案；高庄核电站和天池抽水蓄能电站项目扎实推进。民营经济总量不断扩张，达到11290家。工业经济较快增长，全县限额以上工业完成增加值19.3亿元，增长13.9%。2008年是南召历史上向上争取项目到位资金最多的一年，也是招商引资到位资金最多的一年，更是大个重点项目落地最多的一年。

【新农村建设锦上添花，“三农”工作亮点突出】 8个市级示范村、28个市级试点村、88个村容村貌整治村等创建任务圆满完成，培育出朱坪、鸭河、郭拍店、柏林、许田、张沟、瓦房庄、皇后、头道河等一大批精品亮点村，“花墙文化”得到挖掘和弘扬，先后有120余起3600余人次前来参观学习，全市验收名列第一，稳夺“向荣杯”。粮食总产达到19.8万吨，增长1.6%。柞蚕、辛夷、花生、苗木花卉等特色产业进一步壮大。农村生产生活条件明显改善。投资4600万元。改造中低产田6000亩，解决安全饮水1.6万人，除险加固中小型水库6座，新增有效灌溉面积5000亩。新发展农村沼气8016户，名列全市第一。解决和巩固温饱贫困人口1.02万人，荣获全省扶贫开发工作先进县。完成植树造林6.19万亩，超出计划7697亩，被命名为全省林业生态县。

【旅游开发取得突破，第三产业不断壮大】 各景区共完成投资1.03亿元，为历年来之最。五朵山景区完成投资900余万元，基础设施进一步完善，暴瀑峡音乐谷成功打造。真武顶景区投资200多万元，南北麓开发得以整合。旅游招商取得重大突破，总投资4亿元的万家园莲花温泉项目，已累计完成投资9000万元；碧桂园宝天曼开发项目总投资1亿元，已完成投资1100万元；白河漂流景区投资200余万元，完成了河道清理、绿化等任务，正在申报4A级景区。投资7000万元的丹霞大酒店建成营业。成功组织“千人畅游五朵山”、闵智亭纪念馆开馆仪式等活动，南召旅游知名度进一步叫响。全县共接待游客101万人次，实现旅游收入1.67亿元，分别增长27.6%、29.2%。在旅游业带动下，第三产业较快发展，增加值完成14.3亿元，增长11.3%。

【“四城联创”扎实推进，城乡面貌大为改观】 全县城镇建设共完成投资2.7亿元，

县城新世纪大道、人民南路、伏山路、黄洋路4条主干道改造工程顺利实施，净水厂如期建成，垃圾、污水处理厂成为全省样板工程，荣获先进县称号。亮化、绿化工程齐头并进，安装高档次路灯1166盏，扮靓了城市夜景；县城绿化覆盖率达到35.3%，人均绿地面积7.33平方米。加大卫生、交通、市场、广告、建筑秩序整治力度，脏乱差现象明显改观。卫生城、园林城、文明城通过市级验收，“四城联创”初战告捷。南河店、云阳、皇路店等乡镇城镇建设投入加大，马市坪、崔庄、石门等乡镇面貌变化明显。全县新增城镇人口0.5万人，城镇化率提升到28%。土地利用、城乡、产业集聚区三个规划统筹推进，规划约束更加严肃。经营城市多管齐下，实现土地纯收益3100万元。公路建设完成投资4.87亿元，二广高速南召境内42公里全程通车，S231、S248、S331改造全面铺开，81公里旅游路、县乡路、村道联网路全部竣工，全县公路总里程达到3548公里，其中等级公路1937公里，区位优势进一步凸现。同时，投资2700万元完成电网完善工程，供电能力得到提高。

【社会事业全面进步，民计民生日益改善】 大力发展社会事业，全力办好十大实事，着力改善民计民生。教育、文化、卫生、残疾人等事业全面进步。投资1233万元，新建改造学校47所，办学条件明显改善。落实“两免一补”资金2809万元，惠及学生13万人次。公开选聘教师71人，教师队伍不断加强，教育质量稳步提高。完成20户以上自然村通广播电视工程74个，建成乡镇文化站6个，文化事业更加繁荣，再次被文化部命名为中国民间文化艺术之乡。新农合参合农民48.46万人，参合率达到97.66%，投资1000万元完成县保健院整体搬迁，卫生医疗基础设施和服务网络得到完善。完成残疾群体康复1000例，其中白内障复明手术600例。民族宗教大局稳定，荣获全省民族团结进步先进县。发放廉租住房现金补贴1396户120万元。社保工作扎实推进，全县城镇低保6387人、农村低保17794人、农村五保6240人，实现了应保尽保。新建、改建敬老院6所，五保集中供养率达到40%，全市现场会在南召县召开。开展城镇居民医疗保险试点工作，参保人数达3.5万人。就业再就业工作成效突出，新增城镇就业12175人，下岗失业人员再就业3500人，就业困难对象再就业1400人。认真落实党和国家惠农政策，发放各类补贴资金1.04亿元。计划生育“幸福家庭行动”经验在全省推广，荣获全省计生优质服务工作先进县。

【民主法制得到加强，社会大局稳定和谐】 政府及政府各部门自觉接受人大的法律监督和政协的民主监督，坚持定期向人大报告工作，向政协通报情况，全年共办理人大议案建议75件、政协委员提案197件。加强政府法制工作，深入开展普法宣传教育。切实转变政府职能，扎实推进政务公开，狠刹行业不正之风，“四乱”现象得到遏制。整顿规范铁矿、石材开发秩序，取缔非法矿山28家、尾矿库68家，实现了有序发展。林木资源管护共查处各类林业刑事案件40起、行政案件408起，收缴非法木材600余方，有效打击了盗伐林木现象。河道采砂共清理非法船只上千艘，划定标段，公开拍卖，规范了开采秩序。社会治安综合治理力度加大，公众安全感满意率达到96%，荣获全省平安建设先进县。安全生产得到加强，安全生产形势日趋好转，进入全省先进县行列。深入开展大接访活动，全年未发生赴京集体上访，继续保持全市先进位次。

南召县各乡镇主要领导名表

乡 镇	党委书记	乡镇长
城关镇	张 巍	牛明海
城郊乡	张万军	涂富强
留山镇	陈贞伟	隋元亮
小店乡	苏自清	张 学
云阳镇	吴廷凯（县长助理）	杨俊昭
皇后乡	庞 若	张秀申
太山庙乡	韩华超（2008年11月任副处级）	吕永军
皇路店镇	贾 斌	张国庆
石门乡	宋 生（2008年11月任副处级）	胡保勤
南河店镇	任 平（女）	臧建国
四棵树乡	薛付杰	余春来
白土岗镇	刘九利	任 辉
板山坪镇	黄长省	张 勇
乔端镇	艾 剑	齐自礼
马市坪乡	高增伟	李 立
崔庄乡	赵鸿远	夏习凤（女）

乡镇概览

【城关镇】 2008年，按照“突出工业主导，加大招商引资力度，注重基础设施建设”的指导思想，以工业化为动力，以城镇建设为载体，紧紧围绕“工业重镇、经济强镇、商贸重镇、宜居城镇”的战略定位，推动经济社会平稳发展。生产总值24.3亿元，财政收入1118万元，城镇居民可支配现金收入10700元，固定资产投资2.3亿元。非公有制经济和项目建设有新发展，围绕“四城联创”作文章，开发建设了宏江房地产、四季春花园房地产和福达花园房地产等为龙头的房地产项目，围绕县城部分老企业资产、厂房设备闲置的特点，积极发展工贸项目，形成专业商贸市场，繁荣城乡经济，打造商贸重镇。新上1000万元以上项目5个，续建扩建项目5个，招商引资4600万元。投资450万元、4200平方米的五层砖混结构政府新办公大楼于5月30日启用办公。以增加农民收入，改善农村生产生活水平，提升综合素质为切入点，高标准建设文明新村，顺利通过市级示范村验收。成立协会促增收。成立种植业和养殖业协会，辐射带动农民参与，增加收入。

【城郊乡】 2008年，围绕“抓城建，促发展；抓工业，谋长远；抓稳定，保平安；抓创新，出亮点”的经济发展战略。生产总值3.8亿元，财政收入819.6万元，固定资产投资2.3亿元，引进资金2.57亿元，农民人均收入3303元。城乡建设取得突破性进展，打通了多条路段，实现了“四纵三横”城市建设格局，完成北起世纪大道，南接高速引线，全长1300米的人民南路加宽改造与绿化工程。招商引资工作再上新台阶，全乡新上投资50万元项目10个，100万元以上项目12个，1000万元以上项目5个，共签订招商引资合同2.57亿元。个体经济发展呈现良好势头，投资7000万元的四星级丹霞大酒店正式建成，并投入运营。新农村建设成效显著，健全农业投入保障机制，落实各项强农惠农政策，确保粮食、良种、农机具购置和大宗农产品补贴落到实处。投资80多万元建成沼气池1200余座，完成卫生厕所改造1420座，改厨1260座，修建村组道路20条，共计70公里。

【留山镇】 2008年，围绕“工业强镇、生态大镇、旅游名镇”的发展思路，生产总值2.11亿元，财政收入290万元，固定资产投资5781万元，农民人均纯收入3089元。招商引资和重点建设项目有了新的突破，新上和续建项目8个，计划争取资金7200万元，到位2650万元。向上争取项目资金1194万元。改善农民生产生活条件，推进“三村”建设。郭拍店文明新村投入资金160万元，硬化、绿化、庭院美化和文体娱乐设施的配套建设。玲珑山精品文明新村投资45万元，硬化道路5000米，种植各类绿化苗木12000棵。投入资金250万元，在郭拍店村和东街村结合部规划120套移民住房，总占地面积38亩，可解决深山居住户125户500口人入住问题。投入城建资金128万元，拉大城镇框架至郭拍店村新辟街道1公里，进一步完善镇区绿化、美化、亮化工作。

【小店乡】 2008年，生产总值2.03亿元，固定资产投资1.02亿元，财政收入315.6万元，农民人均纯收入3718元。坚持把非公有制经济发展放在经济工作的首位，突出招商引资重点，发展非公有制经济。非公有制经济实现总产值4.2亿元，入库税金达到450万元。对演艺山矿产品工业园区、沿S331线商贸区、空山花卉苗木示范园区进行规范管理，新上500万元以上的项目2个，100万元以上的项目3个，50万元以上的项目6个，全乡引资总额2200万元。深化文明新村建设，改善农村村容村貌。整合各类资金300余万元。对白鹿、柏林两村进行特色打造，壮大主导产业，培育特色经济专业村。新发展以辛夷、杨树、油桐为主的经济林1万余亩；蚕籽放养量达到1000公斤，柞茧产量达300吨；投资50万元以上的花木基地4家，全乡苗木总面积6000亩。投资100万元，新建人畜饮水工程两个，投资150万元在山区新建15个电力台区。

【云阳镇】 2008年，围绕“工业强镇、商贸重镇、生态大镇”发展定位，生产总值9.4亿，财政收入982万元，农民人均收入4101元，固定资产投资3.3亿元。基础设施建设取得新突破，累计投入城镇建设资金9000余万元。解决了人民路建成以来排污难、乱排污的历史遗留问题；投资650万元完成人民路、建设路街道绿化和亮化工作，完成了滨河路综合开发工程拆迁补偿、路基垫方、一级蓄水坝及护河堤护坡配套建设等任务。新增住宅小区20余处，总面积12万平方米。工业经济展现新活力，云铸公司、杰达特材、天力电机、恒雪面粉、兴云商贸、福源养殖等龙头企业不断发展壮大，铸造、汽配、微型电机、土工材料、农副产品加工等特色产业已成为镇域经济的重要支撑。以福源养殖公司、西关肉牛养殖场为龙头的畜牧养殖业迅速得以培育壮大，猪、牛、羊、鸡等存栏量突破20余万头(只)，成为群众致富的新兴产业。

【皇后乡】 2008年，紧紧围绕建设“工业强乡、林果名乡、蚕业大乡”的目标，生产总值3.5亿元，固定资产投资1.3亿元，财政收入417.8万元，农民人均纯收入3966元。项目建设取得了丰硕成果。共争取项目16个，争取资金911万元。全方位开展招商引资。共引进资金3680万元，新上工业项目12个，其中重点项目8个，新上技改项目2个，新上生产线2条。集中精力抓基础设施建设，全力以赴打造亮点。沿辛夷路两侧栽种辛夷树1.1万棵，黄杨5500棵，广玉兰4600棵，刺柏9000棵，绿化面积800多亩；在8个村全部高标准建成了村部及文化大院、文化广场，统一配置了45套体育娱乐健身器，完善了社区服务功能。全年新增辛夷种植和花卉苗圃面积1200亩，蚕籽放养量达到3500斤。

【太山庙乡】 2008年，围绕富乡富民，增强实力的工作目标，基础设施日臻完善，农村面貌焕然一新，社会事业成效显著，群众生活得到改善，财政状况运行良好，实现了全乡政治、经济、社会全面协调快速发展。生产总值3.96亿元，固定资产投资0.9亿元，农民人均纯收入3200元。实施项目兴乡计划，壮大乡域经济整体实力，争取各类项目12个，到位资金400万元。突出创新发展，提升新农村建设水平，对7个重点村加大投入，修建文化大院，花墙，硬化入户道路，铺设彩砖，架设路灯。壮大支柱产业，发展特色经济，以曹店、罗沟村为主的无籽西瓜已达到8000亩，横山、兴隆村的养猪达到15000头；另外，推广地膜花生3万亩，网箱养鱼2.5万箱，年产值5000万元，丝毯加工24.5万平方英尺。全乡总人口3.8万人，耕地面积23560亩，总面积133平方公里，水域面积26平方公里，是典型的库区移民大乡。

【皇路店镇】 2008年，突出项目和城建两项重点，夯实花生和大葱两个产业，保住稳定一个底线，经济社会保持了平稳快速发展、全面协调推进的良好势头。生产总值4.81亿元，财政收入930.5万元，固定资产投资累计完成2亿元，农民人均纯收入3840元。招商引资1.54亿元，引进企业项目15个。非公有制经济呈现出了强劲的发展势头，总数已达46家，吸纳农村富余劳动力1500人。城镇面貌明显改善，共投入城镇建设资金369万元，结构框架进一步拉大，市场日益繁荣。农业经济发展亮点不断，地膜覆盖种植花生30000亩，种植大葱22000亩，已形成10个地膜覆盖花生专业村，7个大葱种植专业村，3个独具特色专业村，花生和大葱两大产业亩均收入3000元以上。投入90余万元，完善2个市级文明新村——鸭河马仓店和黄家庄小王庄，提高1个县级文明新村——郭庄村。高标准完成春季通道绿化962亩，冬季造林300亩。

【石门乡】 2008年，围绕工业大发展、农业大突破和城镇大改观三大目标，推动全乡经济和社会各项事业取得又好又快的发展。生产总值2.6亿元，固定资产投资1.4亿元，财政收入268万元。抓工业促进经济社会发展，新上投资1000万元以上非公有制企业2家，1500万元以上项目1个，引资总额3000万元村容村貌综合整治，优化人居环境。对涉及沿S333线、高速公路和环库公路两侧的18个行政村101个村民小组进行综合整治。加大基础设施建设力度，提高群众生产生活条件。全年累计新硬化水泥主干道路2000米、入户道路5000米，整修主干道路5500米，新打人畜饮水井6座，改造校舍1座，新建村部1座，建设“三硬邦”水渠500米。新建沼气池50座，扩建文化广场2座6200平方米，新增图书1.2万册，政务公开栏180平方米，改造建设休闲渔塘600平方米。巩固发展现有的生态优势，新发展以通道绿化、“四旁”绿化为主的造林面积3500亩。

【南河店镇】 2008年，突出抓好项目建设、城镇建设、新农村建设三项重点工作，生产总值5.7亿元，固定资产投资1.5亿元，财政收入816万元，农民人均纯收入4300元。以“引进外资、集聚民资、争取政策性资金”为主，引进100万元以上的项目14个，引资总额9500万元，滨河新区综合开发项目、佰年情蚕丝制品项目、福美来生猪饲养项目投入使用。坚持以争创“五星级”城镇为目标，以大项目吸引大客商，吸纳大额资金投资城镇建设。投资3400万元的民族大道建设项目和投资400万元的滨河大楼建设项目已建成，镇区面积由3平方公里扩大到5.2平方公里。新农村建设完成胡垛、许田两个生态文明村建设和龙泉寺、延岭沟两个村的升级改造，新农村建设共完成投资300万元。新建成农村沼气625座，全镇农村沼气工程达到1800座。

【四棵树乡】 2008年，围绕“旅游名乡、石材大乡、经济强乡”的发展目标，生产总值2.5亿元，固定资产投资1.15亿元，财政收入250万元，农民人均收入3849元。沿着国道建设石材生产工业长廊，在巩固好原有8家大型石材企业的基础上，又新上100万元以上石材加工企业9家。延伸暴瀑峡景区步道1500多米，完成了暴瀑峡实景音乐谷建设。成功举办了“闵公祠落成仪式”，全年共接待游客13万人次。围绕石材、旅游、菌类、畜牧、林蚕等支柱产业，大力发展特色专业村。加强文明新村建设，筹资100多万元，筑浆砌河坝5500余立方米，垫土31000立方米，对北大河文明新村建设进行了大规模基础设施建设，在四棵树村注资100多万元，按照统一征地，统一规划，统一设计、统一施工的原则，建成可容126户的移民新村。小城镇建设获突破性进展。多方筹资100多万元，对四棵树旧街道进行了拆建。协助水利部门，投资1300多万元，对廖庄水库进行除险加固工程建设，建成沼气405户。

【板山坪镇】 2008年，强力实施“项目兴镇”战略，狠抓城镇建设，党的建设，实现了镇域经济的平稳较快发展。生产总值1.26亿元，财政收入285万元。固定资产投资1.3亿元，农民人均纯收入3200元。重点对全长850米的新街进行了改造，主要是实施。绿化、硬化、亮化。共投资150万元种植香樟树260棵，对人行道进行了硬化，铺彩砖4800平方米，安装路灯40盏。对大理石、方解石两大资源进行了重组，初步组建了龙头企业。新上企业5家。对板山工业小区进行了重新规划，完善了水电路等基础设施，提高了小区品位。投资120万元在小余坪村建成长阁养猪场，带动了全镇60多户农户养猪。

【白土岗镇】 2008年，紧紧围绕建设工业强镇、矿产大镇、生态大镇的基本定位，经济建设和各项社会事业均取得显著的成效，生产总值2.6亿元，财政收入706万元，农民人均收入3580元，固定资产投资2.01亿元。引进100万元以上项目7个，引资额3600万元，出品创汇完成110万美元。以培育龙头企业为重点，强力实施开放带动战略，突出招商重点，丰富招商形式，提高招商成功率，工业强镇建设取得新成效，建材大镇的地位得到进一步巩固。小城镇建设框架进一步拉大。完成了对白土岗镇小城镇的高标准规划，初步确立了“四纵三横”的发展定位。突出抓好以工代赈、财政扶贫、污染村治理等重点项目，申报政策性项目11个，申报资金1400余万元，以工代赈公路建设资金230万元，水利工程项目资金80万元。完成各项劳务技术培训637人，有计划输出就业196人。

【乔端镇】 2008年，突出新农村建设、基础设施建设、旅游开发、项目建设等重点，生产总值2.5亿元，固定资产投资1.6亿元，财政收入339万元，农民人均纯收入3400元。加大投资建设文明新村，共投入38万元，对水晶河村、白水河村28户73间破旧房屋进行拆迁，提高建房标准，美化庭院33家。完成205座沼气建设任务。在生态建设上，完成城镇绿化250亩，中幼林抚育项目1500亩，低产低效林改造4000亩。完成生产型防护林150亩，补植型封山育林1500亩，荒山造林1546亩，小流域治理造林20万株。完成170万元移民搬迁扶贫项目的申报、普查、选址工作和完成600万元世界银行贷款扶贫开发项目的设计、申报工作，投资2000万元的白河干流二级电站建设项目正在申办相关手续。白河漂流二期工程投资40多万元，按照4A级景区建设要求，完成河道清障、美化、绿化、安全防护设施任务。南阳碧桂园房地产开发公司投资8000万元的宝天曼开发一期工程已经投入800多万元，宝天峡铺建仿古栈道4公里，宝天曼迎宾馆主体工程已经完工。筹措资金40万元，完成镇区绿化栽树2000株，对700米工业路进行扩通。投资50万元完成乔端镇大渠修复2500米，新修支渠900米；完成小流域治理11平方公里，新修渠道2000米，新建河堤400米，完成白河河道清障2500米，并完成了污染源的普查工作。

【马市坪乡】 2008年，围绕“中原旅游名乡、矿业经济强乡、生态林药大乡”的奋斗目标，生产总值1.65亿元，固定资产投资1.05亿元，财政收入268.1万元，农民人均纯收入2995元。招商引资与项目建设有了新的发展，新乡金龙精密铜管集团股份有限公司与省有色金属矿产局投资1.5亿元的贯沟金矿开发项目，到位资金2000万元，已正式开工建设。天池抽水蓄能电站项目可研工作扎实推进。集镇建设稳步推进，投入资金196万元进行街道改造一期工程。投入资金1700万元开发建设移民商贸新区，完成征地、附属物拆迁、场地平整等工作，正在进行临街门面房建设。对闲置资产老戏园进行开发利用，形成多功能的中心市场。加大旅游开发与新农村建设力度，真武顶景区投资200多万元进行了山门改造、公厕建设、步道修缮及停车场建设等工程，南北麓开发得以整合。

【崔庄乡】 2008年，“保稳定，促发展；抓重点，增活力；办实事，解民生”；使全乡经济和各项事业继续保持了健康快速发展的好势头。生产总值2.42亿元，固定资产投资1.3亿元，财政收入263.1万元，农民人纯收入3620元。招商引资项目有突破，引资金额达6500万元。村容村貌明显改观，筹资260多万元，对草庙、塔寺2个市级试点村完善提高，对枣庄、马良等8个村的村容村貌进行了道路、卫生、绿化等建设，硬化村主干道2050米，入户道路8354米。全乡建设沼气280座。按照“科学规划，基础先行，特色兴乡”的原则，全面对政府驻地的街道扩大框架，规范整治，共投资120万元，硬化道路800米，安装路灯36盏，修复下水道1000米，拆除并新建危旧门面房52间，扩通硬化计生办至供销社的次街道350米，并完成绿化、亮化、美化等基础设施配套工程，加快了生态、文明、卫生的小集镇建设步伐。（韩德坤　芦阳春）

镇　平　县

县情综述

【概况】 总面积1500平方公里，城区面积17.8平方公里，耕地面积75180公顷。总人口97.2万人，其中农业人口86.1万人。辖11个镇8个乡和3个街道办事处。

县委书记：史焕立；副书记：王书祥、王宛楠；常委：李恒俭（常务副县长，2008年10月离）、常英敏（女，常务副县长，2008年10月任）、程治敏（女，组织部长，2008年10月任）、梁海磊（宣传部长，2008年10月离）、邵贺龙（政法委书记）、余广东（县委办主任，2008年10月离）、赵水（县委办主任，2008年10月任）、田永朝（2008年10月，由统战部长改任宣传部长）、刘其新（纪委书记）、秦广洲（人武部长）、李宁（统战部长，2008年10月任）、杨三忠（副县长）

人大主任：王凡斌；副主任：李喜德、李国进、李巧菊（女）、徐明发、李英华（女）

县长：王书祥；副县长：李恒俭（2008年10月离）、常英敏（女，2008年10月任）、杨三忠、王彩霞（女）、任瑞林、叶挺硕（2008年10月离）、张荣广、杨红忠（2008年10月离）、梁兆奎（2008年10月离）、吴增勤（2008年10月任）、马福成（2009年1月任）、徐文磊（县长助理，2008年11月任）

政协主席：赵明文；副主席：张照华、邱荣军、刘相岑、裴国宾（女）

法院院长：胡明理

检察院检察长：杜春江

2008年，全县上下紧紧围绕建设“经济富裕、生态良好、社会和谐”新镇平的奋斗目标，深入实施“工业强县、特色立县、开放活县、科教兴县”四大战略，使县域经济社会事业实现了较快发展。

【县域经济增长较快】 全县生产总值161亿元，同比增长7.3%；地方财政一般预算收入2.6亿元，同比增长5.6%；全社会固定资产投资59.8亿元，同比增长21.5%；实际利用县外资本15.5亿元；城镇居民人均可支配收入10956元，同比增长9.3%；农民人均纯收入5039元，同比增长7.2%；人口自然增长率控制在4.7‰以内。

【工业生产发展势强】 深入实施工业强县战略，突出工业园区和项目建设。中联水泥余热发电项目建成投产，华新机织地毯项目进展顺利；明星机电、华兴工贸、思龙机械、牧鹤饲料等11个新项目进驻园区，其中5000万元以上项目5个、3000万元以上项目2个；新增投产企业14家；全年实现产值13.5亿元，入库税金8743万元，同比分别增长34.1%、31%，园区支撑带动作用进一步显现。全县实现工业增加值86亿元，同比增长10%；其中规模以上工业增加值42.2亿元，增长19%；利润总额

12.1亿元。

【城镇建设力度加大】 县城总体规划编制方案和大纲初步完成，城乡规划体系逐步完善。县城重点工程进展顺利，城区雨污分流年度任务全部完成，管线入地扎实推进，玉神路南延、玉源大道拓宽、中山街东延、泰山路改造主体工程全部完工。强力推进城建体制改革，成立规划局、城市管理执法局；小城镇建设稳步推进，贾宋镇晋升五星级小城镇，曲屯、晁陂镇晋升三星级小城镇，卢医镇晋升一星级。县乡公路建设快速推进，完成投资1.4亿元，新改建公路里程244公里。

【农村工作扎实推进】 认真落实各项惠农政策，累计发放粮食直补、良种补贴款1.03亿元，成功组织了全国小麦跨区机收作业启动仪式。全年粮食总产量10.37亿斤，创历史新高；烟叶总产量311万斤，实现特产税473万元；实现农业增加值21亿元，同比增长4%。认真组织实施农综开发、安全饮水、烟水配套、农田水利基本建设、水库除险加固等一批涉农项目，农业基础条件持续改善。植树590万株，新增农村沼气9572户。新农村试点建设步伐加快，“清洁家园”行动成效显著，20个市级示范村累计投入资金7000余万元，16个试点村基本达到市定“六通六有”标准。

【开放招商成效显著】 把招商引资、争取项目作为加快发展的主动力，扎实开展“项目推进年”活动。全年共引进横向联合项目104个，总投资34亿元，到位资金10.2亿元；争取到位政策性项目143个，落实上级无偿资金6.6亿元。

【玉雕产业稳步提升】 加强对玉雕产业的规范引导和服务，在促进结构调整、推动文化产业互动、提升产业形象上进行了积极尝试。加快国际玉城一期工程建设，积极配合市政府筹办第六届玉雕节暨首届宝玉石博览会，集中展示了镇平玉雕的整体水平和实力。玉雕工艺被列入国家级非物质文化遗产保护名录，镇平县被确立为全省首批8个文化改革发展试验区之一。

【旅游三产实现突破】 “太公湖景区”一期工程正式启动，五垛山旅游公路建成通车，玉雕湾、彭雪枫纪念馆等景点服务水平持续改善。全年共接待游客18万人次，实现旅游综合收入1.36亿元。扎实开展“家电下乡”活动，继续推进“万村千乡”工程，全年售出下乡家电4651台（部），新、改建农家店90个，总数达到245个，覆盖全县50%以上的行政村。第三产业完成增加值44亿元，同比增长12%。

【大事要闻】 1月26日，镇平县召开工作会议，部署2008年七件大事：①建设工业园区六期工程。②实施“四路一场”改造建设工程。③实施城中村改造及城镇居民安居工程。④建设县体育运动中心一期工程。⑤对高丘水库及高西河水库进行除险加固。⑥实施教育振兴工程。⑦举办“迎奥运、新生活”全民健身运动会。

4月11日，省人口计生委计划生育优质服务县评估组到镇平检查指导工作，查看了侯集、石佛寺镇计生技术指导站，对镇平县坚持以优质服务为切入点、建立计划生育工作新机制的做法给予充分肯定。

4月15日，中国·南阳第六届玉雕节暨首届宝玉石博览会在市体育中心隆重开幕，县玉神公司、神圣公司展出和谐家园、龙凤瓶、宝莲灯等玉雕精品，《春之舞》、《宝月瓶》等20件作品获“陆子冈杯”金奖。县签约经济合作项目5个，总投资15.5亿元。原全国政协副主席张思卿和中国宝玉石协会会长孙文盛到镇平考察。

4月30日，省委常委、统战部部长刘怀廉和省政协副主席袁祖亮到县工业园区、石佛寺玉文化博物馆调研镇平工业经济和特色产业发展情况，充分肯定了镇平稳中有进的工业经济、蓬勃发展的特色产业。

5月25日，2008年全国小麦跨区机收启动仪式在镇平举行，国家农业部部长孙政才、副部长张宝文，河南省代省长郭庚茂、副省长刘满仓，农业部总经济师、办公室主任陈蒙山及市委书记黄兴维、市长朱广平，县委书记史焕立、县长王书祥等出席启动仪式。

7月7日，全国供销社新合作南阳现场会在镇平召开，与会人员观摩了镇平新合作网络工程建设情况，高度评价了镇平“新网工程”建设取得的成绩。

7月19日，国家农业部总经济师、发展计划司司长杨坚带领国务院农业调研组到镇平县天冠集团纤维乙醇项目基地调研秸秆转化工作。河南天冠集团是国务院批准的4家燃料乙醇试点生产企业之一，纤维乙醇是天冠集团于2006年10月独资兴建的国内首个纤维乙醇产业化项目，该项目占地126亩，一期投资6000万元，首批纤维乙醇顺利产出，运营情况良好。

7月，镇平玉雕被收入国务院公布的第二批国家级非物质文化遗产名录。

8月27日，《中国共产党镇平县历史大事记》（1928—2007年）发行会议在镇平宾馆隆重举行。这是一部记载中共镇平县历史发展的重要文献，也是全市党史系统历史跨度最长、内容最丰富的中共大事记。县委下发了《对县史志办公室进行表彰的决定》。

9月1日，由河南电视台、《河南日报》、《东方今报》等9家省级新闻媒体组成的记者团，到镇平采访玉文化产业发展情况。

9月20日，国家科技部副部长刘燕华在市县领导黄兴维、朱广平、原永胜、冯晓仙、李中杰、史焕立、王书祥等陪同下，视察镇平县天冠集团纤维乙醇项目建设。

9月30日，十届全国政协副主席李蒙，中西部建设促进会副会长艾青春一行到镇平考察指导工作。

11月1日，镇平县档案馆通过国家二级档案馆达标验收。

镇平县各乡镇办主要领导名表

乡镇办	党(工)委书记	乡镇长、主任
涅阳街道办事处	刘剑刈	刘剑刈(2009年1月离) 刘智如(2009年1月任)
玉都街道办事处	徐文都(2008年12月任)	冀虹珂(2008年12月离) 袁长安(2009年1月任)
雪枫街道办事处	王旭红(女)	陈云峰(2009年1月离) 曾凡胜(2009年1月任)
石佛寺镇	徐文磊(2008年11月离) 刘乐平(2008年12月任)	肖　斌(2008年12月离) 陈云峰(2009年1月任)
贾宋镇	刘乐平(2008年12月离) 宋建军(2008年12月任)	曾凡胜(2009年1月离) 王仕奇(2009年1月任)
侯集镇	赵国安(副处级)	王　强(2008年12月离) 杨万春(2009年1月任)
枣园镇	李华凌	李华凌(2009年1月离) 董文友(2009年1月任)
晁陂镇	王久昌(2008年12月离) 王遂银(2008年12月任)	王遂银(2009年1月离) 李宝杰(2009年1月任)
高丘镇	徐文都(2008年12月离) 胡新田(2008年12月任)	李新亮(2009年1月离) 孙晓波(2009年1月任)
卢医镇	余亚军	丁长海(2009年1月离) 韩　莉(女,2009年1月任)
老庄镇	何海涛	杨万春(2009年1月离) 丁长海(2009年1月任)
遮山镇	郭　平(2008年12月离) 王　强(2008年12月任)	刘智如(2009年1月离) 任延峰(2009年1月任)
曲屯镇	李恒宇	李恒宇(2009年1月离) 马国政(2009年1月任)
杨营镇	郭贵龙(2008年12月离) 柴光钦(2008年12月任)	张海山(2009年1月离) 梁俊浩(2009年1月任)
张林乡	毕中平	李忠玉
安字营乡	周坚定(副处级)	孙晓波(2009年1月离) 张海山(2009年1月任)
彭营乡	朱玉坤(2008年12月离) 肖　斌(2008年12月任)	袁长安(2009年1月离) 王继坤(2009年1月任)
柳泉铺乡	白兆文(2008年12月离) 冀虹珂(2008年12月任)	王文峰(2009年1月任)
王岗乡	姚成华(副处级)	柴光钦(2009年1月离) 刘　剑(2009年1月任)
马庄乡	宋建军(2008年12月离) 朱林森(2008年12月任)	王光洲(2009年1月离) 孙明岚(女,2009年1月任)
郭庄回族乡	朱林森(2008年12月离) 闻国阳(2008年12月任)	闻国阳(2008年12月离) 马　静(女,2009年1月任)
二龙乡	胡新田(2008年12月离) 张　勇(2008年12月任)	张　勇(2008年12月离) 王士亮(2009年1月任)

乡镇办概览

【涅阳街道办事处】 2008年，围绕“招商引资、市场开发、城镇发展、财源建设”四项工作，开拓进取，务实创新。引进项目11个，其中投资300万元以上2个、500万元以上3个、1000万元以上6个；重点建设项目金雷曼鞋业、县城至菩提寺道路南端完成建设任务。根据办事处位于县城的特点，将综合治理、文明建设工作纳入重要议事日程，签订目标责任40份，配备40名巡逻队员和20名村级巡防队员，设置20个治安卡点，购置5辆电动巡逻车，使11所中小学周边200米以内无“三室一厅”、50米以内无围门堵门经营摊点；15个社区的社会治安成效显著。东关、南关、西关村为市级文明新村，北关、小店村为县级文明新村。生产总值20亿元，农业增加值1392万元，工业增加值100482万元，粮食产量1028吨，居民人均纯收入6953元。

【玉都街道办事处】 2008年，按照“保稳定、打基础、求突破”的工作思路和打造“工业园区、商贸新区、生态林区、赵河景区”的发展定位，聚精会神抓重点，一心一意干实事。投资1200万元的天龙纤维布项目建成投产，投资2500万元的德瑞机械制造基础设施建设基本到位。引进各类企业30家，总投资2.1亿元；其中投资100万元以上11家、300万元以上9家、500万元以上6家、1000万元以上2家。以奇石、景石、石雕产品为主，投资1100万元的五里岗至刘洼村石雕小区二期工程进驻企业70家，年产值1500万元。生产总值9.4亿元，农业增加值5851万元，工业增加值43525万元，粮食产量19399吨，农民人均纯收5684元。

【雪枫街道办事处】 2008年，以建设社会主义新农村为目标，以创建园林、卫生、文明城镇为载体，以建设雪枫植物园为契机，对312国道沿线及将军路、南环路进行集中整治，大奋庄村为省级文明村、牛王庙村为市级文明村。通过“处、村补助，部门帮扶，农户自筹，信贷助推”机制，建设沼气池617个；投资3000万元的园丁苑商住中心竣工8个主体楼。生产总值7.2亿元，农业增加值4847万元，工业增加值34807万元，粮食产量18067吨，农民人均纯收入5457元。

【石佛寺镇】 全国玉产品旅游购物中心，全省玉文化产业示范镇，全市综合实力强镇。2008年，紧紧围绕“工业强镇、特色立镇、旅游活镇、开发富镇”的发展战略，以“项目推进年”活动为契机，引进各类项目7个。一期投资200万美元的美国西维康凭那晶露OPC生产项目开工建设；计划投资50亿元的全生物可降解塑料项目，被列为市发动机计划项目，完成环评、立项、土地报批工作；投资100万元以上的盘坡国成钙粉厂和贾庄金宝、小彬钙粉厂及贺庄建军玉雕工艺厂，投资500万元以上的马隐店页岩砖厂、魏湾丰宝面岩砖厂建成投产。积极协助市县筹办“中国南阳第六届玉雕节和首届宝玉石博览会”，组织8家企业、4个市场、120多个玉雕大户参会，参展的267件玉雕精品中，有19件获奖。生产总值12.7亿元，农业增加值12491万元，工业增加值78052万元，粮食产量22809吨，农民人均纯收入6254元。

【贾宋镇】 豫西南小商品集散地。2008年，围绕建设“工业强镇、商贸名镇、特色大镇”的发展定位，抓好工业、市场、城镇、特色农业四项重点工作。镇民营小区入驻浙江庆颖防盗门有限公司、武汉市德昌养殖有限公司、李兴胶合板厂、蒋延辉塑料厂、李钢清洁球厂、闵河免烧砖厂、育茂张网套厂、小集面粉厂、李民翻砂厂、寺后张面粉厂、光福木器加工厂11家，其中投资500万元以上的3家、300～500万元的3家、100～300万元的5家。扩大华鑫高档服装市场规模，新增门面房60间，入驻商户20家。新规划精品玉兰园200亩，新植花卉苗木2000亩，建设观赏鱼养殖基地80亩。对8个重点村进行了新农村建设发展规划，硬化村村通道路18.6公里，补贴发展沼气用户650户，搭建文化舞台3座，有线电视入户率达到85%以上。生产总值12.6亿元，农业增加值16807万元，工业增加值76738万元，粮食产量22489吨，农民人均纯收入6165元。

【侯集镇】 全国最大的金鱼养殖基地。2008年，围绕全面建设小康社会的目标，突出重点，狠抓落实。引进项目6个，总投资5140万元。其中投资1200万元的南阳裕麒棉业公司二期工程、380万元的红伟针织厂、800万元的惠民页岩砖厂、760万元的全胜页岩砖厂正式投产，投资1600万元的南阳金成塑胶有限公司PVC套管生产项目正在安装调试。新建观赏鱼池塘500亩，维护改建旧池塘1200亩；新建无公害蔬菜示范园3000亩；畜牧专业村22个、专业场30个，畜禽防疫密度100%；万亩农综开发和粮基项目投资累计1000万元，受益农民2.1万人；新打机电井102眼，新建沼气池510座。生产总值8.5亿元，农业增加值20534万元，工业增加值39997万元，粮食产量39530吨，农民人均纯收入6102元。

【枣园镇】 2008年，围绕建设“经济富裕、生态良好、社会和谐”的目标，以招商引资项目兴镇、烟叶支柱产业立镇。引进的天冠集团生物柴油项目和纤维乙醇项目顺利投产，年产1万吨纤维乙醇二期工程和年产1.5万吨纤维素酶生产项目即将动工；年产1万吨秸秆乙醇分厂落户枣园。植树22万株，新建沼气池501个，复垦土地81亩，植烟3000亩。组织民兵帮助赴四川地震灾区的军属抢收抢种，受到社会各界的好评。生产总值5.6亿元，农业增加值9823万元，工业增加值31781万元，粮食产量31241吨，农民人均纯收入4872元。

【晁陂镇】 2008年，利用区位和人文优势，多渠道开展招商引资活动。引进的南阳力达机械制造公司年产25万件汽车半轴生产线项目于9月正式投产；刘沟新型页岩砖厂建设项目于8月底建成投产。老张营、大栗树村两所小学综合楼主体工程建成，甲林村300立方沼气池建设完工；街南、老张营村人畜饮水安全工程建设项目、兴达养殖公司生猪补贴改造项目、关帝庙村扶贫开发整体推进村建设项目资金争取到位。植树38万株，巩固完善林网128个，绿化沟路河渠361条，高标准实施了宁西铁路、沪陕高速等5条通道的绿化造林，新造片林1500亩。生产总值9.2亿元，农业增加值11042万元，工业增加值58513万元，粮食产量25928吨，农民人均纯收入5895元。

【高丘镇】 2008年，采取得力措施狠抓集镇建设、招商引资、民营经济、财源建设、新农村建设等重点工作。引进资金4000万元，新上投资500万元以上项目4个，其中投资1.2亿元的矿泉水加工项目到位资金1000万元开始建设；投资1200万元的乔沟新兴页岩砖项目建成投产；投资1000万元的高丘永益养殖厂建成投产。植烟1000余亩，实现税收30.3万元；在山区进行大面积灭荒造林，对退耕还林区进行补植补造，新植树20万株；建成沼气池650个；投资8万元整修更换了集镇路灯。生产总值6.8亿元，农业增加值10528万元，工业增加值39840万元，粮食产量28045吨，农民人均纯收入4165元。

【卢医镇】 2008年，强力实施“产业富镇、科教兴镇、招商活镇、创星亮镇”的发展战略，引进投资100万元以上的项目1个、500万元以上的项目3个，到位资金2350万元；宏叶防盗门厂和同成化工厂生产销售形势良好，质量效益稳步提高。在5个村新建沼气池450个，筹资135.9万元修建排水沟渠3860米、教学楼1座、村卫生室和敬老院各1个。为改善烟叶生产条件，多方争取资金40万元建大桥1座，投资102万元建塘堰坝6座、打机井2眼；投资12.7万元建密集炕房21座，使烟叶生产抗拒了前期病虫害、天气干旱和中后期多雨的自然灾害，实现产值375万元、税收70.6万元，名列全县前茅。生产总值5.8亿元，农业增加值10476万元，工业增加值34647万元，粮食产量22311吨，农民人均纯收入5083元。

【老庄镇】 河南省林业精品工程樱桃示范基地。2008年，围绕“矿山石材开发强镇、生态旅游名镇、林果业大镇”的发展目标，强化责任，真抓实干。引进的明星机电制造有限公司一期工程完成投资3600万元，引进投资2000万元的老庄镇生态旅游集镇建设一期工程、投资530万元的陈子道花岗岩厂、投资500万元的蒋冠军铁矿、投资360万元的卧龙钙粉厂和投资350万元的山王钙粉厂正在建设；总投资2.2亿元的太公湖旅游开发项目成功启动。全社会固定资产投资9600万元，使农村公路、安全饮水、中小学改建等基础设施建设工程顺利完工。栽植生态林6000亩、封山育林4.5万亩、点橡造林8000亩、沿线植树2.6万株，复耕土地90亩，新增耕地900亩。整治矿区采选秩序，落实安全生产措施，使钼矿区、石材区、花岗岩区、铁矿区生产秩序进一步规范。生产总值5.2亿元，农业增加值8361万元，工业增加值30061万元，粮食产量16750吨，农民人均纯收入4384元。

【遮山镇】 2008年，突出招商引资，育强特色产业，致力改善民生，构建和谐社会。入驻县工业园区的南阳华兴科技有限公司总投资5150万元，占地71亩，以生产工业PS版为主，正在建设。开发复垦土地740亩；投资75万元硬化绿化了镇区街道，常住人口增加千余人。投资400万元建成镇综合市场，投资30万元扩建镇敬老院。生产总值5.1亿元，农业增加值7065万元，工业增加值29688万元，粮食产量18815吨，农民人均纯收入4879元。

【曲屯镇】 2008年，紧紧围绕“民营经济特色镇、支柱产业重点镇、集镇建设明星镇”三大目标，务实苦干，攻坚克难。引进入驻县工业园区的美德利家纺有限公司年产值1000余万元，产品远销美国、澳大利亚等国；总投资1500万元的河南帮瑞特药业有限公司正在建设。入驻镇工业园区的达远车饰年产值500万元；利群汽车装饰年产值800万元；南阳仲景药业有限公司生产癌痛定、灰指甲、口香液等10多种产品，年销售额愈千万元，实现税利40万元。投资400万元建标准化烟站和敬老院福利楼各一座，投资30万元建设客运站。生产总值5.1亿元，农业增加值8392万元，工业增加值27402万元，粮食产量24402吨，农民人均纯收入4847元。

【杨营镇】 2008年，坚持“区域突破，沿线隆起，项目带动，特色奠基”的发展理念，强化责任，狠抓落实。投资3000万元的南阳开天公司液压碎锤项目一期工程和投资800万元的普瑞尔医药保健品项目建成投产。新引进投资850万元的天一免烧砖厂、投资700万元的贾庄免烧砖厂、投资200万元的天顺胶合板厂和投资1000万元的智明宝玉工艺品有限公司。市级新农村建设示范村贾庄，投资162万元硬化道路和坑塘边沿、建设书屋。白庄村投资120万元建设文化广场，整治村容村貌。生产总值7亿元，农业增加值14385万元，工业增加值35976万元，粮食产量31689吨，农民人均纯收入5178元。

【张林乡】 2008年，强力推进“强乡富民”工程，大力调整产业结构，发展特色农业，林果、蔬菜、畜牧三大产业得到长足发展，增收增效明显。引进资金1700万元上新项目7个，融资30万元修建207国道张林南段绿化带，为府前街、府后街、交通街安装路灯。造片林612亩，围村造林600亩，通道绿化10.2公里；完善农田网络196个，植树12.6万株。杨庄村高标准制定了新村规划，围村造林3公里、植树2.2万株、整治河沟1.5公里，改善了村容村貌。生产总值9.2亿元，农业增加值19321万元，工业增加值46092万元，粮食产量45451吨，农民人均纯收入5230元。

【安字营乡】 2008年，围绕“乡镇企业强乡、特色产业立乡、开放带动活乡、科技教育兴乡”的战略目标，以社会主义新农村建设为契机，招商引资，培植财源，发展乡域经济。引进投资7000万元的宛龙直缝钢管项目入驻县工业园区；投资130万元的菜市街初步建成，筹资41万元改造了府前街线路。植树20万株，开发复垦土地120亩。强化对龙凤棉业、棉兴棉业、镇南棉业、羊毛衫厂和两个加油站的消防安全管理，使之安全无事故。白坡、遇仙桥两村的人畜饮水工程竣工，凉水井、刁坡、安字营、元明寺村的民办公助小型水利项目开工建设。建成沼气池1400个。生产总值6.6亿元，农业增加值15283万元，工业增加值30396万元，粮食产量36531吨，农民人均纯收入5567元。

【彭营乡】　2008年，以社会主义新农村建设为目标，以发展增收为主线，务实重干。引进工业企业4家，其中投资500万元以上2家。投资450万元建设集镇基础设施，主次干道硬化率100%、绿化率88%，排水、供电、路灯、通讯、学校、幼托、体育、医院、商业服务、文化娱乐等配套齐全。按照“一池三改”工程标准，建成沼气池410个。植树20.9万株，畜禽防疫密度100%；成立农村公路养护站，与48位养护员签订合同，加强道路的管理养护。种植烟叶1000亩，收购烟叶14.5万公斤，实现产值181.6万元，入库税金40万元。生产总值5.8亿元，农业增加值10395万元，工业增加值29002万元，粮食产量34629吨，农民人均纯收入4729元。

【柳泉铺乡】　2008年，投资1000万元的美宜欣礼品有限公司建成投产，引进投资3500万元的南阳德福机械有限公司正在施工。对县十大民营小区之一的杏花山民营小区，突出总体规划，提供优良环境，规范生产秩序，强化安全生产责任，入驻企业3个，总投资900余万元，新增就业岗位400个。新建工商所、司法所、邮政支局办公楼，对派出所进行标准化改造，启动信用社搬迁工作。通过政策扶持、科学指导、烟水配套，抓好烟叶生产，植烟1000亩，实现产值161万元、税收35万元。生产总值4.7亿元，农业增加值8396万元，工业增加值24552万元，粮食产量26078吨，农民人均纯收入4795元。

【王岗乡】　2008年，以大力招商引资作为推动乡域经济和社会发展的重要举措，引资273万元扩建乡中综合楼、乡村道路、烟水配套和整修塘坝工程。复垦土地90余亩，建成沼气池480个；植树15万株，围村造林220亩。通过推广应用烟叶大棚漂浮式育苗、地膜覆盖等一系列实用技术，烟叶实现产值109万元、税收23万元。投入资金5000元防控重大动物疫病，对16个村的村容村貌进行规划整治，改变脏乱差现象。生产总值4.3亿元，农业增加值6580万元，工业增加值26873万元，粮食产量17120吨，农民人均纯收入4213元。

【马庄乡】　2008年，以项目建设为支撑，着力为民办实事，乡域经济社会呈现又快又好的发展态势。引进投资3000万元的鼎源特种包装有限公司入驻县工业园区；投资150万元的真诚玩具制衣有限公司、投资100万元的合兴毛织厂和富强毛织厂入驻乡民营小区。三个新农村建设试点村实现了以产业为支撑的一村一业目标：夹河李村形成了以晓东筛网厂、雅戈毛织厂为主的羊毛衫筛网加工业；道路、文化大院、农家超市、卫生室、娱乐器材、路灯、图书室等建设，达到三星级标准，被省定为整体推进村。小碾王村形成了以规模养猪、养羊为主的养殖业；投资15万元建设了村卫生室和农家超市。尤营村形成了以苗木花卉特色林业种植为主的种植业；投资32万元建设村内道路、亮化工程和沼气池60余个。生产总值4.2亿元，农业增加值6794万元，工业增加值24573万元，粮食产量22458吨，农民人均纯收入4267元。

【郭庄回族乡】　2008年，围绕“工业立乡、项目兴乡、和谐稳乡、富民强乡”的奋斗目标，结合乡情抓重点办实事。引进项目11个，总投资7188万元。投资1300万元的广州裕泉油脂有限公司灌装车间建成，投资977万元的大新页岩砖业有限公司投产，投资350万元的镇平县秸秆颗粒燃料公司入驻乡境。金福全生活广场、团兴蔬菜标准箱厂、天恒棉业公司等工业项目运行良好。复垦土地50余亩，植树12万株，林网控制率90%以上。投资500万元启动农贸市场三期工程，新建商住房120余套，完善民族文化广场配套设施。生产总值2.2亿元，农业增加值4532万元，工业增加值12043万元，粮食产量9464吨，农民人均纯收入4436元。

【二龙乡】　著名的五垛山风景区。2008年，引进资金1700万元，建设二龙街至五垛山景区迎客松18公里的旅游公路，修建“村村通”公路；在老坟沟村建漫水桥一座、敬老院一处，治理1000亩优质林果基地；在付家庄村建钙粉厂2家，在二龙街建湖北林之宝菌业公司香菇保鲜库一座，改建蓄水池一座，解决了学校、政府、沿街居民的饮用水问题；点橡补柞3000余亩，植侧柏1000余亩，灭荒造林6300亩，“四旁”植树6万株。生产总值2.4亿元，农业增加值3801万元，工业增加值14005万元，粮食产量4306吨，农民人均纯收入3602元。（张新会　邹书恒）

内　乡　县

县情综述

【概况】　总面积2465平方公里，耕地面积55370公顷。总人口65.05万人，其中乡村人口53.2万人。城区面积13平方公里。辖9个镇和7个乡，288个村委会、7个居委会和3850个村民小组。

县委书记：王万鹏；副书记：李建涛（2008年10月离）、全新明（2008年10月任）、胡景旭（女）；常委：何明海（纪委书记）、马良泉（常务副县长）、丁甲珍（组织部长）、李英杰（宣传部长）、余泽厚（县委办主任）、李苏宾（政法委书记，2008年5月离）、赵皖方（武装部政委）、李显庆（统战部长，2008年5月任）、欧阳曾林（政法委书记，2008年9月任）

人大主任：薛建国；副主任：孙荣银、张正钦、武豫辉、于千里、杨占勇、王金等

县长：李建涛（2008年10月离）、全新明（2008年10月任）；副县长：马良泉、魏建廷、吕秀武、张亚明、刘超、苏新留

政协主席：曹春晓（女）；副主席：王陇本、田金尧、庞洪波（女）、韩宝立（2008年10月离）、刘玉仙（2008年11月任）

法院院长：魏建国

检察院检察长：胡殿信

2008年来，全县上下紧紧围绕“工业强县、旅游名县、林牧大县”建设目标，面对挑战，积极应对，务实重干，扎实工作，强力推进十二大产业和三项建设，全县经济和社会事业呈现健康快速发展的良好态势。全年生产总值完成88.4亿元，同比增长10.3%。其中第一产业增加值24亿元，增长6.2%；第二产业增加值42亿元，增长9.86%；第三产业增加值22.4亿元，增长15.78%。工业增加值36亿元，增长10.33%；粮食产量24.34万吨。财政一般预算收入2亿元，财政一般预算支出8.5亿元。全社会固定资产投资完成额51.04亿元。社会消费品零售总额30.4亿元。商品出口总额229万美元。实际利用外资1280万美元。城镇居民人均可支配收入11268元，人均消费性支出6936元。农村居民人均纯收入4035.64元，人均生活费支出2622.76元。城乡居民年末储蓄存款余额29.8亿元。

【工业经济快速发展】　2008年，全县上下坚持工业立县战略，积极招商引资，突出项目服务，加快项目建设，工业经济呈现出良好的发展态势。一是重点项目扎实推进。仙鹤纸业一期项目已完成投资5亿元，8月试车生产，正常生产后年销售收入可达6亿元，利税6000万元；

总投资8亿元的飞龙汽车零部件“又千万”项目，一期工程建设进展顺利，已完成投资1.3亿元；投资2.6亿元的河南龙大牧原高档肉质品加工项目，正在按计划有序推进，建成达产后年销售收入20亿元，利税9000万元。“一鹤二龙”成功落户内乡，实现了内乡县工业大上项目、上大项目的历史性突破，并成为助推同乡工业快速发展的“发动机”。同时，年初确定的34个重点工业项目大部分进展顺利，其中万鑫化冶、牧原饲料加工、恒森冶材、金兴墙体材料等17个项目已竣工投产。二是骨干企业势头强势。牧原养殖公司完成产值将近3亿元，泰隆集团、神威民爆、德润化工、电业局、天一密封利税突破1000万元，骨干企业对县域经济形势，县政府灵活审慎，科学把握，不断加大项目资金争取力度。全年向上争取项目87个，总投资5.37亿元，计划向上争取资金3.6亿元，已到位资金2.67亿元。特别是11月份以来，紧抓中央采取扩大投资，拉动内需的历史机遇，共争取国家追加1000亿元资金的3362万元，占全市争取资金总额的十分之一。积极向上级财政部门争取专项和一般转移支付资金共1.65亿元，同比增长99%，比去年增长8000余万元，财政“双争”工作居全市第一。

【旅游产业扎实推进】　紧紧抓住省、市实施大伏牛山旅游开发战略的历史机遇，以打响“一衙一山一水”旅游品牌为核心，不断创新体制机制，以“双创”（景区创A、宾馆创星）工作为载体，奋力打造中原精品景区。一是“双创”工作成效明显。编制了《宝天曼、县衙创5A级景区提区修建性详规》等规划，为“双创”工作奠定坚定基础。宝天曼峡谷漂流景区被评为4A级景区，宛西地方自治博物馆被评为2A级景区。二是投资渠道得到拓展。宝天曼景区与海南京都汇银投资有限公司成功合作，计划3年内完成投资3.5亿元将宝天曼建成国内一流景区，破解了宝天曼开发建设投资渠道单一、开发速度慢、建设品位低的难题。三是接待能力不断提升。花园口——野獐的安保工程、七里坪——南召公路宝天曼隧道引线工程顺得建成，夏馆——万沟公路正紧张施工；县城两家四星级宾馆建设前期工作稳步推进；宝天曼度假酒店即将竣工；七里坪游客服务中心规划已通过省级终评审；邀请了国家旅游局、省级旅游专家对全县旅游企业进行培训；组织了行业十佳技能大赛和行业评比活动，旅游服务水平全面提升。四是营销机制不断完善。坚持在中央、省、市等主流媒体进行宣传，整合县内景区营销资源，成立了内乡旅游宣传营销联盟；组织开展了“国内首届漂流高峰论坛”、“内乡旅游宣传语暨旅游交易会，接待了“辉煌中原”大型摄影采风活动，内乡旅游知名度不断提高。

【农村经济健康发展】　以新农村建设统揽农村工作全局，全面落实各项惠农政策，农业和农村经济稳步发展。一是新农村建设高点突出。以“生态文明新村”建设为载体集中打造了以灌二公路、249省道、312国道沿线为主的试点示范带，高标准建设了以赤眉镇为重点的试点样板群。5月份，温家宝总理在内乡县视察时对新农村建设工作给予高度评价，全市新农村建设现场会又在内乡县顺利召开。二是农业生产取得新突破。全年预计实现农业增加值24.1亿元，同比增长6.2%。夏粮生产，全县小麦种植面积45万亩，总产1.55亿公斤，小麦面积、单产、总产均创历史新高。烟叶生产，抓住政策机遇，加大扶持力度，提供优质服务，收购总量突破10万担，实现烟叶税收1665万元，烟农收入达7570万元，综合指标居全市第一。畜牧业生产，以壮大龙头企业为重点，突出标准化生产，全县共发展标准化小区76个，万头以上猪场达到32个，内乡县被确定为全国生猪调出大县。其中牧原公司已建成13个分场，年出栏规模近50万头，规模化养猪居全国第一位，牧原公司被评为中国养猪行来旗舰企业。林果业生产，在深化林权制度改革的基础上，加强小杂果基地培育，初步制订了十万亩核桃基地的发展规划。狠抓植树造林，探索推进招商造林，完成大面积造林5.2万亩，内乡县被授予“河南省林业生态县”荣誉称号。红薯生产，梅营1号、梅营7号等新品种推广已达2万亩，光友薯业、源丰薯业等深加工项目，促进了产业链条不断拉长。劳务产业实现劳务输出与返乡创业双提升。三是农田水利基本建设扎实推进。全县闸坝挖塘40座，新挖水窖85个，恢复有效灌溉面积5000万亩，改造中低产田6000亩，治理水土流失面积23平方公里，解决饮水安全2.4万人，除险加固中小型水库4座，水库除险加固代表全省先进典型接受国家水利部验收，农综开发获得全市先进县。沼气、扶贫开发、土地整理等项目扎实推进，农村生产生活条件不断改观。

【城镇面貌进一步改善】 瞄准生态宜居县城建设目标，坚持规划、管理、经营、建设“四位一体”，加快城镇建设步伐，推进城乡交通网络建设，全面提升城乡承载功能。一是编制了《内乡县湍东区域控制性详细规划》、《2008—2012年住房建设规划》和《内乡县近期建设规划》进行局部调整，完成了城建十项工程、城市污水管网、城市绿化等重点区域规划，14个乡镇小集镇规划的修订或编制进展顺利，为城乡建设提供了有力支持和高水平服务。二是以开展“城市管理年”和“城市绿化年”活动为载体，以广告、绿化、卫生、建筑整治为重点，推行了“划分区域，明确责任、承包作业、绩效挂钩、奖优罚劣”的运行机制，创新城环卫作业模式，加大执法力度，市容市貌明显改观。三是高标准实施了“两桥两路两拆迁”，湍河二桥复桥和大成路中段改造工程高标准完成，大成桥和大成路东段建设按计划推进，原文化局和大成路东段两处拆迁，坚持以人为本、理性拆迁，拆迁工作进展顺利，没有引起大的震荡，收到了较好的社会效果；橡胶三坝、一小分校广场、湍东新区供水主管网工程已基本建成；迎宾大道、方山路、郦都大道、大成路、县衙路等城市绿化配套工程全部完成；郦都花园一期、菊韵花园二期、明珠花园二期、梨苑小区三期、煤炭小区建设有序推进；天字渠清淤加固全面实施，有效地改善了城镇居民的生活居住环境。四是累计完成投资1.3亿元，新修、改建水泥路(油路)230公里，高标准建成了赤眉—七里坪路面工程、师岗—店坊、赤眉—报事滩、赵店—大峪、邵家岭—东北川、雁岭—柳树坑等工程建设，王店—余关公路建设工程正在施工。新修村村通公路93公里，全县村村通公路里程已突破800公里，道路通行能力进一步提高。五是土地经营方面，按照严格管理、盘活存、优质服务的要求，加大出让力度，实现土地出让金6320万元。第二次土地调查工作有序推进，调整农用地1428亩。

【社会大局和谐稳定】 以落实十件实事为重点，加强民生工作建设。全面落实各项惠农政策，农民粮食直补、农资综合补贴、两免一补、家电下乡、库区移民、农机具购置补贴等1.5亿元资金全部兑付到位。教育工作健康发展，教学质量不断提高，荣获全省首批义务教育均衡发展“十强县”，教育“两基”工作受到省政府的表彰。全面启动科技特派员工程，选派专业技术人员，深入乡镇、企业实施项目对接。进一步提高计划生育优质服务水平，连续6年被评为“全省计划生育优质服务先进县”，并获得了“全国计划生育优质服务先进县”荣誉称号。加强“两金”扩面征缴，社会保障能力进一步提高。全面落实再就业政策，新增城镇就业9172人，发放了小额贷款2188万元。进一步深化城镇居民医疗保险制度改革，参保人数达17543人。深入开展新型农村合作医疗工作，参合率达92.8%，共补助农民18.7万人次，补贴资金3371万元。为城乡低收入人员发放低保资金1861万元，发放五保救灾资金540万元。深入开展食品安全大检查，对150余吨问题液态奶进行了公开销毁。第六届村民委员会换届选举工作基本完成，农村基层组织建设得到进一步加强。成功举办了内乡县首农民艺术大赛，进一步活跃了人民群众的文化生活，同时内乡县荣获“全国楹联文化先进县”。狠抓节能减排工作，严格落实安全生产责任制，扎实做好廉租房补贴和住房公积金工作，深入开展社会治安综合治理活动，主动协调处理群众信访突出问题，内乡县荣获“全省平安建设先进县”称号，社会大局保持稳定。同时，统计、审计、监察、兵役、人防、广播电视、民族宗教、残疾人等工作也取得了明显成效。

内乡县各乡镇主要领导名表

乡镇	党委书记	乡镇长
城关镇	王宜显	宋合丽(女)
湍东镇	杨松林	胡著伟
赤眉镇	张延生	周同良
夏馆镇	王宜蛇	孟晓
师岗镇	陈良甫	杨小强
王店镇	吕慎虎	王存峰
马山口镇	张士典(副处级)	王建平(女)
灌涨镇	王正强	王惠珍(女)
瓦亭镇	朱文华	张新伟
大桥乡	唐新庆	赵云茹(女)
赵店乡	杨玉法	张百让
余关乡	刘　晓(女)	张富朝
乍岖乡	周晓峰	张万兴
七里坪乡	王凌敏	刁晓英(女)
西庙岗乡	常松郁	冯黎明
板场乡	李振豪	孙鹏远

乡镇概览

【城关镇】 2008年，生产总值10亿元，财政收入1653万元，农民人均纯收入4798元，农民负担全部减免。工业经济快速发展全年招商引资新上项目12个，总投资达5300万元，其中宝隆冶金辅料有限公司投资1200万元，买断航天水泥厂固定资产，投资500多万元，对原设备进行技术改造，建成年产40万吨泰隆集团宝隆粉磨站，新生产压球，钢芯铝生产线；投资额400万元兴办防变型实木门；投资100万元建成南阳星泰冶金耐火材料有限公司，年产值达120万元；投资300万元兴建宝天曼冶金材料项目和高强仿真波纹石；投资100万元兴建石料厂，华盛石材厂，新恒车业；投资600多万元兴建木质板材；投资460兴建医疗器械加工；华升纸业制品公司筹资300多万元配备新锅炉，航吊及纸机配件，锅炉房等设备．入驻县园区的顺天石油年产值达3000多万元，创税260多万元。工业经济占整个财政份额的85%以上。加强城市建设，加强巷道“硬化、绿化、美化”建设，筹款160多万元，硬化背街小巷25条，硬化面积2.8万平方米，新修排水管道2000余米，使镇区内巷道硬化率达到95%以上。

【湍东镇】 2008年，生产总值7.76亿元，财政收入684万元，农民人均纯收入3080元。项目工作实现新突破。招引上马了高档制锁、新型墙材、广宁化工、五里堡页岩砖、北符营嘉和塑料、东王营紫光印务等项目已建成投产。招引投资1000余多万元的南方高档家俱广场、新达洗浴中心、清凉园、龙头渡假村等一批商业服务项目投入运营。投资4000多万元，在县工业园区招引上马塑钢窗、寅兴钢构、无立柱大棚骨架、上海大理石精加工等8个项目，被南阳市委、市政府授予“乡镇企业及非公有制经济发展一等奖。”农业狠抓支柱产业，完成交售烟叶43万公斤，实现特产税95.6万元。荒山荒滩造林3200亩，实施高速公路两侧50米25行速生杨林带建设，在国道、省道、县道及东大经纬路两侧各栽植风景树3万棵，建起豫52线生态带，进一步改善了生态环境条件。千头以上养猪场3个，300头以上规模标准化养殖厂16个，推广优质肉牛，波乐山羊，品种猪鸡等，优良品种率达80%。全镇畜牧产品收入占农业收入的30%。基础设施进一步完善。新建沼气382个，挖建大塘5座，打井3眼，架桥3座，闸坝2处，搞引水上岗工程2处，整修道路30公里；投资200多万元，硬化豫52线——周洼——西王营等村10公里的水泥路面。

【赤眉镇】 2008年，生产总值6.8亿元，财政收入656.5万元，农民人均纯收入2115元。全镇新引进项目10个，其中在县工业园区的有3个，在镇境内上马项目7个。支柱产业，全镇油桃生产3000万公斤，产值7000万元，以琴溪为主的板栗面积达5000

余亩，新嫁接板栗2200亩，新栽柿树1500亩，引进新品种薄壳核桃500亩；新栽速生杨2000亩，面积1.8万亩。新建占地40亩，投资350万元的“兴农”标准化养殖小区，存栏蛋鸡3万只，新增年存栏5000只以上的肉鸡养殖户10户，年出栏1000头以上的生猪养殖户2户，年出栏生猪3万头，年存栏蛋鸡17万只，畜牧业产值达4500万元；植烟面积1200亩，实现税收20余万元。投资108万元建成夹道村拦河坝、王庄村提灌站、邵家岭村挑水坝和马营村400米堤坊加固工程；投资200多万元完成了其余10个村水泥路面，实现了村村通水泥路面，投资30多万元，完成1050米十字街东道路硬化，修下水道9000米；投资50多万元，修建赤眉中心小学教学楼。

【夏馆镇】 2008年，生产总值1.96亿元，财政收入729.87万元，农民人均纯收入2200元。全年共招引项目13家，总投资1.5亿元。其中投资3000万元以上企业3家，1000万元以下的达10家。入驻镇工业园区已达18家，有宝天曼绿色食品包装厂、夏馆加油站、龙翔门窗厂。浙江龙成集团投资3000万元在青杠树、大庄沟开采金矿，三门峡德鑫实业有限公司投资4000万元开采金矿，陕西鑫博公司投资6000万元开采金矿。旅游开发，投资220万元建成80间可容纳120人的桃花源宾馆；投资236万元，打通了一潭至塘峪长200米隧道，完成了台阶、停车场建设，修通景区长7公里宽5米的道路。加快了葛条爬服务区建设，新增了土特产，旅游小商品，花杆服务，小吃等多种配套摊位30家，引资560万元在葛条爬服务区建星级宾馆，新增床位230张，农家乐和宾馆接待规模达到2000人以上。建成可接纳百余人住宿、就餐的渡假中心、山门、5300平方米的生态停车场。加强特色产业，以北京同仁堂南阳山茱萸GAP基地为契机，山萸肉基地扩大到3万亩。全镇退耕还林1700亩，发展袋料香菇450袋，仅此一项人均增收500元。基础设施建设。投资85万元，在集镇铺设地彩砖9000多平方米，补植补造各类绿化树200余棵，新开发的菊源街两侧建门面房已达17家。完成了秋林街西段的硬化，规范了蔬菜市场，使集镇框架进一步扩大，形成了“二纵四横”的集镇格局。改造升级了葛条爬村街道、芦家坪街道。投资80余万元，建成可容纳80余人的敬老院。全镇8个村22公里的村通路已得到硬化。

【师岗镇】 2008年，生产总值4.4亿元，财政收入564.5万元，农民人均纯收入1400元。工业项目，引资3500万元，建成天奥、江都2个石材公司，免烧砖厂5个，恢复发展石子厂6个，石灰窑12门，石材运输车辆263辆，从业人员达6800人。加大农业调整力度，朝天椒种植1.2万亩，产量达4030吨；种植烟叶4020亩，年收购烟叶62万公斤；发展经济林2600亩，栽植道路林108公里，沿江家、张集等11个村13条“村村通”道路栽速生杨10公里12万株，发展河道林20公里，栽速生杨64万棵，退耕还林5530亩，高标准建成1个畜牧养殖小区。基础设施，投资2841万元，加固除险国家级中型太山庙水库；硬化库渠3500米，清淤8400米，恢复和新增有效浇灌面积1.2万亩。筹资1580万元，修建水泥路85公里，全镇基本实现了村村通水泥路。

【王店镇】 2008年，生产总值2.6亿元，财政收入209.4万元，农民人均纯收入2313元。全年共招引项目10个，总投资12880万元，1000万元以上项目有4个，牧源公司投资5000万元建成王店分公司，投资1000万元建成王湾标准化养鸡场，投资1400万元兴建恒泰海泡石密封材料厂，投资1200万元建成四张页岩砖厂。引资100万元上以上的有钼选矿厂、免烧砖厂、淀粉加工厂等。三鑫面粉厂新投资800万元进行扩能改造，日处理小麦180吨，成为豫西南第二大面粉厂。小型饲料加工厂6个，鸡笼加工厂3个，乡吧佬鸡蛋加工厂2家，日加工鲜蛋2万枚，年产值达400万元，新发展红薯加工企业40多家，全年增加农民收入近1个亿。种植烟叶8000多亩，农业特产税实现77多万元。发展千亩油桃基地1个，500亩经济林9个，片林面积700亩。全镇村村通公路建设已累计59.8公里。道路绿化19公里，四旁植树8.3万株。荣获南阳市二星级集镇。

【马山口镇】　2008年，生产总值8.1亿元，财政收入2540万元，农民人均纯收入3480元。乡镇企业，以造纸、地毯、铸造、耐火材料、建材、食品六大支柱产业为龙头，工业收入占财政收入份额的85%以上。全镇规模企业120家，500万元以上增加到15家，已入镇工业园企业15家，建成投产13家，年产值突破6000万元。支柱产业，全镇万头养猪场达到8个，精品养殖小区11个，培育4个养殖专业村，全年生猪出栏超过10万头，实现产值1.5亿元；烟叶种植面积1000亩，成为马山口牌优质烟生产基地；林果产业形成庵北甜柿，王场木瓜等5个千亩林果基地，中草药面积突破1万亩。基础设施，投资600余万元，整修、硬化、美化、乡村组道路6公里。投资260余万元建成吴湾大桥，挖坝塘23座，水窖55个，配套机井17眼，修筑护堤岸硬边渠16里，完成引水工程15处，新增有效灌溉面积4500亩。投资2000万元，硬化、绿化郑马大道两侧人行道4000米，续修滨河大道1300米，新修坝桥合一工程1座；在镇政府广场南侧建成3层综合大楼1座，建成镇南工业品贸易市场，郑湾工贸小区，使集镇面积扩大到3.5平方公里。

【灌涨镇】　2008年，生产总值38958万元，财政收入694万元，农民人均纯收入2484元。新招引项目12个，争取资金3649万元，投资在1000万元以上的项目6个，500万元以上的项目2个，100万元以上的4个。已建成的有乌克生化公司、灌涨新型建材厂、天池恒生石料等企业。已建成林鸡养殖示范点4个，农户养猪发展年出栏生猪100头以上大户106个，50头以上大户268个，实现所得税70多万元。全镇种植烟叶7000多亩，新建漂浮育苗大棚10个，累计已达21个，改造新的巴西烟叶炕房240座，新建密集式自动化炕房21个。实现产值104万元，实现税收114万元。争取项目资金实现了村村通，总投资200万元，铺设水泥路面12.5公里，硬化街道2万多平方米，新修下水道800米，补植小叶女贞、广玉兰2000多株；投资60多万元新建镇卫生院病房大楼。打配深井14眼，挖塘14个，闸坝4座。

【瓦亭镇】　2008年，生产总值21000万元，固定资产投资10919万元，财政收入430万元，农民人均纯收入2013元。固定投资3600万元，新上企业12家，其中有投资5000万元的五氧化钒，投资1200万元的南水北调石材基地，其中投资1600万元的黑金花大理石板材加工，年加工板材5万方，年产值400万元，利税80万元。种植烟叶4210亩，年产值300万元，创税67万元；林果产业完成造林4500亩，栽植杨树8万株，花椒、柿树5万余株，风景树2万余棵；大型养殖场3个，一体化养鸡2处，羊20只以上的30余户，畜牧业养殖成为群众增收的新亮点。红薯新品种种植6000亩，成为农民增收的另一主要来源。投资150万元，建成全省第二、全市第一的标示化烟站。引资2600万元对永青山进行开发改造，建立一个集养殖、娱乐、观光为一体的旅游景地。

【大桥乡】　2008年，生产总值5.92亿元，固定资产投资1亿元，财政收入579.2万元，农民人均纯收入3352元。全年共招引项目35个，其中工业项目18个，社会事业项目17个，投资在500万元以上的项目8个，1000万元以上的项目5个，全年共引进各类政策性项目资金达184万元，有投资3000万元的河南石料厂项目、投资1500万元的鑫源冶金材料厂项目、投资1500万元的灵山轻钙项目、投资2084万元的掌上明珠生产线项目、投资1000万元的永鑫建材公司、投资1000万元的程鹏高档木材加工厂、投资100万元的矿山机械修理厂、投资150万元的家友饲料厂等。生猪饲养量3万头，养鸡1000只以上的283户，家禽总饲养量达17万只，马明杨种鸡厂年产种鸡1500万只，经济效益3000万元。建成以大桥、大周、郑营、建设等村1500亩蔬菜基地，吸纳从业人员2000多人。强化林果生产共植树12万株，建成两个杨树片林达5千余亩，杨沟柑桔林扩大到3000多亩，注册了专利商标，亩均收入3000元。争取项目资金共修主次干道14.5公里。

【赵店乡】 2008年，生产总值5亿元，固定资产投资1.237亿元，财政收入756万元，粮食生产完成18602吨，农民人均纯收入3011元。全年共招引各种资金6700万元。其中投资500万元续建的菊龙粮油食品有限公司日产268吨面粉生产线，投资150万元的宏鑫耐火材料有限公司均已建成投产。种植烟叶8169亩，有9个植烟村，121个植烟组，年收购烟叶93.5万斤，实现特产税122.3万元；优质红薯10000亩，新上红薯加工企业2家。投资50万元，完成希望路配套硬化，投资80万元完成十字街至312国道700米街道硬化，投资80万元硬化巷道9条6500米，实现集镇区道路全部硬化，投资1.2万元建成赵店贸易市场。街道绿化栽植广玉兰750多株。争取政策性项目资金1200余万元。其中投资51万元建设赵店、黄营两个新农村示范村，改变了村容村貌；修水窖30座，地埋管道4.5千米，修建桥涵19座，围绕烟叶大方，闸坝1座，挖塘4座，新建提水灌溉1处；投资300余万元，新建密集型炕房161座。在张楼房村建成16个集约化大棚，全乡基本实现工厂化育苗。新修水泥路5公里，新建沼气池600个。

【余关乡】 2008年，生产总值2.27亿元，财政收入542万元，农民人均纯收入1927元。全乡共引进项目29个，合同及协议引资6900万元。投资1000万元以上有紫阳实业有限公司和五联新型耐火材料有限公司。在谢寨、王沟、赵沟等12个植烟重点村建集群炕房150多座，建全自动温室育苗大棚1座，年收购烟叶110万斤；投资5000万元在黄楝树筹建万头养牛场，投资400万元征地100亩建千头养猪场，生猪存栏达500头；全乡共新植树26.2万株，新发展林地3500亩；种植红薯1.03万亩，综合产值1000万元；建造的5000亩优质核桃基地，万亩无公害花生基地。争取项目资金3700万元，用于扶贫开发、村村通、学校改造、东大岗土地整理等31个项目。争取烟水配套项目，建智能炕房64座，整修大方路20华里，挖水窖62外，闸坝7座，修桥涵12处，配套农综路林14.6万株。总投资927万元除险加固王庄水库，开挖暗渠4500米，铺设一干两支输水管道9500米；争取项目资金90万元，解决了万人吃水难问题。

【岞岖乡】 2008年，生产总值1.97亿元，固定资产投资1.7亿元，财政收入750万元，农民人均纯收入1788元。工业发展势头强劲，投资上亿元日产5000吨水泥生产线完成了环境评估、勘探测绘、规划设计；天曼木业公司投资3000万元，建成两座1000平方米的厂房；泰隆集团投资3500万元成立宝天曼水泥矿产公司；鑫建建材公司投资1000万元，建成第三条生产线；美灵水泥原料基地投资800万元在庙湾村陈家沟组成大型石籽生产线；浙江路港集团投资1000万元建成越达石料公司。支柱产业日渐明晰，全乡种植烟叶3100亩，实现特产税48.3万元，烟农收入300多万元；大白山羊存栏6.8万只，年饲养量16.2万只，生猪存栏3200头，大牲畜2600头；全乡共植树28.21万株，发展板栗、柿树1260亩5.5万株；全乡种植红薯1万余亩，推广优良品种4000多亩。投资670万元改建老内淅公路16.8公里；投资200多万元，修建东接省道，西至岞岖村贺沟组全长6公里的水泥路面；争取资金200万元，修复太山庙水库大桥和胡口桥。

【七里坪乡】 2008年，生产总值29000万元，固定资产投资7920万元，财政收入392万元，农民人均纯收入2900元。全乡共引项目12个，其中已建成投产5个，在建1个，正在洽谈运作的6个。全乡个体私营企业26个，产值1.15亿元，工业增加值完成3500万元。发展春季袋料香菇130万袋，建成山萸肉基地2000亩，新栽植山萸肉4.7万株，速生杨12万株，侧柏及杂果10万株，板栗基地2200亩，造林面积5600亩，其中荒山造林3000亩。引进旅游项目5个。其中新建设项目1个，后坪清风寨度假山庄，计划设资500万元，已完成投资.180万元。续建项目2个，七星潭风景区完成投资492万元，宝坪度假山庄完成投资250万元。争取国家扶贫开发资金51万元，协调各方面资金75万元，完成3800米入村入户道路硬化，安装路灯17盏，新修蓄水坝1座，埋设水管5200米，463人用上了自来水，完成村民文化活动室14间，健身广场812平方米，绿化配套广玉兰、兰竹等树1200棵。完善了村规民约自治章程。争取资金3560万元，建成乡中心小学教学楼36间，初中办公楼20间，中心学校20间，建成赤眉杨店至七里坪旅游公路12公里，七里坪至南召洞街旅游公路21公里，七潭、寺坪、后会3个村村通公路5公里，全乡实现了村村有新学校、村村通水泥路的目标。

【西庙岗乡】　2008年，生产总值2.99亿元，财政收入465万元，固定资产投资1.2亿元。全年共招商引资8000多万元，其中有10家企业转型生产花瓶、马赛克、锁套、面盆等工艺品，新上生产钙粉企业3家，青石开发企业2家，中外合资企业1家。投资300万元以上的石材加工企业5家，所生产的工程板材、小工艺品50余种，远销韩国、日本及东南亚国家，年新增产值近亿元。已建成养殖小区4个，巩固发展养殖专业户800户，年存栏4.5万只，形成了以豫52线为界，南部浅山区以澳李、甜柿为主的鲜果带和北部深山区的板栗、花椒为主的干果带间作套种龙须草、中药材，累计栽种板栗1.4万亩，年产量1000吨，澳李1.1万亩，年产量1400吨，种植龙须草2.5万亩，年产量3万吨，年增经济效益260万元。投资80多万元，完成桃溪广场的绿化亮化工程和山坡绿化、美化配套工程；投资80万元建成桃溪石材工艺品加工及销售市场；投资20万元，对卫生院门前老街实施改造工程，建成第二游园。

【板场乡】　2008年，生产总值2.4亿元，固定资产投资1.5亿元，财政收入420万元，农民人均纯收入2900元。新引资金额在50万元以上的项目17个，1000万元以上项目4个，500万元以上项目6个，其中续建项目1个，竣工项目4个，在建项目7个，意向项目5个。引资2700万元入驻县工业园区的页岩节能空心砖生产项目，该项目已完成投资1200万元。新栽适生、速生、抗病能力强的中林46、2000系列两大品种杨树19万株，育苗300亩；发展各类生态林800亩，嫁接改造板栗7万亩，发展山萸肉3000亩。养殖小区3个，养殖专业户40余户，生猪存栏1.8万头，大白羊存栏2.3万只，养鸡在1000只以上的专业户2个，500只以上3个，总计2.8万只。种植春栽袋料香菇200万袋，发菌成功率达98%以上，实现社会收入1300万元，人均实现1000元。投资200万元，在板场街西新修总长500米的浆砌河堤大坝，硬化长500米、宽6.5米的滨河路，让河、柳树坑两个村的13公里村村通工程已经建成使用；拓宽改造硬化村级道路500米；建成便民桥1座；筹资20万元，新建沼气池160个，安装配套集镇路灯，铺设下水道800米；沿灌二公路辅线符庄段完成新建沿街房40间。（魏瑞芳　吴昕）

西　峡　县

县情综述

【概况】　总面积3453.9平方公里，耕地面积20820公顷。总人口441262人，其中城镇人口138488人，乡村人口302774人。辖8个镇8个乡和3个街道办事处。

县委书记：杨炳旭；副书记：张生起、李长江（2008年7月任）、李德成（2008年10月任）；常委：马冰（常务副县长）、王磊（组织部长，2008年10月任）、王晨昭（县委办主任）、李玉芬（女，宣传部长，2008年10月离）、张强华（组织部长，2008年10月离）、何平（副县长）、白振国（纪委书记，2008年10月离）、李长江（政法委书记，2008年7月离）、王大兵（武装部长）、安禄芳（女，副县长，2008年12月离）、汪风均（统战部长）、朱吉稳（纪委书记，2008年10月任）、段文汉（宣传部长，2008年10月任）、叶挺硕（政法委书记，2008年10月任）

人大主任：朱诗林；副主任：张冠英、张学亭、董天申、刘青有、李中曦

县长：张生起；副县长：马冰、何平、安禄芳（女，2008年12月离）、田新建（2008年10月离）、赵广东、卢志文（2008年10月离）、张小斗、华道梅（女）、宋海瑜（科技副县长）、何耀航（2008年10月，由县长助理改任副县长）、胡楠（2008年11月任）、王培理（县长助理、西坪镇党委书记，2008年10月离）、吴在明（县政府党组成员、双龙镇党委书记）、张克俭（县政府党组成员、政府办公室主任，2008年11月任副处级干部、西坪镇党委书记）

政协主席：张天功；副主席：丁长森、崔春祥、彭永立、宋文超

法院院长：赵明旭（2008年10月离）、宋长青（2008年10月任）

检察院检察长：王伯钦

武装部政委：金先泽

总工会主席：周和平

群工部长：王北武（2008年11月离）、田青法（2008年11月任群工部长，兼任白羽街道党工委书记）

公安局局长：常杰友

2008年，全县生产总值首次突破百亿大关，达到109.9亿元，同比增长14.9%，其中一二三产业增加值分别完成17.4、71.2、21.4亿元，增长5.2%、16.9%、17.6%；三次产业结构达到15.8：64.8：19.4；地方财政一般预算收入48808万元，增长21.9%；全社会固定资产投资67.2亿元，增长41.1%；城镇居民人均可支配收入11750元，增长17.4%；农民人均纯收入5002元，增长10.2%；全社会消费品零售总额25.7亿元，增长23.2%；金融机构存贷款余额分别达到44.9亿元、27.8亿元，增长10%、5.1%。

【工业发展再上新台阶】 2008年，新上及技改项目201个，建成投产173个，民营生态工业园区新入园项目15个，累计建成投产69个。钢铁及冶金辅料、中药制药、汽车配件、农产品加工四大工业集群产值、税利、利润分别占限额以上工业总额87%、93%、98%。新增限额以上企业10家，达到77家；宛药、西保、龙成三大集团产值分别达到15亿、30亿、60亿元，进入全市十强企业，宛药、西保跻身全省百强企业，宛药荣获“2008年河南工业突出贡献奖”和“河南省功勋企业”称号。民营生态工业园区被授予“全国优秀科技产业园”、“全国民营科技示范园”。全县工业总产值达到203亿元，增长34%，西峡县荣获全市“工业强市杯”一等奖。

【农业发展取得新成效】 特色农业持续发展，猕猴桃新发展5860亩，品种改良4000亩，水利配套3500亩；95%鲜果实现订单销售。食用菌外购菌材8万多吨，发展香菇5000万袋，发展草腐菌4000万袋。中药材新发展2.1万亩，成功承办了全省中药材生产经验交流会，宛药集团被评为全省农业产业化优秀龙头企业。猕猴桃、香菇顺利通过“中国地理标志产品”认证，至此，县“果药菌”三大特色产品全部获此殊荣；西峡县被授予“全国猕猴桃标准化示范区”、“全国食用菌标准化示范区”、“全国食用菌十大基地县”。全年粮食总产10.7万吨，烟叶种植1.2万亩。农建工作第七次蝉联省“红旗渠精神杯”。全县农业总产值完成29.5亿元，增长5.2%。

【旅游发展步入新阶段】 建成了老界岭森林浴观光索道、

日月谷水线、木屋别墅群和会议中心；建成了鹳河漂流上游调水坝和下游拦水坝、大鲵观光园，实施了五道石童、地下河、老君洞等基础设施配套工程。新发展农家宾馆120家，达到500多家。“龙潭沟”被评为省著名商标。创建“中国旅游强县”顺利通过省级验收。成功举办了首届中国西峡重阳文化节，西峡旅游知名度和影响力不断提高。全年共接待游客226万人次，门票收入8700万元，综合收入8.2亿元，分别增长37.5%、52%、95.2%。

【城乡建设呈现新气象】 西峡县荣获“国家卫生县城”称号。新农村建设完成60个新村建设规划，建成省级示范村1个，市级示范村4个，实施21个市级试点村、45个县级试点村和100个村村容村貌整治工程，新建农村沼气1万户，新发展太阳能3200户，西峡县被授予新农村电气化县，同时获得全市新农村建设“向荣杯”一等奖。3月份，五里桥乡撤乡建镇。

【对外开放实现新跨越】 新增爱品盟果业、源城公司2家外贸出口企业，全县外贸出口企业达到17家，出口市场扩展到18个国家和地区，全年外贸进出口达到3.3亿美元，其中出口2.7亿美元。西峡县建立全省唯一的县级出入境检验检疫办事机构，外贸依存度达到22%。全年签订招商引资项目146个，合同引资31亿元，到位资金11.6亿元，西峡县被评为全省对外开放先进县。

【构建和谐社会迈出新步伐】

社会就业进一步扩大，城镇新增就业1.4万人，城镇登记失业率控制在2.3%以内。办学条件进一步改善，实施了县城四小二期工程，启动了县城三中改建规划，新建、改建中小学校舍1.6万平方米。医疗条件进一步改善提高，城镇居民基本医疗保险扩大到1.5万人，新农合参合率提高到97.1%；新建、改造标准化村卫生所79个，农村“网底工程”全部完成。农村低保对象扩大到1万多人，新建、改建乡镇敬老院7所，全县五保集中供养率提高到40%。第二水厂建成供水，新解决农村安全饮水3万人。西峡县荣获“全国计划生育优质服务先进县”称号。落实环境保护国策，单位生产总值能耗降低5.6%，主要污染物排放总量减少5.8%，西峡县被命名为“国家级生态示范区”，双龙镇被命名为“全省环境优美小城镇”，双龙镇化山村、丹水镇英湾村被命名为“全省生态文明村”。

西峡县各乡镇办主要领导名表

乡镇办	党(工)委书记	乡镇长、主任
白羽街道办事处	田青法(副处级)	王炳奇
紫金街道办事处	封彦波	杜俊如
莲花街道办事处	李寅兴	蒋敏昌
丹水镇	李　涛	王全洲
田关乡	王海英(女)	郭好兵
阳城乡	杜威业	黄　静(女)
回车镇	朱元朝(副处级)	黄为民
五里桥镇	吕秀鹏(副处级)	郑双成
丁河镇	许保林	赵志信
重阳乡	屈振伟	田中超
西坪镇	王培理(副处级,2008年10月离) 张克俭(副处级,2008年10月任)	王宜文
寨根乡	王金贵	余志强
桑坪镇	王建朝(副处级)	李玉山
石界河乡	熊保山	李志信
米坪镇	郭明青	曹明敏
军马河乡	樊少华	庞　远
双龙镇	吴在明(副处级)	张大鹏
二郎坪乡	李宏伟	庞小兵(2007年10离)
太平镇乡	袁宝峰	朱光敏

乡镇办概览

【白羽街道办事处】 2008年，生产总值3.9亿元，固定资产投资7018万元，居民人均可支配收入11400元。新上、技改项目10个，已建成投产7个，其中招商引资项目5个，已建成投产3个。全年新发展个体工商户116户。市容环境有效改观。全年共清除垃圾死角30余处，硬化改造道路12条，铺设下水道1150米，新安装路灯85盏，完成了铁路桥两侧山体绿化和辖区内鹳河河道绿化、栽植广玉兰、木瓜、女贞近2000棵，建成50户绿色家庭示范户和4个园林单位；完成了任家洼、张江2个游园建设工程和张岗游园改造工程，完成了农贸市场改造工程，启动白羽综合停车场建设工程。办理新农村合作医疗保险8120人，城镇居民医疗保险330人，低保2213人，为下岗职工办理再就业优惠证1627份，发放小额贷款153万元，全年新增就业458人。

【紫金街道办事处】 2008年，生产总值1.07亿元，财政收入458万元，城镇居民人均可支配收入10800元。全年新上、技改项目17个，其中以蓝天光电有限公司项目为主的工业项目4个，总投资6000万元；以万利矿产品有限公司为主的工业技改项目2个，总投资1000万元；新上凯撒洗浴中心、民族饭店、龙都商贸城等三产服务项目11个，总投资6800万元；在工业园区新上投资1000万元以上的项目3个。新发展和上档升级专业市场及服务业35家，其中，新上新百利生活广场、方圆时尚快捷饭店、怡兴快捷饭店、侠客庄等各类商场、宾馆酒店11家，上档升级改造新百利服饰广场等专业性市场5个，新发展时代彩钢厂、塑钢加工等庭院工业19户；新增个体工商户200家，累计达1120家，增加就业岗位2400多个。居民生活不断改善，建成财源、龙都小区等安居工程，可接纳220户880人居住；建成紫金街道办事处社区卫生服务中心。被省命名为“优化经济发展环境工作先进集体”。

【莲花街道办事处】 2008年，生产总值1.98亿元，财政收入439万元，农民人均纯收入3900元，城镇居民人均可支配收入9500元，固定资产投资1.98亿元。全年申报项目19个，其中工业项目9个，三产项目4个，其它项目6个。县工业园区入园项目7个，其中西峡机动车辆检测站、碧水云天休闲俱乐部、澳门金汤豆捞西峡店3个项目已经开业运营。投资3500万元的柏营农副产品市场主体工程已基本完工，综合营业面积可达1.2万平方米。城镇建设完成了水电路和卫校路改造工程、古城路续建工程、伏牛路东延工程等建设工程。投入资金70余万元硬化后巷道路6条1500多米，栽种各类苗木5000余株，建设前岗、后岗、伏牛路3个小游园，建设绿色示范小区7个，绿色庭院40多户。通过招标方式将辖区后巷道路卫生保洁权进行拍卖，与竞标人签订了卫生保洁合同。

【丹水镇】 2008年，生产总值5.39亿元，财政收入770万元，农民人均纯收入5246元。招商引资项目8个，争取整地、敬老院建设、垃圾处理设施建设项目5个，入园项目达21家，基本建设投产14个，家庭工业达107家。新发展猕猴桃1500亩，发展美国大樱桃2500亩，以猕猴桃为主的经济林突破2万亩。发展烤烟5000亩，以三岛柴胡为主的中药材4700亩，发展袋料香菇、草腐菌210万袋。英湾、南湾、袁店20%的猕猴桃基地亩产首次超万元，鲜果全部订单销售，全镇猕猴桃收入4100万元。烤烟实现产量88.5万斤，效益594万元，创历史之最。旅游名镇主要突出恐龙文化游、猕猴桃观光游，新发展宾馆、饭店15家，新增各类副食门店20家，全年由景区拉动实现三产社会效益约5000万元。改善民生方面，新建校舍53间，更新课桌凳1775套，改建英湾五保大院1处，扶持5户灾民倒房重建，完成7个村标准化卫生室改造工程。新发展沼气840户。完成马边、七峪、黄坪等3个村人畜饮水工程，打机电井19眼。丹水镇先后获河南省卫生镇、河南省文明村镇、全国创建文明村镇先进单位。2008年5月10日，国务院总理温家宝及省市领导到英湾村视察。

【回车镇】 2008年，生产总值60.1亿元，财政收入1274万元，农民人均纯收入4188元。全镇新上项目8个，完成技改项目3个，新发展庭院工业50家。汉冶集团投资20多亿元完成炼钢、炼铁、轧钢、铁前、高炉、制氧站、原料厂、铁路专用线等一大批重点项目建设，整个一期工程于12月7日顺利点火试车成功，12月19日，随着1530立方米的高炉第一炉铁水的顺利运至炼钢厂脱硫站，标志着汉冶技改项目全线竣工投产贯通。通宇公司新上马并建成投产了粘合剂生产线、引流剂生产线和连铸连轧冶金配件项目。农业产业，新发展猕猴桃1000亩，烟叶完成销售37.8万斤，发展日本三岛柴胡200亩，种植二花1800亩，垦复山茱萸基地5000亩，发展袋料香菇95万袋，草腐菌210万袋。新建标准化村卫生室4所。新发展沼气用户1000户。

【丁河镇】 2008年，生产总值5.63亿元，财政收入380万元，农民人均纯收入4455元。规模以上企业5家，产值超千万元的企业2家，新上项目8个，技改项目5个。招商引资额突破亿元大关，其中，永泰新生能源发展有限公司、西峡恐龙泉纯净水股份公司、嘉华通讯电缆有限公司、安泰皮业有限公司已建成投产，利民汽车养护站10月份开业。农业方面，种植香菇1000万袋，种植以白灵菇为主的草腐菌700万袋。丁河香菇市场新增门店10余家，年交易额突破5.5亿元，被农业部评为“中华人民共和国农产品定点批发市场”；新发展猕猴桃1380亩，全镇2500多吨海沃德猕猴桃鲜果全部订单销售，亩均效益1万元以上；中药材生产在发展山茱萸和皱皮木瓜的同时，新发展五味子500亩；畜禽养殖新增千头规模的养猪厂1座，万只以上禽类养殖大户45户，发展50头以上规模肉牛养殖大户3户，新增邪地、奎文、简村等畜禽专业养殖村5个。新建沼气池400多个。

【西坪镇】 2008年，生产总值62837万元，固定资产投资7560万元，财政收入165万元，农民人均纯收入3990元。全年新上工业项目21个，技改项目5个，新发展庭院工业31家。着力培育特色农业，在黑漆河、操场、峡河3村新发展茶叶2300亩，育茶苗80亩；发展袋料香菇300万袋；建成猕猴桃老基地管理示范基地10处，高标准观光园1处，新发展猕猴桃基地600亩，新发展中药材4000亩，建成中药材生产专业村2个。新农村建设全年累计投入资金1100万元，新硬化村组道路13.4公里，改水改厕1100户，栽植绿化苗木31万株，建成西岗文化大院、豫边文化广场，安装健身器材23套；完成农村安全饮水工程3处，解决黑漆河、花园关、瓦房店3村3800人的安全饮水问题；新发展沼气150户、太阳能300户。建成镇敬老院下营分院。全面完成农村电网改造工程，建成电气化村12个，西坪镇被省发改委、电力公司命名为电气化镇。组建民歌演唱队，加大对西坪民歌的发扬和保护，西坪民歌被国务院命名为国家级非物质文化遗产。

【双龙镇】 2008年，生产总值3.9亿元，农民人均纯收入4296元。全镇新上项目39个，总投资7.8亿元，其中，招商引资项目16个。镇香菇市场新建成家家乐、新高山两家香菇出口企业，使全镇香菇自主经营出口企业达到6家，全年完成出口创汇3200美元。特色农业按照“发展果、调优菌、壮大药”的发展思路，新发展猕猴桃基地200亩，发展柴胡、桔梗、血参等中药材6000亩。旅游产业发展势头强劲，龙河漂流和宝玉河低空飞行景点已经进行筹建，全镇农家宾馆总数达到200家，可同时容纳7000多人在双龙旅游观光，全年接待游客50多万人，景点门票收入2500万元，旅游业总收入5000多万元。小城镇建设对金龙街、银龙街、教育街和龙成街实施铺设花砖和路灯改造，集镇11条街道全部美化、亮化。

【米坪镇】 2008年，生产总

值3.6亿元，财政收入201万元，固定资产投资2.87亿元，农民人均纯收入5150元。在县工业园区新上黎明面粉厂、南阳永隆兴食品有限公司、高速公路口加油站3个项目，兆丰猕猴桃公司千吨气调保鲜库建设项目，已建成千吨猕猴桃保鲜库和千吨香菇保鲜库，已在省市商检部门办理了出口手续，成为全县第一家有直接出口权的猕猴桃企业。发展袋料香菇300万袋，草腐菌30万袋；新发展木瓜、娑罗、油桐、猕猴桃、五味子等果药基地3000亩；累计育苗1400亩、120余株，子母村建成全县育苗第一村；全镇家禽饲养量达20万只，羊饲养量达4000只。镇药材市场交易各类中药材2800吨，交易额超亿元。新农村建设，开展村庄环境集中整治活动，在市级新农村试点堂坪村投资100万元，硬化美化街道，建成标准化卫生室、文化大院和商业超市，建公厕2座，建成300平方米的小游园。获得省级卫生集镇荣誉称号。

【桑坪镇】 2008年，生产总值3亿元，财政收入86万元，农民人均纯收入4105元，固定资产投资1.2亿元。全年新上项目46个，投资总额9000多万元，其中，进入县工业园区项目2个，镇内项目8个，庭院工业36个。建成搬迁扶贫移民工程1处，共43套独家小院，对石灰岭、横岭、凉水泉三个省级贫困村实施搬迁。猕猴桃生产在加强老基地的管理的基础上，恢复水冲沙压猕猴桃基地400亩，高接换头200亩。食用菌生产外购木屑8200吨，发展袋料香菇480万袋，成功率达97%以上，形成50万袋以上的专业村7个，高标准打造标准化基地8处。完成草腐菌220万袋发展任务。发展银杏、山茱萸800亩，野生改造连翘、五味子1500亩。完成石灰岭村岭西防洪大坝工程，投资14万元，完成桑坪村、岭岗村下河、三湾村上头安全饮水工程。发展沼气196户，太阳能168户，新安装有线电视用户50户。全镇养蛋鸡达26万只，养猪达1200头。

【五里桥镇】 2008年，生产总值42亿元，财政收入1141万元，农民人均纯收入4300元，固定资产投资15亿元。工业经济实现新突破，全年新上项目80个，投资总额8.5亿元，其中招商引资项目5个，引资到位资金4.6亿元。投资1.2亿元的风力发电项目完成土地平整，投资2.2亿元的铝箔生产线项目完成征地和附着物清点补偿。新发展庭院工业80家，投资5000万元，总规模达到190家。西排公司“劲派”排气管荣获河南省著名商标。新发展猕猴桃2866亩，发展食用菌480万袋，其中袋料香菇280万袋，草腐菌200万袋。发展以养鸡、养牛为主的养殖业达到60万只，其中养鸡58万余只。发展大棚蔬菜800亩，花卉育苗200亩，中药材2000亩。被命名为“全省生态绿化示范乡镇”。全年硬化村组道路65公里，发展沼气4000个，安装路灯52盏，安装太阳能800户，建成绿化小游园14个，农民活动广场12个，市级新农村试点村达到2个，县级新农村试点村达到4个，镇级新农村试点村达到6个。民生工程方面，投资500多万元建成老年公寓。

【阳城乡】 2008年，生产总值6.8亿元，财政收入370万元，农民人均纯收入3916元，固定资产投资1.84亿元。工业经济形成冶金保护材料、汽车配件、绿色食品加工、旅游产品加工四大优势产业。全年新上项目17个，建成投产7个。红星汽配有限公司顺利通过ISO/TS16949国际质量体系德国认证，生产的汽车离合器压盘总成在国家工商总局注册了“奋起牌”商标。农业按照“稳定烟、优化菌、发展果、壮大菌”的思路，农业结构不断优化，新建猕猴桃基地860亩，完成1700亩猕猴桃品种改良和1200亩基地架材配套，建成猕猴桃精品园6个；食用菌外调木屑1400吨，种植标准化袋料香菇56万袋，草腐菌1500万袋；发展烤烟2200亩，实现产量39万斤，产值264万元；发展各类中药材6500亩，其中新建日本“三岛柴胡”示范基地4个，在姬庄、老君、三岔新建中药材示范沟各1条。

【田关乡】 2008年，生产总

值2.76亿元，财政收入325万元，农民人均纯收入1686元，固定资产投资1亿元。全年新上项目6个，总投资8340万元，到位资金4800万元。特色农业实现上档升级。种植烤烟5000亩，实现效益616万元；林果业以杏李为主的小杂果4.2万亩，产鲜果900万斤，注册了杏李“仙果山”。全乡猕猴桃总面积达5500亩，产鲜果3000多吨，实现销售收入900多万元；食用菌生产发展袋料香菇80万袋，种植以鸡腿菇、草菇、平菇为主的草腐菌220万袋。新发展沼气866个，高标准建成“百池村”10个，全乡沼气用户达2683户，孙沟村、曹楼村、曹沟村共建成集中供气池4个，实现了“牧沼果”生态循环生产模式。

【重阳乡】　2008年，生产总值7.69亿元，财政收入435万元，固定资产投资1.5亿元，农民人均纯收入3830元。共签约工业项目6个，其中规模较大的有芦沟食用菌深加工项目、宏宇纸品精包装项目、西峡欢乐园项目等。深入挖掘重阳文化，成功举办中国·西峡首届重阳文化节。农业产业强力推进“菌、果、药、林、牧”五大特色产业，新发展食用菌600万袋，猕猴桃500余亩，以木瓜、花椒为主的中药材30余万株，基地造林6000余亩，蛋鸡存栏30万只，生猪5300余头。农民收入的60%来自特色农业。民生方面，新建燕子—高台—五朵公路14.8公里；在鱼池、杜岗建成人畜饮水工程2处，解决1300人吃水困难；新建农村沼气378个；完成9个村的农村电气化改造；完成20个村标准卫生室建设，建成7个村所的高标准计划免疫接种室；投资130余万元，建成寄宿制示范小学1所，新建了4所小学的宿办大楼，顺利实施了合点并校。

【寨根乡】　2008年，生产总值8500万元，财政收入54万元，农民人均纯收入3916元，固定资产投资7735万元。全年新上项目2个，技改项目1个。分别是诚合冶材有限公司的秸秆门窗项目、新高山食品有限公司香菇自动分捡加工项目和智星科技有限公司的包芯线生产线技改项目。特色产业稳步发展，发展袋料香菇500万袋，猕猴桃推行标准化无公害种植，全乡猕猴桃面积1380亩，成为农民群众继香菇产业之后又一大收入来源。中药材生产对全乡5000亩山茱萸基地按照GAP标准进行了配套管理，同时，新发展金银花、木瓜、三岛柴胡等中药材500余亩。集镇建设日臻完善，投资180余万元，在上街竹园沟口修建防洪河坝，提高集镇防洪能力，对花黄大街铺设彩砖、修建下水道，栽种风景树400余棵，新建小花园2个，新建司法所办公楼1座。民生工程，主要对全乡有线电视网络实施了电缆改光缆工程；对高峰村4公里的深山电力线路进行了改造；新建了中学标准化公厕，为师生安装了太阳能洗浴设施，学校面貌得到改善。

【石界河乡】　2008年，生产总值17781万元，财政收入58.4万元，农民人均纯收入4347元，固定资产投资1.76亿元。新上工业项目6个，投产4个，新发展庭院工业项目32个。新发展袋料香菇500万袋，全部实行标准化生产；新发展中药材3000亩。畜牧业共发展羊1000只，建成养鸡场11个，养鸡近3万只。小城镇建设投资147万元，主要进行新老街道改造、塘湾商贸区建设和集镇防洪坝建设。民生工程，全年共发放“两免一补”、“粮食直补”等各类政策性资金260余万元，投资120万元，高标准建成新敬老院1座。

【军马河乡】　2008年，生产总值1.78亿元，财政收入58.4万元，农民人均纯收入4347元，固定资产投资1.76亿元。新上较大工业项目4个，总投资7450万元，其中，金马特材公司和西峡县添添乐食品公司已建成投产。引资3000万元在台子村建成日处理1000吨铁矿石选场1座。旅游产业快速发展，新建农家宾馆30家，启动了要孩关大峡谷、台子漂流开发建设，引资建设了独阜岭欢乐谷高山滑水项目，建成了军马河至长探河旅游公路。发展袋料香菇520万袋，各类草腐菌30万袋，新建袋料香菇标准化生产示范场1个。新发展猕猴桃100亩，油桐

2000亩，木瓜、血参等中药材基地1500亩。投资1000多万元建成鱼库移民新村。完成大河岗村坡改梯小流域治理工程，独阜岭村和集镇集中供水等人畜饮水工程。新发展太阳能85户，沼气170户。完成乡新敬老院配套设施建设。

【二郎坪乡】 2008年，生产总值4.1亿元，财政收入68.5万元，农民人均纯收入3916元。共签约招商引资项目12个，引资总额1.6亿元，其中，8个项目已实现顺利投产。全年新发展袋料香菇300万袋，草腐菌100万袋，新发展了300亩五味子基地。"汉王城山水大酒店"已完成主体建设。围绕旅游产业，新发展农家宾馆40家。在龙脖、河北、两河口先后发展高档农家宾馆28家，修建小游园2处，配备了健身器材；启动了老君洞宾馆和游客服务中心建设，游客服务中心已完成主体基建工程；启动了老君洞二期工程建设，开发了"太清谷"，新建仿古亭子、拦水坝、生态桥等。以旅游服务业为主的产业收入占农民总收入的比率提升到68%以上。新发展山茱萸1200亩，草腐菌100万袋，袋料香菇300万袋。新发展沼气120户，安装太阳能230台。

【太平镇乡】 2008年，生产总值2.1亿元，财政收入72.4万元，农民人均纯收入4179元。新上工业项目7个，建成投产项目，其中，投资3000万元的金合精密铸造项目二期工程，于2008年3月份投入使用。丰祥冶金耐材公司、旭祥冶金耐材公司和霖忠冶金保温材料已建成投产。新发展以矿产品加工、中药材交易、家庭宾馆经营为主的庭院工业20家。旅游开发建设，启动建设了伏牛山旅客服务中心，完成旅游水线观光公路5.6公里铺油工程和老界岭索道安装工程，于6月正式投入使用。新发展家庭宾馆25家，全乡旅游日接待能力达3500人，全年新发展旅游购物名店，从事旅游服务人员达1800人，仅此一项人均年增收1000元。老界岭和伏牛大峡谷两大景区共接待游客5万人次，门票收入20万元，旅游综合收入达2000万元。建成5000只以上半养殖示范场1个，1000只以上的示范场18个，形成柴鸡养殖专业组50个，土柴鸡蛋成为旅游购物的热销产品。完成集镇建设投资3500万元，成功申报省级环境优美小城镇。新发展沼气户213户，新建饮水工程4处，解决2000余人的安全饮水问题。建生态移民新村1处，共迁移高山居民52户。（张晓红）

淅　川　县

县情综述

【概况】 总面积2820.68平方公里，耕地面积57560公顷。水资源总量9.51亿立方米，其中地表水资源9.36亿立方米。总人口75万人，其中，乡村人口51.53万人。辖2个街道办事处，11个镇和4个乡。

县委书记：崔军；副书记：袁耀生、刘浩安（2008年10月离）、汪天喜（2008年10月任）；常委：刘中青（纪委书记，2008年10月离）、郭希朝（县委办主任）、王晓云（女，宣传部长，2008年10月离）、程立远（政法委书记）、张荣印（组织部长）、李宁（统战部长，2008年10月离）、王勇（武装部政委）、姬丰臣（统战部长，2008年10月任）、陈助民（宣传部长，2008年10月任）、赵鹏（常务副县长，2008年10月任）

人大主任：王吉成；党组书记：朱明云（女）；副主任：崔金岑、王建都、多庆衔、王自俊、余仕芳

县长：袁耀生；正县级干部：李廷伟、赵金秀；副县长：赵鹏（2008年10月任）、王洪潮（2008年10月离）、姬丰臣（2008年10月离）、韩丙森、李晓兰（女，2008年5月任）、赵红亮（2008年10月任）、王培理（2008年10月任）、冯有德（2008年10月任）、袁克政（县长助理，2008年11月任）

政协主席：李天相；正县级干部：李生林、张中志；党组副书记：何阳山；副主席：李淅荆、梁瑞玲（女）、王俊林、郭则钦

法院院长：丁建民

检察院检察长：李毅

公安局长：徐欣（2008年10月离）、畅建辉（2008年10月任）

武装部长：董振武（2008年1月任）；政委：王勇

总工会主席：崔金亮

群工部长：王明华

湿地保护处主任：闫天华

移民局长：冀建成（2008年11月任）

2008年，地区生产总值实现102.65亿元，比上年增长13.1%。其中：第一产业增加值实现24.75亿元，增长6%；第二产业增加值实现56.32亿元，增长14.2%；第三产业增加值实现21.58亿元，增长17.4%。全县工业企业实现增加值50.51亿元，增长14.8%。粮食产量26.1万吨，增长2.7%。全年财政一般预算收入2.77亿元，地方财政一般预算支出11.02亿元。全社会固定资产投资完成额68.16亿元。社会消费品零售总额32.58亿元。外贸商品出口总额2062万美元，实际利用外资640万美元。城镇居民人均可支配收入1.13万元，比上年增长16.9%；人均消费性支出8548元，增长13.6%。农村居民人均纯收入3916元，人均生活消费支出3046元。城乡居民年末储蓄存款余额38.33亿元。

国民经济总体保持平稳增长。三次产业结构比重为24.1：54.9：21。工业生产快速增长。全部国有工业企业及年产品销售收入500万元以上的非国有工业企业，完成总产值101.94亿元。其中国有及国有控股企业完成总产值18.6亿元。全年产值超亿元工业企业达到7家。年产品销售收入在500万元以下的非国有工业企业及城乡个体工业完成总产值81.13亿元。全县工业企业实现增加值50.51亿元，比上年增长14.8%。全县规模以上工业企业实现主营业务收入92.25亿元，实现利税总额12.01亿元，实现利润6.2亿元。工业企业经济效益综合指数为204.73%，比上年提高48.42个百分点。

农村经济保持良好的发展势头。全年粮食作物播种面积6.11万公顷，油料面积3.47万公顷，油料总产量9.9万吨；小辣椒总产9.4万吨；烟叶总产9580吨，农业产值21.93亿元。植树造林面积8000公顷，幼林抚育面积3400公顷。林产品产量1.4万吨，林业总产值1.6亿元。全年肉类总产量5.4万吨，其中猪牛羊肉总产量4.8万吨，禽蛋产量2.5万吨，畜牧业总产值16.9亿元。水产品产量1.8万吨，渔业总产值1.55亿元。

建筑业完成总产值16.38亿元。资质等级四级及以上建筑企业完成建安工程工作量62.75亿元，交各种税金5673万元。房屋建筑施工面积64.53万平方米，竣工房屋建筑面积10.8万平方米。房地产开发全年投资1.8亿元，商品房施工面积8万平方米，销售面积2.2万平方米，销售额3341万元。

交通运输全年完成货物周转量68155万吨公里，旅客周转量45173万人公里。实施公路建设项目20个，累计完成路基工程189.1公里，完成路面工程137.2公里。年末公路通车里程2510公里，公路密度达89公里/百平方公里。年末公路干线好路率90%，县乡公路好路率80%。农村客运班线发展至50余条，全县所有乡镇和95%的村通上班车。拥有各种汽车7512辆，机动营运船舶80艘，客位1208个，载货量2.7万吨位。

邮电业务总量1.3亿元（含移动通讯）。年末局用电话交换机总容量25.2万门，固定电话7万户，移动电话用户18.5万户，计算机互联网络用户9826户。

旅游产业尽力拉大旅游框架。香严寺二期修复工程完工，启动民兵训练基地、丹江湿地野生动植物标本馆和坐禅谷环线工程。丹江景区一期工程竣工，二期工程进展顺利。荆紫关古街全面改造，古街面貌大为改观。新增旅游班车专线4条，新增轮渡、游船6艘，出租车30余辆。各类度假村、星级宾馆、农家乐宾馆相继建成

投入营运。“渠首淅川，商圣故里”品牌在省内外日益叫响。全年共接待各地游客80万人次，创经济效益1亿元。

保险事业全年保费收入7780万元。其中：财产险保费收入877万元，人寿险保费收入6903万元。全年赔付额2358万元。

教育事业2008年高招成绩本科以上进线2541名，应届生进线率居全市第4位。全县中小学校401所（含小学教学点141个和职业中学4所），在校学生13.04万人（含职业中学3002人）。有幼儿园10所，在园幼儿1.09万人。全县教职工7750人（其中专任教师7157人）。全年争取资金680万元，维修改造校舍1.1万平方米，争取67万元的图书、议器、设备充实到54所农村中小学校。3000余名中小学校贫困寄宿生得到生活补助，380名高中在校贫困生享受到每人每年1000元的助学金，59名贫困大学生得到救助。

文化事业广播和电视人口综合覆盖率均达到90%以上，拥有有线电视用户5万余户，有线电视信号覆盖率为20%，全县电视机拥有率87台/百户。

全县卫生机构23个。其中卫生院16个，床位1011张，卫生技术人员1718人，其中医生554人（其中执业医生357人，职业助理医师197人），药剂师151人，护士348人。全年有64.5万人参加新型农村合作医疗，参合率达到98.4%。全年对符合城镇居民最低生活保障条件的3623户7173人发放最低生活保障金1045.4万元；对符合农村最低生活保障条件的9150户2.18万人发放最低生活保障金1179.4万元。全年下拨救灾款100万元，救灾棉衣被2000余件，发放救济面粉320吨，共救助1.2万名困难群众。新建7所乡镇敬老院，改建扩建62所敬老院，新增床位2483张，入住人数3100人。

城镇建设又有新发展。城区总绿地面积556.9公顷，完成绿化面积11万平方米，人均公共绿地面积7.44平方米/人，城市绿地率和城市绿地覆盖率分别达到27.84%和33.04%。城市供水普及率达85%，城市的士60余辆，城区公交营运车辆28台，运营线路网长度45公里，县污水处理厂和垃圾处理厂投入运营。小城镇建设全年硬化道路13.5万平方米，栽植树木5.8万株，安装路灯180盏，安装供水管道5100米，铺设下水管道1.1万米，新增建筑面积2.4万平方米。

淅川县各乡镇办主要领导名表

乡镇办	党(工)委书记	乡镇长、主任
龙城街道办事处	徐卷林	唐云芝(女)
商圣街道办事处	柳震奇	翟成敬(2008年10月离) 刘明献(2008年10月任)
荆紫关镇	刘贵献(2008年11月任副处级)	李建兵(2008年10月离) 罗书运(2008年10月任)
香花镇	徐　虎	马　飞(2008年10月离) 马光东(2008年10月任)
九重镇	杜　勇(2008年4月任，11月任副处级)	裴建军(2008年10月离) 马　飞(2008年10月任)
厚坡镇	杜　勇(2008年4月离) 秦振才(2008年10月任)	秦振才(2008年10月离) 王德会(2008年10月任)
老城镇	马华中	赵　炜(2008年11月任)
上集镇	辛泽涛(2008年11月享受处级)	王志斌(2008年10月离) 翟成敬(2008年10月任)
盛湾镇	陈太良	聂俊毅
金河镇	张国朝	罗书运(2008年10月离) 裴建军(2008年10月任)
寺湾镇	全建军(2008年11月享受副处级)	严富强
仓房镇	黄长林(2008年11月任副处级)	赵　炜(2008年10月离) 赵红伟(2008年10月任)
马蹬镇	衡尚武	刘明献(2008年10月离) 范海明(2008年10月任)
毛堂乡	李士清(女)	柴淅伟(2008年10月离) 李建兵(2008年10月任)
大石桥乡	罗建伟	向晓丽(女)
西簧乡	陶玉霞(女)	袁宏伟(2008年10月离) 王志斌(2008年10月任)
滔河乡	杨桂森	崔改平(2008年10月离) 何丽(女，2008年10月任)

乡镇办概览

【龙城街道办事处】 2008年，生产总值7.08亿元，固定资产投资1.56亿元，财政收入585万元，完成招商引资2.1亿元，居民人均纯收入6588元。全年新上项目12个，总投资2.1亿元。三产项目优势明显，新开发山水景都花园小区、重庆阳光足疗城、西湾经济适用房二期等三产项目8个。技改项目稳步推进，西湾社区的一、二砖厂和江源减振器零配件厂、通懋合金有限公司都实施不同程度的技术改造，淅川洗浴业高水平的纯水岸沐浴休闲会馆新上1个投资上千万元的子项目。城市建设完成县重点市政工程协调任务，确保县政府安排的北岗文化艺术中心、西湾经济适用房二期、东滨河路北延、上九路城区段配套等市政工程的征地协调任务全部完成。办事处自建的宏大蔬菜市场项目，采取市场化运作，已基本建成。城市管理对辖区内7条主街道、126条背街小巷选聘26名保洁员进行专门打扫和保洁。开展城市卫生综合整治百日行动。在人民路开展创建卫生管理示范街活动，使人民路实现春有花、秋有色、冬有绿，成为县城一道靓丽风景线。

【商圣街道办事处】 2008年，生产总值6.84亿元，固定资产投资2.98亿元，财政收入1243万元，农民人均纯收入5530元。非公有制经济投资9360万元，建成投产6个项目。发展个体私营实体787家，从业人员8490人。入驻新的非公企业和项目4家4个项目，入驻县工业园区项目2个。农业产业化将千亩山丘地全部用于生态林建设、风景树的培育和旅游产业的发展。植树600亩，造林成活率98%，绿化覆盖率60%。投入近百万元，改造冬青现有的300亩耕地，形成蔬菜大棚温室基地，亩均效益2万元。城市建设筹资378万元，对尚未硬化的及损坏严重的21公里路面进行全面硬化和修铺，新增36个高标准垃圾池。县民生工程鑫街西侧改造工程基本完成，鑫街东侧改造进入排查登记摸底阶段。栽植风景树6000余棵，造林面积521亩。背街小巷主次干道、城乡结合部都配备2名专职清洁员，保证沿街、沿巷靓丽干净，垃圾日产日清。

【上集镇】 2008年，生产总值28.1亿元，财政收入1270万元，固定资产投资1.9亿元，农民人均纯收入4756元。全年共引进项目22个，到位资金1.25亿元，引进市外资金0.8亿元，其中，投资在300万元元以上项目9个，超千万元项目4个。工业着力培育丹江摩减、鑫源机械制造、森丽钢铁炉料等骨干企业。工业园区面积10余平方公里，入驻企业80多家。在大坪村建设1个理石加工建材工业区，入驻的加工企业30余家。生态农业在板桥川发展柑桔2000余亩，在石板河流域栽植杂果1500余亩，在铁娃河流域栽植板栗2500余亩，全镇林果基地面积10万余亩。新发展草庙沟专业养牛村1个，专业养牛场12个，累计建成专业养殖村13个，专业养殖场120个，专业养殖户1300余户。扩大蔬菜种植面积，新建大棚50个，发展蔬菜1300亩，全镇蔬菜种植面积3200余亩。新建沼气池986座，通道造林、荒山造林2万亩。东城新区建设完成东城新区1街（商贸街）、2场（丹阳广场、新世纪广场）、2路（一环路、二环路）建设任务，新建房屋500余间，铺设彩砖3000余平方米，栽植绿化苗木2000余株，修筑给排水渠道3000米。新修村级公路26公里，整修村组路170多公里，公路养护里程126公里。建村级养老院5所，供养360余人。

【九重镇】 九重镇位于豫、鄂两省，邓州、淅川、丹江口、老河口4县（市）结合部，属南水北调中线工程渠首所在地，是典型的县边、省边、库边三边乡镇。2008年，生产总值18亿元，财政收入986万元，农民人均纯收入3600元，固定资产投资2.65亿元。被省授予环境优美小城镇、文明村镇，被市委、市政府授予四星级城镇和非公有制经济暨乡镇企业发展先进乡镇。工业上总投资3亿元的九信电化公司自5

月份动工建设，年底1号炉已点火投产。玉典化冶公司环保设施已配套完善，正式通过省环保部门验收。新投资3000余万元的丰源科技农药生产项目，设备已安装调试完毕。九富、兴达、迷王等成长型企业逐步扩能改造，实现快速发展。农业产业化建成夏庄、张河、薛岗等烟叶、辣椒、养殖等专业示范村。种植辣椒1万亩，烟叶3250余亩，烟叶产值575万元，入库税金114万元。民生工程投资300万元，实施丹阳大道建设；投资350万元建设镇第二、第三敬老院及太平、张家等村级五保大院；投资25万元实施计生服务大楼建设项目。生态建设完成3条道路（上九路、邹陶路、引丹路）和2山（汤山、禹山）、1园（渠首生态园）及围村造林绿化任务，森林覆盖率比上年提高12个百分点。

【荆紫关镇】 2008年，生产总值15.6亿元，固定资产投资2亿元，财政收入2360万元，农民人均纯收入3630元。玉典化冶公司全年实现产值8.1亿元，销售收入7.5亿元，成为全国生产炼钢辅助材料的先进企业；投资2000万元，新上两套大型现代除尘设备，烟尘排放量大大降低。亚欣冶金公司年产万吨锰碳合金球项目已建成投产，企业年销售收入5500万元。完成投资860万元的古街改造项目、投资1365万元的荆狮公路建设项目和投资100万元的老河坎护岸坝项目。旅游完成荆紫关景区旅游开发规划和荆紫关古镇保护规划。投资8万元购制旅游接待车，投资100万元完成以北街段为主的民居改造任务，友谊宾馆和外滩宾馆升级改造完成，开发出草编鞋、鞋垫、竹编、玉坠、纸扇等10多种旅游纪念品。年接待游客2万多人次，创综合效益400多万元。投资80万元修复改造泰安大街路面，投资30万元购制垃圾车、消防车。成立集镇管理专业队伍。完成2.8万亩的老桑园改造，新发展桑园4000亩，累计达到3.2万亩，春秋供应蚕种2.7万张。在主要出镇通道栽柳树、香樟等3500多棵。在庙岭、吴家沟新发展柑桔400亩。

【老城镇】 2008年，生产总值15.32亿元，固定资产投资1.1亿元，财政收入485万元，农民人均纯收入3750元。全年新上50万元以上项目6个，招商引资额4550万元，新上项目创产值1.37亿元，宝林彩印高级包装纸、阳光生物肥、金利管业精密焊接管、益源肉制品深加工等项目全部竣工投产。争取政策性项目7个，资金2000万元。生态建设建成王沟等3村为主的果药套种仁用杏基地3000亩；秧田等3村为主的优质花椒基地3000亩；泉沟等4村为主的油桃、柿子等小杂果基地3000亩；黑龙泉等15个行政村大面积造林和油桐、橡子直播2万亩。完成基地造林6000亩，黄楝植苗600亩，“两籽”直播1.22万亩，生态涵养林2306亩，生态家园林2100亩，生态集镇造林300亩，其它造林和封山育林2.9万亩。小流域治理9平方公里，坡改梯5000亩，发展烟叶、小辣椒、中药材2000亩，修建沼气池700个。投资50万元，新建五保大院5个。投资350万元新修村村通水泥路30公里、通村沙石路10公里。投资20万元完成旺泉、黑龙泉2个灌区配套工程，新修干支渠8000米，新增灌溉面积300亩。兴建农村饮水工程2处，解决1500人饮水困难。新建村级文化活动室3个。新建标准村级卫生室5个。全镇总输出劳动力8300余人，劳务收入6640万元。

【香花镇】 2008年，生产总值14.6亿元，固定资产投资1.8亿元，财政收入686万元，农民人均纯收入4320元。全年争取项目资金1000万元，其中以工代赈资金300万元，扶贫开发资金300万元，财政扶贫项目100万元；招商引资项目，全年引进资金3亿元以上。全镇种植辣椒2万亩以上。建成陈岗辣椒示范园，培育壮大石臼、信达、东风、九九香、振翼、富汇源等6家农字号企业。烟叶3000亩，建成4个200亩烟叶大方。建成5000亩柑桔精品园，补植柑桔3万棵。沿上九公路及丹江大道建成长23公里、宽400米的生态农业观光林带。移栽大规格垂柳5000株绿化宋岗码头景区。完成南山4村3000亩油桐点播，使全镇森林覆盖率提高到38%。新建沼气池500座，新建8个畜牧专业村、16个养殖专业场。基础设施投资400余万元，拓宽硬化丹江大道，进行绿化、亮化；投资200余万元实施辣椒市场升级改造；投资200万元实施镇一初中校舍改造；投资400余万元对南山公路拓宽改造，硬化道路15公里，新修桥涵15座，县城至南山班车首次进入柴沟；投资5000余万元辟建香花食品城，完成基础设施配套，入驻石臼、东风、九九香等5家辣椒加工企业；在何家沟村投资100万元新建敬老院1座。聘请北京大学专家编制《宋岗码头控制性规划及部分景点详细规划》，高标准建设宋岗旅游客运、货运码头，拓宽硬化7公里的丹江大道，栽植高杆路灯240盏。沿丹江大道建设5000亩柑桔精品观光园，栽植柑桔林带。在太阳岛移植垂柳3000株，栽植风景树4000株。投资300万元打通联接丹江口市的旅游快速通道。

【厚坡镇】　2008年，生产总值13.76亿元，固定资产投资2.28亿元，财政收入850.5万元，农民人均纯收入4142元，入库税金1100万元。全年完成项目申报18个，到位资金3502.4万元。新上投资500万元以上企业2个，扩建企业4个。其中投资500万美元的淅川艾特复合金项目一期工程，投资300万美元建成生产线1条，投入试产；金泰源公司与新加坡联合金属有限公司合作项目，投资1000万美元，两条生产线已建成投产；投资1500万元的龙人伟业新型墙材项目建成投产；投资1000万元的新生塑业项目进入试产；投资3000万元的腾达公司电石项目和投资1500万元的正弘刚玉项目正在全面投产。建千亩烟叶方2个、500亩烟叶方3个，落实烟叶面积5000亩，实现税收100余万元。在水源条件好的齐湾、小王营等村新建大棚200个，实现年亩均收入1.5万余元。公路建设投资1700多万元，完成厚坡至九龙、厚坡至九重等34.9公里的公路扩建工程。全年培训劳务人员1000余人次，累计输出2万余人，年劳务收入达2亿多元。

【马蹬镇】　2008年，生产总值9.3亿元，固定资产投资1.32亿元，财政收入400万元，农民人均纯收入3560元。生态农业发展湖桑2000亩，示范园花椒亩产值2000多元，恢复发展烟叶1000亩，利用杨营河的水资源在寇楼建成的大闸蟹基地初见成效。大面积造林2.3万亩。旅游开发丹江大观苑建设项目新投资2000多万元，建成丹阳楼、悬索桥、沿江观光廊等景点，吸引八方宾客前来观光度假旅游，经济效益400多万元。公路建设总投资1200多万元，完成金竹河至石桥12公里公路拓宽改造铺油任务，完成全长3公里的石桥旅游路拓宽改造任务；完成三卡路2公里遗留硬化任务，高标准实施6公里的村村通项目。在朱营、葛沟、青龙3村采用小高抽和修水池的方法，解决2000多人、500头大牲畜的饮水困难。投资400万元在张竹园、邢沟、高庄3村实施小流域综合治理工程，完成坡改梯3000亩，新修道路5公里，修建旱地水窖23座。

【西簧乡】　2008年，生产总值9.2亿元，固定资产投资1.36亿元，财政收入477万元，农民人均纯收入3860元。非公有制经济引进项目9个，50万至500万元企业6个，500万元以上企业3个，总引资1.4亿元。入驻县工业园区的中方阀业三期工程硬铸造项目5月投产，隆昌润滑油公司6月投产。农业产业化在毛庄建设核桃基地2000亩，在梅池、流西河、七棵树等15个村点播油桐1.5万亩，对流西河、七棵树核桃基地进行补植补造。完成209国道通道造林400亩。发展核桃种植协会5个。新建规模化养殖厂6个，培育专业养殖大户40个。集镇建设，完成滨河路扩建，栽植广玉兰330棵，铺设彩砖4300平方米，安装路灯30盏，更换和改造自来水管道4500余米，日供水能力5100立方米，新修下水道5200余米，污水沉淀井15个。

【金河镇】　2008年，生产总值8.8亿元，财政收入500万元，固定资产投资1.2亿元，农民人均纯收入2590元。被市委、市政府授予二星级城镇。项目及非公有制经济全年争取以工代赈、水利、移民、公路、教育等政策性项目资金1700多万元，到位1200多万元。伟业合金公司缴纳税金200万元。后湾草莓基地发展到百余亩，最高亩收入近万元，平均亩效益6000元左右。投资20万元为彪池、中吴等村蔬菜产业解决生产灌溉用水。玉皇村、彪池村樱桃产业已成规模。驻马山旅游开发完成道观大殿主体工程及核心内涵工程、门景广场浮雕墙工程，栽植女贞、五角枫、塔柏等生态林，规划落实300亩采摘园用地。全年投入建设资金1000多万元，完成长安路、永安路、西滨河路、金福路、等路的绿化、亮化等配套任务及鹳河二桥落成。公路建设完成丹江大道桥头至黄牛转盘处的改造工程、张湾至后洼工程。争取项目资金400万元，实施了金河小学、后营小学、金河初中等教学楼建设。

【寺湾镇】　2008年，生产总值8.5亿元，固定资产投资1.3亿元，财政收入550万元，农民人均纯收入3500元。非公有制经济全年新上50万元项目8个，总投资额6000余万元。其中投资2000万元在工业园区上马的洁能新能源公司，已完成一期建设。兆鸿电冶公司投资1800万元实施低压电频改建工程，实现生产扩大与节能降耗双赢，年产值突破亿元大关，创利税1200万元。生态农业投资220万元，建成以大坪为中心的3000亩桑蚕示范园，新发展湖桑4500亩。投资280万元发展丹淇沿岸万亩连片湖桑基地。在黄连树村发展优质柑桔900亩，打造精品采摘园。荒山造林1.3万亩，通道造林500亩，镇区绿化1000亩。基础设施建设投资240万元，完成6.4公里丹南公路建设和老庄、赵河、高湾等5个村12公里“村村通”扫尾工程。修建西营淇河护岸坝800米，保护耕地2500余亩，完成沼气建设1352座。在党岗、赵河2个中心村建敬老院分院。集镇建设投资80余万元，安装垃圾箱50余个。建设垃圾处理场1个，绿化草坪5000余平方米，新架路灯30余盏，安装公益标识牌80余座。实施山区居民迁居工程，新入住居民100余户，400余人。

【滔河乡】　2008年，生产总值7.6亿元，固定资产投资8100万元，财政收入330万元，农民人均纯收入3564元。国荣钒业有限公司扩大投资500万元，总投资达到2000万元。极盛钙业有限公司扩大投资150万元，引进生产线两套。引进投资300万元的启利服装厂、投资150万元的石庙湾木板厂和投资100万元的梁庄现代家俱厂。乡内新上零散经营的丝毯、运输、三粉加工、餐饮等农户700余户。按照山区果药沿河林的思路，在尚岗、白沙岗等山区村连片点播油桐1万亩，在石庙湾、贺坡等沿河村发展速生杨基地6000亩。孔家峪柿子、薄壳核桃基地向周边村扩张3000亩。蔡家中药材基地以血参、二花为主，新发展中药材3000亩。清泉蔬菜基地向白亭、严湾等村辐射，发展大棚100座，达到200亩。新建成3个畜禽专业协会、5个养鸡专业村、3个养猪专业村。全乡牛、羊、猪、鸡存栏总量分别达到6.5万头、12万只、8万头、35万只，产值7000万元。引资140多万元完成中西部学生宿舍楼建设工程，建学生宿舍80多间。投资458.8万元建成贺坡至东沟公路，农田水利基本建设，完成石庙湾段120米护岸坝工程。植树造林1.8万亩，封山育林2万亩。

【盛湾镇】　2008年，生产总值7.51亿元，财政收入436万元，固定资产投资9364万元，农民人均纯收入3610元。非公有制经济引资600万元，建成建芳节能砖厂；引资280万元，建成三中免烧砖厂；引资5000万元的英翔电冶责任有限公司，在县工业园区正式投产运营，年产值2000万元；华通机械制造有限公司进一步扩大生产规模，年产值5500万元。随着大批企业开工上马，解决全镇2000余名农村富余劳动力就业。生态建设点种油桐2.8万亩，栽植柑桔4000亩、湖桑2000亩、刺槐4000亩，其他树种造林2000亩，新造林总面积4万亩。建沼气池720余个，围绕畜—沼—果生态模式，采取公司＋农户发展模式，以杨岗养猪场、宋湾养猪场、姚营养鸡场为中心，辐射带动全镇养殖业发展，新发展专业村5个，专业户45家，全镇牲畜存栏60万头（只）。投资580万元修建高泉引水工程，解决岔河、天池等村1万余人及牲畜饮水问题，新增灌溉面积300余亩。投资250万元对岔河村7公里的出省通道进行扩宽改造，配备38名专职养护工对全镇54个行政村170公里的村村通公路以及县道盛仓、盛滔路进行路肩培土，全面养护。实施12个村的农网改造工程，新架设高压线路35公里，低压线路68公里，改造整修低压线路35公里，全镇低压农网改造村达到43个。

【毛堂乡】　2008年，生产总值6.83亿元，财政收入470万元，农民人均纯收入3700元。全乡新上及续建项目32个，项目建设总额2.5亿多元，其中招商引资项目24个，国家政策性项目8个。投资千万元的建设项目有九源门业公司第三条生产线项目、林江建材有限公司页岩真空砖厂项目、郑州科技开发公司新上硅镁石加工项目等；投资500万元至1000万元建设项目有郑州惠农公司脱毒红薯保鲜等项目；投资500万元以下项目22个。其中非公有制经济项目16个，国家政策性项目6个。旅游业推动金龙电力服务公司对原龙山别墅进行设施改造升级，综合服务楼投入运营。林果业在铁江沟、石门观、庙沟新发展经济林果总面积1.4万亩，其中直播油桐7000亩。畜牧业以老坟岗养殖专业村为龙头，大力发展养殖业，形成老田、店子、贾营等5个养殖专业村，年出栏生猪3.5万头。完成组组通路基110公里，硬化47公里，完成店子、贾营、闫家沟等7个村3000多人的安全饮水工程。建成文化广场4个，文化大院3个，新建、改造7个村部，投资2000万元完成10个村112公里农村电网改造。

【仓房镇】　是集山区、库区、偏远区为一体的豫鄂沿边口子镇。2008年，生产总值3.76亿元，财政收入420万元，农民人均纯收入3100元。基础设施建设投资1200万元，架设54个铁塔，连接长达45公里长的3.5千伏高压输变线路。投资600万元对长9.8公里的下寺至香严寺旅游黄金大道进行硬化。投资400万元在刘片村建造3200平方米的民兵训练基地办公楼和占地3亩的靶场。新发展库汊养鱼1200亩，同时坚持春季休渔，大大提高水产品数量和质量。丹江风干鱼加工日趋走俏，库区渔民收入增加到8500元，自重庆引种山下红、春见等优质土球苗木120万株，发展柑桔3.2万亩。发展饲养猪、牛、羊2.8万头，家禽3.6万只。旅游打造两心三廊两带四岛产业格局。在张营动态休闲之岛上打造水陆娱乐天地，成为过往游客的集散娱乐场所；在丹阳文化休闲之岛恢复古文化、古建筑、打造古文化之都，再现楚都丹阳历史文化风貌；在下寺绿色休闲之岛，打造下寺绿色森林屏障，创建野生动物园，筹建丹江观光亭，打造游客采摘、观光、疗养、消遣之胜地；在磊山垂钓休闲之岛，建立半岛周围10公里垂钓场，创建高雅娱乐圈。香严寺年接待量达25万人次，门票收入142万元。坐禅谷景区年接待35万人次，门票收入230万元。旅游综合收入达到1200万元。

【大石桥乡】　2008年，生产总值3.11亿元，固定资产投资1.94亿元，财政收入412万元，农民人均纯收入3291元。非公有制经济投资600万元的利源钙业有限公司年产值380万元，利税60万元；投资1500万元的福海冷拉钢项目投产运营；投资80万元长军环保砖项目实现盈利；投资2000万元的萨克斯减震器零部件项目运营状况良好，年产值1200万元，实现利税150万元。同时拉动服务、运输等第三产业的发展，带动2000余人劳动就业。农业产业化在官田、磨峪湾、刘家坪等村新发展湖桑2600亩，在袁岭、荆巴岭新发展仁用杏1200亩，在七里沟流域建成2200亩基地1个。全乡新建成专业养鸡场9个，专业养牛场1个，专业养羊场4个。在东岳庙、郭家渠等村发展甜玉米8500亩、莲藕500亩，创办甜玉米种植协会，农业产业化水平显著提高。生态建设在郑家岭、陡岭等8个村种植桐籽1.9万亩，能源林改造2100亩，完成坡改梯1000亩，发展经济林1500亩，增加有效灌溉面积600亩，全乡造林3.12万亩。修建1663座沼气池，其中540座沼气池实行一池三改。打通刘家坪至刘家沟4.5公里自然村通水泥路路基，修5条总长12公里村村通水泥公路，实现31个行政村村村通水泥路目标。（明新胜 魏瑞村）

新 野 县

县情综述

【概况】 总面积1062平方公里，耕地面积65333公顷，城区面积18平方公里。总人口76.7万人，常住人中67.6万人。辖9个镇5个乡，265个村（居）民委员会。

县委书记：方显中；副书记：金浩、张居文；常委：李玉芬（组织部长）、武圣乾（人武部长）、齐宗波（宣传部长）、赵荣朕（纪委书记）、郭富玉（政法委书记）、王洪潮（常务副县长）、贾松啸（统战部长）、刘潇（县委办主任）

人大主任：张自强；副主任：周文来、朱有胜、廉福林、史政来、胡海川

县长：金浩；副县长：王洪潮、张锋、余晓勇、潘自钦、张琳、林峰

政协主席：蒋从文；副主席：葛成栓、王心东、韩公怀、曾浩

法院院长：薛红喜

检察院检察长：曹建煜

2008年，县委、县政府团结带领全县人民，坚持以加快经济发展和致力改善民生为中心，积极应对金融危机造成的冲击和不利影响，开拓进取，真抓实干，克服重重困难，保持了经济平稳较快增长的良好势头。全县生产总值完成139亿元，比上年增长12.8%。第一、二、三产业增加值分别增长5.8%、15.3%和13.4%。财政一般预算收入2.31亿元、支出8.59亿元，分别增长15.1%和23.2%。全社会固定资产投资59.3亿元，增长31.6%。金融机构各项存款余额52.7亿元，增长22.7%；贷款余额30.7亿元，增长14.7%。社会消费品零售总额40.8亿元，增长23.3%；出口总额2800万美元，增长42.8%。城镇居民人均可支配收入11655元，增长16.7%；农民人均纯收入5210元，增长16.2%。

【工业经济难中求进，结构得到进一步优化】 大力实施“工业强县”战略，坚持以结构调整为主线，加快工业技改步伐，加大扶优扶强力度，工业经济保持稳定增长。全部工业增加值完成72亿元，增长15.7%。工业投资总量处于全市先进位次，投资增幅位居全市第一。其中重点工业项目完成投资5.4亿元，新纺372台喷气织机、10万锭特纺纱、华星新上3万锭及108台喷气织机等17个重点项目先后建成投产。纺织染整、油脂加工等一批重大储备项目前期工作取得突破。巩固提升棉纺织产业。在整个棉纺织行业不景气的情况下，加大对新纺、华星等骨干企业的扶持力度，协调金融机构增加企业流资贷款，棉纺织产业在困境中保持平稳发展。全年实现利税19.7亿元，增长35.8%，占限额以上工业利税总额的42.4%。围绕蔬菜、皮南肉牛、花生等优势农产品资源，加快发展食品工业，全年完成产值13.8亿元，增长16.8%。以新新光电、鼎泰电子等为首的新兴产业实现历史性突破，工业结构得到进一步优化。完善提高园区功能，县纺织工业园区被确定为全省首批产业集聚区，规划总面积扩大到13平方公里。

【农村经济特色鲜明，新农村建设扎实推进】 严格落实各项支农惠农政策，全年发放各类农业补贴资金7826万

元。积极争取政策性支农资金8900万元，农村生产条件进一步改善，农业综合生产能力进一步提高。完成了王庄镇2.4万亩农业综合开发世行三期项目建设等，新增有效灌溉面积0.8万亩、节水灌溉1万亩、除涝面积0.8万亩。夏秋粮食生产喜获丰收，总产达到33.4万吨，连续5年实现稳产高产。加快发展现代农业。大力扶持和培育农业产业化龙头企业，新增市级龙头企业6家，新纺公司成为国家级农业产业化龙头企业。优质农产品基地得到加强，品牌建设取得突破。新通过绿色食品生产基地认定1个，绿色食品产品认证3个，宛绿牌甘蓝成为中国名牌农产品。平原农区畜牧规模化养殖成功破题。依托科尔沁牛业南阳公司，实施企业主体、政府引导、金融支持、农户参与、协会管理“五位一体”的运作机制，建成规模化养殖育肥畜位1.2万个。立足打造市级一流样板村，S103线两侧的李湖、果园、津湾、白湾等市级新农村示范村建设力度明显加大，示范带动作用进一步增强。全年建成户用沼气9500池。解决白河沿岸污染水人口1.67万、高氟水3.02万人。光缆村、村级文化大院及新农村书屋都有了新的发展。同时，林业生态县建设、秸秆禁烧等单项工作走在了全市前列。

【城乡一体化建设步伐加快，城镇化水平明显提升】　更加注重基础功能完善和人居环境改善，注重规范管理和水平提升，着力优化城镇环境，提升城镇品位。全县城镇化率提高到36.9%。积极推行阳光规划。先后完成了县城重点区域修建性详规、污水管网、集贸市场、部分干道市政设施配套等项规划，对白河湿地公园景观规划进行了修编，分区域编制了县城控制性详规，中心城区控规覆盖率提高到40%。乡镇总规修编和42个新农村示范村的村庄规划基本完成。加大县城垃圾、污水处理、供水、排水、公厕、游园、道路及绿化等基础性、功能性设施建设力度，完成投资8000多万元。污水处理厂、垃圾处理场建成并投入运行，实现了县城污水收集系统的全覆盖，一次性通过省、市验收。新修供水主管网17.8公里，实现城区自来水主管网全覆盖。整修改造朝阳路、解放路、书院路、汉城路等部分干道污水管网33.05公里，配套新修水泥或沥青路面4.9万平方米。新、改、扩建信合广场等13个广场和游园。完成了政府街西延和健康路中段整修等工程，硬化背街小巷23条11.5公里。高标准改造城区旱厕5座，新建公厕12座。加大绿化建设力度，在汉风苑、中兴路两侧栽植苗木10万余株，实现了围城林苗圃式布局、一次性成景，新增城区绿地110万平方米，绿化覆盖率达到36%以上，成为市级园林城市。小城镇建设投入资金3500多万元。以集贸市场、生态游园、围镇林建设为主要内容的农村环境综合治理取得阶段性成果，集镇面貌明显改观。积极开展星级集镇创建活动。歪子镇成为市级五星级集镇，王庄镇、新甸铺镇、施庵镇、沙堰镇、王集镇等实现上档升级。完成公路投资5100余万元。改建县乡道汉王线（S335—S244段二级油路）、施邓线（三级水泥路）、龙河线（三级水泥路）、歪常线（四级水泥路）四条60.5公里，新修“村村通”46.3公里，城乡道路通行能力大幅度提高，在市公路“通达杯”竞赛中名列前茅。组织开展了违法违规建筑集中整治活动，初步规范了城乡建设行为。

【注重体制机制创新，改革开放迈出新步伐】　坚持把招商引资和项目争取作为经济发展的着力点，围绕做大做强特色产业，创新招商机制，改进招商方式，积极承接沿海发达地区产业转移。全年引进千万元以上项目37个。争取到位政策性项目资金4.07亿元。抓住2008年4季度国家千亿投资促进计划，一批有效改善民生、引领产业发展的重点项目进入国家、省投资计划，部分项目正在组织实施。加大返乡农民工就业创业的政策帮扶和政府支持，30余名创业成功人士返乡领办创办实业，新一轮的返乡创业热潮正在兴起。以建立现代企业制度为目标，优强企业的内部经营机制改革得到加强。以产权制度改革为核心，破产改制企业的改革重组工作稳步推进。创新农业投入保障机制。加快投融资体制改革。完善县中小企业信用担保中心职能，加大了财政、金融对经济发展的支持力度。理顺城区行政管理体制，汉城、汉华两个街道办事处挂牌运行。

【各项社会事业协调发展，有效改善了民生】　坚持经济社会统筹发展，着力解决关系市民群众切身利益的问题。社会事业全面进步。优先发展教育事业。重点扶持县一高中建设。建立了教师队伍补进工作长效机制，新招录教师43名。启动名师名校建设工程。加快城区中小学校资源整合和布局调整，汉桑城小学迁建等重点工程进展顺利。发放中小学校“两免一补”资金4818.5万元。投资696万元，实施中小学危房改造项目14个。人口计生工作新机制建设得到加强，成为全省计生优质服务先进县。医疗卫生服务体系进一步健全，新建社区卫生服务站6个、村级标准化卫生所88家。新型农村合作医疗有了新的进展，参合率达99%。城镇居民医疗保险工作走在了全市前列。连续8年保持全国科普工作示范县，科技成果转化率位居全市领先水平。强力推进主要污染物减排工作，开展了溧河流域和造纸、畜禽养殖业的综合治理，生态环境得到保护。就业再就业和社会保障工作得到加强。城镇新增就业4580人，新增农村劳动力转移就业8270人。社会保险覆盖面进一步扩大。加强低保人员动态管理，实现了社会化发放。扎实做好农村五保户集中供养工作，乡镇敬老院和村级五保大院基本设施配套到位，“五保”集中供养率达到41%。民主法制和社会稳定工作扎实推进。政府制度化、规范化建设步入良性轨道，阳光行政渐成常态。自觉接受县人大及其常委会的监督，支持政协参政议政，全年共办理人大代表建议194件、政协委员提案272件。完善社会治安防控体系，组建了60人的城区治安巡防大队，加强乡村治安联防队伍建设，对“两抢一盗”等犯罪行为保持高压严打态势，全县治安案件发案率明显下降。更加重视安全生产工作。积极解决群众利益诉求，着力从源头化解矛盾，社会和谐度进一步提高。

【行政区划调整】　2008年12月31日，汉城街道办事处、汉华街道办事处正式挂牌运行。根据豫民行批[2006]5号和宛政文[2006]66号文件的要求，新野县撤销城关镇，设立汉华、汉城两个街道办事处。以县城书院路为界，以北为汉华办事处，辖原城关镇书院后区、原航运辖区及城郊乡的团结、蔡庄、樊楼、湍口、孟营5个村委会，调整设置为团结、蔡庄、樊楼、湍口、孟营、育滨、书院7个社区居委会；以南为汉城街道办事处，辖原城关镇东关、南关、西关、北关、解放、民主、红旗外，增辖原城郊乡芦庄、张营2个村委会，调整设置为9个社区居委会。

新野县各乡镇主要领导名表

乡　镇	党委书记	乡镇长
城关镇	王　凯	于进红(女)
城郊乡	郑清平	邢显俊
上港乡	刘习见(副处级)	张显勤
新甸铺镇	高知科(副处级)	汤永杰
五星镇	朱彦平(女)	杨　勇
王庄镇	杨韶光	张冬焕(女)
前高庙乡	黄定国(副处级)	姜　涛
溧河铺镇	时海定	孟　中
施庵镇	李光白	高清林
沙堰镇	李占德(副处级)	张　涛
樊集乡	李正国	李悦旭
歪子镇	孙林儒	赵　锋
上庄乡	齐长松(副处级)	徐成旺
王集镇	徐建强	马正旺

乡镇概览

【城关镇】　2008年，生产总值467343万元，财政收入1416万元，农民人均纯收入7329元。工业经济发展迅猛，全镇新上200万元以上项目23个，其中千万元以上项目13个，固定资产投资2.1亿元。城镇建设步伐加快，先后筹资700余万元，硬化背街小巷35条，6300米。镇先后被评为“全国小城镇建设重点镇”、“全国计生协会先进单位”，河南省“平安建设先进单位”，南阳市“社会治安综合治理先进乡镇”、“中小企业发展先进单位”等。镇工业园区被市政府授予“市级示范工业园区”。镇域综合经济实力位居全市207个乡镇第一名。

【城郊乡】　2008年，生产总值401539万元，财政收入981万元，农民人均纯收入5641元。非公有制经济发展势头强劲，新上（含技改）9个，其中固定资产投资1000万元以上的项目7个，入库税金2503万元。蔬菜产业不断调优品种和调整种植模式，引进新技术20多项，新品种10余种，试种推广。“宛绿”、“豫牌”蔬菜商标，被评为“河南省著名商标”，“宛绿”牌比久甘蓝被评为“中国名牌农产品。”“康师傅”嘉元脱水蔬菜公司新上两套生产线，年加工消化蔬菜3万吨。科技和文化助推新农村建设，李湖村率先开通全县第一家“网络信息服务部”，为村民提供种植、养殖、加工信息服务。在李湖建成了集汉文化、邓氏文化、农家风情文化、民俗文化为一体的“李湖文化苑”，提升了建设品位。城镇建设日新月异，硬化背街小巷75条12000米，新修下水道4300米，修建垃圾倾倒点65个，架设路灯310盏，配合做好了汽车站、看守所、110千伏变电站等征地6宗396亩。生态林建设扎实推进，全年新植树67万株，其中风景树4.8万株，面积达6667亩。

【上港乡】　2008年，生产总值447525万元，财政收入693万元，农民人均纯收入5926元。非公有制经济发展势头强劲。全乡新上招商引资项目25个，其中500～1000万元的项目12个，1000万元以上的项目2个，固定资产总投资1.93亿元，其中引资1.38亿元。新农村建设成效显著。全年累计投资870万元，以果园、赵岗、岗北、岗南四村联为一体的新农村建设示范带为重点，全乡大力开展“四清”整治活动，村容村貌焕然一新。城乡一体化步伐加快。延伸街道1000米，并配套完善了下水道等工程，新铺设彩砖12000平方米，架设路灯24盏，建成了占地15亩的农贸市场，拆迁升级有碍观瞻门面28间；投资380万元，在县工业区东侧新建街道1400米，铺设了彩砖、修建了下水道，实现了快慢车道、人车分流；新修村村通道路9.8公里。畜牧业实现新突破。新建千头养牛场2个，百头养牛厂3个，千头养猪厂4个，培育母牛专业村3个。

【新甸铺镇】　2008年，生产总值203445万元，财政收入330万元，农民人均纯收入5497元。招商引资成效显著。新扩建项目15个，其中1000万以上项目2个，500万以上项目5个，固定资产投资实现1.2元。集镇建设上档升级。投资500万元建成了面积60亩，绿化休闲为一体的文化生态游园；重新硬化东环路800米，改建下水道1600米，铺设彩砖2000平米，架设路灯246盏；新建沿街花带150个，新植绿化树木2万株。新农村建设稳步推进。大力推进基础设施建设，开展村容村貌整治，面貌焕然一新，实现村村有看点、有亮点。全镇新修沼气1014座，白湾村建成全县最早的200方大型沼气，新北村建成两座50方中型沼气。畜牧产业迅猛发展。以碧野公司为龙头，全镇发展200头以上养牛小区5个，肉牛年出栏达到6000头以上。全镇形成了以白湾、骆湾、乔庄为中心的蛋鸡养殖专业村，全镇1000只以上养鸡场达1000个。林业建设成效显著。累计植树达到240万株。

【五星镇】　2008年，生产总值161429万元，财政收入165万元，农民人均纯收入4752元。非公有制经济发展迅猛。全镇新上大个项目9个。其中1000万元以上有孟渠综合治理和安发花炮有限公司，500万元以上有汇龙新型建材有限责任公司和郭湖蒸汽砖厂。向上争取建设项目10余个，累计引进资金6000万元，到位各类无偿项目资金560万元。特色产业稳步突破。全镇花生种植面积4万亩，其中轮作花生先进种植模式35000亩；马庄平菇、张店葱姜、方营洋葱、王葛庄精细菜等六大基地建设逐步完善，创出五星菌菜特色品牌；培育壮大了台庄、魏楼两个百头养牛场，巩固了张楼、魏楼两个300头养猪场，扩大了后楼、大李营两个万只以上现代化养鸡场，新发展3个50头以上养猪场，分散养殖黄牛40多头。基础设施建设日新月异。制订出了《五星镇小集镇中长期发展规划》和《五星镇小集镇近期建设规划》；引进南阳一客商投资1400万元对五星集镇进行综合治理；争取上级“村村通”指标10公里，项目资金100多万元，超指标修建13公里；全镇建成户用沼气820池，投入使用708池；完成了王葛庄村的安全饮水项目。

【王庄镇】 2008年，生产总值106467万元，财政收入140万元，农民人均纯收入4512元。花生产业化水平进一步提高。实现规模化种植4.8万亩，纳入省粮油倍增计划笼子，全镇各类加工机械300多台（套），购销车辆3000多辆，农民经纪人近4000人，市场年均交易量1.5亿公斤，交易额10亿元以上，已建成豫西南地区较大的花生加工产品集散中心。招商引资取得突破性发展。全镇共有恒丰纺织等千万以上企业3家，限额以上企业8家，百万以上企业15家；筛选申报肖集村国家级土地整理项目、中低产田改造项目、鸭灌水利设施改造项目等30多个，累计到位资金6000多万元。小城镇建设日新月异。已初步形成5纵4横9条街道，镇区面积2.6平方公里。是省市卫生镇和市四星级镇。倾力打造全省最大移民新村，已完成移民对接工作。各项社会事业蓬勃发展。完成村村通38公里，利用世行项目平整土地3.8万亩，利用鸭灌区建设项目整修水利设施8公里，建设敬老院3座，筹资10多万元完成S244、S103线修建任务。

【前高庙乡】 2008年，生产总值100783万元，财政收入118万元，农民人均纯收入4362元。非公有制经济上，饲料加工，MDY400型棉花加工2个千万元项目的先后上马，2个6000锭棉纺织厂的相继投产，使高庙乡彻底告别了“有棉无纺”的历史。新野诚德贸发有限公司投资800万元完成电子交易大厅续建工程。新型装饰材料专利产品500万元合资项目，3000吨面粉加工改扩建工程等传统企业的扩大经营规模，全乡工业经济结构趋向多元化。全乡共引资4814万元，累计投资2960万元，县外到位资金1550万元，工业产值达到3亿元。小城镇建设上，累计投入158万元，重点建设高庙集镇，向西、向北铺设彩砖4300多平方米，硬化路面2200米，整修下水道3800余米，新架设路灯65盏，配制健全8人集管中队及7人环卫队，进一步完善和规范了相应的集管制度和环卫制度。多种模式推进沼气建设，全乡共建成沼气池2200余池。

【溧河铺镇】 2008年，生产总值195731万元，财政收入323万元，农民人均纯收入5475元。非公有制经济发展势头强劲。全镇新上招商引资项目17个，其中500～1000万元的项目12个，1000万元以上项目4个，固定资产投资2.08亿元，其中引资1.16亿元。投资近10万元用于镇民营工业园区基础设施建设，被市政府命名为“乡镇级示范工业园区”。小城镇建设成效显著。投资60余万元，完成东入镇口400米的精品街建设，新修下水道800余米，铺设彩砖6000余平方米，架设路灯12盏，栽植风景树200余株，高标准建成2000余平方米的群众游园1处；完成西入镇口主街道600米路面加宽1倍至10米，新修下水道1200米，铺设彩砖4000余平方米；完成莱街两侧800米的下水道工程，被南阳市命名为“二星级集镇”。畜牧产业上档升级。采取“政府＋企业＋金融＋农户＋协会”五位一体运行机制，新建千头养牛场1个。

【施庵镇】 2008年，生产总值66530万元，财政收入228万元，农民人均纯收入5150元。项目建设及工业经济发展势头强劲。全镇新上招商引资项目28个，其中1000万元以上项目2个，500万元以上项目4个，全社会固定资产总投资2.7亿元，其中引资1.4亿元。集镇建设日新月异。投资50万元对全长800米的施南大道实施了油面铺设，占地60亩、总投资

3800万元的商贸城建设完成了规划、设计和项目论证，占地20.09亩的一期工程开工建设，施庵集镇被市授予“三星”级集镇称号。打“猴艺之乡”牌，挖掘施庵浓厚猴艺文化资源，施庵猴艺申报了省级非物质文化遗产，曾营村籍此投资40万元，建成了占地10亩的集乡土味、生态味、文化味为一体的“猴艺文化广场”。

【沙堰镇】 2008年，生产总值112218万元，财政收入201万元，农民人均纯收入5285元。非公有制经济发展获得新突破，新上工业项目12个，其中1000万元以上项目2个，500万元以上项目4个，100万元以上项目6个，合同引资额5320万元，新发展个体工商户130个。小城镇建设水平不断提高，突出精品示范街建设重点，新拓展示范街2500米，已安装路灯56盏，建花带1500米，铺彩砖5200平方米，修下水道2500米。农业产业化稳步推进，突出蔬菜、畜牧、花生三大主导主业，蔬菜种植2.1万亩，其中设施蔬菜稳定在2000亩，日光温室112个，立柱大棚1500亩，订单蔬菜达8000亩。畜牧业新发展猪场12个，其中百头母猪场5个。在叶桥建生态养牛小区1个，一期投资200万元，占地40亩，存栏量达100头，新发展各类专业户120户，改良品种1800头。全镇种植花生5万亩，已形成花生剥壳—榨油—五香花生—咸干花生等花生制品的产业链条。

【樊集乡】 2008年，生产总值71185万元，财政收入77万元，农民人均纯收入4355元。非公有制经济强势推进。新上招商引资项目15个，其中千万元以上项目2个，500万元以上项目2个，100万元以上项目8个，引资额4500万元。蔬菜产业上档升级。全乡发展钢葱面积1.5万亩，辐射带动周边乡镇2000亩，先后注册成立了“育宝”蔬菜专业合作社和2个钢葱协会，全年外销钢葱0.6亿公斤，实现产值9600余万元。畜牧业快速发展。新增各类畜牧养殖场18个，其中千头肉牛养殖场1个，3万只蛋鸡养殖场3个，猕猴特种养殖场2个。集镇建设呈现新面貌。投资230余万元，新修（改）道路2100米，架设路灯30盏，铺设彩砖5600平方米，修筑排水管道1100米。在街心高标准完成怡心园建设，配套设施逐步完善，成为群众娱乐休闲的综合性文化广场。

【歪子镇】 2008年，生产总值207753万元，财政收入308万元，农民人均纯收入5099元。工业经济充满活力。新航水泥、华祥光学、泰丰纺织、三易棉业等一批大型企业机制灵活，效益显著。汉兰染整项目通过环评、科尔沁牛业项目快速建设，为镇域经济发展备足了后劲。全年新上工业项目21个，其中投资100万元以上项目10个，1000万元以上2个，500～1000万元4个，累计引进招商资金5940万元。畜牧养殖业保持强劲势头。龙头组织不断发展壮大，母牛养殖专业村和养殖小区进一步规范提高，带动发展了史营千头肉牛场、棉花庄、何营200头肉牛养殖场等一大批专业场和专业户。基础建设不断完善。坚持“规划、建设、管理、经营”四位一体，实施了歪子老街、金凤市场、畜产品市场精品街建设，改造硬化了工业路，实行了集镇卫生秩序全天候管理保洁，集镇功能日益完善，集镇品位进一步提升，顺利通过了市“五星级集镇”初步验收。大力开展林业生态建设，全年共植树30万株，开挖树穴20万穴。

【上庄乡】 2008年，生产总值121947万元，财政收入206万元，农民人均纯收入5064元。工业经济总量持续增加。全乡新上（扩建）投资100万元以上企业13个，其中投资1000万元以上项目2个，总投资额达7720万元，引进县外资金7620万元，初步形成了以新型墙材、棉纺、消防器材、运动器材为主的工业体系。新农村建设扎实推进。坚持以“四新一强”新农村建设统揽农村工作。奶源基地抢抓机遇，规模进一步扩大，新入驻奶牛养殖户5户，新购进奶牛120头，养殖总量达500多头，成为全市重点支持的两家奶源基地之一。以林权制度改革为契机，全乡新植幼树43万株，实现了生态林建设的新突破。基础建设扎实推进。实施了山坡、王大桥两村自来水入户工程。完成了第三敬老院入住工作。高标准建成户用沼气880座。农村环境整治成效明显。以唐邓路建设和四赵路设施完善为契机，扎实推进了沿路沿线各村的清理整治工作。集镇功能逐步完善。配套了垃圾箱、洒水车和生态公厕等集镇环卫设施，组建了专门的环卫队伍，实现了集镇日常保洁的规范管理。

【王集镇】 2008年，生产总值101202万元，财政收入134万元，农民人均纯收入5308元。非公有制经济实现了新突破。全镇新上招商引资项目8个，其中固定投资千万元项目1个，500元以上项目7个，全镇102名村干部75名已有了工业、畜牧业等致富项目。特色产业实现了新提升。春瓜秋菜亩均年效益达万余元，培育了4个母牛专业村，新建曹集千头肉牛育肥厂和徐埠口养殖专业合作社两家大型肉牛养殖企业。基础设施建设步伐加快，投资139万元建成了礓石河节制闸，形成一座拦蓄库容84万立方米的人工湖区；在西岸投资68万元建成了礓水湾生态园；东岸占地120亩的礓水湾生态园综合市场正在开发建设。集镇规模进一步膨胀，设施更加完善，特色更加突出，集镇建设步入了快车道。被南阳市评为“三星级”小集镇。(王国炳)

唐　河　县

县情综述

【概况】 总面积2497平方公里，耕地面积240万亩，总人口131.8万人，其中农业人口115万人。辖12个镇7个乡和2个街道办事处，510个行政村，3006个自然村。

县委书记：韩奎生(副厅级干部，2008年10月离)、和学民(2008年10月任)；副书记：和学民(2008年10月离)、李恒俭(2008年10月任)、寇智洪(2008年10月任)；常委：张居文(纪委书记，2008年10月离)、刘勤(女，纪委书记，2008年10月任)、畅强(常务副县长，2008年10月离)、刘明杰(常务副县长，2008年10月任)、赵文林(政法委书记)、买林平(宣传部长)、于滔(女，统战部长)、刘世家(组织部长，2008年10月离)，李恒德(组织部长，2008年10月任)、赵超(县委办主任)、龙云飞(武装部政委，2008年12月离)

人大主任、党组书记：韩兰森(2008年10月离)、周永奇(2008年10月任)；党组副书记：曹杰清；副主任：王志洋、白宪友、许建光(副县级干部)、郑柏林、毛进朝、李梦然(女)

县长：和学民(2008年10月离)、李恒俭(2008年10月任)；副县长：畅强(2008年10月离)、刘明杰(2008年10月任)、刘学敏(2008年12月任)、刘济伟、舒伟(2008年11月任)、张国强、朱全富、赵阳、李海宪(县长助理，2008年11月任)、杨长杰(县长助理、群工部长，2008年11月任)、张振玺(2008年10月离)、李林(女，2008年11月离)、潘自钦(2008年10月离)

政协主席：郝建兵；副主席：陈新杰、贾成俊、张丰云、刘大奇

法院院长：宋涛

检察院检察长：刘海恩

总工会主席：靖中增

2008年，全县生产总值完成146亿元，增长10.3%。其中，第一、二、三产业分别完成49.5亿元，65.3亿元和31.2亿元，分别增长5.7%，12.7%和11.2%。三产业结构为33.9∶44.7∶21.4。地方财政收入完成3.2亿元，增长10.2%。固定资产投资完成60.8亿元，增长21%。城镇居民人均可支配收入1.12万元，增长16%；农民人均纯收入4906元，增长10.4%。城乡居民储蓄存款年末余额57.6亿元，增长18%。社会消费品零售总额48.4亿元，增长22%。

【项目建设成效显著，工业经济稳步推进】 深入开展了

"项目建设推动年"活动，县乡联动，多策并举，强力组织招商引资，共引进资金20亿元，到位资金12.5亿元；引进项目58个，其中固定资产投资千万元以上的项目47个。县工业区新入驻项目7个，累计达到68个，城郊乡独立或联合引进了俊峰服饰、启睿烛业等5个项目；古城乡独立或联合引进了正粮实业等3个项目；文峰街道办事处独立或联合引进了奇丰机械等3个项目；滨河街道办事处独立或联合引进了鸿中塑胶等3个项目。全年组织申报政策性项目301个，争取资金6.1亿元。工业固定资产投资完成19.7亿元，增长30%。工业增加值完成55.5亿元，增长13.5%，其中规模以上工业增加值完成25亿元，增长20%。泰隆水泥完成投资2.3亿元，土建工程全部竣工，设备安装基本到位。铜镍矿已完成投资1.4亿元。

【农村经济健康发展，城乡面貌明显改观】 畜牧业生产以项目为依托，以规模饲养为重点，新建各类规模饲养场61个，升级改造生猪养殖场63个、标准化黄牛示范场7个。其中桐寨铺镇新建牛场3个，少拜寺镇新建大型养猪场3个。推进了兽医管理体制改革，实施了能繁母猪保险和黄牛保险补贴，畜牧业产值31亿元，增长7.2%，再次被确定为全国生猪调出大县。小辣椒面积30万亩，产值4.5亿元。烟叶面积1.5万亩，产值2141万元。农业产业化水平不断提高，全面改造提升各类农产品交易市场，源潭辣椒城被命名为"省级标准化农产品批发市场"；认定无公害小麦生产基地22.5万亩，认证无公害农产品3个；新培育市场重点龙头企业5家；新增协会、合作社等农村经济合作组织14家。林业生态县造林4.3万亩，植树382万株。农田水利基本建设，新增有效灌溉面积3.1万亩、节水灌溉面积3.3万亩，解决了2.3万人安全饮水问题，中小型水库除险加固4座。新农村建设投入资金8000余万元，完成了12个行政村的村容村貌整治和45个行政村的规划任务，8个行政村实现了"六通六有"，整修村内道路30公里，新增沼气用户9047户。粮食生产大县地位进一步巩固，粮食总产113.1万吨，增长2.7%，其中小麦产量76.8万吨，增长3.95%，连续五年获得"全国粮食生产先进县"称号。县城建设，财政投资3亿元，带动社会投入资金7亿元。新修了北环路、文峰北路和龙山中路等5条道路，升级改造了新春路、新华路和解放路等12条道路，打造了建设路和312国道城区段两样板街，铺设各类管网133.8公里，安装路灯765盏，硬化背街小巷15.5公里。小城镇建设，高标准硬化集镇道路17万平方米，新建街道6条，铺设彩砖3.2万平方米，安装路灯300余盏。大河屯、少拜寺、苍台三个小城镇有望晋星升级。交通建设，投资6000万元，干线公路完成了唐枣路7.5公里大修任务，修筑双桐路、湖苍路、祁湖路等9条县乡公里85.5公里，建成通村及自然村联网道路110公里。

【社会事业蓬勃发展】 不断加大科技推广和普及力度，创建科技示范村108个、科技示范户2500户，引进、试验、示范新品种58个，推广先进实用技术67项，申报国家专利106项、高新技术企业5家，科普培训25万人次，连续四年荣获"全国科技进步先进县"称号。加大教育事业投入，建成了一高中综合楼、聋哑学校教学楼，开工建设了实验中学，公开招聘补进教师99人，教育教学质量有了较大提升，各类本科进线人数1929人，同比增加247人。群众性文化活动丰富多彩，成功举办了唐河县第二届运动会。建成了4个乡镇综合文化站、40个村级文化大院，桐寨铺镇被命名为"全国民间文艺之乡"，昝岗乡、龙潭镇通过了升级民间文艺之乡验收，新春社区和新安社区等通过了省级先进文化社区验收。公共卫生防控能力进一步增强，投资500多万元，升级改造了滨河卫生院和514个村级卫生所。新农合参合率达95%以上，城镇居民基本医疗保险参保5万人。就业和再就业工作得到加强，城镇新增就业89111人，发放小额担保贷款900万元，下岗失业人员再就业3392人，新增农村劳动力转移就业2.8万人，城镇登记失业率控制在3%以内，发放“粮食直补”、“两免一补”等资金2.8亿元。免费为1153名白内障患者实施了复明手术。严格落实安全生产责任制，认真解决群众信访问题，深入开展社会治安综合治理，群众安全指数达95%，全县大局和谐稳定。

唐河县各乡镇主要领导名表

乡镇办	党(工)委书记	乡镇长、主任
滨河街道办事处	张书强(副处级)	张献忠
文峰街道办事处	李连峰	史代恩
城郊乡	尹清岭	仝照振
源潭镇	杨本甫	刘海宪
桐寨铺镇	李海宪(2008年11月离) 汪新喜(2008年11月任)	张瑞良
桐河乡	张玉林(2009年3月离) 刘　晓(2009年3月任)	安可旭
郭滩镇	郑　义	邓传宝
张店镇	侯春倩(副处级)	李平胜
湖阳镇	方建波(副处级)	郭　坡
苍苔镇	郭俊杰	尹永胜
龙潭镇	王胜森	刘　晓(2009年3月离) 刘　勇(2009年3月任)
黑龙镇	李永甫	孙振群
上屯镇	范　克	郭海鸥(2009年3月离) 范泽平(2009年3月任)
昝岗乡	狄付长	乔保义
祁仪乡	王保山	肖克伟(2009年3月离) 朱星兵(2009年3月任)
马振扶乡	王志刚	秦建生
古城乡	邱国彦(副处级)	赵群梅(女)
大河屯镇	刘道贵(副处级)	白保捍
东王集乡	郭春彦	白复勤(2009年3月离) 郭海鸥(2009年3月任)
少拜寺镇	汪新喜(2008年11月离) 朱　伟(2008年11月任)	朱　伟(2008年11月离) 绳应勇(2008年11月任)
毕店镇	巩长安	吕岩峰

乡镇办概览

【滨河街道办事处】 2008年1月成立，位于312国道城区段北侧，由原城关镇一分为二，成立滨河、文峰2个街道办事处，改建后的滨河办事处东起新春路，西至谢庄社区，北至新华社区，南至谢岗社区。辖8个社区，面积26平方公里，人口9万人。2008年，生产总值9.95亿元，财政收入1319万元，居民人均纯收入5950元。招商引资，以县工业园区为平台，引进上马项目6个，引资额3.88亿元。其中投资9500万元的鸿中塑胶五金制造有限公司、投资5500万元的泗水金湾2个项目已建成并投产运营；投资4300万元的唐河县中南机配有限公司二期工程、投资5000万元的唐河县豫南明胶有限公司等4个项目正在建设。特色经济逐渐壮大，充分利用围城优势，发展无公害蔬菜种植，发展建筑运输业，特色农业和生态林种植业。各类民营企业达到1400多家，个体工商户达5400多户，畜禽类饲养专业场户达700多户，无公害蔬菜基地200余亩，完成农、林网、环城造林任务3.5万株，林网控制率达85%。同时，投资113.4万元硬化城区背街小巷30条，总长7512米。

【文峰街道办事处】 2008年1月成立，辖8个社区居委会，面积20多平方公里，人口2万人。固定资产投资21000万元，财政收入932.5万元，农民人均纯收入5500元。全年共引进项目5个，协议总投资额2.16亿元。其中，占地53亩，总投资9500万元，预计年产值1.5亿元的南阳鸿中塑胶有限公司已奠基开工，已建成投产的唐河县长江新型建筑材料有限公司，总投资1600万元，年产值1200万元，年创税100万元。新上建材市场1个，可容纳商户80余户，年产值可达1.2亿元。全年第三产业和服务业共新增1200余户，总数达4500余户。畜牧业全年发展养猪专业场3个，养鸡专业场1个，肉猪年出栏1.8万头，鸡出栏31万只，奶牛存栏200余头，畜牧业产值在居民收入中比重比去年提高了3.2个百分点。林业以围城林、农田林网为重点，规划道路14条，绿化面积220亩，栽树5.7万株。城市建设硬化社区背街小巷41条。

【城郊乡】 2008年，生产总值8.7亿元，固定资产投资2.26亿元，财政收入1150万元，农民人均纯收入5471元。招商引资，全乡共引进和扩建工业项目15个，其中投资上亿元的项目是恒业光电；投资8000万元的项目2个。总共引资额4.57亿元，到位资金2.61亿元。全乡民营企业发展到420余家，实现增加值4.7亿元，入库税金860万元。畜牧养殖业以“三专”建设带动全乡养殖规模进一步扩大，黄牛专业场发展到10个，养猪50头以上的专业场、户发展到148个，黄牛、生猪、山绵羊、禽类、兔存栏量分别为4.73万头、7.92万头、5.44万只、115.22万只、14.79万只，肉类总产量12880吨，禽蛋产量6107吨，牧业产值达1.77亿元，占农业总产值的45%以上。新成立了鑫牛黄牛养殖合作社，被省认定为畜产品无公害生产基地。农村基础建设，投资152.5万元，修建了国道至刘茨园、西沙河以及省道至孙冲等总里程10.165公里的水泥路。使农村路网得到进一步完善。全乡筹措资金33万元，建沼气池550个。完成林网改建工程2665亩，造林45万棵。挖穴24.5万个，形成比较完备的城乡林网体系。

【源潭镇】 2008年，生产总值70538万元，财政收入640万元，农民人均纯收入4752元。招商引资新上项目8个，协议引资2.2亿元，实际到位资金1.2亿元。其中投资300万元兴建的红兴达万吨保鲜冷库正在加紧建设。争取2个政策性资金项目，总投资1076万元。全镇非公有制企业235个，个体工商户发展到3680个，从业人员1.8万人，棉纺织农副产品加工、建材生产等初具规模。新农村建设在刘岗、党坡等8个试点村，投入资金120万元，新建了刘岗文化大院，新农村书屋，健身体育场、演艺广场等场所。5月份，全市文明新村建设会上，市、县领导对刘岗村文明新村建设工作进行了现场观摩。以黄牛为主的畜牧业，坚持以市场为导向，发展猪、羊、兔、禽等，全年新建、改建专业场21个，落实生猪补贴资金35.4万元，生猪存栏5.6万头。以小辣椒为主的特色产业，种植面积6万亩，相继获得农业部无公害产品认证、全国优质小辣椒生产龙头乡镇等荣誉。全镇造林6803亩，植树59.44万株，完善农田林网2394.54亩。城镇建设，整修地下水道910米，沿街绿化带达到3000平方米，植风景树400余株，安装路灯320余盏。新修建了敬老院、居民新区、文化大院等基础设施。规范建设了工业加工，农产品加工，饮食服务，建筑建材，服装等集贸市场，使城镇建设面貌焕然一新。

【桐寨铺镇】 2008年，生产总值9.75亿元，固定资产投资3.85亿元，财政收入810万元，农民人均纯收入4948元。项目建设，合理规划肖堰至李松庄沿312国道两侧10里工业区，完善水、电、路、通讯等配套设施，招商引资企业达13个，建成11个、在建2个，项目总投资2.48亿元，到位资金1.38亿元。非公有制经济总产值完成253000万元，其中工业总产值完成141000万元，上交税金1300万元。黄牛养殖业迅速发展，养牛专业村14个、专业户1100户，300畜位的专业场9个，黄牛年饲养量1.8万头，存栏1.2万头，养牛业人均收入1200元。农业以特色经济为主，双膜瓜菜发展到9000亩，亩效益达5500元以上；小辣椒3万亩，亩效益3000元以上；大白桃及小杂果1.5万亩，单产2500公斤，亩效益4000元；种植烟叶2359亩。城镇建设，投资30万元对城镇中心区域重新进行绿化、美化，共栽植香樟、垂柳440多株，绿化面积2000多平方米。城区面积达3.2平方公里，常住人口2万人以上，在巩固市小城镇建设50强乡镇的基础上，倾力打造唐西宛东及至豫西南重要的物流商贸中心。全镇37个村委会全部实现“村村通”。

【昝岗乡】 2008年，生产总值8.8亿元，财政收入678万元，固定资产投资2.6亿元，农民人均纯收入4980元。招商引资完成1.5亿元，引进项目21个，其中宇鸿硅业有限公司投资6600万元，曹氏百川特色面业二期工程投资800万元，瑞雪啤酒厂、栀子色素厂等一大批特色工业群。集镇建设，开发商住房160间，修排水沟720米，铺设彩砖6000平方米。交通建设投资350万元，新修黄杨路5700米，宽7米，投资311.6万元，省级改造唐昝路5100米，乡域内柏油路、水泥路总长达91.6公里，25个村全部实现了村村通。社会事业，落实各项惠农政策，五保户供养对象616人，农村低保对象2386人，争取项目资金，解决苏店、赵建庄两个村977人饮水安全问题，乡财政筹集资金15万元，新修沼气池500余户。

【马振扶乡】 2008年，生产总值4.7亿元，财政收入698万元，农民人均纯收入4600元。在优化产业结构上，栀子生产作为富乡富民的特色产业，种植栀子4万亩，已挂果2.7万亩。畜牧业按照“小群体，大规模，高科技，高效益”要求，加快畜禽品种改良步伐，在养牛、养羊、养猪上引进优良品种，黄牛冷配率达95%以上。招商引资，新上项目8个，总计合同引资9600万元，到位资金9600万元，民营企业64家，民营企业产值达57600万元，年创利税7480万元，吸纳富裕劳动力1400余人。集镇建设，拆除违章建筑3处，蓬架33处，清除占道摊点150余处，确保了中心街道畅通。

【上屯镇】 2008年，生产总值6.8亿元，财政收入580万元，农民人均纯收入4200元。招商引资，引进注册投产项目12个，利用外资1.3亿元，固定资产投资8300万元。其中，投资600万元的南阳现代变速箱有限公司，日生产成品50吨左右。投资9000万元的鼎新塑胶有限公司，年产值500万元。畜牧养殖业规模不断扩大，新建100畜位以上的黄牛养殖场两个，养殖专业户1800多户，黄牛饲养量达2.6万头；生猪饲养量8.6万头；禽类饲养量14万只；黄牛冷配率达90%，养殖业总产值1.2亿元。以上屯镇为中心的花生加工企业新增6个，累计达到34个，成为豫南较大的花生加工、交易集散地；以赵基屯黄葱为主的无公害蔬菜生产基地，扩大种植面积600亩，累计种植2200亩，产值1300万元。新建沼气池650个，累计沼气用户1326户。

【祁仪乡】 2008年，生产总值63069万元，财政收入479万元，农民人均纯收入4400元。招商引资新上项目6个，投资1000万元以上项目4个，招商引资额8980万元。城镇化步伐加快。以集镇城市化为目标，高起点修编了《祁仪乡集镇十年总体规划》，确定了集镇的规模及发展方向。投资39万元对长510米的东大街进行了升级拓宽，硬化路面宽16.5米。投资17万元在友兰大街南侧建群众文化广场1处，占地面积2650平方米。道路建设，完成了祁仪至万庄14.7公里，祁仪至湖阳12.7公里路段修建任务，26个村委全部实现了“村村通”公路。筹资30万元，在蒋岗村建安全饮水工程2处，解决500余人安全用水问题；筹资430万元，对临泉水库进行除险加固。硬化渠道200米，塘堰坝清淤36处。建黄牛联户饲养场4个，围山建场2处，畜牧养殖专业村14个，专业户2680户，实现畜牧业产值1.4亿元。种植栀子2.2万亩，实现产值3000余万元。植树

2.5万株，荒山造林4700亩。

【古城乡】 2008年，生产总值5.1亿元，财政收入811万元，农民人均纯收入5500元。招商引资，新上项目5个，其中工业项目3个，合同引资1.7亿元，超300万元以上项目4个。城镇建设，重点以巩固完善提高为主，投资150多万元，硬化街道550米，铺设彩砖2200平方米，修建下水道1100米，安装路灯37盏，建设商品房250余间，栽植香樟树300余株，植树30多万株，造林5500亩，林业用地达2万多亩，覆盖率达到17%以上。以兔和黄牛为主的畜牧业，建规模养殖场47个，黄牛场8个，兔饲养场16个。种植烟叶2000亩，平均产值2500元。完成村村通水泥路（油路）45.8公里，26个行政村全部实现了村村通。民生工程，投资300多万元，解决13个村3.5万人农村人畜饮水困难，投资83万元改造和扩建敬老院117间，完成40%集中供养目标。

【大河屯镇】 2008年，生产总值5.9亿元，财政收入674.3万元，农民人均纯收入5150元。工业经济快速发展，非公有制经济收入入库税金300万元，限额以上工业企业增加值实现5160万元。县工业区唐河滕驰储备储运有限公司等相继开业。共引进项目9个，固定资产投资4万元以上项目4个。粮食总产6.5万吨，小麦产量4.9万吨，畜牧业以项目为依托，以规模饲养为重点，投资70.9万元，建各类饲养场8个，投资43.9万元，升级改造生猪养殖场4个。无公害生产基地2万亩，认证无公害农产品4个。造林0.49万亩，植树33万株。新农村建设，投入资金80万元，完成刘楼、褚庄2个行政村的村容村貌整治和10个行政村的规划任务，新增沼气用户920户，新修示范道路56.5公里，建文化大院2个。水坝除险加固2座，新增有效灌溉面积2.3万亩，节水灌溉面积5000亩，解决2千人安全饮水问题。小城镇建设，投入资金650万元，硬化集镇道路3条，12940平方米，新开发建设街道1条580米，铺设彩砖4500平方米，安装路灯20余盏。农村劳动力转移2.5万人。投资60万元，升级改造了镇卫生院和7个村级卫生所。

【少拜寺镇】 2008年，生产总值5.35亿元，财政收入497万元，农民人均纯收入4580元。招商引资，新建项目5个，达成意向项目4个，引进资金7800万元。其中在少拜寺镇工业小区和县工业园区落户项目有：鑫泰服饰有限公司，鑫源面粉厂已建成投产；麦龙食品二期工程正在建设。城镇建设以创建“星级集镇”为目标，投入资金180万元，对少拜寺、涧岭店两集镇5条街道进行配套、完善。投入资金200万元，完成县道“苗店、涧岭店线”及牛沟、韩庄等行政村18.6公里水泥路铺筑工程，实现了全镇20个行政村，村村通水泥（油）路。投入资金84万元，新打配机电井6眼，老井修复配套27眼，新挖堰塘坝11处，新增有效灌溉面积1200亩。畜牧业以“涧岭店豫南生猪交易市场”为龙头，全镇生猪养殖小区达38个，200头以上规模养猪场548个，生猪饲养量达32万头。全年外销生猪20.5万头，实现产值2.5亿元。种植烟叶0.35万亩，实现产值550万元。修建沼气池386个。

【东王集乡】 2008年，全乡生产总值4.71亿元，粮食总产量66192吨，财政收入681万元，农民人均纯收入4900元。招商引资，完成引资任务1亿多元，新上2000万元以上工业项目3个。其中，新上锦达农机综合销售市场，投资5000万元，占地40亩；投资2000万元纺织印染注剂等一大批项目，为实现工业强乡奠定了坚实基础。特色产业，全乡种植烟叶3000亩，实现产值400万元，创税收87万元。黄牛饲养量1.3万头，生猪饲养量3万头，禽类达16万只。存栏量100头以上的专业养猪场5个，50头以上养牛场2个，500只以上养鸡场5个。全乡各类专业饲养场39个，养殖专业户350户。全乡畜牧业产值突破1亿元。集镇建设，投资30万元，对南大街进行升级改造。硬化道路3200米，栽植风景树700棵，改造电网6500米，修建了文化广场，配置了体育设施。新建敬老院2个，安置五保户200人。

【湖阳镇】 2008年，生产总值8.3亿元，财政收入950万，农民人均纯收入4300元。招商引资新上固定资产投资超100万元以上的民营企业20家，新增固定资产投资2亿元，其中，投资20亿元的铜镍矿项目和唐河县纺织有限公司等大项目。融资950万元，引进硕士以上高级人才3人，大力扶持柳泉酒厂、太子童车厂等一批中小企业。新农村建设，投资800万元修筑油路64公里，实现了25个行政村全部通油路的目标。投资210万元，建设沼气池1300多个，近万人用上了清洁、环保的沼气。建文化大院6个。种植小麦、棉花、无公害蔬菜6万亩，建温室大棚800栋。争取国家农业综合开发项目，改造标准粮田2万亩。耕种收综合机械化率达62%。集镇建设，修编了《1996—2010年湖阳镇小城镇建设中长期规划和近期发展规划》。投入资金1800万元，沿镇区主干道栽植风景树木上万棵，新建公厕12座，新修下水道6500米，改造城镇道路6条，安装景观路灯220盏。建成了占地面积1800平方米的三利全购物中心和建筑面积达1.3平方米的湖阳中心市场。

【龙潭镇】 2008年，生产总值5.2亿元，财政收入546万元，农民人均纯收入4700元。引进项目5个，其中鸿达电子彩印包装有限公司，总投资5000万元，占地35亩，年产值8000万元，利税600万元。唐河县鼎辉捻织有限公司总投资8000万元，投入3万锭环锭纺织设备，年可产纱15000吨，年产值3亿元，该项目正在建设中。畜牧业新建10个黄牛联户饲养场，300畜位以上联户牛场4个。民生工程，落实远程教育134户，建沼气池450个。完成苍湖路和上桥路的升级改造25公里，开展安全饮水工程，惠及群众9083人。投资240万元，先后建设南部工贸区，文化广场升级改造。

【桐河乡】 2008年，生产总值7610万元，固定资产投资19004万元，财政收入355万元，农民人均纯收入4727元。招商引资8260万元，新上投资额1000万元以上项目2个，投资额400万元以上项目8个。其中豫世通电子厂、金大地棉业公司等一大批工业项目，安置农村富余劳动力和下岗职工400人。畜牧业生产稳中有升，新发展各类畜牧饲养场32个，专业户83户。黄牛存栏2.5万头，出栏0.9万头；生猪存栏6万头；家禽存栏80万只，出栏46万只；肉蛋产量2200吨，畜牧业总产值达8000万元。种植小辣椒1.5万亩，特色林果和无公害蔬菜4000亩。城镇建设，自筹资金150万元，重修了双桐路，筹资60万元修建了重点工程桐河大桥，彻底解决了汛期桐河集镇的行路难问题，同时完成了乡汽车客运站的建设。全乡已全部实现“村村通”的公路。

【郭滩镇】 2008年，生产总值88959万元，财政收入662万元，固定资产投资20642万元，农民人均纯收入5300元。招商引资共引进千万元以上项目15个，已建成项目13个，引资总额3.4亿元。投资600万元的唐河天弘化学品有限公司，投资600万元的宏发棉业有限公司，投资6000万元的南阳恒业光电有限公司等一大批工业项目相继建成投产。城镇建设，按照国家有关老城区改造建设政策，对综合厂向北至中华路全长320米的路面实施升级改造。引资100万元，修建了唐河郭滩大桥，开发西大街建设工程，拉大集镇框架，使镇域面积由原来约0.5平方公里扩大到3平方公里。村镇建设，共筹资配套资金142.0928万元，修建“村村通”油路。多方筹资45万元建成郭滩第二敬老院，同时改造了第一敬老院，两院可集中供养160人。畜牧业发展形成规模，因地制宜，发展猪、鸡、兔等养殖业，发展各类养殖专业户620户，黄牛存栏1.6万头，猪存栏4.5万头，鸡存栏112万只。

【毕店镇】 2008年，生产总值5.32亿元，财政收入751万元，固定资产投资3.2亿元，农民人均纯收入5025元。非公有制经济发展较快，完成总产值11.4亿元。引进工业项目11个，引进资金1.2亿元。其中鹏飞金属材料有限公司，占地15亩，总投资2550万元，年产值5000万元，转移劳动力100余人。城镇建设，投入资金150万元，完善星江大道中段基础设施配套建设。安装路灯39盏，种植香樟树200余株，修建下水道1430米。投入资金197万元，对毕店一中、二中、镇高小校园进行升级改造，建教学楼1座，教师住宿楼1座，硬化路面649平方米，绿化校园210平方米。投资52万元，镇卫生院新购置迈瑞8800B超机一台，救护车1辆。特色农业，围绕“三年恢复万亩烟田，重塑烟叶强镇”的目标，投入近40万元，加大对全镇12个烟叶专业村的资金扶持和技术指导，种植烟叶3000亩，实现特产税120万元。种植小麦11万亩，棉花3.5万亩。畜牧业以“三专”建设为重点，发展养殖专业村12个，专业户410户，黄牛存栏4.1万头，山绵羊9.3万只，生猪14.2万头，禽类198万只。鼓励外出务工人员返乡创业，全镇在外务工人员12000余人，年创收1.5亿元。

【黑龙镇】　2008年，生产总值7.9亿元，财政收入828万元，农民人均纯收入4950元。招商引资，引进泰隆集团3.2亿元建设的日产4500吨熟料干法水泥生产线和引进香港1.1亿元的福林先科航模项目。其中福林先科航模有限公司自投产以来，已生产各类航模飞机6000架，配件1.2万套。集镇建设以“工业大镇、商贸重镇”为目标，聘请县规划局对集镇进行了10年规划，规划面积3平方公里。农业和畜牧业，优化产业结构。完成农业总产值3.35亿元，小麦面积9.5万亩，实现总产3500万公斤，棉花面积2.8万亩，西瓜面积4200亩，花生2万亩，经济作物占总面积约39%；粮食、棉花收购加工、花生剥壳等小型加工企业和瓜菜市场得到较快发展，拉长了农业产业链条。畜牧业建养殖专业厂14个，出栏500头以上养猪专业场23个，母生猪存栏4000头，生猪出栏8万头。

【张店镇】　2008年，生产总值7.6亿元，财政收入1150万元，农民人均纯收入4587元。招商引资，在县工业园区，引资5000万元的南阳腾达机械制造有限公司，投资3500万元的唐河金隆达包装印刷有限公司等一大批项目。种植优质棉5万亩，优质强筋小麦13万亩，玉米5万亩，以优质桃、李、草莓为主的小杂果也成为全镇区域特色之一。以黄牛为主的畜牧业，新建400畜位的奶牛场1个，30畜位以上的奶牛饲养场5个，黄牛饲养量达4.6万头，猪25万头，鸡170万只，各类养殖场达450个，专业户383户。以小辣椒、土豆为主的瓜菜业，种植小辣椒3万亩，土豆2万亩，亩产效益分别达1500元以上。建沼气池69个，人畜安全饮水工程1处。完成植树造林54.64万株，农田林网32.24万株。小城镇建设，完善老镇区服务功能，加快东大街的开发，拉大集镇框架。投资96万元，安装路灯36盏，铺设彩砖4400平方米，高标准修建排水沟1400平方米，栽绿化树500棵。

【苍苔镇】　2008年，生产总值2.9亿元，财政收入560万元，农民人均纯收入4300元。招商引资，充分发挥边缘乡镇优势，引资1.2亿元建成鼎辉捻线厂，投资5600万元的南阳圣弘装饰工程有限公司和合室家建材投资1.1亿元等项目，在县工业园区形成了苍苔“园中园”。畜牧业以重点发展黄牛，突击獭兔、樱桃谷鸭等特色养殖。新建黄牛联户饲养场5个，其中800畜位1个，500畜位2个；2000只以上獭兔养殖场3个；10万只养殖鸭场1个，万头养猪场1个。发展养殖专业户380户。种植优质小麦3.5万亩，优质棉花3万亩，优质花生3万亩，良种推广率达98%以上。小城镇建设，筹措资金180万元，对行政街东大街和工业路进行综合治理，开发建设了谢源文化广场步行街，建成仿古商品门店22间，进一步完善了滨河路景观小区的配套设施。建成沼气池350个。

（孙晓云）

桐 柏 县

县情综述

【概况】 总面积1915平方公里，耕地面积39380公顷，城区面积25平方公里。总人口44.09万人，其中乡村人口34.6万人。辖城关镇、月河镇、吴城镇、固县镇、毛集镇、黄岗镇、大河镇、淮源镇、安棚镇、平氏镇、埠江镇11个镇和城郊乡、回龙乡、朱庄乡、新集乡、程湾乡5个乡。

县委书记：刘新年；副书记：杨忠；常委：高进坡（常务副县长）、徐翔远（宣传部长）、刘少先（县委办主任，2008年10月离）、赵浩（2008年10月，由统战部长改任县委办主任）、贾良选（人武部政委）、常英敏（女，纪委书记，2008年10月离）、王庆芳（女，纪委书记，2008年10月任）、欧阳增林（政法委书记，2008年10月离）、孙恒（政法委书记，2008年10月任）、史文涛（组织部长）、田新建（统战部长，2008年10月任）

人大主任：王清国；副主任：左振明、张胜武、刘永胜、梁燕、朱长远

县长：杨忠；副县长：高进坡、余晓勇（2008年10月离）、段文汉（2008年10月离）、马哲宇、贺迎（2008年10月离）、吴增阔（2008年10月任）、余培湘、赵丰璞（2008年10月任）、万里平（女，2008年10月任）；县长助理：段秀勇（2008年11任）、常书贵（2008年11任）；县政府党组成员：卢康新

政协主席：张群山；党组书记：郭树宪（2008年11月离）、张群山（2008年11月任）；副主席：王世勤（正处级干部）、安可飞、马先成、徐桂琴、罗镇

人武部长：杜卫国

法院院长：柳殿奎

检察院检察长：冯景合

公安局局长：王鸣

总工会主席：姜万哲

2008年，实现生产总值87.6亿元，比上年增长13.8%。其中第一产业增加值14.4亿元，增长5.7%；第二产业增加值59.4亿元，增长15.7%；第三产业增加值13.7亿元，增长13.7%。工业增加值33.18亿元，增长13.8%；粮食产量22.3万吨，增长3.1%。财政一般预算收入2.3518亿元，财政一般预算支出7.13亿元。全社会固定资产投资完成额45.55亿元。社会消费品零售总额28.36亿元。商品出口总额819万美元。实际利用外资5567万美元。城镇居民人均可支配收入10683元，人均消费性支出7524元。农村居民人均纯收入3158元，人均生活费支出2787元。城乡居民年末储蓄存款余额28亿元。

【工业经济持续稳定增长】 大力实施“骨干企业创新工程”和“中小企业成长工程”，全县销售收入超亿元企业达5家，产能超亿元企业达12家。3家企业进入全市50强。安棚碱矿进入全市20强、全省100强，并被列为省重点上市后备企业。淮北工业城被列入省级产业集聚区。安棚化工城被列入省级循环经济示范园试点单位。预计全县限额以上工业完成增加值17亿元，同比增长23%；实现利润6.5亿元，同比增长65%。工业占国民经济的比重达到58.4%，工业企业对地方财政的贡献达58.6%。

【项目建设迈上新台阶】 安棚碱矿三期工程完成投资5.9亿元，鑫泓银制品三期完成投资8000多万元，博源化工、明星化工两个投资超亿元的扩建项目建成投产。新引进全降解塑料、大水泥等千万元以上招商项目32个，到位资金7.7亿元；实际利用外资5567万美元，出口创汇800万美元，均创历史新高。申报政策性项目200多个，批复到位资金5.2亿元。

【农村经济稳步发展】 坚持示范带动，精心打造新农村试点，全县初步形成了省道鲁姚线、桐明线、毛泌线和312国道沿线为主的新农村建

设示范带。农业基础设施不断加强，二郎山水库等5座中小型水库除险加固工程开工建设，淮河源水土保持科技示范园一期工程完成。治理水土流失面积30.6平方公里。稳步推进集体林权制度改革，完成试点林改面积7.6万亩。新发展中药材2万亩、蔬菜基地3000亩。新增20户以上通广播电视自然村80个，解决了1.2万农村人口安全饮水问题。新增农村沼气7050池。兑现粮食直补和综合直补资金3366万元，落实"两免一补"资金3049.6万元，落实大中型水库移民后期扶持资金1849万元，完成最低保护价粮食收购3100万公斤。

【城乡人居环境显著改善】实施了淮河路、淮安街等14条街道和15座桥栏改造，新建、改建了新华街、体育路等7个市场，硬化城区背街小巷23条，改造城区供水管网32.3公里，新建垃圾压缩站3座、垃圾地埋箱6座，无害化垃圾填埋场建成并通过省级验收。新建星级公厕9座，改建沿街公厕、单位公厕276座，县城主次干道公厕全部免费开放。县城新增绿地5000平方米，城区绿化覆盖率达40.5%。加大县城秩序综合整治力度，进一步完善县城环卫、绿化管护物业化管理，创建国家级卫生县城、文明县城一举成功。因地制宜发展各具特色的小城镇，全县城镇化率达35.4%。盘古大道南延、郑安公路、67.6公里县乡公路和34.6公里通村公路建成通车，北环路、高速引线、毛泌路正在建设。淮源220千伏变电站竣工投用。电视差转台完成迁建。

【文化旅游业加快发展】成功举办了祭祀盘古和"盘古杯"全国越野摩托车锦标赛河南桐柏站比赛活动，红色文化廉政展馆、中国淮河源民俗博物馆建成开馆，盘古神话被列入第二批国家级非物质文化遗产名录，河南佛教学院建设进展顺利。实施了淮源景区旅游公路改扩建工程和太白顶、祖师顶综合改造工程，完善了主要景区景点配套设施。全年接待游客70万人次，旅游业综合收入达1.2亿元，以文化旅游为龙头的第三产业增加值达13.3亿元，增长16%。

【生态文明建设扎实推进】全面启动国家生态县创建工作，完善了县污水处理厂配套设施，完成了安碱、海晶、旭日碱业等企业污染防治设施技术改造项目。认真落实节能措施，全县单位生产总值能耗下降6.5%。不断完善整治"乱建房、乱砍树、乱采矿"长效管理机制，查处乱采矿30起，乱砍树410起，城区乱建房228起，拆除违法建筑2000平方米。加大对乱建砖瓦窑厂整治力度，关停不达标免烧砖厂22家。大力推进林业生态建设，完成生态林营造5.17万亩，全县森林覆盖率达52%，省林业生态县创建成功。

【各项社会事业和谐发展】完成40个20户以上自然村连户道路建设任务。96套解困房和500套经济适用房正在建设。建成标准化村卫生室100个。新建、改建乡镇敬老院7所、村级五保大院5个。新建乡镇综合文化站3个、村级文化大院16个。新增城镇就业6929人，开发公益性就业岗位635个，实现再就业1847人。企业养老保险、城镇居民医疗保险参保分别达到17280人、35186人。新农合参合农民32.4万人，参合率95%。落实城镇低保8053人，农村低保11418人，农村五保户集中供养率达40.1%。义务教育基本普及并顺利通过国家验收，高中教育普及率位居全市第一。青少年学生校外活动中心竣工投用。完善人口计生利益导向机制，人口出生率控制在10.98‰以内。全面开展乳业和食品专项整治，认真落实信访工作责任制，深入开展打击"两抢一盗"专项斗争，严格落实安全生产各项措施，全县社会大局和谐稳定。民主法制建设不断加强，自觉接受人大的法律监督和政协的民主监督，政府工作透明度和依法行政水平有新的提高。积极支援四川地震灾区抗震救灾，驻桐部队和民兵预备役人员在维护社会稳定和抢险救灾中发挥了主力军作用。双拥共建、民族宗教、统计、审计、物价、档案、史志等工作都取得了新成绩。

桐柏县各乡镇主要领导名表

乡　镇	党委书记	乡镇长
城关镇	王长岭(2008年11月享受副处级)	岳秀法
城郊乡	马书培	张润涛
月河镇	魏晶平(2008年11月任副处级)	李亚松
吴城镇	付兴伟	门宏刚
固县镇	王金绪(2008年11月享受副处级)	岳道有
毛集镇	刘宏均	袁德海
回龙乡	王　冠	史焕岭
黄岗镇	潘万伟	丁严冰
朱庄乡	刘宏奇	孟祥东
大河镇	裴长青(女)	甘泉涛
淮源镇	曹兴奎	高瑞远
新集乡	李文忠	陈朝升
安棚镇	程远甫	孙玉东
程湾乡	张东升	王顺苇(2008年7月离) 王兴勇(2008年7月任)
平氏镇	安凤辉	牛苗苗(女)
埠江镇	段秀勇(副处级,2008年11月离)	黄登科(2008年7月离) 王顺苇(2008年7月任)

乡镇概览

【城关镇】　2008年，生产总值14亿元，财政收入18716万元，固定资产投资12.6亿元，城镇居民人均可支配收入10683元。全年共引进项目22个，合同引资6亿元，到位资金2.2亿元，梅园二期商务楼已完成主体工程建设，河南众昇农副产品加工项目正积极筹建，阳光花园完成了改造升级，大唐装饰材料市场投入运营。全镇民营经济效益和规模有所提升，被市委、市政府表彰为民营经济发展先进乡镇。认真研究政策项目，筛选申报了农副产品开发，龙潭河、水濂河护砌，二月桥建设及西杨、东环社区道路建设等项目。城镇建设与管理并重，服务县重点工程指挥部对世纪大道、八一路、淮安街、淮源大道、新华街西段、桐银路城区段人行道道路改造，配合完成了淮北中心花园工程、大王庄市场和乐神路路基建设任务，加强对城区内"三乱"的监管，成立巡视队伍，建立长效管理机制。与双信物业公司签订物业管理服务合同，将城区内近10万平方米的小巷保洁及7个公厕的卫生管理交由物业公司，实行市场化运作，制订了《城关镇环境卫生物业管理及作业考核细则》。人居环境得到新改善，完成了城区内32条1.6万平方米小巷的硬化，完成居民区5.2千米排水设施建设改造工程，对社区内排水渠进行全面清淤。被命名省级优美小城镇。

【城郊乡】　2008年，生产总值3.28亿元，财政收入299万元，固定资产投资3.43亿元，农民人均纯收入3164元。新引进招商项目5家，合同引资额1.15亿元，到位资金1100万元。创新工艺厂、江记油脂公司规模进一步扩大，钙粉厂等企业稳步发展。争取政策性资金650余万元。积极配合和服务县城建设，对淮北新区重点工程和项目建设从征地拆迁到施工环境提供了全方位的服务，确保了北环路、站前路南延、行政广场等公共设施以及公务员公寓、淮北中学、移动公司、二医院等基础设施建设和淮北工业城招商项目入驻等重点工程建设。加大农村基础设施建设，新建村组道路15公里，铺设排(供)水管道3000米，广场5000平方米，护砌绿化河堤3000米，新建便民桥27座，沼气池600多个，改造危草房45间，改造标准化卫生室9个。

【月河镇】　2008年，生产总值3.6亿元，固定资产投资

2.6亿元，财政收入399万元，农民人均纯收入3188元。全年新引进项目5个，协议引资8600万元，实际利用外资4200万元。醋酸钠、新型环保材料等项目已建成并投入生产，乳胶漆、PPC拖鞋和西湾老年公寓等3个项目进入施工阶段。镇北建筑建材新型工业园区被正式列入县继淮北工业园区、安棚化工城、埠江轻工城之后的第四大工业园区。申报政策性项目20多个，已批复到位资金300多万元。引导群众大力发展特色经济，加快产业结构调整步伐。突出花木、茶叶、林果、中药材、蔬菜等五项支柱产业，新增特色种植面积2500亩。以徐寨、西湾村为重点，已发展花木基地1600亩，成为宛东最大的花木繁育基地。市级新农村示范村徐寨村被确定为省纪委廉政文化进农村的试点村，经验在全省进行推广。同时该村还获得了省级家园清洁行动先进单位称号，获得了全县唯一一家省级生态文明村称号。城镇化建设水平不断提升，完善、规划农贸街农产品批发市场和镇东新区花生市场经营摊位600个，完成镇区道路建设800米，铺设政通路东段人行道两侧彩砖4000平方米，建成海晶公司门前文化广场、游园和公共绿地2000平方米。

【吴城镇】　2008年，生产总值3.35亿元，财政收入262万元，农民人均纯收入3164元，固定资产投资2.31亿元。全年共引进5个500万元以上项目，页岩砖、衣都服饰广场已建成运转，氟化钠、农副产品深加工、万亩优质杨树基地等项目正在实施建设，山野菜农副产品速冻保鲜厂、赵庄水库风景区旅游开发、千头养猪厂等正在积极洽谈中。同时，积极服务好大水泥项目前期筹备工作。上报争取国家政策性项目资金500万元。大力发展农村经济，着力培育林、果、茶、畜牧等特色产业。以基地造林、通道绿化、林业生态村建设和集镇绿化为重点，全镇完成造林面积5300亩，四旁植树20余万株。围绕产业建立专业合作社，成立王湾茶叶专业合作社、吴城镇养鸭合作社和吴城鑫源牧业等3个专业合作社。其中镇养鸭协会被评为省级先进协会，王湾茶叶荣获河南省“盛弘杯”名优绿茶地方名茶银奖。农业基础设施进一步完善。完成岳畈、贾岗、郭老庄等村23公里主次干道水泥硬化道路建设。对部分具有安全隐患的塘堰进行了加固维修，完成清淤塘堰100余口。完成朝城村土地整理项目，新增灌溉保收面积1500亩。新增农村沼气用户270户。

【固县镇】　2008年，生产总值2.99亿元，财政收入254万元，农民人均纯收入3125元，固定资产投资2.08亿元。全年共引进项目4个，合同引资3亿元，其中，投资3700万元的民德矿产品股份有限公司氟化钙生产线建成投产，氢氟酸和硫酸两个子项目已进入规划、征地、环评等前期工作；金源矿业责任有限公司完成投资1200余万元。向上争取政策性项目18个，批复资金2680万元。重点打造石头畈新农村试点，新建西小寨、徐庄、南王庄拦河坝3座；硬化农村道路4公里；硬化、护砌塘堰3口，兴建石头畈村五保大院和庙湾800平方米文化广场各1处；新建文化墙500平方米，涂白墙体近万平方米，栽植绿化树木近万株。

【毛集镇】　2008年，生产总值7.15亿元，财政收入313万元，固定资产投资3.88亿元，农民人均纯收入3207元。全年共引进项目16个，合同引资2.6亿元，实际到位资金1.1亿元，千万元以上项目8个。其中总投资1900万元的年产500万套电脑散热器的桐柏顺鑫电脑散热器项目入驻淮北工业园区。申报政策性项目16个，已批复和到位资金1500万元。全镇花生种植12万亩，改良品种，地膜覆盖，配方施肥等新科技种植面积85%以上。完成通道造林、基地造林5100亩。培育良种猪专业场54个，肉鸡专业场21个，养羊专业场8个。新增农村沼气758池。完成村村通延伸道路3750米，户户通1560米，新建改建便民桥1800米。对3座小型水库和王湾拦河大坝进行了检修加固，塘堰清淤146处，新增蓄水350万方，新增有效灌溉面积

5000亩。

【回龙乡】 2008年，生产总值1.04亿元，财政收入186万元，固定资产投资13488万元，农民人均收入3100元。全年共引进项目6个，合同引资总额7700万元，到位资金4100万元。其中河南方正集团总投资1000万元的桐桔梗四季清火茶加工项目已入驻淮北工业园区。全年向上争取政策性项目14个，资金240万元。加强了村容村貌整治，种植冬青等风景树600多株，名贵花卉近2万株，草坪700平方米，完成基地造林和四旁植树2600余亩。引导农民调整产业结构，使每个村都有产业支撑，全乡形成了中药材、食用菌、用材林三大特色产业。全乡种植以夏枯球、白花蛇草为主的中药材1.2万亩，食用菌60万节（袋），新增造林面积15000亩，种植泡桐、速生杨等80万棵。基础设施建设重点开工建设了3条公路。集镇建设完成了回龙路、桃花路拓宽改造工程；对府前广场和机关大院绿化、美化，栽植红叶石楠、香樟树等800余棵，种植白三叶等优质草2000平方米。继续改善民生，对5个村的标准化卫生室进行了改造，修建各类便民桥29座，扶持群众建设沼气池208池。

【黄岗镇】 2008年，生产总值2.96亿元，固定资产投资1.38亿元，财政收入609万元，农民人均纯收入3175元。全年共引进项目7个，其中500万元以上的项目1个，超千万元的项目6个，累计引入资金1.1亿元。永兴公司新投资2000万元建立原料加工厂，形成了矿石采选、加工一体的链条型发展模式。全年申报政策性项目6个，其中，高店示范路项目即将完工，沼气国债项目正在建设，水土保持项目已通过专家论证。镇村面貌有新变化。成功举办撤乡建镇庆典仪式；投资300万元，改线毛泌公路黄岗街区段，城镇框架明显拉大；实施产业培育计划，岳新庄村50亩大棚蔬菜基地已建成使用，500头规模养猪厂厂房已建成并准备养殖；加强林业生态镇建设，完成基地林、通道林、围村林4700亩。基础设施建设得到新完善。对镇内6座水库除险加固，完成光荣庄蒋河水库、高店小杉坡水库下游渠系硬化工程；对28座塘堰清淤加固，修建拦河坝10处，增强了水利设施蓄水抗旱的功能；改造危草房50户；建成沼气310池。

【朱庄乡】 2008年，生产总值2.39亿元，财政收入289万元，固定资产投资1.29亿元，农民人均纯收入3140元。全年引进项目5个，合同引资6750万元，到位资金4300万元。其中，投资1300万元的3万吨精米加工项目在淮北工业园区建成投产，投资1000万元的日处理2000吨白银矿尾矿项目二期工程已建成。向上争取政策性项目6个，资金339万元。大力发展林、果、菌、兰花等特色产业，新发展速生杨3200亩、泡桐2000亩、板栗1000亩、黑木耳40万节、袋料香菇200万袋、兰花3万余盆。扶持发展板栗协会、食用菌协会和桐柏淮源蕙兰农民专业合作社，进一步健全了支柱产业服务体系。加强农村基础设施建设，硬化村组道路4公里，打机井2眼，整修塘堰30座，新建农村沼气260池。把2008年定为集镇建设年，新建500米长的板栗市场1个，护砌河堤1000米，建桥涵2座，建游园1处、亭子1个，硬化水泥道路4000米，安装路灯70盏。

【大河镇】 2008年，生产总值1.99亿元，财政收入213万元，农民人均纯收入3096元，固定资产投资1.14亿元。全年共引进县外项目8个，合同引资额1.8亿元，实际到位资金6000万元，钠米碳酸钙企业全部建成投产；明阳矿业成功实现置换并完成改造升级；新引进投资1800万元的板栗深加工项目，入驻县工业园区。全年共争取政策性资金500余万元。因地制宜发展具有山水特色的绿色小城镇。小城镇框架进一步拉大，由原来的0.9平方公里扩大到1.2平方公里，在镇区主街道栽种冬青树1000余棵，铺设生态砖1400平方米，沿街刷立邦漆5000平方米，安装路灯16盏，新修通入户水泥路2.2公里，改造镇区供（排）水管网8000米，完成上河村、黄庄村安全饮水工程，新增自来水用户600户。坚持示范带动，精心打造新农村建设试点村上河、黄庄村，着力构建点、线、面相结合的新农村建设新格局。建成漫水桥2座，建成文化广场2个共2600平方米，完成村级道路及连户道路硬化4公里，砌护河堤800米，建沼气池150个，建起文化活动室、卫生所、农家超市等服务设施，完成路旁植树1000余棵。

【淮源镇】 2008年，生产总值2.62亿元，财政收入328万元，固定资产投资2.06亿元，农民人均纯收入3121元。新引进投资3000万元的桃花洞译经楼项目，已完成征地和手续报批审核工作。淮北工业园内的两个续建项目正在建设，其中投资1500万元的锦源棉纺厂项目，已完成了厂房车间建设。蓝樽酒业公司已完成投资1000万元，建成了车间和两栋居住楼，正在安装调试设备。全年向上争取政策性资金2071万元。镇区建设品位不断提升，投入180多万元，重点打造了旅游商品市场和淮源游园。配合县有关部门，完成了淮河源主题公园配套设施建设；组建了专职环卫队伍；新安装路灯54盏。顺利通过市二星级集镇验收。开展农田水利建设，全年完成塘堰清淤和除险加固32座、新建3座。对全镇10座小二类水库进行了详细的调查，编制了防汛预案。畜牧业健康发展。建成了淮源镇动物防疫防控中心站。林业生产成绩显著。全年造林5600亩，新增省级公益林1.6万亩。

【新集乡】 2008年，生产总值1.83亿元，财政收入94万元，固定资产投资1.18亿元，农民人均纯收入3096元。全年新引进项目1个，扩建项目4个，续建项目1个，招商项目固定资产投资1512万元。争取政策性项目9个，资金1431万元。建杨湾村为林业生态新村，在村村通道路两侧栽植撒金柏3000株，房前屋后栽广玉兰1000株，田间地埂栽龙柏3000株，河堤栽植桂竹4000墩，生态环境明显改善。人居环境明显改善，实施了郑老庄综合整治工程，完成了郑安公路新集段3.2公里的拓宽改造任务，硬化村庄道路5100米，连户路面7000平方米；硬化了8.5公里长的贯穿全乡南北的新栗乡村公路。按12米宽的省道标准，对长约4.7公里的洛碱公路新集段进行了路基处理；完成了张盖、梁庄等村12公里的“村村通”建设任务。大力推进林业生态建设，着力打造杨树产业，共造林3300亩，植杨树24万余株。

【安棚镇】 2008年，生产总值6.62亿元，财政收入760万元，固定资产投资4.23亿元，农民人均纯收入3193元。着力培育碱硝化工产业，全年累计生产碱硝各类产品142万吨，销售收入21.6亿元，碱硝化工产业对县财政的贡献份额达到53%，其中安棚化工城贡献了43%。全年续建、新建县内外投资项目14个，合同引资8.56亿元，到位资金2.36亿元，其中亿元以上项目2个，千万元以上项目12个。安达化工2万吨氟化钠、兴源化工5万吨轻质碳酸钙、博源化工8万吨小苏打、雷沟6000万块页岩环保砖项目已建成投产；安碱三期一期40万吨纯碱、铁路货运站、金石托盘、明星公司印染助剂等项目正在建设；万吨全降解塑料项目等已完成签约。全年向上争取政策性项目13个，资金700余万元。新农村建设扎实推进，开展了沿郑大公路和化工城内安碱大道、碱都大道两侧村庄环境综合整治工作，初步完成了万岗、雷沟、石庄等7个自然村的村庄整治，沿途环境有了新改观。基础设施进一步完善，完成了撤乡建镇和新政府搬迁；全年投入村镇建设资金800多万元，建成了一批重点工程，镇村路网初步形成。加快了集镇建设，完成府前路、胜利路、利民路、新安路和35KV变电站、碱都广场升级改造工程。对集镇道路实行物业化管理，是全县率先实行物业化管理的乡镇。

【程湾乡】 2008年，生产总值1.58亿元，财政收入246万元，固定资产投资1.43亿元，农民人均纯收入3110元。在巩固发展原来引进项目的基础上，完成招商引资项目7个，栗子园村生态园等项目相继建成运营。共争取政策性项目15个，资金总量较往年大幅跃升。栗子园新农村栽植绿化苗木3万余棵，沿河硬化路面400余米2000余平方，新区一期工程顺利竣工，二期工程开工建设，百竹园引进13个新品种200余棵。特色支柱产业基本形成。栗子园村充分发挥本地优势，吸引南阳客商投资，建设集生态、旅游、休闲为一体的生态游园；新发展板栗1500亩，使全村板栗面积达到2000亩。围绕建设“生态之乡”目标，在原有绿化基础上，沿S239线因地制宜栽植杨树、塔柏、竹子、垂柳等60000棵，沿线绿化14公里400余亩。完成基地造林2300余亩。对S239线沿线可视范围进行高标准规划，栽植“两松”450000棵，完成补植补造2100亩，生态之乡雏形基本形成。

【平氏镇】 2008年，生产总值2.53亿元，财政收入120万元，农民人均纯收入3130元，固定资产投资1.55亿元。全年新上招商项目4个，合同引资1.2亿元，其中入驻县工业园区项目4个，投资500万元以上项目3个，工业项目税收实现了零的突破。向上争取政策性项目53个，资金1500多万元，实际到位资金686万元。新农村建设，康庄村获得了“第四届全国文明村镇创建先进村镇”荣誉称号。城镇建设上，完善了镇南环路配套工程，曙光路路基已基本处理完毕。农村道路建设又新修了雷庄村、北东村、曹庄村“组组通”水泥路近12公里，累计修建村村通、组组通道路达60公里，连户通道路30公里。农业结构调整取得一定成效，支柱产业逐渐明晰。全镇分东、中、西三片，东片几个村以林果为主，发展以板栗、品种桃、优质梨为主的小果园，新发展果园500亩；中片几个村以发展大棚蔬菜为主，大棚蔬菜的品种和规模进一步扩大。西片几个浅山丘陵村以发展林药套种为主，新发展速生杨10万株，新增林药套种面积600亩。

【埠江镇】 2008年，生产总值5.64亿元，固定资产投资2.93亿元，财政收入426万元，农民人均纯收入3246元。全年共引进项目8个，合同引资额6200万元，其中千万元以上项目2个，已建成投产4个，在建4个。翔阳玻璃项目、润祥化工项目和东盛装饰三期塑钢生产项目建成投产；胡营新型墙体材料项目完成基础设施建设并开始试生产。争取政策性项目9个，资金1007万元。特色产业呈规模化发展，新栽优质桃树300余亩，新发展温室大棚草莓30多棚50余户，其它反季节蔬菜100余亩，黑木耳等食用菌栽植在付楼、康宁寺、栗楼等村呈规模化发展。新建千头以上养猪场6个，新增规模养猪户108户。大力推进生态村建设，栽植杨树等经济林28万棵。成立农机专业合作社3家，全镇涉农专业组织达6个。村镇一体化进程加快，高标准硬化双下路埠江段4.3公里，并与鲁姚线对接，启动了王庄商贸小区建设，建成商住楼20余栋。（唐建新）

邓　州　市

市情综述

【概况】 总面积2294.4平方公里，耕地面积155千公顷。总人口156万人，其中乡村人口105万人，城镇人口51万人。辖11个乡13个镇3个街道办事处和1个旅游管理区。

市委书记：刘朝瑞；副书记：刘树华、关玉国；常委：张强华（纪委书记）、李中龙（组织部长）、杨振云（政法委书记）、褚清黎（常务副市长）、朱艳红（女，宣传部长）、张玉伟（人武部政委）、秦性奇（市委秘书长）、党建凯（统战部长）、贺迎（副市长）、邓洪军（副市长）；市委正处级干部：王海亭、杜显聚

人大主任：殷中玲（女）；正处级干部：路德文、张峰；副主任：徐明甫、刘学信、李兴银、赵秀荣

(女)、屈云霞(女);副处级干部:郭松山

市长:刘树华;副市长:褚清黎、贺迎、邓洪军、阿颖(女)、孙起鹏、董平玲、李虎、毕跃峰(女);市长助理:陈达、刘永国

政协主席:王杰敏;正处级干部:杨德堂、梅振武;副主席:刘齐安、路德军、齐群强、郭心平(女)

总工会主席:陈祖胜

法院院长:李亚钦

检察院检察长:杜海宛

公安局长:丁建民

人武部长:郝一克

群工部长:郭保仁

南阳市引丹灌区管理局局长:杨显功;党委书记:王振江

2008年,全市完成生产总值205亿元,比上年增长12.1%,增速比上年回落1.1个百分点。其中,第一产业增加值59.9亿元,增长5.9%;第二产业增加值88.8亿元,增长13.7%;第三产业增加值56.4亿元,增长17.6%。人均生产总值13179元。三次产业结构由上年的34.9:38.8:26.3调整为29.2:43.3:27.5,二、三产业比重比上年提高5.7个百分点。非公有制经济增加值占生产总值的比重由上年的65%提高到68%。全年居民消费价格比上年上涨6.5%,其中,食品类价格上涨14.2%。商品零售价格上涨6.3%。农业生产资料价格上涨5.9%。年末全市从业人员110万人,城镇新增就业人员1.4万人,下岗失业人员再就业4012人,农村剩余劳动力转移就业43万人,“零就业家庭”动态归零。全年农业总产值102亿元,比上年增长5.9%。全年粮食种植面积282.47万亩,比上年增加2.8万亩,其中:夏粮种植面积203.18万亩,增加2.6万亩;秋粮种植面积79.29万亩,减少0.23万亩。全年粮食总产量103.08万吨,比上年增产2.9%,其中:夏粮76.05万吨,增产3.8%;秋粮76.05万吨,增产0.48%。全年油料总产达到25.56万吨,减产5.3%;棉花总产3.0l万吨,减产20.8%;烟叶总产1.4万吨,减产22.2%。全年农综开发投资2846万元,新打机井541眼,开挖沟渠106.7公里,整治中低产田4.56万亩,新增灌溉、除涝面积4.56万亩。年末全市农业机械总动力达到155.6万千瓦。农用拖拉机14.4万台,农用运输车5.4万辆,联合收割机0.11万台。全年农村用电量23213万千瓦小时。全年全部工业增加值83亿元,比上年增长14.7%。其中,规模以上工业增加值46.3亿元,增长21.3%;规模以下及个体增加值36.8亿元,增长7.3%。在规模以上工业中,农副食品加工制造业增加值9.1亿元,增长25.9%;纺织业增加值9.7亿元,增长36.5%;建材业增加值5.7亿元,减少2.9%;板材加工业增加值5亿元,增长35.2%;化工业增加值3.2亿元,增长7.1%。全年全社会固定资产投资73.4亿元,比上年增长39.3%,其中城镇投资52.4亿元,增长33.5%;农村非农户投资12.3亿元,增长78.5%;农户投资12.3亿元,增长78.5%。在城镇固定资产投资中,工业投资31.6亿元,比上年增长3.9%,占城镇投资的比重为43%。新建续建100万元以上工业项目93个,其中超亿元项目10个。全年农村公路建设累计完成投资1.45亿元,修建农村公路245.8公里。全年社会消费品零售总额50.4亿元,比上年增长23.8%。其中,城市零售额24.9亿元,增长23.9%;市以下零售额25.5亿元,增长23.7%。分行业看,批发零售贸易业零售额40.4亿元,增长22.8%;住宿餐饮业零售额9.1亿元,增长28.9%。全年交通运输、仓储及邮政业实现增加值10.8亿元,比上年增长20%。全年各种运输方式完成货运周转量65229万吨/公里,比上年增长30.6%;完成客运周转量78707万人/公里,增长17.1%。全市公路通车里程达到3969公里,比上年增加274公里。全市县乡公路长度达到820公里,村级公路达到3149公里。全年地方财政一般预算收入3.76亿元,比上年增长17.1%。全年地方财政一般预算支出15.9亿元,比上年增长34.6%。年末金融机构

各项存款余额76.11亿元，贷款余额45.59亿元，分别比年初增加12.39亿元和6.41亿元，较上年增长19.4%和4.8%。全市共有中小学校、幼儿园731所，在校学生30.4万余人。全年科技经费支出1400万元。全年共组织实施各级科技计划项目23个，申报各级科技成果45项，其中获南阳市科技进步一、二、三等奖各1项；获本市一等奖7项，二等奖20项，三等奖12项。新农村建设取得明显成效，全年新装太阳能热水器5995台，新建沼气池9400座。全市共有艺术表演团体2个，文化馆、图书馆、博物馆各1个，农村文化茶馆300多个。全市共有卫生构39个，其中乡镇卫生院26个，卫生机构实有床位数1778张。全市卫生技术人员1974人，其中高级职称74人，中级职称522人，初级职称888人。新农合制度建设取得了新成效，农村参合人数1400891人，参合率达到99.8%。城镇居民基本医疗保险参保人数7.1万人。全年城镇居民人均可支配收入11818元，扣除物价因素增长8.6%；人均生活消费支出8926元，增长7.2%。城镇居民恩格尔系数29.5%，比上年下降0.7个百分点。全年农民人均纯收入5089元，扣除物价因素增长7.2%；人均生活消费支出3198元，增长10.7%。农村居民恩格尔系数33.6%，比上年下降2.7个百分点。职工年平均劳动报酬17472元，比上年增长22.4%。其中，企业职工年平均劳动报酬16464元，增长21.6%；事业职工年平均劳动报酬18408元，增长26.2%；行政职工年平均劳动报酬19824元，增长16.9%。全市参加城镇基本养老保险职工2.6万人，参加基本医疗保险人数7.1万人。全年城镇发放最低生活保障金2973万元，城镇低保对象1.18万户。农村发放最低生活保障金2467万元，农村低保对象1.8万户。城市低保对象人均月补差标准提高到125元，农村低保对象人均月补差标准提高到50元。

【张野调研移民安置试点工作】 3月8日，国务院南水北调办公室副主任张野一行9人到邓州市调研丹江口库区移民规划水库区移民试点工作。张野一行在刘朝瑞、姚龙其的陪同下，先后到孟楼镇移民安置点和陶岔渠首进行实地调研。

【央视新闻联播播发“4＋2”工作法】 2月16日晚，中央电视台新闻联播用2分多钟时间，播发邓州市“4＋2”工作法。该报道以穰东镇葛营村为剖析点，全面总结了邓州市运用“4＋2”工作法推动村村通、合作医疗、村庄整治等工作的成功实践。南阳市委常委、邓州市委书记刘朝瑞对“4＋2”工作法的意义作了深刻剖析。

【省新型农村合作医疗监管工作现场会在邓召开】 12月12日，全省新型农村合作医疗监管工作现场会在邓州市召开。副省长宋璇涛，省政府副秘书长寇武江，省卫生厅厅长刘学周，副厅长秦省，南阳市委书记黄兴维，南阳市市长朱广平，南阳市委常委、邓州市委书记刘朝瑞，南阳市副市长张振强等出席会议。副省长宋璇涛对邓州市新农合监管工作成效给予充分肯定，认为邓州市在新农合工作方面领导重视，措施得力，制度完善，服务到位，监管有力，使新农合这项民心工程惠及300万农民。省卫生厅厅长刘学周通报了全省新型农村合作医疗协调领导小组关于全省乡级新农合监管人员选聘工作进展情况。

【武文斌被授予“抗震救灾英雄战士”荣誉称号】 7月10日，中央军委主席胡锦涛签署命令，授予武文斌“抗震救灾英雄战士”荣誉称号。18日，武文斌“抗震救灾英雄战士”命名大会在四川省都江堰市隆重举行。中共中央政治局委员、中央军委副主席徐才厚上将向武文斌家属颁发一级英模奖章及证书。南阳市党政军领导黄兴维、刘朝瑞、任锋、李建豫参加大会。21日，邓州市10万群众肃立街头，迎接武文斌烈士骨灰。同时，市委、市政府隆重举行英雄骨灰安葬仪式。省人大副主任储亚平、省军区司令员杨武少将、济南军区铁军师政治部主任黄晓健大校，南阳市领导贾崇兰、陈代云、杨德明、李建豫及邓州市"四大家"领导出席安葬仪式。为告慰英灵抚恤家属，地方政府根据其家庭情况及亲属表现，分别在精神上和物质上给予关怀和帮助。24日，邓州市委组织部批准武文斌父亲武中林光荣加入中国共产党。26日，经北京奥组委特别批准，武中林作为火炬手在开封市参加火炬传递。

邓州市各乡镇办区主要领导名表

乡镇办区	党(工)委书记	乡镇长、主任
花洲街道办事处	刘全明	刘祖万
古城街道办事处	赵友敬(副处级)	郑　剑
湍河街道办事处	刘连波	李　芳(女)
龙堰乡	李　茜(女)	童孟军
张楼乡	高　峰	汤清立
白牛乡	张学坤	曾庆俊
穰东镇	刘永国(市长助理)	路培彦
夏集乡	贾里坚(副处级)	刘文举
裴营乡	张　伟(副处级)	刘新明
赵集镇	岁秀强(副处级)	鲁其申
罗庄镇	王新堂	唐荣涛
十林镇	鲁启先	赵明辉(女)
张村镇	张振邦	张锦辉
文渠乡	高　翔(女)	王成冰
九龙乡	李　奇	王　硕
高集乡	李景龙	马文英
彭桥镇	罗建坤	李　健
杏山旅游管理区	赵正强	梅传旭
孟楼镇	赵显三(副处级)	秦大栋
林扒镇	熊占玉(副处级)	郭松泉
陶营乡	秦　峰	王云立
都司镇	马黎升	李天岭
构林镇	丁心强(副处级)	杨春甫
刘集镇	李吉俊	肖绍英
小杨营乡	刘正同	杜新占
桑庄镇	李　莉(女)	刘　冲
腰店乡	王秀群	李　爽(女)
汲滩镇	黑晓森	崔吉栋

乡镇办区概览

【花洲街道办事处】 2008年，生产总值20亿元，财政收入近千万元，居民人均可支配收入4200元。新发展非公有制企业和个体工商户500户，培育优势农户78户、经济能人1424人，优秀农民企业家32个。签订合同、意向的大型项目5个，引资总额5.08亿元。硬化背街小巷28条2万平方米，铺设彩砖11处8200平方米，游园总数达15个。新聘请垃圾清运工80多人，增置清运车80多台。全年输出劳动力3981人，培训1712人，其中引导性培训1064人，技能培训648人，实现下岗再就业203人。利用和整合社会力量和资金，共建敬老院11处，敬老院入住率达97%以上。

【古城街道办事处】 2008年，生产总值26.43亿元，固定资产投资11.5亿元，居民人均可支配收入11035元，财政收入1162.2万元。全年共引进项目6个，引资额2.14亿元，已到位1.7亿元。投资245.5万元，硬化背街小巷84条38620平方米，投资72万元修建下水道6650米，投资56.1万元硬化彩砖25处10691平方米。全年共完成市信访局交办案件61件，结案61件，自立案件71件，结案71件，接访840余人次。办理农村低保户189户472人，发放低保金19.65万元，办理城市低保137户

253人，发放资金31.8万元。新安装太阳能热水器109台。

【湍河街道办事处】　2008年，生产总值5.52亿元，国家资产投资6200万元，财政收入850万元，居民人均纯收入5400元。引进项目12个，其中超千万元的5家，超500万元的2家，100万元以上的5家。新增就业1945人。全处优势农户、经济能人、企业家分别增长60户、435人和12家，三种人总数分别达到1016户、3285人和112家。果林面积1000亩，杨树面积1万多亩，棉花面积2万多亩，烟叶收购量17.5万公斤。大牲畜存栏达1.32万头，生猪存栏5万头，羊存栏4万只，家禽存栏60万只，畜牧总产值1.3亿元。共打通道路456条105公里，硬化水泥路386条78公里，硬化沙石路23条26公里，修下水道212条37公里，整治坑塘12个，安装太阳能803台，建沼气池186个。新建幼儿园15个，卫生室17个，文化茶馆17个，商业网点34个，小游园10个，公厕17个。

【龙堰乡】　2008年，生产总值3.5亿元，财政收入401万元，农民人均纯收入3500元。种植小麦5.5万亩，玉米3.5万亩，棉花2.2万亩，累计植树36.6万株。建成养殖小区3个，养殖大户251户。全年累计投入资金618万元，整治村庄99个，打通主次干道138条，修水泥路90公里，沙石路130公里，治理坑塘15个，拆迁“空心村”房屋1048间。新建标准沼气池200个，全乡建沼气池619个。安装太阳能热水器718台，建村级卫生室25个，农村小超市25个，文化茶馆12个，新农村书屋3个，小游园5个。南阳市4次在龙堰召开畜牧、新农村建设、沼气、生态市建设现场观摩会。

【张楼乡】　2008年，生产总值5.2万元，财政收入423万元。新引进和扩建项目20个，合同引资26400万元，完成投资额10200万元，其中千万元以上项目5家，企业总量达89家，工业总产值20.3亿元。新增务工人员3049人，“三农”工作全面加强，林、牧、烟、棉优势产业壮大，农民人均纯收入5150元，新增规模养殖场12个，养鸡场2个，全乡猪存栏5.2万头，家禽存栏43万只，烟叶、棉花种植面积分别达到2600亩、3.2万亩，植树7240亩31.6万株。

【白牛乡】　2008年，生产总值3.52亿元，固定资产投资8316万元，财政收入456万元，农民人均纯收入4850元。完成各类特色基地建设7000亩，形成烟叶、蔬菜、畜牧、林果四大特色主导产业。种植烟叶2800亩，蔬菜3600亩。共建养殖小区4个，养殖场85个。全乡林地面积达1.6万亩。全乡在外务工人员1.5万人，年收入1.4亿元。累计投资2000多万元，出义务工2万多个，打通主次干道263条128公里，修筑水泥路121条57公里，硬化沙石路69条43公里，开挖开水道61条32公里，硬化下水道31条15公里，整治坑塘12个，安装路灯120盏，建幼儿园24个，卫生室38个，文化茶馆45个，商业网点1276个，小游园32个，救助站24个，安装太阳能热水器600多台，建沼气池400座，整治土地3800多亩。

【穰东镇】　2008年，生产总值8.67亿元，财政收入4.42亿元。优势农户2327户，经济能人3988户，企业家109人；工业企业总数513家，规模以上工业企业9家，年产值18.5亿元，其中针织服装企业495家，农副产品加工企业21家，皮鞋、玩具、铜制品等制造企业7家；各类商户5085家，其中服装商户1752家，宾馆饮食商户423家，物流运输商户127家；全年共引进项目88个，计划投资2.1亿元，完成投资1.85亿元，新增就业岗位1420个；城镇建设投资1406万元，建成区七纵七横主次干道总长达24公里，面积扩展到6.12平方公里，城镇人口增长到4.2万人；全年夏粮种植面积8.2万亩，秋粮5.1万亩；经济作物中棉花4.8万亩，月季500亩，烟叶2162亩；蛋肉鸡存栏80万只，牛（羊）存栏1万头（只），金鱼养殖170亩，新增专业场4个，养殖小区1个；开展技术培训2600人次，转移劳动力15万人次；

整治自然村129个，硬化道路102条43公里，硬化道路93条37公里，安装路灯126盏，建小游园24个、幼儿园21个、文化茶馆27个，安装太阳能热水器261台，修建沼气池580个，整治坑塘25个，治理“空心村”508个；栽植绿化林4136亩22.7万株，杨树发展到883亩。

【夏集乡】 2008年，生产总值5.6亿元，财政收入744.9万元，农民人均纯收入5200元。全乡新上100万元以上项目8个，其中1000万元以上的项目2个；全乡植棉10亩以上农户728户，30亩以上232户，棉花总产0.4亿公斤；全乡有水泥粉磨站1个，大小建筑公司62个，水泥免烧砖场8家，门窗加工场（点）14家，建筑建材业总产值1.4亿元；种植烟叶1279.8亩，新发展大场大户33个，其中300头上以规模养猪场7个，30头以上规模奶牛场3个，1万只以上养鸡场5个；投资963万元，打通道路143条，硬化水泥路41条31.7公里，整治坑塘19个，建小游园7个，拆除房屋410间，新增土地213亩，安装太阳能热水器210余台，建沼气池500座。

【裴营乡】 2008年，生产总值8.2亿元，固定资产投资1.1亿元，财政收入800万元，农民人均纯收入5550元。共涌现出优势农户2256户，经济能人2466人，企业家47人；全乡共植树30.22万棵，其中农田林网植树3694亩18.74万棵，生态廊道建设720亩3.6万棵，围城围村林1010亩5.05万棵，村镇绿化工程植树620亩3.1万棵，共登记林业种植面积19642万亩，发放林权证120余份；全乡上规模的养鸡户620家，养鸡25.8万只；签订招商引资合同项目11个，共投资1.4亿元，已完成投资1.07亿元，其中超千万元项目7个；投资1060万元整治自然村147个，打通主次干道478条251公里，铺筑水泥路面81.5公里，沙石路面169.5公里，挖下水道75条32公里，治理坑塘18个，建小游园8个、文化茶馆26个，安装太阳能热水器356台，建沼气池457座；投资2600万元，解决6.2万人安全饮水问题；发展广播电视村村通9个村；新增劳务输出人员3700人，总数达25600人，实现劳务收入3亿元。

【赵集镇】 2008年，生产总值6.9亿元，财政收入665.8万元，农民人均纯收入4800元。共涌现出优势农户1761户，经济能人4075人，企业家109人；引进工业项目13个，总投资额6200万元，其中固定资产投资500万元以上项目1个，200万元以上项目1个，100万元以上项目4个；整治自然村107个，占自然村总数的88%，共投资3240万元，拆迁房屋421座，复耕土地300亩，打通道路142条，硬化水泥路69条28.8公里，整修砂石路73条25.5公里，开挖下水道38条29.6公里，安装太阳能热水器446台，建小游园8个；发展蔬菜大棚121个，温室119座，从业人员113户494人，年产蔬菜300万公斤，年效益401万元；新增养殖小区1个，专业场12个，专业户157户，全年鸡存栏68万只，羊存栏6.4万只，黄牛存栏2.05万头，生猪存栏6.7万头，有油泵点4875个，校验台4923台，从业人员9000余人，全年校油泵收入达2.3亿元。

【罗庄镇】 2008年，生产总值5.3亿元，财政收入462万元，固定资产投资2.3亿元，农民人均纯收入5120元。新增优势农户525户，经济能人135人，企业家9人；建成养殖小区4个，养殖户1100家，生猪存栏8.2万头，年出栏16万头；新植杨树8.7万株，发展林地立体养殖和间作套种，增加效益；蔬菜重点种植葱、姜、瓜，面积达5000余亩，亩效益5000余元；全年招商引资总额1.2亿元，实现工业项目历史性突破；输出劳务2.1万人，引导回乡创业150人，创办实体22个，实现增收3亿元；筹资420万元，整治18个自然村，打通主次干道63条37.7公里，水泥硬化22条12.8公里，沙石硬化41条24.8公里，开挖下水道20条8.6公里，整治坑塘3个，建幼儿园3个，标准化卫生室2个，文化茶馆6个，商业网点7个，小游园3处，安装太阳能热水器231台，建成50

立方米沼气池6座，10立方米沼气池580座。

【十林镇】 2008年，生产总值4.13亿元，财政收入570万元，农民人均纯收入达4030元。筹资1200万元，整治自然村38个，打通主次干道80条，修水泥路26公里，沙石路67公里，修下水道19公里，建幼儿园10个，文化茶馆18个，安装太阳能热水器560台、路灯300多盏。建成大沼气池12座、小沼气池552座。新增养猪场9个、生猪存栏1.1万头、养鸡场2个、蛋鸡存栏1万只。全镇外出务工人员1.2万人，校油泵站点1000余个，从业人员3000多人，年创收9000多万元。

【张村镇】 2008年，全镇累计投入资金近5000万元，对25个村全部开展村庄整治，已完成整治的自然村805个，占全乡自然村数的80%，打通主次干道80条，修筑水泥路10条12.6公里，挖下水道18条12公里。引进资金1200万元建设张南民族步行街，引资200多万元，建成深水自来水厂1个。共支付各类补贴1164.3万元，其中粮补65万元，粮种补贴170万元，军属及伤残人员139人60万元，低保1800人110万元，五保287人16.3万元，义务教育8000人80万元，养殖33万元，太阳能热水器、沼气30万元。

【文渠乡】 2008年，生产总值5.6亿元，固定资产投资5600万元，财政收入573.9万元，农民人均纯收入3863元。新增工业项目22个，总投资7000万元，其中投资100万元以上的项目17个，500万元以上项目3个，1000万元以上项目2个。全乡共有优势农户1738户，经济能人1420人，企业家34人。全乡种植烟叶3500亩，实现特产税75万元。投资90万元，对文渠街主干道进行水泥硬化1.8公里，筹资300余万元，打通主次干道172条，修沙石路140条112公里，修水泥路36条32.9公里，建小游园7个、文化茶馆5个，安装有线电视180户、太阳能热水器240台，建沼气池605个。全年发放救灾款5万元，低保款99.56万元，五保款42.63万元，优抚款55.6万元，独生子女费5.36万元。

【九龙乡】 2008年，生产总值6.22亿元，农民人均纯收入4599元。固定资产投资4100万元。全乡共有优势农户533户，经济能人520人，企业家12人。新引进工业项目4个，协议项目2个，总投资2550万元。林地面积7000余亩。筹资800万元，硬化道路18公里，沙石路20公里，治理坑塘6个，建游园3个、文化茶馆21个，修下水道4公里，打通道路40公里。

【高集乡】 2008年，生产总值3.24亿元，财政收入510万元，农民人均纯收入3800元。全乡优势农户、经济能人和企业家分别达1886户、1905人和46人。新引进各类项目13个，引资3000余万元，全乡工业企业总数达120个，产值2.8亿元。种植烟叶5500亩，收购烟叶37万公斤，实现税金109万元。种植彩棉3500亩，被雪阳棉纺集团定为彩棉种子基地。完成林网1000亩，植树5.6万株，全乡落实完善林业产权制度改革。整治自然村115个，占全乡自然村总数的80%，新增耕地1000余亩，打通主次干道400多条80公里，硬化水泥路30条32公里，铺沙石路40余条40公里，修下水道27公里，整治坑塘25个，建标准化幼儿园10个，卫生室12个，文化茶馆21个，商业网点21个，小游园6个，成立专业社3个，安装太阳能热水器300台，建沼气池403座。

【彭桥镇】 2008年，生产总值11.9亿元，固定资产投资1.08亿元，财政收入544万元，农民人均纯收入4980元。全镇优势农户、经济能人、企业家分别达到1089户、1456人和31人，新增264户、604人和6人。新引进项目4个，总投资4540万元，共有个体私营业主385户，工业企业31家，年产值达9亿多元。整治自然村91个，占自然村总数的90%。种植烟叶3500亩，收购烟叶28.5万公斤，实现特产税79.2万元，其中500亩以上大方2个，1000亩以上大方1个，10亩以上大户96户，50亩以上大户2户，落实2009年烟叶面积6000亩。杨树种植面积2.75万亩，其中片林

1.2万亩，通道林8000亩，水源涵养林1500亩，沟路渠和田间林网6000亩，闭合网格350个，引进杨木加工企业3家。建成养殖小区2个，专业自然村6个，专业场18个，专业户906户，黄牛存栏1.9万头，羊存栏2.3万头，猪存栏2.6万头，鸡存栏30万只，畜牧产值8000万元。

【杏山旅游管理区】　2008年，生产总值1.21亿元，财政收入154万元，农民人均纯收入4586元。全区新增50万元以上规模碎石加工企业26家，养羊100头以上的大户50余户。投入资金250多万元，整修水泥路24公里，油路5公里，开挖下水道26公里，安装太阳能热水器165台，建沼气池165个，建游园3个，治理坑塘4个，拆除房屋264间，新增耕地265亩。

【孟楼镇】　2008年，生产总值16.1亿元，财政收入281万元，农民人均纯收入4890元。全年引进项目7个，总投资6000万元。新增植树大户31户，培育林产业经纪人47人，植树面积6000余亩，森林覆盖率达36%。推广麦瓜套种、林瓜套种模式发展南瓜种植专业村8个，种植面积9000余亩，年产值1170万元。新发展养殖专业户30户，畜牧总产值达6500万元。筹措新农村建设资金600余万元，打通主次干道35条，硬化村内主次干道9条6.3公里，铺设沙石路面23条8.7公里，治理坑塘15个，建小游园3座、文化茶馆5个，安装太阳能热水器186台，建沼气池178座。

【林扒镇】　2008年，生产总值6.2亿元，财政收入645.6万元，农民人均纯收入5687元。全镇优势农户、经济能人和企业家分别达1100户、5130人和56人。发展林瓜林椒套种8000余亩，农民增收近4000万元，建养殖小区5个，发展养殖大场（户）近200家，畜牧业总产值1.82亿元。新增务工人员2000人，实现劳务收入7000万元。新引进工业项目5个。投资37万元硬化镇区5条街道，投资15万元栽种风景树7000余株，投资30万元，安装路灯128盏，投资20万元新建文化广场和健身游园各1处、引资3000万元建综合大市场1处。投资225万元，新修整修“村村通”道路19公里。整治自然村47个，硬化主次干道372条146公里，修建下水道91公里，治理坑塘21个，建成小游园17个，健身广场5个，栽植风景树近1万株，安装健身器材10套，新装太阳能热水器180台、路灯136盏、新建沼池455座。

【陶营乡】　2008年，生产总值4.82亿元，固定资产投资9.8亿元，财政收入395万元，农民人均纯收入5400元。全年共引进项目13个，总投资4800万元，其中3000万元以上投资项目1个，500万元以上项目2个，50万元以上项目10个。全乡黄牛饲养量5270头，生猪饲养量7480头，山绵羊、家禽饲养量突破10万只，各种养殖户达4300户，畜牧业产值占农业总产值的47%。建成8000亩林麦瓜产业基地和2万亩棉花生产大方，南瓜年产2500多万公斤，产值2500万元，种植棉花2.6万亩，其中300亩以上大方3个，50亩以上大方27个，30亩以上植棉大户178户。累计投入资金430多万元，整治行政村16个，打通主次干道64条38.9公里，开挖修建下水道16.7公里，整治坑塘18个，新建小游园7个，文化茶馆16个，安装太阳能热水器322台。整治“空心村”5个，新增耕地520亩。

【都司镇】　2008年，生产总值5.4亿元，财政收入399万元，农民人均纯收入5230元。新建扩建项目13个，引资3000多万元，其中工业项目6个，商贸流通项目7个。筹资600余万元，整治自然村75个，占全镇自然村总数的87%以上，打通主次干道65条32.2公里，修水泥路36条28.5公里、沙石路29条3.7公里、下水道52公里，整治坑塘12个，建小游园12处，修建沼气池320座，建文化茶馆22个，整治“空心村”16个，治理土地1300亩。全年营造生态林3500亩，植树17.5万株。

【构林镇】　2008年，生产总值7.86亿元，财政收入720万元，农民人均纯收入5372

元。新上项目9个，总投资近1亿元，其中投资超千万元的项目4个，500～1000万元的项目5个。全镇小麦总产量1.21亿斤，造林5100亩。发展养猪大户363户，养殖大户542户，规模养殖场86个，存栏蛋鸡70万只，猪8.6万头，畜牧总产3.6亿元。投资330万元，硬化慢车道35000平方米，修花带8000平方米，安装路灯120盏；投资560万元，新建占地15.5亩构林蔬菜批发市场，进驻商户87家；在毅然路、古镇路安装路灯72盏，修铺向阳路面4100平方米，铺油6300平方米，硬化背街小巷道路9条8.3公里；规划沿河路、赛河路，硬化长度1500米；投资50万元，对北柳枫游园进行高标准勘测、规划和设计。

【刘集镇】 2008年，全镇小麦播种面积12万亩，总产量4.5万吨，种植棉花7万亩，总产5000吨，农民人均纯收入3800元，麦棉瓜套种面积1.2万亩，麦棉椒一体化套种模式2000亩；养殖小区由5个增加到8个，新增专业村6个，专业户500户，专业场20个，黄牛存栏5.3万头，羊存栏5.6万只，生猪存栏7万头，家禽存栏52万只，畜牧产值达9800万元；新培育5个专业村，其中建材专业村1个，黄酒加工专业示范村1个，畜牧养殖专业示范村1个，杨树种植专业示范村1个，农机服务专业示范村1个；全镇投资710余万元，打通主次干道120条，新修水泥路面57.5公里，开挖下水道21公里，治理坑塘12个，安装太阳能热水器600余台，新建文化茶馆5个，建小游园4个，建沼气池200座。

【小杨营乡】 2008年，生产总值3.1亿元，财政收入312万元，农民人均纯收入4500元。全年新引进超百万元以上项目5个。新发展300只以上的养鸡场5家，500只以上养猪场4家，100头以上的黄牛育肥场3家，大牲畜存栏1.5万头，生猪存栏3.5万头，家禽存栏49万只。全乡棉花种植面积1.2万亩，平均亩产225公斤。开挖疏通沟渠15000米，新打机井120眼，修田间道路74条31公里，桥涵71座。投入资金530万元，治理复耕土地420亩，拆迁房屋454间，打通村内主次干道162条，硬化道路57.4公里，整治坑塘18个，安装太阳能热水器310台，建文化茶馆12个，安装路灯59盏。

【桑庄镇】 2008年，生产总值45400万元，固定资产投资8521万元，财政收入508万元。粮食总产量7902万吨。全镇有优势农户4210户，经济能人1566人，企业家65个，其中新增优势农户324户，经济能人156人，企业家10个。规范改造养殖小区8个，新建标准化小区2个，专业场5个，新发展养殖户70个，畜牧业产值4560万元。新发展杨树面积3.3万亩，建生态林7827亩，农田网格377个，植树43万株。整治自然村73个，占全部自然村的88%。累计投入村庄整治资金287万元，拆除房屋68间，打通村内主次干道86条40.8公里，硬化水泥路45条23.2公里，沙石路53条30.7公里，整治坑塘2个，硬化下水道21条9.8公里，整治空心村2个，整理土地160亩，新建村级文化广场、小游园2个，安装太阳能热水器230台，修建沼气池32个。

【腰店乡】 2008年，生产总值4.4亿元，财政收入430.5万元，农民人均纯收入3960元。全乡工业企业48个，完成税利6000万元。种植杨树1.27万亩，建成1000亩以上种植村2个，100亩以上种植户30个，1000亩以上片林3个，建剥板厂4个，大型胶合板厂1个，安排2300人就业。培育存栏3000只以上养鸡大户9户，1000只以上49户，500只以上76户，养猪专业户12户，全乡大牲畜存栏1.8万头，猪羊存栏5.1万头，家禽41万只，畜牧业产值6750万元。种植烟叶2800亩，形成500亩以上大方2个，100亩以上大方9个，100以上种植户3个。安装太阳能热水器600台，建沼气池300个，远教DVD126台，宽带网42个，固定电话用户达1360户，空心村治理土地600亩。

【汲滩镇】 2008年，生产总值3.95亿元，财政收入598

万元，农民人均纯收入4412元。新上500万元以上项目1个，200万元以上项目18个。落实小麦面积8.5万亩，麦棉套种3.5万亩，种植小辣椒6000亩，植烟5亩以上大户87家，植棉30亩以上的大户93家，种粮50亩以上大户28家，新建畜牧养殖小区2个，千头猪场8家，500头养猪场18家，百头养猪场25家，万只以上养鸡场12家，5000只以上大场38家，养羊50只以上大户48家，养牛5头以上大户40家，发展大中型收割机械60多台，其它各类农用机械1万台，农副产品加工企业160多个。种植杨树1.5万亩，闭合网格700个。投资1200万元，拆房328间，伐树2236棵，打通主次干道158条，硬化水泥路35公里，治理坑塘9个，整体搬迁2个自然村，复耕土地260亩，建沼气池107个，安装太阳能热水器400台，建文化茶馆18个。（马玉平）

南阳旧志知多少

●郭文学

地方志是一区域范围内在一个时期的政治、经济、文化、社会、地理、自然等方面的地方百科全书。地方志和家谱是中国所特有的地方文化，史书与方志、家谱共同组成了灿烂的中华文明。盛世修志，是中国人自古以来的传统习惯。

东汉初，光武帝刘秀颁诏修《南阳风物传》，开修中国地方志的先河，因时间久远，此书早已不传。从东汉末年一直到元代，末再见到有关南阳专著的记载。

传世的南阳方志皆是明朝及明以后所修。据《中国地方志联合目录》考订，南阳方志存世有九种，而这些志书南阳大多不存。

一、明朝修志书三种：

1、明英宗正统三年（1437年）《南阳府志》刻本，十二卷。

2、明世宗嘉靖七年（1528年）《南阳府志》刻本，嘉靖卅年（1551年）补修，十二卷。存世明嘉靖《南阳府志》为中华民国31年（1942年）校注本，铅印；民国28年（1939年），唐河县清末进士李椒园在北京发现这一海内孤本，特请饱学之士、国内著名教育家、方志学家张嘉谋（字中孚）校注。书稿历经三年始成，竣稿不久，因劳累过度，张嘉谋与世长辞。为纪念张嘉谋，省方志名流当即筹资，由南阳《前锋报》社于民国31年（1942年）铅印发行，分四卷五本。时值国难当头，印刷条件差，印数又少，后几战乱，散失殆尽，孤本与书稿则毁于“十年动乱”。1984年，南阳地区史志编委会整理再版，名为《明嘉靖南阳府志校注》，仍分四册五本发行。

3、明神宗万历五年（1577年）《南阳府志》刻本，十八卷。

二、清朝修志书五种：

1、清世祖顺治十六年（1659年）《南阳府志》刻本，十三卷图一卷。

2、清圣祖康熙三十三年（1694年）《南阳府志》刻本，六卷。

3、康熙三十二年（1693年）《南阳县志》刻本，六卷首一卷。

4、清仁宗嘉庆十三年（1807年）《南阳府志》刻本，六卷图一卷。

5、清德宗光绪三十年（1904年）《新修南阳县志》刻本，民国18年（1929年）重印，十二卷首一卷。

三、民国修志书一种：

民国15年（1926年）《南阳县志》，十二卷，未出版，存稿。

大 事 记

1月

2日 中共南阳市委召开四届九次全会（扩大），总结2007年工作，部署2008年工作。市委书记黄兴维受市委常委会委托，向全会作工作报告。预计2007年全市生产总值完成1388亿元，增长13.1%；全社会固定资产投资完成708亿元，增长37.6%；工业增加值完成630亿元，增长16.3%；财政总收入96亿元，增长23%；外贸进出口总额5.68亿美元，增长47%；城镇居民人均可支配收入突破10000元，农民人均纯收入接近4000元，分别增长19%和17%以上。粮食总产达到56亿公斤。经济社会发展呈现出速度较快、结构优化、效益提高、民生改善的势头，实现了富强美好和谐新南阳建设的精彩开局。2008年工作总体要求是：全面贯彻落实十七大精神，以省委八届五次全会和市委四届八次全会精神为指导，以科学发展观为统领，以转变发展方式为主线，坚定不移地推进农区工业化和高新技术产业化，着力加快新农村建设，着力发展第三产业，着力改善民生，着力加强生态文明建设，协调推进经济、政治、文化、社会和党的建设，努力实现经济社会又好又快发展，不断开创富强美好和谐新南阳建设新局面。主要预期目标是：生产总值增长12%，财政一般预算收入增长15%，全社会固定资产投资增长20%以上，社会消费品零售总额增长15%，进出口总额增长12%，实际利用外资增长15%，居民消费价格涨幅略低于上年水平，城镇居民人均可支配收入增长8%，农民人均纯收入增长6%，城镇登记失业率控制在4.5%以内，城镇化率提高2个百分点，单位生产总值能耗降低5.5%左右，化学需氧量、二氧化硫排放量分别减少4.51%和5.7%。

同日 市委四届九次全会决定，2008年以开展“机关效能建设年”活动为载体，推动机关作风改善，从根本上解决当前各级机关存在的服务意识不强、工作效率不高的问题，以硬措施改善软环境，以软环境的改善促进经济社会跨越发展、和谐发展。

3日 淅川县失踪儿童案侦破新闻发布会在淅川丹阳宾馆举行。2007年4月15日至12月8日，淅川县、西峡县先后发生7起儿童失踪案件，共失踪儿童9名。2007年12月23日，国务院总理温家宝亲自对案件侦破工作作出指示。此后，河南省委书记徐光春、省长李成玉，公安部常务副部长白景富等省、部级领导分别对此案侦破工作作出批示。南阳市委、市政府成立由市委书记黄兴维，市委常委、政法委书记王建民为正、副政委，市长助理、市公安局局长马学民为指挥长的“12·24”专案指挥部。省公安厅派出协调督导组具体指导协调案件侦破工作，并向周边省、市公安机关发出协查通报。经过连续奋战，专案侦查在较短时间内迅速取得突破性进展。经查实，淅川县8名儿童失踪被拐案和西峡县1名儿童失踪被拐案，均系淅川县老城镇的叶增喜及其儿子叶欣帆、弟弟叶晓林、侄孙叶某等人组成的家族式犯罪团伙所为。犯罪嫌疑人叶增喜指使叶某以购买食品、玩具为诱饵，将儿童骗出后，由其他犯罪嫌疑人快速转运至河南省新乡市、山东省东明县等地卖与他人。至2008年1月2日，

“12·24”专案涉案的10名主要犯罪嫌疑人悉数落网，9名失踪男童全部被解救，全案胜利告破。

3～4日　南阳市第三次妇女代表大会召开。来自各条战线300多名妇女代表参加会议，选举产生由柳克珍任主席的市妇联三届执委会。

4日　在全国双拥工作领导小组、民政部、解放军总政治部举行的全国双拥模范城命名暨双拥模范单位和个人表彰大会上，命名表彰355个全国双拥模范城，内乡县名列其中。

7～11日　政协第三届南阳市委员会第五次会议举行。会议审议通过政协第三届南阳市委员会常务委员会工作报告和提案工作报告；列席市三届人大六次会议，听取讨论《政府工作报告》及其他报告；围绕全市中心工作，进行大会发言；通过大会各项决议。

8日　在中共中央、国务院举行的国家科学技术奖励大会上，王永民发明的“王码五笔字型”获得国家技术发明二等奖，并成为中国上千种汉字编码中唯一获得国家技术发明奖的发明。

8～11日　南阳市第三届人民代表大会第六次会议召开。会议一致通过《关于南阳市人民政府工作报告的决议》、《关于南阳市2007年国民经济和社会发展计划执行情况与2008年国民经济和社会发展计划的决议》、《关于南阳市2007年财政预算执行情况和2008年财政预算的决议》、《关于南阳市人民代表大会常务委员会工作报告的决议》、《关于南阳市中级人民法院工作报告的决议》和《关于南阳市人民检察院工作报告的决议》。

9日　河南省委考核组组长，省委常委、宣传部长，副省长孔玉芳率领省委考核组，对南阳市2007年度党风廉政建设责任制工作进行考核。

10～28日　全市连降中到大雪，市中心城区降水量在30毫米以上，桐柏县、唐河县降水量在50毫米左右，南召县降水量10多毫米，其他各县（市、区）均有30毫米左右。连续的低温降雪天气，给交通安全和群众生产生活造成困难，局部地区形成严重灾害。据统计，大雪共造成全市受灾人口221857人，紧急转移安置2118人；农作物受灾面积5785公顷，绝收2529公顷；倒塌居民住房1217间，损坏房屋676间；全市直接经济损失达6590.9万元，其中农业直接经济损失5616.8万元。为帮助群众抗灾救灾，省财政向受灾县（区）下拨救助款共计913万元。

16日　市中心城区集中供热一期工程热水管网建设在仲景北路破土动工。南阳城市集中供热一期工程建设总投资约2.5亿元，可实现民用采暖面积480万平方米、工业蒸汽70万吨/年。

中旬　海关总署副署长李克农到南阳海关检查指导工作。

23日　即日起，南阳市对部分重要民生商品及服务实行“提价申报，调价备案”的临时价格干预措施。凡列入调价备案名单的企业，必须向价格主管部门备案并经批准，否则不能调价。这次列入控制名单的商品包括成品粮及粮食制品、食用植物油、猪肉和牛羊肉及其制品、乳品、鸡蛋和液化石油气等。

24日　南阳热电有限责任公司1号机组顺利投产。5月6日，2号机组成功运行。南阳热电项目供热范围可覆盖市中心城区白河以北全部城区，可满足1000多万平方米的采暖需求。

26～27日　国务院南水北调办公室副主任张野一行到淅川县调研南水北调中线工程移民试点工作。

29日　河南省人大常委会副主任刘新民、省政协副主席龚立群等率领省慰问团到南阳，看望慰问困难群众和困难企业。

30日　受中共中央总书记胡锦涛委托，中共中央政治局常委、中央政法委书记、国务委员周永康在河南省委书记徐光春、省长李成玉等陪同下，到南阳考察抗灾救灾工作，并代表党中央、国务院向受灾群众和奋战在抗灾救灾第一线的职工群众表示慰问。

2月

16日　中央电视台新闻

联播播发邓州“4＋2“工作法。该报道以邓州市穰东镇葛营村为切入点，全面总结邓州市运用“4＋2”工作法推动该市“村村通”、合作医疗、村庄整治等工作的成功实践。

18日　南阳市各界举行集会，热烈欢迎南阳供电公司援湘抗冰抢险保供电勇士们胜利归来。自1月份开始，湖南等地遭受历史罕见的雨雪冰冻灾害，造成电网大面积停电，给灾区人民群众生产生活带来很大困难。南阳供电公司积极响应党中央、国务院的号召，按照河南省电力公司和市委、市政府安排部署，在第一时间紧急组织300余名职工，组成抗冰抢险保供电突击队，于新春佳节即将来临之际，迅速赶赴受灾最为严重的郴州市，全力投入到修复电网保障供电的攻坚战斗中，高质量、高速度地完成抗冰救灾保供电任务。

27日　河南省委作出决定，授予杜东翔“优秀共产党员”称号，并在全省范围内开展向杜东翔学习活动。杜东翔是南阳市宛城区检察官，从事检察工作23年来，带领干警们审查批捕案件1413起、2088人，提起公诉1326起、2214人。连年紧张劳累，杜东翔积劳成疾，患上严重的肾功能衰竭，手术后仅半年多就重返工作第一线。

同日　河南省副省长刘满仓到南阳调研农村经济发展情况。

27～28日　国务院南水北调办公室副主任李津成一行，在河南省副省长刘满仓的陪同下，就南水北调中线水源区水污染防治和水土保持工作来宛进行调研。

29日　国家发改委在北京举行国家高技术产业基地授牌大会，南阳市被授予新能源产业国家高新技术产业基地。

是月　国家科技部批准南阳市为“全国科技进步考核先进市”。

是月　南阳市供销社被国家人事部和中华全国供销总社评为全国供销社系统先进集体。

是月　南召县五朵山景区成功晋级为国家3A级景区。

是月　市文化局公布第一批南阳市非物质文化遗产名录，共计52项。

是月　农业部公布100个农产品为2007年中国名牌农产品，新野县“宛绿”牌甘蓝蔬菜榜上有名。

3月

4日　南阳市召开政法暨推进打击“两抢一盗”犯罪专项斗争工作会议。会议决定，自2月29日起，在全市范围内开展为期1年的打击“两抢一盗”犯罪专项斗争，使2008年现行“两抢一盗”案件发案率降低20%，全市公众安全感指数上升到93%以上。上半年，全市公安机关共破获“两抢一盗”案件17784起，摧毁“两抢一盗”犯罪团伙210个，抓获“两抢一盗”犯罪嫌疑人6561名，“两抢一盗”发案率明显下降。

18日　南阳天益发电有限责任公司鸭电二期4号机组正式点火发电，19日首次并网。至此，鸭电二期2×600MW燃煤发电机组全部并网发电，比计划工期提前5个月。鸭电二期2×600MW超临界燃煤发电工程是河南省“十一五”重点建设项目，是全市工业“一号工程”。该工程于2006年3月26日正式开工建设，工程静态投资40.3亿元，总投资42.9亿元，投产后年可实现发电量66亿千瓦时，产值20亿元。

同日　卧龙区靳庄水库续建工程主体工程竣工。水库蓄水后，市城区西北部将再增加一个水域面积266.66公顷的人工湖。同时，梅溪河、温凉河、三里河等城区内河因有水源补给，将有望实现四季清水长流。

19日　市委召开农村工作会议，传达贯彻中央、省委农村工作会议精神。会议指出，当前和今后一个时期，全市农业农村工作的总体要求是：深入贯彻落实党的十七大精神，坚持以科学发展观为指导，坚持“以工促农、以城带乡”和“多予少取放活”的方针，以新农村建设统揽农村工作全局，以发展农村经济为中心，以增加农民收入为目标，以加快推进农业现代化、传统农区工业化为方向，以解决农民最关心、最直接的问题为切入点，突出加强农业基础建设，着力解决农村民生问题，促进粮食稳定增产，农民持续增收，农村经济社会全面发展。农业农村工作的目标是：农林牧渔业总产值增长6%以上；农民人均纯收入增长6%以上；粮食、棉花、油料总产量分别稳定在500万吨、14万吨和90万吨；肉蛋奶总产量达到180万吨以上；农民生活水平有明显提高，农村基础设施建设有较大改善，农村各项事业有较快发展，新农村建设有新的突破。

同日 市中级法院对程晓海等12人黑社会性质抢劫、杀人案进行宣判。2006年年初至案发，翟翠平（另案处理）纠集程晓海、介智钢等人，在南阳市城区及所辖县（市），平顶山市和陕西省等地，共实施抢劫、故意杀人、绑架、强奸、放火、故意伤害、盗窃等35起，逐渐形成以翟翠平、程晓海为组织者、领导者的黑社会性质犯罪组织，多次进行抢劫、盗窃犯罪活动，非法敛财60余万元。市中级法院以抢劫罪判处程晓海、介智钢、杨书林死刑，剥夺政治权利终身，并处没收个人全部财产；其他被告人分别被判处无期或有期徒刑。

20日 国家农业部、体育总局和中国农民体育协会正式宣布，全国第七届农民运动会由河南省人民政府承办，于2012年在南阳市举行。

25日 市政府召开计划生育“三项治理”工作会议，要求把治理重点放在有一定级别的党员干部和所谓的名人、富人违法生育上。

2月～3月中旬 白河南阳城区段污染严重，河水又脏又臭，河面上不时漂浮起大量死鱼。造成污染的主要原因是温凉河污水排入白河，另外是沿河居民抛入的垃圾。

4月

1日 西峡县被河南省委、省政府授予“2005～2007年度全省县域经济社会发展先进县”称号。

1日至6月30日 在全市范围内实施三个月的禁渔期。

4～5日 河北省委常委、常务副省长付志方到南阳考察，

5日下午 济南军区某部一辆运送水泥的解放牌运输车，在独山森林公园大门口因刹车失灵，撞坏公园大门，冲向路边行人，导致8人死亡、10人受伤，6辆停放在路边的地方车辆不同程度受损。

6日 南阳籍运动员周春秀在第三届扬州鉴真国际马拉松（半程）赛暨全国首届半程马拉松锦标赛中获得女子组冠军。

8日 市儿童福利院举行开工奠基仪式。

9日 全市深化“4＋2”工作法推进村级民主管理座谈会在邓州市召开。

9～10日 水利部党组成员、中纪委驻水利部纪检组组长张印忠莅宛检查病险水库除险加固工作。

10日 市社会科学界联合会第三次代表大会举行。大会选举产生市社科联新一届领导机构，市委常委、宣传部长姚进忠当选为南阳市社科联第三届委员会主席。

11日 南阳市残疾人联合会第三次代表大会召开。

同日 全市重点项目建设暨工业大会召开。会议指出，2008年将着力加强基础设施和基础产业、结构调整和节能减排等领域的重点工程建设，突出做好包括“十件实事”在内的一批改善民生和促进社会和谐的项目建设。全市第一批安排181个重点项目，总投资611亿元，计划当年完成投资223亿元，新开工项目71个，竣工投产项目101个。

15日 全国政协原副主席张思卿一行到镇平县考察玉雕产业和地毯加工业。

同日 全国人大农业与农村委员会副主任委员、中国珠宝玉石首饰行业协会会长孙文盛一行，到镇平、内乡、西峡3县对旅游和玉文化产业发展情况进行考察。

同日 中国兵器工业集团公司与南阳市人民政府战略合作协议签约仪式举行。双方将致力于把南阳打造成为金刚石超硬材料、专用汽车、汽车零部件、石油工程

机械生产基地。中国兵器工业集团公司党组书记张国清、南阳市市长朱广平分别致辞。中国兵器工业集团公司弹箭局局长贾宏谦与朱广平代表双方在协议上签字。

15～25日　中国·南阳第六届玉雕节暨首届宝玉石博览会隆重举行。全国政协原副主席张思卿宣布节会开幕。全国人大农业与农村委员会副主任委员、中国珠宝玉石首饰行业协会会长孙文盛向节会表示热烈祝贺。河南省副省长宋璇涛代表省委、省政府对节会的召开表示祝贺。这次节会共签订27个项目，总投资44亿元，引资额41亿元。节会期间举办全国珠宝玉石精品布展活动、旅游产品和珠宝玉石产品展销活动、第二届中国（南阳）珠宝玉石首饰特色产业基地高峰论坛和南阳独山玉国家矿山公园开园揭碑仪式等项活动，慕名来宛的海内外游客达50多万人次，参观宝玉石精品展厅的有10万人次。

16日　南阳市与美国拉斯维加斯市签订建立友好城市合作关系备忘录。

同日　南阳独山玉国家矿山公园开园揭碑仪式举行。

16～26日　日本林业专家南幅正治先生第三次莅宛考察指导“南水北调中线工程水源地生态环境保护与管理”国家重点引智项目。

18日　中南金刚石公司3.2亿克拉高品级工业钻石项目在高新区工业园区奠基，标志着南阳超硬材料产业主导产品产业化发展和工业经济结构调整迈上一个新台阶。

20～27日　由市委书记黄兴维和市领导褚庆甫、解朝来、朱长青、刘朝瑞、原永胜及各县（市、区）委书记、市直有关部门负责人组成的南阳市党政代表团赴环渤海经济圈进行考察学习。

23～26日　全市“移动杯”迎奥运职工乒乓球大赛举行，来自各县（市、区）、市直各单位的65个代表队、410名运动员参加比赛。

24日　南阳新能源国家高技术产业基地发展规划编制完成。规划总体目标是：通过5～10年努力，在南阳形成核电、风力发电、生物质能发电、太阳能发电、抽水蓄能发电等“八电并举”局面，把南阳新能源高技术产业基地发展成为全国乃至全世界一流的生物能源、多晶硅太阳能光伏及相关新能源装备制造等研发和产业化生产基地。

26日　第三届中国中部投资贸易博览会在武汉开幕。在河南省情说明会及项目签约仪式上，南阳市有两大独资项目签约。分别是：邓州市政府和中国大唐集团签订的生物质能热电项目，签约金额2.2亿元；唐河县政府和上海营泰时装有限公司签订的年产1万吨多晶硅项目，签约金额5.5亿元。

28日　中国南方航空南阳飞行训练基地在南阳机场宣布成立。国家民航局副局长李健，河南省委常委、省委统战部部长刘怀廉为南阳飞行训练基地揭牌。

28～30日　河南省委常委、统战部部长刘怀廉到南阳调研，省政协副主席袁祖亮等随同调研。

30日　南阳市隆重召开庆五一劳模座谈会，对获得全国、省、市五一劳动奖状、奖章的单位和个人进行表彰。

是月　桐柏县安棚碱矿三期工程年产150万吨纯碱、小苏打项目开工建设。该项目是全省100个重点工程项目之一，总投资15亿元，将于2009年底全部建成投产，届时年产各类碱化工产品将达到120万吨，实现年产值15亿元，利税达5亿元以上，成为国内唯一可以与美国绿河碱矿争夺国际市场的天然碱生产基地。

是月　邓州市被民政部确定为296个全国农村社区建设实验县（市、区）之一。

是月　方城县拐河镇被中宣部、文化部、广电总局、新闻出版署授予全国“村村通”广播电视先进单位，是河南省唯一获此殊荣的基层广播电视站。

5月

1日　即日起，市政府正式向社会公开政府信息，公民、法人或其他组织可以通过政府门户网站或提出申请的方式查询政府信息。

同日　南阳市鼎鑫钢铁有限公司煤气发生炉发生爆炸，造成3人死亡，11人受伤的严重事故。

5日，南阳市青年联合会举行三届一次全会，选举王庆为市青联三届委员会主席。

7日　济南军区副司令员张鹤田中将带领济南军区政治部副主任刘勇少将、河南省军区副司令员曹建新少将等莅临南阳，检查指导部队建设和“双拥”工作。

8日　纤维乙醇项目首条产业化生产线在天冠集团批量产出乙醇，此举可有效缓解中国能源紧缺矛盾，并节约大量粮食。

9日　香港首长科技集团行政总裁周哲一行莅宛，就光电显示产业投资环境进行考察。

10日　南阳市文学艺术界联合会举行第三次代表大会，选举王遂河为市文联第三届委员会主席。

10～12日　中共中央政治局常委、国务院总理温家宝莅临南阳，视察农村、企业、社区、学校，与干部、群众亲切交谈，就粮食生产、农民生活、教育医疗、企业发展等问题进行调查研究。随行的有财政部部长谢旭人、农业部部长孙政才、卫生部部长陈竺、国务院政研室主任魏礼群等。河南省委书记徐光春，省委副书记、代省长郭庚茂和南阳市领导黄兴维、朱广平、贾崇兰等陪同。

上旬　市委政法委、市综治委在全市开展以“关注民生、保障民安”为主题的“大走访”活动。至5月底，收集一批案件线索，破获一批案件，排查并及时化解一批矛盾纠纷和不稳定因素，促进社会稳定。

11日　中华健康快车基金会副理事长、全国政协常委会法制委员会副主任伍绍祖莅宛，看望南阳白内障患者。

12日14时28分，四川省汶川县发生8.0级地震，南阳各县（市、区）均有强烈震感。

13日　大批志愿者要求奔赴四川地震灾区抢救灾民。镇平县杨营镇玉雕商户秦之强从银行紧急贷款10万元购买救灾物资，连续驱车19个小时，奔波1500公里到灾区救助灾民。14日，市中心城区民营骨科医院院长崔树平带领一批志愿者奔赴灾区抢救伤员。

同日　许多群众自发到各个血站要求献血，仅市中心血站就有127人献血5万毫升。

同日　中国电力投资集团公司副总经理张晓鲁一行莅临南阳，对核电项目前期工作进展情况进行实地考察。

14日　市委、市政府向全市发出为灾区人民送温暖、献爱心募捐活动号召。截止5月30日，市民政救灾部门共接受捐款2600多万元，全市广大共产党员共缴纳特殊党费1800多万元。市红十字会接收社会各界抗震救灾捐赠款物总额960.6万元。

16～30日　市中心城区各中小学及淅川、新野、方城、唐河、内乡、社旗等县的中小学共接收51名来自四川灾区的中小学生到校就读。

18日　南阳首批22名公安消防官兵和13名供电公司职工奔赴四川灾区，抢救压在废墟下的灾民，修复断电工程。

同日　全市组织1000顶帐篷、20万元药品和15万元食品运往四川灾区。22日，根据灾区需要，又运往四川灾区100万元药品。

19日　市中心医院、市骨科医院、南阳医专一附院等单位抽调16名优秀医护人员，组成救灾防疫工作队赶赴灾区。24日，市直各医疗单位抽调25名优秀医护人员组成救灾医疗队奔赴四川灾区，救治伤员，消毒防疫。

20～21日　河南副省长刘满仓一行莅宛参加全省南水北调中线工程水源地水质保护工作会议，并在淅川县等地察看水源地水质安全保护情况。

25日　农业部部长孙政才，河南省委副书记、代省长郭庚茂和农业部副部长张宝文、河南省副省长刘满仓在镇平县杨营镇郭营村启动全国小麦跨区机收仪式。

同日　河南省委副书记、代省长郭庚茂带领省直有关部门负责人，先后到天冠集团纤维乙醇项目建设工地、金光数字显示有限公司、中光学集团河南南方辉煌图像信息技术有限公司和河南迅天宇科技有限公司调研。

26日　市委、市政府决定，援建四川灾区4000套过渡安置房。27日，近百名建设过渡安置房的建筑工人离宛赴川。

28日 南阳市政府与首钢控股有限公司、首钢控股（香港）有限公司签订战略合作协议，在南阳建设光电显示产业基地，争取在3年内达到年产销100万台以上大屏幕数字高清晰电视整机目标。

同日 南阳市庆“六一”暨农村留守流动儿童关爱工程——“春暖行动”启动，旨在发动全社会为农村留守流动儿童办好事、办实事。

30日 邓州花洲水泥厂投产。该厂一期工程总投资4.2亿元，日产熟料4500吨，采用世界上最先进的生产工艺，年产熟料120万吨、水泥150万吨。

31日 市商业银行原副行长郭予杰等人涉嫌贪污公款2000万元被立案查处。2002年下半年，犯罪嫌疑人郭予杰利用担任市商业银行副行长职务之便，伙同其弟郭予琦（原任民生证券公司副董事长、现任北京市京都海润投资有限公司法人代表）、弟媳周敏（原任南阳市宝通钱币开发有限公司、南阳市科容房地产开发有限公司法人代表），通过调整账目、转换贷款主体等手段，共同贪污市商业银行2000万元人民币。是日，犯罪嫌疑人郭予琦、周敏被依法逮捕。

是月 国务院批准公布第一批国家珍贵古籍名录，南阳市共有6部古籍入选。

是月 由国家文物局组织的中国第一次博物馆分级评选揭晓，南阳汉画馆被评为国家一级博物馆。

6月

4～5日 内蒙古自治区政协副主席、鄂尔多斯市委书记云峰率鄂尔多斯市党政考察团，到南阳考察油碱硝化工产业。

14～15日 中央党校省部级班调研组莅宛调研村委换届选举工作。调研组由全国人大法工委副主任王胜明、国务院法制办副主任部风涛、浙江省人大常委会副主任程渭山、河南省人大常委会副主任张程峰等8人组成。

18～20日 河南省人大常委会副主任李柏拴率省人大调研组莅宛，专题调研政府节能减排工作。

23日 全国最大养猪基地河南龙大牧原肉食品有限公司在内乡县灌涨镇开工建设。该公司由河南内乡县牧原养殖公司和山东龙大食品集团共同兴办，总投资2.6亿元，投产后年屠宰生猪100万头，加工各类肉制品10万吨，年销售收入可达20亿元。

25～29日 南阳市南水北调中线工程渠首、水源地生态文明建设图片展在北京中国人民革命军事博物馆举行。中共中央政治局常委李长春和张思卿、袁宝华、赵东宛、陈耀邦、郭树言、李金明、赵延年、苏建成、刘新民等国家和省部级领导及市领导黄兴维、朱广平与数万北京市民参观图片展。

是月 河南省商务厅、发改委、财政厅、科技厅等8部门公布2008～2009年度“河南出口名牌”名单。南阳市二机集团的“华石”牌钻机、乐凯二胶的“华光”牌胶片、龙成集团的“成飞”牌钢板、普康药业的“南阳”牌抗生素、天冠集团的“天冠”牌谷朊粉等5个出口品牌入选。

是月 河南省地矿局地勘一院在南阳市勘探出一特大型镍铜矿。该矿东起唐河黑龙镇，横跨新野，西至邓州林扒镇，是河南省目前发现的最大镍矿。矿产资源储量在153万吨左右，其中镍32.43万吨、铜12万吨、伴生金12.87吨、银588吨。

7月

1日 南阳市委、市政府、军分区联合发文，要求各级党委、政府和驻宛部队响应中央和省委号召，深入开展向武文斌同志学习活动。武文斌是济南军区某师炮兵指挥连士官，6月18日在随部队参加四川汶川抗震救灾中，因连续奋战、过度劳累引发肺血管畸形破裂出血光荣牺牲。

同日 经国家标准化管理委员会批准，全国变性燃料乙醇和燃料乙醇标准化技术委员会正式落户天冠集团。

3日 市四大班子召开联

席会议，决定从7月1日起至年底在全市启动县（市、区）委书记大接访活动，旨在深入排查化解矛盾纠纷，着力解决民生问题，重点化解疑难复杂矛盾纠纷，切实转变干部作风，依法及时合理处理群众反映的问题，促进社会和谐稳定。

7～8日　全国供销合作总社在南阳市召开会议，推广南阳市供销合作社围绕农村经济发展大局，强力推进以现代流通网络为主体的“新网工程”建设经验。

9日　河南省委常委、省纪委书记叶青纯、省纪委副书记米剑峰等到老区桐柏县考察红色廉政文化展馆建设工作。

同日　由青海省副省长、西宁市市长骆玉林带领的考察团一行11人莅临南阳，考察光电产业。

10日　中南公司高品级工业钻石项目开工仪式在高新区工业园举行。该项目被认定为国家高新技术发展项目，是南阳市工业“发动机计划”的主要项目。预计新增固定资产投资3亿元，建设周期为18个月，每年可新增工业钻石5.7亿克拉。年产钻石能力居世界第一位。

上旬　市文物考古研究所在市中心城区工业路与八一路交叉口建筑工地发现规模庞大的春秋战国时期楚国贵族墓葬群。先期发掘的两座墓葬已出土铜鼎、铜缶和青铜编钟等大量珍贵文物。此次发现古墓葬之多，出土的铜鼎形状之巨，古墓葬规格之高，在南阳考古发掘史上尚属首次。

15～17日　河南省委常委、省政法委书记李新民到南阳市就政法稳定工作进行调研。

17日　河南省副省长宋璇涛深入西峡县考察伏牛山生态旅游开发工作。

17～18日　河南省政协副主席、省工商联主席梁静到南阳调研非公有制经济发展情况。

18日　日前，中央军委主席胡锦涛签署命令，授予武文斌同志“抗震救灾英雄战士”荣誉称号。是日，中央军委授予武文斌同志“抗震救灾英雄战士”荣誉称号命名大会在四川省都江堰市举行。中共中央政治局委员、中央军委副主席徐才厚向武文斌家属颁发国家一级英模奖章及证书并作重要讲话，要求全军和武警总队坚决响应胡锦涛主席和中央军委的号召，广泛深入地开展向武文斌同志学习活动。

同日　河南南阳2008银企洽谈会召开，共有16个金融机构与南阳99个企业签订贷款合同和协议，签约项目达118个，签约金额288.55亿元，其中签约合同贷款126.79亿元，意向贷款161.76亿元。

26日　中共南阳市委举行四届十次全体（扩大）会议，贯彻省委八届八次全会精神，动员全市广大干部群众迅速掀起新一轮解放思想热潮，在全市集中开展以“新解放、新跨越、新崛起”为主题的解放思想大讨论活动，以思想大解放推动经济社会大发展。这次活动历时半年，有效地转变思想观念和工作作风，推动工作落实，解决一批制约经济发展的热难问题，促进经济社会又好又快发展。

29～31日　南阳市委书记黄兴维率领市党政及企业考察团到内蒙古鄂尔多斯市进行学习考察。

是月　河南省人民政府公布第五批河南省文物保护单位，全省共计283处，南阳市有15处文物保护单位入选。

是月　国务院国资委评选出10个科学发展、和谐发展、又好又快发展的新型国有企业典型，天冠集团有限公司是河南省惟一入选的企业。

是月　南阳汽车站荣获全国总工会“工人先锋号”称号，成为河南省交通系统惟一的国家级“工人先锋号”。

是月　西峡县阳城乡赵营村、任沟村一带，在修建村村通公路时发现数个形似恐龙的山坡，方圆5平方公里范围内，蕴藏着10余万枚、20个种类的恐龙蛋化石。文物专家认为，这里是继1993年西峡县发现大面积恐龙蛋化石以来又一次惊人的发现。

是月　社旗县发现铁矿矿体。经初步探查，矿区范围约38平方公里，有望成为豫西南最大的铁矿。同时在该矿脉带也探明有储量丰富的铅、锌等矿体，且品位优良，具备开采价值。

是月　桐柏县发现特大型油页岩矿，已探明含矿面积84平方公里，地质储量20亿吨，属特大型沉积矿床。

8月

3日　南阳市市长朱广平会见莫桑比克工业贸易部副部长赛尔吉噢一行。莫桑比克友好访问团成员包括国家投资中心总裁穆萨、外交部副部长拉赫曼、龙工作室（莫桑比克）有限公司董事长闪长华。5日，市长朱广平与莫桑比克工业贸易部副部长赛尔吉噢分别在访问备忘录及中国南阳市与莫桑比克楠普拉市建立友好关系意向书上签字。

17日　在北京奥运会上，社旗县周春秀在女子马拉松比赛中勇夺铜牌。河南省委书记徐光春和南阳市委、市政府分别向周春秀发出贺电。

18日　中共河南省委副书记、代省长郭庚茂莅宛向市直机关领导干部、各县（市、区）负责人及各大企业、大专院校负责人作“新解放、新跨越、新崛起”大讨论活动专题报告。

18～19日　郭庚茂一行深入到二胶厂、天冠集团、桐柏县安棚碱矿、淅川县南水北调工程渠首等地考察指导工作。

28～30日　第三届豫商大会在南阳举行。全国政协副主席李蒙，河南省委书记、省人大常委会主任徐光春，省委副书记、代省长郭庚茂，省政协主席王全书，南阳市四大班子领导黄兴维、朱广平、贾崇兰、褚庆甫、解朝来、李天岑等，以及国家、省、市有关部门负责人，工程院院士，参会豫商、客商和其他来宾出席开幕式。徐光春在开幕式上发表重要讲话，郭庚茂致开幕词，市委书记黄兴维致欢迎词。会议期间，南阳市共签订合作项目82个，总投资额243.9亿元，合同引资额229.2亿元，投资在5亿元以上的项目9个，2亿元以上的项目39个，技术含量高的高新技术项目26个。期间，举行大会主题论坛、南阳旅游高层论坛、新能源发展论坛、光电显示高层论坛、金融论坛等项活动。

9月

3～7日　受河南省委委托，省委统战部邀请党外人士莅临南阳举行恳谈活动。省委常委，省委统战部部长刘怀廉，民革省委主委李英杰、民盟省委主委储亚平、民建省委主委龚立群、九三学社省委主委张亚忠、农工党省委主委高体健、民进省委主委袁祖亮，省工商联主席梁静、无党派代表人士徐济超等参加恳谈活动。此次恳谈活动就“新解放、新跨越、新崛起”大讨论活动中如何进一步解放思想，创新工作思路，推进全省统一战线工作和民主党派工作迈上新台阶征求党外人士的意见。

12日　南阳太公湖生态旅游度假区项目开工奠基仪式在镇平县老庄镇举行。

17日　河南省委、省政府在郑州举行院士、高层次专家与省辖市签约仪式。南阳市人民政府聘请张勇传院士担任科技顾问，俄罗斯二机林奇合资公司专家维克多·米哈伊洛维克被聘请为南阳二机石油集团低温钻机装备研制项目专家。

同日　第10届中国科协年会河南省合作项目签约仪式在郑州举行。南阳市共有10个合作项目参加签约，总投资24.3亿元。

20～22日　中国·南阳第七届张仲景医药科技文化节在宛举行。国家科技部副部长刘燕华、河南省副省长徐济超、国家中医药管理局副局长房书亭、南阳市委书记黄兴维等省、部级领导和市领导与20余位院士专家学者及220名嘉宾名士出席开幕式。节会期间举办医圣张仲景拜谒活动、全国中医药文化宣传教育基地挂牌仪式、中医药科技创新及产业化发展战略成果展览与论坛、张仲景经方研究应用专家论坛、张仲景国医研究院挂牌仪式、中药材标准化建设基地参观等多项活动。21日，节会举行项目签约仪式。南阳市共签约项目20个，总投资

12.97亿元，利用外资12.57亿元。其中合同项目11个，总投资5.67亿元，合同引资5.27亿元。

24日　南阳市与上海市就两地人才合作签订框架协议。双方将互为对方人才招聘提供便利，共同建设网上人才市场，建立对口人才劳务供求通道，共同组织开展教育培训项目。

25日　2008年全国农产品加工业博览暨东西合作投资贸易洽谈会在驻马店会展中心举行。南阳市共有58个项目成功签约，总投资38.4亿元，其中引资31.5亿元；引进人才19人，其中省外6人；引进技术15项，其中省外8项。

同日　在2008年全国农产品加工业博览暨东西合作投资贸易洽谈会上，西峡福莱尔航空食品公司生产的“正儿八经”牌猕猴桃果片、方城三贤山益母膏厂生产的“三贤山”牌乌梅葛花醒酒颗粒、河南省养生殿酒业有限公司生产的“养生殿”牌六味地黄酒被评为优质奖。

26日　南水北调中线工程“龙头”——南阳段全面开工建设。南阳是中线工程的渠首和重要水源地，也是渠线工程距离最长的省辖市。南阳段长185公里，控制流域面积7630平方公里，建设工程由渠首段工程、总干渠工程、各类交叉建筑工程组成，一期工程南阳区域总投资约235亿元。

同日　南阳市张衡东路、仲景北路举行竣工通车典礼。仲景北路全长1043米，张衡东路全长3560米，两条道路均为双向6车道。

27日　淅川县灌河二桥建成通车。

28日　南阳市独山大道南延工程开工建设。

是月　市公安机关破获以白玉岗为首的黑社会性质组织案。该组织多次通过暴力威胁手段进行霸占矿山开采、非法垄断河道采砂、敲诈勒索、强迫交易等违法犯罪活动，在社会上产生恶劣影响。

是月　邓州市花洲书院被确定为国家3A级旅游景区。

是月　文化部公布中国民间文化艺术之乡，南阳市选报的7个县、镇全部入选，分别是：淅川县——曲艺之乡、南召县——谜语之乡、镇平县——玉雕之乡、方城县博望镇——曲艺之乡、卧龙区石桥镇——曲艺之乡、桐柏县平氏镇——社火之乡、唐河县桐寨铺镇——旱船之乡。

10月

7～8日　中国·桐柏戊子年盘古文化论坛暨中国淮河源民俗博物馆揭牌仪式在桐柏举行。全国政协常委、中共中央宣传部原副部长徐惟诚，第七届中国文联副主席胡珍，中国民间文艺家协会党组成员、副秘书长赵铁信，中国民俗文化研究会会长段宝林，河南省民间文艺家协会秘书长程建君，南阳市领导姚进忠、陈代云等出席。

15日　中国（南阳）知识产权维权援助中心授牌仪式在南阳宾馆举行。国家知识产权局副局长张勤代表国家知识产权局向市政府授牌。

20日　世界伟大的科学家张衡诞辰1930周年纪念大会在南阳举行。中科院办公厅主任蒋协助、国家天文台台长严俊、中国天文学会理事长赵刚、国家天文台首席科学家赵永恒、河南省地震局副局长王合领等出席会议。

23日　广东省政协副主席蔡东士带领全国政协海外列席人员回国考察团到南阳考察。河南省政协副主席邓永俭陪同考察。

28日　浙江省委原副书记、省政协原主席、中国国际茶文化研究会会长刘枫到南阳考察茶产业发展情况。

同日　全市第二次经济普查宣传工作会议召开。这次经济普查从2008年开始，计划于2010年6月结束。

是月　中联水泥南阳分公司16000KW水泥窑纯低温余热发电项目建成并成功并网发电。

是月　市委、市政府召开会议，专题研究部署对口支援四川省江油市第一批援建项目实施和受援群众冬季救助工作。确定第一批援建项目共投入资金1450万元，重点用于对雁门镇中学，石元乡小学、卫生院，以及两个乡（镇）供水、提灌站、道路恢复等基础设施建设。

是月 全市基层社区、机关、企事业单位纷纷向灾区群众奉献爱心。截止10月26日，已有140个单位捐赠崭新棉衣、棉被53643件，捐款近40万元。市慈善总会先后接受民间捐赠的棉衣、棉被近8000公斤。这次捐赠的棉衣、棉被由市邮政局免费运送四川省马尔康地区。

是月 第22届中华诗词研讨会在南阳举行，来自全国各地的100多名诗词界专家学者参加会议。

是月 南阳市军旅作家周大新的长篇小说《湖光山色》获第七届茅盾文学奖。

11月

6日 南阳革命烈士纪念馆奠基仪式举行。

7日 市政府办公室出台《关于加快推进农村客运网络化建设的意见》，提出要围绕社会主义新农村建设总体要求，力争到2008年年底前，全市所有通公路的乡（镇）和行政村开通农村客运班车，全市行政村客车通达率达到98%以上。

10日 市委召开全委（扩大）会议，传达贯彻党的十七届三中全会和省委全委（扩大）会议精神，研究部署全市农村改革发展问题和当前工作，出台推进农村改革发展意见：建立和完善有利于农村改革发展的体制机制；积极发展现代农业；健全农业科技和社会化服务体系；全面发展农村社会事业；扎实推进新农村建设；加快推进城乡一体化进程。确定新形势下推进农村改革发展的目标任务是：到2010年，粮食生产能力达到120亿斤，农民人均纯收入5100元；到2015年，粮食生产能力达到135亿斤；农民人均纯收入7500元；2020年，粮食生产能力达到150亿斤，农民人均纯收入达到10000元，力争超过全国、全省平均水平，农村恩格尔系数30%，城镇化率达到50%以上，基本消除绝对贫困现象。

13日 南阳市城区交通秩序集中整治动员大会召开。会议决定自即日起至2009年2月20日，在市城区开展交通秩序集中整治。目标是通过集中整治，基本消除三轮车非法营运现象，集中治理一批道路交通违规违法行为，进一步规范完善城市道路交通管理设施和安全设施，进一步落实城市道路交通秩序管理责任，使城区道路通行能力明显提高，交通事故明显下降，全民交通意识明显增强，人民群众对城区交通环境满意率明显提高。

同日 河南省委常委、组织部长叶冬松带领省委组织部调研组到南阳调研农村党建工作。

20日 国家人力资源和社会保障部副部长胡晓义带领部属有关部门负责人到南阳就城镇基本医疗保险和工伤保险工作进行调研。

28日 南阳市南水北调丹江口库区移民安置动员大会召开，全面启动移民安置试点，为加快推进南水北调中线工程建设提供保障。

28～29日 全国南水北调工程被征地农民社会保障工作座谈会在南阳召开。国家人力资源和社会保障部、国务院南水北调办公室、水利部和省直有关单位负责人出席会议。

29日 南阳市污水处理厂二期工程开工建设，设计建设规模为日处理污水10万吨。

12月

5日 河南省副省长刘满仓带领省直有关部门负责人，到南阳调研指导农业综合开发、畜牧养殖工作和南水北调南阳段工程建设情况。

6日 南阳市首届篮球联赛总决赛及闭幕式在市体育馆举行。本届篮球联赛于2008年5月正式开赛，来自各县（市、区）和市直单位的28支代表队共进行140多场比赛。经过鏖战，卧龙区代表队获得总决赛冠军。

9日 平顶山市委书记赵顷霖率考察团到南阳考察项目建设、城市发展等工作。

12日 晋东南－南阳－荆门特高压工程完成首次通电试验。

16日 交通银行南阳分行开业。

同日 河南省人民政府、中国核工业集团公司、中国电力投资集团公司共同推进河南核电项目开发合作框架协议签字仪式在北京钓鱼台国宾馆举行。中共中央委员、中国核工业集团公司总经理康日新，中国电力投资集团公司总经理陆启洲，河南省副省长张大卫出席签字仪式，并分别代表三方在协议上签字。南阳市市长朱广平，市委常委、常务副市长朱长青，省、市有关部门负责人参加签字仪式。三方同意，由中核集团控股，中电投集团和河南省地方或其他 投资主体参股，合作开发南阳核电项目，积极争取南阳核电项目2009年进入国家规划。

20日　南阳汽车南站正式投入使用。

30日　市城区仲景大桥正式开工建设。仲景大桥北起滨河路，南至白河大道，连接仲景南路和嵩山路，全长801米，是连接城市中心区和白河南区域的枢纽。预计工期18个月。

同日　市城区车站北路主体工程正式竣工通车。车站北路于2007年11月28日开工建设，南起八一路，北至张衡路，全长2648.2米。

31日　南阳市纪念党的十一届三中全会召开30周年大会在南阳影剧院隆重举行。朱广平、贾崇兰、褚庆甫、解朝来、李天岑等市党政军领导，孙兰卿、郭贵仓、燕来等市级离退休老领导出席会议。各县（市、区）、市直各单位主要负责人，各界人士代表等1000余人参加会议。市委副书记、市长朱广平代表市委、市政府作重要讲话。朱广平讲话中全面系统客观地回顾南阳改革开放30年的光辉历程，总结30年来南阳经济社会发展取得的辉煌成就，提出当前和今后一个时期的主要任务和要求。

是月　市委宣传部、市文明办、市总工会、团市委、市妇联、市综治办等6部门联合下发《关于表彰全市首届道德模范的决定》，对杨德发等51名“全市首届道德模范”进行表彰。

是月　中国楹联学会命名内乡县为“中国楹联文化县”。这是全国第16个、河南省首个被命名的“中国楹联文化县”。

是月　镇平县等8个市、县被列为河南省第一批文化改革发展试验区。

风 采 录

行 业 单 位

南阳市古代建筑保护研究所

南阳市古代建筑保护研究所成立于1994年，是河南省成立较早的专业古建筑研究设计单位，具有国家文物局颁发的文物保护工程勘察设计甲级资质和文物保护工程维修二级资质。南阳市古代建筑保护研究所成立以来，以文物建筑保护为己任，培养了一支高素质的勘察设计队伍，强化了对文物建筑的科学保护手续。先后完成勘察设计项目百余项，代表作有：内乡县衙、南阳府衙、南阳武侯祠、兰考焦裕禄纪念馆、遂平嵖岈山卫星人民公社、巩义杜甫故里、全国历史文化名村临沣寨、全国历史文化名镇社旗瓷器街等，合作完成了开封城墙、西藏罗布林卡、夏鲁寺；四川抗震救灾援建项目红军胜利纪念碑、李白故居、青林口古建筑群、王佑木故居等省内外勘测设计项目。

南阳市古代建筑保护研究所拥有古建筑研究技术专家20余名，多年来一直致力于文物建筑保护研究工作，为文物古建筑保护工作做出了重要贡献。

天地间　安为贵

——天安保险　保障每一天

天安保险股份有限公司南阳中心支公司于2003年12月9日正式开业，是第三家进驻南阳的财险公司。南阳天安秉承“化险为夷、补天爱人”的企业精神，以更及时、更全面、更专业、更道德的服务，努力实现补天人的梦想。成立以来，经营足迹遍布南阳13个县市区，现有专兼职从业人员100余人，公司目前已形成了有较强市场竞争力的产品体系，严格按照ISO9001：2000和ISO14001：2004国际质量认证体系进行管理，建立起一整套优质、高效的客服体系，先后推出了2000元以下小额案件现场赔付制度、恶劣天气信息提醒制度、100％客户回访制度以及协助办理车辆上牌、年检等增值服务，为广大客户提供了较完善的服务体系和举措。五年来，累计承担风险保障100余亿元，处理各类案件2万余件，支付赔款7000余万元，上缴利税700多万元，有力地保障了地方经济的发展，努力践行补天爱人的承诺。

公司地址：南阳市独山大道中段588**号**
全国客户服务热线：95505
投保咨询：0377—63079181
监督电话：0377—63079158

中国电信业务品牌

中国电信是我国特大型国有通信企业，主要经营固网电话、移动通信、互联网接入及应用、卫星通信等综合信息服务。在全国31个省（区、市）和美洲、欧洲、香港、澳门等地设有分支机构，拥有覆盖全国城乡、通达世界各地的电信网络和“商务领航”、“我的e家”、“天翼”、“号码百事通”、“互联星空”等知名品牌。

商务领航　商务领航是中国电信面向企业客户推出的客户品牌，针对不同类型企业客户的综合通信和信息需求，提供通信应用、信息应用、行业应用，满足客户提升企业形象、降低运营成本、增加商业机会、促进业务增长、提高工作效率及一站式服务等等方面的需求。以“融合信息应用，远见成就价值”为品牌核心内涵，在“总机服务”、“综合办公”、“酒店完美联盟”、“销售管家”(UTK/STK技术创新运用)、“物流e通”、“工商e通”等信息化行业得到广泛应用。

我的e家　“我的e家”，英文名称“ONEHOME”，是中国电信为有效满足您家庭日益多元化和个性化的通信及信息应用需求而量身打造的客户品牌，更是中国通信市场第一个面向家庭的客户品牌！“我的e家”强调与众不同的尊贵感受：高速宽带上网带来超级速度感，宽带多账号上网和无线宽带漫游带来更多自由感，多种通话方式和超长通话时间带来全新通话体验，更有快捷服务通道、优先服务保障、积分回馈计划、合作联盟服务共享等内容让您体验不同凡响的尊荣感……

“我的e家”将通过中国电信的综合信息服务，为您营造时尚、健康、融洽、温馨、充满亲情的美满家庭氛围，为追求现代品味与幸福生活的您提供更全面、便利的通信应用，成为您的家庭享受信息新生活的理想平台！

天翼　“天翼”，英文名称“esurfing”，是中国电信为满足广大客户的融合信息服务需求而推出的移动业务品牌，有效填充了中国电信全业务运营的内涵，进一步深化“综合信息服务提供商”的企业品牌定位，充分发挥中国电信的融合业务优势，更好满足广大客户特别是中高端企业、家庭及个人客户的综合信息服务需求。

“天翼”强调“互联网时代的移动通信”的核心定位，面对语音、数据等综合业务需求高的中高端企业、家庭及个人客户群，提供无所不在的移动互联网应用和便捷话音沟通服务。“天翼”的数据业务优势会进一步强化中国电信在互联网领域的差异化优势，并不断通过丰富的游戏、娱乐、影音、社区群体等互联网应用，让客户体验“科技创新、自信、时尚活力”的品牌个性，成为“领先一步、掌握未来”的信息时代先锋。

“天翼”，为您开启移动信息时代！选择“天翼”，让您畅享移动信息新生活！

号码百事通　“号码百事通”（118114）是中国电信面向大众推出的综合信息服务业务品牌，以“知百事、通天下”为品牌核心内涵，努力打造国内领先的消费类搜索和服务的综合门户，为客户提供衣、食、住、用、行等日常生活相关的各种信息服务，在全国范围内为客户提供高效便捷的综合信息服务，让客户尽情享受信息新生活。

号码百事通依托语音、互联网、手机等多种平台，提供个性化、全方位的综合信息服务。围绕“衣食住行乐”等生活信息提供号码、生活、娱乐信息搜索服务以及机票、酒店、餐饮、旅游、资讯、定位、导航等多种商品预订业务，还为企业及个人客户提供通信录查询、话务转接、信息定制等通信信息助理服务，并通过整合中国电信丰富的传媒资源，为企业客户提供本地或跨域的综合媒体解决方案及信息发布服务。

互联星空　“互联星空”是中国电信推出的一项互联网应用服务，具有浏览业务、下载业务、互动业务。用户通过互联星空可以享受到影视、游戏、教育等丰富多彩的互联网内容服务。针对用户而言，互联星空的服务特色主要是“一点认证，全网通行”，用户只须进行一次账号登录，在通过密码认证后，就可享受所有互联星空合作网站提供的互联网内容和应用服务，而无需在每个网站重复身份认证。与各类SP进行合作，推出丰富多彩的服务内容，服务内容包括影视、游戏、教育、音乐，娱乐、在线杀毒、数码冲印及其他综合服务。(王涛提供)

行　业　人　物

赵玉亭　男，汉族，邓州市人，1958年11月出生，1982年河南医科大学医疗系毕业，本科学历，学士学位，南阳市中心医院院长兼党委书记，外科主任医师，硕士生导师，MBA硕士，享受国务院特殊津贴专家、中国医师协会委员、《河南省外科杂志》副主编、河南省普外学会理事、河南省微创外科学会副理事长、南阳市普外专业学术委员会主任委员，是南阳市普外专业的学科带头人，河南省知名的普外学科专家。在肝胆、乳腺、胃肠的疑难病治疗方面积累了丰富的临床经验，有很深的造诣。1993年在南阳市率先开展了电视腹腔镜胆囊切除术，成功率100%；全肝血流阻断肝叶切除治疗肝癌技术全省领先；与中国社科院肿瘤医院协作开展的“大肠癌综合治疗方案”、“乳癌综合治疗方案”等，已使95%的患者达到根治或延长五年生存率的目的，居国内领先地位。近年来在国家级杂志发表论文20多篇，在省级杂志上发表论文30多篇，主编著书3部，获全国医药卫生优秀科技成果奖2项，获省级科研成果奖5项，南阳市科技进步奖30余项，国家专利6项。先后荣获中国医院“优秀院长”、全国青年科技标兵、河南省劳动模范、河南省优秀共产党员、省管优秀专家、河南省跨世纪学术技术带头人、南阳市撤地设市十年功臣、南阳市首届科技功臣、南阳市优秀经营管理者等荣誉称号。赵玉亭的座右铭：一切以医院管理为导向，一切以病人需求为中心。

杨汉立　男，汉族，1964年1月生，南阳市人。1986年12月加入中国共产党。南阳二机石油装备（集团）有限公司董事长、党委书记、总经理。1985年7月至1987年8月为中国石油大学（华东）力学教研室助教；1987年8月至1990年2月在中国石油大学（北京）就读研究生；1990年3月至1993年2月在南阳石油机械厂设计研究所工作；1993年3月至1999年3月任南阳华美公司副总经理兼总工程师、高级工程师；1999年4月至2004年5月任南阳石油机械厂厂长兼党委副书记、教授级高级工程师；2004年6月任南阳二机石油装备（集团）有限公司董事长、党委书记、总经理。2003年至2004年，任南阳市卧龙区人大代表，2004年任南阳市人大代表，2008年被选为河南省第十一届人大代表。入选2004年度南阳市第九批学术技术带头人，2006年度河南省学术技术带头人，2005年评为享受国务院特殊津贴专家，2008年入选第五批南阳市专业技术拔尖人才。2004年河南省授予五一劳动奖章、南阳市授予五一劳动奖章，2005年、2007年被评为南阳市劳动模范。2008年，获“建国60周年，中国石油石化装备制造业卓越贡献奖”。

张建国 男，1955年9月生，山东省文登县人，大专文化，1976年5月加入中国共产党。1972年应征入伍，在国防科委某部服役。1977年调入南阳地区公安处，先后任预审科科员、副主任科员、副科长（主持工作）。1994年11月，先后任南阳市公安局预审科科长、经济文化保卫支队支队长、经济犯罪侦察支队支队长。2003年12月至2007年7月，任镇平县公安局党委书记、局长。2007年8月任南阳市保安服务公司党委书记，2009年9月任南阳市保安服务公司党委书记、总经理。

张建国多次被评为优秀公务员、先进工作者。在任镇平县公安局局长期间，因接访工作突出被河南省公安厅记二等功一次。特别在保安公司期间，他带领一班人，锐意改革，大胆创新，建设了花园式保安大楼，创造了现代化办公条件，使保安公司改变了多年靠租房、办公条件差的现状；逐步建立健全了各项规章制度和岗位职责及考评、奖励机制，使保安工作规范化、标准化、制度化管理迈出新步伐；瞄准保安市场发展走向，率先在保安企业引入了具有国际标准ISO9001质量管理体系；着眼研究市场发展规律，确定了技防为龙头，人防作支撑、押运创品牌、培训作保障的工作思路，保安业务迅猛发展，为1500多家保安客户和个人提供安全服务，在协助公安机关维护社会治安，确保客户内部安全方面做出了积极贡献。2009年6月，南阳市公安局党委发文在全市公安系统开展向保安公司学习活动。

乔国和 男，汉族，1968年8月生，唐河县人。1999年10月加入中国共产党，1991年9月参加工作，研究生，法律硕士。1987年9月至1991年7月在中南政法学院经济法系学习；1991年9月至1992年12月在南阳市中级人民法院法律业余大学从事教学工作；1992年12月至1994年10月任南阳市中级人民法院刑一庭书记员；1994年10月至2000年11月任南阳市中级人民法院刑一庭助理审判员；2000年1月至2003年3月任南阳市中级人民法院刑一庭审判员；2003年3月至2008年10月任南阳市中级人民法院刑一庭副庭长；2008年10月至2008年12月任南阳市中级人民法院副处级审判员；2008年12月任南阳市卧龙区人民法院党组书记、院长。

易国忠 男，汉族，1968年10月生，湖北黄冈人。1999年6月加入中国共产党，高级工程师，注册公用设备师。1986年7月至1990年7

月在重庆建筑工程学院给水排水专业学习；1990年7月至1995年4月在中国建筑工程总公司南阳设计所工作；1995年4月至1997年10月在南阳市规划设计院工作，1997年10月至2004年2月任南阳市规划设计院副院长，2004年2月至2008年11月任南阳市规划局科长，2008年11月任南阳市规划设计院院长。

1995年以来，参与和主持编制的南阳市新华东路沿街改造规划获1995年度河南省优秀城市规划设计二等奖；西峡县城总体规划获1997年度河南省城乡建设优秀城市规划设计二等奖、河南省1997年度优秀工程设计表扬奖；南阳市解放广场修建性详细规划获1999年度河南省城乡建设优秀规划设计三等奖；南阳市中心城区消防专业规划获2001年度河南省城乡建设优秀规划设计三等奖；南阳市火车南站数字化地形图获2001年度河南省优秀工程勘察二等奖；南阳市车站广场修建性详细规划获1999年度河南省城市规划二等奖、河南省1999年度优秀工程设计三等奖；南阳市滨河路绿化景观规划获河南省建设厅2003年度优秀规划三等奖；南阳解放纪念碑建设研究获2003年南阳市人民政府科技进步三等奖；参与和主持了2002年南阳市中州东路拆迁改造规划、2003年社旗县总体规划、南阳市中心城区近期建设规划等。

王宜蛇 男，汉族，1965年1月生，1984年毕业于郑州牧专，1987年7月参加工作。1990年7月任内乡县师岗镇党委委员，纪委副书记；1995年1月任内乡县政府办公室督查科长，办公室副主任；1999年4月任内乡县七里坪乡政府乡长；2002年4月任内乡县七里坪乡党委书记；2005年12月任内乡县夏馆镇党委书记。

他在担任内乡县夏馆镇党委书记以来，以他的勤劳务实感染着每一个人，以他的敬业爱民带领着全镇上下齐心协力发展经济，使夏馆镇面貌有了很大改观，被群众亲切地称为“富民书记”。

2005年12月，王宜蛇被组织任命为夏馆镇党委书记。他深入村、组进行调研，找到了当地经济发展的金钥匙。他在全镇实施“换脑工程”，变“闭门教育”为“开门引导”，组织干部到先进地区考察，解决干部思想解放不够，对想发展、谋发展的思路不宽、办法不多等问题。之后，王宜蛇在全镇确立了以建设“北部工业强镇、豫西旅游名镇、山镇特色集镇”的目标，全力抓好矿产品开发、旅游、食用菌、林果业、石材建材、劳务输出六大产业的发展思路，为镇域经济的腾飞谋划了新篇章。

借招商引资，强工业实力。夏馆镇立足矿产资源丰富的优势，借招商引资之力，使其转化为经济优势。2006年7月，王宜蛇成功引资800万元，建成了内乡世纪力诺生物科技公司，当年投产，当年收益。继而，又有外地客商投资4000余万元的德鑫多金属选矿厂和投资6000万元的鑫博聚多金属选矿厂等落户夏馆。全镇矿产品开发企业达20余家，各类工业企业达32家，对财政的贡献额达800余万元，成为全镇经济支柱产业。

做山水文章，搞旅游开发。王宜蛇利用宝天曼这张省、市的旅游名片，诚邀专家论证，挖掘当地人文资源，加快桃花源、楚长城遗址、牧珠琉溶洞等旅游项目开发。为完善景区服务功能，先后投资1800万元用于旅游配套设施建设，并成功招引海南京都汇银投资有限公司和湖北龙腾公司先后注入资金共同开发，建起了度假中心和特色旅游宾馆。

育特色经济，拓宽富民路。在发展旅游产业的同时，王宜蛇把生态旅游开发与特色经济发展相结合，引导群众发展以山茱萸、香菇为主的特色经济。该镇与北京同仁堂联姻，采取公司＋基地＋农户模式，种板栗，种柿树，种植山茱萸3万亩，夯实了林果药业基础。为确保林区经济的可持续发展，该镇投资兴建了功能完备的山珍市场，架起了农民对接市场的金桥，使大部分山珍漂洋过海，远销西欧等国，年交易额达1．8亿元。

关注民生是干部使命，改善民生是公仆职责。王宜蛇初到夏馆镇，当看到镇敬老院破烂不堪，当即提出了“宁穷政府，不穷五保”的口号，筹资120万元，建成了功能齐全的省级文明敬老院。同时，积极发挥人大代表作用，采用议案、建议形式向上争取资金和政策扶持，改善群众生产生活条件。为了产业发展和方便群众生产生活，他围绕“小城镇大战略”的思路，完善集镇建设，打造一街一品一景，实现了“绿、洁、畅、亮、美”的目标。夏馆镇先后被评为“南阳市四星级集镇”和“省文明村镇”。

为了不负人民重任，为了能让群众富起来，他在夏馆工作的几年时间里，村村寨寨都留有他的足迹。为了能让群众继续发展代料香菇，在禁伐令实行后，他亲自到外省为群众联系买木屑；为了能让群众用上放心水，他亲自带上化验结果到省里去争取饮水建设项目资金；为了使夏馆山茱萸创出品牌，他带着病，揣着样品，利用节假日到北京、山东等科研单位去验证。

短短几年间，夏馆镇旧貌换新颜。路通了、厂建了、集镇大了、民富了、人欢了，2008年，夏馆镇财政收入达到1196万元，跃入全县乡镇经济排行榜前5名，人均收入超过2800元。镇党委连年被评为“五好党委”、连年获得目标管理一等奖、“社会治安综合治理先进单位”、“计划生育放心乡”，他多次被评为“优秀党务工作者”、“优秀党代表”、“优秀人大代表”。

郭靖华　男，汉族，1949年10月出生，唐河县人。中国社会科学院成人研究生毕业。中国农业银行南阳市分行培训中心高级讲师；中国人民政治协商会议河南省委员会委员、中共河南省委统战部特约信息员；中国社会科学院副研究员（兼职）；中国科普作家；中国农业银行金融研究优秀人才；南阳市劳动模范，南阳市拔尖人才。

多年来，郭靖华从事农行培训工作，已讲授课程11门，出版著作29部。自1999年取得南阳市第二届、第三届政协委员、2003年河南省第九届、第十届政协委员资格以来，围绕党和政府中心工作和人民群众普遍关心的热点、难点问题，已撰写提案600多件，约200万字，提案数量和质量连续10年保持南阳市政协第一名，连续7年保持河南省政协第一名，保持全国第一名，连续10年获得省、市政协优秀提案奖。2005年出版提案集《参政为民》第一集，2006年获河南省政协优秀提案银质奖，2007年出版《参政为民》第二集，2008年出版《政协辞典》。2008年《参政为民》（一）、《参政为民》（二）获中共河南省委宣传部优秀作品一等奖。先后获得南阳市市级以上奖励71项，其中全国性奖励26项、省级奖励7项、市级奖励38项。他的事迹曾被《中国政协》杂志、《人民政协报》、中央电视台、《经济日报》、《金融时报》、《中国城乡金融报》、河南电视台、《河南日报》等多次报道。

崔树平　男，南召县人，中共党员，大学本科学历，中医骨伤副主任医师。从事骨伤病的临床研究治疗三十余年，治愈骨伤病患者数十万例，2001年在高新区个人独资创办了“南阳崔树平骨科医院”。

崔树平从事骨伤病的临床研究与治疗中，经过多年潜心研制的“骨炎康”系列药物获得省、市科技进步奖3项，国家发明专利1项，发表专业论文36篇（其中核心期刊13篇），论著6部，总结出了“崔氏骨病新疗法”，治愈骨伤病患者数十万例，在周边地区享有盛名，中央、省、市多家电视台、报纸报道过，部分突出贡献被编入《当代中国骨伤人才》、《中国专家人才库》等书；并获得“中国骨伤”杰出人才奖，美国“爱迪生”发明奖。他本着“治疗骨伤，造福人民”的宗旨，在高新区为无数的骨伤病患者解除痛苦，并常年对部分特别困难患者进行优惠减免各种治疗费用，得到群众的一致好评。

2008年5月12日的四川汶川大地震，震动了全国人民的心。他得知地震灾情后，立即组织“南阳崔树平骨科医院抗震救灾骨科医疗队”，带领5位有丰富经验的骨科医生及3万余元的药、械、食品第一时间到达灾区，在都江堰市紫坪铺水库灾区，他们的白色依维柯救护车来回穿梭；臂带共产党员红色袖章的崔树平在那时既是救治医师，又是“战场上的临时指挥官”。他们风餐露宿，忍饥挨冻历时六天，救治转运员共计170余人次，受到当地政府及群众的高度评价。回来后，中央电视台中文国际频道、四川电视台、河南电视台、南阳电视台、南阳电台及各大报社纷纷报道了他们的感人事迹。

李红哲　男，

汉族，1966年11月出生，南阳市人。1991年7月河南中医学院毕业，本科学历，学士学位，南阳市万和医院急诊科主任、南阳市120急救站（万和）急救站站长、中西医结合副主任医师、中华医学会南阳市分会普内科、急诊科委员、中国医师协会急救分会委员、南阳市急救医学会急诊分会委员、中西医结合急诊内科专家。在急诊急救、复苏医学（如心肺脑复苏）、急性冠脉综合征、急性心肌梗死和急性脑梗死的溶栓治疗中有丰富的临床经验，能熟练运用呼吸机、除颤仪、洗胃机、气管插管等设备救治急诊内科常见急危重证，在中毒医学救治中积累了丰富的临床经验，开展的“突击量氯解磷啶联合纳络酮治疗有机磷农药中毒致呼吸衰竭临床研究”获2005年南阳市科技成果二等奖；“盐酸戊己奎醚救治有机磷农药中毒的临床研究”获2006年南阳市科技成果二等奖；“早期气管、食管序贯插管下综合救治重度有机磷农药中毒临床研究”获2008年南阳市科技成果二等奖，该项目在省内和本市都居领先地位。近年来，在国家级杂志发表专业论文10多篇，在省级及核心期刊上发表专业论文10余篇，先后荣获南阳市卫生局120院前急救技术大比武二等奖，南阳市专业技术拔尖人才等称号，个人资料先后被收录于《中国百科学者传略》、《香港中外名医大全》等辞书。

附　　录

统　计　资　料

南阳市统计局关于2008年国民经济和社会发展的统计公报

（2009年3月24日）

2008年，全市人民在市委、市政府领导下，深入贯彻落实科学发展观，积极应对复杂多变的国内外经济发展环境，认真落实各项宏观调控政策，着力解决经济运行中的突出矛盾和问题，国民经济总体保持了平稳较快发展，各项社会事业全面进步，人民生活持续改善，在富强美好和谐新南阳建设上迈出了坚实步伐。

一、综合

初步核算，全年生产总值1636.43亿元，比上年增长12.1%。分产业看，第一产业增加值344.48亿元，增长5.7%；第二产业增加值856.01亿元，增长13.6%；第三产业增加值435.95亿元，增长14.5%。按常住人口计算的人均生产总值为16367元。三次产业结构为21.1∶52.3∶26.6，第一产业增加值占生产总值的比重比上年下降0.8个百分点，二、三产业增加值占生产总值的比重分别比上年提高0.4个百分点。非公有制经济增加值占生产总值的比重由上年的55.8%提高到56.2%。

全年居民消费价格总水平比上年上涨6.5%，其中，食品类价格上涨17.7%。商品零售价格总水平上涨6.4%。农业生产资料价格总水平上涨10.0%。

2008年居民消费价格比上年涨跌幅度

单位：%

类　　别	指数
居民消费价格指数	106.5
＃城市	106.8
农村	105.8
＃食品	117.7
＃粮食	109.1
肉禽及其制品	125.7
蛋类	108.1
菜	125.0
水产品	125.5
烟酒及用品	101.7
衣着	100.8
家庭设备用品及服务	101.8
医疗保健及个人用品	101.3
交通和通信	100.3
娱乐教育文化用品及服务	101.0
居住	103.2

年末从业人员649.89万人。全年城镇新增就业人员10.23万人。年末城镇登记失业率为3.6%。下岗失业人员实现再就业3.91万人，其中，“4050”人员实现再就业1.4万人。新增农村劳动力转移就业

19.36万人。

年末全市城镇在岗职工为67.8万人,城镇在岗职工年平均工资为17845元。

全年地方财政收入合计59.48亿元,比上年增长14.0%,其中:一般预算收入51.29亿元,增长14.4%。在一般预算收入中,税收收入38.50亿元,增长19.8%,税收占地方财政一般预算收入的比重为75.1%,较上年提高3.4个百分点。地方财政支出合计178.72亿元,比上年增长18.7%,其中:一般预算支出162.58亿元,增长19.3%。在一般预算支出中,教育支出33.38亿元,增长16.2%;科学技术支出2.69亿元,增长54.3%;农林水事务支出18.48亿元,增长60.5%;社会保障与就业支出21.41亿元,下降11.4%;医疗卫生支出12.11亿元,增长53.2%;一般公共服务支出25.96亿元,增长17.3%。

二、农业

全年粮食种植面积1652.33万亩,比上年增加1.0%,其中:小麦种植面积981.11万亩,增加1.2%,优质专用小麦种植面积588.69万亩,占小麦种植面积的60%。棉花种植面积177.05万亩,减少14.4%。油料种植面积437.12万亩,增加2.2%。蔬菜种植面积356.33万亩,减少17.5%。

全年粮食产量569.66万吨,增产3.5%;棉花产量10.92万吨,减产10.8%;油料产量101.98万吨,增产3.2%;蔬菜产量878.31万吨,减产10.0%。

2008年主要农产品产量

单位:万吨、%

产品名称	产量	比上年增减
粮食	569.66	3.5
夏粮	350.01	4.9
小麦	348.63	5.1
秋粮	219.65	1.4
玉米	141.56	2.0
大豆	11.90	17.1
红薯	31.65	−2.4
油料	101.98	3.2
花生	80.38	2.3
油菜籽	13.33	10.9
芝麻	8.27	−0.2
棉花	10.92	−10.8
烤烟	5.44	2.6
蔬菜	878.31	−10.0

年末农业机械总动力1044.42万千瓦,比上年增长31.9%;农用拖拉机93.65万台,增长57.5%;农用运输车7.10万辆,增长1.9%。全年农村用电量16.20亿千瓦小时,增长6.8%;化肥施用量(折纯)75.35万吨,减少0.8%。

三、工业和建筑业

全年全部工业增加值768.21亿元,比上年增长14.3%。其中,规模以上工业增加值468.19亿元,增长20.1%。

2008年规模以上工业增加值主要分类情况

单位:亿元、%

指　标	增加值	比上年增减
规模以上工业增加值	468.19	20.1
#轻工业	188.44	19.8
重工业	279.75	20.4
#国有及国有控股企业	139.13	12.5
#国有企业	99.81	10.1
集体企业	15.20	15.2
股份制企业	214.37	26.0
外商及港澳台投资企业	18.90	16.8
#大中型企业	238.27	18.8
小型企业	229.90	21.5
#非公有制工业	301.35	24.6
#高新技术产业	40.79	19.4

规模以上工业中,增加值居前5位的行业大类为:纺织业57.55亿元,比上年增长22.3%;非金属矿物制品业56.38亿元,增长14.6%;石油和天然气开采业53.53亿元,增长7.2%;电力、热力的生产和供应业30.75亿元,增长25.0%;农副食品加工业29.22亿元,增长22.5%。主要工业产品产量中,小麦粉产量比上年增长37.6%,纱增长36.8%,交流电动机增长60.4%,中成药增长51.1%,水泥增长35.3%,发电量增长58.1%。

2008年主要工业产品产量

产品名称	单位	产量	比上年增减(±%)
天然原油	万吨	180.51	0.3
天然气	万立方米	6100.00	−13.4
小麦粉	万吨	224.44	37.6
发酵酒精	万千升	6.25	10.2
啤酒	万千升	18.97	2.0
卷烟	亿支	129.11	2.2
纱	万吨	76.04	36.8
布	亿米	3.27	6.4
碳酸钠(纯碱)	万吨	99.60	8.1
化肥(折纯)	万吨	27.29	18.5
中成药	万吨	1.85	51.1
人造金刚石	万克拉	45.36	−14.7
水泥	万吨	1333.32	35.3
生铁	万吨	136.84	−6.7
铁合金	万吨	10.75	1.9
发电设备	万千瓦	23.88	1.6
交流电动机	万千瓦	965.11	60.4
发电量	亿千瓦小时	104.91	58.1
供电量	亿千瓦小时	202.68	14.7
工业用电量	亿千瓦小时	122.89	21.5

全年规模以上工业企业主营业务收入1463.41亿元，比上年增长33.2%；利润总额106.16亿元，增长19.3%。分所有制看，国有及国有控股工业利润18.10亿元，下降23.0%；非公有制工业利润81.16亿元，增长33.4%。分行业看，利润总额居前5位的行业大类为：非金属矿物制品业19.23亿元，比上年增长22.2%；纺织业18.98亿元，增长25.1%；石油和天然气开采业18.14亿元，增长27.7%；农副食品加工业7.44亿元，增长42.9%；化学原料及化学制品制造业5.65亿元，增长52.5%。全年全社会建筑业增加值87.79亿元，比上年增长6.7%。全市具有资质等级的建筑企业利润总额8.53亿元，增长21.3%；税金总额5.23亿元，增长22.1%。

四、固定资产投资

全年全社会固定资产投资895.83亿元，比上年增长28.0%，其中：城镇投资708.55亿元，增长27.8%；农村投资187.29亿元，增长28.8%。

在城镇投资中，国有及国有控股投资307.45亿元，比上年增长22.1%；民间投资391.98亿元，增长37.1%；港澳台投资6.65亿元，下降5.5%；外商投资5.68亿元，下降41.0%。第一产业投资26.89亿元，增长147.6%；第二产业投资442.19亿元，增长41.7%；第三产业投资239.46亿元，增长3.5%。

2008年各行业城镇固定资产投资完成情况

单位：亿元、%

行　　业	投资额	比上年增长
合　　计	708.55	27.8
农林牧渔业	26.89	147.6
工业	442.15	41.8
石油	33.32	23.0
电力、热水	58.71	29.9
燃气、水	10.75	64.2
冶金	32.91	102.4
建材	68.66	10.8
化工	40.07	40.2
机械	51.29	59.9
电子	26.68	480.7
食品	56.13	128.4
纺织	36.74	－7.5
其他工业	26.89	6.5
建筑业	0.04	－76.7
交通运输、仓储和邮政业	34.77	－43.8
信息传输、计算机服务和软件业	6.82	－58.5
房地产业	57.82	36.6
水利、环境和公共设施管理业	57.29	38.5
教育	7.59	－21.2
卫生、社会保障和社会福利	9.49	80.1
文化、体育和娱乐业	8.02	11.9
其他	57.67	22.0

全年房地产开发投资42.52亿元，比上年增长31.4%，其中，住宅投资32.78亿元，增长32.2%。商品房施工面积626.12万平方米，增长24.5%，其中，住宅516.19万平方米，增长25.8%。商品房竣工面积97.22万平方米，下降28.4%，其中，住宅78.41万平方米，下降24.0%。商品房销售面积207.26万平方米，下降3.7%，其中，住宅192.80万平方米，增长3.1%。商品房销售额41.12亿元，增长23.6%，其中，住宅销售额32.74亿元，增长22.9%。商品房空置面积10.81万平方米，增长42.6%。

全年55个“发动机计划”项目累计完成投资49.05亿元，占年度计划的54.5%。其中，36个续建项目本年完成投资40.62亿元，占年度计划的68.7%；19个当年计划开工项目中有8个实际开工建设，累计完成投资8.42亿元，占年度计划的27.3%。新野华星纺织公司扩建特种纱及服装面料生产线、南阳娃哈哈昌盛饮料公司饮料生产项目、河南(邓州)熙华纺织有限公司年产910万件羊毛衫项目、南阳(邓州)裕祥纺织有限公司特种天然纤维纱生产线项目、邓州市华纺有限公司年产4312万米高档服装面料项目等项目已竣工投产。

全年新增主要生产能力：天然原油开采23.55万吨，变电设备能力(11万伏及以上)703.3万千伏安，新建高速公路98.11公里，日污水处理能力13万吨。

五、国内贸易

全年社会消费品零售总额568.61亿元，比上年增长23.0%。分城乡看，城市消费品零售额180.28亿元，增长25.8%；县及县以下消费品零售额388.43亿元，增长21.9%。分行业看，批发和零售业零售额470.05亿元，增长21.8%；住宿和餐饮业零售额87.66亿元，增长29.6%；其他行业零售额10.89亿元，增长28.6%。

在限额以上批发和零售企业销售额中，日用品类比上年增长55.2%，粮食类增长153.6%，家用电器类增长30.5%，石油及制品类增长36.5%，机电产品及设备类增长79.4%，金属材料类增长15.7%，汽车类增长2.8%，种子饲料类增长53.9%，棉麻类增长19.7%。分产品销售量看，摩托车销售9.14万辆，增长63.1%；移动电话机销售7.07万部，增长43.1%；服装1594.98万件，增长26.3%；鞋890.53万双，增长38.8%；粮食68.36万吨，增长389.6%；食用植物油5841吨，增长21.6%；汽油25.77万吨，增长26.8%。

六、对外经济

全年对外贸易实现进出口总值8.77亿美元，比上年增长47.5%，其中：出口总值6.93亿美元，增长

38.9%;进口总值1.84亿美元,增长92.0%。在出口总值中,机电产品、高新技术产品分别出口2.28亿美元和0.80亿美元,合计占到全市的44.6%。全市进出口企业总数达到1675家,其中有进出口实绩企业138家,出口超千万美元企业17家,进口超千万美元企业4家,38家企业成为省、市进出口重点企业。出口国家(地区)达到125个;进口来源地国家(地区)达到47个。主要出口国家(地区)前五位分别为:欧盟、东盟、俄罗斯、香港、美国,主要进口国家(地区)前五位分别为:印度、欧盟、日本、美国、香港。

全年新批外商投资企业27个。合同利用外资金额23339万美元,比上年增长28.8%。实际利用外商直接投资11635万美元,增长38.2%。引进省外资金131.51亿元,增长26.6%。

七、交通、邮电和旅游

全年新增高速公路通车里程98.11公里,年末全市高速公路通车里程达到553公里。全年完成客运量11554.42万人、货运量9861.04万吨,分别比上年增长15.0%和11.6%;完成旅客周转量71.99亿人公里、货物周转量75.27亿吨公里,分别比上年增长25.3%和27.7%。年末民用汽车保有量21.17万辆,增长77.6%。

全年邮电业务总量30.59亿元,其中:邮政业务3.90亿元,电信业务26.69亿元。本年新增移动电话用户25.22万户,互联网用户6.3万户。年末本地移动电话用户249.88万户,计算机互联网用户25.15万户,固定电话用户115.6万户。年末局用电话交换机总容量176.7万门,电话普及率33.5部/百人。

全年共接待境内外游客1080万人次,比上年增长21.3%。旅游总收入56.10亿元,增长24.4%。本年新创建4A级景区1家(宝天曼峡谷漂流)、3A级景区1家(花洲书院)。年末共有A级旅游景区22处,其中,4A级以上景区5处。星级酒店38个,旅行社83家。

八、金融、证券和保险业

年末全市金融机构人民币各项存款余额921.18亿元,比上年末增长17.1%,其中,城乡居民储蓄存款余额687.44亿元,增长18.8%。人民币各项贷款余额550.91亿元,比上年末增长11.4%,其中:短期贷款余额362.33亿元,增长8.1%;中长期贷款余额166.55亿元,增长23.2%。全年金融机构现金收入3109.70亿元,现金支出3088.90亿元,收支相抵现金净回笼20.80亿元。

年末A股上市公司2家,上市公司市值17.65亿元,其中利达光电股票市值9.42亿元,新野纺织股票市值8.23亿元。

全年保险公司保费收入37.14亿元,比上年增长96.7%,其中:财产险保费收入5.70亿元,增长84.9%;人身险保费收入31.45亿元,增长99.0%。全年赔款及给付10.95亿元,比上年增长35.8%,其中:财产险赔款支出3.33亿元,增长106.6%;人身险赔付7.62亿元,增长18.2%。

九、教育和科学技术

年末全市拥有普通高等学校4所,专任教师0.30万人,当年招生1.88万人,在校生5.24万人,毕业生1.28万人。成人高校1所,当年招生0.45万人,在校生1.24万人毕业生0.38万人。中等职业技术学校100所,专任教师0.46万人,当年招生3.82万人,在校生11.65万人,毕业生3.80万人。普通高中86所,专任教师0.92万人,当年招生5.33万人,在校生16.98万人,毕业生6.35万人。初中学校450所,专任教师2.72万人,当年招生13.71万人,在校生40.27万人,毕业生15.85万人。普通小学3786所,专任教师4.93万人当年招生19.97万人,在校生99.03万人,毕业生13.75万人。幼儿园在园幼儿18.05万人。义务教育阶段进城务工农民子女入学人数为1.75万人入学率达99.9%。农村小学、初中适龄人口入学率分别为99.7%、97.3%,青壮年非文盲率达99.9%。全年累计发放"两免一补"资金5.70亿元,资助困难学生201万人次。

全年研究与实验发展(R&D)经费支出8.23亿元,比上年增长13.7%。年末拥有科学研究与技术开发机构126个,从事科技活动人员1.37万人;共有国家级企业技术中心2家,省级企业技术中心27家,省工程技术研究中心11家,省重点实验室1个。全年共取得省级科技进步奖16项。申请专利1049件,授权专利511件;签订技术合同140份,成交金额4080万元。

年末共有产品质量监督检验机构13个,其中,国家检测中心1个。法定计量技术机构12个。全年强制检定计量器具24万台件。制定、修订地方标准27项,其中新建标准5项。完成产品认证的企业达到300个。年末共有5种产品拥有"国家地理标志产品保护"称号;2种产品拥有"国家免检产品"称号;5种产品拥有"中国名牌产品"称号;33种产品拥有"河南名牌产品"称号。全市共有天气雷达观测站点3个,卫星云图接收站点2个。地震台站1个,地震遥测台网3个。

十、文化、卫生和体育

年末共有艺术表演团体17个,文化馆16个,公共图书馆13个，博物馆14个；全国重点文物保护单位13处，国家级非物质文化遗产名录8个。有线电视用户61万户，广播人口覆盖率和电视人口覆盖率均达到95.3%。年末共有综合档案馆14个，已开放各类档案16万卷。全年出版报纸17.6万份。

年末全市共有卫生机构364个，其中：医院、卫生院305个，妇幼保健院(所、站)13个，疾病预防控制中心(防疫站)14个，卫生监督检验机构11个。卫生机构病床床位2.18万张，其中，医院、卫生院2.07万张。卫生技术人员2.68万人，其中：执业医师和执业助理医师0.98万人，注册护士0.79万人。疾病预防控制中心(防疫站)技术人员0.10万人，妇幼保健院(所、站)技术人员0.11万人。农村乡(镇)卫生院224个，床位0.61万张，卫生技术人员0.99万人。新型农村合作医疗制度覆盖所有县市区，实际参加农村合作医疗农民867.98万人，参合率达到95.4%。

全年运动员在国内外重大比赛中，共获得亚洲冠军1个、全省冠军22个，共获得金牌23块。成功取得第七届全国农民运动会举办权。举办了南阳市"迎奥运"市直机关运动会，南阳"晚报杯"第九届乒乓球比赛和第十届篮球比赛；承办了2008年度"蒙牛城市之间"全国百城全民健身活动南阳赛区的比赛、全国历史文化名城围棋比赛和中国象棋擂台赛、全国男排联赛河南天冠男排主场赛事。

十一、人口、人民生活和社会保障

年末全市总人口1091.31万人，其中：男性568.55万人，占52.1%；女性522.76万人，占47.9%。按城乡分，城镇人口381.95万人，乡村人口709.36万人；城镇化率为34.9%，比上年提高1.6个百分点。全年出生人口12.36万人，出生率11.36‰；死亡人口6.47万人，死亡率5.94‰；自然增长率为5.42‰。

全年农村居民人均纯收入4570元，扣除价格因素，比上年实际增长7.8%；农村居民人均生活消费支出3256元，实际增长8.7%。城镇居民人均可支配收入12395元，扣除价格因素，比上年实际增长8.6%；城镇居民人均消费性支出8362元，实际增长7.9%。农村居民家庭恩格尔系数为39.4%，城镇居民家庭恩格尔系数为34.3%。

年末参加城镇基本养老保险人数33.77万人，其中：参保职工21.8万人，参保离退休人员11.93万人。参加基本医疗保险人数66.67万人，其中：参保职工50.41万人，参保退休人员16.26万人。参加失业保险人数61.22万人。

全年共发放城镇居民最低生活保障金1.84亿元，享受最低生活保障13万人。发放农村低保金1.62万元，农村低保对象30万人。发放城乡医疗救助资金1888万元，救助44万人次。

年末各类社会福利院床位3.65万张，收养3.37万人。城镇建立各种社区服务设施1194个，其中，社区服务中心302个。全年销售福利彩票1.11亿元，筹集社会福利资金876万元；接受社会捐赠5180万元。

十二、资源、环境与安全生产

全年水资源总量为64亿立方米。平均降水量754.9毫米。总用水量24.9亿立方米，其中：农业用水11.33亿立方米；工业用水9.74亿立方米；生活用水3.56亿立方米。

在监控的河段中，Ⅰ～Ⅲ类水质河段长469.50公里，较上年下降13.0%；Ⅳ类水质河段长252.70公里，提高71.0%。

全年城市环境空气质量优良天数比例为93.99%，较上年降低0.26个百分点。所有市县全部建成污水处理场，并投入使用。

全年平均气温14.6～15.9℃，较上年低0.4～0.8℃。年降雨量543～1207毫米，日照时数1612～1890小时。

全年共营造林69.73万亩，其中，人工造林67.8万亩。全市参加义务植树499.6万人次，完成义务植树2127.5万株。年末共有自然保护区6个，其中，国家级自然保护区3个。森林公园6个，其中，国家级森林公园2个。年末森林覆盖率为34.5%。

全年共发生各类生产安全伤亡事故1044起，其中，道路交通事故918起，消防火灾事故118起，工矿商贸企业事故8起。死亡303人，其中，道路交通事故死亡289人，消防火灾事故死亡1人，工矿商贸企业事故死亡13人。

注：

1、本公报为初步统计数。

2、地区生产总值、各产业增加值绝对数按现价计算，增长速度按可比价计算。

3、居民家庭恩格尔系数指居民家庭食品消费支出占生活消费支出的比重。

4、部分数据因四舍五入的原因，存在着与分项合计不等的情况。

南阳市主要指标

指标	单位	2007年	2008年	增长%
年末人口数	万人	1085.48	1091.31	0.5
常住人口数	万人	995.44	1004.21	0.9
生产总值	亿元	1376.33	1636.43	12.1
第一产业	亿元	302.04	344.48	5.7
第二产业	亿元	714.78	856.01	13.6
第三产业	亿元	359.50	435.95	14.5
人均生产总值	元	13814	16367	11.5
粮食产量	万吨	550.40	569.66	3.5
夏粮	万吨	333.70	350.01	4.9
秋粮	万吨	216.70	219.65	1.4
规模以上工业增加值	亿元	351.32	467.25	20.1
规模以上工业主营业务收入	亿元	1137.24	1463.41	33.2
规模以上工业利润总额	亿元	90.81	106.16	19.3
规模以上工业利税总额	亿元	169.18	209.34	30.8
全社会固定资产投资	亿元	699.63	895.86	28.0
#城镇	亿元	554.23	708.55	27.8
社会消费品零售总额	亿元	462.15	568.61	23.0
进出口总值	万美元	59409	87640	48.0
#出口总值	万美元	49852	69255	39.0
外商实际投资额	万美元	8419	11635	38.2
财政一般预算收入	亿元	44.83	51.29	14.4
财政一般预算支出	亿元	136.31	162.58	19.3
金融机构人民币各项存款期末余额	亿元	786.98	921.18	17.1
#城乡居民储蓄存款余额	亿元	578.50	687.44	18.8
金融机构人民币各项贷款期末余额	亿元	565.51	550.91	11.4
居民消费价格指数	上年=100	104.8	106.5	
城镇登记失业率	%	3.1	3.6	
城镇居民人均可支配收入	元	10713	12395	8.6
农民人均纯收入	元	4014	4570	7.8

南阳市生产总值

指标名称	2007 年	2008 年	增长(%)
生产总值(万元)	13763321	16364301	12.1
第一产业	3020447	3444770	5.7
第二产业	7147831	8560076	13.6
工　业	6414020	7682137	14.3
建筑业	733811	877939	6.7
第三产业	3595043	4359455	14.5
#交通运输、仓储和邮政业	626428	787462	16.7
批发和零售业	629987	747896	10.4
住宿和餐饮业	463244	592150	14.3
金融业	128552	135274	−2.6
房地产业	304890	354858	4.7
其他服务业	1441942	1741815	18.8
非公有制经济占的比重(%)	55.8	56.2	13.2
人均生产总值(元)	13814	16367	11.5

南阳市全社会固定资产投资额

指　　标	2007 年	2008 年	增长(%)
全社会固定资产投资额(万元)	6996308	8958338	28.0
按城乡分			
城　镇	5542295	7085454	27.8
#工业投资	3118226	4421452	41.8
#民间投资	2858463	3919796	37.1
农　村	1454013	1872884	28.8
#农　户	648887	736487	13.5
非农户	805126	1136397	41.1
按三次产业分			
第一产业	296042	491460	66.0
第二产业	3488244	4866321	39.5
第三产业	3212022	3600557	12.1
资金来源合计	7202220	8488994	17.9
国家预算内资金	125263	196566	56.9
国内贷款	871893	571685	−34.4
债　券			
利用外资	29457	31655	7.5
自筹资金	4157891	7493244	80.2
其他资金	2017716	932331	−53.8

南阳市房地产开发经营情况

项　目	单　位	2007 年	2008 年	增长(%)
投资完成额	万元	323646	425226	31.4
住　宅	万元	251248	327755	32.2
办公楼	万元	3363	3108	－7.6
商业营业用房	万元	50089	76794	51.8
其　他	万元	18946	17569	－19.1
土地开发面积				
本年购置土地面积	万平方米	30.52	22.34	－26.8
完成开发土地面积	万平方米	37.49	29.13	－22.3
商品房面积				
施工面积	万平方米	506.73	626.12	24.5
#住　宅	万平方米	414.01	516.19	25.8
#新开工面积	万平方米	218.42	298.61	36.7
#住　宅	万平方米	181.28	255.92	41.2
竣工面积	万平方米	135.74	97.22	－28.4
#住　宅	万平方米	103.12	78.41	－24.0
销售面积	万平方米	215.17	207.26	－3.7
#住　宅	万平方米	187.02	192.79	3.1
空置面积	万平方米	7.58	10.81	42.6
#住　宅	万平方米	6.44	5.76	－10.6
商品房销售额	万元	332789	411229	23.6
#住　宅	万元	266356	327387	22.9

南阳市建筑业生产经营情况

项　目	单位	2007 年	2008 年	增长(%)
企业个数	个	258	285	10.5
建筑业总产值	万元	1393452	1432765	2.8
建筑工程	万元	1252216	1281073	2.3
安装工程	万元	76848	97818	27.3
其他产值	万元	64388	53873	－16.3
#装修装饰	万元	29177	45885	57.3
建筑业增加值	万元	379279	439413	15.9
建筑业竣工产值	万元	1003077	1091514	8.8
房屋建筑施工面积	万平方米	1234.5	1114.5	－9.7
房屋建筑竣工面积	万平方米	587.7	531.0	－9.6
劳动生产率(按总产值)	元/人	103591	99528	－3.9
(按增加值)	元/人	28196	30524	8.3
工程结算税金及附加	万元	52660	47055	－10.6
利润总额	万元	42884	62594	46.0

南阳市社会消费品零售总额

单位:万元

指　标	2007年	2008年	增长(%)
社会消费品零售总额	**4621499**	**5686093**	**23.0**
按销售单位分			
市	1432073	1801796	25.8
县	1541343	1902623	23.4
县以下	1648083	1981674	20.2
按行业分类			
批发和零售业	3860467	4700518	21.8
限额以上企业	833699	1076255	29.1
限额以下企业	448438	569887	27.1
个体户	2578330	3054376	18.5
住宿餐饮业	676332	876631	29.6
限额以上企业	65106	79702	22.4
限额以下企业	74470	98619	32.4
个体户	536756	698310	30.1
其　他	84700	108944	28.6

南阳市地方财政收入

单位:万元

指　标	2007年	2008年	增长(%)
地方财政收入	**521628**	**594832**	**14.0**
一般预算收入	448266	512882	14.4
各项税收			
国内增值税(地方25%部分)	77676	93993	21.0
营业税	112306	119693	6.6
企业所得税	21162	28099	32.8
企业所得税退税			
个人所得税	17415	17188	－1.3
资源税	9422	9242	－1.9
城市维护建设税	26657	32456	21.8
房产税	7960	9487	19.2
印花税	2743	3722	35.7
城镇土地使用税	8801	22713	158.1
土地增值税	4632	5999	29.5
车船使用税和牌照税	553	2387	331.6
耕地占用税	12219	14215	16.3
契税	16675	18773	12.6
烟叶税	3237	7077	118.6
非税收入	126808	127838	0.8
专项收入	22119	22178	0.3
罚没收入	39624	35616	－10.1
行政性收费收入	51800	57465	10.9
国有资本经营收入	8754	5608	－35.9
国有资源(资产)有偿使用	2252	3427	52.2
其他收入	2259	3544	56.9
政府性基金收入	73362	81950	11.7
养路费	4809	4986	3.7

南阳市地方财政支出

单位:万元

指 标	2007年	2008年	增长(%)
地方财政支出	**1505586**	**1787229**	**18.7**
一般预算支出	1363142	1625833	19.3
一般公共服务	221295	259636	17.3
国防	38		
公共安全	78317	91057	16.3
公安	43020	49920	16.0
教育	287286	333812	16.2
普通教育	251079	289071	15.1
职业教育	13212	19463	47.3
科学技术	17403	26857	54.3
文化体育与传媒	13385	15631	16.8
社会保障与就业	241611	214061	-11.4
财政对社保基金的补助	9818	16181	64.8
行政事业离退休	103574	107458	3.7
就业补助	8714	10162	16.6
抚恤	13658	17212	26.0
城市居民最低生活保障	12547	17156	36.7
医疗卫生	79064	121097	53.2
环境保护	116704	154104	32.0
污染防治	26416	21151	-19.9
退耕还林	13928	19871	42.7
城乡社区事务	50688	69466	37.0
农林水事务	115132	184797	60.5
农业	69413	97449	40.4
水利	24838	58876	137.0
扶贫	3954	2137	-46.0
农业综合开发	3139	3900	24.2
交通运输	47146	52350	11.0
工业商业金融等事务	40476	48970	21.0
粮油事务	2943	3733	26.8
可再生能源	73481	87253	18.7
其他支出	54597	53995	-1.1
政府性基金支出	142444	161396	13.3
养路费	41776	28706	-31.3

南阳市分行业在岗职工平均工资

单位:元

指　　标	2007 年	2008 年	增长(%)
在岗职工平均工资	15996	17847	11.6
农林牧渔业	9984	11303	13.2
采矿业	35820	33055	−7.7
制造业	13044	14619	12.1
电力、燃气及水的生产和供应业	18480	20313	9.9
建筑业	11772	12551	6.6
交通运输、仓储和邮政业	11724	13882	18.4
信息传输、计算机服务和软件业	17760	17214	−3.1
批发和零售业	10548	11857	12.4
住宿和餐饮业	11448	12124	5.9
金融业	22620	21722	−4.0
房地产业	16104	18416	14.4
租赁和商务服务业	17028	17614	3.4
科学研究、技术服务和地质勘察业	17328	19814	14.3
水利、环境和公共设施管理业	16860	18319	8.7
居民服务和其他服务业	15180	14757	−2.8
教　育	18384	21801	18.6
卫生、体育保障和社会福利业	20196	22883	13.3
文化、体育和娱乐业	15432	17374	12.6
公共管理和社会组织	17460	19376	11.0

南阳市普通高等教育、中等职业教育基本情况

指　标　名　称	单　位	2007 年	2008 年
一、高等教育			
(一)普通高等教育			
1、学校数	所	4	4
2、在校学生数	人	46622	52386
3、招生数	人	16706	18823
4、毕业生数	人	12029	13282
5、教职工数	人	4047	4132
其中:专职教师数	人	2801	2966
(二)成人高等教育			
1、学校数	所	1	1
2、在校学生数	人	12993	13577
3、招生数	人	6239	5382
4、毕业生数	人	3691	4048
二、中等职业教育			
1、学校数	所	92	100
职业高中学校	所	63	72
2、在校学生数	人	118872	116494
职业高中学校	人	56314	52111
3、招生数	人	43561	38171
职业高中学校	人	19501	14786
4、毕业生数	人	37574	38021
职业高中学校	人	18120	17637
5、教职工数	人	7190	6952
其中:专职教师数	人	4872	4594

南阳市基础教育基本情况

指标名称	单位	2007年	2008年
一、学校数			
#普通中学	所	560	536
职业初中	所	1	—
小学	所	3917	3786
幼儿教育	所	345	405
特殊教育	所	10	10
二、在校学生数			
#普通中学	人	607964	572466
职业初中	人	716	—
小学	人	933744	990287
幼儿教育	人	178307	180493
特殊教育	人	800	798
三、招生数			
#普通中学	人	186596	190400
职业初中	人	210	—
小学	人	182742	199740
幼儿教育	人	153791	147367
特殊教育	人	91	127
四、毕业生数			
#普通中学	人	227777	221984
职业初中	人	260	281
小学	人	130579	137539
幼儿教育	人	91926	100288
特殊教育	人	52	65
五、教职工数	人	96331	96220
#专职教师数	人	88986	89018

南阳市卫生事业基本情况

指标名称	单位	2007年	2008年
卫生机构	个	362	364
#医院、卫生院	个	306	305
实有床位数	张	19100	21779
#医院、卫生院床位数	张	18800	20757
卫生技术人员	人	23700	26781
#执业医师	人	6717	7033
#执业助理医师	人	1983	2723
注册护士	人	7100	7903
疾病预防控制中心(防疫站)	个	14	14
卫生技术人员	人	1000	1066
妇幼保健院、所、站	个	13	13
卫生技术人员	人	1100	1141
专科疾病防治医院	个	3	2
卫生监督检验机构	个	11	11
卫生监督检验机构卫生技术人员	人	300	281
乡镇卫生院	人	226	224
实有床位数	张	5450	6078
卫生技术人员	人	7780	9904
医学科学研究机构	个	1	1
医学在职培训机构	个	11	11

文　件　选　录

南阳市人民政府
关于公布第一批南阳市市级非物质文化遗产名录的通知

宛政〔2008〕6号　　2008年1月28日

各县市区人民政府，市人民政府各部门：

市政府批准市文化局确定的第一批南阳市市级非物质文化遗产名录(共计52项)，现予以公布。非物质文化遗产是文化遗产的重要组成部分。各地、各部门要按照《国务院关于加强文化遗产保护的通知》》(国发〔2005〕42号)的精神和有关要求，认真贯彻"保护为主、抢救第一、合理利用、传承发展"的工作方针，切实做好非物质文化遗产的保护、管理和合理利用工作，为我市文化强市建设做出新的更大的贡献。

第一批南阳市市级非物质文化遗产名录

(共计52项)

一、民间文学(10项)

序号	编号	项目名称及申报地区
1	Ⅰ－1	盘古神话(桐柏县)
2	Ⅰ－2	牛郎织女传说(南阳市)
3	Ⅰ－3	王莽撵刘秀传说(内乡县、卧龙区龙兴乡、卧龙区石桥镇)
4	Ⅰ－4	灯谜(南召县)
5	Ⅰ－5	嫦娥奔月神话(南阳市)
6	Ⅰ－6	丹江故事传说(淅川县)
7	Ⅰ－7	宣讲圣谕(内乡县)
8	Ⅰ－8	宝天曼传说(内乡县)
9	Ⅰ－9	马山童谣(内乡县)
10	Ⅰ－10	石堂山传说(内乡县岞岫乡)

二、民间美术(2项)

序号	编号	项目名称及申报地区
11	Ⅱ－1	方城石猴(方城县)

12　Ⅱ－2　唐河城郊剪纸(唐河县城郊乡)

三、民间音乐(7项)

序号	编号	项目名称及申报地区
13	Ⅲ－1	板头曲(南阳市)
14	Ⅲ－2	锣鼓乐(卧龙区石桥镇、镇平县石佛寺镇)
15	Ⅲ－3	东坡唢呐(卧龙区谢庄乡)
16	Ⅲ－4	淅川锣鼓曲(淅川县)
17	Ⅲ－5	西坪民歌(西峡县)
18	Ⅲ－6	丹江号子(淅川县)
19	Ⅲ－7	桐柏山歌(桐柏县)

四、民间舞蹈(4项)

序号	编号	项目名称及申报地区
20	Ⅳ－1	九莲灯(镇平县高丘镇)
21	Ⅳ－2	云彩灯(南召县)
22	Ⅳ－3	背装(社旗县陌陂乡、唐河县源潭镇、桐柏县平氏镇、宛城区新店乡)
23	Ⅳ－4	竹马舞(内乡县)

五、戏曲(7项)

序号	编号	项目名称及申报地区
24	Ⅴ－1	宛梆(内乡县)
25	Ⅴ－2	罗卷戏(邓州市)
26	Ⅴ－3	蛤蟆嗡(淅川县)
27	Ⅴ－4	提线木偶戏(邓州市小杨营乡)
28	Ⅴ－5	豫西越调(邓州市)
29	Ⅴ－6	皮影戏(桐柏县)
30	Ⅴ－7	汉剧(唐河县城郊乡)

六、曲艺(5项)

序号	编号	项目名称及申报地区
31	Ⅵ－1	大调曲子(南阳市)
32	Ⅵ－2	三弦书(南阳市)
33	Ⅵ－3	新野槐书(新野县)
34	Ⅵ－4	鼓词(内乡县大桥乡、唐河县桐寨铺镇、镇平县贾宋镇)
35	Ⅵ－5	桐柏渔鼓(桐柏县)

七、传统体育与竞技(2项)

序号	编号	项目名称及申报地区
36	Ⅶ－1	九宫八卦阵(社旗县陌陂乡)
37	Ⅶ－2	舞狮竞技(宛城区)

八、民间手工技艺(7项)

序号	编号	项目名称及申报地区
38	Ⅷ－1	镇平玉雕工艺(镇平县)
39	Ⅷ－2	黄石砚制作工艺(方城县)

序号	编号	项目名称及申报地区
40	Ⅷ—3	桐蛋制作技艺(唐河县桐河乡)
41	Ⅷ—4	唐席制作技艺(唐河县苍台镇)
42	Ⅷ—5	镇平手工丝毯工艺(镇平县)
43	Ⅷ—6	镇平侯记烧鸡制作技艺(镇平县)
44	Ⅷ—7	界中米醋酿造技艺(宛城区)

九、民间杂技(3项)

序号	编号	项目名称及申报地区
45	Ⅸ—1	新野猴艺(新野县)
46	Ⅸ—2	抬装古饰(卧龙区青华镇)
47	Ⅸ—3	丁河高台(西峡县丁河镇)

十、人生礼俗(1项)

序号	编号	项目名称及申报地区
48	Ⅹ—1	婚礼习俗(桐柏县)

十一、岁时节令(2项)

序号	编号	项目名称及申报地区
49	Ⅺ—1	内乡县衙岁时节令“打春牛”(内乡县)
50	Ⅺ—2	重阳文化(西峡县重阳乡)

十二、民间信仰(2项)

序号	编号	项目名称及申报地区
51	Ⅻ—1	医圣张仲景祭祀(南阳市)
52	Ⅻ—2	哪吒传说(西峡县丁河镇)

南阳市人民政府
关于印发南阳市突发环境事件
应急预案的通知

宛政〔2008〕33号　　　　2008年4月4日

各县市区人民政府，市人民政府各部门：

《南阳市突发环境事件应急预案》已经市政府同意，现印发给你们，请结合实际，认真贯彻执行。

南阳市突发环境事件应急预案

一、总则

(一)编制目的、依据

为了有效预防、及时控制、妥善处置我市各类突发环境事件，建立健全突发环境事件应急工作机制，提高我市应对突发环境事件的能力，最大程度地减少人员伤亡、财产损失，维护人民群众的生命安全，依据《中华人民共和国环境保护法》、《国家突发环境事件应急预案》（国办函〔2005〕46号）、《河南省突发环境污染事件应急预案》（豫政〔2007〕66号）和《南阳市突发公共事件总体应急预案》（宛政〔2004〕110号）等法律及有关规定，制定本预案。

（二）适用范围

本预案适用于我市范围内发生的各类突发环境事件。本预案所称突发环境事件，是指突然发生，造成或者可能造成重大人员伤亡、重大财产损失，对全市或者某县市区的经济、社会稳定、政治安定构成重大威胁和造成损害，有重大社会影响的涉及环境安全的事件。符合下列情形之一的即启动本预案：

1. 因环境污染造成非生产人员伤亡的；

2. 城市集中饮用水源地水质遭受严重污染的；

3. 危险化学品生产、运输、存贮、销售、使用过程中造成突发环境污染的；

4. 工业企业生产过程中因意外事故可能造成突发环境污染的；

5. 放射源因丢失、泄漏、被盗造成失控的；

6. 危险废弃物在处置、贮存、运输过程中因非正常排放对环境造成污染的；

7. 因污染物非正常排放引起纠纷，造成较大社会影响的；

8. 其他原因造成环境污染的。

（三）突发环境事件分类

根据其发生过程、性质和机理，突发环境事件主要分为两类：

1. 突发环境污染事件：包括重点流域、敏感水域水污染事件；烟雾污染事件；危险有毒化学品在生产、运输、存贮、销售、使用、废弃过程中造成的突发环境事件；工业企业安全生产事故或事故性排污造成的突发环境事件；突发交通污染事件等。

2. 辐射环境污染事件：包括放射性同位素、放射源、辐射装置、放射性废物辐射污染事件。

（四）突发环境事件分级

突发环境事件按照严重性、紧急程度、可控性和影响范围等因素，可分为特别重大环境事件（Ⅰ级）、重大环境事件（Ⅱ级）、较大环境事件（Ⅲ级）、一般环境事件（Ⅳ级）四级。

Ⅰ级：满足以下条件之一的，为特别重大环境事件：

（1）发生30人以上死亡，或中毒（重伤）100人以上；

（2）因环境事件需疏散、转移群众5万人以上，或直接经济损失1000万元以上；

（3）区域生态功能严重丧失或濒危物种生存环境遭到严重污染；

（4）因环境污染使当地正常的经济、社会活动受到严重影响；

（5）利用放射性物质进行人为的破坏事件，或因Ⅰ、Ⅱ类放射源丢失、被盗、失控造成大范围严重辐射污染后果；

（6）因环境污染造成重要城市主要水源地取水中断；

（7）因危险化学品（含剧毒品）生产和贮运中发生泄漏，或废弃化学品贮运、使用、处置过程中发生泄漏，严重影响人民群众生产、生活。

Ⅱ级：满足以下条件之一的，为重大环境事件：

（1）发生10人以上、30人以下死亡，或中毒（重伤）50人以上、100人以下；

（2）区域生态功能部分丧失或濒危物种生存环境受到污染；

（3）因环境污染使当地经济、社会活动受到较大影响，疏散转移群众1万人以上、5万人以下的；

(4)因Ⅰ、Ⅱ类放射源丢失、被盗、失控；

(5)因环境污染造成重要河流、湖泊、水库大面积污染，或县级以上城镇水源地取水中断。

Ⅲ级：满足以下条件之一的，为较大环境事件：

(1)发生3人以上、10人以下死亡，或中毒(重伤)50人以下；

(2)因环境污染造成跨地级行政区域纠纷，使当地经济、社会活动受到影响；

(3)Ⅲ类放射源丢失、被盗、失控。

Ⅳ级：满足以下条件之一的，为一般环境事件：

(1)发生3人以下死亡；

(2)因环境污染造成跨县级行政区域纠纷，引起一般群体性影响的；

(3)Ⅳ、Ⅴ类放射源丢失、被盗、失控。

上述有关数量的表述中，“以上”含本数，“以下”不含本数。

二、组织体系与职责

市政府成立南阳市突发环境事件应急指挥部(以下简称市环境应急指挥部)，负责领导全市突发环境事件应急工作。应急指挥部办公室设在市环保局，负责具体工作。

(一)市环境应急指挥部的构成与职责

1. 市环境应急指挥部的组成

总指挥：市政府分管副市长

副总指挥：市政府分管副秘书长

　　　　　市环保局局长

成员：市环保局、市发改委、市商务局、市民政局、市公安局、市监察局、市财政局、市建委、市交通局、市水利局、市农业局、市林业局、市卫生局、市国土局、市安监局、市公路局、市消防支队、市气象局、市供电公司、移动、联通南阳分公司等部门和各县市区政府负责同志。

2. 市环境应急指挥部职责

贯彻执行国家、省、市有关突发公共事件应急工作的方针、政策；负责省突发环境事件应急领导机构和市应急委有关指令的传达和落实；组织制定并实施全市突发环境事件应急体系建设规划；督导县市区、市直单位突发环境事件应急预案体系建设及预案演练；建立重大突发环境事件风险评估和隐患排查体系；统一协调较大、重大、特别重大环境事件的应急救援工作；负责全市突发环境事件应急管理的公众宣传和教育；做好突发环境事件的物资储备和应急救援队伍建设；统一向社会发布突发环境事件应急信息；审议批准市突发环境事件应急指挥部办公室(以下简称市环境应急指挥部办公室)提交的应急处置工作报告；完成市委、市政府下达的其它任务。

3. 市环境应急指挥部成员单位职责

市环保局：负责环境应急指挥部办公室的日常工作；做好突发环境事件的防范、处置和善后工作；提出启动、终止应急处置预案的措施建议，并根据各职能部门提出的评估意见进行应急处置。

市发改委、商务局：负责突发环境事件应急处置所需物资的组织供应工作。

市民政局：负责突发事件灾后恢复、重建所需救灾物资的组织发放。

市公安局：负责协助环保部门查明污染源，做好突发环境事件涉嫌犯罪案件的侦查工作；负责事故现场保护、秩序维护，必要时实行交通管制，组织疏散群众，维持社会稳定。

市监察局：负责对公务员和行政机关任命的其他人员，在突发环境事件应急处置中的行为实施监督检查，对有失职、渎职等违纪行为的进行调查处理。

市财政局：负责落实突发环境事件应急系统建设专项资金预算，做好应急处置所需资金拨付和监管工作。

市建委：负责组织对突发环境事件中城市被损毁的排水、供热、供气等公共设施的抢排险，恢复城市基础设施功能。保障事故抢险中所需的城市基础设施的正常使用和支援工作。

市交通局：负责所辖公路上环境事件的处置工作。负责突发环境事件的抢险救援人员、灾民、救灾物资的运输工作。

市公路局：具体负责辖区内国道、省道上突发环境事件的预防和应急处置工作。

市水利局：负责协助环保部门做好污染水域的水质监测和调控工作，对突发环境事件可能造成的危害做出预测，提出减少污染的措施和建议，对污染事故造成的损害进行评估。提供事故地点涉及水域相关资料，组织协调相关水域的水资源调度，对需采取的水利工程措施提供技术指导，消除水域污染。

市农业局：负责对突发环境事件可能造成的土壤、农作物等危害做出预测，提出减少污染危害的措施和建议，对污染事故造成的损害进行评估，并采取措施消除影响。

市林业局：负责对突发环境事件可能造成的林业及生物多样性危害做出预测，提出减少污染危害的措施和建议，对污染事故造成的损害进行评估，并采取措施进行修复。

市卫生局：配合环保部门制定放射性同位素和射线装置等医疗废物安全处置的有关规章制度和发生意外事故时的应急处置预案，检查、督促医疗卫生单位落实预案，组织突发环境事件的医疗救护工作。

市国土局：负责矿山生态环境及地质环境的保护与治理，做好矿山生态环境及地质环境破坏事件的处理。

市安监局：参与、协调危险化学品生产、储存、经营单位重大安全事故引发的环境事件的应急处置工作，会同市环保局拟定危险化学品生产、储存、经营单位重大安全事故引发的环境污染应急行动方案。一旦发生事故，立即启动危险化学品数据库，为合理处置化学品提供咨询服务。

市公安消防支队：负责现场灭火、设备容器的冷却、喷水隔爆、抢救伤员及事故后对污染地域的清洗工作，注意防止二次污染。配合相关单位，组织专用车辆以及特殊车辆，进行污染物的疏转和已受污染物的处理工作。

市气象局：负责突发环境事件的气象条件分析，并提供相关天气预报服务。

市供电公司：负责电力受损公用设施的修复，做好突发环境事件现场及相关区域的电力供应保障工作。

移动南阳分公司、联通南阳分公司：负责保障突发环境事件现场及相关区域的通信畅通。

各县市区政府：负责组织本区域突发环境事件应急处置预案的编制、修订和演练；全面实施应急体系建设规划；建立重大突发环境事件风险评估和隐患排查体系；着力构建应急物资保障系统；负责组织、协调、处置本辖区内一般突发环境事件的组织、协调和处置工作；全力配合市应急指挥部处置发生在本辖区的较大以上突发环境事件。

环境事件发生后，根据市政府指示，指挥部各成员接到通知后必须在“第一时间”(30分钟内)赶到市政府指定地域组织指挥工作，成员单位第一批救援人员携带所需装备在40分钟内到事发现场。

各成员单位职责中未列事宜，由应急指挥部根据工作需要安排。

非成员单位根据市应急指挥部安排，组织做好相关应急处置工作。

（二）市环境应急指挥部办公室的组成及职责

1. 市环境应急指挥部办公室的组成

市环境应急指挥部办公室主任由市环保局局长兼任。指挥部办公室要做到工作人员、办公场地、办公设施"三落实"。一旦突发环境事件发生，立即进入应急工作状态。

2. 办公室职责

（1）贯彻落实市环境应急指挥部的各项部署，组织实施突发环境事件应急处置工作；

（2）检查督促各县市区、各单位做好应急处置工作，及时有效地控制污染事故，防止污染蔓延扩大；

（3）向市政府、上级主管部门、市环境应急指挥部及其成员单位报告、通报事故应急处置工作情况；

（4）经市环境应急指挥部同意，接受媒体采访，发布有关信息；

（5）完成市环境应急指挥部交办的其它任务。

3. 办公室下设机构

市环境应急指挥部办公室下设应急监测分队、应急监察分队、专家咨询组和后勤保障组四个机构。市突发环境事件应急预案启动后，各机构立即按要求履行职责，组织实施应急处置措施，并随时将处理情况报告市环境应急指挥部办公室。

（1）应急监测分队

分队长由市环保局分管副局长担任，成员为市环境监测站有关人员。负责监测突发环境事件所造成的环境污染，提供应急监测数据资料；确定事件造成的环境污染范围、程度，提出防治污染和保护公众健康的措施和建议。

（2）应急监察分队

分队长由市环保局分管副局长担任，成员为市环境监察支队有关人员。负责突发环境事件所造成的环境污染情况的调查、取证、报告及应急现场处置；协助有关单位搞好人员撤离、隔离和警戒；立案查处事故责任单位的违法行为。

（3）专家咨询组

市环境应急指挥部根据实际需要聘请环境保护、农业、水利、林业、气象等有关方面专家组成专家咨询组，为应急管理提供决策建议；为事故处置提供技术方案；为市环境应急指挥部的决策提供科学依据，组长由市环保局总工程师担任。

（4）后勤保障组

由市环境突发事件应急指挥部成员单位有关人员组成，组长由市政府副秘书长担任。负责组织现场处置所需物资供应，设备供给、调配和运输，确保事故应急运转和现场处置的后勤保障。

（三）县市区环境应急指挥部

突发环境事件发生后，立即启动应急预案，在市应急指挥部的领导下，组织、实施本区域突发环境事件的应急处置工作。

三、监测与预警

（一）监测

1. 建立监测系统

全市建立突发环境事件监测、报告网络体系，构建各部门间信息沟通平台，实现互联互通和资源共享。市环境保护局监测站及各县市区环境保护局监测站负责开展突发环境事件日常监测工作,负责对日常信息的收集、分析和判断,及时传递、由市监测站每月1—3日定期发布环保综合信息,平战结合,防患于未然。

2. 建立举报制度

任何单位和个人有权有责任向各级环境保护部门及政府其他有关部门举报突发环境事件和隐患,有权举报相关责任部门、单位、人员不履行或不按规定履行突发环境事件监管职责的行为。有关部门接到举报后,应当及时组织或通报相关部门对举报事项进行调查处理。

(二)预警

1. 建立预警系统

建立统一、科学的环境安全信息评估和预警体系,对环境污染问题做到早发现、早报告、早处置。市环境保护主管部门要按照各自职责,建立健全全市环境安全信息数据库,按照突发环境事件的发生、发展规律和特点,及时分析事故危害程度、可能的发展趋势,及时作出预警。按照突发事件严重性、紧急程度和可能波及的范围,突发环境事件的预警分为四级,预警级别由低到高,颜色依次为蓝、黄、橙、红色。蓝色预警由县人民政府负责发布。黄色预警由市人民政府负责发布。橙色预警由省级人民政府负责发布;红色预警由事件省级人民政府根据国务院授权负责发布。根据事态的发展情况和采取措施的效果,预警颜色可以升级、降级或解除。收集到的有关信息证明突发事件即将发生或者发生的可能性增大时,按照相关应急预案执行。

2. 应急准备和预防

市环境保护主管部门对有关部门和各级政府上报的可能导致突发环境事件的预警信息进行分析。特别严重的可请示市政府同意后,发布预警信息,并按照应急预案做好应急准备和预防工作。事态严重时及时上报市政府,建议启动应急预案,并向市政府有关部门、应急救援机构和专家通报,做好应急准备工作。对可能引发的突发环境事件险情,市环境保护主管部门应及时通报有关县市区人民政府、市政府有关部门和单位。

四、报告制度

(一)报告范围

1. 对生态环境或公众健康造成或者可能造成严重损害的突发环境事件。

2、对生态环境或公众健康可能造成严重损害的突发环境事件风险信息。

(二)责任报告单位和责任报告人

1. 责任报告单位:突发环境事件发生单位、发现单位、知情单位等。

2. 责任报告人:突发环境事件发生单位、发现单位、知情单位等主要负责人。任何单位和个人对突发环境事件不得瞒报、迟报、谎报或者授意他人瞒报、迟报、谎报,不得阻碍他人报告。

(三)报告时限

得知突发环境污染事件后,30分钟内报告至市环境应急指挥部办公室和市政府应急管理办公室。

Ⅱ级突发环境污染事件确认发生后,市环境应急指挥部办公室应当在1小时内,向省环境应急指挥机构报告;

Ⅰ级突发环境污染事件确认发生后,市环境应急指挥部办公室应当在1小时内,向省环境应急指挥机构和国家环境应急指挥机构同时报告,也可直接向国家环境应急指挥机构报告。

(四)报告种类

事故发生地人民政府或有关部门应在对突发环境污染事件进行初步调查的基础上做出初次报告,初次报告时限为1小时;根据事故处理的进程或者上级要求随时做出阶段报告;在事故处理结束后10日内做出总结报告。

1. 初次报告

应尽可能详细地、准确地报告事故发生的时间、地点、单位、危害程度、伤亡人数，事故的简要经过，事故发生原因的初步判断，事故发生后采取的措施及事故控制情况，事故报告单位及报告时间、报告单位联系人员及联系方式等。

2. 阶段报告

既要报告新发生的情况，也要对初次报告的情况进行补充和修正，包括事故的发展与变化、处置进程、事故原因等。

3. 总结报告

包括突发环境污染事件的鉴定结论，对事故的处理工作进行总结，分析事故原因和影响因素，提出今后对类似事故的防范和处置建议。

五、突发环境事件的应急响应、处置和终止

按照环境破坏事故严重程度和影响范围，应急响应等级分为四级。事故发生，即自动生成市突发环境事件应急指挥部。指挥部视环境事故等级启动应急预案，按规定上报省、国家环境应急指挥部。当突发环境事件随时间发展进一步加重，事故危害特别严重，情况复杂难以控制，并有蔓延扩大的趋势时，市环境应急指挥部办公室应当上报市环境应急指挥部审定，及时提升应急响应级别。

(一)分级响应

1. 特别重大环境事件的应急响应(Ⅰ级)

特别重大环境事件发生确认后，市环境应急指挥部应在规定时间内同时上报省、国家环境应急指挥部，也可直接向国家环境应急指挥部报告，并根据国家环境应急指挥部安排组织实施处置工作。

2. 重大环境事件的应急响应(Ⅱ级)

重大环境事件发生确认后，市环境应急指挥部应在规定时间内上报省级环境应急指挥部，并根据省环境应急指挥部安排组织实施处置工作。

3. 较大环境事件的应急响应(Ⅲ级)

(1)市环境应急指挥部办公室应急响应

接到突发环境事件后，应当立即派出先遣组进行调查确认，对事故进行评估，根据评估确认的结果，负责向市应急指挥部报告基本情况、事态发展和处置进展情况等，并按规定向上级报告事故情况；提出启动市突发环境事件应急处置预案的建议，及时向其他有关部门通报有关情况；相应机构立即启动工作，组织、协调、落实各项应急措施；指导、部署相关部门开展应急处置工作；及时向省环境保护主管部门报告应急处置情况，请求协助解决应急处置工作中的困难。

(2)市环境应急指挥部应急响应

组织指挥部成员单位迅速到位，进行深入调查确认，对事故进行评估，根据评估确认的结果，启动市突发环境污染事件应急处置预案，组织协调事故应急处置工作。

(3)县市区人民政府应急响应

突发环境事件发生地的县市区人民政府应当在第一时间首先组织实施应急处置工作，在规定的时间内报告市应急指挥部。在市应急指挥部的统一指挥下，按照要求认真履行职责，落实有关工作。

4. 一般环境事件的应急响应(Ⅳ级)

一般环境事件发生后，根据县市区应急指挥部的安排组织实施应急处置工作。市应急指挥部办公室应当对事故应急处置工作给予指导、监督和协调。

（二）应急处置

市环境应急指挥部办公室应及时向各成员单位通报突发事件情况，并根据需要指派相关单位赶赴现场。各有关单位接到通报后，应当立即按要求派出应急队伍赶赴事发现场，在现场应急救援指挥部的统一指挥下，按照有关应急预案和处置规程，相互协同，密切配合，共同做好应急处置工作。

1. 应急处置现场工作

（1）应急监察和监测分队应根据各自预案开展工作。

（2）听取先遣组介绍，判明情况，采取相应措施。

（3）根据事件等级、危害程度及范围、地形气象情况等，组织进行个人防护后，方可进入应急现场。

（4）按照应急处理与处置程序和规范，采取相应的措施（转移、撤离或者疏散可能受到危害的人员，并进行妥善安置；针对突发事件可能造成的危害，封闭、隔离或者限制使用有关场所，中止可能导致危害扩大的行为和活动；调集环境应急所需物资的设备），确保应急保障工作，实施应急处理与处置，并及时将应急处理与处置过程中的有关情况和建议上报应急指挥部办公室。

（5）完成规定的应急任务或接到应急终止的通知后，各应急分队对受污染的仪器设备实施消毒、去污、保养，进行应急总结。

2. 记录应急过程环境应急指挥部办公室及成员单位、各应急分队和县市区应急指挥部在应急响应和处置过程中，均应准确及时地记录应急过程，为总结应急经验教训，修改完善应急预案提供依据。记录工作需专人负责，记录内容：事件的发生、发展与终结；指挥程序和出动人员的设备情况；任务分工与完成情况；应急组织、工作人员、仪器设备的适应性及完成任务的能力；公众采取的重大防护措施及其效果；地形、气象对危害区域及应急行动的影响等情况。各类公告、公报、通报、通令、通知及重要指示。各种情况的记录必须有时间、地点、执行单位及其负责人。应急终止后交应急办公室存档。

3. 发布信息

（1）公众信息发布权限。公众信息由市应急指挥部新闻发言人统一发布，或者授权应急办公室发布，其他单位和个人一律无权发布或接受媒体采访。

（2）公众信息发布时机。公众信息发布的时机是：当确认事件已经发生并对社会活动产生重大影响；环境污染结果已经被证实；采取重要公众防护措施；天气条件对事件危害变化产生重要影响；事件终止，应急行动终结，公众防护解除，恢复正常社会秩序；其它必要的时间。

（3）公众信息的内容。事件发生的时间、地点、事故成因的初步判断；可能的发展趋势；对环境和公众健康的可能影响；受影响地区公众应采取的防护措施；其它需要公众了解和配合的事项。

（三）响应终止

市环境应急指挥部办公室组织有关专家进行分析论证，经现场检测评价确无危害和风险后，提出终止应急响应的建议，报应急指挥部批准，市环境应急指挥部宣布应急响应终止，应急处置队伍撤离现场。应急指挥部办公室根据汇总后的应急处置工作报告，向有关部门提出具体处理意见和建议。应急指挥部办公室负责监督环境事件发生单位、责任单位的整改工作，跟踪处理情况，随时通报处理结果。

六、后期处理

（一）善后处理

各县市区人民政府负责组织突发环境事件的善后处理工作，包括人员安置、补偿，征用物资补偿，污染物收集、清理与处理等事项。尽快消除事故影响，妥善安置和慰问受害和受影响人员，尽快恢复正常秩序，保证社会稳定。

突发环境事件发生后，保险机构及时开展应急救援人员保险受理和受灾人员保险理赔工作。

造成突发环境事件的责任单位和责任人应当按照有关规定对受害人给予赔偿。

（二）总结报告

突发环境事件善后处理工作结束后，市应急指挥部办公室总结分析应急工作经验教训，提出改进应急处置工作的建议，完成应急处置总结报告，报市政府及省环境保护行政主管部门。

七、保障措施

（一）物资保障

应急办公室下设机构可结合各自职责提出监测仪器、防护装备、通信设备等物资配备计划，经应急办公室审查后，报市应急指挥部审定、配置。

（二）医疗保障

突发环境事件造成人员伤害的，卫生部门应急救援工作应当立即启动，救治人员应当立即赶赴现场，开展医疗救治工作。

（三）演习演练

市环境突发事件应急指挥部要定期组织开展突发环境事件的应急演习演练。市环境保护行政主管部门会同市政府有关部门指导突发环境事件的应急处置演习演练工作，以检验和强化应急准备、协调和应急响应能力，并对演习演练结果进行总结和评估，进一步完善应急预案。

（四）公众宣传教育和培训

各级环境应急领导机构及相关部门应加强环境保护科普宣传教育工作，普及环境事件预防常识，编印、发放有毒有害物质污染公众防护“明白卡”，增强公众的防范意识，提高公众的防范能力。

各级环境应急领导机构及相关部门应加强对环境事件专业技术人员日常培训和重要目标工作人员的培训管理，培养一批训练有素的环境应急处置、检验、监测等专门人才。

八、附则

（一）奖励

1. 出色完成突发环境事件应急处置任务，成绩显著的；

2. 对处置突发环境事件有功，使国家、集体和人民群众的生命财产免受或者减少损失的；

3. 对事件应急准备与响应提出重大建议，实施效果显著的；

4. 有其他特殊贡献的。

（二）责任追究

在突发环境事件应急工作中，有下列行为之一的，按照有关法律和规定，对有关责任人员视情节和危害后果，由其所在单位或者上级机关给予行政处分；其中，对国家公务员和国家行政机关任命的其他人员，分别由任免机关或者监察机关给予行政处分；构成犯罪的，移送司法机关依法追究刑事责任。

1. 不认真履行环保法律、法规，引发突发环境事件的；

2. 不按照规定制定突发环境事件应急预案，拒绝承担突发环境事件应急准备义务的；

3. 不按规定报告、通报突发环境事件真实情况的；

4. 拒不执行突发环境事件应急预案，不服从命令和指挥，或者在事件应急响应时临阵脱逃的；

5. 盗窃、贪污、挪用环境事件应急工作资金、装备和物资的；

6. 阻碍环境事件应急工作人员依法执行公务、进行破坏活动的；

7. 散布谣言，扰乱社会秩序的；

8. 有其他对环境事件应急工作造成危害行为的。

（三）实施时间

本预案自印发之日起实施。

（四）预案解释

本预案由市环境应急指挥部负责解释。

南阳市人民政府
关于整合使用涉农项目资金
加快推进新农村建设的意见

宛政〔2008〕35 号　　2008 年 4 月 9 日

各县市区人民政府，高新区管委会，市人民政府各部门：

为合理有效配置公共财政资源，提高涉农资金的整体合力，加快社会主义新农村建设步伐，根据《中共南阳市委南阳市人民政府关于推进社会主义新农村建设的实施意见》（宛发〔2006〕10 号）、《南阳市社会主义新农村建设规划纲要（2006—2020 年）》（宛发〔2006〕17 号）精神和市委、市政府的要求，就整合使用涉农项目资金有关问题，提出如下意见。

一、充分认识整合使用涉农项目资金的重要意义

近年来，各级政府对“三农”的投入不断增加，有力地促进了农业和农村经济的发展，但由于项目重复安排、资金分散使用，很大程度上影响了资金的使用效益。合理有效配置公共财政资源，更好地为社会主义新农村建设提供财力支持，就必须整合使用现有各类涉农资金。项目资金整合有利于集中有限的财力办大事，提高“三农”项目资金的整体合力、聚合效应和使用效益，缓解资金供需矛盾，为加快我市社会主义新农村建设步伐提供财力保障；有利于逐步规范政府对“三农”的资金投向，合理有效地配置公共财政资源，全面落实各项强农惠农政策；有利于转变政府和部门职能，消除“缺位”和“越位”现象，更有效地发挥各职能部门在推进社会主义新农村建设中的作用。

因此，要充分认识整合使用涉农项目资金的重要意义，按照科学发展观和“五个统筹”的要求，以提高资金使用整体效益为目的，以规划引导、项目带动等多种形式为手段，科学配置公共资源，整合使用涉农项目资金，尽快形成社会主义新农村建设项目资金归并合理、投入科学、重点突出、使用高效、运行安全的使用管理机制。

二、项目资金整合使用原则

（一）坚持规划先行，全面推进。要以规划为先导，市县乡三级分级整合，上下联动。

（二）坚持统一领导，协同动作。要实行党委、政府统一领导，各部门步调一致，分工协作，积极推进新农村建设项目资金整合工作。

（三）坚持集中财力，突出重点。要打破部门界限、条块分割，通过项目资金整合，做到集中财力重点投入。

（四）坚持优化结构，注重效益。通过项目资金整合，不断优化投资结构，发挥支农投资的最大效益。

（五）坚持用途不变，统筹使用。在资金来源渠道不变、资金用途不变、项目资金管理权限不变的前提下统筹安排项目，统筹投放使用资金。

三、项目资金整合使用范围

（一）中央和省财政下达用于我市"三农"的基本建设资金，安排用于农村的交通、教育、科学、文化、供电、卫生、体育、广电、计划生育、社会保障、基层组织建设资金和市级财政预算内外安排的同类专项资金（包括相应配套资金）。

（二）省财政下达用于我市农村的土地有偿使用费、矿产资源补偿费、地方水利建设基金、森林植被恢复费和市级财政预算内外安排用于农村的同类专项资金（包括相应配套资金）。

（三）中央和省财政下达我市的农田水利建设资金、农业土地开发整理资金、农业结构调整（产业化经营）资金、农业综合开发资金、扶贫专项资金（含以工代赈资金）、农业机械化资金、畜牧业发展资金等支农资金和农业科技三项费用及市级财政预算内外安排的同类专项资金（包括相应配套资金），土地出让金用于农业发展的部分。

（四）企事业单位及个人援助我市的帮扶资金。

（五）外国政府和国际金融组织对农业的贷款、赠款。

（六）可以纳入整合范围的其他资金。

四、项目资金整合使用方式

按照"渠道不乱、用途不变、各司其职、各负其责、各记其功"的要求，在政府投入层面上，采取项目配套安排、资金分级整合的方式；在政府资金引导投入的层面上，采取适应市场经济发展要求的贴息、担保、保险、参股、以奖代补等投入方式，吸引社会资金投入，发挥资金整合效应。在具体方式上，主要采取以项目统筹安排（项目拼盘）带动资金整合的方式，选择部分易于资金整合配套的重点项目，制定项目规划和资金整合方案，围绕项目规划和项目资金整合方案，将相关资金按各自的性质统筹安排（实行拼盘），集中投入使用。主要借助于七个平台，整合相关资金，统筹安排七大类项目：

（一）以整村推进生产发展和农业产业化项目为平台，整合设施农业、特色种养业、产业化基地、优势农产品基地建设、农业综合开发产业化资金、产业化贴息资金、农村专业合作组织资金、信贷资金等生产发展方面的专项资金和企业资本，统筹安排农业生产发展项目和农业产业化项目，促进农业生产发展，加快农业产业化进程。

（二）以农业综合开发土地治理项目为平台，整合小型农田水利、农业土地开发整理等方面的专项资金，统筹安排农田治理项目，提高农业综合生产能力。

（三）以农业科技推广项目为平台，整合农业科技三项费用、新品种引进推广、科技扶贫、良种补贴、农机具购置补贴、测土配方施肥、社会化服务体系建设等方面的资金，统筹安排农业科技推广项目，促进现代农业建设。

（四）以农民职业技能培训项目为平台，整合农业实用技术培训、新型农民培训、扶贫培训、农村劳动力转移、农村职业教育等方面的资金，统筹安排农民培训项目，提高农民科技文化素质。

（五）以新农村建设规划、村容整治项目为平台，整合乡村道路、人畜饮水、“六小”工程和农村教育、文化、卫生、计划生育、太阳能综合利用等方面的资金，统筹安排农村基础设施和公益性事业发展项目，改善农民生产生活条件。

（六）以农业防灾救灾项目为平台，整合防汛抗旱、增雨防雹、动植物疫病防治、森林防火、农业保险补贴等专项资金，统筹安排农业防灾减灾项目，增强农业抵御自然灾害能力。

（七）以重点公益林管护项目为平台，整合天然林保护、退耕还林、长江、淮河防护林建设、南水北调源头生态保护、小流域治理等方面的专项资金，统筹安排林业生态项目，促进人与自然和谐发展。同时，可结合实际采取产业带动、区域带动等多种方式整合资金，形成“各炒一盘菜，共做一桌席”的新农村建设项目资金整合格局。

五、项目资金整合使用措施

（一）加强组织领导，统一思想认识。新农村建设项目资金整合涉及的部门和级次较多，各级各部门要增强对整合新农村建设资金重大意义的认识，做到统一思想，顾全大局。为保证资金的集中投入，避免资金使用的分散性与盲目性，在规划制定、组织实施、项目审查及资金分配上，成立专门的领导机构负责相关工作，建立新农村建设联席会议制度和相应的工作责任制，明确重点，围绕新农村建设规划，统筹安排新农村建设资金，从而达到以规划引领整合，形成新农村建设资金的协调互补机制。

（二）明确部门职责，强化部门协调。要明确和落实各涉农项目资金管理部门在整合项目资金中的职责，建立部门之间统一领导、协调一致、协同动作、各司其职、各负其责、良性互动的工作机制，避免新农村建设项目资金重复投资、多渠道安排和分散使用、效益低下的现象。

（三）各级有效联动，自上而下整合。各级联动，就是要求市、县、乡三级都要启动支农项目资金整合工作，结合实际先易后难，上下联动、统一实施。自上而下，就是在各级联动、分级整合的前提下，市级要率先垂范。各县市区要按照各自的产业发展规划、区域布局、发展重点，及早提出年度项目安排计划和项目资金整合方案，及时上报，以便市级整合项目资金时统筹安排。

（四）改革管理方式，加强监督指导。新农村建设项目资金整合必须采取以项目规划带动资金拼盘为主要内容的整合方式。市级财政和有关部门要切实改进项目和资金管理方式，把管理重点转移到对项目、资金的监督管理和对下级的业务指导上来，为县级政府提供必要的项目和资金整合平台，通过采取审查备案制等手段，尽量把项目选择权和资金安排权下放到县级，指导县级政府按照当地发展思路、新农村建设规划和各类专项资金的管理规定，科学、合理地整合项目和资金。

（五）加强整合资金管理，确保发挥最大效益。在项目资金整合的过程中，要做到四个“不变”，即项目资金性质不变，要确保支农资金全部用在农村建设发展上，不能截留、挪用；项目资金用途不变，资金整合前属何种用途就投向何领域；主管部门不变，“谁主管、谁负责”，各职能部门相互配合，各负其责；检查验收标准不变，坚持中央和省市政策，严格按程序组织验收，并组织财政、农业、审计、监察等部门联合核查，评估资金使用绩效，坚决杜绝跑冒滴漏，使有限的资金发挥最大的使用效益。

建设项目要实行五个“统一”，即统一年度计划、统一组织实施、统一协调建设、统一资金管理、统一竣工验收。

各级各部门在安排年度计划时，要围绕规划的试点村和示范村，重点安排项目，倾斜各类建设资金。中央、省下达的可用于试点村建设的项目资金，除上级直接下达的以外，要整合使用，集中向示范村和试点村建设项目倾斜。要重点倾力打造新农村建设示范村，建设示范亮点，使之尽快发挥强有力的示范带动作用。

南阳市人民政府
关于印发南阳市实施地方志工作条例
暂行规定的通知

宛政〔2009〕46号　　2009年6月10日

各县市区人民政府，市人民政府各部门，中央、省属驻宛各企事业单位：

现将《南阳市实施地方志工作条例暂行规定》印发给你们，请遵照执行。

南阳市实施地方志工作条例暂行规定

为建立健全我市地方史志工作管理机制，规范编史修志行为，努力做到全面、准确、客观地记述地情，科学系统地积累保存和开发利用市情信息资源，充分有效地发挥地方史志在经济发展和社会进步中的作用，促进全市史志事业健康有序发展，依据国务院《地方志工作条例》及有关政策规定，结合本市实际，特制定本规定。

一、适用范围

本市行政区域内的地方史志工作适用本规定。地方史志工作是以地方史志为中心而进行的组织管理、编纂整理、研究咨询、开发利用等活动。

本规定所称地方史志，包括以市、市辖县市区行政区域名称冠名的地方志书、年鉴及相关地情文献。

地方综合志书是指全面、系统、准确地记述特定行政区域内的自然、人文、经济、政治、社会的历史与现状的资料性文献。市志可以由综合志或若干分志组成。县市区志、乡镇志为综合志。

专业志是指全面、系统、准确地记述行业、部门、院校、企业、特定事物的历史与现状的资料性文献。

地方综合年鉴是指系统地记载特定行政区域内的自然、经济、政治、文化、社会等方面情况的年度资料性文献。专业年鉴是指系统地记载特定行业、部门、院校、企业诸项事物发展面貌的年度资料性文献。

地方综合月鉴是指每月载录特定行政区域内自然、经济、政治、文化、社会诸方面发生的大事、要事、热点、焦点、难点等的资料性文献。

地情文献是指系统地记述或载录特定历史时期、特定行政区域内的自然或人文等方面情况的资料性文献。

二、管理机制

地方史志工作实行党委领导、政府主持、地方史志编委会及其办公室组织实施和社会各界协作、专家参与、众手成志的组织领导体制和工作机制。

县级以上人民政府主持本行政区域的地方志史工作，应当加强对地方史志工作的领导，健全地方史志机构，将地方史志工作纳入当地国民经济和社会发展规划，所需经费列入本级财政预算，保证工作正常开展；为本级地方史志工作机构配备必要的工作人员，解决相应的办公条件；协调、督促地方史志工作机构和有关部门、单位共同做好地方史志编纂工作；同时，应当建立督查通报制度，对本行政区域地方史志工作进行督查，并通报督查情况。

县级以上地方史志编纂委员会是本行政区域地方史志工作的议事协调机构，由地方政府主要领导兼任主任，对本行政区域内地方史志工作进行组织和协调。县级以上人民政府地方史志工作机构主管本行政区域的地方史志工作。主要职责是：

（一）拟定本行政区域地方史志工作规划，制定地方志书、年鉴、地情文献编纂方案及业务规范；

（二）组织、指导、协调、督查地方史志工作，培训地方史志工作队伍；

（三）组织编纂、审查、验收地方志书、年鉴；

（四）征集、保存、整理地方史志文献、旧志和地情资料，开展地方史志学术研究、对外交流和地情宣传；

（五）开发地方史志资源，开展地情研究，改革用志手段，建立方志馆（室）、地情数据库和地情信息网站，积极开拓社会用志途径，为现实服务；

（六）完成同级人民政府和上级地方史志工作机构交办的其他事项。

三、编纂时限

市、县市区地方综合志书每20年左右编修一次，编纂任务由市人民政府统一部署。每一轮地方志书编修工作完成后，负责地方史志工作的机构在编纂地方综合年鉴、搜集资料以及向社会提供咨询服务的同时，应做好新一轮地方志书续修的准备工作。市、县市区综合年鉴按年度编辑出版，其他专业志、专业年鉴、综合性地情文献的编纂间隔时限由编纂机构自行确定。

四、编纂业务管理

各级各类志书、年鉴、地情文献编纂实行分级管理体制。市地方史志工作机构负责组织实施全市地方史志书刊编纂管理工作，承担市属各类地方史志编纂任务指导与监管职责，县市区地方史志工作机构对其相应行政区域内地方史志编纂业务负有指导与管理职责。地方史志编纂业务管理包括编纂资格管理和编纂质量管理。

（一）编纂资格管理

市、县市区志书由同级政府主持编修，地方史志工作机构具体负责组织实施。

市、县市区综合年鉴由同级政府主办，地方史志工作机构承编。

市、县市区人民政府地方史志工作机构须配备与志书、年鉴编纂工作相适应的专职业务人员。

任何单位和个人不得擅自以县级以上行政区域名称冠名编纂出版志书、年鉴。

（二）编纂质量管理

编纂地方志书、年鉴、月鉴、综合性地情文献应当遵守国家法律、法规、规章，做到思想性、科学性、资料性的统一，实事求是、全面客观、系统准确，审校、印刷、装帧符合国家新闻出版的有关规定。

市、县市区人民政府地方史志工作机构应当根据全省、全市地方史志工作规划，制订本行政区域的工作规划和编纂方案，经同级人民政府批准，并报上一级地方史志工作机构备案后实施。上级地方志工作机构应当加强对下级地方史志工作机构的业务指导，督促各编纂机构制定和实施质量保证措施。

各级地方史志编纂机构要制定内部质量管理制度，严格执行主编负责制和承编责任制，建立健全质量管理和质量保证体系，将志书、年鉴、月鉴和综合性地情文献质量管理落实到编纂、出版、发行的全过程。地方综合志书稿件实行两评三审制度，年鉴稿件实行三审制度，发稿达到“齐、清、定”要求，出版过程实行“三校一读”校对责任制，对胶片、样书、成品要进行严格质量检查。

五、史志队伍

地方史志编纂人员坚持专兼职相结合、以专职为主的原则。编纂人员应适应工作需要，具备相应的专业知识和文字编研能力。

（一）地方史志编纂工作应吸收有关专家、学者参加。

（二）县级以上人民政府要依法保障地方史志编纂人员参加培训的权利。县级以上人民政府地方史志工作机构应建立健全培训制度，确保培训质量。地方史志编纂人员要服从组织调配，接受编纂业务培训。

（三）县级以上人民政府应保障地方史志编纂人员的工作条件，保持地方史志编纂队伍的相对稳定。

（四）地方史志编纂人员在地方史志编纂中要客观公正、实事求是。任何单位和个人不得要求编纂人员在地方志中作虚假记述或提供虚假资料。

六、承编职责

凡承担有编纂市、县市区地方史志任务的单位，应当达到以下要求：

（一）明确具体承担地方史志编纂工作的部门和人员，保障经费和工作条件。

（二）按照本行政区域人民政府地方史志工作机构拟定的地方史志工作规划和编纂方案，按时保质保量地完成地方志书、地方综合年鉴及其他综合性地情文献资料的报送和文稿的编纂任务。

（三）在业务上接受本级人民政府地方史志工作机构的指导，对本系统、本行业、本部门和本企业的地方史志工作进行组织、指导、协调，与其他系统、行业、部门、企业的地方史志工作开展合作和交流。

七、资料征集与管理

县级以上人民政府地方史志工作机构应当及时征集、规范和保存包括纸介质、电子文本、音像制品、实物和口述资料在内的各种地方史志资料，建立稳定长效的征集渠道和制度。

（一）地方史志工作机构可以向机关、社会团体、企业事业单位以及其他社会组织和个人征集相关的地方史志资料，有关单位和个人有义务为其提供志书、年鉴、月鉴、地情文献等所需的各种资料。各级地方史志工作机构可以采取查阅、摘抄、复制、采访、调查等方式收集有关资料。涉及国家秘密、商业秘密和个人隐私以及不符合档案开放规定的，按照有关法律、法规的规定执行。

（二）为执行本单位地方史志编纂任务或者利用本单位的物质技术条件收集、整理的文字、图表、照片、音像、电子文本、实物等文件资料及形成的地方史志文稿，由所在单位进行管理，并应当依照相关规定集中归档，任何单位和个人不得将其散失、损毁或者据为己有。

（三）地方史志资料所有人或者持有人提供有关资料，可以获得适当报酬。

（四）鼓励民营企业和民办非企业单位向地方史志工作机构提供有关地方史志资料。

八、审验制度

以县级以上行政区域名称冠名编纂出版的地方志书、年鉴实行分级评议、审查、批准和备案制度。

（一）市志、市志分志、市辖县市区志稿应当按照要求召开评稿会议，形成修改原则、计划及目标。

（二）市志稿经省地方史志编纂委员会审查、验收合格后，报市人民政府同意，方可进入出版印刷程序。

（三）市辖县市区志稿经市地方史志工作机构审查验收后，报省地方史志编纂委员会验收备案，由市辖县市区人民政府批准，方可进入出版印刷程序。

（四）以县级以上行政区域名称冠名的地方综合年鉴由同级人民政府同意后交付出版。

（五）以县级以上行政区域名称冠名的其他综合性地情文献由本行政区域地方史志工作机构自行组织审验出版。

（六）以电子出版物形式出版的地方史志书刊按照前款规定办理。

（七）对地方史志文稿进行审查验收，应当组织有关方面的专家参加，按照相关法律、法规的规定执行。

（八）已通过审查验收并备案的地方志书和经批准的年鉴，未经原审查验收或批准的机构批准不得擅自更改。

（九）地方史志文稿经审查不合格者，由原编纂机构依据审查单位的书面意见重修。

（十）以县级以上行政区域名称冠名的地方志书、年鉴应当在出版后三个月内报送上级人民政府地方史志工作机构备案。

九、用志工作

县级以上人民政府要积极倡导社会用志，搞好用志基础建设。地方史志书刊公开出版后，地方史志工作机构应当通过公共媒体向社会推介。县级以上人民政府地方史志工作机构应当积极开拓用志途径。

（一）县级以上人民政府应当支持地方史志工作信息化建设，并将其纳入本级人民政府信息化建设规划，通过建立方志馆（室）、地情数据库、地情网站等方式为经济社会全面发展服务。

（二）县级以上人民政府地方史志工作机构建立的方志馆（室）负责收集、整理、保管地方史志和各种载体的地情资料。公民、法人和其他组织可以通过查询、阅览、摘抄等方式利用方志馆（室）收藏、展示的地方史志文献和资料。方志馆（室）应当将服务范围、开放时间等服务事项进行公示。

（三）各级人民政府鼓励公民、法人和其他组织向方志馆（室）报送已出版的各类地情资料和电子出版物，以便永久收藏。各级方志馆（室）应当向报送地方史志和地情资料以及各类馆藏资料的公民、法人和其他组织颁发收藏证书。

十、奖励与处罚

（一）奖励

乡级以上人民政府对在地方史志工作中做出显著成绩的单位和个人给予表彰和奖励。参与地方史志编纂工作的人员对地方史志作品享有署名权。

（二）处罚

违反本规定，擅自编纂出版以县级以上行政区域名称冠名的地方志书、地方综合年鉴的，由县以上地方人民政府地方史志工作机构提请本级人民政府出版行政部门依法查处。

违反本规定，未经审查验收、批准将地方史志文稿交付出版，或者地方史志书刊存在违反宪法、法律、法规规定内容的，由上级人民政府或者本级人民政府责令采取相应措施予以纠正，并视情节追究有关单位和个人的责任；构成犯罪的，依法追究刑事责任。

地方史志机构工作人员未将地方史志文献资料及地方史志文稿依法归档，造成损毁，或者将其据为己有，或者出让、出租、转借的，由其所在单位责令改正，依法给予处分。

十一、附则

（一）编纂地方史志涉及军事内容的，还应当遵守中央军委关于军事志编纂的有关规定。

（二）市政府部门志、年鉴等地方史志文献的编纂参照本办法的相关规定执行。

（三）本规定实施中的具体问题由市地方史志工作机构负责解释。

（四）本规定自发布之日起施行。

索 引

编者说明

一、本索引把年鉴所刊载的专文、条目、表格和图片（特载、大事记内容除外），采用主题分析索引的方法，按首字的汉语拼音字母顺序排列。

二、类目、栏目、专文标题和市、县、区名称用黑体字，分目、条目和表、图名称用宋体字。

三、索引各目后的阿拉伯数字表示内容所在的页码；一目内容在多处的，分别注出页码。

D

E

F

G

H

J

K

L

T

W

X

南阳市环境保护局

党组书记　宋宽军

南阳市环境保护局于1994年撤地设市时组建，是市人民政府环境保护行政主管部门。局机关内设科室12个，直属副处级单位1个、科级单位3个。

2009年，市环保局在市委、市政府的正确领导下，坚持面向社会树形象、面向企业搞服务、面向群众办实事，深入学习实践科学发展观，以创建国家环保模范城市统领全市环保工作，以服务经济建设、促进污染减排为工作重点，强化服务意识，坚持重大事项联审联批机制，稳步推进污染防治，不断加强生态保护，严格环境准入，依法强化环境监管，环保工作取得新的突破。南水北调中线源头、城市集中饮用水源和唐、白河出境水水质及中心城区空气质量达到近年来的最好水平，主要污染物排放量逐年下降，环境自动监控体系建设逐步完善，环保能力建设不断加强，生态保护与建设不断深入，辐射与危废环境监管进一步规范，环保对经济社会发展的支撑和调控作用明显增强，环保事业取得了新的令人瞩目的业绩。先后被评为全省环保目标管理先进单位、环保世纪行活动优秀组织单位、依法治市先进集体、全省整治违法排污企业保障群众健康环保专项行动先进集体、全市政务督查工作先进单位、全市人大建议、政协提案办理工作先进单位等。

新的一年里，市环保局将紧紧围绕市委、市政府的中心工作，继续以创建国家环保模范城市为统领，全面落实新时期环保工作部署，与时俱进，开拓创新，依法监管，强化服务，为建设富强美好和谐新南阳作出新的更大的贡献！

市人大主任李天岑在市环保局党组书记宋宽军的陪同下检查水污染防治法贯彻落实情况

市环保局赵明喜局长考察出境水断面水质

拆除污染严重企业

市委常委、副市长陈光杰到市环保局现场办公

执法人员封停违法排污企业

今日白河出境水质清澈

重大事项联审联批会议

南阳市人口计生委

主任　李天玉

南阳市人口计生委以统筹协调为突破口 推动人口和计划生育综合改革深入开展

南阳市以全国第二批人口和计划生育工作综合改革试点市为契机，认真落实科学发展观，把人口计生工作放在各项工作的重要位置，作为改善人民生活、提高全民素质、增加人均经济拥有量、构建社会主义和谐社会的重要内容，纳入全市经济社会总体发展规划。紧紧围绕“稳定低生育水平，提高出生人口素质”这一核心目标，　坚持以统筹协调为突破口，进一步深化人口和计划生育工作综合改革、创新体制机制，促进了人口与经济社会的协调发展，初步形成了“生育水平低、统筹能力强、综合服务优、公众形象好”的人口计生工作格局。一是着眼市情，统筹解决“大人口”问题，达到生育水平低的目标；二是着力协调，统筹解决决策调控问题，实现统筹能力强的目的；三是注重民生，统筹解决工作手段问题，落实综合服务优的宗旨；四是建好队伍，统筹解决基础能力问题，形成公众形象好的局面。

计生宣传活动

南阳市开展三下乡活动

通过统筹协调，人口和计划生育综合改革工作进展良好，推动了整体工作的良好工作发展。从2006年至2008年，南阳市人口自增率保持在6‰以下，低生育水平持续稳定。出生人口性别比升高势头得到初步遏制，由“五普”时的130.3降至目前的113左右。全市出生缺陷一级预防覆盖率达到85%，比2005年提高了9个百分点。人民群众对人口计生工作的满意率达到96.99%，比全市平均水平高5.43个百分点，连续3年被评为先进单位。

“关爱女孩活动”演讲比赛

市委书记黄兴维、市长穆为民、市委副书记贾崇兰、市人大副主任秦俊、副市长李建豫、市政协副主席仝运科在全市计划生育工作会上。

南阳市体育局

国家体育局领导视察我市体育场馆建设

体育局领导班子

南阳市体育局在市委、市政府的正确领导下，在党组书记、局长杨鸣哲同志的带领下，领导班子团结一心，求真务实，以科学发展观为指导，以体育事业大发展为要务，以提高全民身体素质为目的，以构建和谐社会为目标，调整思路，开拓创新，各项工作取得了可喜的成绩。

一是群众体育蓬勃发展。以“全民健身与奥运同行”为主题的系列群众体育活动丰富多彩、形式多样，全市共举办大型活动100余次，参加人数达300多万人。

二是业余训练和竞技体育成绩喜人。在省年度赛中，我市运动员共取得第一名29个，第二名15个，第三名14人。

三是成功申办第七届全国农民运动会。08年3月17日接到国家三部门关于批准第七届全国农民运动会于2012年在南阳举办的批文，08年11月1日在第六届全国农运会闭幕式上，我市接过第七届全国农运会会旗。

四是农民健身工程落到实处。配合社会主义新农村建设，体育局积极向国家和省体育局争取对“农民健身工程”的扶持，我市已有170多个行政村获得了资金和器材的帮助。

五是党风廉政建设取得实效。体育局始终坚持标本兼治、综合治理、惩防并举、注重预防的方针，不失时机的开展教育，做到警钟长鸣，完善制度，加大追究力度，确保了体育系统全年没有违法违纪案件的发生。

在新的一年里将以科学发展观为指导，创新工作思路，积极筹备第七届全国农运会；举办我市第三届运动会暨首届农民运动会；抓好全民健身工程建设；备战河南省十一届运动会；以优异成绩，为南阳体育事业全面协调、可持续快速发展做出新贡献。

杨鸣哲局长被中国奥委会评选为08年奥运火炬手

全民健身活动

南阳市供销合作社

南阳市供销社党委书记、理事会主任　张兴珍

全国总社副主任李春生和省市领导视察市供销社惠农达集团公司

南阳市供销社辖13个县市区供销社，196个基层社，103个专业公司，11个中高档宾馆，60家社办工业企业，9000多个经营服务网点，资产总额40亿元，干部职工3万余人。2008年全系统完成购销总额145亿元，实现利税 1.1亿元。南阳市供销社始终坚持扎根农村、立足农业、为农民服务，坚持合作制性质，在保障农民生产生活商品供应、沟通城乡物资交流、繁荣农村经济等方面发挥了重要作用，在统筹城乡经济发展，服务社会主义新农村建设中作出了重要贡献，实现了“富农强社两不误，效益民心双丰收”，各级供销社不断发展壮大，已成为农村合作经济的带动力量，农村现代流通的主导力量，农村社会化服务的骨干力量。特别是近几年来，南阳市供销社坚持以科学发展观为统领，坚持以服务“三农”、促进农村发展为宗旨，以“四项改造”为中心，“二次创业”为主攻目标，牢固树立“资产是根、网络是魂、改革是神”的理念，不断推进机制创新、经营创新和服务创新。以“新网工程”、专业合作社发展、资产开发、招商引资、项目建设和五大主营业务为重点，抓住机遇，锐意进取，狠抓各项关键措施的落实，整体工作扎实推进，经济效益逐年递增，服务新农村建设成效显著，探索出了一条服务“三农”、促进企业发展的成功之路，供销合作事业有了突飞猛进的发展，连续五年荣获全省供销社系统先进单位，2007年荣获全国供销社系统先进集体。09年11月4日－7日“全国县级供销合作社工作南阳经验现场会”在南阳市成功举办，必更加激励全市供销合作社系统广大干部职工进一步立足新起点、开拓新希望、创造新业绩。

情系“三农”，根植“三农”，相融共生。新时期、新阶段，赋予供销合作社新的使命。面对新形势、新任务、新要求，奋发有为的南阳供销人将在建设社会主义新农村的历史征程中，立足本职，务实重干，开拓奋进，求真务实，拼搏进取，超越梦想，不断谱写新的华彩乐章，努力推动供销事业又好又快发展，把供销合作事业不断推向前进，为建设社会主义新农村作出新的更大贡献。

二00八年五月十一日，中共中央政治局常委、国务院总理温家宝在河南省委书记徐光春，省长郭庚茂，南阳市委书记黄兴维等陪同下视察南阳市惠农达农资集团西峡县丹水镇农资连锁店

荣誉证书

授予：河南省南阳市供销合作社

“全国供销合作社系统先进集体”荣誉称号。

南阳市广播电视局

市广电局党组书记、局长　张恂

市委书记黄兴维等领导看望慰问电视台干部职工

南阳市广播电视局是市政府组成部门，是主管全市广播电视行业的行政职能部门。局机关内设科室9个，现有干部职工31人。局属单位有南阳人民广播电台、南阳电视台、广播电视报社、南阳市电影总公司、广播电视器材公司、影视制作中心等。市直广电系统共有干部职工700余名。南阳电台开设新闻、综合、交通音乐和文艺生活等四个频率，南阳电视台开设新闻综合、经济生活、科教法制、精选图文等4个频道。全市13个县市区均设有广电局，全市广电系统共有干部职工4500余人，电视台13座（含油田电视台），广播电台14座，有线电视网络公司（有线电视台）13个，广播电视覆盖率分别达到97%和95%，有线电视用户达60多万户。

市委常委、纪委书记孙丰年做客电台《行风热线》栏目

近年来，在市委、市政府的正确领导下，全市广播电视系统牢记宗旨，全面贯彻落实党和政府的方针政策，以宣传为中心，以事业为基础，以管理为保障，不断改革创新，圆满完成了各项任务，特别是广播电视宣传、数字电视、村村通广播电视工程、农村公益电影放映工程等重要工作取得了突出的成绩。其中镇平、西峡县先后被评为全国广播电视先进县，西峡县还被评为全国“村村通”工作先进集体；数字电视整体转换走在了全国、全省的前列，受到国家广电总局的表彰；精神文明建设工作连续多年被评为全市文明单位建设先进系统，局机关、南阳电台、南阳电视台被评为省级文明单位；目标管理、综合治理、计划生育、预防职务犯罪等工作被市委、市政府评为先进，“村村通”、技术维护、行风建设、安全播出、计划财务、信息、供片等工作被省局评为先进。特别是2008年各项工作以得显著成绩。一是宣传工作成效显著，舆论引导能力进一步提高。涌现出了一批精品栏目、名牌节目，如南阳电台的《行风热线》、《空中大戏台》，南阳电视台的《宛都播报》、《乡村纪行》等；对上报道成效显著。南阳电台、电视台在中央台发稿67条，在省台发稿1362条，连续三年取得全省头题第一和发稿总量第一的好成绩。二是事业产业快速发展。圆满完成了市政府“十件实事”确定的1034个村村通广播电视工程任务，县市区有线电视数字化整体平移，移动多媒体、数字电影、高清电视等产业初见成效。三是行业管理进一步加强。全年依法查收非法卫星地面接受设施5000余套，捣毁批发窝点6个，查处非法物流运输5起，行政拘留1人，有效遏制了非法卫星广播电视接收设施滋生蔓延的势头；查处违规广播电视广告300余条，有效净化了声屏。四是班子和队伍建设进一步加强。领导班子团结有力、奋力开拓，连续多年被市委评为好班子，队伍整体素质明显提升。

广电报创刊20周年座谈会

全市电影行政管理职能调整划转工作会议

作为党和政府的喉舌，重要的宣传舆论阵地，全市广播电视系统将牢记职责，不辱使命，紧紧围绕党委、政府的中心工作，以加快广播电视事业发展为总体要求，牢牢把握正确的舆论导向，加快事业建设和产业发展，为建设富强美好和谐新南阳做出积极贡献！

南阳市盐业局

陪同上级领导实地查看农民盐罐子

局长　吴成玉

南阳市盐业管理局是1997年按照省市政府体制改革精神，从商业分离出来独立运行的市政府直属事业单位，下辖南阳市碘盐监测中心（事业单位）、南阳市盐业运销包装有限公司和13个县级盐业管理局，承担着全市1000余万人口的食盐供应、管理及消除碘缺乏病工作重任。多年来，市盐业局牢记我党“立党为公，执政为民”的宗旨，带领全市盐行业干部职工遵照“更新观念、深化改革、转换机制、稳中求进”的工作思路，强化盐政管理，坚持依法治盐；实施营销创新，落实专营计划；深化体制改革，提高管理水平，不仅全面完成了国家食盐专营计划，而且使全市碘盐覆盖率、碘盐合格率和合格碘盐食用率始终达到或超过国家规定的标准，促进了南阳食盐加碘持续消除碘缺乏危害工作不断迈上新台阶，为富强美好和谐新南阳建设做出了积极贡献。2008年，全市盐行业克服省内外私盐难以禁绝，外出务工人口持续增长，食盐计划完成缺口不断加大等困难，以确保群众食盐安全，全面落实年度食盐专营计划为目标，牢记责任使命，统一思想认识，不仅较好地落实了国家下达的年度食盐专营计划，确保了全市民食工需用盐供应，维护了广大群众的食盐安全，而且取得了政治文明建设、精神文明建设、安全生产和社会治安综合治理等项工作的新成就。全年盐产品总购进75368.93吨，盐产品总销售 79054吨，年销售额1.509亿元，实现税利931 万元。市盐业局不仅连年被省盐务局评为食盐专营先进单位和盐政工作先进单位，而且还先后获得了全省“消除碘缺乏病阶段性目标先进单位”、“河南省地方病防治工作先进单位”、“省级卫生先进单位”、“省级社会治安综合治理先进单位”、市级“平安建设先进单位”、“治安模范单位”、“花园式单位”、“市级文明单位”、“南阳市园林单位”、“法制宣传教育和依法治理工作先进单位”和“预防职务犯罪工作先进单位”等殊荣。

荣获全省演讲特等奖

工作人员耐心向群众讲解科学用盐常识

市盐业局全自动食盐分装生产线

南阳市粮食局

局长　畅　强

书记　郭德生

市委书记黄兴维视察要帐收购现场

召开全市要帐收购会议

全市粮食工作会议

南阳市粮食局位于市人民路175号，是市政府组成部门之一，主要职能为：负责全市粮食宏观调控、市场监管、行业指导和社会服务。全市粮食系统现有干部职工10514人，拥有国有粮食购销企业64个，有效仓容47亿斤，年收购粮食40亿斤左右，粮油加工企业25个，年加工粮食80万吨，油料16万吨，饲料12万吨。市粮食局直属单位20个，职工2500多人。

近年来，南阳市粮食局在市委、市政府的正确领导下，坚持以科学发展观指导粮食工作，认真贯彻执行国家粮食政策，充分发挥粮食部门职能作用，积极服务“三农，强化行业管理与指导，促进了粮食经济又好又快发展，取得了良好经济效益和社会效益。深化和完善了粮食流通体制改革，形成了多元化经营主体参与粮食经营的格局，全市粮食流通渠道畅通，竞争公平。坚持依法行政，确保全社会粮食流通秩序正常，被国家粮食局评为全国粮食流通监督检查先进单位。严格执行国家粮食收购政策，坚持常年敞开收购农民余粮，促进农民增长，服务农业生产。积极开展“放心粮油”进农村进社区活动，确保城乡居民粮油食品安全，被中国粮食行业协会评为“全国放心粮油进农村进社区先进单位”。强化行业管理，提高粮食经济效益，全市国有粮食购销企业年利润达8000万元以上。加强精神文明建设，构建和谐行业，保持了系统大局稳定，市粮食局作为市级标兵文明，目前正创造条件向省级文明单位迈进。

省粮食局局长曹濮生在检查要帐收购工作

南阳市旅游局

市旅游局局长黄乐在市旅游领导小组成员会议上

南阳市旅游局于1994年组建，是市政府组成部门，现内设局办公室、行业管理科、规划发展科、市场开发科，下设市旅游质量监督管理所（旅游监察大队）、导游管理中心、信息中心。

近年来，我市旅游工作在市委、市政府的正确领导下，以科学发展观为指导，坚持抓旅游就是抓经济、抓发展、抓开放的理念，立足丰富的旅游资源，奋力实现旅游产业新突破，旅游业呈现强劲发展势头。目前，已建成70多处成熟景区（点），其中4A级景区5个、3A级景区12个、2A级景区5个，国家工业旅游示范点1个，打造了鹳河漂流、恐龙遗迹园、武侯祠、内乡县衙、宝天曼、丹江水库、桐柏淮源五朵山等一批特色知名品牌；以景区为核心，配套完善服务设施，已发展旅行社90余家、星级饭店38家、农家宾馆700多家，建成了一批旅游娱乐、购物场所，具备了较强的旅游接待能力，整个旅游产业呈现出吃、住、行、游、购、娱协调发展的良好局面。中国优秀旅游城市、中国南阳伏牛山世界地质公园、“中国旅游竞争力百强城市”已成为南阳走向全国、走向世界的“名片”。旅游局先后被省委、省政府批准为省级文明单位，被省旅游局评为全省旅游工作优秀单位，被市委、市政府评为维稳工作、依法治市、目标管理、法制宣传和依法治理、安全生产等工作先进单位，荣立中心城区“四成联创”集体二等功、创建伏牛山世界地质公园集体三等功。

新的一年里，市旅游局将紧紧围绕市委、市政府中心工作，全面贯彻“旅游立市”战略，为南阳经济社会又好又快发展作出新的贡献！

值班电话：63136345

投诉电话：63191220

2009年4月11日，省旅游局副局长岳西平（前排中）、市委副书记贾崇兰（前排左）、市旅游局局长黄乐（前排右）观看南阳旅游风光图片展。

2009年4月21日，副市长冯晓仙（左二）、市旅游局局长黄乐（左三）调研西峡恐龙遗迹园。

南阳市农业机械管理局

局长　张胜海

南阳市农机局为市政府直属事业单位。现有在职干部职工32人，内设6个科室（办公室、计财科、人事科、企管科、管理科、科教科）。市农机局下属四个二级单位，分别是市农机安全监理所、市农机技术推广站、市农机教育培训中心、、市农机公司。市直农机系统共有干部职工360人，其中在职270人，离退休90人。各县市区农机局均为政府直属一级单位，下属农机安全监理所，农机技术推广站，农机化学校，农机公司四个二级单位。

主要工作职责：贯彻执行党和国家有关发展农业机械化的方针、政策和法令、法规，研究拟定全市农机管理的具体规定和办法并组织实施；研究拟定全市农业机械化的发展战略、中长期规划和年度计划并组织实施；组织实施农机产品试验鉴定、质量检验、认证管理工作，打击假冒伪劣农机产品；负责拖拉机、联合收割机等农业机械的安全技术检验、注册、核发牌证、农机驾驶操作人员技术培训、考核发证、年度审验等工作，对全市农机安全监理实施监督；负责农机新技术、新产品、新机具的引进、试验、示范、推广；负责农机市场的整顿和管理等。近年来，在市委、市政府的正确领导下，我局坚持依法行政，认真落实农机补贴政策，强化基础设施建设，完善管理服务功能，着力提升薄弱环节机械化生产水平，狠抓农机服务组织建设，有力推动了农机服务社会化、专业化、产业化发展进程，为确保粮食安全、农民增收和发展现代农业提供了强大的物质、技术支撑，更好地服务基层，服务“三农”，服务经济社会发展全局，为构建和谐美好新南阳做出新的更大的贡献。

三夏机械收获作业现场

全国小麦收割启动仪式

南阳市人事考试中心

▲市人事局长张书报(左一)、纪检组长文献华(左二)、市人事考试中心主任周华(右一)、省厅巡视领导对考点进行巡视

2009年，市人事考试中心坚持以建立科学、公开、公平、公正的人才评价机制为己任，在做好政策性考试的同时，突出抓好社会化考试工作。在社会化考试工作中，始终把“用人单位认可放到首位”，一切围绕这一服务原则办，做到“保密至上，质量第一”，抓好“本地考试异地命题，外地考试保密操作”这两个关键环节。优质高效的服务，过硬的考试质量，使委托考试者纷沓而至，慕名而来，南阳人事考试品牌赢得众誉。全年共组织和协助上级人事考试机构完成各类人事考试58项，报名39885人次，其中专业技术人员资格和职称外语考试8项，报名19307人次；执(职)业资格考试10项，报名1621人次；公务员招录和事业单位公开招聘工作人员及体制改革选拔性考试5项，报名15859人次；承接市域内和周边市、区、县机关企事业单位委托的命题、制卷、评卷、笔试、面试等社会化考试35项。在社会化考试中，中层领导职位竞争上岗面试、选调和公开招聘工作人员面试19场，服务考生3098人次。

▲市人事考试中心为南阳市宛城区部分事业单位招聘工作人员面试

◀市人事局长张书报在市政府办公开选调工作人员计算机应用能力机考现场巡视

▶市人事考试中心深入到基层为考生采集指纹和电子图像信息

▶市人事考试中心为驻马店市驿城区选聘大学生村干部面试

▶严密有序的市中心医院招聘护理人员笔试现场

▲市人事考试中心为南阳市工商局部分中层领导职位竞争上岗面试

◀市人事考试中心工作人员对考生进行指纹验证

南阳市国家税务局

国税局党组书记、局长　马东起

南阳市国税系统共有干部职工3156人，市局机关内设机构18个，下辖14个县市区局，1个稽查局，1个油田局和1个车辆购置税征收大厅，50个税务分局，24个税务所。全市属国税管理的各类纳税人64300户，其中增值税一般纳税人3538户，小规模企业3249户，个体工商业户56800户。全市纳入省控500万元以上的重点税源企业78户，1000万元以上重点税源企业36户。1994年-2008年15年间全市国税系统累计组织税收500多亿元，特别是从2005年到2008年四年间，税收收入接连突破30亿元、40亿元和50亿元大关，2008年超过57亿元，总量位居全省第6位，一年一个新台阶，四年四步大跨越。税收收入的持续增长使税收的职能作用得到了充分发挥。

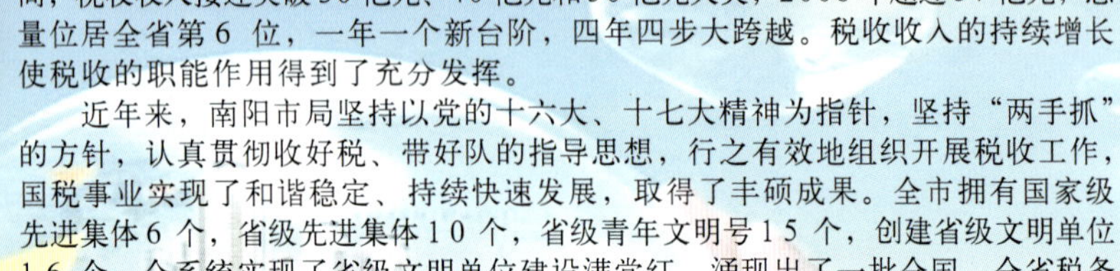

近年来，南阳市局坚持以党的十六大、十七大精神为指针，坚持“两手抓”的方针，认真贯彻收好税、带好队的指导思想，行之有效地组织开展税收工作，国税事业实现了和谐稳定、持续快速发展，取得了丰硕成果。全市拥有国家级先进集体6个，省级先进集体10个，省级青年文明号15个，创建省级文明单位16个，全系统实现了省级文明单位建设满堂红。涌现出了一批全国、全省税务系统先进工作者和模范人物，国家级先进个人3人，省级先进个人28人，省级青年岗位能手17人，获得省级荣誉37人。市局连年被省局评为目标管理优胜单位、目标管理先进单位、税收专项整治先进单位、党风廉政建设先进单位、政风行风建设优胜单位。连续四次被市政府荣记三等功和通令嘉奖，连续四年被评为行风评议第一名，四次被评为全市政风行风建设优秀单位，市局被命名为国家级文明单位创建先进单。

（供稿　全永存　勇雪莹）

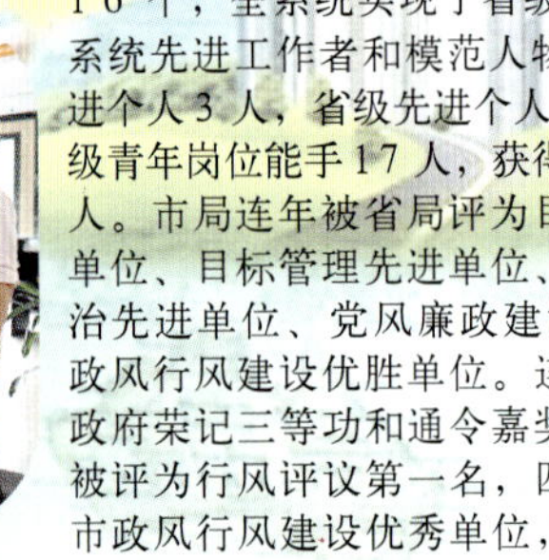

马东起局长基层调研

税收宣传

南阳市公安局车站分局

局长　王哲

打击“两抢一盗”战役动员大会

宣传活动

车站分局分在卧龙区委、区政府和市公安局党委的正确领导下，坚持以党的十七大精神为指导，深入学习实践科学发展观，充分发挥公安机关职能作用，以保稳定、促和谐、促发展为己任，认真排查化解各类不安全不稳定因素，严厉打击各类刑事犯罪，持继开展了“中原卫士杯”破案追逃防控竞赛活动和打击“两抢一盗”、黑恶犯罪、拐卖妇女儿童犯罪、传销活动等多个专项行动，大力整治社会治安突出问题，积极为辖区的经济社会发展保驾护航，全力维护社会治安大局稳定，深入推进公安机关“三基”工程建设，改进和提高公安机关行政服务水平，为促进辖区经济发展，社会和谐稳定作出了积极贡献。

送法到群众中

检查娱乐场所

得到群众的好评和认可

南阳市公安局巡警支队

局长助理、支队长　周奇

市委书记黄兴维等领导在局长助理、支队长周奇陪同下就巡警工作接受记者采访。

我市现有巡（特）警大队19个（11个县（市）公安局，4个市局分局，现有巡逻总警力（正式授衔民警）353人，巡警人数551人，其中25周岁以下208人，26至30周岁161人，31至40周岁196人，41周岁以上68人。本科以上学历184人，大专学历322人，中专学历79人，党员（预备）308人。

本年度，全市巡警共接出警11560余起，妥善处置各类集体上访事件2250余起，其中处置30人以上群访事件320起。完成各类保卫任务670次。办理各类案事件2600余起，抓获各类违法犯罪嫌疑1650人，其中治安处罚512人、刑事拘留195人、行政拘留342人，劳动教养14人，打掉各类团伙36个，抓获上网逃犯17人，队伍无发生违法违纪事件。

巡警进行“布控严查”

今年以来，全市巡警部门共出动巡逻警力12万余人次，出动巡逻汽车1.3万辆次，巡逻摩托车近7万辆次，武装巡逻警力9.9万人次，徒步巡逻警力1.98万人次，盘查可疑车辆1.48万台，比对车辆5.5万台，盘查可疑人员19.8万人，比对人员7.27万人。抓获各类犯罪嫌疑人1650人；打掉涉嫌“两抢一盗”团伙28个；抓获网上逃犯17人。

本年度，全市各级巡警部门在市局党委和省厅总队的正确领导下，根据2009年全省治安系统：以科学发展观为指导，紧紧围绕公安工作大局和“促进经济发展、保障公平正义、维护和谐稳定”的总要求，坚持以邓小平理论和“三个代表”重要思想为指导，继续深入学习实践科学发展观，以推进“三项建设”为契机，着实提升治安管理工作水平，以推进“平安杯”竞赛为载体，大力加强巡特警队伍建设，进一步挖潜整合社会力量，坚持“警情主导警务，警力跟着警情走”，有力推进了治安防控体系等级防控机制建设，巡特警在处置群体性事件的骨干作用得到更好发挥，动态环境下驾驭和控制社会治安的能力得到切实提高，为创建平安南阳、和谐南阳做出了积极贡献。

当事人向巡警赠送锦旗

南阳市城区打击街头犯罪及防控工作会议

南阳市司法局

南阳普法网开通

2009年，在市委、市政府和省司法厅的正确领导下，市司法局党委带领全市广大司法行政干警，认真学习贯彻党的十七大、十七届三中全会精神，以邓小平理论、“三个代表”重要思想和科学发展观为指导，以“大学习”、“大讨论”活动、监狱人民警察综合素质教育活动和“讲党性修养、树良好作风、促科学发展”教育活动为动力，紧紧围绕市委、市政府中心工作，围绕“保民生、保增长、保稳定”，积极参与“六创一迎”活动，认真落实司法行政系统向社会公开承诺办理实事，把着力改善民生，构建和谐社会，维护大局稳定，服务经济社会发展作为全市司法行政工作的出发点和落脚点，求真务实，扎实工作，各项工作呈现出良好的发展局面，全年工作目标任务圆满完成，为确保南阳社会大局稳定，促进经济社会又好又快发展做出了积极贡献。

2009年，是落实“五五”普法规划的第四年，也是完成依法治理“三五”规划的关键一年。为推动普法依法治理工作向更深、更广层次发展，我们理清工作思路，确定工作重点，强化措施落实，使普法依法治理工作出现了创新发展的良好局面。9月29日，南阳市普法网举行开通仪式，市委常委、政法委书记常康、省司法厅副厅长黄庚倜出席开通式。南阳普法网的开通，标志着南阳法制宣传教育工作上了一个新台阶，标志着法制宣传教育的覆盖面和普及率大大提高，标志着营造互联网法制宣传教育工作的良好氛围已初步形成，标志着南阳法制宣传教育的新型平台已经建立。

司法局爱心捐款

法律援助座谈会

2009年6月9日，南阳市法律援助中心被司法部授予“全国法律援助先进集体”荣誉称号；5月16日，市局被省厅评为“政风行风先进单位”；6月12日，市司法局被评为“省级卫生先进单位”；6月16日，邓州市司法局被中宣部、司法部、全国普法办授予“五五”普法依法治理工作中期“先进集体”荣誉称号；在建党88周年之际，市司法局直属机关党委被市直工委评为“先进党委”；在中心城区社会治安集中整治行动中，南阳监狱被市委政法委评为“中心城区社会治安集中整治先进单位”，获奖金1万元；10月12日，西峡县政府、邓州市政府等6个单位被依法治省办授予“五五”普法依法治理工作中期“先进集体”荣誉称号。

南阳律师团法律服务现场

公证宣传

市司法局将在市委、市政府和省司法厅的正确领导下，深入推进学习实践科学发展观活动，以改革创新的精神、求真务实的作风，自觉地把科学发展观的要求贯穿于司法行政工作的各个方面，努力推进司法行政工作再创佳绩。

南阳监狱

团结务实的监狱领导班子

南阳监狱是1994年底经省司法厅批准河南省劳动改造第二十支队更名为河南省南阳监狱，为处级单位。已走过了五十多年的风雨历程，是全省规模最大的市属监狱。近年来南阳监狱警察职工在党委一班人的带领下，全狱警察职工创业拼搏，努力进取，确保稳定，发展经济，继1999年底被省局命名为现代化文明监狱后各项工作更是一年一个新台阶。

罪犯改造工作以提高改造质量为中心，始终把稳定压倒一切放在首位，加强法纪监督，保证公开、公正执法。投资千余万元，构筑了物防、技防、人防的安全防范网络，确保了监狱“四防”无事故，罪犯改造秩序持续稳定。

生产经营立足当前生产资源，努力提高经济效益。引进了服装加工，玻璃纤维布纺织，空心砖制造，机械加工，水晶装饰玻璃球加工，地毯，珠绣，足球缝制加工等新项目，开发了新的经济增长点。

省监狱管理局政委周殿才（前右二）在南阳监狱监狱长杨志刚（前左一），政委周光聚（前右一）陪同下视察南阳监狱工作

队伍管理坚持抓班子带队伍，党委注重自身建设，领导经常深入一线调查研究，靠前指挥。在警察职工中提倡“艰苦奋斗，无私奉献”精神，坚持从严治警和从优待警相结合，为警察职工办实事和思想政治工作相结合、充分调动了警察职工工作积极性，有效地保证了监狱全面工作顺利开展。2002年以来，有10名同志分别被南阳市委、市政府和省厅、局表彰。该单位07年被司法部评为“全国监狱劳教人民警察岗位练兵活动先进集体”，09年获得“全省刑释解教法轮功人员回访帮教工作先进集体队”、“省监狱管理局全省监狱安全生产工作先进单位奖”、获得09年省监狱管理局庆祝“建国60周年征文活动优秀组织奖”、“市政法委中心城区治安集中整治专项行动先进单位奖”。队伍规范化管理岗位练兵获全省优胜单位，队伍建设工作受到部局和省局主要领导高度评价。

南阳监狱服刑人员夏季运动会

南阳监狱人民警察综合素质教育训练成果汇报男子方队

庆祝建国60周年教育改造演讲比赛

南阳监狱进行防暴演练

南阳监狱人民警察综合素质教育训练成果汇报监狱干警擒敌拳演练

武警南阳市支队

武警部队司令员吴双战上将与支队机关干部合影留念

武警部队司令员吴双战上将在总队长陈进平少将、政委刘生辉少将陪同下到支队检查指导工作

市委书记黄兴维到支队检查指导工作

市长穆为民到支队视检查指导工作

武警南阳市支队是市委、市政府和武警河南省总队双重领导下的一支武装力量，主要担负南阳市及所属县市区的执勤、处突、反恐和抢险救灾任务。组建20多年来，部队建设不断发展进步，曾被中宣部、解放军总政治部表彰为“军民共建先进单位”，2006-2008年连续三年被省武警总队评为“基层建设先进支队”，被团中央和武警总部政治部联合表彰为“全国警地‘四联’活动先进单位”，政治处被武警总部表彰为“先进支队政治机关”，邓州市中队党支部被评为武警部队“十大标兵基层党支部”，2名官兵被表彰为“河南省优秀青年卫士”，2009年9月筹备召开了武警河南总队军事工作会议，2009年10月武警部队司令员吴双战上将到支队视察时，对支队全面建设尤其是信息化建设给予了高度评价，支队信息化建设的经验做法被武警总部转发，并拍摄成录像片下发全国武警部队学习借鉴。

近年来，武警支队紧紧围绕市委、市政府的工作大局，以打造平安南阳、构建和谐社会为己任，圆满完成了市委、市政府交给的各种急难险重任务。执勤处突勇上一线，先后圆满完成了胡锦涛总书记、温家宝总理、贾庆林主席、中央政治局常委李长春等中央首长莅宛视察、联合国专家来宛考察警卫任务，担负了每年市里的人大、政协“两会”、“两节一会”安保任务，遂行了处置邓州2006年“5·24”特大劫持人质事件、抓捕涉枪涉黑犯罪团伙等重大突发事件，参加了驻地抗洪抢险，为维护南阳社会稳定作出了重要贡献。支援地方建设勇挑重担，自觉融入构建社会主义和谐社会大环境中，积极参与大型工程和市政建设，主动请缨白河、温凉河、梅溪河清淤治理，自觉参加“六创一迎”活动，为美化绿化第二故乡做出了不懈努力。警民共建勇立潮头，认真做好拥政爱民工作，与驻地人民同呼吸、共命运、心连心，广泛开展关心孤寡老人、照顾留守儿童、义务劳动、免费医诊、警民共建和谐林、奥运林活动和为灾区、困难群众捐款捐物，与驻地街道、学校广泛开展警民共建活动，受到了驻地人民群众的高度赞誉。

支队长姬志刚看望新战士

政委郭炬深入战士中间

南阳市公安消防支队

南阳市消防支队是一支担负全市火灾预防、火灾扑救和应急救援任务的公安现役部队。近年来，支队在省消防总队、市委、市政府的正确领导下，以科学发展观为指导，以创建“无亡人火灾省辖市”为目标，紧紧围绕“保增长、保民生、保稳定”的总要求，狠抓火灾隐患整治，强化部队执勤战备，坚持科学练兵，不断提升应急救援能力，确保了各项任务的圆满完成。今年以来，支队共检查社会单位12942家，消除火灾隐患5633处，接警出动5075次，抢救遇险遇难人员327人，挽回经济损失3.51亿元，为建设富强美好和谐新南阳创造了良好的消防安全环境。

南阳市公安局直属分局

直属分局局长　杨有富

南阳市公安局直属分局成立于2006年3月3日，同年5月26日正式运转。下设综合科、刑事审核科和行政审核科，现有民警10人，青年民警占90%，其中，硕士研究生学历1人，本科学历8人，大专学历1人。直属分局在法律关系上行使法律法规赋予城市公安分局（县级公安机关）的刑事、行政执法和诉讼的审核决定职权，负责对市公安局各业务部门及局直办案部门直接办理刑事、行政案件进行法律审核、作出决定并进行诉讼，同时负责对局直执法单位的执法活动及执法质量进行日常检查、监督和考评。

开展案例讲评

认真审核案件

直属分局自成立以来，在市公安局党委的正确领导下，紧紧围绕市委、市政府和公安中心工作，结合市局局直单位执法工作实际，深入学习、贯彻、落实科学发展观，牢固树立社会主义法治理念，认真履行职责，通过严格案件审核把关、强化执法监督、深化执法质量考评、深入开展法制教育培训、加强法制调研等措施，强力推进执法规范化建设，进一步规范了执法民警的执法行为，提高了局直执法单位执法水平和执法质量。

2006年至2009年，共审核办理刑事案件879起，其中，立刑事案件722起，刑拘794人，逮捕446人，移送检察机关起诉698人。在行政执法上，直接受理审核行政案件1694案，共裁决行政处罚2255人，其中裁决拘留1581人，罚款426人，呈报并批准劳教18人，为准确打击违法犯罪、维护社会政治稳定和治安大局平稳、建设“平安南阳”作出了积极贡献。

召开法制工作暨执法规范化建设动员会

组织局直执法单位开展法律知识考试

南阳市公安局高新分局

党委书记、局长 胡成华

南阳市公安局高新分局1997年8月，现有民警97人，其中党员 95人，大专以上文化程度94 人。分局下设警令部、政治处、后勤装备室、消防科4个科室，刑警大队、治安大队、经侦大队和国保大队4个大队，张衡路派出所和北京路派出所2个派出所。

辖区位于南阳市城区北部、西部城乡结合处，焦枝铁路、312国道交横贯其中。辖区西至西环路，北至312国道北部，东至独山大道，南至张衡路，总面积27平方公里，总人口18万余人，其中农村人口2万人，共辖张衡、百里奚2个办事处，茹楼、和庄等8个行政村，14个自然村，88个村民小组，共有大、中型企业127家。

2009年以来，高新公安分局在高新区工、管委和市公安局党委的正确领导下，以党的十七大精神为统领，认真学习实践科学发展观，按照“保民生、保增长、保稳定”的整体工作思路，以打造“平安高新”为总目标，坚持力量往基层使、工作往实里干，针对高新辖区社会治安实际和队伍状况，抓特色、抓重点、抓创新、抓规范、抓典型、抓服务，全面推动分局“三项建设”、打防刑事犯罪、大走访等各项公安业务工作和队伍建设向纵深发展，力促高新公安整体工作迈上新台阶。全年辖区未发生造成重大影响的群体性事件、恶性刑事案件及大的火灾事故，现行命案发一破一，可防性刑事案件发案数较去年同期下降26.7%，综合打击效能和“中原卫士杯”竞赛均跃居全市第四位；辖区各类矛盾纠纷的调处化解率达到了98%，未发生涉法涉诉信访案事件。“零发案、零事故、零上访”村组、单位、小区覆盖率达到78.2%，驻区机关、企事业单位和社会各界人民群众的安全感明显增强，对公安工作满意率稳步提高，有效维护了高新辖区的政治稳定和治安大局平稳。

市委政法委副书记刘明在胡成华局长陪同下视察分局社区警务工作

局长胡成华参加警民联谊活动与辖区群众联欢

全市公安系统组织现场会观摩分局社区警务建设先进经验

分局刑警大队打掉盗抢犯罪团伙

社区民警在警务室内利用视频监控系统“网上巡逻”

民警向外单位参观同志介绍社区视频监控系统

开通绿色通道方便群众办事

宛城区粮食局

局长　薄鹏举

宛城区粮食局内设机构9个（办公室、人事股、财务股、纪委、统计督查股、审计股、多种经营办公室、工会、保卫股），下辖国有粮食购销企业11个，直属单位5个，干部职工总数611人，仓房344座，容量12042万公斤，储存粮食11001万公斤。

一、加强对全区粮食流通的管理，监督指导国有粮食企业执行国家粮油购销政策和有关法律法规；加强地方储备粮管理，增强市政府对全区粮食流通的宏观调控能力；加强粮食市场的价格、质量管理监督，维护正常的粮食流通秩序。

二、研究拟定全区粮食行业、粮食流通、粮食储备的发展战略、中长期规划；负责制订本地区粮食安全保障线计划；研究提出地方储备粮的收储计划和动用建议；组织实施全区粮食宏观调控、总量平衡的地区平衡。监测、分析全区粮食供求运行态势。指导地区平衡。

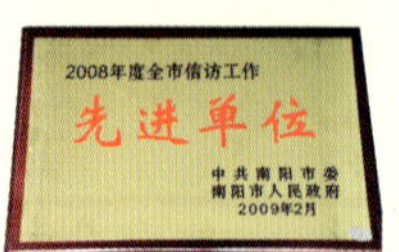

三、根据省、市政府确定的粮食购销市场化，监督全区各粮油购销企业按国家标准敞开收购农民余粮，掌握粮源；配合有关部门做好粮食行业的执法检查工作；负责检查监督国家粮油质量标准、计量标准、粮油检测标准、制度和办法的执行情况。

四、组织实施对社会粮食流通的宏观管理，对国家粮食购销政策执行情况进行监督检查，配合有关部门做好粮食行业的执法检查工作。负责拟定区级储备粮规模、总体布局以及收购轮换和销售计划，并督促实施；负责全区储备粮的库存、质量和安全。

五、负责编制全县粮食流通及仓储、加工设施的建设规划，指导协调粮食仓储体系建设并监督管理；配合有关部门落实国家仓储、流通设施建设资金。

六、指导全区粮油储存的安全管理，监督、指导国家粮油标准、粮油检测政策、制度和办法的执行。制定全区粮食储存、运输的技术规范并监督执行。

七、组织指导全区粮食市场供应，指导全区粮食市场的建设与管理；贯彻落实国家粮食价格政策，适时平抑市场价格，维护正常的粮食流通秩序。

薄鹏举局长在新店粮管所察看简易仓建设情况

八、指导全区粮食财务审计管理工作，协同有关部门监督管理粮食风险基金的使用；对地方储备粮的财务、会计工作进行监督检查，负责地方储备粮的利息和费用补贴的管理及拨付，负责市场储备粮管理的审计和监督；负责本系统国有资产的监督管理工作。

九、指导行业的技术改造和新技术推广，组织制定并实施全县粮办工业和科研发展规划，推广应用新技术、新工艺、新设备。汇总全县粮办工业、粮食商业、综合经营和外向型经济统计资料。

十、完成区委、区政府交办的其它事项。

办公楼

薄鹏举局长在新店粮管所察看简易仓建设情况

锐意创新——激昂奋进的规划事业

——镇平县规划局

镇平县规划局局长　杨宗彬

镇平县新行政中心效果图

镇平县规划局为县政府直属事业单位，受县政府委托行使城乡规划管理职能，内设办公室、城区规划股、村镇规划股、法制信访股，下设规划监察大队、规划设计中心两个二级单位。负责全县城乡规划管理工作，组织编制实施县城总体规划、控制性详细规划和各种专项规划，指导协助各乡镇搞好集镇规划和村庄规划，按规定核发《建设项目选址意见书》、《建设用地规划许可证》、《建设工程规划许可证》、《乡村建设规划许可证》，承担各类规划勘测设计工作，依法行使规划监察职能，宣传、贯彻、执行《中华人民共和国城乡规划法》，为县域经济发展提供服务。

镇平县规划局成立以来在县委、县政府的正确领导下，全面贯彻落实科学发展观，创新机制，锐意进取，高起点规划、高标准开展工作。紧紧围绕建设“经济富裕、生态良好、社会和谐”新镇平的奋斗目标，以规划编制、规划实施和规划管理为重点，以完善城市功能、提升城市品位、优化人居环境、打造生态宜居城市为己任，自加压力，扎实工作，先后聘请南京大学规划设计院、河南省规划设计院、河南省村镇建设服务中心、南阳市规划设计院等高资质单位，编制了城市总体规划和城西新区、产业集聚区、新行政中心、杏山大道及南环路两侧24平方公里控制性详细规划，组织指导15个乡镇做好集镇规划和村庄规划，启动旧城区改造规划和村镇体系规划编制工作，为镇平的城乡建设提供了有力的技术支撑。充分发挥城市规划在城市建设中的龙头作用，强化规划管理，规范行政审批，严格规划执法，为全县经济社会又好又快发展做出了应有的贡献。

前进中的镇平县规划局正以科学严谨的作风、澎勃豪迈的激情，为建设富强美好的新镇平而努力奋斗！

镇平县规划局监察大队

镇平县城市总体规划

镇平县裕隆花园酒店

创新理念 务实重干

开创全县城乡规划工作新局面

——方城县规划局

团结务实的领导班子

方城县规划局于2003年8月成立，属县政府领导的正科级事业单位。局机关事业编制16名，内设5个股室：办公室、用地规划管理股、工程规划管理股、信访法制股、乡村规划及景区管理股，下属规划监察大队、规划设计室和规划测绘队3个二级单位。经费实行财政全额预算管理。负责全县城乡规划的编制、管理和实施。

近年末，方城县的城乡规划工作在县委、县政府的正确领导下，按照“东区建设高标准、中区整治促提升、老区改造变新貌、潘河妆扮出靓景”的思路，服务县城重点项目建设。中心城区实施了凤瑞路中段等8条街道的综合改造工程，对道路、管道、临街立面、光亮和行道树等项目，全部进行综合改造，达到了旧城变新城的效果。城东新区形成了“一纵五横”(高速引线，康达路、文化东路、凤瑞东路、新豫01线城区段、建设中的高兰线城区段)的路网框架，新裕花园、县一高中、国税大楼、疾控大楼、人才劳动力培训中心等7个项目已经建成投用，裕邦·方舟城、汉都华府、江淮人家等8个项目正在建设，初步形成了集行政、商贸、居住为一体的现代化新城。老城区以吴府街改造和顺城改造项目为重点，将使老城区面貌得到彻底改观。潘河景区建成了“四级橡胶坝”、“四桥”和“四园”等工程，已成为老城区的生态景观轴和居民休闲娱乐中心，使整个县城面貌明显改观，县城建设迈入了发展新阶段。

同时，结合方城县发展实际，我们聘请哈工大设计院对我县《县城总体规划(2001—2020年)》进行修编，该规划方案(《方城县县城总体规划(2009—2030年)》)已评审通过，本轮县城规划人口规模2015年达到25万人，城市建设用地规模为27平方公里；2030年县城人口规模为40万人左右，城区用地为42平方公里，这一发展指标切合我县县城发展实际，为我县今后经济发展，调控城乡建设提供了科学的法律依据，将使我县的城乡规划建设更加规范化、科学化、制度化。

今后，在县委、具政府的正确领导下，在新规划的指引下，一个更加富裕、文明、和谐的新方城将会展现在神州大地。

潘河二坝

张骞广场

车站广场

蓬勃发展的社旗城乡规划事业

——社旗县规划局

党组书记、局长　华远庆

社旗县规划局成立于2005年11月，是县政府直属正科级事业单位，受县政府委托行使城乡规划管理职能，内设办公室、发展用地规划股、建设工程管理股、村镇与风景名胜区规划管理股、法制信访股，下属规划监察大队、规划设计室、建筑设计室、经纬测绘公司四个二级单位。负责宣传、贯彻执行国家、省、市有关城乡规划管理的法律、法规和政策，研究拟定全县城乡规划管理的具体实施办法、规定，并组织实施；组织编制、制订和实施县域村镇体系规划、城市总体规划、分区规划、控制性详细规划、修建性详细规划及各类专业规划，并组织对各项规划设计方案的评审报批；参与辖区内国土规划、区域规划和土地利用总体规划；核发《建设项目选址意见书》、《建设用地规划许可证》、《建设工程规划许可证》和《乡、村建设规划许可证》；负责审定建筑方案设计、总平面布局规划和管线综合设计等。负责对规划区内各类建设工程进行监督、检查，依法查处违法建设案件，以及其他违反城乡规划的行为；监督检查乡镇规划执法情况；负责收缴城市基础设施配套费等相关费用和对违法违章工程的处罚。

徐光春在市县领导陪同下视察赊店镇规划保护工作

几年来，社旗县规划局在县委、县政府的领导下，紧紧围绕建设“生态大县、工业强县、文化名县”的发展战略，打造“文化名城、商贸古城、现代新城、环保绿城”的工作目标，坚持规划先行，城乡统筹协调发展的原则，加快城乡规划编制步伐，强化城乡规划实施管理，有力地促进了全县城乡规划建设健康有序发展。先后聘请哈尔滨工业大学城市规划设计院、北京建工学院、重庆大学城市规划设计院、洛阳大美古建研究院、郑州冰石设计有限公司等规划设计单位，已编制完成或正在编制的规划有县城总体发展规划（2009——2020）、县域村镇体系规划、产业集聚区总体发展规划、赊店历史文化名镇保护规划、县城环卫规划、县城绿地系统规划、西城区6平方公里控制性详细规划、赵河公园控制性规划、新西区1平方公里修建性详细规划、迎宾大道规划、新区主干街道立面改造规划、古城区9条街道立面改造规划、赊店文化广场规划设计、体育休闲广场改造规划、四个入县口规划设计；完成了二初中、长途汽车站、县医院、电业局等15个公建项目和红旗路、南环路、西环路等36条市政道路规划设计，完成中央新城、首府山庄、政和公寓和经济适用房、廉租住房等25个住宅小区的规划设计；督促帮助15个乡镇编制集镇总体规划和完成了74个村庄的新农村规划编制任务，为社旗县城乡今后的有序发展奠定了科学基础。社旗县规划局2007年度被省建设厅授予城乡规划编制组织工作先进集体；2008年度被省建设厅授予全省建设行政执法队伍规范化建设达标单位和全省建设法制工作先进单位，被市委、市政府命名为市级文明单位，被市文明委命名为市级标兵文明单位，被共青团南阳市委命名为南阳市先进团（总）支部；2006——2008年分别被县委、县政府授予安全生产先进单位、服务招商引资工作先进单位、环境保护工作先进单位、规划编制先进单位、信访稳定先进单位、平安建设先进单位、村镇规划管理先进单位和尊师重教先进单位。

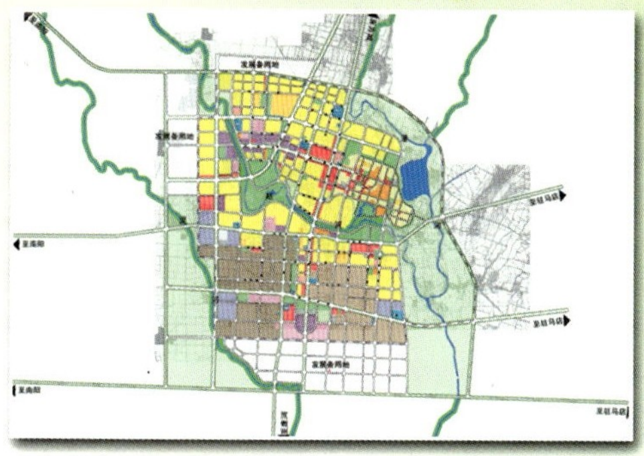

中心城区用地规划图

社旗县规划局办公大楼

▼ 赵河公园鸟瞰效果图

治安防范的劲旅

市长助理、市公安局党委书记、局长马学民

市公安局党委副书记、常务副局长万保平为先进单位颁奖

市委政法委领导视察保安公司

市公安局党委委员、副局长窦结实为先进队员颁奖

南阳市保安服务公司是于2000年7月在整合市中心城区四家保安公司的基础上组建成立的新型治安防范组织，内设业务管理部、人力资源部、财务部、办公室，下设保安技防中心、保安培训学校、押运分公司(6个武装押运大队)、人防分公司(8个勤务大队)。主要开展门卫守护、治安巡逻、武装押运、技术防范、保安消防和保安培训等

中安认证
ISO 9001

质量管理体系认证证书

经北京中安质环认证中心审核，确认
南阳市保安服务有限公司
(地址：河南省南阳市明山北路　邮编：473000)
质量管理体系符合：
GB/T19001-2008—ISO9001:2008
本质量管理体系覆盖下列产品：
保安人防、技防、武装押运、培训服务
注册号：02809Q10573R0L
颁证日期：2009年11月11日
有效期：2009年11月11日至2012年11月10日

北京中安质环认证中心
(原8·1质量体系认证中心)
地址：北京市朝阳区东三环南路58号富顿中心1号楼22层　邮编：1000
中心主任：
任庆才

CNAS
体系认证
CNAS C028-Q

IAF

注：本证书发证一年后与年检标识一同使用

业务。成立十年来，特别是2008年8月以来，在市公
局党委正确领导和殷切关怀下，在市局各业务部门的
力支持下，保安公司党委书记、总经理张建国带领全
员工，紧紧围绕着省厅、市局党委的工作部署，秉持“
事化管理，企业化经营”的立业理念，按照”打基础、
台阶、树形象、保稳定”的指导思想和重点突破，整
推进的工作思路，与时俱进，借势发展。建设了花园
保安大楼、电化教学培训学校、超大电视监控联网报
中心、GPS定位装置的武装押运控制中心及现代化办
环境；建立完善了各项规章制度、各级岗位职责、奖